民族文字出版专项资金资助项目

# ༄། །ཡར་ཆབ་གཞུང་དང་ངམ་ཤོད་དབུས།

## ——གྲ་དོལ་གཞུང་གསུམ་གྱི་གནའ་རྒྱལ་རྟོག་ཞིབ།

བསོད་ནམས་དབང་རྒྱལ་གྱིས་བརྩམས།

བོད་ལྗོངས་བོད་ཡིག་དཔེ་རྙིང་དཔེ་སྐྲུན་ཁང་།

**图书在版编目（CIP）数据**

山川与文明 ： 扎、堆、雄三地古迹考察 ： 藏文 /索朗旺杰著. -- 拉萨 ： 西藏藏文古籍出版社, 2022.12

ISBN 978-7-5700-0764-6

Ⅰ. ①山… Ⅱ. ①索… Ⅲ. ①文化遗产－研究－山南－藏语 Ⅳ. ①K297.53

中国版本图书馆CIP数据核字(2022)第242061号

**山川与文明：扎、堆、雄三地古迹考察**

| | |
|---|---|
| 作　　者 | 索朗旺杰 |
| 责任编辑 | 拉巴次仁 |
| 终　　审 | 索朗次旦 |
| 封面设计 | 格桑罗布 |
| 排　　版 | 边卓玛 |
| 出版发行 | 西藏藏文古籍出版社 |
| 印　　刷 | 四川嘉创印务有限责任公司 |
| 开　　本 | 16开　（787mm×1092mm ） |
| 印　　张 | 33.5 |
| 印　　数 | 01—2,000 |
| 字　　数 | 355.1千 |
| 版　　次 | 2023年11月第1版 |
| 印　　次 | 2023年11月第1次印刷 |
| 书　　号 | ISBN 978-7-5700-0764-6 |
| 定　　价 | 67.30元 |

# སྔོན་འགྲོ།

༄། །ཇི་སྐད་དུ། གང་ཞིག་གང་མེད་མི་འབྱུང་ལ། །གང་ཞིག་ཡོད་ན་ཡོད་གྱུར་པ། །ཞེས་གནའ་རབས་རྒྱ་གར་མཚན་ཉིད་རིག་པ་སྨྲ་བའི་ངེས་པ་དོན་གྱི་སློབ་དཔོན་ཆེན་པོ་ཤཱནྟ་དེ་བའི་གསུང་བྱིན་ཅན་དེས་སྟུན་བསུས་ཏེ། འདིར་སྐབས་སུ་བབས་པ་བོད་རིག་པའི་ཉམས་རྟོག་གི་བྱ་བར་སྤྲོ་བཞིན་པའི་འབུམ་རམས་པའི་གོ་བབ་བཟུང་བཞུགས་པ་བསོད་ནམས་དབང་རྒྱལ་གྱི་མཐར་ཕྱིན་དཔྱད་རྩོམ་འདིར་འཕྲེད་དེད་ནས་གྲ་དོལ་གཞུང་གསུམ་ཞེས་བྱ་བ་བོད་ཁྲི་སྐོར་བཅུ་གསུམ་གྱི་ནང་ཚན་བར་དབུས་གཙང་རུ་བཞིའི་གཡོ་རུ་བྱང་གི་སྟོད་སྨད་བར་གསུམ་ལས་སྟོད་ཁུལ་དུ་ཆགས་པའི་ཡུལ་གསུམ་བཟང་ཆད་ཀྱི་གཙོ་བོར་བྱས་ཏེ་སླིང་བསླངས་ཤིང་། དཀྱུས་དེད་ནས་ཡུལ་དེ་དག་གི་གདོད་མའི་དམངས་ཁྲོད་ཀྱི་དད་ཡུལ་གང་དང་གང་ལ་དད་མོས་བྱ་ལུགས་ཅི་དང་ཅི་ཡོད་ལུགས་སྐོར་དང་། ལར་བོན་གྱི་རིག་གནས་ཀྱིས་མཚོན་ཏེ། ལུགས་དེ་དང་འབྲེལ་ཡོད་དད་མོས་བྱ་བའི་སྐོར་དང་། ཕྱིས་དམངས་ཁྲོད་ཀྱི་གདོད་མའི་དད་མོས་དང་། བོན་གྱི་དད་མོས་སོགས་ཡུལ་དེ་གསུམ་དུ་ལོ་རྒྱུས་ཀྱི་ཆུ་མོའི་བཞུར་རྒྱུན་དང་བསྟུན་ནས་ཕན་ཚུན་དབར་ཤན་ཞུགས་རེས་དང་། ཐིམས་སིམ་བྱུང་རེས་སོགས་བརྒྱུད་རིག་གནས་ཀྱི་རྣམ་པ་ཐུན་མོང་མ་ཡིན་པ་ཞིག་ཇི་ལྟར་གྲུབ་ཡོད་ཚུལ། ཡང་སྐོས་བསྟན་པ་སྔ་དར་གྱི་དུས་ཡུལ་ཁམས་དེ་དག་ཏུ་ཕྱིན་པའི་བསྟན་འཛིན་སྐྱེས་བུའི་ཚབ་མཚོན་མི་

སྣས་ཇི་ལྟར་རྫོགས་པ་ཆེན་པོའི་ལྟ་བ་སྐྱོང་བར་མཛད་རྗེས་ཇི་འདྲ་བཞག་ཡོད་ཚུལ། ཁྱད་པར་དུ་མཁན་སློབ་ཆོས་གསུམ་ཀ་མ་ལ་ཤཱི་ལ་དང་བཅས་པས་མཚོན། བསྟན་པའི་གནས་གཞི་ཚུལ་ཇི་ལྟ་བུས་བསྐྱུན་ཅིང་། བསྟན་བཅོས་རྣམ་དག་ཇི་འདྲ་མཛད་དེ་བསྟན་པར་དག་ཐེར་གྱིས་ལྟ་བ་གང་དུ་བཞེད་མིན་སོགས་ལས་འཕྲོས་ཏེ་ཤུགས་རྐྱེན་ཇི་ཐེབས་སྐོར་གྱི་དཔྱད་བརྗོད། གཞན་ཡང་། བསྟན་པ་ཕྱི་དར་དུས་སྙིང་མ་དང་། བཀའ་གདམས། བཀའ་བརྒྱུད། ཞི་བྱེད། ཇོ་གདན་བཅས་ཀྱི་ལྷ་ཁྲུབ་དང་འབྲེལ་ཡོད་མཁས་གྲུབ་ཀྱི་སྐྱེས་བུ་ཡུལ་དེ་དག་ཏུ་ཕྱོན་ནས་བཤད་སྒྲུབ་ཀྱི་བསྟན་པ་ཇི་ལྟར་སྤེལ་ཚུལ། ལྷ་དགོངས་གང་ལ་གནས་ཚུལ། དུས་ཕྱིས་ས་འབྲུག་ཇོ་དགེ་བཞིའི་ལྷ་ཁྲུབ་དེ་ཕྱོགས་སུ་ཇི་ལྟར་མཆེད་ཚུལ་སྐོར་སོགས་ལེའུ་བཞིའི་བདག་ཉིད་ཀྱིས་རྫོགས་པར་བསྟན་ཏོ། །

བརྩམས་ཆོས་དེ་ཡི་སྒྲུབ་བྱེད་དཔྱད་ཡིག་དང་འབྲེལ་བའི་ལུང་དང་རིགས་པ་ཁུངས་བཙུན་ཁར། རིག་གནས་མིའི་རིགས་ཀྱི་ཞིབ་འཇུག་གི་ཐབས་ལམ་སྦྱར་ཏེ། ས་ཡུལ་དངོས་སུ་རྟོག་ཞིབ་ཏུ་བསྐྱོད་ནས་དཔྱད་རྟེན་འཚོལ་ཞིབ། འབྲེལ་ཡོད་མི་སྣར་བཅར་འདྲི། ས་ཡུལ་དེ་འབྲེལ་གྱི་གནའ་རྫས་རྟོག་ཞིབ་པའི་དཔྱད་འབྲས་ཁག་ལའང་ཉམས་འཇོག་གིས་བསྒྲུབ་བྱ་ལེགས་པར་གཏན་ལ་ཕབ་ཅིང་། གཞུང་གོང་འོག་བརྙོས་སྐྱོན་མེད་པར་གཏན་ཚིགས་ཀྱི་ཚགས་དམ་པ། རྗོད་བྱེད་ཚིག་གི་ཕྲེང་བ་སྤེལ་ལེགས་པ་སོགས་དགེ་མཚན་དུ་མ་མཆིས་པས། ཡར་གྲ་དོལ་གཞུང་གསུམ་དང་འབྲེལ་བའི་རིག་གནས་སྐོར་ཉམས་ཞིབ་གནང་བར་དཔྱད་ཡིག་སྔ་ན་མེད་པ་ཞིག་ཕྱོན་པར་སེམས་ལ། དེ་འདྲའི་དཔྱད་ཡིག་བརྒྱུད་དབུས་གཙང་རུ་བཞི་ལས་གཡོ་རུ་སྟོད་ཁུལ་གྱི་ཡུལ་དེ་གསུམ་གྱིས་བོད་ཀྱི་རིག་གནས་ཁྲིད་གོ་བབ་གལ་པོ་ཆེ་ཇི་འདྲ་བཟུང་ཡོད་མིན་དོན་གྱིས་དཔག་ནུས་པ་སོགས་ལེགས་ཆ

མང་མང་གནང་བས། འབྲེལ་ཡོད་ཞིབ་འཇུག་པ་རྣམས་ཀྱི་ཡིད་ཀྱི་ཀུ་མུད་བཞད་པའི་སྐྱེས་སུ་བསིལ་ཟེར་གྱི་ཟོལ་དུ་ཕྱིན་པ་གདོན་མི་ཟ་བས། དེས་ཀྱང་དུས་རབས་གསར་པའི་འགྲོས་དང་བསྟུན་ཏེ་བོད་ཀྱི་སྲོལ་རྒྱུན་ཞུལ་བྱུང་རིག་གནས་ཀྱི་མཛད་འཕྲིན་རྒྱས་པའི་གསོས་སུ་གྱུར་ཅིག་གུ །

གང་དེའི་ལྷག་བསམ་དཀར་པོའི་བསྐུལ་ངོ་མ་ལྡོག་པའི་དོད་དུ་འབུམ་རམས་སློབ་དཔོན་གྱི་མིང་ཙམ་འཛིན་པ་ལྷག་པ་ཚེ་བརྟན་གྱིས་བོད་རབ་རྒྱུན་ཆུ་མོ་ཡོས་ལོའི་དཔྱིད་ཟླ་ཐ་ཆུང་དཀར་ཚེས་མེ་གྲངས་ཀྱིས་མཛེས་པའི་དཔལ་དུ་དགེའོ། །

# གཞུང་གི་ཁོག་དབུབ་མདོར་བསྡུས།

དེ་ཡང་གྲ་དོལ་གཞུང་གསུམ་གྱི་སའི་ཁྱོན་འདི་ནི་བོད་ན་སྟོད་མངའ་རིས་སྐོར་གསུམ་དང་། བར་དབུས་གཙང་རུ་བཞི། སྨད་མདོ་ཁམས་སྒང་དྲུག་ཏུ་ཕྱེ་བའི་ཡ་གྱལ་བར་དབུས་གཙང་རུ་བཞི་ལས། གཡོ་རུ་དང་། དེ་ལ་ལྷོ་བྱང་གཉིས་སུ་བཤད་པའི་གཡོ་རུ་བྱང་། གཡོ་རུ་བྱང་ལ་སྟོད་སྨད་བར་གསུམ་དུ་དབྱེ་བའི་སྟོད་ཀྱི་ཕྱོགས་གཏོགས་སུ་ཆགས། ཕྱིར་ན་གཡོ་རུར་ཡུལ་དགུའམ་ལུང་ཚན་བཅོ་བརྒྱད་དུ་གྲགས་པའི་ཡུལ་ཚན་ཆེན་པོ་དེ་རྣམས་ཀྱི་ཁོངས་སུ་གཏོགས་པའི་ཡུལ་ལུང་དེ་གསུམ་ནི་བོད་ཀྱི་ཆོས་དང་རིག་གཞུང་ཀུན་གྱི་རྩ་ལག་རྒྱས་སའི་ས་ཚིགས་འགངས་ཆེན་ཞིག་ཏུ་འདུག་ལ། ཁྱད་པར་བསྐལ་པ་ཡ་ཐོག་གི་གདོད་མའི་དར་སྲོལ་དང་། མཚོ་བོད་ས་མཐོའི་རོང་ཁུལ་རིག་གནས་ཀྱི་ལོ་ལག་དང་བཅས་པ་དར་ཞིང་རྒྱས་པའི་ལྟེ་བའི་ཁུལ། བོན་གྱི་དད་པའི་རིག་གནས་སྨིན་ས། སངས་རྒྱས་ཆོས་ལུགས་ཀྱི་དད་མོས་དར་ཆེ་ཞིང་། བསྟན་པར་ཕྱག་རྗེས་འཇོག་པར་མཛད་མཁན་གྱི་སྐྱེས་ཆེན་དམ་པ་འཕགས་བོད་ཀུན་ན་ཚད་མར་བྱེད་པའི་བསྟན་འཛིན་རྣམས་ཀྱི་གདུལ་ཞིང་། མཆོད་ཡོན་སྦྱིན་བདག་དད་པ་ཅན་སྣ་ནམ་དང་ཤུད་པུ། རྔོག་དང་ལྕེ། རོག གཉོས། ཡར་རྒྱབ་པ། གཞུང་ལ་སོགས་པའི་རུས་ཀྱི་མཆེད་ཡུལ་དུ་འདུག་རྐྱེན། ཁུལ་དེ་ནི་བསྟན་པའི་རྣམ་གཞག་གྲ་མ་ཆག་གྲུ་མི་ཉམས་པར་གནས་པའི་ཡུལ་དང་། བན་བོན་རིས་སུ་མ་ཆད་པའི་ཆོས་བརྒྱུད་ཁག་དང་གདོད་མའི་

དད་མོས་སོགས་ཡུག་ཅིག་ཏུ་གནས་ཐུབ་པའི་བསྟན་པ་ཐམས་ཅད་འགལ་མེད་དུ་འགྲིགས་ནུས་པའི་གནས་གཞི་ཅིན་ཅན་ཞིག་ཏུ་གྱུར་ཏོ། །

གྲ་དོལ་གཞུང་གསུམ་ནི་གཅིག་ནས་བོད་ཡུལ་གྱི་ཁམས་འདིར་གདོད་མའི་དད་མོས་ཀྱི་ཡོལ་བའི་རྒྱབ་རོལ་ན་གབ་པའི་ལྐོག་གྱུར་གྱི་རིག་གནས་ཀྱི་གསང་ཚིག་གྲོལ་བར་མཁོ་བའི་ལྡེ་མིག་དང་། གཉིས་སུ་བོད་ཀྱི་གདོད་མའི་དད་མོས་ནས་བོན་གྱི་རིག་གནས་ཀྱི་ཕྱོགས་གཏོགས་སུ་འཕོ་འགྱུར་ཇི་ལྟར་བྱུང་གི་མེ་ལོང་དང་། གསུམ་དུ་བོན་གྱི་དད་མོས་ཀྱི་ཆ་ཤས་ཁག་ཅིག་ནང་རིག་པའི་ཁོག་དབུབ་ཀྱི་ཁྲོད་དུ་སིམ་ནས་གསུམ་འདུས་ཅན་གྱི་དད་པའི་རྟེན་དུ་འགྱུར་ཚུལ། བཞི་ནི་བསྟན་པ་སྔ་དར་གྱི་དུས་གྲ་དོལ་གཞུང་གསུམ་དུ་བསྟན་འཛིན་གྱི་སྐྱེས་བུ་རྣམས་ཀྱིས་རྫོགས་པ་ཆེན་པོའི་ལྟ་བ་ལུང་རིགས་ཉམས་མྱོང་གསུམ་གྱི་སྒོ་བར་ནས་བསྟན་པའི་ཕྱག་རྗེས་སུ་བཞག་སྟེ། བོད་ཁམས་འདིའི་སྐྱེ་འགྲོའི་གསོས་སུ་གྱུར་པའི་དཔྱད་པར་རྫོགས་པའི་སྐད་དུ་དང་། ལྔ་ནི་བསྟན་པ་ཕྱི་དར་གྱི་དུས་སུ་འཕགས་བོད་ཀྱི་མཁས་གྲུབ་གསེར་རིའི་ཕྲེང་བ་ལྟར་བྱོན་ནས་བཤད་སྒྲུབ་ཀྱི་བསྟན་པ་ཉི་མ་ཤར་བ་ལྟར་གངས་རིའི་ཁྲོན་དུ་གསལ་བར་མཛད་པའི་ལྟ་སྒོམ་སྤྱོད་གསུམ་གྱི་གནད་ཀ་དག་གསལ་བར་སྟོན་ཆེད་དང་། དྲུག་ཏུ་བོད་ཡུལ་ཁྲོན་འདིའི་མཁས་པ་རྣམས་ཀྱིས་དབུ་མའི་ལྟ་བར་མོས་ཤིང་། སློབ་གཉེར་མཐིལ་ཕྱིན་པ་མཛད་ནས་མཚན་ཉིད་རིག་པའི་ལྟ་བ་སྟར་བས་ཇེ་མཐོར་བསྐྱེགས་ལུགས་ཀྱི་ཆར་སྣང་པའི་ཞིབ་འཇུག་བྱེད་ཆེད་དུ་རྩོམ་པའི་བགྱི་བ་བསྐྱལ་ནས་སྤྲོས་པ་ལགས།

དཔྱད་རྩོམ་འདིའི་དངོས་གཞིའི་ནང་དོན་ཁྲོན་ལེའུ་བཞི་དང་ས་བཅད་བཅོ་བརྒྱད་ཀྱི་བདག་ཉིད་ཅན་དུ་གྲུབ་སྟེ། ལེའུ་དང་པོར་ས་བཅད་ལྔ་དང་། ལེའུ་གཉིས་པར་བཞི། ལེའུ་གསུམ་པར་ལྔ། ལེའུ་བཞི་པར་བཞི་བཅས་སོ། །ལེའུ་བཞི་པོའི་ནང་

དོན་མདོར་བསྟན་ཚུལ་དུ་བཤད་ན། དེ་ཡང་ལེའུ་དང་པོ་གྲ་དོལ་གཞུང་གསུམ་དུ་གདོད་མའི་དད་མོས་ཇི་ལྟར་དར་ཚུལ་སྐོར་གྱི་དཔྱད་པ་ཞེས་པར་གཙོ་བོ་གྲ་དོལ་གཞུང་གསུམ་གྱི་ཡུལ་གྱི་སྤྱི་བཤད་དང་ཡུལ་ཚན་དེ་གསུམ་དུ་དར་བའི་གདོད་མའི་དད་མོས་སོ་སོ་ནས་གླེང་ཡོད་ཅིང་། ཡུལ་བཤད་སྐབས་སུ་མདོ་དོན་གྲ་དོལ་གཞུང་གསུམ་ནི་ཉུས་མེད་ཡུལ་དུ་མཆེད་པའི་སྐོར་དང་། གདོད་མའི་དད་མོས་ཀྱི་ཆ་ནས་དབྱེ་ན་གྲའི་འགག་རྩ་ལྷ་མོ་དང་དོལ་གྱི་འབྲོང་ སྤུགས་རྒྱལ། ལྷ་ཉ་པ། འཆམ་པ་གླུ་བཙན་གྱི་དད་མོས་དང་། གཞུང་གི་ཨ་ཕོ་ལྷ་དགའི་དད་མོས། དེ་བཞིན་ཡུལ་ཚན་དེ་གསུམ་ཐུན་མོང་དུ་མཆོད་པའི་ཆུ་རྒྱུད་རྒྱལ་པོའི་དད་མོས་བཅས་གླེང་ཡོད། གདོད་མའི་དད་མོས་དེ་དག་གི་ཁྲོད་དུ་མཚན་མའི་དད་མོས་དང་། བོན་གྱི་དམར་མཆོད། ཉའི་དད་མོས། གཉན་ཆེན་ཐང་ལྷའི་དད་གུས། ཆུ་ལྷའི་དད་མོས་སོགས་ཀྱི་རྒྱུན་གདོད་མ་དང་བོན། ནང་པ་གསུམ་འདུས་ཅན་གྱི་རིག་གནས་ཀྱི་གྲུབ་ཆར་གྱུར་ཚུལ་སྐོར་ལ་གསལ་ཁ་ཅུང་ཟད་གཏོད་ཡོད།

ལེའུ་གཉིས་པ་གྲ་དོལ་གཞུང་གསུམ་དུ་བསྟན་པ་སྔ་དར་སྐབས་རྙིང་མའི་ལྟ་གྲུབ་དར་ཚུལ་སྐོར་གྱི་དཔྱད་པ་ཞེས་པར་གྲ་དོལ་གཞུང་གསུམ་དུ་རྙིང་མའི་བསྟན་འཛིན་གྱི་སྐྱེས་བུ་རྣམས་ཀྱིས་བསྟན་པའི་བྱ་བ་རྒྱ་ཆེན་པོ་མཛད་ཚུལ་ཁུངས་སུ་བྱས་ཏེ་ས་སྐྱེས་རྗེ་སྐྱེས་ཀྱི་མཁས་པ་སྣ་ནམ་ཡེ་ཤེས་དང་ཤུད་པོ་དཔལ་སེང་། གནུབས་སངས་རྒྱས་ཡེ་ཤེས་སོགས་བྱོན་ནས་བསྟན་འགྲོའི་དོན་མཛད་ཚུལ་དང་མཁས་པ་དེ་དག་གི་ལྷ་བ་གང་བཞེད་མིན་སྐོར་དང་། ས་ཕྱོགས་གཞན་ནས་བྱོན་པའི་བསྟན་འཛིན་གྱི་སྐྱེས་བུ་སློབ་དཔོན་པདྨ་འབྱུང་གནས་དང་མཁན་ཆེན་ཞི་བ་འཚོ། ཀ་མ་ལ་ཤཱི་ལ་སོགས་ཞབས་བཅགས་ནས་བསྟན་པའི་གཞི་བཏིང་བ་དང་བསྟན་བཅོས་ཆེན་པོ་མཛད་དེ་བསྟན་པར་དག་ཐེར་ཇི་ལྟར་མཛད་པའི་སྐོར་

དང་། སྐབས་དེ་ཤེད་དུ་བོད་འདིར་རྒྱལ་པོའི་བཀས་བཅད་པའི་ལྷ་བ་རྣལ་འབྱོར་སྤྱོད་པའི་དབུ་མ་རང་རྒྱུད་པ་ཡིན་པའི་གནད་དང་། རྫོགས་པ་ཆེན་པོའི་ལྟ་བའི་ཁུངས་སམ་རྒྱབ་རྟེན་གྱི་གཞུང་སྒོམ་རིམ་བར་མཐའ་གསུམ་དང་བསམ་གཏན་མིག་སྒྲོན་གྱི་ལྟ་བའི་གནད་ལས་གངས་ཅན་ལྗོངས་འདིར་བསྟན་པ་སྔ་དར་ལ་ལྟ་བ་ཆེན་པོ་ལུགས་གཉིས་སུ་ཇི་ལྟར་གྱེས་ལུགས་དང་། གནུབས་སངས་རྒྱས་ཡེ་ཤེས་པའི་ཞི་ཕྱུགས་ཀྱི་ལྟ་བ་ཐལ་རང་གང་ལ་མོས་མིན་སྐོར་གླེང་ཞིང་། ཡོན་བདག་དད་པ་ཅན་དག་གིས་བསྟན་པའི་བྱ་བ་མཛད་ཚུལ་རྣམས་ས་འོག་ཐོན་དངོས་ལས་འཕྲོས་ཏེ་རྡོ་རིང་དང་བང་སོ་སོགས་བསྟན་པ་དར་བ་དང་འབྲེལ་བ་ཇི་ཡོད་སྐོར་གསལ་སྤྲོས་བྱས་ཡོད།

ལེའུ་གསུམ་པ་གྲྭ་དོལ་གཞུང་གསུམ་དུ་བསྟན་པ་ཕྱི་དར་དུས་སྙིང་མ་དང་། བཀའ་གདམས། བཀའ་བརྒྱུད། ཞི་བྱེད། ཇོ་གདན་བཅས་ལྔའི་ལྟ་གྲུབ་དར་ཚུལ་སྐོར་གྱི་དཔྱད་པ་ཞེས་པའི་ནང་ཐོག་མར་བསྟན་པ་ཕྱི་དར་གྱི་དུས་སུ་སྙིང་མའི་བསྟན་འཛིན་སྐྱེས་བུ་གླུ་མེས་ཀྱི་མཁན་བརྒྱུད་དང་གཏེར་བདག་གླིང་པ་ཡབ་སྲས་སོགས་བྱོན་པའི་སྐོར་དང་མཁས་པ་དེ་རྣམས་ཀྱིས་ལྟ་བ་དབུ་མ་ཐལ་རང་གང་ལ་བཞེད་མིན་དང་། རྫོགས་པ་ཆེན་པོའི་ལྟ་བའི་རྒྱུན་ཇི་ལྟར་བྱས་ནས་བསྐྱངས་ལུགས་དང་། ཇོ་བོ་བཀའ་གདམས་པའི་ལྟ་བའི་གནད་ཡུལ་ཚན་དེ་གསུམ་དུ་འཕྲོས་ནས་ཇོ་བོ་རྗེའི་ལེགས་བཤད་ཀྱི་འོད་ཆེན་པོ་དང་བསྟོངས་ཏེ་དགེ་བཤེས་དོལ་པ་བའི་བེའུ་བུམ་སྔོན་པོའི་གཞི་རྐང་གི་ལྟ་བ་བཤད་དེ་ཇོ་བོ་ལྷ་གཅིག་གི་མཐར་ཐུག་གི་ལྟ་བ་དབུ་མ་ཐལ་འགྱུར་བ་ཡིན་རབས་བསྒྲུབས་ཡོད། གཞན་དུ་ན། བཀའ་བརྒྱུད་པའི་ཡབ་མེས་རྗེ་མར་པ་དོལ་དང་གཞུང་གི་ཡུལ་གཉིས་སུ་བྱོན་ནས་བསྟན་པའི་གནད་གསལ་རབས་དང་རྗེ་བཙུན་མཚུར་དང་རྔོག་གཞུང་པ། དེ་

བཞིན་རྗེ་མི་ལ་སོགས་སྨིན་པར་མཛད་ཚུལ་དང་། མཁས་པ་ཆེན་པོ་དེ་རྣམས་ཀྱི་ལྟ་བ་དབུ་མ་ཆེན་པོར་བཞེད་པའི་སྐོར་དང་། ཞི་བྱེད་པའི་མཁན་པོ་ཕ་དམ་པ་སངས་རྒྱས་གྲ་དོལ་གཞུང་གསུམ་དུ་བྱོན་ནས་གཏེར་སྟོན་གྲ་མདོན་དང་མ་ཅིག་ལབ་ཀྱི་སྒྲོན་མ་སོགས་པའི་སློབ་བརྒྱུད་བསྐྱངས་ཏེ་ཤར་ཕྱིན་གྱི་མདོ་སྡེ་རིན་པོ་ཆེའི་ལྟ་བའི་གནད་ཀྱི་སྙིང་པོ་ཞི་བྱེད་པའི་མན་ངག་གི་ལམ་ནས་བཀྲལ་བ་དང་སྒྲགས་ཞི་བྱེད་མན་ངག་ཆུ་བོ་གསུམ་འདྲེས་ཀྱི་གདམས་པས་ཡུལ་ཚན་དེ་གསུམ་བརྒྱན་ཅིང་། གཅོད་ཀྱི་གདམས་པའི་སྙིང་པོས་བསྟན་པའི་དོན་ཆེན་པོ་མཛད་པ་སོགས་ལས་ཞི་བྱེད་པའི་ལྟ་བ་འདི་ཉིད་དབུ་མ་ཐལ་འགྱུར་པའི་དགོངས་གཞི་འཁྲུལ་མེད་ཡིན་མིན་གླེང་ཡོད་ཅིང་། དེ་ནས་ཁ་ཆེ་པཎ་ཆེན་དང་དེའི་སློབ་བརྒྱུད་རྣམས་ཀྱིས་ལྟ་བའི་གནད་ཁག་གསལ་སྟོན་བྱས་ལ། པཎ་ཆེན་གྱི་སྡོམ་རྒྱུན་དང་འབྲེལ་ནས་ཚོགས་པ་སྡེ་བཞིའི་གནས་གཞིའི་སྐོར་ལ་རྟོག་ཞིབ་དང་གྲ་རྒྱལ་གླིང་ཚོགས་པ་དང་ཚོང་འདུས་ཚོགས་པའི་གནས་གཞིར་ཡང་དོགས་དཔྱོད་བཅས་བྱས་ཡོད།

ལེའུ་བཞི་པ་གྲ་དོལ་གཞུང་གསུམ་དུ་བསྟན་པ་ཕྱི་དར་གྱི་དུས་སུ་ས་འབྲུག་རྗོ་དགེ་བཞིའི་ལྟ་གྲུབ་དར་ཚུལ་སྐོར་གྱི་དཔྱད་པ་ཞིབ་པར་ས་ལུགས་ཀྱི་ལམ་འབྲས་པའི་ལྟ་བ་གྲ་དོལ་གཞུང་གསུམ་གྱི་ཡུལ་ན་ཇི་ལྟར་བྱས་ནས་མཆེད་པའི་སྐོར་དང་། རྣམ་རབ་དྭགས་པོ་གྲྭ་ཚང་དང་སྟག་ཚང་རྭ་བ་སྨད་པའི་བཤད་པ། དེ་བཞིན་ས་ལུགས་ཀྱི་མཐར་ཐུག་གི་ལྟ་བའི་འགྲེལ་བརྗོད་དང་། རིམ་གྱིས་འབྲུག་པ་བཀའ་བརྒྱུད་པའི་སྤྱི་མེས་གྲུབ་ཆེན་གླིང་རས་པ་དང་ཀུན་མཁྱེན་པདྨ་དཀར་པོ། ཡོ་རས་པ་བཅས་ཀྱི་བཤད་པ་དང་ལྟ་བའི་རྒྱུན། དེ་བཞིན་རྗོག་པ་བཀའ་བརྒྱུད་དང་འབྲུག་པ་བཀའ་བརྒྱུད་དབར་གདམས་པ་ཇི་ལྟར་བསྲེ་ཚུལ་སོགས་སྤྲོས་ཤིང་། རྗོ་ནང་མཚལ་མིན་པའི་ལྟ་གྲུབ་ཡུལ་ཚན་དེ་གསུམ་དུ་དར་ཚུལ་ལས་གླེང་བསླངས་ཏེ།

རྫོ་ནང་པའི་ལྷ་བའི་སྤྱི་བཤད་དང་ལྟ་བ་དེ་དར་བའི་རྐྱེན། དེ་བཞིན་མཚལ་མིན་པ་གཉགས་ཕུ་བསོད་ནམས་བཟང་པོའི་ལྷ་དགོངས་ཀྱི་བཤད་པ་སོགས་དང་། མཇུག་ཏུ་རི་བོ་དགེ་ལུགས་པའི་ལྷ་དགོངས་གྲ་དོལ་གཞུང་གསུམ་དུ་དར་ཚུལ་ཏེ་དགེ་ལུགས་པའི་བསྟི་གནས་དོལ་གསུང་རབ་གླིང་གི་སྐོར་བཤད་པ་དང་། པཎ་ཆེན་བྱམས་པ་གླིང་པའི་ལྟ་བ་ཐལ་འགྱུར་ཡིན་པའི་སྒྲུབ་བྱེད། དགེ་ལུགས་པའི་ཡིག་ཆ་རྣམས་རྫེ་ཙོང་ཁ་པའི་ལྟ་བའི་གནད་རྟོགས་པའི་གཞི་རྟེན་དང་། རྗེ་དེའི་ཐུན་མིན་གྱི་ལྟ་དགོངས་བཅས་གླིང་ནས་གཞུང་འདིའི་རྩོམ་པའི་རྣམ་གཞག་ཡོངས་སུ་གྲུབ་པའི་ཚུལ་ནས་དཔྱད་པ་བྱས་ཡོད་དོ། །

# དཀར་ཆག

# སློང་གཞི།

## དང་པོ། ཞིབ་འཇུག་གི་དམིགས་ཡུལ་དང་རིན་ཐང་།

གྲ་དོལ་གཞུང་གསུམ་གྱི་རིག་གནས་སྤྱི་དང་སྒོས་སུ་ཡུལ་གྱི་བཤད་པ་ལ་སོགས་པའི་སྐོར་གྱི་མཚམས་སྦྱོར་དང་ཞིབ་འཇུག་བྱས་པའི་བརྩམས་ཆོས་མང་དག་ཅིག་ཐོན་ཡོད་ཀྱང་། དེ་དག་ཕལ་ཆེ་བ་ནི་ཡུལ་ཚན་བྱེ་བྲག་གམ་ཡང་ན་དགོན་པ་རེ་ཟུང་གི་གནས་བཤད། གཞན་སླ་མ་ག་གེ་མོ་ཞིག་གི་རྣམ་ཐར་སོགས་བརྗོད་གཞིར་སོང་ནས་བརྩམས་པར་ཟད་ལ། ཁྱད་པར་ཡུལ་ཚན་དེ་གསུམ་ལ་སངས་རྒྱས་བསྟན་པའི་དར་རབས། བསྟན་འཛིན་སྐྱེས་བུ་གྲགས་ཆེ་བ་འགས་འཆད་ཉན་གྱི་མཛད་པ་ཇི་ལྟར་བཞེད་ཚུལ། ལྷ་གྲུབ་སྐོར་ཉམས་ལེན་ཇི་ལྟར་མཛད་ཚུལ། དེ་བཞིན་གདོད་མའི་དད་མོས་དང་འབྲེལ་བའི་ལོ་རྒྱུས་ཀྱི་གནད་ག་དག་བག་ལ་ཞ་བ་རྣམས་སྔོག་འདོན་བྱ་རྒྱུ་དེའོ། །དེས་ན། གྲ་དོལ་གཞུང་གསུམ་དུ་དར་བའི་ཐུན་མོང་དང་ཐུན་མིན་རིག་གནས་ཀྱི་དཔྱད་འབྲས་དག་དེང་རབས་ཞིབ་འཇུག་གི་འགྲོས་དང་འཚམས་པའི་ཐབས་ཤེས་བརྒྱུད་དཔྱད་པའི་ལམ་ལ་ཞུགས་ན་གྲུབ་མཐའི་ཞེན་ཁོག་གི་ངོར་སོང་བ་དང་། ལོ་རྒྱུས་རྐྱང་པའི་ཆར་སོང་བ། དམངས་ཁྲོད་ཀྱི་ངག་རྒྱུན་བསྐྱངས་པ་ཙམ་དུ་སོང་བ། དེ་བཞིན་ངོ་མཚར་ལྷ་སྒྲུང་གིས་བསླད་པར་སོང་བ་ལ་སོགས་པ་གསང་ཡོལ་གྱི་བག་ལ་གབ་པའི་ལོ་རྒྱུས་སམ་རིག་གནས་ཀྱི་བཞིན་རས་ལྐོག་ཏུ་གྱུར་པ་རྣམས་འདྲེན་བྱེད་ལམ་དུ་གསལ་ཕྱིར་དངོས་གཙོ་

རྫོང་སྐྱབ་ཀྱི་རིགས་ལམ་ནས་ལུང་རྒྱུན་དང་། ངག་རྒྱུན། རིག་དངོས་དཔྱད་འབྲས་སོགས་ཀྱིས་བརྒྱན་ཏེ་བསྒྲུབ་པར་བྱ་བ་ལ་གཞོལ་ལགས་སོ། །

དེང་གི་ཆར་བོད་ཀྱི་འབུམ་རམས་ཞིབ་འཇུག་སློབ་མའི་ཁྲིད་ན་ཡུལ་བྱེ་བྲག་ཅིག་གི་དད་མོས་རིག་གནས་དང་། ཆོས་ལུགས་ཀྱི་ལྟ་དགོངས་ཐད་ལ་ཞིབ་འཇུག་བྱེད་མཁན་ཉུང་བ་སོགས་ལ་དམིགས་ནས་འདིར་ཁོ་བོས་རང་ཉིད་ཀྱི་ཆེད་སྦྱོང་གི་ཁ་ཕྱོགས་ཏེ་བན་བོན་བསྟན་པའི་ལྟ་གྲུབ་ལས་གཙོ་བོ་ནང་པའི་མཚན་ཉིད་རིག་པའི་ལྟ་དགོངས་དང་འབྲེལ་ནས་ཡུལ་ཚན་དེ་གསུམ་དུ་སངས་རྒྱས་བསྟན་པའི་འབྱུང་རབས་དང་བསྟན་འཛིན་སྐྱེས་བུ་ཁག་ཅིག་གི་ལྟ་དགོངས་ཞིབ་འཇུག་ཐད་ལ་གྲུབ་མཐའི་ཕྱོགས་ལྷུང་དང་ཡུལ་དུས་གོམས་གཤིས་སོགས་ཕྱོགས་ཞེན་གྱི་མཐའ་ཀུན་སེལ་ནས་ཡུལ་དེ་གསུམ་དུ་སངས་རྒྱས་བསྟན་པའི་འཕེལ་རིམ་ཁྲིད་ལྟ་གྲུབ་མི་འདྲ་བ་ཇི་བྱུང་མཚམས་སྦྱོར་དང་སྒྲིགས་བཅམས་ཆོས་ཇི་ཡོད་པ་ལའང་དཔྱད་བརྗོད་ཀྱིས་བོད་བརྒྱུད་ནང་བསྟན་སྤྱི་དང་བྱེ་བྲག་ཆོས་བརྒྱུད་གཞན་རྣམས་ཀྱི་དགོངས་པ་རྨ་མེད་པ་ཉིད་ཀྱིས་བོད་ཀྱི་དད་མོས་དང་། ལྟ་གྲུབ་འཕེལ་རྒྱུན་ལ་ཇི་ལྟར་སྣང་བའི་ཚུལ་སོགས་ལ་བལྟོས་ཏེ་ཞིབ་འཇུག་གཏིང་ཚུགས་པ་ཞིག་འོང་བར་དཔྱད་རྩོམ་འདི་ཉིད་སྒུག་འབྲི་བྱ་བར་ཕྱོགས་པ་ལགས་སོ། །

བོད་འདིར་ཐོག་མར་གདོད་མའི་དད་མོས་དང་དེ་ནས་རིམ་གྱིས་བོན་ལ་སོགས་པའི་དད་པའི་རིག་གནས་དང་། ཕྱིས་བཙན་པོ་རིམ་བྱོན་གྱིས་བཀས་བསྐུལ་ནས་སངས་རྒྱས་བསྟན་པའི་འཆད་ཉན་དར་ཞིང་རྒྱས་པར་མཛད་ལ། དེ་ལའང་བསྟན་པ་སྔ་དར་ཕྱི་དར་གཉིས་སུ་ཕྱེ་བ་ལས་འདིར་ནི་བསྟན་པ་ཕྱི་དར་ཉིད་གཙོ་བོ་དང་། དེ་ལས་ཀྱང་བོད་ཀྱི་སའི་ཆ་འདི་དབུས་གཙང་རུ་བཞི་རུ་གྱེས་པའི་བྱེ་བྲག་གཡོ་རུའི་ལྷོ་བྱང་གཉིས་ལས་བྱང་རྒྱུད་དང་། དེ་ལས་སྐོར་སུ་གཡོར་པོ་ལུང་

པ་དགུ་འམ་གཡོ་རུའི་ལུང་ཚན་བཅོ་བརྒྱད་དུ་གྲགས་པའི་ཡུལ་ཚན་གྲ་དོལ་གཞུང་གསུམ་དུ་གདོད་མའི་དད་མོས་དང་བོན་གྱི་བསྟན་པའི་རིག་གནས་ཀྱི་རྒྱུན། ཁྱད་པར་སངས་རྒྱས་བསྟན་པའི་འབྱུང་རབས་ཏེ། སྔ་དར་བསྟན་པའི་འབྱུང་རབས་མདོར་བསྟན་ཚུལ་དང་། ཕྱི་བྲག་བསྟན་པ་ཕྱི་དར་ལས་དུས་རབས་བཅུ་གཅིག་པ་ནས་དུས་རབས་བཅུ་བདུན་པའི་ནང་ཡུལ་ཚན་དེ་གསུམ་གྱིས་སངས་རྒྱས་བསྟན་པ་སྤྱི་དང་སྒོས་བོད་བརྒྱུད་ནང་བསྟན་ཆོས་བརྒྱུད་རིས་མེད་ཀྱི་བསྟན་པའི་བྱ་བ་དང་འཆད་ཉན་སྒོམ་སྒྲུབ་སོགས་ལ་མི་དམན་པའི་ནུས་པ་ཞིག་ཐོན་ཚུལ། གྲ་དོལ་གཞུང་གསུམ་དུ་བསྟན་པ་སྔ་དར་དང་ཕྱི་དར་སྐབས་ལོ་པཎ་རྣམ་པས་སངས་རྒྱས་བསྟན་པར་ལག་རྗེས་ཇི་ལྟར་འཇོག་ཚུལ་དང་། བསྟན་པ་རྐང་ནས་གསོ་མཛད་མཁན་སློབ་དཔོན་པདྨ་འབྱུང་གནས་དང་མཁན་ཆེན་ཞི་བ་འཚོ། དེ་བཞིན་མཁས་པ་ཆེན་པོ་ཀ་མ་ལ་ཤཱི་ལ་སོགས་བྱོན་པའི་སྔ་དར་གྱི་མཁས་པ་དང་གྲུབ་པའི་དབང་ཕྱུག ཕྱི་དར་གྱི་བསྟན་པ་ལ་སྨན་པའི་ཚད་ཐུབ་དང་ལུང་གིས་ཟིན་པའི་སྐྱེས་བུ་དམ་པ་ཇོ་བོ་རྗེ་དང་ཕ་དམ་པ་སངས་རྒྱས། ཁ་ཆེ་པཎ་ཆེན་ཤཱཀྱ་ཤྲཱི་སོགས་བྱོན་ནས་བསྟན་པ་གྲ་མ་ཆག་གྲུ་མ་ཉམས་པར་རྒྱང་ནས་གསོ་བ་དང་དག་ཐེར་གྱི་མཛད་པའི་ཁུར་ཆེན་པོ་ལྷུར་བཞེས་ཏེ་བཤད་སྒྲུབ་ཀྱི་བསྟན་པ་སྤེལ་ཡུལ་གྱི་གནས་གཙོ་བོ་ཞིག་ཏུ་སོང་བ་གཞིར་བྱས། བོད་རང་གི་ལོ་པཎ་མང་དག་ཅིག་ཀྱང་གྲ་དོལ་གཞུང་གསུམ་དུ་འཁྲུངས་ལ། སྐྱེས་ཆེན་དམ་པ་མར་པ་ལོ་ཆེན་དང་། རྗེ་ཙོང་ཁ་པ། པཎ་ཆེན་བཀྲ་ཤིས་རྣམ་རྒྱལ། རྫོང་ཆེན་ཀུན་ལྷུན། གྲུབ་ཆེན་གླིང་རས་པ། གཉགས་ཕུ་བསོད་ནམས་བཟང་པོ། ཁྲིམས་ཁང་ལོ་ཙཱ་བ་བསོད་ནམས་རྒྱ་མཚོ། ཀརྨ་མི་བསྐྱོད་རྡོ་རྗེ། རྒྱལ་དབང་ལྔ་པ་ཆེན་པོ། ཇོ་ནང་ཏཱ་ར་ནཱ་ཐ། ཇོ་ནང་ཀུན་དགའ་གྲོལ་མཆོག ཏེ་ཧོར་སྐྱོར་དཔོན་སོགས་ཀྱང་ཡུལ་ཚན་དེ་གསུམ་

གང་ཙུང་དུ་ཞབས་བཅགས་ནས་ལུང་རིགས་རྣམ་དག་གིས་བསྟན་པར་རྨ་འབྱིན་པ་གསོས་པ་དང་འཆད་ཉན་ཉི་མ་ཤར་བ་ལྟར་མཛད་པའོ། །

གོང་ཞུས་ཡུལ་ཚན་གསུམ་གྱིས་བོད་ཀྱི་ཆོས་ལུགས་སྤྱི་དང་ཡང་སྒོས་བསྟན་པ་ཕྱི་དར་སྐབས་ཡུལ་ཚན་གཞན་དང་མི་འདྲ་བའི་དམིགས་བསལ་གྱི་འོས་བབ་བཟུང་བ་དང་། བོད་ཀྱི་ཏུས་ཚན་ཆེ་བ་ཁག་མཆེད་ཡུལ་གཙོ་བོའི་གྲས་ཡིན་ལ། བོད་ཡུལ་སྤྱི་དང་བྱེ་བྲག་གཡོར་པོའི་ཡུལ་རྣམས་ལ་ཤུགས་རྐྱེན་ཆེས་ཆེར་ཐེབས་ཤིང་། ཡུལ་དེ་དག་གི་སྔ་དུས་ཀྱི་ཡུལ་བཤད་ལ་སེམས་ནའང་བོད་ཀྱི་ཏུས་ཚན་ཆེ་བ་རྗོག་དང་གཉོས། ཟླ་དང་རོག སྣ་ནམ། དོལ། གཞུང་སོགས་ཀྱི་མཆེད་ཁུངས་ཤིག་ཏུའང་གྲུབ་ཡོད་དོ། །

གཞན་གདོད་མའི་དད་མོས་དང་བོན་གྱི་བསྟན་པ་དར་རབས། དེ་བཞིན་ནང་པའི་བསྟན་པའི་འབྱུང་རབས་དང་དར་ཞིང་རྒྱས་པའི་ཆ་ཡི་གེར་གྲགས་པའམ། ཕ་གཏམ་བུ་འཛགས་སུ་གནས་མུས་ཡིན་གཤིས་ཀྱང་། དེང་གི་ཆར་དེ་ལྟའི་བཤད་པའི་རྒྱུན་དང་འབྱུང་རབས་དག་ནི་རྐྱེན་དང་རྒྱུ་ཅི་རིགས་ཀྱི་ཆ་ནས་རྩ་གཏོར་རམ་དྲན་པའི་རྒྱུན་ཙམ་ལས་ལྷག་མེད་རྐྱེན། འདི་ལ་ཞིབ་འཇུག་བྱ་རྒྱུ་ནི་དགོས་པ་རླབས་པོ་ཆེ་བ་ཞིག་ཏུ་འདུག་པ་འདི་ལྟར་ཏེ། དེ་ཡང་ཡུལ་ཚན་དེ་གསུམ་གྱི་བསྟན་པ་སྤྱི་དང་བྱེ་བྲག་གདོད་མའི་དད་མོས་སོགས་ལ་དཔྱད་པ་དང་། བོད་ཀྱི་སྔ་དུས་ཀྱི་ཏུས་དང་ཏུས་ཚན་མཆེད་ཁུངས་ལ་ཞིབ་འཇུག དུས་དེ་ཤེད་ཙམ་ན་གདོད་མའི་དད་མོས་ཀྱི་སྣང་ཚུལ་དང་བན་བོན་གྱི་མཁས་པ་རྣམས་ཀྱིས་ལྟ་བ་གང་དང་གང་བཞེད་མིན། ལྟ་བ་དེ་འདྲ་ཞིག་བཞེད་པའི་དགོངས་པ་དངོས་ཅི་ཞིག་ཡིན་མིན། བན་བོན་རིག་གནས་ཀྱི་རྒྱུན་འདྲིས་ལུགས། ས་སྟེང་དང་ས་འོག་གི་གནའ་རྫས་སོགས་ལ་གཞིགས་ནས་ཞིབ་འཇུག་བྱ་གཞི་ཡོད་པ་ཉིད་ས

བོན་དུ་ཕྱས་ཏེ་ཨུ་མཐུད་ནས་ཞིབ་འཇུག་གནས་ལ་སྦྲོ་བ་འདི་ཉིད་ནི་དཔྱད་རྩོམ་འདིའི་ཞིབ་འཇུག་གི་དོན་སྙིང་ལགས་སོ། །

## གཉིས་པ། ཞིབ་འཇུག་གི་ཁྱད་ཆོས་དང་གསར་གཏོད་རང་བཞིན།

གྲ་དོལ་གཞུང་གསུམ་གྱི་ཆོས་འབྱུང་དང་ཡུལ་བཤད། དེ་བཞིན་ཡུལ་ཚན་དེ་གསུམ་དུ་བསྟན་པའི་ཕྱི་བའི་ཁུར་བཞེས་མཛད་ཀྱི་སྐྱེས་བུ་ཁག་གི་རྣམ་ཐར་དང་དུས་རབས་དེ་དག་ནང་བོད་ཀྱི་ཆོས་བརྒྱུད་ཁག་གི་འཕེལ་རིམ་གྱི་མེ་ལོང་དང་ལྟ་བའི་བཞེད་ཚུལ་གྱི་གནས་སྟངས་ལ་ཞིབ་འཇུག་བྱེད་པའི་ལྡེ་མིག་ལྟར་དུ་འགྱུར་བར་ངེས་ལ། དཔེ་རྙིང་དང་རྗོ་རིང་། སཙྪ་སོགས་དེང་གི་རྩོམ་ཡིག་ནང་མཐོང་དཀོན་པ་དག་དཔྱད་གཞིར་བཟུང་སྟེ་གུ་རུར་ཀུན་ནས་གྲ་དོལ་གཞུང་གསུམ་དུ་བོད་བརྒྱུད་ནང་བསྟན་གྱི་ལྟ་གྲུབ་ཇི་ལྟར་དར་ཚུལ་སྐོར་གནད་ཀྱི་གསལ་ཁ་གཏོད་ཡོད། །

## གསུམ་པ། རྒྱལ་ཁབ་ཕྱི་ནང་གི་ཞིབ་འཇུག་གི་གནས་བབ།

བོད་ཀྱི་ཆོས་ལུགས་རིག་གནས་ལ་ཁྱབ་ཆེ་ས་ནས་བན་བོན་གཉིས་སུ་ཕྱེ་བས་དེང་གི་ཆར་དེ་གཉིས་ལ་ཟབ་པ་དང་རྒྱ་ཆེ་བའི་ལམ་ནས་ཞིབ་འཇུག་བྱེད་མཁན་མང་དག་ཅིག་ཡོད་ལ། ཁྱད་པར་རིག་གནས་དེ་དག་དང་འབྲེལ་བའི་ཚོ་ག་ཕྱག་ལེན་དང་ལྟ་དགོངས་སོགས་ལ་ཉམས་ཞིབ་བྱེད་མཁན་ལོ་རེ་ནས་ལོ་རེར་མང་དུ་འགྲོ་མུས་ལགས་སོ། །

སྤྱིར་གོང་གསལ་རིག་གནས་དེ་དག་རྒྱལ་ཁབ་ཕྱི་ནང་གི་མཁས་པ་མང་པོས་ཞིབ་འཇུག་གི་རིན་ཐང་ཆེས་ཆེར་མངའ་བའི་རིག་ཚན་ཞིག་ཏུ་བརྩིས་ཏེ། གུ་རུར་

མི་འདྲ་བ་ནས་རྟོག་དཔྱོད་ཀྱི་ལས་ལ་ཞུགས་པ་མང་མོད། ཡུལ་ཚན་བྱེ་བྲག་པ་ཞིག་ཟུར་དུ་ཕྱུང་ནས་ཡུལ་དེ་གའི་རིག་གནས་དང་ཆོས་ལུགས་ཀྱི་ལྷ་དགོངས་སོགས་ལ་ཆེད་དུ་དམིགས་བཀར་གྱིས་ཞིབ་འཇུག་བྱ་མི་ཉུང་དཀོན་ལ། ཡང་སྐོར་གྲ་དོལ་གཞུང་གསུམ་དང་འབྲེལ་བའི་ཆོས་ལུགས་རིག་གནས་སྐོར་དང་དེ་ལས་འཕྲོས་ཏེ། བསྟན་འཛིན་སྐྱེས་བུ་ཁག་ཇི་ལྟར་བྱོན་ཚུལ། དེ་རྣམས་ཀྱི་ལྷ་དགོངས་ཇི་ཡིན་ལུགས་སོགས་ཀྱི་ཞིབ་འཇུག་དཔྱད་འབྲས་ཆེས་ཉུང་བའམ་ཕྱོགས་རེ་བ་ཙམ་སྟེ། འདིར་དཔེ་མཚོན་ཙམ་ཞུས་ན། ཡུལ་ཚན་དེ་གསུམ་གྱི་གདུང་རུས་ཀྱི་མཆེད་རབས་དང་། ཡུལ་མིང་གི་འབྱུང་རབས། དགོན་གྱི་གནས་སྟངས་དང་། མཁས་གྲུབ་རིམ་བྱོན་གྱི་ལྷ་སྒྲུབ་བཞེད་ཚུལ་སོགས་ལ་བསྐོར་ནས་དབྱི་ཏ་ལིའི་བོད་རིག་པ་སྨྲ་བ་ཐུ་ཆིའི་བོད་ཀྱི་ཆོས་ལུགས་ལྗོངས་རྒྱུ།[1] ཞེས་དང་།བོད་ཀྱི་ལྷ་སྲིན་སྐོར།[2] སོགས་མཛད་དོ། །

རྒྱལ་ནང་དུ་དགེ་རྒན་ཆེན་མོ་བ་དབང་རྒྱལ་གྱི་བོད་དར་སངས་རྒྱས་ཆོས་ལུགས་ལ་འཇུག་པ་[3]ཞེས་དང་། སློབ་དཔོན་ཧུང་ཞོལ་གྱི་བོད་བརྒྱུད་ནང་བསྟན་[4]ཞེས་དང་། དེ་བཞིན་གྲ་ནང་རྫོང་མི་དམངས་སྲིད་གཞུང་ནས་སྤེལ་བའི་གྲ་ནང་གི་ལོ་རྒྱུས་དང་འབྲེལ་བའི་གཏམ་[5]ཞེས་དང་། གྲ་ནང་རྫོང་གི་དཀར་ཆག་[6]དང་། གོང་དཀར་རྫོང་གིས་རྩོམ་སྒྲུར་བྱས་པའི་གོང་དཀར་རྫོང་གི་དཀར་ཆག་[7]དང་། སྤྲ་

① 图齐 著，耿昇 译：西藏宗教之旅，中国藏学出版社，2012.

② 勒内德内贝斯基沃杰科维茨 著，谢继胜 译：西藏的神灵和鬼怪，西藏人民出版社，1996.

③ 王尧，走进藏传佛教，中华书局，2013.

④ 弘学，藏传佛教，四川人民出版社，2012.

⑤ 扎囊史话

⑥ 西藏自治区地方志编纂委员会编：扎囊县志，中国藏学出版社，2022.

⑦ 汪德军：贡嘎县志，中国藏学出版社，2015.

གསལ་སྣང་གི་《སྦ་བཞེད།》དང་། མཆིམས་ཐམས་ཅད་མཁྱེན་པའི་《རྫོ་བོ་རྗེའི་རྣམ་ཐར་རྒྱས་པ།》དང་། སི་ཏུ་ཆོས་ཀྱི་འབྱུང་གནས་དང་འཇམ་དབྱངས་མཁྱེན་བརྩེ་དབང་པོ་རེ་རེ་ནས་མཛད་པའི་《དབུས་གཙང་གནས་ཡིག》དང་། རྣམ་རབ་ཐུབ་བསྟན་ངག་དབང་གི་《རྣམ་རབ་མཐོང་སྨོན་དྭགས་པོ་གྲྭ་ཚང་གི་ལོ་རྒྱུས།》གཞན་ཡང་འཇིགས་མེད་དཔལ་ལྡན་བཟང་པོའི་《རྒྱལ་གླིང་ཚོགས་པ་ལས་འཕྲོས་པའི་བདེན་གཏམ་དད་པའི་འཇུག་ངོགས།》དང་། ཡེ་ཤེས་ངག་དབང་གི་《གསུང་རབ་གླིང་དགོན་གྱི་རྟེན་གསུམ་དཀར་ཆག》ཅེས་དང་། 《གསུང་རབ་གླིང་དགོན་པའི་ལོ་རྒྱུས་》སོགས་བཞུགས་སོ། །དེ་དག་ནི་ཁོ་བོས་མཐོང་བའི་དེང་དུས་ཀྱི་རྒྱལ་ཕྱི་རྒྱལ་ནང་གི་རིག་གཞུང་ཞིབ་འཇུག་གི་ཁྲོད་ན་གནས་པའི་དཔྱད་གཞི་ཙམ་དུ་ཟད། གཞན་དུ་ན། གྲྭ་ནང་གི་ལོ་རྒྱུས་དང་དགོན་པ་ཁག་གི་དཀར་ཆག་དེ་བཞིན་དོལ་གྱི་ལུང་ཚན་འགའི་འབྲེལ་ཡོད་ཀྱི་སྔོན་བྱུང་གཏམ་སོགས་ཀྱང་ཐོན་དང་ཐོན་མུས་ཡིན། དེ་དག་ལས་བསྟན་པ་སྔ་དར་དང་སྨོས་དུས་རབས་བཅུ་པའི་དུས་མཇུག་ནས་བཅུ་བདུན་བར་གྱི་གཡོར་པོ་ལུང་དགུའི་ཡ་གྱལ་གྲྭ་དོལ་གཞུང་གསུམ་དང་འབྲེལ་བའི་སངས་རྒྱས་བསྟན་པའི་འཕེལ་རིམ་དང་། བསྟན་འཛིན་སྐྱེས་བུ་རྣམས་ཀྱི་ལྷ་དགོངས་སྐོར་གྱི་བཤད་པ། ཉུས་ཚན་འགའི་མཆེད་ཁུངས་ལ་སོགས་པའི་སྐོར་ལ་དཔྱད་པ་གནང་བའི་གྲུབ་འབྲས་ཉིན་མོའི་སྐར་མ་ལ་ཅོ་འདྲི་བའི་ངང་ཚུལ་བཟུང་བ་ལྟགས་ན། དཔྱད་རྩོམ་འདི་བརྒྱུད་གཡོ་རུའི་བྱང་བརྒྱུད་དམ་ཡར་ཀླུང་གཙང་པོའི་ལྷོ་རྒྱུད་ཀྱི་ལུང་ཚན་གྲྭ་དོལ་གཞུང་གསུམ་གྱིས་བོད་ཀྱི་རིག་གནས་ཡོངས་དང་ཁྱད་པར་ཆོས་བརྒྱུད་རིས་མེད་ཀྱི་ལྷ་གྲུབ་ཀྱི་དགོངས་པ་ཡོངས་སུ་རྫོགས་པར་སྨིན་པའི་ཆར་ནུས་པ་ཅི་འདྲ་ཞིག་ཐོན་མིན་དང་། དེས་བོད་ཀྱི་ཆོས་ལུགས་ཡོངས་ལ་ཤུགས་རྐྱེན་ཇི་ལྟར་ཐེབས་ཡོད་མིན། བོད་ཀྱི་རིག

གནས་ཁྲིད་གནས་བབ་ཇི་འདྲ་ཞིག་བཟུང་ཡོད་མིན་སོགས་ཀྱི་ཆར་དམིགས་ནས་རྩོམ་པའི་ལམ་ལ་འཇུག་པར་བྱའོ། །

# ལེའུ་དང་པོ། གྲ་རྡོལ་གཞུང་གསུམ་དུ་གདོད་མའི་དད་མོས་ཇི་ལྟར་དར་ཚུལ་སྐོར་གྱི་དཔྱད་པ།

གྲ་རྡོལ་གཞུང་གསུམ་ནི་ལོ་རྒྱུས་ཡིག་ཚང་ཁུངས་མ་རྣམས་ལ་བོད་དབུས་གཙང་རུ་བཞིར[1]ཕྱེ་བའི་གཡོ་རུའི་ས་ཁོངས་ཡིན། གཡོ་རུ་ཞེས་པ་ལ་སྐབས་འགར་གཡུ་རུ་དང་ལར་གཡོན་རུ། ཡང་གཡོར་པོའི་ཡུལ་ཞེས་པའི་ཐ་སྙད་བྱ་སྲོལ་སྣ་ཚོགས་སྣང་མོད། དོན་དུ་བཙན་པོའི་སྐབས་སུ་ཕྱེ་བའི་དམག་གི་རུ་ཞིག་གི་མིང་དུ་བྱའོ། །དེ་ལ་གཡོ་རུའི་སའི་ཁྱོན་ལ། ལྡེའུ་ཆོས་འབྱུང་དུ། "གཡུ་རུའི་རུ་མཚམས་ནི། ཤར་ཀོང་ཡུལ་བྲེས་སྣ།[2] ནུབ་ཁ་རག་སྤྱི་སྟུད།[3] བྱང་དམའ་ལ་

① རུ་བཞིའི་སྐོར་ལ་ཆོས་འབྱུང་དང་ཡིག་ཚང་ཁུངས་མ་རྣམས་སུ་གཙང་ཕྱོགས་ཀྱི་རུའི་གྲངས་འདྲེན་མི་འདྲ་བ་བྱུང་སྟེ། དཔྱ་ཆེན་བྲིས་མའི་བཤད་མཛོད་ཡིད་བཞིན་ནོར་བུའི་ལྡེབ་96པའི་ཞབས་ལྡེབ་སྟེ་ཤོག་ངོས་192ན། བར་དབུས་གཙང་རུ་བཞི་ནི། །རྩང་ན་གཡས་རུ་དང་གཡོན་རུ་གཉིས། །དབུ་རུ་གཡུ་རུ་ཉིས་བར་དབུས་རྩང་རུ་བཞི་ཟེར་རོ། །ཞེས་བྱུང་བ་དང་། སྤྱི་ལོ་1989ལོར་ཀན་སུའུ་མི་རིགས་དཔེ་སྐྲུན་ཁང་ནས་དཔར་བའི་བཀའ་ཆེམས་ཀ་ཁོལ་མའི་ལྟ་གས་དཔར་ཤོག་ངོས་58ནང་། དབུས་གཙང་རུ་བཞི་འདི་ལྟ་སྟེ། །གཡུ་རུ་དང་དབུ་རུ་གཉིས། །གཙང་གཡས་རུ་དང་གཡོན་རུ་སྟེ་བཞིའོ། །ཞེས་གསལ་ལ། ཆོས་འབྱུང་མཁས་དགའི་ལྟ་གས་དཔར་ཤོག་ངོས་101ནང་། གཙང་ལ་གཡས་རུ་དང་རུ་ལག དབུས་ལ་དབུ་རུ་དང་གཡོ་རུ་ཞེས་གསུངས་པ་སོགས་ལས་དེང་སང་མཁས་པའི་དགའ་སྟོན་གྱི་བཞེད་པ་ལྟར་བྱེད་པའི་ལུགས་ཤས་ཆེ།

② ཤར་ཀོང་ཡུལ་བྲེས་སྣ་ཞེས་པ་ནི་དེང་ཀོང་པོ་ཉིང་ཁྲི་རྫོང་ཁོངས་སུ་ཆགས།

③ ནུབ་ཁ་རག་སྤྱི་སྟུད་ཅེས་པ་ནི་དེང་ལྷོ་ཁ་གྲོང་ཁྱེར་སྣ་དཀར་རྩེ་རྫོང་ཁ་རག་ཤང་ཁོངས་ཇོ་མོ་ཁ་རག་ཅེས་པའི་གངས་རི་ཞིག་ཡོད་པ་དེ་ཡིན་ རི་དེ་ནི་སྔ་དུས་གཡོ་རུ་དང་རུ་ལག་གཉིས་ཀྱི་རུ་མཚམས་སུ་བྱེད། དེ་ལ་གངས་རྩེ་ཞེས་ཀྱང་བྲི་སྲོལ་སྣང་།

ལ་རྒྱུད།[①] ལྷོ་ཤ་ཝུག་སྟག་སྒོ།[②] དབུས་ཁྲ་འབྲུག་གོ།"[③]ཞེས་དང་། བཤད་མཛོད་ཡིད་བཞིན་ནོར་བུར། "བོད་གཡོ་རུ་པའི་ས་གཙད་[④]ནི་ཤར་གྱི་སྐོང་[⑤]ལྷ་ནག་པོ་[⑥]དེ། །ཕྱུགས་ཤར་ཐུར་དུ་རྒྱུགས་པ་འདྲ་བ་དེ། །མི་དང་མཚམས་སུ་ཡར་བཅད། །བྱང་རྣ་ལའི་རྒྱུ་[⑦]དེ། །ཁྲག་གསེར་གྱི་ཤ་ཕོ་ཉལ་བ་འདྲ། །མི་དང་མཚམས་སུ་ཡར་བཅད། །ནུབ་ཀྱི་ཁ་རག་སྒྱི་སྟོད་དེ། །ཁྲག་སེནྡྷེ་གནམ་དུ་འཕྱོང་བ་འདྲ། །དེ་མི་དང་མཚམས་སུ་མར་བཅད། །ལྷོ་ཤ་ཝུག་སྟག་མགོ་དེ། །ཁྲག་སྲིན་མོ་རལ་པ་གཡེང་བ་འདྲ། །མི་དང་མཚམས་སུ་ཡར་བཅད། །དབུས་གཙང་གཡུ་རུ་ཁྲ་འབྲུག་ལ་བྱས། །"[⑧]ཞེས་གསུངས་པ་ལས་གཡོ་རུའི་ས་མཚམས་རྣམས་རི་ལ་བྱེད་པ་དང་རི་དེ་དག་གི་དབྱིབས་དང་བཅས་པ་གསལ་བས་དེ་ནི་རིན་ཐང་ཅན་གྱི་དཔྱད་གཞི་ཡིན་པར་སེམས་ལ། ཆོས་འབྱུང་མཁས་དགར། "ཤར་གོང་ཡུལ་བྲེས་སྣ། ལྷོ་ཤ་ཝུག་སྟག་སྒོ ནུབ་ཁ་རག་གངས་རྩེ། བྱང་རྣ་ལ་ལ་བརྒྱུད། དབུས་ཚད་ཡར་ལུངས་ཁྲ

① བྱང་དམའ་ལ་ལ་རྒྱུད་ཅེས་པར་དམའ་ལ་ལ་བརྒྱུད་ཅེས་བྲིས་ན་གོ་བ་ལེགས་པར་སོང་། ཡིག་རྒྱུན་གཞན་ན་རྣ་ལ་ལ་བརྒྱུད་ཅེས་ཀྱང་བྱུང་། རི་བརྒྱུད་དེ་ནི་དབུ་རུ་དང་གཡོ་རུ་གཉིས་ཀྱི་རུ་མཚམས་སུ་བཤད་ཡོད། རྣམ་ཐར་རྙིང་པ་ཁ་ཅིག་ན་རྣ་ལ་ལ་བརྒྱུད་འདི་ཉིད་དབུ་གཡོ་གཉིས་ཀྱི་རུ་མཚམས་སུ་བྱས་པར་མི་སྣང་། གང་ལྟར་རི་དེ་ནི་སྐྱིད་ཆུ་དང་གཙང་ཆུ་གཉིས་ཀྱི་བར་ན་མཆིས།

② ལྷོ་ཤ་ཝུག་སྟག་སྒོ་ཞེས་པ་ནི་དེང་ལྷོ་ཁ་གྲོང་ཁྱེར་མཚོ་སྣ་རྫོང་ཁོངས་ལེགས་པོ་ཤང་ཤ་ཝུག་གྲོང་ཚོ་ཞེས་པ་དེའོ། །ད་ལྟའང་ཤ་ཝུག་སྟག་སྒོ་ཞེས་འབོད་སྲོལ་མཆིས།

③ མཁས་པ་ལྡེའུས་མཛད་པའི་རྒྱ་བོད་ཀྱི་ཆོས་འབྱུང་རྒྱས་པ། བོད་ལྗོངས་བོད་ཡིག་དཔེ་རྙིང་དཔེ་སྐྲུན་ཁང་། 2010ཤ 258

④ ས་གཙད་ཅེས་པ་འདི་ས་བཅད་ཅེས་བྲིས་ན་གོ་བ་ལེགས་པར་སེམས།

⑤ སྐོང་ཞེས་པ་རྐོང་དང་ཀོང་ཞེས་བྱུང་ལ། ཕལ་ཆེ་བར་རྐོང་དང་ཀོང་བྲི་བའི་ལུགས་སྣང་།

⑥ སྐོང་ལྷ་ནག་པོ་ཞེས་པ་ནི་ཀོང་བཙུན་དེ་མོ་ཡིན་ལས་ཆེ།

⑦ དེའི་བྲི་ཚུལ་དག་པ་ནི་བྱང་རྣ་ལའི་ལ་རྒྱུད་ཡིན་སོད། བཤད་མཛོད་ཡིད་བཞིན་ནོར་བུ་ལྷུགས་དཔར་མ་དང་། དབུ་ཆེན་བྲིས་མ་མི་འདྲ་བ་གཉིས་སུ་བྱང་རྣ་ལའི་རྒྱུ་ཞེས་བྱུང་བ་ནི་ཡིག་མཁན་གྱིས་ནོར་བ་འདྲ།

⑧ ངོན་དམ་སྨྲ་བའི་སེང་གེ བཤད་མཛོད་ཡིད་བཞིན་ནོར་བུ། བོད་ལྗོངས་བོད་ཡིག་དཔེ་རྙིང་དཔེ་སྐྲུན་ཁང་། 2016ཤ119

འབྲུག་ལ་བྱས་པ་གཡོ་ཏུ།”[①]ཞེས་གསུངས་པ་རྣམས་ཚིག་སྣ་རེ་གཉིས་ལ་མི་མཐུན་པ་བྱུང་ཡང་གཞི་རྩའི་ས་ཚིགས་གཅིག་ཁུ་འདུག་པ་དག་ལ་ཐུགས་མད་མོད། འོན་ཏེ་གཡོ་ཏུའི་བྱང་གི་ཏུ་མཚམས་བྱང་རྨ་ལ་ལ་བརྒྱུད་ཀྱི་ལྷོ་ངོས་ཀྱི་ཡུལ་ཚན་འཕྲང་པོ་སོགས་ནི་དབུ་ཏུའི་ས་ཆར་གཏོགས་ཏེ། མཁས་པ་ལྡེའུས་མཛད་པའི་རྒྱ་བོད་ཀྱི་ཆོས་འབྱུང་རྒྱས་པར་དབུ་ཏུའི་ཡུལ་དཔོན་ཚན་བཅུ་དྲུག་འཆད་པ་ལ། “དབུ་ཏུའི་ཡུལ་དཔོན་ཚན་བཅུ་དྲུག་ལ། སྟོད་ལུང་ལ་ཡུལ་དཔོན་གཅིག འཕགས་རྒྱལ་ལ་གཅིག གླུང་ཤོད་ལ་གཅིག མལ་གྲོ་ལ་གཅིག འདམ་ཤོད་ལ་གཅིག ཟ་གད་ལ་གཅིག རགྣ་ལ་གཅིག བ་ལམ་ལ་གཅིག ངན་ལམ་ལ་གཅིག བྲང་ཡུལ་ལ་གཅིག དབུལ་སྡེ་ལ་གཅིག གཟད་ཚུ་ཤུལ་ལ་གཅིག འཕྲང་པོ་ལ་གཅིག །”[②]ཅེས་གསལ་བས་བྱང་རྨ་ལ་ལ་བརྒྱུད་དབུ་ཏུ་གཡོ་ཏུ་གཉིས་ཀྱི་ཏུ་མཚམས་སུ་བྱེད་པ་སྤྱི་བས་ཀྱི་དབང་དུ་བྱས་པ་ལས་ཞིབ་ཁུ་དེ་ལྟར་ཡིན་པའི་ངེས་པ་མེད་པར་སེམས་ལ། དེ་ལྟའི་ཏུ་བཞིའི་དབྱེ་མཚམས་ཐད་དཔྱད་པ་གནད་འཕིགས་པ་ཞིག་བྱ་རྒྱུ་གལ་ཆེ་ཞིང་། ལོ་རྒྱུས་དེབ་ཐེར་དང་རྣམ་ཐར་སོགས་གང་མང་ཞིག་མཇལ་ཐུབ་ན་གཞི་ནས་དེའི་སྐོར་གསལ་ཁ་ཞིག་ཡོང་སྲིད་དུ་ཡིན་གྱི། སྔར་གྱི་ཆོས་འབྱུང་མཁན་པོའི་གསུང་ལ་ཐོ་འཚམས་པ་ནི་མིན་ནོ། །

དེས་ན། མཁས་པ་ལྡེའུའི་ཡར་སྟོན་གྱི་ལོ་རྒྱུས་སྙིང་པ་རྣམས་ལ་ཏུ་བཞིའི་དབྱེ་མཚམས་འདོད་ཚུལ་མཐའ་གཅིག་ཁུ་གོང་སྨྲོས་རྣམས་དང་མཐུན་མིན་ཆ་ལ་དཔྱད་པའི་གཞི་ཆེ་བས་དེ་དག་གི་ཁུངས་སྣར་གྱི་ཡི་གེ་སྙིང་པ་ཅི་འདྲ་ཞིག་ལ་

① དཔའ་བོ་གཙུག་ལག་ཕྲེང་བ། ཆོས་འབྱུང་མཁས་པའི་དགའ་སྟོན། མི་རིགས་དཔེ་སྐྲུན་ཁང་། 2012 ཤ101

② མཁས་པ་ལྡེའུས་མཛད་པའི་རྒྱ་བོད་ཀྱི་ཆོས་འབྱུང་རྒྱས་པ། བོད་ལྗོངས་བོད་ཡིག་དཔེ་སྙིང་དཔེ་སྐྲུན་ཁང་། 2010 ཤ 258

གཏུགས་མིན་སྐོར་ནི་གསང་བ་ཞིག་ཏུ་སོང་བས། རྗེ་དོན་རུ་བཞིའི་རུ་མཚམས་དེང་སང་མཇལ་བའི་དབྱེ་བ་དང་ཆ་མཚུངས་མི་མཚུངས་དེ་རྟོག་དཔྱོད་གནང་གལ་ཆེའོ། །གཡོ་རུའི་ཡུལ་འདིར་ལྷོ་བྱང་གཉིས་སུ་བྱས་ནས་ཁྲིན་གཡོར་པོའི་ལུང་ཚན་བཅོ་བརྒྱད་ཅེས་བཤད་པ་ལ། བཤད་མཛོད་ཡིད་བཞིན་ནོར་བུར། "གཡུ་རུ་ལྷོ་བྱང་གཉིས་ཀྱི་དབྱེ་བ་ནི། །སྟོད་ཀྱི་སྦྲ[①]དོལ་གཞུང་གསུམ་དེ། །རྒྱལ་པོ་གདན་ལ་བཞུགས་པ་འདྲ། །བར་གྱི་ཨེ་གཉལ་ཡར་གསུམ་དེ། །གཙོ་བོ་མདུན་བགྲོས་བྱེད་པ་འདྲ། །སྨད་ཀྱི་བྱར་དྭགས་ཀོང་གསུམ་དེ། །བཙུན་མོ་གཡོ་རྩོལ་བྱེད་པ་འདྲ། །གཡུ་རུ་བྱང་ཕྱོགས་ས་ཁུལ་ཡིན། །སྟོད་ཀྱི་བྱར་དྭགས་གང་གསུམ་དེ། །འབྲོང་པོ་རྩི་ཐོག་ཉབ་པ་འདྲ། །མི་དཔའ་རྟ་མགྱོགས་ལོངས་སྤྱོད་ཆེ། །བར་གཏམ་ཤུལ་གྲུ་ཤུལ་ཆུ་ཤུལ་གསུམ། །རྒྱ་སྟག་ནགས་ལ་མཆོངས་པ་འདྲ། །ཀླ་མ་ཡ་རབས་འཁྲུངས་ས་ཡིན། །ཕོ་མཐུ་རྫོང་རྩན[②]ཡོན་ཏན་ཡིན། །སྨད་ཀྱི་ལོ་རོ་ལུང་གསུམ་དེ། །གླང་ཆེན་དྲེས་སུ་ཉལ་བ་འདྲ། །དཀར་མོ་གནས[③]ཀྱི་སྐྱེ་ས་བཟང་། །ལས་སྒོ་བརྒྱད་ལྡན་དགོས་པ་ཚང་། །དེ་རྣམས་གཡུ་རུ་ལྷོ་ཕྱོགས་ས་ཁུལ་ཡིན། །"[④]ཞེས་གསུངས་པའི་ལུགས་འདི་ཀོ་ལེགས་བཤད་དམ་པ་གཅིག་ཏུ་མཐོང་ངོ་། །གཞན་དུ་གཡོར་པོའི་ཡུལ་དགུ་འམ་བཅོ་བརྒྱད་ལ་སོགས་པའི་བརྗ་མཛད་ཀྱང་དོན་དུ་གོང་སྨོས་ལུང་ཚན་དེ་དག

① བཤད་མཛོད་ཡིད་བཞིན་ནོར་བུ་ལྷུགས་དཔར་མ་དང་དབུ་ཆེན་བྲིས་མ་ཞིག་གི་ནང་དུ་གྲ་ཞེས་པར་སྦྲ་ཞེས་བྱུང་བ་དང་། དབུ་ཆེན་བྲིས་མ་གཞན་ཞིག་ན་གྲ་ཞེས་བྱུང་སྟེ། བྲིས་མ་དེའི་ལྡེབ་99པའི་ཞབས་ལྡེབ་སྟེ་ཤོག་ངོས་196ནང་། སྟོད་ཀྱི་གྲ་དོལ་གཞུང་གསུམ་དེ། ཞེས་གསུངས་པས་སྦྲ་དང་གྲ་གང་རུང་བྱ་བའི་ལུགས་མཆིས།

② རྩན་ཞེས་པ་བཙན་དུ་བྱས་ན་གོ་བ་ལེགས་སོ། །

③ གནས་ཞེས་པ་ནས་ཞེས་པ་ཡིན་པར་ངེས།

④ དོན་དམ་སྨྲ་བའི་སེང་གེ བཤད་མཛོད་ཡིད་བཞིན་ནོར་བུ། བོད་ལྗོངས་བོད་ཡིག་དཔེ་རྙིང་དཔེ་སྐྲུན་ཁང་། 2016ཤ119–120

ལས་མ་འདས་སོ། །གྲ་དོལ་གཞུང་གསུམ་གཡོ་རུ་ལྗོ་བྱང་གཉིས་ལས་བྱང་གི་ས་ཕྱོགས་དང་གཡོར་སྟོད་ཅེས་པའི་ཡུལ་ཚན་དུ་གོ་ལ། གཡོར་པོར་ཕྱི་ནང་གཞུང་གསུམ་དུ་བྱས་པའི་གཞུང་གི་ཁོངས་སུ་གཏོགས་པར་སེམས། གཡོ་རུ་ལྗོ་བྱང་གཉིས་ནི་ཡར་ཀླུང་གཙང་པོར་བལྟོས་པའི་ཐ་སྙད་ཅིག་མིན་ཏེ། དེ་ནི་ཡར་འབྲོག་གཡུ་མཚོས་ལྗོ་བྱང་ཕྱེ་ནས་དབྱེ་བ་མིན་ནམ་སྙམ།

གྲ་དོལ་གཞུང་གསུམ་གྱི་ཡུལ་དུ་དམངས་ཁྲོད་དད་མོས་ཇི་བྱུང་སྐོར་སྐོར་ན། ཡུལ་ཚན་དེ་གསུམ་གྱི་གྲུ་ཟུར་ཀུན་ན་གདོད་མའི་དད་མོས་མང་དག་ཅིག་ད་ལྟའི་ཆར་ཡང་འཛིན་སྐྱོང་སྤེལ་གསུམ་བྱ་ཡི་ཡོད་ལ། གདོད་མའི་དད་མོས་དེ་རྣམས་མཐའ་གཅིག་ཏུ་དད་མོས་རྐྱང་པ་ཙམ་མིན་པར་བན་བོན་རིག་གནས་ཀྱི་ཤན་དངོས་ཤུགས་བརྒྱུད་གསུམ་གྱི་སྒོ་ནས་ཞུགས་པ་དང་། ལོ་རྒྱུས་ཀྱི་ཆུ་རྒྱུན་རིང་མོའི་འགྲོས་དང་བསྟུན་ཏེ་གསུམ་འདུས་ཅན་གྱི་དད་པའི་རིག་གནས་ཤིག་ཏུ་གྲུབ་པ་མ་ཟད། དད་པའི་སྟོབས་ལས་འབྲུངས་པའི་རིག་གནས་དེ་རྣམས་ཐོག་མར་ཆེས་གདོད་མའི་བཀླལ་པ་ཡ་ཐོག་གི་དད་མོས་ནས་རིམ་གྱིས་བོན་ཆོས་དང་། སངས་རྒྱས་ཆོས་ལུགས་གསུམ་གའི་རིག་གནས་ཀྱི་རྒྱུན་ཤ་སིམ་རུས་སིམ་དུ་སོང་བས། བོད་འདིར་མཚོན་ན་དད་མོས་རིག་གནས་རྣམས་ཆ་ཡོངས་སུ་རྫོགས་པའི་སངས་རྒྱས་ཆོས་ལུགས་ཀྱི་དད་མོས་རྐྱང་པར་སྨྲ་མི་ནུས་མོད། གང་ལྟར་བསྟན་པ་ སྔ་དར་སྐབས་བྱུང་བའི་རྫོགས་པ་ཆེན་པོའི་ལུགས་དང་འདྲེས་པའི་ཆ་ག་མང་དག་ཅིག་ཡོད་སྐོར་ལོ་རྒྱུས་དང་བསྐང་འཕྲིན་ཉིང་མ་དག་ལ་གཟིགས་ན་ཤེས་སོ། །འོ་ན་གྲ་དོལ་གཞུང་གསུམ་དུ་རྫོགས་པ་ཆེན་པོ་དང་འབྲེལ་བའི་ཆ་ག་ཕྲུག་ལེན་མང་དུ་ཡོད་མོད་ཀྱང་། འདིར་ནི་གྲ་དོལ་གཞུང་གསུམ་གྱི་ཡུལ་ཚན་སོ་སོའི་ཆ་ག་ཁྱེ་བྲག་པ་ཁ་ཅིག་དང་། ཡུལ་ཚན་དེ་གསུམ་ཐུན་མོང་གི་གསོལ་

མཆོད་གཅིག་བཅས་གླེང་བར་སྤྲོའོ། །དེ་ལ་གྲ་དོལ་གཞུང་གསུམ་གྱི་ཡུལ་ཚན་རྣམས་སུ་རྒྱ་ཁྱབ་ཏུ་སོང་བའི་རྫོགས་པ་ཆེན་པོ་དང་འབྲེལ་བའི་ཆོ་གའི་ཆར་དྲངས་ན། གྲའི་འགག་རྩ་[1]ལྷ་མོའི་དད་མོས་དང་། དོལ་གྱི་འཁྲོང་སྦྱགས་རྒྱལ་དང་འཆམས་པའི་གསོལ་མཆོད། ལྷ་ཉ་པའི་དད་མོས་གསུམ། གཞུང་ཁུལ་གྱི་དད་མོས་ལ་ནི་ཨ་ཕོ་ལྷ་དགའི་གསོལ་ཁ་བཅས་སོ། །གྲ་དོལ་གཞུང་གསུམ་གྱི་མཐུན་གྱི་རྫོགས་པ་ཆེན་པོ་དང་འབྲེལ་བའི་ཆོ་ག་ནི་ཚུ་རྒྱུད་རྒྱལ་པོའི་གསོལ་མཆོད་ཉིད་དོ། །དེ་ཡང་ཐོག་མར་ཆོ་ག་དེ་དག་མ་གླེང་གོང་གྲ་དོལ་གཞུང་གསུམ་གྱི་ཡུལ་གྱི་སྤྱི་བཤད་སྨྲ་བར་བྱའོ། །

## ས་བཅད་དང་པོ། གྲ་དོལ་གཞུང་གསུམ་གྱི་ཡུལ་གྱི་སྤྱི་བཤད།

གྲ་དོལ་གཞུང་གསུམ་ནི་གཡོ་རུའི་ཡུལ་ཚན་གལ་ཆེན་ཞིག་སྟེ་པོ་རྒྱས་ཐོག་ཡུལ་ཚན་དེ་གསུམ་དུ་གདོད་མའི་ཆོས་ལུགས་དར་ཆེ་བ་དང་། བོན་གྱི་རིག་གནས་དར་རྗེ་དར་དུ་སོང་བ། དེ་བཞིན་དུས་ཕྱིས་བསམ་ཡས་གཙུག་ལག་ཁང་བཞེངས་བར་བྱས་པའི་སངས་རྒྱས་ཆོས་ལུགས་ཀྱི་དད་པའི་ས་བོན་ནས་མྱུ་གུ་འབུད་ཅིང་། རིམ་གྱིས་འབྲས་བུ་འདོགས་སའི་ཡུལ་ཚན་གནད་ཆེན་པོ་ཞིག་ཏུ་གྱུར་ཡོད། དེས་ན་ཡུལ་ཚན་དེ་གསུམ་གྱི་རིག་གནས་ཀྱི་རྒྱུན་ལ་རྟོག་ཞིབ་བྱེད་པར་གཞི་རྩ་ཡུལ་ཚན་དེ་གསུམ་གྱི་མིང་གི་བྱུང་བའི་ཆར་ངེས་ཤེས་སྐྱེ་དགོས་པར་སེམས། འདིར་དོན་ཚན་བཞིའི་དབང་དུ་བྱས་ནས་གླེང་ན་འདི་ལྟར་ཏེ།

---

[1] འགག་རྩ་ཞེས་པའི་ཡུལ་མིང་གི་འབྲི་རྒྱུན་ལ་འགར་ཚ་དང་འགག་ཚ། འགག་རྩ་སོགས་སྣང་བས་འགར་ཚ་ཞེས་པ་ནི་ཀླངས་ཀྱི་པུ་ཏི་བསེ་རུ་རྒྱས་པར་གསལ་བ་དང་། རྒྱལ་དབང་ལྔ་པའི་རྣམ་ཐར་དུ་ཀུ་ལའི་གོས་བཟང་དུ་འགག་རྩ་ཞེས་བྱུང་བས་འདིར་ནི་འགག་རྩ་ཞེས་བྲི་བར་བྱའོ། །

## དང་པོ། གྲྭ་ཞེས་པའི་ཡུལ་མིང་དང་དེའི་དོགས་དཔྱོད།

གྲྭ་ཞེས་པའི་ཡུལ་ནི་གཡོར་པོ་ལུང་པ་དགུའི་ཏོག་གམ་ཕུད་ཡིན་ཏེ། ཐམས་ཅད་མཁྱེན་པ་པཎ་ཆེན་བྱམས་པ་གླིང་པའི་རྣམ་ཐར་ལས། "གཡོར་པོ་ཡུལ་དགུའི་ནང་ནས་མཆོག་ཏུ་གྱུར་པ། མཁས་བཙུན་གྲངས་མེད་ཐོན་པའི་ས་ཕྱོགས། དགེ་མཚན་དུ་མ་དང་ལྡན་པའི་ཡུལ་གྲུ་ཆེན་པོ་གྲྭ།"[①]ཞེས་གསུངས་པ་བཞིན་གྲྭ་ནང་མཁས་པ་མི་བཞི[②]དང་གྲྭ་ནང་སྐྱེས་བུ་བཅུ་གསུམ[③]དུ་གྲགས་པ་རྣམས་ཐོན་པའི་ཡུལ་ཕུན་སུམ་ཚོགས་པའི་གནས་ཤིག་དང་། བསམ་ཡས་དང་ཐག་ཉེ་ཞིང་། སྔར་བཙན་པོ་རྣམས་ཀྱི་འདུན་མ་བསྡུ་བའི་གནས་གལ་ཆེན་ཞིག་དང་། ཡ་ཐོག

① མཁས་དབང་བྱང་ཆུབ་དགེ་ལེགས། ཐམས་ཅད་མཁྱེན་པ་བྱམས་པ་གླིང་པ་ཆེན་པོའི་རྣམ་པར་ཐར་པའི་ངོ་མཚར་གྱི་ཕྲེང་བ་ཞེས་བྱ་བ་བཞུགས་སོ། གྲྭ་ནང་བྱམས་པ་གླིང་དགོན་ནས་བསྒྲིགས། ནང་ཁྲུལ་དཔར་མ། ཤ 5–6

② གྲྭ་ནང་མཁས་པ་མི་བཞི་ནི་ཕྱུག་པ་དཔལ་མགོན་ལྷུན་གྲུབ་དང་། ལྗོམ་བུ་དོན་གྲུབ་དབང་རྒྱལ། གླུ་ཆུ་རབ་བརྟན་ཀུན་བཟང་། བསམ་ཐར་བྱ་བཟང་མགོན་པོ་བཅས་སོ། །

③ གྲྭ་ནང་སྐྱེས་བུ་བཅུ་གསུམ་ཞེས་པ་ལ་དམངས་ཁྲོད་དུ་བཤད་སྲོལ་སྣ་ཚོགས་ཤིག་བྱུང་ལ། ད་ལྟ་ཡིག་ལམ་དུ་འཁོད་པའི་སྐོར་ནི་ཁོ་བོས་མ་མཇལ་བས་མཁས་པ་དེ་རྣམས་ཀྱི་སྐོར་ཞིབ་ཆ་ཞིག་ཞུ་ཐབས་བྲལ། དམངས་ཁྲོད་དུ་སྐྱེས་བུ་བཅུ་གསུམ་རྣམས་དུས་གཅིག་ཏེ་ཉིན་གཅིག་ནང་འཁྲུངས་པར་བཤད་ཀྱང་། དེ་ལ་ཡིད་རྟོན་རུང་བའི་གནད་ནི་མེད་དོ། །གཞན་མཁས་པ་དེ་རྣམས་ལ་གྲྭ་ནང་སྐྱེས་བུ་བཅུ་གསུམ་ཞེས་གསུངས་མོད། དོན་དུ་གྲྭའི་ཡུལ་དང་འབྲེལ་བའི་མཁས་པ་མི་བཅུ་གསུམ་དུ་བྱས་ན་འཚམས་པར་སེམས་ཏེ། མཁས་པ་དེ་རྣམས་ཀྱི་ཁྲོད་གྲྭ་ཕྱི་དང་སྣྲགས། གྲྭའི་ཡུལ་དུ་མ་འཁྲུངས་ཀྱང་མཇད་པ་བཞེས་པར་བསྐོས་ནས་སྐྱེས་བུ་བཅུ་གསུམ་གྱི་མཚན་ཁོངས་སུ་དྲངས་པའི་ཕྱིར། དུས་ཀྱི་ཆར་བསྟན་པ་སྟོ་དར་ནས་དུས་རབས་བཅུ་བདུན་ཡས་མས་ཀྱི་མཁས་པ་ཅི་རིགས་བྱུང་བས་དུས་གཅིག་ཏུ་འཁྲུངས་པའི་སྨྲ་བ་ལྟོག་པའོ། །གྲྭའི་སྐྱེས་བུ་བཅུ་གསུམ་གྱི་མཚན་ཐོ་དྲངས་ཚུལ་སྐོར་ཙམ་སྨོས་ན། གཟུས་རྡོ་རྗེ་རྒྱལ་མཚན་དང་། གཏེར་སྟོན་གྲྭ་མདོན། རོག་ཤེས་རབ་འོད།ཀློ་མདོ་ཐམས་ཅད་མཁྱེན་པ། སྐྱེས་བུ་ཡེ་ཤེས་རྡོ་རྗེ། རྡོ་རྗེ་གླིང་པ། ཡར་རྗེ་ཨུ་རྒྱན་གླིང་པ། འདུལ་བ་འོད། བྱམས་པ་གླིང་པ། ཀློང་ཆེན་རབ་འབྱམས། འབྲུལ་ཞིག་སེང་གེ་རྒྱལ་བ། དགའ་ཆེན་ཐུབ་སྟོབས་དབང་ཕྱུག གཉགས་ཀུ་མ་རཱ་ཛ་ཞེས་དང་། ཁ་ཅིག་གིས་དགའ་ཆེན་ཐུབ་སྟོབས་དབང་ཕྱུག་དང་གཉགས་ཀུ་མ་རཱ་ཛའི་དོད་དུ་རྗོང་པ་ཀུན་དགའ་རྣམ་རྒྱལ་དང་ཁྲི་ཆེན་དཀོན་མཆོག་ཆོས་འཕེལ་དྲངས་སྲོལ་མཆིས་ལ། ལར་སྐྱེས་བུ་བཅུ་གསུམ་གྱི་མཚན་ཐོའི་གྲས་ན་མཁའ་འགྲོ་ཡེ་ཤེས་མཚོ་རྒྱལ་དང་གཏེར་བདག་གླིང་པ་ཡབ་སྲས་ཀྱང་འཛོག་གོ །

གདོད་མའི་དད་མོས་དར་ཞིང་རྒྱས་ལ། བར་དུ་བོན་བསྟན་རྩ་ལག་རྒྱས་ས། མཐར་སངས་རྒྱས་བསྟན་པའི་རིང་ལུགས་ཀྱི་གནད་སྙིན་ས་ཞིག་ཀྱང་ཡིན་པས། ཡུལ་གང་དེས་བོད་ཀྱི་ལོ་རྒྱུས་ཐོག་གནས་བབ་མི་དམན་པ་ཞིག་བཟུང་ཡོད་པ་ནི་སྨོས་མེད་ལགས་སོ། །

དེ་ཡང་བསྟན་པ་སྔ་དར་དུས་བསམ་ཡས་གཙུག་ལག་ཁང་ལྟེ་བར་བྱས་པའི་སངས་རྒྱས་ཆོས་ལུགས་ཀྱི་བསྟན་པའི་བདག་པོ་སློབ་དཔོན་པདྨ་འབྱུང་གནས་དང་མཁན་ཆེན་ཞི་འཚོ་ཡབ་སྲས་སོགས་ཀྱིས་གྲའི་ཡུལ་དེ་ཕྱོགས་ཞབས་ཀྱིས་བཅགས་སྐྱོང་བ་དང་། བསྟན་པའི་ཡོན་བདག་དང་རྗེས་འཇུག་སྐྱིང་ཁམས་ཆུང་བ་སྣ་ནམ་དང་ཤུད་པུའི་ཁྱིམ་བརྒྱུད་ཀྱི་ཁྱིམ་གཞིས་གྲའི་ཡུལ་དུ་ཡོད་པ་མ་ཟད། བསྟན་པ་ཕྱི་དར་གྱི་འགོར་གླུ་མེས་དང་གཟུས་རྡོ་རྗེ་རྒྱལ་མཚན་སོགས་སྨད་འདུལ་གྱི་མཁན་བུ་རྣམས་ཀྱི་འདུལ་བསྟན་གསོ་མཛད་ཀྱི་རྟེན་གཞི་ཐར་པ་གླིང་དགོན། གཟུས་ཀྱི་མཁན་བུ་གཏེར་སྟོན་གྲ་མདོན་ལ་སོགས་པའི་གཏེར་སྟོན་རིམ་བྱོན་དང་སྡེ་པ་ཡར་རྒྱབ་པའི་①གནས་གཞི་དང་། པཎ་ཆེན་གྱི་སྡོམ་རྒྱུན་རྗེ་གདན་ཚོགས་པ་སྡེ་བཞིའི་གནས་གཞིའི་གྲུས་གྲ་ཕྱི་ཚོང་འདུས་ཚོགས་པ་དང་། རྒྱལ་གླིང་ཚོགས་པ་སོགས་དང་། རྗེ་བོ་རྗེ་དང་ཕ་དམ་པ་སངས་རྒྱས། ཁ་ཆེ་པཎ་ཆེན་ཤཱཀྱ་ཤྲཱི་སོགས་རྒྱ་བལ་གྱི་བསྟན་པའི་བདག་པོ་རྣམས་དང་། ཕྱིས་བྱོན་གངས་ཅན་ཆོས་བརྒྱུད་འཛིན་པ་མ་ཅིག་ལབ་སྒྲོན་དང་གྲུབ་ཆེན་གླིང་རས་པདྨ་རྡོ་རྗེ། དེ་བཞིན་འཇམ་མགོན་ཙོང་ཁ་པ་དང་ཀུན་མཁྱེན་འཇིགས་མེད་གླིང་པ་དང་རྒྱལ་དབང་སྐུ་ཕྲེང་རིམ་བྱོན། གཞན་ཛོ་ནང་སྒྲོལ་བའི་མགོན་པོ་②དང་ས་ལུགས་ཀྱི་མཁས་པ་རྫོང་ཆེན་

① སྡེ་པ་ཡར་རྒྱབ་པ་ནི་སློབ་དཔོན་ཐུ་མིའི་བརྒྱུད་པ་ལས་མཆེད་པ་ཞིག་གོ །ཡར་རྒྱབ་ཅེས་པ་ཡར་ཀླུང་གི་རྒྱབ་ལ་གོ་བར་མིན་ནམ་སྙམ།

② ཛོ་ནང་སྒྲོལ་བའི་མགོན་པོ་ནི་ཛོ་ནང་ཏཱ་ར་ནཱ་ཐའི་མཚན་བོད་འགྱུར་ཅན་ལ་གོ།

ཀུན་དགའ་ལྡན་གྲུབ་སོགས་ཆོས་བརྒྱུད་རིས་མེད་ཀྱི་སྐྱེས་ཆེན་དམ་པ་ཕལ་མོ་ཆེ་བྱོན་ནས་བཤད་སྒྲུབ་ཀྱི་ལུང་རྟོགས་བསྟན་པ་འཛིན་སྐྱོང་སྤེལ་གསུམ་དང་འཆད་རྩོད་རྩོམ་པའི་རྣམ་གཞག་སྐོར་བཙུད་དཀའ་བའི་བྱ་བའི་ཁུར་ཆེན་པོ་འདེགས་པའི་སའི་ཆ་ཡང་ཡིན་ནོ། །དེས་ན་དེ་ལྟ་བུའི་ཡུལ་གྱི་མིང་འགྲེལ་བྱ་རྒྱུ་ནི་དེ་ལྟའི་རིག་གནས་ཀྱི་རྒྱུན་དར་བའི་གནད་ལ་ཞིབ་འཇུག་བྱ་བར་མཁོ་བས་ཁྲ་ཞེས་པའི་ཡུལ་མིང་སྐོར་བཤད་པ་ལ། ཁྲ་ཞེས་པའི་ཡུལ་མིང་ཡི་གེ་རྙིང་པ་རྣམས་དང་རྣམ་ཐར་སོགས་སུ་འབྲི་སྲོལ་ཇི་ཡོད་སྐོར་དང་། ཁྲ་ཞེས་པའི་ཡུལ་མིང་གི་འགྲེལ་ཚུལ་ཁག་གི་བཤད་པ་དང་། རང་གི་འདོད་པ་བརྗོད་པ་རྣམས་སོ། །

སྤྱིར་ཁྲ་ཞེས་པའི་ཡུལ་མིང་འདིའི་འབྲི་ཚུལ་ལ་ཁྲ་དང་དྲ། གཞན་སྒྲ་དང་ཁྲྭ་སོགས་ཡོད་པ་ལས་ཡིག་རྙིང་རྣམས་སུ་དྲ་དང་དྲྭ་གང་རུང་སྤྱོད་པ་དང་། རྣམ་ཐར་ཆོས་འབྱུང་ཁག་ཏུ་དྲ་དང་ཁྲ་གཉིས་ཅི་རིགས་བྱས་པ། ཆོས་འབྱུང་འགར་སྒྲ་དང་དཀྲ་ཞེས་པ་བྲིས་པར་སྣང་ལ། ལར་ཁྲྭ་ཞེས་པ་བྲི་བ་སོགས་ཡིག་རྒྱུན་སྣ་ཚོགས་སུ་སོང་། དེ་དག་ལས་ཏུན་ཧོང་ཡིག་རྙིང་དང་མཁས་པ་ལྡེའུས་མཛད་པའི་རྒྱ་བོད་ཀྱི་ཆོས་འབྱུང་རྒྱས་པ་གཉིས་སུ་ཡུལ་དེའི་མིང་གི་བྲིས་གཟུགས་ལ་“དྲ་”ཞེས་བྱུང་སྟེ། ཏུན་ཧོང་ཡིག་རྙིང་P.T.1288ཡི་ནང་དུ། “ཕགི་ལོ་ལ་བབསྟེ། དབྱར་བཙན་པོ་ན་མར་ན་བཞུགས། གོག་ཡུལ་དུ་རྒྱའི་ཕྱིམ་པོ་བྱུང་སྟེ། སྤུ་ཤ་དང་གོག་སྟོརད། དགུན་བཙན་པོ་བྲག་མར་ན་བཞུགསྟེ། དགུན་འདུན་དྲའི་རྩེ་གོར་བློན་ཅེ་ཅུང་བཟང་དང་། འདལ་ལྟོང་ཅབ་དང་བློན་མང་པོ་རྗེ་དང……”① ཞེས་དང་། “ལུག་གི་ལོ་ལ། བཙན་པོ་དབྱརད་བལ་པོ་ན་བཞུགས་ཤིང་། འདུན་མ་

① 黄布凡、马德ཏུན་ཧོང་བོད་ཀྱི་གནའ་བོའི་ལོ་རྒྱུས་ཡིག་ཆའི་བསྒྱུར་ཡིག་དང་མཆན་འགྲེལ། 甘肃教育出版社. 2000 p32

དྲའི་གྲོ་ཕུར་[1]འདུས་པ་ལས། མགར་བཙན་ཉེན་གུང་རྟོན་གློ་བ་རིང་སྟེ། བཙན་པོ་ལྟམ་དུ་གཤེགས།"[2]ཞེས་དང་། ཡང་དེ་ཉིད་ལས། "ལུག་གི་ལོ་ལ། བཙན་པོ་དབྱརད་བལ་པོ་ན་བཞུགས། དབྱར་འདུན་དྲའི་ཟར་ཕུར་[3]ཞང་བཙན་ཧོ་རེ་དྲ། བློན་ཁྲི་སུམ་རྗེས་བསྡུ་སྟེ།"[4]ཞེས་པ་རྣམས་སུ་"དྲ་"ཞེས་གསལ་བ་དང་། མཁས་པ་ལྡེའུས་མཛད་པའི་རྒྱ་བོད་ཀྱི་ཆོས་འབྱུང་རྒྱས་པར། "ཀླུ་མེས་ཁམས་སུ་དགེ་ཚུལ་གྱི་སྡོམ་པ་ལས་མ་ཐོབ་ཀྱང་དྲའི་ཀྱི་ཏུ་བཟུང་སྟེ་སློབ་མ་བསྐྱངས་པ་མང་ངོ་། །"[5]ཞེས་གསུངས་པ་ལ་ཡང་"དྲ་"ཞེས་པ་ཉིད་བྲིས་པར་སྣང་ལ། ལོ་རྒྱུས་རྙིང་གྲས་དབའ་བཞེད་དུ་"གྲ་"ཞེས་པ་ལ་"དྭ་"ཞེས་འབྲི་བའི་སྲོལ་ནི། དབའ་བཞེད་མཁན་པོས། "སྔགས་མཁན་པད་མ་ས་ཾ་བས་[6]གསོལ་པ། ངམ་ཤོད་སྟོད་སྨད་ཀྱི་བྱེ་མ་འདི་ཀུན་གསེང་ཚལ་དུ་བགྱི། དྭ་དང་དོལ་དང་གཞུང་གི་ཕུག་ཤོད་[7]དང་སྟག

① དྲའི་གྲོ་ཕུ་ཞེས་པ་ནི་དེང་སྐབས་ཁ་གྲ་ནང་རྫོང་དཀྱིལ་ཏུ་ཤར་གྲོ་ཕུ་གྲོང་ཚོ་ཞེས་པ་དེ་ཡིན། ཡུལ་འདི་ནི་གྲའི་གཟར་ཕུའི་ཁ་སྦྲོད་ཀྱི་ལུང་ཤུར་ཞིག་གི་ནང་དུ་གནས།

② 王尧、陈践ཏུན་ཧོང་ནས་ཐོན་པའི་བོད་ཀྱི་གནའ་ཡིག་ཞིབ་དཔྱད་ཕྱོགས་བསྒྲིགས། 上海古籍出版社. 2008 p7

③ དྲའི་གཟར་ཕུ་ཞེས་པ་ལ་དེང་ཟར་ཕུ་ཞེས་ཀྱང་བྲི། ཡུལ་དེ་ནི་སྐབས་ཁ་གྲོང་ཁྱེར་གྲ་ནང་རྫོང་དཀྱིལ་ཏུ་ཤར་ཟར་ཕུ་ཤར་ནུབ་གྲོང་ཚོ་གཉིས་གནས་སའི་ཁུལ་དུ་འོ། །དེ་ཡང་གྲ་ལ་ཕྱི་ནང་གཉིས་སུ་ཕྱེས་པའི་གྲ་ནང་གི་སྐབས་ནུབ་ཕྱོགས་ཀྱི་ཕུར་མཆིས།

④ 王尧、陈践ཏུན་ཧོང་ནས་ཐོན་པའི་བོད་ཀྱི་གནའ་ཡིག་ཞིབ་དཔྱད་ཕྱོགས་བསྒྲིགས། 上海古籍出版社 2008 p11

⑤ མཁས་པ་ལྡེའུས་མཛད་པའི་རྒྱ་བོད་ཀྱི་ཆོས་འབྱུང་རྒྱས་པ། བོད་ལྗོངས་བོད་ཡིག་དཔེ་རྙིང་དཔེ་སྐྲུན་ཁང་། 2010ཤ 372

⑥ དེ་ནི་སློབ་དཔོན་པདྨ་འབྱུང་གནས་ཀྱི་མཚན་གྱི་རྣམ་གྲངས་ཤིག་སྟེ། ལེགས་སྦྱར་གྱི་སྐད་དོད་ཡིན་པ་དང་བོད་སྐད་དུ་བསྒྱུར་ན་འབྱུང་ངམ་སྲིད་པ་ཞེས་བརྗོད་མོད་འདིར་ནི་འབྱུང་ཞེས་པ་བྱས་ན་གོ་བ་ལེགས། ཁྲི་རྒྱུན་ལ་ལར་སཾ་བྷ་ཝ་ཞེས་ཀྱང་བྱ།

⑦ གཞུང་གི་ཕུག་ཤོད་ཅེས་པ་ནི་གཞུང་གི་སྟག་ལའམ་སྟག་དཀར་ལར་གནས་པའི་ཕུག་ཤོད་ཅེས་པའི་རྫ་བོ་རྗེའི་ཕུག་པ་བྱིན་ཅན་ཞིག་ཡོད་པ་གང་དེའི་ཤོད་ན་གནས་པའི་ཡུལ་དག་ལ་གོ །ཡུལ་དེ་ནི་དེང་སང་སྐབས་ཁ་གོང་དཀར་རྫོང་རྒྱ་དྲུག་གླིང་གྲོང་བཙལ་ཐར་པ་གླིང་གྲོང་ཚོ་གནས་སའི་ཕྱོགས་རྣམས་ལ་བརྗོད།

ལ་[①]མན་ཆད་ཆུ་མིག་ཆེར་ཕྱུང་ལ་བོད་ཞིང་གིས་མི་བྲེལ་ཞིང་འཚོ་བར་བྱ།"[②]ཞེས་གསུངས་པར་"དྲ་"ཞེས་དང་། རྣམ་ཐར་ཆོས་འབྱུང་ཕལ་ཆེ་བར་གྲ་དང་གྲྭ་ཞེས་འབྲི་སྲོལ་ཡོད་པ་དཔེར་ན། རླངས་ཀྱི་པུ་ཏི་བསེ་རུ་རྒྱས་པར། "གྲ་ནས་ཡར་ལམ་ཉེས་པའི་གཅིག་དང་དགུ་ཡོད།"[③]ཅེས་དང་། བཤད་མཛོད་ཡིད་བཞིན་ནོར་བུ་དབུ་ཆེན་བྲིས་མ་ཞིག་ན། "སྟོད་ཀྱི་གྲ་དོལ་གཞུང་གསུམ་དེ། །རྒྱལ་པོ་གདན་ལ་བཞུགས་པ་འདྲ། །"[④] ཞེས་དང་། ཀློང་ཆེན་རབ་འབྱམས་པའི་རྣམ་ཐར་མཐོང་བ་དོན་ལྡན་དུ། "སའི་ལྟེ་བ་རྡོ་རྗེ་གདན་དཔག་ཚད་བརྒྱ་ལྷག་གིས་བསྒྲོད་པའི་ས་ཕྱོགས་གཡོ་རུ་གྲ་ཕུ་སྟོད་གྲོང་[⑤]ཞེས་བྱ་བར།"[⑥]ཞེས་དང་། སྤྲུལ་འགྱུར་རྙིང་མ་རྒྱུད་འབུམ་རིན་པོ་ཆེའི་རྟོགས་པ་བརྗོད་པ་འཛམ་གླིང་ཐ་གྲུ་ཁྱབ་པའི་རྒྱན་དུ། "རྒྱལ་བ་གཉིས་པ་དཔལ་བསམ་ཡས་པ་ཀུན་མཁྱེན་ངག་གི་དབང་པོའམ། ཀློང་ཆེན་རབ་འབྱམས་ནི། གཡོ་རུ་གྲའི་ཆ་སྟོད་གྲོང་དུ།"[⑦]ཞེས་སོགས་པར་"གྲ"ཞེས་གསལ་བ་དང་། སྣ་བཞིན་དུ། "ངམ་ཤོད་སྟོད་སྨད། གྲྭ་དང་དོལ་སྟག་ལ

---

① སྟག་ལ་ཞེས་པ་ལ་སྟག་དཀར་ལ་ཞེས་ཀྱང་བྱུང་། དེང་སང་སྲིད་འཛིན་དབང་དུ་བྱས་ན་ལྷོ་ཁ་གྲོང་དཀར་རྫོང་རྒྱ་དྲུག་གླིང་གྲོང་བརྡལ་ཐར་པ་གླིང་གྲོང་ཚོའི་བྱང་ནུབ་མཚམས་སུ་ཡོད། གནས་དེར་ཇོ་བོ་རྗེ་ཉིན་མཚན་ལྔའི་བར་ཞུགས་ཚུལ་མཆིམས་ཀྱིས་མཛད་པའི་རྣམ་ཐར་དུ་གསལ་ལ། ཇོ་བོའི་སྒྲུབ་ཕུག་ཅིག་ཀྱང་མཇལ་རྒྱུ་སྣང་།

② བདེ་སྐྱིད་ཀྱིས་བསྒྲིགས། ཐ་བཞེད་ཕྱོགས་བསྒྲིགས། མི་རིགས་དཔེ་སྐྲུན་ཁང་། 2013ཤ 255

③ ཧྲ་སི་ཏུ་བྱང་ཆུབ་རྒྱལ་མཚན་སོགས། རླངས་ཀྱི་པུ་ཏི་བསེ་རུ་རྒྱས་པ། བོད་ལྗོངས་མི་དམངས་དཔེ་སྐྲུན་ཁང་། 1986 ཤ121

④ དོན་དམ་སྨྲ་བའི་སེང་གེ བཤད་མཛོད་ཡིད་བཞིན་ནོར་བུ། དབུ་ཆེན་བྲིས་མ། ལྡེབ་གོ་དགུའི་ཞབས་ལྡེབ། ཤ196

⑤ གྲ་ཕུ་སྟོད་གྲོང་ཞེས་པ་ནི་དེང་སང་ནི་ལྷོ་ཁ་གྲ་ནང་རྫོང་དཀྱིལ་དུ་ཤང་བཀྲ་ཤིས་གླིང་གྲོང་ཚོའི་ཁོངས་སུ་གནས། ཁུལ་དེར་རྒྱལ་བ་ཀློང་ཆེན་རབ་འབྱམས་ཀྱི་འཁྲུངས་ཁང་ད་ལྟ་ཤུལ་ཙམ་མཇལ་རྒྱུ་ཡོད།

⑥ ཀློང་ཆེན་རབ་འབྱམས་པའི་རྣམ་ཐར་ཕྱོགས་བསྒྲིགས། བོད་ལྗོངས་མི་དམངས་དཔེ་སྐྲུན་ཁང་། 2014 ཤ2

⑦ ཀློང་ཆེན་རབ་འབྱམས་པའི་རྣམ་ཐར་ཕྱོགས་བསྒྲིགས། བོད་ལྗོངས་མི་དམངས་དཔེ་སྐྲུན་ཁང་། 2014 ཤ223

ཐུལ་པོ་[1]ལ་སོགས་པ་ཆུ་དཀོན་པ།”[2]ཞེས་པར་“གྲྭ་”ཞེས་བྲིས་པ་དང་། མ་ཅིག་ལབ་སྒྲོན་མའི་རྣམ་ཐར་ཕུང་པོ་གཟན་བསྐྱུར་དུའང་གྲྭ་ཞེས་བྱུང་སྟེ། “ད་གཡོན་ཏུ་གྲྭ་ཐང་དུ་གྲྭ་ཡི་རྫོ་ཕྲེང་བྱ་བ་ན། གྲྭ་པ་མངོན་ཤེས་ཅན་བྱ་བ་མཁྱེན་པ་དང་ལྡན་ཞིང་།”[3]ཞེས་དང་། “གྲྭ་ཡི་རྫོ་འཕྲང་དུ་ཨ་ཙ་ར་དང་གཏུག་གིས་མཇལ་ཏེ་ཕྱག་འཚལ་ཏེ་ཕྱག་མ་བཞེས་ནས། དབུ་གཉིས་གཏུགས་པར་མཛད།”[4]ཅེས་དང་། དེབ་སྔོན་དུ་གཏེར་སྟོན་གྲྭ་པ་མངོན་ཤེས་ཀྱི་རྣམ་ཐར་སྐབས། “དེ་ནས་གྲྭར་ཕྱིན་ནས་སྐུ་བསོད་མ་ཤོར་ནས་སྐྱིད་ཙུ་[5]བཏབ།”[6]ཅེས་དང་། ལོ་ཆེན་རྒྱ་ཤྲིའི་རང་རྣམ་དུའང་། “དེ་ཡང་ཤིང་ཕོ་རྟའི་ལོ་ལ་གྲྭ་ནང་གི་ལུང་པའི་ས་ཚིགས། སྟགས་ཀྱི་སྡེ་དགོན་དར་རྒྱས་ཆོས་གླིང་ཞེས་བྱ་བར་སྐྱེས།”[7]ཞེས་གསལ་བ་སོགས་ལ་གཞིགས་ན་དུས་སྔ་མོ་ཞིག་ནས་“གྲ”ཞེས་པའི་དོན་དུ་“གྲྭ”ཞེས་པ་འདི་ཉིད་བྲི་སྲོལ་ཡོད་པ་དང་འབྲི་རྒྱུན་འདི་ཉིད་དུས་སྔ་བ་ལ་བསྟན་པ་སྔ་དར་སྐབས་དང་ཕྱིས་དུས

① སྟག་ལ་ཐུལ་པོ་ཞེས་པ་ནི་གཞུང་གི་སྟག་ལ་ཐུག་ཅེས་པ་དང་གཅིག་མཚུངས་ལགས། གནས་ཡུལ་གོང་ཞུས་ལྟར་རོ། །

② དབའ་བཞེད་བཞུགས་སོ། བོད་ལྗོངས་བོད་ཡིག་དཔེ་རྙིང་དཔེ་སྐྲུན་ཁང་། 2012ཤ95

③ ཆོས་ཀྱི་སེང་གེ་དང་གང་པ། ཕ་དམ་པ་དང་མ་ཅིག་ལབ་སྒྲོན་གྱི་རྣམ་ཐར་བཞུགས་སོ། །སེར་གཙུག་ནང་བསྟན་དཔེ་རྙིང་འཚོལ་བསྡུ་ཕྱོགས་སྒྲིག་ཁང་ནས་བསྒྲིགས། ཤ175

④ ཆོས་ཀྱི་སེང་གེ་དང་གང་པ། ཕ་དམ་པ་དང་མ་ཅིག་ལབ་སྒྲོན་གྱི་རྣམ་ཐར་བཞུགས་སོ། །སེར་གཙུག་ནང་བསྟན་དཔེ་རྙིང་འཚོལ་བསྡུ་ཕྱོགས་སྒྲིག་ཁང་ནས་བསྒྲིགས། ཤ177

⑤ སྐྱིད་ཙུ་ཞེས་པ་ལ་དཀྱིལ་ཙུ་དང་ཀྱི་ཙུ་སོགས་སྣ་ཚོགས་བྲི་བར་སྣང་། དཀྱིལ་ཙུའི་གནས་གཞི་འདི་ཉིད་ལ་དེང་དཀྱིལ་ཙུ་ལྕོག་ཅེས་བྱ། གནས་གཞི་དེར་ཞང་སློན་རྡོ་རྗེ་བདུད་འདུལ་གྱི་གསོལ་ཁ་སོགས་མཛད་སའི་གནས་རྩ་ཆེན་ཞིག་ཏུ་བྱ་བའི་སྲོལ་འདུག ལར་དཀྱིལ་ཙུའི་གནས་གཞི་གླུ་མེས་ཀྱི་བཏབ་ཅེས་བརྗོད་དོན་ནི་མཁན་བུ་རྣམས་ཀྱིས་ཕྱག་བཏབ་པ་བླ་མ་གོང་མའི་མཛད་འཕྲིན་གྱི་དོན་དུ་བཤད་པའི་ཟུར་ཕྱུང་བའི་གནས་སོ། །

⑥ འགོས་ལོ་གཞོན་ནུ་དཔལ། དེབ་ཐེར་སྔོན་པོ། སྟོད་ཆ། སི་ཁྲོན་མི་རིགས་དཔེ་སྐྲུན་ཁང་། 1985ཤ126

⑦ ལོ་ཆེན་རྒྱ་ཤྲི། གསུང་འབུམ་ཁ་པ། རྒྱ་ཤྲི་རང་ཉིད་ཀྱི་ཆོས་དང་རྗེས་སུ་འབྲེལ་བའི་སྤྱོད་པ་ལས་བརྩམས་པའི་ལོ་རྒྱུས་བདེན་གཏམ་རྣ་བའི་བདུད་རྩི་ཞེས་བྱ་བ་བཞུགས་སོ། ཤིང་དཔར། ཤ254

རབས་བཅུ་བདུན་ནང་དུའང་བེད་སྤྱོད་སྲོལ་ཡོད་པ་རྟོགས་ཐུབ། དེ་མིན་ཆོས་འབྱུང་འགར་"གྲ་"ཞེས་པར་"སྒྲ་"ཞེས་བྲིས་པའང་ཡོད་དེ། བཤད་མཛོད་ཡིད་བཞིན་ནོར་བུར། "སྟོད་ཀྱི་སྒྲ་དོལ་གཞུང་གསུམ་དེ། །"[①]ཞེས་གསུངས་པའི་ཚིག་ངོར་"སྒྲ་"ཞེས་གསལ་བའི་ཕྱིར། གཞན་དུ་ན། གྲའི་ཡུལ་མིང་གི་བྲི་སྲོལ་གཞན་ཞིག་ན་འདྲ་ཞེས་ཀྱང་ཡོད་པ་དཔྱད་རྩོམ་འགར་བཤད་ཀྱང་དེ་ནི་ཡིག་སྐྱོན་ཡིན་པ་ལས་ཏུན་ཧོང་ཡིག་རྙིང་གི་མ་ཕྱི་ན་དྲ་མ་གཏོགས་འདྲ་ཞེས་པ་མི་གསལ་བ་དང་། དེའི་ལུང་རྒྱུན་ཏུན་ཧོང་ནས་ཐོན་པའི་བོད་ཀྱི་ཡིག་རྙིང་གྲས་སུ་དོན་ཆེན་གནད་བསྡུས་ཀྱི་ལོ་ཚིགས་ཏེ་P.T.1288རུ། "ལུག་གི་ལོ་ལ། བཙན་པོ་དབྱརད་བལ་པོ་ན་བཞུགས། དབྱར་འདུན་དྲའི་ཟར་ཕུར་ཞང་བཙན་ཧོ་རེ་དང་། སློན་ཁྲི་སུམ་རྗེས་བསྡུ་སྟེ།"[②]ཞེས་པ་ཉིད་ཏུན་ཧོང་ནས་ཐོན་པའི་བོད་ཀྱི་ལོ་རྒྱུས་ཡིག་ཆ་ཞེས་པར། "ལུག་གི་ལོ་ལ། བཙན་པོ་དབྱརད་བལ་པོ་ན་བཞུགས། དབྱར་འདུན་འདྲའི་ཟར་ཕུར་ཞང་བཙན་ཧོ་རེ་དང་། སློན་ཁྲི་ཁྲི་སུམ་རྗེས་བསྡུ་སྟེ།"[③]ཞེས་གསལ་བ་རྒྱབ་རྟེན་དུ་བྱས་ནས་གྲའི་ཡུལ་མིང་གི་འབྲི་རྒྱུན་གཞན་ཞིག་ཏུ་"འདྲ་"ཞེས་པའང་བྲི་བར་སྣང་མོད། དོན་དུ་དེ་ནི་མ་ཡིག་ཕབ་བཤུ་བྱེད་དུས་མ་དག་རྒྱུན་འབྱམས་སུ་

---

① དོན་དམ་སྨྲ་བའི་སེང་གེ་བཤད་མཛོད་ཡིད་བཞིན་ནོར་བུ། བོད་ལྗོངས་བོད་ཡིག་དཔེ་རྙིང་དཔེ་སྐྲུན་ཁང་། 2016ཤ119 བཤད་མཛོད་ཡིད་བཞིན་ནོར་བུར་ཕྱོན་དབུ་ཆེན་གྱི་དཔར་རྩ་ཁག་གཉིས་བཞུགས་སུ་གསོལ།

② 王尧、 陈践ཏུན་ཧོང་ནས་ཐོན་པའི་བོད་ཀྱི་གནའ་ཡིག་ཞིབ་དཔྱད་ཕྱོགས་བསྒྲིགས། 上海古籍出版社 2008. p11 གཞན་ཡང་། 黄布凡、马德གཉིས་ཀྱིས་མཛད་པའི་ཏུན་ཧོང་བོད་ཀྱི་གནའ་བོའི་ལོ་རྒྱུས་ཡིག་ཆའི་བསྒྱུར་ཡིག་དང་མཆན་འགྲེལ། ཞེས་པའི་ཤོག་ངོས་12ནང་། ལུག་གི་ལོ་ལ། བཙན་པོ་དབྱརད་བལ་པོ་ན་བཞུགས་ཤིང་། འདུན་མ་དྲའི་གྲོ་ཕུར་འདུས་པ་ལས། ཞེས་གསུངས་པ་དང་། ལོ་ཚིགས་དེའི་ཁྲོད་སྔ་ཕྱིར་གྲའི་ཡུལ་མིང་དང་འབྲེལ་བའི་གནད་ཚིགས་དུམ་བུ་བཞི་ཐོན་པ་དག་ལ་"དྲ་"ལས་"འདྲ་"ཞེས་པའི་བྲིས་གཟུགས་མི་མངོན་ནོ། །

③ དབང་རྒྱལ་དང་བསོད་ནམས་སྐྱིད་གཉིས་ཀྱིས་བསྒྱུར། ཏུན་ཧོང་ནས་ཐོན་པའི་བོད་ཀྱི་ལོ་རྒྱུས་ཡིག་ཆ། མི་རིགས་དཔེ་སྐྲུན་ཁང་། 1980ཤ29

སོང་བ་ཞིག་ཏུ་ཟད་དེ། དེང་སང་མཛལ་དུ་ཡོད་པའི་ཏུན་ཧོང་ཡིག་རྙིང་རྣམས་ཀྱི་མ་ཕྱིར་གྲའི་ཡུལ་མིང་སྐོར་ལ་“དྲ་”ཞེས་པ་ལས་“འདྲ་”ཞེས་བྲི་བའི་ལུགས་མི་སྣང་། དེས་ན། གྲའི་ཡུལ་མིང་གི་འབྲི་གཟུགས་གྲས་སུ་“འདྲ་”ཞེས་པ་ཡོད་པར་འདོད་པའི་ལུགས་ནི་འདིར་མི་འདོད་དོ། །དེའི་དབང་གིས་གྲའི་ཡུལ་མིང་གི་འབྲི་སྲོལ་ལ་སྤྱར་གྱི་ཡི་གེ་རྙིང་པ་དང་ཆོས་འབྱུང་རྣམ་ཐར་སོགས་སུ་ཁག་ལྔ་རུ་འདུག་སྟེ། དྲ་དང་དྭ། གྲ་དང་གྲྭ། དེ་བཞིན་སྒྲ་བཅས་སོ། །སྒྲ་དེ་རྣམས་ངག་ནས་འདོན་དུས་ཐག་ཉེར་སོང་ནས་གཟུགས་མི་འདྲ་བ་ཐོན་པ་ལས་དོན་དུ་ཡུལ་དེའི་མིང་དུ་ཟད་དོ། །དེ་རྣམས་ལས་ཡོངས་གྲགས་སམ་ཕལ་ཆེ་བས་གྲ་དང་གྲྭ་དྲ་ཞེས་ཅི་རིགས་བྲིས་པར་སྣང་ལ། ལྷུགས་སྤྱག་ཞིབ་གཞུང་དང་ལྡེའུ་ཆོས་འབྱུང་། ཆོས་འབྱུང་མཁས་དགའ་སོགས་སུ་གྲ་ཞེས་པ་འདི་ཁོ་ན་བྲི་བར་མཛད་དོ། །

གྲ་ཞེས་པའི་ཡུལ་མིང་གི་འགྲེལ་ཚུལ་ལ་བཤད་ན། སྤྱི་ཡོངས་ཆར་འགྲེལ་སྲོལ་བཞི་ཙམ་འདུག་སྟེ། རུས་གྲའི་ས་ཁོངས་ཡིན་པའི་ཆ་ནས་གྲ་ཞེས་བརྗོད་པ་དང་། ཤིང་དྲ་མ་སྐྱེ་སའི་ཡུལ་ཡིན་པས་དྲ་ཞེས་བརྗོད་པར་བཤད། བཙོ་གྲྭ་མང་པོ་ཡོད་པའི་ཡུལ་ཡིན་པས་གྲྭ་ཞེས་དང་། ཡུལ་གྱི་ཆགས་སྟངས་སྐྱེ་མའི་གྲ་དང་འདྲ་བས་གྲ་ཞེས་ཀྱང་ཟེར། དེ་དག་སོ་སོར་རང་རང་གི་ཁུངས་རེ་རེ་འདུག་སྟེ།

ལུགས་དང་པོའི་དབང་དུ་སོང་ན། གྲ་ཞེས་པ་ནི་རུས་གྲའི་མཆེད་ཡུལ་དུ་སོང་བར་བཤད་ཅིང་། གྲ་ཞེས་པ་འདི་ཉིད་རུས་བྲ་དང་སྒྲ་གདངས་ཉེ་བའི་ཆ་ནས་རུས་སུ་བཤད་ལ། ཁྱད་པར་བོད་ཡུལ་གྱི་ས་ཕྱོགས་སྟོད་ཀྱི་གུང་ཐང་དང་ཁམས་ཡུལ་ཤུལ་ནང་ཆེན་ཁྲུལ་དུའང་གྲ་ཞེས་པའི་ཡུལ་མིང་ཡོད་པས་ཡུལ་དེ་དག་ནི་གྲ་ཞེས་པའི་རུས་རྒྱུད་ཀྱི་ས་ཁོངས་ཡིན་པའི་ཆ་ནས་ཡུལ་མིང་དེ་ལྟར་ཐོགས་པར་ངེས་འཛིན་པའོ། །

ལུགས་གཉིས་པའི་འགྲེལ་བརྗོད་ནི། ཡུལ་དེར་ཤིང་དྲ་མ་མང་དུ་སྐྱེ་བའི་ཆ་ནས་ཤིང་མིང་ཡུལ་དུ་ཐོགས་པར་བཤད་དེ། ཡུལ་དེའི་རྒན་པོ་རྣམས་ཀྱིས་གསུང་དོན། སྔ་དུས་གྲའི་ཡུལ་དུ་ཤིང་དྲ་མ་[1]སྐྱེ་ལ། ཤིང་དྲ་མ་ལ་དྲ་དཀར་དང་དྲ་ནག་གཉིས་སུ་ཕྱེ་པའི་སྐྱེ་ཡུལ་གྱི་ཆ་ནས་གྲ་ཕྱི་དང་གྲ་ནང་ཞེས་པའི་ཐ་སྙད་བྱུང་བ་དང་། དེ་ཡང་གྲ་ནང་གི་ཡུལ་དུ་དྲ་མ་དཀར་པོ་ཤས་ཆེ་བ་དང་གྲ་ཕྱིའི་ཡུལ་ན་དྲ་མ་ནག་པོ་ཤས་ཆེར་སྐྱེ་བར་གསུངས། དེང་སང་ཡང་གྲ་ནང་ཟར་ཕུ་སོགས་སུ་དྲ་མའི་ཤིང་མཇལ་རྒྱུ་ཡོད་ལ། སྔ་དུས་གྲའི་ཡུལ་དུ་ཆུ་ཡུར་འདྲུ་བའི་སྐབས་ཤིང་དྲ་མའི་རྩ་བ་དང་ཡན་ལག་སོགས་མང་དུ་ཐོན་པར་གསུངས་པའི་ཆ་ནས་གྲའི་ཡུལ་མི་ཕལ་ཆེ་བས་ཤིང་དྲ་མའི་མིང་ཡུལ་མིང་དུ་ཐོགས་པར་འདོད།

ལུགས་གསུམ་པ་ནི་སྔ་དུས་ཡུལ་དེར་བཟོ་གྲྭ་མང་པོ་བཏབ་པའི་ཆ་ནས་གྲྭའི་ཡུལ་དུ་བཤད་ལ། བཟོ་གྲྭ་འདེབས་པའི་དུས་ཚོད་ལ་ཁ་ཅིག[2]གིས་ལོ་ངོ་དྲུག་བརྒྱ་ཙམ་གྱི་ལོ་རྒྱུས་སུ་བྱས་ནས་ཡུལ་མིང་དེ་ལྟར་ཐོགས་པར་བཤད་ཀྱང་། སྔར་གྱི་ཡིག་རྙིང་རྣམས་སུ་འཁོད་པར་གཞིགས་ན། བཙན་པོའི་སྐུ་དུས་སུ་སོལ་ནག་ཐང་པོ་ཆེ་སོགས་སུ་བཟོ་གྲྭ་བཙུགས་པའི་ལོ་རྒྱུས་ཡོད་ལ། ཏུན་ཧོང་ཡིག་རྙིང་དུ་ཡུལ་དེའི་མིང་ཐོན་ཟིན་པས། མ་མཐར་ལོ་ངོ་སྟོང་ཡན་གྱི་ལོ་རྒྱུས་ཡོད་ཅིང་། གྲའི་ཡུལ་མིང་ཡང་སྔ་བ་ལ་བཙན་པོའི་སྐུ་དུས་སམ་དེ་ལས་སྔ་བའི་དུས་ནས་བྱུང་བར་སེམས།

ལུགས་བཞི་པ་ནི་གྲའི་ཡུལ་འདི་ས་དཔྱད་ཀྱི་ཆ་ནས་སྐྱེ་མའི་གྲ་དང་འདྲ

① དྲ་མ་ཞེས་པ་ནི་འཚེར་མ་ཅན་གྱི་ཤིང་ཞིག

② སིང་པ་དགེ་དབང་གཞན་ཕན་གྱི་གྲ་དཀར་དང་ཞལ་བུ་དཀར་གསར་དུ་གྲགས་པའི་དཀར་ཡོལ་གྱི་བྱུང་ཚུལ་དང་བཟོ་རྩལ་གྱི་ཁྱད་ཆོས་སྐོར་གླེང་བ་ཞེས་པའི་དཔྱད་རྩོམ་དུ་གཟིགས་འཚལ། དཔྱད་རྩོམ་དེར་དེ་འདྲའི་བཟོ་གྲྭ་དེར་ཆེས་རིང་ནའང་མི་ལོ600ཙམ་གྱི་ལོ་རྒྱུས་ལས་མེད་ཅེས་བཤད་ཀྱང་། དོན་དུ་སྔར་གྱི་ཡིག་རྙིང་རྣམས་ལ་བཙན་པོའི་སྐུ་དུས་སུ་སོལ་ནག་ཐང་པོ་ཆེ་ལ་སོགས་པར་བཟོ་གྲྭ་བཙུགས་པའི་ལོ་རྒྱུས་ཡོད་པས་མ་མཐར་ལོ་ངོ་སྟོང་ཡན་གྱི་ལོ་རྒྱུས་ཡོད་པ་ནི་ཡིག་ཚང་དག་ལ་གཟིགས་ན་ཤེས།

བས་གྲ་ཞེས་པའི་མིང་བྱུང་བའི་སྐོར་ནི་གྲའི་ཡུལ་གྱི་རི་རྣམས་ཡར་ཀླུང་གཙང་པོའི་ངོར་ཕྱོགས་ནས་ཡོད་པས་ལུང་པའི་ཕུའི་རི་མཐོ་ས་ནས་བལྟས་ན་སློ་མའི་གྲ་དང་འདྲ་བའི་ཆ་ནས་ཡུལ་མིང་དེ་ལྟར་ཐོགས་པར་བཤད། དེ་ཡང་ངོ་མཚར་ས་དཔྱད་གཏེར་མཛོད་རྣམ་གསུམ་དུ། "བཅུ་དྲུག་དེ་ཡི་ཕྱི་ངོས་ནས། །རི་རྒྱུད་ཕྲ་མོ་གྱེས་ན་གྲ་མ་ཡིན། །ཉི་མའི་འོད་དང་སློ་མའི་གྲ་མ་བཞིན། །དེ་ནི་ས་མིག་དེ་ཡི་འོད་ཟེར་ཡིན། །འདི་འདྲ་འབྲུག་རྒྱུད་གང་ལ་ཡོད་ཀྱང་བཟང་། །འབྲུག་གི་རྒྱུད་དང་གྲ་མ་ནོར་མི་བྱ། །གྲ་མའི་སྟེ་ལ་ས་མིག་འདེབས་མི་བྱ། །"[①]ཞེས་གསུངས་པ་སོགས་པའི་ས་དཔྱད་ཀྱི་དཔེ་རྙིང་དག་ལ་གཟིགས་ན་སའི་དཔྱད་པ་ལས་ཡུལ་མིང་བྱུང་བའི་ཁུངས་ཤེས་བྱར་མི་སྲིད་པ་མིན་པའོ། །

ལུགས་བཞི་པོ་སོ་སོར་རང་རང་གི་རྒྱུ་མཚན་དང་སྒྲུབ་བྱེད་རྣལ་མ་རེ་ཡོད་མོད་རང་ལུགས་ནི་ཐུས་གྲའི་ས་ཁོངས་ཡིན་པའི་ཆ་ནས་མིང་དེ་ལྟར་ཐོགས་པར་འདོད་དེ། དེ་ཡང་བོད་མིའུ་གདུང་དྲུག་གམ་བོད་ཀྱི་ཐུས་ཆེན་དྲུག་སྟེ། སེ་དང་རྨུ་དང་ལྡོང་དང་སྟོང་། དབྲ་འབྲུ་ཞེས་བཤད་པའི་སྐབས་སུ་དབྲའི་དོད་དུ་སྐབས་འགར་གྲ་དང་། སྐབས་ལ་ལར་བྲ་དང་། ཤྲ་དང་། དགྲ་དང་། གཞན་སྦྲ་དང་སྦྲ་སོགས་ཀྱི་འབྲི་སྲོལ་སྣང་བས། དེས་ན་གྲའམ་བྲ། ཡང་ན་དབྲའམ་སྦྲ། དེ་བཞིན་ཤྲའམ་སྲ། དགྲ་ཞེས་པ་རྣམས་དོན་དུ་འབྲི་རྒྱུན་གཅིག་ཏུ་མངོན་སྟབས། གྲ་ཞེས་པ་ཐུས་ཆེན་དྲུག་གི་གྲས་ཤིག་ཡིན་པར་འདོད་ཅིང་། ཁྱད་པར་བཟང་དཀྱིལ་གསེར་གྱི་མེ་ལོང་ལས། "གྲ། བོད་ཀྱི་ཐོག་མའི་རིགས་ཐུས་དྲུག་གི་ཐོག་མའི་ཡ་གྱལ་ཞིག་སྟེ། ཇི་སྐད་དུ། བོད་མི་མཆེད་པ་སེ་རྨུ་ལྡོང་སྟོང་དང་། །གྲ་དང་འབྲུ་སྟེ་བོད་ཀྱི་ཐུས་དྲུག

① ཟུར་མང་མཁན་ཆེན་པདྨ་རྣམ་རྒྱལ། བཟོ་སྦྱོང་དང་རྒྱ་བོད་ཀྱི་ས་དཔྱད་བཞུགས་སོ། །ཀན་སུའུ་མི་རིགས་དཔེ་སྐྲུན་ཁང་། 2015 ཤ71-72

ཟེར། །ཞེས་གསུངས་སོ། །དཔེར་ན། གྲ་དཔལ་གྱི་སླིང་པོ་ཞེས་པ་ལྟ་བུའོ། །འདི་དགྲ་དང་དཔའ་ཞེས་པ་བྲིས་པའང་མང་”①ཞེས་དང་། བོད་རྒྱ་ཚིག་མཛོད་ཆེན་མོ་ལས། “གྲ། སྔར་བོད་ཡུལ་གྱི་རིགས་རུས་དྲུག་གི་ཡ་གྱལ་ཞིག་”②ཅེས་འཁོད་པ་སོགས་ལས་གྲ་ཞེས་པ་བོད་ཀྱི་རུས་རྙིང་གྲས་ཤིག་ཡིན་པ་གསལ་པོར་ཤེས་ནུས། གྲའི་རུས་རྒྱུད་ཀྱིས་བཟུང་བའི་ཡུལ་ཡང་གཡོ་རུའི་གྲ་གཅིག་པུ་ཙམ་མིན་པར་བོད་ཀྱི་ཡུལ་ཕྱོགས་གཞན་དུའང་ཡོད་དེ། ཀཿཐོག་རིག་འཛིན་ཚེ་དབང་ནོར་བུས་མཛད་པའི་བོད་རྗེ་ལྷ་བཙད་པོའི་གདུང་རབས་མངའ་རིས་སྨད་གུང་ཐང་དུ་ཇི་ལྟར་བྱུང་བའི་ཚུལ་དེབ་གཏེར་དྭངས་ཤེལ་མེ་ལོང་ལས། “དེ་ནས་རིམ་བཞིན་སྐྱིད་རོང་དུ་ཕྱིན་ནས་ཡུལ་བཟུང་བས་སྐར་བཏབ་པའི་གནས་ལ་སྐར་དང་། སྤང་ཞིང་དུ་སློས་པ་ལ་སྤང་ཞིང་ཞེས་ད་ལྟ་ཡང་གྲགས། གྲ་སོགས་སུ་ཡུལ་བཟུང་ཞིང་ལྡོ་རོང་ནས་སྟག་རྩེ་ལ་མུ་ཞིག་བཟུང་ནས་བྱང་བཙན་མཆོད་པའི་ཕྱིར་ཁྱེར་བས་སྟག་ཁྱེར་ལ་གྲགས་”③ཞེས་མང་ཡུལ་གུང་ཐང་ཁུལ་དུ་ཡང་གྲ་ཞེས་པའི་ཡུལ་མིང་ཡོད་པར་བསྟན་ལ། གཞན་ཡང་གྲ་འཇམ་དཔལ་གླིང་པ་ཆོས་འཕེལ་མཆོག་ཀྱང་མང་ཡུལ་སྐྱིད་གྲོང་གྲ་ཞེས་པར་འཁྲུངས་པ་ཡིན་ཞིང་། ཡུལ་དེ་ཉིད་ནི་དེང་སང་གི་སྲིད་འཛིན་དབང་དུ་བྱས་ན། གཞིས་རྩེ་གྲོང་ཁྱེར་སྐྱིད་རོང་རྫོང་སྐྱིད་རོང་གྲོང་རྡལ་གྱི་གྲ་གྲོང་ཚོ་ཞེས་པ་དེ་ཡིན་པ་དང་། སྐྱིད་རོང་གྲོང་རྡལ་མི་དམངས་སྲིད་གཞུང་ནས་སྤྱི་ལེ་ཉི་ཤུ་ཙམ་གྱི་སར་ཡོད། དེ་དག་ལས་གྲ་ཞེས་པ་ཐོག་མར་རུས་མིང་དང་དུས་ཕྱིས་ས་མིང་དུ་འགྱུར་བ་གསལ་ཞིང་། དེ་ལྟའི་ས་མིང་རུས་མིང་ལས་ཐོགས་

① བཙན་ལྷ་ངག་དབང་ཚུལ་ཁྲིམས། བརྡ་དཀྲོལ་གསེར་གྱི་མེ་ལོང་ཞེས་བྱ་བ་བཞུགས་སོ། །མི་རིགས་དཔེ་སྐྲུན་ཁང་། 1999 ཤ93

② ཀྲང་དབྱི་སུན། བོད་རྒྱ་ཚིག་མཛོད་ཆེན་མོ། མི་རིགས་དཔེ་སྐྲུན་ཁང་། 1993 ཤ387

③ བོད་ཀྱི་ལོ་རྒྱུས་དེབ་ཐེར་ཁག་ལྔ། བོད་ལྗོངས་བོད་ཡིག་དཔེ་རྙིང་དཔེ་སྐྲུན་ཁང་། 2012 ཤ90、 44

ཚུལ་གྱི་དཔེ་མང་དུ་མཆིས་པ་དཔེར་ན། ཙུས་འཇུའི་རྒྱུད་པ་མཆེད་པ་ལས་ཡུལ་མིང་ལ་འཇུ་ཞེས་ཐོགས་པ་ལྷོ་ཁ་འཕྱོངས་རྒྱས་ཁུལ་གྱི་འཇུ་གྲོང་ཚོ་དང་། གྲ་ནང་རྫོང་གྲ་ཕྱི་ཁུལ་འཇུ་དང་འཇུ་སྨད་གྲོང་ཚོ། ལྷོ་ཁ་གོང་དཀར་རྫོང་རྣམ་རྒྱལ་ཞོལ་གྲོང་རྡལ་ཁོངས་ཀྱི་འཇུ་གྲོང་ཚོ། དེ་བཞིན་ཁམས་ཕྱོགས་དང་ཨ་མདོའི་ས་ཁུལ་ཁག་གཅིག་ཏུའང་འཇུ་ཞེས་པའི་ས་མིང་ཡོད་པ་ལྟ་བུའོ། །རྗེ་དོན་གྲ་ཞེས་པའི་ཡུལ་མིང་ནི་ཙུས་དབྲ་ཞེས་པའི་སྒྲ་འདོན་ལུགས་གཞན་ཞིག་ཡིན་པ་དང་ཙུས་གྲའི་ས་ཁོངས་ཡིན་པས་ན། ས་མིང་དེ་ལྟར་ཐོགས་པར་འདོད་དོ། །

## གཉིས་པ། རྡོལ་ཞེས་པའི་ཡུལ་མིང་དང་དེའི་འགྲེལ་བརྗོད།

ཡུལ་དེ་ནི་གྲ་དོལ་གཞུང་གསུམ་གྱི་ལྟེ་བ་ཡིན་པ་དང་། སྔར་གྱི་དུས་དམག་ལམ་དང་ཚོང་ལམ། དེ་བཞིན་ཆོས་ལམ་སོགས་ཏེ། ཡར་ཀླུང་གཙང་པོའི་ལྷོ་རྒྱུད་དུ་ཆགས་པའི་གྲོང་སྡེ་ཕལ་ཆེ་བ་ལྷ་སར་བགྲོད་པའི་ལམ་རྒྱུད་དུ་འཁེལ་བས། གནད་འགག་ཆེ་བའི་ཡུལ་ལུང་ཞིག་ཏུ་ངེས། དོལ་ནང་མདོ་ཁོངས་འདི་ནི་དུས་ཀྱི་ཆར་སྔ་བ་ལ་གདོད་མའི་དད་མོས་ཤུགས་ཆེར་དར་བའི་ཡུལ་ལུང་ཞིག་ཡིན་པ་དང་། དུས་ཕྱིས་བོན་གྱི་དད་མོས་ཀྱི་ཤུགས་རྐྱེན་ཆེར་ཐེབས་པ་དང་། སངས་རྒྱས་ཆོས་ལུགས་ཀྱི་ཆོས་བརྒྱུད་རིས་མེད་ཀྱི་བསྟན་པ་གནས་པའི་ཁྱད་ལྡན་གྱི་ཡུལ་ཞིག་ཀྱང་ཡིན་ལ། ཁྱད་པར་བོད་ཀྱི་ལོ་རྒྱུས་ཐོག་བཙན་པོ་སོགས་བཞུགས་སྒྲོང་ལ། ཕྱིས་བྱོན་པའི་བན་བོན་གྱི་བསྟན་པ་ལ་བཀའ་དྲིན་བླ་ལྷག་ཆེ་བའི་མཁས་པ་དང་གྲུབ་ཐོབ་རིམ་པར་བྱོན་པའི་ས་བྱིན་ཅན་ཞིག དེ་ཡང་གོས་དཀར་ལྕང་ལོ་ཅན་གྱི་སྡེ་①རིམ་པར་བྱོན་མཛད་དང་མར་པ་ལོ་ཙྪ་བ་དང་རྔོག་ཆོས་སྐུ་རྡོ་རྗེ། རྗེ་བཙུན་མི་ལ། རྡོ་བོ་

① གོས་དཀར་ལྕང་ལོ་ཅན་གྱི་སྡེ་ཞེས་པ་ནི་བོད་འདིར་སངས་རྒྱས་ཆོས་ལུགས་དར་བ་ལ་སྡེ་གཉིས་སུ་བཤད་པའི་རབ་བྱུང་སྡེ་དང་སྔགས་འཆང་གི་སྡེ་ལས་སྔགས་འཆང་གི་སྡེར་གོ།

རྗེ། ཕ་དམ་པ་སངས་རྒྱས། གཏེར་སྟོན་གྲྭ་མདོན། མ་གཅིག་ལབ་སྒྲོན། གྲུབ་ཆེན་གླིང་རས་པ་པདྨ་རྡོ་རྗེ། ཁ་ཆེ་པཎ་ཆེན་ཤཱཀྱ་ཤྲཱི། རྗེ་ཙོང་ཁ་པ། གཉགས་ཕྱུ་བསོད་ནམས་བཟང་པོ། པཎ་ཆེན་བྱམས་པ་གླིང་པ། རྒྱལ་དབང་ལྔ་པ། སྡེ་སྲིད་སངས་རྒྱས་རྒྱ་མཚོ། ཁྲིམས་ཁང་ལོ་ཙཱ་བ་དང་རྫོ་ནང་ཏཱ་ར་ནཱ་ཐ་སོགས་རྩོད་མེད་ཀྱི་དྲན་དབང་སས་འདེགས་ཐུབ་ཚད་རྣམ་པས་ཞབས་བཅགས་ཏེ་བསྟན་པའི་བྱ་བའི་ཁུར་རྒྱ་ཆེན་མཛད་སྒྲོང་བ་མ་ཟད། ཡུལ་དེ་ག་ནས་གནོན་མདའ་ཨཏྲ་དེ་བ་དང་དགེ་བཤེས་དོལ་པ་བ། འབེ་མོན་བུ་ཆུང་།[①] དོལ་ཡ་མེ་བ།[②] དོལ་མཚུར་སྟོན་དབང་ངེ། མཚུར་ལོ་ཙཱ་བ། མཁས་གྲུབ་མདོ་སྔགས་བསྟན་འཛིན། ཧྲེ་ཚུལ་ཁྲིམས་རྒྱལ་མཚན། གོ་ཆེ་རིན་ཆེན་རྣམ་རྒྱལ[③]སོགས་མཁས་གྲུབ་གཉིས་ལྡན་གྱི་སྐྱེས་བུ་དམ་པ་མང་པོ་ཞིག་འཁྲུངས་སྒྲོང་བའི་ས་ཕྱོགས་ཤིག་ཀྱང་ཡིན་པ་དང་། ལྷག་ཏུ་ཡུལ་ལྗོང་འདི་ནི་བོད་ཀྱི་ཏུས་ཆེན་ལྡི་དང་རོག དོལ་སོགས་པའི་མཆེད་ཡུལ་དང་ཞིང་འབྲོག་པའི་རིག་གནས་གཉིས་ལྡན་གྱི་གནས་ཤིག་ཀྱང་ངོ་། །

དོལ་ཞེས་པ་ནི་སྔར་གྱི་ཡིག་ཚང་རྙིང་པ་རྣམས་སུ་གྲྭ་དོལ་གཞུང་གསུམ་མམ་དོལ་གཞུང་། གྲྭ་དོལ་ལ་སོགས་པའི་ཐ་སྙད་བྱ་བའི་གཡོར་པོའི་ལྗོང་ཚན་ཆེ་ཁག་གི་ཡ་གྱལ་ཞིག་ཡིན། ཁུལ་དེ་ནི་ས་མ་འབྲོག་གི་ཡུལ་ཚན་མང་པོ་ཞིག་ལས་གྲུབ་

---

① འབེ་མོན་བུ་ཆུང་ཞེས་པ་ནི་བཀའ་གདམས་པའི་དགེ་བཤེས་ཤིག་སྟེ་དགེ་བཤེས་པོ་ཏོ་བའི་སློབ་མ་ཆེ་བ་བརྒྱད་དུ་གྲགས་པའི་འབེ་རོག་གཉིས་ལས་འབེ་ཞེས་པ་དེ་ཡིན། དེ་ལ་འབེ་ནི་ཏུས་དང་མོན་བུ་ཆུང་ནི་ཡུལ་མིང་སྟེ་ཡུལ་འདི་ནི་གྲྭ་དོལ་གཞུང་གསུམ་དུ་གྲགས་པའི་དོལ་གྱི་ཡུལ་ཚན་ཞིག་ཡིན། མོན་བུ་ཆུང་ཞེས་པ་ལ་དེང་སྨུག་གུ་ཆུང་ཞེས་འབོད་སྲོལ་སྣང་མོད། ཡུལ་དེའི་མིས་ཡུལ་བཤད་སྐབས་མོན་ཡུལ་ཆུང་བའི་ཡུལ་དུ་བཤད། དེང་སང་སྲིད་འཛིན་ལྟར་ན་ལྷོ་ཁ་གྲོང་ཁྱེར་གོང་དཀར་རྫོང་རྣམ་རྒྱལ་ཞོལ་གྲོང་བརྡལ་གྱི་ཁོངས་སུ་ཡོད།

② དོལ་ཡ་མེ་བ་ཞེས་པ་ནི་གཏེར་སྟོན་གྲྭ་མདོན་གྱི་མཁན་བུར་བཤད་མོད། ཞིབ་ཕྲའི་རྣམ་ཐར་མི་མཇལ།

③ གོ་ཆེ་རིན་ཆེན་རྣམ་རྒྱལ་གྱི་འཁྲུངས་ཡུལ་ནི་དོལ་གྱི་གོ་ཆེ་ཞེས་པའི་ཡུལ་དུ་ཡིན་པ་དང་། རྭ་སྒྲེང་གི་གདན་རབས་མཛད་སྒྲོང་བའི་མཁས་པ་ཞིག་ཡིན་ཞིབ་ཆའི་རྣམ་ཐར་མི་མཇལ།

ཡོད། དེ་ཡང་གྲ་དོལ་གཞུང་གསུམ་གྱི་སའི་དབུས་སུ་གནས་པས“དོལ་རིག་པའི་འབྱུང་གནས་”ཞེས་པའི་ཆེ་བ་བརྗོད་སྒྲོལ་མཆིས། དོལ་ཞེས་བྱ་བའི་ཡུལ་མིང་ཏུན་ཧོང་ཡིག་རྙིང་དུ་གསལ་ཞིང་། དུས་ཕྱིས་བཀའ་ཐང་སྡེ་ལྔ་དང་སྦ་བཞེད། རྙིང་མའི་སྐྱེས་མཆོག་རིམ་བྱོན་གྱི་རྣམ་ཐར་དང་། ལྷངས་ཀྱི་པུ་ཏི་བསེ་རུ་རྒྱས་པ། གཞན་མཆིམས་ཀྱིས་མཛད་པའི་ཇོ་བོ་རྗེའི་རྣམ་ཐར་དང་། ཆོས་འབྱུང་སྔོན་གྱི་གཏམ་མེ་ཏོག་ཕྲེང་བ་དང་པཊ་ཆེན་བྱམས་པ་གླིང་པའི་རྣམ་ཐར། རྒྱལ་དབང་ལྔ་པའི་རང་རྣམ་དུ་ཀུ་ལའི་གོས་བཟང་སོགས་སུ་འང་རིམ་གྱིས་གསལ། དེ་ཡང་ཏུན་ཧོང་ཡིག་རྙིང་དུ་དོལད་ཅེས་པ་ད་དྲག་ཡོད་པ་དང་། དེབ་སྔོན་དུ་ཇོལ་དང་དོལ་ཞེས་ཕྲིས་གཟུགས་གཉིས་བྱུང་བ་མ་གཏོགས། ལོ་རྒྱུས་ཆོས་འབྱུང་གཞན་རྣམས་སུ་མཐའ་གཅིག་ཏུ་དོལ་ཞེས་བྱུང་བར་གཞིགས་ན། དོལ་ཞེས་པའི་ཡུལ་མིང་བྱུང་སྟེ་བ་དང་དོལ་ཞེས་པ་འདི་ཀོ་ཡི་གེ་དག་པ་ཡིན་པ་ཤེས་ནུས།

དེ་ཡང་དོལ་ཞེས་པའི་ཡུལ་མིང་སྔོན་གྱི་གཏམ་དང་དེབ་ཐེར་རྣམ་ཐར་སོགས་སུ་ཐོན་ཚུལ་དཔེར་མཚོན་ཙམ་དྲངས་ན། ཏུན་ཧོང་བོད་ཀྱི་གནའ་བོའི་ལོ་རྒྱུས་ཡིག་ཆའི་སྒྱུར་ཡིག་དང་མཆན་འགྲེལ་ཞེས་པར། “ཕག་གི་ལོ་①ལ་བབ་སྟེ། བཙན་པོ་②དབྱར་ཕར་ནས་བལ་པོ་བྲིའུ་ཏང་དུ་གཤེགས་ཤིང་། རྒྱའི་ཕོ་ཉ་ཛེའུ་ཞང་ཤོ་ཕྱག་འཚལད། དགུན་དོལད་ཀྱི་མར་མ་ན་བཞུགས།”③ཞེས་དོལད་ཅེས་པ་ད་དྲག་ཅན་ཞིག་གསལ་ཞིང་། དེབ་དེའི་ཤོག་ངོས་98ནང་དོལད་ཅེས་པ་ས་མིང་སྟེ། དེང་གི་

① ཕག་གི་ལོ་ཞེས་པ་ནི་སྤྱི་ལོ་699ལོར་བྱ་སྟེ། ཏུན་ཧོང་བོད་ཀྱི་གནའ་བོའི་ལོ་རྒྱུས་ཡིག་ཆའི་བསྒྱུར་ཡིག་དང་མཆན་འགྲེལ་ལྷུགས་དཔར་ཤོག་ངོས་45གསལ། 50. 至猪年（武后圣历二年，公元699年）夏，赞普自帕尔至尼婆罗之支乌塘。唐使赵（？）尚书来致礼。冬，赞普驻于堆之玛尔玛。黄布凡、马德；敦煌藏文吐蕃史文献译注；甘肃教育出版社。2000.

② བཙན་པོ་འདུས་སྲོང་མང་པོ་རྗེ་ཡིན།

③ 黄布凡、马德；敦煌藏文吐蕃史文献译注;甘肃教育出版社2000. p14

མངའ་རིས་ཁུལ་གྱི་ཡུལ་བྱེ་བྲག་དོལ་པོ་ཡིན་ཞེས་བཤད་མོད། དོན་དམ་དུ་དེ་ནི་གློ་རྣལ་དུ་མ་བཞག་པས་ལན་པར་སེམས་ཏེ། ཏུན་ཧོང་ཡིག་རྙིང་དུ་གསལ་བའི་དོལ་ཡད་ཅེས་པ་ནི་གྲ་དོལ་གཞུང་གསུམ་གྱི་དོལ་ལུང་པ་ཡིན་པ་ལས་མངའ་རིས་གློ་བོའི་ཁུལ་དོལ་པོ་ཞེས་པའི་ཡུལ་ནི་མིན་པའོ། །དེ་ལྟར་སྨྲ་དོན་ནི་ཏུན་ཧོང་ཡིག་རྙིང་དེའི་མ་ཕྱིར་"དགུན་དོལ་ཡད་གྱི་མར་མ་ན་བཞུགས།"ཞེས་པའི་དོལ་ཡད་གྱི་མར་མ་ཞེས་པ་ནི་དོལ་ལུང་པའི་ཡུལ་ཚན་ཞིག་ཡིན་པའི་དབང་གིས་སོ། །དེ་ལ་དོལ་ཡད་གྱི་མར་མ་ཞེས་པ་ནི་ཏུན་ཧོང་ཡིག་རྙིང་ཕུད་བླ་མ་རྗོག་པ་ཡབ་སྲས་ཀྱི་རྣམ་ཐར་དང་། རླངས་ཀྱི་པུ་ཏི་བསེ་རུ་རྒྱས་པ་གཉིས་སུ་ཐོན་པའི་ཕྱིར་ཏེ། རླངས་ཀྱི་པུ་ཏི་བསེ་རུ་རྒྱས་པར་ཏཱ་སི་ཏུ་བྱང་ཆུབ་རྒྱལ་མཚན་སྐྱེ་གདོང་ནས་ས་སྐྱར་ཐེག་པའི་ལམ་ཐིག་ནང་། "དེ་ནས་གྲའི་གྲོ་མོ་①ལ་ཞག་གཅིག འགར་ཚ།② དོལ་མར་མ། བྱེ་ཞིང་③རྣམས་སུ་ཞག་རེ་བྱས།"④ཞེས་པར་དོལ་མར་མ་ཞེས་པའི་ས་མིང་ཐོན་

① གྲོ་མོ་ཞེས་པ་ནི་ལྷོ་ཁ་གྲ་ནང་རྫོང་ལ་གྲ་ཕྱི་ནང་གཉིས་སུ་བྱས་པའི་གྲ་ནང་གི་མདར་གནས་པའི་གྲོང་ཚོ་ཞིག་གི་མིང་ལ་གོ །

② འགར་ཚ་ཞེས་པའི་ཡུལ་ནི་གྲ་དོལ་གཉིས་ཀྱི་ས་མཚམས་སུ་གནས་པའི་ལུང་ཆུང་ཞིག་སྟེ། དེང་སང་ནི་ལྷོ་ཁ་གྲོང་ཁྱེར་གྲ་ནང་རྫོང་གྲ་ཐང་གྲོང་བརྡལ་འགག་ཙ་གྲོང་ཚོ་ཞེས་པ་དེར་གོ །

③ བྱེ་ཞིང་ཞེས་པ་ནི་རྣམ་ཐར་ལར་སླུ་མེས་ཀྱིས་བཏབ་པའི་གནས་གཞིར་བཤད་མོད། དོན་དུ་གཙོས་ཤེས་རབ་འབྱུང་གནས་ཀྱིས་ཕྱག་བཏབ་པའི་སྨད་འདུལ་གྱི་གནས་གཞི་རྙིང་པ་ཞིག་ཡིན། འདུལ་སྡེ་དེའི་གནས་ཡུལ་ཆར་གསུང་རྒྱུན་གཉིས་མཆིས་ཏེ། གཅིག་ནི་གཞུང་གི་རྒྱ་དྲུག་གླིང་གི་ཁུལ་ཏེ་ལྷོ་ཁ་གོང་དཀར་རྫོང་རྒྱ་དྲུག་གླིང་གྲོང་བརྡལ་སྲིད་གཞུང་གནས་ཡུལ། གནམ་གྲུ་ཐང་གི་ནུབ་ངོས་དང་ཡར་ཀླུང་གཙང་པོའི་འགྲམ་གྱི་ལྷོ་ངོས་སུ་གནས། དེང་སང་ནི་ས་མིང་ཙམ་ལས་དགོན་ཤུལ་སོགས་ནི་མཐོང་རྒྱུ་མེད། དེ་ནི་རྒྱ་དྲུག་གླིང་གྲོང་ཚོ་གཉིས་པའི་ས་ཁོངས་སུ་ཆགས་པ་གང་ཞིག གནོན་སྡོད་གཞིས་ཀ་དང་མི་རིང་བའི་སར་ཡོད། དེང་སང་གནམ་གྲུ་ཐང་རྒྱ་བསྐྱེད་བྱེད་པའི་ས་མཚམས་སུ་འཁེལ་ལ། བྱེ་ཞིང་གི་གནས་གཞི་འདི་ཉིད་ནི་ལྷུང་གསེབ་ཅན་དུ་གྱུར་འདུག གཅིག་ཤོས་ནི་ལྷོ་ཁ་གོང་དཀར་རྫོང་རྒྱ་དྲུག་གླིང་གྲོང་བརྡལ་གནོན་ཕུ་བང་སོའི་ཚོགས་ཀྱི་ལ་རྒྱབ་ཀྱི་རི་ལྡེབས་སུ་ཆགས། དེང་སང་ཡང་གནས་དེར་གྱུང་རོ་མང་དུ་གནས་སྐབས་བྱེ་ཞིང་གི་གནས་གཞི་དངོས་དེ་འདི་ཉིད་མིན་ནམ་སྙམ།

④ ཏཱ་སི་ཏུ་བྱང་ཆུབ་རྒྱལ་མཚན་སོགས། རླངས་ཀྱི་པུ་ཏི་བསེ་རུ་རྒྱས་པ། བོད་ལྗོངས་མི་དམངས་དཔེ་སྐྲུན་ཁང་། 1986ཤ122

ཅིང་། ཡུལ་དེ་ནི་དོལ་ལུང་པའི་མདར་ཆགས་ལ་གྲའི་ཡུལ་དང་མི་རིང་བའི་ས་ཆར་གནས་པས་མངའ་རིས་དོལ་པོའི་ཁུལ་གྱི་ས་ཕྱོགས་སུ་ངོས་འཛིན་ནས་སྣ་ན་གནམ་སའི་ཁྱད་པར་བྱུང་ངོ་། །ད་འོ་ན་དོལད་ཀྱི་མར་མ་ཞེས་པའི་ཡུལ་དེ་ཡང་སློང་དོལ་གྱི་ལུང་ཚན་ཅེ་བྲག་གང་ལ་གོ་འམ་ཞེ་ན། དེ་ནི་དོལ་གྱི་མདའི་གསེར་སྟེང་ཞེས་པའི་ལུང་པར་བྱ་སྟེ། མར་རྗོག་ཡབ་སྲས་ཀྱི་བླ་མའི་རྣམ་ཐར་ནོར་བུའི་ཕྲེང་བར། "དོལ་གྱི་ཡལ་ཕོ་མོ་དང་རྩ་ལ་མ་འཆམ་པར། ཞེས་པ་ནས། མ་མ་གསེར་སྟེངས་ཡན་ཆད་གྲོགས་རིང་དང་ཤོ་ཁ་ཆེན་པོ་བྱས་སོ། །"①ཞེས་དོལ་གྱི་ཡལ་ཕོ་མོ་དང་མ་མ་གསེར་སྟེང་གི་མིང་བྱུང་བ་དང་དེང་སང་ཡང་དོལ་གྱི་མདར་གསེར་སྟེང་ཞེས་པའི་གྲོང་ཚོ་ཡོད་པ་དང་དེའི་ཕུར་ཡལ་ཕོ་མོའི་ཡུལ་ཡོད་ཅིང་། བླ་མ་རྗོག་པ་ཡབ་སྲས་རིམ་པར་བྱོན་པའི་རྣམ་ཐར་རིན་པོ་ཆེའི་ཕྲེང་བར། "ལུང་པ་འོད་པས་ཁེངས། ཞིང་དང་ཕྱུགས་ལུག་ཐམས་ཅད་ཁྱེར། མར་མ་ཡར་ཆད་དུ་གྲོག་རིངས་དང་ཤོ་ཁ་ཆེན་པོས་ཁེངས།"②ཞེས་མར་མ་ཞེས་ཏུན་རྟོང་ཡིག་ཉིང་དུ་འཁོད་པའི་དོལད་ཀྱི་མར་མ་ཞེས་པ་དང་གཅིག་མཚུངས་སུ་བྱུང་བ་མ་ཟད། དེང་སང་ཡང་ས་ཆ་དེར་མར་མ་དཀར་ཕྲུག་ཅེས་པའི་རི་〈དཔེ་རིས་དང་པོར་གཟིགས།〉ཞིག་གནས་མུས་ལགས་ན།མར་མ་ཞེས་པ་དོལ་གྱི་གསེར་སྟེང་གྲོང་ཚོ་ཆགས་ས་དེ་ཉིད་དུ་ཡིན་པ་ངེས་ཤེས་རྙེད་དོ། །གཞན་དུ་ན། སྟོན་གྱི་གཏམ་མེ་ཏོག་ཕྲེང་བ་ཞེས་བྱ་བ་བཞུགས་སོ་ཞེས་པར། "དོལ་གྱི་ཡ་མི་མ་བྱ་བས་མར་མའི་ཚོག་ཕུག ལྟེ་ཧིའི་སྟོམ་བུ། སྒྲོ་ཡུལ་གྱི་ཀ་གསུམ། ཞུར་མདའི་ཡུར་འགོ་དང་

① རྗོག་སློབ་བརྒྱུད་དང་བཅས་པའི་གསུང་འབུམ་བཞུགས་སོ། པོད་དང་པོ། ཀྲུང་གོའི་བོད་རིག་པ་དཔེ་སྐྲུན་ཁང་། 2011 ཤ48

② རྗོག་སློབ་བརྒྱུད་དང་བཅས་པའི་གསུང་འབུམ་བཞུགས་སོ། པོད་དང་པོ། ཀྲུང་གོའི་བོད་རིག་པ་དཔེ་སྐྲུན་ཁང་། 2011 ཤ14

བཞི་བཏབ་བོ། །”①ཞེས་བཤད་པས་མར་མའི་ཆོག་ཕྱུག་/དཔེ་རིས་གཉིས་པར་གཟིགས།) ནི་དེང་སང་ཕྱུག་པའི་ཤུལ་ཙམ་གསེར་སྟེང་གི་ནུབ་ངོས་ཀྱི་རི་རྩར་མཇལ་དུ་ཡོད་པ་དང་། དུས་རབས་གོང་མའི་ལོ་རབས་དགུ་བཅུའི་ནང་ཁུལ་དེ་ནས་དཔེ་སྙིང་མང་དག་ཅིག་ཐོན་ཡང་། དེང་སང་གང་དུ་ཡོད་མིན་ནི་མ་ཤེས། ངོལ་གྱི་ཡ་མེ་མས་བཏབ་པའི་གནས་བཞི་པོ་ལས་གསུམ་ངོལ་ཁུལ་ཁོ་ནར་ཡིན་པར་ངེས་ཏེ། ལྷོ་ཏིའི་སྟོམ་བུ་ཞེས་པ་དེ་དེང་རྗེ་ཕུད་ཆོས་འཁོར་དགོན་དུ་གྲགས་པ་དེ་མིན་ནམ་སྙམ་པ་དང་། ཞུར་མདའི་ཡུར་འགོ་ནི་ཤུལ་ཙམ་ཡང་མཇལ་རྒྱུ་མེད་མོད། ཞུར་②ཞེས་པའི་ས་མིང་དེང་སང་ཡང་གནས་པ་དང་། ཡུལ་དེ་ནས་བཀའ་གདམས་པའི་དགེ་བཤེས་ངོལ་པ་བ་འབྲུངས་པར་གྲགས། སྒྲོ་ཡུལ་གྱི་ཀ་གསུམ་ཞེས་པའི་གནས་གཞི་ནི་གྲའི་ཡུལ་དུ་ཡིན་པར་ངེས་ཏེ། སྒྲོ་ཡུལ་③ཞེས་པའི་ས་མིང་ལྷོ་ཁ་གྲ་ནང་རྫོང་ཁོངས་སུ་གནས་པའི་ཕྱིར། དེང་སང་གནས་གཞི་དེ་ཉིད་ཤུལ་ཙམ་ཡང་མཇལ་རྒྱུ་མེད། དེས་ན། ངོལ་གྱི་མར་མ་ནི་མངའ་རིས་ངོལ་པོའི་ཁུལ་དུ་མིན་པར་གྲ་ངོལ་གཞུང་གསུམ་དུ་གྲགས་པའི་ངོལ་གྱི་མདར་གནས་པའི་གསེར་སྟེང་གྲོང་ཚོ་ཉིད་ཡིན་པ་མངོན་སུམ་ཚད་མའི་སྤྱོད་ཡུལ་དུ་གྱུར་ཏོ། །

ངོལ་ཞེས་པའི་ཡུལ་མིང་རྣམ་ཐར་དང་ཆོས་འབྱུང་ཕལ་ཆེ་བར་ད་དྲག་མེད་པ་ཁོ་ན་བྱུང་སྟེ། ལྡེའུ་ཆོས་འབྱུང་དུ། “གཡོ་རུའི་ཡུལ་དཔོན་ཚན་བཅུ་དྲུག་ལ། ང་རབས་ལ་གཅིག གུང་པོ་ལ་གཅིག གང་བར་ལ་གཅིག ཡར་མདའ་ལ་གཅིག འཆིངས་ལུང་ལ་གཅིག གྲེང་ང་ལ་གཅིག རོག་པ་ལ་གཅིག ལོ་རོ་ལ་གཅིག བན་པ་ལ་གཅིག སྣམ་ཤུལ་ལ་གཅིག ཁོ་མཐིང་ལ་གཅིག བྲག་ལུང་ལ་གཅིག ངོལ་གཞུང་

① བོད་ཀྱི་ལོ་རྒྱུས་དེབ་ཐེར་ཁག་ལྔ། བོད་ལྗོངས་བོད་ཡིག་དཔེ་སྙིང་དཔེ་སྐྲུན་ཁང་། 2012ཤ44
② ཞུར་ཞེས་པའི་ཡུལ་འདི་ནི་དེང་ལྷོ་ཁ་གྲོང་ཁྱེར་གོང་དཀར་རྫོང་ཞུར་ཤང་ཞེས་པ་དེར་གོ།
③ སྒྲོ་ཡུལ་ཞེས་པའི་ཡུལ་ནི་ལྷོ་ཁ་གྲོང་ཁྱེར་གྲ་ནང་རྫོང་དཀྱིལ་ཏུ་ཤང་སྒྲོ་ཡུལ་གྲོང་ཚོ་ཞེས་པ་དེ་ཡིན།

ལ་གཅིག གྲ་ལུང་པ་ལ་གཅིག ཁབ་སོ་ལ་གཅིག ཡ་འབྲོག་རྣམ་གསུམ་ལ་གཅིག་སྟེ་ཡུལ་དཔོན་ཚན་བཅུ་དྲུག་གོ །"[①]ཞེས་དང་། སྦ་བཞེད་དུ། "གྲྭ་དང་དོལ། སྟག་ལ།"[②]ཞེས་གསལ་བ་དང་། པཎ་ཆེན་བྱམས་པ་གླིང་པའི་རྣམ་ཐར་དུའང་དོལ་ཞེས་པའི་ཡུལ་མིང་གསལ་ཚུལ་ནི། "སྲས་གསུམ་པ་དྲུང་ཆེན་བཟང་པོ་ནི་མིའི་དབང་པོ་གྲགས་པ་རྒྱལ་མཚན་པའི་ལུང་གིས། ཀླ་མའི་གདན་ས་ཚ་མིག་གི་ཆེན་པོ་ལ་བསྐོས་ཏེ། ཁྲི་སྐོར་ཚུལ་དང་མཐུན་པར་བསྐྱངས། དོལ་ལུང་པའི་མི་དཔོན་མཛད།"[③]ཅེས་གསུངས་པ་རྣམས་ལ་དོལ་ཞེས་བྱུང་མོད། དེབ་སྔོན་དུ། "རྗོལ་ན་འབེ་མོན་བུ་ཆུང་དང་རོག་དམར་ཞུར་བ་[④]གཉིས།"[⑤]ཞེས་དང་། "དོལ་ན་འབེ་རོག་གཉིས་སྟེ་ཆེན་པོ་བརྒྱད་དང་།"[⑥]ཞེས་དོལ་དང་རྗོལ་ཞེས་པ་གཉིས་ཅི་རིགས་མཛད་པར་སྣང་།

དོལ་ཞེས་པའི་མིང་གི་ཐོགས་ཚུལ་ལ་བཤད་པ་སྣ་ཚོགས་ཡོད་མོད། འདིར་གཙོ་བོ་ཡིག་ཚང་དག་པ་དང་ཤོད་རྒྱུན་ཁུངས་མ་རྣམས་བསྡུས་ནས་སྨྲོས་ན་ཁག་གསུམ་སྟེ། དོལ་ཞེས་པ་བརྗོད་རྒྱུ་གང་ཞིག་མཐུན་ཞིང་ལྟར་བྱས་ན་ཀྱང་བཞི་ཡིན།

---

① མཁས་པ་ལྡེའུས་མཛད་པའི་རྒྱ་བོད་ཀྱི་ཆོས་འབྱུང་རྒྱས་པ། བོད་ལྗོངས་བོད་ཡིག་དཔེ་རྙིང་དཔེ་སྐྲུན་ཁང་། 2010ཤ244

② དབའ་བཞེད་བཞུགས་སོ། བོད་ལྗོངས་བོད་ཡིག་དཔེ་རྙིང་དཔེ་སྐྲུན་ཁང་། 2012ཤ95

③ མཁས་དབང་བྱང་ཆུབ་དགེ་ལེགས། ཐམས་ཅད་མཁྱེན་པ་བྱམས་པ་གླིང་པ་ཆེན་པོའི་རྣམ་པར་ཐར་པའི་ངོ་མཚར་གྱི་ཕྲེང་བ་བྱ་བ་བཞུགས་སོ། གྲ་ནང་བྱམས་པ་གླིང་དགོན་ནས་བསྒྲིགས། ནང་ཁུལ་དཔར་ཟྭ། ཤ7–8

④ རོག་དམར་ཞུར་བ་ཞེས་པ་ནི་དགེ་བཤེས་དོལ་པ་བའི་མཚན་གྱི་རྣམ་གྲངས་སུ་འདུག་མོད། ལར་དགེ་བཤེས་དོལ་པ་བ་ཤེས་རབ་རྒྱ་མཚོའི་མཚན་གྱི་རྣམ་གྲངས་མིན་པར་བཤད། དེ་ལ་རོག་ཅེས་པ་ནི་དགེ་བཤེས་དོལ་པ་བའི་གདུང་ཡིན་པ་དང་། དམར་ཞུར་བ་ཞེས་པ་དགེ་བཤེས་གང་ཉིད་དབུ་ཞྭ་དམར་པོ་ཞིག་བཞེས་པས་དམར་ཞུར་བར་གྲགས། དགེ་བཤེས་འདི་དང་ཇོ་ནང་པའི་མཁས་པ་དོལ་པོ་ཤེས་རབ་རྒྱལ་མཚན་གཅིག་ཏུ་མི་བྱ། དགེ་བཤེས་དོལ་པའི་སྐོར་ཞིབ་པ་འོག་ཏུ་འཆད་འགྱུར་གྱི་དོལ་པ་བ་དང་བེའུ་བུམ་སྔོན་པོའི་བཤད་པའི་སྐབས་སུ་གཟིགས་འཚལ།

⑤ འགོས་ལོ་གཞོན་ནུ་དཔལ། དེབ་ཐེར་སྔོན་པོ། སྟོད་ཆ། སི་ཁྲོན་མི་རིགས་དཔེ་སྐྲུན་ཁང་། 1985ཤ329

⑥ འགོས་ལོ་གཞོན་ནུ་དཔལ། དེབ་ཐེར་སྔོན་པོ། སྟོད་ཆ། སི་ཁྲོན་མི་རིགས་དཔེ་སྐྲུན་ཁང་། 1985ཤ329

དམན་པ་བཤན་པའི་རིགས་སུ་བཤད་པ། དོལ་ཞེས་པ་ཏུས་སུ་བཤད་པ་བཅས་སོ། །

ལུགས་དང་པོའི་འདོད་ལུགས་ནི་དོལ་ཞེས་པ་ཏྭ་བར་གོ་སྟེ་ཉ་འཛིན་བྱེད་ཀྱི་རྙི་དང་། ཉ་ལ་ཏྭ་བཀྲམས་པ་ལ་དོལ་གདལ་བའམ་དོལ་བརྒྱབ་པ་ཞེས་པ་དེང་སང་ཡང་ཡར་འབྲོག་སོགས་པའི་ཡུལ་སྐད་དུ་སྣང་ཞིང་། བརྡ་དཀྲོལ་རྣམས་སུ་དོལ་ནི་ཏྭ་བར་བཤད་པའི་ཕྱིར་ན་ཕྱིས་ཉ་པ་ལ་དོལ་པ་ཞེས་པའི་སྒྲ་བྱུང་བའི་ཕྱིར། དེས་ན། དོལ་ཞེས་པ་འདི་ཉིད་ཏྭ་བར་གོ་བ་ནི་བོད་ཀྱི་སྐད་གཤིས་དང་མཐུན་པའི་བརྡ་དོན་འགྲེལ་ལུགས་ཤིག་གོ །

ལུགས་གཉིས་པའི་འདོད་ཚུལ་ནི་དོལ་ཞེས་པ་རིགས་དམན་པ་བཤན་པའི་རིགས་སུ་བཤད་དེ། དེ་ཡང་སྔ་དུས་དོལ་ནང་མདོ་ཁོངས་ཀྱི་མི་རྣམས་ཡར་ཀླུང་གཙང་པོ་དང་ཐག་ཉེ་བར་འཚོ་བས་ཡུལ་དེའི་མི་རྣམས་ཆུ་ལ་བརྟེན་ནས་ཉ་བཤས་པ་ལ་སོགས་པའི་བགྱི་བར་རོལ་བའི་ཆ་ནས་དོལ་པ་རྣམས་བཤན་པ་རིགས་དམན་པའི་ཁོངས་སུ་བཙུད། དེ་ནི་རྒྱ་གར་རིག་གནས་ཀྱི་ཤན་ཞུགས་པའི་སྣང་ཚུལ་ཞིག་ཏུ་སོང་ངོ་། །གང་ལྟར་དོལ་པ་རྣམས་ཀྱིས་གནའ་བོའི་དུས་ཉ་ལ་བརྟེན་ནས་འཚོ་གནས་བྱེད་ཀྱི་ཡོད་པའི་ཆ་ནི་ཡུལ་ལུང་དེར་ཞོག་ཁོག་གི་ཚོད་མར་ཉ་ཁུ་①ཞེས་པའི་བརྡ་བྱེད་ལ། དོལ་གྱི་ཡས་མོའི་ཕུ་ན་ཉ་གཟུགས་ཅན་གྱི་རྡོ་རིང་དང་ལྷ་ཉ་པ་ཞེས་པའི་རྟེན་གནས་སོགས་ཡོད་པ་དང་། ཁྱད་པར་དེང་གི་དུས་སུ་ཡང་དོལ་པ་

① ཉ་ཁུ་ཞེས་པ་ནི་དོན་དུ་ཤ་ཡོད་པའི་ཞོག་ཁོག་ཚོད་མའི་བཟའ་བ་ལ་གོ དོལ་པའི་རྒན་པོ་རྣམས་ཀྱི་ངག་ལས་སྔ་དུས་ཡུལ་འདིའི་མི་རྣམས་ནི་ཆུ་ལ་བརྟེན་ནས་འཚོ་ཞིང་ཟས་ཀྱི་གཙོ་བོ་ཉ་ཡིན་པ་དང་། དོལ་གྱི་མེས་པོ་རྣམས་ཀྱིས་ཉ་ཤ་བཙོས་པའི་ཁུ་བའི་ནང་ཞོག་ཁོག་བསྐོན་ནས་ཚོད་མ་བཟོས་པ་ལ་ཉ་ཁུ་ཞེས་པའི་བརྡ་མཛད་པར་གྲགས། དེང་སང་ནི་ཞོག་ཁོག་གི་ཚོད་མའི་རིགས་ལ་ཉ་ཁུ་ཞེས་པའི་བརྡ་རྒྱ་སྤྱོལ་མཆིས་པས་ཉ་ཁུ་ཡིན་ན་དེའི་ནང་ཉ་ཤ་ཡོད་པའི་ངེས་པ་ནི་མེད། གཞན་དུ་ན། དོལ་པ་རྣམས་ཀྱིས་ཉ་ཤའི་བཟའ་བའི་རིགས་སྣ་ཚོགས་ཤིག་ད་ལྟ་ཡང་མ་ཉམས་པར་བཟོ་མུས་ཡིན་ལ། ལོ་རྒན་པ་ཕལ་ཆེ་བ་སྔར་བཞིན་ཉ་དང་ཆེ་བ་ལ་སོགས་པའི་ཁྱད་ཆོས་ལྡན།

ཁ་ཅིག་གིས་དོལ་གྱི་མེས་པོར་གྲགས་པའི་ལྷ་ཉ་པ་ཞེས་པ་གསོལ་བའི་ལུགས་དང་། གྲ་དང་གཞུང་གི་ཡུལ་མི་རྣམས་ཀྱིས་དོལ་གྱི་མིར་དོལ་པ་ཞེས་པ་འབོད་སྲོལ་ཡོད་པ་སོགས་ལ་བལྟོས་ན། དོལ་གྱི་ཡུལ་ཚན་འདི་རྣམས་ཉ་དང་འབྲེལ་བ་ཆེ་བའི་ཡུལ་ཞིག་ཡིན་པ་སྟོན་བྱུང་གཏམ་དང་གནའ་ཤུལ་དངོས་རྫས་སོགས་གང་ས་ཅི་ཐད་ནས་ར་སྤྲོད་ཐུབ་པར་ཟད་དོ། །

ལུགས་གསུམ་པ་ནི་དོལ་ཞེས་པའི་ཡུལ་མིང་ནི་རུས་མིང་ཡུལ་ལ་འཇགས་པའི་ལུགས་སོ། །ཁོ་བོ་ཅག་ཀྱང་རུས་ཚན་ནམ་གདུང་དོལ་གྱི་ཆར་འགྲེལ་བར་འདོད་དེ། དེབ་སྔོན་ལས། "དེའི་སློབ་མ་དོལ་པ་ཟང་ཐལ་ནི། འབྲུངས་ཡུལ་འཚུར་ཕུ་བ། གདུང་དོལ། སྐུ་མཆེད་བཞི་ཡོད་པའི་ཆུང་ཤོས།"[1]ཞེས་དོལ་ཞེས་རུས་ཤིག་ཡིན་སྐོར་གསུངས་ལ། དེ་བཞིན་དོལ་ནི་རུས་ཆེན་དགྲའི་ཁུངས་སུ་གཏོགས་པ་དང་། དགྲ་ལའང་"སྒྲ་དཀར་དང་། སྒྲ་ཁྲ་དང་། སྒྲ་ནག་སྟེ་གསུམ་དང་། དེ་ལ་ཆེ་དྲུག ཕྱུག་དྲུག བཙན་དྲུག"[2]ཅེས་ནང་གསེས་འགའ་ཞིག་ཡོད་པ་ལས་ཕྱུག་དྲུག་གི་ཁོངས་སུ་འདུ་བ་ཡིན། ཕྱུག་དྲུག་ཅེས་པའི་དོན་གྱི་སྐོར་ལ་དབུ་ནག་མིའུ་འདྲ་ཚགས་སུ། "དགུ་འབུམ་དགྲ་ཡི་ཕ་ཕྱུག་དེ། །འཇང་ཉི་མ་འཕྲུལ་གྱི་བུ་ཚད་དེ། །ཕྱིད་པ་དཀོན་མཆོག་ཆོས་ཀྱིས་ཕྱུག །སྐྱི་དཀར་ཡོན་ཏན་ཁྲབ་ཀྱིས་ཕྱུག །དོལ་པ་དབང་ཕྱུག་ལུག་གིས་ཕྱུག །རྒྱ་གར་ཨ་ཡག་རྟ་ཡིས་ཕྱུག །བལ་པོ་ཨ་མགོན་གཡུ་ཡིས་ཕྱུག །དེ་དགུ་འབུམ་དགྲ་ཡི་ཕ་ཕྱུག་ཡིན། །"[3]ཞེས་གསལ་བས། རུས་ཆེན་དགྲ་ཉིད་བོད་མིའུ་

---

① འགོས་ལོ་གཞོན་ནུ་དཔལ། དེབ་ཐེར་སྔོན་པོ། སི་ཁྲོན་མི་རིགས་དཔེ་སྐྲུན་ཁང་། 1985ཤ1148

② གྱི་ལུང་བཀྲ་ཤིས་རྒྱ་མཚོ། གྱི་ལུང་ཐུགས་མཆོག་རྒྱ་མཚོ། བོད་མི་བུ་གདུང་དྲུག་གི་རུས་མཛོད་མེ་ཏོག་སྙེད་ཚལ་ཞེས་བྱ་བ་བཞུགས་སོ། །མཚོ་སྔོན་མི་རིགས་དཔེ་སྐྲུན་ཁང་། 1994ཤ16

③ ཁྲ་བྲུག་སྟོན་མོའི་སྒྲ་དབྱངས། བོན་ལུགས་ཀྱི་གནའ་བོའི་གཏམ་རྒྱུད་དང་ཚོ་གའི་སྐོར་གྱི་དཔེ་སྙིང་ཕྱོགས་བསྒྲིགས། བོད་ལྗོངས་བོད་ཡིག་དཔེ་སྙིང་དཔེ་སྐྲུན་ཁང་། 2016ཤ72

གཏུང་དྲུག་གི་ཁྲིད་འཁྱོར་པ་ཆེ་བ་ཞིག་ཡིན་པར་མངོན་ལ། དོལ་ཞེས་པ་དུས་ཆེན་དབྲའི་དུས་ཚན་ཞིག་ཡིན་པ་རྟོགས་ཐུབ། དེ་མིན་བོད་ཀྱི་ལོ་རྒྱུས་ཐོག་དོལ་ཞེས་པ་མཚན་ཟུར་དུ་གསལ་བའི་མཁས་པ་ཡང་མང་དུ་མཆིས་མོད། ཡོངས་སུ་རྫོགས་པ་ནི་དུས་དོལ་ཡིན་པའི་ཁུངས་པ་མེད། དཔེར་ན། དོལ་འཚུར་སྟོན་དབང་ངེ་དང་བེའུ་བུམ་སྔོན་པོའི་ཕྱོགས་སྒྲིགས་མཛད་པོ་དགེ་བཤེས་དོལ་པ་བ་ཤེས་རབ་རྒྱལ་མཚན། མར་པ་ལོ་ཙྪ་བའི་དངོས་སློབ་དོལ་པ་གག་སྟོན་སོགས་ནི་དུས་དོལ་མིན་ཡང་ཡུལ་དེར་འཁྲུངས་པའི་ཆ་ནས་མཚན་ཟུར་དུ་དོལ་ཞེས་ཐོགས་པ་དང་། གཞན་དུ་ན། དགེ་བཤེས་བྱ་ཡུལ་བའི་དངོས་སློབ་དོལ་ཤཱཀྱ་གཞོན་ནུ་དང་། འཇོང་ཧྣམ་བོ་ཧྣིའི་ཡང་སློབ་དོལ་པ་རབ་ཏུ་དགའ་བའི་རྡོ་རྗེ། གཏེར་སྟོན་གྲྭ་པ་མངོན་ཤེས་ཀྱི་མཁན་བུ་དོལ་གྱི་ཡ་མེ་མ། ཀརྨ་དུས་གསུམ་མཁྱེན་པའི་དངོས་སློབ་དོལ་པ་སྨུག་སྲེ་བ། ཇོག་མདོ་སྲེའི་སྲས་རྗེ་བཙུན་ཚུལ་ཁྲིམས་ཤེས་རབ་ཀྱི་དངོས་སློབ་དོལ་པ་ཆོས་ཚུལ་སོགས་ནི་དུས་དོལ་མིན་ནམ་སྙམ་བཅས། རྣམ་ཐར་ཞིབ་པ་ནི་མ་མཇལ། གང་ལྟར་དོལ་ཞེས་པའི་དུས་ནི་ཉ་དང་འབྲེལ་བ་ངེས་ཅན་ཞིག་ཡོད་པར་ངེས་སོ། །

### གསུམ་པ། གཞུང་ཞེས་པའི་ཡུལ་མིང་དང་དེའི་འགྲེལ་བརྗོད།

གཞུང་ཞེས་པ་ནི་བོད་ཀྱི་ལོ་རྒྱུས་ཡིག་ཚང་ཁག་ཏུ་གྲ་དོལ་གཞུང་གསུམ་དུ་གྲགས་པའི་གཡོར་པོ་ལུང་ཚན་དགུའི་[1]ཐེ་བྲག་ཅིག་ཏུ་ཟད་ལ། ཆོས་འཇིག་རྟེན་གཉིས་ཀའི་རིག་གནས་དར་སྤྱོལ་ཆེ་ཞིང་། རྒྱུན་མ་ཉམས་པར་གནས་པའི་ཡུལ་

① བཤད་མཛོད་ཡིད་བཞིན་ནོར་བུར། སྟོད་ཀྱི་སྦྲ་དོལ་གཞུང་གསུམ་དེ། །རྒྱལ་པོ་གདན་ལ་བཞུགས་པ་འདྲ། །བར་གྱི་ཨེ་གཉལ་ཡར་གསུམ་དེ། །གཙོ་བོ་མདུན་བགྲོས་བྱེད་པ་འདྲ། །སྨད་ཀྱི་བྱར་དྭགས་ཀོང་གསུམ་དེ། །བཙུན་མོ་གཡོ་རྐྱལ་བྱེད་པ་འདྲ། །ཞེས་གསུངས། ལར་གཡོར་པོའི་ལུང་པ་དགུའི་འབྲི་ཚུལ་ལ་གྲ་དོལ་གཞུང་གསུམ། ཨེ་གཉལ་ཡར་གསུམ། བྱར་དྭགས་རྐོང་གསུམ་ཞེས་ཀྱང་སྣང་།

ཞིག་ཡིན་པ་མངོན་སུམ་ཚད་མའི་སྤྱོད་ཡུལ་དུ་གྱུར་ཏོ། །

གཞུང་ཞེས་པའི་ཡུལ་འདི་ནི་གནའ་བོའི་དུས་ནས་ཤེས་རིག་དར་ཆེ་བའི་ཡུལ་ཞིག་ཡིན་པ་ནི་དེང་སང་མཇལ་དུ་ཡོད་པའི་རིག་གནས་ཀྱི་རྒྱུན་རྣམས་ལས་ཤེས་པར་ནུས་ལ། ཁྱད་པར་བསྐལ་པ་ཡ་ཐོག་ནས་རིག་གནས་སྤྱི་དང་བྱེ་བྲག་གདོང་མའི་དད་མོས་སོགས་དར་ཆེ་ཞིང་། རིག་གནས་དེའི་སྣང་ཚུལ་དེང་སང་ཡང་མངོན་དུ་ཡོད་པ་མ་ཟད། ཡང་སྔོས་བོན་གྱི་ཆོ་ག་དང་དད་མོས་ཀྱི་རྣམ་གཞག་རེ་གཉིས་ཙམ་དུས་ད་ལྟའང་གནས་པ་སོགས་གང་ས་ཅི་ཐད་ནས་རིག་གནས་སྤྱི་དང་། ལྷག་དོན་སངས་རྒྱས་ཆོས་ལུགས་དར་རྗེས་འཕགས་བོད་མཁས་པ་མང་པོ་དང་ཛུས་ཆེན་རྗོག་དང་གྱེར། གཉོས་①དང་གཞུང་ལ་སོགས་པའི་མཆེད་ཡུལ་དང་། སངས་རྒྱས་བསྟན་པར་གཞན་དྲིང་མི་འཛོག་པའི་ཞབས་འདེགས་བླ་ན་མེད་པ་འཛོག་མཛད་ཀྱི་བསྟན་འཛིན་རྣམས་ཀྱིས་གདམས་ངག་རྣམ་དག་ལ་ཐོས་བསམ་སྒོམ་གསུམ་བྱ་སའི་གྲུབ་མཐའ་རིས་མེད་ཀྱི་བསྐྱི་གནས་ཁྱད་པར་བ་ཞིག་ཀྱང་ཡིན། །

དེ་ཡང་གཞུང་གི་ཁུལ་དུ་སྔ་རྗེས་སུ་སྙིང་མ་བའི་མཁས་པ་གྱེར་གྱི་གདུང་ལས་མཆེད་པའི་སེ་ལུང་དགེ་བཤེས་དང་བཀའ་བརྒྱུད་པའི་ཡབ་མེས་མར་པ་ལོ་ཙྪ་བ་དང་རྔོག་ཆོས་སྐུ་རྡོ་རྗེ་ཡབ་སྲས། གཉོས་ལུགས་ཀྱི་མཁས་པ་རབས་རིམ། གཞན་ར་ལོ་དཔོན་སློབ་དང་འབྲུག་པ་བཀའ་བརྒྱུད་ཀྱི་སློབ་བརྒྱུད། རྡོ་བོ་རྗེ་དང་གང་དེའི་སློབ་བརྒྱུད་ཀྱི་གྲུས་གསང་ཕུའི་བླ་ཁག་བཅུ་གཅིག་ལས་མཐོང་སྨོན་གྲྭ་ཚང་དང་ར་བ་སྨད་པའི་བླ་བརྒྱུད། རྡོ་ནང་པའི་མཁས་པ་གཉགས་ཕུ་བསོད་ནམས

① གཉོས་ཞེས་པ་ནི་བོད་ཀྱི་དབུས་གཙང་ཁུལ་ན་མི་ཆེ་བ་བཞིར་གྲགས་པའི་ནང་ཚན་ཏེ། ཐོག་མར་ལྷ་ལས་མཆེད་པའི་ཛུས་ཆེན་པོ་ཞིག་གོ། གཉོས་ཞེས་པ་ལ་སྨྱོས་ཞེས་ཀྱང་བྲི་བའི་ལུགས་མཆིས། དེ་སྐོར་ཞིབ་པ་ཁ་རག་གཉོས་ཀྱི་གདུང་རབས་ཁྱད་པར་འཕགས་པར་གསལ།

བཟང་པོ་སོགས་བྱོན་ནས་བསྟན་པའི་བྱ་བའི་ཁུར་ཆེན་པོ་བཞེས་ཏེ་ཤཱཀྱའི་རིང་ལུགས་ཀྱི་ལྷ་སྨོམ་སྤྱོད་གསུམ་གྱི་བསྟན་པ་ལ་སླན་པའི་པཎ་གྲུབ་སའི་དྲིགས་པ་དང་མཉམ་པ་བྱོན་མཛད་ཀྱི་རྣམ་ཐར་ནི་ཆོས་འབྱུང་རྒྱལ་རབས་སོགས་ལ་གཟིགས་ན་ཤེས་ཐུབ་པའི་ཕྱིར་ན། འདིར་ཡི་གེ་མང་པོ་མ་བྲིས་སོ། །གཞུང་གི་ཁུལ་ནི་གདོད་མའི་དད་མོས་དང་བོན་གྱི་རིག་གནས། གཞན་སངས་རྒྱས་ཆོས་ལུགས་ཀྱི་ཆོས་བརྒྱུད་མང་དག་ཅིག་མཉམ་གནས་ཐུབ་པའི་ཡུལ་ཁྱད་པར་ཅན་ཞིག་ཏུ་གྲུབ་ཡོད།

ཡུལ་དེའི་མིང་གི་འབྱུང་བའི་ཆར་བཤད་ཚུལ་མང་དུ་ཡོད་ཀྱང་། འདིར་ནི་འཛིག་རྟེན་རྒན་པོའི་ངག་སྒྲོས་དང་ཡིག་ལམ་དག་པ་རྣམས་ལ་གཞི་བྱས་སྒྲོས་ན་ནི་ཁག་ལྔ་ཙམ་སྟེ། དེ་ལ་ཡུལ་འདི་ནི་ངམ་ཤོད་[①]བྱེ་མའི་གཞུང་ཡིན་པས་གཞུང་དང་། གཡོར་པོ་ལ་ཕྱི་ནང་གཞུང་གསུམ་དུ་དབྱེར་བའི་གཞུང་ཡིན་པས་གཞུང་། གཞན་ཇོག་ཆོས་སྐུ་ཇོ་ཛེས་གཞུང་དང་བཤད་པའི་གདམས་ངག་གནང་སའི་ཡུལ་ཡིན་པས་གཞུང་། ཡུལ་འདི་སའི་གཞུང་དང་གནམ་གྱི་གཞུང་། ཆུའི་གཞུང་དུ་གནས་པས་ན་གཞུང་ཞེས་དང་། ཉུས་རྒྱུད་གཞུང་མཆེད་སའི་ས་ཁོངས་ཡིན་པས་གཞུང་ཞེས་བརྗོད་པའི་ལུགས་རྣམས་སོ། །

ལུགས་དང་པོའི་འདོད་ཚུལ་ནི་ཡུལ་འདི་ཉིད་ངམ་ཤོད་བྱེ་མའི་གཞུང་དུ་གནས་པས་གཞུང་ཞེས་བརྗོད་དོན་ནི་ཇོག་ཆོས་སྐུ་ཇོ་ཛེའི་རྣམ་ཐར་ལ་གཞི་བྱས་ནས་བཤད་པའོ། །ཇི་སྐད་དུ། ཛེ་མར་པ་ནས་རྒྱུད་ཇོག་གཞུང་པ་ཡབ་སྲས་ཀྱི་བླ་མའི་རྣམ་ཐར་ནོར་བུའི་ཕྲེང་བར་ཇོག་མདོ་སྡེའི་རྣམ་ཐར་སྒྲོས་པའི་སྐབས། "ངའི་

① ངམ་ཤོད་ཅེས་པ་ལ་ངམས་ཤོད་དང་ངོམས་ཤོད་སོགས་གང་ཉུང་བྲི་བར་སྣང་མོད། ངམ་ཤོད་དང་ངམས་ཤོད་ཅེས་པ་གཉིས་ལས་ངོམས་ཤོད་ཅེས་པ་དཔར་ཕྱ་ནོར་སྐྱོན་དུ་འདུག ངམ་ཤོད་ཅེས་པའི་སྐོར་ཆུ་རྒྱུད་རྒྱལ་པོའི་གསོལ་མཆོད་སྐབས་སུ་གཟིགས་འཚལ།

མཁན་པོ་ངམ་ཤོད་བྱེ་མའི་དབུས་ན། བླ་མ་མར་པའམ་རྔོག་གཞུང་པ་གང་རུང་༧[1]གི་སྲས་སུ་འཁྲུངས་པ་ཡིན།”[2]ཞེས་གསུངས་པའི་གཏམ་ལ་གཞི་བཅོལ་ནས་འགྲེལ་པ་བྱེད་པར་སྣང་ཡང་། ངམ་ཤོད་བྱེ་མའི་དབུས་ཀྱི་ས་ཆ་ཡིན་ན་གཞུང་ཁུལ་གྱི་ས་ཆ་ཡིན་པས་མ་ཁྱབ་སྟེ། ངམ་ཤོད་ཡུལ་ལ་སྟོད་སྨད་བར་གསུམ་བྱེད་པས་ཁྱབ་ཆུང་བའི་ངོར་སོང་བར་སྙམ། དེ་སྐོར་གྱི་ཡུལ་བཅད་ཚུ་རྒྱུད་རྒྱལ་པོའི་གསོལ་མཆོད་ལེ་ཚན་ནང་བཤད་པར་བྱའོ། །

ལུགས་གཉིས་པ་ནི་གཡོར་པོ་གཞུང་གི་ས་ཆ་ཡིན་པས་ཡུལ་མིང་དུའང་གཞུང་ཞེས་ཐོགས་པ་སྨྲ་བའང་དེ་ཙམ་གྱི་གནད་ཚུགས་པའི་གཏམ་ཞིག་ཏུ་མི་འདོད་དེ། གཞུང་གི་ཡུལ་འདི་ཉིད་ལོ་རྒྱུས་རྙིང་པ་རྣམས་སུ་གཡོར་སྟོད་ཀྱི་ས་ཆ་དང་སྟོད་ཀྱི་གྲ་དོལ་གཞུང་སོགས་པའི་ཐ་སྙད་ལས་གཡོར་པོ་གཞུང་ཞེས་པའི་བཤད་པ་མེད་ཀྱང་། དུས་ཕྱིས་ཀྱི་རྣམ་ཐར་སོགས་སུ་གཡོར་པོ་དང་གཞུང་ཞེས་པའི་ཐ་སྙད་ལ་བསྙེགས་ནས་བཤད་པ་བྱེད་དེ། རྣམ་རབ་མཐོང་སྨོན་དྭགས་པོ་གྲྭ་ཚང་གི་ལོ་རྒྱུས་ལས། “མཉམ་མེད་རྗེ་བོ་རྗེས་གཡོ་རུའི་སའི་ཆ་ཡུལ་གཡོར་པོ་གཞུང་ཞེས་པའི་མིང་བཏགས་གནང་།”[3]ཞེས་བྱུང་ཡང་། ལུང་རྒྱུན་དེ་ཉིད་རྗེ་བོ་རྗེ་རྣམ་ཐར་དང་གསོལ་འདེབས་སོགས་སུ་མི་གསལ་བས་དེའི་དགོངས་པ་ནི་མི་དག་པར་སེམས་ལ། རྗེ་བོ་རྗེའི་ཡར་སྟོན་ནས་གཞུང་ཞེས་པའི་ཡུལ་མིང་ཡོད་པའི་ཕྱིར། །གཞན་དུ་འབྲོམ་གྱིས་མཛད་པའི་རྗེ་བོ་རྗེའི་བསྟོད་པ་སུམ་ཅུ་པར། “གཡོར་པོ་འཆིང་རུར་

① འདི་ནི་ཨང་ཡིག་སྐེ་གཅིག་གི་དོད་དུ་དེ་ལྟར་བྲི་སྲོལ་སྣང་།

② སྟོ་ཏི་ཤྲཱི། རྗེ་མར་པ་ནས་རྒྱུད་རྔོག་གཞུང་པ་ཡབ་སྲས་ཀྱི་བླ་མའི་རྣམ་ཐར་ནོར་བུའི་ཕྲེང་བ་བཞུགས་སོ། འབྲས་ལྗོངས་གནས་བཅུ་ལྷ་ཁང་གི་དཔེ་རྙིང་། ལྡེབ་དྲུག་པ།

③ རྣམ་རབ་ངག་དབང་ཐུབ་བསྟན། རྣམ་རབ་མཐོང་སྨོན་དྭགས་པོ་གྲྭ་ཚང་གི་ལོ་རྒྱུས། མི་རིགས་དཔེ་སྐྲུན་ཁང་། 2014 ཤ27

བུ་མོས་མགོ་རྒྱན་ཕུལ། །ཤི་བ་གསན་ནས་དེ་ཡི་སྒྲིབ་སྦྱོང་མཛད། །"[①]ཅེས་དང་། ཡང་མཆིམས་ཐམས་ཅད་མཁྱེན་པས་མཛད་པའི་ཇོ་བོ་རིན་པོ་ཆེ་རྗེ་དཔལ་ལྡན་ཨ་ཏི་ཤའི་རྣམ་ཐར་རྒྱས་པ་ཡོངས་གྲགས་ཞེས་པར། "དེ་ནས་འཕྱིང་ཊུར་[②]ཕར་ཕྱིན་པའི་དུས་སུ། བུ་མོ་ཁྱིམ་གསར་མོ་ཅིག་གིས་མགོ་རྒྱན་མ་ལུས་པར་ཕུལ། ཞེས་པ་ནས། དེ་ནས་གཞུང་དུ་ཕྱིན་པའི་དུས་སུ་བུ་མོ་ཤི་བ་གསན།"[③]ཞེས་པར་འཕྱིང་ཊུ་དང་གཞུང་ཞེས་པ་ལས་གཡོར་པོའི་གཞུང་ཞེས་པའི་བརྡ་མ་བྱུང་ལ། ཇོ་བོ་ཆེན་པོ་ལྷ་ཅིག་གི་རྣམ་པར་ཐར་བ་བཞུགས་སོ་ཞེས་པར། "ངེད་ནས་ཕྱི་ཊུ་ན་མར་ཕྱིན་པའི་དུས་སུ་བུ་མོ་ཁྱིམ་གསར་མ་གཅིག་གིས་ཇོ་བོ་ལ་མགོ་རྒྱན་མ་ལུས་པར་ཕུལ་བས། ཞེས་པ་ནས། དེ་ནས་གཞུང་དུ་ཕྱིན་ཙ་ན་བུ་མོ་ཤི་བ་གསན་པས། ཇོ་བོའི་ཞལ་ནས་ངའི་བུ་མོ་སྙིང་རེ་རྗེ་གསུངས།"[④]ཞེས་བྱུང་བས་ལུང་རྒྱུན་དེའི་ནང་དུའང་ཕྱི་ཊུ་དང་གཞུང་ཞེས་པ་ལས་གཡོར་པོའི་གཞུང་ཞེས་པའི་ཡུལ་མིང་གདགས་པར་མཛད་པའི་གསལ་ཁ་མ་མཆིས། རྣམ་ཐར་དུ་ཐོན་པའི་ཕྱི་ཊུ་ཞེས་པ་འཕྱིང་ཊུ་ལ་བྱ་དགོས་ཀྱི་དཔར་རྩ་ནོར་བ་ཡིན་པ་མངོན།

---

① ཆོས་སྤྱོད་རབ་གསལ་སྐལ་བཟང་སྐྱེ་བོའི་མགུལ་རྒྱན། སེར་གཙུག་ནང་བསྟན་དཔེ་རྙིང་ཕྱོགས་སྒྲིག་ཁང་ནས་བསྒྲིགས། ཤ 341

② འཕྱིང་ཊུ་ཞེས་པ་ལ་འཆིང་ཊུ་ཞེས་ཀྱང་བྱུང་། དེ་ནི་སྤུ་དུས་བོད་བཙན་པོའི་སྐུ་དུས་ཀྱི་དྲག་པོ་དམག་གི་ཊུ་ཞིག་གི་མིང་དུ་འདུག དེང་ལྷོ་ཁ་གོང་དཀར་རྫོང་སྣང་སྟོད་གྲོང་བརྡལ་གྱི་ས་ཁོངས་སུ་གནས་བཅའ་བའི་ཡུལ་ལུང་དག་ལ་གོ། ད་ལྟ་ཡང་སྣང་སྟོད་གྲོང་བརྡལ་ཐོད་དཀར་གྲོང་ཚོའི་ཁུལ་དུ་ལོ་གསར་དང་འོང་སྐོར་སོགས་པའི་དུས་ཆེན་ཆེ་ཁག་དུས་སྟར་ཀྱི་བོད་དམག་གི་ཆས་སུ་ཞུགས་ནས་ཐད་སོགས་འཁྲབ་པའི་སྲོལ་སྣང་ལ། གནས་དེའི་མིས་ཁོང་ཚོ་བཙན་པོའི་སྐུ་དུས་ཀྱི་དམག་གི་བརྒྱུད་པ་ཡིན་པར་བཤད།

③ འབྲོམ་སྟོན་པ་རྒྱལ་བའི་འབྱུང་གནས་སོགས། ཇོ་བོ་རྗེ་དཔལ་ལྡན་ཨ་ཏི་ཤའི་རྣམ་ཐར་ཕྱོགས་བསྒྲིགས། བོད་ལྗོངས་མི་དམངས་དཔེ་སྐྲུན་ཁང་། 2015 ཤ 155

④ འབྲོམ་སྟོན་པ་རྒྱལ་བའི་འབྱུང་གནས་སོགས། ཇོ་བོ་རྗེ་དཔལ་ལྡན་ཨ་ཏི་ཤའི་རྣམ་ཐར་ཕྱོགས་བསྒྲིགས། བོད་ལྗོངས་མི་དམངས་དཔེ་སྐྲུན་ཁང་། 2015 ཤ 341

ལུགས་གསུམ་པའི་བཤད་ཚུལ་ནི་རྫོག་ཆོས་སྐུ་རྡོ་རྗེས་གཞུང་དང་བཤད་པའི་གདམས་ངག་གནང་བས་ཡུལ་མིང་དུ་གཞུང་ཞེས་ཐོགས་པ་ཡུལ་མི་རྣམས་ཀྱི་འདོད་ཚུལ་སྟེ། དེ་ནི་སྙན་ཁུང་ནས་སྙན་ཁུང་བརྒྱུད་པའི་གཏམ་རྒྱུད་ཅིག་དང་། རྫོག་ཆོས་སྐུ་རྡོ་རྗེའི་ཆེ་བ་མངོན་ཆེད་ཙམ་གྱི་སྙད་དུ་བཤད་ཡམས་དར་བར་ཞིག་ལས་དོན་དམ་དུ་དེ་ལྟར་མིན་ཏེ། རྫོག་ཆོས་སྐུ་རྡོ་རྗེའི་གོང་ན་ཡུལ་དེར་བསེ་ལུང་[①]གི་དགེ་བཤེས་དགྱེར་[②]སོགས་པས་གཞུང་བཤད་མཛད་ལ། རྫོག་གཞུང་པ་ཞེས་དང་། གཞུང་རི་བོ་ཁྲུང་ལྡིང་སོགས་པའི་ཐ་སྙད་རྫོག་ཆོས་རྗེར་ལས་སྔ་བའི་ཕྱིར་ན། འགྲེལ་ཚུལ་དེ་ཉིད་དག་པར་མི་མཐོང་ངོ་། །

ལུགས་བཞི་པའི་འདོད་ཚུལ་ནི་ཡུལ་འདི་སའི་གཞུང་དང་གནམ་གྱི་གཞུང་། ཆུའི་གཞུང་དུ་གནས་པས་ན་གཞུང་ཞེས་བརྗོད་པའི་གཏམ་དུ་སྒྲོགས་པ་ཡུལ་དེའི་རྒན་པོ་རྣམས་ཀྱིས་ཡུལ་གང་དེའི་ཆེ་བ་བརྗོད་པའི་སྐབས་དེའི་མུ་བསྐྱངས་པ་ཞིག་ལས་ཡི་གེ་མཇལ་དུ་མེད་པས་ཁུངས་བཙུན་པར་མི་འདོད་དོ། །

ལུགས་ལྔ་པའི་བཤད་ཚུལ་རུས་གཞུང་གི་མཆེད་ཡུལ་ཡིན་པའི་ཆ་ནས་རུས་མིང་ཡུལ་ལ་ཐོགས་ནས་གཞུང་ཞེས་བཤད། །ད་འོ་ན་གཞུང་ཞེས་པ་རུས་ཡིན་པ་དང་རུས་ཆེ་བ་གང་གི་ཁོངས་སུ་གཏོགས་སམ་ཞེ་ན། དེ་ལ་བཤད་དུ་ཡོད་དེ། གཞུང་ནི་རུས་ཆེན་རྒྱུའི་རུས་ཕྲན་ཡིན་པའི་ཕྱིར། དེ་ཡང་བཤད་མཛོད་ཡིད་བཞིན་ནོར་བུར། "རྒྱུ་ལ་ཀོ་ལོ་ཕྲ་བརྒྱད་བྱུང་། །དམ་དང་བསྒྲུབས་དང་གཞུང་དང་

① བསེ་ལུང་ཞེས་པ་ནི་གཞུང་གི་ཡུལ་ཚན་ཞིག་སྟེ། རྣམ་རབ་ཞོལ་ཅེས་པའི་ཡུལ་ཉིད་བསེ་ལུང་ལས་གནས་སྤོས་པར་བཤད། དེང་སྔོ་ཁ་གྲོང་ཁྱེར་གོང་དཀར་རྫོང་རྒྱ་དྲུག་གླིང་གྲོང་བརྡལ་རྒྱ་རི་གྲོང་ཚོ་ལྷ་ཡུལ་རང་བྱུང་ཆོས་ཀྱི་ཤར་ལྷོའི་གད་པའི་སྟེང་དུ་ཆགས། ད་ལྟ་ཡང་གནས་དེར་ཁང་ཁྱིམ་གྱི་ཞིག་རོ་དང་ཞིང་ཐང་སོགས་མང་དུ་མཇལ་རྒྱུ་ཡོད།

② དགྱེར་ཞེས་པ་ནི་བོད་ཀྱི་གདུང་རུས་ཕྱི་བྲག་པ་ཅིག་ལ་གོ་མོད། ཞིབ་པ་རུས་ཆེན་གང་གི་ཁོངས་སུ་གཏོགས་མིན་ནི་མི་ཤེས།

གསུམ། །འཁར་དང་དཀར་དང་སྨོན་དང་གསུམ། །སྐོས་དང་ངན་ལམ་གཉིས་ཏེ་བརྒྱད། །"[①]ཅེས་གསུངས་པ་ལས་གཞུང་ཉིད་ཚུས་ཡིན་པའི་ཤེས་བྱེད་སྟོན་པ་དང་། གཞན་དུ། རྗེ་འབངས་རྣམས་ཀྱི་རིགས་རུས་འབྱུང་ཁུངས་གསལ་བའི་སྒྲོན་མེ་ལས་ཀྱང་། "རྒྱ་ལ་ཀོ་ལེ་ཕྲ་བརྒྱད་སོ་སོར་གྱེས་པས་རིགས་རུས་ཀྱི་མིང་ནི་ངབ་དང་གཞུབ་དང་། བཞུང་དང་སྨོན། འཁར་དང་དཀར་དང་སྐོས་དང་། ངན་ལམ་སྟེ་བརྒྱད་ཡིན་"[②]ཞེས་གཞུང་གི་དོད་དུ་བཞུང་ཞེས་བྲིས་མོད། དོན་དུ་གཅིག་ཏུ་སྣང་བས་གཞུང་ཞེས་པ་རུས་ཤིག་ཡིན་པར་གསལ་པོར་རྟོགས་ཐུབ། དེས་ན་གཞུང་ཞེས་པའི་ཡུལ་འདི་ཉིད་ནི་རུས་གཞུང་གི་མཆེད་ཡུལ་ཡིན་པའི་ཆ་ནས་རུས་མིང་ཡུལ་ལ་ཐོགས་པར་འདོད་དོ། །

མདོར་ན་གྲ་དོལ་གཞུང་གསུམ་གྱི་མིང་གི་བྱུང་བ་ཡིག་ཚང་དུ་ཐོན་སྟེ་བར་གཞིགས་ནས་སྨྲོས་ན་སྤྱིར་བཙན་པོའི་སྐུ་དུས་ནས་དེ་ལྟར་སྒྲ་སྒྲོལ་ཡོད་པར་རྟོད་པ་མེད་ཀྱང་། ཡང་སྙིང་དུས་སྟེ་བ་ཇི་ཙམ་དུ་གསལ་ལམ་ཞེ་ན། བཙན་པོ་ཁྲི་སྲོང་ལྡེ་བཙན་སྐུ་དུས་ནས་ཏེ། ཇོག་པ་ཡབ་སྲས་ཀྱི་བླ་མའི་རྣམ་ཐར་ནོར་བུའི་ཕྲེང་བར། "ལྷ་ཚོགས་པ་ཇོག་ཙན་ཉས་རྒྱལ་པོ་ཁྲི་སྲོང་ལྡེ་གཙན་མངའ་ཞྭག་ཏུ་བཞེས་པའི་དུས་སུ། ......ཇོག་བཙན་བཉའ་ལ་སྟག་གསུམ་བླག་པ་དང་། སེང་གེ་དཀར་མོའི་གུང་བཏང་བ་གནང་། གསེར་གྱི་ཡི་གེ་རྩེར་གར་མནོས་ནས། ཡུལ་ཡང་གྲྭའི་ཡི་གུར་[③]ཞིང་དོར་རྒྱའི་སླིང་དང་། བྲན་གཟི་དང་འོ་བརྒྱད་དང་། ཆུ་

① དོན་དམ་སྨྲ་བའི་སེང་གེ བཤད་མཛོད་ཡིད་བཞིན་ནོར་བུ། བོད་ལྗོངས་བོད་ཡིག་དཔེ་རྙིང་དཔེ་སྐྲུན་ཁང་། 2016 ཤ111

② བོད་ཀྱི་ལོ་རྒྱུས་རིག་གནས་དཔྱད་གཞིའི་རྒྱུ་ཆ་བདམས་བསྒྲིགས། སྤྱིའི་འདོན་ཐེངས་བཅུ་པ། མི་རིགས་དཔེ་སྐྲུན་ཁང་། 1988 ཤ126

③ གྲྭའི་ཡི་གུར་ཞེས་པ་ལ་བླ་མ་ཇོག་པ་ཡབ་སྲས་རིམ་པར་བྱོན་པའི་རྣམ་ཐར་རིན་པོ་ཆེའི་ཕྲེང་བར་གྲའི་ཡིད་དགུར་ཞེས་ཀྱང་གསལ།

མ་དང་། ཁ་བཟེ་ལ་སོགས་ཏེ་མི་ཁྲིམ་ཉི་ཤུ་འབབས་སུ་བཅད། ……བུ་མོ་སྨས་ལྡེ་ཚན་ལ་རྫངས། དོལ་ཕུ་མ་བུར་①ཞིང་དོར་སུམ་བརྒྱ་གཅད།”②ཅེས་གསུངས་པའི་ཚིག་ཟིན་དུ་གྲྭ་དོལ་གཉིས་ཀྱི་ཡུལ་མིང་གསལ་བར་བསྟན་པའི་ཕྱིར་རོ། །

## བཞི་པ། གྲ་དོལ་གཞུང་གསུམ་གྱི་གནའ་དེང་གི་ཡུལ་གྱི་ཁྱབ་ཁོངས་སྐོར།

གྲ་དོལ་གཞུང་གསུམ་གྱི་གནའ་དེང་གི་ཡུལ་གྱི་ཁྱབ་ཁོངས་མདོར་བསྟན་ཚུལ་དུ་སྨྲོས་ན་འདི་ལྟར། དེ་ལ་གྲ་དོལ་གཞུང་གསུམ་ནི་བཙན་པོའི་དུས་སུ་གཡོ་རུ་སྟོང་བྱང་གཉིས་ལས་བྱང་དང་། གཡོར་པོ་ལུང་པ་དགུའི་ནང་གསེས་ཏེ་སྟོད་སྨད་བར་གསུམ་ལས་སྟོད་དུ་གནས་ལོ་རྒྱུས་ཐོག་གཡོར་སྟོད་ཀྱི་ལུང་པའི་ཁོངས་སུ་འདུ་ལ། ས་སྐྱའི་དུས་སྐབས་སུ་ཚལ་པའི་མི་སྡེ་དང་། ཕག་གྲུའི་སྐབས་ནས་དབུ་བརྩམས་ཡར་གོང་གཉིས་ཀྱི་ཁོངས་ཏེ། གྲ་དོལ་གཉིས་སྡེ་པ་ཡར་རྒྱབ་པའི་མི་སེར་དང་། གཞུང་ནི་གོང་དཀར་རྫོང་གི་མི་སྡེ་ཡིན་པའོ། །སྡེ་པ་ཡར་རྒྱབ་པ་དང་གོང་དཀར་བ་གཉིས་ནི་ཐོག་མར་སློབ་དཔོན་ཐུ་མིའི་བརྒྱུད་པ་རྗེ་བཀྲས་པའི་སྐུ་དུས་ནས་རིམ་གྱིས་འཕེལ་ཏེ། དུས་ཕྱིས་བུ་སྤུན་གཉིས་ལས་གཅིག་ཡར་རྒྱབ་པའི་དཔོན་དང་གཅིག་ཤོས་ཀྱིས་གོང་དཀར་གཞིས་སྡོད་ཀྱི་གནས་གཞི་བཟུང་སྟེ་སོ་སོར་གྱེས། དེ་ཡང་སྡེ་པ་ཡར་རྒྱབ་པ་དང་གོང་དཀར་རྫོང་པ་གཉིས་ཀྱི་ས་ཁོངས་བཤད་ན་ནི། ཡར་རྒྱབ་པའི་དབང་མཛད་ཀྱི་སའི་ཆ་ནི་བྱ་ས་ལྷ་ཁང་ཡན་དང་དོལ་གྱི་སྣ་པོ་ལ་མན་དུ་བྱ་ཞིང་། དོལ་སྣ་པོ་ལ་ཡན་ནས་ཁ་རག་བར་གོང་དཀར་རྫོང་གི་ས་ཁོངས་ཡིན་པས། །དེས་ན་གཞུང་གི་ཁུལ་གོང་དཀར་བའི་ས་ཁོངས་ཡིན་པ་ཤེས་སོ། །དུས་ཕྱིས་གྲ་ནང་རྫོང་

① དོལ་ཕུ་མ་བུ་ཞེས་པ་ལ་བླ་མ་རྗོག་པ་ཡབ་སྲས་རིམ་པར་བྱོན་པའི་རྣམ་ཐར་རིན་པོ་ཆེའི་ཕྲེང་བར་དོལ་ཕུ་མདས་ཞིང་དོར་སུམ་བརྒྱ་བཅད་ཅེས་གསལ།

② རྗོག་སློབ་བརྒྱུད་དང་བཅས་པའི་གསུང་འབུམ་བཞུགས་སོ། ཀྲུང་གོའི་བོད་རིག་པ་དཔེ་སྐྲུན་ཁང་། 2011ཤ39–40

གཞིས་དང་རྡོལ་ནི་རྡོལ་རྫོང་གི་ཁོངས། གཞུང་ནི་སྔར་རྒྱུན་བཞིན་གོང་དཀར་རྫོང་གཞིས་ཀྱི་མངའ་འོག་ཏུ་བཙུད། བཅིངས་བཀྲོལ་རྗེས་གྲྭའི་ས་རྣམས་གྲ་ནང་རྫོང་དང་། རྡོལ་གཞུང་གཉིས་གོང་དཀར་རྫོང་གི་ཁོངས་སུ་འདུས།

གྲ་རྡོལ་གཞུང་གསུམ་གྱི་གནའ་བོའི་ཁྱབ་ཁོངས་ཆར་བརྗོད་ན། གྲྭའི་ཡུལ་འདི་ཉིད་སྔར་གྱི་དུས་སུ་གྲ་ནང་དང་གྲ་ཕྱི་གཉིས་ལས་བསམ་ཡས་དང་སྒྲགས་ཀྱི་ཡུལ་རྣམས་གྲྭའི་ཁོངས་བྱེད་པར་མི་སྣང་། སྲིད་འཛིན་དབང་དུ་བྱས་ན་དཀྱིལ་ཏུ་ཤང་དང་། གྲ་ཐང་གྲོང་བརྡལ། གྲ་ཕྱི་ཤང་གསུམ་གྱི་ཁོངས་སའི་ཁྱོན་དག་ཡིན། དེང་སང་གྲ་ནང་རྫོང་ཁོངས་སུ་དཀྱིལ་ཏུ་ཤང་དང་གྲ་ཐང་གྲོང་བརྡལ། དེ་བཞིན་གྲ་ཕྱི་ཤང་དང་བསམ་ཡས་གྲོང་བརྡལ། སྒགས་སྒྲགས་ཤང་བཅས་འདུས་ཡོད།

རྡོལ་ལུང་པ་ནི་དེང་སང་གི་སྲིད་འཛིན་ཁྱབ་ཁོངས་དབང་དུ་བྱས་ན་ལྷོ་ཁ་གྲོང་ཁྱེར་གོང་དཀར་རྫོང་ཁོངས་ཏེ་ལྡེ་བདེ་ཞོལ་གྲོང་བརྡལ་དང་རྣམ་རྒྱལ་ཞོལ་གྲོང་བརྡལ། ཞུར་ཤང་། ཁྲིམ་བཞི་ཤང་བཞིའི་ཁོངས་སུ་གནས་པའི་ཤང་གྲོང་བཅུ་ཕྲག་ཅིག་ལས་གྲུབ་པའི་ཡུལ་ཚན་ཞིག་ཡིན། རྡོལ་གྱི་ལུང་ཚན་ཁག་ནི་མདོར་བསྡུས་ན་ཡུལ་དེའི་རྒན་པོ་རྣམས་ཀྱི་ངག་ཏུ་གྲགས་པ་ནི་ཕུ་གྲིབ་ལ་ནས་མདའ་ལྷ་རྩེ་བར་གྱི་རྡོལ་ནང་མདོ་ཁོངས་ཀྱི་ཡུལ་རྣམས་ལ་གོ རྡོལ་དུ་ལུང་ཚན་ཇི་ཡོད་ཆར་ཞུས་ན་ནི། ཕུ་གྲིབ་ལ་ནས་མར་རིམ་གྱིས་བརྩིས་བཞག་བྱས་ན་ལྷོར་ཡུལ་ཆེ་བ་རྒྱང་གཞུང་དང་དེ་ལ་རྒྱང་ཤར་ནུབ་གཉིས་ཡོད། ནུབ་ཏུ་སྣང་མདའ་སྤྲར་དང་ཉང་གཤིས། དེ་ནས་རིམ་གྱིས་རྣམ་རྒྱལ་ཞོལ་ཁོངས་ཀྱི་ཞལ་ཕུ་དང་རྣམ་རྒྱལ་ཞོལ། དགའ་ཚལ་གྲོང་ཚོ་དང་། མོན་བུ་ཚུང་གྲོང་ཚོ། ཤར་ཆེན་གྲོང་ཚོ། ཤར་ཆེན་ནས་ལྷོ་ངོས་སུ་ཞུར་ཤང་། ནུབ་བྱང་མཚམས་སུ་དང་རྫས་སྣང་དང་འཇུ་དང་གོར་ཚུང་གྲོང་ཚོ་བཅས་གནས། དེ་ནས་མར་ལམ་ཆུ་གཞུང་འདེད་ནས་སོང་ན་གཡས་ངོས་སུ་ཁྲིམ་བཞི

ཤང་དང་། གཡོན་ངོས་སུ་རིམ་གྱིས་ལྷན་ན་དང་ལྷིང་དཔལ་ཁང་ལྷུང་ར་བ། དེའི་བྱང་དུ་གོ་ཆེ་གྲོང་ཚོ། དེ་ནས་བྱང་ཤར་མཚམས་སུ་རིམ་གྱིས་གསེར་སྟེང་གྲོང་ཚོ་དང་། སྐེར་མས་ཆགས་པའི་གནས་གཞི། དེ་ནས་ཤར་གྱི་ཕྱོགས་སུ་ཡར་ སླུང་གཙང་པོའི་འགྲམ་ངོགས་ན་ལྷེ་བདེ་ཞོལ་གྲོང་བརྡལ་ཆགས། དེ་ནས་མར་ལམ་རྩེད་ཐང་ངོས་སུ་གཞུང་ལམ་འདེད་ན་རིམ་གྱིས་ལམ་གྱི་གཡས་ངོས་སུ་ཇོང་རྒྱབ་དང་བྱང་རྒྱབ། མཉོན་མདའ། ལྷ་སྨུག ལྷ་རྩེ་གྲོང་ཚོ་བཅས་སོ། །དེ་ནས་མར་ལམ་དུ་བསྐྱོད་ན་གྲ་དོལ་གཉིས་ཀྱི་ས་མཚམས་འགར་ཚར་སླེབས་ཀྱི་ཡོད། འགར་ཚ་དང་ལྷ་རྩེའི་བར་དུ་ཡར་སྣེའི་རི་ཞེས་པ་ཞིག་ཡོད་ལ་རི་དེའི་སྟེང་ཐར་གྱི་ལྷ་རྩེ་ལྷུན་གྲུབ་རྩེའི་རྫོང་ཤུལ་དུ་གྲགས་པའི་རྫོང་རོ་ཞིག་ཀྱང་ཡོད། མདོར་ན་དོལ་ཁུལ་དུ་ཡུལ་ཚན་ཆེ་ཆུང་ཁྲིན་ཉེར་དྲུག་ཙམ་མཆིས་སོ། །

གཞུང་ཁུལ་ནི་དེང་གི་སྲིད་འཛིན་སྡེ་ཚན་དབང་དུ་བྱས་ན་ལྕོ་ཁ་གྲོང་ཁྱེར་གོང་དཀར་རྫོང་རྒྱ་དྲུག་གླིང་གྲོང་བརྡལ་དང་། རྒྱ་རི་ཤང་དང་སྐྱིད་གཤོངས་གྲོང་བརྡལ་གྱི་ཡུལ་ལུང་གི་ཆར་གཏོགས་པ་རྣམས་སོ། །ཡུལ་འདི་ལུང་ཚན་ཛེ་ཙམ་གྱིས་གྲུབ་པའི་ཆར་སློས་ན། གཞུང་གི་དབུས་ནི་རྣམ་རབ་ཅེས་པའི་ལུང་པར་བྱ་ཞིང་། ལུང་པ་དེའི་ཕུར་ཟངས་དཀར་དང་ཇིང་ཁ། གཞན་གླིང་རྩ་དང་རི་ཆུང་སྐང་གྲོང་ཚོ་གནས། འོག་ཏུ་ཚོས་ཁང་དང་ལྷ་ཡུལ་ཞེས་པའི་གྲོང་སྡེ་ཆགས་ལ། དེ་ནས་རིམ་བཞིན་སྨོན་འགྲོ་དང་སྣང་ཕྱོགས་སུ་རྣམ་རབ་ཞོལ་ཆགས་ཡོད། རྣམ་རབ་ལུང་པའི་གཡས་ཕྱོགས་སུ་རྫོག་ཚོས་སྐུ་རྡོ་རྗེའི་གདན་ས་གཞུང་སྤྲེ་ཞིང་[1]ཕྱི་ནང་གཉིས་དང་། ཤར་ངོས་ཀྱི་

[1] ཡུལ་དེའི་མིང་གི་ཐོགས་ཚུལ་ཆར། ཡུལ་དེའི་ངག་རྒྱུན་དུ་དཔེ་ཤིང་ངམ་སྤེ་ཞིང་ཞེས་བརྗོད། དེ་ཡང་དཔེ་ཤིང་ཞེས་པ་ནི་དཔེ་ལ་མེད་པའི་ཤིང་ཞིག་ཡོད་པས་དེ་ལྟར་ཐོགས་པར་སྨྲ་ཡང་། ཆོས་འབྱུང་མཁས་པའི་དགའ་སྟོན་ཤོག་ངོས་396ཐོག་ཡོན་བདག་སྤྲེའུ་བྱ་བས་ངའི་ཞིང་སྟེང་འདིར་གཟིམས་ཁང་གྱིས་ཟེར་བ་ལྟར་མཛད་དེ་སྤྲེ་ཞིང་དུ་གྲགས་པར་གསུངས། ཡུལ་དེར་སྤྲེའི་ར་བཏགས་དོར་ནས་སྤེ་ཞེས་པའི་སྒྲ་འདོན་གྱི་ཡོད།

རི་འདབས་སུ་ཤར་འཁྲུས་དང་སྡེ་པ་རིན་གཤོངས། གཡོན་ཕྱོགས་སུ་རྫོག་ཆོས་སྐུ་རྡོ་རྗེའི་འབྲུངས་ཁང་བོགས་དང་དང་ཉེ་བར་ཆགས་པའི་བོགས་གྲོང་ཚོ་དང་ལུང་ཚན་དེའི་འདབས་རོལ་དུ་གྲོང་རྙིང་སྟོད་སྨད་གཉིས། རྣམ་རབ་ཀྱི་མདར་གཡས་ངོས་སུ་འབོལ་སྣང་[1]དང་། གཡོན་ངོས་སུ་ཐར་པ་གླིང་།[2] དབུས་ཕྱོགས་སུ་རྣམ་རྒྱལ་གླིང་དང་སྨང་བརྒྱད། འོ་རགས།[3] དེའི་ནུབ་ངོས་སུ་སྤྱི་ལེ་གསུམ་ཙམ་གྱི་ས་ན་ལུགས་སྟོད་དང་མར་ལམ་གཞུང་ལམ་འདེད་ནས་ཡོང་ན་གནོད་སྟོད། རིམ་གྱིས་མར་རྒྱུག་གླིང་གྲོང་བརྡལ། མུ་མཐུད་ནས་མར་གཞུང་ལམ་གྱི་གཡས་ཕྱོགས་སུ་ཁ་བྱང་། དཔེན་ཚའམ་བན་ཙ།[4] དེའི་ནུབ་བྱང་མཚམས་སུ་ཉར་མོ་ཀུར།[5] གཞན་ཉར་མོ་ཀུར་གྱི་ཤར་ཕྱོགས་ཧེ་ཡར་ གླུང་གཙང་པོའི་འགྲམ་ངོགས་སུ་སྙིད་གཤོངས་དང་

སྤྱི་ཞིང་དགོན་ནི་དེང་སང་ས་ལུགས་ཧེ་གོང་དཀར་ཆོས་སྡེའི་གཞིས་དགོན་དུ་གྱུར་ཡོད་ལ། ད་ཆ་དགོན་དེར་སྒྲིག་ལ་མ་བཙུད་པའི་བཙུན་མ་གཉིས་ལས་མེད།

① འབོལ་སྣང་ཞེས་པའི་ཡུལ་དེར་དེང་སང་ཧུའུ་ཤིན་ཞེས་འབོད།

② གནས་དེ་ནི་རྫོག་སློབ་བརྒྱད་གདན་ས་བདུན་དུ་གྲགས་པའི་ཡ་གྱལ་ལས་བཞི་པ་དེ་ཡིན། ད་དུས་གྲ་རྒྱུན་མང་དུ་ཡོད་མོད། དེང་སང་དགེ་འདུན་གཉིས་ལས་མེད་པ་དང་། ཡུལ་དེའི་མིས་ལྷ་མོ་ཁང་ཞེས་པ་ལས་ཐར་པ་གླིང་དགོན་ཞེས་པའི་ཐ་སྙད་མི་བྱེད་ལ། ཆོས་བརྒྱད་ནི་ས་ལུགས་དང་། གོང་དཀར་ཆོས་སྡེའི་གཞིས་དགོན་དུ་གྱུར་རོ། །

③ འོ་རགས་ཞེས་པ་ལ་རྫོག་པ་ཡབ་སྲས་ཀྱི་རྣམ་ཐར་དུ་འོ་རེ་ཞེས་ཀྱང་བྱུང་།

④ ཡུལ་དེ་ནི་རྫོག་སློབ་བརྒྱད་ཀྱི་གདན་ས་བདུན་དུ་གྲགས་པའི་ཡ་གྱལ་ལས་བདུན་པ་དེ་ཡིན། དེང་སང་མཇལ་དུ་མེད།

⑤ ཉ་མོ་ཀུར་ཞེས་པ་ནི་གཞུང་འགར་ཉར་མོ་སྐྱུར་དང་ཉར་མོ་གུར་སོགས་བྱུང་ལ། དེ་ནི་གཙུག་ལག་ཁང་ཞིག་ཡིན་པ་དང་། གཉོས་ཤེས་རབ་འབྱུང་གནས་ཀྱིས་བཞེངས་པར་གྲགས་ཤིང་། ཕྱིས་རྫོག་མདོ་སྡེའི་སྐུ་དུས་སུ་རྫོག་པ་བཀའ་བརྒྱུད་ཀྱི་དགོན་སྡེར་འགྱུར་ཚུལ་དང་ཆོས་འཁོར་ཆེན་པོ་བསྐོར་བར་མཛད་པས། མཆིམས་ཆེན་པོ་བརྩོན་འགྲུས་སེང་གེ་དང་ཕྱྭ་པ་ཆོས་ཀྱི་སེང་གེ་སོགས་དགེ་བའི་བཤེས་གཉེན་གདུགས་ཐོགས་པ་གསུམ་བརྒྱ་དྲུག་ཅུ་ཙ་གཉིས་ཚོགས་པ་སོགས་པའི་ལོ་རྒྱུས་དང་བླ་མ་གང་དེ་སྐུ་མྱ་ངན་ལས་འདའ་བའི་ཡུལ་ཡང་ཡིན་སྐོར་ནི་ཁ་རག་གཉོས་ཀྱི་གདུང་རབས་ཁྲོད་པར་འཕགས་པ་དང་། རྗེ་མར་པ་ནས་བརྒྱུད་རྫོག་གཞུང་པ་ཡབ་སྲས་ཀྱི་བླ་མའི་རྣམ་ཐར་ནོར་བུའི་ཕྲེང་བ་དང་། བླ་མ་རྫོག་པ་ཡབ་སྲས་རིམ་པར་བྱོན་པའི་རྣམ་ཐར་རིན་པོ་ཆེའི་རྒྱན་གྱི་ཕྲེང་བ་སོགས་སུ་གསལ།

གཡས་ངོས་སུ་སྣང་ཆུང་། སྦྲུགས་ཆེན། ཧང་གྲོང་། སྣ་ཕོ་ལའི་བར་གྱི་སའི་ཆར་འཆའ་བའི་ལུང་ཚན་ཉེར་བདུན་ཙམ་ལས་གྲུབ་པ་རྣམས་སོ། །

## ས་བཅད་གཉིས་པ། གྲའི་འགག་རྩ་ལྷ་མོའི་དད་མོས་དང་དེའི་རིག་གནས་ཀྱི་སྣང་ཚུལ་སྐོར།

བོད་ཡུལ་གྱི་ཁམས་འདིར་གདོད་མ་དང་བོན། སངས་རྒྱས་ཆོས་ལུགས་སོགས་ཀྱི་དད་མོས་རྒྱ་ཁྱབ་ཏུ་སོང་བའི་ཆ་ལོ་རྒྱུས་དེབ་ཐེར་ཁག་ཏུ་གསལ་ཞིང་། ཁྱད་པར་སྔ་མ་སྔ་མ་ཕྱི་མ་ཕྱི་མའི་སྐྱེས་སུ་གྱུར་ནས་རྩ་བརྒྱུག་ཏུ་ཕྱིན་པའམ་ངོ་འགྱུར་གྱི་ལམ་ནས་གསུམ་འདུས་ཅན་གྱི་དད་མོས་ཤིག་ཏུ་འགྱུར་བའམ་ཡང་ན་དབུས་གཙང་གི་ལྟེ་བའི་ས་ནས་རིམ་གྱིས་མཐའ་ཡི་ཡུལ་དུ་གྱུར་བ་ནི་དབང་མདོན་གྱི་གཞལ་བྱར་ཟད་པས། དེང་གི་དུས་སུ་ཆེས་གདོད་མའི་མཚན་མའི་དད་མོས་ནི་དེ་བས་ཉུང་ཞིང་། ལྷག་སོང་བ་དག་ཀྱང་ལྷོ་མོན་སོགས་①བོད་ཡུལ་གྱི་མཐའ་

① འདིའི་སོགས་ཁོངས་སུ་ཉིང་ཁྲི་ས་ཁུལ་དང་ལྷོ་ཁ་ལྷུན་རྩེའི་ཁུལ་གྱི་ལྷོ་པ་དང་ལྷོ་ཁ་མཚོ་སྣའི་ཁུལ་གྱི་མོན་པ། གཞན་ཡང་གཞིས་རྩེ་གྲོང་ཁྱེར་གཏིང་སྐྱེས་རྫོང་ཁུལ་ངས་ཀྱི་ཤར་པ། སྤུར་མངའ་རིས་ཆར་གཏོགས་སྐྱི་བོའི་ཡུལ་དང་། བོད་དང་ཉེ་འབྲེལ་གྱི་འབྲུག་ཡུལ་རྣམས་ལ་བྱ་བ་ཡིན། དེ་དག་ལས་གོང་རོང་ཁུལ་དུ་སྐྱེས་ཕོ་མོའི་མཚན་མའི་དད་མོས་ལྷན་གཅིག་གནས་ལ། སྐྱེས་པའི་མཚན་མ་གཅིག་པུར་དད་མོས་བྱེད་པའི་སྣང་ཚུལ་འདུག འབྲུག་དང་སྐྱི་བོའི་ཡུལ། དེ་བཞིན་མོན་ཡུལ་དང་ལྷོ་པའི་ཁུལ་དུ་སྐྱེས་པའི་མཚན་མ་མ་གཏོགས་བུད་མེད་ཀྱི་མཚན་མར་དད་མོས་བྱེད་པའི་ལུགས་ཉུང་ཉུང་། ཡུལ་ལུང་དེ་དག་གི་ཁང་ཁྱིམ་གྱི་རྩིག་སྟེང་དང་། སྒོ་འགྲམ་སོགས་སུ་སྐྱེས་པའི་མཚན་མའི་གཟུགས་རིས་དང་ཤིང་དང་རྡོ་ལ་སོགས་པའི་གཟུགས་མདོན་ནས་མཆོད་པའི་སྲོལ་ཡོད་ལ། འབྲུག་པ་རྣམས་ཀྱིས་བྱིས་པ་ལོ་ཆུང་རྣམས་ཀྱི་སྐེ་ལ་རྒྱུ་ཤིང་ལས་བྱས་པའི་སྐྱེས་པའི་མཚན་མ་ཆུང་ཆུང་ཕྲུས་ཞིགས་ཤིག་བཏགས་ནས་བགེགས་རྐྱེན་སོགས་ལྡོག་པར་བཤད། ཤར་པ་རྣམས་ཀྱིས་ཕོ་མཚན་མོ་མཚན་གཉིས་ཀར་ཐུན་མོང་དུ་དད་མོས་བྱེད་དེ། ཡུལ་དེར་ཁང་ཁྱིམ་གསར་དུ་གྲུབ་རྗེས་ངེས་པར་ཏུ་ཀ་བའི་ཐོག་སེམས་ཅན་གྱི་ལྤགས་རིགས་ལས་བཟོས་པའི་སྐྱེས་ཕོ་མོའི་མཚན་མ་རེ་རེ་དུད་ཚང་གི་རྒྱན་གྱི་ཚུལ་དུ་འདོགས་སྲོལ་མཆིས་པ་སོགས་ལས་ཤེས་ནུས་སོ། །དེ་ལྟའི་གོམས་གཤིས་གཙང་ཁུལ་གྱི་ས་ཕྱོགས་འགར་ཡང་བྱ་སྲོལ་མཆིས་པ་གོ་ཐོས་བྱུང་།

ན་གནས་པའི་ཡུལ་གྱི་དད་མོས་ཙམ་དུ་སོང་རྐྱེན་དེ་སྐོར་ཞིབ་འཇུག་བྱ་མི་ཐལ་ཆེ་བ་མི་རིགས་གཞན་ནམ་ཕྱི་གླིང་པ་དག་ཡིན་པ་སོགས་རྐྱེན་སྣ་ཚོགས་ཀྱི་དབང་དེ་འབྲེལ་གྱི་དད་མོས་རིག་གནས་ལ་བོད་མིས་དཔྱད་པ་གཏོང་བ་ནི་ཉིན་མོའི་སྐར་མ་དང་མཚུངས་སོ། །དེ་ལ་རྒྱུ་མཚན་ཡོད་དེ། བོད་མིའི་འཚོ་བའི་ཁྲིད་ཁ་མཉམ་ལག་མཉམ་དུ་སླེབས་པའི་འཚོ་བའི་རྣམ་པ་སྣང་ཚུལ་དང་འབྲེལ་བའི་གོམས་འདྲིས་དང་གདོད་མའི་དད་མོས་དག་ལ་ཞིབ་འཇུག་བྱ་རིན་མེད་པར་སེམས་ལ། དཔྱད་པའི་སྙིང་པོ་ཞིག་མེད་པར་དགོངས་ནས་ད་བར་དེ་ལྟའི་དཔྱད་འབྲས་མཐོང་དཀོན་པར་སོང་ངོ་། །ཁྱད་པར་དབུས་གཙང་གི་སའི་ཆར་གདོད་མའི་དད་མོས་དང་དམངས་ཁྲོད་ཀྱི་དད་མོས་མང་དག་ཅིག་དུས་རབས་ཀྱི་ཞལ་ཟས་སུ་གྱུར་དུས་འདིར་དེ་དག་ལ་སྔར་བས་དག་སྣང་བསྐྱེར་ནས་གཏིང་ཚུགས་པའི་ཞིབ་འཇུག་ཅིག་བྱ་བ་ནི་ཉིང་དགོས་སུ་འདུག་པས་དེ་དོན་སྙིང་དུ་བཅུད་ནས་ཁོ་བོས་གྲ་དོལ་གཞུང་གསུམ་དུ་རྫོགས་པ་ཆེན་པོའི་ཚོ་ག་དང་འབྲེལ་བའི་གདོད་མའི་དད་མོས་དམིགས་སུ་བསལ་བ་སྐོར་ཅིག་གླེང་བར་བྱ་ལ། སྐོས་དབུས་གཙང་གི་ཕྱོགས་སུ་ས་བཙན་སྟོངས་ཟིན་པའི་མཚན་མའི་དད་མོས་སྐྱེ་གྲའི་འགག་རྩ་ལྷ་མོའམ་གྲ་ཨ་མ་ཆེན་མོ། ཨ་མྱེས་ཆེན་མོའི་དད་མོས་དཀྱུས་སུ་བཟུང་ནས་དེའི་རྒྱུན་ཁུངས་དང་གསོལ་ལུགས། དེ་བཞིན་རིག་གནས་སྣང་ཚུལ་སོགས་ས་གནས་ས་ཐོག་ཏུ་སོང་བའི་བཙར་འདྲི་གཞིར་བཟུང་ནས་སྤྲོས་པ་ལ་དོན་གནད་གསུམ་དུ་འདུ་བའོ། །

## དང་པོ། འགག་རྩ་གྲོང་ཚོའི་གནས་སྟངས་བཤད་པ།

འགག་རྩ་གྲོང་ཚོ་ནི་ལྷོ་ཁ་གྲོང་ཁྱེར་གྲ་ནང་རྫོང་གྲ་ཐང་གྲོང་བརྡལ་གྱི་ཁོངས་སུ་གནས། ཡུལ་དེ་ནི་ཡར་ཀླུང་གཙང་པོའི་ལྷོ་ངོས་ཀྱི་གཞུང་ལམ་གྱི་འགྲམ་སྟེ་གྲ་དོལ་གཉིས་ཀྱི་ས་མཚམས་སུ་ཡོད་ཅིང་། སྔར་གྱི་ས་ཚིགས་འགངས་ཆེ་བ་ཞིག་

ཀྱང་ཡིན། འགག་རྩ་ཞེས་པ་ནི་སའི་འགག་ཏུ་འཁེལ་བས་མིང་དེ་ལྟར་འདོགས། ལར་མགར་ཚ་ཞེས་ཀྱང་བརྗོད་དེ་མགར་སྟོང་བཙན་གྱི་བུ་ཚའི་ས་ཁོངས་ཡིན་པར་བཤད། ཕྲང་ངས་ཀྱི་ཕུ་ཧྲི་བསེ་རུར་འགར་ཚ་[1]ཞེས་ཀྱང་བྲིས་པར་སྣང་། གང་ལྟར་སྔར་གྱི་དུས་སྐབས་ས་ལྟ་བུ་ཞིག་ཡིན་པར་འདུག འགག་རྩ་གྲོང་ཚོ་ནི་སྔོན་གྱི་ལོ་རྒྱུས་ཏེ་བཙན་པོའི་སྐབས་གྲ་དོལ་གཞུང་གསུམ་ལས་གྲའི་ས་ཁོངས་དང་དུས་ཕྱིས་ས་སྐྱའི་དུས་སྐབས་སུ་ཁྲི་སྐོར་བཅུ་གསུམ་ལས་ཚལ་པ་ཁྲི་སྐོར་གྱི་ཁོངས་དང་། ཕག་གྲུའི་སྐབས་རིམ་གྱིས་ཕག་གྲུ་ཁྲི་སྐོར་གྱི་མི་ཁོངས་དང་། རྫོང་ཁག་བཅུ་གསུམ་ལས་གྲ་ནང་རྫོང་ཁོངས་ཀྱི་མི་སྡེ། དུས་ཕྱིས་སྡེ་པ་ཡར་རྒྱབ་པའི་དབང་རིས་སུ་གཏོགས། དེ་ནས་དགའ་ལྡན་ཕོ་བྲང་སྐབས་དགའ་ལྡན་ཕོ་བྲང་གི་མི་སེར་དང་། འགག་རྩ་གཞིས་ཀའི་ས་ཁོངས་དང་། བཅིངས་བཀྲོལ་རྗེས་གྲ་ནང་རྫོང་གྲ་ཐང་གྲོང་བརྡལ་གྱི་ཁོངས་སུ་བཙུད། ཁུལ་དེ་ཞིང་ལས་གཙོ་གཉེར་བགྱི་བའི་ཡུལ་ཞིག་ཡིན་ལ། སྔར་གྱི་དུས་མི་སྡེ་མང་པོ་མེད་མོད། དེང་སང་གྲོང་ཚོ་དེར་ཚོའུ་གསུམ་ཙམ་སྡེ་དུད་ཁྱིམ་གསུམ་བརྒྱ་ཙམ་ཡོད། ཡུལ་དེ་ནི་ཐང་སྟོང་ཞིག་ཏུ་གནས་ཤིང་། བྱང་དུ་ཡར་གླུང་གཙང་པོ་དང་། ལྷོ་ངོས་སུ་བོད་ཡུལ་ཁམས་འདིར་དཔལ་དུས་ཀྱི་འཁོར་ལོ་ཐོག་མར་བསྒྱུར་ས་བཟང་ཡུལ་[2]ལམ་ལྷེ་དོལ་སྣང་ཞེས་པའི་ཡུལ་ཁྲོད་

① སྤྱི་ལོ་1986ལོར་བོད་ལྗོངས་མི་དམངས་དཔེ་སྐྲུན་ཁང་ནས་དཔར་བའི་ཕྲང་ངས་ཀྱི་ཕུ་ཧྲི་བསེ་རུ་རྒྱས་པའི་ལྷུགས་དཔར་ཤོག་ངོས་122ནང་དེ་ནས་གྲའི་གྲེ་མོར་ཞག་གཅིག འགར་ཚ། ཞེས་གསལ་བ་ལྟར་ཡུལ་དེའི་མིང་གི་འབྲི་ཚུལ་འགར་ཚ་ཞེས་ཀྱང་བྱུང་ངོ་། །

② བཟང་ཡུལ་ནི་བོད་དུ་དུས་འཁོར་ཐོག་མར་བསྒྱུར་སའི་གནས་ཡིན་པ་ཆག་རིན་ཆེན་དཔལ་གྱི་དུས་འཁོར་ཆོས་འབྱུང་དུ་གསལ། ཡུལ་དེ་ནི་རུས་ལྷེ་དང་དོལ་གྱི་ལྡེ་བ་གནས་སའི་སྟོད་དུ་ཆགས་པས་ལྷེ་དོལ་སྣང་ཞེས་ཀྱང་བྱ། ཡུལ་ཕྱོགས་དེ་ནས་མཁས་པ་དགེ་བཤེས་ལྷེ་པ་ཡབ་སྲས་གཉིས་ཏེ་ལྷེ་རྣམ་ཀིརྟི་དང་ལྷེ་ཙནྡྲ་ཀིརྟི་བྱུང་བའོ། །ཡུལ་དེའི་ནུབ་ངོས་ནས་ཡར་ལམ་གཞུང་ལམ་འདེད་ནས་སྤྱི་ལེ་བཅུ་ཙམ་བསྐྱོད་ན་ལྷེ་དོལ་ཞོལ་ཞེས་པ་རུས་ཆེན་ལྷེའི་གདུང་རྒྱུད་སྤེལ་སའི་གནས་དེར་སླེབས་ཐུབ།

པར་ཅན་དང་། ཤར་ངོས་སུ་གྲའི་ས་ཆ་དང་། ནུབ་ཏུ་གྲ་དོལ་གྱི་ས་མཚམས་ཡར་སྟེའི་རི་བྲུར་ཞེས་པ་དེ་མཆིས། སྔ་དུས་ཡུལ་དེར་གྲུ་ས་ཞིག་ཡོད་པར་རྒྱུ་ལམ་དུ་བགྲོད་པའི་གཞུང་ཀོའི་མཉན་པ་རྣམས་ཞག་སྡོད་བྱེད་ཀྱི་ཡོད་ལ། ལྷོ་པ་རྣམས་དབུས་ལྷ་སར་བསྐྱོད་པའི་ས་ཚིགས་གཙོ་བོ་ཞིག་སྟེ་ཚོང་ལམ་དང་ཆོས་ལམ། དམག་ལམ་སོགས་ཡིན་སྐབས། སྔར་ནས་ད་བར་རིག་གནས་ཅུང་དར་ཆེ་བའི་ཡུལ་ཞིག་ཡིན་པ་སྨོས་མེད་ལགས་སོ། །

## གཉིས་པ། འགག་རྩ་ལྷ་མོའི་དད་མོས་རིག་གནས་དབྱེ་ཞིབ།

འགག་རྩ་ལྷ་མོའི་དད་མོས་ནི་ད་ཡོད་ཡུལ་དེར་གནས་པའི་གདོད་མའི་དད་མོས་ཆ་ཚང་ཤོས་དང་གཞི་རྒྱ་ཆེ་ཤོས། དེ་བཞིན་བན་བོན་རིག་གནས་ཀྱི་ཤན་བཞུགས་ཀྱང་སྔར་རྒྱུན་མ་ཉམས་པར་གནས་པའི་ཚོ་ག་ཞིག་ཡིན་པས་དེར་དཔྱད་པ་ལ། དེའི་བྱུང་བ་དང་ཚོ་གའི་སྣ་གོན། བྱ་རིམ་སོགས་གླེང་བར་ཁོ་བོས་ཕྱི་ལོ་2017ལོའི་ཟླ་11པའི་ཚེས་9ཉིན་འགག་རྩ་གྲོང་ཚོའི་གྲོང་མི་དགུང་ལོ་70སོན་པའི་སྒྲོ་བོ་ཚེ་རིང་ལགས་དང་གྲ་སྟེ་མདོ་དགོན་པའི་བླ་ཆེན་དགུང་ལོ་81ཕེབས་པའི་སྔགས་འཆང་དཀོན་མཆོག་རྒྱལ་མཚན་རྣམ་གཉིས་ལ་བཅར་འདྲི་ཞུས་པའི་ཟིན་ཐོ་ཉིད་གཙོ་བོར་བྱས་ནས་འཆད་པར་འདོད་དོ། །

### གཅིག འགག་རྩ་ལྷ་མོའི་བྱུང་བ་བཤད་པ།

འགག་རྩ་ལྷ་མོའི་བྱུང་བའི་ཆར་དམངས་ཁྲོད་དུ་འབྱམས་པའི་ཤོད་རྒྱུན་གཉིས་ཏེ། མགར་སྟོང་བཙན་དང་འབྲེལ་བའི་ལོ་རྒྱུས་དང་ཅིག་ཤོས་ནི་གྲ་འགག་རྩའི་ཡུལ་གྱི་བཙུན་མ་ཞིག་གི་གཏམ་རྒྱུད་དང་སྦྱར་ནས་སྨྲ་བ་དེའོ། །དེ་ཡང་གཏམ་རྒྱུད་གོང་མ་དེ་བཤད་ན་སྔར་ཆོས་རྒྱལ་སྲོང་བཙན་སྒམ་པོའི་བློན་པོ་མགར་སྟོང་

བཙན་ཡར་སླུང་ནས་ལྷ་སར་ཡོག་དུས་བརྟན་མ་བཅུ་གཉིས་①ཀྱི་ཡ་གྱལ་རྡོ་རྗེ་གཡུ་ཡི་སྒྲོན་མ་②ཉིད་སློན་ཆེན་གང་དེ་དང་ལྷན་དུ་ཡར་སླུང་ནས་ཡུལ་དེར་ཕེབས་

① བརྟན་མ་བཅུ་གཉིས་སམ་བསྟན་མ་བཅུ་གཉིས་སོགས་པའི་བརྗོད་བྱེད་སྲོལ་སྣང་བ་དང་། ལར་ན་བོད་ཁམས་སྐྱོང་བའི་ལྷ་མོ་བཅུ་གཉིས་སུ་བཤད། བསྟན་མ་བཅུ་གཉིས་ནི་སློ་ལུང་བཞད་པའི་རྡོ་རྗེའི་དམ་ཙན་བསྟན་སྲུང་རྒྱ་མཚོའི་རྣམ་ཐར་དུ་བདུད་མོ་བཞི་དང་། གནོད་སྦྱིན་བཞི། སྨན་མོ་བཞིར་གསུངས་ལ། གསུང་རྒྱུན་དེ་ནི་སྟག་ཤམ་གཏེར་སྟོན་སོགས་སུ་གསལ་བ་མ་ཟད། བརྟན་མ་བཅུ་གཉིས་ཀྱི་མཚན་གྱི་རྣམ་གྲངས་ལོགས་སུ་ཡོད་སྐོར་གསལ་བས། ཞིབ་པ་དམ་ཙན་བསྟན་སྲུང་གི་རྣམ་ཐར་ལ་གཟིགས། སློ་ལུང་པའི་ལུགས་ཀྱི་བསྟན་མ་བཅུ་གཉིས་ཀྱི་མཚན་ཐོ་ཙམ་དྲངས་ན། བདུད་མོ་བཞི་ནི་བདག་ཉིད་ཆེན་མོ་རྡོ་རྗེ་ཀུན་གྲགས་མ། དཔལ་ལྷན་ཏ་རི་རྡོ་རྗེ་གཡའ་མ་སྐྱོང་། གངས་ཀྱི་ཡུམ་ཆེན་རྡོ་རྗེ་ཀུན་བཟང་མ། འབྲོག་ཆེན་འཁོར་འདུལ་བཅས་སོ། །གནོད་སྦྱིན་བཞི་ནི། གངས་དཀར་ཤ་མེད་རྡོ་རྗེ་སྤྱན་གཅིག་མ། ཁ་རག་ཁྱུང་བཙུན། གསེར་ཆེན་མཁའ་ལྡིང་རྡོ་རྗེ་གླུ་མོ། རྡོ་རྗེ་དྲག་རྒྱལ་མ་རྣམས་སོ། །སྨན་མོ་བཞི་ནི། གོང་བཙུན་དེ་མོ། བཙན་ལ་ལོ་རོའི་ར་རྡོ་རྡོ་རྗེ་སྨན་གཅིག་མ། རྡོ་རྗེ་གཡར་མོ་གསིལ། གཡུའི་དྲིལ་བུ་རྡོ་རྗེ་གཟུགས་ལེགས་མ་ཞེས་གང་དེས་མཛད་པའི་དམ་ཙན་བསྟན་སྲུང་རྒྱ་མཚོའི་རྣམ་ཐར་མི་རིགས་དཔེ་སྐྲུན་ཁང་གི་དཔར་མའི་ཤོག་ངོས་167ནས་198བར་གསལ། གཞན་ཡང་བརྟན་མ་བཅུ་གཉིས་ཀྱི་ཕྱག་མཚན་དང་ཆིབས་པ་སོགས་ཀྱི་སྐོར་རྒྱས་པར་གཟིགས་འདོད་ན་རྒྱལ་དབང་དགེ་འདུན་རྒྱ་མཚོའི་གསུང་འབུམ་པོད་དྲུག་པའི་ཤིང་དཔར་ཤོག་ངོས་167ནས་214བར་གསལ་བའི་རྗེ་བཙུན་ཐམས་ཅད་མཁྱེན་པའི་གསུང་ཐོར་བུ་ལས་ཆོས་རྒྱལ་ཆེན་པོ་ཚེ་རིང་མཆེད་ལྔ་རྡོ་རྗེ་གྲགས་མོ་རྒྱལ་རྡོ་རྗེ་གཡུ་སྒྲོན་མ་འཕྲོས་ལྷ་གོང་བཙུན་དེ་མོ་འོ་དེ་གུང་རྒྱལ་སོགས་ཀྱི་གསོལ་ཁ་བསྟོད་པ་དང་བཅས་པ་རྣམས་བཞུགས་སོ་ཞེས་པ་དང་། རྒྱལ་མཆོག་ལྔ་པའི་གསུང་འབུམ་ནང་མ་ང་པའི་ཤིང་དཔར་ཤོག་ངོས་559ནས་611བར་བྱུང་བའི་བོད་སྐྱོང་བསྟན་མ་བཅུ་གཉིས་ཀྱི་མདོས་ཀྱི་འཕྲིན་ལས་དཔྱིད་ཀྱི་རྒྱལ་མོའི་གླུ་དབྱངས་ཞེས་སོགས་པའི་གསུང་རབ་ལ་སྤྱན་འབེབས་གནང་བར་ཞུའོ། །དོན་དུ་བརྟན་མ་བཅུ་གཉིས་རྣམས་ནི་བོད་མིའི་སེམས་པའི་གྲུབ་སྲིད་པའི་ལྷ་དགུ་དང་ཐད་ཀར་འབྲེལ་བ་ཡོད་པའི་ལྷ་ཚོགས་ཤིག་ཡིན་ལ། བན་བོན་རིས་སུ་མ་ཆད་པའི་བསྟན་སྲུང་དང་། ཁྱད་དུ་བོད་ཡུལ་ཀུན་ཏུ་ཁྱབ་པའི་ལྷ་རིགས་མཐུ་མོ་ཆེ་ཤ་སྟག་ཏུ་འདུག་ལ། ཡུལ་ཕྱོགས་ཀྱི་དབང་དུ་མཚན་གྱི་རྣམ་གྲངས་ཀྱང་འགྱུར་སྲོལ་མཆིས་པས། བསྟན་མ་བཅུ་གཉིས་ལ་མཐིལ་ཕྱིན་པའི་ཞིབ་འཇུག་ཅིག་བྱ་རྒྱུ་དེ་ནི་བོད་ཡུལ་ལྷ་ཚོགས་རིག་པ་དང་མི་ནས་ལྷར་འཕོ་བའི་འཕེལ་འགྱུར་ལ་སྨན་པའི་གནད་ཅིག་ཏུ་མཐོང་། བསྟན་མ་ནི་འོག་ཕྱོགས་སྐྱོང་ངམ་སའི་ལྷ་མོའང་ཟེར་ཞེས་དུང་དཀར་ཚིག་མཛོད་ཤོག་ངོས་1034བྱུང་།

② རྡོ་རྗེ་གཡུ་སྒྲོན་མ་ནི་བསྟན་མ་བཅུ་གཉིས་ཀྱི་གཙོ་བོ་ཡིན་པ་གང་ཞིག མཐུ་ཆེ་བའི་བན་བོན་གཉིས་ཀྱི་བསྟན་སྲུང་དུ་གསུངས། རྡོ་རྗེ་གཡུ་ཡི་སྒྲོན་མའི་མཚན་གྱི་རྣམ་གྲངས་དང་ཕྱག་མཚན། ཆིབས་པ་སོགས་ཀྱི་སྐོར་གསལ་བའི་བསྟན་སྲུང་རྣམ་ཐར་དང་བསྐང་ཕྲིན་མང་དུ་ཡོད་མོད། འདིར་ནི་རྒྱལ་བ་དགེ་འདུན་རྒྱ་མཚོའི་གསུང་གི་རྗེས་སུ་འཇུག་ནས་སྨྲས་ན། གང་དེའི་གསུང་འབུམ་ཤིང་དཔར་མ་པོད་དྲུག་པའི་ཤོག་ངོས་196ནས་198བར་གསལ་བའི་བཀའ་སྲུང་ཆེན་མོ་རྡོ་རྗེ་གཡུ་སྒྲོན་མ་ལ་མཆོད་གཏོར་བྱ་བའི་ཚུལ་ཞེས་པར། ཞུ་

ནས་གཞིས་ཆགས་སྐབས་མགར་རྩ་ཞེས་པའི་ཡུལ་མིང་བྱུང་བར་བཤད། དེ་ཡང་མགར་ཞེས་པས་མགར་སྟོང་བཙན་དང་། རྩ་ཞེས་པས་སྐར་ས་སྟོན་པར་བཤད་པ་དང་། ལྷ་མོ་རྡོ་རྗེ་གཡུ་ཡི་སྒྲོལ་མའི་རྟེན་མཁར་ཡང་འགག་རྩའི་ཁུལ་དུ་བཞེངས་པར་གྲགས་ཤིང་། བསམ་ཡས་གཙུག་ལག་ཁང་དང་དུས་གཅིག་ཏུ་བཞེངས་པའང་གསུངས་པས་རྟེན་མཁར་དེ་ཉིད་ནི་ལོ་རྒྱུས་ཡུན་རིང་ལྡན་པའི་གནས་ཤིག་ཡིན་པའོ། །དུས་ཕྱིས་འགག་རྩའི་ཡུལ་མི་རྣམས་ཀྱིས་ལྷ་མོ་དེ་གསོལ་ནས་འགག་རྩ་ལྷ་མོའི་གསོལ་མཆོད་བྱུང་བར་སྨྲ། ཤོད་རྒྱུན་འོག་མ་ནི་འགག་རྩ་ལྷ་མོ་ནི་ཡུལ་དེ་གའི་ས་སྐྱེས་རྗེ་སྐྱེས་ཀྱི་བཙུན་མ་ཞིག་ཡིན་པ་དང་། འཆི་འཕོས་རྗེས་ཡུལ་ལྷར་གྱུར་ཏེ་འགག་རྩ་ལྷ་མོའི་ངོ་བོར་འགྱུར་བའོ། །

གསུང་སྒྲོལ་ཕྱི་མ་དེའི་རྒྱུན་བསྐྱངས་ན་འདི་ལྟར་ཏེ། སྔར་གྱི་དུས་གྲུ་ཡི་ཡུལ་འགག་རྩ་དཔེ་རྒྱས་ནང་[1]ཞེས་པའི་དུད་ཁྱིམ་ཞིག་ན་གཞི་དགོན་སོགས་པའི་གྲལ་

རྒྱན་ཡུལ་དུ་གནས་གསུམ་མཁའ་འགྲོའི་གཙོ། །རྡོ་རྗེ་གདན་དུ་གཙུག་ལག་ཁང་སྐྱོང་མ། །བོད་ཁམས་སྐྱོང་མཛད་བསྟན་མ་ཡོངས་ཀྱི་གཙོ། །དཔལ་ལྡན་རྡོ་རྗེ་གཡུ་སྒྲོན་ཁྱོད་ལ་བསྟོད། །རླུང་ལྟར་འཕྱོ་བའི་དྲིའུ་སྔོན་མོའི་སྟེང་། །རབ་མཛེས་སྨིག་ལྡེམ་ལྷ་མོའི་ཟུར་སྟོན་ཅིང་། །རིས་འགའ་རབ་ཁྲོས་སྲིན་མོའི་གཟུགས་ཀྱིས་ཀྱང་། །མ་རུངས་དགྲ་བགེགས་ཚར་གཅོད་ཁྱོད་ལ་བསྟོད། །ཅེས་དང་། ཡང་དེ་ཉིད་དུ། སྔོན་གྱི་བསྐལ་པ་དང་པོ་ལ། །རྒྱ་གར་ཡུལ་དུ་བྱོན་པའི་ཚེ། །ཨུ་རྒྱན་ཡུལ་གྱི་མཁའ་འགྲོ་མ། །མངའ་རིས་སྟོད་དུ་བྱོན་པའི་ཚེ། །འབུམ་གཟན་ལ་རྒྱལ་ཞེས་ཀྱང་གྲགས། །དཀར་ཆུང་སྤུང་མར་གཤེགས་པའི་ཚེ། །པདྨ་གར་གྱི་དབང་ཕྱུག་མ། །ཧེ་ལ་འབར་མ་ཤམ་སྟོན་ཅན། །ལས་མཁན་རྡོ་རྗེ་སྔ་ཡོན་མ། །རྡོ་རྗེ་གཡུ་སྒྲོན་ཞེས་ཀྱང་གྲགས། །ལྷ་ཁང་སྤུང་མར་གཤེགས་པའི་ཚེ། །མཚན་ནི་རྡོ་རྗེ་གཡུ་སྒྲོན་མ། །མ་གཅིག་རྗེ་མོ་དཀོར་བདག་མ། །སྐུ་མདོག་དཀར་དམར་འབར་བ་ལ། །དབུ་ལ་གཡུ་ཡི་ཐོད་ཆིངས་གསོལ། །སྐུ་ལ་དར་དཀར་ན་བཟའ་གསོལ། །ཕྱག་ན་གསེར་གྱི་བུམ་པ་བསྣམས། །ཞེད་ལ་དངུལ་དཀར་མེ་ལོང་བཙུགས། །ཞབས་སུ་གཡུ་དྲི་སྟོན་མོ་ཆིབས། །ཞེས་གསུངས་པ་ལས་ཤེས་པར་བྱའོ། །གཞན་ལྷ་མོ་དེ་ནི་བསྟན་མ་བཅུ་གཉིས་ནང་ནས་སྨན་མོ་བཞིའི་ཡ་གྱལ་སྨན་མོ་བཞི་པ་གཡུའི་དྲིལ་བུ་རྡོ་རྗེ་གཟུགས་ལེགས་མ་དེ་ཉིད་ཡིན་པ་དུང་དཀར་ཚིག་མཛོད་ཤོག་ངོས་1034ནང་གསལ།

[1] དཔེ་རྒྱས་ནང་ཞེས་པ་ནི་འགག་རྩ་ལྷ་མོའི་འབྲུངས་ས་ཡིན་པ་དང་། ད་དུས་གནས་དེར་ལྷ་མོའི་རྟེན་མཁར་ཞིག་ཡོད་ཅིང་། རྟེན་མཁར་གྱི་ཕྱོགས་བཞིར་མཆོད་རྟེན་བཞི་ཡོད་པར་བཤད། ད་ལྟའི་རྟེན་མཁར་དེ་སྔར་གྱི་རྟེན་མཁར་ཐོག་རྒྱས་བཞེངས་བྱས་པ་ཞིག་གོ །

ཐོར་མ་བཙུད་པའི་བཙུན་མ་ཞིག་ཡོད་པ་དང་། རྒྱུན་པར་བཙུན་མ་དེ་ཉིད་རང་ཁྲིམ་གྱི་བོང་བུ་འཚོ་བར་འགྲོ་ཡི་ཡོད་ཀྱང་། ཡ་མཚན་གྱི་གནད་ཅིག་ལ་དབྱར་གྱི་དུས་སུའང་བོང་བུར་ཤ་ཤེད་རྒྱས་ཀྱི་མེད་ལ། ཡུལ་མི་ཚོའི་གླེང་སྒྲོགས་སུའང་བཙུན་མས་བོང་བུའི་སྒོ་འོག་ཏུ་བསྡད་ནས་བོང་བུ་དང་ལྷན་དུ་འཁྲིག་པ་སྤྱོད་པར་སྨྲ་སྐབས། བཙུན་མའི་ཕ་རྒན་གྱིས་དེ་དོན་བདེན་མིན་སོགས་ལ་གཞིགས་ནས་བོང་བུ་འཚོ་སར་ལྐོག་ལྟར་སོང་བས་རང་གི་བུ་མོས་བོང་བུ་རྟོད་ཕུར་ལ་བཏགས་ནས་འོལ་ཚོད་ཙམ་གྱིས་བོང་བུའི་ཕོ་མཚན་རང་གི་མཚན་མའི་ནང་བཙུག་སྟེ་ཆགས་པ་སྤྱོད་པ་མཐོང་སྐབས། ཕ་རྒན་གྱིས་བོང་བུའི་རྟོད་ཕུར་གློད་པས་བོང་བུའི་ཕོ་མཚན་ཡོངས་སུ་རྫོགས་པ་བཙུན་མའི་མཚན་མའི་ནང་དུ་ཤོར་ནས་བཙུན་མ་གང་དེ་རྐྱེན་ལམ་སོང་ནས་བཙན་དུ་སྐྱེས་ཏེ་ཡུལ་ལྷར་གྱུར། དུས་ཕྱིས་བླ་མ་ག་གེ་མོ་ཞིག་གིས་བཀའ་འདོགས་དམ་འདོགས་མཛད་ནས་ཡུལ་དེའི་སྲུང་མར་འགྱུར་བས་འགག་རྩ་ལྷ་མོའམ་ཨ་མ་ཆེན་མོ་འམ་ཨ་མྱེས་ཆེན་མོ་ཞེས་པར་འཕོས་ཏེ་གཞི་རྒྱ་ཆེ་བའི་སྒོ་ནས་ལོ་རེ་དུས་རེ་གསོལ་བའི་ལུགས་ཆགས་པར་གསུངས། གོང་སྨྲོས་འགག་རྩ་ལྷ་མོའི་བྱུང་བ་བཤད་པའི་གཏམ་དེ་གཉིས་ལས་གང་ཞིག་འཐད་མིན་ཁ་ཚོན་གཅོད་པའི་སྤོབས་པ་མེད་མོད། འགག་རྩ་ལྷ་མོའི་གསོལ་མཆོད་ཀྱི་འབྱུང་ཁུངས་ནི་ཤོད་རྒྱུན་དེ་གཉིས་དང་འབྲེལ་བ་མེད་པར་འདོད། དེར་དཔྱད་པ་ཞིག་བྱས་ན་ཤོད་སྒྲོལ་དང་པོའི་ལུགས་སུ་འགག་རྩ་ལྷ་མོ་ནི་ཆོས་རྒྱལ་སྲོང་བཙན་སྒམ་པོའི་བློན་པོ་མགར་དང་འབྲེལ་ནས་བྱུང་བར་བཤད་པ་དང་། ལུགས་གཉིས་པ་ནི་ཡུལ་དེའི་བཙུན་མ་ཞིག་གི་ལོ་རྒྱུས་དང་སྦྲུར་ནས་བྱུང་བར་གསུངས་པར་དཔགས་ན། དུས་ཀྱི་ཆ་ནས་ལུགས་དང་པོ་དེ་ལོ་རྒྱུས་རིང་བར་སོང་བ་དང་། ལུགས་གཉིས་པ་དེ་སངས་རྒྱས་ཆོས་ལུགས་ས་དར་རྗེ་དར་གྱི་བསྟན་པ་ཕྱི་དར་སྐབས་སུ་བྱུང་བར་སེམས། དེ་ལྟར་རྟོག་

དཔྱོད་ཀྱི་གནས་ལ་བཞུགས་ནས་རིགས་འདེད་བྱས་ན། ཆོས་རྒྱལ་སྲོང་བཙན་ཡར་སྟོན་དུ་བོད་ན་མཚན་མའི་དད་མོས་མེད་པར་སྨྲའམ། ཡང་ན་ལུགས་ཕྱི་མའི་དབང་དུ་བྱས་ན་བསྟན་པ་ཕྱི་དར་གྱི་དུས་སུ་བོད་ན་མཚན་མའི་དད་མོས་གཞི་ནས་བྱུང་བར་འདོད་དམ། གཞན་དུ་གྲ་ནང་སྤིངས་པོ་ཆེའི་བང་སོའི་ཚོགས་[①]ནས་རྡོའི་སྐྱེས་པའི་མཚན་མ་[②]༼དཔེ་རིས་གསུམ་པར་གཟིགས།༽ཞིག་དང་རྫ་ཆས་ཀྱི་ཐོག་མོ་མཚན་གྱི་རྟགས་འདྲ་བ་བཀོད་པ་སོགས་སྤྱི་ལོ1993ལོའི་ཟླ9པར་བསྔོག་འདོན་བྱ་སྐབས་ཐོན་པ་དེར་བརྟག་དཔྱད་བྱས་འབྲས་ལ་གཞིགས་ན་མ་མཐར་ཡང་ཐུ་རྙིད་བཙན་པོའི་དུས་ཀྱི་བང་སོ་ཡིན་པར་བཤད་ལ། ལར་བང་སོའི་ནང་ནས་རྡོའི་འཇོར་དང་སྟ་རེ། ཁབ་སོགས་སྤ་ཕྱིར་ཐོན་པས། རྡོ་ཆས་གསར་པའི་དུས་སྐབས་སུའང་བཤད། བང་སོའི་ནང་དུ་རྡོ་ལས་གྲུབ་པའི་སྐྱེས་པའི་མཚན་མ་དང་མོ་མཚན་གྱི་རྟགས་ཐོན་པ་དེ་ལས་སྲོང་བཙན་ཡར་སྟོན་ནས་བོད་ཡུལ་སྤྱི་དང་སྐོས་གྲའི་ཡུལ་དུ་མཚན་མའི་དད་མོས་རིག་གནས་དར་བར་རྟོགས་ནུས། དེའི་ཕྱིར་འགག་རྩ་ལྟ་མོའི་དད་མོས་ནི་གོང་སྨྲོས་ཀྱི་སྟོན་བྱུང་གཏམ་དེ་གཉིས་ལས

① བང་སོའི་ཚོགས་འདི་ནི་གྲ་ནང་རྫོང་ཐོག་ནས་ལྷོ་ངོས་སུ་སྤྱི་ལེ་བཅུ་གཉིས་ཙམ་གྱི་སར་གནས། གནས་དེར་ཁྲོན་བང་སོ་ལྔ་མཆིས། ད་ཆ་ནི་བང་སོ་དེ་རྣམས་ཀྱི་ཤུལ་ཙམ་ལས་མཇལ་རྒྱུ་མེད། བང་སོ་དེ་རྣམས་རི་རྩར་གནས་སྟབས་ཆུས་འཇིགས་ཚར། ཞིབ་ཆའི་གནས་ཡུལ་ནི་ལྷོ་ཁ་གྲ་ནང་རྫོང་དཀྱིལ་དུ་ཤར་བདེ་ལྷས་གླིང་གྲོང་ཚོའི་བྱང་ཤར་དང་སྤིངས་པོ་ཆེ་དགོན་གྱི་ཤར་ཕྱོགས་ཀྱི་རྩུ་རི་སྟོད་སྨད་བར་གསུམ་དུ་གྲགས་པའི་རི་རྩར་ཆགས། བང་སོའི་ཚོགས་ལས་རྫ་ཆས་དང་རྡོའི་སྐྱེས་པའི་མཚན་མ་སོགས་ཐོན། ངག་རྒྱུན་དུ་བང་སོ་འདི་རྣམས་ནི་མང་སྲོང་མང་བཙན་བང་སོར་བཤད་མོད་དེ་ལ་དག་པ་སྦྱོར་བའི་གཞི་མ་མཆིས་ཏེ། མང་སྲོང་གི་བང་སོ་འཕྱོང་རྒྱས་སུ་ཡོད་པའི་ཕྱིར། མཁས་པ་ལྡེའུས་མཛད་པའི་རྒྱ་བོད་ཆོས་འབྱུང་རྒྱས་པར་མང་སྲོང་གྲལ་ནི་སྲོང་བཙན་གཡོན་ན་ཡོད། །དེའི་མིང་སྔོ་བཞེར་རྫུལ་པོ་ལགས། །ཞེས་གསུངས་པས་བང་སོ་དེ་རྣམས་མང་སྲོང་མང་བཙན་གྱི་མིན་པ་ཐག་ཆོད་དོ། །དེ་སྐོར་ཞིབ་པ་འོག་ནས་འཆད་འགྱུར་བང་སོ་ལས་འཕྲོས་པའི་དཔྱད་གཏམ་ཞེས་པའི་སྐབས་སུ་གཟིགས་འཚལ།

② རྡོའི་སྐྱེས་པའི་མཚན་མ་དེ་ད་ལྟ་ལྷོ་ཁ་གྲོང་ཁྱེར་དངོས་མང་བཤམས་སྟོན་ཁང་དུ་ཡོད། དེའི་རིང་ཚད་ཁྲིན་ལི་སྨི་བཅུ་བཞི་དང་གྲངས་ཚུང་བདུན་བཞུགས།

ཕྱ་བའི་མཚན་མའི་དད་མོས་རིག་གནས་ཀྱི་རྒྱུན་དར་བར་དཔགས་སོ། །

སྤྱིར་ཡུལ་དེར་དོན་ཆེན་འགག་ལ་ཐུག་སྐབས་དང་ཡུལ་མི་ཕྱོགས་ལ་ཐོན་སྐབས་ལྷ་མོ་ཉིད་གསོལ་སྲོལ་ཡོད་ལ། ལྷ་མོ་འདི་ཉིད་གསོལ་ན་མི་མགོ་མཐོ་ཞིང་བྱ་བ་ལས་སུ་འགྲོ་བར་གསུངས། དེ་དག་དུད་ཁྱིམ་རེ་གཉིས་ཀྱི་གསོལ་ཁ་ཆུང་ཆུང་ཤ་སྟག་ཡིན། གཞི་ཁྱོན་ཆེ་བའི་འགག་རྩ་ལྷ་མོའི་གསོལ་མཆོད་ཐོག་མར་དབྱར་དུས་སུ་ཡིན་ཡང་། དབྱར་གྱི་དུས་སུ་གསོལ་བས་མི་ནད་ཕྱུགས་ནད་སད་སེར་སོགས་བྱུང་སྟབས། ཕྱིས་ནི་དགུན་དུས་སུ་གསོལ་བའི་ལུགས་ཆགས་པ་དང་། ཁྱོན་ཉི་མ་གསུམ་གྱི་རིང་གསོལ་མཆོད་གྲུབ་པར་བྱེད་ཀྱི་ཡོད་པ་ནི་བོད་ཟླ་12པའི་ཚེས་16ཉིན་སྟ་གོན་དང་མཚན་མོ་སྤྱང་མདོག་དགོན་པའི་མགོན་པོ་གདན་འདྲེན་པ། ཚེས་17ཉིན་དངོས་སུ་འགག་རྩ་ལྷ་མོ་གསོལ་བ། ཚེས་18ཉིན་རྡོ་ནོར་བུ[①]（དཔེ་རིས་བཞི་པར་གཟིགས།）རྩིས་སྤྲོད་རྩིས་ལེན་དང་གྲོལ་བསང་བཅས་སོ། །

འགག་རྩ་བ་རྣམས་ཀྱིས་ལོ་གསར་ཤར་ཉེར་བྲེལ་བ་ཇི་ལྟར་ཆེ་རུང་ལྷ་མོའི་གསོལ་ཁ་གལ་པོ་ཆེར་བརྩིས་ནས་གཞི་རྒྱ་ཆེ་བའི་ཚོ་ག་སྒྲིལ་ལ། ཕྲུ་གུ་རྣམས་ལའང་ལྷ་མོའི་གྱོན་ཆས་ཞེས་གྱོན་པ་གསར་པ་ཉོས་ཏེ་ཡུལ་གྱི་སྐྱེས་ལྷ་ཡུལ་ལྷ་མཐུ་བོ་ཆེ་འགག་རྩ་ལྷ་མོའི་གསོལ་མཆོད་ལ་གྲབས་གཤོམས་བྱ་ཡི་ཡོད།

གཉིས། འགག་རྩ་ལྷ་མོའི་དད་མོས་དངོས་བཤད་པ།

འགག་རྩ་ལྷ་མོའི་གསོལ་མཆོད་འདི་ཉིད་ནི་གྲ་དོལ་གཞུང་གསུམ་ན་གྲའི་ཡུལ་དུ་མ་གཏོགས་མེད་པ་དང་། གསོལ་མཆོད་དེའི་ཤུགས་རྐྱེན་གྲའི་ཡུལ་དང་དོལ་ཁུལ་གཉིས་ལས་གཞུང་གི་ས་ཆ་ན་མེད་དོ། །འགག་རྩ་ལྷ་མོའི་གསོལ་མཆོད

① རྡོ་ནོར་བུ་ཞེས་པ་ནི་རྒྱུ་རྡོ་ནག་པོ་ལས་གྲུབ་པ་གང་ཞིག་དབྱིབས་མོ་མཚན་གྱི་གཟུགས་སུ་སྣང་བ་དབུས་སུ་རྟགས་ཐམ་ཡོད་པ་ཞིག

འདི་ཉིད་ནི་དོན་དུ་སྐྱེས་ཕོ་མོའི་མཚན་མའི་དད་མོས་ཤིག་དང་། དུས་ཀྱི་ཆ་ནས་གདོད་མའི་དུས་ནས་དར་བར་སེམས་མོད། ཕྱིས་འགག་རྩ་ལྷ་མོའི་གཏམ་རྒྱུད་དང་འབྲེལ་ནས་རིམ་གྱིས་སྤྱིར་བཏང་གི་ཚོ་ག་ཞིག་ནས་རྙོག་འཛིང་ཅན་གྱི་ཚོ་གའི་ཕྱོགས་སུ་གྱུར་པ་ནི་སྨོས་མེད་ལགས། ཡར་དེ་ནི་ཕ་རྒྱུད་སྤྱི་ཚོགས་ཀྱི་ཤུལ་བཞག་དུ་བཤད་ལ། ཁ་ཅིག་ནི་ཡུལ་དེའི་དགྲ་ལྷ་གསོལ་བའི་དུས་མཆོད་དུ་ངོས་འཛིན་པར་འདོད་ཅིང་། གཞན་ཚོ་ག་འདི་ཉིད་ནི་འགག་རྩ་ལྷ་མོའི་རྗེས་དྲན་དུའང་སྒྲུབ་སོགས་ཀྱང་སྣང་། གང་ལྟར་ཚོ་ག་དེ་ལ་ཞིབ་པར་འཇུག་ན་དཔྱད་རིན་ཆེ་བའི་གནད་ཅིག་དང་། གདོད་མ་དང་བོན། སངས་རྒྱས་ཆོས་ལུགས་གསུམ་འདུས་ཅན་གྱི་དད་པའི་རིག་གནས་ཤིག་ཏུ་འདོད་པའི་ཕྱིར་ན། རིག་གནས་གང་དེའི་བྱུང་བ་དང་། ཚོ་གའི་བྱ་རིམ། རིག་གནས་ཀྱི་སྣང་ཚུལ་སོགས་ལ་དམིགས་ནས་རྟོག་དཔྱོད་ཀྱི་གནད་ལ་ཞུགས་ན། ཚོ་ག་དངོས་སྨོས་པར་ཚོ་གའི་སྔ་གོན་དང་། དངོས་གཞི། གྲོལ་བསང་གསུམ་གྱི་ལམ་ནས་གླེང་བར་འདོད་དོ། །

༼ཀ༽ སྔ་གོན།

འགག་རྩ་ལྷ་མོའི་དད་མོས་ཀྱི་སྔ་གོན་ཆར་ཞུས་ན། སྔར་གྱི་དུས་དགུ་དུད་དྲུག་གིས་ལོ་རེ་རེས་མོས་ཀྱི་སྦྱིན་བདག་བྱས་ནས་ལྷ་གསོལ་བྱེད་དོ། །དེ་ཡང་རེས་མོས་འཁྱིལ་བའི་དགུ་དུད་དེར་རྒྱུག་པ་ཞེས་པའི་ཐ་སྙད་བྱ་སྲོལ་སྣང་། དགུ་དུད་ཅེས་པ་དོན་དུ་དུད་ཚང་དགུ་དགུ་བྱས་པ་ལ་གོ་དགུ་དུད་དྲུག་ཡོད་པ་དག་ནི། འགག་རྩ་གཞིས་ཀ་དང་གསེར་སྣང་། དཔེ་རྒྱུས། རྫོང་བྱང་། ལུང་དམར། ཆང་མའམ་ཆང་དབང་རྣམས་སོ། །ལྷ་གསོལ་དངོས་ནང་དགུ་དུད་དྲུག་པོའི་མི་བཞུགས་དགོས། ལྷ་གསོལ་མི་ལའང་ངེས་ཅན་གྱི་རེ་བ་ཞིག་ཡོད་དེ། བུ་མོ་ལོ་བཅོ་ལྔ་མན་མ་གཏོགས་བུད་མེད་ཀྱི་རིགས་རྩ་བ་ནས་བཞུགས་མི་ཆོག་ལ། ལྷ་གསོལ་བ་སྐྱེས་པ་ཤ་སྟག་

གོ །རིས་མོས་འཁྱིལ་བའི་དགུ་དུད་དེ་དང་ལོ་རྗེས་མའི་ཀྱག་པ་[1]གཉིས་དབར་ཆང་གི་སྐྱེས་འཕྲུལ་ནས་རྫོ་ནོར་བུ་རྩིས་སྤྱོད་བྱ་རྒྱུ་དེའོ། །དེང་སང་ནི་དགུ་དུད་ཀྱི་དོད་དུ་ཚེའམ་ཙུའུ་གསུམ་གྱིས་བྱེད་དོ། །ཙུའུ་གསུམ་ནི་གསེར་སྐྱང་དང་ལྕང་དམར་རམ་ལྕང་ག་ཀྱག་པ། དཔེ་རྒྱས་བཅས་སོ། །

ཚེ་ག་དེའི་སྟ་གོན་ཆར་གཙོ་བོ་སྐྱ་སེར་གཉིས་ཀ་དགོས་པ་དང་། གཏོར་བཞེངས་ཀྱི་རྒྱུ་ཆ་ལ་རྩམ་པ་ཁལ་གཉིས་ཙམ་དང་། དཀར་རྩི་དང་དམར་རྩི། ནག་རྩི་དང་མར་ཚོན། ཁུ་ར་འམ་བཟའུ་ཁུར་འབོར་ཆེན་དང་དར་ཚོན་སྣ་ལྔ། རྫོ་ནོར་བུ་དང་རྫ་མཐེ། ཆང་དང་ཤིང་དཀར་མོ།[2] བག་ལེབ་དང་ལུག་ཤ་རྩིབས་གསུམ་དང་བཅས་པ། དཀར་རག་སོགས་གྲ་སྒྲིག་བྱ་དགོས་པ་མ་ཟད། ཀྱག་པས་དུད་ཁྱིམ་མི་རེ་ངོ་རེར་ལྷ་མོའི་གསོལ་མཆོད་ལ་མཁོ་བའི་རྫས་རྣམས་ཚང་མེད་རྩིས་བཞག་གཏོང་བ་དང་སྐྱེ་མདོ་དགོན་པའི་སྔགས་འཆང་གཉིས་ནས་གསུམ་ཙམ་གདན་འདྲེན་ནས་ཚོགས་བཞེངས་ཀྱི་ཡོད་ལ། དར་ཆེན་སྐུ་བཞེངས་ཀྱི་སྟ་གོན་དག་གོ་རིམ་ལྡན་ཞིང་ཚགས་ཚུད་པ་ཞིག་དགོས་པར་བཤད།

(ཁ) དངོས་གཞི།

ཚེས་17ཉིན་ཡུལ་དེའི་སྐྱེས་པ་རྣམས་ཕྱུ་པ་སྐྱ་ཕྲུག་གྱོན་ཞིང་། སྐེད་པར་གྱི་དཔའ་དམ་རེ་འདོགས་སྲོལ་ཡོད་པ་དང་། བྱིས་པ་རྣམས་(དཔེ་རིས་ལྟ་པར་གཟིགས།)གཟབ་མཆོར་གྱིས་ལེགས་པར་བརྒྱན་ནས་རང་རང་ཁྱིམ་གྱི་འཁོར་འཁོས་གཞིར་བྱས་བག་ལེབ་གསུམ་ནས་བདུན་བར་འཆར་ཅན་དུ་དཀྱིལ་དུ་ཨི་ཁུང་རེ་འཕིགས་ནས་སྐུད་པ་འམ་ཐག་པ་གང་རུང་གིས་བཀྱིགས་ཏེ་སྐལ་པར་འཁུར་བ་དང་ལག་ཏུ

① ཀྱག་པ་ཞེས་པ་ནི་འགག་རྩ་ལྷ་མོའི་གསོལ་མཆོད་ཀྱི་གཏོང་སྒོའི་སྦྱིན་བདག་གི་མིང་དུ་གོ

② ཤིང་དཀར་མོ་ཞེས་པ་ནི་མེ་ཏོག་པདྨ་ཅན་བཀོས་པའི་ཤིང་ཕོར་ཆེན་པོ་ཞིག་ཡོད་པ་དེའི་མིང་ངོ་། །དེང་སང་ཤིང་ཕོར་གང་དེ་བོར་བརླག་སོང་ནས་མཇལ་རྒྱུ་མེད།

མདའ་དར་རེ་འཛོགས་སྲོལ་མཆིས། བུད་མེད་རྣམས་རྒྱུག་པའི་ཁྲིམ་དུ་གང་བཟའ་གང་སྐྱིད་བྱས་ནས་སྤོད་པ་ལས་ལྷ་གསོལ་བའི་བྱེད་སྒོའི་ནང་རྩ་བ་ནས་བཞུགས་མི་ཆོག སྐྱེས་པ་རྣམས་ཀྱི་རྒྱབ་ཏུ་ཁ་དཀྲིས་ནང་ལུག་ཤ་རྩེབས་མ་ཅན་གསུམ་ཅམ་དང་གྲོ་ནས་སྲན་གསུམ་བསྲེས་ཏེ་འཕུར་ནས་འགྲོ་བར་སྣང་། ཤ་དང་བག་ལེབ་ཀྱི་ཕུད་ལྷ་མོར་ཕུལ་བ་དང་ལྷག་མ་རྣམས་ཉིན་དེའི་རང་རང་གི་ལྟོ་སྐལ་ཡིན་པའོ། །གཞན་ཡང་ཚོགས་གཅིག་གུང་ཟས་ཀྱི་ཁ་སྟོན་ཚུལ་དུ་རྒྱུག་པས་སྟེར་གྱི་ཡོད།

ལྷ་མོ་མ་གསོལ་གོང་ལྷ་གསོལ་བ་རྣམས་རགས་བཅོས་སྣང་ཞེས་པའི་གཡུལ་ཁ་ཞིག་ཡོད་པ་དེའི་ནང་འཛོམས་ནས་ཐད་དང་ལྦུགས་རྒྱང་སོགས་གཏོང་སྲོལ་སྣང་ཞིང་། སྔོ་མདོའི་སྟེགས་འཆང་རྣམས་ཀྱིས་ལྷ་མོའི་བསྐང་གསོ་སོགས་འདོན་པའི་བཀྲི་བ་གྲུབ་རྗེས་ལྷ་མོའི་རྟེན་མཁར་གྱི་ཕྱོགས་སུ་ལྷ་མོ་གསོལ་བར་ཆས་ཀྱི་ཡོད།

ལྷ་མོའི་གསོལ་མཆོད་ཀྱི་གཏོར་མ་སོགས་ནི་སྔོ་མདོའི་སྟེགས་འཆང་རྒྱུག་པའི་ཁྲིམ་དུ་གདན་དྲངས་ནས་ཚེས་17ཉིན་གྱི་སྔ་དྲོར་བཞེངས་ཀྱི་ཡོད་པ་དང་། ལྷ་མོའི་སྐུ་འདྲ་༼དཔེ་རིས་དྲུག་པར་གཟིགས།༽ནི་དགུ་དུད་དྲུག་པོའི་སྐྱེས་པ་རྣམས་ཀྱིས་ཐུན་མོང་ཐོག་བཞེངས་ཀྱི་ཡོད། ལྷ་མོ་བཞེངས་པའི་རྫས་ནི་ལོ་དེ་གའི་རྒྱུག་པས་མགོ་འདོན་བྱེད་སྲོལ་མཆིས། རྫས་ཆ་གཙོ་བོ་ནི་རྩམ་པ་དང་དཀར་རྩི། ནག་རྩི་དང་དམར་རྩི། མར་ཚོན་སྣ་ཚོགས། གཞན་ཡང་ཁུ་ར་ཟུར་གསུམ་པ་དང་གྲོ་ནས་སྲན་གསུམ་སོགས་དགོས། ལྷ་མོའི་གཟུགས་ནི་ཕྱགས་དང་དཀར་རྩི་བསྲེས་ཏེ་སྙད་ནས་རིམ་གྱིས་བཞེངས་དགོས་པ་དང་། ལྷ་མོའི་དབུ་མན་ཆད་མིའི་གཟུགས་དང་དབུ་ཉིད་བོང་མགོ་ཞིག་བཞེངས་སྲོལ་ཡོད་པར་སྨྲ། ལྷ་མོའི་དབུར་ན་ཅོ་དང་རྣ་བ་ཟུང་དང་ལྡན་པས་དོན་དུ་དེ་ནི་བོང་བུའི་མགོར་བཤད་ཀྱང་། ཤ་བའི་མགོ་དང་འདྲ་ཆེར་སྣང་། ཡར་དེ་ནི་འབྲོང་མགོ་ཡིན་པར་བཤད། ལྷ་མོའི་སྐུ་བཞེངས་པའི་

བརྒྱུད་རིམ་ནང་མོ་མཚན་དང་ཉུ་མ་སོགས་བཞེངས་ལ། མོ་མཚན་གྱི་གཞི་དམར་རྩེ་དང་མཐར་ནག་རྩིས་བརྒྱན་སྲོལ་དང་། ལྷ་མོའི་དབུ་མན་འདབས་དང་སྐུ་རྒྱབ་ཡོངས་སུ་རྫོགས་པ་ཁྲུ་རས་བཏུམས་པ་དང་ཉུ་མ་དང་སྐུ་སྐེད། ཞབས་རྣམས་ལ་ཁྲུ་རས་བཏུམས་སྲོལ་མེད་ལ། མགུལ་དང་མཚན་མའི་གནས་དག་ཁྲུ་ར་ཟུར་གསུམ་གྱི་གཟུགས་ཐོན་པར་བྱས་ནས་བཏུམས་ཀྱི་ཡོད་ཀྱང་། ལྷ་མོའི་དབུ་གཞི་ནག་རྩེ་བྱུགས་ཤིང་མར་ཚོན་གྱིས་བརྒྱན་ཏེ་དབུ་ཐོད་དུ་སྨྱུག་མ་ཞིག་གི་ཐོག་དར་ཚོན་སྣ་ལྔ་བསྒྲོན་ཏེ་དབུ་ཐོད་ནས་ཟུར་ཕུད་ཀྱི་ཚུལ་དུ་དཔུང་པའི་སྟེང་དཔྱང་བའི་ལུགས་ཆགས། ལྷ་མོའི་རྭ་ཅོ་ཟུང་གི་མདུན་ངོས་མར་ཚོན་གྱིས་བརྒྱན་ཞིང་། དཔྲལ་བར་ཉི་ཟླ་སྐར་གསུམ་གྱི་མར་ཚོན་གྱིས་སྤུད་པའི་ཆ་ནི། ཟླ་བ་དཀར་པོ་དང་ཉི་མ་དཀར་པོའི་གཞི་རྟེན་ཐོག་ལི་ཁྲི་དང་སེར་པོས་བརྒྱན་པ་དང་། སྐར་མ་མར་ཚོན་དམར་པོས་བརྒྱན་པ་བཅས་སོ། །ལྷ་མོ་བཞེངས་པའི་བརྒྱུད་རིམ་ནང་ཤིང་དཀར་མོའི་ནང་ཆང་གི་སྐྱེམས་དགུ་དུད་དྲུག་པོའི་སྐྱེས་པ་རྣམས་ལ་འདྲེན་དགོས། ལྷ་མོ་དང་ལྷན་དུ་རྡོ་རྗེ་སེམས་དཔའ་དང་། ཡི་དམ་སོགས་ཀྱི་གཏོར་མ་ཁ་ཤས་བཞེངས་སྲོལ་ཡང་འདུག འདི་དག་ནི་ལྷ་མོ་བཞེངས་པའི་བརྒྱུད་རིམ་ཡིག་ངོར་བཀོད་ཙམ་སོ། །

ལྷ་མོ་བཞེངས་ཡུལ་ནི་ལོ་དེའི་རྒྱུག་པའི་ཁྱིམ་དུ་ཡིན་ཞིང་། ལྷ་མོའི་གཏོར་གཟུགས་བཞེངས་ཚར་རྗེས་ལྷ་གསོལ་བ་རྣམས་ནས་སྐྱེས་པ་བཞིས་འགོ་འདྲེན་བྱས་ནས་རྟེན་མཁར་གྱི་ཕྱོགས་སུ་ལྷ་མོ་གདན་འདྲེན་གྱི་ཡོད། གདན་འདྲེན་ཚུལ་ནི། ལྷ་མོའི་སྐུ་འདྲ་བཞེངས་གྲུབ་རྗེས་ཤིང་ལེབ་གྲུ་བཞི་ནར་མོ་ཞིག་གི་ཐོག་ལྷ་མོའི་འདྲ་སྐུ་བཞག་ནས་འདི་ལོའི་རྒྱུག་པའི་ཁྱིམ་ནས་རགས་བཙོས་སྒང་ཞེས་པའི་གཡུལ་ཁའི་ནང་གདན་འདྲེན་གྱི་ཡོད་པའོ། །

གདན་འདྲེན་པའི་གོ་རིམ་ཞུས་ན། ཐོག་མར་ལྷ་མོའི་འདྲ་སྐུ་གདན་འདྲེན་པོ་

སྐྱེས་པ་བཞིས་ལྷ་མོའི་འཇོག་སའི་ཤིང་ལེབ་དེའི་ཟུར་རེ་ནས་བཏེགས་ཏེ་བསྐྱོད་དགོས་པ་དང་། དེའི་རྗེས་སུ་བྱིས་པ་བུ་བུ་མོ་གཉིས་དཔའ་བོ་དཔའ་མོའི་ཆས་སུ་བཞུགས་པའི་རྣམ་པ་ཅན་དང་། དེ་འོག་གོ་རིམ་བཞིན་གཞས་པ་གཞས་མ་བདུན་བདུན་དང་། གོ་པ་①རྣམས་ཀྱི་མཇུག་ཏུ་མདུང་དར་འཛོགས་པའི་སྐྱེས་པ་གསུམ་བཅས་ཀྱིས་གྲུབ་པའི་ལྷ་མོ་གདན་འདྲེན་པོའོ། །གདན་འདྲེན་པོ་རྒྱུག་པའི་ཁྲིམ་ནས་རགས་བཙོས་སྣང་གཡུལ་ཁའི་ནང་འཁོར་དུས་འགག་རྩ་གྲོང་ཚོའི་བྱིས་པ་ལོ་བཅོ་ལྔ་མན་རྣམས་ལག་པར་དར་ལྕོག་རེ་བཟུང་ནས་གཟབ་མཆོར་སྤྲས་ཤིང་། སྐལ་པར་ཨེ་ཁྲུང་བརྟོལ་བའི་བག་ལེབ་རྣམས་རྩྭ་ཐག་སོགས་ལ་བསྒྲོན་ཏེ་ཁྲུར་ནས་ཕེབས་སྐྱུག་བྱེད་དགོས་ལ། སྐབས་དེར་གྲོང་ཚོ་ཡོངས་ཀྱི་བུད་མེད་རྣམས་གཡུལ་ཁའི་ནང་འདུ་འཛོམས་བྱས་ཏེ་གཞས་པ་གཞས་མ་སོགས་ལ་ཇ་ཆང་འདྲེན་ཞིང་། བསང་གསོལ་སོགས་ཀྱི་བྱ་བར་འཇུག་པ་མ་ཟད། སྤགས་འཆང་ཞིག་གིས་གསེར་སྐྱེམས་སོགས་ཕུལ་ནས་དྲིལ་བུ་དཀྲོལ་ཞིང་ཐ་བརྗུང་ནས་ཞབས་བརྟན་གནང་གི་ཡོད། ཤོད་རྒྱུན་དུ་དེ་ཉིན་ནི་འགག་རྩའི་ཡུལ་གྱི་སང་ལོའི་ལོ་ལེགས་བརྟག་པའི་དུས་ཤིག་ཡིན་པར་བཤད་དེ། དེ་ཉིན་ནམ་མཁའ་དྭངས་ཤིང་རླུང་བུ་མི་ལྡང་བ་དང་ལྷ་མོའི་མཆོད་རྫས་སོགས་རླུང་གིས་མི་འཕྱིར་ཞིང་། མར་ཚོན་སོགས་ཉེ་མས་མི་བཞུ་ན་འགག་རྩའི་ཡུལ་དུ་སང་ལོ་ལོ་ལེགས་བཟང་པོ་དང་ཆར་ཆུ་དུས་སུ་འབེབས་ལ། མི་ནད་ཕྱུགས་ནད་སོགས་མེད་པ་མཚོན་པར་བཤད། རགས་བཙོས་སྣང་གི་གཡུལ་ཁའི་ནང་གཞས་པ་གཞས་མས་ལྷ་མོའི་སྣང་བརྙན་གྱི་མདུན་དུ་གཞས་ཆེན་གྱི་ཕུད་དབུལ་རྗེས་འགག་རྩ་ལྷ་མོའི་འདྲ་སྐུ་ཉིད་རྟེན་མཁར་ཕྱོགས་སུ་གདན་དྲངས་ཀྱི་ཡོད།

① གོ་པ་ཞེས་པ་ནི་གོ་མཚོན་ཐོགས་པའི་དམག་མི་སྟེ་དེ་ནི་སྔ་དུས་བོད་ཀྱི་དམག་མི་ཡིན་པར་བཤད་ལ། བོད་ཀྱི་ཡུལ་ཕྱོགས་གཞན་དུའང་དེ་ལྟའི་ལུགས་སྲོལ་འོང་སྐོར་གྱི་སྐབས་སུ་ཡོད་དེ། དཔེར་ན་གཞུང་ཁུལ་ན་འོང་སྐོར་སྐབས་སུ་གོ་པ་བཅུ་དྲུག་ཙམ་འོང་སྐོར་གྱི་བྱེད་སྒོའི་བཞུགས་ནས་ཐད་ལྟགས་རྒྱུང་སོགས་ལེན་གྱི་ཡོད།

ལྷ་མོའི་རྟེན་མཁར་དུ་སླེབས་རྗེས་རྟེན་མཁར་ལ་ལྷ་གསོལ་བ་རྣམས་ཀྱིས་རྟ་ཐུང་སོགས་གཏོང་ཞོར་གཡས་བསྐོར་གསུམ་གྲུབ་པ་དང་། ལྷ་མོའི་སྣང་བརྙན་རྟེན་མཁར་གྱི་ཕྱོགས་མཚམས་ཁོད་ཆེ་བའི་སའི་ཆར་བཞག་ནས་ལྷ་མོའི་སྣང་བརྙན་གྱི་གཡོན་ཕྱོགས་སུ་རྒྱག་པ་རྣམས་ཀྱི་རང་གི་ཤ་སྐལ་དང་གྲོ་ནས་སྲན་གསུམ་དང་གཏོར་མ། དེ་བཞིན་མར་གྱི་མཆོད་པ་སོགས་པའི་མཆོད་རྫས་རྣམས་ཕུལ་རྗེས་དར་ཆེན་སྐུ་བཞེངས་དང་ལྷ་མོའི་རྟེན་མཁར་ལ་སྐུ་རག་གསོལ་ཞིང་། བྱིས་པ་རྣམས་ཀྱིས་འཛོམས་པའི་དར་ལྕོག་རྣམས་ལྷ་མོའི་རྟེན་མཁར་དང་ཉེ་འཁོར་དུ་བཙུགས་ཏེ་བག་ལེབ་ཀྱི་ཕུད་ལྷ་མོར་ཕུལ་བ་དང་གུང་ཚིགས་ལ་རོལ་འགོ་ཚུགས། གུང་ཚིགས་ལ་རོལ་བའི་བརྒྱུད་རིམ་ནང་ར་ལང་བྱ་ལང་མིན་པར་གོ་རིམ་ལྡན་ལ་ལུགས་སྲོལ་ཉིང་པ་དག་མི་ཉམས་པའི་རྣམ་གཞག་འདི་ལྟར་ཡོད་དེ། དེ་ཡང་ཐོག་མར་རྒྱག་པའི་སྡེ་ཁྲིད་འོག་སྐྱེས་པ་ལྔ་དྲུག་ཙམ་གྱིས་ས་ཁོད་སྙོམས་པོ་ཞིག་གི་ཐོག་བཞུགས་གདན་གྱི་ཚུལ་དུ་ས་དཀར་གྱིས་གྲུ་བཞི་མང་པོ་ཞིག་བྲིས་ནས་རང་རང་གི་གནས་སུ་འཁོད་སྲོལ་ཡོད་ལ། རྒྱག་པ་ཉིད་བཞུགས་གྲལ་གྱི་དབུས་སམ་གཙོ་བོ་དེར་འཁོད་དགོས་ཤིང་། གཞན་རྣམས་རྒན་གཞོན་གྱི་གོ་རིམ་ལྟར་རོ། །གུང་ཟས་ལ་དངོས་སུ་མ་བཞུགས་སྔོན་དུ་རྒྱག་པས་ལུག་ཤ་སོགས་དེ་ཉིད་དགོས་ངེས་ཀྱི་རང་འབྲིའི་རྫས་ཆ་རྣམས་རྩིས་བཞག་གཏོང་གི་ཡོད་ལ། འཐུས་སྐྱོ་མི་ཚང་བའི་རིགས་བྱུང་ཚེ་ཉེས་པ་གཅོད་པའི་ལུགས་སྲང་། གཞན་དུ། དུད་ཁྲིམ་སོ་སོའི་ལུག་གི་ཤ་མཆོག་ཡོས་ལྟ་སྲོལ་དང་། དེར་རང་རང་གི་བཤད་པ་སྣ་ཚོགས་གཏོང་བའི་སྲོལ་ཡང་ཆགས། སྐྱེས་པ་རྣམས་ཀྱི་གུང་ཚིགས་ནི་ལུག་ཤ་རྩིབ་མ་དང་བཅས་པ་ཤ་ལྷུག་གསུམ་དེ་དང་ཚོགས་རེ་རེ། བྱིས་པ་རྣམས་ཀྱིས་ནི་སྐལ་པར་ཁུར་བའི་བག་ལེབ་དག་དང་ཚོགས་རེ་རེ་ལས་མེད། གུང་ཚིགས་གྲུབ་རྗེས་ལྷ་མོ་དངོས་སུ་གསོལ་གྱི་ཡོད། ལྷ་མོ་གསོལ་

དུས་སྟགས་འཆང་རྣམས་ཀྱིས་ལྷ་མོའི་བསྐང་གསོ་སོགས་ཀྱི་རིམ་གྲོ་རབ་དང་རིམ་པ་གྲུབ་པར་བྱེད་ལ། ལྷ་མོའི་རྟེན་མཁར་ནང་ཇོའི་ཕོ་མཚན་སོགས་བླུགས་དགོས་པ་དང་། གསོལ་མཁན་ནས། འགག་རྩ་ལྷ་མོ་བོང་མཛེས་གསོལ། །བོང་མཛེ་མེད་ན་ཇོ་མཛེས་གསོལ། །ཇོ་མཛེ་མེད་ན་ཤིང་མཛེས་གསོལ། །ཤིང་མཛེ་མེད་ན་རྡོ་མཛེས་གསོལ། །ཞེས་པའི་གསུང་རྒྱུན་ཆགས། གསོལ་མི་རྣམས་ནས་སྐྱེས་པའི་མཚན་མ་རྒྱུ་ཇོ་དང་ཤིང་། རྡོ་སོགས་གང་ཅུང་སྤྱད་པའི་ལུགས་ཡོད་ཀྱང་། དུས་ཕྱིས་ནི་ཇོ་མཛེ་ཁོ་ན་བེད་སྤྱོད་པར་སྣང་། དེ་ལྟར་ཕོ་མཚན་མཆོད་པའི་ཇས་སུ་བྱ་དོན་ནི་ངག་རྒྱུན་དུ་ལྷ་མོ་རྡོ་རྗེ་གཡུ་ཡི་སྒྲོལ་མ་དང་གྲ་སྤང་མདའ་དགོན་པའི་མགོན་པོ་གཉིས་བཟའ་མི་ཡིན་པ་དང་། ཆོས་16ཉིན་གྱི་མཚན་མོ་མགོན་པོ་གདན་འདྲེན་པ་དང་ཆོས་17ཉིན་ལོ་གཅིག་དུས་གཅིག་གི་ལྷ་མོ་དང་མཇལ་ཕྲད་ཀྱི་དུས་ཡིན་པར་བཤད། དེའི་ཕྱིར་ཕྱི་རབས་པ་རྣམས་ཀྱིས་སྐྱེས་པའི་མཚན་མའི་དོད་དུ་ཇོའི་ཕོ་མཚན་མཆོད་ཇས་ཀྱི་ཚུལ་དུ་ལྷ་མོའི་རྟེན་མཁར་ནང་ཕུལ་སྲོལ་མཆིས་པའོ། །

གསོལ་མཆོད་གྲུབ་རྗེས་ལྷ་མོའི་ནུ་མ་མན་འདབས་ཆ་གསུམ་དུ་བགོས་ནས་རྒྱག་པས་འཁྱེར་བ་དང་། ནུ་མ་ཡན་ཆད་སྐེ་མདོའི་སྟགས་འཆང་རྣམས་ཀྱིས་བསྒམས་སྲོལ་འདུག དེ་ནི་དབྱར་གྱི་དུས་སུ་སྐེ་མདོ་དགོན་པའི་སྟགས་འཆང་རྣམས་ཀྱིས་སེར་སྲུང་གི་སྟགས་ཇས་སུ་སྤྱོད་པར་བཤད། འདི་དག་ནི་འགག་རྩ་ལྷ་མོའི་ཚོ་ག་དངོས་གཞི་བསྟན་པའི་རྣམ་གཞག་གོ །

(ག) གྲོལ་བསང་།

འགག་རྩ་ལྷ་མོ་གསོལ་བའི་ཚོ་ག་དངོས་གཞི་གྲུབ་རྗེས་བསང་གསོལ་དང་གཏོར་འབུལ་ཞུས་པ་དང་སྤྲགས་ཡུལ་གྱི་སྐྱེས་པ་རྣམས་ལྷ་མོ་ཁང་གི་ཉེ་འཁོར་དུ་སྡེབས་སྒོར་རམ་རྡོ་ལེབ་རྩེད་ཀྱི་ཡོད་པ་དང་། སྐྱེས་པ་རེས་ཚར་གསུམ་རེ་

གཡུག་སྒྲོལ་མཆིས། དེ་རྗེས་གོ་པས་ཐད་དང་ལྗོགས་རྒྱང་། གཞིས་པ་རྣམས་ཀྱིས་གཞིས་ཆེན་དང་རྟ་ཐུང་སོགས་ལེན་གྱི་ཡོད། ལྷ་གསོལ་བ་རྣམས་མར་ལམ་གྲོང་ཚོའི་ཕྱོགས་སུ་ལོག་པའི་བརྒྱུད་རིམ་ནང་ལྷ་མོའི་རྟེན་མཁར་ལ་ཕྱོགས་ཏེ་ཞབས་གཞས་དང་བཅས་ཕྱིར་བལྟས་ལན་གསུམ་སློག་ནས་ལྷ་མོ་དང་བྲལ་མི་ཕོད་པའི་རྣམ་འགྱུར་སྟོན་ཞོར། ཆར་ཆུ་དུས་སུ་འབེབས་པ་དང་། མི་ནད་ཕྱུགས་ནད་མེད་པའི་སྨོན་ལམ་འདེབས་སྒྲོལ་མཆིས། དེ་ལྟར་བྱ་དོན་ནི་ལྷ་མོ་དགའ་པོ་ཡོང་ཆེད་དུ་ཡིན་པར་སྨྲ། སྐྱེས་པ་རྣམས་ལོག་པའི་ལམ་བར་དུ་དེ་ཉིན་རྒྱག་པའི་ནང་དུ་འདུས་པའི་འགག་རྩ་གྲོང་ཚོའི་ཁྱིམ་འཛིན་མ་རྣམས་རང་རང་གི་གནས་མལ་དུ་ལོག་ཚར་བ་བྱེད་དགོས། དེ་ནི་སྐྱེས་པ་རྣམས་དང་བུད་མེད་རྣམས་མི་འཕྲད་པའི་སླད་དུའོ། །གལ་ཏེ་སྐྱེས་པ་རྣམས་དང་ཁྱིམ་འཛིན་མ་རྣམས་ཐུག་འཕྲད་བྱུང་ན་ལྷ་མོའི་མིག་སེར་སོགས་གནོད་པའི་རིགས་ཡོང་བར་བཤད། ཡུལ་དེར་ངག་རྒྱུན་དུ་རྨི་ལམ་དུ་བུད་མེད་བྱུང་ན་ལྷ་མོའི་གནོད་པ་ཡོང་བའི་རྟགས་སུ་གྲགས། སྐྱེས་པ་རྣམས་རྒྱག་པའི་ཁྱིམ་དུ་ལོག་རྗེས་དགོང་མོའི་སྟོན་མོར་རོལ་ཞིང་། བོད་ཟླ་བཅུ་གཉིས་ཀྱི་ཚེས་18པའི་ནམ་མ་ལངས་བར་རྒྱག་པའི་ནང་དུ་ཛ་ཆང་དང་། རོ་བཅུད་ལྡན་པའི་ཟས་མཆོག་སོགས་ལ་རོལ་ནས་གཞས་དང་ཞབས་བྲོ་འཁྲབ་ནས་སྡོད་པ་དང་། ཚེས་18ཉིན་སྐར་ཡང་ཞབས་གཞས་ཀྱི་སྒོ་ནས་ཉིན་ཕྱེད་ཙམ་སྐྱེ་ཆུ་ཚོད་གསུམ་པའི་ཡས་མས་སུ་རྫོ་ནོར་བུ་རྩིས་སྤྲོད་རྩིས་ལེན་ཞུ་གི་ཡོད། འདི་ལོའི་རྒྱག་པས་སང་ལོའི་རྒྱག་པར་ཤིང་དཀར་མོའི་ནང་ཆང་གིས་སྐེམས་ནས་བསྒྲོན་པ་དང་ཐད་དང་ལྗོགས་རྒྱང་སོགས་ཀྱང་གཏོང་བ་དང་ཆབས་ཅིག་དགེ་འདུན་རྣམས་ཀྱིས་ལྷ་མོའི་བསྐང་གསོ་སོགས་ཞབས་བརྟན་སྣ་ཚོགས་ཤིག་འདོན་ཞོར་ཁུ་ར་[1]ལྗུ་

①ཁུ་ར་ཞེས་པ་ནི་ཟས་རིགས་ཤིག་སྟེ་རྒྱ་བྲའམ་བྲའུས་བཟོས་པའི་བཟའ་བ་བག་ལེབ་དང་འདྲ་ཆེ་ཙམ་སྣང་།

དང་ལྷན་དུ་རྟགས་ཐམ་ཡོད་པའི་རྡོ་ནོར་བུ་རྩིས་སྤྲོད་རྩིས་ལེན་གྱི་མཇུད་སྒོ་གྲུབ་དགོས། རྡོ་ནོར་བུ་རྩིས་ལེན་ཞུས་པ་ལས་ཕྱི་ལོའི་ལྷ་མོའི་གསོལ་མཆོད་ཀྱི་གཏོང་སྒོ་སོགས་རྩིས་ལེན་པའི་རྒྱུག་པར་གཏན་འཁེལ་བར་མངོན་ཞིང་། སྐབས་དེར་ལྷ་མོའི་གསོལ་མཆོད་ཡོངས་སུ་སྒྲུབ་པར་བརྩིའོ། །

## གསུམ་པ། འགག་རྩ་ལྷ་མོའི་རིག་གནས་ཀྱི་སྣང་ཚུལ།

འགག་རྩ་ལྷ་མོའམ་ཨ་མ་ཆེན་མོའི་གསོལ་མཆོད་འདི་ཉིད་ནི་མཚན་མའི་དད་མོས་ཤིག་ཏུ་སོང་ཞིང་། དེ་ནི་ལྷ་དབང་ཕྱུག་པའི་རྗེས་འབྲངས་ཀྱི་སྐྱེས་པའི་མཚན་མའི་དད་མོས་དང་འབྲུག་པའི་ཡུལ་གྱི་སྐྱེས་པའི་མཚན་མའི་དད་མོས། དེ་བཞིན་ཀོང་པོའི་ཡུལ་གྱི་བྲག་གསུམ་མཚོའི་ཁུལ་དང་ཨླ་མ་གླིང་གི་སྐྱེས་པའི་མཚན་མའི་དད་མོས་སོགས་དང་མི་འདྲ་བར་སྐྱེས་ཕོ་མོ་གཉིས་ཀ་ཐུན་མོང་གི་མཚན་མའི་དད་མོས་ཤིག་ལགས། སྤྱིར་འཛམ་གླིང་ས་ཕྱོགས་གང་སར་མཚན་མའི་དད་མོས་དར་ཁྱབ་ཆེ་ཞིང་། དེང་གི་དུས་སུ་བོད་ཡུལ་གྱི་མཚན་མའི་དད་མོས་ནི་ཤས་ཆེ་བ་སྐྱེས་པའི་མཚན་མའི་དད་མོས་ཡིན་པ་དང་། དད་མོས་དེ་དག་ནི་དབུས་ཕྱོགས་སུ་ཏ་ལམ་མཐོང་དཀོན་ལ། ཁོ་བོའི་མཐོང་ཆོས་སུ་གྱུར་པ་ནི་ལྷ་ལྡན་གཙུག་ལག་ཁང་གི་ཡང་ཐོག་གི་ཤར་ངོས་ཀྱི་རྩིག་པའི་ཐོག་དང་། ཕོ་བྲང་པོ་ཏ་ལའི་ཕྱི་རྩིག་ངོས། དེ་བཞིན་ནོར་བུ་གླིང་ཁའི་ནང་དུ་མཆོད་རྟེན་དཔེབས་ཅན་གྱི་སྐྱེས་པའི་མཚན་མ་དང་བསམ་ཡས་ཟུར་མཁར་རྡོའི་མཆོད་རྟེན་དང་ཉེ་བར་གནས་པའི་བཙག་དམར་བསྐུས་པའི་རྡོའི་སྐྱེས་པའི་མཚན་མ། སྨིན་པོ་རི་གྲོང་ཚོའི་ནུབ་བྱང་གི་རི་སྟེང་ན་ཆགས་པའི་རྡོའི་སྐྱེས་པའི་མཚན་མ། གཞིས་རྩེ་རྣམ་གླིང་རྫོང་རྣམ་གླིང་གྲོང་བརྡལ་(སྔོན་དུས་པད་མ་ཐང་ཤར་ཁོངས)ཨ་གཡུ་གྲོང་ཚོའི་ཤར་ངོས་ཀྱི་ལྷུག་པོ་རྩེའི་རི་ལྡེབས་སུ་གནས་པའི་ཤངས་པ་མཛེ་གཤགས་དང་དེའི་ཁ་སྤྲོད་དུ་སྟག་སྣ་ཤང་

མི་ཞང་གྲོང་ཚོའི་ཕུར་ཆགས་པའི་མོ་མཚན། དེ་བཞིན་རྣམ་གླིང་གྲོང་བརྡལ་དཀར་པོ་གྲོང་ཚོའི་ཕུར་ཆགས་པའི་ཤངས་ལྷ་བོང་མཛེ་སོགས་པའི་ཡབ་ཡུམ་གྱི་དད་མོས་མང་དུ་མཆིས། གྲའི་ཡུལ་གྱི་འགག་རྩ་གྲོང་ཚོའི་ཨ་མ་ཆེན་མོའི་དད་མོས་ཀྱི་མཆོད་རྫས་རྫ་ལས་གྲུབ་པའི་སྐྱེས་པའི་མཚན་མ་རྣམས་སོ། །བོད་ལྗོངས་མཚོ་སྔ་ཁུལ་གྱི་མོན་ཡུལ་དང་སྤོ་དུས་སྟོད་མངའ་རིས་ཀྱི་ས་ཁོངས་ཡིན་པའི་གློ་བོ་ཁུལ་དང་། ལྷོ་ཁ་ལྷུན་རྩེ་དང་ཉིང་ཁྲིའི་མཐར་གནས་པའི་ལྷོ་པའི་ས་ཁུལ་སོགས་སུ་སྐྱེས་པའི་མཚན་མ་དད་པའི་རྟེན་དུ་བྱས་ནས་གྱང་སྐྱེང་དང་། ཁྱིམ་གྱི་སྒོའི་གཡས་གཡོན་དུ་མཚན་མའི་གཟུགས་མདོན་པའི་རྫ་དང་ཤིང་ལས་བྱས་པ་དག་འཛུགས་སྲོལ་ཡོད་མོད། དེ་དག་ཕལ་ཆེ་བ་ནི་དམངས་ཁྲོད་ཀྱི་དད་མོས་རྐྱང་པ་ཙམ་ལས་གཞི་རྒྱ་ཆེ་བའི་དགོན་སྡེའི་རིག་གནས་དང་འབྲེལ་ནས་མཆོད་པའི་རྣམ་གཞག་ནི་མིན་པའོ། །སྐྱེས་པའི་མཚན་མའི་དད་མོས་དགོན་སྡེའི་རིག་གནས་དང་འབྲེལ་བའི་ལུགས་ཀྱང་ཡོད་དེ་བོད་ན་གོང་པོའི་བྲག་གསུམ་མཚོའི་ཁུལ་དང་སྣ་མ་གླིང་གི་སྐྱེས་པའི་མཚན་མའི་དད་མོས། སྔོན་དུས་དགོན་སྡེ་རྙིང་པ་རྣམས་ཀྱི་འདུ་ཁང་ཆེ་ཁག་གི་ཀ་བའི་སྟེང་པགས་རིགས་སྣ་ཚོགས་ལས་བྱས་པའི་ཕོ་མཚན་དང་། དགོན་པ་ཁག་གི་རྩིག་ཟུར་དུ་ས་དགྲ་འགོག་ཆེད་རྫའི་ཕོ་མཚན་༼དཔེ་རིས་བདུན་པར་གཟིགས།༽འགེལ་སྲོལ་ཡོད་པ་དང་། ལྷོ་བྲག་ཐིག་ཕྱིས་དགོན་སོགས་ན་རྒྱུ་རྫ་ལས་བྱས་པའི་སྐྱེས་པའི་མཚན་མ་༼དཔེ་རིས་བརྒྱད་པར་གཟིགས།༽མཇལ་དུ་ཡོད། འབྲུག་ཡུལ་གྱི་སྐྱེས་པའི་མཚན་མའི་དད་མོས་རྣམས་ལ་སངས་རྒྱས་ཆོས་ལུགས་ཀྱི་ཆོ་ག་དང་འབྲེལ་ནས་འགྲེལ་བརྗོད་བྱེད་ལ། ཆོས་བརྒྱུད་མི་འདྲ་བར་རང་རང་གི་གསོལ་མཆོད་རེ་ཡོད་པར་སེམས་ཏེ། གོང་པོའི་ཁུལ་དུ་རྙིང་མ་བའི་གསོལ་མཆོད་དང་། འབྲུག་ཡུལ་ཁུལ་དུ་ནི་འབྲུག་པ་ཀུན་ལེགས་ཀྱི་རྣམ་ཐར་

དང་འབྲེལ་ནས་འབྲུག་པ་བཀའ་བརྒྱུད་ཀྱི་གསོལ་ཁ་མཛད་སྲོལ་མཆིས། མ་གཞི་ཀོང་པོའི་ཁུལ་དང་འབྲུག་པའི་ས་ཆ་ན་དར་བའི་སྐྱེས་པའི་མཚན་མའི་དད་མོས་དང་འགག་རྩ་ལྷ་མོའི་དད་མོས་ཁྲིད་ཀྱི་སྐྱེས་པའི་མཚན་མའི་དད་མོས་དབར་འདྲ་བའི་ཆ་མཆིས་པ་ནི་དུས་ཕྱིས་རྒྱ་གར་རིག་གནས་ཀྱི་ཤན་ཞུགས་ནས་ལྷ་ཆེན་དབང་ཕྱུག་གི་དད་མོས་ལས་གྱེས་པའི་ལུགས་སོགས་སྣང་ཡང་། མཆོད་པའི་གནས་སམ་རྟེན་ལ་མཚོན་ན། ཀོང་ཡུལ་དང་འབྲུག་ཡུལ་རྒྱ་གར་སོགས་པའི་སྐྱེས་པའི་མཚན་མའི་རྒྱུ་ཕལ་ཆེ་བ་ཤིང་དང་ལ་ལ་རྡོ་རྒྱུ་བྱས་པའང་སྣང་། འགག་རྩ་ལྷ་མོའི་དད་མོས་ཁྲིད་མཚན་མའི་ཆེ་ཆུང་གི་ཚད་གཞི་བོང་བུའི་ཕོ་མཚན་གྱི་རིང་ཐུང་བྱས་པའི་རྒྱུ་རྫ་དང་ཤིང་དང་རྡོ་གང་རུང་སྤྱོད་པའི་སྣང་ཚུལ་མཆིས། དེ་ལས་གྲའི་ཡུལ་དུ་སྐྱེས་པའི་མཚན་མའི་དད་མོས་ཉིད་ཡུལ་གཞན་གྱི་སྐྱེས་པའི་མཚན་མའི་དད་མོས་ལས་སྣ་མང་ཕུན་སུམ་ཚོགས་པ་བསྟན། གཞན་དུ་ན། གྲ་འགག་རྩ་ལྷ་མོའི་དད་མོས་ཁྲིད་སྐྱེས་པའི་མཚན་མའི་དད་མོས་ཕུད་བུད་མེད་ཀྱི་མཚན་མའི་དད་མོས་ཀྱང་མཆིས་སོ། །ཁྱད་པར་ལོ་རྗེས་མའི་ལྷ་མོའི་དུས་མཆོད་ཀྱི་གཏོང་སྒོའི་རྒྱུག་པར་འདི་ལོའི་རྒྱུག་པས་དོ་ནན་གྱི་སྒོ་ནས་ཚང་སྐྱེམས་དང་སྦྲགས་རྩིས་སྤྲོད་རྩིས་ལེན་བྱེད་པའི་རྣམ་པར་བལྟོས་ན། དེ་ནི་བུད་མེད་ཀྱི་མཚན་མའི་དད་མོས་ཞིག་ཡིན་པ་ངམ་ཤུགས་སུ་རྟོགས་ཤིང་། ལྷ་མོའི་འདྲ་སྐུ་བཞེངས་དུས་ཀྱང་མོ་མཚན་གྱི་གཟུགས་ཐོན་པ་མ་ཟད། ལྷ་མོར་ན་བཟའ་བསྒྲོན་དུས་མོ་མཚན་གྱི་ཐོག་ཏུ་དེ་མཚུངས་ཀྱི་ཁུ་ར་ཟུར་གསུམ་ཅན་གྱི་བསྒྲོན་པ་སོགས་ལ་ཞིབ་པར་བརྟག་ཚེ་མོ་མཚན་དད་མོས་ཀྱི་རྣམ་གཞག་གི་ངོར་སོང་བ་སོམ་ཉི་མེད་དོ། །

སྐྱེས་ཕོ་མོའི་མཚན་མའི་དད་མོས་དང་འབྲེལ་བའི་དགོན་པ་ནི་ཀོང་པོའི་བླ་མ་གླིང་ཕུད་རྒྱ་ཁྱབ་ཆེ་བའི་ཡུལ་གཞན་ཞིག་འཚོལ་དགོས་ན་ནི་དབུས་ཕྱོགས་སུ་

གྲའི་འགག་རྩ་ལྷ་མོའི་དུས་མཆོད་འདི་ཁོ་ནར་ཟད་དོ། །འགག་རྩ་ལྷ་མོའི་དད་མོས་ནི་གདོད་མ་དང་བོན། སངས་རྒྱས་ཆོས་ལུགས་ཐུན་མོང་གི་དད་མོས་ཤིག་ཡིན་པས་དེ་ནི་མཚན་མའི་དད་མོས་རྐྱང་པ་ཞིག་མིན་པར་ཕུན་སུམ་ཚོགས་པའི་ཡན་ལག་ཏུ་གྱུར་པའི་དད་མོས་རིག་གནས་ཀྱི་རྒྱུན་བྱེ་མར་ཆུ་སིམ་པའི་ཚུལ་དུ་གནས། དེ་ལ་སྒྲུབ་བྱེད་ཡོད་དེ་འགག་རྩ་ལྷ་མོའི་དད་མོས་ནི་ཐོག་མར་མ་རྒྱུད་སྤྱི་ཚོགས་ཀྱི་དད་མོས་ཤིག་སྟེ་བུད་མེད་ལ་དད་བཀུར་བྱེད་པའི་དད་པའི་རིག་གནས་ཀྱི་གཞི་རྟེན་འོག་གྲུབ་པའི་རིག་གནས་ཀྱི་རྒྱུན་འཕེལ་འགྱུར་བྱུང་བ་དང་། དེ་ནས་དུས་ཕྱིས་ཕ་རྒྱུད་སྤྱི་ཚོགས་ཀྱི་ཤུགས་རྐྱེན་འོག་ཐུན་མོང་ཅན་གྱི་དད་པའི་སྟོབས་ཤིག་ཏུ་གྲུབ་པར་སེམས། དུས་རིམ་ཅན་གྱིས་བོན་པོ་རྣམས་ཀྱི་དད་པའི་རྐྱེན་བྱས་ནས་ལྷ་མོ་སོགས་གྲུབ་བཞེངས་ཀྱི་རྣམ་པའི་ཐོག་དུས་ངེས་གཏན་གྱིས་གསོལ་མཆོད་བྱེ་བའི་ལུགས་ཆགས་པར་སེམས་ལ། ལྷག་དོན་སངས་རྒྱས་ཆོས་ལུགས་ཀྱི་གདོད་མ་དང་བོན་གྱི་དད་མོས་ཀྱི་སྙིང་པོ་དང་ལེན་འོག་དེང་སང་མཇལ་ཏུ་བཏུབས་པའི་ཚ་ག་འདི་གྲུབ་པར་སྙམ། ད་འོ་ན། འགག་རྩ་ལྷ་མོའི་གསོལ་མཆོད་ལ་གདོད་མ་དང་བན་བོན་གསུམ་གའི་དད་མོས་ཀྱི་ཁྱད་ཆོས་ཇི་ལྟར་ལྡན་ནམ་བསམས་ན། དེ་ལ་བཤད་དུ་ཡོད་དེ། ཚ་ག་དེའི་ནང་གི་མཆོད་རྫས་གཙོ་བོ་མོ་མཚན་གྱི་མཚོན་བྱེད་རྡོ་ནོར་བུ་དང་། རྫའི་ཕོ་མཚན་གཉིས་ནི་གདོད་མའི་མིས་མཚན་མར་དད་མོས་བྱེད་པའི་སྣང་ཚུལ་ཞིག་དང་། གྲོ་ནས་སྲན་གསུམ་སོགས་རྫས་ཆའི་ཚུལ་དུ་འཇོག་པ་ནི་གདོད་མའི་མིས་རང་གི་མེས་པོ་སོགས་མཆོད་པ་ལ་དེ་ལྟའི་དངོས་པོ་ཕུལ་སྲོལ་ཡོད་པའི་ལུགས་དང་ཆ་མཚུངས་སོ། །གཞན་དུ་བག་ལེབ་ལ་ཨོ་ཁྲུང་དབུབས་ནས་འབུར་བའི་རྣམ་པ་ནི་གདོད་མའི་མིས་ངལ་རྩོལ་བྱེད་པའི་སྣང་ཚུལ་ཅམ་དུ་ཟད། རྣ་ཅོ་བཙུགས་ནས་རྡོ་སྒོར་རམ་སྤེབས་སྒོར་རྩེད་པའི་ཚུལ་ནི་གདོད

མའི་མིའི་རོལ་རྩེད་ཁྱད་པར་ཅན་ཞིག་དང་། ལྷ་མོའི་འདྲ་གཟུགས་ཀྱི་དཔྲལ་བར་ཉི་ཟླ་སྐར་གསུམ་གྱི་མར་ཆོན་བརྒྱན་སྲོལ་ལས་ཉི་མ་དང་ཟླ་བར་དད་མོས་བྱེད་པའི་སྣང་ཚུལ་དང་། ལྷ་མོའི་ན་ཅོ་ཟུང་①ལ་ཡས་ཟེ་བསྒྲོན་པའི་ལུགས་ཀྱང་ཆེས་གདོད་མའི་བཀྲ་ཤིས་པའི་དུས་ཚོགས་ཀྱི་རྟེན་འབྲེལ་སྒྲིག་སྟངས་ཤིག་གོ །དེ་ཡང་ཞིབ་ཏུ་དཔྱད་ན་ཉི་མས་སྐྱེས་པ་དང་ཟླ་བས་བུད་མེད་མཚོན་པར་བཤད་ལ། དོན་དུ་དེ་ནི་ཕོ་དང་མོ་གུས་ཀྱི་དད་པའི་རྣམ་གཞག་ཅིག་དང་། ལྷ་གསོལ་གྲུབ་རྗེས་ལྷ་མོའི་འདྲ་སྐུ་བགོ་བའི་རྣམ་པ་ནི་གདོད་མའི་མིས་རི་དྭགས་སོགས་བཟོན་ནས་ཆ་མང་དུ་བཏུབས་ཏེ་བགོ་བཤའ་བྱེད་པའི་ལུགས་དར་བར་སེམས་ལ། སྔ་དུས་བོད་ཀྱི་མེས་པོ་རྣམས་ཀྱིས་རི་དྭགས་བཟོན་པའི་བགྱི་བ་ལ་བརྟེན་ནས་རང་རང་གི་བཟའ་བ་སོགས་བསྐྱུན་སྐོར་དང་། རི་དྭགས་བཟོན་པའི་ཁྲིམས་ཡིག་རབ་རིམ་ཡོད་པའི་ཆ་ཏུན་ཧོང་ཡིག་རྙིང་དུ་གསལ་ཚུལ་བོད་རིག་པ་ཞིབ་འཇུག་པ་ཚེ་རིང་གིས་གསུངས་པ་②ལས་ཤེས་སོ། །གཞན་ཡང་བོན་ཆོས་ཀྱི་དད་པའི་ཤུགས་རྐྱེན་འཐད་

① ལྷ་མོར་ན་ཅོ་བཟོ་བའི་ལུགས་ནི་ཡུལ་དེའི་ངག་རྒྱུན་དུ་འགག་རྩ་ལྷ་མོའི་བྱུང་བ་བོང་བུ་དང་འབྲེལ་ནས་བཤད་པ་དང་། ལྷ་མོའི་དབུ་མན་མི་གཟུགས་དང་དབུ་ཉིད་བོང་བུའི་མགོ་ཡིན་པར་བཤད་མོད། དངོས་སུ་བཞེངས་དུས་བོང་བུའི་མགོ་མིན་པར་གཡག་གི་མགོ་དང་འདྲ་ཆེ་བ་ཞིག་བཞེངས་ཀྱི་ཡོད་སྟབས་ལྷ་མོའི་དབུར་ན་ཅོ་ཟུང་ཡོད་པའི་རྣམ་པ་གྲུབ་ལ། དོན་དུ་དེ་ནི་འགག་རྩ་ལྷ་མོའི་གཏམ་རྒྱུད་དེའི་ཁྲོད་ན་ཕྱང་མདོག་དཀོན་པའི་མགོན་པོ་འགག་རྩ་ལྷ་མོའི་བཟའ་མིའི་ཚུལ་དུ་བྱོན་གྱི་ཡོད་པའི་གཏམ་ཆགས་པར་བརྟེན་ན་གཡག་མགོས་མགོན་པོ་མཚོན་པ་མིན་ནམ་སྙམ། མགོན་པོའི་དོད་དུ་གཡག་མགོ་བཞེངས་པའི་སྲོལ་ཡོད་པས་སོ། །ཞིབ་ཏུ་བརྟགས་ན་ལྷ་མོའི་དབུ་མན་གྱི་བུད་མེད་དང་དབུས་སྐྱེས་པ་མཚོན་པར་སེམས་སྟབས་དེ་ནི་ཕ་རྒྱུད་དང་མ་རྒྱུད་སྤྱི་ཚོགས་གཉིས་ཀའི་དད་པའི་རིག་གནས་ཏེ་ཕོ་དང་མོ་གུས་ཀྱི་དད་མོས་ཀྱི་སྣང་ཚུལ་ཆར་གཏོགས་ཀྱི་རིག་གནས་ཀྱི་རྒྱུན་ཞིག་ཀྱང་ཡིན་ལས་ཆེ།

② 才让教授所著的吐蕃史稿，第十三章，吐蕃王朝时期的社会经济中载：敦煌出土的《狩猎伤人赔偿律》，详细规定了狩猎时若伤人则如何赔偿的办法，不厌其烦地一一列举不同级别的命价和赔偿，包括大论、大囊论、赞普舅氏任同平章事之职者、任大论助理者、金字告身尚论、颇罗弥告身尚论、黄铜告身、红铜告身尚论、百姓、耕奴、蛮貘、囚徒等社会所有成员，说明从事狩猎的人遍及社会各阶层。详见596-559页。甘肃民族出版社。2007.

རབས་ནི་ལྷ་མོའི་དབྱར་ནག་རྩེ་བསྐུ་བའི་སྲོལ་དང་། བསང་ཁ་བསང་གསོལ་བྱ་བའི་ལུགས་དང་། ལྷ་མོ་གདན་འདྲེན་པོའི་ཁྲོད་དཔའ་བོ་དཔའ་མོའི་ཆས་བཞུགས་པ་དང་། མདུང་དར་ཐོགས་པ་དང་། ཐོ་པ་སོགས་ཚོ་གའི་ཁྲོད་བཞུགས་པ་ནི་བོན་གྱི་རིག་གནས་དང་འབྲེལ་ཆེ་བར་སྣང་། སངས་རྒྱས་ཆོས་ལུགས་ཀྱི་ཤན་བཞུགས་པའི་ཆ་ནི་ཉི་ཟླ་སྐར་གསུམ་ལས་ཟླ་བ་མར་དཀར་པོ་དང་། ཉི་མ་གཞི་དཀར་པོའི་ཐོག་མཐར་ལི་ཁྲི་དང་སེར་པོ། སྐར་མའམ་མེ་རིས་དམར་པོས་བརྒྱན་པ་ནི་སངས་རྒྱས་ཆོས་ལུགས་ལྟར་ན་ལུས་ངག་ཡིད་གསུམ་མཚོན། དར་ཆེན་སྐྱ་བཞེངས་དང་། དར་ལྕོག་བཙུགས་པའི་ལུགས་སོགས་ཀྱང་སངས་རྒྱས་ཆོས་ལུགས་ཀྱི་ཤན་བཞུགས་པ་མངོན་ཞིང་། གཏོར་མ་དང་ཚོགས་བཞེངས་པ། སྔགས་འཆང་། མར་ལམ་གྲོང་ཚོའི་ཕྱོགས་སུ་བསྐྱོད་དུས་ཀྱི་སྨོན་ལམ་འདེབས་པ་ཚུན་ཆད་སངས་རྒྱས་ཆོས་ལུགས་ཀྱི་རྒྱུན་དང་ཡོངས་སུ་འདྲེས་པས་ལྷ་མོའི་དུས་མཆོད་དང་སངས་རྒྱས་ཆོས་ལུགས་དབར་མེད་ན་མི་འབྱུང་གི་འབྲེལ་བ་ཞིག་གྲུབ་པར་ལགས་ན། མདོ་དོན་བསྡིལ་ན། ཚོ་ག་དེ་རིགས་ནི་ཆོས་རྒྱལ་སྲོང་བཙན་གྱི་ཡར་སྟོན་ནས་བྱུང་བའི་གདོད་མའི་དད་མོས་①ཤིག་ཡིན་པ་གང་ཞིག དུས་ཕྱིས་རྡོ་རྗེ་གཡུ་ཡི་སྒྲོན་མ་དང་། འགག་རྩ་ལྷ་མོའི་གཏམ་བརྒྱུད་དང་སྦྱར་བའི་སྣང་ཚུལ་ཏེ་རིམ་གྱིས་མཚན་མའི་དད་མོས་ཀྱང་པ་ཞིག་ནས་ཕུན་སུམ་ཚོགས་པའི་གསོལ་ཁའི་ཡན་ལག་ཅིག་ཏུ་གྱུར་པ་སོགས་ལ་གཞིགས་ན། གསོལ་ཁ་འདི་ལྟར་སྤེལ་དོན་ཡང་ཡུལ་ཕྱོགས་དེར་ཆར་ཆུ་དུས་སུ་བབས་པ་དང་། ལོ་ལེགས་རྟག་ཏུ

① གྲ་ནང་སྡིངས་པོ་ཆེའི་བང་སོ་ནས་ཐོན་པའི་རྫ་ཆས་རྣམས་ཀྱི་ངོས་སུ་མོ་མཚན་དབྱིབས་ཅན་གྱི་རི་མོ་སྣ་ཚོགས་མཆིས་པས་བུད་མེད་ཀྱི་མཚན་མར་དད་མོས་བྱེད་པའི་ལུགས་ནི་བོད་བཙན་པོའི་རྒྱལ་རབས་ཀྱི་ཡར་སྟོན་ནས་དར་བ་གསལ་ཁ་གཏོད་ཐུབ། བང་སོ་གང་དེའི་ལོ་ཚིགས་རགས་པའི་དབང་དུ་བྱས་ན་བཙན་པོའི་སྐུ་དུས་སུ་ཡིན་སྙོར་གནའ་རྫས་རྟོག་ཞིབ་པའི་མཁས་པ་རྣམས་ཀྱིས་བཞེད་དོ། །

བཟང་བ། མི་ནད་ཕྱུགས་ནད་ཞི་བ་དང་། མི་རྒྱུད་ཆུ་ལས་རིང་བའི་སྐད་དུ་ཡིན་ལ། ཁྱད་པར་དེ་ནི་རང་གི་སེམས་པོ་མཆོད་པའི་སྣང་ཚུལ་ཞིག་ཡིན་པར་མངོན་ནོ། །དེས་ན་ཚ་ག་དེ་ལ་གདོད་མའི་རི་དྭགས་བརྗོན་པའི་རྣམ་གཞག་དང་མཚན་མའི་དད་མོས་ཀྱི་རྒྱུན་ལྡན་པ་དང་བོན་གྱི་དམར་མཆོད་སོགས་ཀྱི་རིག་གནས་ཀྱི་ལྷད་ཞུགས་པ། སངས་རྒྱས་ཆོས་ལུགས་ཀྱི་བསྐང་འཕྲིན་དང་ཆོས་བྱེད་མི་སྣས་ཚ་གའི་ཁྲོད་བཟུང་བའི་གོ་བབ་ཆ་ནས་གྲུབ་པའི་གསུམ་འདུས་ཅན་གྱི་ཐུན་མོང་གི་དད་པའི་རིག་གནས་ཤིག་ཡིན་ཞེས་བརྗོད་པར་སྤྱོབས་སོ།། །།

## ས་བཅད་གསུམ་པ། དོལ་ཁུལ་གྱི་གདོད་མའི་དད་མོས་དང་དེའི་རིག་གནས་ཀྱི་སྣང་ཚུལ་ལ་དཔྱད་པ།

ཡུལ་འདི་ནི་གྲ་དོལ་གཞུང་གསུམ་གྱི་ལྟེ་བ་ཡིན་ལ། ཁྱད་པར་བོད་ཀྱི་ཆོས་བརྒྱུད་རིས་མེད་དང་གདོད་མའི་དད་མོས་ཚུན་ཆད་བཅིངས་བཀྲོལ་གོང་བར་དུ་གནས་སྲུས་ཡིན་པའི་ལུང་ཚན་ཞིག་ཡིན་ཕྱིན། དེར་གནས་པའི་གདོད་མའི་རིག་གནས་ཇི་བྱུང་ཆར་རྒྱས་པར་ཞུ་བའི་སྤྱོབས་པ་མ་མཆིས་མོད། དད་མོས་དེ་དག་གི་ཁྲོད་ནས་ཆེས་འགངས་ཆེ་ལ་དོལ་ལུང་པའི་རིག་གནས་ཀྱི་འཕོ་འགྱུར་དང་ཡུལ་མིང་གི་དཔྱད་པར་སྨྲན་པ་ལ་གཙོ་ཆེ་བ་གསུམ་ཙམ་སྟེ། གཅིག་ནི་དོལ་ལྷོ་དོལ་ཞོལ་གྱི་བོན་རིའི་གསོལ་མཆོད་དམ་འབྲོང་སྤྱུགས་རྒྱལ་གྱི་དད་མོས་དང་། གཉིས་སུ་གནད་ཀྱི་སྙིང་པོ་དོལ་གྱི་ཡས་མོ་ན་གནས་འཆའ་བའི་ལྷ་ཉ་པའི་གསོལ་ཁ་འམ་ཉ་མཆོད་རིག་གནས་སོ། །གསུམ་དུ་དོལ་གྱི་ཡས་པོ་ན་ཡོད་པའི་འཆམ་པ་དྲག་བཙན་ནམ་འཆམ་པ་ཞླུ་བཙན་གྱི་གསོལ་མཆོད་དང་དེའི་དད་མོས་ཀྱི་འཕེལ་འགྱུར་རྣམས་སོ། །

འདིར་ནི་དད་མོས་དེ་གསུམ་དམིགས་སུ་བཀར་ནས་བཤད་པ་ལ་དགོས་པ་ཡོད་དེ། འཕྲོད་མཆོད་རིག་གནས་དེ་ཉིད་གཞི་རྒྱ་ཆེ་བ་དང་རིག་གནས་དེའི་རྒྱབ་རོལ་ཏུ་བག་ལ་ཞ་བའི་གནད་ཀ་དག་གི་གསང་བའི་ངོ་རིས་ལ་སྨིན་པའི་དབང་གིས་དང་། ཉ་མཆོད་རིག་གནས་ཀྱི་དད་མོས་གླིང་དོན་ནི་དོལ་ཞེས་པའི་ཐ་སྙད་ཁུངས་དག་ཅིག་འགྲེལ་བརྗོད་ལ་མཁོ་བའི་རྣམ་གཞག་དང་ཡུལ་ཚན་དེ་རྣམས་ཀྱི་ཆེས་གདོད་མའི་བླ་ཐོག་གམ་བླ་རྟགས་ཀྱི་འགྲེལ་ཕྱོགས་ཀྱི་གསལ་ཁ། འཆམ་པ་ཀླུ་བཙན་གྱི་གསོལ་ཁ་སྐོར་དོན་ནི་ཆེས་ཐོག་མའི་དད་མོས་ནས་རིམ་གྱིས་བོན་པོའི་ཤན་ཞུགས་རབས་དང་། ཁྲིད་དོན་གོང་ཞུས་དད་མོས་དེ་གསུམ་ག་དམར་མཆོད་དང་འབྲེལ་བའི་ཆ་ནས་དེ་རྣམས་ཀྱི་ཚོ་གའི་བརྒྱུད་རིམ་དག་ལས་བོན་རིའི་༼དཔེ་རིས་དགུ་པར་གཟིགས།༽ གསོལ་མཆོད་རྒྱས་པ་དང་གཞན་གཉིས་བསྡུས་པའི་ངོར་སྐོར་པར་བྱའོ། །

## དང་པོ། དོལ་ཁུལ་གྱི་ལྷེ་དོལ་ཞོལ་དང་ཡས་པོ་ཡས་མོའི་མཚམས་སྦྱོར།

### གཅིག དོལ་གྱི་ལྷེ་དོལ་ཞོལ་གྲོང་བརྡལ་མཚམས་སྦྱོར།

དེ་ཡང་ལྷེ་དོལ་ཞོལ་ནི་དོལ་ལུང་པའི་མདར་གནས་ཤིང་། གྲོང་ཚག་སྡུག་ལ་མི་ཚོགས་འདུ་ཆེ་བ། ད་ལྟ་ཁུལ་དེར་དུད་ཁྱིམ་བདུན་བརྒྱ་ལ་ཉེ་བ་ཙམ་ཞིག་ཡོད། གནས་དེ་ནི་ཁྲིམ་ཁྲིན་པ་དང་ལོ་རྒྱུས་ཐོག་གྲངས་ཉུང་མི་རིགས་མང་པོ་ཞིག་མཉམ་གནས་ཐུབ་པའི་གྲོང་སྡེ་ཞིག་ཀྱང་ཡིན། སྔ་དུས་ལྷེ་དོལ་སྟོད་སྨད་གཉིས་སུ་བྱེ་ལ། དེང་སང་ཡུལ་དེ་ནི་ལྷོ་ཁ་གྲོང་ཁྱེར་གོང་དཀར་རྫོང་ལྷེ་བདེ་ཞོལ་གྲོང་བརྡལ་གནས་ཡུལ་གྱི་གཞི་ཡིན་པས་དེར་ལྷེ་དོལ་སྟོད་སྨད་དང་གོ་ཆེ་གྲོང་ཚོ་དང་སེར་སྟེང་དང་སེར་སྨད་གྲོང་ཚོ། མས་ཆགས་གྲོང་ཚོ་དང་ལྷ་རྩེ་གྲོང་ཚོ་བཅས་འདུས་ཡོད། བཙན་པོའི་སྐབས་སུ་གཡོ་རུར་ལྷོ་བྱང་གཉིས་སུ་ཕྱེ་བའི་སྟོད་ཀྱི་གྲ་

དོལ་གཞུང་གསུམ་གྱི་ཡ་གྱལ་དོལ་གྱི་ཁོངས་དང་། ས་སྐྱའི་དུས་སྐབས་སུ་ཚལ་པ་ཁྲི་སྐོར་གྱི་མི་སྡེ་དང་། དུས་ཕྱིས་ཀརྨ་བཀའ་བརྒྱུད་པའི་ལྷ་སྡེ། ཕག་གྲུའི་སྐབས་ནས་དོལ་གཞིས་སྡོད་ཀྱི་ཁྲུངས་དང་། ཕྱིས་སྡེ་པ་ཡར་རྒྱབ་པའི་མི་སེར་དུ་གྱུར་པ་དང་། དེ་ནས་རིམ་གྱིས་གཞུང་སྒེར་བླ་གསུམ་ལས་སྡེ་པ་གཞུང་གི་མི་སེར་དུ་གྱུར། ལྷོ་བདེ་ཞོལ་ཞེས་པའི་ཡུལ་མིང་དེ་ནི་ལར་རྗེ་མི་ལས་གདགས་པར་གསུངས་ལ། ཁ་ཅིག་གླིང་རས་པདྨ་རྡོ་རྗེས་གདགས་པར་བཤད་པའི་ལུགས་གཉིས་ཡོད་ཀྱང་། ངག་རྒྱུན་དུ་གྲགས་པའི་①གཏམ་འདི་རྗེ་མི་ལ་དང་གླིང་རས་པདྨ་རྡོ་རྗེའི་རྣམ་ཐར་དུ་མི་གསལ། དོན་དུ་ཡུལ་མིང་གི་ཐོགས་ཚུལ་སྐོར་ལས་བྱུང་བའི་སྒྲུང་གི་འབྱུང་རིམ་གཅིག་ཏུ་སྣང་བ་འདི་ལྟར། དེ་ཡང་སྔ་དུས་རྗེ་མི་ལའམ་གླིང་རས་པདྨ་རྡོ་རྗེ་རྣམ་གཉིས་ཡུལ་དེར་བསོད་སྙོམས་ལ་ཕེབས་སྐབས་གནས་ཚང་གཡར་སྐབས་གནས་མོས་ཅི་བསྙེར་དགོངས་ནས་བཞུགས་པ་དང་། གནས་མོའི་སེམས་ལ་རྣལ་འབྱོར་པས་ཅི་བསྙེར་བསམ་ནས་འདུག་པ་ལ་རྣལ་འབྱོར་པས་ཡུལ་འདིར་ཅི་སྙེར་ཞེས་ཐོགས་གསུངས་པ་འདི་ཉིད་ལ་ཐུགས་མད་མོད། ཁོ་བོ་ནི་ཡུལ་དེའི་མིང་ནི་དེ་ལས་སྔ་བའི་དུས་ནས་བྱུང་བར་འདོད་ལ། ཡུལ་ཚན་དེ་ནི་ཊུས་ལྷོ་དང་དོལ་གཉིས་བཅའ་སའི་ཞོལ་ཡིན་པར་སྨྲ་བར་འདོད། གཞན་ཡང་ཆག་ལོའི་དུས་འཁོར་ཆོས་འབྱུང་དུ་ལྷོ་དོལ་སྨང་ཞེས་པའི་སྒྲ་ཞིག་བྱུང་ལ། ཡུལ་དེ་ནི་དེང་ལྷོ་བདེ་ཞོལ་ཞེས་པའི་ཡུལ་གྱི་སྟོད་དུ་གནས་པར་དཔགས་ན། ལྷོ་དོལ་ཞོལ་ཞེས་པ་འཐད་པར་མཐོང་ལ། ཁྲུལ་དེའི་ཡུལ་མི་རྒན་པ་རྣམས་ཀྱི་ངག་ཏུ་གྲགས་པར་ལྷོ་ཞོལ་དང་ལྷོ་དོལ་སྟོད་སྨད་ཅེས་པ་ལས་ལྷོ་བདེ་ཞེས་པའི་བདེ་སྒྲ་མ་བྱུང་བ་སོགས་ལ་བརྟག་ཚེ

① དོལ་ལུང་པའི་མི་རྣམས་ཀྱི་ངག་ཏུ་གྲགས་པའི་གཏམ་དུ་དོལ་ལུང་པའི་ཡུལ་མིང་རྣམས་རྗེ་མི་ལ་དང་གྲུབ་ཆེན་གླིང་རས་པས་གདགས་པར་གསུངས་པའི་ལུགས་གཉིས་སུ་བྱས་མོད། དོན་རྩ་དོལ་ནང་མདོ་ཁོངས་ཀྱི་ཡུལ་མིང་བྱུང་ཚུལ་གྱི་སྒྲུང་གི་འབྱུང་རིམ་གཅིག་ཏུ་གནས།

ཡུལ་དེའི་མིང་ཉིད་ལ་ཐོག་མར་ལྷེ་དོལ་ཞོལ་ཞེས་པ་འཐད་པར་སེམས་པ་དང་། ཡུལ་དེ་ནི་ཏུས་དོལ་གྱི་ལུང་པའི་མདའ་འམ་དམའ་སར་གནས་པས་མདའ་དང་དམའ་སར་ཞོལ་ཞེས་པའི་ཐ་སྙད་འཇུག་སྲོལ་ཡོད་པ་སོགས་ཁུངས་སྐྱེ་བྱུས་ནས་ལྷེ་དོལ་ཞོལ་ཞེས་པ་ཉིད་ལ་དག་པ་སྟེར་བར་འདོད་དོ། །ལྕགས་སྟག་ཞིབ་གཞུང་དུ་འཕོད་པ་ལྟར་ལྷེ་བདེ་ཞོལ་ཞེས་བཀོད་པའོ། །དེ་ཡང་ལྷེ་བདེ་ཞོལ་ཞེས་པ་ནི་ལྷེ་དོལ་ཞོལ་ཞེས་པ་སྒྲ་ཡང་བའི་ངོར་སོང་བའི་མ་དག་རྒྱུན་འབྱམས་པའི་ཐ་སྙད་ཞིག་ཏུ་ཟད་དོ། །

གཉིས། དོལ་གྱི་ཡས་ཕོ་ཡས་མོའི་མཚམས་སྦྱོར།

དོལ་གྱི་ཡས་ཕོ་ཡས་མོ་[①]གཉིས་དེང་སང་གི་སྲིད་འཛིན་ས་ཁོངས་ལྟར་ན་གོང་དཀར་རྫོང་ལྷེ་བདེ་ཞོལ་གྲོང་བརྡལ་གོ་ཆེ་གྲོང་ཚོའི་ཕུར་ཆགས། དོལ་གྱི་ཡས་ཕོ་དང་ཡས་མོ་ཞེས་པ་ནི་རི་ཤུར་གཉིས་ཀྱི་ནང་དུ་ཆགས་པ་དང་། དེ་ནི་དོན་དངོས་ཐོག་གཡས་དང་གཡོན་གྱི་དོན་དུ་བཤད་ལ། ལུང་པའི་ཕུ་ནས་ཤར་ཕྱོགས་སུ་བལྟས་ན་གཡས་སུ་གནས་པའི་ལུང་ཤུར་དེར་ཡས་ཕོ་དང་གཡོན་ཕྱོགས་དེར་ཡས་མོ་ཞེས་པའི་ཐ་སྙད་བྱེད། དེང་སང་ཡས་ཕོ་ཞེས་པ་ལས་ཡས་མོ་ཞེས་པའི་ཐ་སྙད་མི་བྱེད་ལ། ཡས་མོ་ཞེས་པའི་མིང་ལ་ཨ་ཕོ་ལགས་ཞེས་བརྗོད་ཀྱི་ཡོད་མོད། ལུང་ཤུར་དེའི་ཕུར་གནས་པའི་མཁར་ཤུལ་གོག་པོ་ཞིག་ལ་ཡས་མོ་གོང་དང་དེའི་རྒྱབ་ཀྱི་ལ་དེར་ཡས་མོ་ལ་སོགས་པའི་ཐ་སྙད་དེང་སང་བར་ཡུལ་མི་རྣམས་ལ་གྲགས་སོ། །དེ་ལ་དོལ་གྱི་ཡས་ཕོ་ཡས་མོ་ཞེས་པར་གནས་བཅའ་བའི་མི་རྣམས་བསྐལ་པ་ཡ་ཐོག་དུས་ཉ་ལ་བརྟེན་ནས་འཚོ་བ་དང་དུས་ཕྱིས་རྗོག་ཆོས་སྐུ་རྡོ་རྗེའི་སྐུ་དུས་

① ཡས་ཕོ་ཡས་མོ་ཞེས་པར་ཡལ་ཕོ་ཡལ་མོ་ཞེས་ཀྱང་བྲུང་། ལར་ཡས་པོ་ཡས་མོ་ཞེས་བྲི་བའི་ལུགས་མཆིས། ཡས་ཕོ་ཡས་མོ་ནི་ལ་ཁའི་ཇག་པ་ཡིན་པའི་ཤོད་རྒྱུན་དེང་སང་ཡང་མཆིས་ལ། ཟས་སུ་ཉ་དང་། བགྱི་བ་ཇག་པའི་ལས་དང་མཐུན་པའི་ལས་ཀྱང་བྱེད་པར་བཤད།

སྲུ་ཤིང་ནགས་ཁྲོད་འཚོ་གནས་བྱ་ཞིང་། གཙོ་བོ་དགྲ་ཇག་གི་སྤྱོད་པ་ཤས་ཆེར་བརྟེན་ནས་འཚོ་ཐབས་ལ་བསྟེན་པའི་ཆ་རྗེ་བཙུན་མི་ལའི་རྣམ་ཐར་དུ་གསལ་བ་ལྟར་ན། རྔོག་ཆོས་སྐུ་རྡོ་རྗེའི་འབུལ་ཚན་བཙོམས་པའི་ལོ་རྒྱུས་སོགས་ཡོད་པ་ལས་ཤེས་སོ། །གཞན་དུ་ན། ཡས་མོ་བ་རྣམས་དུས་ཕྱིས་བོན་རྫོགས་གཉིས་ཀྱི་དད་པའི་རིག་གནས་ཀྱི་ཤུགས་རྐྱེན་གྱི་དབང་རིམ་གྱིས་ལགས་བརྒྱུད་[1]དུ་འགྱུར་བའི་སྣང་ཚུལ་སྐྱེ་ས་དམན་པའི་རིགས་ངན་བཤན་པ་ལྟ་བུ་ནས་ཡུལ་མི་ཀུན་གྱིས་བཀུར་བའི་ལགས་བརྒྱུད་དུ་གྱུར་ནས་ཡས་མོ་ཞེས་པའི་ཡུལ་མིང་དེ་རིམ་གྱིས་ཨ་ཕོ་ལགས་ཞེས་པས་ཚབ་བྱས་སོང་། ཡས་མོའི་ཕུར་གནས་པའི་ལྷ་ཉ་པ་གསོལ་བའི་ལུགས་དང་དེའི་འགྲམ་དུ་གནས་པའི་ཉ་གཟུགས་ཅན་གྱི་རྡོ་རིང་ཡི་གེ་མེད་པ་རྣམས་ཀྱི་གནས་སྟངས་ལ་བརྟགས་ན། དོལ་ལུང་པའི་མེས་པོ་རྣམས་ཐོག་མར་ཡས་མོ་ན་ཆགས་པ་གསལ་སྟོན་བྱ་ཐུབ་པར་སེམས། ཞིབ་པ་འོག་ནས་འཆད་འགྱུར་གྱི་ལྷ་ཉ་པའི་གསོལ་ཁའི་སྐབས་སུ་བཤད་པར་བྱའོ། །ལོ་རྒྱུས་ཐོག་གི་ས་ཁོངས་ཇི་འདྲ་ཞིག་དང་དབང་མཛད་ཅི་འདྲ་ཞིག་གི་འོག་ཏུ་བཙུད་མིན་ནི་གོང་ཞུས་ལྟེ་དོལ་ཞོལ་དང་གཅིག་མཚུངས་སུ་གནས་པས་འདིར་བསྐྱར་ཟློས་ཀྱི་ངལ་བ་སྤངས་སོ། །

## གཉིས་པ། འབྲོང་ཐགས་རྒྱལ་དང་ལྷ་ཉ་པ། འཆམ་པ་ཀླུ་བཙན་བཅས་ཀྱི་གསོལ་མཆོད་ཀྱི་དད་མོས་རིག་གནས་དབྱེ་ཞིབ།

དོལ་ནང་མདོ་ཁོངས་སུ་གདོད་མའི་དད་མོས་དང་དམངས་ཁྲོད་དད་མོས་སྐོར་ལ་མང་དུ་ཡོད་མོད། དེང་གི་ཆར་ཤུགས་རྐྱེན་ཆེ་ལ་སྙིང་པོ་ལྡན་པའི་རིག་གནས་ནི་དོལ་ལྟེ་དོལ་ཞོལ་གྲོང་བརྡལ་གནས་སའི་བོན་རིའི་གསོལ་མཆོད་དང་

① ལགས་བརྒྱུད་ཅེས་པ་ནི་སྔགས་འཆང་བརྒྱུད་པར་གོ་བན་བོན་གཉིས་ཀའི་ཕྱག་ལེན་བྱ་སྤྱོད་མཆིས།

ཡས་མོའི་ལྷ་ཉ་པའི་གསོལ་ཁ། དེ་བཞིན་ཡས་ཕོའི་འཆམ་པ་དྲག་བཙན་གྱི་གསོལ་ལུགས་གསུམ་མོ། །འདིར་ཕོ་བོས་བོན་རིའི་གསོལ་མཆོད་ལ་འཁོར་མཆོད་ཅེས་ཟེར་བ་ལ་ཤེས་བྱེད་ཡོད་དེ། ཚོ་ག་དེའི་ནང་འཁོར་བཤའ་ནས་མཆོད་པའི་སྣང་ཚུལ་མཆིས་པས་དེ་ལ་འཁོར་མཆོད་ཅེས་དང་། ཡས་མོའི་ལྷ་ཉ་པའི་གསོལ་ཁའི་ཁྲིད་ངེས་པར་ཉ་ཞིག་མེད་ན་མི་འབྱུང་དུ་སོང་བས་དེར་ཉ་མཆོད་ཅེས་དང་། ཡས་ཕོའི་འཆམ་པ་དྲག་བཙན་གསོལ་དུས་དེང་སང་ཡང་ར་ཚིལ་ལམ་ར་ཤ་ལྷེབ་ཁ་གཉིས་ཙམ་གྱི་ར་གསུར་གཏོང་དགོས་པས་ར་མཆོད་ཅེས་པའི་བརྗོད་བྱེད་པ་ལ་འགལ་བ་མི་འགྲོ་བའི་ཆ་ནས་དེ་ལྟར་བཏགས་སོ། །ཞིབ་པ་འོག་ཏུ་འཆད་པར་བྱའོ། །

གཅིག བོན་རིའི་གསོལ་མཆོད་དམ་འཁོར་སྐྱགས་རྒྱལ་གྱི་ཚོ་ག་དངོས་གཞི།

ཕོ་བོས་ སྤྱི་ལོ་2016ལོའི་ཟླ་8པའི་ཚེས་13ཉིན་ལྟེ་དོལ་ཞོལ་ཁུལ་གྱི་སྐྲུ་དྲག་རྒོད་དར་ཚང་གི་བརྒྱུད་པ་དགུང་ལོ་81སོན་པའི་སྒྲོ་བོ་འཆི་མེད་སྟོབས་རྒྱལ་དང་། སྤྱི་ལོ་2017ལོའི་ཟླ་11པའི་ཚེས་9ཉིན་ཏེ་ལྷ་བབས་དུས་ཆེན་གོང་གི་ཉིན་མོར་དོལ་ལྟེ་དོལ་གྲོང་བརྡལ་གྱི་གྲོང་མི་བོན་རིའི་འགྲམ་དུ་ཁྱིམ་གཞིས་ཆགས་པའི་དགུང་ལོ་72ལ་སོན་པའི་དན་གཞི་ཚང་གི་རྫོ་བོ་པད་མ་ལགས། དེ་བཞིན་སྤྱི་ལོ་2017ལོའི་ཟླ་11པའི་ཚེས་10ཉིན་ཏེ་ལྷ་བབས་དུས་ཆེན་གྱི་ཉིན་མོར་དོལ་ཡས་ཕོའི་མི་དྲག་གི་བརྒྱུད་པ་དང་། དོལ་ལུང་པའི་ངག་རྒྱུན་དག་ལ་དྲན་ངག་བརྟན་པའི་ནང་གའི་དགུང་ལོ་77སོན་པའི་སྐྲུ་ངོ་ཕུར་བུ་དགྲ་འདུལ་ལགས་གསུམ་གཙོ་བོར་བྱས་ནས་བཅར་འདྲི་ཞུས་པའི་ཟིན་ཐོ་རྣམས་ས་བཅད་མ་སྟོངས་ཙམ་གྱི་ཚུལ་དུ་སྤྱིན་སྤར་འབུལ་ན་འདི་ལྟར་ཏེ།

ལྟེ་དོལ་ཞོལ་གྱི་འཁོར་སྐྱགས་རྒྱལ་གྱི་གསོལ་མཆོད་འབུལ་ཡུལ་ནི་བོན་གྱི་ལྷ་ཞིག་ལ་འབུལ་བར་བཤད་ལ། ལྷ་དེའི་གནས་རྟེན་ནི་བོན་རི་ཞེས་བྱ་བའི་རི་ཞིག

ཡོད། རི་དེའི་མིང་གཞན་ལ་ཡུལ་དེའི་མི་རྣམས་ཀྱིས་སྟེ་པའི་གཡག་མགོ་ཞེས་ཀྱང་བྱ། ཚ་ག་དེའི་མིང་གི་ཐོགས་ཚུལ་ལ་སེམས་ན་དེར་བོན་རིའི་གསོལ་མཆོད་དམ་སྟེ་པའི་གཡག་མགོའི་གསོལ་མཆོད་ལ་སོགས་པའི་བརྡ་བྱས་ན་མི་འགྲིག་པ་མེད་མོད། འདིར་ཡུལ་དེའི་མི་རྣམས་ལ་གྲགས་པའི་གཏམ་འཁོར་སྤྱགས་རྒྱལ་ཞེས་པ་ཉིད་བྱས་ན་བཞེངས་འགྱུར་གྱི་མཆོད་པ་དང་ཚ་གའི་སྣང་ཚུལ་དང་འབྲེལ་ཆེ་བའི་ཆ་ནས་ཐ་སྙད་དེ་ལྟར་བྱས་པ་ཉིད་ལེགས་པར་སེམས་སོ། །

(ཀ) སྟ་གོན།

ཚ་ག་དེ་ནི་ལོ་རེ་དུས་རེ་དང་དུས་ཚོད་ནི་ལྷ་བབས་དུས་ཆེན་ཉིན་ཏེ་བོད་ཟླ་དགུ་པའི་ཚེས་ཉེར་གཉིས་ཉིན་ཡིན། དེ་ཡང་འཁོར་སྤྱགས་རྒྱལ་གྱི་གསོལ་མཆོད་འདིའི་སྟ་གོན་སྐོར་ཞུས་ན། འཁོར་སྤྱགས་རྒྱལ་མ་བཞེངས་གོང་། བོད་ཟླ་དགུ་པའི་ཚེས་17ནས་18ཉིན་བར་ལྷེ་དོལ་ཞོལ་གྱི་མི་དྲག་རི་དབང་ཞེས་པའི་དུད་ཁྱིམ་དེས་འཁོར་ཞིག་བཞེངས་ནས་བོན་རི་དང་ཉེ་བའི་ཆར་འཇོག་སྲོལ་ཡོད། དེ་ལྟར་བྱ་དོན་ནི་འཁོར་སྤྱགས་རྒྱལ་བཞེངས་པའི་གྲབས་གཤོམས་དགོས་པའི་སྔོན་བརྡ་ཡིན་པར་བཤད། རི་དབང་ཚང་གིས་བཞེངས་པའི་འཁོར་དེ་ཉིད་ཀྱི་ཆེ་ཆུང་སོགས་ལ་མཚོན་བྱེད་ཙམ་ལས་འཁོར་སྤྱགས་རྒྱལ་གྱི་ཚ་གའི་ཁྲིད་ཀྱི་འཁོར་ལྟར་གྱི་རེ་བ་མེད་ལ། ཟན་འཁོར་དེ་མཆོད་པ་དང་བཤའ་བའི་ལུགས་མེད། དེ་ནི་དོན་དུ་ལྷ་བབས་དུས་ཆེན་ཉིན་གྱི་འཁོར་སྤྱགས་རྒྱལ་གྱི་ཚ་གའི་སྟ་གོན་དུ་ཟད། ཚེས་བཅུ་དགུ་ཙམ་ནས་རི་དབང་ཚང་གི་ཟན་གྱི་འཁོར་དེ་རང་ཁྱིམ་དུ་དབོར་སྲོལ་ཡོད་པར་གསུངས།

སྔ་དུས་བོད་ཟླ་དགུ་པའི་ཚེས་17དང་18ཉིན་རི་དབང་ཚང་གི་འཁོར་བཞེངས་པ་ནས་བཟུང་། ལྷ་བབས་དུས་ཆེན་ཉིན་གྱི་གོང་བར་འཁོར་སྤྱགས་རྒྱལ་བཞེངས

པའི་སྐུ་གོན་དངོས་སུ་དབུ་བརྩམ་གྱི་ཡོད། དེ་ཡང་འབྲོང་སྤྱགས་རྒྱལ་ལ་དབྱེ་ན། ཕོ་འབྲོང་མོ་འབྲོང་གཉིས་སུ་བྱའོ། །དེ་ཡང་ཕོ་འབྲོང་ནི་གསེར་སྙིང་བསམ་གླིང་གཞིས་ཀ་དང་མོ་འབྲོང་ནི་ལྷེ་ཞོལ་བང་ཆེན་ཁྲལ་པས་བཞེངས་པའི་ལུགས་ཆགས། ཕོ་འབྲོང་ལ་རྩམ་ཁལ་བརྒྱད་ཙམ་དང་དེའི་ཆེ་ཆུང་ལ་འབྲོང་གཡག་གི་ཆེ་ཆུང་ཙམ་ཡོད་པར་བཤད། མོ་འབྲོང་ལ་རྩམ་ཁལ་གཅིག་གི་གཡས་གཡོན་ཙམ་དང་བེའུའི་ཆེ་ཆུང་ཙམ་ཡོད་པས་ཁ་རྒྱུན་དུ། བསམ་གླིང་འབྲོང་གིས། །བང་ཆེན་གྱི་བེའུ་བསད། །ཅེས་གྲགས་པ་ལས་འབྲོང་སྤྱགས་རྒྱལ་གྱི་ཆེ་ཆུང་མངོན་ནོ། །

འབྲོང་སྤྱགས་དངོས་སུ་མ་བཞེངས་གོང་ཡང་སྙིང་མཆོད་བཞེངས་ཀྱི་སྐུ་གོན་ཇི་ཙམ་དགོས་སམ་ཞེ་ན། ཐོག་མར་ཕོ་འབྲོང་ཆར་ཞུས་ན། རྩམ་པ་དང་། ཁྲག་དང་ལུག་གི་ནང་ཁྲོལ་ཆ་ཚང་། ལུག་ལྤགས་རློན་པ་ཞིག་དང་གཡག་གི་རྭ་ཅོ་ཆ་གཅིག ནག་རྩི་དང་དཀར་རྩི། དམར་རྩི་བཅས་དང་། མེ་ཏོག་སེར་ཆེན་གཙོས་པའི་མེ་ཏོག་སྣ་ཚོགས། གཞན་ལྕམ་ཤིང་གཉིས་དང་ཐག་པ། དེ་བཞིན་སྣོ་པང་ཆེན་པོ་ཞིག་བཅས་དགོས་པ་དང་། མོ་འབྲོང་ལ་ནི་རྩམ་པ་དང་གཡག་རྭ་ཆ་གཅིག དཀར་རྩི་དང་མེ་ཏོག་སེར་ཆེན་སོགས་དང་སྣོ་པང་ཆུང་བ་ཞིག་དང་ཐག་པ་བཅས་དགོས་པ་མ་ཟད། གཞན་ཆོ་ག་དེ་གྲུབ་པར་གསོལ་མཆོད་པ་བོན་གྱི་ལགས་ལགས་[①]ཤིག་དང་།

① བོན་གྱི་ལགས་ལགས་སུ་བཤད་མོད། དོན་དུ་འབྲོང་སྤྱགས་རྒྱལ་གྱི་ཆོ་གའི་མཆོད་དཔོན་གྱི་མཛད་བཞེས་ཀྱི་སྔགས་འཆང་ཞིག་ཡིན་པ་ལས་མཐའ་གཅིག་ཏུ་བོན་གྱི་ལགས་ལགས་དགོས་པའི་ངེས་པ་མ་མཆིས། དེ་ཡང་སྔགས་འཆང་གང་དེ་ནི་བོན་གྱི་གཏོ་ཆོས་དང་སྔ་འགྱུར་རྙིང་མའི་ཆོས་གཉིས་ཀ་ཉམས་ལེན་མཛད་པ་ཞིག་ཀྱང་ཡིན་ལ། གཟའ་བཙོས་དང་སེར་སྲུང་སོགས་གང་ཅུང་གི་བགྱི་བ་གཙོ་གཉེར་གནང་མཁན་ཞིག་ཡིན་པ་མ་ཟད། སློབ་གཉེར་བྱེད་སའི་གནས་གཞི་ནི་རྙིང་མ་བྱང་གཏེར་གྱི་བསྟི་གནས་རྡོ་བྲག་དགོན་དུ་བྱེད་པས་ན་ཆོ་གའི་ཁྲིད་ཞུགས་ཀྱི་ལགས་ལགས་བོན་པོ་གཙང་མ་ཡིན་པ་ཆ་མི་འཚལ། གཞན་དུ་ན། ཆོ་གའི་རྫས་དང་མཆོད་ཆས་སོགས་བོན་ལུགས་ལྟར་མཛད་པ་དང་དམར་མཆོད་སོགས་མཛད་པའི་རྒྱུན་མཆིས་སྟབས་བོན་གྱི་ལགས་ལགས་ཤིག་དགོས་ཞེས་གསུངས་པའི་རྒྱུན་ཆགས་པར་སེམས།

འཁྲོང་བཤུས་མཁན་གནད་པ་[1]ཞིག་ངེས་པར་དགོས་ཤིང་། འཁྲོང་བཞེངས་པོ་དབུ་མཛད་དང་འཁྲོང་གདན་འདྲེན་པོ་སྐྱེས་པ་བཅུ་ཕྲག་ཅིག་དགོས་པ་བཅས་སོ།།

༼ཁ༽ མཆོད་བཞེངས།

ལྷ་བབས་དུས་ཆེན་ཉིན་སྔ་མོ་ནས་ཟིན་བཟློས་ཏེ་འཁྲོང་བཞེངས་འགོ་བཙུགས་ཀྱི་ཡོད། འཁྲོང་སྤྱིགས་རྒྱལ་བཞེངས་སྟངས་སྐོར་ནི། ཕོ་འཁྲོང་མོ་འཁྲོང་གཉིས་ལས་མཆོད་བཞེངས་བྱ་རིམ་རྒྱས་བསྡུས་དང་ཚ་གའི་ཁྲིད་བཟུང་བའི་གནས་བབ། དེ་བཞིན་མཆོད་པའི་རྣམ་པ་སོགས་ལ་གཞིགས་ནས་ཕོ་འཁྲོང་བཞེངས་རབས་སྟོན་དང་མོ་འཁྲོང་རྗེས་སུ་བཤད་པར་བྱའོ། །འདིར་དེ་ལྟར་སྨྲོས་མོད། དོན་དུ་ནི་ཕོ་འཁྲོང་མོ་འཁྲོང་གཉིས་དུས་གཅིག་ཏུ་གནས་མི་འདྲ་བ་གཉིས་སུ་བཞེངས་ཀྱི་ཡོད་པའོ། །

ཕོ་འཁྲོང་བཞེངས་མཁན་ནི་བསམ་གླིང་གཞིས་ཀའི་མི་སེར་ཡིན། རྩམ་པ་དང་དཀར་རྩི་སོགས་ནི་གཞིས་ཀའི་མི་སེར་ནས་བསྡུས་ལ། ཕོ་འཁྲོང་བཞེངས་ས་ནི་ནང་ཁང་གསར་ཞེས་པའི་དུད་ཚང་གི་གཡུལ་ཁ་ནང་དུའོ། །དེ་ནི་བསམ་གླིང་གཞིས་ཀས་གཡར་པོ་ཞུས་པ་ཡིན། གཡུལ་ཁ་དེ་བོན་རིའི་ཉེ་སར་གནས་ཤིང་། ནང་ཁང་གསར་ཞེས་པར་ཁྲལ་ཐོར་ནང་ཁ་པ་ཞེས་འབོད། དེ་ཡང་ཕོ་འཁྲོང་བཞེངས་པར་མཁོ་བའི་རྫས་ཆ་ཅི་དགོས་ཆ་ནི་སྔ་གོན་སྐབས་སུ་སྒྲིས་ཟིན་པ་ལྟར་རོ། །

ཕོ་འཁྲོང་བཞེངས་ལུགས་ཡིག་ལམ་དུ་བཀོད་ན། དེ་ཡང་ཐོག་མར་ལྕམ་ཤིང་གཉིས་སྒོ་པང་འོག་ཏུ་བཙུག་ནས་ཐག་པས་བསྡམས་རྗེས། སྒོ་པང་གཙང་སེལ་གྲུབ་པ་དང་དེའི་སྟེང་འཁྲོང་གི་སྒོ་དང་མཉམ་པའི་ལུག་ལྤགས་རློན་པ་ཞིག་སྦྱར་

[1] གནད་པ་ཞེས་པ་ནི་ཞེ་ཆོག་ཏེ་འཕྲུལ་སྐད་དུ་བཤན་པ་ཞེས་པའི་དོན་ཏེ། ཡར་འབྲོག་ཁུལ་དུ་མིང་དེ་ལྟར་འབོད་སྲོལ་སྣང་། གནད་ཆེན་ཞེས་ཀྱང་བརྗོད།

ཏེ་སྔོན་ཚུད་ནས་བཟོས་ཟིན་པའི་སྤྱགས་རྣམས་དབུ་ཆེན་བཅོ་བརྒྱད་ཀྱིས་འཕྱུར་བ་གྲུ་འདེགས་ཀྱི་ཐོག་འཁོར་ལུས་དང་མཇུག་མ་སོགས་གྲུབ་པར་བྱ་ཡི་ཡོད། རིམ་གྱིས་འཁོར་སྤྱགས་ཀྱི་སྣལ་པའི་སྙིང་གྲིས་ཀོང་ཀོང་ཆེན་པོ་ཞིག་བརྫོགས་ནས་ལུག་གི་གྲོད་པ་སོགས་དོན་ལྔ་སྣོད་དྲུག་ཆ་ཚང་ཞིག་བླུགས་ཏེ་འཕོད་སྙོམས་ཞོར་འཁོར་མགོ་བཟོ་བའོ། །འཁོར་མགོ་ནི་གཞི་སྤྱགས་ལ་གཡག་རྣ་ངོ་མ་བཀལ་སྦྱོལ་མཆིས་པ་དང་། རྣ་ཅོ་གཡས་གཡོན་དུ་དཀར་རྒྱན་གྱི་ཡས་ཟེ་གསུམ་རེ་སྒྲོན་པའི་ལུགས་མཆིས། འཁོར་གི་དཔྲལ་བའི་སྙིང་ཉི་ཟླ་སྐར་གསུམ་གྱི་མར་ཚོན་གྱིས་བརྒྱན་གྱི་ཡོད། དེ་རྣམས་ལེགས་པར་གྲུབ་ཟིན་པ་དང་སྤྲགས་འཁོར་མགོ་ཕུད་པའི་ལུས་ཀྱི་ཡན་ལག་གཞན་རྣམས་ནག་རྩི་དང་། འཁོར་མགོར་དམར་རྩི་བསྐུ་བའི་ལུགས་ཆགས་པར་གསུངས། རིམ་བཞིན་འཁོར་གི་ལུས་ཡོངས་སེར་ཆེན་སྤྲག་ཏོས་གཙོས་པའི་མེ་ཏོག་གསོས་པ་སྣ་ཚོགས་ཀྱིས་ལེགས་པར་བརྒྱན་ཟིན་ན་ཟན་འཁོར་བཞེངས་ཚར་བ་བརྩི་བའི་སྲོལ་གནས་ལ། འཁོར་གི་ཆེ་ཆུང་འཁོར་གཡག་སྐྱེར་བཏང་དང་ཆ་མཚུངས་སོ། །

མོ་འཁོར་བཞེངས་མཁན་ནི་བང་ཆེན་ཁྲལ་པ་ཡིན། རྩམ་པ་དང་དཀར་རྩི་སོགས་ནི་ཁྲལ་པས་འདོན་གྱི་ཡོད། མོ་འཁོར་བཞེངས་ས་ནི་ཏྲ་ནང་གཡུལ་ཁའི་ནང་ཡིན། གཡུལ་ཁ་དེ་བོན་རིའི་ནུབ་ཀྱི་ཉེ་བའི་སར་གནས་མོད། དེང་སང་བྱང་སྟོང་དུ་གྱུར་ནས་དེའི་ཤུལ་ཙམ་ལས་མེད། ཏྲ་ནང་ཞེས་པར་ཁྲལ་ཐོའི་ནང་ཁྲལ་ལོ་ལོ་ཟམ་ཞེས་འབོད། མོ་འཁོར་བཞེངས་པར་མཁོ་བའི་རྫས་ཆ་ནི་སྐུ་གོན་སྐབས་སུ་སྤྲོས་ཟིན་པ་ལྟར་རོ། །

མོ་འཁོར་བཞེངས་པར་ཡང་ལྕམ་ཤིང་དང་ཐག་པས་བཀྱིགས་ནས་ཕོ་འཁོར་བཞེངས་སའི་སྒོ་པང་ལས་ཆུང་བ་ཞིག་གི་འོག་ཏུ་བཙུག་རྗེས་ལུག་ལྤགས་རློན་པ་མི་དགོས་པར་སྔོན་ནས་བཟོས་ཟིན་པའི་ཟན་གྱིས་འཁོར་ལུས་བཞེངས་ཀྱི་ཡོད་པ་

དང་། དེ་ནས་འཁྲོར་མགོ་ནི་ར་ཅོ་ཕུད་པའི་གཞི་མ་རྣམས་སྤྱགས་ཀྱིས་བཟོ་བར་བྱ་ལ། ར་ཅོ་གཡས་གཡོན་དུ་དཀར་རྒྱན་གྱི་ཚུལ་དུ་ཡས་ཟེ་གསུམ་རེ་སྦྲོན་པར་བྱེད་ཅིང་། མོ་འཁྲོར་ལུས་ལ་ནག་རྩེ་སོགས་བསྐུ་བའི་སྲོལ་མ་མཆིས། གཞན་དུ་འཁྲོར་གི་དཔྲལ་བའི་སྟེང་ཉི་ཟླ་སྐར་གསུམ་གྱི་མར་ཚོན་གྱིས་བརྒྱན་ཅིང་། འཁྲོར་མགོ་ཉིད་སེར་ཆེན་དང་ལོ་གསར་མེ་ཏོག་ལ་སོགས་པའི་མེ་ཏོག་གསོས་པ་སྣ་ཚོགས་ཀྱིས་རྒྱན་སྲོལ་མཆིས་མོད། ལུས་ཀྱི་ཡན་ལག་གཞན་རྣམས་མེ་ཏོག་གིས་བརྒྱན་པའི་ལུགས་མེད་པར་གསུངས། མོ་འཁྲོར་གི་ཆེ་ཆུང་ནི་བེའུའི་ཆེ་ཆུང་ཙམ་མོ། །

༼ག༽ མཆོད་བཤད།

དེའི་ནང་འཁྲོར་གདན་འདྲེན་པ་དང་འཁྲོར་མཆོད་པ། འཁྲོར་གི་བཤད་པ་དང་གསུམ་གཙོ་བོར་བྱས་ནས་གླེང་ཡོད། འདིར་ནི་དེ་གསུམ་གྱི་སྙིང་པོ་འཁྲོར་མཆོད་དང་འཁྲོར་བཤད་གཉིས་ཀྱི་ཚིག་ཟུར་བསྡུས་ནས་མཆོད་བཤད་ཅེས་པའི་བརྗོད་བྱས་ཡོད་པས། དེ་ལྟའི་ཐ་སྙད་སྦྱོར་བ་ལ་འགལ་བ་ཆེར་མེད་པར་སེམས། །

འཁྲོར་སྤྱགས་རྒྱལ་གདན་འདྲེན་ཚུལ་གླེང་ན། ཕོ་འཁྲོར་ནི་དབུ་མཛོད་བཅོ་བརྒྱད་ཀྱི་འགོ་འདྲེན་འོག་ལྷུམ་ཤིང་གཉིས་པོའི་ཟུར་བཞི་ན་སྐྱེས་པ་ཕོ་སྒྲ་དཀར་པོ་གྱོན་པ་བཞིས་སྣམ་བུའི་སྒྲ་པའི་རྒྱབ་ཏུ་བོགས་རིལ་[1]བཟོས་ནས་གདན་འདྲེན་གྱི་ཡོད། གཞན་སྐྱེས་པ་སྣམ་བུའི་སྒྲ་པ་དཀར་པོའི་གཟབ་མཆོར་ལེགས་པར་སྤྲས་པ་བཅུ་དྲུག་ཙམ་གྱིས་རོགས་སྐྱོར་འོག་བོན་རིའི་ཕྱོགས་སུ་བསྐྱོད་ཀྱི་ཡོད། འཁྲོར་གདན་འདྲེན་སྐབས་ནི་ཐང་བདེ་སོར་སྐྱེས་པ་བཞིས་རེས་མོས་ཀྱིས་སྐལ་ཐོག་ནས་གདན་འདྲེན་པ་དང་། བོན་རིའི་རི་མཚམས་སུ་སླེབས་དུས་སྐྱེས་པ་གཞན་རྣམས

[1] བོགས་རིལ་ཞེས་པ་ནི་ཡུལ་སྐད་དེ་ལུས་སྟོད་ཀྱི་སྒྲ་པའི་ཆ་ཤས་རྣམས་རིལ་བུར་བཟོས་ནས་སྐེད་པར་བཅིངས་པའི་རྣམ་པ་ཅན་ཞིག་ལ་གོ

ཀྱི་ཞོགས་འདེགས་འོག་ས་ནས་སོར་བཞི་ཡན་ཙམ་བཏེགས་ཏེ་འདྲེད་མ་འདྲུས་ཀྱི་རྣམ་པའི་ངོ་ནས་གདན་འདྲེན་གྱི་ཡོད།

མ་གཞི་མོ་འཁྲོང་ཕོ་འཁྲོང་ལས་ཆུང་བ་ཡོད་ཀྱང་། དབུ་མཛོད་བཅུ་ལྷག་ཙམ་གྱི་འདྲེན་རོགས་འོག་གདན་འདྲེན་པོ་སྐྱེས་པ་སྣམ་ཕྲུ་དཀར་པོ་གྱོན་པ་བཞིས་གདན་འདྲེན་སྲོལ་མཆིས་ལ། གདན་འདྲེན་རོགས་སྐྱེས་པ་གཞན་བཅུ་ཙམ་ཞིག་ཡོད་པར་བཤད། མོ་འཁྲོང་གདན་འདྲེན་སྐབས་ཕོ་འཁྲོང་ལྟར་མིན་པར་མཐའ་གཅིག་ཏུ་སྐྱེས་པ་བཞི་རེ་བཞི་རེ་བྱས་ནས་སྒོ་པང་གི་ཟུར་བཞི་ནས་སྣེད་མཚམས་བར་བཏེགས་ཏེ་གདན་འདྲེན་གྱི་ཡོད།

ཕོ་འཁྲོང་མོ་འཁྲོང་བཞེངས་སའི་གནས་སོ་སོ་བ་ཡིན་ཀྱང་། བོན་རིར་ཕྱོགས་པའི་ལམ་བར་དུ་མཉམ་གཤིབ་བྱས་ནས་འགྲོ་གི་ཡོད་ལ། འཁྲོང་བཤད་སྣ་ཚོགས་བྱ་སྲོལ་ཡོད་པ་སོགས་འོག་ཏུ་བཤད་པར་བྱའོ། །བོན་རིའི་མཚམས་སུ་སླེབས་དུས་ལག་གཡོན་མར་བོན་གྱི་ཟ་བཤང་དང་ལག་གཡས་པར་བོདྷིའི་ཕྲེང་བ་ཆེན་པོ་ཞིག་ཐོགས་པའི་ཁྲིམ་བཞི[①]འདོད་འཇོ་སྙིང[②]གི་ལགས་མཁྱེན་རབ་ཐར་པ[③]ནས་ཟ་

① ཁྲིམ་བཞི་ཞེས་པ་ནི་ཤོད་རྒྱུན་དུ་སྔ་དུས་ཡུལ་གང་དེར་དུད་ཁྲིམ་བཞི་ལས་མེད་པས་ཁྲིམ་བཞི་ཞེས་པའི་ཡུལ་མིང་ཆགས་པར་གྲགས། ལོ་རྒྱུས་ཐོག་ཡུལ་དེ་ནི་ཚལ་པ་ཁྲི་སྐོར་གྱི་མི་སྡེ་བྱེད་སྡོང་བ་དང་། སྐབས་དེ་ཤེད་ཙམ་ན་ངོ་ཚལ་ཞེས་པའི་ཡུལ་དེ་ཡིན་ལ། གནས་དེར་དོལ་དགའ་ལྡན་གསུང་རབ་གླིང་ཆགས་ལ། ཇོ་ནང་མཚལ་མིན་པའི་གནས་གཞི་ཡང་ཡིན།

② འདོད་འཇོ་སྙིངས་ཞེས་པ་ནི་ཁྲིམ་བཞིའི་ཁུལ་གྱི་མི་དྲག་ཅིག་ཡིན་པ་དང་། ལགས་བརྒྱུད་རིམ་པར་བྱོན་སྤྱོང་བའི་དུད་ཚང་ཞིག་ཀྱང་ཡིན། དུད་ཁྲིམ་དེར་མི་ཐོག་རེར་བུ་གཉིས་རེ་བཅའ་བས་ཕུ་བོས་གསེར་སྲུང་དང་ནུ་བོས་ཁྲི་བཙོས་ཀྱི་བགྱི་བ་གཙོ་བོར་གཉེར་གྱི་ཡོད་ཕྱིར། ཡུལ་དེར་གྲགས་ཆེ་བའི་ལགས་བརྒྱུད་དུ་བཤད། ཕུ་བོས་གདུང་འཛིན་གྱི་ཡོད། དེང་སང་དུད་ཁྲིམ་དེའི་མི་བརྒྱུད་དོལ་གྱི་ས་ཕྱོགས་ལྷན་ན་དང་གོ་ཆེ་གྲོང་ཚོ་རིན་ཆེན་གླིང་སོགས་ལ་མཆེད་པ་ལས་ཡུལ་དེ་གར་ལགས་བརྒྱུད་ནི་ལྷག་མེད།

③ ལགས་མཁྱེན་རབ་ཐར་པ་ནི་ཁྲིམ་བཞི་འདོད་འཇོ་སྙིང་གི་ལགས་བརྒྱུད་དང་། གདུང་འཛིན་པོ་དེ་ཡིན། ཁོང་ནི་བཅིངས་བཀྲོལ་སྔོན་གྱི་བོན་རིའི་གསོལ་མཆོད་དམ་འཁྲོང་སྤྱགས་རྒྱལ་གྱི་དད་མོས་ཁྲིད་ཀྱི་མཆོད་དཔོན་ཡིན།

གཤང་[①]བརྡུང་བ་དང་ཁ་འདོན་འདོན་གིན་འགོ་འདྲེན་ཞུས་ནས་བོན་རིར་གཡོན་བསྐོར་ཚུལ་དུ་བསྐོར་བ་དང་། རི་བསྐོར་གྲུབ་རྗེས་ཕོ་འཁྲོང་གསོད་པའི་གྲབས་གཞོམ་གྱི་ཡོད།

འདིར་ནི་འཁྲོང་བཤའ་བ་དང་འཁྲོང་མགོ་མཆོད་པ་གཉིས་གཅིག་ཏུ་བྱས་ནས་འཁྲོང་མཆོད་པ་ཞེས་པའི་མིང་བཏ་བྱས་ཡོད། འཁྲོང་མཆོད་པའི་བྱ་རིམ་མདོར་བསྡུན་ཚུལ་དུ་སྨྲོས་ན། དེ་ལ་ཕོ་འཁྲོང་མོ་འཁྲོང་གཉིས་ལས་ཕོ་འཁྲོང་དེ་སྔོན་དུ་མཆོད་སྲོལ་མཆིས་པ་དང་། མོ་འཁྲོང་སྔོན་དུ་ཤོར་ན་ཕོ་འཁྲོང་ལ་ཆད་པ་གཅོད་པའི་ལུགས་ཡོད་པར་བཤད། ཕོ་འཁྲོང་བཤའ་བ་ལས་མོ་འཁྲོང་བཤའ་བའི་ལུགས་ནི་མ་མཆིས་མོད། མོ་འཁྲོང་གི་མགོ་བོ་གཅོད་པའི་སྲོལ་སྣང་། ཕོ་འཁྲོང་བཤའ་སྟངས་བཤས་ལུགས་ནི་འཁྲོང་གཡག་གི་གསོད་ལུགས་དང་གཅིག་མཚུངས་སུ་ཡོད་དེ། དེ་ཡང་བཤན་པ་དངོས་དགོས་ལ། གསོད་པའི་ལུགས་ཀྱང་འཁྲོང་གཡག་གསོད་པའི་སྣང་ཚུལ་ཇི་མ་ཇི་བཞིན་ནོ། །ཕོ་འཁྲོང་བོན་རིར་གདན་འདྲེན་ཚར་རྗེས་བསང་ཁ་བསང་གསོལ་གྲུབ་པ་དང་། བོན་རིར་རྒྱབ་སྐྱོད་བྱས་ནས་བསྐྱིག་ཏེ་འཁྲོང་གི་སྤྲོ་གནད་ཆེན་ལགས་[②]ལ་བསྡུན་དགོས་ཤིང་། གནད་ཆེན་ལགས་ནས་གྲི་བརྡར་བ་དང་ཕྱུག་བསིལ་[③]སོགས་ཀྱི་སྣ་གོན་གྲུབ་རྗེས་ཐོག་མར་འཕོར་གཡོག་རྣམས་ཀྱིས་གནད་ཆེན་ལགས་ལ་བཀྲ་ཤིས་ཕྱེ་མར་བསྒྲོན་སྲོལ་མཆིས་ཀྱང་། དེང་སང་གི་ཕྱེ་མར་ལྟར་མིན། དེ་ནི་སྡེར་མ་གཅིག་གི་ནང་རྩམ་པ་ཅོག་ཙམ་ཞིག་གི་སྟེང་མར་ལེབ་ཅིག་བྲུར་སྲོལ་ཡོད། ཕྱེ་མར་བསྒྲོན་རྗེས་ཇ་ཆང་

① ཛ་གཤང་ཞེས་པ་ནི་ཛ་དང་གཤང་གི་བསྡུས་མིང་ལ་བྱ། གཤང་ནི་དྲིལ་བུའི་དབྱིབས་དང་ཙུང་ཟད་འདྲ་བ་ཁ་ཡངས་ཤིང་ཐེར་ཐེར་ཅན་གྱི་བོན་ལུགས་ཀྱི་རོལ་ཆ་ཞིག

② གནད་ཆེན་ལགས་ཞེས་པ་ནི་བཤན་པའི་ཞེ་ཚིག་ལ་གོ

③ ཞེ་ཚིག་སྟེ་འཕྲུལ་སྐད་དུ་ཕབ་ན་ལག་པ་བཀྲུས་པའི་དོན་ནོ། །

སོགས་བླུགས་ཀྱི་ཡོད། དེ་ནས་ཟན་གྱི་འཁོར་གྱི་སྒོ་ན་ཡོད་པའི་ལུག་ལྤགས་རློན་པ་གནས་ས་ནས་གྲི་ཁམ་གང་ཙམ་བཏོལ་ཏེ་སྤགས་རྣམས་གཤགས་ནས་ཁོག་ལག་གཏོང་ཞོར་སྒྲོག་རྩ་བཅད་དེ་ཁྲག་ཕུད་ནམ་མཁར་གཏོར་སྲོལ་སོགས་སྣང་། ཁོག་ལག་གཏོང་དུས་བཤན་པས་སྨོན་ཚིག་བཅོམ་ལྡན་འདས་དེ་བཞིན་གཤེགས་པ་དགྲ་བཅོམ་པ་ཡང་དག་པར་རྫོགས་པའི་སངས་རྒྱས་དཔལ་རྒྱལ་བ་ཤཱཀྱ་ཐུབ་པ་ལ་ཕྱག་འཚལ་ལོ་ཞེས་པ་ཉིད་འདེབས་ཀྱི་ཡོད། བཤན་པའམ་གནས་ཆེན་ནི་ཀླུ་ཞོལ་གྱི་མི་ཡིན་དགོས། བཅིངས་བཀྲོལ་གོང་གི་གནད་ཆེན་གྱི་མིང་ལ་ཨ་ཁྲུ་ཨ་མདོའམ་སྤྱི་བོ་ཨ་མདོ་ཞེས་ཟེར།

འཁོར་བཤད་ཟིན་རྗེས་གནད་པས་གྲི་ལམ་འཐེན་པའི་ཚུལ་བྱེད་མོད། ལུག་ལྤགས་རློན་པོའི་ཐོག་གི་གྲི་བཙུགས་ཤུལ་གྱི་ཨོ་ཁྲུང་ལ་འགྱུར་ལྡོག་འགྲོ་གི་མེད། ལུག་ལྤགས་དེ་དྲས་གདན[①]གྱི་ཚུལ་དུ་བཏིང་ནས་འཁོར་གྱི་ཁོག་པ་གཤགས་ཏེ་གྲོད་པ་དང་རྒྱུ་མ་སོགས་འདོན་གྱི་ཡོད། གྲོད་པའི་ནང་གི་བཙོ་བཏོན་ནས་འབྲུ་བ་དང་རྒྱུ་མ་རྣམས་རྒྱུ་འདེད་གཏོང་བ་དང་ཆབས་ཅིག་རྒྱུ་མ་ཁ་ཤས་ཕུ་འདེད་བྱས་ཏེ་རི་མོ་སྣ་ཚོགས་བྲིས་ནས་འཇོག་ལ། ཁ་ཤས་ནང་ཁྲག་བརྒྱངས་སྲོལ་སྣང་། རིམ་གྱིས་མཆིན་པ་དང་མཁལ་མ་སོགས་བཏོན་པ་དང་། ལྷ་ཁང་[②]དབྲལ་ནས་སློ་སྙིང་སོགས་འདོན་པའི་སྣང་ཚུལ་མཆིས། དེ་རྣམས་གྲུབ་རྗེས་བསམ་གླིང་གི་འཁོར་མགོ་གཙུས་སྤྲངས་བྱས་ནས་གཅོད་པ་དང་། དེ་རྗེས་གཞི་ནས་བང་ཆེན་གྱི་འཁོར་མགོ་དེ་གཅོད་སྲོལ་མཆིས། འཁོར་མགོ་དང་ཁྲག་གིས་བཀངས་པའི་རྒྱུ་མགོ་སོགས་བོན་རིའི་རྩེར་ལགས་མཁྱེན་རབ་ཐར་པས་བཞེངས་པའི་གཡག་ར་ལུག་གསུམ་གསོས་པའི་གཏོར་

① ར་ལུག་སོགས་བཤའ་མཁན་གྱི་བཤན་པའི་གདན་ལ་གོ

② ལྷ་ཁང་ཞེས་པ་ནི་ར་ལུག་སོགས་པའི་མཆིན་པ་དང་སློ་བ་སོགས་གནས་སའི་བྲང་སྟོད་ཀྱི་ཆར་གོ

མའི་འགྲམ་དུ་འཛོག་དགོས་ལ། ཁྲག་རྣམས་ནི་གསེར་སྐྱེམས་སུ་འབུལ་སྲོལ་སྣང་ཞིང་། བསམ་གླིང་ནས་གཡས་དང་བན་ཆེན་ནས་གཡོན་བྱས་པའི་འཁྲོང་གདན་འདྲེན་པོ་དང་དབུ་མཛད་རྣམས་ལགས་མཁྱེན་རབ་ཐར་པ་དབུས་སུ་ཞུགས་ཏེ་འཁྲོང་བཤད་ཀྱི་དབུ་རྩོམ་གྱི་ཡོད།

འཁྲོང་བཤད་འབུལ་ཚུལ་ལ་ཞུས་ན། འཁྲོང་གདན་འདྲེན་པའི་སྐབས་དང་འཁྲོང་མཆོད་པའི་རྗེས་དང་། འཁྲོང་སྤུགས་རྒྱལ་གྱི་མཇུག་གི་སྲོལ་བསང་། འཁྲོང་སློང་རྒྱག་པའི་དུས་རིམ་བཅས་ནང་ཆ་ཡོངས་སུ་ཁྱབ་ཀྱང་། ཕུན་སུམ་ཚོགས་པའི་ཡན་ལག་རྣམས་གཅིག་ཏུ་འདུ་ན། འཁྲོང་གདན་འདྲེན་པའི་སྐབས་དང་འཁྲོང་སློང་རྒྱག་པའི་སྐབས་ཀྱི་བཤད་པ་གཉིས་ཟུར་རྒྱན་ཙམ་ལས་གཙོ་བོ་མིན་པས་འདིར་འཁྲོང་མཆོད་པའི་སྐབས་ཀྱི་བཤད་པ་ཉིད་གཙོ་བོ་དང་གཞན་གཉིས་དེ་འབྲེལ་གྱི་བཤད་པ་དང་འབྲེལ་བའི་སྒོ་ནས་གླེང་བར་བྱ་སྟེ། དེ་ལ་ཤེས་བྱེད་ཡོད་དེ། འཁྲོང་གདན་འདྲེན་པ་དང་འཁྲོང་སློང་རྒྱག་པའི་སྐབས་ཀྱི་བཤད་པ་གཉིས་ནི་ཉུང་ལ་དུས་ཡུན་ཐུང་བ་དང་། འཁྲོང་མཆོད་པའི་གནས་ཀྱི་བཤད་པ་ཉིད་ལགས་མཁྱེན་རབ་ཐར་པའི་བཀའ་འབེབས་དགོས་ལ། དུས་ཡུན་རིང་བ་དང་བཤད་པའི་རྣམ་བཞག་གི་རེ་བ་དོ་ནན་པ་སོགས་ཀྱི་ཁྱད་ཆོས་མཆིས་པས་སོ། །

འཁྲོང་གདན་འདྲེན་པའི་སྐབས་ཀྱི་བཤད་པ་ནི་གཙོ་བོ་ཕོ་འཁྲོང་མོ་འཁྲོང་གདན་འདྲེན་པོ་ཕྱོགས་གཉིས་བོན་རིའི་ངོགས་སུ་འགྲོ་དུས་མཉམ་གཤིབས་བྱས་ནས་འགྲོ་དགོས་རྗེན་བསམ་གླིང་གཞིས་ཀའི་སྐྱེས་པ་རྣམས་དང་། བན་ཆེན་ཁྲལ་པའི་སྐྱེས་པ་རྣམས་ཀྱིས་ཡུལ་བཤད་དང་འབྲེལ་ཏེ་གཤགས་འགྲེད་པའི་རྣམ་པས་ལམ་འགྲིམས་བཞིན་ཡོད། དེ་ཡང་འོག་ནས་འཆད་འགྱུར་གྱི་འཁྲོང་བཤད་རྣམས་ཕོ་འཁྲོང་གདན་འདྲེན་པོ་བསམ་གླིང་དང་། མོ་འཁྲོང་གདན་འདྲེན་པོ་བན་ཆེན་

གཉིས་ཀྱི་བཤད་པ་འགོད་པ་ལ་ཐད་ཀར་བསམ་གླིང་དང་བང་ཆེན་ཞེས་ཐ་སྙད་བཀོལ་བར་བྱའོ། །

འདིར་འབྲོང་གདན་འདྲེན་པའི་སྐབས་ཀྱི་བཤད་པའི་དཔེར་མཚོན་ཙམ་དྲངས་ན། བཤད་པ་དབུ་དངོས་སུ་མ་བརྩམ་གོང་ལྷད་མོ་བ་དང་བཅས་ཚང་མས་མགྲིན་གཅིག་དང་དབྱངས་གཅིག་ཏུ་ཨ་ཡའོ་ཞེས་བཤད་པའི་སྔོན་བརྗའི་ཚུལ་དུ་བརྗོད་ཀྱི་ཡོད།

བསམ་གླིང་པས། ཨ་ཡའོ།

རི་མཐོན་པོ་ཆོས་རྫོང་རི་ལ། །

རི་དྭགས་གླ་བ་མེད་པའི་ཡ་མཚན་བྱུང་། །

ཆབ་དང་པོ་ཆབ་དོང་ནང་ལ། །

གྲུ་ཤན་རྟ་མགོ་མེད་པའི་ཡ་མཚན་བྱུང་། །

ལྷེ་ཞོལ་ཕོ་གཞོན་མོ་གཞོན། །

གཞས་དང་ཞབས་བྲོ་མེད་པའི་ཡ་མཚན་བྱུང་། །

ཨ་ཡའོ་ཞེས་ལྷད་མོའི་ཚིགས་ནས་གདངས་དང་བཅས་ཚར་གཉིས་གསུམ་ཙམ་འདོན་སྲོལ་ཡོད།

བང་ཆེན་པས། ཨ་ཡའོ་ཞེས་བརྗོད་ནས།

རྒྱལ་པོའི་ལྷུམ་རའི་ནང་ལ། །

ཤིང་ཏ་ལའི་ལོ་མ་འཚོང་མཁན་འདུག །

ཅེས་བརྗོད་པ་ལ་མི་ཚོགས་ཡོངས་ནས་ཨ་ཡའོ་ཞེས་བརྗོད་ཀྱི་ཡོད།

བསམ་གླིང་པས། ཨ་ཡའོ······

གང་དང་གང་འཚོང་གི་འདུག །

བང་ཆེན་པས། ཨ་ཡའོ་ཞེས་བཟོད་ནས་དེའི་ལན་གྱི་ཚུལ་དུ།

ལྷི་བ་དང་ལྷི་བ་འཚོང་གི་འདུག ཨ་ཡའོ·····ལ་སོགས་པའི་གཞགས་འགྱེད་སྲོལ་ཡོད། འབྲོང་གདན་འདྲེན་པའི་སྐབས་ཀྱི་བཤད་པ་ཕལ་ཆེ་བ་ཡུལ་གྱི་བཤད་པ་དང་འབྲེལ་ཆེ་བར་སྣང་། དེར་གཞགས་ཅེས་བཤད་ཀྱང་དོན་དུ་ཚིག་ངོར་བལྟོས་ན་བཤད་པའི་ངོར་ཤས་ཆེར་སོང་།

བོན་རིར་འབྱོར་རྗེས་ཐོག་མར་བསང་གསོལ་བྱ་དགོས་པ་དང་དེའི་སྐབས་ཀྱི་འབྲོང་གི་བཤད་པ་འབུལ་དུས་ནི་འབྲོང་བཤས་ནས་མཆོད་པའི་གནས་སྐབས་སུ་ཡིན། སྐབས་དེའི་བཤད་པ་ནི་ལེགས་པོ་ལས་ངན་པ་རྒྱུག་པའི་སྲོལ་མེད། དེ་ཡང་འབྲོང་མཆོད་པོ་ལགས་མཁྱེན་རབ་ཐར་པའི་གཡས་གཡོན་ན་གྲལ་དུ་བཞུགས་པའི་ཕོ་འབྲོང་བཞེངས་པོའི་བསམ་གླིང་གཞིས་ཀའི་དབུ་མཛད་བཙུ་གྲངས་དང་། འབྲོང་སྤྱགས་རྒྱལ་གདན་འདྲེན་མི་བཙུ་གྲངས་རྣམས་དང་བང་ཆེན་ཁྲལ་པའི་དབུ་མཛད་དང་། འབྲོང་གདན་འདྲེན་པོ་རྣམས་མི་ཚོགས་ཀྱི་དབུས་སུ་གཞགས་ཉིན་གང་རྒྱག་སྲོལ་ཡོད་པའོ། །དེ་ལ་ཐོག་མར་བཤད་པ་དངོས་སུ་དབུ་མ་བརྩམས་གོང་ཚོ་ག་དེའི་ཁྲིད་ཀྱི་གཙོ་བོའི་མི་སྣ་ལགས་ལགས་ཀྱི་བཀའ་འབེབས་ངེས་པར་དུ་དགོས་ལ། ལགས་མཁྱེན་རབ་ཐར་པ་ནས་བཀའ་འབེབས་གནང་གསལ་བཤད་པའི་གནས་སྐབས་སུ་སྲུང་བཤད་དང་བཙོས་བཤད་སོགས་རྒྱག་མི་ཚོག་ལ། ལྔེ་ཅུ་ལེགས་བཤད་དང་བྱེ་ཅུ་ལེགས་བཤད། ཚ་ཅུ་ལེགས་བཤད། ཟུ་ཧྲིག་ལེགས་བཤད་སོགས་རྒྱག་དགོས་ཞེས་གསུངས་ཀྱི་ཡོད།

བཙོས་བཤད་ཀྱི་དཔེ་མཚོན་ཙམ་དྲངས་ན།

རི་ཕ་གིའི་ལྷེབས་ལ་གཡག་གཅིག་འདུག །

སྨ་གདན་བཤུས་ན་སྐལ་རལ་པས། །

གཞུག་གུ་བསྐོག་ན་རྒྱང་རལ་པས། །
ཁྱོད་འདི་ཏ་མ་སྟོད་ལྷོ་ནུབ་སྲིན་པོའི་ཡུལ་དུ་སོང་། །

ཞེས་པ་ལྟ་བུའོ། །

ལེགས་བཤད་ཀྱི་དཔེར་མཚོན་ཙམ་དྲངས་ན།

བསམ་གླིང་པས། ཨ་ཡའོ······

ཕོ་རབ་དང་ཕོ་འབྲིང་ཐ་མ་གསུམ་གྱི་བཤད་པ་ཤོད། ཅེས་དྲི་བའི་ཚུལ་དུ་སློས་པ་ལ་མི་ཚོགས་ཡོངས་ནས་ཨ་ཡའོ····ཞེས་བརྗོད་ཀྱི་ཡོད།

བང་ཆེན་པས། ཨ་ཡའོ······

ཕོ་རབ་ཀྱི་ཚང་དེ་ཀླད་པའི་དཀྱིལ་ལ་ཕྱིན། །
ཀླད་པ་རིན་ཆེན་གཞལ་ཡས་ཁང་། །
ཕོ་འབྲིང་གི་ཚང་དེ་གློད་པའི་ནང་ལ་ཕྱིན། །
བདེ་བ་སྡུག་བསྔལ་མེད་པའི་གཉིད་ཅིག་ཁུག །
ཕོ་ཐ་མའི་ཚང་དེ་སྙིང་གི་དཀྱིལ་ལ་ཕྱིན། །
སྙིང་རྩ་ནག་རྒྱུས་ཤིང་གྲི་ནག་འདོན། །

ཞེས་ལན་གྱི་ཚུལ་དུ་འདེབས་ཞོར་མི་ཚོགས་ཡོངས་ནས་ཨ་ཡའོ····ཞེས་བརྗོད་ཀྱི་ཡོད།

བང་ཆེན་པས། ཨ་ཡའོ······

ཕོ་རབ་དང་ཕོ་འབྲིང་ཐ་མ་གསུམ་གྱི་བཤད་པ་ཤོད། ཅེས་པ་ལ་མི་ཚོགས་ཡོངས་ནས་ཨ་ཡའོ····ཞེས་བརྗོད་ཀྱི་ཡོད།

བསམ་གླིང་པས། ཨ་ཡའོ····

ཕོ་རབ་དེ་དགྲ་བོའི་དམག་ལ་ཕྱིན། །

གྲི་མེ་མདའ་སྟེས་ལ་རྒྱབ་ནས་ཤི། །
ཕོ་འབྲིང་དེ་སྨད་བསྐོར་སྟོད་བསྐོར་ལ་ཕྱིན། །
མ་ཏི་ལག་བསྐོར་སྟེས་ལ་བརྒྱབ་ནས་ཤི། །
ཕོ་ཐ་མ་བསྐོས་ཁ་ནང་ལ་བསྡད། །
ཁོ་བསྡད་ཤུལ་ཤིག་དང་སྲོ་མ་རྩ་རེ་ཙུ་རེ་[1]བྱས་ནས་ཤི། །

ཞེས་ལན་གྱི་ཚུལ་དུ་འདེབས་ཞོར་མི་ཚོགས་ཡོངས་ནས་ཨ་ཡའོ····ཞེས་བརྗོད་ཀྱི་ཡོད།

སྤྱིར་གསེར་སྙེང་བསམ་གླིང་པ་དང་ལྷེ་ཞོལ་བང་ཆེན་པ་གཉིས་དབར་གྱི་གཤགས་ཀྱི་བཤད་པ་ནི་ལོ་ཕལ་ཆེ་བར་བང་ཆེན་པ་རྒྱལ་སྲོལ་ཡོད། དེ་ལྟར་རྒྱལ་དོན་ནི་འབྲོང་སྤྱགས་རྒྱལ་གྱི་མཆོད་སའི་ཡུལ་ལྷེ་ཞོལ་དུ་ཡིན་པ་དང་། གཉིས་ནས་དེ་ཉིན་ཚོ་ག་དེའི་ཁྲིད་ཀྱི་ལྟད་མོ་བ་ཕལ་ཆེ་བ་ལྷེ་ཞོལ་པ་ཡིན་པ། གསུམ་དུ་ལྟད་མོ་བའི་ཁྲིད་མི་ཁ་གྲོད་པ་རྣམས་ཀྱང་གཤགས་ཀྱི་ནང་བཞུགས་པའི་དབང་གིས་སོ། །འོ་ན་བསམ་གླིང་རྒྱལ་བའི་སྐབས་མེད་དམ་སྙམ་ན། དེ་ལྟར་མིན་ཏེ། སྐབས་རེ་བསམ་གླིང་པ་བང་ཆེན་ལས་རྒྱལ་བའི་སྐབས་ཀྱང་ཡོད། དེས་ན་བཤད་པ་ཅི་འདྲ་ཞིག་གི་འོག་བསམ་གླིང་རྒྱལ་བའི་སྐོར་དཔེ་མཚོན་ཙམ་དྲངས་ན།

བསམ་གླིང་པས། ཨ་ཡའོ····ཞེས་པས་སྔོན་བསུས་ནས་ཨོཾ་སྭ་སྟི། བདེ་ལེགས་སུ་གྱུར་ཅིག།

ཤིང་ཅན་དན་སྟོང་གའི་[2]སྙེང་། །
བྱ་ཙུག་གུས་[3]ཙུག་ཚང་བསགས། །

① རྩ་རེ་ཙུ་རེ་ཞེས་པ་ནི་འཚང་ཁ་ཤིག་ཤིག་གི་དོན་དུ་བྱ།
② ཡུལ་སྐད་དེ་ཤིང་གི་སྟོང་པོའི་ཡལ་གར་གོ
③ ཡུལ་སྐད་དེ་བྱ་ཙུག་པར་གོ

ཙན་དན་གྱི་སྡོང་པོ་[1]གཙོད་པ་ལས། །

ཞུག་པ་ཕོ་རང་དམར་གསོད་བཏང་ན་དགའ། །

ཞེས་བཤད་པས་དེ་ལ་བང་ཆེན་པ་རྣམས་ལན་མེད་པས་ཕམ་པར་གྲགས། །

འཁྲོང་སློང་རྒྱག་པའི་སྐབས་ཀྱི་བཤད་པ་སྣ་ཚོགས་ཡོད་མོད། འདིར་དཔེ་ཙམ་སྨྲོས་ན་འདི་ལྟར་སྟེ།

འཁྲོང་གིས་མ་ཁྱིན་འཁྲོང་གིས་ཁྱིན། །

འཁྲོང་གིས་གཡས་རིའི་སྟེང་ལ་ཁྱིན། །

གཡས་རིའི་སྟེང་ནས་རྩྭ་ཞིག་བཟས། །

འཁྲོང་གིས་མ་ཁྱིན་འཁྲོང་གིས་ཁྱིན། །

འཁྲོང་གིས་གཡོན་རིའི་སྟེང་ལ་ཁྱིན། །

གཡོན་རིའི་སྟེང་ནས་ཆུ་ཞིག་བཏུང་། །

ལྷས་ར་གྲུ་བཞིར་ར་རྩེད་རྩེད། །

སྤུང་གཤོངས་བདེ་མོར་སྐྱིད་ཉལ་འཕེན། །

འཁྲོང་གིས་མ་ཁྱིན་འཁྲོང་གིས་ཁྱིན། །

འཁྲོང་གིས་སྟེང་ཕྱོགས་ལྷ་ཡུལ་ཁྱིན། །ལྟ་བུའོ།

འདི་དག་ནི་འཁྲོང་བཤད་ཀྱི་དཔེ་མཚོན་ཙམ་ཡིན་པས་ཞིབ་པ་འབྲི་བར་མི་ལང་ངོ་། །

༼ང༽ གྲོལ་བསང་།

འཁྲོང་མཆོད་པ་དང་འཁྲོང་བཤད་འཕུལ་ཟིན་རྗེས་འཁྲོང་སྤུགས་རྒྱལ་གྱི་ཚོ་ག་འདི་ཡོངས་སུ་མཇུག་སྒྲིལ་གྱི་ཡོད། བསང་ཁ་བསང་གསོལ་གཏོང་བ་དང་བཀྲ་

[1] ཡུལ་སྐད་དེ་ཤིང་གི་སྡོང་པོར་གོ

ཤིས་སྨོན་ཚིག་སོགས་བསྒྲོན་ནས་འབྲོང་ཕྱུགས་རྣམས་བགོས་འགྲེམས་བྱ་བའོ། །དེའི་སྐོར་ཞུས་ན། གཡག་ར་ལུག་གསུམ་གྱིས་གཙོས་པའི་གཏོར་མ་རྣམས་དང་། འབྲོང་མགོ་གཉིས་ནི་ལགས་མཁྱེན་རབ་ཐར་པ་དང་། ཕོ་འབྲོང་མོ་འབྲོང་གི་ལུས་ཡོངས་ནས་ཕྱུགས་སོར་བཞི་ཙམ་ཞིག་གནད་པར་ཕུལ་དགོས་པ་མ་ཟད། གཞན་ཕོ་འབྲོང་གི་ཕྱུགས་ལྷག་མ་རྣམས་བསམ་གླིང་གཞིས་ཀ་དང་མོ་འབྲོང་བང་ཆེན་ཁྲལ་པས་འཁྱེར་སྐྱོལ་མཆིས། དེ་ནས་མི་ཚོགས་རྣམས་བོན་རི་ནས་གྱེས་ཏེ་རང་རང་གི་འདུ་མལ་ཕྱོགས་སུ་བསྐྱོད་ཀྱི་ཡོད་ལ། ལམ་བར་དུ་གཞས་ཞབས་བྲོ་དང་ཛ་ཆང་གི་སྟོན་མོར་རོལ་ཏེ་ལྷ་བབས་དུས་ཆེན་འདའ་བར་བྱེད་ཀྱི་ཡོད། འདི་དག་ནི་འབྲོང་ཕྱུགས་རྒྱལ་གྱི་གསོལ་མཆོད་ཀྱི་དད་མོས་རྣམ་པ་ཡིག་ལམ་དུ་བཀོད་པ་ཙམ་མོ། །ཚོ་ག་འདི་ཉིད་དེང་སང་སྤེལ་སྐྱོལ་མེད་པ་དང་། གོང་ཞུས་ཀྱི་ཚོ་ག་དེ་ནི་སྤྱི་ལོ་1959ལོའི་བར་གནས་མུས་ཡིན་ཀྱང་། ད་ཆ་རིག་གནས་དེའི་རྒྱུན་ས་བཅད་མ་སྟོང་ཙམ་ཞིག་རྒན་པོ་ཁ་ཅིག་གི་ངག་ཏུ་གྲགས་པ་ལས་ཡིག་ལམ་དུ་མེད་པས་འདིར་ཡིག་ཐོག་ཏུ་དབབ་པ་ལགས། དེ་ཕྱོགས་ཀྱི་རིག་གནས་མང་དག་ཉིན་ཞག་མ་འདས་བོར་བརླག་འགྲོ་བར་དམིགས་ནས་ཡི་གེར་བཀོད་གལ་ཆེ་བས་རིག་གཞུང་གི་སྙིང་པོ་ལེན་འདོད་པ་དག་གིས་དེ་ཕྱོགས་ལ་ཐུགས་བཞེས་ཡོད་པར་མཁྱེན། །

གཉིས། ལྷ་ཉ་པའི་དད་མོས་བཤད་པ།

ལྷ་ཉ་པ་[1]ནི་དོལ་གྱི་ཡས་མོའི་ཕུ་ན་འཆའ་ཞིང་། ལུང་ཤུར་དེའི་གཡོན་ཕྱོགས་ཀྱི་རིའི་ལྡེབས་སུ་བྲག་དཀར་པོ་གནམ་ལ་གཟེངས་པ་〈དཔེ་རིས་བཅུ་པར་གཟིགས།〉ཞིག་ཡོད། སྔ་དུས་གནས་དེར་ལྷ་ཉ་པ་གསོལ་སའི་རྟེན་ཁང་ཆུང་ཆུང་ཞིག་ཡོད་ཀྱང་། དེང་སང་ས་ཤུལ་རྗེ་ཤུལ་ཙམ་ལས་མ་མཆིས། དེའི་འགྲམ་དུ་རྗོ་རིང་ཡི་གེ་

① ཡུལ་མི་འགས་ལྷ་ཉ་པར་ཉ་པ་ལྷ་ཞེས་ཀྱང་བརྗོད།

མེད་པ་ཉ་གཟུགས་ཅན་ཞིག་ཡོད་པ་དང་། ཤོད་རྒྱུན་དུ་དེ་ནི་གྲུ་འདོགས་སའི་རྟེང་ཐག་[1]ཡིན་པར་གྲགས། ཉ་གཟུགས་ཅན་གྱི་རྗེ་རིང་༼དཔེ་རིས་བཅུ་གཅིག་པར་གཟིགས།༽ དེ་ལྟ་ཉ་པའི་གནས་གཞི་བྲག་དཀར་པོ་གཟེང་ངེ་བ་དེའི་ལྟོ་ངོས་སུ་འཁྱིང་ནས་ཡོད་མོད། བཅིངས་བཀྲོལ་གོང་ཙམ་སྤྱི་ལོ་1959ལས་མས་སུ་དོལ་གྱི་མདར་གནས་པའི་ས་ལུགས་ཀྱི་དགོན་པ་རྗེ་ཕུད་ཆོས་འཁོར་དགོན་[2]གྱི་གྲྭ་དམངས་ཀྱིས་དགོན་པའི་རྗེ་རིང་བཟོ་ཆེད་དུ་དབོར་འདྲེན་ཞུས་ཀྱང་སྤྱི་ལེ་གཉིས་གསུམ་ཙམ་གྱི་ས་ནས་བཙུན་པ་ཞིག་གི་རྐང་པ་ཆག་པ་སོགས་པའི་རྐྱེན་སྣ་ཚོགས་ཀྱིས་གདན་འདྲེན་དུ་མི་བཏུབ་པའོ། །བཅིངས་བཀྲོལ་གོང་ནས་སྤྱི་ལོ་2015ལོའི་ལོ་གསར་གོང་བར་ཉ་གཟུགས་ཅན་གྱི་རྗེ་རིང་འདི་ཉིད་ཡས་མོ་གོང་མཁར་ཤུལ་གྱི་བྱང་ཤར་མཚམས་སུ་འཕྲང་དོག་པོ་ཞིག་གི་འགྲམ་ན་ཉལ་མ་ཐང་དུ་གནས། དེ་ནས་སྤྱི་ལོ་2015ལོའི་རྒྱལ་པོ་ལུགས་ཀྱི་ལོ་གསར་ཚེས་གསུམ་ཉིན་ཡས་མོའི་བྱང་ཤར་ཕྱོགས་སུ་གནས་པའི་དོལ་སྤོས་འབར་དགོན་[3]ནམ་དཔལ་འབར་དགོན་དུ་

① སྔོ་ཕྲུགས་སོགས་འདོགས་བྱེད་ཀྱི་ཐག་པའི་སྣེ་མོར་ཕུར་པ་ཡོད་པ་ཞིག

② རྗེ་ཕུད་ཆོས་འཁོར་དགོན་ནམ་བདུན་ཕུད་ཆོས་འཁོར་དགོན་ཞེས་ཟེར། དགོན་དེ་ནི་ཐོག་མར་གཏེར་སྟོན་གྲྭ་མདོན་གྱིས་བཞེངས་པར་བཤད་ཀྱང་། གཏེར་སྟོན་གྱི་སློབ་བརྒྱུད་དོལ་ཡ་མེ་བས་གནས་གཞི་བཞི་བཏབ་པའི་ལྟེ་ཏི་སྟོམ་བུ་ཞེས་པ་དེ་མིན་ནམ་སྙམ། ཕྱིས་རྒྱ་བསྐྱེད་པོ་ནི་ཤེལ་གྲོང་པཎ་ཆེན་ཡིན་ནོ། །དེ་ལ་རྗེ་ཕུད་ཅེས་པ་དོལ་ན་གནས་པའི་དགོན་པ་རྣམས་ཀྱི་རྗེའི་ཕུད་ཀྱིས་བཞེངས་པས་མཚན་དེ་ལྟར་གྲགས་ལ། བདུན་ཕུད་ཅེས་པ་ནི་དགོན་པ་བདུན་གྱི་ཕུད་ཡིན་པས་མིང་དེ་ལྟར་བྱུང་བར་གསུངས།

③ དོལ་སྤོས་འབར་དགོན་འདི་ནི་ཐོག་མར་དགོན་དེ་གནས་སའི་རྒྱབ་རིའི་གྲས་ན་བདེ་ཆེན་རྩེ་ཞེས་པའི་རི་རྩེར་གནས་པའི་རྙིང་མའི་དགོན་རི་པོ་བདེ་ཆེན་རྩེ་ཞེས་པ་དེ་ནས་གནས་སྤོ་བྱས་པར་གྲགས་ལ། ངག་རྒྱུན་དུ་ཀུན་མཁྱེན་ཀློང་ཆེན་རབ་འབྱམས་ཀྱིས་བཞེངས་པར་བཤད་མོད། ཀུན་མཁྱེན་གྱི་རྣམ་ཐར་དུ་དེ་སྐོར་མི་གསལ། ལར་ནི་གཏེར་བདག་གླིང་པར་བཞེངས་པར་བཤད། དེ་ལ་སྤོས་འབར་དགོན་ཞེས་བརྗོད་དོན་ནི་དགོན་དེའི་རྟེན་གཙོའི་ཐུགས་ཀར་སྤོས་འབར་བ་ནང་བཞིན་འོད་དམར་པོ་འཆར་ཅན་དུ་ཡོད་པ་ཞིག་གནས་པས་ན་དགོན་མིང་སྤོས་འབར་དགོན་དུ་བྱས་པར་བཤད། འགས་དཔལ་འབར་དགོན་ཞེས་ཀྱང་ཟེར། དེ་ལ་དཔལ་འབར་ཞེས་པ་ནི་དཔལ་དང་ཕུན་སུམ་ཚོགས་པའི་ཡན་ལག་ཏུ་གྱུར་པའི་སྐད་དུ་དགོན་མིང་དེ་ལྟར་ཐོགས་པར་བཤད།

གྲགས་པའི་བཙུན་དགོན་གྱི་ངོགས་སུ་འཆའ་བའི་གྲོང་མི་རྣམས་ཀྱིས་སྒྲིག་འཛུགས་བྱས་ཏེ་འཕྲང་དོག་མོ་དེའི་འགྲམ་ནས་ལྷོ་ངོས་ཀྱི་ཕུ་ཆུ་རྒྱུགས་སའི་གྲོག་ཤུལ་གྱི་ཉེ་འགྲམ་སྤང་གཞོངས་བདེ་མོ་ཞིག་ཡོད་པ་དེར་གདན་དྲངས་ཞོར་སྤྱོས་འབར་དགོན་པའི་རྗོ་རིང་གི་སླད་དུ་གདན་འདྲེན་པའི་གྲབས་གཞོམ་ཏེ་གདན་དྲངས་པར་བརྩམས་སྐབས་ཡས་མོ་བ་རྣམས་ཀྱིས་འགོག་རྐྱེན་འོག་གདན་འདྲེན་མ་ཐུབ། ད་ལྟ་ཉ་གཟུགས་ཅན་གྱི་རྗོ་རིང་དེ་ནི་ཡས་མོ་གོང་ཞེས་པའི་མཁར་ཤུལ་རྙིང་པ་དེའི་ལྷོ་ངོས་སུ་འགྲིང་ངེར་གནས། རྗོ་རིང་དེ་ནི་ཉ་མགོ་དང་གཤོག་པ། དེ་བཞིན་མཇུག་མ་སོགས་ཡོངས་ནས་ཉ་དང་གཅིག་མཚུངས་སུ་འདུག་པས་ཡུལ་དེའི་མིས་ཉའི་འགྱུར་རྗོ་ཡིན་པར་བཤད། གང་ལྟར་དེ་ཉ་དང་འབྲེལ་བ་ངེས་ཅན་ཞིག་ཡོད་པར་སེམས་སོ། །ཕོ་བོས་2017ལོའི་ཟླ་8པའི་ཚེས་1ཉིན་ཡུལ་དེའི་སྐྱེས་པ་བཅུ་བཞི་འཁྲིད་ནས་ཡས་མོའི་ཕུར་གནས་པའི་ཉ་གཟུགས་ཅན་གྱི་རྗོ་རིང་དེ་བསྔོག་ནས་རིང་ཚད་སོགས་འཇལ་བར་གཞིགས་ན། ཉ་གཟུགས་ཅན་གྱི་རྗོ་རིང་དེའི་སྤྱིའི་རིང་ཚད་ལ་ལི་སྨི351དང་། ཞེང་ཚད་ལ་རིང་ཐུང་གཉིས་སུ་བྱས་པའི་རིང་བར་ལི་སྨི51དང་། ཐུང་བར་ལི་སྨི12ཡོད་ལ། མཐོ་ཚད་ལ་ལི་སྨི27དང་། མཇུག་མའི་རིང་ཚད་ལ་ལི་སྨི31དང་ཞེང་ཚད་ལ་ལི་སྨི26དང་། ཉ་མགོའི་རིང་ཚད་ལ་ལི་སྨི71དང་ཞེང་ཚད་ལ་ལི་སྨི35བཅས་སོ། །རྗོ་རིང་དེའི་ཉ་མགོ་ས་འོག་ཏུ་བཙུད་ཅིང་། མཇུག་མ་གནམ་ལ་གེར་ནས་བཞག་ཡོད་སྐབས་ཆ་རྒྱུས་མེད་པའི་མི་རྣམས་ཀྱིས་རིག་ཚེ་དེའི་རིན་ཐང་རྟོགས་མི་ཐུབ།

ད་ནི་ལྷ་ཉ་པའི་གཏམ་རྒྱུད་འཆད་པར་བྱ་སྟེ། དེ་ཡང་སྔ་དུས་དོལ་ལུང་པ་འདི་ཉིད་ཆུས་གང་ཞིང་། དོལ་གྱི་ཡས་ཕོའི་འཁྱག་གངས་སླུག་[1]ཅེས་པའི་དགོན་

[1] འཁྱག་གངས་སླུག་དགོན་ཞེས་པ་ནི་འཁྱག་པ་དང་གངས། སླུག་པ་གསུམ་གྱིས་བསྐོར་བའི་གནས་

ཤུལ་ཡོད་ས་དེ་དང་ཡས་མོའི་ཕུའི་ལྷ་ཉ་པ་གནས་སའི་བྲག་དཀར་པོ་ཡོད་ས་གཉིས་ནས་དོལ་གྱི་མེས་པོ་རྣམས་ཀྱིས་ཀོ་གྲུ་ལ་བརྟེན་ཏེ་ཁ་སྤྱོད་ཀྱི་སྤང་གཤོངས་ཏ་རིའམ་སྤང་གཤོངས་ལྷ་རི་ཞེས་པའི་རིའི་བར་གྱི་ཆུ་ལ་སློགས་ནས་འཚོ་སྐྱོད་བྱ་ཡི་ཡོད་པ་མ་ཟད། ཟས་གཙོ་བོ་ཉ①ལ་བརྟེན་གྱི་ཡོད་རྐྱེན་ཡུལ་དེའི་མི་རྣམས་ལ་དོལ་པ་ཞེས་བརྗོད། ནམ་ཞིག་གི་ཚེ་ན་དོལ་གྱི་ཡས་མོའི་མེས་པོའི་གྲུས་མཉན་དཔོན་ལྷ་ཉ་པར་གྲགས་པ་འདི་ཉིད་དུས་རྒྱུན་བཞིན་ཡས་མོ་ནས་སྤང་གཤོངས་ཏ་རིའི②བར་

གཞི་ཞིག་ཡིན་པས་མིང་དེ་ལྟར་ཐོགས། དགོན་དེ་ཕྱུག་འདེབས་པོ་དང་འདེབས་དུས་སོགས་མི་གསལ། དུས་རབས་གོང་མའི་ལོ་རབས་དགུ་བཅུའི་བར་དུ་དགོན་པའི་ཟུར་དྲིལ་གནས་ལ། ད་ལྟའི་ཆར་ཡང་གནས་གཞི་དེ་ནས་ཚ་ཚ་སོགས་ཐོན་བཞིན་ཡོད།

① བོད་ཀྱི་སྲོལ་རྒྱུན་ལ་ཉ་ཨ་ཉ་ཟ་ཉ་ཛ་ཉ་གསུམ་ཞེས་ཉ་རིགས་ལ་དབྱེ་བ་གསུམ་དུ་ཕྱེ་བ་ལས། ཨ་ཉ་ནི་རྒྱུན་དུ་ཟས་སུ་ལོངས་སྤྱོད་པ་ཡིན་ཞིང་། དེ་ལ་རྣ་བོ། གཏུམ་པོ། རྩབ་པོ། ཁ་པ། པྲ་ཧྲིལ། སལ། པ་ཁ་ལེབ་ཅེས་ཆུ་ནང་ཉ་མོ་རིགས་བདུན་དུ་གྲགས། ཁ་དཔེར། ཉ་མོ་ཆུ་ཡི་ལྤྲུ་བ་ཡིན། སེར་ཤ་སྤང་གི་ཚོ་ལུ་ཡིན་ཞེས། ཉ་ནི་ཟས་ཀྱི་དྭངས་མར་བརྩིས་ཏེ། ཆུ་ནང་ཉ་མོ་རིགས་བདུན་ལས་རྣ་བོ་ཤ་ཡི་རལ་པ་ཡིན་ཞེས་དང་། ཉ་རྣ་བོ་ཡིན་ན་ཆུང་མི་དགོས། ཆང་དང་པོ་ཡིན་ན་མང་མི་དགོས་ཞེས་རྣ་བོ་ཤ་བཅུད་ལེགས་ཤིང་རོ་ཞིམ་པར་བསྟི། ཡར་ཆབ་གཙང་པོའི་ངོགས་སུ་གནས་ཆགས་པའི་མི་ཁྱིམ་ཕལ་པ་དག་གིས་ཉ་རིགས་ཟས་སུ་བྱེད་ཅིང་། སྲོལ་རྒྱུན་ཉ་ཟས་ལ་ཉ་བཙོས་དང་། ཉ་སྲེག ཉ་ཐང་། ཉ་རྡེན། ཉ་མོག ཉ་འབྲས་སོགས་ཉ་ཟས་ཀྱི་གཡོས་སྦྱོར་མི་འདྲ་བ་ཡོད་པས། རོ་འཛིན་དབང་པོའི་བཅུད་དུ་གྱུར་པ་ཡིན་གཤིས། སྔོན་ཆད་ནི་རྡོ་རྗེ་བྲག་དང་། གོང་དཀར་ཆོས་སྡེར་བཞུགས་པའི་དགེ་འདུན་པ་ཉ་ཤ་གསོལ་བ་ཡང་ཡོད། སྔོན་ཀ་ཉ་གསོག་བརྒྱབ་པ་ཞེས་སྔོན་དུས་ཡུལ་མི་དག་གིས་ཉ་སྐམ་གསེས་གྲབས་གསོག་བྱས་ཏེ། དགུན་དཔྱིད་གཉིས་ལ་ཚོང་འདུས་དག་ཏུ་ཚོང་གི་ཡོད་ཅིང་། ཉ་ལས་སྣ་ཁྲུག་གྲུང་བ་མེད་ཅེས་སྨྲ་བར་བྱེད་པ་ནི་ཉ་ལ་བརྟེན་ནས་འབྲུ་རིགས་སོགས་འཚོ་བའི་མཁོ་བྱེད་མང་པོ་བསྒྲུབས་པར་དོན་མཐུན་བསྟུགས་པ་ཡིན་ནོ། །

② རི་དེ་ནི་དོལ་གྱི་ཡས་ཕོ་ཡས་མོའི་ཁ་སྤྱོད་དེ་ཡར་ཀླུང་གཙང་པོའི་བྱང་ངོགས་སུ་གནས་པའི་ལྷོ་ཁ་གོང་དཀར་རྫོང་འཕྲེང་པོ་ཤང་གི་ཤར་ངོས་སུ་ཆགས། རི་དེའི་མིང་གཞན་ལ་སྤང་གཤོངས་ལྷ་རི་ཞེས་ཀྱང་བྱ། ཡོངས་གྲགས་སུ་སྤང་གཤོངས་ཏ་རི་ཞེས་བརྗོད་སྲོལ་མཆིས་པའི་སྐབས་ཀྱིས་འདིར་སྤྱི་ཡོངས་ཀྱི་མིང་དེ་ཉིད་བཀོད་དོ། །སྔ་དུས་གནས་དེར་རྙིང་མའི་དགོན་སྡེ་ཞིག་ཡོད་པ་དང་། དགོན་སྡེ་དེ་ཕྱུག་འདེབས་པོ་དང་བཏབ་དུས་སོགས་གསལ་ཁ་མེད་པས་འདིར་འོལ་ཚོད་དུ་ཁ་ཚོན་གཅོད་མི་ནུས། དགོན་དེ་ནི་ལྷ་རིའམ་ཏ་རི་གནས་སའི་སྤང་གཤོངས་ནང་འཆའ་བའི་དབང་ལྷ་རི་དགོན་ནམ་ཏ་རི་དགོན་ཞེས་པའི་མཚན་ཐོགས། དུས་ཕྱིས་སོག་པོ་ཧུན་གར་བའི་དམག་གིས་བཙོམས་པར་བཤད་ལ། འདུ་ཁང་སོགས་མེར་བསྲེག་པའི་ལྷམ་གདུང་གི་འཚིག་ཤུལ་དེང་སང་ཡང་མཇལ་རྒྱུ་ཡོད། བཅིངས་བཀྲོལ་ཡར་སྔོན་དུ་དགོན་དེའི་ཟུར་དྲིལ་སོགས་མཇལ་དུ་ཡོད་ཀྱང་། དེང་སང་མི་སྣང་ངོ་། །སྤང་གཤོངས་ཏ་རི་དགོན་ཞེས་ཀྱང་གྲགས།

གྲུ་ལ་བརྟེན་ཏེ་ཉ་འཛིན་གྱི་ལས་བགྱི་ནས་ཡར་ལམ་ཡས་མོར་ལོག་དུས་བྲག་དཀར་པོ་གནམ་ལ་གཟིངས་པ་ཡོད་ས་དེར་ཀོ་དིམ་བརྒྱབ་ནས་རྗེན་ལམ་དུ་སོང་བས། ཉ་པ་ཞིག་ནས་རིམ་གྱིས་ལྷའི་ངོ་བོར་འགྱུར་བ་མ་ཟད། ཡུལ་མི་རྣམས་ཀྱིས་གསོལ་བའམ་མཆོད་པར་བྱ་བའི་དོལ་གྱི་ཡས་མོའི་ཡུལ་ལྷ་ཞིག་ཏུ་གྱུར་པའོ། །

དེ་ཡང་ལྷ་ཉ་པ་གསོལ་དགོས་དོན་ཆ་ལ་རྒྱུ་མཚན་ཞིབ་ཅིང་ཕྲ་བ་ཞིག་སྨྲ་མི་ནུས་མོད། ཁོ་བོས་དོལ་གྱི་ཡས་པོ་ཡས་མོའི་མི་སྤྱི་དང་ཁྱད་པར་ད་ཡོད་སྐུ་འཚོ་བཞུགས་ཀྱི་ཡས་མོའི་ལྷ་ཉ་པ་གསོལ་མཁན་གྲས་རྫོ་བོ་བསྟན་འཛིན་དབང་མོ་ལགས་དང་ཡས་ཕོའི་མི་དྲག་སྤོ་བོ་ཕུར་བུ་དགྲ་འདུལ་ལགས་རྣམ་གཉིས་ལ་གཙོ་བོར་བཅར་འདྲི་བྱས་པའི་ཟིན་ཐོ[①]ཙམ་སྨྲོས་ན། ལྷ་ཉ་པ་གསོལ་དོན་དེང་སང་གི་དབང་དུ་བྱས་ན་ནི། གཙོ་བོ་མི་དང་འབྲི་གཡག་ནོར་ལུག་སོགས་སེམས་ཅན་རྣམས་ལ་ལྷ་ཉ་པའི་གནོད་པ་བྱུང་ན་གསོལ་དགོས་ཀྱི་ཡོད། ལྷ་དེའི་གནོད་པ་ཇི་བྱུང་ཆར་བཤད་ན་ནི་འདི་ལྟར་ཏེ། འབྲི་གཡག་ལུག་སོགས་གང་རུང་ཞིག་ལ་གནོད་པ་བཞུགས་ན། སྨྱོ་འབོག་པའི་ཚུལ་ཐོན་པ་མ་ཟད། འབྲི་གཡག་ལུག་སོགས་གང་ཡང་རུང་བ་དེ་ཁྲུ་ཚོགས་ཀྱི་ཁྲིད་ནས་ཤ་ཤེད་རྒྱས་ཤོས་དེར་གནོད་པ་བྱུང་ལ། ཁྱད་པར་གནོད་པ་བྱུང་བའི་གནས་སྐབས་དེར་འབྲི་གཡག་སོགས་རི་ནས་མར་ཐུར་དུ་རྒྱུགས་ཡོང་བ་དང་། མཐར་འཕགས་མཆོངས་མང་དག་ཅིག་བརྒྱབ་ནས་རྗེན་ལམ་དུ་འགྲོ་ཡི་ཡོད། སེམས་ཅན་རྣམས་ཤི་རྗེས་ཁོག་པ་གཤགས་ནས་བལྟས་ན་རྒྱུ་མར་མདུད་པ་ཐེབས་པ་ཤ་སྟག་དང་། རྒྱུ་མའི་མདུད་པ་དེ་གྲི་སོགས་ཀྱིས་བཅད་ན་མ་གཏོགས་བཀྲོལ་ཐུབ་ཀྱི་མེད། ལྷ་ཉ་པའི་གནོད་པ་ཉིད་

① བཅར་འདྲི་ཞུ་ཡུལ། ཕུར་བུ་དགྲ་འདུལ་དང་བསྟན་འཛིན་དབང་མོ། བཞུགས་གནས། རྫོ་ཁ་གོང་དཀར་རྫོང་ལྷེ་བདེ་ཞོལ་གྲོང་བརྡལ་གོ་ཆེ་གྲོང་ཚོའི་ཙུའུ་ལྔ་པ། ཕོ། ཡི་གེ་ཤེས། ལོ་77 མོ། ཡིག་རྨོངས། ལོ་75 དུས་ཚོད། 2017.11.10 བཅར་འདྲི་པ། བསོད་ནམས་དབང་རྒྱལ།

ཕལ་ཆེ་བ་སེམས་ཅན་དང་མི་ཉུང་ཤས་ལ་མ་གཏོགས་གཏོང་བའི་ལུགས་མེད་པར་བཤད་ལ། གནོད་པ་ཇི་ལྟར་ཡོད་པའི་འགོ་བཙལ་ན་གཙོ་བོ་ལུག་རྫིའམ་གཡག་རྫི་སོགས་ཀྱིས་ལྷ་ཉ་པ་གནས་བཅའ་སའི་བྲག་དཀར་པོ་གནམ་ལ་ཟེངས་པ་དེའི་འགྲམ་དུ་སྐད་ཅོར་རྒྱག་པ་དང་ཨུར་ལྡུགས་སོགས་ཤུགས་ཆེར་བརྡབ་ན་ནངས་པར་ལུག་ཁྱུའམ་གཡག་ཁྱུའི་ཁྲོད་ནས་ཤ་ཤེད་རྒྱས་ཤོས་དེར་གནོད་པ་བྱུང་ནས་ཤི་བའི་སྡུག་བསྔལ་བསྟན་ཞིང་། མི་ལ་གནོད་པ་གཏོང་བའི་ཅུང་ཉུང་སོད། གནོད་པའི་དབང་དུ་བཏང་ན་ནད་རྟགས་སུ་བཤལ་ནད་གཏོང་གི་ཡོད།

ལྷ་ཉ་པ་གསོལ་བ་ལ་ཐོག་མར་བསང་ཁ་བསང་གསོལ་དང་དེ་ནས་རིམ་གྱིས་ཉ་གསུར་འབུལ་གྱི་ཡོད། སྔ་དུས་ལྷ་ཉ་པ་འདི་ཉིད་ཡུལ་ལྷའི་ཚུལ་དུ་གསོལ་གྱི་ཡོད་མོད། དུས་ཕྱིས་གསོལ་མི་ཡས་མོ་བ་ཙམ་ནས་རིམ་གྱིས་ལྷ་ཉ་པ་དང་ཉེ་བར་གནས་པའི་དུད་ཁྱིམ་རེ་གཉིས་དང་ལུག་རྫི་གནག་རྫི་རྣམས་སོ། །དེང་སང་ལུག་རྫི་རེ་འགས་མ་གཏོགས་གསོལ་བའི་ལུགས་མེད། དེ་ཡང་ལྷ་ཉ་པ་གསོལ་བར་ངེས་པར་ཉ་ཤ་དགོས་པ་དང་། དུས་ཀྱི་འཕེལ་འགྱུར་དབང་གིས་ཐོག་མར་ཉ་གསོན་པོ་བཟུང་ནས་བཤའ་བའི་ལུགས་བྱས་ནས་ཉ་གསུར་ཕུལ་ལ། ཕྱིས་ཉ་ཤི་གསོན་དང་ཉ་གསོས་པའམ་སྐམ་པོ་གང་རུང་གི་གསུར་འཕུལ་བའི་ལུགས་ཆགས་ཤིང་། ལ་ལས་ཉ་གཟུགས་ཅན་གྱི་རྫས་ཉའི་དོད་དུ་བྱས་ནས་འབུལ་བའི་སྲོལ་སྣང་མོད། ཡང་འགའ་རེས་ར་གསུར་འཕུལ་བའི་སྲོལ་ཡང་མཆིས། གང་ལྟར་དེང་སང་ནི་ལུག་རྫི་སོགས་ལྷ་ཉ་པ་གནས་སའི་བྲག་དཀར་པོ་དེ་བརྒྱུད་དུས་སྐད་གསང་མཐོན་པོས་གླུ་ལེན་པ་དང་ཤ་འཐེན་པ། ཨུར་རྡོ་རྒྱག་པ་སོགས་ནི་བྱ་སྲོལ་མེད་པ་མ་ཟད། གལ་ཏེ་མི་ཕྱུགས་སོགས་ལ་གནོད་པའི་རིགས་བྱུང་ན། ཉ་གསུར་དང་ར་གསུར། ཇ་གསུར་དཀར་གསུར་གང་རུང་འཕུལ་སྲོལ་སྣང་། དེ་དག་ལས་ཕལ་ཆེ་བས་ཉ་གསུར་གཏོང་

གི་ཡོད་པ་དང་། དེ་ལ་རྒྱང་གསུར་དང་ཉེ་གསུར་གཉིས་གང་བྱུང་དུ་འབུལ་བའི་རྒྱུན་གནས། ཚོ་ག་དེར་དམིགས་བསལ་གྱི་གསོལ་མཆོད་ཅིག་མེད། སྔ་དུས་རྗེ་བྲག་རིག་འཛིན་པདྨ་འཕྲིན་ལས་ཀྱིས་མཛད་པའི་དོལ་གྱི་རྒྱལ་ཆེན་ནམ་མཁའ་འབྲུག་གྲགས་ཀྱི་གསོལ་མཆོད་ཉིད་འདོན་སྲོལ་ཡོད་མོད། དེང་སང་དེ་ལྟའི་གསོལ་མཆོད་འདོན་པའི་ལུགས་མ་མཆིས། ཚོ་ག་དེའི་དམིགས་བསལ་ཁྱད་ཆོས་ཤིག་ལ་གཞི་རྒྱ་ཆེ་བའི་སྐབས་ལྷ་ཉ་པ་གསོལ་མི་སྐྱེས་ཕོ་མོ་མཉམ་བསྲེས་ལས་དགེ་འདུན་དགོས་པའི་ལུགས་མེད་པ་དང་། གསོལ་མི་གཙོ་བོ་བུད་མེད་ཤས་ཆེ་བར་སྣང་། གཞི་རྒྱ་ཆུང་བའི་སྐབས་མི་རེ་གཉིས་ལས་མེད། དེ་ནི་ལྷ་གསོལ་མི་དང་ལྷས་གནོད་པའི་མི་ཕྱུགས་ཀྱི་ནང་མི་རྣམས་དང་། ལར་ལྷ་གསོལ་མི་ལུག་རྫི་འམ་གནག་རྫི་གཅིག་པུས་ཀྱང་ཆོག ཚོ་ག་ཡོངས་སུ་གྲུབ་རྗེས་ཡུལ་མི་རྣམས་གྲོལ་བསང་བཏང་སྟེ་རང་རང་གི་གནས་མལ་དུ་ལོག་གི་ཡོད། འདི་དག་ནི་ལྷ་ཉ་པ་གསོལ་བའི་རྣམ་པ་སྣང་ཚུལ་ཙམ་མོ། །

གསུམ། འཆམ་པ་དྲག་བཙན་གྱི་དད་མོས་བཤད་པ།

འཆམ་པ་དྲག་བཙན་ནི་དོལ་གྱི་ཡས་ཕོའི་ཕུ་ན་གནས་ཤིང་། གནས་དེ་ནི་དགེ་བཙུ་ཚང་བའི་ཡུལ་གཅིག་ཏུ་ཡིན་པར་སྨྲ། ལུང་ཤུར་དེའི་གཡོན་ངོས་ཀྱི་རི་ལྡེབས་ཤིག་ན་བྲག་སྔོ་དྲེག་ཅན་གཡག་རྐོད་ཀྱི་ཆེ་ཆུང་ཙམ་ཞིག་ཡོད་པ་དེར་གནས་པ་དང་། གནས་དེའི་བཀོད་པ་བཤད་པ་ལ། “རྒྱབ་རི་དྭགས་ཀྱི་ཡུལ་ལྷ་བསྐོར་པ་འདྲ། །མདུན་རི་སྤང་དེ་མེ་ཏོག་དམར་པོས་བརྒྱན་ནས་ཡོད། །མདུན་ཆུ་ཧ་ཊ་ཙམ་ལ་རྒྱུན་ཆད་མེད། །”[①]ཅེས་པ་འདི་དེང་སང་བར་ཡུལ་མི་རྐན་པ་རྣམས་ཀྱི་ངག་ལ་གྲགས་པའི་འཆམ་པ་དྲག་བཙན་གྱི་བསྐངས་གསོ་བསྟུས་པ་ཞིག

① ཚིག་འདི་དག་ནི་ཡུལ་མི་རྣམས་ཀྱིས་འཆམ་པ་དྲག་བཙན་གསོལ་དུས་ཀྱི་བསྐང་གསོ་བསྟུས་པ་ཡིན་ཞེས་དོལ་ཡས་པོའི་གྲོང་མི་དགུང་ལོ་77ཕྱིན་པའི་རྒས་པོ་ཕུར་བུ་དོན་གྲུབ་ལགས་ཀྱིས་གསུངས།

གོ །གསོལ་མཆོད་བསྟུས་པ་དེ་ཕུད་རིག་འཛིན་པདྨ་འཕྲིན་ལས་ཀྱིས་མཛད་པའི་དམག་དཔོན་ཆེན་པོ་འཆམ་པ་གླུ་བཙན་གྱི་གསོལ་ཁ་ཞིག་ཀྱང་ཡོད། གསོལ་མཆོད་བསྟུས་པ་འདི་དུས་ཀྱི་ཆར་རིག་འཛིན་པདྨ་འཕྲིན་ལས་ཀྱི་གོང་ངམ་རྗེས་གང་དུ་བྱུང་མིན་ཁ་ཚོན་གཅོད་དཀའ་བའི་གནད་ཅིག་ཏུ་ཟད་ལ། ཚིག་ངོ་སོགས་གང་ས་ཅི་འཐད་ནས་ཆ་མི་མཚུངས་པའི་གནད་མང་སྣང་བས། འདིར་རིག་འཛིན་ཆེན་པོའི་འཆམ་པའི་གསོལ་ཁ་ལས་ཡས་པོའི་ཡུལ་དང་འཆམ་པའི་གནས་བཀོད། དེ་བཞིན་ལྷ་གང་དེའི་སྐུ་མཁར་སོགས་སྨོས་ན་འདི་ལྟར། “དགེ་བཅུ་ཚང་བའི་ཡུལ་གཅིག་ཡས་པོ་ནང་། །ལྷ་ཡུལ་དཀར་པོ་ལོངས་སྤྱོད་ལྡ་དང་ལྡན། །རྒྱབ་རི་རིན་ཆེན་རི་རབ་སྤུངས་པ་འདྲ། །རྩི་ཤིང་ནགས་ཚལ་སྣ་ཚོགས་སྤྲིན་ལྟར་ཐིབས། །མདུན་རི་དར་དཀར་ཡོལ་བ་བསྐྱངས་པ་འདྲ། །སྤང་རྩ་མེ་ཏོག་མང་པོ་མདངས་དང་ལྡན། །ཕུ་ཆུ་རྒྱུན་ཆབ་མང་པོ་གྲང་སེ་གྲང་། །རི་དྭགས་གཅན་གཟན་མང་པོ་གྱུ་མ་གྱུ། འདབ་ཆགས་གསུང་འདྲ་ངར་སྐད་ལྷང་སེ་ལྷང་། །འབྲུས་[1]ཀྱི་ཆུ་མིག་ཟིང་བུ་འཁྱིལ་ལེ་ལེ། །ལྷ་ཤིང་སྦྱར་སྡོང་རྒྱ་འཕྱུར་ལྡེམ་སེ་ལྡེམ། །དར་རས་ཨ་མར་སྣ་ཚོགས་ཟིང་སེ་ཟིང་། །དེ་འདྲའི་གནས་མཆོག་དམ་པ་ནས། །རིན་ཆེན་སྐུ་མཁར་ལྷུན་གྱིས་གྲུབ། །དེ་ན་སུ་བཞུགས་སུ་མ་བཞུགས། །དེ་ན་དམག་དཔོན་ཆེན་པོ་བཞུགས། །”[2]ཞེས་གསུངས་པ་ལས་ཤེས་སོ། །

འཆམ་པའི་ལྷ་ནི་མཐུ་ཆེ་ལ་དོལ་གྱི་ཡས་མོའི་ཕུའི་ལྷ་ཉ་པ་ལྟར་དོལ་པ་རྣམས་ཀྱི་མེས་པོའི་གྲས་ཤིག་ཡིན་པར་གསུངས། འཆམ་པ་དྲག་བཙན་ནི་དམག་འབུམ་སྡེ་ཡོད་པའི་དམག་དཔོན་ཆེན་པོ་ཞིག་ཡིན་པས་ཡུལ་དེ་ན་ལྷ་དེར་འཆམ་པའི་

① འབྲུས་ཞེས་པ་ཁྲུས་ཡིན་ངེས་ཀྱང་། ཡིག་མཁན་གྱིས་འབྲི་ནོར་ཤོར་ནས་འབྲུས་ཞེས་གསལ།
② རིག་འཛིན་པདྨ་འཕྲིན་ལས། དམག་དཔོན་ཆེན་པོ་མཆིམས་པ་གླུ་བཙན་གྱི་གསོལ་མཆོད་འཕྲིན་བདེ་བཞུགས་སོ། ལག་བྲིས་དཔེ་ཕྱུང་། ཤ 1–3བྱོན་ལྟེབ་བཞི་བཞུགས།

ལྷའམ་དམག་དཔོན་ཆེན་པོ་སོགས་པའི་མཚན་སྣ་ཚོགས་འབོད་སྲོལ་མཆིས་ལ། གཞུང་གི་ས་ཆར་ལྷ་ཡུལ་དཀར་པོའི་ཡོངས་སྐྱོད་ལྷ་དང་ལྡན་པའི་ལྷ་ཞེས་དང་། ལ་ལས་འཆམ་པ་བླ་བཙན་སོགས་པའི་བརྗ་བྱ་སྲོལ་སྣང་། གསོལ་མཆོད་དུ་ཡུལ་ལྷ་འཆམ་པ་བླ་བཙན་དང་དམག་དཔོན་ཆེན་པོ། དེ་བཞིན་ལྷ་ཡུལ་དཀར་པོ་ཡོངས་སྐྱོད་ལྷ་དང་ལྡན། དམག་དཔོན་ཆེན་པོ་འཆམ་པ་བླ་བཙན་སོགས་པའི་མཚན་གྱི་རྣམ་གྲངས་བྱེད་དོ། །

སྤྱིར་འཆམ་པའི་ལྷའི་གནས་བབ་ལ་ཞིབ་འཇུག་བྱེད་པར་ཐོག་མར་འཆམ་པ་དྲག་བཙན་ནམ་དམག་དཔོན་ཆེན་པོ་འཆམ་པ་བླ་བཙན་གྱི་ཆིབས་པ་དང་ཕྱག་མཚན། ན་བཟའ་སོགས་ལ་རྒྱུས་མངའ་ངེས་ཅན་ཞིག་དགོས་པར་སེམས། དེ་ཡང་རིག་འཛིན་ཆེན་པོས་མཛད་པའི་གསོལ་ཁར། "ཡུལ་ལྷ་འཆམ་པ་བླ་བཙན་ཁྱེད། །ཆིབས་སུ་བྲ་ནག་རྟིང་དཀར་ཆིབས། །བཟར་ཝ་སྟག་གདན་ལྷང་སེ་ལྷང་། །དངུལ་གྱི་ཡབ་ཆེན་ཁྲོལ་ལོ་ལོ། །གོང་སྣད་རྒྱན་ཆ་འཁྲོས་སེ་འཁྲོས། །གསེར་ཁྲབ་སེར་པོ་སི་ལི་ལི། །གཡུ་འབྲུག་སྔོན་པོ་ལྡུག་སེ་ལྡུག །དར་སྦྱོད་སྣ་ལྔ་སུ་རུ་རུ། །སྐུ་ལ་འཁྱོར་བེར་དམར་པོ་གསོལ། །དབུ་ལ་ལི་ཛོག་འཛོལ་ཐོད་བཅིངས། །རིན་ཆེན་རྒྱན་ཆ་རྣམས་ཀྱིས་སྤྲས། །ཕྱག་གཡས་རྟ་མདུང་དམར་པོ་འཕྱར། །གཡོན་པ་བཙན་བཞགས་སྒློག་ལྟར་འཁྱུག །སྟག་རལ་གཡས་ལ་གཟིག་ཤུབས་གཡོན། །འཁོར་དུ་བླ་བཙན་མང་པོས་བསྐོར། །"①ཞེས་གསལ་བ་འདི་ནི་ཡོངས་སུ་གྲགས་པའི་གསུང་རྒྱུན་བསྐྱངས་པ་ལས་བྱེ་བྲག་ཏུ་དེ་ལྟར་མ་ངེས་སོ། །ད་འོ་ན་དམག་དཔོན་ཆེན་པོར་འཁོར་གྱི་གྲངས་དང་སྐུ་མདོག ཆིབས་པ། ཕྱག་མཚན་དུ་ཅམ་ཡོད་དམ་ཞེ་ན།

① རིག་འཛིན་པདྨ་འཕྲིན་ལས། དམག་དཔོན་ཆེན་པོ་མཆིམས་པ་བླ་བཙན་གྱི་གསོལ་མཆོད་འཕྲིན་བདེ་བཞུགས་སོ། །ལག་བྲིས་དཔེ་ཐུང་། ཤ 3-4ཀྱོན་ལྡེབ་བཞི་བཞུགས།

གསོལ་ཁར། "གངས་དཀར་རྩེ་མོར་འཐད་ཙམ་ན། །ལྷ་བཙན་དཀར་པོ་རྣམས་དང་བསྡོངས་ནས་འབྱོན། །མི་དཀར་རྟ་དཀར་དར་དཀར་འཕྱུར། །འཁོར་དང་བཅས་པ་འདིར་གཤེགས་ཤིག །ཁྱེད་[1]གཡའ་མའི་ལྡེབས་ལ་བྱོན་ཙ་ན། །གཡའ་བཙན་སྔོན་པོ་རྣམས་དང་བསྡོངས་ནས་འབྱོན། །མི་སྔོན་རྟ་སྔོན་དར་སྔོན་འཕྱུར། །འཁོར་དང་བཅས་པ་འདིར་གཤེགས་ཤིག །ཁྱེད་སྤང་རིའི་ཡོགས་ལ་འཐད་ཙ་ན། །སྤང་བཙན་སེར་པོ་རྣམས་དང་བསྡོངས་ནས་འབྱོན། །མི་སེར་རྟ་སེར་དར་སེར་འཕྱུར། །འཁོར་དང་བཅས་པ་འདིར་གཤེགས་ཤིག །ཁྱེད་ནགས་ཚལ་དྲིག་ལ་འཐད་ཙ་ན། །ནགས་བཙན་སྨུག་པོ་རྣམས་དང་བསྡོངས་ནས་འབྱོན། །མི་སྨུག་རྟ་སྨུག་དར་སྨུག་འཕྱུར། །འཁོར་དང་བཅས་པ་འདིར་གཤེགས་ཤིག །ཁྱེད་བྲག་དམར་རྩེ་ལ་འཕེབས་ཙ་ན། །བྲག་བཙན་དམར་པོ་རྣམས་དང་བསྡོངས་ནས་འབྱོན། །མི་དམར་རྟ་དམར་དར་དམར་འཕྱུར། །འཁོར་དང་བཅས་པ་འདིར་གཤེགས་ཤིག །ཁྱེད་ཆུ་བོའི་གཞུང་ལ་འཕེབས་ཙ་ན། །klུ་བཙན་སྔོ་སྐྱོང་རྣམས་དང་བསྡོངས་ནས་འབྱོན། །མི་ནག་རྟ་ནག་དར་ནག་འཕྱུར། །འཁོར་དང་བཅས་པ་འདིར་གཤེགས་ཤིག །ཁྱེད་ནགས་མའི་ཁམས་ལ་འཕེབས་ཙ་ན། །klུ་བཙན་ཁྲ་བོ་རྣམས་དང་བསྡོངས་ནས་འབྱོན། །མི་ཁྲ་རྟ་ཁྲ་དར་ཁྲ་འཕྱུར། །འཁོར་དང་བཅས་པ་འདིར་གཤེགས་ཤིག །"[2]ཅེས་གསུངས་པ་ཉིད་ཤེས་པར་ནུས་ལ། གསོལ་མཆོད་དུ་འཆམ་པ་klུ་བཙན་ཞེས་གསུངས་པ་ཉིད་ཀྱང་ལྷ་གང་དེའི་འཁོར་klུ་དང་བཙན་ཤས་ཆེར་སོང་བས་ཡིན་ལས་ཆེ་བར་སྙམ།

འཆམ་པ་klུ་བཙན་གྱིས་མི་ཕྱུགས་གཉིས་ལ་གནོད་པ་གཏོང་སྐབས་གཙོ་བོ་

① ཁྱེད་ཅེས་པ་ཁྱོད་མིན་ནམ་སྙམ། བསྐྱང་འཕྲིན་ཕལ་ཆེ་བར་ཁྱོད་ལས་ཁྱེད་ཅེས་པ་གསལ་བ་དཀོན།

② རིག་འཛིན་པདྨ་འཕྲིན་ལས། དམག་དཔོན་ཆེན་པོ་མཆིམས་པ་klུ་བཙན་གྱི་གསོལ་མཆོད་འཁྱེར་བདེ་བཞུགས་སོ། །ལག་བྲིས་དཔེ་ཐུང་། ཤ 4–6བྱོན་ལྡེབ་བཞི་བཞུགས།

ར་ལུག་དང་འབྲི་གཡག་རྣམས་རྒྱ་མར་མདུད་པ་ཐེབས་ནས་རྐྱེན་ལམ་དུ་གཏོང་ལ། མི་ལ་ལྷ་དེའི་གནོད་པའི་རིགས་བྱུང་ན་སྒྱུ་འཕོགས་པའི་སྣང་ཚུལ་ཐོན་གྱི་ཡོད་པས། གནས་ཚུལ་དེ་རིགས་དང་འཕྲད་ཚེ་ངེས་པར་དུ་ལྷ་དེ་ཉིད་གསོལ་དགོས། ལྷ་གང་དེའི་གསོལ་དུས་དང་གསོལ་སྟངས་སོགས་བཤད་ན། སྤྱིར་དུས་ཀྱི་ངེས་པ་ཞིག་མེད་མོད། ཕལ་ཆེ་བ་ལོ་གསར་སྐབས་དང་ཆོས་བཟང་དུས་བཟང་ཅི་རིགས། གནོད་པ་འདྲ་བྱུང་ན་སྐབས་ཐོག་སོ་སོར་མཆོད་དགོས་ཤིང་། གསོལ་མཁན་ངོར་གནའ་དུས་ཡུལ་མི་ཡོངས་ཀྱི་ཡུལ་ལྟར་བརྩིས་ནས་གསོལ་བ་དང་། ཕྱིས་གཞུང་རི་བོ་ཁྲུང་ལྷིང་གི་དགོན་[1]ནས་ལོ་རེ་དུས་གཏན་འཛུགས་རང་བཞིན་གྱིས་ཚར་གཉིས་རེ་གསུམ་རེ་དང་། ཡས་ཕོ་བ་རྣམས་ཀྱི་གསོལ་ལ། ལུག་རྫིའམ་གནག་རྫི་བ་སོགས་ཀྱིས་གསོལ་བའི་ལུགས་སྣང་། དེང་སང་ནི་ཡས་ཕོའི་ཕུ་ན་ཡོད་པའི་སྤྱང་གྲོང་བ་དང་ཡས་ཕོའི་དུད་ཁྱིམ་རེ་གཉིས། དེ་བཞིན་ལུག་རྫི་བ་རྣམས་ཀྱིས་མ་གཏོགས་གསོལ་གྱི་མེད།

གསོལ་སྟངས་ནི་སྔ་དུས་ལུག་གི་ཁྲག་ཕུད་དང་ར་གསུར་ཚང་ཕུད་འོ་ཕུད་སོགས་འབུལ་ནས་གསོལ་གྱི་ཡོད་པ་དང་། གསོལ་མཁན་གྱིས། རཀྟ་[2]དམར་གྱི་མཆོད་པ་འདི་བཞེས་ཤིག་ཅེས་དང་། རྒྱ་གར་རྒྱ་ནག་བལ་ཡུལ་ཧོར་རྣམས་མཆོད་

① གཞུང་གི་རི་བོ་ཁྲུང་ལྷིང་དགོན་ནི་གྲ་དོལ་གཞུང་གསུམ་དུ་གྲགས་པའི་གཞུང་གི་རི་བོ་ཁྲུང་ལྷིང་ཞེས་པའི་རི་བོ་ཁྲུང་ལྷིང་བ་འདྲ་བ་དེའི་ཁྲུང་གི་མིག་ཐོག་ཏུ་ཆགས་པར་གྲགས། དགོན་དེ་ནི་ན་ལོའི་གདན་སར་ཡིན་པར་བཤད། ཐོག་མར་སུས་དུས་ནམ་ཞིག་ལ་བཏབ་མིན་ནི་མ་ཤེས། གང་ལྟར་རྫོག་ཆེན་སྐུ་རྗེ་རྗེའི་སྐུ་དུས་ནས་ཡོད་པ་འདྲ། ལར་དགོན་དེ་ནི་རྫོག་གི་གདན་སར་བཤད་མོད། ཆོས་བརྒྱུད་ནི་སྔ་འགྱུར་རྙིང་མ་བྱེད་ལ། རྫོག་གི་ཡབ་མེས་རྣམས་ཀྱི་གནས་གཞི་ཡིན་ཐང་ཡང་། བླ་མ་རྫོག་པའི་གདན་ས་ཡིན་པའི་གཞི་མི་སྣང་། དུས་ཕྱིས་རྡོ་རྗེ་བྲག་དགོན་གྱི་གཞིས་དགོན་དུ་གྱུར་པ་དང་། གྲ་རྒྱུན་གཏན་ཆགས་མེད་པས་གསེར་ཁྱིམ་པ་རྣམས་ཀྱི་གནས་གཞི་ཡིན་སྐོར་དོལ་གཞུང་གཉིས་ཀྱི་རྒན་པོ་རྣམས་ཀྱི་ངག་ལས་ཐོས་སོ། །

② རཀྟ་ཅེས་པ་ནི་ལེགས་སྦྱར་གྱི་སྐད་དེ་བོད་སྐད་དུ་དམར་པོ་དང་ཆགས་པར་འགྱུར་བ་ལས་ཕལ་ཆེ་བ་ཁྲག་ལ་བྱེད་པར་སྣང་།

པ་བཞེས་པར་ཕེབས་ཤོག་ཅེས་སོགས་ཀྱི་གསོལ་བ་འབུལ་སྲོལ་ཡོད་པར་གསུངས། དེང་སང་གསོལ་མཆོད་བསྡུས་པ་དེ་ལས་རིག་འཛིན་ཆེན་པོའི་གསོལ་ཁ་ཉིད་འདོན་མཁན་ཡུང་། གསོལ་མཆོད་རྒྱས་པའི་སྐབས་དགེ་འདུན་པ་གདན་དྲངས་སྲོལ་ཡོད་ཀྱང་། བསྡུས་པའི་སྐབས་སྐྱ་བོས་རྒྱང་གསོལ་གྱི་ཚུལ་དུ་ཡས་པོའི་གྲོང་སྡེ་ཆགས་ས་ནས་གསོལ་བ་དང་ཡིན་གཅིག་མིན་གཅིག་ར་ཤ་ཆོལ་དང་བཅས་པ་ལྟེབ་ཁ་གཉིས་གསུམ་ཙམ་གསུར་དུ་འབུལ་སྲོལ་སྣང་ལ། ལུག་གི་ཁྲག་ཕུད་གཏོར་བའི་རྒྱུན་ནི་ཉམས་ཟིན། དེའི་དོད་དུ་ཇ་ཕུད་ཆང་ཕུད་འབུལ་གྱི་ཡོད།

སྤྱིར་ཡུལ་དེར་ལྷ་དེ་ནི་ཞི་བའི་ལྷར་བཤད་པ་དང་། ལྷ་དེའི་གནོད་པ་ཡོང་དོན་ཡང་མི་ཕྱུགས་གཉིས་ལས་གཙོ་བོ་མིས་ལྷ་རྟེན་གནས་སའི་ཕྱོགས་དེར་སྐད་གསང་མཐོན་པོས་གླུ་ལེན་པ་སོགས་དང་། ཤ་བཙོས་པའི་བརྒྱུད་རིམ་ནང་དམར་ལུད་ཐེབས་ནས་ཤ་གསུར་གྱི་རིགས་ཐོན་པ། ཉེ་འཁོར་གྱི་རི་དྭགས་སོགས་ལ་འཚེ་བའི་རིགས་སོགས་བྱུང་བའི་སྐབས་སུའོ། །

གསུམ་པ། འབྲོང་ཐུགས་རྒྱལ་དང་འཆམ་པའི་གསོལ་མཆོད། ལྷ་ཉ་བའི་གསོལ་ཁའི་རིག་གནས་ཀྱི་སྣང་ཚུལ་ལ་བརྟག་པ།

གོང་སྨྲོས་དོལ་ཁུལ་གྱི་དད་མོས་དེ་གསུམ་ལས་གཞི་རྒྱ་ཆེ་ལ་མི་འདུ་ཚོགས་ཆེ་བ་ནི་འབྲོང་ཐུགས་རྒྱལ་གྱི་མཆོད་པ་ཡིན་པ་དང་། དོལ་ཞེས་པའི་ཉུས་ཁུངས་ཀྱི་རིག་གནས་རྒྱུས་འདེད་བྱེད་པར་མཁོ་བའི་དད་མོས་ནི་ལྷ་ཉ་པའི་དད་མོས་ཉིད་ཡིན་ཞིང་། དེ་ནི་དོལ་ནང་མདོ་ཁོངས་ཀྱི་ཆེས་ཐོག་མའི་དད་མོས་ཀྱི་གཞི་རྩ་དང་གདོད་མའི་རིག་གནས་ཀྱི་ངོ་རིས་ཤིག་ཡིན་པ་ནི་སྨྲོས་མེད་ལགས། འཆམ་པ་དམག་དཔོན་ནམ་འཆམ་པ་དྲག་བཙན་གྱི་དད་མོས་ནི་མ་མཐར་ཡང་བཙན་པོའི་སྐུ་དུས་ཀྱི་རིག་གནས་ཤིག་ཡིན་པར་སྨྲ་བར་སྤོབས་ལ་ཁྱད་པར་སྔ་དུས་བཙན་པོའི་

སྐྱ་དུས་སུ་མཆིམས་རྒྱལ་གཟིགས་ཤུད་རིང་གཡོ་ཊ་ཕྱོགས་སུ་ཊ་དཔོན་དུ་བསྐྱལ་རབས་སོགས་ལོ་རྒྱུས་ན་གསལ་བའི་དམག་དཔོན་དེ་ཉིད་ཡིན་མིན་བརྟག་འཚལ། དེ་ལྟར་སོང་ན་དེས་གཅིག་ནས་དོལ་ཉིད་སྔ་དུས་གྲ་དོལ་གཞུང་གསུམ་གྱི་ལྟེ་བ་ཡིན་པར་ཤེས་ནུས་པ་དང་། གཉིས་ནས་གཡོར་སྟོད་ཀྱི་སའི་ཆ་བཙན་པོའི་སྲིད་དབང་གི་གློ་སྙིང་ལྟར་དུ་གཙོགས་བྱེད་ཀྱི་ཡོད་པ་ངེས་ཤེས་སྐྱེ་ཐུབ། དེའི་ཕྱིར་ན། འདིར་གཙོ་བོ་འཁྲོང་སྤྱུགས་རྒྱལ་གྱི་མཆོད་པ་དང་ཞར་དུ་ལྷ་ཉ་པ་དང་འཆམ་པ་དྲག་བཙན་གྱི་དད་མོས་བཤད་པར་བྱའོ།།

དེ་ཡང་ཐོག་མར་འཁྲོང་སྤྱུགས་རྒྱལ་གྱི་རིག་གནས་སྣང་ཚུལ་སྨྲ་ན། དེ་ལ་དཔྱད་གཞི་ཆེ་ཙམ་སྣང་། འཁྲོང་སྤྱུགས་རྒྱལ་ལམ་བོན་རིའི་གསོལ་མཆོད་འདི་ཉིད་ནི་དུས་ཀྱི་ཆར་ཇི་ཙམ་དུ་བྱུང་མིན་ཁ་ཚོན་གཅོད་དཀའ་མོད། འོན་ཏེ་དུས་སྔ་མོ་ཞིག་སྟེ་བསྐལ་པ་ཡ་ཐོག་གི་དུས་སྐབས་ནས་བྱུང་བར་སེམས་ལ། སྔར་གྱི་དུས་སུ་བོད་མིས་འཁྲོང་མཆོད་པའམ་སྒོ་ཕྱུགས་གཞན་རྣམས་བསད་ནས་རང་གི་མིས་པོ་མཆོད་པའི་སྣང་ཚུལ་ལས་རིམ་གྱིས་དར་བ་ཞིག་ཏུ་སེམས། དེར་མཐའ་གཅིག་ཏུ་དུས་ཀྱི་ཚད་བཀག་དབང་དུ་བྱས་ནས་སྨྲ་མི་བཏུབ་ཀྱང་། མ་མཐར་ལོ་རྒྱུས་ཡུན་རིང་ཞིག་ལྡན་པ་ནི་མངོན་སུམ་ཚད་མར་གྲུབ་པ་ལགས།

འཁྲོང་སྤྱུགས་རྒྱལ་གྱི་དད་མོས་ལ་གཅིག་ནས་ཆེས་གདོད་མའི་རིག་གནས་ཀྱི་སྣང་ཚུལ་ལྡན་པ་དང་། གཉིས་ནས་བོན་གྱི་རིག་གནས་ཀྱི་རྒྱུན་འདྲེས་པ། གསུམ་དུ་སངས་རྒྱས་ཆོས་ལུགས་ཀྱི་ཚོ་གའི་གནད་ཐིམ་པ་བཅས་ཀྱི་ཁྱད་ཆོས་བླ་ལྷག་ཅིག་ལྡན་སྟབས། མཐའ་གཅིག་ཏུ་དེ་ནི་གདོད་མ་དང་བོན། སངས་རྒྱས་ཆོས་ལུགས་གསུམ་ནས་གང་རུང་ཞིག་ཡིན་སྨྲ་བར་མི་བྱ། མ་གཞི་རིག་གནས་ཆེས་ཐོག་མ་གདོད་མའི་དད་མོས་རྐྱང་པ་ཞིག་དང་། རིམ་གྱིས་བོན་གྱི་དད་མོས་དང་

འདྲེས་ནས་གཞི་ཁྱོན་ཆེ་ལ། ཚགས་ཚུད་པའི་དད་མོས་རིག་གནས་ཤིག་ཏུ་གྲུབ་པ་དང་། དུས་ཕྱིས་སངས་རྒྱས་ཆོས་ལུགས་ཀྱི་དད་མོས་དང་ཆུ་ལ་ཆུ་བཞག་པ་ལྟར་གྱི་གསུམ་འདུས་ཅན་གྱི་དད་པའི་སྟོབས་ཆེ་བའི་རིག་གནས་ཤིག་ཏུ་གྱུར་པ་ནི་གོང་སྨོས་ལེ་ཚན་དག་ལས་ཤེས་ཐུབ།

འབྲོང་སྤུགས་རྒྱལ་གྱི་གསོལ་མཆོད་ནི་ཁྲབ་ཆུང་ས་ནས་ཡུལ་ལུང་ག་གེ་མོ་ཞིག་གི་དད་མོས་ཀྱི་སྣང་ཚུལ་ཞིག་ཏུ་སོང་མོད། གཞི་རྒྱ་ཆེ་ས་ནས་བརྗོད་ན། དེ་ནི་བོད་མིའི་སྤྱི་ཚོགས་དང་འཚོ་བའི་ངོ་རིས་སམ་བོད་མིས་མེས་པོར་གུས་པའི་དད་མོས་ཀྱི་རིག་གནས་ཡིན་པ་ལ་ཐེ་ཚོམ་བྱ་བའི་གཞི་ནི་མེད་དོ། །དེ་ལ་ཅོ་ག་དེའི་ནང་ཆེ་ས་ནས་ཡུལ་ལུང་དེ་དང་ཉེ་འབྲེལ་གྱི་མི་དྲག་རྣམས་བཞུགས་དགོས་པ་དང་། ཡུལ་མི་རྣམས་ཀྱིས་ཆེས་དད་བཀུར་བྱེད་སའི་བླ་དཔོན་གྱི་འགོ་འདྲེན་ཡོད་པ། མང་ཚོགས་ཕལ་པ་ཡོད་ལ། བཤན་པ་སོགས་ཅོ་གའི་ཁྲིད་བཞུགས་ནས་གལ་ཆེའི་གནས་བབ་ཡོད་པའི་དབང་གིས་ཞིབ་པར་དཔྱད་ན་དེ་ནི་བོད་མིའི་སྤྱི་ཚོགས་ཀྱི་གྲུབ་གཞི་ཡིན་པ་དང་། ཡུལ་མིས་ཅོ་ག་དེ་འདྲ་ཞིག་སྤེལ་ནས་མེས་པོར་དད་པ་དང་ལྷག་བསམ་གྱི་ཁུངས་སྣེ་བྱས་ཏེ་མེས་པོ་རྗེས་དྲན་དང་ཡུལ་གྱི་མཐུན་སྒྲིལ་མཚོན་པར་བྱེད་པའོ། །

གཞན་དུ་ན། གོང་སྨོས་འབྲོང་སྤུགས་རྒྱལ་གྱི་དད་མོས་ཀྱི་བྱ་རིམ་ནང་འབྲོང་ལུས་ཡོངས་སུ་མེ་ཏོག་གིས་བརྒྱན་ཞིང་། དཔྲལ་བ་དང་རྭ་ཅོར་མར་རྒྱན། འབྲོང་བཤད་ཐད་ལེགས་བཤད་མ་གཏོགས་ཉེས་བཤད་མི་ཆོག་པ། དེ་བཞིན་ཅོ་ག་དེར་དངོས་སུ་བཞུགས་མཁན་ཆར་གཟབ་མཆོར་གྱིས་སྤུད་པའི་སྐྱེས་པ་ཤ་སྟག་ཡིན་པ་ལ་སོགས་པའི་སྲོལ་ནི་སྨྱ་ངན་གྱི་རྣམ་པ་མིན་པར་མངོན་ལ། དགྲ་ལྷ་གསོལ་བའི་སྣང་ཚུལ་ཞིག་ཡིན་པ་གསལ་འོང་བ་མ་ཟད། དུས་ཀྱི་ཆ་ནས་དགུན་

དུས་ཡིན་པ་དེས་ཡུལ་དེའི་ཡབ་མེས་མཆོད་པའི་དུས་སྟོན་ཞིག་ཏུ་འདོད་དེ། སྤྱིར་བོད་ཡུལ་འདིར་བཙན་པོའི་དུས་མེས་པོ་མཆོད་པའི་དུས་ཆེན་ཕལ་ཆེ་བ་ནི་དབྱར་དགུན་གཉིས་སུ་བྱ་སྲོལ་ཡོད་པ་དང་། སྔར་གྱི་འདུན་ཡང་དབྱར་དགུན་གཉིས་བྱ་སྲོལ་མཆིས། དེ་ཡང་བོད་ལྗོངས་ཀྱི་ཤེས་རིག་ཅེས་པར། "ཕོ་བོས་ད་བར་བོད་བཙན་པོའི་དུས་སྐབས་དུས་ཆེན་གྱི་དུས་ཚོད་གསལ་སྤྲོས་མི་ཐུབ་ཀྱང་། མ་མཐར་འདས་མཆོད་ལྷ་གསོལ་གྱི་དུས་ཚོད་ནི་དབྱར་རམ་དགུན་གྱི་དུས་སུ་སྤེལ་གྱི་ཡོད་པ་ཤེས་ཐུབ།"[①]ཅེས་བཤད་ལ། ལྷ་གང་དེ་ཉི་མ་དང་འབྲེལ་བའི་ལྷ་ཞིག་ཀྱང་འདོད་པར་ཟད་དེ། ཕྲ་ལེར་ཅེས་དམངས་ཁྲོད་དུ་དར་ཆེ་བའི་འདས་མཆོད་ཀྱི་ཚོ་ག་ཤོད་སྐབས། "གལ་ཏེ་དུས་ཆེན་ཉིད་དགུན་ཉི་ལྡོག་གམ་དབྱར་ཉི་ལྡོག་སྐབས་སུ་བཏང་ན་ང་ཚོས་ངམ་ཤུགས་ཀྱི་ཚོད་བགམ་བྱ་ཐུབ་པ་ནི་ལྷ་གང་དེ་ཉི་མའམ་ཡང་ན་སྐར་མ་གཞན་དག་དང་འབྲེལ་བའི་ལྷ་ཞིག་ཡིན་པ་ཤེས་ནུས།"[②]ཞེས་པ་ལ་སོགས་པའི་ལུང་རྒྱུན་གཞིགས་ན་དུས་ཀྱི་ཆ་ནས་འགྲིག་མོད། དོན་དུ་དོལ་གྱི་བོན་རིའི་གསོལ་མཆོད་ཁྲོད་ཀྱི་ལྷ་དེ་ཉིད་ཉི་མ་ཡིན་པར་སྨྲ་འམ་ཡང་ན་དམངས་ཁྲོད་དུ་འཕྲུན་པའི་ངག་རྒྱུན་ན་བོན་པོའི་ལྷ་སྨྲ་ར་ཅན་ཞིག་ཡིན་པར་སྨྲ་བ་གང་འཐད་མིན་བརྟགས་འཚལ།

ད་འོ་ན་འཁྲོར་བསད་པ་ལས་རྗེ་དོན་ཅི་ཞིག་མཚོན་པར་སྨྲོས་ན། དེ་ལ་བསད་བྱའི་འཁྲོར་དང་མཆོད་ཡུལ་ལྷ་དེ་གཉིས་དབར་དམིགས་བསལ་གྱི་འབྲེལ་བ་ཞིག་གྲུབ་པར་སེམས་ལ། གཞན་དུ་ཡུལ་ཕྱོགས་གང་དེར་ནད་སྨུ་གེ་སད་སེར་སོགས་པའི་གནོད་པ་སྟོན་འགོག་དང་ལོ་ཕྱུག་རྟག་ཏུ་ཡོང་བའི་བསྔོ་སྨོན་ཀྱང་ཡིན་

① 石泰安 著，耿昇 译，王尧审订：西藏的文明，中国藏学出版社，2012，p 237。

② 弗雷泽 著，汪培基、徐育新、张泽石 译：汪培基校，金枝，上册，商务印刷出版社，2015，p 592。

པར་སེམས། བསད་བྱའི་འགྲོང་ཉིད་ལྷ་དེའམ་ཡང་ན་ལྷ་གང་དེའི་ཆིབས་པ་ཡིན་ཤས་ཆེ། འགྲོང་གཡག་མཆོད་པའི་དད་མོས་ནི་ནོལ་ཙམ་མ་ཟད། དད་མོས་དེ་འདྲ་བ་ནི་ནོལ་དང་ཉེ་འབྲེལ་གྱི་གཞུང་ཁུལ་དུ་ཡོད་པ་འོག་ནས་འཆད་འགྱུར་གྱི་ལེ་ཚན་དུ་བསྟན་པར་བྱའོ། །དེ་ལྟའི་གོམས་སྲོལ་ནི་འཛམ་གླིང་ས་ཕྱོགས་གང་སར་མཆིས་པ་ནི་ཐྲུ་ལེར་ཙེའི་རིག་གནས་མིའི་རིགས་རིག་པའི་གྲགས་ཅན་གསེར་གྱི་ཡོ་མ་ཞེས་པར་གཟིགས་པར་ཞུའོ། །

ནོལ་གྱི་ཡས་མོ་བས་རང་གི་ཡབ་མེས་སུ་སྨྲ་བའི་ལྷ་ཉ་པ་གང་དེ་གསོལ་བ་ལ་ཉ་གསུར་གཏོང་བའི་སྟང་ཚུལ་ལས་གཅིག་ནས་ཡུལ་དེ་སྔ་དུས་ཆུ་ལ་བརྟེན་ནས་འཚོ་རྟེན་བྱ་བ་མཚོན་པ་དང་། གཉིས་སུ་ཉ་ནི་ཡུལ་དེའི་མི་རྣམས་འཚོ་བའི་ཁྲིད་ཀྱི་ཟླ་ན་མེད་པའི་ཟས་མཆོག་གམ་གཙུག་གི་ནོར་བུ་ཞིག་ཏུ་སོང་བས་རང་གི་མེས་པོ་གསོལ་བ། གསུམ་དུ་ད་ལྟའི་ཆར་དུས་ཀྱི་འཕོ་འགྱུར་སོགས་རྐྱེན་སྣ་ཚོགས་དབང་གིས་ནོལ་པ་རྣམས་ཉ་གཅིག་པུར་བརྟེན་པའི་འཚོ་བར་མ་རོལ་ཡང་རང་གི་ཡབ་མེས་རྣམས་རྗེས་དྲན་གྱི་ཚུལ་དུ་ཉ་གསུར་གཏོང་བ། བཞིར་ནོལ་གྱི་མི་རྣམས་ཀྱི་ཟླ་རྟགས་སམ་ཟླ་ཐོག་སྔར་རྒྱུན་བཞིན་ཉ་ཡིན་པ་མཚོན་ནུས་ལ། ཁྱད་དུ་ཉ་ཉིད་རང་གི་མེས་པོར་ངོས་འཛིན་གྱི་ཡོད། དེ་ལྟའི་གོམས་འདྲིས་ནི་ནོལ་ཁུལ་ཙམ་མིན་འཛམ་གླིང་ས་ཕྱོགས་གཞན་ལ་ཡོད་དེ། ཐྲུ་ལེར་ཙེས། “གནའ་བོའི་དུས་ཤུད་རི་ཡའི་མིས་ཉ་ནི་ལྷར་བརྩི་ཡི་ཡོད།”[①]ཅེས་སོགས་ལས་དཔོགས་ནུས། ལར་སྲོག་ཆགས་གོང་དུ་བཀུར་ནས་དད་མོས་བྱེད་པ་ལ་རྣམ་པ་གཉིས་སུ་བྱ་སྟེ། སྲོག་ཆགས་ལ་དད་བཀུར་བྱས་ནས་སྲོག་མི་གཅོད་ལ། ཤའང་

---

① 弗雷泽 著，汪培基、徐育新、张泽石 译：汪培基校，金枝，下册，商务印刷出版社，2015，p753。

མི་ཟ། ཕྱོགས་གཞན་ཞིག་ནི་ཟ་བའི་ཆེད་དུ་དད་བཀུར་བྱེད་པ་དེའོ། །དེས་ན། དོལ་པ་རྣམས་ཀྱིས་ཉ་བསད་ནས་མེས་པོ་མཆོད་པ་ནི་ཉ་ལ་དད་བཀུར་བྱེད་པའི་རྣམ་པ་ཞིག་ཡིན་པའི་ངེས་ཤེས་འདྲེན་ནུས་པ་དང་། དོལ་གྱི་ཏུས་ཉིད་ཉ་དང་འབྲེལ་བ་ཡོད་པ་ཤེས་ནུས་སོ། །

ཡས་ཕོའི་འཆམ་པ་དྲག་བཙན་གྱི་གསོལ་མཆོད་ལས་རིག་གནས་ཀྱི་སྣང་ཚུལ་སྐོར་སྨྲོས་ན། འཆམ་པ་དྲག་བཙན་གང་དེ་ལོ་རྒྱུས་ཐོག་གི་དམག་དཔོན་མཆིམས་དང་ཇོག་སུ་ཞིག་ཡིན་མིན་རྩད་པར་སླན་པ། མི་ནས་ལྷར་ཇི་ལྟར་འགྱུར་བའི་བརྒྱུད་རིམ་གྱི་རྟོག་དཔྱོད་ལ་ཕན་པ། གསོལ་ཁ་གང་དེའི་རྒྱུན་འདེད་ན་ཡུལ་དེའི་གནས་བཀོད་རྟོགས་པར་མཁོ་བ། ཐོག་མར་ཡུལ་ལུང་ཆུང་ཆུང་ཞིག་གི་ཡུལ་ལྷ་ལྟ་བུ་ནས་རྒྱ་བལ་ཧོར་སོགས་ཀྱི་གསོལ་བའི་ལྷ་ཞིག་འགྱུར་རབས་ཀྱི་ཁྱུངས་སྣེ་ཤེས་པ། དུས་ཕྱིས་སངས་རྒྱས་ཆོས་བྱེད་པའི་བཀའ་བསྐོ་མཉན་ནས་བསྟན་སྲུང་དུ་འགྱུར་ཚུལ་སོགས་ཀྱི་སྣང་ཚུལ་ཅི་རིགས་ཤིག་ལས་ལྷ་གང་དེའི་བོད་ཀྱི་ཆོས་སྲིད་ཐོག་བཟུང་བའི་གནས་བབ་བསྡོག་པར་ཇོ་བ་བཅས་སོ། །

མདོར་བསྡུས་ནས་ཞུས་ན། དོལ་གྱི་དད་མོས་དེ་གསུམ་ནི་དོལ་ཁུལ་གྱི་གདོད་མའི་དད་མོས་ཀྱི་ཉིང་ཁུ་ཡིན་ལ། རིག་གནས་དེ་ལྟའི་རྒྱུན་གྱིས་དུས་ཕྱིས་ཡུལ་ཁམས་དེར་བོན་དང་སངས་རྒྱས་ཆོས་ལུགས་དར་བར་ཆེས་འགངས་ཆེ་ཞིང་། དད་པའི་ས་གཞིན་བསྐྲུན་པར་ཐད་ཀའི་ནུས་པ་ཐོན་ཡོད། ཡང་སྔོས་གདོད་མ་དང་བོན། སངས་རྒྱས་ཆོས་ལུགས་གསུམ་འདུས་ཀྱི་དད་མོས་ལ་ཞིབ་འཇུག་དང་། དེ་དག་གི་འཕེལ་འགྱུར་རྟོགས་པར་དམིགས་བསལ་གྱི་རྒྱུ་ཆ་མཁོ་འདོན་བྱས་པར་སླ་བར་སྤྱོབས་སོ། །

# ས་བཅད་བཞི་པ། གཞུང་གི་ལྷ་དགའི་དད་མོས་དང་ དེའི་རིག་གནས་ཀྱི་སྣང་ཚུལ་སྐོར།

གཞུང་ཁུལ་དུ་གནའ་བོའི་དད་མོས་རིག་གནས་ཀྱི་རྒྱུན་ད་ལྟ་ཡང་གསོན་པོར་གནས་པ་ལས་གཞུང་བོགས་གྲོང་ཚོའི་ཨ་ཕོ་ལྷ་དགའི་དད་མོས་བཤད་པར་བྱའོ། །ཕོ་བོས་2017ལོའི་ཟླ་བ་8པའི་ཚེས་23ཉིན་རྟོག་ཞིབ་ཏུ་བསྐྱོད་པའི་ཟིན་ཐོ་[1]གཙོ་བྱས་སྒྲིང་ན།

## དང་པོ། གཞུང་ཁུལ་གྱི་བོགས་གྲོང་ཚོ་ངོ་སྤྲོད།

བོགས་（འབོག་）གྲོང་ཚོ་ནི་གཞུང་གི་དབུས་སུ་གྲགས་པའི་ཡུལ་རྣམ་རབ་བམ་གནའ་རབ་ལུང་པའི་གཡོན་ཕྱོགས་སུ་གནས་ཤིང་། ཡུལ་དེ་ནི་ས་མ་འབྲོག་ལས་སུ་གཉེར་བའི་ལུང་པ་ཞིག་ཡིན། བོགས་གྲོང་ཚོར་ད་ཡོད་དུད་ཁྱིམ་སུམ་ཅུ་ཙམ་དང་མི་གྲངས་སུམ་བརྒྱ་ཙམ་ཡོད། ཡུལ་དེའི་ཤར་ངོས་སུ་བྱ་རི་དང་ནུབ་ཏུ་རྒྱབ་རི། བྱང་དུ་བདུད་རིའམ་བོན་རི། ལྷ་རི་གཉིས་གཤིབ་ཏུ་གནས་པ་དང་ལྷ་རི་དེ་ལ་བོགས་གོང་བཙན་ཞེས་བརྗོད། ཡུལ་དེའི་གཞུང་ཆུ་ལ་མིང་དམིགས་བསལ་མེད་པར་གཞུང་ཆུ་ཞེས་འབོད་སྲོལ་འདུག ཡུལ་འདིར་ལོ་རྒྱུས་ཐོག་མི་དྲག་ཅན་གྱི་ཁྱིམ་བརྒྱུད་གཉིས་ཙམ་དྲངས་སུ་ཡོད་དེ། གཅིག་ནི་ལུང་པ་དེའི་བྱང་ངོས་གནས་པའི་འབུམ་ཐང་[2]གཟིམས་ཁང་ངམ་བོགས་དང་གཟིམས་ཁང་ཞེས་པ་དེ་ཡིན། དེ་

[1] བཅར་འདྲི་ཞུ་ཡུལ། དགྲ་འདུལ། ཞུ་གནས། ལྷ་ས་གྲོང་ཁྱེར་མཁའ་འགྲུལ་གསར་ཁུལ་རྒྱ་རི་ཤང་བོགས་གྲོང་ཚོ། ཕོ། ལོ76 ཡིག་རྫོངས། དུས་ཚོད། 2016.12.30 བཅར་འདྲི་བ། བསོད་ནམས་དབང་རྒྱལ།

[2] གནས་དེ་ནི་རྗོག་སློབ་བརྒྱུད་ཀྱི་གདན་ས་བདུན་གྱི་ཡ་གྱལ་ཞིག་དང་། ཤོད་རྒྱུན་དུ་མཁའ་འགྲོ་མ་བྱེ་བ་འབུམ་གྱིས་མཚན་ཐོག་གཅིག་ལ་འབུམ་མང་པོ་བཞེངས་པར་གྲགས་པའི་ཐང་ཡིན་པའི་ཆ་ནས་མིང་དེ་ལྟར་བྱུང་བར་བཤད་ལ། དེང་སང་ཡང་གནས་དེར་མཆོད་རྟེན་གྱི་ཞིག་རོ་སོགས་མཐོང་ཐུ་ཡོད།

ནི་ཇོག་ཆོས་སྐུ་རྡོ་རྗེའི་འབྲུངས་ཁང་དུ་བཤད། ཅིག་ཤོས་ནི་བོགས་དཀར་ནང་ག་ཞེས་པའི་དུད་ཁྱིམ་དེ་ཡིན། དེ་ནི་ཇོག་ཆོས་སྐུ་རྡོ་རྗེའི་སྐུ་མཆེད་ཡིན་པར་བཤད། དེང་སང་དུད་ཁྱིམ་དེ་གཉིས་ཀ་གྱུང་རོར་གྱུར་ཟིན་འདུག བོགས་ལུང་པའི་ཕུར་མཁར་མཐོན་པོ་ཞིག་ཡོད་པ་དེ་ནི་ཁྱུང་གསོད་སའི་ཁང་པར་བཤད་ཀྱང་། དོན་དུ་དེ་ནི་སྲེ་སྟེ་ཕྱི་དགྲ་འགོག་པའི་བཙན་རྫོང་ཡིན། དེ་ལྟའི་མཁར་ནི་བོད་ཀྱི་ཡུལ་ཕྱོགས་གཞན་ནའང་མང་དུ་མཇལ་དུ་ཡོད། དེ་ནས་ཕུར་ཡར་སོང་ན་ཆུ་མཇོད་དགོན་པ་ཞེས་གྲགས་པའི་དགོན་རོ་ཞིག་ཡོད་ལ། དེར་བགྲོད་པའི་ལམ་བར་དུ་རྡོ་བརྐོས་ཀྱི་མ་ཎི་དང་གཟུངས་སྔགས་མང་པོ་མཇལ་རྒྱུ་ཡོད། བོགས་གྲོང་ཚོའི་མདུན་ཕྱོགས་སུ་བོགས་ལྷ་དགའ་འམ་ཨ་ཕོ་ལྷ་དགའ་གསོལ་སའི་གནས་ལྷ་དགའི་སེར་རགས་ཞེས་པའི་རྟེན་མཁར་ (དཔེ་རིས་བཅུ་གཉིས་པར་གཟིགས།) ཞིག་གནས། གཞན་ཡང་ལས་གཞས་སྣ་ཚོགས་ཏེ་བོད་དུ་ཡོངས་ཁྱབ་རང་བཞིན་གྱི་ཨར་གཞས་དང་བཙས་གཞས། དེ་བཞིན་ས་སློག་རྡོ་སློག་བྱེད་པའི་གཞས་སོགས་དང་། ཡུལ་ལུང་གཞན་ན་མཐོང་དཀོན་པའི་རྟ་ཐུང་དང་རྟད།① ལྡུགས་རྒྱང་ལ་སོགས་སྟར་རྒྱུན་མ་ཉམས་པར་གནས་ཡུས་སོ། །

འདིར་བོགས་ཞེས་པ་ལ་ཡུལ་སྐད་དུ་འབོག་ཅེས་པའི་སྒྲ་འབྱུང་ཡང་། ལྟུགས་སྟག་ཞིབ་གཞུང་དུ་བོགས་ཞེས་གསལ་བས་འབོག་ཅེས་མ་བྲིས་པའོ། །ཡུལ་དེ་ནི་ལོ་རྒྱུས་ཐོག་གཡོར་པོའི་ས་ཁོངས་དང་། ད་དུས་གྲ་དོལ་གཞུང་གསུམ་ལས་གཞུང་གི་ཁུངས་དང་ཁྲི་སྐོར་བཅུ་གསུམ་གྱི་ནང་ཚན་ཚལ་པ་ཁྲི་སྐོར་གྱི་མི་སྡེ་དང་། དུས་ཕྱིས་ཕག་གྲུའི་དུས་ནས་གོང་དཀར་རྫོང་གི་ཁོངས་སུ་གཏོགས་ཤིང་། ཕྱིས་འོན་

① རྟད་ཅེས་པ་ནི་དགྲ་ལྷ་གསོལ་བའི་སྐུ་ཞིག་ཡིན་པ་དང་། དེ་ལ་དྲུག་རྟད་དང་ཚང་རྟད་སོགས་པའི་དབྱེ་བ་མཆིས་སོ། །

ཆོས་སྡིངས་བླ་བྲང་གི་མི་སེར་དུ་གྱུར་པ་དང་། བཅིངས་བཀྲོལ་བཏང་རྗེས་ལྷོ་ཁ་ས་ཁུལ་གོང་དཀར་རྫོང་མི་དམངས་སྲིད་གཞུང་གི་ཁོངས་ཏེ། རྒྱ་དྲུག་གླིང་(རྒྱལ་ཁབ་གླིང་)གྲོང་བརྡལ་རྒྱ་རི་ཤང་གི་ཁོངས་སུ་གཏོགས། སྤྱི་ལོ་2016ལོ་ནས་བཟུང་ལྷ་སའི་ས་ཁུངས་ཏེ་མཁའ་འགྲུལ་གསར་ཁུལ་གྱི་ཁོངས་སུ་བཙུད་མོད། སྤྱི་ལོ་2022ལོ་ནས་བཟུང་སླར་ཡང་ལྷོ་ཁ་གྲོང་ཁྱེར་གོང་དཀར་རྫོང་རྒྱ་དྲུག་གླིང་གྲོང་བརྡལ་རྒྱ་རི་ཚོན་གྱི་ཁུངས་སུ་བཙུད་པའོ། །

## གཉིས་པ། ལྷ་དགའི་དང་མོས་རིག་གནས་དབྱེ་ཞིབ།

འདིར་བརྗོད་པར་བྱ་བའི་གཞི་ནི་གཞུང་ཁུལ་གྱི་ལུང་ཚན་གསུམ་ན་སྔར་ནས་ད་བར་མ་ཉམས་པར་གནས་པའི་ལྷ་དགའི་རིག་གནས་སམ་འཁྲོར་མཆོད་ཀྱི་དད་མོས་ཤིག་ཡིན། འདིར་ལྷ་དགའ་ཞེས་པ་ནི་ལྷ་དགའ་པོ་ཡོང་ཆེད་དུ་གསོལ་མཆོད་བྱེད་པའི་ཚོ་ག་ཞིག་སྟེ། དེ་ལྟའི་ལུགས་སྲོལ་ནི་བོད་ཀྱི་ཡུལ་ལུང་ཀུན་ཏུ་ས་དར་རྫོ་དར་གྱི་ཡུལ་ལྷ་གཞི་བདག་རྒྱལ་བཙན་སོགས་གསོལ་བའི་ལུགས་དང་ཆ་མཚུངས་པའི་རིག་གནས་ཀྱི་སྣང་ཚུལ་ཞིག་ཡིན་པར་སེམས། །

དེ་ཡང་གཞུང་ཁུལ་གྱི་ལྷ་དགའི་རིག་གནས་ཀྱི་ཁྱབ་ཁོངས་ཆར་སློས་ན། གཞུང་ཁུལ་དུ་ཁྲིན་ལུང་ཚན་ཉེར་བཞི་ཡོད་པ་ལས་གྲོང་ཚོ་གསུམ་ལ་མ་གཏོགས་ལྷ་དགའི་དང་མོས་སམ་འཁྲོར་གཡག་མཆོད་པའི་སྲོལ་མེད་ཅིང་། ལྷ་དགའ་དེ་གསུམ་ནི་མདའ་ཤས་གྲོང་ཚོའི་སྨོན་འགྲོ་ལྷ་དགའ་དང་། ཤར་འབྲས་གྲོང་ཚོའི་ལྷ་དགའ། ཐོགས་གྲོང་ཚོའི་ལྷ་དགའ་བཅས་སོ། །གོང་ཞུས་ཡུལ་ཚན་གསུམ་ལས་ཐོགས་གྲོང་ཚོ་ཉིད་དམིགས་སུ་བཟུང་དོན་ནི་ཉེ་བའི་ལོ་ཤས་ནང་ལུང་ཚན་མདའ་ཤས་དང་ཤར་འབྲས་གཉིས་ཀྱི་ལྷ་དགའི་གསོལ་མཆོད་ཁྲིད་ཀྱི་ཆེས་འགངས་ཆེ་བའི་གནད་འཁྲོར་གཡག་མཆོད་པའི་རིག་གནས་ཀྱི་རྣམ་བཞག་ཉིད་རྒྱུ་རྐྱེན

སྔ་ཚོགས་ཀྱིས་ཉམས་དམས་སུ་སོང་ཡོད། ཁྱད་པར་སྨོན་འགྲོ་ལྷ་དགའི་གསོལ་མཆོད་ཁྲིད་འཐྲོང་གཡག་མཆོད་པའི་ལུགས་སྲོལ་གྱི་རྒྱུན་ཕ་ལམ་ལག་ལེན་བསྟར་གྱི་མེད་པས། དེང་སང་སྔར་རྒྱུན་བཟང་པོ་ལྷག་པའི་ལྷ་དགའི་རིག་གནས་ནི་བོགས་གྲོང་ཚོའི་ལྷ་དགའ་ཁོ་ནར་ཟད་དོ། །དེས་ན། བོགས་གྲོང་ཚོའི་ལྷ་དགའ་འཆམ་འཐྲོང་གཡག་མཆོད་པའི་དད་མོས་ཉིད་རི་ཐང་རྟོག་ཞིབ་ཀྱི་ཐབས་ལམ་སོགས་བརྒྱུད་ནས་བཤད་པའི་རྒྱུན་བསྐྱངས་པ་ལ་དགོས་པ་ཡོད་དེ། དེས་བོད་ཀྱི་དད་མོས་རིག་གནས་ལ་ཐེབས་པའི་ཤུགས་རྐྱེན་དང་། དེ་ལྟའི་རིག་གནས་ཀྱི་མཚོན་དོན་དང་། ཁྱད་ནུས། གཞན་རིག་གནས་དེའི་གསང་བ་སོགས་བརྟོག་འདོན་བྱ་ཕྱིར་ཚ་ག་དང་འབྲེལ་ནས་གླེང་བར་བྱའོ། །

གཅིག ལྷ་དགའི་ཚ་ག་དངོས་གཞི།

བོགས་གྲོང་ཚོའི་ལྷ་དགའ་འཆམ་འཐྲོང་མཆོད་དད་མོས་དང་ཡུལ་ལུང་གཞན་གཉིས་པོའི་ལྷ་དགའི་གསོལ་མཆོད་ཆར་ཚ་གའི་བརྒྱུད་རིམ་གྱི་རྣམ་གཞག་རྒྱས་བསྡུས་དང་བསང་དཔེ་མི་འདྲ་བ་ཙམ་ལས་རིག་གནས་ཀྱི་རྣམ་པ་སྣང་ཚུལ་རྣམས་གཅིག་མཚུངས་སུ་འདུག་ཅིང་། བོགས་གྲོང་ཚོའི་ཟན་གྱི་འཐྲོང་མཆོད་དམ་ལྷ་དགའ་གསོལ་དུས་ནི་འོང་བསྐོར་དུས་ཆེན་གྱི་སྐབས་འཕེལ་གྱི་ཡོད། དུས་ཚོད་ཆར་ལོ་རེ་དུས་རེ་དང་། སྔ་དུས་བོད་ཟླ་བདུན་པའི་ཚེས་བཅོ་ལྔ་དང་། དེང་སང་བོད་ཟླ་དྲུག་པའི་ཚེས་བཞི་ཙམ་ལ་གསོལ་བའི་རྒྱུན་ཆགས། གསོལ་མཆོད་དེ་ངེས་པར་དུ་ཚེས་བཟང་དུས་བཟང་ཞིག་ལ་སྒྲིལ་དགོས་པ་དང་། བསྐང་གསོ་ནི་འབྲུག་པ་བཀའ་བརྒྱུད་ཀྱི་ལྷ་བཅོ་ལྔ་[1]དང་ཀུན་མཁྱེན་པདྨ་དཀར་པོའི་བསང་དཔེ་བཀྲ་

① གསོལ་མཆོད་དེ་ནི་བསྟུ་སྒྲིག་བྱས་པ་ཞིག་ཡིན་པའོ། །

ཤེས་རེ་སྐོང་[1]ཉིད་འདོན་གྱི་ཡོད། དེ་ལ་ཚ་ག་དེའི་ཞིབ་ཕྲའི་བྱ་རིམ་ནི།

(ཀ) མགོ་བསང་གསོལ།

ཐོགས་གྲོང་ཚོར་ཁྲིན་ལྷ་གསོལ་བྱེད་སའི་གནས་སམ་རྟེན་དགུ་ཡོད་པ་དང་དགུ་པ་དེ་ཐོགས་ལྷ་དཀའ་འམ་སྤང་ས་གོང་གི་ལྷ་དཀའ་ཞེས་པ་དེ་ཡིན། འོང་སྐོར་གྱི་ཉིན་དང་པོའི་ཉིན་[2]གུང་ཚུ་ཚོད་གཉིས་པ་ཙམ་ལ་གནས་དེར་ལྷ་གསོལ་མི་རྣམས་འཁྱོར་བ་དང་། ལྷ་དཀའ་དེ་གཞན་ལས་གྲ་རྒྱས་པའམ་ཕུན་སུམ་ཚོགས་པ་གསོལ་བའི་ལུགས་ཡོད། དེ་ཉིན་ཡུལ་མི་ཡོངས་གཟབ་མཆོར་ལེགས་པར་སྤྲོས་དགོས་ཤིང་། ཁྱད་པར་བསང་གསོལ་བྱ་སྐབས་ཡུལ་གྱི་སྐྱེས་པ་མ་གཏོགས་བུད་མེད་བཞུགས་པའི་སྲོལ་མེད། ཚ་ག་དེ་ནི་འོང་སྐོར་སྐབས་སྤྱིལ་གྱི་ཡོད་པས་ལུང་པ་དེའི་སྐྱེས་པ་ཆ་ཚང་བཞུགས་དགོས་པ་མ་ཟད། སྐྱེས་པ་དེ་དག་ཁྲིད་མདུང་དར་ཐོགས་པའི་སྐྱེས་པ་བཅུ་དྲུག་ཙམ་དང་། རྔོག་དང་ཁྲབ་སོགས་གྱོན་པའི་དགྲ་ལྷའི་ཆས་སུ་བཞུགས་པ་ལྔ་དྲུག་ཙམ་མ་གཏོགས་སྐྱེས་པ་གཞན་རྣམས་ཕྱིར་སྣམ་ཕྲུ་དཀར་པོ་རེ་གྱོན་པ་དང་། སྐལ་པར་རྒྱལ་བའི་གསུང་རབ་སྡེ་བཀའ་བསྟན་གྱི་པུ་ཏི་གང་ཐུང་ཞིག་ཁུར་བའི་སྲོལ་ཡོད་ལ། སྐྱེས་པ་ཕལ་ཆེ་བ་སྔ་དུས་སྐེད་པར་གྱི་དཔའ་དམ་རེ་འདོགས་སྲོལ་ཡོད་ཀྱང་། དུས་ཕྱིས་ཁམས་གྱི་དཔའ་དམ་ལས་ཐུང་བ་རེ་ལས་འདོགས་སྲོལ་མི་འདུག གཞན་ལག་གཡས་པར་མདའ་དར་རེ་འཁྱེར་ནས་བསང་གསོལ་གྱི་ལས་ལ་ཞུགས་ཀྱི་ཡོད་པ་དང་། བསང་གསོལ་གྲུབ་

[1] བསང་དཔེ་བགྲིས་རེ་སྐོང་ནི་འབྲུག་པ་པད་མ་དཀར་པོའི་གསུང་འབུམ་ཛ་པའི་ནང་བཞུགས་སུ་གསོལ་ལ། ཤིང་དཔར་དཔེ་རིང་ཙན་གྱི་ཁྲོན་ལྡེབ་མ་བཅུ་གསུམ་བཞུགས། བསང་དཔེ་དེ་འབྲུག་པ་བཀའ་བརྒྱུད་པའི་བསང་དཔེ་གཙོ་བོའི་གྲས་ཤིག་ཀྱང་ཡིན།

[2] ཡུལ་དེར་འོང་སྐོར་དུས་ཆེན་ནི་སྤྱི་དུས་བོད་ཟླ་བདུན་པའི་ཟླ་དཀྱིལ་དུ་བྱེད་སྲོལ། དེང་སང་བོད་ཟླ་དྲུག་པའི་ནང་སྤྱི་ནུར་བྱས་ནས་གཏོང་སྲོལ་མཆིས། ཕྱིར་བཏང་པའི་དབང་དུ་བྱས་ན་དྲུག་པ་ཚེས་བཞིའི་སྐབས་འཁེལ་གྱི་ཡོད།

རྗེས་ཀྱི་ཤར་རིང་པོ་རེ་རྒྱུག་སྲོལ་ཡོད།

（ཁ） དངོས་གཞི།

ཚོ་ག་དེའི་དངོས་གཞིར་འཇུག་པ་ལ་སྤྱིར་གོ་རིམ་གནད་ཆེ་བ་ཁག་དྲུག་ཙམ་དུ་འདུས་ན་འདི་ལྟར་ཏེ།

༡ འཁོར་སྒྲུགས་བཟོ་བ།

ལྷ་དགའི་གསོལ་མཆོད་དམ་འཁོར་མཆོད་ཀྱི་ཚོ་ག་དེའི་ནང་ཆེས་དམིགས་བསལ་དང་འགངས་ཆེ་བའི་གནད་ཀྱི་སྙིང་པོ་ནི་ཟན་གྱི་འཁོར་གཡག（དཔེ་རིས་བཅུ་གསུམ་པར་གཟིགས།）བཞེངས་པ་དེ་ཡིན། དེ་ཉིད་འགངས་ཆེ་དོན་ནི་ཟན་གྱི་འཁོར་གཡག་གི་གཟུགས་བརྙན་དེ་མེད་ན། འཁོར་ཚོང་བ་དང་། གོང་གཏམས་པ། བཤད་པ་གཏོང་བ། འཁོར་གསོད་པ་སོགས་པའི་ཚོ་ག་དེ་འབྲེལ་གྱི་རྣམ་གཞག་གཞན་རྣམས་རྩ་བ་ནས་ཡོང་ཐབས་མེད་རྐྱེན་དེས་ཚོ་ག་དེའི་ཁྱད་ཆེས་དམིགས་བསལ་གྱི་གོ་བབ་བཟུང་ཡོད་པ་ནི་བསྙོན་དུ་མེད་དོ། །

ཟན་གྱི་འཁོར་ནི་སྔ་དྲོ་ནས་འབྲུག་བྲག་དམར་ཆོས་འཁོར་གླིང་གི་དགེ་འདུན་ལྔ་དྲུག་ཙམ་གྱིས་ཐོགས་ལྷ་དགའི་རྟེན་མཁར་གྱི་འགྲམ་དུ་བཞེངས་ཀྱི་ཡོད་ཅིང་། སྔ་མོ་ཟན་གྱི་འཁོར་ནི་གཡག་གི་ཆེ་ཆུང་ཙམ་ཞིག་བཞེངས་སྲོལ་ཡོད་པ་དང་། དུས་ཕྱིས་རྩམ་པ་ཁལ་གཅིག་དང་ཕྱེད་ག་ཙམ་སྐྱེ་བྱང་ལུག་གི་ཆེ་ཆུང་ཙམ་ཞིག་བཞེངས་ལ། དེང་སང་རྩམ་པ་བྲེ་བཅུ་ཙམ་གཏོང་གི་ཡོད་པ་གསུངས། རི་ཐང་རྟོག་ཞིབ་[1] བྱེད་སྐབས་སུ་བཞེངས་པའི་ཟན་འཁོར་གི་མཐོ་ཚད་དང་རིང་ཚད་གཉིས་ཀར་ལི་སྨི་30ལས་མི་འདུག སྔ་དུས་ཟན་གྱི་འཁོར་གཡག་དེ་ཚོགས་ནང་བཞིན་མར་ཕྱུར་བུ་རམ་སོགས་བཏབ་ནས་ཚོགས་པོ་ཞིག་བཞེངས་སྲོལ་ཡོད་པ་དང་། ཚོ་ག་དེ་གྲུབ

① སྤྱི་ལོ་2017ལོའི་ཟླ་8པའི་ཚེས་1ཉིན། ཐོགས་གྲོང་ཚོར་རི་ཐང་རྟོག་ཞིབ་ཏུ་བསྐྱོད།

རྫེས་དུད་ཚང་མི་རེ་ངོ་རེར་བགོ་སྲོལ་མཆིས་མོད། དེང་སང་ཟན་གྱི་འཁྲོང་གཡག་ནི་བྱ་བྱིའུའི་བཟའ་བར་གྱུར་པའོ། །དེ་ཉིན་འཁྲོང་གཡག་གི་གཟུགས་ཕུད་པའི་གཏོར་མ་གཞན་ཡང་བཞེངས་ཀྱི་ཡོད། མ་གཞི་འབྲུག་པ་བཀའ་བརྒྱུད་ཀྱི་ལྷ་ཚོགས་ཁྲིད་ཆོས་སྐྱོང་བཅུ་དགུ་ཙམ་ཡོད་པར་གསུངས་ཀྱང་། ལྷ་བསང་གི་གཏོར་མའི་ཁྲིད་གཙོ་ཆེ་བའི་སྲུང་མ་ནི་ཐང་དམ་བརྟན[1]གསུམ་དང་ལྷ་མགོན་ཧྲག་གསུམ[2]རྣམས་སོ། །ལྷ་དགའ་དེའི་གསོལ་མཆོད་ཁྲིད་ཐང་ལྷ་ཉིད་དམིགས་བསལ་མཆོད་སྲོལ་སྣང་། དེ་ཡང་ཐང་ལྷའི་མདུན་དུ་ཡིན་གཅིག་གཡག་མགོ་ཞིག་བཞེངས་ཀྱི་ཡོད་པ་དང་། ཐང་ལྷ་དང་གཡག་མགོ་གཉིས་ཀ་ཁ་དོག་དཀར་པོ་དགོས་ལ། ཐང་ལྷའི་གཡས་སུ་དམ་ཅན་རྡོ་རྗེ་ལེགས་པ་དང་ར་མགོ་དམར་པོ་ཞིག གཡོན་ཕྱོགས་སུ་བརྟན་མ་བཅུ་གཉིས་དང་ལུག་མགོ་དཀར་པོ་གཅིག་བཞེངས་པའི་རྒྱུན་ཡོད་པ་མ་ཚད། ཐང་དམ་བརྟན་གསུམ་གྱི་སྐུའི་ཆེ་ཆུང་མཐོ་གང་ཙམ་ལས་བཞེངས་པའི་ལུགས་མེད་ལ། གཞན་ཡང་ལྷ་མགོན་ཧྲག་གསུམ་ལ་སོགས་པའི་ཆོས་སྐྱོང་སྲུང་མའི་རིགས་གང་མང་མང་བཞེངས་པའི་སྲོལ་སྣང་ཞིང་། ཟན་གྱི་འཁྲོང་གཡག་ནི་ཡུལ་ལུང་འགར་ཕོ་འཁྲོང་མོ་འཁྲོང་ཞེས་གཉིས་བཞེངས་ཀྱི་ཡོད་ཀྱང་། ཡུལ་འདིར་ནི་ཡ་གཅིག་ལས་བཞེངས་སྲོལ་མི་འདུག

འཁྲོང་སྤྱགས་བཟོ་བར་ཆ་རྐྱེན་ཅི་ཙམ་འཛོམས་དགོས་པའི་གནད་ལ་ཞུས་ན། རྒྱུ་ཆ་གཙོ་བོ་རྩམ་པ་དང་ཆུ། དཀར་རྩི་དང་དམར་རྩི། ནག་རྩི་དང་མར་ཚོན། དཀར་གོང་དང་ཤིང་དུམ་ཕྲ་མོ་འཇེར་པ་མེད་པ་གསུམ་བཞི་ཙམ། གཞན་ཁམས

① ཐང་དམ་བརྟན་གསུམ་ནི་ཐང་ཞེས་པས་གཉན་ཆེན་ཐང་ལྷ་དང་། དམ་ཞེས་པས་དམ་ཅན་རྡོ་རྗེ་ལེགས་པ་དང་། བརྟན་ཞེས་པས་བརྟན་མ་བཅུ་གཉིས་མཚོན་ནོ། །

② ལྷ་མགོན་ཧྲག་གསུམ་ནི་ལྷ་ཞེས་པས་དཔལ་ལྡན་ལྷ་མོ་དུད་སོལ་མ་དང་། མགོན་ཞེས་པས་མགོན་པོ་དང་། ཧྲག་ཅེས་པས་ཧྲག་པ་མེ་ལེན་མཚོན།

གྲི་དཔའ་དམ་ལས་བྱུང་བ་ཞིག་དང་། ཀ་ཧོ་ར་དང་རྗེ་ལེབ་ངོས་སྐོམས་ཆེན་པོ་ཞིག་བཅས་དགོས། དེ་ཡང་ཐོག་མར་གཏོར་མ་གཡོས་སྦྱོར་ལ་བརྟེན་ནས་འབྲོང་གི་གཟུགས་པོ་དང་མགོ་བོ་བཟོ། འབྲོང་མགོའི་གཟུགས་ཐོན་ཙམ་ནས་རྭ་ཅོ་དང་དུས་རིམ་ཅན་གྱིས་སྣ་ཁ་མིག་ལྕེ་བཅས་གཟུགས་མངོན་པར་བྱེད་ཀྱི་ཡོད་ལ། ལྕེ་ཉིད་ཁ་གདངས་པའི་ནང་ཀན་ལ་རེག་པའི་རྣམ་པ་ཅན་ཞིག་དགོས། དེ་རྗེས་གྲིས་འབྲོང་གཡག་གི་སྐལ་པའི་ངོས་སུ་གྲུ་བཞི་ནར་མོའི་གཟུགས་ཀྱི་ཀོང་བུ་ཞིག་འདྲུས་ནས་དེའི་ཆེ་ཆུང་དང་འཚམས་པའི་རྗེ་དཀར་གོང་ཞིག་བླུགས་ཏེ་མཐའ་འཁོར་དུ་དམར་ཚི་ཞུང་ཤས་ཤིག་བླུགས་སྲོལ་ཡོད། དཀར་གོང་ནི་འབྲོང་གཡག་གི་ཚིལ་དང་དམར་ཚི་ནི་ཁྲག་གི་མཚོན་བྱེད་དུ་བཤད།[①] སྤྱགས་ཀྱིས་དཀར་གོང་དང་དམར་ཚི་ཡོངས་སུ་མི་མངོན་པར་བྱས་ཏེ་སྣ་གདན་ཆེ་ཆུང་ཉིས་བརྩེགས་ཐོག་ནོར་བུ་མེ་འབར་ཞིག་བཞེངས་རྗེས་འབྲོང་གི་མཇུག་མ་བཟོ། མཇུག་མ་དེ་གནམ་ལ་ཀེར་བ་ཞིག་དགོས་པ་ནི་འབྲོང་གཡག་ངར་པོ་ཡོད་པ་མཚོན། འབྲོང་གཡག་གི་མཇུག་མ་ཕུད་གཟུགས་པོའི་ཡན་ལག་གཞན་རྣམས་ཚོན་ནག་པོ་དང་། དམར་པོ་གང་རུང་བྱུགས་སྲོལ་ཡོད་པའི་ལུགས་གཉིས་མཆིས། འགའ་ཞིག་ལྟར་ན་སྔ་དུས་ནག་ཚི་བསྐུ་བའི་སྲོལ་ལས་ཕྱིས་དམར་ཚི་བསྐུ་བའི་ལུགས་ཆགས་[②]ཞེས་དང་། ལ་ལས་སྔ་དུས་ནས་དམར་ཚི་ཁོ་ན་མ་གཏོགས་ནག་ཚི་བསྐུ་སྲོལ་མེད་པར་གསུངས།[③] གང་ལྟར་དེང་སང་ནི་དམར་ཚི་མ་གཏོགས་ནག་ཚི་བྱུགས་པའི་གོམས་གཤིས་ནི་མ་མཆིས་སོ། །འབྲོང་གི་མཇུག་མ་དཀར་པོར་འཛོག་དོན་ནི་བཀྲ་ཤིས་མཇུག

① ངོགས་གྲོང་ཚོའི་གྲོང་མི་རྣམས་ཀྱི་ངག་རྒྱུན་དུ་དེ་ལྟར་གྲགས།

② གྲོང་མི་ཕལ་ཆེ་བའི་ངག་རྒྱུན་དུ་དེ་ལྟར་ཆགས།

③ འབྲུག་ཐྲག་དམར་ཆོས་འཁོར་གླིང་གི་དགེ་འདུན་མཁས་གྲུབ་རྒྱ་མཚོ་ལགས་ནས་གསུངས། དགེ་འདུན་ཁོང་ནི་དགོན་དེའི་འགན་འཛིན་པ་གཙོ་བོ་ཞིག་ཡིན།

དཀར་ཞེས་རྟེན་འབྲེལ་གྱི་མཚོན་རྟགས་སུ་བཤད།[1] དམར་རྡོ་བསྐུས་ཚར་རྗེས་འཁྲོང་གཡག་གི་མིག་རིལ་དང་རྣ་ཆ་སོགས་བཟོ་ཡི་ཡོད། འཁྲོང་གཡག་གི་མིག་ནི་སྤྱགས་དང་མིག་རིལ་ནི་སྤྲིན་མ། སྣ་ཆ་ནི་སེ་འབྲུ་བཅས་ལས་གྲུབ་པའོ། །རྣ་ཅོ་དང་སྐེ་རྒྱན། སྐ་གདན་དང་ནོར་བུ་མེ་འབར་རྣམས་ནག་རྡོ་དཀར་རྡོ་དང་མར་ཚོན་བཅས་ཀྱིས་བརྒྱན་ཚུལ་ཡོད་པ་འདི་ལྟར་ཏེ། འཁྲོང་གཡག་གི་རྣ་ཅོར་ནག་རྡོ་བསྐུས་པའི་ཐོག་དཀར་རྒྱན་གྱིས་སྤྲས་པ་དང་དཔྲལ་བར་མར་ཚོན་གྱི་ཉི་ཟླ་མེ་རིས་[2]གསུམ་གྱིས་བརྒྱན་གྱི་ཡོད། དེ་ཡང་ཟླ་བ་ཕྱེད་པ་དང་ཉི་མ། མེ་རིས་གསུམ་རིམ་བརྩེགས་ཀྱིས་བརྒྱན་པའི་ལུགས་མཆིས། ཟླ་བ་ནི་དཀར་རྡོ་ལས་བྱས་ཤིང་། ཉི་མ་ནི་མར་ཚོན་སེར་པོ་དང་ལི་ཁྲིས་བྱས་པ་གང་ཞིག་མཐའ་རྒྱན་དཀར་པོ་རྣམས་ལས་གྲུབ་ལ། མེ་རིས་ནི་མར་ཚོན་དམར་པོས་བརྒྱན་ནོ། །དེ་ལྟའི་ལུགས་ནི་མི་འགྱུར་བའི་རྟེན་འབྲེལ་མཚོན་བྱེད་དུ་བཤད།[3] སྐེ་རྒྱན་གཞི་དཀར་པོ་ལ་མར་ཚོན་དམར་པོའི་ཐིག་རྒྱག་པའི་སྒྲོལ་འདུག སྐ་གདན་རྣམས་མར་ཚོན་གང་ཉུང་གིས་རྒྱན་སྤྲོལ་ཡོད་པ་ལས་ཚོན་མདོག་ངེས་གཏན་གྱི་རེ་བ་དེ་ཙམ་མ་མཆིས་སོ། །ནོར་བུ་མེ་འབར་གྱི་ལྟེབས་སུ་མར་ཚོན་སྔོན་པོ་གཉིས་དང་དམར་པོ་གཅིག་ལས་གྲུབ་པའི་ནོར་བུ་མེ་གསུམ་གྱིས་བརྒྱན་པ་དང་། ཚོས་གཞིར་གོ་རིམ་

① ཐོགས་གྲོང་ཚོའི་གྲོང་མི་དགྲ་འདུལ་ལགས་ཀྱིས་གསུངས། རྒད་པོ་ཁོང་ནི་སྐྱེ་ལོ་2017ལོར་ལོ་77ལ་ཐོན་ཞིང་། ཡིག་རྙོངས་ཡིན་ཡང་ཡུལ་དེའི་ལོ་རྒྱུས་སོགས་གང་ས་ཅི་འཐད་ནས་གསུང་རྒྱུ་མང་བའི་བགྲེས་སོང་ཞིག་ཡིན།

② འདིར་ནི་ཚིག་དེ་དང་འབྲེལ་ནས་ཉི་ཟླ་མེ་རིས་གསུམ་དུ་ཕྱས་ཀྱང་། འགར་ཉི་ཟླ་ནྲ་ད་གསུམ་ཞེས་ཀྱང་བྱུང་།

③ ཐོགས་གྲོང་ཚོའི་གྲོང་མི་དགྲ་འདུལ་ལགས་ཀྱིས་གསུངས། རྒད་པོ་ཁོང་ནི་སྐྱེ་ལོ་2017ལོར་ལོ་77རུ་སོན་ཞིང་། ཡིག་རྙོངས་ཡིན་ཡང་ཡུལ་དེའི་ལོ་རྒྱུས་སོགས་གང་ས་ཅི་འཐད་ནས་གསུང་རྒྱུ་མང་བའི་བགྲེས་སོང་ཞིག་ཡིན།

སོགས་ནི་བཤད་དུ་མེད། ནོར་བུ་མེ་འབར་ནི་ནོར་བུ་དགོས་འདོད་ཀུན་འབྱུང་སྣལ་པར་ཁྱུར་བའི་མཚོན་བྱེད་དུ་གསུངས།[1] དེ་རྣམས་ཡོངས་སུ་གྲུབ་ན་ཟན་གྱི་འཁྲོང་གཡག་བཞེངས་ཚར་བར་བརྩི་བའོ། །

༢ ཟན་གྱི་འཁྲོང་གཡག་ཚོང་བ།

ཟན་གྱི་འཁྲོང་གཡག་བཞེངས་ཚར་རྗེས་ལྷ་དགའི་ཉེ་འགྲམ་གྱི་བསང་ཁྲུང་སྟེང་དུ་བཞག་ནས་བསང་ཁ་བསང་གསོལ་དང་ཐུད་ལྫོགས་རྒྱང་སོགས་གཏོང་བ་དང་ཆབས་ཅིག་ཆང་ཕུད་ཇ་ཕུད་སོགས་འབུལ་གྱི་ཡོད། ཟན་གྱི་འཁྲོང་གཡག་ཉོ་ཚོང་མཁན་ནི་ངེས་པར་དུ་དགྲ་ལྷའི་ཆས་སུ་ཞུགས་པའི་ཁྲབ་རྨོག་སོགས་གྱོན་པའི་སྐྱེས་པ་རྣམས་གཙོ་བོ་ཡིན་པ་དང་། མདུང་དར་འཛོགས་པའི་སྐྱེས་པ་རྣམས་ཀྱིས་ཚོང་རོགས་ཙམ་དང་དེ་སྣམ་ཕྱུ་དཀར་པོ་གྱོན་པའི་སྐྱེས་པ་རྣམས་ནི་ལྟད་མོ་བའི་རྣམ་པ་ཙམ་དུ་ཟད་དོ། །

ཟན་གྱི་འཁྲོང་གཡག་དགྲ་ལྷའི་ཆས་ཞུགས་པ་ཞིག་གིས་གཡག་རྫིའི་ཚུལ་དུ་ལྷ་རྟེན་དང་ཐག་ཉེ་སར་འཁྲིད་པའི་བརྒྱུད་རིམ་ནང་རང་ཉིད་ལ་འཁྲོང་གཡག་གིས་བརྡུངས་པའི་ཚུལ་བྱེད་ལ། རྟོད་ཐག་ལ་བཏགས་ནས་འཇོག་པའི་ལུགས་སྲོལ་དང་བཅས་ཚོ་ག་དེ་དངོས་སུ་དབུ་བརྩམས་ཏེ་གཡག་གི་བཤད་པ་དང་། འཁྲོང་གཡག་རྒྱུད་དག་ལོས་ལས་གོང་གཏམས་ཀྱི་ཡོད། སྐབས་དེར་དགྲ་ལྷའི་ཆས་ཞུགས་རྣམས་དང་མདུང་དར་ཐོགས་པའི་སྐྱེས་པ་རྣམས་ཀྱིས་འཚང་ཁ་ཤིག་ཤིག་ངང་འཁྲོང་གཡག་མཚག་མིན་དང་གོང་འཚམས་མིན་སོགས་སྨྲས་ཏེ་ཚོང་དཀྲུགས་པའི་ལུགས་སྲོལ་ཡོད་ཅིང་། མཐར་གོང་འགྲིག་རྗེས་ཚོང་ཆང་འཐུང་བ་དང་། འཁྲོང་གཡག་འཚོང་མཁན་དང་། ཉོ་མཁན་གཉིས་ཀ་ནས་སྨོན་ལམ་མམ་བཤད་པ་བྱ་

[1] འབྲུག་བྲག་དམར་ཆོས་འཁོར་གླིང་དགོན་གྱི་དགེ་འདུན་མཁས་གྲུབ་རྒྱ་མཚོ་ལགས་ཀྱིས་གསུངས་སོ། །

སྲོལ་ཡོད། །

ཚོ་ག་དེར་བཞུགས་མཁན་གྱི་མི་གྲངས་ལ་མང་ཉུང་གི་ཚད་གཞི་ངེས་གཏན་ཞིག་མེད་ཀྱང་། སྤྱིར་འཁྲོང་གཡག་འཚོང་མཁན་གཉིས་གསུམ་ཙམ་དང་ཉོ་མཁན་གཅིག གཡག་རྫི་གཅིག བཤན་པ་གཅིག་དེ་བཞིན་ལྟད་མོ་བ་གང་མང་མང་ཞིག་དགོས་པ་བཅས་སོ། །འཁྲོང་གཡག་ཉོ་འཚོང་གི་རྣམ་པ་སྣང་ཚུལ་ནི་ཉོ་མཁན་དང་འཚོང་མཁན་གཉིས་ནས་ཁམས་སྐད་ཀྱི་ལམ་ནས་ཚོང་སྒྲིག་སྲོལ་ཡོད། དེ་ཡང་འཁྲོང་གཡག་ཉོ་མཁན་ནི་གཅིག་ཏུ་ངེས་ཀྱང་། ཚོང་མཁན་ནི་གཉིས་གསུམ་ཡོད་པ་མ་ཟད། འཁྲོང་གཡག་གི་རྫི་བོ་གཅིག་དང་བཤན་པ་གཅིག་བཅས་ཁྱོན་མི་ལྔ་དྲུག་ཙམ་སྟེ། དགྲ་ལྷའི་ཆས་སུ་ཞུགས་པ་དེ་རྣམས་ཡིན་ལ། མདུང་དར་ཐོགས་པ་དེ་རྣམས་ཀྱི་ནང་ནས་ཁ་རྐྱེན་པ་རེ་ཟུང་གིས་ཚོང་དཀྲུགས་པ་དང་འཁྲོང་གཡག་ལ་བཤད་པ་སོགས་སྣ་ཚོགས་བྱེ་སྲོལ་ཡོད། འཁྲོང་གཡག་ཚོང་བའི་རྣམ་པ་སྣང་ཚུལ་ནི་གཙོ་བོ་ཉོ་ཚོང་བྱེ་མི་གཉིས་ལ་ཐུག་པས་དེ་ལྟའི་ཚོང་རྒྱུན་གྱི་རྣམ་གཞག་ནི་གཤམ་དུ་ཉོ་མཁན་ཀ་པ་དང་ཚོང་མཁན་ཁ་པས་མཚོན་པར་བྱས་ཡོད། ཚོང་གི་སྣང་ཚུལ་ནི།

ཀ་པ། ཁྱོད་གང་ནས་ཡིན།

ཁ་པ། སྟེ་དགེ་ནས་ཡིན།

ཀ་པ། ཁྱེད་ལ་གཡག་འཚོང་རྒྱུ་ཨེ་ཡོད།

ཁ་པ། ཡོད་ཡོད། གཡག་མང་པོ་མང་པོ་འཚོང་རྒྱུ་ཡོད།

སྐབས་དེར་མི་ཚོགས་ཀྱི་ཁྲོད་ནས་གཡག་འཚོང་མཁན་གཞན་རྣམས་ཀྱིས་ང་ལའང་གཡག་འཚོང་རྒྱུ་ཡོད་ཅེས་ཤོད་སྲོལ་ཡོད།

ཀ་པ། ཁྱོད་ལ་གཡག་འཚོང་རྒྱུ་ཡོད་ན་ང་ལ་རྟ་འཚོང་རྒྱུ་ཡོད།

དེའི་སྐབས་འཁྲོང་གཡག་ཆོང་མཁན་མང་དུ་ཕྱིན་ཏེ་གཡག་འཚོང་རྒྱུའི་ཐད་ཆོང་པ་གཉིས་སམ་གསུམ་དབར་འཁྲུག་རྩོད་བྱེད་པའི་རྣམ་པ་སྟོན་གྱི་ཡོད།

ཀ་པ། ཁྱེད་ཀྱི་གཡག་ཤེད་མོ་ཡག་པོ་དང་རྒྱུད་དག་པོ་ཡོད་དམ།

ཁ་པ། གཡག་ཡག་པོ་ཧྲག་མོ་ཡོད། ཆོལ་མང་པོ་ཡོད། རྒྱུད་དག་མོ་ཡོད།

ཆོང་འཁྲིག་མ་ཁད་ཀྱི་གནས་སྐབས་དེར་ཆོང་པ་གཞན་ཞིག་ཡོང་ནས་གཡག་དེ་ལས་ཡག་པ་ཞིག་ང་ལ་ཡོད་ཅེས་བཤད་དེ་ཆོང་དཀྲུགས་སྲོལ་ཡོད། གཞན་དུང་གོང་གཏམས་པའི་བརྒྱུད་རིམ་དེ་རྙོག་འཛིང་ཆེ་ལ། གསང་བའི་རང་བཞིན་ཅན་གྱི་རྣམ་པ་མང་དག་ཅིག་ལྡན་པའོ། །

༣ གོང་གཏམས་པ།

གོང་གཏམས་པའི་ངོར་སློས་ན། འཁྲོང་གཡག་གི་གོང་ཡར་འཇོག་མར་འབེབས་སོགས་ཆོང་སྐད་ཀྱི་ལམ་ནས་གོང་གཏམས་པ་སོགས་ཉོ་ཆོང་གི་རྣམ་པ་ཤིན་ཏུ་འཁྲུག་པོ་བྱེད། གོང་གཏམས་པའི་ཚེ་བོད་ཀྱི་གནའ་བོའི་སྲོལ་རྒྱུན་ཉོ་ཆོང་ལྟར་ཕན་ཚུན་གྱི་སྤུ་པའི་ཕུ་ཐུང་ནང་ལག་པ་བཏང་ནས་གོང་སྒྲིག་གི་ཡོད། གོང་ཚད་ཡོངས་སུ་འཁྲིག་རྗེས་དངུལ་གྱི་མཚོན་བྱེད་རྐོད་གཤོག་(དཔེ་རིས་བཅུ་བཞི་པར་གཟིགས།)ཅེས་པའི་རི་སྟེང་དུ་སྐྱེ་བའི་རྩི་ཤིང་ལོ་མ་ལེབ་ལེབ་ཆེན་པོ་ཅན་ཞིག་དངུལ་གྱི་ཚུལ་དུ་སྤྱོད་པ་ཡིན། རྐོད་གཤོག་དེ་དག་ནི་ཉོ་མཁན་གྱིས་སྟོན་ཚུད་ནས་ལྟེབ་བརྩིག་བརྒྱབ་སྟེ་ཨམ་ཕྲག་ནང་ཉར་དགོས་སོ། །དངུལ་གྲངས་རྩི་སྐབས་རྐོད་གཤོག་གི་ལོ་མ་རེ་གཉིས་ས་ལ་ལྷུང་སྟེ་དངུལ་མ་ཚང་བའི་རྣམ་འགྱུར་ སྣ་ཚོགས་སྟོན་པའི་ལུགས་ཡོད།

༤ བཤད་པ་དང་སྨོན་ལམ།

ཆོང་ཆང་འཐུང་སྐབས་ཇ་ཕུད་ཆང་ཕུད་སོགས་ཕུལ་ཏེ་འཁྲོང་གཡག་ལ་སྨོན་

ལམ་དང་བཤད་པ་སྣ་ཚོགས་བྱེད་ཅིང་། དེ་ནི་གཙོ་བོ་ཉོ་ཚོང་བྱ་མི་གཉིས་ཡིན། འདིར་ཚོང་མཁན་ཀ་པ་དང་ཉོ་མཁན་ཁ་པའི་ལམ་ནས་མཚོན་ན་འདི་ལྟར་སྟེ།

ཀ་པས། ཡ་མཚོད། རྒྱ་གར་པཎ་ཆེན་བོད་ལ་བཀའ་དྲིན་ཆེ། །པདྨ་འབྱུང་གནས་སྐུ་ལ་འདས་འབྲུངས་མེད། །ད་ལྟ་ལྷོ་ནུབ་སྲིན་པོའི་ཁ་གནོན་མཛད། །ཨུ་རྒྱན་རིན་པོ་ཆེ་ལ་གསོལ་བ་འདེབས། །ཡ་དེ་རིང་གཡག་འདི་ཉོ་འཚོང་བྱས་ནས་ང་རང་གཉིས་ཀ་བྱ་བ་ལམ་འགྲོ་ཡོང་བའི་བཀྲ་ཤིས་སྨོན་འདུན་ཞུ། ནད་མེད་ཚེ་རིང་ཡོང་བའི་བཀྲ་ཤིས་སྨོན་འདུན་ཞུ། ཨེ་རེད། ཡཱ་ཡཱ། ཁོ་རེ། ཡཱ། བཤར། བཤར། སྙིང་རྗེ། ཉི་མ་དེ་རིང་ནས་ང་གཉིས་ཁ་བྲལ་ལེ་རེད། ཁོ་རེ་ཚེ་རིང་།

ཁ་པས། ཚོང་པར་ཁྱེད་ལ་དངུལ་མང་པོ་རག་སོང་ཇག་པས་བཅོམ་ཡོང་ཞེས་བརྗོད་ནས་ཁ་ཏ་བསླབ་བྱ་བྱེད་པའི་ལུགས་ཡོད།

ཀ་པ། ད་ངའི་ནོར། སྙིང་རྗེ། ཚེ་རིང་།

ཁ་པས། འབྲོང་གཡག་གི་དཔྲལ་བའི་སྟེང་དུ་ཡོད་པའི་མར་ཚོན་གྱི་ཉི་ཟླ་མེ་རིས་གསུམ་གྱི་བརྒྱན་ཡོད་སའི་ཕྱོགས་དེར་ཇ་ཕུད་ཆང་ཕུད་གཏོར་ཞོར་གཡག་འདི་ཉོས་ནས་རྫོན་པ་མང་པོ་རྫོ་རྒྱུ་དང་ཁལ་མང་པོ་འགེལ་རྒྱུ་ཤོག །བཀྲ་ཤིས་བདེ་ལེགས་ཕུན་སུམ་ཚོགས། །ཨ་མ་བག་བྲོ་སྐྱ་ཁམས་བཟང་། །གཏན་དུ་བདེ་བ་ཐོབ་པར་ཤོག །ཚེ་གང་སྨོན་ལམ་རྒྱག་རྒྱུ་ཡིན། ཁ་བྲོ། འབྲོང་གཡག་གི་སྣ་ཐག་ནས་བཟུང་སྟེ་ཁྲིད་པའི་རྣམ་པ་དང་བཅས་ཁྲམ་སླུ་①གཏོང་བའི་སྒྲོལ་སྣང་། ཁྲམ་སླུའི་ཚིག་གདངས་ལ་ངེས་པ་མེད་ཙང་། འདིར་དཔེར་མཚོན་ཙམ་སྨྲོས་ན། སོའོ་ཡ་ལ་ནི་ས་མ་འདྲིས་བྱང་ཐང་སྐྱ་བོ་རེད། །སོའོ་ཡ་ལ་ནི་འདྲིས་ཚར་ན་རང་གི་

① ཁྲམ་སླུ་ཞེས་པ་ནི་བོད་ཀྱི་བྱང་ཐང་སོགས་སུ་དར་ཆེ་བའི་གླུ་སྟེ། ཇག་པའི་རིག་གནས་དང་འབྲེལ་ཆེ་བའི་གླུའི་བྱེ་བྲག་ཅིག་ཡིན།

ཕ་ཡུལ་རེད། །སོའོ་མི་མ་འདྲིས་སེམས་པ་སྐྱོ་ཡང་སྐྱོ། །འདྲིས་ཚར་ན་རང་གི་གྲོགས་པོ་རེད། །ཡ་ཁོ་རེ། བཤར། བཤར། བཤར། རྡྭ་སྣ་འཛོམས་ས་ཞིག་ལ་བཤར་བཤར། །ཆུ་སྣ་འཛོམས་ས་ཞིག་ལ་བཤར་བཤར། །སྤང་གཉོངས་བདེ་མོ་ཞིག་ལ་བཤར་བཤར། །སྤང་གཉོངས་བདེ་མོ་དེ་ལ་རྡྭ་ཞིག་ཡོད། །རྡྭ་དེ་ལ་སྤང་རྡྭ་ཨ་འོ་ཡོད། །ཆུ་དེ་ལ་ཟྱ་ཆུ་སྔོན་མོ་ཡོད། །སྤང་གཉོངས་བདེ་མོ་དེ་ལ། །འགྲེ་གཅིག་བརྒྱབ་ནས་འགྲོ་འོ། །ལྷས་ར་གྲུ་བཞི་དེ་ན། །ཙ་རྩེད་རྩེད་ནས་འགྲོ་འོ། །རི་ཟུར་མཐོན་པོ་ཞིག་ལ། །སྐྱིད་ངལ་གསོས་ནས་འགྲོ་འོ། །ནྣ། ས་ཞིང་རྨོན་པ་ནི་བརྒྱབ་ཚར་སོང་། ཞེས་བརྗོད་རྗེས་འཁྲོང་གཡག་གསོད་པའི་གྲབས་བྱེད་ཀྱི་ཡོད།[①]

༥ འཁྲོང་གཡག་མཆོད་པ།

འཁྲོང་གཡག་གསོད་མཁན་ནི་དགྲ་ལྷའི་ཆས་ཞུགས་པ་ཞིག་ཡིན། དེས་བཤན་པའི་ཚུལ་བཟུང་ནས་འཁྲོང་གཡག་ཇི་ལྟར་བཤས་ཚུལ་ནི། ཡྣ། དེ་རིང་ཆོས་པ་བཙོ་ལྦ་ལ་སྡིག་པ་བསགས་སོང་ཞེས་བརྗོད། སྐེད་པ་ནས་ཁམས་གྲི་ཞིག་བཏོན་ཏེ་འཁྲོང་གཡག་གསོད་འགོ་བཙམས་པའི་ཚེ་འཁྲོང་གཡག་གིས་བཤན་པར་བརྡུང་བའི་ཚུལ་སོགས་བྱེད། ཐོག་མར་འཁྲོང་གཡག་གི་མཛིང་པར་གྲི་བཙུགས་ནས་མགོ་བོ་གཅོད་ཅིང་། ཁྲག་ཕུད་གནམ་ལ་གཏོར་ཏེ་འཁྲོང་གཡག་བཤའ་ཡི་ཡོད། དེ་རྗེས་འཁྲོང་གཡག་ཉིད་ཆ་གསུམ་ཙམ་དུ་བགོས་ལ། དེའི་སྐབས་སུ་འཁྲོང་གཡག་གི་ཁོག་པའི་ནང་གི་དཀར་གོང་ལ་བལྟོས་ནས་འཁྲོང་གཡག་གི་ཤ་ཤེད་རྒྱས་ཡོས་སོགས་ལ་དམིགས་པའི་བཤད་པ་སྣ་ཚོགས་བྱ་བའི་སྲོལ་ཡང་འདུག སྔ་དུས་ཟན་གྱི་འཁྲོང་གཡག་དེ་ཆ་ཤས་མང་པོས་བཏུབས་ཏེ་དུད་ཁྱིམ་ཚང་མར་བགོས་ཀྱི་ཡོད་

① འཁྲོང་གསོད་མཁན་ནི་བཤན་པ་ཡིན་པའི་ངེས་པ་མི་དགོས་ལ། གཙོ་བོ་ཆོ་ག་དེའི་ཁྲོད་ན་བཞུགས་པའི་དགྲ་ལྷའི་ཆས་སུ་ཞུགས་པ་ཞིག་གིས་བཤན་པའི་ཚབ་བྱེད། ལར་ནི་འཁྲོང་གཡག་ཚོང་མཁན་གྱིས་བཤའ་བའི་ལུགས་ཀྱང་ཡོད་པར་སྣང་།

ཀྱང་། དེང་སང་དེ་ལྟའི་གོམས་གཤིས་ནི་མེད་པར་གྱུར་ཟིན་ཏོ། །

༤ མཇུག་གི་གྲོལ་བསྡང་།

ཡུལ་མི་རྣམས་ཀྱིས་རང་ལ་ཐོབ་པའི་འགྲོང་སྤྱགས་ལེགས་པར་ཉར་ཏེ་ཐད་དང་ལྷགས་རྒྱང་སོགས་གཏོང་བཞིན་ཆུང་རྟ་འཕེལ་ཆེད་ཀི་བཤར་རེ་བརྒྱབ་ནས་དགའ་སྤྲོའི་ངང་རང་ཁྲིམ་དུ་ལོག་གི་ཡོད།

འདི་ལྟར་ཡུལ་མི་རྣམས་ཀྱིས་ཆར་ཆུ་དུས་སུ་འབབས་པ་དང་། ལོ་ཕྱུགས་གཏན་དུ་ལེགས་པའི་སྨོན་ལམ་འདེབས་པའི་ཚོ་ག་དེ་ནི་ཡུལ་གྱི་དཔུང་གཉེན་གཉན་ཆེན་ཐང་ལྷར་ཕུལ་བར་གསུངས་པ་ནི་དོན་ལ་གནས་པར་སྣང་སྟེ། འགྲོང་གཡག་གི་མཆོད་པ་དང་གཉན་ཆེན་ཐང་ལྷའི་དབར་ཐུན་མིན་གྱི་འབྲེལ་བ་ཞིག་ཀྱང་གྲུབ་པར་སེམས་སོ། །

གཉིས། ལྷ་དགའི་ཁྲིད་ཀྱི་ཟན་གྱི་འགྲོང་གཡག་དང་གཉན་ཆེན་ཐང་ལྷའི་འབྲེལ་བ་བརྟག་པ།

ལྷ་དགའི་གསོལ་མཆོད་ཁྲིད་ཀྱི་ཟན་གྱི་འགྲོང་གཡག་དང་གཉན་ཆེན་ཐང་ལྷའི་དབར་འབྲེལ་བ་ཅི་ཡོད་བརྟག་པ་ལ་རྒྱུ་མཚན་དམིགས་སུ་བསལ་བ་ཞིག་ཡོད་དེ། དེ་ནི་གཅིག་ནས་རིག་གནས་ཤིག་གི་སྣང་ཚུལ་འགྲེལ་བ་ལ་སྨན་པ་དང་། གཉིས་ནས་བོད་ཀྱི་ཆེས་གདོད་མའི་ལྷ་ཚོགས་ལ་ཞིབ་འཇུག་བྱེད་པའི་གནད་ལ་སྨིན་པ། གསུམ་ནས་བོད་ཀྱི་བླ་ཐོག་གམ་བླ་རྟགས་རིག་གནས་ཀྱི་འཕེལ་འགྱུར་སྟོག་འདོན་དང་དེའི་གནས་བབ་ལ་རྟོག་དཔྱོད་བྱེད་པར་དགོས་པ་གལ་ཆེན་ཡོད་པའི་དབང་གིས་དེ་གཉིས་དབར་གྱི་འབྲེལ་བ་སྨྲོས་པར་ཐོག་མར་ལྷ་དགའི་གསོལ་མཆོད་ཁྲིད་ཀྱི་འགྲོང་གཡག་གི་གཟུགས་བརྙན་དང་གཉན་ཆེན་ཐང་ལྷའི་དད་མོས་ཁྲིད་ཀྱི་མཆོན་བྱེད་འགྲོང་གཡག་གི་གཟུགས་བརྙན་གཉིས་སླེང་གཞིར་བྱས་

ཏེ་སྤྲོས་པར་བྱའོ། །

### ཀ ལྷ་དགའི་རིག་གནས་ཁྲོད་ཀྱི་འཁྲོང་གཡག

ལྷ་དགའི་གསོལ་མཆོད་ཁྲོད་ཀྱི་འཁྲོང་གཡག་གི་ཁ་དོག་དང་ཆེ་ཆུང་སོགས་ལ་མཐའ་གཅིག་ཏུ་ངེས་པའི་ཚད་འཛིན་ས་ཞིག་བཅལ་དུ་མེད་ཀྱང་། ཕོ་བོས་ས་གནས་ས་ཐོག་ཏུ་བསྐྱོད་དེ་བཅར་འདྲི་བྱས་པར་གཞིགས་ན་གནའ་དུས་ཚོ་ག་དེ་རིགས་ནི་བོན་ནམ་དེ་ལས་སྔ་བའི་ཆེས་གདོད་མའི་དད་མོས་ཁྲོད་ཀྱི་ཚོ་ག་ཞིག་ཡིན་པ་དང་། ཚོ་ག་དེའི་ནང་འཁྲོང་གཡག་དངོས་བསད་ནས་མཆོད་པ་ཕུལ་སྲོལ་ཡོད་ལ། འཁྲོང་གཡག་གཅིག་གམ་ཡུལ་ལུང་འགར་འཁྲོང་གཉིས་ཏེ། ཕོ་འཁྲོང་མོ་འཁྲོང་གཉིས་སུ་བྱས་ཏེ་མཆོད་པ་ཕུལ་གྱི་ཡོད། དུས་ཕྱིས་ནི་འཁྲོང་གཡག་དངོས་མིན་པར་དེའི་དོད་དུ་ཟན་གྱི་འཁྲོང་གཡག་གི་གཟུགས་བཟོས་ནས་མཆོད་པ་འབུལ་གྱི་ཡོད་ཅིང་། ཁྱད་པར་ཡུལ་ལུང་སོ་སོར་ཟན་གྱི་འཁྲོང་གཡག་གི་ཆེ་ཆུང་ཡང་སྣ་ཚོགས་སུ་བྱ་སྲོལ་མཆིས། འདིར་དཔེར་མཚོན་ཙམ་དྲངས་ན། གཡོར་པོའི་ལུང་ཚན་དོལ་ཁུལ་ལྷེ་དོལ་ཞོལ་བོན་རིའི་གསོལ་མཆོད་དང་འབྲེལ་བའི་འཁྲོང་མཆོད་རིག་གནས་ཁྲོད་ཀྱི་ཟན་གྱི་འཁྲོང་གཡག་སྟེ་ཕོ་འཁྲོང་ལ་རྩམ་པ་ཁལ་བརྒྱད་ཙམ་དང་མོ་འཁྲོང་ལ་རྩམ་པ་ཁལ་ལྔ་ཙམ་མོ། །ཆེ་ཆུང་ནི་འཁྲོང་གཡག་སྤྱིར་བཏང་དང་མཚུངས་པར་བཞེངས་སྲོལ་ཡོད་ལ། ཁ་དོག་ནི་དཀར་པོ་དང་འཁྲོང་མཆོད་ཀྱི་དུས་ཚོད་ནི་ལོ་རེར་དུས་རེ་སྟེ། ལྷ་བབས་དུས་ཆེན་ཉིན་སྲེལ་གྱི་ཡོད་མོད། སྤྱི་ལོ་1959ལོ་ནས་རྒྱུན་ཆད་དེ་ད་ལྟའི་ཆར་ཚོ་ག་དེ་སླར་གསོ་ཐུབ་མེད་པའོ། །[1]

འདིར་བརྗོད་པར་བྱ་བའི་བོགས་གྲོང་ཚོའི་ལྷ་དགའི་གསོལ་མཆོད་ཁྲོད་ཀྱི་

① བཅར་འདྲི་ཞུ་ཡུལ། ལྷོ་ཁ་གྲོང་ཁྱེར་གོང་དཀར་རྫོང་ལྷེ་ཞོལ་གྲོང་བརྡལ་གྱི་གྲོང་མི། རྒོད་དར་ཚང་གི་འཚོ་མེད་སྟོབས་རྒྱལ། ཕོ། ཡི་གེ་ཤེས། ལོ་81 ཕོ་བོས་སྤྱི་ལོ་2016ལོའི་ཟླ་8པའི་ཚེས་13ཉིན་བཅར་འདྲི་བྱས་པའི་ཟིན་ཐོ་ལས་དྲངས།

འབྲོང་གཡག་དེ་ཉིད་ཀྱང་བོན་དར་བའི་དུས་སམ་དེ་ལས་སྔ་བའི་དུས་རིམ་ནང་འབྲོང་གཡག་དངོས་བསད་ནས་མཆོད་པ་འབུལ་བ་དང་། ཕྱིས་ཟན་གྱི་འབྲོང་གཡག་གིས་འབྲོང་གཡག་དངོས་ཀྱི་དོད་བྱས་ཏེ་ཚོ་ག་དེའི་རྣམ་གཞག་སྒྲུབ་པར་བྱེད་ཀྱི་ཡོད་པ་མ་ཟད། དེའི་ཆེ་ཆུང་དང་གྲངས་མང་ཉུང་ཆར་མཚོན་ན། སྔ་དུས་ནས་གྲངས་ཚད་ལ་འབྲོང་གཡག་དངོས་སམ་དེའི་དོད་ཟན་གྱི་འབྲོང་གཡག་གི་གཟུགས་གཅིག་པོ་ན་དང་། ཆེ་ཆུང་ཆར་ཐོག་མར་འབྲོང་གཡག་གི་ཆེ་ཆུང་ཙམ་དང་། བཅིངས་བཀྲོལ་གོང་ཙམ་ལ་རྩམ་པ་ཁལ་གཅིག་དང་ཕྱེད་ག་ཙམ་སྟེ། ལུག་གི་ཆེ་ཆུང་ཙམ། དེང་སང་རྩམ་པ་བྲེ་བཅུ་ཙམ་སྟེ། ལུག་གུའི་ཆེ་ཆུང་ཙམ་ལས་བཞེངས་སྲོལ་མ་མཆིས། ཟན་གྱི་འབྲོང་གཡག་གི་ཁ་དོག་ཆར་བཤད་ཚུལ་གཉིས་ཏེ། གཅིག་ནི་རོག་པོ་དང་། གཅིག་ཤོས་ནི་ཁམ་པ་ཡིན་པར་བཤད། དེ་ཡང་ཡུལ་དེའི་རྒན་པོ་ཁ་ཅིག་གིས་སྔ་དུས་རོག་པོ་དང་དུས་ཕྱིས་ཁམ་པའི་མདོག་ཏུ་གྱུར་པར་བཤད་པ་དང་། ལ་ལས་སྔ་དུས་ནས་ཁ་དོག་ཁམ་པ་ཡིན་པར་བཤད། དེ་ལ་ཁམ་པའི་མདོག་ནི་ཁམ་མདོག་དངོས་མིན་པར་མདོག་དམར་པོས་ཁམ་མདོག་གི་དོད་བྱས་པས། དེང་སང་ནི་དམར་པོ་ཉིད་ལས་རོག་པོའི་མདོག་ནི་མི་བྱ་བའོ། །

ཁོ་བོའི་འདོད་ཚུལ་ལྟར་ན། ལྷ་དགའི་རིག་གནས་ཁྲོད་ཀྱི་འབྲོང་གཡག་གི་དད་མོས་ནི་དེང་སང་ཡུལ་ལུང་འགའ་ཤས་ལ་མ་གཏོགས་མེད་མོད། སྔ་དུས་བོད་ཀྱི་ཡུལ་གྲུ་ཕལ་ཆེ་བར་དེ་ལྟའི་རིག་གནས་ཡོད་པར་སེམས་ལ། རིག་གནས་དེ་ལ་བརྟེན་ནས་དེས་བོད་ཀྱི་དད་མོས་རིག་གནས་ཀྱི་འཕེལ་རྒྱུན་ལ་མི་མངོན་པའི་ནུས་པ་ཐོན་པ་ནི་སྨོས་མེད་ལགས།

༼ཁ༽ གཉན་ཆེན་ཐང་ལྷའི་དད་མོས་ཁྲོད་ཀྱི་འབྲོང་གཡག

གཉན་ཆེན་ཐང་ལྷའི་དད་མོས་ནི་དུས་ཇི་ཙམ་ཞིག་ལ་དར་བར་སྤྱོབས་མི་ཐུབ་

ཀྱང་། རིགས་འདེད་བྱས་ན། བསྐལ་པ་ཡ་ཐོག་དུས་ནས་དར་བར་སེམས། དེ་ལ་རྒྱུ་མཚན་མེད་པ་ནི་མིན་ཏེ། ཐང་ལྷ་ཉིད་སྲིད་པ་ཆགས་པའི་ལྷ་དགུའི་གྲས་སུ་བཙུད་པའི་དབང་གིས་སོ། །གཞན་གཉན་ཆེན་ཐང་ལྷའི་དད་མོས་ནི་བོད་ཀྱི་ཆེས་གདོད་མའི་དད་མོས་ཁྲིད་གནས་པ་དང་། བོན་ཆོས་དང་སངས་རྒྱས་ཆོས་ལུགས་ཀྱི་དད་མོས་ཁྲིད་གནས་པ་ནི་དེ་འབྲེལ་གྱི་གསོལ་མཆོད་དང་བསྐང་གསོ་སོགས་ལ་གཟིགས་ན་རྟོགས་ཐུབ་པ་མ་ཟད། དད་མོས་བྱེད་མཁན་གཞི་རྒྱ་ཆེ་ལ། ཁྱབ་ཡུལ་མང་བ་ལ་སོགས་པའི་ཁྱད་ཆོས་མངོན་མོད། དུས་ཕྱིས་དབུས་གཙང་ཏུ་བཞི་གཙོ་བོར་བྱས་པར་སྣང་བ་དང་། ཁྱད་པར་ད་ལྟའི་ཆར་ནི་དམངས་ཁྲོད་དད་མོས་ཁྲིད་གཡོ་ཏུ་ལུང་ཚན་འགའ་ཤས་དང་དབུ་ཏུ་ལུང་པ་རེ་གཉིས་ལ་མ་གཏོགས་གཞི་ཁྱོན་ཆེ་བའི་སྒོ་ནས་ཐང་ལྷ་མཆོད་པའི་ལུགས་ཁོ་བོའི་མཐོང་ཆོས་སུ་མ་གྱུར་པའོ། །

ད་ཡོད་ཀྱི་དམངས་ཁྲོད་དུ་གནས་པའི་ཐང་ལྷའི་དད་མོས་ཆར་ཞུས་ན། དཔེ་མཚོན་དུ་གྱུར་པ་ནི་ལྷ་ས་གྲོང་ཁྱེར་འདམ་གཞུང་རྫོང་སྙིང་གྲོང་ཁྲུལ་གྱི་གསོལ་མཆོད་དེ་ཡིན། ཡུལ་དེར་ཐང་ལྷ་གསོལ་བའི་དུས་ཚོད་ནི་ལོ་གསར་ཚེས་གསུམ་དང་། འཛམ་གླིང་སྤྱི་བསང་[1]ཉིན་ཡིན། ཐང་ལྷ་གསོལ་མི་ནི་སྐྱེས་པ་མ་གཏོགས་སྐྱེས་དམན་རྣམས་འགྲོ་བའི་སྲོལ་མེད་ལ། སྐྱེས་པ་རྣམས་ཀྱིས་མེ་མདའ་དང་མདའ་དར། གཡུ་དང་གྲི་དཔའ་དམ་སོགས་བཏགས་ནས་རྟོར་ཆས་ཀྱི་གཟབ་མཆོར་སྤྲོས་ཀྱི་ཡོད། རྟོར་ཆས་ཀྱི་ཁ་དོག་ངེས་པར་དུ་དཀར་པོ་ཞིག་དགོས། གཞན་རྟ་དཀར་

① བོད་ཀྱི་ཡུལ་ལུང་ཐལ་ཆེ་བར་བོད་ཟླ་དང་པོའི་ཚེས་གསུམ་ཉིན་རང་རང་གི་སྐྱེས་ལྷ་སོགས་གསོལ་བའི་ལུགས་ཡོད་པ་དང་འཛམ་གླིང་སྤྱི་བསང་སྟེ་བོད་ཟླ་ལྔ་པའི་ཚེས་བཅོ་ལྔའི་ཉིན་སྐྱེས་ལྷ་དང་དགྲ་ལྷ་སོགས་གསོལ་བའི་སྲོལ་མཆིས། དེ་ལྟའི་གོམས་སྲོལ་ནི་སངས་རྒྱས་ཆོས་ལུགས་དང་མི་དམན་པའི་འབྲེལ་བ་ཞིག་ལྡན་པ་ཡིན་ལས་ཆེ་ལ། ཕྱོགས་གཞན་ཞིག་ནས་དེས་བོད་ཡུལ་གྱི་མི་རྣམས་ཀྱིས་རང་གི་མེས་པོར་དད་མོས་བྱེད་པའི་ལུགས་སྲོལ་རྙིང་གྲས་ཤིག་ཀྱང་ཡིན་པར་སེམས།

པོར་སྣ་གདན་གསར་པས་བརྒྱན་པ་དང་། རྟའི་རྫ་མ་དང་ཟེ་དར་མཚོན་གྱིས་ལེགས་པར་བརྒྱན་ནས་གསོལ་བར་འགྲོ་བའི་ལུགས་ཡོད། གསོལ་བའི་བརྒྱུད་རིམ་ནང་གི་བཤར་མང་པོ་རྒྱུག་སྲོལ་ཡོད། གསོལ་མཆོད་ཀྱི་དཔེ་ཆ་ནི་འདམ་གཞུང་སྟོད་སྨད་བར་གསུམ་སྐྱོང་མཛད་ལྷ་སྲུང་གཞི་བདག་རྣམས་ལ་བསངས་སྐྱེམས་འབུལ་ཚུལ་བཞུགས་སོ། །[1]ཞེས་པ་འདི་ཉིད་ཡིན། ཡུལ་མི་རྣམས་ཀྱི་ངག་རྒྱུན་དུ་ཐང་ལྷའི་གནས་བདག་ནི་དྲེད་མོང་རག་པ་ཞིག་ཡོད་པར་གསུངས་[2]པ་ལས་འགྲོང་གཡག་དང་འབྲེལ་བའི་སྐོར་ནི་མི་གསལ་བའོ། །

གཡོ་རུའི་རུ་ཚན་འཕྱིང་རུ་ཁུལ་ཏེ་དེང་སང་ལྷོ་ཁ་གྲོང་ཁྱེར་གོང་དཀར་རྫོང་སྨང་སྟོད་གྲོང་བརྫལ་ཐོད་དཀར་གྲོང་ཚོའི་ཐང་ལྷའི་གསོལ་མཆོད་ཁྲོད་དུའང་ཟན་གྱི་འབྲོང་གཡག་གི་མགོ་བཞེངས་སྲོལ་ཡོད་པ་དང་། ཡུལ་དེའི་ངག་རྒྱུན་དུ་མི་ག་གེ་མོ་ཞིག་འབྲོང་གཡག་རོག་པོའམ་དཀར་པོ་གང་རུང་ཞིག་ལམ་དུ་ཞིས་པའམ་ཡང་ན་མཚན་གུང་དུ་ཐང་ལྷའི་རྟེན་མཁར་ཡོད་སའི་ཕྱོགས་ནས་འབྲོང་གཡག་གི་གཟུགས་བརྙན་མཐོང་ན་ཐང་ལྷས་གནོད་པར་སྨྲ་[3]སྲོལ་མཆིས་པ་དང་། དེ་ལྟའི་གནས་ཚུལ་བྱུང་ན་ངེས་པར་ཐང་ལྷ་གསོལ་དགོས་ཤིང་། གསོལ་མཆོད་ནི་བསྟན་སྲུང་ཐང་ལྷའི་གསོལ་མཆོད་ཅེས་པ་ཉིད་བྱའོ། །གསོལ་མཆོད་དེ་ནི་རིག་འཛིན་རྒོད་

---

① འདམ་གཞུང་སྟོད་སྨད་བར་གསུམ་སྐྱོང་མཛད་ལྷ་སྲུང་གཞི་བདག་རྣམས་ལ་བསངས་སྐྱེམས་འབུལ་ཚུལ་བཞུགས་སོ། ཞེས་པའི་བསྐང་གསོ་དེར་ལྡེབ་གཉིས་ལས་མེད་ཅིང་། དེ་ནི་ཐང་ལྷའི་སྐོར་གསོལ་མིན་པར་འདམ་གྱི་སའི་བསྟན་སྲུང་སྤྱིའི་གསོལ་མཆོད་ཅིག་ཡིན། མཇུག་བྱང་དུ་རས་ཁང་སེར་རྗོ་རྗེ་འཆང་ཞེས་དམ་ཕྱུག་དང་བཅས་པར་སྣང་།

② ལྷ་ས་གྲོང་ཁྱེར་འདམ་གཞུང་རྫོང་ཨུ་མ་ཤང་གི་གྲོང་མི་བསྟན་འཛིན་དབང་ཕྱུག་ལགས་ལ་བཅར་འདྲི་ཞུས་པ་ལྟར་ཡིག་ངོར་བཀོད།

③ ཆོས་གསུམ། འབུམ་རམས་པ། ལོ་34 གོང་དཀར་རྫོང་སྨང་སྟོད་གྲོང་བརྫལ་ཐོད་དཀར་གྲོང་ཚོའི་གྲོང་མི། དུས་ཚོད་2017.5.4 བཅར་འདྲི་བ། བསོད་ནམས་དབང་རྒྱལ།

ལྗིམ་གྱི་གཉེར་མ་ལྷ་བྲག་མར་ཁྱུངས་མཛད་ནས་བརྩམས་པ་ཞིག་གོ གསོལ་བའི་དུས་ལ་མཚོན་ན། ལོ་གསར་ཆོས་གསུམ་དང་། འཛམ་གླིང་སྤྱི་བསང་། བོད་ཟླ་བདུན་པའི་ཆོས་བཅོ་ལྔ་①གསུམ་ལ་བྱེད། ཡུལ་དེར་ཐང་ལྷའི་རྟེན་ཁང་དང་ཐང་ལྷའི་སྐུ་འདྲ་ཡང་མཇལ་དུ་ཡོད།

གཞུང་ཁྲུལ་གྱི་བོགས་གྲོང་ཚོ་དང་། མདའ་བཤས་གྲོང་ཚོ། ཤར་འབྲས་གྲོང་ཚོ་གསུམ་གྱི་ལྷ་དགའི་གསོལ་མཆོད་དང་། འཕྱིང་ཏུ་ཐོད་དཀར་གྲོང་ཚོའི་ཐང་ལྷའི་གསོལ་མཆོད། དོལ་ལྩེ་བདེ་ཞོལ་གྱི་བོན་རིའི་འབྲོང་མཆོད་བཅས་ནི་དབུས་ཕྱོགས་ནས་ཁོ་བོའི་རྟོག་ཞིབ་ཀྱི་མིག་ལམ་དུ་ཚུད་ཅིང་། དབུས་ཕྱོགས་ཆར་གཏོགས་པའི་གཉན་ཆེན་ཐང་ལྷའི་འཁོར་གཡག་གི་དམངས་ཁྲིད་དད་མོས་དང་འབྲེལ་བ་རྣམས་སོ། །

གཞན་དུ་བོད་ཀྱི་ཡུལ་ལུང་ཕལ་ཆེ་བར་བན་བོན་རིས་སུ་མ་ཆད་པའི་དགོན་སྡེ་ཁག་གི་བསྐང་གསོའི་ཁྲིད་ན་ཐང་ལྷའི་གསོལ་མཆོད་གནས་པ་ནི་དེ་ལྟའི་བསང་དཔེ་རྣམས་ལ་གཟིགས་ན་ཤེས་ཐུབ་སྟེ། སློབ་དཔོན་པདྨས་མཛད་པའི་རྒྱུགས་བཙན་ལྷ་བསང་དུ། "དབུས་སུ་གཡག་མགོས་མཚན་པའི་ཐང་ལྷའི་གཏོར་མ་ཟུར་གསུམ་རྩེ་དཀར་ཅན། གཡས་སུ་ལུག་མགོས་མཚན་པའི་བསྟན་མའི་②གཏོར་མ་དབྱིབས་རྩེ་གོང་འདྲ། གཡོན་དུ་ར་མགོས་མཚན་པའི་དམ་ཅན་

① བོད་ཟླ་བདུན་པའི་ཆོས་བཅོ་ལྔའི་ཉིན་ལྷ་གསོལ་བའི་གོམས་སྲོལ་ནི་བོད་ཀྱི་ས་ཕྱོགས་མང་ཆེ་བར་དར་ཡོད་ཅིང་། དེ་ཡང་དབྱར་དཀྱིལ་དུ་ལྷ་གསོལ་བའི་རྣམ་པ་ནི་སེར་བ་ལ་སོགས་པའི་རང་བྱུང་གི་འཇིགས་པ་འགོག་ཆེད་དུ་ཡུལ་ལྷ་སོགས་པ་རིམ་ཅན་གྱིས་གསོལ་བའི་རྣམ་པ་ཅན་དུ་གྲུབ་པ་ཞིག་ལགས། དེ་ནི་སྔ་དུས་བོད་ཡུལ་གྱི་མིས་པོ་གོང་མ་རྣམས་ཀྱིས་དབྱར་དགུན་གཉིས་སུ་ལྷ་གསོལ་གྱི་བགྱི་བ་ལས་དབྱར་དུས་ཀྱི་དུས་ཆོད་ནི་བོད་ཟླ་བདུན་པའི་ནང་འཁེལ་བའི་རྒྱུན་བསྐྱངས་པ་ཞིག་མིན་ནམ་སྙམ།

② བསྟན་མ་ཞེས་པ་ལར་བརྟན་མ་ཞེས་ཀྱང་བྱུང་ལ། གང་བདེར་བྲི་བའི་ལུགས་མཆིས།

གྱི་གཏོར་མ་དཔྱིབས་རྩེ་གོང་འདྲ།”[1]ཞེས་འཁོད་པ་དང་། ལྷ་བྲག་གཏེར་གཞུང་དུ། “གྲུབ་པའི་རྟགས་སུ་མི་དཀར་པོ་དང་། ཁྲ་དང་སྤྱང་ཀི་དང་། འབྲོང་གཡག་དང་།”[2]ཞེས་བྱུང་ལ། ཡང་དེ་ཉིད་ལས། “སྤྲུལ་པ་འཛིགས་པའི་ལུས་པོ་དེ། །ལྷ་གཡག་དཀར་པོ་ཅིག །”[3]ཅེས་གསལ་ཞིང་། དུས་ཕྱིས་ཀྱི་བསང་དཔེ་ཕལ་ཆེ་བ་གཞུང་དེ་གཉིས་ལ་ཁུངས་གཏུགས་ནས་བརྩམས་པའི་ཕྱིར་རོ། །

༼ག༽ དད་མོས་གཉིས་ཀྱི་འབྲོང་གཡག་དབར་གྱི་འབྲེལ་བ།

ལྷ་དགའི་གསོལ་མཆོད་ཁྲོད་ཀྱི་ཟན་གྱི་འབྲོང་གཡག་གི་མཆོད་པ་དང་། ཐང་ལྷའི་དབར་འབྲེལ་བ་དམ་ཟབ་ཡོད་དེ། ཐང་ལྷ་ནི་འབྲོང་གཡག་ཞོལ་ཆེན་གྱི་གཟུགས་སུ་གནས་པ་དང་། ཐང་ལྷའི་དོད་དུ་གཡག་མགོ་བཞེངས་པའི་སྲོལ་ཡོད་པའོ། །དེ་ནི་ལྷ་ཆེན་དེའི་གསོལ་མཆོད་དང་བསང་མཆོད་ཁྲོད་དུ་དེ་འབྲེལ་གྱི་ལུང་རྒྱུན་གོང་གསལ་དྲངས་མ་ཐག་པ་ལས་ཤེས་ནུས་ལ། ལར་འབྲོང་གཡག་ཉིད་ཐང་ལྷའི་སྤྲུལ་པ་དང་འཁོར་དུ་བྱ་སྟེ། དེ་ལ་ཐང་ལྷའི་འཁོར་གྱི་ཁྲོད་ན་ལྷ་གཡག་གམ་འབྲོང་གཡག་ཞོལ་ཆེན་སོགས་གསལ་ལ། དེང་སང་ཡང་འདམ་གཞུང་ཁུལ་ན་ཐང་ལྷའི་ལྷ་གཡག་གི་སྐུ་འབེབས་[4]ཡོད་ལ། སྔ་དུས་ཐང་ལྷ་གསོལ་དུས་སྐུ་འབེབས་གདན་དྲངས་ནས་གསོལ་མི་རྣམས་ལ་ཐང་ལྷའི་གནས་བཀོད་དང་གསོལ་ལུགས་སོགས་ཇི་བཞིན་ཡིན་སྐོར་གྱི་མངག་བྱ་སྒྲུབ་རྗེས་གཞི་ནས་ཐང་ལྷ་

① བསོད་ནམས་འབུམ། བསང་མཆོད་ཕྱོགས་བསྒྲིགས། མི་རིགས་དཔེ་སྐྲུན་ཁང་། 2003 ཤ 151

② རིག་འཛིན་རྒོད་ལྡེམ། གཉན་ཆེན་ཐང་ལྷའི་ཕྱི་ནང་གསང་གསུམ་གྱི་སྒྲུབ་ཐབས་ལས་ལོ་རྒྱུས་བཞུགས་སོ། །གཏེར་གཞུང་། ཤིང་དཔར། ཤ 384

③ རིག་འཛིན་རྒོད་ལྡེམ། གཉན་ཆེན་ཐང་ལྷའི་ཕྱི་ནང་གསང་གསུམ་གྱི་སྒྲུབ་ཐབས་ལས་ལོ་རྒྱུས་བཞུགས་སོ། །གཏེར་གཞུང་། ཤིང་དཔར། ཤ 393

④ ཐང་ལྷའི་འཁོར་ལྷ་གཡག་གི་སྐུ་འབེབས་ནི་ལྷ་ས་གྲོང་ཁྱེར་འདམ་གཞུང་རྫོང་ཁོངས་སུ་ཡོད་ལ། སྐུ་འབེབས་གང་དེར་སྒྱུ་འགོག་པ་སོགས་པའི་ནད་བཅོས་པའི་ནུས་པ་ཁྱད་པར་ཅན་ལྡན་པར་བཤད།

གསོལ་བའི་ལུགས་ཆགས། དེ་ཡང་ཐང་ལྷ་ནི་སྲིད་པ་ཆགས་པའི་ལྷ་ཡིན་པ་དང་། ནུས་མཐུ་བཙན་ཞིང་། འཕྲིན་ལས་མྱུར་བ། འཁོར་ཚོགས་མང་བ། མངའ་ཐང་ཆེ་བས་རིམ་གྱིས་བོད་དབུས་གཙང་རུ་བཞིའི་ཡུལ་ལྷ[①]དང་ཇོ་དཔོན་རྣམས་ཀྱི་དགྲ་ལྷ།[②] དེ་བཞིན་ཆོས་རྒྱལ་ཁྲི་སྲོང་ལྡེ་བཙན་གྱི་སྐུ་ལྷ[③]དང་བན་བོན་གཉིས་ཀའི་ཆོས་སྐྱོང་སྲུང་མ་དམ་ཅན་ཞིག་ཏུ་གྱུར་པ་མ་ཟད། བོད་ཡུལ་སྤྱི་དང་ཁྱད་པར་དབུས་གཙང་རུ་བཞི་དང་བཅས་པས་གསོལ་བའི་ལྷ་མཐུ་ཆེན་ཡིན། དེས་ན། འབྲོང་མཚོད་ཀྱི་དད་མོས་ཀྱི་གཞི་རྩ་ནི་ཆོས་བཟང་དུས་བཟང་ཞིག་ལ་ཉེ་འབྲེལ་གྱི་དཔོན་སྡེ་ནས་དགེ་འདུན་གདན་དྲངས་རྗེས་ཟན་གྱི་འབྲོང་གཡག་བཞེངས་དགོས་ཤིང་། ཡུལ་གྱི་སྐྱེས་པ་རྣམས་གཅིག་ཏུ་འདུས་ནས་བསང་ཁ་བསང་གསོལ་བཏང་སྟེ། གཏོར་མཚོད་འཕྲིན་བཅོལ་གང་ལེགས་བྱས་པ་ནི། དོན་དུ་ཡུལ་ཕྱོགས་ག་གེ་མོ་ཞིག་གི་སྐྱེས་པ་སྐྱ་སེར་ཐུན་མོང་རང་བཞིན་ཅན་གྱི་ཚོ་ག་གལ་ཆེན་ཞིག་སྟེ། དེས་ཡུལ་དེའི་མཐུན་སྐྱོལ་མཚོན་པ་དང་དེ་ནི་ སྔ་དུས་ཡུལ་སྡེ་གཞན་གྱི་དགྲ་འགོག་པའི་ནུས་པ་ཡོད་ཅེས་མཁར་རྒྱའུ་བསམ་གཏན་གྱིས་བཤད།[④] དོན་དུ་འབྲོང་གཡག་ནི་གཉན་ཆེན་ཐང་ལྷའི་སྤྲུལ་པ་དང་འཁོར་གཉིས་ལས་གཙོ་ཆེ་བ་འཁོར་དུ་བཤད་པ་ཕལ་ཆེ་བས་ལྷ་གསོལ་རྣམས་ཀྱིས་ཐང་ལྷར་འབྲོང་གཡག་གི་སྣང་བརྙན་མཚོད་

① རིག་འཛིན་རྒོད་ལྡེམ། གཉན་ཆེན་ཐང་ལྷའི་ཕྱི་ནང་གསང་གསུམ་གྱི་སྒྲུབ་ཐབས་ལས་ལོ་རྒྱུས་བཞུགས་སོ། །གཏེར་གཞུང་། ཞིང་དཔར། ལྡེབ་དགུ་པའི་དབུ་ལྡེབ། ཤ387གསལ།

② རིག་འཛིན་རྒོད་ལྡེམ། གཉན་ཆེན་ཐང་ལྷའི་ཕྱི་ནང་གསང་གསུམ་གྱི་སྒྲུབ་ཐབས་ལས་ལོ་རྒྱུས་བཞུགས་སོ། །གཏེར་གཞུང་། ཞིང་དཔར་། ལྡེབ་དགུ་པའི་དབུ་ལྡེབ། ཤ387གསལ།

③ རིག་འཛིན་རྒོད་ལྡེམ། གཉན་ཆེན་ཐང་ལྷའི་ཕྱི་ནང་གསང་གསུམ་གྱི་སྒྲུབ་ཐབས་ལས་ལོ་རྒྱུས་བཞུགས་སོ། །གཏེར་གཞུང་། ཞིང་དཔར་། ལྡེབ་དགུ་པའི་དབུ་ལྡེབ། ཤ387གསལ།

④ མཁར་རྒྱའུ་བསམ་གཏན། བདེ་ཁང་བསོད་ནམས་ཆོས་འཕེལ་གྱིས་དབྱིན་ཡིག་ནས་བོད་ཡིག་ཏུ་བསྒྱུར། མདའ་དང་འཕང་། སྣོད་ཆ། བོད་རིག་པ་དཔེ་སྐྲུན་ཁང་། 2007.9 ཤ 268ནང་གསལ། དཔྱད་རྩོམ་བོད་ཀྱི་ཡུལ་ལྷ་གསོལ་བ་དང་ཤུག་བསང་གཏོང་སྲོལ་སྐོར་གླེང་བ་ཞེས་པར་གཟིགས།

ནས་ཐང་ལྷ་མཉེས་པར་བྱེད་པ་མཚོན་ལ། གཞན་ཡང་ཆེས་གདོད་མའི་འཇིགས་པ་སྣ་ཚོགས་ཤིག་ལས་གྲོལ་ཆེད་དང་། ཕྱི་ནང་ཀུན་གྱི་གསང་བ་མང་དག་ཅིག་ནུས་པ་ཡ་མཚན་ཅན་ཞིག་གི་རྣམ་པའི་ཐོག་ནས་འགྲེལ་བརྗོད་བྱེད་པ་དང་། ནང་སེམས་ཀྱི་འཇིགས་པ་དང་བཀྲ་མ་ཤིས་པའི་དོན་གནད་མང་དག་ཅིག་རྣམ་པ་གཞན་ཞིག་གི་ཐོག་ནས་སེལ་ཆེད་དང་། ཡུལ་གང་དེར་སད་སེར་དང་ནད་མུག་གིས་མི་མནར་བའི་ཆེད་དུའང་ཡིན་ནོ། །

## གསུམ། ཞར་བྱུང་གཉན་ཆེན་ཐང་ལྷའི་སྐོར་བཤད་པ།

གཉན་ཆེན་ཐང་ལྷ་ནི་སྲིད་པ་ཆགས་པའི་ལྷ་དགུ[1]འམ་མགུར་ལྷ་བཅུ་གསུམ[2]གྱི་ཡ་རྒྱལ་ཞིག་ཡིན། ལྷ་ཆེན་དེ་ལ་མཚན་གྱི་རྣམ་གྲངས་མང་དུ་ཡོད་པ་སྨོས་ན། གཉན་ཆེན་ཐང་ལྷའམ་ཐང་ལྷ་ཡར་ཞུར། དྲི་ཟའི་རྒྱལ་པོ་ཟུར་ཕུད་ལྔ་པ་འམ་དྲི་ཟའི་རྒྱལ་པོ་རྡོ་རྗེ་འབར་བ་རྩལ།[3] ཐང་ལྷ་གཉན་པོ་འམ་སྐུ་ལྷ་གཉན་པོ། ནུབ་

---

① སྲིད་པ་ཆགས་པའི་ལྷ་དགུའམ་སྲིད་པའི་ལྷ་དགུ་ནི། འོད་དེ་གུང་རྒྱལ་ལམ་འོ་དེ་གུང་རྒྱལ། ཡར་ལྷ་ཤམ་པོ། གཉན་ཆེན་ཐང་ལྷ། སྒོགས་ཆེན་སྔོང་ར། རྨ་ཆེན་སྤོམ་ར། ཇོ་བོ་གཡུ་རྒྱལ། ཤེའུ་མཁའ་རིའམ་ཤེའུ་ཁ་རག། སྐམ་པོ་ལྷ་རྗེ། ཞོག་ལྷ་ཕྱུག་པོ་བཅས་སོ། །དེ་རྣམས་ལས་འོད་དེ་གུང་རྒྱལ་ཡབ་དང་གཞན་བརྒྱད་པོ་རྣམས་སྲས་ཡིན་པར་བཤད་ལ། ལ་ལར་སྐུ་མཆེད་དང་། ལ་ལར་ཡབ་སྲས། ལ་ལར་གཙོ་འཁོར་ཚུལ་དུ་གནས་ཞེས་མངའ་རིས་མཁན་ཆེན་གྱིས་མཛད་པའི་ཆོས་སྐྱོང་སྐྱེས་རབས་སུ་གསལ། གཞན་དུ་དགེ་བསྙེན་ཉེར་གཅིག་བོད་ཀྱི་མཐུ་ཆེན་དགུ སྲིད་པའི་ལྷ་ཆེན་དགུ  རྗེའི་མགུར་ལྷ་བཅུ་གསུམ་རྣམས་ཀྱི་གསོལ་མཆོད་དུ་གཟིགས་འཚལ། སྲིད་པའི་ལྷ་དགུའི་སྣང་བརྙན་སྤྱ་དུས་ཟངས་རི་ཇོ་ཁང་སོ་ཡོད་ཀྱང་། དེང་སང་མཇལ་དུ་མེད།

② མགུར་ལྷའམ་འགུར་ལྷ། ཡང་ན་མགུལ་ལྷ་བཅུ་གསུམ་དུ་གྲགས་པ་ནི། གོང་སྨོས་སྲིད་པ་ཆགས་པའི་ལྷ་དགུའི་སྟེང་། ཇོ་བོ་མཆིམས་ལྷ། ཇོ་བོ་ངེས་གསུམ་མམ་ཇོ་བོ་ངོས་གསུམ། ཇོ་བོ་གཡའ་སྤང་། ཇོ་བོ་ལྷ་བཙས་བཅས་བསྡོན་པས་བཅུ་གསུམ་མོ། ལྷ་དེ་རྣམས་ནི་ཆོས་རྒྱལ་མེས་དབོན་རྣམ་གསུམ་གྱི་སྐུའི་སྲུང་མ་གཙོ་བོ་ཡིན་པས་རྗེ་ཡི་མགུར་ལྷ་བཅུ་གསུམ་ཞེས་ཀྱང་ཟེར།

③ རྡོ་རྗེ་འབར་བ་རྩལ་ཞེས་པ་ཉིད་སྐབས་འགར་འབར་བ་རྩལ་ཞེས་འབྱུང་ལ། དེ་ནི་གཉན་ཆེན་ཐང་ལྷའི་གསང་མཚན་ཡིན་པར་གསུངས། དེ་ལ་ལུང་རྒྱུན་ཡོད་དེ། རྒྱལ་བ་ལྔ་པས་མཛད་པའི་ཐང་ལྷའི་སྐེར་གསོལ་དུ། མི་ཆོས་མཚན་གསོལ་བ། །ཐང་ལྷ་ཡ་ཞུར་ལགས། །ལྷ་ཆོས་མཚན་གསོལ་བ། །དྲི་ཟའི་རྒྱལ་པོ་ནི། །ཟུར་ཕུད་ལྔ་པ་ལགས། །གསང་བའི་མཚན་གསོལ་བ། །རྡོ་རྗེ་འབར་བ་རྩལ། །ཞེས་གསལ་བས་འཐུས་པར་བྱའོ། །

གྱི་གཉན་ཆེན་ཐང་ལྷ། གཉན་གྱི་རྒྱལ་པོ་ཐང་ལྷ་ཡ་ཞུར། ལྷ་ཆེན་སྐྱེས་བུ་བཞིན་བཟང་སོགས་ཡོད་དོ། །

གཉན་ཆེན་ཐང་ལྷའི་ལོ་རྒྱུས་མདོ་ཙམ་སྨྲོས་པ་ལ་དགོས་པ་རླབས་པོ་ཆེ་ཡོད་དེ། དེས་གཅིག་ན་གཉན་ཆེན་ཐང་ལྷར་ངོས་འཛིན་ཡོང་ཆེད་དང་། གཉིས་ནས་ལྷ་དེས་བན་བོན་གྱི་ལྷ་ཚོགས་ཁྲོད་གལ་ཆེའི་གནས་བབ་ཅི་འདྲ་བཟུང་མིན་རྟོགས་ཐུབ་པ། གསུམ་དུ་གསོལ་མཆོད་ཁྲོད་གཉན་ཆེན་ཐང་ལྷ་གསོལ་བའི་རྐྱེན་རྣལ་མ་དེ་ཅི་ཡིན་ཆར་ངེས་ཤེས་ཞིག་སྐྱེ་ཐུབ།

༼ཀ༽ ཆགས་ཡུལ།

སྐུ་ལྷ་གང་དེའི་གནས་ཡུལ་ནི་དབུ་རུ་འདམ་གྱི་སའི་ཆ་སྟེ་ལྷ་ས་གྲོང་ཁྱེར་འདམ་གཞུང་རྫོང་ཁོངས་སྙིང་དྲུང་གྲོང་བརྡལ་སྟོད་གླིང་ཤང་གི་ཁོངས་སུ་ཆགས། གཉན་ཆེན་ཐང་ལྷའི་གནས་ཀྱི་བཀོད་པའི་ཆར་རྒྱལ་བ་ལྔ་པའི་ཐང་ལྷའི་སྐོར་གསོལ་དུ། "བཞུགས་ཡུལ་མཚན་གསོལ་བ། །འདམ་ཤོད་སྣར་མོ་ལགས། །ཁྲི་རྒོད་གཡུ་ལྡིང་འཁྲིལ། །དབྱར་སྔོ་དགུན་ཡང་སྔོ། །བཞུགས་ཡུལ་ཉམས་རེ་དགའ། །"①ཞེས་དང་། རྒྱལ་བ་ལྔ་པས་མཛད་པའི་གཉན་ཆེན་ཐང་ལྷའི་འཕྲིན་ལས་བདུད་རྩིའི་ཆུ་རྒྱུན་དུ། "དཔལ་ལྡན་ལྷ་ཡི་ལྷ་མཆོག་ཁྱེད། །འཛམ་གླིང་བྱང་ཕྱོགས་ཁ་བ་ཅན། །ཁ་བ་ཅན་གྱི་བྱང་ལྗོངས་སུ། །ས་གཞི་ལྡང་སྔོན་རྩི་བཅུད་རྒྱས། །མེ་ཏོག་པདྨ་འོད་དུ་འཕྲོ། །གངས་དཀར་ཤེལ་གྱི་ཕྲེང་བས་བསྐོར། །ཡིད་འོང་མཚོ་ཆེན་མདངས་དང་ལྡན། །ཤེལ་མཁར་རིན་ཆེན་སྔོ་ལྗང་འབར། །རྩ་བ་ཡིད་བཞིན་རྒྱ་མཚོ་བརྟེན། །ཁེད་པ་འཇའ་འོད་ན་བུན་ཐིབས། །རྩེ་མོར་དཀར་གསལ་དགོས་

ཡུང་རྒྱུན་དེའི་ཁུངས་འདེད་ན་ལྷ་བྲག་གཏེར་གཞུང་ལ་གཏུགས་པས་ཞིབ་པ་གཉན་ཆེན་ཐང་ལྷའི་ཕྱི་ནང་གསང་གསུམ་གྱི་སྒྲུབ་ཐབས་ལས་ལོ་རྒྱུས་བཞུགས་སོ་ཞེས་པར་གཟིགས།

① ཀུན་གཟིགས་ལྔ་པ་ཆེན་པོའི་གསུང་འབུམ་ནང་མ་ང་པ། ཤིང་དཔར། ཤོག་ངོས་742ལ་གསལ།

འདོད་ཀྱི། །རིན་ཆེན་ཆར་འབེབས་འབྲུག་སྒྲ་སྒྲོག །"[①]ཅེས་དང་། ཐང་ལྷའི་གསོལ་མཆོད་འཕྲིན་ལས་ཀུན་འགྲུབ་ལས། "ཀྱེ་གངས་དཀར་ཤེལ་གྱི་ཁང་བཟང་ནས། །ལྷ་ཆེན་ཐང་ལྷ་འབར་བ་རྩལ། །"[②]ཞེས་བྱུང་བ་མ་ཟད། མངའ་རིས་མཁན་ཆེན་ཚེ་དབང་རིག་འཛིན་གྱིས་མཛད་པའི་རྡོ་རྗེ་ཆོས་སྲུང་རྣམས་ཀྱི་སྐྱེས་རབས་དཔལ་ཆེན་ཛམས་པའི་ཚེ་འཕྲུལ་ཞེས་བྱ་བར། "སྔོན་སློབ་དཔོན་ཆེན་པོ་འདམ་སླེང་གྲོང་ངོས་སམ་བྱང་ལམ་བར་མར་བྱོན་ནས་ཐང་ལྷའི་གངས་འདབས་སུ་དར་དཀར་གྱི་སྦྲ་ཞིག་ཕུབ་སྟེ་ཞག་འགར་བསྒྲིལ་གསོ་བར་བཞེད་པའི་ནུབ་མོར་གཉན་ཆེན་ཐང་ལྷས་བར་ཆད་བྱས།"[③]ཞེས་གསལ་བ་དང་། སློབ་དཔོན་པདྨས་མཛད་པའི་རྒྱུགས་བཏན་ལྷ་བསང་དུ། "ཤར་གྱི་རྨ་རྒྱལ་སྤོམ་ར་བསང་། །རྨ་རིགས་སུམ་བརྒྱ་དྲུག་ཅུ་བསང་། །ནུབ་ཀྱི་གཉན་ཆེན་ཐང་ལྷ་བསང་། །ལྷ་འཁོར་སུམ་རྒྱ་དྲུག་ཅུ་བསང་། །བྱང་གི་ལྷ་བཙུན་བུ་ལེ་[④]བསང་། །བཙན་འཁོར་སུམ་བརྒྱ་དྲུག་ཅུ་བསང་། །"[⑤]ཞེས་གསལ་བ་དང་། གཞན་མིའུ་རིགས་བཞི་ལྷ་སེལ་ལྷ་མཆོད་རྒྱས་པར་ལྷ་རབས་མཆེད་དགུ་སྟོན་སྐབས། "མདོ་སྟོད་གཉན་ཆེན་ཐང་ལྷ་དང་།"[⑥]ཞེས་གསུངས་པ་སོགས་ལས་གཉན་ཆེན་ཐང་ལྷའི་གནས་ཡུལ་སྟོན་པའི་ལུང་རྒྱུན་གསལ་

① ཀུན་གཟིགས་ལྔ་པ་ཆེན་པོའི་གསུང་འབུམ་ནང་མ་ང་པ། ཤིང་དཔར། ཤོག་ངོས་732ལ་གསལ།

② ཆོས་རྗེ་དཀོན་མཆོག་རིན་ཆེན། ཐང་ལྷའི་གསོལ་མཆོད་འཕྲིན་ལས་ཀུན་འགྲུབ། ཤིང་དཔར། ཤ 2

③ མངའ་རིས་མཁན་ཆེན་ཚེ་དབང་རིག་འཛིན། རྡོ་རྗེ་ཆོས་སྲུང་རྣམས་ཀྱི་སྐྱེས་རབས་དཔལ་ཆེན་ཛམས་པའི་ཚེ་འཕྲུལ་ཞེས་བྱ་བ་བཞུགས་སོ། འོག་སྨིན་སྨིན་གྲོལ་གླིང་། ནང་ཁུལ་དཔར་རྩ། ཤ 123

④ ལྷ་བཙུན་བུ་ལེ་ཞེས་པ་ནི་ཡོངས་གྲགས་སུ་གངས་བུ་ལེ་ཞེས་པའི་གཙང་ཕྱོགས་སུ་ཡོད་པའི་གནས་རི་ཞིག་ཡིན་པ་གང་ཞིག་དཔལ་ཞ་ལུའི་མཁན་བརྒྱུད་རིམ་བྱོན་དང་ས་སྐྱའི་མཁས་གྲུབ་སོགས་སྐྱེས་བུ་དམ་པ་མང་དུ་བྱོན་མྱོང་བའི་གནས་དང་བོན་གྱི་གནས་རི་ཡིན་པར་གྲགས། གངས་རི་དེ་ལྷ་རྩེ་དང་ངམ་རིང་གི་ས་མཚམས་ན་ཡོད། གཞིས་རྩེ་གཉའ་ལམ་རྫོང་པོ་རོང་རྫ་ཐང་ནས་མཇལ་ཐུབ།

⑤ བསོད་ནམས་འབུམ། བསང་མཆོད་ཕྱོགས་བསྒྲིགས། མི་རིགས་དཔེ་སྐྲུན་ཁང་། 2003 ཤ 159

⑥ ཁུ་བྱུག་སྔོན་མོའི་སྒྲ་དབྱངས། བོན་ལུགས་གནའ་བོའི་གཏམ་རྒྱུད་དང་ཚེ་གའི་སྐོར་གྱི་དཔེ་རྙིང་ཕྱོགས་བསྒྲིགས། བོད་ལྗོངས་བོད་ཡིག་དཔེ་རྙིང་དཔེ་སྐྲུན་ཁང་། 2017 ཤ 13

བའོ། །

(ཁ) ཚེ་འབྲང་།

གཉན་ཆེན་ཐང་ལྷ་ནི་ཡབ་འོད་དེ་གུང་རྒྱལ་དང་། ཡུམ་སྲིད་པའི་རྒྱལ་མོ་གཡུ་བྱ་གཤོག་གཅིག་མའི་སྲས་ཡིན་པ་ལ་ལོ་རྒྱུས་ཡིག་ཚང་དང་། རྣམ་ཐར་རྣམས་གཅིག་མཐུན་དུ་བཞེད་དེ། དེ་ལ་གཉན་ཆེན་ཐང་ལྷའི་ཕྱི་ནང་གསང་གསུམ་གྱི་སྒྲུབ་ཐབས་ལས་ལོ་རྒྱུས་བཞུགས་སོ་ཞེས་པར། "སྐུ་ལྷའི་ཡབ་སྨོས་པ། འོ་དེ་གུང་རྒྱལ①ལགས། སྐུ་ལྷའི་ཡུམ་སྨོས་པ། གཡུ་བྱ་གཤོག་གཅིག་ལགས། སྐུ་ལྷ་ཉིད་སྨོས་པ། ཡར་ཞུར་གཉན་གྱི་ལྷ།"②ཞེས་དང་། སློ་ལུང་བཞད་པའི་རྡོ་རྗེའི་དམ་ཅན་བསྟན་སྲུང་གི་རྣམ་ཐར་དུ། "འོད་དེ་གུང་རྒྱལ་གྱིས་ཤེས་འབུར་བཙུན་མོ་དང་བཤོས་

① འོད་དེ་གུང་རྒྱལ་ལམ་འོ་དེ་གུང་རྒྱལ་ནི་བོན་གྱི་ཡིག་རྙིང་དབུ་ནག་མིའུ་འདྲ་ཆགས་ནང་དུ་ཕྱ་རབས་མཆེད་བཞིའི་ཡ་གྱལ་དུ་འདྲེན། དེ་ཡང་ཕྱ་རབས་མཆེད་བཞི་ནི་ཕྱ་ལྷ་གྲམ་ཤེང་དམ་ཕྱ་ལྷ་བམ་ཆེན། འོད་དེ་གུང་རྒྱལ། ཕྱ་རྗེ་ཡབ་ལྷ་བདལ་དྲུག རྒྱ་ལྷ་འབྲོང་རྣམ་བཞི་བཅས་སོ། །ལྷ་དེ་རྣམས་ལ་སྲིད་པའི་ལྷ་རབས་མཆེད་བཞི་འང་ཟེར། དེ་ལ་འོད་དེ་གུང་རྒྱལ་ཞེས་པའི་སྒྲ་དོན་བཀྲལ་ན་འདི་ལྟར་སྟེ། སློ་ལུང་བཞད་པའི་རྡོ་རྗེས་མཛད་པའི་དམ་ཅན་བསྟན་སྲུང་རྒྱ་མཚོའི་རྣམ་ཐར་ཤོག་གྲངས་275ཡི་ནང་དུ། གུང་རྒྱལ་འོད་དེས་འཛམ་གླིང་ཁེངས་ཤིང་ལྷའི་གུང་ལ་བཞུགས་ཏེ་འདྲི་སྲིན་བྱུར་གསུམ་གྱི་ཐོག་ཏུ་རྒྱལ་བས་འོད་དེ་གུང་རྒྱལ་དུ་གྲགས། ཞེས་གསུངས། འོད་དེ་གུང་རྒྱལ་གྱི་སྣང་བརྙན་ནི་ལྷོ་ཁ་ཟངས་རི་རྫོང་ཁོངས་སུ་ཆགས་པའི་འོལ་ཁ་ཆོས་ལུང་དགོན་གྱི་ལྡེབས་རིས་ཐོག་མཇལ་རྒྱུ་ཡོད། ལར་འོད་དེ་གུང་རྒྱལ་གྱི་མཚན་ཟུར་ལ་དགེ་བསྙེན་འོད་དེ་གུང་རྒྱལ་ཞེས་འབྱུང་བ་ནི་ལྷ་དེས་རྗེ་ཙོང་ཁ་པའི་སྐུ་མདུན་ནས་དགེ་བསྙེན་གྱི་སྡོམ་པ་མནོས་པའི་ལོ་རྒྱུས་ཡོད་པའི་རྒྱུ་མཚན་གྱིས་སོ། །ལྷ་འདི་ནི་ཐོག་མར་སྲིད་པའི་ལྷའམ་སྲིད་པའི་མཆེད་ལྷ་སྟེ་བོད་མིའི་ཆེས་ཐོག་མའི་ལྷ་དང་། དུས་ཕྱིས་བོན་གྱི་ལྷར་འགྱུར་ལ། དེ་ནས་སློབ་དཔོན་རིན་པོ་ཆེའི་སྐུ་དུས་སུ་ནང་པའི་སྲུང་མར་འགྱུར་བ་དང་། རིམ་གྱིས་རྗེ་སྨམ་པོ་པ་དང་གློང་ཆེན་རབ་འབྱམས་དྲི་མེད་འོད་ཟེར། རྗེ་ཙོང་ཁ་པ། རྒྱལ་བ་དགེ་འདུན་རྒྱ་མཚོ། རྒྱལ་བ་བསོད་ནམས་རྒྱ་མཚོ་སོགས་སྐྱེས་ཆེན་དུ་མའི་སྐུ་མདུན་ནས་དམ་ཚིག་ནོས་ནས་སངས་རྒྱས་བསྟན་པའི་སྲུང་མ་མཛད་སྐོར་སློ་ལུང་བཞད་པའི་རྡོ་རྗེའི་དམ་ཅན་བསྟན་སྲུང་རྒྱ་མཚོའི་ཤོག་གྲངས་277 ནས་278བར་གསལ་བས་དེར་གཟིགས་འཚལ།

② རིག་འཛིན་རྒོད་ལྡེམ། གཉན་ཆེན་ཐང་ལྷའི་ཕྱི་ནང་གསང་གསུམ་གྱི་སྒྲུབ་ཐབས་ལས་ལོ་རྒྱུས་བཞུགས་སོ། །ཤིང་དཔར། ལྡེབ་གསུམ་པའི་དབུ་ལྡེབ་སྟེ། ཤོག་གྲངས་375ལ་གསལ།

པས་གཅེན་འོད་སྲུང་རྒྱལ་[1]དང་། རྒྱ་ལྷ་ཕོ་བོང་[2]གཉིས་འཁྲུངས། ཁ་ལ་གཙང་དུ་བྱོན་ནས་ཐང་ང་སྙིད་མོ་དང་བཤོས་པས་གཙང་ཕུ་དར་འཁྲུངས། ཞེས་པ་ནས། ཡུམ་གཡུ་བྱ་གཤོག་གཅིག་དང་བཤོས་པ་ལས་གཉན་ཆེན་ཐང་ལྷ།”[3]ཞེས་གསལ་ལ། མངའ་རིས་མཁན་ཆེན་ཚེ་དབང་རིག་འཛིན་གྱིས་མཛད་པའི་རྡོ་རྗེ་ཆོས་སྐྱོང་རྣམས་ཀྱི་སྐྱེས་རབས་དཔལ་ཆེན་ཊམས་པའི་ཚེ་འཕྲུལ་ཞེས་བྱ་བར། “དྲི་ཟའི་རྒྱལ་པོ་ཟུར་ཕུད་ལྔ་པའམ་གཉན་ཆེན་ཐང་ལྷར་གྲགས་པ་ནི། ངེས་པའི་དོན་དུ་བྱང་ཆུབ་སེམས་དཔའ་ནམ་མཁའི་སྙིང་པོའི་ངོ་བོར་བཞུགས་ཀྱང་རྣམ་པ་དྲེགས་པའི་ཚེ་འཕྲུལ་ཅིར་ཡང་འཆར་བས་རྒྱལ་བསྟན་སྲུང་བར་བཤད་ལ། དེ་ཡང་ཡབ་ལྷའི་དགེ་བསྙེན་ཆེན་པོ་འོད་དེ་གུང་རྒྱལ་དང་། ཡུམ་སྲིད་པའི་རྒྱལ་མོ་གཡུག་[4]བྱ་གཤོག་གཅིག་མའི་སྲས་སུ་འཁྲུངས།”[5] ཞེས་འབྱུང་ལ། བཤད་མཛོད་ཡིད་བཞིན་ནོར་བུར། “འོ་དེ་གུང་རྒྱལ་གྱིས་ཤོ་མོ་གསུམ་གསུམ་དགུ་རུ་རྒྱབ། །མི་ལྷ་མེད་རྣམས་ཀྱི་ལྷ་རུ་གཤེགས། །དེ་ལས་སྲིད་པའི་ལྷ་དགུ་སྲིད། །”[6]ཅེས་གསལ་བར་གཞིགས་ན་ལྷ་ཆེན་གང་དེའི་ཡབ་ཀྱི་རུས་ནི་སྦྲ་ཡིན་པ་བོན་གཞུང་དབུ་ནག་མིའུ་འདྲ་ཆགས་ལས་རྟོགས་ནུས་[7]སོད། ཡུམ་གྱི་རུས་ཅི་ཡིན་ཆར་ད་ལམ་དེའི་སྐོར་འཕོད་

---

① འོད་གུང་རྒྱལ་ནི་འོད་དེ་གུང་རྒྱལ་གྱི་སྲས་རྒན་ཤོས་དེ་ཡིན། དེའི་གནས་གང་དུ་ཡོད་མེད་ཆ་མི་འཚལ།

② གཞུང་ལ་ལར་རྒྱ་ལྷ་ཕོ་བོང་ཞེས་པར་རྒྱ་ལྷ་ཕ་བོང་ཞེས་གསལ་བས། གང་དག་མིན་དཔྱད་འཚལ།

③ སྣེ་ལུང་བཞད་པའི་རྡོ་རྗེ། དམ་ཅན་བསྟན་སྲུང་གི་རྣམ་ཐར། མི་རིགས་དཔེ་སྐྲུན་ཁང་། 2003 ཤ 276

④ གཡུག་ཅེས་པ་ལ་གཞུང་ཕལ་ཆེ་བར་གཡུ་ཞེས་གསལ་ཡང་། སྐབས་འགར་གཡུག་ཅེས་གསལ་བ་ནི་བྲི་སྲོལ་གཞན་ཞིག་མིན་ནམ་སྙམ།

⑤ མངའ་རིས་མཁན་ཆེན་ཚེ་དབང་རིག་འཛིན། རྡོ་རྗེ་ཆོས་སྐྱོང་རྣམས་ཀྱི་སྐྱེས་རབས་དཔལ་ཆེན་ཊམས་པའི་ཚེ་འཕྲུལ་ཞེས་བྱ་བ་བཞུགས་སོ། འོག་སྨིན་སྨིན་གྲོལ་གླིང་། ནང་ཁུལ་དཔར་རྫ། ཤ122 123

⑥ དོན་དམ་སྨྲ་བའི་སེང་གེ། བཤད་མཛོད་ཡིད་བཞིན་ནོར་བུ། བོད་ལྗོངས་བོད་ཡིག་དཔེ་རྙིང་དཔེ་སྐྲུན་ཁང་། 2016 ཤ 93

⑦ དབུ་ནག་མིའུ་འདྲ་ཆགས་སུ། སྦྲ་བུ་སྤྱི་གཙུག་རྒྱལ་བ་དེས། དུང་ཟ་དངུལ་མོ་ཁབ་ཏུ་བཞེས་པ་ལས།

པའི་དཔེ་ཆ་དང་དཔྱད་པ་ཞིག་ནི་ཕོ་བོའི་མིག་ལམ་དུ་མ་གྱུར་ཏོ། །

(ག) ཕྱག་མཚན།

སྤྱིར་ལྷ་ཆེན་གང་དེའི་ཆིབས་པ་དང་། སྐུ་མདོག་དང་ངོ་བོ། ཕྱག་མཚན་སོགས་གཅིག་ཏུ་མ་ངེས་ཤིང་། ལ་ལར་སྐུ་མདོག་ཤེལ་གྱི་མདོག་དང་ཞི་བའི་ངོར་ཁྲོ་ཉམས་གསལ་བ། ལ་ལར་གསེར་མདོག་ཏུ་བཤད། ཕྱག་མཚན་ཆར་ཕྱག་གཡས་པར་རིན་ཆེན་གྱི་སྦྲ་ལྕུག་དང་། ཕྱག་གཡོན་མར་ཤེལ་གྱི་ཕྲེང་བ་བསྣམས་པའི་ངོ་བོ་དང་། ལུས་ལ་དར་དཀར་གསོལ་བའི་རྣམ་པ་ཅན་དང་། ཆིབས་པ་ངང་དཀར་ཆིབས་པ། རྒྱལ་པོའི་ཆ་ལུགས་སུ་བཤད་ཅིང་། གཞུང་ལ་ལར་སྐུ་མདོག་དཀར་པོ་དུང་གི་མདོག་ཅན་དང་ཞི་མདངས་ཁྲོ་བའི་ངང་ཚུལ་ཅན། དར་དཀར་པོའི་ན་བཟའ་བསྣུབས་པ་དང་། ཕྱག་གཡས་ཐ་གཡབ་སྤོ་སྐྱ་ནོར་བུའི་ཡུ་བ་ཅན་དང་ཕྱག་གཡོན་དུ་བ་དན་དཀར་པོ་བསྣམས་པ། ལྷ་རྟ་དང་ཞུར་ལ་ཆིབས་པའི་རྣམ་པ་ཅན་གྱི་ངོར་གནས་པའི་གསུང་རྒྱུན་མཆིས་པས། དེ་ལ་ཤེས་བྱེད་ཡོད་དེ།

བོན་གྱི་གཞུང་ཐང་ལྷའི་མཆོད་བསྟོད་ཅེས་པར། "སྔོན་ནས་ཧག་པ་རྒྱུག་མདུར་མཁན་བོན་གྱི་ཐང་ལྷ་ཡ་བཞུགས་ནི། རྟ་ནི་དམར་པོ་རྙིང་དཀར་བཅིབས། སྐུ་ལ་གསེར་ཁྲབ་སེར་པོ་གསོལ། དབུ་ལ་གསེར་གྱི་རྨོག་ཞུ་གསོལ། ཤེས་རབ་བྱ་ཕོར་ཉེ་ལྟར་ཤར། ཕྱག་ན་ཐབས་ཤེས་མདའ་གཞུ་བསྣམས།"[①]ཞེས་དང་། ཐང་ལྷའི་གསོལ་མཆོད་འཕྲིན་ལས་ཀུན་འགྲུབ་ཏུ། "གཉན་གྱི་རྒྱལ་པོ་ཐང་ལྷ་ཡར་ཞུར། སྐུ་

ཕྱ་རབས་སྟག་ཆ་འལ་འོལ་སྲིད། འཚམས་ཟ་བྱ་ཁྱུང་མ་ཁབ་ཏུ་བཞེས་པ་ལས། ཕྱ་རབས་མཆེད་བཞི་སྲིད། ཕྱ་ཐ་གྲམ་ཤིང་མནའ་བཟོས་པས་བརྒྱུད་ཆད། འོད་དེ་གུང་རྒྱལ་ལས་ཡུལ་སའི་ལྷ་ཚོགས་གྲོལ་བ་ཡིན། ཕྱ་རྗེ་ཡབ་ལྷ་བདལ་དྲུག་དེས། ལྷ་མོ་ཐང་དང་བསྡེབས་པ་ལས། ཐུག་དཀར་བུ་དགུ་སྲིད། ཅེས་གསལ་བས་ཐང་ལྷའི་ཡབ་འོད་དེ་གུང་རྒྱལ་གྱི་ཊུས་ཕྱ་ཡིན་པ་ཤེས་སོ། །བོད་ལྗོངས་བོད་ཡིག་དཔེ་རྙིང་དཔེ་སྐྲུན་ཁང་ནས་2017ལོར་དཔར་བའི་ཁྲུ་བྱུག་སྟོན་མོའི་སྒྲ་དབྱངས་ཞེས་པའི་ཤོག་ངོས་59ལ་གསལ།

① ཐང་ལྷའི་མཆོད་བསྟོད། ཕྲིས་མ། ཙ་ལག་གཡུང་དྲུང་གླིང་གི་གསོལ་མཆོད། ཤ 133

མདོག་དཀར་པོ་དུང་གི་མདོག་ཅན་ཞལ་གཅིག་ཕྱག་གཉིས་པ། ཞི་མདངས་ཅུང་ཟད་ཁྲོ་བའི་ཚུལ་ཅན་དར་དཀར་གྱི་ན་བཟའ་ལྷུབ་ལྷུབ་གསོལ་བ་ལ་རིན་པོ་ཆེ་སྣ་ཚོགས་ཀྱིས་བརྒྱན་པ། ཕྱག་གཡས་ཧ་གཡབ་སྟོ་སྐྱ་ནོར་བུའི་ཡུ་བ་ཅན་འཛིན་ཅིང་། གཡོན་གྱི་བ་དན་སྲིད་རྩེར་འཕྱུར་བ། རྟ་མཆོག་དང་ཞུར་ཀླུང་གི་ཤུགས་ཅན་ལ་བཅིབས་པ།”①ཞེས་འཁོད་པ་དང་། རྒྱལ་བ་ལྔ་པས་མཛད་པའི་ཐང་ལྷའི་སྐྱེར་གསོལ་དུ། “སྐུ་ལ་ཅི་གསོལ་ན། །དར་དཀར་རས་དཀར་གསོལ། །ཆིབས་སུ་ཅི་ཆིབས་ན། །ལྷ་རྟ་ངང་དཀར་ཆིབས། །ཁམས་གསུམ་ཀུན་ཏུ་རྒྱུ། །མདོག་དཀར་འོད་ཟེར་འབར། །གཡས་ན་སྦྲ་ལྕུག་འཕྱུར། །མ་བདུན་ལས་ལ་འགྲེད། །གཡོན་པ་ཤེལ་ཕྲེང་འདྲེན། །ཐུགས་དམ་དབྱིངས་སུ་བཞོ། །”②ཞེས་གསལ་ཞིང་། གཞན་ཡང་རྒྱལ་དབང་ལྔ་པས་མཛད་པའི་གཉན་ཆེན་ཐང་ལྷའི་འཕྲིན་ལས་བདུད་རྩིའི་ཆུ་རྒྱུན་ཞེས་པར། “ལྷ་ཆེན་རྡོ་རྗེ་འབར་བ་རྩལ་སྐུ་མདོག་ཤེལ་གྱི་རི་བོ་ལྟར་བརྗིད་པ། ཞལ་འཛུམ་ཞིང་མཆེ་བ་ཅུང་ཟད་གཙིགས་པ། སྤྱན་གསུམ་རབ་ཏུ་བཀྲ་བ། དབུ་སྐྲའི་ཐོར་ཚུགས་དར་དཀར་པོས་བཅིངས་པ། ཕྱག་གཡས་རྡོ་རྗེ་རྩེ་ལྔས་མཚན་པའི་སྦྲ་ལྕུག་③ནམ་མཁའ་ལ་འཕྱུར་བ། གཡོན་པ་ཤེལ་དཀར་ཕྲེང་བ་འདྲེན་པ། ཟབ་

① ཆོས་རྗེ་དཀོན་མཆོག་རིན་ཆེན། ཐང་ལྷའི་གསོལ་མཆོད་འཕྲིན་ལས་ཀུན་འགྲུབ། ཤིང་དཔར། ཤ 1

② ཀུན་གཟིགས་ལྔ་པ་ཆེན་པོའི་གསུང་འབུམ་ནང་མ་ང་པ། ཤིང་དཔར། ཤོག་ངོས742ལ་གསལ།

③ སྦྲ་ལྕུག་ཅེས་པ་ནི་རྒྱ་ཤིང་སྦྲ་ལས་བྱས་པའི་རྟ་ལྕག་ལ་གོ་དེ་ཡང་ཤིང་སྦྲ་ནི་ལག་ལ་འཁྱིལ་བདེ་ཞིང་མཉེན་ཆ་ཆེ་བའི་ཤིང་རིགས་ཤིག་གོ །ད་དུས་ཤིང་དེས་འཁར་རྒྱུག་དང་སྨྱུ་གུ་སོགས་ཀྱང་བཟོ་སྲོལ་ཡོད། སྦྲ་ལྕུག་ཅེས་པ་ཐ་ལྕུག་ཅེས་ཀྱང་བྱུང་སྟེ། དེ་དོན་རྗེ་མི་ལའི་རྣམ་ཐར་དུ་བཀྲལ་སྐོར་ཀམ་ཚང་བཀའ་བརྒྱུད་གསེར་ཕྲེང་དུ་བྱུང་བའོ། །དེ་ཡང་དཔའ་བོ་གཙུག་ལག་ཕྲེང་བས་མཛད་པའི་ཆོས་ཀྱི་རྗེ་མངའ་བདག་མིད་ལ་རས་ཆེན་གྱི་རྣམ་པར་ཐར་པ་བྱིན་རླབས་ཀྱི་སྤྲིན་ཕུང་བཞུགས་སོ་ཞེས་པར་འོ་ན་རང་གི་ཕྱག་ན་བསྣམས་པའི་ཐ་ལྕུག་དེའི་བརྡ་དོན་གྱི་མགུར་ཅིག་གསུང་བར་ཞུ་ཟེར་བ་ལ་གསུངས་པ། འོ་ན་ཡོན་བདག་དྲི་རྟོག་མཁན། །ངན་རྫོང་ཕྱུག་པོ་ཚུར་ཉོན་དང་། །མི་ང་ངོ་ཁྱོད་ཀྱིས་མ་ཤེས་ན། །ཕོ་བོ་མིད་ལ་རས་པ་ཡིན། །དཀའ་བ་སྤྱོད་པའི་གང་ཟག་ཡིན། །སྙིང་རུས་བྱེད་པའི་སྒོམ་ཆེན་ཡིན། །ངའི་ལག་ན་བཟུང་བའི་ཐ་དཀར་འདི། །དང་པོ་རྒྱ་ཐྲག་ལོགས་ལ་སྐྱེས། །བར་དུ་རྒྱ་ཟེར་ཁུག་མོས་བཏང་། །ཐ་མ་ཤ་འབྲེང་གཉིས་ཀྱིས་བཅིངས། །འོངས་ནི་ལྷོ་ཁའི་མོན་

ཆེན་དཀར་དམར་མཐིང་གསུམ་གྱི་བེར་གསོལ་བ། སྤྱི་བོར་ནོར་བུ་འབར་བའི་ཏོག་དང་རིན་པོ་ཆེའི་རྒྱན་སྣ་ཚོགས་དང་བཅས་པ། སྐུ་གཡོན་ཞིང་མཛེས་པ། རྒྱལ་པོ་རོལ་པའི་ཆ་ལུགས་སུ་བཞུགས་པ།"①ཞེས་གསུངས་པ་སོགས་ལས་ཤེས་པར་བྱ་ལ། ད་དུང་ཞིབ་པར་རྟོགས་འདོད་ན་ལྷ་བྲག་གཏེར་གཞུང་དུ་གཟིགས་པར་ཞུ།

(ང) བཙུན་མོ་འཁོར་གཡོག

གཉན་ཆེན་ཐང་ལྷའི་བཙུན་མོ་དང་འཁོར་ལ་སུམ་བརྒྱ་དྲུག་ཅུ་ཞེས་དང་བྲན་གྱི་ཆར་བོད་ཀྱི་ཕོ་བདུད་ཡོངས་སུ་འདུ་རབས་ནི་ལྷ་ཆེན་གང་དེའི་འཕྲིན་བཅོལ་དང་ལྷ་འདྲེ་བཀའ་ཐང་སོགས་དཀྱུས་སུ་བཟུང་ནས་སྨྲོས་པར་བྱའོ། །ཐང་ལྷའི་འཁོར་གྱི་ཆར་སྤྱིར་རབ་དབྱེ་མང་དུ་འཆད་ཀྱང་། འདིར་མདོར་བསྟན་ཚུལ་དུ་སྨྲོས་ན་འདི་ལྟར་ཏེ། གང་དེའི་བཙུན་མོ་ནི་གནམ་མཚོ་ཕྱུག་མོ་ཡིན་ཞིང་། དེ་ནི་རྡོ་རྗེ་གཡུ་ཡི་སྒྲོན་མའི་སྤྲུལ་པར་བཤད་དེ། ཐང་ལྷའི་མཆོད་བསྟོད་དུ། "ཁབ་ནི་གནམ་མཚོ་ཕྱུག་མོ་ཡིན། །གཡུ་ཡི་བུད་མེད་སྔོན་པོ་ལ། །ཆུ་དར་གོས་སྔོན་ཆ་མཛོ་མཆིས། །ཏུ་མཚོན་འཕྱུར་ཞིང་སྐུ་མང་སྦྲན། །གཤེན་ལ་དངོས་གྲུབ་ཆར་ལྟར་འབེབ། །"②ཅེས་གསལ་བ་དང་། རྒྱལ་བ་ལྔ་པས་མཛད་པའི་གཉན་ཆེན་ཐང་ལྷའི་འཕྲིན་ལས་བདུད་རྩིའི་ཆུ་རྒྱུན་ཞེས་པར། "དེའི་གཡོན་དུ་ཡུམ་གནམ་མཚོའི་རྒྱལ་མོ་རྡོ་རྗེ་གཡུ་སྒྲོན་མ་སྐུ་མདོག་སྔོ་བསངས་ཞལ་གཅིག་ཕྱག་གཉིས་མ་སྤྱན་གསུམ་དང་ལྡན་པ། གཡས་རྒྱལ་མཚན་དང་གཡོན་མེ་ལོང་འཛིན་ཅིང་། དཔུ་སྐྲ་ཐོར་ཚུགས་ལྷས་མའི་ཟར་བུ་ཐུར་དུ་འཕྱང་བ། སྨན་བཙུན་མཛེས་མ་ཡིད་

ནས་འོངས། །ཞེས་གསལ། ལུང་འདི་ནི་སྤྱི་ལོ་2015ལོར་བོད་ལྗོངས་བོད་ཡིག་དཔེ་སྙིང་དཔེ་སྐྲུན་ཁང་ནས་དཔར་བའི་ཀམ་ཚང་བཀའ་བརྒྱུད་གསེར་ཕྲེང་པོད་དང་པོ་ལས་དྲངས།

① ཀུན་གཟིགས་ལྔ་པ་ཆེན་པོའི་གསུང་འབུམ་ནང་མ་ང་པ། ཤིང་དཔར། ཤོག་གྲངས་728ལ་གསལ།

② ཐང་ལྷའི་མཆོད་བསྟོད། ཁྲིས་མ། ཏུ་ལག་གཡུང་དྲུང་གླིང་གི་གསོལ་མཆོད། ཤ134རྩོམ་པ་པོ་མི་གསལ།

དུ་འོང་བའི་ཚ་བྱད་ཀྱིས་གཙོ་བོ་ལ་འདུད་པའི་རྩལ་ཅན་གཡུ་འབྲུག་ལ་བཅིབས་པ།”①ཞེས་འཁོད་ལ། ཐང་ལྷའི་འཁོར་ལ་མཚོན་ན། ཐང་ལྷའི་མཆོད་བསྟོད་ཅེས་པར། “འཁོར་ནི་གཉན་དམག་འབུམ་གྱིས་བསྐོར། །གཉན་ཕྲན་འབུམ་སྡེ་ཕོ་ཉར་འགྱེད། །ཀུན་ཀྱང་མི་དཀར་རྟ་དཀར་ཅན། །”②ཞེས་གསལ་བ་དང་། རྒྱལ་བ་ལྔ་པས་མཛད་པའི་གཉན་ཆེན་ཐང་ལྷའི་འཕྲིན་ལས་བདུད་རྩིའི་ཆུ་རྒྱུན་ཞེས་པར། “འཁོར་དུ་མཆེད་འཁོར་སུམ་བརྒྱ་དྲུག་ཅུ། དམག་ཚོགས་བྱེ་བ་འབུམ་སྡེ། ཐམས་ཅད་དཔུང་ཚོགས་ཞི་བའི་ཆ་ལུགས་སུ་འཛིགས་ཤིང་དཔའ་བ། སྙིང་དང་ཕྱོགས་མཚམས་ཀུན་ནས་སྤྲུལ་པའི་དུང་ཁྲ་དཀར་པོ་ལྷིང་ཞིང་། དུང་སྤྱང་ཕོ་མོ་དང་། འབྲོང་གཡག་གཞོལ་ཆེན་མང་པོ་ཁྲོ་ལ་ངར་བ།”③ཞེས་གསལ་བ་དང་། གཞན་དུ་ན། ཐང་ལྷའི་གསོལ་མཆོད་འཕྲིན་ལས་ཀུན་འགྲུབ་ཏུ། “ཡབ་ཡུམ་སྲས་འཁོར་བཀའ་སྡོད་ལྷ་སྲིན་སྡེ་བརྒྱད་ཀྱི་ཚོགས་དང་བཅས་པ་སྤྲིན་གྱི་ཕུང་པོ་གཏིབས་པ་བཞིན།”④ཞེས་འབྱུང་བར་གཞིགས་ན་ཐང་ལྷའི་འཁོར་རྒྱ་ཆེ་ལ་ནུས་པ་ཅན་གྱི་ཡུལ་ལྷ་གཞི་བདག་དང་རྒྱལ་བཙན་མཐུ་བོ་ཆེས་གྲུབ་པར་ཤེས་ལ། ཁྱད་པར་ལྷ་བྲག་གཏེར་གཞུང་སོགས་སུ་འཁོད་པའི་ཡིག་ལམ་ལ་བསྟེགས་ནས་བརྗོད་ན་ཕོ་ལྷ་དང་ཕོ་བདུད་ནུས་པ་བཙན་པ་ཤ་སྟག་ཡིན་པར་ཤེས་ཐུབ་པའོ། །

(ཅ) གནས་བབས།

གཉན་ཆེན་ཐང་ལྷ་ནི་སྲིད་པ་ཆགས་པའི་ལྷའི་གྲས་ཡིན་པས་ལྷ་དེ་བོད་མིའི་

① ཀུན་གཟིགས་ལྔ་པ་ཆེན་པོའི་གསུང་འབུམ་ནང་མ་ང་པ། ཤིང་དཔར། ཤོག་ངོས་728ལ་གསལ།
② ཐང་ལྷའི་མཆོད་བསྟོད། ཁྲིས་མ། ཏ་ལག་གཡུང་དྲུང་གླིང་གི་གསོལ་མཆོད། ཤ 134
③ ཀུན་གཟིགས་ལྔ་པ་ཆེན་པོའི་གསུང་འབུམ་ནང་མ་ང་པ། ཤིང་དཔར། ཤོག་ངོས་729ལ་གསལ།
④ ཆོས་རྗེ་དཀོན་མཆོག་རིན་ཆེན། ཐང་ལྷའི་གསོལ་མཆོད་འཕྲིན་ལས་ཀུན་འགྲུབ། ཤིང་དཔར། ཤ 1

མེས་པོ་ཡིན་པ། བོན་གྱི་མཁས་པ་སྟོང་རྒྱུང་[1]གི་སྲུང་མ་ཡིན་པ་དང་བོན་གྱི་གཞུང་ཁྲིད་དུ་ཐང་ལྷའི་མཆོད་བསྟོད་གནས་པ་སོགས་དང་། བན་གྱི་སྲུང་མར་འགྱུར་ཚུལ་ནི་སློབ་དཔོན་རིན་པོ་ཆེས་དམ་དུ་བཏགས་པ་ནས་བཟུང་སངས་རྒྱས་བསྟན་པའི་སྲུང་མ་ཁས་འཆེས་པར་གྱུར་པ་སོགས་ལས་བན་བོན་གཉིས་ཀས་བསྟེན་པའི་དམ་ཅན་ཆོས་སྐྱོང་ཡིན་པ། བྱང་རྩྭ་ཐང་ཐོག་གི་གཞི་བདག་མཐུ་ཆེན་ཡིན་པ། ཡུལ་མི་རྣམས་ཀྱི་དགྲ་ལྷ་དཔང་བསྟོད་ཡིན་པ་སོགས་ཀྱི་ཕྱིར་ན། བོད་ཡུལ་ཀྱི་ལྷ་ཚོགས་ཁྲོད་མི་དམན་པའི་གོ་བབ་བཟུང་བ་ནི་སྨོས་མེད་ལགས།

## གསུམ་པ། ལྷ་དགའི་དད་མོས་རིག་གནས་ཀྱི་སྣང་ཚུལ་མཐའ་སྡོམ།

བོགས་གྲོང་ཚོའི་འཁྲོང་མཆོད་རིག་གནས་སམ་ལྷ་དགའི་གསོལ་མཆོད་ནི་ཆེས་གདོད་མའི་དད་མོས་ཀྱི་རྣམ་པ་ནས་བོན་ལུགས་སུ་འགྱུར་བ་དང་དེ་ནས་དུས་རིམ་ཅན་གྱིས་སངས་རྒྱས་ཆོས་ལུགས་ཀྱི་རྣམ་གཞག་དང་འདྲེས་པའི་རིག་གནས་ཀྱི་སྣང་ཚུལ་ཞིག་ཏུ་གྱུར་སྟབས། དེའི་རིག་གནས་ཀྱི་སྣང་ཚུལ་ལ་ཞིབ་འཇུག་བྱ་རྒྱུ་ནི་ཁ་ཚ་དགོས་གཏུགས་ཀྱི་གནད་གཅིག་ཏུ་གྱུར་ཡོད་པ་ནི་རིག་གནས་ལ་དང་ཞེན་ཡོད་པོ་ཀུན་གྱིས་མཐོང་ཆོས་ལགས། འོ་ན་དེ་ལྟའི་རིག་གནས་སམ་གདོད་མའི་དད་མོས་དང་འབྲེལ་བའི་རིག་གནས་ཤིག་གི་རྒྱུན་འདེད་པ་ལ་དགོས་པ་ཅི་ཡོད་ཅེ་ན། དེས་གཅིག་ནས་གདོད་མའི་དད་མོས་ལ་ཞིབ་འཇུག་བྱེད་པའི་རིན་ཐང་ཅན་གྱི་ངག་རྒྱུན་དང་ཡིག་ཐོག་གི་དཔྱད་གཞི་མང་པོ་ཞིག་བསྔོག་འདོན་བྱ་ཐུབ་པ་དང་། གཉིས་ནས་ཆེས་གདོད་མའི་རིག་གནས་ཀྱི་སྣང་ཚུལ་མང་པོ་ཞིག་གསལ་ཁ་གཏོད་པའི་ནུས་པ་ལྡན་པ། གསུམ་ནས་གདོད་མའི་དད་མོས་ཉིད་གནས་སྐབས་

① སྟོང་རྒྱུང་ཞེས་པ་ནི་སྟོང་རྒྱུང་མཐུ་ཆེན་ཞེས་པའི་བོན་གྱི་མཁས་པ་དེ་ཡིན་མུ་ཁྲི་བཙན་པོའི་སྐུ་དུས་སུ་བྱོན་པར་བཤད། རྒྱལ་པོ་དེའི་སྐུ་དུས་སུ་བྱོན་པའི་མཁས་པ་མི་བཞིར་གྲགས་པའི་ཡ་གྱལ།

ཅི་འདྲ་ཞིག་གི་འོག་རིག་གནས་ཀྱི་རྣམ་པ་གཞན་ཞིག་གི་ངོ་བོར་ཇི་ལྟར་འགྱུར་ཚུལ་ཆར་དཔྱད་པ་བྱ་ཐུབ། བཞི་ནས་གདོད་མའི་རིག་གནས་ཀྱི་རྒྱུན་ཞིག་ད་ལྟའི་བར་རྐྱེན་ཅི་འདྲ་ཞིག་ལ་བརྟེན་ནས་གནས་ཐུབ་པའི་ངོར་རྟོག་དཔྱོད་བྱ་ཐུབ་པ་སོགས་པའི་ཆེས་དམིགས་སུ་གསལ་བའི་ཁྱད་ནུས་ལྡན་ཞིང་། བོགས་གྲོང་ཚོའི་ལྷ་དགའི་རིག་གནས་ནི་དམངས་ཁྲོད་དད་མོས་དང་བོན་གྱི་གསོལ་མཆོད། དེ་བཞིན་ནང་པའི་བསྐང་གསོ་གསུམ་འདུས་ཀྱི་ཐུན་མིན་རིག་གནས་ཀྱི་ཡན་ལག་ཏུ་གྱུར་པའི་རིག་གནས་ཀྱི་སྣང་ཚུལ་ཉིད་ཚོ་ག་དངོས་དང་འབྲེལ་ནས་བཤད་པར་བྱའོ། །

གཅིག དམངས་ཁྲོད་དད་མོས་དང་འབྲེལ་བ།

འབྲོང་གཡག་མཆོད་པའི་ལུགས་འདི་གདོད་མའི་དད་མོས་ཡིན་ཞིང་། དེ་ནི་ཆེས་གདོད་མའི་བོད་མིའི་ལྷ་ཐོག་གམ་ལྷ་རྟགས་རིག་གནས་ཀྱི་རྣམ་གཞག་དང་འབྲེལ་བ་ལྡན་པ་དང་། ཁྱད་དུ་འབྲོང་གི་དཔྲལ་བའི་སྟེང་དུ་ཉི་ཟླ་མེ་རིས་གསུམ་རྒྱན་པའི་སྣང་ཚུལ་ནི་དོན་དུ་བོད་ཀྱི་མེས་པོ་རྣམས་ཀྱིས་ཉི་མ་དང་། ཟླ་བ་དང་། མེ་གསུམ་ལ་དད་མོས་བྱེད་པའི་རིག་གནས་ཤིག་གི་རྒྱུན་ཡིན་པ་ཤེས་ལ། འབྲོང་གཡག་གསོད་པའི་བརྒྱུད་རིམ་ནང་དགྲ་ལྷའི་ཆས་སུ་ཞུགས་པ་རྣམས་ཀྱིས་ཐུན་མོང་དུ་གོ་མཚོན་སྣ་ཚོགས་འཆང་བ་ནི་ཆེས་གདོད་མའི་རི་དྭགས་བརྔོན་པའི་སྣང་ཚུལ་ཡིན་པ་རྟོགས། གཞན་གི་བཤར་རྒྱག་པའི་ལུགས་འདི་ཡང་གདོད་མའི་མིས་རང་བྱུང་ཁམས་ཀྱི་འཇིགས་པ་སྣ་ཚོགས་ལ་བཀོལ་བའི་རྣམ་པ་ཞིག་ཏུ་ཟད་པས། ཚོ་ག་དེའི་ནང་བོད་མིའི་རུས་རྒྱུད་ཚོ་པ་གང་རུང་ཞིག་གི་ལྷ་ཐོག་གམ་ལྷ་རྟགས་འབྲོང་གཡག་ཡིན་པ་མངོན་པ་དང་། བོད་ཀྱི་མེས་པོ་གོང་མ་རྣམས་ཀྱིས་རང་གི་མེས་པོ་གོང་དུ་བཀུར་བའི་བརྒྱུད་རིམ་ཁྲོད་རང་རང་གི་ངོ་སོ་བསྐྱོད་པའི་རྣམ་འགྱུར་རེ་མངོན་གྱི་ཡོད་པ་མཚོན།

## གཉིས། བོན་གྱི་དམར་མཆོད་དང་འབྲེལ་བ།

སྤྱིར་ན་དམར་མཆོད་བྱ་བའི་ལུགས་འདི་དུས་ནམ་ཞིག་ལ་དར་མིན་མི་ཤེས་སོད། དེ་ནི་མཐའ་གཅིག་ཏུ་བོན་པོ་དར་བའི་དུས་སུ་བྱུང་བར་སྨྲ་ན་དེ་ཙམ་མི་འཐད་པར་སེམས་ལ། དེ་ལྟའི་གོམས་སྲོལ་རྒྱ་ནག་ནས་དར་བར་བཤད་ཀྱང་དག་པ་སྙེར་དཀའ། འོ་ན་བོན་མ་བྱུང་སྔ་རོལ་དུ་བོད་པས་དམར་མཆོད་འབུལ་སྲོལ་མེད་པ་དང་རྒྱ་ནག་ནས་དར་བའི་རྗེས་བོད་དུ་གཞི་ནས་དམར་མཆོད་འབུལ་བའི་ལུགས་སུ་བྱས་ན། དམར་མཆོད་ཕུལ་བའི་རྣམ་པ་འདི་ཉིད་བོད་ཀྱི་གདོད་མའི་རིག་གནས་དང་འབྲེལ་བ་མེད་པ་ཞིག་ཏུ་ཟད། དེ་ལྟར་སོང་ན། བོད་ཀྱི་མེས་པོ་རྣམས་ཀྱིས་གདོད་མའི་དུས་ཉི་ཟླ་དང་རང་གི་མེས་པོ་སོགས་མཆོད་སྐབས་མཆོད་སྟངས་ཅི་འདྲ་ཞིག་ཡིན་ནམ། ཕོ་བོ་ཅག་ནི་དམར་མཆོད་འབུལ་བའི་ལུགས་གདོད་མའི་དུས་ནས་བྱུང་བར་སྨྲ་འདོད་ཅིང་། དམར་མཆོད་འབུལ་སྟངས་སོགས་བན་བོན་གཉིས་ཀས་དུས་རིམ་ཅན་དབང་གིས་རང་ལུགས་ཀྱི་ཆོ་ག་དང་འཚམས་པའི་སྒོ་ནས་བསྒྱུར་བཅོས་བྱས་པ་ནི་སྨོས་མེད་ལགས། སྐབས་བབ་ཀྱི་འབྲོང་མཆོད་ཀྱི་ཆོ་གའི་ཁྲིད་བོན་གྱི་རིག་གནས་ཀྱི་སྣང་ཚུལ་ཇི་ཡོད་སྐོར་ལ་ཞུས་ན། ཆོ་གའི་ནང་འབྲོང་གཡག་ངོ་མ་གསོད་པ་དང་འབྲོང་གཡག་གི་ཁ་དོག་རོག་པོ་དགོས་ཚུལ་སོགས་ནི་བོན་གྱི་དཔེ་ཆའི་ནང་དང་བོན་ཆོས་ཞིབ་འཇུག་པའི་དཔྱད་འབྲས་ཁྲིད་གསལ་བ་དང་གཅིག་མཚུངས་སུ་འདུག་པས། སེ་ཐན་གྱི་བོད་ཀྱི་ཤེས་དཔལ་ཞེས་པར། "བོན་པོའི་དད་ལྡན་ཆོས་ནད་བཅོས་པའི་གཏོ་ཆོས་ཁྲིད་གཡག་བརྒྱ་དང་། ར་བརྒྱ་དང་། ལུག་བརྒྱ་གདོན་གྱི་ཚབ་བྱས་ནས་མཆོད་"[①]པའི་ཚུལ་དུ་འབུལ་བའི་སྲོལ་སོགས་ལས་ཤེས་སོ། །འབྲོང་གཡག་གི་རྣ་

① 石泰安 著，耿昇 译，王尧审订：西藏的文明，中国藏学出版社，2012，p263.

ཅོར་ནག་རྩེ་བསྐུས་པའི་ཐོག་དཀར་རྒྱན་བརྒྱན་པའི་སྒྲོལ་འདི་ཡང་བོན་ཕྱོགས་ཀྱི་དཀར་ཐིག་རྒྱག་པའི་ལུགས་ནས་འགྱུར་བ་མཚོན། ཁྲག་ཕུད་གཏོར་བའི་སྣང་ཚུལ་འདི་གདོད་མའི་དུས་ནས་བྱུང་བ་དང་། དར་ཆེ་བ་ནི་བོན་པོ་དར་ཆེ་བའི་སྐབས་སུ་དང་། རིམ་གྱིས་ཁྲག་གི་ཚབ་ཏུ་ཛ་ཁུས་མཚོན་པ་དང་ཅུང་ཤས་ཤིག་རྒྱུན་མ་ཉམས་པར་ལྷག་ཡོད།

གསུམ། སངས་རྒྱས་ཆོས་ལུགས་ཀྱི་ཚོ་ག་དང་འབྲེལ་བ།

ཚོ་ག་དེའི་ཁྲོད་སངས་རྒྱས་ཆོས་ལུགས་དང་འབྲེལ་བའི་སྣང་ཚུལ་ཆར་ཞུས་ན། གསོལ་མཆོད་ཀྱི་བསྐང་གསོ་དེ་དག་ཆ་ཡོངས་སུ་སངས་རྒྱས་ཆོས་ལུགས་ཀྱི་ངོར་གཏོགས་སུ་འགྱུར་བ་དང་། མར་ཚོན་བརྒྱན་པའི་ལུགས་དང་ཆོས་གཞིའི་རྣམ་པ་གནས་སྐབས་སོགས་སྣང་ཚུལ་ཕལ་ཆེ་བ་སངས་རྒྱས་ཆོས་ལུགས་ཀྱི་གསུང་རབ་ནང་ཐོན་པའི་འགྲེལ་ཚུལ་དང་འབྲེལ་ཆེ་བར་གྱུར་པའོ། །འདིར་དཔེ་མཚོན་ཙམ་དྲངས་ན། ཟན་གྱི་འབྲོང་གཡག་གི་ཁ་དོག་ཆར་དམར་རྩེ་གཏོང་བའི་ལུགས་འདི་མཐའ་གཅིག་ཏུ་སངས་རྒྱས་ཆོས་ལུགས་པས་བྱས་པར་མི་འདོད་ཀྱང་། དེ་ནི་གདོད་མའི་དད་མོས་དང་བོན། སངས་རྒྱས་ཆོས་ལུགས་གསུམ་ག་དང་འབྲེལ་བ་དམ་ཟབ་ཡོད་པའི་ཁ་དོག་ཅིག་ཡིན་པར་སོམས་ལ། འདིར་ནི་སངས་རྒྱས་ཆོས་ལུགས་པས་ཁམ་མདོག་གི་དོད་དུ་དམར་རྩེ་བྱུགས་པར་སེམས། ཉི་ཟླ་མེ་རིས་གསུམ་གྱི་ཁ་དོག་ལ་སྤྱིར་ཟླ་བ་དཀར་པོ་དང་ཉི་མ་དམར་པོ། མེ་རིས་སམ་ནཱ་ད་འདི་ཉིད་སྔོན་པོར་བྱ་བའི་ལུགས་གཅིག་དང་ཉི་ཟླ་མེ་རིས་གསུམ་ཡུག་གཅིག་ཏུ་དཀར་རྐྱང་བྱེད་པའི་ལུགས་ཤིག དེའི་མཚོན་དོན་སངས་རྒྱས་ཆོས་གཞུང་ལྟར་ན་རིགས་གསུམ་མགོན་པོ་དང་ཆོས་ལོངས་སྤྲུལ་གསུམ་གྱི་མཚོན་བྱེད་དུ་བཤད་ལ། དེ་རྣམས་ནི་བོད་ཀྱི་མེས་པོ་རྣམས་ཀྱིས་མཆོད་ཡུལ་ཡིན་པར་དགེ་བའི་བཤེས་གཉེན་

ལྷག་པ་ཚེ་བརྟན་གྱིས་གསུངས་སོ། །[1]ནོར་བུ་མེ་གསུམ་གྱི་ཆོས་མདོག་དང་། སྔ་གདན་གྱི་མདོག་ཁ་སོགས་ཀྱི་འགྲེལ་ཚུལ་ལ་བསམ་ཚེ་སངས་རྒྱས་ཆོས་ལུགས་ཀྱི་ཤུགས་རྐྱེན་ཐེབས་པའི་མཚོན་བྱེད་སོགས་ནི་དགེ་བའི་བཤེས་གཉེན་ལྷག་པ་ཚེ་བརྟན་མཆོག་གི་དཔྱད་རྩོམ་མཚོན་བྱེད་རིག་པའི་ལམ་ནས་ཁ་བ་རིག་པའི་གནའ་བོའི་རིགས་མིང་“གདོང་དམར་”ཞེས་པའི་བྱུང་བ་དང་དེ་ཡི་རིག་གནས་ཀྱི་མཚོན་དོན་སྐོར་ལ་ཐོག་མར་དཔྱད་པ་[2]ཞེས་དང་། བོད་ཀྱི་རིག་གནས་ཁྲིད་ཁ་དོག་དང་སྦྲེལ་བའི་ཉི་ཟླའི་མཚོན་རྟགས་ཇི་ཡོད་སྐོར་ཙུང་གླེང་བ་[3]ཞེས་པར་གཟིགས་འཚལ། །

མདོར་ན། གཡོར་པོའི་སའི་ཆ་གཞུང་ཁུལ་གྱི་བོགས་དང་མདའ་བཤམས། ཤར་འབྲས་གྲོང་ཚོ་གསུམ་ཕུད་པའི་གཉན་ཆེན་ཐང་ལྷའི་གསོལ་མཆོད་ནི་གྲ་དོལ་གཞུང་དུ་དབྱེ་བའི་དོལ་གྱི་སའི་ཆ་ལྟེ་བདེ་ཞོལ་གྱི་བོན་རིའི་གསོལ་མཆོད། སྟོ་ཁ་གྲོང་ཁྱེར་གོང་དཀར་རྫོང་སྣང་སྟོད་ཤང་ཐོད་དཀར་གྲོང་ཚོ་དང་ལྷ་ས་གྲོང་ཁྱེར་འདམ་གཞུང་རྫོང་ཁོངས་དང་ཁམས་ཡུལ་ཤུལ་ནང་ཆེན་ཁུལ་ལ་སོགས་པའི་ཡུལ་དུ་དར་ཆེ་བའི་ཐང་ལྷའི་གསོལ་མཆོད་རྣམས་སོ། །ཐང་ལྷ་དངོས་སུ་མ་གསོལ་ཡང་། ལྷ་ཆེན་གང་དེའི་ཡུམ་གྱི་གསོལ་མཆོད་ནི་བོད་ཀྱི་ས་ཆ་མང་པོར་ཡོད་ཀྱང་། དུས་ལ་སྟོ་བ་ནི་ལྷ་ས་གྲོང་ཁྱེར་ལྷུན་གྲུབ་རྫོང་ཁོངས་ཀྱི་ས་ཆ་དག་གི་

① ལྷག་པ་ཚེ་བརྟན། བོད་ཀྱི་རིག་གནས་ཁྲིད་ཁ་དོག་དང་སྦྲེལ་བའི་ཉི་ཟླའི་མཚོན་རྟགས་ཇི་ཡོད་སྐོར་ཙུང་གླེང་བ། བོད་ལྗོངས་སློབ་ཆེན་རིག་དེབ། དུས་དེབ་གསུམ་པ། 2007.9 ཤ 40、41、42

② ལྷག་པ་ཚེ་བརྟན། མཚོན་བྱེད་རིག་པའི་ལམ་ནས་ཁ་བ་རིག་པའི་གནའ་བོའི་རིགས་མིང་“གདོང་དམར་”ཞེས་པའི་བྱུང་བ་དང་དེ་ཡི་རིག་གནས་ཀྱི་མཚོན་དོན་སྐོར་ལ་ཐོག་མར་དཔྱད་པ། བོད་ལྗོངས་སློབ་ཆེན་རིག་དེབ། དུས་དེབ་གསུམ་པ། 2013.9 ཤ 19–27

③ ལྷག་པ་ཚེ་བརྟན། བོད་ཀྱི་རིག་གནས་ཁྲིད་ཁ་དོག་དང་སྦྲེལ་བའི་ཉི་ཟླའི་མཚོན་རྟགས་ཇི་ཡོད་སྐོར་ཙུང་གླེང་བ། བོད་ལྗོངས་སློབ་ཆེན་རིག་དེབ། དུས་དེབ་གསུམ་པ། 2007.9 ཤ 38–45

གསོལ་མཆོད་དེ་ཉིད་དང་། གནམ་མཚོའི་འགྲམ་ངོགས་ཀྱི་འབྲོག་པ་རྣམས་ཀྱི་གསོལ་མཆོད་དེ་ཉིད་ཡིན་པར་སེམས། གཞན་ཐང་ལྷའི་སྲུས་རྒན་གཞོན་གསུམ་པོའི་གསོལ་མཆོད་ནི་ཁོ་བོས་གོ་ཐོས་བྱུང་བར་གཞིགས་ན་ལྡོ་ཁ་གྲོང་ཁྱེར་མཚོ་སྣ་རྫོང་ཆུ་དྲོན་མོ་ཤང་སྒོ་སྨད་གྲོང་ཚོའི་ཞིང་རྒྱབ་སྐྱ་མཁར་དང་། ལྷ་རལ་གྲོང་ཚོ་དང་ཐང་དཀར་གྲོང་ཚོའི་ཐང་སྲུས་གསོལ་མཆོད་རྣམས་སོ། །ཐང་སྲུས་ཀྱི་གསོལ་མཆོད་ཀྱི་དུས་ཚོད་ནི་ལོ་གསར་ཚེས་གཅིག་དང་། དུས་ཚོད་ཕལ་ཆེ་བ་ཟླ་བ་ག་གེ་མོའི་ཚེས་བཅོ་ལྔ་དང་གནམ་གང་ལ་གསོལ་སྲོལ་ཡོད་ཅིང་། གསོལ་དུས་མང་བའི་སྐབས་ལོ་གཅིག་ནང་ཐེངས་དྲུག་ཙམ་གསོལ་བའི་ལུགས་ཆགས་པའོ། །ཚོ་ག་དེའི་ཁྲོད་ཀྱི་འཁྲོང་གཡག་ཉོ་ཚོང་བྱ་བའི་ལུགས་དང་ཚོང་གི་འགྲོ་ལུགས། དེ་བཞིན་འབྲོང་གཡག་གི་བཤད་པ་དང་སྨོན་ཚིག་བསྔོན་པའི་རྣམ་གཞག གཞན་ཚོང་ཆང་འཐུང་བའི་ལུགས་དང་ལ་སྐྱ་ལེན་པ། འབྲོང་ལ་ཇ་ཕུད་ཆང་ཕུད་འཕུལ་བའི་གོམས་གཤིས། འབྲོང་གཡག་གསོད་ལུགས་ཀྱི་རྣམ་པ་སོགས་གཅིག་ཏུ་འདུས་ནས་བརྗོད་ན། དེས་བོད་མིའི་ཆེས་གདོད་མའི་འཚོ་གནས་ཁྲོད་ཀྱི་གོམས་གཤིས་དང་ལུགས་སྲོལ་རྣམས་ཀྱི་རྒྱུན་ཞིག་མཐོང་ཐུབ་ལ། ཡང་སྔོས་གདོད་མའི་དད་མོས་ལས་བོན་ཕྱོགས་དང་སངས་རྒྱས་ཆོས་ལུགས་ཕྱོགས་སུ་འགྱུར་བའི་གཞི་རྐང་དེ་ཡང་མངོན་ཐུབ་པར་སེམས་སོ། །

དེའི་ཕྱིར་ན། གཉན་ཆེན་ཐང་ལྷ་གསོལ་བའི་ལུགས་སྲོལ་དེ་ཉིད་དུས་ཐ་མ་ཞིག་ནས་དར་བ་དང་གསོལ་མཁན་མང་བ། ཡུལ་ཚན་མང་པོར་ཁྱབ་ཡོད་པ་ཤེས་ཐུབ་ལ། དུས་ཕྱིས་རྐྱེན་སྣ་ཚོགས་དབང་གིས་ཉམས་དམས་སུ་སོང་བ་ནི་སྨོས་མེད་ལགས། རྗེ་དོན་ཆེ་ག་འདིའི་ཡོང་ཁུངས་གཙོ་བོ་འབྲོག་ཁུལ་གྱི་རིག་གནས་རིང་ཕྱོགས་སུ་དར་བ་ཞིག་སྟེ། ཚོ་གའི་ཁྲོད་ནས་གསལ་བར་སྟོན་ཞིང་། འབྲོང་གཡག

ཚོང་མིའི་ཡུལ་ཕྱོགས་ནི་ཁམས་སྡེ་དགེ་ཡིན་པར་བཤད་པ་དང་། ཚོང་ཚང་འཕྲུང་དུས་འབྲོག་ཁུལ་གྱི་ཁྲམ་སླུ་ལེན་པ་སོགས་ཀྱིས་ངེས་ཤེས་སྐྱེ་བའོ། །ཞིབ་ཏུ་བསམ་ན། འབྲོང་གཡག་བཤས་འཚོང་གཙོ་དོན་དུ་བྱས་པའི་ཨ་ཕོ་ལྷ་དགའི་དད་མོས་ནི་མང་ཚོགས་ཀྱི་འཚོ་བ་དང་ཐད་ཀར་འབྲེལ་བ་ཡོད་ཅིང་། མང་ཚོགས་གཙོ་ཞུགས་ཀྱིས་ཁམས་སྐད་ལུགས་སུ་སྤེལ་བ་ཡིན་ལ། དད་མོས་འདི་ཉིད་མཐར་གཏུགས་ན་གཉན་ཆེན་ཐང་ལྷའི་དད་མོས་ཀྱི་ཁྱབ་ཁོངས་སུ་འདུ་བ་ཡིན་ནོ། །དེས་ནད་ཡོད་ཀྱི་ལྷག་སོང་བའི་གསོལ་མཆོད་དེ་དག་ལ་གཅིགས་ཆེན་དང་མི་ཉམས་གོང་འཕེལ་བྱ་རྒྱུ་དེ་ནི་བོད་ཀྱི་རིག་གནས་སྤྱི་དང་ལྷག་པར་བོད་མིའི་ཆེས་གདོད་མའི་དད་མོས་སམ་རིག་གནས་རྩ་ཆེན་ཞིག་སྲུང་སྐྱོབ་བྱ་བའི་གནད་དམ་པ་ཞིག་གོ །

## ས་བཅད་ལྔ་པ། གྲ་དོལ་གཞུང་གསུམ་ཐུན་མོང་གི་དད་མོས་ཆུ་རྒྱུད་རྒྱལ་པོའི་གསོལ་ཁའི་སྐོར།

བོད་ཀྱི་ཡུལ་འདིར་ལྷ་ཀླུ་སོགས་གསོལ་བའི་ཚོ་ག་སྣ་ཚོགས་ཤིག་སྣང་ཡང་། དེ་དག་ལ་ཞིབ་ཏུ་རྟོག་དཔྱོད་བྱས་ན་གཞི་རྩ་གདོད་མའི་དད་མོས་ལས་གྱེས་པ་ཤས་ཆེ་ཞིང་། དུས་ཀྱི་ཆ་ནས་ཐོག་མར་གདོད་མའི་དད་མོས་ནས་རིམ་བཞིན་བོན་གྱི་དད་མོས་རིག་གནས་ཁྲོད་དུ་སིམ་པ་དང་། ཕྱིས་སངས་རྒྱས་ཆོས་ལུགས་ཕྱོགས་གཏོགས་ཀྱི་དད་མོས་སུ་འགྱུར་བ་ཕྱིན་པ་ནི་དོན་དངོས་པོའི་གནས་ཚོད་དུ་སོང་གཤིས། དད་མོས་དེ་དག་ལས་ཆུ་ལྷ་གསོལ་བའི་དད་མོས་ཀྱི་སྣང་ཚུལ་འདི་དག་ཆེས་སྔ་བའི་དད་མོས་རིག་གནས་ཤིག་དང་། ཁྱབ་རྒྱ་ཆེ་བའི་དད་མོས་ཤིག་ཡིན་པའི་དབང་གིས། བོད་ཡུལ་གྱི་གདོད་མའི་རི་ཆུར་དད་མོས་བྱེད་པའི་རིག་གནས་

ཀྱི་རྒྱུན་དག་ཀྱང་སྒྱི་འགྲོས་དེ་ལས་མ་འདས་སོ། །ཆུ་ལྷ་གསོལ་བའི་དད་མོས་ནི་བོད་ཡུལ་འདིར་ཡོངས་ཁྱབ་རང་བཞིན་ཅན་གྱི་ཆེས་གདོད་མའི་དད་མོས་ཤིག་ཡིན་པའོ། །ཆུ་ལྷའི་གསོལ་ཁའི་ཁྲོད་ན་ལྷ་གསོལ་མི་མང་བ་དང་གསོལ་མཆོད་ཀྱི་ཤུགས་རྐྱེན་ཆེ་བ། དེ་སྐོར་གྱི་བསྐང་གསོ་སོགས་ཆ་ལག་ཚང་བའི་དད་མོས་ཀྱི་རིག་གནས་ནི་གཙང་ཆུ་གསོལ་བའི་དད་མོས་ཀྱི་རྣམ་པ་སྣང་ཚུལ་དང་དེའི་རིག་གནས་ཀྱི་རྒྱུན་དག་ཡིན་སྟབས། དེར་ཞིབ་འཇུག་བྱ་རྒྱུ་དེ་ནི་གདོད་མའི་དད་མོས་ཁྲོད་ཆེས་སྔ་བའི་དད་མོས་ཀྱི་འཕོ་འགྱུར་ཅི་བྱུང་གི་གནད་དང་། ཁྱད་པར་གནའ་བོའི་དུས་སུ་གྲ་དོལ་གཞུང་གི་སྤྱི་ཁྱབ་ཀྱི་དད་མོས་རིག་གནས་ཀྱི་གྲས་ཤིག་ཏུ་སོང་བས། ཆུ་རྒྱུད་རྒྱལ་པོའི་དད་མོས་ཀྱི་རིག་གནས་དབྱེ་ཞིབ་དང་དེའི་སྣང་ཚུལ་ལ་རྟོག་དཔྱོད་བྱ་རྒྱུ་ནི་གྲ་དོལ་གཞུང་གསུམ་གྱི་མེས་པོ་རྣམས་ཀྱི་འཚོ་བའི་ངོ་རིས་དང་གདོད་མའི་དད་མོས་ཀྱི་གསང་ཆོག་རྟོགས་པའི་སྙད་འཇུག་པར་བྱའོ། །འདིར་ནི་ཡར་ཀླུང་གཙང་པོའི་ལྷོ་བྱང་གཉིས་སུ་གནས་འཆའ་བའི་ཡུལ་ཚན་ནི་པོ་རྒྱུས་ཐོག་གཡོ་རུའི་བྱང་གི་ས་ཆ་གྲ་དོལ་གཞུང་གསུམ་དང་འཆིང་རུའི་ཁུལ། ཨེ་དྭགས་ཀྱི་ས་ཆ་འགའ་དང་དབུ་རུའི་འཕྲེང་པོ་ལ་སོགས་པའི་ཡུལ་ལུང་དང་། དེང་གི་སྲིད་འཛིན་ས་ཁོངས་དབང་དུ་ན་ལྷོ་ཁ་གྲོང་ཁྱེར་གོང་དཀར་རྫོང་གི་ས་ཆ་ཕལ་ཆེ་བ་དང་གྲ་ནང་རྫོང་ཡོངས། དེ་བཞིན་སྣེ་གདོང་རྫོང་དང་ཟངས་རི་རྫོང་ཁོངས་ཀྱི་ཡུལ་ལུང་འགར་མཆེད་པའི་ཆུ་རྒྱུད་རྒྱལ་པོའི་དད་མོས་བཤད་པར་བྱའོ། །

ཆུ་རྒྱུད་ཀྱི་དད་མོས་གླེང་བ་ལ་ཐོག་མར་ཆུ་རྒྱུད་རྒྱལ་པོ་ཞེས་པའི་ཐ་སྙད་དང་། ངམ་ཤོད་ཅེས་པའི་ས་མིང་དང་དེའི་ཁྱབ་ཁྱ་ཇི་ཙམ་ལ་བྱེད་མིན་དང་། རྒྱལ་ཆེན་ཀརྨ་འཕྲིན་ལས་ལ་ཆུ་རྒྱུད་རྒྱལ་པོའམ་ངམ་ཤོད་དགེ་བསྙེན་སོགས་ཀྱི་མཚན་གྱི་རྣམ་གྲངས་སུ་བཤད་པའི་སྒྲུབ་བྱེད་ཕྱར་གྱི་མཁས་པའི་གསུང་ལ་བརྟེན་

ནས་གླེང་བར་འདོད་ལ། ལྷག་དོན་ཚ་རྒྱུད་རྒྱལ་པོའི་གསོལ་མཆོད་དར་ཁྱབ་ཆེ་བའི་གྲ་དོལ་གཞུང་གསུམ་གྱི་ས་ཆ་གང་དང་གང་ཡོད་མིན་དང་། གསོལ་མི་སུ་དང་སུ། གནས་གཞི་གཙོ་བོ་དེ་གང་དུ་བྱ་དགོས་མིན་སོགས་ནི་ས་གནས་ས་ཐོག་གི་རི་ཐང་རྟོག་ཞིབ་ཀྱི་ཟིན་ཐོ་གཙོ་དམིགས་སུ་བཟུང་ནས་སྨྲོས་ན་ཐོག་མར་ཚ་རྒྱུད་རྒྱལ་པོའི་བྱུང་བ་དང་། དེ་དང་ངམ་ཤོད་རྒྱལ་པོའི་དབར་གྱི་འབྲེལ་བ། རྒྱལ་པོ་གང་དེའི་གསོལ་མཆོད་དང་འབྲེལ་བའི་དོན་གནད་དག་དམིགས་སུ་ཕུག་ནས་སྤྲོ་བར་འདོད་དོ། །

## དང་པོ། ཚ་རྒྱུད་རྒྱལ་པོའི་བྱུང་བ་བཤད་པ།

འདིར་ཚ་རྒྱུད་རྒྱལ་པོ་ཞེས་པའི་ཐ་སྙད་དེ་ཉིད་ཀྱི་བྱུང་བའི་ཆར་བརྗོད་ན། ཚ་རྒྱུད་རྒྱལ་པོ་ཞེས་པ་ནི་གཙང་པོའི་གཞུང་ལ་བརྟེན་ནས་བྱུང་བའི་བཙ་ཆད་ཅིག་སྟེ། རྗེ་དོན་དུ་རྒྱལ་པོ་གང་དེ་ཡར་ཀླུང་གཙང་པོ་དང་འབྲེལ་བ་ཡོད་པའི་གདོད་མའི་ཚ་བོའི་གཞུང་གི་རྒྱལ་པོ་ཤིག་ལ་བྱ་ཞིང་། ས་ཕོངས་ནས་ཞུས་ན། གཡོ་རུ་བྱང་གི་གྲ་དོལ་གཞུང་གསུམ་དང་འཆིང་རུ་ལ་སོགས་པའི་སའི་ཆ་དབུ་རུའི་སྟོང་སྡེའི་གྲས་འཕྲང་པོ་དང་ལུམ་པ་སོགས་དང་ཐད་ཀའི་འབྲེལ་བ་ཡོད་པའི་གདོད་མའི་མི་དྲག་གམ་ཡུལ་དེ་དག་གི་བདག་པོའམ་དབང་མཛད་ཅིག་ཡིན་པར་སྨྲ་བར་འདོད་ལ། དུས་ཕྱིས་ནི་སྔར་གྱི་ཚ་རྒྱུད་རྒྱལ་པོའམ་ངམ་ཤོད་རྒྱལ་པོ་ཞེས་པའི་ཡར་ཀླུང་གཙང་པོའི་ལྷོ་བྱང་གཉིས་ལས་ལྷོ་ཕྱོགས་ཤས་ཆེ་བའི་ཡུལ་དེའི་ཁུལ་གྱི་དད་ལྡན་པ་རྣམས་ཀྱིས་དད་བརྟེན་གུས་གསུམ་གྱི་ཡི་གར་ཕྱོགས་པའི་གདོད་མའི་མེས་པོའམ་ཡུལ་གྱི་བདག་པོ་ཚ་རྒྱུད་རྒྱལ་པོ་གང་དེ་མི་དཀྱུས་མ་ཞིག་ནས་ཡུལ་ལྷའི་ངོར་གྱུར་པ་དང་། དུས་རིམ་ཅན་གྱིས་རྒྱལ་ཆེན་གཟ་འཕྲིན་ལས་ཉིད་དེའི་རང་བཞིན་དུ་འགྱུར་བ་དང་སྦྲགས་ཏེ། སྔ་འགྱུར་རྙིང་མའི་སྐྱེས་ཆེན་ག་གེ་མོ་ཞིག་

གིས་བཀའ་འདོགས་དམ་འདོགས་མཛད་ནས་ཚ་རྒྱུད་རྒྱལ་པོའམ་དཀོར་བདག་རྒྱལ་པོ་སོགས་པའི་མཚན་གྱི་རྣམ་གྲངས་དུ་མ་ཅན་དུ་གྱུར་རྐྱེན་བསྐང་གསོ་དང་གསང་སྒྲུབ་སོགས་དུས་ཕྱིས་ཀྱི་སངས་རྒྱས་ཆོས་བྱེད་པའི་དམ་པ་དུ་མས་མཛད་པ་མ་ཟད། གཞན་དུ་ན། ཚ་རྒྱུད་རྒྱལ་པོ་ཞེས་པ་ནི་སྤྱིར་གཡོ་རུ་འཆིང་རུ་དང་སྙོམས་གྲ་དོལ་གཞུང་གསུམ་གྱི་ཡུལ་དུ་བྱོན་པའི་མེས་པོ་དང་དེ་ཡུལ་དེ་རྣམས་ཀྱི་དབང་མཛད་བྱས་པ་ཅན་ཞིག་ཡིན་སྐབས་དུས་ཕྱིས་རྒྱལ་པོ་གང་དེ་འཆི་འཕོས་ནས་ཡུལ་གྱི་རྒྱལ་བཙན་གྱི་ངོ་བོར་གྱུར་ཏེ་ཡུལ་ཕྱོགས་དེའི་མི་རྣམས་ཀྱིས་གསོལ་བའི་ལུགས་ཐོག་མ་བྱུང་བ་དང་། དེ་ནས་རིམ་གྱིས་རྒྱལ་པོ་དེ་ཉིད་ཀྱི་དོད་དུ་རྒྱལ་ཆེན་གཟ་འཕྲིན་ལས་ཉིད་གྱུར་པ་དང་། སངས་རྒྱས་ཆོས་ལུགས་ཀྱི་བསམ་བློའི་ཤུགས་རྐྱེན་འོག་ཚ་རྒྱུད་རྒྱལ་པོ་མི་ཞིག་ནས་དགེ་བསྙེན་གྱི་རྣམ་གཟུགས་ཅན་དུ་གྲུབ་པར་སྨྲ་བར་འདོད་དོ། །

ཚ་རྒྱུད་རྒྱལ་པོ་ཞེས་པའི་ཐ་སྙད་དེ་དང་གསོལ་མཆོད་ཁག་ཏུ་ཚ་མོའི་གཞུང་དང་གཙང་ཆུའི་གཞུང་ཞེས་པའི་བརྡ་ཆད་དང་འབྲེལ་ཚུལ་ནི། ཐུའུ་བཀྭན་རིན་པོ་ཆེས་མཛད་པའི་དཀོར་བདག་ཚ་རྒྱུད་རྒྱལ་པོའི་གླུད་རྫོངས་བཞུགས་སོ་ཞེས་པར། "གཙང་ཆུའི་གཞུང་དུ་རྒྱུ་བ་ན། །ཚ་རྒྱུད་རྒྱལ་པོ་ཞེས་སུ་འབོད། །"①ཅེས་དང་། ཚ་རྒྱུད་དགེ་བསྙེན་གྱི་གསོལ་ཁར། "པདྨའི་ཀླུང་ཆེན་གཞུང་དུ་རྒྱུ་བའི་ཚེ། །ཚ་རྒྱུད་རྒྱལ་པོའི་མཚན་དུ་གྲགས་མིན་ནམ། །"②ཞེས་གསུངས་པའི་གཙང་ཆུའི་གཞུང་དང་།

---

① ཐུའུ་བཀྭན་བློ་བཟང་ཆོས་ཀྱི་ཉི་མའི་གསུང་འབུམ་ཅ་པ། དཀོར་བདག་ཚ་རྒྱུད་རྒྱལ་པོའི་གླུད་རྫོངས་བཞུགས་སོ། །དཔེ་ཆ་དེར་ཁྱོན་ལྡེབ་གསུམ་བཞུགས་སུ་གསོལ། ཞོལ་དཔར། ཤ808

② རྗེ་བྲག་དགོན་གྱི་བསྐང་གསོ། ཐུབ་བསྟན་ཨེ་ཝཾ་ལྕོག་སྒར་བའི་བསྟན་སྲུང་རྣམས་ཀྱི་བསྐང་ཕྲིན་རྒྱུན་ཁྱེར་སྙིང་པོ་བསྡུས་པ་དགྲུས་གཅིག་ཏུ་བཀོད་པའི་བསྟན་སྲུང་དགྱེས་པའི་མཆོད་སྤྲིན་རྡོ་རྗེའི་སྒྲ་བཞུགས་སོ། །ཤིང་དཔར། བསྐང་ཕྲིན་འདིའི་དཔེ་རྒྱུན་ནི་གནས་ཚང་པེ་ཧར་ལྕོག་ཏུ་བཞུགས་སུ་གསོལ། ཤ126

གཞན་ཚ་རྒྱུད་རྒྱལ་པོ་རྒྱུན་པར་གསོལ་བ་པོ་མཉན་པ་རྣམས་ཀྱིས་ཚ་རྒྱུད་རྒྱལ་པོ་གསོལ་ནས་གླུ་ཐག་སློད་དེ་ཆུ་གཞུང་དུ་བསྐྱོད་དུས་ཀྱི་རྣམ་ཐར་དུ། "ཆུ་མོའི་གཞུང་དུ་འགྲོ་དུས། །ཚ་རྒྱུད་རྒྱལ་པོས་མ་བསླུས། །"[①]ཞེས་པའི་ཆུ་མོའི་གཞུང་དེ་ཡར་ཀླུང་གཙང་པོ་ཡོངས་ལ་ཟེར་དགོས་སམ། ཡང་ན་ལུང་ཚན་འགའ་ཞིག་གི་གཙང་ཆུའི་བཞུར་རྒྱུན་ལ་བྱ།

དེ་ཡང་ཆུ་མོའི་གཞུང་ཞེས་པ་ལ་ཚ་རྒྱུད་རྒྱལ་པོའི་གསོལ་མཆོད་ཀྱི་དཔེ་ཆ་ཁག་ནང་གསལ་ཁ་མེད་ཀྱང་། རྒྱལ་པོ་དེ་འཆར་ཅན་དུ་གསོལ་མཁན་མཉན་པ་རྣམས་ཀྱི་ངག་རྒྱུན་དུ་དེ་སྐོར་བཤད་དུ་ཡོད་དེ། ཆུ་མོའི་གཞུང་ཞེས་པ་འདི་ཉིད་ལ་སྤྱིར་ན་ཆུ་པོ་ཆེ་ཆུང་མེད་པ་ཚང་མར་ཆུ་གཞུང་རེ་ཡོད་ཀྱང་། འདིར་ནི་ཡར་ཀླུང་གཙང་པོའི་ཆུ་གཞུང་དང་འབྲེལ་བ་ཡོད་ཅིང་། དེ་ལས་ཡར་གཙང་སྤྱི་ཡོངས་སུ་མིན་པར་གཡོ་རུའི་འཆིང་རུའི་སྒོ་ལ་[②]ཞེས་པ་ནས་འོན་གྱི་ཉང་མགོ་གྲུ་སའི་

① གོང་སྨོས་ཀྱི་རྣམ་ཐར་དེ་ནི་སྔ་དུས་གཞུང་ཀོའི་མཉན་པས་ཆུ་རྒྱུད་རྒྱལ་པོ་གསོལ་ནས་ཆུ་ཁར་ཀོ་གྲུ་ཐོན་དུས་ཀྱི་རྣམ་ཐར་ཡིན་ཞེས་ལྷོ་ཁ་གྲོང་ཁྱེར་ཁྱེར་གོང་དཀར་རྫོང་སྐད་སྟོད་གྲོང་བརྡལ་གོང་དཀར་ཞོལ་གྱི་གྲོང་མི་སྟེ། སྔ་དུས་ཀྱི་གཞུང་ཀོའི་ཀོ་པ་དགུང་ལོ72ལ་སོན་པའི་རྒད་པོ་ཚེ་རིང་རྡོ་རྗེས་གསུངས་སོ། །རྣམ་ཐར་དེའི་གདངས་ནི་ཆོས་རྒྱལ་ནོར་བཟང་གི་རྣམ་ཐར་ནང་གི་བརྗོད་པའི་རྣམ་ཐར་དང་འདྲ་ཆེ་ཙམ་ཞིག་སྣང་།

② འཆིང་རུའི་སྒོ་ལ་ཞེས་པའི་ལ་དེ་ནི་ལྷོ་ཁ་གྲོང་ཁྱེར་གོང་དཀར་རྫོང་སྐད་སྟོད་གྲོང་བརྡལ་གོང་དཀར་ཞོལ་གྲོང་ཚོའི་བྱང་ཕྱོགས་སུ་གནས་ཤིང་། རི་དེའི་སྟེང་དུ་སྔར་གྱི་གོང་དཀར་རྫོང་གི་རྫོང་ཤུལ་རྙིང་པ་ཉིད་ཡོད་ལ། གོང་དཀར་ཞེས་པའི་རྫོང་དང་གཞིས་ཀའི་མིང་འབྱུང་རབས་ཀྱང་རི་དེའི་སྟེང་དུ་ཡོད་པའི་གོང་དཀར་གདངས་རི་དཀར་པོ་ཞེས་པའི་བྲག་རྡོ་དཀར་པོ་ཆེན་པོ་དེའི་གནས་གཞི་དང་འབྲེལ་ནས་བརྡ་དོན་དེ་ལྟར་བྱུང་བར་བཤད། དེང་སང་ནི་ས་སློག་རྡོ་སློག་གི་རྐྱེན་པས་བྲག་རྡོ་དཀར་པོ་དེ་ས་འོག་ཏུ་ཚུད་ནས་མཐོང་རྒྱུ་མེད། གང་ལྟར་གོང་དཀར་ཞེས་པའི་མིང་ནི་བྲག་རྡོ་དེར་བརྟེན་ནས་ཐོགས་པར་བཤད། སྒོ་ལ་ནི་གཙང་ཆུ་དང་དབུས་ཆུ་ཡོངས་སུ་འདྲེས་སའི་གནས་དང་པོ་དེ་ཡིན་ཅིང་། ཡར་གཙང་གི་ཆུ་འགོར་སོང་བས། གནས་དེར་ཚ་རྒྱུད་རྒྱལ་པོའི་ཕྱག་ཁང་ཆགས་ལ། ཕྱག་ཁང་ནང་ཞགས་པ་དང་སྐུ་འབེབས་ཀྱི་མེ་ལོང་དང་གསབ་སོགས་ཡོད། ལོ་རེ་ལོ་གསར་ཚེས་གསུམ་ཉིན་ཆུ་ཤུར་རྫོང་ཁོངས་ཀྱི་ཧུབ་པ་དང་གོང་དཀར་རྫོང་ཁུངས་ཀྱི་སྐད་སྟོད་གྲོང་བརྡལ་ལུམ་པ་གྲོང་ཚོའི་གྲོང་མི་དང་། གོང་དཀར་ཞོལ་གྱི་གྲོང་མི་རྣམས་ཀྱིས་གསོལ་གྱི་ཡོད།

བར་གྱི་ཆུ་གཞུང་ལ་གོ་དགོས། དེ་ལ་ཤེས་བྱེད་ཡོད་དེ། སྒྲོ་ལ་ཉིད་ནི་ཆུ་རྒྱུད་རྒྱལ་པོའི་གསོལ་མཆོད་ཀྱི་དབུ་བརྙམས་སའི་ས་ཆ་དང་། ཁུལ་དེ་ནི་གཙང་ཆུ་དཀར་པོ་དང་སྐྱིད་ཆུ་སྔོན་པོ་དངོས་སུ་དབྱེར་མེད་དུ་འདུ་སའི་གནས[1]ཡིན་པ། སྒྲོ་ལ་ནས་ཉང་མགོའི་གྲུ་སའི་བར་སྟར་གྱི་གཞུང་གོའི་ཆུ་ལམ་ཡིན་པས་མ་ཚད། སྒྲོ་ལ་ནས་ཉང་མགོའི་གྲུ་སའི[2]དབར་ཆུ་རྒྱུད་རྒྱལ་པོའི་གསོལ་ཡུལ་བདུན་བརྒྱད་ཙམ་ཞིག་རིམ་ཅན་དུ་གནས་ཡོད་པ། དེ་ཕུད་པའི་ཆུ་རྒྱུད་རྒྱལ་པོ་གསོལ་སའི་གནས་ཉུང་བ། སྟར་གྱི་ཆུ་རྒྱུད་རྒྱལ་པོ་གསོལ་སའི་གྲུ་ཁ་རྣམས་ཀྱི་ཐོ་ཙམ་སྨོས་ན། སྒྲོ་ལ་ནས་རིམ་གྱིས་དབེན་ཚ་གྲུ་ས་དང་། རྡོ་རྗེ་བྲག་གི་གྲུ་ས། ཆུ་རྒྱུད་རྒྱལ་པོའི་རི་(དཔེ་རིས་བཅོ་ལྔ་པར་གཟིགས།) ཟུར་གྱི་གྲུ་ས། འགག་རྩ་གྲུ་ས། སྒྲགས་ཡང་རྫོང་གི་གྲུ་ས། འགྲུལ་ཤུལ་གྲུ་ས། བསམ་ཡས་ཟུང་མཁར་གྲུ་ས། གཙང་ཆུང་གླིང་གྲུ་ས། རྩེད་ཐང་རྒྱལ་པོ་གྲུ་ས། ཉང་མགོ་གྲུ་ས་བཅས་སོ། །གྲུ་ས་དེ་དག་ལས་སྒྲགས་ཡང་རྫོང་གི་གྲུ་ས་དེ་ཉིད་བྱང་སྟོང་དུ་ཡོད་སྐབས་གཞུང་གོའི་ཀོ་གྲུ་རྣམས་སྟོད་པའི་ལུགས་སྲོལ་མ་མཆིས། ཉང་མགོ་གྲུ་ས་ནས་གཞུང་ཀོ་འགྲོ་བའི་སྲོལ་མེད་ཀྱང་དེ་ནས་མར་རིམ་བཞིན་ཟངས་རི་རྫོང་ཁོངས་སུ་གླུ་ཁང་གྲུ་ས་དང་རྩའི་གྲུ་ས་སོགས་ཆགས། དེ་

---

① དེ་ལ་སྒྲོ་ལའི་ཁུལ་དུ་གཙང་ཆུ་དང་སྐྱིད་ཆུ་གཉིས་དངོས་སུ་འདུ་སའི་གནས་ཡིན་ཞེས་ཟེར་དོན་ནི་འདི་ལྟར་ཏེ། ས་གཞི་གཙང་ཆུ་དཀར་པོ་དང་སྐྱིད་ཆུ་སྔོན་མོ་གཉིས་འདུས་འགོ་ཚུགས་ས་ནི་སྲིན་པོ་རིའི་སྙིང་ཆེན་རི་ཟུར་ཏེ་རྣ་ལ་ལ་རྒྱུད་ཀྱི་ལ་འགོ་ནས་འདྲེས་ཀྱི་ཡོད་མོད། གཙང་ཆུ་གཡས་དང་སྐྱིད་ཆུ་གཡོན་དུ་བྱས་ནས་ཆུ་མདོག་སོ་སོར་སྣང་ནས་རྒྱུ་བར་བྱེད་ལ། སྒྲོ་ལའི་ལ་ཟུར་ནས་གཙང་ཆུ་དང་དབུས་ཆུའམ་སྐྱིད་ཆུ་གཉིས་ཆུ་མདོག་གཅིག་ཏུ་སོང་ནས་སོ་སོར་དབྱེར་དུ་མེད་པའི་དབང་གིས་སོ། །དེ་ལྟའི་སྣང་ཚུལ་ནི་སྟར་གྱི་རྒན་པོ་རྣམས་ཀྱི་ངག་ཏུ་གྲགས་ལ། དོན་དམ་དུའང་དེ་ལྟར་གནས་སོ། །

② གྲུ་ས་ཞེས་པ་ནི་གྲུ་ཁའི་ས་ཚིགས་དང་ཞག་སའི་སྤྱི་མིང་དུ་གོ་སྟེ་དུས་གྲུ་ས་དག་ན་མགྲོན་ཁང་དང་ཆང་ཁང་། ཟ་ཁང་སོགས་ཡོད་པ་མཉན་པ་རྙིང་གྲས་ལྷོ་ཁ་གྲོང་ཁྱེར་གོང་དཀར་རྫོང་སྣང་སྟོད་གྲོང་བརྡལ་ལུམ་པ་གྲོང་ཚོའི་གྲོང་མི་བཀྲ་བཟང་ལགས་ཀྱིས་གསུངས། བཅར་འདྲི་ཞུ་བའི་དུས་ཚོད་ནི་སྤྱི་ལོ2018ལོའི་ཟླ1པོའི་ཚེས8ཉིན་ཡིན།

ནས་མར་ལམ་ཆུ་གཞུང་འདིད་ན་ཀོ་གྲུ་འགྲོ་སའི་ཆུ་ལམ་མེད་དེ། མུ་མཐུད་སོང་ན་ཆུ་རྦབ་ཤས་ཆེ་བས་གྲུ་ས་མེད་པར་གསུངས།① དེས་ན། ཆུ་མོའི་གཞུང་ཞེས་པ་ཉིད་ནི་སྤོ་ལ་ནས་ཉང་མགོའི་བར་གྱི་གྲུ་སའི་ཆུ་རྒྱུད་ལ་བྱའོ། །

**གཉིས་པ། ཆུ་རྒྱུད་རྒྱལ་པོ་དང་ངམ་ཤོད་རྒྱལ་པོའི་དབར་གྱི་འབྲེལ་བ་བརྟག་པ།**

སྔར་གྱི་ཡིག་ཚང་དང་གསོལ་མཆོད་རྣམས་སུ་ཆུ་རྒྱུད་རྒྱལ་པོའི་མཚན་གྱི་རྣམ་གྲངས་ལ་ངམ་ཤོད་རྒྱལ་པོའམ་ངམ་ཤོད་རྒྱལ་ཆེན། གཞན་ངམ་ཤོད་དགེ་བསྙེན་སོགས་པའི་ཐ་སྙད་བྱུང་ལ། ངམ་ཤོད་རྒྱལ་པོ་དང་ཆུ་རྒྱུད་རྒྱལ་པོ་གཉིས་གཅིག་ཏུ་གསུངས་པ་དང་། དེ་ནི་རྒྱལ་ཆེན་ཀླུ་འཁྲིན་ལས་ཀྱི་མཚན་གྱི་རྣམ་གྲངས་སུ་བཤད་པ་མཛད་པ་སོགས་སུ་བརྟགས་ན་ཆུ་རྒྱུད་རྒྱལ་པོའམ་ངམ་ཤོད་རྒྱལ་པོ་ནི་རྒྱལ་ཆེན་ཀླུ་འཁྲིན་ལས་ཀྱི་རྣམ་པ་ལས་མི་འདས་པས་དེ་གཉིས་དབར་གྱི་འབྲེལ་བར་རྟོག་དཔྱོད་ཀྱི་གནས་ལ་འཇུག་ན་དོན་གནད་གསུམ་སྟེ། རྒྱལ་ཆེན་ཀླུ་འཁྲིན་ལས་ཀྱི་རྣམ་ཐར་དང་ངམ་ཤོད་ཅེས་པའི་ས་ཁོངས། དེ་བཞིན་ཆུ་རྒྱུད་རྒྱལ་པོའི་གནས་གཞི་ཅི་ཡིན་ཆར་དཔྱད་པ་གཏིང་ཚུགས་པ་ཞིག་བྱ་རྒྱུ་དེའོ། །འདིར་ཁོ་བོས་ཐོག་མར་རྒྱལ་ཆེན་ཀླུ་འཁྲིན་ལས་ཀྱི་རིགས་ རུས་ཆོ་འབྲང་དང་མཚན་གྱི་འགྱུར་བ་ཇི་བྱུང་འཕྲད་དང་ངམ་ཤོད་ཅེས་པའི་ཐ་སྙད་དང་ས་ཁོངས། ཆུ་རྒྱུད་རྒྱལ་པོའི་རི་རྣམས་ཁུངས་སྐྱེར་བྱས་ཏེ་སྔོན་གྱི་གསོལ་མཆོད་བསྐང་ཕྲིན་དང་སྔོན་བྱུང་གཏམ་རྣམས་འཕོད་པའི་ལོ་རྒྱུས་དེབ་ཐེར་དང་། རྣམ་ཐར། རི་ཐང་རྟོག་ཞིབ་ཏུ་བསྐྱོད་པའི་ཟིན་བྲིས་སོགས་དཀྱུས་སུ་བཟུང་ནས་སྤྲོས་པར་བྱའོ། །

① ཁོ་བོས་སྤྱི་ལོ་2018 ལོའི་ཟླ་1པོའི་ཚེས་8ཉིན་ལྷོ་ཁ་གྲོང་ཁྱེར་གོང་དཀར་རྫོང་སྨད་སྟོད་གྲོང་བརྡལ་ལུམ་པ་གྲོང་ཚོའི་གྲོང་མི་བཀྲ་བཟང་དང་། གོང་དཀར་རྫོང་སྨད་སྟོད་གྲོང་བརྡལ་གོང་དཀར་ཞོལ་གྲོང་ཚོའི་གྲོང་མི་ཚེ་རིང་རྡོ་རྗེ་དང་སྲིན་པ་གསུམ་ལ་བཅར་འདྲི་བྱས་པའི་ཟིན་ཐོ་ལས་དྲངས།

## གཅིག ཚ་རྒྱུད་རྒྱལ་པོ་དང་ངམ་ཤོད་རྒྱལ་པོ། རྒྱལ་ཆེན་ཀརྨ་འཕྲིན་ལས་གསུམ་གྱི་འབྲེལ་བ།

རྒྱལ་ཆེན་ཀརྨ་འཕྲིན་ལས་ཉིད་ནི་རྒྱལ་པོ་སྐུ་ལྔའི་[①]ཡ་གྱལ་ཤར་ཕྱོགས་སྐུ་ཡི་རྒྱལ་པོའི་ངོ་དང་རྒྱལ་པོ་གང་དེ་ཐོག་མར་རྒྱ་གར་གྱི་ལྷ་མཐུ་པོ་ཆེ་ཞིག་ནས་ཕྱིས་བོད་ཁམས་སྐྱོང་བའི་སྲུང་མའི་གྲས་སུ་བཙུད་པ་དང་། ཁྱད་པར་རྫོགས་པ་ཆེན་པོའི་རིག་འཛིན་རྣམས་ཀྱི་དམ་ཅན་སྲུང་མ་དང་རྒྱལ་བ་ཀརྨ་པའི་ཆོས་སྲུང་། སློབ་ཁང་ཐུབ་བསྟན་མཁས་གྲུབ་དྭགས་ལྷ་སྒམ་པོ་ནས་སེ་ར་དགོན་དུ་ཕེབས་དུས་བཀའ་སྲུང་ཚུལ་དུ་ཕེབས་ཏེ་ཞང་ཐབ་དང་སེ་ར་དགོན་གྱི་གནས་སྲུང་དུ་གྱུར་ལ། གཙང་ཕྱོགས་གཡས་རུའི་གནས་དང་། གྲ་དོལ་གཞུང་གསུམ་དང་ངམ་ཤོད་ཀྱི་གནས་རྣམས་འགྲིམས་ནས་ཚ་རྒྱུད་རྒྱལ་པོར་འགྱུར་རབས་སོགས་སྨྲོས་པ་ལ་ཐོག་མར་རྒྱལ་ཆེན་གང་དེའི་རིགས་རུས་ཆོ་འབྲང་ནི། ཐུའུ་བཀྲ་རིན་པོ་ཆེས། "ཀྱཻ། དཀོར་བདག་རྒྱལ་པོ་རྫུ་འཕྲུལ་ཅན། །ཁྱོད་ཀྱི་ཆོ་དང་འབྲང་སྨོས་ན། །ཡབ་ནི་རྣམ་རྒྱལ་ཐོག་ཏུ་རྫེ། །ཡུམ་ནི་ཀླུ་མོ་སྤྱན་གཅིག་མ། །དེ་གཉིས་བཤོས་ཤིང་ཚོགས་པའི་སྲས། །"[②]ཞེས་དང་། ཚ་རྒྱུད་དགེ་བསྙེན་གྱི་གསོལ་ཁར། "ཡབ་ནི་རྣམ་རྒྱལ་

① རྒྱལ་པོ་སྐུ་ལྔ་ནི་དབུས་ཕྱོགས་ཐུགས་ཀྱི་རྒྱལ་པོ་དང་། ཤར་ཕྱོགས་སྐུ་ཡི་རྒྱལ་པོ་དང་། ནུབ་ཕྱོགས་གསུང་གི་རྒྱལ་པོ་དང་། ལྷོ་ཕྱོགས་ཡོན་ཏན་གྱི་རྒྱལ་པོ་དང་། བྱང་ཕྱོགས་འཕྲིན་ལས་རྒྱལ་པོ་བཅས་སོ། །དེ་ལ་སྟོམ་གྱི་ཚུལ་དུ་ཆ་ཧར་དགེ་བཤེས་བློ་བཟང་ཚུལ་ཁྲིམས་ཀྱི་གསུང་འབུམ་ཤིང་དཔར་མ་ཆ་པའི་ཤོག་གྲངས་བརྒྱ་དང་གོ་དགུའི་ནང་འཁོད་པའི་རྒྱལ་པོ་སྐུ་ལྔའི་བསྐང་གསོ་ཤིན་ཏུ་བསྡུས་པར། སྐུ་གསུང་ཐུགས་དང་འཕྲིན་ལས་ཡོན་ཏན་གྱི། །རྣམ་རོལ་སྐུ་ལྔ་གཉེན་པོར་ཕྱག་འཚལ་ལོ། །ཞེས་གསུངས་པ་དང་། རྒྱལ་པོ་སྐུ་ལྔའི་མཚན་གྱི་རྣམ་གྲངས་ལ་ཆ་ཧར་དགེ་བཤེས་ཀྱི་གསུང་འབུམ་ཆ་པའི་ཤོག་གྲངས་ཉིས་བརྒྱ་དང་གཉིས་ཀྱི་ཐོག་གསལ་བའི་རྒྱལ་པོ་སྐུ་ལྔའི་བསང་མཆོད་བདེ་ཆེན་ཆར་འབེབས་སུ། ཐུགས་རྒྱལ་བརྒྱ་བྱིན་ཆེན་པོ་བསང་། །སྐུ་རྒྱལ་མོན་བུ་པུ་ཏྲ་བསང་། །ཡོན་རྒྱལ་གནོད་སྦྱིན་ཤིང་བྱ་བསང་། །གསུང་རྒྱལ་དགྲ་ལྷ་སྐྱེས་གཅིག་བསང་། །འཕྲིན་ལས་མི་ཆེན་པེ་ཧར་བསང་། །ཞེས་གསུངས་སོ། །

② ཐུའུ་བཀྲ་བློ་བཟང་ཆོས་ཀྱི་ཉི་མའི་གསུང་འབུམ་ཅ་པ། དཀོར་བདག་ཚ་རྒྱུད་རྒྱལ་པོའི་སྐུད་རྫོངས་བཞུགས་སོ། །ཞོལ་དཔར། ཤ808

ཐོག་ཏུ་རྗེ་བོ་སྟེ། །ཡུམ་ནི་བླུ་མོ་མ་མོ་སྤྱན་གཅིག་མ། །སྲས་མཆོག་གཙྪ་འཕྲིན་ལས་རྒྱ་མཚོ་ཁྲོད། །”①ཅེས་གསུངས་པ་ལས་ཤེས་ལ། རྒྱལ་ཆེན་གང་དེའི་མཚན་གྱི་རྣམ་གྲངས་ལ་ཚུ་རྒྱུད་རྒྱལ་པོ་དང་རྒྱལ་ཆེན་གཙྪ་འཕྲིན་ལས། ཉང་བྲན་རྒྱལ་ཆེན། ཚུ་རྒྱུད་དགེ་བསྙེན། དགེ་བསྙེན་ཆེན་པོ། དགེ་སློང་བསྟན་འཛིན། དཀོར་བདག་རྒྱལ་པོ། ངམ་ཤོད་རྒྱལ་པོ་སོགས་བྱུང་ལ། དེ་དག་གི་ལུང་རྒྱུན་ཙམ་དྲངས་ན། ཚུ་རྒྱུད་དགེ་བསྙེན་གྱི་གསོལ་ཁར། “སྲོག་བདག་མི་བསྲུན་དགྲ་ལྷ་མཐུ་རྩལ་ཅན། །པཀླུའི་གླིང་ཆེན་གཞུང་དུ་རྒྱུ་བའི་ཚེ། །ཚུ་རྒྱུད་རྒྱལ་པོ་མཚན་དུ་གྲགས་མིན་ནམ། །ལྷོ་ཁ་ངམ་ཤོད་གནས་སྲུང་མཛད་པའི་ཚེ། །ལྷ་མཆོག་དགེ་བསྙེན་ཆེན་པོ་མི་འབོད་དམ། །གཡས་རུ་གཙང་གི་རྒྱལ་ཁམས་མྱུལ་བའི་ཚེ། །དགེ་སློང་བསྟན་འཛིན་ཞེས་སུ་མ་གྲགས་སམ། །”②ཞེས་དང་། “གོང་ཡུལ་ངམ་ཤོད་ལ་སོགས་པ། །གར་བཞུགས་གནས་ནས་དཀོར་གྱི་བདག །རྒྱལ་ཆེན་གཙྪ་འཕྲིན་ལས་པ། །”③ཞེས་གསལ་བ་དང་། དཀོར་བདག་ཚུ་རྒྱུད་རྒྱལ་པོའི་སྒྲུད་རྫོངས་སུ། “རྒྱལ་ཆེན་གཙྪ་འཕྲིན་ལས་སྟེ། །གཡས་རུ་གཙང་གི་རྒྱལ་ཁམས་སུ། །དགེ་སློང་བསྟན་འཛིན་ཞེས་སུ་གྲགས། །གཙང་ཚུའི་གཞུང་ལ་རྒྱུ་བ་ན། །ཚུ་རྒྱུད་རྒྱལ་པོ་ཞེས་སུ་འབོད། །ལྷོ་ཁ་ངམ་ཤོད་གནས་མྱུལ་ཚེ། །དགེ་བསྙེན་ཆེན་པོར་མཚན་

① རྡོ་བྲག་དགོན་གྱི་བསྐང་གསོ། ཐུབ་བསྟན་ཨེ་ཝཾ་ལྕོག་སྒར་བའི་བསྟན་སྲུང་རྣམས་ཀྱི་བསྐང་འཕྲིན་རྒྱུན་ཁྱེར་སྙིང་པོ་བསྡུས་པ་དཀྱུས་གཅིག་ཏུ་བཀོད་པའི་བསྟན་སྲུང་དགྱེས་པའི་མཆོད་སྤྲིན་རྡོ་རྗེའི་སྒྲ་བཞུགས་སོ། །ཤིང་དཔར། བསྐང་འཕྲིན་འདིའི་དཔེ་རྒྱུན་ནི་གནས་ཚང་པེ་ཧར་ལྕོག་ཏུ་བཞུགས་སུ་གསོལ། ཤ126

② རྡོ་བྲག་དགོན་གྱི་བསྐང་གསོ། ཐུབ་བསྟན་ཨེ་ཝཾ་ལྕོག་སྒར་བའི་བསྟན་སྲུང་རྣམས་ཀྱི་བསྐང་འཕྲིན་རྒྱུན་ཁྱེར་སྙིང་པོ་བསྡུས་པ་དཀྱུས་གཅིག་ཏུ་བཀོད་པའི་བསྟན་སྲུང་དགྱེས་པའི་མཆོད་སྤྲིན་རྡོ་རྗེའི་སྒྲ་བཞུགས་སོ། །ཤིང་དཔར། བསྐང་འཕྲིན་འདིའི་དཔེ་རྒྱུན་ནི་གནས་ཚང་པེ་ཧར་ལྕོག་ཏུ་བཞུགས་སུ་གསོལ། ཤ126

③ ཐུའུ་བཀྭན་བློ་བཟང་ཆོས་ཀྱི་ཉི་མའི་གསུང་འབུམ་ཙ་པ། དཀོར་བདག་ཚུ་རྒྱུད་རྒྱལ་པོའི་སྒྲུད་རྫོངས་བཞུགས་སོ། །ཞོལ་དཔར། ཤ806

ཏུ་གསོལ། །བང་མཛོད་ནོར་གྱི་གཏེར་མཛད་ཅེ། །དཀོར་བདག་རྒྱལ་པོ་ཞེས་ཀྱང་གྲགས། །"[①]ཞེས་གསུངས་ལ། སློ་ལུང་བཞད་པའི་རྡོ་རྗེས་མཛད་པའི་ཚུ་རྒྱུད་པའི་གཏོར་འབུལ་མདོར་བསྡུས་བཞུགས་སོ་ཞེས་པར། "ཕོ་རྒྱུད་དྲེགས་པར་ཤར་པའི་ཚུ་རྒྱུད་པ། །ངམ་ཤོད་རྒྱལ་ཆེན་འཁོར་བཅས་གནས་འདིར་གཤེགས། །རྒྱུད་གསུམ་དྲེགས་པའི་སྤྱི་དཔོན་ཆོས་རྒྱལ་གྱི། །མངག་གཞུག་ཕོ་ཉའི་དེད་དཔོན་གཙྭ་པ། །སྣ་ཚོགས་རྣམ་འགྱུར་ཏུ་མའི་རོལ་གར་མཁན། །དགེ་སློང་བསྟན་འཛིན་འཁོར་དང་བཅས་ལ་བསྟོད། །"[②]ཅེས་དང་། ཚུ་རྒྱུད་རྒྱལ་པོའི་སྒྲུད་ཀྱི་ངག་འདོན་ཏུ། "ཤར་ཕྱོགས་དྭགས་པོའི་ཡུལ་ལྗོངས་ཀྱི། །དཀོར་བདག་རྒྱལ་པོ་ཚུ་རྒྱུད་པ། །"[③]ཞེས་སོགས་ལས་ཚུ་རྒྱུད་རྒྱལ་པོའི་མཚན་གྱི་རྣམ་གྲངས་རྣམས་ཤེས་སོ། །གཞན་ཏུ་རྒྱལ་ཆེན་གཙྭ་འཕྲིན་ལས་ཀྱི་འཁོར་བློན་ཆེན་དང་བཙུན་མོའི་མཚན་སོགས་ནི་གཅིག་ཏུ་ངེས་མེད། ཆིབས་པ་དང་ཕྱག་མཚན། དེ་བཞིན་ཆ་བྱད་སོགས་ནི་གཅིག་ཏུ་མ་ངེས་ཤིང་། ཆིབས་པའི་ཆར་ཐྲི་ལ་དང་བོང་བུ་སོགས་ཆིབས་ལ། ལ་ལར་རྟ་མཆོག་སྲ་ནག་ལ་ཆིབས་པ་དང་། ཕྱག་མཚན་ནི་གཡས་པར་སྲ་ལྕག་གཡོན་མར་ཤེལ་ཕྲེང་འཛིན་པ་དང་། སྐབས་འགར་གཡས་པས་ཏུང་རྣོན་དང་གཡོན་པར་ཏུས་ཞགས་འཛིན་པའི་རྣམ་པ་ཅན་སོགས་དང་། ཆ་བྱད་ནི་དར་ནག་པོའི་བེར་གསོལ་བ་དང་། རབ་བྱུང་གི་ཚུལ་ལ་ཞི་མ་ཁྲོའི་ཕྱ་གོས་མཐང་ཤམ་ཀླུབས་པའི་ཁར་དར་གྱི་ཐོད་བཅིངས་ཁྲ་བོས་བརྒྱན་པ་དང་། རེས་འགའ་སྟག་ཤར་མོན་བུའི་[④]རྣམ་པ་ཅན་དང་

① ཐུའུ་བཀྭན་བློ་བཟང་ཆོས་ཀྱི་ཉི་མའི་གསུང་འབུམ་ཅ་པ། དཀོར་བདག་ཚུ་རྒྱུད་རྒྱལ་པོའི་སྒྲུད་རྫོངས་བཞུགས་སོ། །ཞོལ་དཔར། ཤ808

② སློ་ལུང་བཞད་པའི་རྡོ་རྗེའི་གསུང་འབུམ་པོད་གཉིས་པ། ཤིང་དཔར། ཤ 506

③ སློ་ལུང་བཞད་པའི་རྡོ་རྗེའི་གསུང་འབུམ་པོད་གཉིས་པ། ཤིང་དཔར། ཤ 509

④ མོན་བུ་ཞེས་པ་ནི་ཤར་ཕྱོགས་སྐུ་ཡི་རྒྱལ་པོའི་མཚན་གྱི་རྣམ་གྲངས་ཏེ། སྐབས་འགར་མོན་བུ་ཧ་རྗེ་ཀི་ཞེས་ཀྱང་བྱུང་།

ཁྲོ་བའི་རྣམ་འགྱུར་སོགས་གཟུགས་ཅི་རིགས་སུ་འགྱུར་ཚུལ་ནི། ཚ་རྒྱུད་དགེ་བསྙེན་གྱི་གསོལ་ཁར། "ཧཱུྃ། འཁོར་རླུང་ཚུགས་ཤིང་མེ་རླུང་འཁྲུགས་པའི་དབུས། །དགྲ་བགེགས་གནད་རྒྱལ་ཁ་སྒྲུབ་བསྒོལ་བའི་སྟེང་། །ངམ་ཤོད་རྒྱལ་ཆེན་འཕྲིན་ལས་མཚན་འཛིན་པ། །རབ་བྱུང་ཚུལ་འཛིན་ཅུང་ཟད་ཞི་མ་ཁྲོ། །དར་གྱི་ཐོད་བཅིངས་ཁྲ་བོ་དབུ་ལ་མཛེས། །གཡས་པ་སྦྲ་ལྕུག་གཡོན་མ་ཤེལ་ཕྲེང་འཛིན། །རེས་འགའ་ཐོང་བུ་ཐི་ལར་ཞོན་ནས་རྒྱུ། །བཙུན་མོ་ཤུགས་སྨན་བཤན་པ་སྔོན་པོ་བཞི། །བདུད་དམག་འཁོར་དང་བཅས་པ་མ་ལུས་པ། །ཚུར་བྱོན་བམ་རོའི་ཁྲི་ལ་བརྟན་པར་བཞུགས། །"[1]ཞེས་གསལ་བ་དང་། གཞན་དུ་ན་སློ་ལུང་བཞད་པའི་རྡོ་རྗེའི་རྒྱལ་ཆེན་གཟྫ་འཕྲིན་ལས་ཀྱི་གསོལ་མཆོད་ཞུང་གསལ་དོན་ཚང་དུ། "རྟགས་ཆགས་དྲེགས་པའི་སྐྱེས་མཆོག་ཚ་རྒྱུད་པ། །རྒྱལ་ཆེན་གཟྫ་འཕྲིན་ལས་འཁོར་དང་བཅས། །དམ་ཚིག་གནས་འདིར་ཐོག་མེད་གཤེགས་སུ་གསོལ། །མདུན་དུ་ཁྲག་མཚོ་ཐ་རློང་འཁྲུགས་པའི་དབུས། །ཇམ་བརྗིད་བཟོད་པར་དཀའ་བའི་དཀྱིལ་འཁོར་དུ། །སྒྲ་སྒྲུབ་ཆས་མཛེས་རྟ་མཆོག་བྲ་ནག་སྟེང་། །དབང་སྔོན་ལྡན་པོ་ལྷ་བུར་གསལ་འཚེར་འབར། །གཡས་པའི་དུང་རྟེན་སྲིད་པའི་རྩེ་མོར་བསྒྲེང་། །འཆིང་བྱེད་དུས་ཞགས་གཡོན་པས་ཐུགས་ཀར་འཛིན། །དར་ནག་བེར་ཐོད་སག་ལྷམ་གསེར་རྐེད་བཅིངས། །གཅུམ་དྲག་ཇམས་པའི་གར་སྟབས་ཅེར་ཡང་བསྒྱུར། །དགྱེས་པ་བསྐྱེད་པའི་གསང་བའི་ཡུམ་ཆེན་དང་། །ཕྱི་ནང་སྔོན་པོ་མངག་གཞུག་ཕོ་ཉ་སོགས། །གྲངས་མེད་འཁོར་ཚོགས་རྒྱ་མཚོའི་དཔུང་དང་བཅས། །མཆོད་སྦྱིན་ཡུལ་དུ་གནས་འདིར་བརྟན་པར་

---

① རྡོ་བྲག་དགོན་གྱི་བསྐང་གསོ། ཐུབ་བསྟན་ཨེ་ཝཾ་ལྗོག་སྐར་བའི་བསྟན་སྲུང་རྣམས་ཀྱི་བསྐང་ཕྲིན་རྒྱུན་ཁྱེར་སྙིང་པོ་བསྡུས་པ་དཀྱུས་གཅིག་ཏུ་བཀོད་པའི་བསྟན་སྲུང་དགྱེས་པའི་མཆོད་སྤྲིན་རྡོ་རྗེའི་སྒྲ་བཞུགས་སོ། །ཤིང་དཔར། བསྐང་ཕྲིན་འདིའི་དཔེ་རྒྱུན་ནི་གནས་ཆུང་པེ་ཏར་ལྗོག་ཏུ་བཞུགས་སུ་གསོལ། ཤ125

བཞུགས། །”①ཞེས་དང་། ཡང་དེ་ཉིད་ལས། “སྐབས་འགར་བླ་གོས་དུར་ཁྲིག་ཆས་ཀྱིས་སྤྲས། །ཞི་དུལ་ཚུལ་གྱིས་སྦྲ་ལྷུག་ཤེལ་ཕྲེང་འཛིན། །རེས་འགའ་སྟག་ཤར་མོན་བུ་རྫོ་ཀི་སོགས། །གྲངས་མེད་སྤྲུལ་བསྒྱུར་སྒྲོ་ཞིང་སྟུད་ལ་བསྟོད། །”②ཅེས་བྱུང་ལ། ཁྱད་པར་ཚ་རྒྱུད་པའི་གཏོར་འབུལ་མདོར་བསྡུས་སུ། “རྒྱུད་གསུམ་དྲེགས་པའི་སྡེ་དཔོན་ཆོས་རྒྱལ་གྱི། །མངག་གཞུག་ཕོ་ཉའི་དེད་དཔོན་གཙྪ་པ། །སྣ་ཚོགས་རྣམ་འགྱུར་དུ་མའི་རོལ་གར་མཁན། །དགེ་སློང་བསྟན་འཛིན་འཁོར་དང་བཅས་ལ་བསྟོད། །”③ཅེས་འཁོད་པ་མ་ཟད། དཀོར་བདག་ཚ་རྒྱུད་རྒྱལ་པོའི་སྐུད་ཇོངས་སུ། “འདི་འདྲའི་སྐུད་བཟང་ཡ་མཚན་ཅན། །དཀོར་བདག་རྒྱལ་པོ་མི་བསྲུན་པ། །གཙྪ་འཕྲིན་ལས་རྒྱ་མཚོར་འབུལ། །ནོར་པོ་བཤན་པ་བཞི་ལ་འབུལ། །བདུད་ཀྱི་དམག་ཚོགས་ཡོངས་ལ་འབུལ། །དཀོར་འདྲེ་དཀོར་བདག་ཡོངས་ལ་འབུལ། །”④ཞེས་གསལ་བ་དང་། ཚ་རྒྱུད་གསོལ་མཆོད་དྲེགས་པ་དགྱེས་པའི་སྦྲ་དབྱངས་བཞུགས་སོ་ཞེས་པར། “འཇིག་རྟེན་གསུམ་ན་ལྷང་ངེར་གསལ་བ་ཡི། །དྲེག་རྩལ་མཐུ་ཆེན་གཙྪ་འཕྲིན་ལས་ཞེས། །མཚན་སྙན་གྲགས་པས་ཕྱོགས་བརྒྱར་འགེངས་བྱེད་པའི། །ལྷ་སྲིན་རྡེ་བོ་ཡོངས་ཀྱི་གཙུག་རྒྱན་མཆོག །”⑤ཅེས་བྱུང་བ་སོགས་ལ་བརྟགས་ན་ཚ་རྒྱུད་རྒྱལ་པོ་དང་ངམ་ཤོད་རྒྱལ་པོ་གཉིས་དོན་གཅིག་མིང་གི་རྣམ་གྲངས་སུ་འདུག་ཅིང་། ཚ་རྒྱུད་རྒྱལ་པོ་གང་དེ་ཐོག་མར་གཡོར་པོའི་སྟོད་དང་བར་

① སློ་ལུང་བཞད་པའི་རྡོ་རྗེའི་གསུང་འབུམ་པོད་གཉིས་པ། ཤིང་དཔར། ཤ 502–503

② སློ་ལུང་བཞད་པའི་རྡོ་རྗེའི་གསུང་འབུམ་པོད་གཉིས་པ། ཤིང་དཔར། ཤ 504–505

③ སློ་ལུང་བཞད་པའི་རྡོ་རྗེའི་གསུང་འབུམ་པོད་གཉིས་པ། ཤིང་དཔར། ཤ 506

④ ཐུའུ་བཀྭན་བློ་བཟང་ཆོས་ཀྱི་ཉི་མའི་གསུང་འབུམ་ཅ་པ། དཀོར་བདག་ཚ་རྒྱུད་རྒྱལ་པོའི་སྐུད་ཇོངས་བཞུགས་སོ། །ཞོལ་དཔར། ཤ808

⑤ ཚུལ་ཁྲིམས་བཟང་པོའི་གསུང་འབུམ་ཇ་པ། ཤིང་དཔར།གསོལ་མཆོད་འདིར་ཁྱོན་ལྡེབ་གཅིག་བཞུགས་སུ་གསོལ། ཤ 126–127

གྱི་ས་ཆ་འགའི་རྒྱལ་པོ་ཞིག་ནས་ལྷའི་ངོ་བོར་སོང་བ་དང་། ཕྱིས་སུ་རྒྱལ་ཆེན་ཀཎྜ་འཕྲིན་ལས་ཉིད་སྔ་དུས་གདོང་མའི་ཡར་གཙང་ལྷོ་རྒྱུད་གཙོ་བོར་སོང་བའི་གྲ་དོལ་གཞུང་གསུམ་དང་ཨེ་དྭགས་ཀྱི་སའི་ཁྲོན་གྱི་དབང་བསྒྱུར་བའི་རྒྱལ་པོ་དེའི་དོད་དུ་གསོལ་མཆོད་དང་བཅས་བོད་སྐྱོང་ལྷ་ཚོགས་ཀྱི་གྲས་སུ་བཙུད་པར་སེམས་སོ། །དེ་ལྟར་བཤད་པ་ལ་རྒྱུ་མཚན་ནམ་རྟགས་མཚན་མ་ཡོད་དེ་འོག་ནས་འཆད་འགྱུར་གྱི་ངམ་ཤོད་ཅེས་པའི་ཐ་སྙད་དང་ཡུལ་དེའི་ཁྱབ་ཡུལ། ཚ་རྒྱུད་རྒྱལ་པོའི་རི་སོགས་ཀྱི་རྣམ་པ་གནས་སྟངས་དང་གནས་ལུགས་དག་ཞིབ་ཏུ་མེད་པའི་ཤེས་བྱེད་དུ་བཀོད་དེ་རིགས་པའི་ལམ་ནས་སྒྲུབ་པར་འདོད་དོ། །

## གཉིས། ངམ་ཤོད་ཅེས་པའི་ས་མིང་དང་ཁྱབ་ཡུལ་བཤད་པ།

དེ་ལ་ངམ་ཤོད་ཅེས་པའི་ཡུལ་གང་དེའི་ཐ་སྙད་དང་ཡུལ་དེའི་གནས་ཡུལ་སོགས་ལ་བཤད་པ་མང་དུ་ཡོད་ཀྱང་། མཐའ་གཅིག་ཏུ་འདོད་པའི་ལྟ་ཚུལ་ཞིག་གྲུབ་མེད་པར་སེམས་ཏེ། ལ་ལས་ངམ་ཤོད་ཅེས་པ་ནི་གནས་རི་ཞིག་གི་མིང་དུ་འདོད་པ་དང་། ཁ་ཅིག་གིས་ཡུལ་ཚན་ཆེ་གེ་མོ་ཞིག་ཏུ་འདོད་པ། ལོ་རྒྱུས་སྙིང་མ་དག་ན་བསམ་ཡས་ཟུར་མཁར་གྱི་ཐད་དུ་ཡོད་པར་འདོད་པ། དམངས་ཁྲོད་དུ་ལྷོ་ཁ་གྲོང་ཁྱེར་གྲ་ནང་རྫོང་གྲ་ཕྱིའི་ཁུལ་གྱི་ས་མིང་ཞིག་ཏུ་འདོད་པ། རྣམ་ཐར་རྣམས་སུ་སྐབས་འགར་ལྷོ་ཁ་གོང་དཀར་རྫོང་གི་ས་ཆར་འདོད་ལ། ལ་ལར་མ་གཅིག་ལབ་སྒྲོན་གྱི་འཁྲུངས་ཡུལ་ཨེ་ཆུང་དང་ཉེ་བའི་ས་ཆར་གོ་བ། གསོལ་མཆོད་ཁག་ཏུ་གོང་ཡུལ་ངམ་ཤོད་དམ་ལྷོ་ཁ་ངམ་ཤོད། དེ་བཞིན་འུ་ཡུག་ངམ་ཤོད་ཕུག་མོ་ཆེ་སོགས་པའི་བརྗ་ཆད་བྱུང་ལ། དེང་སང་གི་ཞིབ་འཇུག་པ་འགས་ལྷོ་ཁ་གོང་དཀར་རྫོང་ཁོངས་ཀྱི་ས་ཆར་འདོད་པའི་ལུགས་དག་ན་དཔྱད་པ་ཞིག་བྱས་ན། ལྟ་ཚུལ་ལ་ལ་ཁྱབ་རྒྱ་ཆེ་ཐལ་དུ་སོང་བ་དང་། བཞེད་དགོངས་ཁ་ཅིག་ནི་ངམ་ཤོད་ཅེས་པའི་

ཡུལ་གྱི་ཁྱབ་ཁོངས་ཆུང་སྐྱོན་དུ་འཐད་པ་སོགས་ཀྱི་དཔྱད་པའི་གནད་ལ་མ་རེག་པའི་སྣང་ཚུལ་ཡོད་པའི་ཕྱིར་ན། འདིར་ཁོ་བོས་སྔར་གྱི་ཡིག་ཚང་རྙིང་པ་ཁུངས་ལྡན་དག་དང་སྐྱེས་བུ་དམ་པ་རྣམས་ཀྱི་རྣམ་ཐར། དེ་བཞིན་ཆུ་རྒྱུད་རྒྱལ་པོའམ་ངམ་ཤོད་རྒྱལ་པོའི་སྐོར་འཁོད་པའི་བསྐང་ཕྲིན་དང་དམངས་ཁྲོད་ཀྱི་ཤོད་རྒྱུན་དག་གུང་སྒྲིག་ནས་ལུང་རིགས་གནོད་མེད་ཀྱི་ངོར་ངམ་ཤོད་ཅེས་པའི་ཐ་སྙད་འགྲེལ་བརྗོད་དང་ཡུལ་གང་དེའི་ཁྱབ་ཁོངས་སྨྲོས་པར་བྱའོ། །

ངམ་ཤོད་ཅེས་པའི་ས་མིང་གི་འགྲེལ་བརྗོད་དང་ངམ་ཤོད་ཡུལ་གྱི་ཁྱབ་ཁོངས། །

༼ཀ༽ ངམ་ཤོད་ཅེས་པའི་ཡུལ་མིང་འགྲེལ་ཚུལ།

ངམ་ཤོད་ཅེས་པའི་བརྡ་དོན་བཀྲལ་ན་སྙིང་འོག་གི་དོན་དུ་འཇུག་ཏེ། དེ་ཡང་ངམ་ཞེས་པས་སྙིང་དང་། ཤོད་ཅེས་པས་འོག་གི་དོན་བསྟན་[1]ཀྱང་། འདིར་དེ་ཙམ་དུ་འགྲེལ་ན་གོ་བ་མ་ལེགས། དེ་ལ་ངམ་ཞེས་པས་མྱ་ངམ་ཐང་དང་། ཤོད་ཅེས་དམའ་སའམ་ཞོལ་མཚོན་པས་མདོར་དྲིལ་ན་མྱ་ངམ་ཐང་གི་ཤོད་ལ་ངམ་ཤོད་པའི་བརྡ་འཇུག་པ་མ་ཟད། བྱེ་མའི་ཐང་དུ་གོ་སྲོལ་ཡང་སྣང་། ངམ་ཤོད་ཅེས་པའི་ཡུལ་དེ་ནི་སྔར་གྱི་ཆུ་རྒྱུད་རྒྱལ་པོའི་གསོལ་མཆོད་ཁག་དང་། རྣམ་ཐར་དེབ་ཐེར་སོགས་སུ་ཕལ་ཆེ་བར་ལྷོ་ཁའི་ས་ཆར་ཡོད་པའི་བཤད་པ་རྒྱུན་འབྱམས་པ་དང་། དུང་དཀར་རིན་པོ་ཆེས་འབྲི་གུང་ཁུལ་དུ་འདོད་པ་ནི། དུང་དཀར་ཚིག་མཛོད་དུ་ངམ་ཤོད་ཅེས་པའི་སྐོར་ལ། "ལྷ་སའི་ཉེ་འདབས་འབྲི་གུང་རྒྱུད་ཀྱི་ས་ཆ་ལ་ངམ་ཤོད་ཟེར་གྱི་ཡོད་པ་བཀའ་གདམས་པའི་དགེ་བཤེས་ལྷ་འགྲོ་བའི་མགོན་

[1] བཙན་ལྷ་ངག་དབང་ཚུལ་ཁྲིམས་ཀྱིས་རྩོམ་སྒྲིག་མཛད་པའི་བརྡ་དཀྲོལ་གསེར་གྱི་མེ་ལོང་གི་ཤོག་ངོས་130ནང་དུ་ངམ་ཤོད་ཅེས་པའི་བརྡ་དཀྲོལ་སྐབས་སུ་ངམ་ཤོད། སྙིང་འོག་ཅེས་པའི་དོན་ཏེ། དག་ཡིག་ལེགས་བཤད་ཚིག་གཏེར་ལས། ངམ་ཤོད་ནི་སྙིང་འོག་ཅེས་གསུངས། ཞེས་གསལ་བའི་ཕྱིར། མི་རིགས་དཔེ་སྐྲུན་ཁང་། 1996

པོའི་ལོ་རྒྱུས་སུ་གསལ།”[①]ཞེས་གསུངས་པ་ཉིད་ལ་ཐུགས་མད་མོད། ངམ་ཤོད་ཅེས་པ་འབྲི་གུང་གི་ཕྱོགས་སུ་གསུངས་པའི་ལུགས་འདི་ཁོ་བོ་རྗེས་སུ་འབྲངས་བར་མི་བྱ། རང་ལུགས་ནི་ལྷོ་ཁའི་ས་ཕྱོགས་སུ་འདོད་དེ། དགོར་བདག་ཚ་རྒྱུད་རྒྱལ་པོའི་སྒྲུད་རྫོངས་སུ་ཚ་རྒྱུད་རྒྱལ་པོའི་མཚན་གྱི་རྣམ་གྲངས་དྲངས་པའི་སྐབས། “ལྷོ་ཁ་ངམ་ཤོད་གནས་སྤྱལ་ཚོ། །དགེ་བསྙེན་ཆེན་པོར་མཚན་དུ་གསོལ། །”[②]ཞེས་དང་། ཚ་རྒྱུད་དགེ་བསྙེན་གྱི་གསོལ་ཁར། “ལྷོ་ཁ་ངམ་ཤོད་གནས་སྲུང་མཛད་པའི་ཚོ། །ལྷ་མཆོག་དགེ་བསྙེན་ཆེན་པོར་མི་འབོད་དམ། །[③]”ཞེས་སོགས་པའི་ཚ་རྒྱུད་རྒྱལ་པོའི་གསོལ་མཆོད་ཁག་ཏུ་ངམ་ཤོད་ཅེས་པ་ནི་ལྷོ་ཁའི་ཁུལ་དུ་ཡོད་པ་གསལ་པོར་སྟོན་མཛད་ཀྱང་། ཞིབ་ཆའི་ཡུལ་ལུང་གང་དང་གང་དག་ལ་གོ་མིན་གྱི་གསལ་ཁ་དེ་ཙམ་མེད་པའི་ཕྱིར་ན། ངམ་ཤོད་ཅེས་པ་ཉིད་ལྷོ་ཁའི་ས་ཕྱོགས་སྤྱི་དང་བྱེ་བྲག་གང་ཞིག་ཏུ་ངོས་བཟུང་བའི་གནད་ག་འདི་ཉིད་ལ་དཔྱད་པའི་གཞི་ཆེ་བར་སྣང་བས། དེས་ན་ལྷོ་ཁའི་ཡུལ་ཚན་དུ་ཙམ་ཞིག་ལ་ངམ་ཤོད་ཅེས་པའི་ཐ་སྙད་འདི་ཉིད་ཁྱབ་ཚུལ་ཆར་བཤད་པ་སྣ་ཚོགས་ཀྱི་ཁྲོད་ནས་ངམ་ཤོད་ཀྱི་ཡུལ་ནི་གཡོར་པོའི་ཡུལ་ཚན་ཁྲ་དོལ་གཞུང་གསུམ་དང་འཆིང་རུའི་ཁུལ། ཨེ་དྭགས་ཀྱི་ཆར་གཏོགས་ཀྱི་ཡར་སླུང་གཙང་པོའི་ལྷོ་ངོས་ལྟེ་བར་བྱས་པའི་ཡུལ་ལུང་དག་གི་བྱེ་ཐང་ངམ་སྨྱ་ངམ་ཐང་གི་ཤོད་ཀྱི་ས་ཆར་གོ་ཞིང་། ངམ་ཤོད་ཅེས་པ་ནི་སྔ་དུས་སུ་ཡར་གཙང་

① དུང་དཀར་བློ་བཟང་འཕྲིན་ལས། དུང་དཀར་ཚིག་མཛོད། ཀྲུང་གོ་བོད་རིག་པ་དཔེ་སྐྲུན་ཁང་། 2002 ཤ751

② ཐུའུ་བཀྭན་བློ་བཟང་ཆོས་ཀྱི་ཉི་མའི་གསུང་འབུམ་ཅ་པ། དགོར་བདག་ཚ་རྒྱུད་རྒྱལ་པོའི་སྒྲུད་རྫོངས་བཞུགས་སོ། །ཞོལ་དཔར། ཤ809

③ རྗེ་བྲག་དགོན་གྱི་བསྐང་གསོ། ཐུབ་བསྟན་ཨེ་ཝཾ་ལྷོག་སྐར་བའི་བསྟན་སྲུང་རྣམས་ཀྱི་བསྐང་ཕྲིན་རྒྱན་ཕྲེར་སྙིང་པོ་བསྡུས་པ་དཀྱུས་གཅིག་ཏུ་བཀོད་པའི་བསྟན་སྲུང་དགྱེས་པའི་མཆོད་སྤྲིན་རྗེ་རྗེའི་སྒྲ་བཞུགས་སོ། །ཤིང་དཔར། བསྐང་ཕྲིན་འདིའི་དཔེ་རྒྱུན་ནི་གནས་ཆུང་པེ་ཧར་ལྷོག་ཏུ་བཞུགས་སུ་གསོལ། ཤ124

གི་ལྷོ་རྒྱུད་ཀྱི་ཡུལ་ཚན་ཟུར་པ་གཅིག་ལ་མ་གོ་བར་གཞི་རྒྱ་ཆེ་བའི་ངོར་ན་ལྷོ་ཁ་གྲོང་ཁྱེར་གོང་དཀར་རྫོང་དང་། གྲ་ནང་རྫོང་། སྣེ་གདོང་རྫོང་དང་། ཟངས་རི་རྫོང་ཁོངས་ཀྱི་ཡུལ་ཚན་འགའ་ཤས་འདུས་པའི་ཡུལ་དེ་དག་སྤྱི་ལ་དབང་བའི་ཡུལ་མིང་ཞིག་ཡིན་པར་འདོད་ལ། ཡུལ་དེ་དག་ནི་གཙང་པོ་རྒྱུགས་ཁུལ་དང་ཉེ་འགྲམ་དུ་གནས་བཅའ་བའི་དབང་གིས་ངམ་ཤོད་ཅེས་པ་བྱེ་ཐང་དང་འབྲེལ་བའི་སྒོ་ནས་ཐོན་པའི་གནས་ཤིག་ཀྱང་ཡིན་པར་འདོད། དེ་ཡང་ཁོ་བོ་ཅག་གི་ལུགས་ལ་ངམ་ཤོད་ཅེས་པ་ཡུལ་ཆེ་གེ་མོ་ཞིག་ལ་མི་གོ་བར་ཁྱབ་གདལ་ཆེ་བའི་ཡུལ་ཚན་སྐོར་ཞིག་གི་འདུས་མིང་གི་དབང་དུ་བྱ་སྟེ། ལྷོ་རོང་ཆོས་འབྱུང་དུ་རྗོག་སློབ་བརྒྱུད་ཀྱི་བླ་མ་བཤེས་གཉེན་རྗེ་རྫེ་སེང་གེའི་རྣམ་ཐར་དྲངས་པའི་ཚེ། "ངམ་ཤོད་ཀྱི་སྡེ་དགོན་བཅུ་དྲུག་གིས་གཙུག་ཏུ་བཀུར་ནས་གདུལ་བྱ་དང་འཕྲིན་ལས་ཆེར་བྱུང་ནས་གྲོང་ཚུང་དུ་གཙུག་ལག་ཁང་བཙིགས།"①ཞེས་གསུངས་པའི་ངམ་ཤོད་སྡེ་དགོན་བཅུ་དྲུག་ཅེས་པ་དག་རེ་རེ་ནས་ངོས་འཛིན་དཀའ་མོད། དགོན་སྡེ་དེ་དག་ནི་ཡུལ་ཚན་གཅིག་ཏུ་མི་གནས་པར་ཡུལ་ཚན་མང་པོར་ཁྱབ་པ་ནི་མངོན་སུམ་གྱི་སྣང་ངོར་གྲུབ་པ་ལགས། གཞན་པོན་གྱི་དཔེ་རྙིང་དབུ་ནག་མིའུ་འདྲ་ཆགས་སུ་ཊུས་ཆེན་བཞིའི་ཡ་གྱལ་ལྡོང་གི་ཆེ་བ་བརྗོད་པ་ལ། "ད་བྱང་ཟླ་ཤོད་ཀྱི་ཡུལ་དེར་ང་ཆེ་ལྡོང་། །བོད་ངམ་ཤོད་ཡུལ་དེར་ཐོག་ཐོག་ལྡོང་། །ཤར་གངས་སྐྱའི་ཞོལ་དེར་སྣུག་པོ་ལྡོང་། །དེས་གཟུང་ཅན་གྱི་ལྡོང་གསུམ་ཡིན། །"②ཞེས་གསལ་བའི་ཚིག་འགྲོས་ལ་བལྟོས་ན། ངམ་ཤོད་ཀྱི་ཡུལ་དེ་ཉིད་གཞི་རྒྱ་ཆེ་བའི་ཡུལ་ཚན་དུ་མ་ཞིག་གི་འདུས་མིང་ཡིན་པ་མངོན་ལྷག་བརྒྱུད་གསུམ་ནས་རྟོགས་སོ། །

① རྟ་ཚག་ཚེ་དབང་རྒྱལ། ལྷོ་རོང་ཆོས་འབྱུང་། བོད་ལྗོངས་བོད་ཡིག་དཔེ་རྙིང་དཔེ་སྐྲུན་ཁང་། 1994 ཤ 65

② ཁུ་བྱུག་སྟོན་མོའི་སྒྲ་དབྱངས། བོད་ལྗོངས་བོད་ཡིག་དཔེ་རྙིང་དཔེ་སྐྲུན་ཁང་། 2017ཤ72

### （ཁ） ངམ་ཤོད་ཡུལ་གྱི་ཁྱབ་ཁོངས།

ངམ་ཤོད་ཀྱི་ཡུལ་ལ་སྟོད་སྨད་བར་གསུམ་དུ་དབྱེ་བ་དང་། ཡུལ་དེའི་ལྟེ་བ་དོལ་གྱི་མདར་གནས་པའི་གནོན་མདའི་ཆུ་རྒྱུད་རྒྱལ་པོའི་རི་དང་གྲ་ཕྱིའི་ངམ་ཤོད་ཅེས་པའི་ཡུལ་གྱི་ཁྲོན་རྣམས་ཡིན་པར་སྨྲ་བར་སྤྲོའོ། །དེ་ཡང་ངམ་ཤོད་སྟོད་སྨད་བར་གསུམ་ལས་ཐོག་མར་སྟོད་ཀྱི་ས་ཆ་དང་དེ་ནས་རིམ་གྱིས་སྨད་ཕྱོགས་དང་། བར་གྱི་སའི་ཆ་རྣམས་གླེང་བར་བྱའོ། །

#### 1 ངམ་ཤོད་སྟོད་ཀྱི་ས་ཁོངས།

ངམ་ཤོད་སྟོད་ཀྱི་ཆ་ནི། ཇོག་བྱང་ཆུབ་དཔལ་གྱི་དངོས་སློབ་ཕྱུ་ཧྲུ་ཤྲིས་མཛད་པའི་བླ་མ་ཇོག་པ་ཡབ་སྲས་རིམ་པར་བྱོན་པའི་རྣམ་ཐར་རིན་པོ་ཆེའི་རྒྱན་གྱི་ཕྲེང་བར། “ངའི་མཁན་པོ་ངམ་ཤོད་བྱེ་མའི་སྲུབས་ན། བླ་མ་མར་པའམ། བླ་མ་ཇོག་གཞུང་པ་གང་ཉུང་ཅིག་གི་སྲས་སུ་སྐྱ་འཁྲུངས་པ་ཡིན་གསུངས།”①ཞེས་བྱུང་བ་དང་། ཇོག་པའི་སློབ་བརྒྱུད་རྣལ་འབྱོར་པ་ཛྙཱ་ཧི་ཤྲིས་མཛད་པའི་ཇོ་མར་པ་ནས་བརྒྱུད་ཇོག་གཞུང་པ་ཡབ་སྲས་ཀྱི་རྣམ་ཐར་ནོར་བུའི་ཕྲེང་བར། “ངའི་མཁན་པོ་ངམ་ཤོད་བྱེ་མའི་དབུས་ན། བླ་མ་མར་པའམ་བླ་མ་ཇོག་གཞུང་པ་གང་ཉུང་ཅིག་གི་སྲས་སུ་སྐྱ་འཁྲུངས་པ་ཡིན་གསུང་།”②ཞེས་འཁོད་པས་ལུང་རྒྱུན་དེ་གཉིས་ཀྱི་ངམ་ཤོད་སྟོད་ཀྱི་ས་ཆའི་ཆ་གྲ་དོལ་གཞུང་གསུམ་ལས་གཞུང་གི་ས་ཆ་དག་ཡིན་པར་བསྟན་ནོ། །

---

① ཇོག་སློབ་བརྒྱུད་དང་བཅས་པའི་གསུང་འབུམ་པོད་དང་པོ། ཀྲུང་གོ་བོད་རིག་པའི་དཔེ་སྐྲུན་ཁང་། 2011ཤ14 ལུང་རྒྱུན་དེ་དང་ཚིག་ངོ་གཅིག་མཚུངས་ཤིག་ནི་གསུང་འབུམ་དེ་ཀའི་ནང་འཁོད་པའི་ཇོ་བཙུན་མར་ཇོག་བཀའ་རྒྱུད་ཀྱི་མཛད་རྣམ་མདོར་བསྡུས་ཞེས་པར་གསལ། པོད་དང་པོའི་ཤོག་ངོས་75ལ་གཟིགས།

② ཇོག་སློབ་བརྒྱུད་དང་བཅས་པའི་གསུང་འབུམ་པོད་དང་པོ། ཀྲུང་གོ་བོད་རིག་པའི་དཔེ་སྐྲུན་ཁང་། 2011ཤ49

༢ ངམ་ཤོད་སྨད་ཀྱི་ས་ཁོངས།

ངམ་ཤོད་སྨད་ཀྱི་ཆར་གཏོགས་ས་ཁོངས་ནི། མ་ཅིག་ལབ་སྒྲོན་གྱི་རྣམ་ཐར་དུ་མ་ཅིག་གི་འཁྲུངས་རབས་འཆད་པའི་ཚེ། "དེའི་ཡུལ་དང་ཡབ་ཡུམ་ནི། ཡུལ་ལབ་ཕྱི་དབྱེ་བའི་གངས་བར་ངམ་ཤོད་སྨད་དུ་གྲོང་ཁྱེར་མཚོ་མེར་བྱ་བའི་རྫེ་བོ།"[①]ཞེས་དང་། རྣམ་ཐར་དེ་ཉིད་དུ། "དེ་ནས་ངམ་ཤོད་མཚོ་མེར་[②]གྱི་རྫོང་དུ་ཕྱིན།"[③]ཞེས་སོགས་ཀྱིས་ངམ་ཤོད་སྨད་ནི་ཨེ་དྭགས་ཀྱི་ཕྱོགས་མཚམས་སུ་ཡིན་པ་ཤེས་པའོ། ། ངམ་ཤོད་སྨད་ལ་ངམ་ཤོད་མཐིལ་ཞེས་ཀྱང་བྱུང་།

༣ ངམ་ཤོད་བར་གྱི་ས་ཁོངས།

ངམ་ཤོད་ཡུལ་གྱི་ལྟེ་བའམ་བར་གྱི་ཕྱོགས་མཚམས་ནི་ངམ་ཤོད་ཅེས་པའི་ས་མིང་དང་འབྲེལ་ནས་བཤད་པར་བྱ་སྟེ། ངམ་ཤོད་ཅེས་པ་བྱེ་མ་དང་འབྲེལ་བ་ཡོད་རབས་དང་བསམ་ཡས་ཀྱི་ཁ་གཏད་ཕྱོགས་སུ་ཡུལ་དེའི་གནད་ཀྱི་ལྟེ་བ་ཡོད་པའི་ཆ་སྣང་གི་ཡིག་རྙིང་དང་བོད་ཀྱི་མཁས་པ་རྣམས་ཀྱི་རྣམ་ཐར་དུ་གསལ་ཚུལ་ནི་སྔ་བཞིན་ཞབས་བཏགས་མར་སློབ་དཔོན་རིན་པོ་ཆེ་བསམ་ཡས་ཀྱུང་མཁར་ཕྱོགས་སུ་ཕྱིན་ཚུལ་སྨྲས་པའི་སྐབས་སུ། "དེ་ནས་ངམ་ཤོད་དུ་ཕྱིན་ནས་ཀྱུང་མཁར་འཕྲང་ལ་རྡོའི་མཆོད་རྟེན་ལྔ་མཛད།"[④]ཅེས་དང་། ལྕགས་སྟག་ཞིབ་གཞུང་དུ་གྲ་ཕྱིའི་ཞིབ་གཞུང་སྐོང་དུས། "གྲ་ཕྱི་ཁུལ་གྱི་བཞེད་གཞུང་བཀོད་པར། ངམ་ཤོད་བཀྲ་ཤིས་

① ཆོས་ཀྱི་སེང་གེ་དང་གང་པ། ཕ་དམ་པ་དང་མ་ཅིག་ལབ་སྒྲོན་གྱི་རྣམ་ཐར་བཞུགས་སོ། །སེར་གཙུག་ནང་བསྟན་དཔེ་རྙིང་འཚོལ་བསྡུ་ཕྱོགས་སྒྲིག་ཁང་། 2016ཤ167

② མཚོ་མེར་ཞེས་པ་ནི་མ་ཅིག་འཁྲུངས་ཡུལ་ཡིན་པར་བཤད་པ་དང་། གནས་དེར་སྔ་དུས་མཚོ་ཞིག་ཡོད་པ་གང་ཞིག་མཚོ་དེ་ལུད་པའི་ཕྱིར་ན་མཚོ་མེར་ཞེས་པའི་མིང་ཆགས་པར་གྲགས།

③ ཆོས་ཀྱི་སེང་གེ་དང་གང་པ། ཕ་དམ་པ་དང་མ་ཅིག་ལབ་སྒྲོན་གྱི་རྣམ་ཐར་བཞུགས་སོ། །སེར་གཙུག་ནང་བསྟན་དཔེ་རྙིང་འཚོལ་བསྡུ་ཕྱོགས་སྒྲིག་ཁང་། 2016ཤ174

④ བདེ་སྐྱིད་ཀྱིས་བསྒྲིགས། ཐ་བཞེད་ཕྱོགས་བསྒྲིགས། མི་རིགས་དཔེ་སྐྲུན་ཁང་། 2009 ཤ19

སྐང་ནས་བུད་རྙིང་ཕུད་འཕྲོས་སྒྲུབ་རྐང་གསུམ།"[①]ཞེས་གསལ་བས་ངམ་ཤོད་ཅེས་པའི་ཡུལ་མིང་ལྡོ་ཁ་གྲ་ནང་རྫོང་གྲ་ཕྱི་ཤང་ཁོངས་སུ་ཡོད་པར་རྟོགས་ལ། དཔའ་བཞེད་དུ། "སྟག་མཁན་པད་མ་སམ་བྷ་བས་གསོལ་བ། ངམ་ཤོད་སྟོད་སྨད་ཀྱི་བྱེ་མ་འདི་ཀུན་གསེར་ཚལ་དུ་བགྱི།"[②]ཞེས་དང་། དཔའ་བཞེད་བཞུགས་སོ་ཞེས་པར། "ངམ་ཤོད་སྟོད་སྨད། གྲྭ་དང་དོལ་སྟག་ལ་ཕུལ་པོ་སོགས་ཞེས་པ་ནས་ངམ་ཤོད་ཀྱི་བྱེ་མ་དང་གྲམ་པ་ཐམས་ཅད་ཚལ་དང་ནར་བསྒྱུར།"[③]ཞེས་གསལ་བ་དང་། པོ་དོང་པཎ་ཆེན་གྱི་རྣམ་ཐར་དུ། "དེ་ནས་ངམ་ཤོད་ཕྱོགས་ལ་ཐེགས་ནས་དཔལ་ལྡན་གྱིས་གྲུབ་པའི་གཙུག་ལག་ཁང་དང་། མཆིམས་ཕུ་སོགས་པའི་གནས་དང་རྟེན་གསུམ་རྣམས་ལ་གུས་པ་ཆེན་པོས་མཆོད་པ་དང་བསྟོད་པ་ཕུལ།"[④]ཞེས་གསུངས་པ་བཞིན་ངམ་ཤོད་ཀྱི་ཡུལ་ཕྱོགས་གང་དེ་བྱེ་མ་དང་འབྲེལ་ནས་ཡིག་ངོར་གསལ་ཞིང་། དེང་ཡང་ལྷོ་ཁ་གྲོང་ཁྱེར་གྲ་ནང་རྫོང་གྲ་ཕྱི་ཤང་ཁོངས་ཀྱི་འགྲུལ་ཤུལ་གྲུ་ས་ནས་ཡར་ལམ་སྤྲ་འགྱུར་ལྷོ་གཏེར་གྱི་མ་དགོན་སྨིན་གྲོལ་གླིང་དགོན་དུ་བསྐྱོད་པའི་ལམ་བར་གྱི་ཚོང་འདུས་གྲོང་ཚོའི་བར་གྱི་ས་ཆར་ངམ་ཤོད་ཅེས་པའི་ས་ཆ་ཡོད་པ་དང་། ལྷག་ཏུ་ཁུལ་དེ་ནས་མར་ལམ་གྱི་རི་ངོགས་སུ་ངམ་ཤོད་བྱེ་མའི་ཞལ་ཐང་[⑤]༼དཔེ་རིས་བཅུ་དྲུག་པར་གཟིགས།༽ཞེས་པ་མཇལ་དུ་ཡོད་ལ། གྲ་ནང་ཁུལ་

---

① ལྟུགས་སྟག་ཞིབ་གཞུང་། ཀྲུང་གོ་བོད་ཀྱི་ཤེས་རིག་དཔེ་སྐྲུན་ཁང་། 1989ཤ201

② བདེ་སྐྱིད་ཀྱིས་བསྒྲིགས། རྦ་བཞེད་ཕྱོགས་བསྒྲིགས། མི་རིགས་དཔེ་སྐྲུན་ཁང་། 2009 ཤ25

③ དཔའ་བཞེད་བཞུགས་སོ། །བོད་ལྗོངས་བོད་ཡིག་དཔེ་རྙིང་དཔེ་སྐྲུན་ཁང་། 2012 ཤ95

④ བོ་དོང་པཎ་ཆེན་འཇིགས་མེད་གྲགས་པའི་རྣམ་ཐར་ངོ་མཚར་ཕྲེང་བ་ཞེས་བྱ་བ་བཞུགས་སོ། །བོད་ལྗོངས་བོད་ཡིག་དཔེ་རྙིང་དཔེ་སྐྲུན་ཁང་། 2016 ཤ78

⑤ ངམ་ཤོད་བྱེ་མའི་ཞལ་ཐང་ཞེས་པ་དེ་ནི་བསམ་ཡས་གཙུག་ཁང་གི་ཁ་སྒྲོད་ཙམ་ཏེ་ཡར་གཙང་གི་ལྷོ་ངོས་དེང་ལྷོ་ཁ་གྲོང་ཁྱེར་སྣེ་གདོང་རྫོང་བྱ་ས་ཤང་ཁོངས་ཀྱི་རི་ལྡེབས་སུ་བྱེ་མས་ཞལ་ཐང་གི་དབྱིབས་ལྟར་གྲུབ་པའི་ངོ་མཚར་ཅན་ཞིག་ལ་གོ

ན་རྒྱ་ཁྱབ་ཏུ་སོང་བའི་དམངས་གཞས་སུ། བསམ་ཡས་མདོ་སྔེའི་དགའ་བ། །[1] ངམ་ཤོད་བྱེ་མའི་སྐྱོ་བ། །མདོ་སྔེ་བློ་ལ་ཡོད་ཀྱང་། །བྱེ་མ་བློ་ལ་མི་འདུག །ངམ་ཤོད་བྱེ་མའི་ཐང་ལ། །འན་བུའི་[2]རྐང་པ་འཚོག་སོང་། །ཞེས་སོགས་པའི་གཏམ་ལ་དཔགས་ན་ངམ་ཤོད་ནི་བྱེ་མ་དང་འབྲེལ་ནས་གྲུབ་པའི་ལུང་པ་ཞིག་དང་། ཁུལ་དེ་ནི་ངམ་ཤོད་ཡུལ་ཁམས་ཀྱི་ལྟེ་བའམ་ངམ་ཤོད་བར་གྱི་ས་ཁོངས་སུ་ཟད་དོ། །གཞན་དུ་ངམ་ཤོད་ཡུལ་གྱི་ལྟེ་བའི་ལུང་ཚན་གཞན་ཞིག་ནི་དོལ་གྱི་མདའི་ཆུ་རྒྱུད་རྒྱལ་པོའི་རི་ཞེས་པ་ཡོད་པའི་གནོན་མདའ་ཞེས་པའི་ས་ཆ་དེ་ཉིད་ཡིན་པར་སྨྲ་བར་སྤྲོབས་སོ། །དེ་ལ་བཤད་དུ་ཡོད་དེ། གནས་གང་དེར་ཆུ་རྒྱུད་རྒྱལ་པོའི་རི་ཞེས་པ་དང་མཚོ་ཁྲུག་ནང་ཞེས་པའི་སྐོར་གྱི་མཚོ་སྨམ་ཤུལ་སོགས་ལ་བརྟགས་ན་དེ་ནི་ཆེས་གདོད་མའི་ཆུ་རྒྱུད་རྒྱལ་པོའི་གནས་གཞི་ཞིག་ཏུ་སོང་ཞིང་། གནས་གཞི་དེ་ཉིད་ནི་རྒྱལ་ཆེན་ཀཱ་ཛྙ་འཕྲིན་ལས་ཀྱི་ཡར་སྟོན་ནས་བྱུང་བ་དང་། བསྐལ་པ་ཡ་ཐོག་དུས་ཀྱི་ཡར་གཙང་ལྷོ་རོགས་ཀྱི་དབང་མཛད་ཆེ་གེ་མོ་ཞིག་གི་རྟེན་གཞི་ཡིན་པའི་གསལ་ཁ་གཏོད་པར་འདོད་དེ། ཕོ་བོའི་བསམ་ངོར་ནི་ཆུ་རྒྱུད་རྒྱལ་པོའི་རི་ཞེས་པ་དང་མཚོ་ཁྲུག་ནང་ཞེས་པའི་མཚོ་གཉིས་ནི་རྗེ་བོ་གང་དེའི་ཐུས་ལྷ་དང་ཐུས་མཚོ་ཡིན་པ་སེམས་ཤིང་། རི་གང་དེའི་ཟུར་དུ་ཆུ་གཞུང་ལྟར་ན་སྟར་གྱི་གྲུ་ས་ཞིག་ཡོད་ལ།

---

① བསམ་ཡས་མདོ་སྔེའི་དགའ་བ་ཞེས་པ་ནི་བསམ་ཡས་མདོ་སྔེ་མཆོད་པ་སྟེ་ཨུ་ནི་བཙན་པོའི་སྐབས་སུ་ཐོག་མར་གསར་དུ་བཙུགས་སྐོར་སྟག་ཚང་དཔལ་འབྱོར་བཟང་པོའི་རྒྱ་བོད་ཡིག་ཚང་ཆེན་མོར། རྗེ་དེ་དང་ཚེ་སྤོང་བཟའ་དཀར་རྒྱལ་མོ་ཏོག་སྒྲོན་གྱི་སྲས་བཞི་ལས། གཅེན་མུ་ཁྲི་བཙན་པོ་སྐུ་གཤོན་ནུ་ལ་གཤེགས་པས་བང་སོ་མེད་དོ། །དེ་འོག་མུ་ནེ་བཙན་པོ་ཆུ་ཕོ་སྟག་ལ་ཁྲག་དམར་དུ་འཁྲུངས། ལོ་གཅིག་ཟླ་བ་དགུ་རྒྱལ་ས་བཟུང་། ཡབ་ཀྱི་དུས་མཆོད་ལ་ཚུལ་འཇུག་གི་ཟླ་བ་ལ་བསམ་ཡས་ཀྱི་མདོ་སྔེ་མཆོད་པ་དང་ཆོ་འཕྲུལ་ཟླ་བ་འདུལ་བའི་མཆོད་པ་བཙུགས་ཞེས་གསལ་ལོ། །བསམ་ཡས་མདོ་སྔེ་མཆོད་པ་ཉིད་དེང་སང་བར་ལོ་རེ་དུས་རེ་དང་ལོ་ལྟར་བོད་ཟླ་ལྔ་པའི་ནང་ཚུགས་ཀྱི་ཡོད།

② འན་བུ་ཞེས་པ་ནི་བཏྲ་རྙིང་སྟེ་ངེད་ཚག་གམ་ཁོ་བོ་ཞེས་པའི་དོན་ལ་འཇུག

གཞུང་ཀོའི་ཀོ་པས་ངེས་པར་གསོལ་བའི་གནས་ཤིག་དང་། སྔ་དུས་གནས་དེར་ཆུ་རྒྱུད་རྒྱལ་པོའི་རྟེན་མཁར་ཞིག་ཡོད་སྐད། དེང་སང་མཇལ་རྒྱུ་མེད། རྒྱུ་མཚན་དེ་དག་ལ་བསྡོམས་ན་རི་དེ་ཉིད་ནི་ངམ་ཤོད་སའི་ཁྲིན་གྱི་བསྟི་གནས་སུ་འདུག་པར་སྙམ། ཕྱིར་ན་གྲྭ་དོལ་གཞུང་གསུམ་གྱི་ཡུལ་གྱི་ཕྱོགས་མཚམས་དག་ན་ཆུ་རྒྱུད་རྒྱལ་པོ་ཞེས་པའི་རི་གཉིས་གནས་ལ། གཅིག་ནི་གཞུང་གི་ས་ཆ་ལུགས་སྟོད་①དང་གདོན་སྟོད་ཀྱི་ས་མཚམས་སུ་གནས་པའི་རི་དེ་དང་། གཅིག་ཤོས་ནི་དོལ་གྱི་མདའི་གདོན་མདའ་དང་ལྷ་རྩེ་གྲོང་ཚོའི་སྤྲེལ་མཚམས་ཀྱི་ཆུ་རྒྱུད་རྒྱལ་པོའི་རི་ཞེས་པ་དེ་ཡིན། དེས་ན་ཆུ་རྒྱུད་རྒྱལ་པོའི་རི་ཞེས་པའི་རི་གཉིས་ཐོན་པ་ལས་གནས་རི་དེ་གཉིས་ཀ་ཆུ་རྒྱུད་རྒྱལ་པོ་འམ་ངམ་ཤོད་རྒྱལ་པོའི་ས་ཁོངས་ཀྱི་ལྟེ་བར་སྣྲ་འམ་ཞེ་ན། དེ་ལྟར་མིན་ཏེ། མ་གཞི་ཆུ་རྒྱུད་རྒྱལ་པོའི་རི་ཞེས་པ་རི་གཉིས་ཡོད་ཀྱང་། དོན་དུ་ངམ་ཤོད་ཡུལ་གྱི་ལྟེ་བའམ་ཐོག་མའི་གནས་གཞི་ནི་དོལ་མདའི་ཆུ་རྒྱུད་རྒྱལ་པོའི་རི་དེ་ག་ཡིན་པ་ལས། གདོན་སྟོད་ཀྱི་ཡུལ་ན་ཡོད་པའི་ཆུ་རྒྱུད་རྒྱལ་པོའི་རི་དེ་མིན་ནོ། །དེ་ལྟར་སྨྲོས་དོན་ནི། གདོན་སྟོད་ཀྱི་ཡུལ་ན་མཆིས་པའི་ཆུ་རྒྱུད་རྒྱལ་པོའི་རི་ཞེས་པའི་གནས་འདི་ནི་དུས་ཕྱིས་བྱུང་བའི་ས་མིང་ཞིག་ཡིན་པ་དང་། གནས་འདིར་སྔར་གྱི་ཆུ་རྒྱུད་རྒྱལ་པོ་རྒྱུན་ཅན་དུ་གསོལ་མི་གཞུང་ཀོའི་མཉན་པས་གསོལ་བའི་ལུགས་

① ལུགས་སྟོད་ཅེས་པའི་ཡུལ་འདི་ནི་ཤོད་རྒྱུན་དུ་འཆིང་རུའི་ས་ཁོངས་སུ་བཤད་སྐད། ཆོས་འབྱུང་མཁས་པའི་དགའ་སྟོན་དུ་གྲྭ་དོལ་གཞུང་གསུམ་ལས་གཞུང་གི་ས་ཆའི་ཁུངས་དང་། བཙན་པོའི་སྐུ་དུས་སུ་སྐུ་འདྲ་སོགས་ལུགས་བཏབ་སའི་གནས་གཞི་གལ་ཆེན་ཞིག་ཡིན་པར་གསུངས། ཡུལ་དེ་ནི་ལུགས་བཏབ་སའི་སྟོད་དུ་གནས་པས་ཡུལ་མིང་ལུགས་སྟོད་ཅེས་ཐོགས་པར་སེམས། དེ་ཡང་ཆོས་འབྱུང་མཁས་དགའི་ལྷུགས་དཔར་ཤོག་གྲངས་184དུ་འབྲོ་བཟའ་ཁྲི་རྒྱལ་མོ་ཕྱིས་རབ་ཏུ་བྱུང་ནས་མཚན་བྱང་ཆུབ་རྗེར་གསོལ་བ་དེའི་ཕྱག་རིས་དགེ་རྒྱས་ཀྱི་གཙུག་ལག་ཁང་ལགས་ཏེ་སྣང་བ་མཐའ་ཡས་གཙོ་འཁོར་དགུ་གཞུང་གི་ལུགས་སྟོད་དུ་ལུགས་བཏབ་ནས་ཆབ་ལ་སྤྱན་དྲངས་པས་འཁོར་གཉིས་ཆབ་ལ་ཤོར། ཞེས་གསུངས་པ་ལས་ཤེས་སོ། །དེ་ལས་སྤུ་རྒྱལ་བཙན་པོའི་སྐུ་དུས་ནས་ཆུ་ལམ་གཙོ་བོ་མཛད་ཀྱི་ཡོད་པ་ངེས་ཤེས་སྐྱེ་ཐུབ།

མེད་ལ། སྔ་དུས་གནས་དེར་གྲུ་ས་སོགས་མེད་ཅིང་། ཆུ་ལམ་གྱི་ལྡེ་བ་འཁེལ་གྱི་མེད་པ། ཁྱད་པར་གནོན་སྟོད་ཀྱི་ཆུ་རྒྱུད་རྒྱལ་པོའི་རི་ཞེས་པ་ནི་ཡུལ་གང་དེའི་ཆུ་འགོ་སྐྱེ་ས་ཞིང་དང་མི་ཕྱུགས་སོགས་ཀྱི་ཆུ་འདྲེན་གྱི་ཚུལ་དུ་ལུགས་སྟོད་ཀྱི་ཡུལ་ནས་གཙང་ཆུ་དྲངས་པའི་ཆར་དུས་ཕྱིས་རྗེན་མཁར་སོགས་བཞེངས་ཏེ་ཡུལ་དེ་ཀོ་ཉིད་ཀྱིས་ཆུ་རྒྱུད་རྒྱལ་པོ་གསོལ་བའི་ལུགས་ཆགས་ནས་གསོལ་བ་མ་གཏོགས་ཆུ་གཞུང་གི་ཁུངས་མེད་པའི་དབང་གིས་ཀོ་པས་གསོལ་བའི་སྲོལ་མེད་པར་བཤད་ལ། ཆུ་གཞུང་ལྟར་ན་གོང་དཀར་ཞོལ་ནས་དབེན་ཚ་གྲུ་ཁར་ཆུ་རྒྱུད་རྒྱལ་པོ་གཞུང་ཀོ་པ་རྣམས་ཀྱིས་གསོལ་གྱི་མེད་པར་གསུངས། གཞན་གནས་དེར་མཚོ་སོགས་ཡོད་སྐོར་ནི་ཡུལ་དེའི་མི་རྣམས་ལ་བཤད་དུ་མེད། རྒྱུ་མཚན་དེ་དག་གི་ཕྱིར་གནོན་སྟོད་ཀྱི་ཆུ་རྒྱུད་རྒྱལ་པོའི་རི་ཞེས་པའི་ས་དེ་ནི་ངམ་ཤོད་རྒྱལ་ཁམས་ཀྱི་ལྡེ་བ་མིན་པར་དུས་ཕྱིས་ཆུ་རྒྱུད་རྒྱལ་པོའི་དད་མོས་རིག་གནས་ཀྱི་ཤུགས་རྐྱེན་འོག་གྲུབ་པ་ཞིག་ཡིན་པ་བསྟོན་དུ་མེད་དོ། །

དོན་གྱི་སྙིང་པོར་འདུ་ན། ཆུ་རྒྱུད་རྒྱལ་པོ་དང་ངམ་ཤོད་རྒྱལ་པོ་ནི་དོན་གཅིག་མིང་གི་རྣམ་གྲངས་ཡིན་པ་དང་། ངམ་ཤོད་ཅེས་པའི་ཡུལ་ཕྱོགས་དེ་ནི་གཡོར་པོའི་འཆིང་རུ་དང་གྲ་དོལ་གཞུང་གསུམ། ཨེ་དྭགས་སོགས་ཡར་ཀླུང་གཙང་པོ་རྒྱུགས་ཁུལ་གྱི་མྱ་ངམ་ཐང་དང་འབྲེལ་བའི་ཡུལ་ཕྱོགས་དག་ལ་གོ་བའོ། །

## གསུམ་པ། ཆུ་རྒྱུད་རྒྱལ་པོའི་གསོལ་མཆོད་ཀྱི་གནས་སྟངས་བཤད་པ།

ཆུ་རྒྱུད་རྒྱལ་པོའི་གསོལ་མཆོད་ནི་སྐྱ་སེར་ཀུན་གྱི་རིག་གནས་ཁྲོད་དུ་ཐེ་མར་ཆུ་སིམ་པའི་ཚུལ་དུ་འདུག་ལ། སྔོས་གྲ་དོལ་གཞུང་གསུམ་གྱི་དགོན་སྡེ་ཆེ་ཆུང་མེད་པ་ཕལ་ཆེ་བ་དང་། སྐྱ་བོའི་འཚོ་བའི་ཁྲོད་ས་དར་རྗེ་དར་དུ་གདལ་བའི་དད་མོས་རིག་གནས་ཤིག་སྟེ། ཡུལ་ཚན་དེ་གསུམ་གྱི་དགོན་སྡེའི་ཁྲོད་ནས་གཙོ་

པོ་སྤྱ་འགྱུར་རྙིང་མའི་བྱང་གཏེར་གྱི་མ་དགོན་རྡོ་རྗེ་བྲག་དང་། ལྷོ་གཏེར་བསྡི་གནས་ཨུ་རྒྱན་སྨིན་གྲོལ་གླིང་དགོན། རྡོ་བྲག་དགོན་གྱི་གཞིས་དགོན་གོང་དཀར་དཀོན་གཉེར་གྲྭ་ཚང་། ར་བ་སྨད་དགོན། གྲྭ་རྒྱལ་གླིང་ཚོགས་པ་དང་། བྱམས་གླིང་དགོན། གྲྭ་ཐང་དགོན། གྲྭ་ཕྱི་ཚོང་འདུས་ཚོགས་པ་སོགས་སུ་རྒྱལ་པོ་གང་དེའི་གསོལ་མཆོད་དང་བསྐང་ཕྲིན་རྣམས་ཀྱི་རྒྱུན་ད་ལྟའི་བར་གནས་མུས་ལགས་སོད། འདིར་ནི་གཙོ་བོ་དམངས་ཁྲོད་ཀྱི་དད་མོས་དང་དགོན་སྡེའི་གསོལ་ཁ་གཉིས་སྡེབས་གཅིག་ཏུ་འདུས་ནས་ཚུ་རྒྱུད་རྒྱལ་པོ་གསོལ་བའི་རྣམ་གཞག་རྣམས་བཤད་པར་བྱའོ། །དེ་ཁུངས་ཁོ་བོས་སྤྱི་ལོ་2018ལོའི་ཟླ་1པོའི་ཚེས་8ཉིན་ལྷོ་ཁ་གོང་དཀར་རྫོང་སྨད་སྟོད་གྲོང་བརྡལ་གོང་དཀར་ཞོལ་གྲོང་ཚོའི་སྡར་གྱི་མཉན་པ་རྣན་གྲུས་དགུང་ལོ་72བཞེས་པའི་ཚེ་རིང་རྡོ་རྗེ་ལགས་དང་། དགུང་ལོ་68ཐོན་པའི་སྒྲོན་པ་ལགས། དེ་བཞིན་གོང་དཀར་རྫོང་སྨད་སྟོད་གྲོང་བརྡལ་ལུམ་པ་གྲོང་ཚོའི་ཀོ་པ་རྙིང་གྲུས་དགུང་ལོ་54སོན་པའི་བཀྲ་བཟང་ལགས་གསུམ་ལ་བཅར་འདྲི་ཞུས་པའི་ཟིན་ཡིག་དག་བཀོད་ན་འདི་ལྟར་ཏེ།

ཁ་རྒྱུན་དུ། ཚུ་ཁར་མཉན་པའི་གང་བཤད། །ལ་ཁར་ཧྲག་པའི་གང་བྱུས། །ཞེས་བྱུང་བ་དེས་ཡར་གཙང་གི་ལྷོ་བྱང་རྒྱུད་ཀྱི་སའི་ཁྲོན་འདི་རྣམས་སྤྱ་དུས་ཚུ་ལམ་དང་རི་ལམ་གཉིས་གཙོ་བོ་ཡིན་པའི་སྣང་ཚུལ་མངོན་ལ། དེ་ལས་ཀྱང་ཚུ་ལམ་ཉིད་ཤས་ཆེ་ཞིང་། སྤྱར་གྱི་ཆོས་ལམ་དང་ཚོང་ལམ། དམག་ལམ་སོགས་ཀྱི་ལྟེ་བ་ཚུ་ལམ་ཡིན་པའི་ལུགས་ནི་གཞུང་གོའི་ཚུ་ལམ་གྱི་ས་ཚིགས་དག་ལས་ཤེས་སོ། །དེ་ལ་ཚུ་ལམ་གཙོ་བོར་གྱུར་དོན་ནི་སྐབས་དེ་ཤེད་ཙམ་ན་ལྷོ་ནས་ལྷ་ས་སོགས་སུ་བསྐྱོད་ན་རྟ་རྐྱང་མི་རྐྱང་ཐར་ཙམ་གྱི་ལམ་གཙོ་བོར་བྱེད་ཀྱང་། ལྷ་ས་ནས་ལྷོ་ཁའི་ཁུལ་སོགས་སུ་ཙ་དངོས་འབོར་ཆེན་དབོར་འདྲེན་བྱེད་པ་ལ་ངེས་པར་ཚུ་ལམ་

མ་གཏོགས་པའི་ལམ་གཞན་མེད་ལ། རྒྱ་ལ་རི་ལམ་དོག་པོ་དག་བརྒྱུད་པ་ལ་ཡར་གཙང་འབྲམ་ངོགས་ནས་ཡུལ་ཕྱོགས་གཞན་ལ་འགྲོ་བར་ཆུ་ལམ་ལ་བརྟེན་དགོས་པ་དང་། ཆུ་ལམ་འགྲུལ་ན་དགྲ་ཇག་གི་འཚེ་བ་ཉུང་བ་སོགས་པའི་ཁྱད་ཆོས་སླ་ལྷག་ལྡན་པས། དེ་ལྟའི་རིག་གནས་ཀྱི་རླབས་རྒྱུན་འོག་ཆུ་དང་འབྲེལ་བའི་གཏམ་དག་བྱུང་བའོ། །དེ་ཡང་ཆུ་ལ་བསླེགས་པའི་མཉན་པ་རྣམས་ཀྱིས་ཆུ་ཤོར་མི་ཤོར་མི་ཡོང་བའི་སྐད་དུ་ཆེས་གདོད་མའི་ཆུ་རྒྱུད་རྒྱལ་པོ་གསོལ་བའི་ལུགས་འདི་དར་ཁྱབ་ཆེ་བར་བྱུས། ཡར་གཙང་འབྲམ་ངོགས་ཀྱི་ཆུ་རྒྱུད་རྒྱལ་པོའི་གསོལ་ཁ་དག་གི་ཁྲོད་ནས་ཤུགས་རྐྱེན་ཆེ་ཞིང་། རྒྱུན་ཆགས་སུ་གསོལ་བར་བྱེད་པོ་ནི་གཞུང་ཀོའི་མཉན་པ་དག་དང་། ཁྱད་དོན་གོང་དཀར་ཞོལ་གྱི་གྲོང་མི་ཤས་ཆེ་བ། ལུམ་པ་དང་ཇུན་པ་རྣམས་ཀྱི་མིས་ལོ་གསར་སོགས་སུ་སྐྱེས་ལྷ་དང་དགྲ་ལྷའི་ཚུལ་དུ་གསོལ་ལ། ཀོ་པ་རྣམས་ནམ་ཆུ་ལ་ཐོན་ནས་ཆུ་གཞུང་འདེད་དུས་ཆུ་རྒྱུད་རྒྱལ་པོ་ཡིན་ན་གཅིག་དང་མིན་ན་གཉིས་བྱས་ནས་གསོལ་དགོས་སྐབས། གསོལ་པོ་རྣམས་ཀྱིས་ཐོག་མར་སྔོན་ལམ་ཚུལ་དུ་ལྷ་བླ་མ་དཀོན་མཆོག་གསུམ་གྱིས་བགེགས་དབང་བར་ཆད་མེད་པར་ཤོག་ཅེས་སོགས་པའི་བསྔོ་བ་དང་བཅས་ནས་གསོལ་བ་སྒྲུབ་རྗེས་ཀོ་ཐག་སློད་ནས་ཀོ་གྲུ་ཆུར་ཞུགས་པས་ན་ཆུ་རྒྱུད་རྒྱལ་པོ་དང་འབྲེལ་བའི་རྣམ་ཐར་①ཞིག་གཏོང་བའི་ལུགས་ཀྱང་ཆགས། གྲ་དོལ་གཞུང་གསུམ་དུ་དར་བའི་ཆུ་རྒྱུད་རྒྱལ་པོ་གསོལ་སའི་གནས་ཐོག་མ་དེ་ནི་གོང་དཀར་ཞོལ་དུ་ཡིན་ཞིང་། ཡུལ་དེའི་བྱང་ངོས་སུ་སྤོ་ལའི་རྩེར་དགོན་གཉེར་གྲ་ཚང་ཞེས་པའི་རྙིང་མའི་དགོན་ཞིག་ཡོད་པའི་ཕྱོགས་དེར་ལུམ་པ་བ་སོགས་ཀྱི་ཡུལ་མིས་ཆུ་རྒྱུད་རྒྱལ་པོ་ནི་ལུམ་

① རྣམ་ཐར་མང་དུ་ཡོད་ཀྱང་། ཀོ་པ་རྣམས་ལ་ཡོངས་སུ་གྲགས་པའི་རྣམ་ཐར་ནི། ཆུ་མོའི་གཞུང་ལ་འགྲོ་དུས། །ཆུ་རྒྱུད་རྒྱལ་པོས་མ་བསླུས། །རང་མགོ་རང་ཕྲུགས་འདོམ་དུས། །ཨ་ཧོར་རི་མོས་མ་བསླུས། །ཞེས་པ་ཉིད་དོ། །ཨ་ཧོ་ཞེས་པ་ནི་མགོ་པོར་གོ །

པའི་བཀའ་བློན་ལུམ་པ་དགྲ་འདུལ་ཞེས་པ་དེ་ཉིད་ཡིན་པར་བཤད་པ་དང་། གནས་དེར་ཞྭོག་ཁང་ཞིག་ཡོད་པ་གང་དེ་བསམ་ཡས་པེ་ཧར་རྒྱལ་པོ་[1]དང་བཀའ་བློན་ལུམ་པའི་ཞྭོག་ཡིན་པར་བཤད། དོན་དངོས་ཐོག་སྔར་བསྐང་འཕྲིན་ཁག་ཏུ་ཚ་རྒྱུད་རྒྱལ་པོ་ནི་རྒྱལ་ཆེན་གཙྭ་འཕྲིན་ལས་ཡིན་པར་གསུངས་ལ། བཀའ་བློན་ལུམ་པ་ཉིད་ནི་རྒྱལ་ཆེན་གང་དེའི་བཤན་པ་བློན་པོ་བཞིར་གྲགས་པའི་ཡ་གྱལ་དུ་འདོད་པ་དང་། སླེ་ལུང་བཞད་པའི་རྡོ་རྗེའི་གསུང་དུ་རྟགས་ཚགས་དྲིགས་པའི་ཆར་གཏོགས་ཚ་རྒྱུད་རྒྱལ་པོ་གཙྭ་འཕྲིན་ལས་དང་། ལས་བྱེད་བཀའི་བློན་པོ་བཙན་རྒོད་ལུམ་པ་བའི་གསོལ་མཆོད་འཇུག་བདེའི་འཁྲིགས་སུ་བསྡེབས་པ་འདི་ཉིད་དྲིགས་པ་ཀུན་ཏུ་དགའ་བའི་རྣལ་འབྱོར་བཞད་པའི་རྡོ་རྗེས་སྦྲས་པའོ་[2]ཞེས་འཁོད་པ་སོགས་ཀྱིས་ཤེས་སོ། །

ད་ནི་ཡར་གཙང་ལྷོ་བྱང་རྒྱུད་ཀྱི་ཕྱོགས་མཚམས་ཀྱི་ཡུལ་ལུང་དག་ན་ཚ་རྒྱུད་རྒྱལ་པོ་གསོལ་བའི་རྣམ་པ་སྣང་ཚུལ་དག་བཤད་པར་བྱ་སྟེ། ཚ་རྒྱུད་རྒྱལ་པོ་ཡུལ་ལྷའི་ཚུལ་དང་། དགྲ་ལྷའི་ངོ་། ཚ་ལྷའི་རྣམ་པ་གསུམ་དུ་གསོལ་བའི་ལུགས་ལས་ཚ་ལྷའི་རྣམ་པ་ཅན་གྱི་ལྷའི་ཆར་གསོལ་པོ་མང་ལ། ལོ་རྒྱུས་རིང་བ། རྒྱུན་ཆགས་རང་བཞིན་ལྡན་པའི་ཐོག་ནས་འདིར་གཙོ་ཆེ་བ་གཞུང་གོའི་ཀོ་པས་ཚ་རྒྱུད་རྒྱལ་པོ་

① པེ་ཧར་རྒྱལ་པོ་ནི་སངས་རྒྱས་ཆོས་ལུགས་ཀྱི་སྲུང་མ་མཐུ་ཆེན་ཞིག་ཡིན་པ་དང་། ཆོས་རྒྱལ་ཁྲི་སྲོང་ལྡེ་བཙན་གྱི་སྐབས་སུ་སློབ་དཔོན་རིན་པོ་ཆེས་དམ་ཅན་གྱི་ཆོས་སྐྱོང་དུ་བཀའ་བསྒོ་མཛད་པར་གྲགས། པེ་ཧར་ནི་ཐོག་མར་ལྷ་ཡུལ་གྱི་སྲུང་མ་ཡིན་པར་བཤད་ཅིང་། དེ་ནས་རིམ་གྱིས་ཧྭ་ཏ་ཧོར་གྱི་ཡུལ་དུ་བྱོན་ནས་ཡུལ་དེ་གའི་སྒོམ་གྲྭའི་སྲུང་མ་དང་། ཕྱིས་བསམ་ཡས་གཙུག་ལག་ཁང་གི་སྲུང་མར་འགྱུར་བ་དང་དཀའ་ལྡན་ཕོ་བྲང་གི་སྲུང་མ་དམར་ནག་གཉིས་ལས་དམར་པོ་ཡིན་པར་བཤད། པེ་ཧར་ཞེས་པ་ནི་ལེགས་སྦྱར་གྱི་སྐད་དོད་ཡིན་པ་དང་། བོད་ཀྱི་སྐད་དུ་དཀོར་བདག་དང་སྒོ་སྲུང་ཞེས་པའི་དོན་དུ་འཇུག་སྐོར་བླ་བྲང་སྐལ་བཟང་གིས་བརྩམས་པའི་བོད་སྐྱོང་སྲུང་བ་ཁག་གི་ལོ་རྒྱུས་ཞེས་པར་གསལ། ཞིབ་པ་རྒྱལ་པོ་གང་དེའི་ལོ་རྒྱུས་ནི་དམ་ཅན་བསྟན་སྲུང་གི་རྣམ་ཐར་རྣམས་ལ་གཟིགས་འཚལ།

② སླེ་ལུང་བཞད་པའི་རྡོ་རྗེའི་གསུང་འབུམ་པོད་གསུམ་པ། ཤིང་དཔར་ཤོག་ངོས་135གསལ།

གསོལ་བའི་སྐོར་དང་། ཡུལ་ཚན་འབགངས་ཆེན་གོང་དཀར་ཞོལ་པའི་ཡུལ་མི་སོགས་ཀྱིས་ཆུ་རྒྱུད་རྒྱལ་པོ་མཆོད་པའི་ལུགས་དང་སྲོལ་སྔར་རྒྱུན་བཟང་པོ་མ་ཉམས་པར་གནས་པ་གཉིས་གཞིར་བཞག་གི་སྒོ་ནས་བྲི་བའོ། །གྲ་དོལ་གཞུང་གསུམ་གཙོ་བོར་བྱས་པའི་ཡར་གཙང་ལྷོ་བྱང་གི་སའི་ཁྱོན་འདིར་ཆུ་རྒྱུད་རྒྱལ་པོ་གསོལ་སའི་གནས་ཀྱི་ཐོག་མ་དེ་ནི་གོང་དཀར་ཞོལ་སྤྱི་ལ་ཞེས་པ་དེ་ཡིན་པ་དང་། དེ་ནས་རིམ་གྱིས་ཉ་མོ་ཀྱུར་གྱི་གནས་དང་། རྡོ་རྗེ་བྲག་དགོན། ཆུ་རྒྱུད་རྒྱལ་པོའི་རི། གཙང་ཆུང་གླིང་། ཟུང་མཁར། ཉང་མགོ་གྲུ་ས་རྣམས་ཡིན་པར་བཤད།[1] ས་རྒྱུད་ཀྱི་དབང་དུ་ཡུལ་དེ་དག་སྔར་གྱི་གཞུང་གོའི་གྲུ་ས་ཡིན་པ་གང་ཞིག་མཉན་དཔོན་ཀོ་པ་དང་བཅས་པའི་ཞག་ས་དང་ཆུ་རྒྱུད་རྒྱལ་པོ་ཛ་གསུར་དཀར་གསུར་གྱི་སྒོ་ནས་གསོལ་བའི་གནས་སམ་རྟེན་མཁར་སོགས་གནས་འཆའ་སའི་ཁུལ་དུ་འང་འདུག འོ་ན་གོང་དཀར་ཞོལ་ཉིད་ཇི་ལྟར་བྱས་ནས་ཆུ་རྒྱུད་རྒྱལ་པོའི་གསོལ་ཡུལ་གཙོ་བོ་ཞིག་ཏུ་གྱུར་རམ་ཞེ་ན། དེ་ལ་རྒྱུ་མཚན་ཡོད་དེ། གཞུང་གོའི་གྲུ་སའི་དབུ་ནི་ལྷ་སར་ཡིན་པ་དང་། ལྷ་སའི་སྐྱིད་ཆུའི་འགྲམ་ངོགས་ཏེ། ཀུ་ཏུ་ཟམ་པའི་ནུབ་ངོས་རགས་རྒྱབ་གླིང་[2]ཞེས་པའི་ས་ཆ་དེ་ནས་རྫོག་ཐོན་ཏེ་ལྷོ་ཁའི་ཕྱོགས་སུ་བཞུད་པར་བརྩམས་པ་དང་། གོང་

① ལྷོ་ཁ་གྲོང་ཁྱེར་གོང་དཀར་རྫོང་སྐད་སྡོད་གྲོང་བརྡལ་གོང་དཀར་ཞོལ་གྲོང་ཚོའི་སྔར་གྱི་མཉན་པ་རྒས་པོ་གུང་ལོ་68ཐོན་པའི་སྤེན་པ་ལགས་ཀྱིས་གསུངས།

② རགས་རྒྱབ་གླིང་ཞེས་པ་ནི་ལྷ་སའི་སྐྱིད་ཆུའི་བྱང་ངོགས་ཏེ་ཀུ་ཏུ་ཟམ་པའི་མན་འདབས་ན་ཡོད་པའི་སྔ་དུས་ཀྱི་གྲུ་ས་རྙིང་པ་ཞིག་གི་མིང་ཡིན། དེ་ལ་རགས་རྒྱབ་ཅེས་པ་ནི་སྔ་དུས་ལྷ་སའི་ཆུ་རགས་ཀྱི་རྒྱབ་ཏུ་འཚོ་སྡོད་བྱེད་མཁན་གྱི་སྤྲང་པོ་དག་ལ་རགས་རྒྱབ་པ་ཞེས་བརྗོད་ལ། རགས་རྒྱབ་པར་དཔོན་གནས་སོགས་ཡོད་པ་དང་། རགས་རྒྱབ་ཀྱི་དཔོན་པོ་རྣམས་སྔར་ལྷ་སའི་ཁུལ་དུ་མི་ཆེན་སྐུ་དྲག་རྣམས་ཀྱི་ཁྱིམ་དུ་བཀྲ་ཤིས་པའི་བྱ་བ་ཅི་བྱུང་ཡང་། རགས་རྒྱབ་པའི་སྐལ་བ་ལེན་པར་ཡོང་སྲོལ་ཡོད་ལ། སྐུ་དྲག་སོགས་དུད་ཁྱིམ་འཁོར་འབོས་དྲག་པ་རྣམས་ཀྱིས་ཀྱང་བཟའ་བ་དང་བཏུང་བ་སོགས་ཅི་རིགས་ཀྱི་ནོམ་པ་སྤྲོད་སྲོལ་ཡོད་དོ། །རགས་རྒྱབ་གླིང་དེང་སང་མཇལ་དུ་མེད། རགས་རྒྱབ་གླིང་གི་ས་ཆ་ཕལ་ཆེ་བ་འཛུགས་སྐྲུན་འོག་ཚུད་པས། སྔར་གྱི་གནས་ཡུལ་ངོས་འཛིན་དུ་བཏང་ན་བོད་ལྗོངས་སློབ་ཆེན་རྙིང་པའི་ལྷོ་ངོས་ཀྱི་ས་ཆ་དག་ཡིན་པའོ། །

དཀར་ཞོལ་སྦྲ་ལའི་རི་ཟུར་དུ་ཀོ་པས་ཞག་ས་འདུག་པའི་ལུགས་ཆགས་ལ། སང་ཉིན་སྔ་མོ་ནས་སླར་ཆུ་གཞུང་དུ་ཐོན་དུས་ཆུ་རྒྱུད་རྒྱལ་པོ་གསོལ་བའི་ཆ་ནས་གནས་གང་དེ་རྒྱལ་པོ་དེ་གསོལ་བའི་འགོ་ལྷ་བུར་བྱས་སོ། །གཞུང་ཀོའི་ཀོ་པས་ཆུ་རྒྱུད་རྒྱལ་པོའི་གསོལ་དུས་ལ་ངེས་པ་མེད་ཅིང་། ལྷ་གསོལ་བའི་མི་གྲངས་ལའང་ངེས་གཏན་ཞིག་མེད་དེ། སྔ་དུས་གཞུང་ཀོའི་ཀོ་པ་གཙོ་བོར་བྱས་པའི་ཆུ་ལ་བརྟེན་ནས་འཚོ་བ་སྐྱེལ་མཁན་གྱི་མཉན་པ་རྣམས་ལ་མཆོན་ན། གཞུང་ཀོའི་གྲུ་མང་དུས་ཀོ་གྲུ་བཅུ་དྲུག་ཙམ་དང་ཉུང་མཐར་བརྒྱད་ཙམ་ཡོད་པ་དང་། ཉ་པའི་རིགས་འདྲ་ཡིན་ན་མང་དུས་ཀོ་གྲུ་བཞི་ཙམ་དང་། ཉུང་ན་ཀོ་གྲུ་གཉིས་བྱས་ནས་ཆུ་ལ་འཇུག་གི་ཡོད་པའི་ཆར་སེམས་ན་ཆུ་རྒྱུད་རྒྱལ་པོ་གསོལ་དུས་དང་མི་གྲངས་ལ་ངེས་པ་མེད་པ་ཞིག་ཡིན། དེ་ཡང་ཀོ་གྲུ་གཉིས་སམ་གསུམ་སྦྲེལ་ནས་ཆུ་གཞུང་དུ་འགྲོ་བའི་ཕྱིར་ན། ཀོ་གྲུ་མང་མཐའ་བཅུ་དྲུག་དང་ཉུང་བར་གཉིས་སམ་གསུམ་དགོས་པའི་རྒྱུ་མཚན་དེའོ། །

ཡུལ་དུས་དབང་དུ་བྱས་ན་གཞི་རྒྱ་ཆེ་ཞིང་གཏན་འཇགས་རང་བཞིན་ཅན་གྱི་དམངས་ཁྲོད་དུ་གནས་པའི་ཆུ་རྒྱུད་རྒྱལ་པོའི་གསོལ་མཆོད་ཆར་སློས་ན། ཡུལ་ནི་གཙོ་བོ་གཞིས་རྩེ་རིན་སྤུངས་རྫོང་ཁོངས་དང་ལྷོ་ཁ་གོང་དཀར་རྫོང་སྣང་སྟོད་གྲོང་བརྡལ་གོང་དཀར་ཞོལ་སྦྲ་ལའི་རྒྱལ་པོ་ལྷོག་ཁང་ཞེས་པ་དེ་ཡིན་པ་དང་། དུས་ཀྱི་ཆར་བོད་ཟླ་དང་པོའི་ཚེས་གསུམ་ཉིན་ཡིན་ཏེ། དེ་ཉིན་གྱི་གསོལ་མཆོད་ཀྱི་སྣང་ཚུལ་ཙམ་ཡིག་ངོར་བཀོད་དུ་སོང་ན་ནི། གསོལ་བ་པོ་གཙོ་ཆེ་བ་གོང་དཀར་ཞོལ་པ་དང་། ཧུན་པ་བ། ལུམ་པ་རྣམས་ལས་གོང་དཀར་ཞོལ་པ་ནི་དགོན་གཉེར་གྲྭ་ཚང་གི་མི་སྡེ་ལས་གཞན་རྣམས་ཀྱིས་གསོལ་བའི་ལུགས་མེད་པ་དང་། སྦྲ་ལའི་ལྷོག་ནི་དགོན་གཉེར་གྲྭ་ཚང་གི་ཡན་ལག་ཏུ་ཟད། གསོལ་བ་པོ་ལ་སྐྱེས་ཕོ་མོ་གང་ཙང་བཞུགས་ཆོག་ལ། ཆོས་བརྒྱུད་ངོར་གཙོ་བོ་རྙིང་མ་བའི་དད་ལྡན་པ་རྣམས་སོ། །དེ་

ཉིན་དཀོན་གཉེར་གྲྭ་ཚང་གི་དགེ་འདུན་རྣམས་ཀྱིས་ལྷགས་སྐྱེམས་འབུལ་སྲོལ་ཡོད་པ་དང་། ལྷ་གསོལ་བ་རྣམས་ནས་ཐད་དང་ལྷགས་རྒྱང་། རྣམ་ཐར་སོགས་གང་ འུང་ལེན་སྲོལ་མཆིས་པ་མ་ཟད། ལྷ་གསོལ་གྲུབ་པའི་རྗེས་གྲོང་ཚོའི་ནང་དུ་ཡོག་ནས་ཀོ་རྩེད་སོགས་རྩེད་སྲོལ་སྣང་བའི་ལུགས་ལ་བརྟགས་ན། ཆུ་རྒྱུད་རྒྱལ་པོ་གང་དེ་ཆུ་དང་འབྲེལ་ནས་འཚོ་བ་འཚོལ་བའི་མི་རྣམས་ཀྱིས་ཆེད་དུ་གསོལ་བའི་ལྷ་ཞིག་ཡིན་པ་ར་སྒྲོད་ཐུབ། དེའི་དབང་གིས་གཞུང་ཀོའི་ཀོ་པ་ཡིན་ནའང་འདྲ། གོང་དཀར་ཞོལ་པ་དང་ཧྲུན་པ་སོགས་པའི་ཆུ་ལ་བརྟེན་པའི་ཉ་པ་རྣམས་ནི་མཐུན་ཕྱོགས་ཀྱི་ཆར་རྒྱལ་པོ་དེ་ཉིད་གསོལ་བའི་རིག་གནས་ཀྱི་གཞི་རྟེན་གྲུབ་པར་དཔོགས་སོ། །

མདོར་ན། ཆུ་རྒྱུད་རྒྱལ་པོ་གང་དེ་སྔར་གྱི་ཡར་གཙང་ཁུལ་གྱི་མངའ་མཛད་ཅིག་ནས་རྒྱལ་བཙན་གྱི་རིགས་སུ་འཕོས་ནས་མེས་པོ་མཆོད་པའི་དད་པའི་རིག་གནས་ཀྱི་རྣམ་པར་གྲུབ་སྟེ། དུས་ཕྱིས་བན་བོན་གྱི་དད་མོས་ཀྱི་ཤན་ཞུགས་ནས་རྒྱལ་ཆེན་གཉྫ་འཁྲིན་ལས་ཀྱི་ངོར་གྱུར་པ་དང་། ཡར་གཙང་ལྷོ་བྱང་གི་དབུ་གཡོའི་མི་སྡེས་གསོལ་བ་དང་ཁྱད་པར་གཞུང་ཀོའི་ཀོ་པ་དང་དུས་ཕྱིས་ནི་གོང་དཀར་ཞོལ་སོགས་ཀྱི་ཉ་པས་གསོལ་བའི་སྣང་ཚུལ་དུ་གྲུབ་པ་ལགས། རིག་གནས་དེ་དང་འབྲེལ་བའི་ངམ་ཤོད་ཅེས་པའི་ས་མིང་གི་འགྲེལ་ཚུལ་དུ་ལྷོ་ཁ་དང་འབྲི་གུང་གི་ཕྱོགས་གཉིས་སུ་ཡོད་རབས་ལས་ལྷོ་ཁའི་སར་ཡོད་པ་ལུང་རིགས་གནོད་མེད་ཀྱི་ལམ་ནས་གྲུབ་པ་དང་། ངམ་ཤོད་ཅེས་པ་ལུང་ཚན་རྐྱང་པ་ཞིག་མིན་པར་ཡུལ་དེར་སྟོད་སྨད་བར་གསུམ་གྱི་དབྱེ་བ་ཡོད་པའི་སྒྲུབ་བྱེད། མཐར་ཆུ་རྒྱུད་རྒྱལ་པོ་གང་ཉིད་གསོལ་སྐབས་ཀྱི་རྣམ་པ་སྣང་ཚུལ་དག་ཡུལ་དུས་གཉིས་ཀྱི་ཐོག་ནས་གསལ་སྟོན་བྱས་པ་བཅས་སོ། །

དཔེ་རིས་དང་པོ། དོལ་གྱི་མར་མ་དཀར་ཕུག་ཅེས་པའི་རི།

དཔེ་རིས་གཉིས་པ། དོལ་གྱི་མར་མའི་ཚོག་ཕུག་གི་གནའ་ཤུལ། གཡས་ངོས། དོལ་གྱི་མར་མའི་ཚོག་ཕུག་གི་སྒྲུབ་ཕུག གཡོན་ངོས།

དཔེ་རིས་གསུམ་པ། གྲ་ནང་སྡིང་པོ་ཆེའི་བང་སོའི་ཚོགས་ནས་ཐོན་པའི་སྐྱེས་པའི་མཚན་མ།

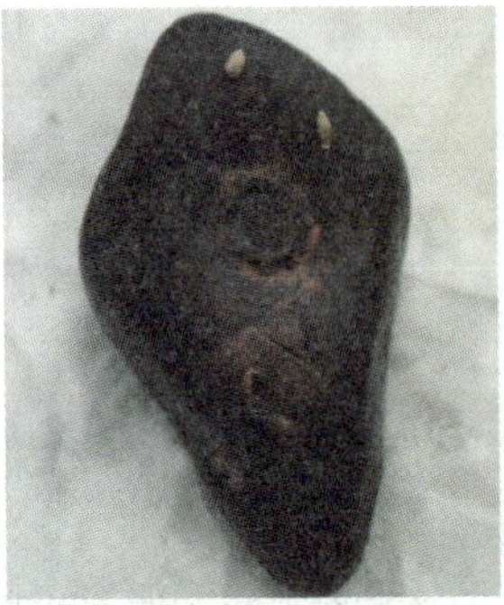

དཔེ་རིས་བཞི་པ། རྡོ་ནོར་བུ།

དཔེ་རིས་ལྔ་པ། ཨ་མ་ཆེན་མོའི་དུས་ཆེན་ལ་བཞུགས་པའི་བྱིས་པ་རྣམས།

དཔེ་རིས་དྲུག་པ། འགག་རྒྱ་ལྷ་མོ།

དཔེ་རིས་བདུན་པ། གྲྭ་གསང་སྔགས་ཆོས་གླིང་གི་དགོན་
དུ་བཞུགས་པའི་ས་དགྲ་འགོག་ཆེད་ཀྱི་རྡོའི་ཕོ་མཚན།

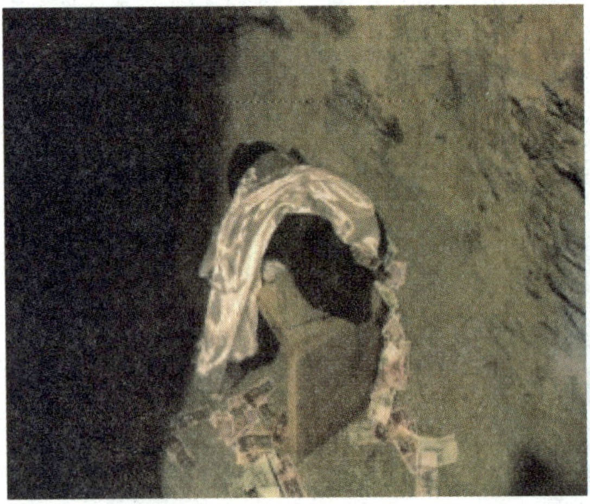

དཔེ་རིས་བརྒྱད་པ། ལྷོ་བྲག་བན་པ་ཤང་སྒྲོ་བ་
དགོན་དུ་བཞུགས་པའི་རྡོའི་སྐྱེས་པའི་མཚན་མ།

དཔེ་རིས་དགུ་པ། འབྲོང་སྟག་རྒྱལ་གྱི་གསོལ་མཆོད་འབུལ་ཡུལ་པོན་རི།

དཔེ་རིས་བཅུ་པ། ལྷ་ཉ་པའི་རྟེན་མཁར་རམ་བྲག་ཉ་པ།

དཔེ་རིས་བཅུ་གཅིག་པ། ཉ་གཟུགས་ཅན་གྱི་རྡོ་རིང་།

དཔེ་རིས་བཅུ་གཉིས་པ། བོགས་གྲོང་ཚོའི་ལྷ་དགའི་རྟེན་མཁར་ཨ་ཕོ་སེར་རགས།

དཔེ་རིས་བཅུ་གསུམ་པ། ལྷ་དགའི་དད་མོས་ཁྲོད་ཀྱི་ཟན་གྱི་འབྲོང་གཡག

དཔེ་རིས་བཅུ་བཞི་པ། ལྷ་དགའི་དད་མོས་ཁྲོད་ཀྱི་དངུལ་གྱི་དོད་ཚོད་གསོག་ཅེས་གྲགས་པའི་རྩི་ཤིང་།

དཔེ་རིས་བཅོ་ལྔ་པ། དོལ་མདར་གནས་པའི་ཆུ་རྒྱུད་རྒྱལ་པོའི་རི།

དཔེ་རིས་བཅུ་དྲུག་པ། ངམ་སོད་བྱེ་མའི་ཞལ་ཐང་།

# ལེའུ་གཉིས་པ། གྲ་རྡོལ་གཞུང་གསུམ་དུ་བསྟན་པ་སྤྱི་དར་སྐབས་སྙིང་མའི་ལྷ་གྲུབ་དར་རྒྱལ་སྐོར་གྱི་དཔྱད་པ།

གྲ་རྡོལ་གཞུང་གསུམ་ནི་བསྟན་པ་སྔ་དར་དེ་བཙན་པོའི་སྐུ་དུས་འདུན་མ་[①] ལ་སོགས་པ་འཚོགས་སའི་ཡུལ་འགངས་ཆེན་དང་བཙན་པོ་ཁ་ཅིག་གི་འཁྲུངས་ཡུལ། དེ་བཞིན་བཙན་པོའི་ཞང་བློན་ལ་སོགས་པའི་བློན་བྱས་པ་ཅན་ཁ་ཅིག་བྱོན་སའི་ཡུལ་ཡིན་པ་མ་ཟད། བསྟན་པ་སྤྱི་དར་ལ་དྲིན་ལྷག་པར་ཆེ་བའི་སྨྲ་ནམ་རྡོ་རྗེ་བདུད་འཇོམས་ཞང་ཡེ་ཤེས་སྡེ་སོགས་ཀྱི་འཁྲུངས་ཡུལ་དུ་སོང་ཞིང་། སྔོས་བསྟན་པ་ཕྱི་དར་ལ་དེ་བས་གནད་ཆེ་ལ་རྒྱ་བོད་མཁས་པ་དང་གྲུབ་པའི་དབང་ཕྱུག་གནམ་གྱིས་ས་བཀབ་པ་ལྟར་འཁྲུངས་པའི་ས་དང་བྱོན་སའི་ཡུལ་དུ་གྱུར་ནས་སྟོན་པ་ཐུགས་རྗེ་ཅན་གྱི་དམ་ཆོས་ཉི་མའི་ལེགས་བཤད་དག་ཐོས་བསམ་སྒོམ་གསུམ་དང་འཆད་རྩོད་རྩོམ་གསུམ་གྱི་བྱ་བའི་ཁུར་བཀྱི་སའི་གནས་དམ་པ་ཞིག་ཏུ་སོང་བའི་ཕྱིར། གྲ་རྡོལ་གཞུང་གསུམ་གྱི་ཡུལ་དུ་བསྟན་འཛིན་སྐྱེས་བུ་རྣམས་ཀྱིས་བསྟན་པ་དར་ཞིང་རྒྱས་པའི་མཛད་པ་སོགས་བཤད་པར་དགོས་པ་རླབས་པོ་ཆེ་ལྡན་པར་སེམས་སོ། །

① འདུན་མ་ཞེས་པ་ནི་སྔར་བཙན་པོའི་དུས་སུ་དོན་ཆེན་གནད་པོ་རྣམས་རྒྱལ་བློན་འདུས་ནས་གྲོས་བྱེད་པ་ལ་གོ།

## ས་བཅད་དང་པོ། གྲ་རྡོལ་གཞུང་གསུམ་དུ་རྙིང་མའི་བསྟན་འཛིན་སྐྱེས་བུས་བསྟན་པའི་བྱ་བ་མཛད་ཚུལ་སྐོར་དཔྱད་པ།

བོད་ཀྱི་ཡུལ་དུ་སངས་རྒྱས་བསྟན་པའི་དབུ་ནི་ལྷ་ཐོ་ཐོ་རི་གཉན་བཙན་སྐུ་དུས་དང་། བསྟན་པའི་རྩ་བ་ནི་ཆོས་རྒྱལ་སྲོང་བཙན་སྒམ་པོའི་དྲིན་དང་། དར་ཞིང་རྒྱས་པ་ནི་བཙན་པོ་ཁྲི་སྲོང་ལྡེ་བཙན་སྐབས་དང་། བསྟན་པ་ཡོངས་སུ་རྒྱས་པའི་སྐབས་ནི་ཁྲི་རལ་པ་ཅན་གྱི་སྨོན་ལམ་གྱི་མཐུ་ལས་བྱུང་ཞིང་། བསྟན་པར་གོད་ཆགས་བྱུང་བའི་ཚོགས་ནི་དར་མ་འུ་དུམ་བཙན་གྱི་སྐབས་སུ་ཡིན་པས། དེ་ལ་བརྟེན་ནས་སངས་རྒྱས་བསྟན་པ་སྔ་ཕྱི་གཉིས་སུ་བྱ་ལ། བསྟན་པ་སྔ་དར་ལ་རྫོགས་པ་ཆེན་པོའི་གཞུང་ཤིང་གིས་ཡོངས་སུ་བརྒྱན་པ་དང་། ཕྱི་དར་ལ་ཆོས་བརྒྱུད་རིས་མེད་མང་དུ་ཐོན་པའི་སྐོར་ཆོས་འབྱུང་ཁག་ཏུ་གསལ་བས་ཞིབ་པ་དེ་དག་ལས་ཤེས་པར་མཛོད། ས་བཅད་འདིའི་བཤད་བྱ་ནི་བསམ་ཡས་གཙུག་ལག་ཁང་གི་གནས་གཞི་གཙོ་བོར་བྱས་ཏེ་བསྟན་པ་སྔ་དར་སྐབས་སུ་བསྟན་འཛིན་སྐྱེས་བུ་སྐོར་ཅིག་གིས་སངས་རྒྱས་བསྟན་པའི་བྱ་བ་མཛད་ཚུལ་ལས་རྒྱ་གར་སོགས་ཕྱི་ཕྱོགས་ནས་ཕྱིན་པའི་པཎ་གྲུབ་དང་བོད་རང་གི་མཁས་པ་རྣམས་ཀྱིས་བསྟན་པའི་ཁུར་བཞེས་ཀྱི་ལག་རྗེས་སྤྱི་སྡོམ་ཚུལ་དང་། ལྷག་པར་དུ་གྲ་རྡོལ་གཞུང་གསུམ་གྱི་ཡུལ་ལུང་དང་འབྲེལ་བའི་བསྟན་པ་སྙོ་ཅི་འདྲ་ཞིག་གི་ཐོག་ནས་རྨ་མེད་པར་མཛད་ཚུལ་དག་དམིགས་སུ་དབུབས་ཏེ་གླེང་བར་བྱའོ། །

### དང་པོ། ས་སྐྱེས་རྡོ་སྐྱེས་ཀྱི་བསྟན་འཛིན་སྐྱེས་བུ་ཇི་ལྟར་བྱོན་ཚུལ་སྐོར།

བསྟན་པ་སྔ་དར་ན་བོད་ཡུལ་འདིར་བསྟན་འཛིན་སྐྱེས་བུ་བྱོན་པའི་ཐོག་མ

སད་མི་བདུན་[①]དང་ལོ་ཙཱ་བ་སྣ་ཚོགས་ཞང་གསུམ། རྗེ་འབངས་བརྒྱད་[②]ལ་སོགས་པ་བྱོན་མོད། གྲ་དོལ་གཞུང་གསུམ་དང་ཐད་ཀའི་འབྲེལ་བ་ལྡན་པའི་སྐྱེས་ཆེན་དམ་པ་ནི་སྣ་ནམ་ཡེ་ཤེས་སྡེ་དང་བན་དེ་ཆེན་པོ་སྣ་ནམ་ཡེ་ཤེས་དཔལ། མཁན་པོ་དཔལ་དབྱངས། གནུབས་སངས་རྒྱས་ཡེ་ཤེས་[③]དང་ཤུད་པུ་དཔལ་སེང་སོགས་གཙོ་བོར་སྣང་། མཁས་པ་དེ་དག་ལས་སྣ་ནམ་ཡེ་ཤེས་སྡེ་དང་སྣ་ནམ་ཡེ་ཤེས་དཔལ་རྣམ་གཉིས་ནི་གྲའི་ཡུལ་ཕྱོགས་ལས་གྲ་ནང་གསེར་ཁུང་ཡུལ་དུ་འཁྲུངས་ལ། སྤུ་རྒྱལ་གྱི་ཞང་བློན་གྱི་མི་བརྒྱུད་ཡིན་པས་བསྟན་པ་ལ་བྱས་པ་ཆེ། དེ་ཡང་སྣ་ནམ་པའི་དབང་བསྒྱུར་བའི་ས་ཆའི་ཁྱབ་ཁོངས་ཡུལ་ཅི་ཞིག་ཡིན་སྐོར་དང་སྣ་ནམ་པའི་རུས་ཁུངས་མཆེད་ཡུལ་སོགས་ལ་ལོ་རྒྱུས་སྨྲ་བ་དང་ཉམས་ཞིབ་པ་རྣམས་ཀྱིས་དཔྱད་པ་བཏང་བ་ཞིག་ད་ལམ་ཁོ་བོའི་མཐོང་ཐོས་སུ་མ་གྱུར་པས་ཡང་སྙིང་སྣ་ནམ་པའི་རིགས་རུས་མཆེད་ཁུངས་སོགས་ཀྱི་སྐོར་ལ་བདེན་ཁ་ཐུབ་ཐུབ་པ་ཞིག་སྨྲ་བར་མི་ནུས་ཀྱང་། འདིར་སྣ་ནམ་པའི་རིགས་རུས་མཆེད་ཡུལ་གྲའི་ཡུལ་དུ་བྱ་

① སད་མི་བདུན་གྱི་སྐོར་ལ་བཤད་པ་མང་དུ་འདུག་མོད། འདིར་ནི་བུ་སྟོན་ཆོས་འབྱུང་གི་དགོངས་པ་ལྟར་དྲངས་ན་འདི་ལྟར། དེ་ནས་སྦ་གསལ་སྣང་། འབའ་ཁྲི་བཞེར་སང་ཤི་ཏ། པ་གོར་བཻ་རོ་ཙ་ན་རཀྵི་ཏ། ངན་ལམ་རྒྱལ་བ་མཆོག་དབྱངས། འཁོན་ཀླུའི་དབང་པོ་སྲུང་བ། རྨ་ཨཱ་ཙཱ་རྱ་རིན་ཆེན་མཆོག གཙང་ལེགས་པའི་གྲུབ་དང་བདུན་རབ་ཏུ་བྱུང་བའི་མཚན་ཡེ་ཤེས་དབང་པོ་དང་དཔལ་དབྱངས་ལ་སོགས་པ་ཡིན། སད་མི་མི་བདུན་ཡིན་ཟེར་རོ། ཞེས་ཆོས་འབྱུང་དེའི་ལྟ་གས་དཔར་ཤོག་ངོས་བརྒྱ་དང་གྱ་དྲུག་ནང་གསལ།

② ཆོས་འབྱུང་འགར་རྗེ་འབངས་བརྒྱད་དམ་ཉེར་ལྔ་ཞེས་བྱུང་། དེ་ཡང་རྗེ་འབངས་བརྒྱད་ནི་འབྲུག་པའི་ཆོས་འབྱུང་གི་ལྟ་གས་དཔར་ཤོག་ངོས་ཉིས་བརྒྱ་ཉེར་ལྔའི་ནང་། རྗེ་འབངས་དགུའི་མངའ་བདག་ལ་ཆེ་མཆོག བསྐྱབས་ནམ་མཁའི་སྙིང་པོ་ལ་ཡང་དག སངས་རྒྱས་ཡེ་ཤེས་རིན་པོ་ཆེ་ལ་འཇམ་དཔལ། རྒྱལ་བ་མཆོག་དབྱངས་ལ་པདྨ་དབང་ཆེན། མཚོ་རྒྱལ་ལ་ཕུར་པ། འབྲོག་མི་དཔལ་གྱི་ཡེ་ཤེས་ལ་མ་མོ། ལྷ་ངས་དཔལ་གྱི་ཡེ་ཤེས་ལ་འཇིག་རྟེན་མཆོད་བསྟོད། བཻ་རོ་ཙ་ན་ལ་དམོད་པ་དྲག་སྔགས་ཀྱི་བཀའ་བབས། ཞེས་གསལ།

③ གནུབས་སངས་རྒྱས་ཡེ་ཤེས་ཞབས་ཀྱི་མཚན་གྱི་འགོར་གསལ་བའི་གནུབས་ཞེས་པའི་རུས་མིང་དེའི་བྲི་ཚུལ་ལ་བསྣུབས་དང་སྣུབས་སོགས་བྱུང་མོད། གནུབས་ཞེས་པ་འདི་ཉིད་ཡོངས་གྲགས་སུ་འདུག་པས་འདིར་ཡང་གནུབས་ཞེས་པ་ལས་བསྣུབས་སོགས་མི་བྲི་བའོ། །

བའི་རྒྱུ་མཚན་ནི་གཅིག་ནས་ཡུལ་དེར་གསེར་ཁུང་ཞེས་པའི་བང་སོའི་ཚོགས་ཡོད་པ་དང་། གཉིས་ནས་བང་སོ་ཆེན་པོ་དེ་ཙམ་ཞིག་སྤྱར་གྱི་དུས་སུ་བཙན་པོ་ཕུད་པའི་ཞང་བློན་སོགས་ལ་མ་གཏོགས་གཞན་རྣམས་ལ་དེ་ལྟའི་བང་སོ་བཏབ་པའི་རྒྱུ་དང་རྐྱེན་མི་འཛོམས་པའི་ཕྱིར་དང་། གསུམ་ནས་ལོ་རྒྱུས་སླ་བ་པོ་པ་ཚབ་པ་སངས་དབང་འདུས་ཀྱིས་གསུངས་པར་གཞིགས་ན་བང་སོ་གང་དེ་སྣ་ནམ་ཚང་གི་བང་སོ་ཡིན་ཤས་ཆེ་ཞེས་དང་། གཞན་ཁོང་གིས་ལོ་རྒྱུས་ཀྱི་ཡི་གེ་ཞིག་ན་འོན་ནས་གྲ་བར་སྣ་ནམ་གྱི་ས་ཁོངས་ཡིན་པའི་ལུང་ཚིག་མཇལ་མྱོང་གསུངས།① རྒྱུ་མཚན་དེ་དག་གི་ཕྱིར་ན་སྣ་ནམ་གྱི་ཊུས་ཁུངས་མཆེད་ཡུལ་གྲའི་ཡུལ་དུ་བྱས་ལ། གཞན་དུ་ན་འོན་ཀེ་ཙུ་ལྷ་ཁང་གི་ཤེར་ཕྱིན་མདོ་སྡེ་རིན་པོ་ཆེའི་དཔེ་སྙིང་ཞིག་གི་དཔར་བྱང་དུ། ཡུལ་ལས་ཁྱད་པར་འཕགས་པ་འོན་གྱི་སྣ་ནམ་ས། ཞེས་བྱུང་བར་གཞིགས་ན། འོན་གྱི་སའི་ཁྱོན་འདི་དག་སྤྱི་དུས་སྣ་ནམ་གྱི་མངའ་རིས་ཡིན་པ་རྟོགས་ཤིང་། ཁྱད་དུ། འོན་ནས་གྲའི་ཡུལ་གྱི་ས་རྣམས་སྣ་ནམ་པའི་ཁྲིམ་བརྒྱུད་ཀྱི་ས་ཡིན་པ་ལ་ངེས་པ་རྙེད་པ་མ་ཟད། གྲའི་གསེར་ཁུང་འདི་ཉིད་སྣ་ནམ་ཁྲིམ་བརྒྱུད་ཀྱི་མཆེད་ཁུངས་སུ་འདོད་དེ། ཡུལ་དེར་སྣ་ནམ་པའི་ཁྲིམ་བརྒྱུད་ཀྱི་བང་སོ་བརྩིགས་པའི་ཕྱིར། ལྷོ་ཁ་འཕྱོང་རྒྱས་ཁུལ་དུ་བཙན་པོའི་བང་སོ་བརྩིགས་པ་དང་ཆ་འདྲའོ། །

ལོ་རྒྱུས་ཁུངས་མ་རྣམས་སུ་སྣ་ནམ་ཡེ་ཤེས་སྡེ་ལ་ཞང་ཡེ་ཤེས་སྡེ་ཞེས་ཀྱང་གསུངས་ལ། ཁ་ཅིག་ཞང་ཡེ་ཤེས་སྡེ་ནི་པ་གོར་བཻ་རོ་ཙ་ནའི་མཚན་གྱི་རྣམ་གྲངས་སུ་འདོད་ཀྱང་། རྗེ་འབངས་ཉེར་ལྔའི་ནང་མཁས་པ་དེ་གཉིས་ཀ་དྲངས་ལ། ཊུས་

① ཁོ་བོས་བོད་ལྗོངས་སྤྱི་ཚོགས་ཚན་རིག་ཁང་གི་ཞིབ་འཇུག་པ་པ་ཚབ་པ་སངས་དབང་འདུས་ལགས་ལ་སྤྱི་ལོ་2017ལོའི་ཟླ་11པའི་ཚེས་3ཉིན་དང་། སྤྱི་ལོ་2018ལོའི་ཟླ་2པའི་ཚེས་17ཉིན་བཅར་འདྲི་བྱས་པའི་ཟིན་ཐོ་ལས་དྲངས།

ཀྱང་སོ་སོ་ཡིན་པའི་ཕྱིར། མི་གཅིག་ཏུ་བཞེད་པའི་སྣང་བ་ལྡོག་གོ། ད་དུང་དོགས་པ་སྐྱེས་ན། དེ་ལ་བླ་མ་དམ་པ་བསོད་ནམས་རྒྱལ་མཚན་གྱིས། "ཅོག་རོ་ཀླུའི་རྒྱལ་མཚན་དང་། ཞང་སྣ་ནམ་བཛྲེ་ཡེ་ཤེས་སྡེ་ལ་སོགས་པས་ལོ་ཙྪ་བྱས་ཏེ། སྒྲ་བསྒྱུར་རྒྱ་གར་གླིང་དུ་གཞི་བཟུང་ནས། སྡེ་སྣོད་གསུམ་པོ་བོད་དུ་བསྒྱུར། དགེ་འདུན་གྱི་སྡེ་བཙུགས། སངས་རྒྱས་བསྟན་པ་ཉི་མ་ཤར་བ་ལྟ་བུ་དར་ཞིང་རྒྱས་པར་མཛད་དོ། །"①ཞེས་གསུངས་པ་ཉིད་སྨྲ་བ་ངན་པའི་གོལ་ས་གཅོད་པའི་ལེགས་བཤད་དུ་ངོམས་པར་སེམས་སོ། །གང་ལྟར་ཡང་མཁས་པ་དེ་ནི་རྟོག་པ་ཁྱད་པར་ཅན་མངའ་བའི་རྣལ་འབྱོར་པ་ཞིག་སྟེ། བོད་དུ་བྱུང་བའི་གསང་སྔགས་སྔ་འགྱུར་གྱི་བསྟན་འཛིན་སྐྱེས་མཆོག་རིམ་བྱོན་གྱི་རྣམ་ཐར་ནོར་བུའི་དོ་ཤལ་ཞེས་པར། "སྣ་རྣམ②ཡེ་ཤེས་སྡེ་ནམ་མཁའ་ལ་འཕུར།"③ཞེས་པ་སོགས་དང་། གཞན་དམ་པ་གང་དེས་སྔགས་ཕྱོགས་ཀྱི་གསུང་རབ་མང་པོ་ཞིག་བསྒྱུར་ནས་བསྟན་པའི་སྲོག་ཤིང་མ་ཉམས་པར་གནས་པར་མཛད་རྗེས་བླ་ན་མེད་པ་འཛོག་གནང་མཛད་དོ། །སྣ་ནམ་ཡེ་ཤེས་དཔལ་ནི་བསྟན་པ་སྔ་དར་ལ་བྱས་པ་ཆེ་སྟེ་མཁས་པ་གང་དེས་སྟོན་མུན་ཅིག་ཅར་པའི་ལྟ་བའི་སྐོར་ཞུགས་ནས་བསམ་གཏན་གྱི་བསྒོམ་ལུང་སོགས་མཛད་ཅིང་། བསྟན་འཛིན་མང་པོའི་བསམ་གཏན་གྱི་གནད་གྲོལ་བའི་མཛད་པ་གནུབས་ཆེན་སངས་རྒྱས་ཡེ་ཤེས་ཀྱི་སྒོམ་གྱི་གནད་གསལ་བར་ཕྱེ་བ་བསམ་གཏན་མིག་སྒྲོན་དུ་ལུང་རྒྱུན་དྲངས་པ་ལས་ཤེས་སོ། །

① ས་སྐྱ་བསོད་ནམས་རྒྱལ་མཚན། རྒྱལ་རབས་གསལ་བའི་མེ་ལོང་། མི་རིགས་དཔེ་སྐྲུན་ཁང་། 1981ཤ221

② སྣ་རྣམ་ཞེས་པ་ཕལ་ཆེ་བར་སྣ་ནམ་ཞེས་བྱུང་།

③ ཀུན་བཟང་ངེས་དོན་ཀློང་ཡངས། བོད་དུ་བྱུང་བའི་གསང་སྔགས་སྔ་འགྱུར་གྱི་བསྟན་འཛིན་སྐྱེས་མཆོག་རིམ་བྱོན་གྱི་རྣམ་ཐར་ནོར་བུའི་དོ་ཤལ་ཞེས་བྱ་བ་བཞུགས་སོ། །ཤིང་དཔར། ལྡེབ་ཉེར་བདུན་གྱི་དབུ་ལྡེབ། ཤ 51

གནུབས་སངས་རྒྱས་ཡེ་ཤེས་བྱོན་དུས་ལ་ཆོས་འབྱུང་རྣམ་ཐར་ཁག་ཏུ་བཤད་པ་སྣ་ཚོགས་ཤིག་འདུག་ཅིང་། ལ་ལས་ཁྲི་སྲོང་ལྡེ་བཙན་གྱི་སྐུ་དུས་དང་། ཁ་ཅིག་ནི་ཁྲི་རལ་པའི་དུས། འགའ་ཞིག་ཁྲི་བཀྲ་ཤིས་བརྩེགས་པའི་སྐུ་དུས་སུ་བཤད། འདིར་ནི་དེབ་སྔོན་མཁན་པོའི་དགོངས་པ་ལྟར་འདོད་དེ། དཔལ་ཡིད་བཟང་རྩེ་པས། "སངས་རྒྱས་ཡེ་ཤེས་འདི་བྱོན་པའི་དུས་ཀྱང་། ལ་ལས་ཁྲི་སྲོང་ལྡེ་བཙན་གྱི་དུས་དང་། ལ་ལས་རལ་པ་ཅན་གྱི་དུས་དང་། ལ་ལས་ཁྲི་བཀྲ་ཤིས་བརྩེགས་པ་དཔལ་གྱི་དུས་སུ་བྱུང་བར་སྨྲ་སྟེ། རལ་པ་ཅན་གྱི་རིང་ལ་བྱུང་ནས། ཁྲི་བཀྲ་ཤིས་བརྩེགས་པ་དཔལ་གྱི་བར་དུ་བཞུགས་པ་ནི་དོན་ལ་གནས་སོ། །"[①]ཞེས་གསུངས་པའི་རྗེས་འབྲངས་ཞུའོ། །གནུབས་ཆེན་པོ་ནི་གསང་སྔགས་ཀྱི་བསྟན་པར་བྱས་པ་ཅན་གྱི་མཁས་ཤིང་གྲུབ་པའི་དབང་ཕྱུག་ཅིག་དང་། བསྟན་པ་སྔ་དར་དང་ཕྱི་དར་མཚམས་ཀྱི་མཁས་གྲུབ་གཉིས་ལྡན་གྱི་དམ་པ་ཞིག་སྟེ། སྔགས་ཀྱི་ཡུལ་དུ་སྐུ་འཁྲུངས་ལ། རུས་གནུབས་ཡིན་པའི་ཆ་ནི། རྙིང་མའི་སྐྱེས་མཆོག་རིམ་བྱོན་གྱི་རྣམ་ཐར་དུ། "བསྟན་པ་སྔ་དར་ཕྱི་དར་གྱི་བར་མཚམས་དེར་འགྲོ་དོན་མཛད་པ་པོ་མང་དུ་བྱུང་བའི་གྲགས་ཆེ་ཤོས་གནུབས་ཆེན་སངས་རྒྱས་ཡེ་ཤེས་ཏེ། སྒྲགས་ཀྱི་ཕུར་གནུབས་རིགས་སུ་སྐུ་འཁྲུངས། སྐྱ་མིང་རྡོ་རྗེ་ཁྲི་གཙུག ཆོས་མིང་སངས་རྒྱས་ཡེ་ཤེས། གསང་མཚན་རྡོ་རྗེ་ཡང་དབང་གཏེར་དུ་གྲགས།"[②]ཞེས་དང་། "དབང་ཆེན་དང་ཡ་མནྟ་ཀའི་[③]དཀྱིལ་འཁོར་ཡོངས་སུ་རྫོགས་པའི་ཞལ་གཟིགས་ཤིང་།

---

① འགོས་ལོ་གཞོན་ནུ་དཔལ། དེབ་ཐེར་སྔོན་པོ། སྟོད་ཆ། སི་ཁྲོན་མི་རིགས་དཔེ་སྐྲུན་ཁང་། 1984ཤ 141

② ཀུན་བཟང་ངེས་དོན་ཀློང་ཡངས། བོད་དུ་བྱུང་བའི་གསང་སྔགས་སྔ་འགྱུར་གྱི་བསྟན་འཛིན་སྐྱེས་མཆོག་རིམ་བྱོན་གྱི་རྣམ་ཐར་ནོར་བུའི་དོ་ཤལ་ཞེས་བྱ་བ་བཞུགས་སོ། །ཤིང་དཔར། ལྡེབ་སོ་དགུ། ཤ 75–76

③ ཡ་མནྟ་ཀ་ཞེས་པ་ནི་གཤིན་རྗེའི་གཤེད་ཅེས་པའི་དོན་ཏེ། འཇམ་དཔལ་སྒྲུ་འཕྲུལ་དྲྭ་བའི་ཡི་དམ་ཁྲོ་བོ་ཞིག་ཡོད་པ་དེ་མིན་ནམ་སྙམ། ལར་ནི་འཇིགས་བྱེད་བླ་མེད་ཕ་རྒྱུད་ཀྱི་ཡི་དམ་དུ་གསུངས་པའང་ཡོད།

དབང་དང་དངོས་གྲུབ་ཐོབ་སྟེ་གསང་སྔགས་ཀྱི་བདག་པོར་གྱུར།”[1]ཞེས་གསུངས་པ་དང་། བདུད་འཇོམས་ཆོས་འབྱུང་དུ། “གངས་རིའི་ཁྲོད་དུ་སྔ་འགྱུར་རྡོ་རྗེ་ཐེག་པའི་བསྟན་པ་དང་པོ་གཉགས་ལ་བབས། བར་དུ་གནུབས་ལ་བབས། ཐ་མར་ཟུར་ལ་བབས།”[2]ཞེས་གསལ་བ་དང་། རྗོ་ནང་རྗེ་བཙུན་ཏཱ་ར་ནཱ་ཐས་དགེ་བཤེས་དཔལ་ལྡན་ཤཱཀྱ་བསྟན་འཛིན་གྱིས་དྲི་ལན་གནང་གི་གསལ་བྱེད་ཅེས་པར། “སྣུབས་[3]དེ་ནི་རྫོགས་ཆེན་པ་ཐམས་ཅད་ཀྱིས་ཚད་མར་བྱེད་པའི་སློབ་དཔོན་ཡིན་ནོ། །”[4]ཞེས་གསུངས་པ་སོགས་ལ་བལྟོས་ན་མཁས་པ་གང་དེ་སངས་རྒྱས་བསྟན་པ་སྤྱི་དང་བྱེ་བྲག་རྫོགས་པ་ཆེན་པོའི་ཆོས་ལ་བཀའ་ཆགས་སད་པའི་སྐྱེས་བུ་དམ་པ་ཞིག་ཡིན་པ་ནི་བསྟོན་དུ་མེད་དོ། །མཁས་པ་གནུབས་ཞབས་ཀྱི་བསྟན་པའི་གསོས་སུ་འགྱུར་བའི་གནད་གཙོ་བོ་ནི་ཐོས་བསམ་གྱི་སྒོ་ཀུན་ཏུ་འཇུག་ནས་བསྟན་བཅོས་རྒྱ་ཆེར་འགྲེལ་རྩོམ་མཛད་པ་འདིར་སོང་བས། དེ་ལ་བསམ་གཏན་མིག་སྒྲོན་གྱི་རྫོགས་བྱང་དུ། “བན་ཆུང་གནུབས་བན་སངས་རྒྱས་ཀྱིས། །རྒྱ་བལ་བོད་དང་གྲུ་ཞ་སོགས། །མཁས་པའི་ཀ་བརྒྱུད་མཉེས་ཕུལ་བས། །པཎྜི་ཏའི་ཐུགས་སྒོ་ཕྱེ། །ཡང་རྩེ་ལུང་གི་མན་ངག་ཐོབ། །”[5]ཅེས་བྱུང་བ་ལས་མཁས་པ་གང་དེས་མཁས་གྲུབ་གཉིས་ལྡན་གྱི་མཁས་པའི་དབང་པོ་མང་པོ་གཙུག་ཏུ་བཀུར་ནས་ཐོས་བསམ་སྒོམ་གསུམ་གྱི་ངེས་ཤེས་འཇོངས་ཏེ་བསྟན་པའི་བྱ་བ་རྒྱ་ཆེར་མཛད་པ་གསལ་ལོ། །གཞན་ཡང་

① ཀུན་བཟང་ངེས་དོན་ཀློང་ཡངས། བོད་དུ་བྱུང་བའི་གསང་སྔགས་སྔ་འགྱུར་གྱི་བསྟན་འཛིན་སྐྱེས་མཆོག་རིམ་བྱོན་གྱི་རྣམ་ཐར་ནོར་བུའི་དོ་ཤལ་ཞེས་བྱ་བ་བཞུགས་སོ། །ཤིང་དཔར། ལྡེབ་བཞི་བཅུ། ཤ 77–78

② བདུད་འཇོམས་ཡེ་ཤེས་རྡོ་རྗེ། བདུད་འཇོམས་ཆོས་འབྱུང་། ནང་ཁྲུལ་དཔར་རྩ། ཤ 225

③ སྣུབས་ཞེས་པ་ལ་གནུབས་དང་བསྣུབས། བནུབས་སོགས་གང་འདྲ་བྲི་བའི་སྲོལ་སྣང་ཡང་། ཕལ་ཆེ་བས་གནུབས་ཞེས་ཉིད་འབྲི་བར་མཛད་དོ། །

④ རྗེ་བཙུན་ཏཱ་ར་ནཱ་ཐའི་གསུང་འབུམ་པོད་བརྒྱད་པ། ཚ་པ། ཤིང་དཔར། འཛམ་ཐང་དཔར་མ། ཤ 446

⑤ གནུབས་སངས་རྒྱས་ཡེ་ཤེས། སྒོམ་གྱི་གནད་གསལ་བར་ཕྱེ་བ་བསམ་གཏན་མིག་སྒྲོན་ཅེས་བྱ་བཞུགས་སོ། །ཤིང་དཔར། ཤ497–498

དམ་པ་གང་དེའི་གསུང་གི་སྣང་བས་སྐྱེ་བོ་རྣམས་ཀྱི་བློའི་མུན་པ་གསལ་བའི་ཆར་ཞུས་ན། འདུས་པ་མདོའི་བཀའ་འགྲེལ་མུན་པའི་གོ་ཆ་མཐའ་གཅོད་སྨྲ་བའི་མཚོན་དང་། སྒྱུ་འཕྲུལ་བརྒྱད་ཅུ་པའི་མདོན་རྟོགས་འགྲེལ། རྫོགས་ཆེན་བསམ་གཏན་མིག་སྒྲོན་སོགས་བསྟན་བཅོས་ཆེན་པོ་མང་དུ་གསུངས་ཞེས་རྙིང་མའི་སྐྱེས་མཆོག་རིམ་བྱོན་གྱི་རྣམ་ཐར་དུ་བཤད།[①] དེ་དག་གི་ཁྲོད་ནས་ཀྱང་བསམ་གཏན་མིག་སྒྲོན་འདི་ཉིད་རྫོགས་པ་ཆེན་པོའི་ལྟ་བའི་སྙིང་པོ་གསལ་བའི་གཞུང་ཞིག་གོ །གཞུང་འདིའི་སྐོར་ཞིབ་པ་ས་བཅད་གསུམ་པར་བཤད་པར་བྱའོ། །

ཤུད་པུ་དཔལ་སེང་ནི་གྲའི་ཡུལ་དུ་འཁྲུངས་ལ་སྔར་གྱི་ཡིག་ཚང་རྣམས་སུ་ཤུད་པུའི་རུས་ཀྱི་ས་ཆ་གྲའི་ཡུལ་ཕྱོགས་སུ་བྱ་ལ། ཤུད་པུ་[②]ཞེས་པའི་ས་མིང་དེང་སང་ཡང་ཡུལ་དེར་ཡོད་པར་བཤད་ཅིང་། འཕྲང་པོའི་[③]ཕུ་ཤར་[④]ན་ཤུད་པུ་དཔལ་སེང་གིས་བཞེངས་པའི་ཤུད་པུ་དགོན་པའི་ཤུལ་ཙམ་མཇལ་རྒྱུ་ཡོད། དམ་པ་གང་དེ་རྫོགས་པ་ཆེན་པོའི་སྤྱི་མེས་སློབ་དཔོན་པདྨ་འབྱུང་གནས་ཀྱི་དངོས་སློབ་སྔེ་རྗེ་འབངས་ཉེར་ལྔའི་ཡ་གྱལ་དང་། གྲུབ་པ་བརྙེས་པའི་སྐྱེས་བུ་དམ་པ་ཞིག བསྟན་

① ཀུན་བཟང་ངེས་དོན་ཀློང་ཡངས་ཀྱིས་མཛད་པའི་བོད་དུ་བྱུང་བའི་གསང་སྔགས་སྔ་འགྱུར་གྱི་བསྟན་འཛིན་སྐྱེས་མཆོག་རིམ་བྱོན་གྱི་རྣམ་ཐར་ནོར་བུའི་དོ་ཤལ་ཞེས་བྱ་བ་བཞུགས་སོ་ཞེས་པའི་ཤིང་དཔར་ལྡེབ་བཞི་བཅུའི་ཞབས་ལྡེབ་སྟེ་ཤོག་ངོས་78གསལ།

② ཤུད་པུ་ཞེས་པ་ལ་ཤུད་པོ་ཞེས་ཀྱང་བྱུང་། དེང་ལྷོ་ཁ་གྲ་ནང་རྫོང་གྲ་ཐང་གྲོང་བརྡལ་ཞོལ་པོ་གྲོང་ཚོ་ཞེས་པ་དེ་མིན་ནམ་སེམས།

③ འཕྲང་པོ་ཞེས་པ་ནི་ལྷོ་ཁ་གོང་དཀར་རྫོང་འཕྲང་པོ་ཤང་ལ་གོ །ལར་འཕྲང་སྒོ་ཞེས་ཀྱང་བརྗོད། འཕྲང་སྒོ་ཞེས་བརྗོད་དོན་ནི་ལམ་ཕྲན་གྱི་འཕྲང་གི་འགག་སྒོར་ཡོད་པས་ན་མིང་དེ་ལྟར་ཐོགས་པར་གསུངས། དེ་ཡང་རྡོ་རྗེ་བྲག་དགོན་གྱི་འཕྲང་རྒྱབ་ན་ལམ་དོག་པོ་ཞིག་ཡོད་པས་ན་རྟ་བོང་སོགས་ལ་མཁལ་བཀལ་ནས་འགྲོ་བའི་སྐབས་ལམ་བགྲོད་དཀའ་བས་འཕྲང་དོག་པའམ་འཕྲང་གི་འགག་སྒོའི་མིང་ཡུལ་དུ་བཏུས་པའོ། །གཞན་དུ་འཕྲེང་སྒོའམ་འཕྲེང་པོ་ཞེས་ཀྱང་བྱུང་།

④ འཕྲང་པོ་ཕུ་ཤར་ཞེས་པ་ནི་ལྷོ་ཁ་གོང་དཀར་རྫོང་འཕྲང་སྒོ་ཤང་ཕུ་ཤར་གྲོང་ཚོ་ཞེས་པ་དེ་ཡིན།

པ་སྟོ་དར་ལ་ལག་རྗེས་ཆེ་བའི་མཁས་པ་ཞིག་ཡིན་ཏེ། བོད་དུ་བྱུང་བའི་གསང་སྔགས་སྔ་འགྱུར་གྱི་བསྟན་འཛིན་སྐྱེས་མཆོག་རིམ་བྱོན་གྱི་རྣམ་ཐར་ནོར་བུའི་དོ་ཤལ་དུ། "ཤུད་པོ་དཔལ་གྱི་སེང་གེས་གཙང་པོ་ཉེ་མ་ཕྱེད་དུ་གྱེན་ལ་བསློག"[①]ཞེས་གསུངས་པ་དང་། ལྷག་ཏུ་མཁས་པ་གང་དེས་ལྷ་ཁང་སོགས་བཞེངས་ནས་བསྟན་པའི་གཞི་རྟེན་དགེ་འདུན་གྱི་འདུ་གནས་བསྐྲུན་པའི་མཛད་པའི་ཆ་ཤས་ཙམ་སྨོས་ན་ནི། ནེའུ་པཎྜི་ཏ་གྲགས་པ་སྨོན་ལམ་བློ་གྲོས་ཀྱི་ཆོས་འབྱུང་སྔོན་གྱི་གཏམ་མེ་ཏོག་ཕྲེང་བར། "ཤུད་པུ་དཔལ་གྱི་སེང་གེས་བྲག་སྣའི་ལྷ་ཁང་[②]བཞེངས།"[③]ཞེས་དང་། མཁས་པ་ལྡེའུས་ཀྱང་རྒྱ་བོད་ཀྱི་ཆོས་འབྱུང་རྒྱས་པར་བསྟན་པ་སྟོ་དར་ལ་འབངས་ཀྱིས་བཞེངས་པའི་ལྷ་ཁང་བཤད་པའི་སྐབས་སུ། "འབངས་ཀྱིས་བཞེངས་པ་ལ། བྲན་ཀས་དགེ་ཚལ་ལྷ་ཁང་།[④] ཞེས་པ་ནས། ཤུད་པུས་བྲག་སྣའི་ལྷ་ཁང་།"[⑤]

---

① ཀུན་བཟང་ངེས་དོན་ཀློང་ཡངས། བོད་དུ་བྱུང་བའི་གསང་སྔགས་སྔ་འགྱུར་གྱི་བསྟན་འཛིན་སྐྱེས་མཆོག་རིམ་བྱོན་གྱི་རྣམ་ཐར་ནོར་བུའི་དོ་ཤལ་ཞེས་བྱ་བ་བཞུགས་སོ། །ཤིང་དཔར། ལྡེབ་ཉེར་བདུན་གྱི་དབུ་ལྡེབ། ཤ 51

② བྲག་སྣའི་ལྷ་ཁང་ཞེས་པ་ནི་ལྷ་ས་གྲོང་ཁྱེར་ཆུ་ཤུར་རྫོང་སྙེ་ཐང་ཁུལ་དུ་ཡོད་སྐོར་གསུང་ངག་རིན་པོ་ཆེའི་ལམ་འབྲས་བུ་དང་བཅས་པའི་གླེགས་བམ་དྲུག་པ་དང་སྟག་ཚང་དཔལ་འབྱོར་བཟང་པོའི་ཆོས་འབྱུང་སོགས་སུ་གསལ། དེ་ཡང་འཇམ་མགོན་བླ་མ་ཐམས་ཅད་མཁྱེན་པ་ལེགས་པའི་མཚན་གྱི་ཞལ་སྔ་ནས་ཀྱི་རྣམ་པར་ཐར་པ་ངོ་མཚར་རབ་འབྱམས་ཞེས་པར་འབྲིང་ཡེ་ཤེས་རྒྱལ་མཚན་གྱི་གནས་གཞི་བཟུང་བས་བཀའ་གདམས་དགོན་སྙིང་ལ་དུས་ཕྱིས་ཐམས་ཅད་མཁྱེན་པ་རྗེ་བཙུན་ཀུན་དགའ་སྙིང་པོ་དཔོན་སློབ་ཀྱིས་སྐྱབ་སྟེ་འཛུགས་པར་མཛད་པའི་གནས་སྙེ་ཐང་བྲག་སྣ་དགོན་ཞེས་གསལ་བའི་ཕྱིར་དང་། རྒྱ་བོད་ཡིག་ཚང་ཆེན་མོར། འབྲིང་གིས་ངན་ལམ་སྐྱི་མོ་བརྩིགས། དེ་ནས་སྐར་ཆུང་བཟུང་། དེ་ནས་སྙེ་ཐང་བྲག་སྣ་བཟུང་། ཞེས་གསལ་བའི་ལུང་རྒྱུན་ལས་བྲག་སྣའི་ལྷ་ཁང་འདི་ཉིད་སྙེ་ཐང་དུ་བྱ་དགོས་པ་ངེས་པ་ཉིད་དོ། །

③ བོད་ཀྱི་ལོ་རྒྱུས་དེབ་ཐེར་ཁག་ལྔ། བོད་ལྗོངས་བོད་ཡིག་དཔེ་རྙིང་དཔེ་སྐྲུན་ཁང་། 2012 ཤ 28

④ དགེ་ཚལ་ལྷ་ཁང་ཞེས་པའི་གནས་གཞི་འདི་ཉིད་ནི་བྲན་ཀ་དཔལ་ཡོན་གྱིས་བཞེངས་པར་གྲགས་པའི་ལྷ་ཁང་ལྷའི་ཡ་གྱལ་དུ་འདུག་མོད། དེང་སང་གང་དུ་ཡོད་མིན་ནི་མི་ཤེས།

⑤ མཁས་པ་ལྡེའུས་མཛད་པའི་རྒྱ་བོད་ཆོས་འབྱུང་རྒྱས་པ། བོད་ལྗོངས་བོད་ཡིག་དཔེ་རྙིང་དཔེ་སྐྲུན་ཁང་། 2010 ཤ 281-282

ཞེས་གསལ་བ་སོགས་པའི་འགྲོས་ལ་བརྟག་ན་དམ་པ་གང་ཉིད་སངས་རྒྱས་བསྟན་པའི་ཆོས་སྐོར་ཞུགས་ནས་བསྟན་པའི་ཁུར་ཆེན་པོ་བཞེས་པ་གསལ་ནུས།

མཁན་པོ་དཔལ་དབྱངས་ཀྱི་ཡུལ་ཅི་ཞིག་ཡིན་པའི་ཆར་གསལ་ཁ་མེད་ཀྱང་མཁས་པ་གང་དེའི་མཛད་པ་བཞེས་ས་བསམ་ཡས་དང་གྲྭ་དོལ་གྱི་ཕྱོགས་སུ་ཡིན་ལ། བསྟན་པ་མིག་བཞིན་བསྲུངས་ཏེ་རྒྱལ་བསྟན་དྲི་མ་མེད་པ་ལུང་དང་རིགས་པའི་ལམ་ནས་སྐྱེས་འགྲོའི་གསོས་སུ་སྨིན་པར་མཛད་ཚུལ་ཆོས་འབྱུང་དེབ་ཐེར་རྣམས་སུ་གསལ་ལོ། །

གོང་སྨྲོས་མཁས་པ་དེ་དག་གི་ལྟ་བའི་བཞེད་དགོངས་ཅི་འདྲ་ཞིག་ཏུ་བྱེད་མིན་མདོར་བསྟན་ཚུལ་དུ་སྨྲོས་ན། བསྟན་པ་སྔ་དར་ལ་ལྟ་བ་གཙོ་ཆེ་བ་རྫོགས་ཆེན་པའི་ལྟ་བ་དང་སྟོན་མུན་ཅིག་ཅར་འཇུག་པའི་རིང་ལུགས། རྩེན་མིན་རིམ་གྱིས་འཇུག་པའི་དགོངས་པ་གསུམ་ལས་སྤྱི་མཐུན་གྱི་ལྟ་བ་རྫོགས་པ་ཆེན་པོའི་ལྟ་བར་ཁས་འཆེས་ཀྱང་། བློ་ཞིབ་མོའི་ངོར་དཔྱད་ན། གནུབས་སངས་རྒྱས་ཡེ་ཤེས་དང་ཤུད་བུ་དཔལ་སེང་རྣམ་གཉིས་རྫོགས་པ་ཆེན་པོ་ཨ་ཏིའི་ལུགས་རྩལ་འདོན་མཁན་དུ་སེམས་པ་དང་། བཙུན་པ་དཔལ་དབྱངས་ཉིད་སློབ་དཔོན་ཀ་མ་ལ་ཤཱི་ལའི་རིམ་གྱིས་པའི་ལུགས་བྱེད་པར་སྣང་བ་ནི་ཆོས་འབྱུང་བསྟན་པའི་པདྨ་རྒྱས་པའི་ཉིན་བྱེད་དུ། "ཡེ་ཤེས་དབང་པོ་མཁན་པོར་བསྐོས་ཏེ། རིང་ཞིག་བསྟན་པ་བསྐྱངས། དེས་དཔལ་དབྱངས་ཚབ་ཏུ་བསྐོས་ཏེ་ལྷོ་བྲག་མཁར་ཆུར་སྒོམ་དུ་བྱོན། དེའི་རིང་ལ་རྒྱའི་ཧ་ཤང་མ་ཧཱ་ཡ་ཎའི་སློབ་མ་དར་ཏེ། ལུས་ངག་གི་ཆོས་སྤྱོད་དགེ་བ་བྱས་པས་སངས་མི་རྒྱ་བ་དང་། ཡིད་ལ་མི་བྱེད་པས་སངས་རྒྱ་ཟེར་བའི་ལུགས་དར། དེ་ལ་སྟོན་མུན་དུ་གྲགས། དཔལ་དབྱངས་དང་། སྦ་རཏྣ་ལ་སོགས་པ་ཉུང་ཤས་ཤིག་མཁན་པོའི་རྗེས་སུ་འབྲངས། དེ་ལ་རྩེན་མིན་རྒྱའི་སྐད་ཡིན། བོད་སྐད་དུ

ཅིག་ཅར་བ་དང་རིམ་སྐྱེས་ལ་ཟེར། དེ་དག་མི་མཐུན་པ་རྗོད།"①ཅེས་གསུངས་པ་ཕྱིར་ན། བཙུན་པ་དཔལ་དབྱངས་ཀྱི་ཞི་ཕྱུག་གི་ལྟ་བ་རྣལ་འབྱོར་སྤྱོད་པའི་དབུ་མ་རང་རྒྱུད་དུ་བྱེད་པར་མངོན་ནོ། །

སྟ་ནམ་ཡེ་ཤེས་དཔལ་ཉིད་བསམ་གཏན་མཁན་པོའི་ཅིག་ཅར་པའི་བཞེད་པར་གཙིགས་གནང་བར་མངོན་ཞིང་། སྟ་ནམ་ཡེ་ཤེས་སྡེ་ཉིད་སྟོན་ཙེན་གྱི་ལུགས་དང་རྫོགས་ཆེན་ཨ་ཏི་ཡོ་ག་གསུམ་གྱི་དགོངས་པ་ཐུན་མོང་མཛད་བཞེས་གནང་མཁན་ཞིག་མིན་ནམ་སྙམ། ཞིབ་པ་བསམ་གཏན་མིག་སྒྲོན་ལ་སོགས་པ་མཁས་པ་དག་གིས་མཛད་པའི་རྫོགས་ཆེན་པའི་བསྟན་བཅོས་ཁག་དང་སྦ་བཞེད། ཀློང་ཆེན་ཆོས་འབྱུང་སོགས་ལ་དཔྱད་གཞིར་མཛོད།

## གཉིས་པ། ཡུལ་ཕྱོགས་གཞན་ནས་བསྟན་འཛིན་སྐྱེས་བུ་ཇི་ལྟར་བྱོན་ཚུལ་སྐོར།

བསྟན་པ་སྔ་དར་ལ་ཡུལ་ཕྱོགས་གཞན་ནས་པཎ་གྲུབ་ཇི་བྱོན་བུ་སྟོན་ཆོས་འབྱུང་དུ་ཞར་བྱུང་བོད་དུ་དམ་པའི་ཆོས་དར་བར་མཛད་པའི་པཎྜི་ཏ་དང་། ལོ་ཙཱ་བའི་མཚན་ཐོ་ཞེས་པའི་ལེ་ཚན་དུ་ཕྱིན་པཎ་གྲུབ་སུམ་ཅུ་ལྷག་ཙམ་ཞིག་བྱོན་པ་ལས་མཁས་པའི་ཕུད་དམ་གཙུག་གི་རྒྱན་ནི་རྒྱ་གར་གྱི་མཁས་པ་སློབ་དཔོན་པདྨ་འབྱུང་གནས་དང་། བི་མ་ལ་མི་ཏྲ། རྩེན་མིན་གྱི་སློབ་དཔོན་མཁན་ཆེན་ཞི་བ་འཚོ་དང་གང་དེའི་དངོས་སློབ་ཀ་མ་ལ་ཤཱི་ལ། རྒྱ་ནག་གི་མཁན་པོ་ཧྭ་ཤང་མ་ཧཱ་ཡ་ན་རྣམས་ཡིན་པར་སེམས་ལ། དོན་དངོས་པོའི་གནས་ཚོད་ལའང་བསྟན་པ་སྔ་དར་གྱི་དུས་མཚམས་སུ་ཡོངས་ལ་མཁས་པ་དེ་རྣམས་ཀྱིས་བསྒྲིགས་བཅད་བཏར་བའི་གསེར་བཞིན་བསྟན་པའི་གྲུ་ཟུར་ཀུན་ཏུ་ལག་རྗེས་མི་འཇོག་པ་མེད་

① འབྲུག་པ་པདྨ་དཀར་པོ། འབྲུག་པའི་ཆོས་འབྱུང་། བོད་ལྗོངས་བོད་ཡིག་དཔེ་རྙིང་དཔེ་སྐྲུན་ཁང་། 2013 ཤ226-227

པར་སླེབ་ལ། དེ་བས་མཁན་སློབ་རྣམ་གཉིས་ནི་སངས་རྒྱས་བསྟན་པ་བོད་ན་གཞི་རྐང་ཚུགས་པར་མཛད་རྗེས་བླ་ན་མེད་པ་འཛོམ་མཛད་ཀྱི་མཁས་པ་ཡིན་པ་ལོ་རྒྱུས་དང་བསྟན་བཅོས་རྣམས་ཀྱི་རྒྱུན་དུ་སིམ་པ་ལས་ཤེས་སོ། །དེ་ལྟར་སྨྲ་དོན་ནི་བོད་ཀྱི་ལོ་རྒྱུས་ཐོག་མཁན་སློབ་ཆོས་གསུམ་དུ་གྲགས་པའི་ངེས་པ་དོན་གྱི་ཆེ་བརྗོད་དང་བསྟན་པའི་སྲོག་ཤིང་འདུལ་བའི་བསྟན་པ་སྙིང་ལྟར་བཟུང་ནས་དགེ་སློང་གི་སྡོམ་རྒྱུན་ནི་དམ་པ་དེ་གསུམ་གྱི་སྐུ་དྲིན་ཉག་གཅིག་ལས་བྱུང་བ་དང་། གཞན་དུ་སློབ་དཔོན་པདྨ་འབྱུང་གནས་ཀྱིས་བོད་ཀྱི་སྔ་དུས་ཀྱི་ཆོས་ལུགས་ཉི་འཚོ་བ་དང་བོན་ལུགས་ཀྱི་གཏོ་མཆོད་སོགས་ནང་པ་སངས་རྒྱས་ཀྱི་ངོར་བསྒྱུར་བཀོད་མཛད་ནས་གསང་སྔགས་བསྟན་པ་དར་ཞིང་རྒྱས་པར་མཛད་པའི་ཚུལ་ནི། ཐུའུ་བཀྭན་གྲུབ་མཐར། "མཁན་ཆེན་ཞི་བ་འཚོས་དམ་པའི་ཆོས་འདུལ་བ་ནས་བཟུང་སྟེ་དབུ་མའི་བར་གྱི་བཤད་པའི་ཁུར་བསྣམས་ཏེ་འཆད་ཉན་དར་བར་མཛད། སློབ་དཔོན་པདྨ་སོགས་ཀྱིས་སྟོད་ལྡན་འགའ་ཞིག་ལ་གསང་སྔགས་ཀྱི་གདམས་པ་གནང་བས་གྲུབ་པ་ཐོབ་པའི་སྐྱེས་བུ་འགའ་ཡང་བྱུང་།"[①]ཞེས་གསལ་བས། དེས་ན་མཁན་སློབ་རྣམ་གཉིས་ནི་བསྟན་པ་སྤྱི་དང་། ཡང་སྙོས་བོད་འདིར་བཀའ་དྲིན་ལྷག་པར་ཆེ་བའི་མཁས་པའི་དབང་པོ་ཁོ་ནར་ཟད་དོ། །མཁན་སློབ་རྣམ་གཉིས་ཀྱི་དགོངས་བརྒྱུད་དང་མན་ངག་གི་ཁྲིད་རླབས་དུས་དེང་སང་ཡང་བོད་གངས་ཅན་གྱི་ཡུལ་གྱི་མཁས་པའི་སྙིང་ཏུམ་དུ་སིམ་ཡོད། དེའི་དབང་གིས་སྔོན་གྱི་རྫོགས་ཆེན་པ་ཕལ་ཆེ་བས་མཁས་པ་རྣམ་གཉིས་ཀྱི་གསུང་རབ་ཚད་མར་འཛིན་ཏེ་བཤད་སྒྲུབ་ཀྱི་བསྟན་པ་སྤེལ་བའོ། །

① ཐུའུ་བཀྭན་བློ་བཟང་ཆོས་ཀྱི་ཉི་མ། ཐུའུ་བཀྭན་གྲུབ་མཐའ། ཀན་སུའུ་མི་རིགས་དཔེ་སྐྲུན་ཁང་། 2010ཤ56

བི་མ་ལ་མི་ཏྲ་ནི་རྫོགས་པ་ཆེན་པོའི་མན་ངག་ལས་སེམས་ཀློང་མན་ངག་སྡེ་གསུམ་ལས་སེམས་ཀློང་གི་སྡེ་གཉིས་ཀྱི་རྩ་བའི་བླ་མ་ལྟར་ཏེ། ཐུའུ་བཀྲན་གྲུབ་མཐར། “སྙིང་མའི་ཆོས་ཀྱི་སྙིང་པོར་གྱུར་པ་ནི་མན་ངག་རྫོགས་པ་ཆེན་པོར་གྲགས་པ་སྟེ། དེ་ལ་ཡང་སེམས་སྡེ་དང་། ཀློང་སྡེ་དང་། མན་ངག་གི་སྡེ་གསུམ། སེམས་སྡེ་མ་བུ་བཅོ་བརྒྱད་ལས་ལྔ་བཻ་རོ་ཙ་ན། བཅུ་གསུམ་བི་མ་ལ་ལས་བྱུང་། ཀློང་སྡེ་ཡང་བི་མ་ལ་ལས་བྱུང་།”①ཞེས་པའི་གསུང་རྒྱུན་ལ་སེམས་ན། དམ་པ་གང་དེ་སྙིང་མའི་རྫོགས་པ་ཆེན་པོའི་གཞུང་གི་སློབ་དཔོན་ཚད་ལྡན་ཞིག་དང་ཕྱིས་བྱོན་པའི་ཀློང་ཆེན་རབ་འབྱམས་སོགས་ཀྱིས་ཚད་མར་འཛིན་ནོ། །དེས་ན་མཁས་པ་བི་མ་ལ་མི་ཏྲ་ཉིད་ནི་སྔ་འགྱུར་སྙིང་མའི་བསྟན་པ་གངས་རིའི་ཁྲོད་འདིར་དར་བའི་སླད་དུ་བསམ་བཞིན་བྱོན་པའི་བྱང་ཆུབ་སེམས་དཔའ་ཞིག་ཏུ་ངེས་སོ། །

མཁན་པོ་མ་ཧཱ་ཡ་ན་ནི་རྩོད་རྟོག་ཅན་གྱི་མཁས་པ་ཞིག་སྟེ། གང་དེའི་ལྟ་བའི་གཞི་ཁུངས་ཡང་དག་ཡིན་མིན་ལ་གངས་རིའི་ཁྲོད་འདིར་རྩོད་པ་སྣ་ཚོགས་ཤིག་བྱུང་ལུགས་ནི། མཁས་པ་ཚད་ལྡན་ཁ་ཅིག་གིས་ཡང་དག་པར་བཞེད་པ་དང་། ལ་ལས་ཡང་མ་དག་པར་གསུངས་པའི་རྒྱུན་ལ་དཔྱད་གསུམ་དག་པའི་ལུང་རིགས་ཀྱིས་གཞལ་ན་རྟོགས་པའི་ཕྱིར། རང་ལུགས་ཅི་འདྲ་ཞིག་ཡིན་མིན་ཆ་ནི་ས་བཅད་གསུམ་པའི་ནང་བཤད་པར་བྱའོ། །གང་ལྟར་མཁས་པ་དེས་བསྟན་པ་སྔ་དར་ལ་བསྟན་པའི་བྱ་བའི་ཁུར་བཞེས་ནས་གདུལ་བྱ་མང་པོ་ལམ་དུ་བཀོད་པའི་སྐོར་སྔ་བཞེད་སོགས་ན་གསལ་བས་དེ་དག་ལ་སྤྱན་གཡོ་ཙམ་གནང་བར་ཞུ། སྟོན་མུན་པའི་ལྟ་བ་ལ་བསྟན་པ་སྔ་ཕྱི་གཉིས་ལ་མཁས་པ་རྣམས་ཀྱི་བཞེད་ལུགས་མི་འདྲ་བ་སྣ་

① ཐུའུ་བཀྲན་བློ་བཟང་ཆོས་ཀྱི་ཉི་མ། ཐུའུ་བཀྲན་གྲུབ་མཐའ། ཀན་སུའུ་མི་རིགས་དཔེ་སྐྲུན་ཁང་། 2010ཤ72

ཚོགས་མཆེས་པའི་ཆ་སློབ་དཔོན་ཀ་མ་ལ་ཤཱི་ལའི་སྒོམ་རིམ་བར་མཐའ་གསུམ་དང་། གནུབས་སངས་རྒྱས་ཡེ་ཤེས་ཀྱི་བསམ་གཏན་མིག་སྒྲོན། དེ་བཞིན་རྗེ་བཙུན་ས་པཎ་གྱི་སྡོམ་གསུམ་རབ་དབྱེ་དང་རྗེ་ནང་ཀུན་དགའ་སྙིང་པོའི་དགེ་བཤེས་དཔལ་ལྡན་ཤཱཀྱ་བསྟན་འཛིན་གྱིས་དྲི་ལན་གནད་ཀྱི་གསལ་བྱེད་སོགས་ལ་གཟིགས་ཞིབ་གནང་ན་རང་རང་སོས་པ་དང་འཚམ་པའི་ངེས་ཤེས་ཤིག་སྐྱེ་འོང་བར་སེམས།

སློབ་དཔོན་ཀ་མ་ལ་ཤཱི་ལ་ནི་ཧྭ་ཤང་པའི་ལྟ་བ་འགོག་ཆེད་དུ་རྒྱ་དཀར་པོའི་ཡུལ་ནས་གདན་འདྲེན་པའི་མཁས་པ་ཞིག་ཡིན། མཁས་པ་གང་དེས་བསྟན་པར་བྱེ་དོར་མཛད་ཚུལ་དང་རྒྱལ་བའི་དགོངས་པ་ རྣམ་མེད་པ་སྐྱོང་ལུགས་སོགས་ནི་དབུ་མ་སྣང་བ་དང་སྒོམ་རིམ་གསུམ་ཉིད་ལས་ཤེས་པར་འགྱུར་ལ། དམིགས་སུ་བསལ་ནས་ཞུ་བ་ལ་སྒོམ་རིམ་གསུམ་གྱི་ལྟ་བའི་དམིགས་ས་དང་ལྟ་བའི་གནད་རྣམས་འོག་ནས་འཆད་འགྱུར་གྱི་ས་བཅད་གསུམ་པར་རྒྱས་པར་བཤད་པས་འདིར་སྤྲོས་པའི་ངལ་བ་སྤངས་སོ། །

བསྟན་པ་སྔ་དར་ལ་མཁས་པ་རྣམས་ཀྱིས་སེམས་ཙམ་པའི་ལུགས་དང་དབུ་མ་རང་རྒྱུད་པའི་ལྟ་དགོངས། དབུ་མ་ཐལ་འགྱུར་བའི་ལུགས་བཟང་པོ་ལྟར་བཞེས་མཛད་མཁན་སོགས་སྔ་ཚོགས་ཤིག་མཆེས་པ་ལས་སློབ་དཔོན་པདྨ་འབྱུང་གནས་དང་བི་མ་ལ་རྣམ་གཉིས་ཐལ་འགྱུར་བར་བཞེད་པ[①]ཤས་ཆེ་བ་དང་། ཞི་འཚོ་ཡབ་སྲས་རྣམ་གཉིས་ནི་རྣལ་འབྱོར་སྤྱོད་པའི་དབུ་མ་རང་རྒྱུད་པའི་རིང་ལུགས་དང་། ཧྭ་ཤང་གི་ལུགས་ནི་ལ་ལས་སེམས་ཙམ་དང་། འགས་དབུ་མ་རང་རྒྱུད་པར་བཤད་དོ། །དེ་ལྟར་སོང་མོད་བསྟན་པ་སྔ་དར་ལ་གྲགས་ཆེ་བ་དང་བཙན་པོའི་བཀའ་

---

① སློབ་དཔོན་པདྨ་འབྱུང་གནས་དང་བི་མ་ལ་རྣམ་གཉིས་ནི་སྨན་དགོན་སྤྲུལ་སྐུ་གསུང་རབ་པ་དང་ཐུའུ་བཀྭན་རིན་པོ་ཆེ། རྒྱལ་བ་ཀློང་ཆེན་པ་སོགས་ཀྱིས་ཐལ་འགྱུར་བའི་སློབ་དཔོན་དུ་བཞེད་དོ། །

ཁྲིམས་ཀྱིས་བཅད་པའི་ལྷ་བ་ནི་ཞི་འཚོ་ཡབ་སྲས་རྣམ་གཉིས་ཀྱི་ལུགས་སུ་བྱ་བས། ཐུའུ་བཀྭན་རིན་པོ་ཆེས། "དེས་ན་བསྟན་པ་སྔ་དར་ལ་སེམས་ཙམ་པའི་ལུགས་འཛིན་པའི་པཎྜི་ཏ་འགའ་ཞིག་ཀྱང་བྱོན་མོད་ཀྱང་། གཙོ་བོ་ཞི་བ་འཚོ་དང་། ཀ་མ་ལ་ཤཱི་ལའི་ལུགས་དབུ་མ་རང་རྒྱུད་པའི་ལྟ་བ་ཉིད་དར་ཆེའོ། །"[①]ཞེས་གསུངས་པའི་ལེགས་བཤད་སྨྲ་བའི་ཉི་མའི་རྗེས་སུ་བསླེགས་པར་འདོད་དོ། །

མདོར་ན། བསྟན་པ་སྔ་དར་ལ་དབུ་མའི་ལྟ་བར་གཙོ་ཆེ་བ་རིམ་གྱིས་པ་དང་ཅིག་ཅར་པའི་ལུགས་བྱ་སྤྲོལ་སྣང་སྟེ། དེ་ལ་བླ་མ་དམ་པ་བསོད་ནམས་རྒྱལ་མཚན་ཞབས་ཀྱིས། "རྒྱ་ནག་གི་ཡུལ་ནས་ཧྭ་ཤང་མ་ཧཱ་ཡ་ན་བོད་དུ་བྱོན་ནས། དབུ་མའི་ལྟ་བ་ལ་སྟོན་མིན་པ་བྱ་བ་དང་། རྩེན་མིན་པ་བྱ་བ་གཉིས་སུ་བྱུང་།"[②]ཞེས་གསུངས་པ་ཉིད་ཐུགས་མད་དོ། །ཞིབ་ཏུ་བསམ་ན། བསྟན་པ་སྔ་དར་དུས་སུ་ལྟ་བ་དེ་གཉིས་དར་ཆེ་བ་དང་སློབ་དཔོན་བི་མ་ལ་དང་བཻ་རོ་ཙཱ་ན་ལས་བརྒྱུད་པའི་རྫོགས་པ་ཆེན་པོའི་ལྟ་བ་འདི་ཉིད་སྙིག་ཆོས་ཀྱི་ཚུལ་དུ་དར་བར་སེམས་སོ། །

## ས་བཅད་གཉིས་པ། སྙོམ་རིམ་བར་མཐའ་གསུམ་རྫོགས་པ་ཆེན་པོའི་ལྟ་དགོངས་ཀྱི་ཁྲུངས་སུ་གྱུར་ཚུལ་སྐོར་གྱི་དཔྱད་པ།

སྤྱིར་ན་རྫོགས་པ་ཆེན་པོའི་ལྟ་དགོངས་ཁུངས་བཤད་པ་ལ་སློབ་དཔོན་དང་

① ཐུའུ་བཀྭན་བློ་བཟང་ཆོས་ཀྱི་ཉི་མ། ཐུའུ་བཀྭན་གྲུབ་མཐའ། ཀན་སུའུ་མི་རིགས་དཔེ་སྐྲུན་ཁང་། 2010ཤ57

② ས་སྐྱ་བསོད་ནམས་རྒྱལ་མཚན། རྒྱལ་རབས་གསལ་བའི་མེ་ལོང་། མི་རིགས་དཔེ་སྐྲུན་ཁང་། 1981ཤ221

གཞུང་མང་དུ་བཤད་དུ་ཡོད་ཀྱང་། བསྟན་པ་སྤྱི་དར་ན་བོད་ཀྱི་བཙན་པོ་སྐུ་དྲིན་ཅན་དང་རྒྱ་བོད་ཀྱི་པཎ་གྲུབ་ཚད་ཐུབ་དག་གིས་ལས་འབྲས་སོགས་རྣམ་དཀར་གྱི་ལས་དག་དཔང་དུ་བཙུགས་ནས་བསྟན་པའི་བྱ་བ་རྒྱ་ཆེན་པོ་མཛད་ཚུལ་རྣམས་ནི་ལོ་རྒྱུས་མཁན་པོའི་དཔེ་གཞུང་དུ་གསལ་བས། འདིར་ཡིག་ཚོགས་ཀྱི་ངལ་བ་མ་བྱས་སོ། །སྤྱི་མེས་གོང་མ་རྣམས་ཀྱི་ལྷག་བསམ་དྲི་མ་མེད་པའི་རྒྱུན་ལས་འབྲུངས་པའི་འཆད་རྩོད་རྩོམ་གསུམ་གྱི་བྱ་བའི་ཁུར་ཆེན་པོ་བཞེས་པ་ལས་ཆེས་ བླ་ན་མེད་པ་དང་སངས་རྒྱས་བསྟན་པའི་གསོས་སུ་གྱུར་པ་ནི་ཇི་སྐད་དུ་རྗེ་བློ་བཟང་གྲགས་པའི་ཞལ་སྔ་ནས། "མཛད་པ་ཀུན་ལས་གསུང་གི་ནི། །མཛད་པ་མཆོག་ཡིན་དེ་ཡང་ནི། །"[①]ཞེས་གསུངས་པའི་ལེགས་བཤད་གང་དེའི་ཤུལ་དུ་མྱུལ་ན། བསྟན་པ་འཛིན་སྐྱོང་སྤེལ་གསུམ་བྱེད་པ་ལ་གསུང་རབ་རིན་པོ་ཆེ་ཉིད་དགོས་པའི་ནང་གི་ཉིང་དགོས་སུ་འདུག་པས། བསྟན་པ་སྤྱི་དར་ལ་མཁས་པ་དང་གྲུབ་པའི་དབང་ཕྱུག་ཤིན་ཏུ་ནས་མང་མོད། འདིར་ནི་གསུང་རབ་ཀྱི་དགོངས་འགྲེལ་མཛད་པོ་དག་ལས་རྒྱ་དཀར་པོའི་མཁས་པ་ཆེན་པོ་ཀ་མ་ལ་ཤཱི་ལའི་བསྒོམ་རིམ་གྱི་བསྟན་བཅོས་འདི་ཉིད་ཛོགས་པ་ཆེན་པོའི་གཞུང་གི་ཁུངས་སུ་འགྱུར་ཚུལ་བཤད་པར་བྱའོ། །

## དང་པོ། སྒོམ་རིམ་བར་མཐའ་གསུམ་གྱི་འབྱུང་རྐྱེན་དང་ལྟ་བའི་གནད་བཤད་པ།

གངས་ཅན་ལྗོངས་འདིའི་ཆོས་བརྒྱུད་རྣམས་ནང་ཆོས་དར་སའི་ཡུལ་གྲུ་གཞན་དང་བསྡུར་ན་མི་འདྲ་བའི་ས་ནི་དབུ་མའི་ལུང་པར་བཤད་ལ། སྔར་གྱི་མཁས་པ་རྣམས་ཀྱི་གསུང་ཁྲིད་དུའང་དེ་ལྟར་འཁོད་པ་མ་ཟད། གཞུང་གི་བཤད་པ་མཛད་པའི་སྐབས་སུའང་དེ་ལྟར་སྣང་། དེ་ཡང་དབུ་མ་ལ་ཐལ་རང་གཉིས་སུ་ཕྱེ་བ་དང་བོད་ཡུལ་གྱི་ཁམས་འདིར་ཐོག་མར་དབུ་མ་རང་རྒྱུད་པ་དར་བས། རང་རྒྱུད་

[①] རྗེ་ཙོང་ཁ་པ་ཆེན་པོའི་གསུང་འབུམ། ཁ་པ། ཀྲུང་གོའི་བོད་རིག་པ་དཔེ་སྐྲུན་ཁང་། 2012 ཤ202

པ་ལ་གཉིས་སུ་གསུངས་པའི་མདོ་སྡེ་སྤྱོད་པའི་དབུ་མ་རང་རྒྱུད་པ་དང་། རྣལ་འབྱོར་སྤྱོད་པའི་དབུ་མ་རང་རྒྱུད་པ་ལས་རྒྱལ་པོའི་བཀས་བཅད་པའི་དབུ་མ་ཉིད་ནི་རྣལ་འབྱོར་སྤྱོད་པའི་དབུ་མ་རང་རྒྱུད་པ་ཉིད་ཡིན་པ་སྣང་གྱི་ཆོས་འབྱུང་ལོ་རྒྱུས་ཁག་ན་གསལ་བ་ནི་མངོན་སུམ་ཚད་མའི་སྤྱོད་ཡུལ་ལོ། །དེ་ལ་རྣལ་འབྱོར་སྤྱོད་པའི་དབུ་མ་རང་རྒྱུད་པའི་ལྟ་བའི་རྐང་གི་རྟེན་སའམ་ལུང་རིགས་ཀྱི་ཁུངས་གཏུགས་ས་ནི་ཞི་འཚོ་ཡབ་སྲས་ཀྱི་གཞུང་དང་། ཁྱད་པར་ཀ་མ་ལ་ཤཱི་ལའི་སྒོམ་རིམ་བར་མཐའ་གསུམ་ཡིན་པས། དེས་བོད་ཀྱི་དབུ་མའི་ལྟ་བར་སྡེ་ཕྱི་བར་གསུམ་དུ་ཤུགས་རྐྱེན་ཐེབས་རབས་སྐོར་ནི་འདི་ལྟར་ཏེ།

གཅིག སྒོམ་རིམ་བར་མཐའ་གསུམ་ཉིད་འབྱུང་བའི་རྐྱེན་བཤད་པ།

སྒོམ་རིམ་གསུམ་འབྱུང་བའི་རྐྱེན་ནི་བོད་ཡུལ་འདིར་ཆོས་རྒྱལ་ཁྲི་སྲོང་ལྡེ་བཙན་གྱིས་ནང་ཆོས་དར་ཞིང་རྒྱས་པར་མཛད་པ་དང་རྒྱ་དཀར་ནག་དང་ཨུ་རྒྱན་གྱི་ཡུལ། ལི་ཡུལ་དང་ཁ་ཆེ་སོགས་ཉེ་འཁོར་གྱི་ཡུལ་གྲུ་མང་པོ་ནས་ནང་པའི་མཁས་པ་དང་གྲུབ་པའི་དབང་ཕྱུག་མང་རབས་ཤིག་གདན་འདྲེན་ཞུས་པ་དང་ཆབས་ཅིག་ཆོས་སྡེ་ཆེན་པོ་བསམ་ཡས་གཙུག་ལག་ཁང་བཞེངས་ཏེ། བོད་ཡུལ་གྱི་སའི་ཁམས་འདིར་སངས་རྒྱས་བསྟན་པ་ཉི་མ་ཤར་བ་འདྲ་འདྲ་བྱུང་ཞིང་། ཡང་སྒོས་བསམ་ཡས་སྒྲ་སྒྱུར་གླིང་དང་རབ་བྱུང་གི་ཐོག་མ་སད་མི་བདུན་སོགས་ཀྱི་མཛད་པ་བཞེས་པ་ནི་སངས་རྒྱས་བསྟན་པའི་གསོས་སུ་གྱུར་པའོ། །དེ་ལ་སྔ་རྗེས་སུ་ཤ་ཙུ་ནས་ཧྭ་ཤང་མ་ཧཱ་ཡ་ན་དང་ཨུ་རྒྱན་ཡུལ་ནས་སློབ་དཔོན་པདྨ་འབྱུང་གནས། རྒྱ་གར་ནས་མཁན་ཆེན་པོ་ཞི་བ་འཚོ་དང་ཀ་མ་ལ་ཤཱི་ལ་སོགས་མཁས་གྲུབ་རྣམས་གདན་དྲངས་ནས་སངས་རྒྱས་བསྟན་པར་སྨན་པའི་བྱ་བ་རྒྱ་ཆེན་པོ་མཛད་ཚུལ་ནི་སྣང་གྱི་ལོ་རྒྱུས་དག་ན་གསལ་མོད། མཁས་པ་ཀ་མ་ལ་ཤཱི་ལ་མ་བྱོན་གོང་

དུ་བོད་ན་སློབ་དཔོན་ཞི་འཚོའི་ལྟ་བ་འདི་ཉིད་ཉམས་ལེན་བྱེད་མཁན་མང་དུ་སྣང་ཡང་། རྒྱ་ནག་ཧྭ་ཤང་གི་བསམ་གཏན་པའི་ལྟ་བ་འདི་ཉིད་དར་ཆེ་བ་དང་། ལྟ་བ་འདི་ཀོ་གྲོལ་བ་དོན་གཉེར་གྱི་ལམ་གྱི་གོལ་སར་སོང་བའི་ཆ་ནས་ལྟ་བ་འདི་ཉིད་དག་མི་དག་ཆར་མཁས་པ་རྣམས་ཀྱིས་བཤད་པ་སྣ་ཚོགས་བྱུང་ནས་དགག་བཞག་རྒྱས་པར་མཛད་པ་སོགས་ལས་ལྟ་བ་འདི་ཉིད་དག་པར་འདོད་མཁན་ནི་གནུབས་ཆེན་སངས་རྒྱས་ཡེ་ཤེས་ཀྱི་སྒོམ་གྱི་གནད་གསལ་བར་ཕྱེ་བ་བསམ་གཏན་མིག་སྒྲོན་དང་ཀཿཐོག་རིག་འཛིན་ཚེ་དབང་ནོར་བུའི་རྒྱ་ནག་ཧྭ་ཤང་གི་བྱུང་ཚུལ་གྲུབ་མཐའི་ཕྱོགས་སྔ་བཅས་པ་ས་བོན་ཙམ་སྨོས་པ་ཡིད་ཀྱི་དྲི་མ་དག་པར་བྱེད་པའི་ཆུ་རྒྱུན་ཞེས་བྱ་བ་དང་འཇུ་མི་ཕམ་པས་དཔའ་རིས་རབ་གསལ་ལ་གནང་བའི་རྩོད་ཡིག་གི་བརྒལ་ལན་སོགས་དང་། མི་དག་པར་འདོད་མཁན་ཆ་ནི་མཁས་པ་ཆེན་པོ་ཀ་མ་ལ་ཤཱི་ལའི་སྒོམ་རིམ་ཐོག་མཐའ་བར་གསུམ་དང་རོང་སྟོན་ཤཱཀྱ་རྒྱལ་མཚན་གྱིས་མཛད་པའི་སྒོམ་རིམ་ཐོག་མཐའ་བར་གསུམ་གྱི་འགྲེལ་པ། གཞན་བུ་སྟོན་ཆོས་འབྱུང་དང་སྡོམ་གསུམ་རབ་དབྱེ་དང་རྗེ་རེད་མདའ་བའི་གསུང་དང་། རྗེ་ཙོང་ཁ་པའི་རྩ་ཤེ་ཊཱིཀ་ཆེན་དང་ལེགས་བཤད་སྙིང་པོ་སོགས་ན་གསལ་བས་ཞིབ་པ་གཞུང་དེ་དག་ལ་གཟིགས་པར་འཚལ་ལོ། །ལར་ཁ་ཅིག་ཀུན་མཁྱེན་ཀློང་ཆེན་རབ་འབྱམས་པའི་ཆོས་ཉིད་མཛོད་དུ་ཧྭ་ཤང་གི་སྒོམ་ལུགས་དག་པར་གསུངས་པ་སྙམ་པར་འདོད་ཀྱང་། འདི་ལ་དཔྱད་གཞི་ཆེ་ཙམ་སྣང་བས་ཀློང་ཆེན་རབ་འབྱམས་པའི་དགོངས་གཞི་དངོས་ལ་རྟོག་ཞིབ་ལེགས་པར་གནང་བ་ཞུའོ། །

གཞན་དུ་ན། རྒྱ་ནག་ཧྭ་ཤང་གིས་ལྟ་བའི་རྒྱབ་ཤ་ལ་སོགས་པའི་གཞུང་ལྔ་མཛད་ཚུལ་ནི་བུ་སྟོན་ཆོས་འབྱུང་དང་ཆོས་རྗེ་ས་པཎ་གྱི་གསུང་སོགས་སུ་སྣང་། དེ་ཡང་རྗེ་ས་པཎ་གྱི་སྐྱེས་བུ་དམ་པ་རྣམས་ལ་སྤྲིང་བའི་ཡི་གེ་བཞུགས་སོ་ཞེས་

པར། "བསམ་གཏན་ཉལ་བའི་འཁོར་ལོ། དེའི་གནད་སྟོན་པ་བསམ་གཏན་གྱི་ལོན། དེའི་གེགས་སེལ་བ་བསམ་གཏན་གྱི་ཡང་ལོན། དེའི་གདམས་ངག་རིགས་པས་སྒྲུབ་པ་ལ་ལྟ་བའི་རྒྱབ་ཤ། དེ་ལུང་གིས་སྒྲུབ་པ་ལ་མདོ་སྡེ་བརྒྱད་ཅུའི་ཁུངས་ཞེས་བྱ་བ་བསྟན་བཅོས་ལྔ་བྱས།"①ཞེས་གསལ། ཅིག་ཅར་པའི་ལྟ་བའི་གཞུང་བཤད་མཛད་པ་དང་ལྟ་བ་འདི་ཉིད་བོད་ན་ཤན་ཆེ་བ་དང་ལས་དང་པོ་བར་མི་འཚམས་པ་སོགས་ཀྱི་དགག་བྱ་དགོས་དབང་གིས་བཀའ་བཅད་ནས་ལྟ་བ་འདི་ཉིད་བཀག་སྟེ། རིམ་གྱིས་པའི་ལྟ་བ་སློབ་ཆེད་ཀ་མ་ལ་ཤཱི་ལ་གདན་དྲངས་པ་དང་སངས་རྒྱས་བསྟན་པ་དཔང་དུ་བཙུགས་ནས་བསམ་ཡས་ཆོས་རྫོད་ཆེན་མོ་མཛད་ཅིང་། ལུང་རིགས་རྣམ་དག་གི་ལམ་ནས་རྒྱབ་རྟེན་གཞུང་སྒོམ་རིམ་གསུམ་བརྩམས་ཏེ་ཧྭ་ཤང་གི་ཅི་ཡང་ཡིད་ལ་མི་བྱེད་པ་ཉིད་གཞུང་དྲི་མ་མེད་པའི་དགོངས་པ་དངོས་དང་འགལ་རབས། དེ་བཞིན་རིམ་གྱིས་པའི་ལྟ་བའི་གནད་ཡིད་ལ་བྱེད་པ་འདི་ཉིད་ལས་དང་པོ་བ་ལ་འཐད་རབས་སོགས་པའི་སུན་འབྱིན་པའི་ཆ་ནི། རྗེ་ས་པཎ་གྱིས། "ཅིག་ཅར་པ་དང་། རིམ་གྱིས་པའི་ལུགས་གཉིས་ཡོད་པ་ལས། ངེད་ཀྱི་འདི་ཁྲུང་ནམ་མཁའ་ལས་བབ་པ་དང་འདྲ། ཅིག་ཅར་བ་ཡིན་ཟེར་རོ། །དེ་དག་ནི་སློབ་དཔོན་ཀ་མ་ལ་ཤཱི་ལས་སུན་ཕྱུང་ནས། དབུ་མ་སྒོམ་རིམ་གསུམ་དང་། དབུ་མ་སྣང་བ་ལ་སོགས་པ་བསྟན་བཅོས་ཆེན་པོ་མཛད་དོ། །"②ཞེས་དང་། རོང་སྟོན་ཤཱཀྱ་རྒྱལ་མཚན་གྱིས་མཛད་པའི་སྒོམ་རིམ་དང་པོའི་འགྲེལ་པ་ཞི་ལྷག་གསལ་བར་བྱེད་པའི་

① ས་སྐྱ་པཎྜི་ཏ་ཀུན་དགའ་རྒྱལ་མཚན། ས་པཎ་ཀུན་དགའ་རྒྱལ་མཚན་གྱི་གསུང་འབུམ། 《གླེགས་བམ་གསུམ་པ།》 བོད་ལྗོངས་བོད་ཡིག་དཔེ་རྙིང་དཔེ་སྐྲུན་ཁང་། 1992 ཤ 155

② ས་སྐྱ་པཎྜི་ཏ་ཀུན་དགའ་རྒྱལ་མཚན། ས་པཎ་ཀུན་དགའ་རྒྱལ་མཚན་གྱི་གསུང་འབུམ། 《གླེགས་བམ་གསུམ་པ།》 བོད་ལྗོངས་བོད་ཡིག་དཔེ་རྙིང་དཔེ་སྐྲུན་ཁང་། 1992 ཤ 155

རྒྱན་དུ། "ཁྱད་པར་རིགས་པའི་ཚུལ་ལ་ཤིན་ཏུ་མཁས་པའི་སློབ་དཔོན་ཀ་མ་ལ་ཤཱི་ལས། སློབ་དཔོན་ཧྭ་ཤང་མ་ཧཱ་ཡ་ན་ལ་སོགས་པའི་ལྟ་བ་ངན་པ་རྣམས་བཟློག་ཅིང་། ཡང་དག་པའི་ལམ་གྱི་རིམ་པ་མ་ནོར་བར་སྟོན་པའི་བསྟན་བཅོས་མཛད་པར། རྒྱལ་པོ་ཁྲི་སྲོང་ལྡེའུ་བཙན་གྱི་ཞལ་སྔ་ནས་ཡོངས་སུ་བསྐུལ་བས།"[①]ཞེས་དང་། པཎ་ཆེན་ཤཱཀྱ་མཆོག་ལྡན་གྱིས་མཛད་པའི་རྗེ་བཙུན་ཐམས་ཅད་མཁྱེན་པ་བཤེས་གཉེན་ཤཱཀྱ་རྒྱལ་མཚན་དཔལ་བཟང་པོའི་ཞལ་སྔ་ནས་ཀྱི་རྣམ་པར་ཐར་པ་ངོ་མཚར་དད་པའི་རོལ་མཚོ་ཞེས་བྱ་བར། "སློབ་དཔོན་དེས་བྱང་ཆུབ་སེམས་དཔའ་ཞི་བ་འཚོའི་དྲུང་དུ། རབ་ཏུ་བྱུང་ཞིང་བསྙེན་པར་རྫོགས། ལྟ་བ་གླུ་སྒྲུབ་ཀྱི་ལུགས་ཕྱིན་ཅི་མ་ལོག་པར་ཐུགས་སུ་ཆུད། རྒྱ་ནག་མཁན་པོའི་ལུགས་ཀྱི་ལྟ་བ་སུན་ཕྱུང་།"[②]ཞེས་གསུངས་པ་སོགས་ལས་ཤེས་ལ། སྐབས་དེ་ཤིད་ཙམ་ན་འཕགས་ཡུལ་དུ་ཐེག་ཆེན་གྱི་ཆོས་ལྷག་པར་དར་ཞིང་ཐེག་པ་ཆེན་པོའི་སློབ་དཔོན་རྣམས་ཀྱི་བསྟན་བཅོས་ཀྱི་དགོངས་འགྲེལ་མང་དུ་མཛད་པའི་དུས་སྐབས་ཤིག་སོང་མོད་ཀྱང་། ལོ་རྒྱུས་ཐོག་འཕགས་ཡུལ་དུ་ཁ་ཆེའི་དམག་གི་འཇིགས་པ་བྱུང་བའི་སྐབས་དང་འཁེལ་ལ། ལོ་པཎ་མང་དག་ཅིག་དམག་གི་འཇིགས་པ་ལས་གཡོལ་ཆེད་བོད་ཡུལ་དུ་ཐོན་ནས་སངས་རྒྱས་བསྟན་པའི་རྒྱུན་སྤེལ་བའི་སྐབས་དང་ལྷག་དོན་དུ་བོད་ན་སངས་རྒྱས་བསྟན་པ་དར་བའི་ཚ་རླབས་འཕྱུར་བའི་དུས་མཚམས་གལ་འགངས་ཆེ་བ་ཞིག་ཡིན་སྟབས། ཞི་འཚོ་ཡབ་སྲས་ཀྱི་ལྟ་བ་ཉིད་རྒྱལ་པོའི་བཀས་བཅད་པའི་ལྟ་བར་སོང་གཤིས། བུ་སྟོན་ཆོས་འབྱུང་དུ། "བཙན་པོས་ད་ཕྱིན་ཆད་ལྟ་བ་གླུ་སྒྲུབ་

① རོང་སྟོན་ཤཱཀྱ་རྒྱལ་མཚན། རོང་སྟོན་ཤཱཀྱ་རྒྱལ་མཚན་གྱི་གསུང་སྐོར། (པོད་ཁ་པ) ཤིང་དཔར། ཤ 3–4

② རོང་སྟོན་ཤཱཀྱ་རྒྱལ་མཚན། རོང་སྟོན་གསུང་འབུམ། (པོད་ཀ་པ) སི་ཁྲོན་མི་རིགས་དཔེ་སྐྲུན་ཁང་། 2008 ཤ77

ཀྱི་ལུགས་བཟུངས། སྤྱོད་པ་ཆོས་བཅུ་དང་ཕ་རོལ་ཏུ་ཕྱིན་པ་སློབ།”[①]ཅེས་འབྱུང་བ་ནི་ལྟ་བ་ཀླུ་སྒྲུབ་ཀྱི་ལུགས་ནི་རྣལ་འབྱོར་སྤྱོད་པའི་དབུ་མ་རང་རྒྱུད་ཉིད་ལ་བྱའོ། །གཞན་དུ་ན། སྐྱེས་བུ་དམ་པ་རྣམས་ལ་སྦྱིན་པའི་ཡི་གེ་བཞུགས་སོ་ཞེས་པར། “དེ་ནས་རྒྱལ་པོ་ཁྲི་སྲོང་ལྡེ་བཙན་གྱིས། ཁོའི་ཆོས་ལུགས་རྣམས་གཏེར་དུ་སྦས་ནས། ད་སྔན་ཆད་བོད་ཀྱི་རྒྱལ་ཁམས་སུ་དཀར་པོ་ཆིག་ཐུབ་[②]ཏུ་བྱེད་ལ་ཆད་པ་ཡོད་དོ་ཞེས་ཁྲིམས་བཅས། འདི་དག་གི་ལོ་རྒྱུས་རྣམས། རྒྱལ་བཞེད། དབའ་བཞེད། འབངས་བཞེད་རྣམས་མཐུན་པར་སྣང་།”[③]ཞེས་གསལ་བ་ལས་མཁས་པ་ཆེན་པོ་ཀ་མ་ལ་ཤཱི་ལ་ཉིད་ཀྱིས་དབུ་མ་སྒོམ་རིམ་རྣམ་པ་གསུམ་མཛད་པ་ནི་བསྟན་པའི་དག་ཐེར་ལ་དམིགས་པའི་མཛད་པར་མཁས་པ་རྣམས་ཞལ་གཅིག་ཏུ་གྲགས་སོ། །

གཉིས། སྒོམ་རིམ་བར་མཐའ་གསུམ་གྱི་ལྟ་བའི་གནད་བཤད་པ།

སྒོམ་རིམ་བར་མཐའ་གསུམ་གྱི་ལྟ་སྒོམ་གྱི་གནད་གཙོ་བོ་ནི་དཔྱད་སྒོམ་ཉིད་ལ་གཙིགས་བྱ་དགོས་པ་དང་། ཧྭ་ཤང་དང་རྩོད་དོན་གྱི་སྙིང་པོའི་དོན་འདུ་ན། དཔྱད་སྒོམ་དགོས་མི་དགོས་ལ་ཐུག་ལ། དེའང་དཔྱད་སྒོམ་དགོས་པའི་ལུང་རྒྱུན་ཆར་བཀའ་བསྟན་གྱི་མཚན་ཙམ་སྨོས་ན་འདི་ལྟར་ཏེ། མདོ་སྡེ་དགོངས་འགྲེལ་དང་། བྱམས་པས་ཞུས་པའི་ལེའུ། ལམ་རིམ་ཆེན་མོ་ལས་ཕར་ཕྱིན་ཐ་མ་གཉིས་བྱེ་བྲག་བཤད་པ་ཞེས་པའི་ནང་ཚན་ཞི་གནས་བཤད་པ། ཕར་ཕྱིན་བསྡུས་པ།

① བུ་སྟོན་རིན་ཆེན་གྲུབ། བུ་སྟོན་ཆོས་འབྱུང་། ཀྲུང་གོའི་བོད་ཀྱི་ཤེས་རིག་དཔེ་སྐྲུན་ཁང་། 1988ཤ 190

② དཀར་པོ་ཆིག་ཐུབ་ཅེས་པ་ནི་ཐུའུ་བཀྭན་གྲུབ་མཐར་དཀར་པོ་ཆིག་ཐུབ་ཅེས་པའི་ཐ་སྙད་ཞང་ཚལ་པ་ཡན་དེ་འདྲའི་ཐ་སྙད་གྲགས་མི་ཆེ་ཞིང་། ཞང་གིས་དཀར་པོ་ཆིག་ཐུབ་ལ་གཙོ་བོར་བྱས་པའི་བསྟན་བཅོས་མཛད་ནས་དེ་ཕྱིན་ཆད་ལ་གྲགས་ཆེ་བར་གྱུར། ཞེས་གསུངས་ལ། དཀར་པོ་ཆིག་ཐུབ་ཅེས་པ་ནད་བརྒྱ་འཇོམས་པའི་སྨན་ཞིག་གི་མིང་དུ་བྱ།

③ ས་སྐྱ་པཎྜི་ཏ་ཀུན་དགའ་རྒྱལ་མཚན། ས་པཎ་ཀུན་དགའ་རྒྱལ་མཚན་གྱི་གསུང་འབུམ། ༼པོད་གསུམ་པ༽ བོད་ལྗོངས་བོད་ཡིག་དཔེ་རྙིང་དཔེ་སྐྲུན་ཁང་། 1992 ཤ 155-156

འཕགས་པ་ཐོགས་མེད་ཀྱི་ཉན་ས་སོགས་སོ། །མཁས་པ་དེ་གཉིས་རྗེད་ནས་ཀ་མ་ལ་ཤཱི་ལ་རྒྱལ་བའི་རྟགས་སུ་སྒོམ་རིམ་བར་མཐའ་གསུམ་མཛད་ལ། དེའི་རིགས་པའི་རྒྱབ་རྟེན་དུ་དབུ་མ་སྣང་བ་མཛད་དོ། །དེ་ཡང་རོང་སྟོན་ཤེས་བྱ་ཀུན་རིག་གམ་ཤཱཀྱ་རྒྱལ་མཚན་གྱི་སྒོམ་རིམ་དང་པོའི་འགྲེལ་པ་ཞི་ལྷག་གསལ་བར་བྱེད་པའི་རྒྱན་དུ། "དང་པོ་ཞི་གནས་ཤས་ཆེ་བ་དང་། བར་དུ་ཟུང་དུ་འཇུག་པ་དང་། ཐ་མ་ལྷག་མཐོང་ཤས་ཆེ་བ་སྟོན་པའམ། ཡང་ན་དང་པོར་རང་གི་བཞེད་གཞུང་རྒྱས་པར་སྟོན་པ་དང་། བར་དུ་ལམ་ཉམས་སུ་ལེན་པའི་ཚུལ་གསལ་བར་མཛད་པ་དང་། ཐ་མ་གཞན་ཕྱོགས་སུན་དབྱུང་བ་གཙོ་བོར་བྱས་པའི་སྒོམ་རིམ་གསུངས།"[①]ཞེས་གསུངས་པ་འདི་ཉིད་ལེགས་པར་མཐོང་ངོ་། །

གཞུང་འདི་ཉིད་ཀྱི་ལྟ་བའི་གནད་ག་འཆད་པ་ལ་གསུམ་སྟེ། སྒོམ་རིམ་དང་པོའི་ངོར་གཏོགས་ནས་སྟོན་པའི་ལྟ་བའི་གནད་དང་། སྒོམ་རིམ་བར་པ་ནས་འཆད་པའི་ལྟ་བའི་རྐང་། དེ་བཞིན་སྒོམ་རིམ་ཐ་མ་ལས་ཕྱུང་བའི་ལྟ་བའི་འགངས་བཅས་སོ། །

སྒོམ་རིམ་དང་པོར་གཙོ་བོ་སྒོམ་པའི་ཚེ་ན་ཡིད་ལ་བྱེད་པའི་ཆ་ནས་བསྒོམ་པར་བྱ་བའི་ལུགས་དང་སྒོམ་རིམ་གྱི་ལྟ་བ་འདི་ཉིད་དབུ་མའི་ལྟ་བ་ཡིན་རབས། དེ་བཞིན་ཐབས་ཤེས་ཟུང་འཇུག་གི་གནད་ག་དང་ཅི་ཡང་ཡིད་ལ་མི་བྱེད་པ་འགོག་པའི་ཚུལ། ཞི་གནས་སོགས་ཏེ། སྒོམ་རིམ་དང་པོའི་འགྲེལ་པ་ཞི་ལྷག་གསལ་བར་བྱེད་པའི་རྒྱན་དུ། "གཉིས་པ་བཤད་བྱའི་དོན་དངོས་ལ་དོན་གསུམ་སྟེ། བཤད་པར་དམ་བཅའ་བ་དང་། སྒོམ་པའི་རིམ་པ་དངོས་དང་། བཤད་པའི་བསོད་ནམས་བསྔོ་

① རོང་སྟོན་ཤཱཀྱ་རྒྱལ་མཚན། རོང་སྟོན་ཤཱཀྱ་རྒྱལ་མཚན་གྱི་གསུང་སྐོར། བོད་ཁ་པ་ཁྲིང་དཔར། ཤ 4

བའོ། །”①ཞེས་གསལ་བས་སྒོམ་རིམ་དང་པོ་ཉིད་འདུ་ན་དོན་འདི་གསུམ་དུ་འདུ་ཚུལ་ཤེས་སོ། །ཡིད་ལ་བྱེད་པའི་ཆ་ནི། སྒོམ་རིམ་དང་པོའི་རྩ་བར། “གང་གི་ཚེ་མཛའ་བཤེས་ཀྱི་ཕྱོགས་དང་འདྲ་བར་ཐལ་པ་རྣམས་ལ་ཡང་སྙིང་རྗེ་མཚུངས་པར་འཇུག་པ་དེའི་ཚེ་དགྲའི་ཕྱོགས་ལ་ཡང་དེ་བཞིན་དུ་སེམས་མཉམ་པ་ཉིད་ལ་སོགས་པ་ཡིད་ལ་བྱེད་པས་བསྒོམ་པར་བྱའོ། །”②ཞེས་དང་། “དེའི་ཚེ་མི་རྟག་པ་ལ་སོགས་པ་ཡིད་འབྱུང་བར་འགྱུར་བའི་དངོས་པོ་ཡིད་ལ་བྱེད་པས་རྒོད་པ་ཞི་བར་བྱའོ། །”③ཞེས་སོགས་ལས་ཡིད་ལ་མི་བྱེད་པ་ཉིད་ཤུགས་ལ་འགོག་པར་མཛད་ནས་ཡིད་ལ་བྱེད་པ་ཉིད་སྒྲུབ་པར་མཛད་པའི་ལྟ་བའི་གནད་སྟོན་པ་ཟད་ལ། སྒོམ་པའི་གནད་ཀའང་ཐོས་བསམ་དྲི་མེད་ལ་བསྟེན་དགོས་པའི་འགངས་འདི་ཉིད་ལ་ཐུག་པར་ངམ་ཤུགས་ཀྱིས་དཔོག་ནུས་སོ། །དེ་ནི་རྒྱ་ནག་ཧྭ་ཤང་གིས་ལྟ་བ་བསྒོམ་ཚེ་སོ་སོར་རྟོག་པའི་དཔྱད་པ་འདོར་དགོས་པར་འདོད་དེ། ལུས་ངག་གི་ཆོས་དགེ་མི་དགེས་མཐོ་རིས་དང་ངན་སོང་དུ་འཕེན་པས་འཁོར་བ་ལས་མི་ཐར་ཞིང་། སངས་རྒྱས་ཐོབ་པ་ལ་སྒྲིབ་པ་ཡིན། དཔེར་ན་སྤྲིན་དཀར་ནག་གང་གིས་ཀྱང་ནམ་མཁའ་ལ་སྒྲིབ་པ་དང་འདྲ། གང་ཞིག་ཅི་ལ་ཡང་མི་སེམས། ཅི་ཡང་མི་བསམ་པ་དེ་འཁོར་བ་ལས་ཡོངས་སུ་ཐར་བར་འགྱུར་རོ། །ཅི་ཡང་ཡིད་ལ་མི་སེམས་མི་རྟོག་མི་དཔྱོད་པ་ནི་མི་དམིགས་པ་ཡིན་པས་ཅིག་ཅར་དུ་འཇུག་པ་ནི་ས་བཅུ་པ་དང་འདྲའོ་ཟེར་རོ། །ཞེས་བུ་སྟོན་ཆོས་འབྱུང་དུ་གསུངས་སོ། །④དེའི་དགག་པའི་

---

① རོང་སྟོན་ཤཱཀྱ་རྒྱལ་མཚན། རོང་སྟོན་ཤཱཀྱ་རྒྱལ་མཚན་གྱི་གསུང་སྐོར། ༼པོད་ཁ་པ༽ ཤིང་དཔར། ཤ 5

② ཀ་མ་ལ་ཤཱི་ལ། བསྒོམ་རིམ། སེར་གཙུག་ནང་བསྟན་དཔེ་སྐྲིང་ཁང་། ཤ 5

③ ཀ་མ་ལ་ཤཱི་ལ། བསྒོམ་རིམ། སེར་གཙུག་ནང་བསྟན་དཔེ་སྐྲིང་ཁང་། ཤ 24

④ ལུང་རྒྱུན་དེ་ནི་བུ་སྟོན་ཆོས་འབྱུང་ལྷུགས་དཔར་ཤོག་ངོས་188ནང་གསལ། ཀྲུང་གོའི་བོད་ཀྱི་ཤེས་རིག་དཔེ་སྐྲུན་ཁང་། 1988

ཆ་ནི་ཀ་མ་ལ་ཤཱི་ལས་དེ་ལྟར་ཅི་ཡང་ཡིད་ལ་མི་བསམ་ཟེར་བ་དེ་ནི། སོ་སོར་རྟོག་པའི་ཤེས་རབ་སྤངས་པ་ཡིན་ནོ། །ཞེས་པ་ལས་རྣམ་རྟོག་གི་འཇུག་པ་ཐམས་ཅད་བཀག་ནས་བློ་ཙམ་འཛོག་ཏུ་བྱེད་པའི་ཧྭ་ཤང་གི་ལྟ་བ་ཉིད་གཞིའི་ལྟ་བ་གཏན་ལ་འབེབས་པའི་ཚེ་ལྟ་བའི་ཁྲིར་ཚུལ་ཕྱིའི་སྤྱོད་པ་སོགས་དང་ལྟ་བ་ཉིད་ཡུལ་ཅི་ཡང་མ་གྲུབ་པ་དང་། བསྒོམ་པའི་གནས་སྐབས་སུ་རྣམ་རྟོག་གི་འཇུག་པ་ཐམས་ཅད་བཀག་ནས་ཚང་མ་ནང་དུ་འདུས་ཏེ་ཅི་ཡང་ཡིད་ལ་མི་བྱེད་པ་འདི་ཀོས་བླང་དོར་གྱི་འཇུག་ལྡོག་དང་འཆིང་གྲོལ་གྱི་རྣམ་གཞག་ལས་དཀར་ནག་སོགས་འཛོག་ཏུ་མེད་པས། ཐར་པའི་ས་བོན་མེད་པར་བྱེད་པའི་ལམ་གྱི་གོལ་སར་བཞུགས་པ་མཁས་པ་རྣམས་ཀྱིས་གསུངས་སོ། །ཞིབ་པ་སྒོམ་རིམ་དང་བུ་སྟོན་གྱི་གསུང་། དེ་བཞིན་རྫེ་རེད་མདའ་བ་དང་། ཆོས་རྗེ་ས་པཎ་དང་སྒོ་མང་མཁན་ཟུར་བསྟན་པ་བསྟན་འཛིན་ལ་སོགས་པའི་གསུང་ན་གཟིགས་འཚལ། །དེ་ལ་རྒྱ་ནག་ཧྭ་ཤང་གི་ལྟ་བ་ཉིད་དག་མི་དག་མང་དུ་གསུངས་ཀྱང་། མི་དག་པའི་ངོར་བཤད་པ་མཛད་པ་ཤས་ཆེ། གཞན་དུ་ཧྭ་ཤང་གི་ལྟ་བའི་གནད་སྨྲོས་པ་ལ་སྤྱོད་པ་གླེང་བའི་ཟུར་འཕྲོས་ནི་འབེན་རྩད་མི་ཆོད་པར་མདའ་འཕེན་པའི་ངང་ཚུལ་དུ་ཟད་དོ། །

སྒོམ་རིམ་གྱི་ལྟ་བ་མཐར་ཐུག་དབུ་མའི་ལྟ་བ་ཡིན་པའི་ངོ་ནི། སྒོམ་རིམ་དང་པོའི་རྩ་བར། "ཤེས་རབ་དང་ཐབས་ཀྱི་རང་བཞིན་གྱི་ལམ་འདིས་སྒྲོ་འདོགས་པ་དང་། སྐུར་བའི་མཐའ་རྣམ་པར་སྤངས་ནས་དབུ་མའི་ལམ་བསྟན་ཏེ། ཤེས་རབ་ཀྱིས་ནི་སྒྲོ་འདོགས་པའི་མཐའ་སྤོང་ལ། ཐབས་ཀྱིས་ནི་སྐུར་པའི་མཐའ་སྤོང་བའི་ཕྱིར་རོ། །"[①]ཞེས་འབྱུང་བའོ། །དེ་ནི་སྒྲོ་འདོགས་ཀྱི་མཐའ་དང་སྐུར་པའི་མཐས་ཡོད་མེད་ཀྱི་མཐའ་སྟོན་པས། མཐའ་དེ་གཉིས་སྤངས་པའི་ཆ་ནི་དབུ་མ་ཡིན་པ་

① ཀ་མ་ལ་ཤཱི་ལ། བསྒོམ་རིམ། སེར་གཙུག་ནང་བསྟན་དཔེ་རྙིང་ཁང་། ཤ 14

བཀའ་དང་དགོངས་འགྲེལ་ལས་མགྲིན་གཅིག་དང་དབྱངས་གཅིག་ཏུ་གསུངས་ལ། ཐབས་ཤེས་ཟུང་འཇུག་གི་གནད་པོའང་འདིར་ཐུག་པར་སེམས་ཏེ། སྒོམ་རིམ་དང་པོའི་རྩ་བར། "ཐབས་དང་བཅས་པའི་ཤེས་རབ་དང་། ཤེས་རབ་དང་བཅས་པའི་ཐབས་ནི་ཐར་པའོ་ཞེས་བསྔགས་སོ། །"①ཞེས་འབྱུང་ངོ་། །

སྒོམ་རིམ་བར་པར་གཙོ་བོ་ཞི་ལྷག་ཟུང་འབྲེལ་དང་ཡིད་ལ་བྱེད་རབས། དེ་བཞིན་ཐབས་ཤེས་ཟུང་འཇུག་དགོས་རབས། གཞུང་འདི་ཉིད་དབུ་མའི་བསྟན་བཅོས་ཡིན་པ་མཐའ་སྤོམ་ཚུལ་དུ་སློབ་པ་བཅས་ཏེ། རོང་སྟོན་ཤཱཀྱ་རྒྱལ་མཚན་གྱིས་མཛད་པའི་སྒོམ་རིམ་བར་པའི་འགྲེལ་པ་གནད་ཀྱི་ཟླ་ཟེར་དུ། "གཉིས་པ་གཞུང་གི་དོན་ལ་ལྔ་སྟེ། རྩོམ་པར་དམ་བཅའ་བ་དང་། སྒོམ་པའི་རིམ་པ་བཤད་པ་དང་། སྒོམ་པའི་འབྲས་བུ་དང་། དེ་བླང་བར་གདམས་པ། དེའི་བསོད་ནམས་བསྔོ་བའོ།"②ཞེས་གསལ་བས་འཐུས་པར་བྱའོ། །

སྒོམ་རིམ་བར་པར་ཞི་ལྷག་ཟུང་འབྲེལ་གཙོ་བོར་བསྟན་ལ། ལྟ་བ་ཡང་དག་རྟོགས་པ་ལ་ཞི་ལྷག་ཉིད་གནད་ཆེ་བ་དང་། ཁྱད་པར་ལྷག་མཐོང་རྟོགས་པ་ནི་དེ་བས་གནད་ཆེ་རབས་ནི། སྒོམ་རིམ་བར་པའི་རྩ་བར། "ཞི་གནས་དང་བྲལ་བའི་ལྷག་མཐོང་འབའ་ཞིག་གིས་ནི་རྣལ་འབྱོར་པའི་སེམས་ཡུལ་རྣམས་ལ་རྣམ་པར་གཡེང་བར་འགྱུར།"③ཞེས་དང་། "ལྷག་མཐོང་ནི་ཐོས་པ་དང་བསམ་པ་ལས་བྱུང་བའི་ལྟ་བ་རྣམ་པར་དག་པའི་རྒྱུ་ལས་བྱུང་བ་ཡིན་ནོ།"④ཞེས་འབྱུང་བ་ཉིད་ལས་ཤེས་པར་བྱ་ལ། ཡིད་ལ་བྱེད་པ་གསུངས་ནས་ཅི་ཡང་ཡིད་ལ་མི་བྱེད་པ་ཤུགས་ལ་འགོག་པ་ནི།

① ཀ་མ་ལ་ཤཱི་ལ། བསྒོམ་རིམ། སེར་གཙུག་ནང་བསྟན་དཔེ་རྙིང་ཁང་། ཤ 10
② རོང་སྟོན་ཤཱཀྱ་རྒྱལ་མཚན། རོང་སྟོན་ཤཱཀྱ་རྒྱལ་མཚན་གྱི་གསུང་སྐོར། (པོད་ཁ་པ)ཤིང་དཔར། ཤ 145
③ ཀ་མ་ལ་ཤཱི་ལ། བསྒོམ་རིམ། སེར་གཙུག་ནང་བསྟན་དཔེ་རྙིང་ཁང་། ཤ 58
④ ཀ་མ་ལ་ཤཱི་ལ། བསྒོམ་རིམ། སེར་གཙུག་ནང་བསྟན་དཔེ་རྙིང་ཁང་། ཤ 60

སྒོམ་རིམ་བར་པའི་རྩ་བར། “མཆོག་ཏུ་དགའ་བའི་དངོས་པོ་ཡིད་ལ་བྱེད་པས་མྱུར་དུ་ཐིང་བ་ཞི་བར་བྱས།”①ཞེས་གསུངས་པ་དང་། གཞུང་འདི་ཉིད་དབུ་མའི་བསྟན་བཅོས་ཡིན་པ་ལ། སྒོམ་རིམ་བར་པའི་རྩ་བར། “དེ་ལྟར་དབུ་མའི་ལམ་བཤད་པས། །བདག་གིས་བསོད་ནམས་གང་ཐོབ་པ། །དེ་ཡིས་སྐྱེ་བོ་མ་ལུས་པ། །དབུ་མའི་ལམ་ནི་ཐོབ་པར་ཤོག །” ཅེས་འབྱུང་བ་ལས་ངེས་ཤེས་འདྲོངས་ནུས་སོ། །

སྒོམ་རིམ་ཐ་མར་གཙོ་བོ་སྒྲིབ་པ་མཐའ་དག་སྤོང་ཆེད་ཞི་ལྷག་བསྒོམ་ཚུལ་དང་ཞི་ལྷག་རྟོགས་པ་ལ་ཐོས་བསམ་སྒོམ་གསུམ་རྣལ་མ་དགོས་རབས། དེ་བཞིན་ཡིད་ལ་བྱེད་པའི་གནད་དང་ཅི་ཡང་ཡིད་ལ་མི་བྱ་བའི་གནད་འགོག་པ། ས་དང་ཕར་ཕྱིན་ལས་མ་གཏོགས་པར་སངས་རྒྱས་ཀྱི་འཇུག་སྒོ་གཞན་མེད་རབས་སྐོར་དང་། སྒོམ་རིམ་མཁན་པོ་ཉིད་དཔལ་མགོན་ཀླུ་སྒྲུབ་ཀྱི་རྗེས་སུ་འབྲངས་རབས་དང་གཞུང་འདི་དབུ་མའི་གཞུང་ཡིན་པའི་གནད་སོགས་སོ། །

ཞི་ལྷག་སྒོམ་ཚུལ་སྐོར་ནས་དེ་བསྒོམ་པའི་སྟོབས་ཀྱིས་སྒྲིབ་པ་རྣམས་དག་ཚུལ་ནི། སྒོམ་རིམ་ཐ་མར། “དེ་ལྟ་བས་ན་སྒྲིབ་པ་མཐའ་དག་སྤོང་བར་འདོད་པས་ཞི་གནས་དང་ལྷག་མཐོང་བསྒོམ་པར་བྱའོ།”②ཞེས་དང་། ཡང་དེ་ཉིད་དུ། “སངས་རྒྱས་ཉིད་ཐོབ་པར་འདོད་པས་ཞི་གནས་དང་ལྷག་མཐོང་ལ་བསྒོམ་པར་བྱའོ། །”③ཞེས་གསལ་བ་ལས་ཞི་ལྷག་བསྒོམ་པ་ཉིད་གནད་ཆེ་བར་མཐོང་ངོ་། །གཞན་ཡང་། ཐོས་བསམ་སྒོམ་གསུམ་ནི་ཞི་ལྷག་རྟོགས་པའི་རྒྱུར་འགྲོ་སྟེ། སྒོམ་རིམ་ཐ་མར། “དེ་ལ་རྣལ་འབྱོར་པས་ཞི་གནས་དང་ལྷག་མཐོང་གི་ཚོགས་ཚུལ་ཁྲིམས་རྣམ་པར་དག་པ་ལ་སོགས་ཞེས་པ་ནས་ཐོས་པ་དང་། བསམ་པ་དང་

① ཀ་མ་ལ་ཤཱི་ལ། བསྒོམ་རིམ། སེར་གཙུག་ནང་བསྟན་དཔེ་རྙིང་ཁང་། ཤ 60

② ཀ་མ་ལ་ཤཱི་ལ། བསྒོམ་རིམ། སེར་གཙུག་ནང་བསྟན་དཔེ་རྙིང་ཁང་། ཤ 84

③ ཀ་མ་ལ་ཤཱི་ལ། བསྒོམ་རིམ། སེར་གཙུག་ནང་བསྟན་དཔེ་རྙིང་ཁང་། ཤ 86

སྒོམ་པ་ལ་སྦྱོར་བར་བྱའོ།"①ཞེས་གསལ་བ་ཉིད་ནི་ཧྭ་ཤང་གི་ལུགས་དང་བསྟུན་ན་ཐོས་བསམ་སྒོམ་གྱི་གནད་ག་ཆེ་བར་འཛིན་པའི་ལུགས་བཟང་ཞིག་གོ །དེ་ཡང་ཐོས་བསམ་སྐབས་གཏན་ལ་འབེབས་པ་གང་ཉིད་སྒོམ་ཐོག་ཏུ་འཁྱོལ་ཚུལ་ནི། སྒོམ་རིམ་ཐ་མར། "ཡང་ཐོས་པ་དང་བསམ་པ་ལས་བྱུང་བའི་ཤེས་རབ་ཀྱིས་རྟོགས་པ་གང་ཡིན་པ་དེ་ཉིད་བསྒོམ་པ་ལས་བྱུང་བའི་ཤེས་རབ་ཀྱི་བསྒོམ་པར་བྱའི། གཞན་དུ་ནི་མ་ཡིན་ཏེ། རྟ་དཀྲུས་ཀྱི་ས་བསྟན་ནས་རྒྱུག་པ་བཞིན་ནོ།"②ཞེས་འབྱུང་བ་འདི་ལོ་ནས་རྟོགས་པར་བྱའོ། །ས་དང་ཕར་ཕྱིན་གྱི་ལམ་ཉིད་སངས་རྒྱས་ལམ་ལ་འགོད་པའི་ཐབས་ཉག་ཅིག་སྟེ། དེ་ཉིད་དུ། "དེའི་ཕྱིར་ས་དང་ཕ་རོལ་ཏུ་ཕྱིན་པ་ལས་མ་གཏོགས་པར་སངས་རྒྱས་ཉིད་ཀྱི་གྲོང་ཁྱེར་དུ་ཅིག་ཅར་འཇུག་པའི་སྒོ་གཞན་ནི་མེད་དེ། བཅོམ་ལྡན་འདས་ཀྱིས་ཀྱང་མདོ་སྡེ་ལ་སོགས་པ་གང་ལས་ཀྱང་བཀའ་མ་སྩལ་ཏོ།"③ཞེས་གསལ་བས་འདིས་ཅི་ཡང་ཡིད་ལ་མི་བྱེད་པའི་ལྟ་བ་ཉིད་སུན་འབྱིན་པར་མངོན་ནོ། །ལྟ་བ་ངན་པ་སྤྱངས་ནས་ཇོ་ཛེའི་གསུང་ལ་མོས་པ་ནི། སྒོམ་རིམ་ཐ་མར། "དེའི་ཕྱིར་རྟོག་པ་དང་ལྡན་པས་ཐོས་པ་ཉུང་བ་མངོན་པའི་ང་རྒྱལ་ཅན་རྣམས་ཀྱི་ཚིག་དུག་བཞིན་དུ་སྤངས་ལ། སློབ་དཔོན་ཀླུ་སྒྲུབ་ལ་སོགས་པ་སྐྱེ་བོ་མཁས་པའི་ཚིག་བདུད་རྩིའི་རྗེས་སུ་འཇུག་པས།"④ཞེས་དང་། "དེ་ལྟ་བས་ན་སངས་རྒྱས་ཐོབ་པར་འདོད་པས་དབུ་མའི་ལམ་ལ་མངོན་པར་བརྩོན་པར་བྱའོ། །དེ་ལྟར་དབུ་མའི་ལམ་བཤད་པས། །བདག་གིས་བསོད་ནམས་གང་ཐོབ་པ། །དེ་ཡིས་

① ཀ་མ་ལ་ཤཱི་ལ། བསྒོམ་རིམ། སེར་གཙུག་ནང་བསྟན་དཔེ་སྐྲིང་ཁང་། ཤ 89

② ཀ་མ་ལ་ཤཱི་ལ། བསྒོམ་རིམ། སེར་གཙུག་ནང་བསྟན་དཔེ་སྐྲིང་ཁང་། ཤ 104

③ ཀ་མ་ལ་ཤཱི་ལ། བསྒོམ་རིམ། སེར་གཙུག་ནང་བསྟན་དཔེ་སྐྲིང་ཁང་། ཤ 114

④ ཀ་མ་ལ་ཤཱི་ལ། བསྒོམ་རིམ། སེར་གཙུག་ནང་བསྟན་དཔེ་སྐྲིང་ཁང་། ཤ 110

སྐྱེ་བོ་མ་ལུས་པ། །དབུ་མའི་ལམ་ནི་ཐོབ་པར་ཤོག །”[1]ཅེས་གསལ་བར་དཔགས་ན། སྒོམ་རིམ་གྱི་གཞུང་ཉིད་དབུ་མའི་བསྟན་བཅོས་འཁྲུལ་དུ་མེད་པ་ཞིག་དང་ཧྭ་ཤང་ལྟ་བའི་ལོག་གནོན་ཆེད་དུ་མཛད་པ་ཞིག་ཡིན་པ་གཞུང་གི་ཚིག་རིས་སྔ་ཕྱི་དང་ལུང་རིགས་ཀྱི་གསང་ཚིག་གོང་འོག་དག་ལས་ཤེས་ལ། སྒོམ་རིམ་ཐོག་མཐའ་བར་གསུམ་གྱི་གཞུང་གི་སྙིང་པོ་མདོར་འདྲིལ་ནས་ཞུས་ན། གཞུང་འདི་ཉིད་ནི་དབུ་མ་རང་རྒྱུད་པའི་གཞུང་གི་ཀང་དང་བོད་ཡུལ་འདི་ན་དབུ་མའི་འཆད་ཉན་དར་གསུམ་གྱི་གནད་པོ་ཐུག་ས་དང་བོད་ཀྱི་དབུ་མའི་ཤིང་རྟའི་སྲོལ་འབྱེད་མཁན་པོ་རྣམས་ཀྱི་ལུགས་བཟང་པོ་འཛིན་ས་ཞིག་ཏུ་ཟད་པས། རྒྱ་ཆེ་བའི་ལམ་གྱི་རིམ་པ་དང་ཐེག་ཆེན་གྱི་ལམ་གྱི་རིམ་པ་ཉམས་སུ་ལེན་ཚུལ་ཐད་ཐལ་རང་ཐུན་མོང་དུ་ཆ་མཚུངས་ཚུལ་སྤྱིར་བཞག རང་རྒྱུད་པའི་དམིགས་བསལ་གྱི་ཁྱད་ཆོས་ནི་བཏགས་དོན་བཙལ་ནས་རྙེད་པ། རང་བཞིན་གྱིས་གྲུབ་པ་མེད་པ། རང་རིག་འདོད་ཅིང་བཅད་ཤེས་ཚད་མ་མིན་པར་འདོད་པ་སོགས་ཡིན་ལ། ཁྱད་པར་སྟོན་ཙེན་རྩོད་པ་ཞི་རྗེས་གཞུང་འདི་ཉིད་ནི་བོད་ཡུལ་གྱི་དབུ་མའི་ལྟ་བ་སྟོན་པ་ལ་ཁུངས་བཙན་པའི་གཞུང་རྣམ་དག་ཅིག་ཏུ་མཁས་ཀླུན་ཀུན་ཞལ་འཆམས་སོ། །

## གཉིས་པ། སྒོམ་རིམ་བར་མཐའ་གསུམ་གྱིས་རྫོགས་ཆེན་པའི་ལྟ་བར་ཐེབས་པའི་ཤུགས་རྐྱེན་བཤད་པ།

དེ་ཡང་ཀ་མ་ལ་ཤཱི་ལ་ནི་དབུ་མ་དང་ཚད་མ་གཉིས་ཀ་ལ་མཁས་པ་ཞིག་ཡིན་པས། སྒོམ་རིམ་མཛད་པའི་སྐབས་རིགས་པའི་འགྲོས་དང་། དབུ་མའི་གཞུང་ཡོད་པའི་བསྟན་བཅོས་དམིགས་བསལ་ཅན་ཞིག་ཏུ་གྱུར་པའོ། །སྒོམ་རིམ་བར་མཐའ་

[1] ཀ་མ་ལ་ཤཱི་ལ། བསྒོམ་རིམ། སེར་གཙུག་ནང་བསྟན་དཔེ་རྙིང་ཁང་། ཤ 115

གསུམ་ཉིད་ནི་ལྷ་སྐྱོད་གཉིས་ལས་ལྷ་བའི་གནད་ཤས་ཆེར་འདུས་པའི་དབུ་མའི་གཞུང་ཞིག་ཡིན་པས་བོད་ཡུལ་གྱི་དབུ་མའི་ལྷ་བ་ལ་གཞུང་འདི་ཉིད་ལྷག་པར་སྙན་པའི་ཆ་ནི་བསྟན་པ་སྔ་དར་སྐབས་སུ་བོད་ན་སྦ་ཡེ་ཤེས་དབང་པོ་སོགས་པའི་མཁས་པ་དང་གྲུབ་པའི་པཎྜི་ཏ་མང་པོས་འཆད་ཉན་སྤེལ་བ་ལས་ཤེས་ལ། ལྷག་དོན་གཞུང་འདི་ཉིད་ཀྱི་ལུང་རིགས་ཀྱི་རྒྱུན་བོད་ཡུལ་དུ་གཞུང་ཤིང་མ་ཉམས་པར་ས་དར་རྗེ་དར་སོང་བའི་ཆ་ལས་དཔགས་སོ། །

གཞན་དུ་ན། བསྟན་པ་སྔ་དར་གྱི་འགོ་ཙམ་ལ་གྲགས་ཆེ་བའི་རྒྱ་གར་གྱི་མཁས་པ་ཞི་འཚོ་དང་དེའི་རྗེས་འབྲངས་ཀྱི་བོད་རྣམས་ཐོག་མར་རིམ་གྱིས་པའི་ལྷ་བ་ལ་མོས་པ་ཤ་སྟག་ཏུ་སོང་ཡང་། དུས་ཕྱིས་ཤ་ཅུ་ནས་ཧྭ་ཤང་མ་ཧཱ་ཡ་ན་བྱོན་ནས་ཅིག་ཅར་པའི་ལྷ་བ་སྤེལ་ནས་བོད་ཀྱི་གྲུབ་མཐའ་འཛིན་པ་ཕལ་ཆེ་བ་ལྷ་བ་དེ་ཉིད་ཀྱི་རྗེས་སུ་དྲངས་ཏེ་ཅི་ཡང་ཡིད་ལ་མི་བྱེད་པའི་ལྷ་བས་གདངས་ཅན་གྱི་ལྟོངས་འདི་ཉིད་ཁྱབ་པར་བྱས། དེ་ནས་དུས་ཕྱིས་ཙམ་ན་ཆོས་རྒྱལ་ཁྲི་སྲོང་ལྡེ་བཙན་གྱིས་ཅིག་ཅར་པའི་ལྷ་བའི་གོལ་ས་གཟིགས་ཏེ་རྒྱ་གར་ནས་ཀ་མ་ལ་ཤཱི་ལ་གདན་དྲངས་པ་དང་བོད་ཀྱི་ལོ་རྒྱུས་ཐོག་གྲགས་ཆེ་བའི་བསམ་ཡས་ཆོས་རྩོད་ཆེན་མོ་ཚུགས་ནས་རྩོད་པ་བྱེ་རབས་ཆར་གསུང་ཚུལ་སྣ་ཚོགས་ཤིག་མཆིས། ལ་ལ་ནི་ཧྭ་ཤང་མ་ཧཱ་ཡ་ན་རྒྱལ་ཟེར། ཆོས་འབྱུང་ལོ་རྒྱུས་དག་ན་ཀ་མ་ལ་ཤཱི་ལ་རྒྱལ་ནས་ཧྭ་ཤང་ཤ་ཚུར་བཙོངས་ཞེས་ཟེར། ཁ་ཅིག་ནི་ཧྭ་ཤང་དང་ཀ་མ་ལ་ཤཱི་ལ་གཉིས་རྩ་བ་ནས་མི་རྩོད་ཟེར་སྐད། གང་ལྟར་བོད་ཀྱི་ལོ་རྒྱུས་མཁན་པོ་དང་དམ་པ་ཕལ་ཆེ་བ་ནི་ཧྭ་ཤང་དང་ཀ་མ་ལ་ཤཱི་ལ་གཉིས་རྩོད་པ་མ་ཟད། ཀ་མ་ཤཱི་ལ་རྒྱལ་ཞིང་བཙན་པོའི་བཀས་བཅད་ཀྱི་ལྷ་བ་ཉིད་རིམ་གྱིས་པའི་ལྷ་བ་སྟེ། ཞི་འཚོ་ཡབ་སྲས་ཀྱི་ལྷ་བ་ཉིད་ཁྱབ་སྤེལ་མཛད་པར་སྨྲ་བས། མཁས་པ་དེ་གཉིས་རྩོད་པས་མ་ཚད།

དུས་ཡུན་ལོ་ངོ་གསུམ་རྩོད་པ་མཛད་པར་གྲགས་①ཤིང་། ཀ་མ་ལ་ཤཱི་ལ་རྒྱལ་བར་འདོད་དེ། རོང་སྟོན་ཤཱཀྱ་རྒྱལ་མཚན་གྱིས་མཛད་པའི་སྒོམ་རིམ་ཐ་མའི་འགྲེལ་པ་ལེགས་བཤད་ལྷའི་ཛ་སྒྲ་ཞེས་བྱ་བར། "སྒོམ་པའི་རིམ་པ་ལེགས་པར་བཤད་པ་ཐེག་པ་ཆེན་པོའི་ལམ་མ་ནོར་བར་གསལ་བར་སྟོན་པ་འདི་ནི་ཧྭ་ཤང་མ་ཧཱ་ཡ་ན་དང་དེའི་རྗེས་སུ་འཇུག་པའི་ལོག་པར་རྟོག་པར་གསལ་བའི་དོན་དུ། སའི་མངའ་བདག་བཙན་པོ་ཁྲི་སྲོང་ལྡེའུ་བཙན་གྱིས་བསྐུལ་ནས། འཛམ་བུའི་གླིང་གི་རྒོལ་བ་ཐམས་ཅད་ཚར་གཅོད་ནུས་པའི་སྟོབས་དང་ལྡན་པ་མཁས་པའི་དབང་པོ་ཀ་མ་ལ་ཤཱི་ལས་སྒོམ་པའི་རིམ་པ་རྣམ་པ་གསུམ་མཛད་ནས་ལོག་རྟོག་གི་མུན་པ་གསལ་བར་མཛད།"②ཅེས་གསུངས་པ་ཉིད་ནི་རང་བཞིན་བརྗོད་པའི་རྒྱུན་དུ་མཐོང་ངོ་།།

གཞན་བོད་ཀྱི་ཆོས་འབྱུང་ལོ་རྒྱུས་རྣམས་རང་བཟོ་མིན་ལ། བསྟན་པ་སྔ་དར་ན་མཛད་པའི་དབའ་བཞེད་སོགས་ན་དེའི་སྐོར་འཁོད་པའི་ཕྱིས་ཀྱི་ལོ་རྒྱུས་མཁན་པོ་དང་མཁས་པ་རྣམས་ཀྱིས་ཀྱང་དེ་ལྟར་འདོད་ཅིང་། ཀ་མ་ལ་ཤཱི་ལའི་སྒོམ་རིམ་གསུམ་གྱི་གཞུང་གི་ཤོག་དབུབ་སྟངས་དང་ལུང་རིགས་རྣམ་དག་ལམ་ནས་དགག་བཞག་མཛད་ཚུལ། དེ་བཞིན་གནུབས་སངས་རྒྱས་ཡེ་ཤེས་ཀྱི་བསམ་གཏན་མིག་སྒྲོན་དང་ཀཿཐོག་རིག་འཛིན་ཚེ་དབང་ནོར་བུའི་བཀའ་འབུམ་བར་ཆ་ན་འཁོད་པའི་ཧྭ་ཤང་ལྟ་བའི་འབྱུང་རབས་སོགས་ལ་ཞིབ་པར་གཟིགས་ན་ཤེས་ཐུབ། འོ་ན་དེང་སང་ཧྭ་ཤང་མ་ཧཱ་ཡ་ན་རྒྱལ་བར་སྨྲ་བ་ནི་འོལ་ཚོད་ཡིན་པར་སེམས་སམ་ཞེ་ན། དེ་ལྟར་མི་འདོད་མོད། དེའི་ཁུངས་ནི་ཧུན་ཏོང་ནས་རྙེད་པའི་《མཁན་པོ་མ་

① 才让教授所著的吐蕃史稿，第九章：赤松德赞朝佛教在吐蕃的传播中记载：莲花戒的《修习次第》阐明了修习次第，主张止观双修，反对摩诃衍那的顿悟说。从公元792年至公元794年辩论长达三年，翻来覆去。见452页。甘肃民族出版社。2007.

② རོང་སྟོན་ཤཱཀྱ་རྒྱལ་མཚན། རོང་སྟོན་ཤཱཀྱ་རྒྱལ་མཚན་གྱི་གསུང་སྐོར། 〈པོད་ཁ་པ〉 ཤིང་དཔར། ཤ 360

ཏྲ་ཡན་གྱི་ཅིག་ཅར་འཇུག་པའི་སྒོ་》ལ་སོགས་པའི་གཞུང་གི་ཚིག་རིས་ན་ཧྭ་ཤང་གི་ལྟ་སྒོམ་ཉིད་དག་པར་སྣང་ཡང་། དེ་ལ་གནད་འགག་གཅིག་ཡོད་དེ། གཞུང་དེ་རྣམས་ཧྭ་ཤང་དང་ཀ་མ་ལ་ཤཱི་ལ་གཉིས་རྩོད་རྗེས་ཀྱི་གཞུང་ཡིན་ནམ། མ་རྩོད་གོང་གི་གཞུང་ཡིན། ཡང་ན། རྩོད་པའི་གནས་སྐབས་སུ་མཛད་པའི་གཞུང་ཡིན་མིན་ཆར་དུས་ཀྱིས་བསྐལ་བས་མཐའ་གཅིག་ཏུ་ཁ་ཚོན་གཅོད་ཐབས་བྲལ་ལོ། སློབ་དཔོན་ཀ་མ་ལ་ཤཱི་དང་མ་རྩོད་སྔོན་དུ་མཛད་པ་ཡིན་སྲིད་ཀྱང་ཆེག གང་ལྟར་མཁས་པ་རྣམས་ཀྱིས་དེའི་སྐོར་གྱི་བཤད་པ་ཞིག་ད་ལམ་ཁོ་བོས་མ་མཐོང་བས། གནད་དེ་ཉིད་གྲོལ་ན་རིམ་གྱིས་པའི་ལྟ་བ་དང་ཅིག་ཅར་པའི་ལྟ་བ་གཉིས་དབར་གྱི་འགལ་འདུ་དེ་སེལ་ཐུབ་པའི་ངེས་ཤེས་ཤིག་འོང་བར་སེམས། །

## གསུམ་པ། སྒོམ་རིམ་བར་མཐའ་གསུམ་གྱིས་བོད་ཀྱི་དབུ་མའི་ལྟ་བར་ཐེབས་པའི་ཤུགས་རྐྱེན།

ད་ནི་སྒོམ་རིམ་བར་མཐའ་གསུམ་གྱིས་བསྟན་པ་སྔ་དར་གྱི་བོད་ཀྱི་དབུ་མའི་ལྟ་བར་ཐེབས་པའི་ཤུགས་རྐྱེན་འཆད་ན་འདི་ལྟར་ཏེ། བསྟན་པ་སྔ་དར་ལ་ཐོག་མར་ལྷ་ཐོ་ཐོ་རི་གཉན་བཙན་གྱི་སྐབས་སུ་སངས་རྒྱས་བསྟན་པའི་དབུ་བརྙེས་པ་དང་བར་དུ་ཆོས་རྒྱལ་སྲོང་བཙན་སྒམ་པོའི་སྐུ་རིང་ལ་སངས་རྒྱས་བསྟན་པའི་ལམ་སྲོལ་ཆེན་པོ་བཏོད། ཐ་མར་ལྷ་བཙན་པོ་ཁྲི་སྲོང་ལྡེ་བཙན་གྱི་བཀའ་དྲིན་རླབས་ཀྱིས་དར་ཞིང་རྒྱས་པར་མཛད།

དེ་ནས་རིམ་གྱིས་ལྷ་བཙན་པོ་དག་གི་བཀའ་དྲིན་རླབས་དང་ལོ་པཎ་སྐུ་དྲིན་ཅན་རྣམ་པའི་ཐུགས་བརྩེ་བའི་མཐུས་རྒྱ་གར་འཕགས་པའི་ཡུལ་ལས་ལྷག་པར་དར་ཆེ་བར་སོང་བའོ། །སྔ་དར་དུས་སུ་བསྟན་པ་ལ་སྨན་པའི་རྒྱ་གར་འཕགས་པའི་ཡུལ་ནས་བྱོན་པའི་མཁས་གྲུབ་གཙོ་བོ་ནི་ཞི་འཚོ་ཡབ་སྲས་རྣམ་གཉིས་དང་སློབ་

དཔོན་པདྨ་འབྱུང་གནས། སློབ་དཔོན་སངས་རྒྱས་གསང་བ། བི་མ་ལ་མི་ཏྲ་སྟེ་དྲི་མེད་བཤེས་གཉེན། སྔགས་འཆང་ཧྨ་ཀྵ་གི་ཧེ། སློབ་དཔོན་ཀུ་ས་ར་སོགས་ཁྲིན་དམ་པ་སུམ་ཅུ་ཙམ་ཞིག་བྱོན་ལ། མཁས་པ་ཕལ་ཆེ་བའི་ལྟ་བའི་སྟྲོག་ཤིང་ལྟ་བུ་ནི་སྒོམ་རིམ་འདི་ཉིད་སོང་ཞིང་། བསྟན་པ་སྔ་དར་ལ་ལྟ་བའི་མཐོ་ས་ནི་ཞི་འཚོ་ཡབ་སྲས་ཀྱི་ལྟ་བ་འདི་ཡིན་ལ། བོད་སྔ་རབས་པ་རྣམས་ཀྱིས་གཙོ་བོ་རྣལ་འབྱོར་སྤྱོད་པའི་དབུ་མ་རང་རྒྱུད་པའི་ལྟ་བ་ཉིད་ལྟ་བ་མཐར་ཐུག་ཏུ་བཟུང་བའི་སྲོལ་ཞིག་ཆགས། དེ་ཡང་བསྟན་པ་སྔ་དར་ལ་སྒོམ་རིམ་གྱི་ལྟ་བའི་ཤན་ཞུགས་པ་མཁས་པ་མང་དུ་འདུག་སོད། གཞུང་ཆེན་པོའི་བཤད་པའི་གྲུང་སྒྲིག་ནས་བསྟན་བཅོས་མཛད་པོ་གསང་སྔགས་རྙིང་མའི་མཁས་པ་གནུབས་སངས་རྒྱས་ཡེ་ཤེས་ཉིད་དེ། གང་དེས་མཛད་པའི་སྒོམ་གྱི་གནད་གསལ་བར་ཕྱེ་བ་བསམ་གཏན་མིག་སྒྲོན་ལ་གཟིགས་ན་ཤེས་ལ། སྔ་ཡི་ཤེས་དབང་པོས་ཤེས་རབ་གསུམ་བསྒྲགས་མར་གྲགས་པ་མཛད་ནས་རིམ་གྱིས་པའི་ལྟ་བ་ཁྲབ་སྲོལ་མཛད་པ་དང་། བཙུན་པ་དཔལ་དབྱངས་ཀྱིས་ཀྱང་ཅིག་ཅར་བའི་ལྟ་བ་བཀག་སྟེ། རིམ་གྱིས་པའི་ལྟ་བའི་གནད་ཁོལ་བུར་འབྱུང་ནས་གཞུང་བཤད་མཛད་པ་སོགས་ནི་བོད་ཀྱི་ལོ་རྒྱུས་ན་མཐུན་སྣང་དུ་གསལ། །ཡང་སྒོམ་རིམ་ཐོག་མཐའ་བར་གསུམ་གྱི་ལྟ་བའི་གནད་འབྱུང་ནས་ལྟ་ངན་ཀུན་ལྡོག་པ་ལ་ཇི་སྐད་དུ། བུ་སྟོན་ཆོས་འབྱུང་ལས། "གཉིས་མེད་གསུང་བའི་ཉིན་བྱེད་ནུབ་གྱུར་ཅིང་། །བསྟན་འཛིན་སྐྱེ་བོའི་ཐུན་མཚམས་འོད་དང་བྲལ། །ནག་པོའི་ཕྱོགས་ཕྱུར་སྡིག་སྤྱོད་འབྱུང་པོའི་བྱ། །ལྟ་ངན་སྣ་ཚོགས་བཟུང་སྟེ་རང་དགར་སྤྱོད། །"①ཅེས་དང་། "རྗོད་པས་བསྟན་པ་འཛིན་ཅེས་བཤད་པ་ཡང་། །རང་གཞན་གྲུབ་མཐའི་གཞུང་ལུགས་ཀུན་ཤེས་ནས། །ཕ་རོལ་ཡང་དག་ལམ་ལ་ཞུགས་

① བུ་སྟོན་རིན་ཆེན་གྲུབ། བུ་སྟོན་ཆོས་འབྱུང་། ཀྲུང་གོའི་བོད་ཀྱི་ཤེས་རིག་དཔེ་སྐྲུན་ཁང་། 1988ཤ 315

པའི་ཕྱིར། །ལྷ་ངན་རིགས་པས་བཟློག་ལ་དགོངས་པ་ཡིན། །”[①]ཞེས་གསུངས་པ་ཉིད་ནི་ལེགས་བཤད་དམ་པ་ཞིག་གོ །

སྒོམ་རིམ་བར་མཐའ་གསུམ་གྱིས་བསྟན་པ་སྔ་དར་མ་ཚད་ཕྱི་དར་ལའང་ཐེབས་པའི་ཤུགས་རྐྱེན་བཤད་ན་འདི་ལྟར་ཏེ། སྒོམ་རིམ་བར་མཐའ་གསུམ་ནི་བོད་དུ་དར་མ་འུ་དུམ་བཙན་པོས་སངས་རྒྱས་ཀྱི་བསྟན་པ་བསྣུབས་རྗེས་ཆོས་ལོག་སུན་འབྱིན་པར་བྱེད་པའི་ལུང་རིགས་རྣམ་དག་གི་གཞུང་ཞིག་དང་། བསྟན་པ་ཕྱི་དར་སྐབས་བོད་ཡུལ་གྱི་ཁམས་འདིར་ལོ་པཎ་གྲུབ་པའི་དབང་ཕྱུག་སའི་དྲེགས་པ་དང་མཉམ་པ་རྣམ་པའི་གཞུང་གི་གོལ་ས་མི་འཛོལ་བར་སློན་པའི་གཞུང་ཞིག་ཏུ་གྱུར་ཏོ། །ཁྱད་པར་དུས་ཕྱིས་རྗེ་ཙོང་ཁ་པ་ཆེན་པོའི་སྐུ་དུས་སུ་དབུ་མ་ཐལ་འགྱུར་བའི་ལྟ་བ་ཁྲབ་སྤེལ་ལྷག་ཏུ་བྱུང་བར་མཚན་ཉིད་རིགས་པའི་རྨང་རྗེ་གཏིང་ཡོད་ཅེས་སྨྲ་བར་སྤྱོབས་སོ། །

སྒོམ་རིམ་བར་མཐའ་གསུམ་ནི་བསྟན་པ་ཕྱི་དར་ལ་ཐོག་མར་བསྟན་པ་རྐང་ནས་གསོ་བ་དང་དབུ་མའི་ལྟ་བའི་སྲོག་ཤིང་ལྟ་བུར་སོང་བས། བསྟན་པ་ཕྱི་དར་གྱི་སྔ་དུས་སུ་མཁན་ཆེན་ཞི་འཚོའི་གྲུབ་མཐའ་འདི་ཉིད་སྔར་བཞིན་ལྟ་བ་མཐོ་གྲས་སུ་འཛིན་སྲོལ་མཆིས་ལ། འཆད་ཉན་གྱི་བཤད་པའང་རྒྱ་ཆེར་བྱུང་བའོ། དེ་ལ་པཎ་ཆེན་ཤཱཀྱ་མཆོག་ལྡན་གྱི་དབུ་མའི་བྱུང་ཚུལ་རྣམ་པར་བཤད་པའི་གཏམ་ཡིད་བཞིན་ལྷུན་པོ་ཞེས་བྱ་བའི་བསྟན་བཅོས་སུ། “དེའི་བཤད་སྲོལ་འཛིན་པ་མང་པོ་དག་ལས་གཙོ་བོ་ཁྱུང་རིན་ཆེན་གྲགས། དེའི་སློབ་མ་རྒྱ་དམར་བྱང་ཆུབ་གྲགས་པ་དང་། གངས་པ་ཤེའུ་སོགས་སུ་གྲགས་པ་ལས། གྲོ་ལུང་པ་བློ་གྲོས་འབྱུང་གནས་ནི་བདག་ཉིད་ཆེན་པོ་དེའི་གསུང་རབ་མཐའ་དག་གི་སྲོལ་འཛིན་ཡིན་ལ། དེ་

① བུ་སྟོན་རིན་ཆེན་གྲུབ། བུ་སྟོན་ཆོས་འབྱུང་། ཀྲུང་གོའི་བོད་ཀྱི་ཤེས་རིག་དཔེ་སྐྲུན་ཁང་། 1988 ཤ 316

དང་རྒྱ་དམར་བ་གཉིས་ཀ་ལ་ཕྱྭ་པ་ཆོས་ཀྱི་སེང་གེས་གསན། དེས་ཕྱིར་གསུང་རབ་ཀྱི་རྣམ་བཤད་མང་པོ་དང་། ཕྱི་དྲག་ཏུ་རང་རྒྱུད་ཤར་གསུམ་གྱི་རྣམ་བཤད་མང་པོ་མཛད། སློབ་དཔོན་དེ་ཡིས་བྱམས་ཆོས་དང་། དབུ་མའི་བཀའ་བབས་བརྒྱགས་དབང་ཕྱུག་སེང་གེ་ལ་བྱུང་། དེས་ས་སྐྱ་པཎྜི་ཏས་གསན། དེས་ཞང་མདོ་སྡེ་པ་ལ་སོགས་པ་རིམ་པར་རྒྱུད་དེ་དེས་ཆོས་རྗེ་བླ་མ་དམ་པ་དང་། དེ་ནས་རིན་པོ་ཆེ་གཡག་པ་ལ་བྱོན།”①ཞེས་གསུངས་པར་གཞིགས་ན། བསྟན་པ་ཕྱི་དར་གྱི་དུས་ཡུན་རིང་པོ་ཞིག་གི་ནང་སྔར་བཞིན་དབུ་མ་རང་རྒྱུད་པའི་བཤད་པ་འདི་ཉིད་དར་ཆེ་བར་མངོན། ཕྱིས་པ་ཚབ་ཉི་མ་གྲགས་པས་དབུ་མ་འཇུག་པ་ཉིད་བོད་དུ་བསྒྱུར་རྗེས་གཞི་ནས་དབུ་མ་ཐལ་འགྱུར་བའི་ལྟ་བའི་ཁང་བཙུགས་ནས་དབུ་མ་ཐལ་འགྱུར་བ་ཉིད་ལྟ་བའི་མཆོག་ཡིན་པའི་ངེས་ཤེས་སྙེད་ཀྱང་དབུ་མ་ཐལ་རང་གཉིས་ཀྱི་རྩོད་གཞི་མང་དུ་བྱུང་སྟེ། སྔར་བཞིན་པ་ཚབ་བུ་བཞིའི་གྲས་ནའང་དབུ་མ་རང་རྒྱུད་པའི་ལུགས་འཛིན་མཁན་དང་ཕྱྭ་པ་ཆོས་ཀྱི་སེང་གེ་སོགས་ཀྱང་རང་རྒྱུད་པའི་ལྟ་གྲུབ་ཕྱོགས་གཏོགས་མང་ཞིང་། དོན་དངོས་པོའི་གནས་ཚོད་དུའང་དེ་ལྟར་སོང་བས། མཁས་པ་དེ་རྣམས་ཀྱིས་དབུ་མ་ཐལ་རང་གཉིས་མཐར་ཐུག་ལྟ་བ་གཅིག་ཏུ་གསུང་སྒྲོལ་ཡང་ཆགས་སོ། །དེ་དག་གི་གནད་འགག་དང་ཡོང་ཁུངས་གཙོ་བོ་ནི་ཀ་མ་ལ་ཤཱི་ལའི་སྒོམ་རིམ་བར་མཐའ་གསུམ་ལ་ཐུག་ལ། སྒོམ་རིམ་འདི་ནི་བོད་ཀྱི་དབུ་མའི་ལམ་སྒྲོལ་ལམ་མ་རྩ་ལྟ་བུར་སོང་བའོ། །དེའི་དབང་གིས་རྗེ་ས་པཎ་གྱིས། “བདག་གིས་ཀྱང་། སློབ་དཔོན་ཀ་མ་ལ་ཤཱི་ལའི་རྗེས་སུ་འབྲངས་ནས་བཤད།”②ཅེས་

① པཎ་ཆེན་ཤཱཀྱ་མཆོག་ལྡན་སོགས། ལྟ་བའི་སྐོར་ལས་འཕྲོས་པའི་མཁས་པའི་ལེགས་བཤད་གཅེས་སྒྲིག། སེར་གཙུག་ནང་བསྟན་དཔེ་རྙིང་ཁང་། ཤ 25–26

② ས་སྐྱ་པཎྜི་ཏ་ཀུན་དགའ་རྒྱལ་མཚན། ས་པཎ་ཀུན་དགའ་རྒྱལ་མཚན་གྱི་གསུང་འབུམ། (གླེགས་བམ་གསུམ་པ།) བོད་ལྗོངས་བོད་ཡིག་དཔེ་རྙིང་དཔེ་སྐྲུན་ཁང་། 1992 ཤ 155

གསུངས་པ་ལས་སྔ་རབས་ཀྱི་མཁས་པ་རྣམས་ཀ་མ་ལ་ཤཱི་ལའི་ལྟ་བའི་ཕྱོགས་སུ་སོང་པ་མངོན་ལ། ཕྱིས་ཀྱི་མཁས་པ་རྣམས་ཀྱིས་དབུ་མ་ཐལ་འགྱུར་བའི་ལྟ་བའི་གནད་རྟོགས་པའི་ཆར་ཞི་འཚོ་ཡབ་སྲས་ཀྱི་གཞུང་ཤིང་ཉམས་སུ་བཞེས་ཚུལ་ནི་ཁོང་རྣམ་པའི་གསུང་ལས་ཤེས་ཏེ། རྗེ་ཙོང་ཁ་པའི་ལམ་རིམ་ཆེན་མོར། "ལུང་གི་བསྟན་པ་ནི་ཆོས་ལག་ཏུ་ལེན་པའི་ཚུལ་སྒྲུབ་པ་བྱེད་ལུགས་གཏན་ལ་འབེབས་པ་ཡིན་ལ། རྟོགས་པའི་བསྟན་པ་ནི་གཏན་ལ་ཕེབས་པ་ན་ཇི་ལྟར་གཏན་ལ་ཕབ་པ་ལྟར་སྒྲུབ་པ་ཡིན་པས་དེ་གཉིས་རྒྱུ་འབྲས་སུ་འགྲོ་བ་ཡིན་ཏེ། དཔེར་ན། རྟ་རྒྱུག་པ་ན་སྟོན་ལ་དཀྱུ་ས་སྟོན་པ་དང་བསྟན་ཟིན་ནས་དེར་རྒྱུག་པ་ལྟ་བུ་ཡིན་ནོ། །དཀྱུ་ས་གཞན་དུ་བསྟན་ནས། རྒྱུག་ས་གཞན་དུ་བྱེད་ན་བཞད་གད་དུ་འགྱུར་བ་ལྟར། ཐོས་བསམ་གྱིས་གཞན་ཞིག་གཏན་ལ་ཕབ་ནས་སྒྲུབ་པ་ན་གཞན་ཞིག་བསྒྲུབ་ཏུ་ག་ལ་རུང་། དེ་ལྟར་ཡང་སྒོམ་པའི་རིམ་པ་ཐ་མ་ལས། ཡང་ཐོས་པ་དང་བསམས་པ་ལས་བྱུང་བའི་ཤེས་རབ་ཀྱིས་རྟོགས་པ་གང་ཡིན་པ་དེ་ཉིད་བསྒོམས་པ་ལས་བྱུང་བའི་ཤེས་རབ་ཀྱིས་བསྒོམ་པར་བྱ་ཡི། གཞན་དུ་ན་མ་ཡིན་ཏེ། རྟ་དཀྱུས་ཀྱི་ས་བསྟན་ནས་རྒྱུག་པ་བཞིན་ནོ། །ཞེས་གསུངས་སོ། །དེ་ལྟར་ན་གདམས་པ་འདིས་བཤེས་གཉེན་བསྟེན་ཚུལ་ནས་ཞི་གནས་དང་ལྷག་མཐོང་གི་བར་གསུང་རབ་དགོངས་འགྲེལ་དང་བཅས་པའི་ལམ་གྱི་གནད་ཐམས་ཅད་ཚང་བར་བསྡུས་ནས་དེ་དག་ཐམས་ཅད་ལ་འཇོག་སྒོམ་དགོས་པ་རྣམས་ལ་འཇོག་སྒོམ་བྱེད། དཔྱད་ནས་བསྒོམ་དགོས་པ་རྣམས་ལ་སོ་སོར་རྟོག་པའི་ཤེས་རབ་ཀྱིས་དཔྱད་དེ་ཉམས་སུ་ལེན་པའི་རིམ་པར་དྲིལ་ནས་འཁྲིད་པས་ན་གསུང་རབ་ཐམས་ཅད་གདམས་ངག་ཏུ་འཆར་རོ།"[①]ཞེས་དང་། ཡང་དེ་

① རྗེ་ཙོང་ཁ་པ་ཆེན་པོའི་གསུང་འབུམ་བཞུགས་སོ། 《པ》《ལམ་རིམ》མཚོ་སྔོན་མི་རིགས་དཔེ་སྐྲུན་ཁང་། 2010 ཤ 16

ཉིད་ལས། “ཅིར་ཡང་མི་རྟོག་འཇོག་པའི་ཞི་གནས་ལམ། །དང་པོར་སྒྲུབ་པའི་ཚུལ་དང་གྲུབ་པའི་ཚད། །ལེགས་པར་དམིགས་ཕྱེད་གོ་བ་མ་རྙེད་ཀྱང་། །སྙིང་རུས་ཙམ་ལ་རེ་བའི་བསམ་གཏན་པ། །དེ་དག་གིས་ཀྱང་ད་དུང་མཁས་པ་ལ། །བརྟེན་ནས་སྐྱོང་ཚུལ་ཇི་བཞིན་ཤེས་པར་མཛོད། །དེ་ལྟ་མིན་ན་རྒྱལ་བའི་བསྟན་པ་ལ། །རེ་ཞིག་ངལ་འཚོ་བྱས་ན་གནོད་པ་ཆུང་། །”①ཞེས་གསུངས་པ་སོགས་ལས་དུས་ཕྱིས་བྱོན་པའི་དབུ་མ་བ་རྣམས་ཀྱིས་ཞི་འཚོ་ཡབ་སྲས་ཀྱི་དགོངས་པ་རྨ་མེད་པ་འདི་ཉིད་ལ་གཙིགས་ཆེན་པོ་གནང་བ་དང་དབུ་མ་ཐལ་འགྱུར་བའི་ལྟ་གྲུབ་ཀྱི་གནད་རྟོགས་པའི་ལམ་ཉག་ཅིག་ཏུ་མཛད་པ་ཤེས་པར་མཛོད། །

མདོར་ན། སྒོམ་རིམ་བར་མཐའ་གསུམ་འདི་ཉིད་ནི་བོད་བརྒྱུད་ནང་བསྟན་པའི་གཞུང་གལ་ཆེན་ཞིག་དང་། སྔ་ནས་ད་བར་བོད་ཀྱི་དབུ་མའི་ལྟ་བར་མགོ་བའི་བསྟན་བཅོས་ཤིག་ཡིན་སྟབས། བོད་ཡུལ་དབུ་མའི་ལྟ་བའི་གནད་ཀྱི་སྙིང་པོ་ལོན་ས་ཞིག་དང༌། བོད་ཀྱི་དབུ་མའི་ལྟ་གྲུབ་ཀྱི་སྒྲོལ་འཛུགས་སའི་གཞུང་ཤིང་དང་། ཐོས་བསམ་སྒོམ་གསུམ་ལ་བརྟེན་པའི་དཔྱད་སྒོམ་ཉིད་དགོས་པའི་གནད་བཟང་པོ། དེ་བཞིན་དཔལ་ནཱ་ལེནྡྲའི་ཆོས་བརྒྱུད་རྣལ་མ་ཡིན་མིན་འབྱེད་བྱེད་ཀྱི་ནོར་བུ་ཀེ་ཏ་ཀ་ལྟ་བུ། གཞན་དུ་ན། ཐོས་བསམ་སྒོམ་གྱི་རྒྱང་གཞིའི་ཐོག་དཔྱད་སྒོམ་ཉིད་གནད་པོར་བཟུང་ནས་ལུང་རིགས་བརྒྱ་ཕྲག་གི་ལམ་ནས་བསྟན་པའི་གོལ་ས་མ་ནོར་བའི་དྲི་མ་མེད་པའི་བསྟན་བཅོས་ཆེན་མོ་ཞིག་དང་། བསྟན་པ་སྔ་དར་ཕྱི་དར་གཉིས་ཀྱི་ལྟ་བའི་བར་མཚམས་འབྱེད་ས་ཞིག ཕྱིས་བོད་བརྒྱུད་ནང་བསྟན་གྱི་ཆོས་བརྒྱུད་ཁག་དབུ་མ་ཆེན་པོར་སླེ་བར་འགྱུར་བའི་ལུང་རིགས་འཐད་ལྡན་གྱི་

① རྗེ་ཙོང་ཁ་པ་ཆེན་པོའི་གསུང་འབུམ་བཞུགས་སོ། 《པ》《ལམ་རིམ》མཚོ་སྔོན་མི་རིགས་དཔེ་སྐྲུན་ཁང་། 2010 ཤ 523-524

སྐྱབ་བྱེད་ཅིག་ཏུ་སྨྲ་བར་འདོད་ཅིང་། སྒོམ་རིམ་བར་མཐའ་གསུམ་གྱི་གཞུང་གི་གནད་འགག་རྟོགས་པ་ལ། ཞི་འཚོ་ཡབ་སྲས་ཀྱི་སྐུ་དུས་སུ་བོད་ན་དབུ་མའི་སློབ་དཔོན་སུ་དང་སུ་ཡོད་རབས་དང་། བསྟན་པ་སྔ་དར་ཕྱི་དར་མཚམས་སུ་དབུ་མའི་སློབ་དཔོན་སུ་དང་སུ། དེ་དག་གིས་དབུ་མའི་གཞུང་གང་དང་གང་མཛད་པ་སོགས་དང་། ཕྱི་དར་གྱི་འགོ་ཙམ་ན་བོད་དུ་དབུ་མའི་སློབ་དཔོན་སུས་གཞུང་གི་བཤད་པ་དང་གཞུང་རྩོམ་པ་དུ་ཡོད་སྐོར། དེ་བཞིན་པ་ཚབ་ཉི་མ་གྲགས་པས་དབུ་མ་འཇུག་པ་སྒྱུར་དུས་བོད་ན་དབུ་མ་རང་རྒྱུད་པའི་ལྟ་གྲུབ་འཛིན་མཁན་གྱི་སློབ་དཔོན་དང་གཞུང་ཇི་ཡོད་སོགས་པའི་སྐོར་ལ་དཔྱད་པ་བཏང་སྟེ་ངེས་ཤེས་རྣམ་དག་ཅིག་ཆགས་པ་བྱུས་ན་དབུ་མ་སྒོམ་རིམ་རྣམ་པ་གསུམ་པོ་འདི་ཀོས་བོད་ཀྱི་དབུ་མའི་ལྟ་བར་ཐེབས་པའི་ཤུགས་རྐྱེན་སྐོར་ལ་རྟོག་དཔྱོད་གཏིང་ཚུགས་པ་ཞིག་འོང་ཐུབ་པར་སེམས་སོ། །

## ས་བཅད་གསུམ་པ། བསམ་གཏན་མིག་སྒྲོན་འདི་ཉིད་རྫོགས་པ་ཆེན་པོའི་གཞུང་གི་རྒྱབ་རྟེན་དུ་འགྱུར་ཚུལ་སྐོར་དཔྱད་པ།

བསམ་གཏན་མིག་སྒྲོན་ནི་སྔ་འགྱུར་རྙིང་མ་བའི་མཁས་པ་གནུབས་ཆེན་སངས་རྒྱས་ཡེ་ཤེས་ཀྱིས་མཛད་པའི་གཞུང་ཞིག་ཡིན་པ་དང་། གཞུང་འདི་བོད་དུ་བསྟན་པ་སྔ་ཕྱི་གཉིས་ཀྱི་རིས་མེད་མཁས་པ་མང་དག་ཅིག་གི་གཟིགས་དཔེ་གལ་ཆེན་ཞིག་གི་གྲས་ཤིག་ཡིན་པ་མ་ཟད། ལྷག་པར་དུ་རྫོགས་པ་ཆེན་པོའི་གཞུང་གི་རྒྱབ་རྟེན་ནམ་ཁུངས་སུ་བྱ་བའི་གསུང་རབ་ཅིག་ཡིན་པའི་ཆ་ནི་གཞུང་གང་དེའི་ཁོག་དང་ས་བཅད་དག་ལས་ཤེས་ལ། དུས་ཕྱིས་བྱོན་པའི་སྔ་འགྱུར་རྙིང་མའི་གྲུབ་

པའི་དབང་ཕྱུག་ལོ་ཆེན་རྣམ་སྣྲི་དང་ཛོ་ནང་ཛྙེ་བཙུན་ཀུན་དགའ་སྙིང་པོ་རྣམས་ཀྱིས་གཙིགས་སུ་མཛད་ནས་གཞུང་གི་གོ་བབ་མ་ནོར་བར་གསུང་རྒྱུན་བསྐྱངས་པ་སོགས་ལས་ཀྱང་ཤེས་ནུས་སོ། །

## དང་པོ། བསམ་གཏན་མིག་སྒྲོན་གྱི་ཐུང་བ་བཤད་པ།

བསམ་གཏན་མིག་སྒྲོན་ཞེས་པའི་མཚན་བྱུང་རྒྱུས་པར་སྒོམ་གྱི་གནད་གསལ་བར་ཕྱེ་བ་བསམ་གཏན་མིག་སྒྲོན་ཞེས་བརྗོད་ལ། གཞན་དུ་མཚན་གྱི་རྣམ་གྲངས་ལ་རྣལ་འབྱོར་མིག་གི་བསམ་གཏན་ཞེས་ཀྱང་གྲགས། གཞུང་གང་དེ་ནི་རྫོགས་པ་ཆེན་པོའི་གཞུང་གི་དགོངས་པ་གཅིག་བསྡུས་ཤིག་སྟེ། གནུབས་སངས་རྒྱས་ཡེ་ཤེས་ཀྱི་གོང་དུ་བཞུད་པའི་རྫོགས་ཆེན་གྱི་སློབ་དཔོན་སྔ་མ་རྣམས་ཀྱིས་རྫོགས་པ་ཆེན་པོའི་འགྲེལ་ཚུལ་ཁག་གུང་བསྒྲིགས་ནས་དམ་པ་དེ་དག་གི་གསུང་གི་གནང་བ་རྣམས་ཕྱི་རབས་པར་གཞུང་སྔ་མ་རྣམས་ཀྱི་ཕོག་དབུབས་མ་ཉམས་པའི་སྒོ་ནས་གསལ་ཁ་དང་སྒྲིས་བཤད་མཛད། བསམ་གཏན་མིག་སྒྲོན་གྱི་ལྟ་བའི་གཞི་རྐང་འཆད་པ་ལ་ངེས་པར་གཞུང་གང་དེར་འཇུག་དགོས་ཤིང་། གཞུང་གང་དེར་འཇུག་པ་ལ་ཐོག་མར་གཞུང་དེ་ཉིད་བྱུང་བའི་རྒྱབ་ལྗོངས་དང་། ས་བཅད་ཇི་ཙམ་ཡོད་མིན། མཁས་པ་ཆེན་པོ་གནུབས་ཞབས་ཀྱིས་སྟོན་རྩེན་གྱི་ལྟ་བ་གང་ལ་མོས་མིན། རྫོགས་ཆེན་གྱི་ལྟ་བའི་གནད་དེ་གཞི་རྟེན་ཅི་འདྲ་ཞིག་ཐོག་ནས་འཇུག་དགོས་མིན་སོགས་ཁུངས་སྐྱེ་བྱུས་ནས་སླ་དགོས་པར་སེམས་སོ། །

དེ་ཡང་བསམ་གཏན་མིག་སྒྲོན་ཉིད་ཀྱི་བྱུང་བའི་ཆར་བརྗོད་ན། གཙོ་བོ་བསྟན་པ་སྔ་དར་གྱི་སྐབས་སུ་བོད་ན་དར་ཆེ་བའི་ལྟ་བ་ལ་སྟོན་མུན①ཅིག་ཅར་

① སྟོན་མུན་ཞེས་པ་འདི་ལ་སྟོན་མིན་དང་ཧོན་མིན་སོགས་འབྱུང་ཡང་། གཞུང་ཕལ་ཆེ་བར་སྟོན་མིན་ཞེས་གསལ། བསམ་གཏན་མིག་སྒྲོན་དུ་སྟོན་མུན་ཞེས་པ་ཤས་ཆེ་བ་འཕོད།

བ་དང་རྩེན་མིན་[①]རིམ་གྱིས་པ་ཞེས་པའི་ལྷ་བ་ཆེན་པོ་གཉིས་སུ་བྱེ་ཞིང་། ལྟ་བ་དེ་གཉིས་ནི་བསམ་གཏན་མིག་སྒྲོན་བྱུང་བའི་གཞུང་གི་ཁུངས་སུ་ཡོད་ཚུལ་ནི་མཁས་པ་གང་དེས་ལྟ་བ་དེ་གཉིས་ཀྱི་གཞི་རྟེན་འོག་བསམ་གཏན་མིག་སྒྲོན་གྱི་བསྟན་བཅོས་ཆེན་པོ་འདི་ཉིད་བློས་བསླངས་དང་ལྷུགས་རྩོམ་གནང་ཚུལ་གཞུང་གང་དེའི་ཀུང་སྒྲིག་སྟངས་ལས་རྟོགས་ནུས། ལུགས་དེ་གཉིས་དར་རབས་ཀྱི་ཆར་སློབ་ན། སྟོན་མུན་ཅིག་ཅར་བའི་ལུགས་དེ་བོད་ན་རྩེན་མིན་རིམ་གྱིས་པའི་སྟོན་ཙམ་ དུ་དར་བ་དང་། ལྟ་བ་དེ་འགོག་པའི་སྐད་དུ་རིམ་གྱིས་པའི་ལྟ་བའི་རྒྱུན་དར་བ་ནི་ལོ་རྒྱུས་ཁུངས་མ་རྣམས་ལ་གསལ་ཞིང་། ཁྱད་པར་མཁས་པ་ཆེན་པོ་ཀ་མ་ལ་ཤཱི་ལ་དང་བསམ་གཏན་པའི་མཁན་པོ་མ་ཧཱ་ཡན་གཉིས་དངོས་སུ་རྩོད་པ་མཛད་མིན་ཕྱོགས་ལ་སྟོན་གྱི་ཆོས་འབྱུང་མཁན་པོ་དང་དེང་སང་གི་ཉམས་ཞིབ་པ་སོགས་མང་དག་ཅིག་གི་བཞེད་པ་སྣ་ཚོགས་སུ་སྣང་མོད། འདིར་ཐ་བཞེད་སོགས་པའི་ལོ་རྒྱུས་མཁན་པོ་སྔ་མ་དག་གི་དགོངས་པའི་རྗེས་བསྙེགས་ནས་མཁས་པ་རྣམ་གཉིས་ཀྱིས་རྒྱལ་བའི་བསྟན་པ་རིན་པོ་ཆེ་དཔང་དུ་བཙུགས་ནས་རྩོད་པའི་ཕྱོགས་སུ་མོས། ཞིབ་པ་ཚད་ལྡན་གྱི་ལོ་རྒྱུས་དེབ་ཐེར་དང་། ཕྱིས་བྱོན་པའི་མཁས་པའི་དབང་པོ་རོང་སྟོན་པའི་ཀ་མ་ལ་ཤཱི་ལའི་སྒོམ་རིམ་ཐོག་མཐའ་བར་གསུམ་གྱི་འགྲེལ་པ་དང་། རིས་མེད་དྲུན་དབང་འཇམ་དབྱངས་མཁྱེན་བརྩེ་དབང་པོའི་སྒོམ་རིམ་བར་པའི་ས་བཅད། གཞན་འཇམ་མགོན་བླ་མ་ཙོང་ཁ་པ་ཆེན་པོའི་བྱང་ཆུབ་ལམ་སྒྲོན་སོགས་ལ་གཟིགས་ན་དབུ་ཕོག་ཞབས་ཕོག་མེད་པར་སྣང་། ཁ་ཅིག་བསམ་གཏན་མིག་སྒྲོན་གྱི་མཐར་ཐུག་ལྟ་བ་ཧྭ་ཤང་གི་ལྟ་བ་ཡིན་པར་བཤད་པའི་

① རྩེན་མིན་ཞེས་པ་ལར་ཙེན་མིན་དང་ཙེན་མེན་དང་ཙེན་མན། ཙེན་མོན་ཞེས་སོགས་བྲི་བར་སྣང་། བསམ་གཏན་མིག་སྒྲོན་དུ་ཙེན་མེན་དང་ཙེན་མན་ཅི་རིགས་བྱ་བའི་སྦྱོལ་འདུག

ལུགས་ནི་བསྟན་བཅོས་གང་དེར་ཞིབ་ཆ་མ་གཟིགས་པའི་སྣང་ལ་མ་ངེས་པའི་བློས་བསླུས་པར་སེམས་སོ། །

## གཉིས་པ། བསམ་གཏན་མིག་སྒྲོན་གྱི་ལྟ་བའི་གནད་བཤད་པ།

རྫོགས་པ་ཆེན་པོའི་བསྟན་བཅོས་བསམ་གཏན་མིག་སྒྲོན་གྱི་ལྟ་བ་བཤད་པ་ལ་གཞུང་དངོས་གཞིར་འཇུག་དགོས་པ་དང་། གཞུང་དངོས་ཀྱི་སྙིང་པོ་ལེན་པར་གཞུང་གི་ཐོག་དབུབས་ཚུལ་དང་བསྟན་བཅོས་གང་དེའི་ཁྱད་ཆོས་མངོན་པའི་མཚན་གྱི་རྣམ་གྲངས། ས་བཅད་སྒྲིག་ཚུལ་བཅས་ལ་འཇུག་དགོས། འོ་ན་བསམ་གཏན་མིག་སྒྲོན་གྱི་ཁྱད་ཆོས་མངོན་པའི་མཚན་གྱི་རྣམ་གྲངས་དང་ས་བཅད་གྱུང་སྒྲིག་ཚུལ་ལ་བཤད་དུ་ཡོད་དེ། དེ་ཡང་ཐོག་མར་གཞུང་འདིའི་ཁྱད་ཆོས་མངོན་པར་གསལ་བའི་མཚན་གྱི་རྣམ་གྲངས་ལ་སྤྱིར་མཐའ་མེད་ཀྱང་། འདིར་བསྟན་བཅོས་མཁན་པོས་ཉེར་གཅིག་ཏུ་བཤད་ལ། དེ་དག་གི་མཚན་ཐོ་ཙམ་དྲངས་ན། བསམ་གཏན་མིག་སྒྲོན་དུ། “དེ་ལ་ཀུན་གཞི་བྱང་ཆུབ་ཀྱི་སེམས་ལྷུན་གྱིས་གྲུབ་པའི་རྫོགས་པ་ཆེན་པོ་གཏན་ལ་དབབ་པའི་མན་ངག་གི་རྒྱལ་པོ། རྣལ་འབྱོར་པའི་མིག་ཅེས་བྱ་བའི་བསམ་གཏན་འདིའི་མཚན་གྱི་རྣམ་གྲངས་ནི་འཁོར་བའི་རྒྱ་བོ་བཞི་ལས་སྒྲོལ་བའི་ཕྱིར། ཐེག་པ་ཆེན་པོ་གྲུའི་བསམ་གཏན་ཞེས་བྱའོ། །ཡོན་ཏན་ཆེན་པོ་ཐམས་ཅད་ཀྱི་འབྱུང་གནས་སུ་གྱུར་པས། རིན་པོ་ཆེའི་བསམ་གཏན་ཞེས་ཀྱང་བྱའོ། །དགོངས་པའི་དོན་ཐམས་ཅད་འདིར་འདུས་པས། དོན་བསྡུས་པའི་བསམ་གཏན་ཞེས་ཀྱང་བྱའོ། །ལྟ་བ་ཐམས་ཅད་མཐར་གཏུགས་པས། ཞི་ཕྱུགས་ཀྱི་བསམ་གཏན་ཞེས་ཀྱང་བྱའོ། །མ་རིག་པའི་མུན་པ་ཀ་ནས་འདག་པར་བྱེད་པས། སྒྲོན་མ་ཆེན་པོའི་བསམ་གཏན་ཞེས་ཀྱང་བྱའོ། །བག་ཆགས་ཀྱི་ལྡོན་ལྡིན་ཐམས་ཅད་འདག་པར་བྱེད་པས། ཆུ་བོ་ཆེན་པོའི་བསམ་གཏན་ཞེས་

ཀྱང་བྱའོ། །དགོར་བདུན་ཆེན་པོ་མ་བཙལ་གྲུབ་པར་བྱེད་པས། དེད་དཔོན་ཆེན་པོའི་བསམ་གཏན་ཞེས་ཀྱང་བྱའོ། །བསམ་གཏན་གྱི་གྲལ་རིམ་པར་བཀོད་ནས་མཆོག་ཏུ་བསྟན་པས། ཁྱད་པར་ཆེན་པོའི་བསམ་གཏན་ཞེས་ཀྱང་བྱའོ། །འཁོར་བ་དང་རྩོལ་བའི་དགྲ་དཔུང་ཆེན་པོ་རིལ་གྱིས་སྨྲན་ཀ་མ་ཉེད་པས། རྫོང་ཆེན་པོའི་བསམ་གཏན་ཞེས་ཀྱང་བྱའོ། །འཁོར་བ་དང་ཞེན་རྩོལ་གྱི་བསམ་པ་རིལ་བཅོམ་པས། དམག་དཔུང་ཆེན་པོའི་བསམ་གཏན་ཞེས་ཀྱང་བྱའོ། །ས་རྣམས་མ་བགྲོད་ཅིག་ཅར་ནོན་པས། མགྱོགས་པ་ཆེན་པོའི་ཅང་ཤེས་ཀྱི་བསམ་གཏན་ཞེས་ཀྱང་བྱའོ། །རྒྱལ་བའི་གོ་འཕང་མ་སྒྲུབ་ལྷུན་གྱིས་རྫོགས་པས། གྲུབ་པ་ཆེན་པོའི་བསམ་གཏན་ཞེས་ཀྱང་བྱའོ། །ཕྱིན་པ་མེད་པར་མཐར་ཕྱིན་པར་བྱེད་པས། ཐར་ལམ་ཆེན་པོའི་བསམ་གཏན་ཞེས་ཀྱང་བྱའོ། །ཚོ་འཕྲུལ་གྱི་མངོན་རྟོགས་ཐམས་ཅད་ཀྱི་འབྱུང་གནས་སུ་གྱུར་པས། ཡ་མཚན་ཆེན་པོའི་བསམ་གཏན་ཞེས་ཀྱང་བྱའོ། །བྱ་བ་གང་ཡང་མ་སྤངས་བླངས་དུ་མེད་པས། སྤྱོད་པ་ཆེན་པོའི་བསམ་གཏན་ཞེས་ཀྱང་བྱའོ། །ཐུན་མཚམས་མེད་པར་གསལ་བས། ཕྱུད་པ་ཆེན་པོའི་བསམ་གཏན་ཞེས་ཀྱང་བྱའོ། །གང་དང་ཡང་མ་བྲལ་བས། སྙིང་རྗེ་ཆེན་པོའི་བསམ་གཏན་ཞེས་ཀྱང་བྱའོ། །ཆེད་དུ་བྱ་བ་གང་ཡང་མེད་པས། ཉལ་བ་ཆེན་པོའི་བསམ་གཏན་ཞེས་ཀྱང་བྱའོ། །འཁོར་བའི་གཙོང་སྙིང་ཆེན་པོ་འཕྲིན་པས། བདུད་རྩི་སྨན་ཆེན་པོ་འཕྲིན་པའི་བསམ་གཏན་ཞེས་ཀྱང་བྱའོ། །གང་ལ་ཡང་ཉམ་ང་དང་བག་ཚ་བ་མེད་པས། ཁྱུང་ཆེན་ལྡིང་བའི་བསམ་གཏན་ཞེས་ཀྱང་བྱའོ། །ཟབ་ཅིང་གཏིང་དཔག་དཀའ་ལ་གཡོ་བ་མེད་པས། རྒྱ་མཚོ་ཆེན་པོའི་བསམ་གཏན་ཞེས་ཀྱང་བྱ་སྟེ། །"[1]ཞེས་གསུངས་

① གནུབས་སངས་རྒྱས་ཡེ་ཤེས། སྒོམ་གྱི་གནད་གསལ་བར་ཕྱེ་བ་བསམ་གཏན་མིག་སྒྲོན་ཅེས་བྱ་བ་བཞུགས་སོ། །ཤིང་དཔར། ཤ2–5

པའི་ཞེ་ཕུགས་ལ་དམིགས་ན་བསམ་གཏན་མིག་སྒྲོན་འདི་ཉིད་ནི་རྫོགས་པ་ཆེན་པོའི་གཞུང་གི་ཐུན་མིན་ཁྱད་ཆོས་མངོན་དུ་ཕྱུང་བའི་བསྟན་བཅོས་ཤིག་ཡིན་པ་དང་ཤུགས་ཀྱིས་སློར་འཆར་བའོ། །

དེ་དག་ནི་མདོར་བསྟན་གྱི་ཚུལ་དུ་གནས་པས་བསྟན་བཅོས་ཆེན་མོ་བསམ་གཏན་མིག་སྒྲོན་ཡོངས་སུ་རྫོགས་པ་རྟོགས་པ་ལ་གཞུང་གང་དེའི་ས་བཅད་དུ་ལས་གྲུབ་མིན་དང་མདོ་དོན་ས་བཅད་ཇི་ཙམ་ནང་དུ་ཡོད་མིན། དེ་བཞིན་རྫོགས་ཆེན་པའི་ལྟ་བ་རྣལ་མ་ས་བཅད་གང་དུ་འདུ་མིན་བཤད་ན་འདི་ལྟར་ཏེ། བསམ་གཏན་མིག་སྒྲོན་འདིར་ཁྱོན་ལེའུའི་དབང་དུ་བྱས་ན་བརྒྱད་དུ་འདུ་འོ། །ལེའུ་བརྒྱད་པོ་གང་ཞེ་ན། རྣལ་འབྱོར་མིག་གི་བསམ་གཏན་ཞེས་བྱ་རྒྱ་ཆེར་འགྲེལ་པ་ཆེན་པོ་ལས། གནས་དང་དམ་བཅའ་བ་དང་། སྔོན་དུ་བྱ་བ་དང་། ཆགས་པ་སྤྱང་བ་དང་། སྐྱོ་བ་བསང་བའི་དོན་བསྟན་ཏེ་ལེའུ་དང་པོའོ། །རྣལ་འབྱོར་མིག་གི་བསམ་གཏན་ཞེས་བྱ་བ་རྒྱ་ཆེར་འགྲེལ་བ་ལས། ཐབས་ཐོབ་པར་བྱ་བ་དང་། མཐུན་པ་བསྟེན་པ་དང་། སྐྱོན་ཡོན་བསྟན་པའི་ལེའུ་སྟེ་གཉིས་པའོ། །རྣལ་འབྱོར་མིག་གི་བསམ་གཏན་ཞེས་བྱ་བ་རྒྱ་ཆེར་འགྲེལ་བ་ལས། འཇུག་ཐབས་དགོས་ཆེད་ཀྱི་ཁྱད་པར་བསྟན་པའི་ལེའུ་སྟེ་གསུམ་པའོ། །རྣལ་འབྱོར་མིག་གི་བསམ་གཏན་ཞེས་བྱ་བ་རྒྱ་ཆེར་འགྲེལ་བ་ལས། ཙེན་མིན་རིམ་གྱིས་འཇུག་པའི་ལེའུ་སྟེ་བཞི་པའོ། །རྣལ་འབྱོར་མིག་གི་བསམ་གཏན་ཞེས་བྱ་བ་རྒྱ་ཆེར་འགྲེལ་བ་ལས། སྟོན་མུན་ཅིག་ཅར་འཇུག་པའི་ལེའུ་སྟེ་ལྔ་པའོ། །རྣལ་འབྱོར་མིག་གི་བསམ་གཏན་ཞེས་བྱ་བ་རྒྱ་ཆེར་འགྲེལ་བ་ལས། རྣལ་འབྱོར་ཆེན་པོའི་གཞུང་བཤད་པའི་ལེའུ་སྟེ་དྲུག་པའོ། །རྣལ་འབྱོར་མིག་གི་བསམ་གཏན་ཞེས་བྱ་བ་རྒྱ་ཆེར་འགྲེལ་བ་ལས། རྫོགས་པ་ཆེན་པོའི་གཞུང་རྒྱས་པར་བཀོད་པའི་ལེའུ་སྟེ་བདུན་པའོ། །རྣལ་འབྱོར་མིག་གི་བསམ་གཏན་

ཞེས་བྱ་བ་རྒྱ་ཆེར་འགྲེལ་བ་ལས། དགེ་རྩ་བསྔོ་ཞིང་སྨོད་བསྟན་པའི་ལེའུ་སྟེ་བརྒྱད་པ་བཅས་སོ། །ལེའུ་དེ་དག་ལས་རྒྱས་བསྡུས་དབང་དུ་བྱས་ན། ལེའུ་དང་པོ་དང་གཉིས་པ། གསུམ་པ་དང་བཞི་པ། བརྒྱད་པ་རྣམས་བསྡུས་པའི་སྒོ་ནས་དང་། ལེའུ་ལྔ་པ་དང་དྲུག་པ། བདུན་པ་རྣམས་རྒྱས་པའི་ངོར་དང་། དེ་ལས་ཀྱང་ལེའུ་བདུན་པ་རྫོགས་པ་ཆེན་པོའི་གཞུང་རྒྱས་པར་བཀོད་པའི་ལེའུས་གཞུང་ཡོངས་ཀྱི་གཉིས་ཆ་གཅིག་ཟིན་ལ། ཤྲོན་དཔེ་རིང་ལྡེབ་མ་བརྒྱ་དང་གཉིས་འདུག་ཅིང་། ལེའུ་དེའི་ནང་རྫོགས་པ་ཆེན་པོའི་ལྟ་བའི་སྐོར་གྱི་བཞེད་དགོངས་ཡོངས་གྲགས་དང་འགྲེལ་ཚུལ་གྲགས་ཆེ་བ་དང་རྫོགས་པ་ཆེན་པོའི་ལྟ་བའི་གཞི་རྟེན་སྟོན་མུན་གྱི་ལྟ་བ་ཡིན་རབས་དང་། རྫོགས་པ་ཆེན་པོའི་ལྟ་བའི་ཡང་རྩེ་ཨ་ཏི་ཡོ་ག་ཡིན་སྐོར་ལུང་རིགས་གནོད་མེད་ཀྱི་ལམ་ནས་སྒྲུབ་པར་མཛད་པ་དག་འཕོད་ཡོད། དེ་སྐོར་རྒྱས་པ་བསམ་གཏན་མིག་སྒྲོན་གྱི་ཤོག་གྲངས་290ནས་492བར་དུ་གཟིགས་པར་ཞུའོ། །

འོ་ན་མཁས་པ་ཆེན་པོ་གནུབས་ཞབས་ཀྱིས་སྟོན་རྩེན་གྱི་ལྟ་བ་གང་ལ་མོས་མིན་སྐོར་འཆད་ན། གནུབས་ཆེན་གང་དེ་སྟོན་མིན་ཅིག་ཅར་འཇུག་པ་དང་རྩེན་མིན་རིམ་གྱིས་འཇུག་པའི་ལྟ་བ་གཉིས་ལས་སྟོན་མིན་པའི་ལྟ་བ་འདོད་ནས་རྩེན་མིན་པ་ཞར་དང་ཞོར་ལ་འགོག་པར་སྣང་བའི་རྣམ་གཞག་ནི་བསམ་གཏན་མིག་སྒྲོན་གྱི་གཞུང་གི་སྒོ་ཕྱུག་བར་གསུམ་དུ་ཚིག་དོན་གཉིས་སུ་གསལ་བའི་ཚུལ་དག་ལས། ཐོག་མར་གནུབས་ཆེན་པོ་སྟོན་མུན་གྱི་ལུགས་ལ་མོས་པའི་ལུང་རྒྱུན་ནི། བསམ་གཏན་མིག་སྒྲོན་དུ། "དེ་ལ་རྒྱུའི་ཐེག་པ་བཅོམ་ལྡན་འདས་སྐྱ་སྒྱ་ངན་ལས་འདའ་ཀར་འོད་སྲུངས་ལ་གདམས་ངག་ཕོག དེ་ནས་སྔོ་ཧྲ་ར་ལ་སོགས་པ་ནས། རྒྱ་ནག་པོར་བདུན་རྒྱུད་ཐ་མ་ཏ་ཤང་མ་ཧཱ་ཡ་ན་ལ་ཐུག དེ་ནས་བོད་ཡུལ་

དུ་བཙན་པོ་དང་དགེ་སློང་རྣམས་ལ་ཡོད་པ་ནི་ནུབ།”①ཅེས་པར་དཔགས་ན། ཅིག་ཅར་ལྟ་བ་འདི་ཉིད་རྣམ་དག་ཡིན་པར་བཞེད་པ་དང་། མདོ་སྡེ་བརྒྱད་ཅུའི་ལུང་ཡང་མང་དུ་འདྲེན་པར་མཛད་པ་མ་ཟད། བསམ་གཏན་པའི་མཁན་པོ་གིན་ཅུན་ཤིན་ཤེ་སོགས་སོ་བཞི་ཙམ་གྱི་བསྟན་བཅོས་དཔང་དུ་བཞག་ནས་ཅིག་ཅར་པའི་ལྟ་བར་སངས་རྒྱས་ཀྱི་མདོ་སྡེ་རིན་པོ་ཆེའི་དགོངས་པ་དང་མི་འགལ་བའི་གནད་སྟོན་པ་དང་ཤེར་ཕྱིན་དང་དཀོན་བརྩེགས། སངས་རྒྱས་མཛོད། ལང་གཤེགས། རྡོ་རྗེ་གཅོད་པ་སོགས་རྒྱབ་རྟེན་དུ་བྱས་ནས་སྟོན་མུན་པའི་ལྟ་བ་ཁུངས་དག་པའི་ལུང་ཚད་མས་བདེན་ཁ་བསྐྱེར་ཞིང་། བསྟན་པ་སྔ་དར་ལ་མཛད་པ་ཆེ་བའི་མཁས་པ་སྣ་ནམ་ཡེ་ཤེས་དཔལ་དང་ལ་གམ་རྒྱལ་བ་བྱང་ཆུབ་རྒྱལ་མཚན་གྱི་སྒོམ་ལུང་། ཅོག་རོ་ཀླུའི་རྒྱལ་མཚན་གྱིས་བཙན་པོ་ཁྲི་སྲོང་ལྡེའུ་བཙན་ལ་གསོལ་བའི་གསུང་དང་། སློབ་དཔོན་ཉང་བྲན་དཔལ་གྱི་རྒྱལ་མཚན་གྱི་བསྒོམ་ལུང་། ཡོ་ནྡྷ་སྐ་བ་དཔལ་བརྩེགས་སོགས་ཀྱི་གསུང་གི་གནང་བ་དྲངས་ནས་ཅིག་ཅར་འཇུག་པའི་ལྟ་བ་རྣམ་དག་ཏུ་བཞེད་པའི་ཕྱོགས་དང་། དེ་དག་གི་ཁ་སྐོང་ཚུལ་དུ་མཁན་པོ་མ་ཧཱ་ཡ་ནའི་ལོན་དང་། ཡང་ལོན་སོགས་ཀྱི་ལུང་དྲངས་ཏེ་སྟོན་མུན་ཅིག་ཅར་པའི་ལྟ་བ་ཡོངས་སུ་རྫོགས་པའི་མདོ་སྡེའི་གཞུང་དང་ཡོངས་སུ་མཐུན་པར་བཞེད་དེ། བསམ་གཏན་མིག་སྒྲོན་ལས། “དེས་བརྒྱུད་པའི་ཐ་མ་ཧ་ཤང་མ་ཧཱ་ཡན་གྱི་གཞུང་ཅིག་ཅར་འཇུག་པ་སྟེ། ཡོངས་སུ་རྫོགས་པའི་མདོ་སྡེའི་གཞུང་ངོ་། །”②ཞེས་གསལ་བར་བྱུང་ལ། གནུབས་ཆེན་ཉིད་སྟོན་མུན་གྱི་ལྟ་བར་དག་སྣང་ཆེ་བའི་སྐོར་ནི་གཞུང་

① གནུབས་སངས་རྒྱས་ཡེ་ཤེས། སྒོམ་གྱི་གནད་གསལ་བར་ཕྱེ་བ་བསམ་གཏན་མིག་སྒྲོན་ཅེས་བྱ་བ་བཞུགས་སོ། །ཤིང་དཔར། ཤ15

② གནུབས་སངས་རྒྱས་ཡེ་ཤེས། སྒོམ་གྱི་གནད་གསལ་བར་ཕྱེ་བ་བསམ་གཏན་མིག་སྒྲོན་ཅེས་བྱ་བ་བཞུགས་སོ། །ཤིང་དཔར། ཤ24

དེ་ཉིད་དུ། "རྣལ་འབྱོར་མིག་གི་སྐབས་འདིར་སྟོན་མུན་དང་རྫོགས་ཆེན་ཆ་འདྲ་བས་གོལ་དུ་དོགས་པའི་ཕྱིར་རྒྱས་པར་བཀོད་དོ། །"[①]ཞེས་དང་། "མདོར་ན་གོ་བདེ་བར་རྩ་བར་དྲིལ་ཏེ་གསོལ། སྟོན་མིན་ནི་རྫོགས་ཆེན་དང་སྐད་མཐུན།"[②]ཞེས་སོགས་པའི་གསུང་སྒྲོས་ཀྱི་འགྲོས་འདིད་ན། སྟོན་མུན་གྱི་ལྟ་བ་ནི་རྫོགས་པ་ཆེན་པོའི་ལྟ་བའི་རྗང་དུ་སོང་མོད། ཡོངས་སུ་ནི་མི་མཐུན་པ་དང་རྫོགས་པ་ཆེན་པོའི་ལྟ་བ་སྟོན་མུན་གྱི་ལྟ་བ་ལས་ཁྱད་དུ་འཕགས་ཚུལ་ནི་བསམ་གཏན་མིག་སྒྲོན་གྱི་ལེའུ་བདུན་པར་གསལ། གཞན་དུ་ན། མཁས་པ་གནུབས་ཀྱིས་སྟོན་མུན་ཅིག་ཅར་པར་མོས་ནས་རྩེན་མིན་རིམ་གྱིས་པའི་ལུགས་འགོག་པར་མཛད་ཚུལ་ལེའུ་བདུན་པའི་ནང་བསམ་གཏན་བཞིའི་གོལ་བ་དང་རང་རྒྱལ་དང་སེམས་ཙམ་པའི་གོལ་ས།[③]མདོ་སྡེའི་གོལ་བ་དང་སེམས་ཙམ་པའི་གོལ་བ། སྔགས་སུ་གོལ་བ་དང་། སྔགས་ཀྱི་མཚན་མར་གོལ་བ། སྟོན་མུན་གོལ་བ། སྔགས་ཀྱི་དེ་བཞིན་ཉིད་དུ་གོལ་བ། ཨ་ནུ་ཡོ་གར་གོལ་བ། རྣམ་གཅིག་ཏུ་གོལ་བའི་རྣམ་བཞག་སྟོན་པ་བཅས་ལས་མངོན་ཐུབ་པ་ནི་སྟོན་མིན་ལ་གཙིགས་ཆེན་མཛད་ནས་རྩེན་མིན་གྱི་མཚན་ཟུར་ཙམ་ཡང་མི་སྟོན་པའི་ལུགས་དག་ལས་ཤེས་ལ། ཁྱད་དོན། བསམ་གཏན་མིག་སྒྲོན་གྱི་མཇུག་བྱང་དུ། "སྟོན་མུན་རི་རྒྱལ་རྩེར་ཕྱིན་ཀུན་མཐོང་ཚུལ་གྱིས་ཐག་བཅད་ནས། །འཇུག་པའང་ཅིག་ཅར་ཟུང་འབྲེལ་གྱི་ནར་མ་སྐྱེས་རང་གསལ་བའང་། །དོན་དམ་ངང་ལ་སྐྱོན་སྐྱེས་མི་སྲུང་རང་བྱུང་རང་ཞེར་འདོད། །དེ་ལྟས་པ་ལས་བགྲོད་མེད་མི་སྤྱོང་

① གནུབས་སངས་རྒྱས་ཡེ་ཤེས། སྒོམ་གྱི་གནད་གསལ་བར་ཕྱེ་བ་བསམ་གཏན་མིག་སྒྲོན་ཅེས་བྱ་བ་བཞུགས་སོ། །ཤིང་དཔར། ཤ186

② གནུབས་སངས་རྒྱས་ཡེ་ཤེས། སྒོམ་གྱི་གནད་གསལ་བར་ཕྱེ་བ་བསམ་གཏན་མིག་སྒྲོན་ཅེས་བྱ་བ་བཞུགས་སོ། །ཤིང་དཔར། ཤ490

③ བསམ་གཏན་མིག་སྒྲོན་དུ་གོལ་ས་ཞེས་གསལ་ཡང་། གོལ་བ་ཡིན་པར་ངེས།

གྲུབ་ནོན་ཁྱུང་ཆེན་འདྲའོ། །"[①]ཞེས་གསུངས་པ་ལྟར་དང་། བསམ་གཏན་མིག་སྒྲོན་ལེའུ་གཉིས་པར། "དེ་ལ་རིམ་གྱིས་པ་ནི། རྒྱ་དཀར་པོའི་སློབ་དཔོན་ཀ་མ་ལ་ཤཱི་ལའི་འདོད་གཞུང་སྟེ། དྲང་བ་དོན་གྱི་མདོ་སྡེ་ཡོངས་སུ་མ་རྫོགས་པའི་གཞུང་ངོ་། །"[②]ཞེས་དང་། བསྟན་བཅོས་གང་དེའི་ལེའུ་བདུན་པའི་ནང་དུ། "རྣལ་འབྱོར་སྤྱོད་པའི་དབུ་མའི་སྒོམ་པ་ནོར་ཏ་རེ་བསྟན་པ། །"[③]ཞེས་པའི་ཡིག་ཚུང་གསལ་བ་དང་། ལེའུ་ལྔ་པ་སྟོན་མུན་པའི་རིང་ལུགས་འཆད་པའི་དོན་བསྡུའི་ནང་། "རྣལ་འབྱོར་མིག་གི་བསམ་གཏན་གྱི་སྐབས་འདིར། སྟོན་མུན་དང་རྫོགས་ཆེན་ཆ་འདྲ་བས་གོལ་དུ་དོགས་པའི་ཕྱིར་རྒྱས་པར་བཀོད་དོ། །"[④]ཞེས་བྱུང་བ་མ་ཟད། ཇོ་ནང་རྗེ་བཙུན་ཀུན་དགའ་སྙིང་པོས་མཛད་པའི་དགེ་བཤེས་དཔལ་ལྡན་ཤཱཀྱ་བསྟན་འཛིན་གྱིས་དྲི་ལན་གནད་ཀྱི་གསལ་བྱེད་ཅེས་པའི་དྲི་བ་བཅོ་ལྔ་པ་ཧྭ་ཤང་གི་ལྟ་བ་དངོས་གཞི་ཇི་ལྟར་འཁྲུལ། །སྤྱོད་པས་མ་ཟིན་པས་འཁྲུལ་ན། །སྤྱོད་པའི་ཕྱོགས་ནས་དགག་རིགས་ཀྱིས། །ལྟ་བ་འཁྲུལ་ཞེས་གསུང་མི་རིགས་པ་འདྲ། །ཞེས་པའི་དྲི་བར་ལན་དུ་མཛད་པ་ལ། "འདི་ལ་བརྗོད་པ། སྤྱིར་ཧོན་མུན[⑤]ཅིག་ཅར་འཇུག་པའི་ལམ་ཞེས་བྱ་བ་ནི། བོད་ཡུལ་དུ་ཧྭ་ཤང་མ་ཧཱ་ཡ་ནས་སྤྲོལ་ཕྱེ་བར་གདའ། རྒྱ་ནག་ཏུ་དེའི་སྔོན་རོལ་དུ་ཡང་སྟོན་མུན་གྱི་མཁན་པོ་ཆེན་པོ་ཉི་ཤུ་རྩ་ལྔ་ཙམ་བྱུང་ཞིང་། དེ་དག་ཁུངས་

① གནུབས་སངས་རྒྱས་ཡེ་ཤེས། སྒོམ་གྱི་གནད་གསལ་བར་ཕྱེ་བ་བསམ་གཏན་མིག་སྒྲོན་ཅེས་བྱ་བ་བཞུགས་སོ། །ཤིང་དཔར། ཤ500

② གནུབས་སངས་རྒྱས་ཡེ་ཤེས། སྒོམ་གྱི་གནད་གསལ་བར་ཕྱེ་བ་བསམ་གཏན་མིག་སྒྲོན་ཅེས་བྱ་བ་བཞུགས་སོ། །ཤིང་དཔར། ཤ23

③ གནུབས་སངས་རྒྱས་ཡེ་ཤེས། སྒོམ་གྱི་གནད་གསལ་བར་ཕྱེ་བ་བསམ་གཏན་མིག་སྒྲོན་ཅེས་བྱ་བ་བཞུགས་སོ། །ཤིང་དཔར། ཤ442

④ གནུབས་སངས་རྒྱས་ཡེ་ཤེས། སྒོམ་གྱི་གནད་གསལ་བར་ཕྱེ་བ་བསམ་གཏན་མིག་སྒྲོན་ཅེས་བྱ་བ་བཞུགས་སོ། །ཤིང་དཔར། ཤ186

⑤ ཧོན་མིན་ཞེས་པ་འདི་གཞུང་ཕལ་ཆེ་བར་སྟོན་མིན་ཞེས་འབྱུང་།

ཀྱི་རྩ་བ་ཡང་རྒྱ་གར་ལ་བྱེད་པར་བསྙུབས་ཀྱི་བསམ་གཏན་མིག་སྒྲོན་ལས་བཤད། དེའི་ལུགས་ཀྱི་གོ་ཡུལ་གྱི་ལྟ་བ་ནི། ཐལ་འགྱུར་བ་རྙིང་པ་རྣམས་[①]དང་མཐུན། སྒོམ་པའི་ལྟ་བ་ནི་ཡིད་བྱེད་བཀག་པ་ཁོ་ན་ལ་སྟུགས་པ་མཛད། སྒོམ་དུས་སོ་སོར་རྟོག་པའི་ཤེས་རབ་མི་དགོས་པར་མ་ཟད། དེ་སྒོམ་གྱི་གོལ་སར་བྱས་གདའ། སྤྱོད་པ་ནི་ཚུལ་ཁྲིམས་རྣམ་དག་བསྲུང་དགོས་པར་ཡང་བཤད་པས། ཉེས་སྤྱོད་སྡོམ་པའི་ཕྱོགས་ལ་འཁྲུལ་བ་མེད་དོ། །ཞེས་པ་ནས། བསྙུབས་སངས་རྒྱས་ཡེ་ཤེས་ཀྱིས་ཏོན་མུན་གྱི་ལུགས་དེ་དབུ་མའི་ལུགས་རྣམ་དག་ཏུ་བཤད་ལ། བསྙུབས་དེ་ནི་ཛོགས་

① ཐལ་འགྱུར་བ་རྙིང་པ་རྣམས་ཞེས་པ་ནི་ཕྱིར་པ་ཚབ་ཡབ་སྲས་ལ་གོ་ན་ལེགས་མོད། འདིའི་ལུང་རྒྱུན་གྱི་ཚིག་འགྲོས་ལ་བསྟུན་ན་ཞང་ཐང་སག་པ་ཡེ་ཤེས་འབྱུང་གནས་འོད་ཀྱི་རྗེས་འབྲངས་རྣམས་ལ་གོ་ན་གཞུང་གི་བབ་དང་མཐུན་པར་སེམས། གཞན་དུ་ན་རྗེ་ཙོང་ཁ་པ་དང་ཇོ་ནང་ཡབ་སྲས་རྗེས་འབྲངས་དང་བཅས་པར་ཐལ་འགྱུར་བ་གསར་མ་དང་དེའི་གོང་གི་མཁས་པ་རྣམས་ལ་ཐལ་འགྱུར་བ་རྙིང་པ་ཞེས་པའི་བརྡ་མཛད་པ་མིན་ནམ་སྙམ། དེ་ལྟར་ཐལ་འགྱུར་གསར་རྙིང་གི་ཐ་སྙད་འདི་ཉིད་ནི་བོད་ན་མ་གཏོགས་འཕགས་ཡུལ་གྱི་པཎ་གྲུབ་ཁྲོད་དུ་དེ་ལྟའི་སྲོལ་མཛད་པའི་ལུགས་མ་མཆིས། དེ་ལ་ཐལ་འགྱུར་གསར་རྙིང་ནི་གཙོ་བོ་ལྟ་བའི་ཟིན་མཚམས་ལ་གཞིགས་ནས་དབྱེ་བ་མཛད་དེ། ཀུན་རྫོབ་ཏུ་ཡོད་པའི་ཡོད་གོ་མི་ཆོད། དོན་དམ་དུ་མེད་པའི་མེད་གོ་ཆོད། ཅེས་པའི་གསུང་གི་ཁས་ལེན་བཞེད་པོ་རྣམས་ལ་ཐལ་འགྱུར་རྙིང་པ་དང་། ལྟ་བ་དེའི་སྲོལ་གཏོད་ནི་ཞང་ཐང་སག་པ་ཡེ་ཤེས་འབྱུང་གནས་འོད་ཡིན། དེང་སང་ཞང་ཐང་སག་པའི་ལྟ་བའི་སྐོར་གྱི་རང་གཞུང་མཇལ་དཀོན་ཡང་། ལོ་ཆེན་སྐྱབས་དཔལ་བཟང་གི་དབུ་མ་ལ་འཇུག་པའི་རྒྱ་ཆེར་བཤད་པ་གསུང་རབ་རྒྱ་མཚོའི་དེ་ཁོ་ན་ཉིད་རབ་ཏུ་གསལ་བ་ཞེས་པའི་གཞུང་དུ་ཐང་སག་པའི་ལྟ་བའི་གནད་གསལ། ཞང་ཐང་སག་པའི་ལྟ་བ་ནི་དགག་བྱ་ཁྱབ་ཆེ་བའི་གོལ་སར་ཞུགས་རབས་ཀུན་མཁྱེན་འཇིགས་མེད་དབང་པོས་བཞེད་དེ། གང་དེའི་ལྟ་བའི་གསུང་མགུར་གྱི་འགྲེལ་པ་ཚིག་གི་སྒྲོན་མེར་ཞང་ཐང་སག་པ་རྣམས་ཆོས་ཐམས་ཅད་ཡོད་པ་ཡང་མིན་ལ། མེད་པ་ཡང་མ་ཡིན་པའི་ཡོད་མེད་ཀྱི་མཐའ་གཉིས་ལ་ཁས་བླངས་བྲལ་བ་དེ་གནས་ལུགས་མཐར་ཐུག་ཡིན་ཞེས་ཟེར་གསུངས་པ་ལས་ཤེས་སོ། །ཐལ་འགྱུར་བ་གསར་མ་རྣམས་ནི་ཀུན་རྫོབ་ཏུ་ཡོད་པས་ཡོད་གོ་ཆོད། དོན་དམ་དུ་མེད་པའི་མེད་གོ་ཆོད་པའི་ལུགས་ལ་དག་པ་སྙེར་བར་རྣམས་ལ་བྱེད་དོ། །ཐལ་འགྱུར་བ་གསར་མའི་དགོངས་པའི་བབ་མཐུན་པའི་བོད་སྔ་རབས་པའི་མཁས་པའི་ཁྲོད་རྨ་བྱ་བྱང་ཆུབ་བརྩོན་འགྲུས་ཉིད་དུ་བྱ་སྟེ། གང་དེས་མཛད་པའི་དབུ་མ་རྩ་བ་ཤེས་རབ་ཀྱི་འགྲེལ་པ་འཐད་པའི་རྒྱན་ལ་གཟིགས་རྟོགས་མཛད་ན་ཤེས་ལ། དམ་པ་དེའི་གསུང་འགྲོས་དུས་ཕྱིས་བྱོན་པའི་རྗེ་ཙོང་ཁ་པ་སོགས་པའི་ཐལ་འགྱུར་བ་གསར་མ་རྣམས་ཀྱི་གསུང་དང་མཐུན་ཆེ་བས་སོ། །

ཆེན་པ་ཐམས་ཅད་ཀྱིས་ཚད་མར་བྱེད་པའི་སློབ་དཔོན་ཡིན་ནོ། །"[①]ཞེས་སོགས་པའི་ལུང་རྒྱུན་དག་ལ་རྟོག་དཔྱོད་བྱས་ན་མཁས་པ་གནུབས་ཆེན་ནི་སྟོན་རྩེན་གཉིས་ལས་སྟོན་མུན་ཅིག་ཅར་འཇུག་པར་མོས་པ་དང་། རྩེན་མིན་རིམ་གྱིས་འཇུག་པའི་དགོངས་པ་མི་བཞེད་པའི་ཚུལ་རྟོགས་སོ། །

རྫོགས་ཆེན་གྱི་ལྟ་བའི་གནད་དེ་གཞི་རྟེན་ཅི་འདྲ་ཞིག་གི་ཐོག་ནས་འཇུག་དགོས་མིན་དང་རྫོགས་ཆེན་འགྲེལ་བརྗོད་མཁན་པོ་རྣམས་ཀྱི་བཞེད་དགོངས་བཀྲལ་བའི་ལུགས་དག་སྨྲོས་ན། བསམ་གཏན་མིག་སྒྲོན་དུ་རྫོགས་པ་ཆེན་པོའི་ལྟ་བའི་གཞི་རྟེན་ཉིད་སྟོན་མུན་ཅིག་ཅར་འཇུག་པའི་རིང་ལུགས་དང་རྩེན་མིན་རིམ་གྱིས་འཇུག་པའི་དགོངས་པའི་ཕྱོགས་གཏོགས་ཆེན་པོ་གཉིས་ལས་སྟོན་མུན་པའི་བཞེད་པར་ཕྱོགས་འཐད་པའི་རྣམ་གཞག་ནི། བསམ་གཏན་མིག་སྒྲོན་གྱི་ལེའུ་དང་པོར། "ཅིག་ཅར་འཇུག་པ་ནི། འོད་སྲུང་དང་། སློབ་དཔོན་ཧྭར་མོ་ར་ལས་བརྒྱུད་པ། བོད་དེ་དར་མོ་ཏྲ་ར་ནི་ཤར་ཕྱོགས་ནས་རྒྱ་མཚོ་བརྒལ་ནས་འོང་སྟེ། རྒྱ་ཡུལ་ལེད་ཀུག་ཏུ་ཕྱིན་པ་དང་། ཞེས་པ་ནས། དེས་བརྒྱུད་པའི་ཐ་མ་ཧ་ཤང་མ་ཧཱ་ཡན་གྱི་གཞུང་ཅིག་ཅར་འཇུག་པ་སྟེ། ཡོངས་སུ་རྫོགས་པའི་མདོ་སྡེའི་གཞུང་ངོ་། །"[②]ཞེས་གསུངས་པ་དང་། དེ་ཉིད་ལས། "དེ་དག་ལ་སོགས་རྒྱ་ཆེར་བསྟན་པ་ཡང་། སློབ་དཔོན་སོ་སོའི་བཞེད་པ་དང་། ལུང་གི་དོན་གྱིས་ཀྱང་། རྩེན་མིན་ལྟར་དམིགས་པ་རིམ་པ་ཅན་མ་ཡིན་པར་སྟོང་པ་མ་སྐྱེས་པའི་དོན་ལ་ཅིར་ཡང་མི་བསམ་པ་དེ་ཙམ་དུ་འཛིན་པ་མེད་པར་རང་གསལ་བ་ལ་གཅིག་གིས་གཅིག་ལ་བལྟག་པ་མེད་ནའང་

① རྫེ་བཙུན་ཏྲ་ར་ནྲ་ཐའི་གསུང་འབུམ་པོད་བཅོ་བརྒྱད་པ། ཚ་པ། ཤིང་དཔར། འཛམ་ཐང་དཔར་མ། ཤ 443–446

② གནུབས་སངས་རྒྱས་ཡེ་ཤེས། སྒོམ་གྱི་གནད་གསལ་བར་ཕྱེ་བ་བསམ་གཏན་མིག་སྒྲོན་ཅེས་བྱ་བ་བཞུགས་སོ། །ཤིང་དཔར། ཤ23–24

ཐ་སྙད་དུ་བློ་བཞག་ཅེས་བསྟན་ཏོ། །དེ་ལྟར་བསྒོམ་ན་རྒྱལ་བ་མཆོད་པ་དང་སེམས་ཅན་རིལ་བྱང་ཆུབ་ལ་བཀོད་པ་ལས་བསྒོམ་པ་བསོད་ནམས་ཆེ་བར་སྤར་རྒྱས་པར་བསྟན།"①ཞེས་འབྱུང་ལ། གཞན་ཡང་བསམ་གཏན་མིག་སྒྲོན་གྱི་ལེའུ་གཉིས་པའི་དབུར། "དེ་ལྟར་བྱ་བའི་ལས་ཐམས་ཅད་ཟིན་ནས། དོན་ལ་འཇུག་པའི་ཚེ་ཡང་། རྒྱུའི་ཐེག་པའི་ལུགས་ཀྱིས་ཀྱང་དབང་པོ་རྣོ་རྟུལ་གྱི་བྱེ་བྲག་གི་གཉིས་ཏེ། རིམ་གྱིས་པ་དང་། ཅིག་ཅར་པའོ། །"②ཞེས་གསལ་བས་དོན་གྱི་གནད་འདུ་ན་བསམ་གཏན་མིག་སྒྲོན་གྱི་ལྟ་བའི་ཀྲང་ལ་གཞུང་གི་ཁོག་འདིར་གསུམ་སྟེ། རྩེན་མིན་རིམ་གྱིས་འཇུག་པ་དང་། སྟོན་མུན་ཅིག་ཅར་འཇུག་པ། རྫོགས་པ་ཆེན་པོའི་ལྟ་བའོ། །དེ་ཡང་ལྟ་བ་དེ་གསུམ་ཡང་རིམ་གྱིས་པ་དབང་པོ་རྟུལ་བའི་ངོ་དང་། ཅིག་ཅར་པ་དབང་པོ་འབྲིང་གི་ཆར་གཏོགས་དང་། རྫོགས་ཆེན་པ་ནི་དབང་པོ་རྣོན་པོའི་གདུལ་བྱ་ཡིན་པའི་ཚིག་ཟིན་ཏུ་གསལ་ལ། ལྷག་ཏུ་རིམ་གྱིས་པ་ལས་ཅིག་ཅར་པའི་ལྟ་བ་མཐོ་བ་དང་། ཅིག་ཅར་པ་ལས་རྫོགས་པ་ཆེན་པོའི་ལྟ་བ་ཁྱད་དུ་འཕགས་པ་ལུང་རིགས་བརྒྱ་ཕྲག་གིས་འཇོད་པ་བསམ་གཏན་མིག་སྒྲོན་གྱི་ལེའུ་བདུན་པར་རྒྱས་པར་གསུངས་ལ། གནུབས་ཆེན་གང་ཉིད་ཀྱི་མཐར་ཐུག་གི་ལྟ་བ་ནི་རྫོགས་པ་ཆེན་པོའི་ལྟ་བ་ཡིན་པའི་གཞུང་གི་གནད་ག་དག་གསལ་བར་སྟོན་པར་ཟད་དོ། །

འོ་ན་རྣལ་འབྱོར་གྱི་བསྟན་བཅོས་ཆེན་པོ་བསམ་གཏན་མིག་གི་སྒྲོན་མར་རྫོགས་པ་ཆེན་པོའི་ལྟ་བ་དེ་ཡང་སྙིང་རྣམ་གཞག་ཅི་འདྲ་ཞིག་གི་སྒོ་ནས་གསུངས་སམ་ཞེ་ན། དེ་ལ་བཤད་དུ་ཡོད་དེ། བསམ་གཏན་མིག་སྒྲོན་གྱི་ལེའུ་བརྒྱད་ཀྱི་

① གནུབས་སངས་རྒྱས་ཡེ་ཤེས། སྒོམ་གྱི་གནད་གསལ་བར་ཕྱེ་བ་བསམ་གཏན་མིག་སྒྲོན་ཅེས་བྱ་བ་བཞུགས་སོ། །ཤིང་དཔར། ཤ158–159

② གནུབས་སངས་རྒྱས་ཡེ་ཤེས། སྒོམ་གྱི་གནད་གསལ་བར་ཕྱེ་བ་བསམ་གཏན་མིག་སྒྲོན་ཅེས་བྱ་བ་བཞུགས་སོ། །ཤིང་དཔར། ཤ23

བདག་ཉིད་ཅན་ལས་ལེའུ་བདུན་པ་འདི་ཉིད་ཀྱིས་གཞུང་ཡོངས་ཀྱི་གཉིས་ཆ་གཅིག་ཙམ་བཟུང་ཅ་ན། དེ་དོན་ནི་བསྟན་བཅོས་གང་དེའི་གནད་ཀྱི་སྙིང་པོར་སོང་ལ། གཞུང་འདིའི་ཐུན་མིན་གྱི་བླ་ལྷག་གི་ཁྱད་ཆོས་སུའང་སོམས། གཞུང་ཡོངས་ལ་ཁྲོན་ལྡེབ་མ་ཉིས་བརྒྱ་ང་ལྔ་ལས་ལེའུ་བདུན་པས་ལྡེབ་མ་བརྒྱ་དང་བཅུ་མེད་གཉིས་བཟུང་བའི་ཕྱིར་ན་ལེའུ་བདུན་པ་དེ་བསྟན་བཅོས་བསམ་གཏན་མིག་སྒྲོན་གྱི་ཉིང་དགོས་ཡིན་ཞིང་། ཁྱད་དུ་ལེའུ་འདི་ནི་བསྣུབས་སངས་རྒྱས་ཡེ་ཤེས་ཀྱི་ཡར་སྔོན་དུ་བྱོན་པའི་རྫོགས་པ་ཆེན་པོའི་སློབ་དཔོན་ཚད་ཐུབ་རྣམ་པའི་གསུང་གི་གནང་བ་ཕྱོགས་བསྡུས་ཚུལ་དང་གཞུང་གི་སྤྱི་རིས་རྣམ་པར་ཕྱེ་བའི་ལུགས་བཟང་དག་དཀྲུས་གཅིག་ཏུ་སྒྲིལ་ནས་རྫོགས་པ་ཆེན་པོའི་ལྟ་བའི་གནད་དང་སྙིང་པོ་ལེན་འདོད་པ་རྣམས་ལ་གདམས་པའི་རྨད་བྱུང་གི་ལེགས་བཤད་དམ་པ་ཞིག་ཡིན་པར་སྨྲ་བར་སྤོབས་སོ། །གནུབས་ཆེན་མ་བྱོན་གོང་ན་རྫོགས་པ་ཆེན་པོའི་བཞེད་དགོངས་གྲགས་ཆེ་བ་མི་འདྲ་ཇི་ཙམ་ཡོད་སྐོར་ནི། བསམ་གཏན་མིག་སྒྲོན་དུ། "ལུགས་མི་མཐུན་པ་ནི། ཇི་སྐད་བསྟན་ཀྱང་ངོ་བོ་འདྲ་བ་ལ། ལ་ལས་གཟའ་གཏད་བྲལ་བར་བསྟན། དེ་བཞིན་དུ་ལྷུན་གྱིས་གྲུབ་པར་ལྟ་བ་དང་། བདག་ཉིད་ཆེན་པོར་ལྟ་བ་དང་། བྱ་བཙལ་དང་བྲལ་བར་ལྟ་བ། [1]བདེ་བ་ཆེན་པོར་ལྟ་བ་དང་། གཉིས་སུ་མེད་པར་ལྟ་བ་དང་། ཐིག་ཆེན་པོར་ལྟ་བ་དང་། མཐའ་རིལ་མ་སྤངས་པའི་རང་

[1] བྱ་བཙལ་དང་བྲལ་བར་ལྟ་བ་ཞེས་པ་ནི་བདེ་བྱམས་ལས། བྱ་བ་མེད་པས་ཐིག་ལེ་བདེ། །དུས་གསུམ་མེད་པས་ཐིག་ལེ་བདེ། །བརྩལ་དུ་མེད་པས་ཐིག་ལེ་བདེ། །རྩོལ་བར་འདོད་པས་དབྱིངས་མི་བསྐྱོད། །ཞེས་དང་། རྣལ་འབྱོར་གྲུབ་པའི་ལུང་ལས། ལུགས་ཆེད་པོ་བྱ་བ་དང་བྲལ་བ་ནི། ཡལ་བར་བོར་བ་མིན། ཆེད་དུ་རྩོལ་བ་ཡང་མིན། དོན་དང་བྲལ་བར་མེད་པར། བརྩོལ་བ་མེད་པའོ། །དེ་ལྟར་ཤེས་ན་ཅི་བྱས་ཀྱང་མི་འགོག་སྟེ། བྱ་བརྩལ་གྱི་རྒྱུ་ཡང་མེད་དོ། །འོན་ཏང་གནའི་མི་ལུགས་ཆེན་པོ་སྤྱོད་པ་ནི། གང་ལ་ཡང་འདོར་བའང་མེད། ལེན་པའང་མེད། ཐ་ན་བྱ་བྲལ་དོན་ཡང་གཉེར་བའང་མི་བྱེད། བྲལ་བའང་མི་བྱེད་དོ། །ཞེས་གསུངས་སྐོར་བསམ་གཏན་མིག་སྒྲོན་གྱི་ལྡེབ་དོན་བརྒྱད་དང་དོན་དགུར་གསལ།

ལུགས་ཆེན་པོར་ལྟ་བའོ། །"[1]ཞེས་གསུངས་སོ། །དེ་ཡང་བཞེད་དགོངས་དེ་དག་སོ་སོའི་གཞུང་འཛིན་གྱི་མཁན་པོ་དག་གི་མཚན་ཐོ་བསྟན་བཅོས་གང་དེའི་མཆན་བུར་གསལ་བའི་སྐོར་བཀོད་ན་ནི་གཟའ་གཏད་བྲལ་བའི་ལྟ་བ་སྐྱོང་མཁན་ནི་བི་མ་ལ་མི་ཏྲ་དང་ཨོ་རྒྱན་མ་ཧཱ་ཙའོ། །ལྷུན་གྱིས་གྲུབ་པ་ནི་དགའ་རབ་རྡོ་རྗེའི་བཞེད་པའོ། །བདག་ཉིད་ཆེན་པོའི་ལྟ་དགོངས་ནི་ལོ་ཆེན་བཻ་རོ་ཙ་ནས་བཞེད། རང་བྱུང་ཡེ་ཤེས་ཀྱི་ལྟ་བ་དགེ་སློང་མ་ཀུན་དགའ་མོའོ། །བྱ་བཙལ་དང་བྲལ་བའི་ལྟ་བ་རྒྱལ་པོ་འདའ་ཧེ་ཏ་དང་དགའ་རབ་རྡོ་རྗེ་གཉིས་སོ། །བདེ་བ་ཆེན་པོར་ལྟ་བ་ནི་ཤྲཱི་སེང་དང་ཀུ་ཀུ་ར་ཙའི་བཞེད་པའོ། །གཉིས་སུ་མེད་པར་ལྟ་བ་འཇམ་དཔལ་བཤེས་གཉེན་བཞེད། ཐིག་ཆེན་པོར་ལྟ་བ་སྲུས་ཐུ་བོ་ར་ཙ་ཧ་ཏའི་དགོངས་བཞེད་ཅེས་གསུངས། དེ་རྣམས་ལ་མཚན་གྱི་རྣམ་གྲངས་མང་དུ་བཤད་མོད་དོན་དམ་དུ་གཅིག་ཏུ་སོམས་ཏེ། དེ་ཉིད་དུ། "དེ་ལ་ཆོས་ཐམས་ཅད་ཇི་བཞིན་པར་ལྟ་བ་ནི། ཁྱད་པར་དུ་འང་མ་ནོར་བ་སྟེ། དེ་ཅིའི་ཕྱིར་ཞེ་ན། དངོས་པོ་རྣམས་ཀྱི་དེ་ཁོ་ན་ཉིད་ཁ་ན་མ་བཅོས་མ་བསླད་པ་ཉིད་པས་ཨ་ཏི་ཡོ་ག་རྫོགས་པ་ཆེན་པོའོ། །དེའི་མཚན་གྱི་རྣམ་གྲངས་ནི་ཡོན་ཏན་གྱི་ཆ་ལས་སྣང་བ་གྲངས་ལས་འདས་སོ། །དེ་ཁོ་ན་ཉིད་ལ་དམིགས་འཛིན་མེད་པས། གཟའ་གཏད་བྲལ་བའི་ཞེས་བྱ་བ་ཡང་གྲགས། དེ་ལ་འབྲས་བུ་རིལ་རྫོགས་པས་ལྷུན་གྱིས་གྲུབ་པ་ཞེས་བྱ་བར་ཡང་གྲགས། དེ་ཁོ་ན་སྡུག་བསྔལ་མིང་མེད་པས་བདེ་བ་ཆེན་པོ་ཞེས་བྱ་བར་ཡང་གྲགས། གཞན་པའི་ཆོས་མེད་པས་བདག་ཉིད་ཆེན་པོ་ཞེས་བྱ་བར་ཡང་གྲགས། ཟླ་དང་སྤྲོས་པ་མེད་པས་ཐིག་ལེ་ཆེན་པོར་གྲགས། མཐའི་ཆོས་མེད་པས་གཉིས་སུ་མེད་པར་ཡང་གྲགས། དེ་ཉིད་ཐམས་

[1] གནུབས་སངས་རྒྱས་ཡེ་ཤེས། སྒོམ་གྱི་གནད་གསལ་བར་ཕྱེ་བ་བསམ་གཏན་མིག་སྒྲོན་ཅེས་བྱ་བ་བཞུགས་སོ། །ཤིང་དཔར། ཤ315–316

ཅད་དུ་གསལ་བས་རང་འབྱུང་ཡེ་ཤེས་སུ་ཡང་གྲགས། འབྲས་བུ་རེ་བ་མེད་པས་མི་རྩོལ་བའི་ཕྱིར། བྱ་རྩོལ་བྲལ་བ་ཞེས་བྱ་བར་ཡང་གྲགས་ཏེ། དེ་དག་རྟགས་ཐ་དད་ཀྱང་ངོ་བོ་ཐ་དད་མེད་པས། གཅིག་ཀྱང་ཐམས་ཅད་ཡིན་ལ། ཐམས་ཅད་གཅིག་པས། གཞི་ཇི་བཞིན་པའི་མཚན་གྱི་རྣམ་གྲངས་སོ། །"[1]ཞེས་གསུངས་པའི་ཕྱིར་རོ། །གོང་སྨྲོས་རྫོགས་ཆེན་མཁན་པོ་སྔ་མ་དག་གི་དགོངས་འགྲེལ་རྣམས་མཁས་པ་གནུབས་ཀྱིས་ཀུན་ལ་དག་སྣང་མཛད་ནས་མཐར་ཐུག་གི་དགོངས་པ་གཅིག་ཏུ་བབས་རབས་ལན་གཅིག་མིན་པར་གསུངས་པའི་ཆ་རྣམས་འདིར་ཡིག་ཚོགས་ལ་འཇིགས་ནས་བྲིར་མི་ལང་བས་ཞིབ་པར་བསམ་གཏན་མིག་སྒྲོན་ལེའུ་བདུན་པར་གཟིགས་རྟོག་མཛོད། །

### གསུམ་པ། བསམ་གཏན་མིག་སྒྲོན་རྫོགས་ཆེན་པའི་ལྟ་དགོངས་ཀྱི་གཞི་བཙོལ་སའི་ཁུངས་སུ་འགྱུར་ཚུལ་བཤད་པ།

བསམ་གཏན་མིག་སྒྲོན་ནི་རྫོགས་པ་ཆེན་པོའི་གཞུང་རྣམས་ཀྱི་སྙིང་བསྡུས་ལྟར་དུ་སོང་བས། བསྟན་བཅོས་གང་དེས་བསྟན་པ་སྔ་དར་ལ་རྫོགས་པ་ཆེན་པོའི་གཞུང་གི་འགྲེལ་མཛད་མཁན་པོ་སློབ་དཔོན་པདྨ་འབྱུང་གནས་དང་བི་ལ་ལ་མི་ཏྲ་སོགས་པའི་རྒྱ་གར་བའི་པཎྜི་ཏའི་སྐད་ཁུང་ནས་སྐད་བསྒྱུར་པའི་མན་ངག་གི་གཏེར་བདག་རྣམས་ཀྱི་དགོངས་པ་བཤད་ལ། རྣལ་འབྱོར་སྤྱོད་པའི་དབུ་མའི་གཏན་ཚིགས་ལམ་ནས་སངས་རྒྱས་ཀྱི་གོ་འཕང་གཏེར་བའི་ལམ་དོན་མ་ནོར་བར་གསལ་མཛད་ཀྱི་དབུ་མ་ཤར་གསུམ་མཁན་པོའི་ཡ་གྱལ་སློབ་དཔོན་མཁན་ཆེན་ཞི་བ་འཚོ་དང་མཁས་པ་ཆེན་པོ་ཀ་མ་ལ་ཤྲཱི་ལའི་དགོངས་བཞེད་གསལ་སྟོན་མཛད་

① གནུབས་སངས་རྒྱས་ཡེ་ཤེས། སྒོམ་གྱི་གནད་གསལ་བར་ཕྱེ་བ་བསམ་གཏན་མིག་སྒྲོན་ཅེས་བྱ་བ་བཞུགས་སོ། །ཤིང་དཔར། ཤ376

ཅིང་། རྒྱའི་མཁན་པོ་ཧྭ་ཤང་མ་ཧཱ་ཡ་ནའི་བསམ་གཏན་པའི་སྒོམ་གྱི་གནད་སྙིང་པོར་འཕྲུང་ནས་ལུང་རིགས་གནོད་མེད་ཀྱི་ལམ་ནས་ཡང་དག་པའི་ལྟ་བ་ཡིན་པའི་ཆ་རྫོགས་པ་ཆེན་པོ་དང་སྣང་མཐུན་པ་སོགས་ཀྱི་དག་པ་སྐྱེར་བ་དང་། བོད་ཀྱི་མཁས་པ་བཙུན་པ་དཔལ་དབྱངས་དང་ལོ་ཆེན་བཻ་རོ་ཙ་ན། སྦ་ཡེ་ཤེས་དབང་པོ། ཅོག་རོ་ཀླུའི་རྒྱལ་མཚན་སོགས་པའི་དགོངས་པའི་གཏད་སོ་རྣམས་ཀྱི་ཁྱད་ཆོས་ཟླ་ལྷག་དག་ཚིག་གི་ལོ་མས་མ་བསྒྲིབ་པར་དོན་གྱི་སྙིང་པོ་ལེན་འདོད་པའི་ཕྱིར་ན། བསྟན་པ་སྔ་དར་ལ་གཞུང་འདི་ཉིད་བཟང་དགུའི་གཙུགས་ས་དང་ངན་དགུའི་བརྟེན་གནས་ལྟ་བུའི་བསྟན་བཅོས་སུ་གྱུར་པ་ནི་བསྙོན་དུ་མེད་དོ། །གཞན་ཡང་བསྟན་བཅོས་བསམ་གཏན་མིག་སྒྲོན་ནི་གནུབས་སངས་རྒྱས་མ་ཕྱོན་པའི་ཡར་སྟོན་ན་རྒྱ་བོད་རིས་སུ་མི་ཆད་པའི་པཎ་གྲུབ་གསེར་རིའི་ཕྲེང་བ་ལྟར་ཕྱོན་པའི་དམ་པ་དྲན་དབང་རྣམས་ཀྱི་གཞུང་གི་བབ་དང་ལྟ་བའི་གནད། དེ་བཞིན་སྐབས་དེ་ཤེད་ཙམ་ན་བསྟན་པའི་གནས་སྟངས་སོགས་ལ་ཡོངས་སུ་སྨིན་པའི་ཕྱོགས་བསྡོམ་ཞིག་ཡིན་ལ། ཕྱིས་འབྱུང་རྫོགས་པ་ཆེན་པོའི་ལྟ་བའི་ཁུངས་ཅི་འདྲ་ཞིག་དང་། གཞུང་ལུགས་གང་དག་ལ་ཐོས་བསམ་སྒོམ་གསུམ་ལ་གཞོལ་བའི་ལམ་ཐིག་ཅིག་ཏུ་འང་གྱུར་པའོ། །དེ་ལྟར་སྨྲ་བའི་ཤེས་བྱེད་ནི་བསམ་གཏན་མིག་སྒྲོན་གྱི་གཞུང་དུ་བསྟན་པ་སྔ་དར་ལ་བོད་ན་སྤྱི་མཐུན་དུ་གྲུབ་པའི་རིང་ལུགས་ཆེན་པོ་གསུམ་སྟེ། སློབ་དཔོན་ཀ་མ་ལ་ཤཱི་ལའི་ལྟ་བ་དང་། ཧྭ་ཤང་མཁན་པོའི་རིང་ལུགས། རྫོགས་པ་ཆེན་པོའི་ལུགས་རྣམས་སོ། །བསྟན་བཅོས་གང་དེའི་དབུ་ནས་མཇུག་བྱང་བར་ལྟ་བ་ཆེན་པོ་གསུམ་གྱི་བཤད་པ་མཛད་ལ། རྫོགས་ཆེན་པའི་ལྟ་བའི་ཁང་ནི་སྟོན་རྩེན་གྱི་ལྟ་བ་གཉིས་ལས་སྟོན་མུན་ཅིག་ཅར་དང་། ཅིག་ཅར་པའི་ལྟ་བ་རྩེན་མིན་རིམ་གྱིས་འཇུག་པ་ལས་ལྟ་བ་མཐོ་བར་བཤད་པར་མ་ཟད། རྫོགས་པ་ཆེན་པོའི་ལྟ་བ་

སྟོན་མུན་ལས་ཁྱད་འཕགས་རང་བཞིན་ལྡན་པའི་བཤད་པའི་ཟུར་དང་ཚིག་དོན་གྱི་འབྲུམས་ལས་ཞེས་སོ། །དེས་ན། བསྟན་པ་སྔ་དར་གྱི་དུས་སུ་གཞུང་གང་ཉིད་རྫོགས་པ་ཆེན་པོའི་ལྟ་བའི་ཁུངས་སམ་ཐོས་བསམ་སྒོམ་གསུམ་གྱི་ཚད་གཞིར་ཟད་པ་ལ་རྩོད་པ་བྱེད་པའི་གཞི་མེད་དོ། །

མདོར་ན། བསྟན་བཅོས་བསམ་གཏན་མིག་སྒྲོན་ནི་བསྟན་པ་སྔ་དར་ཙམ་མ་ཟད། བསྟན་པ་ཕྱི་དར་ལའང་རྫོགས་པ་ཆེན་པོའི་གཞུང་ཁུངས་ལྡན་དུ་བྱེད་ལ། ལྷག་དོན་དུས་ཕྱིས་བྱོན་པའི་གསང་སྔགས་གསར་མའི་བོད་ཀྱི་མཁས་པ་རྣམས་ཀྱིས་ཀྱང་གཙིགས་ཆེན་པོ་མཛད་ཚུལ་སོགས་ནི། རྙིང་མའི་མཁས་པ་སྨིན་གླིང་ལོ་ཆེན་དང་རྗེ་ནང་སྒྲོལ་བའི་མགོན་པོ། ཀཿཐོག་རིག་འཛིན་ཚེ་དབང་ནོར་བུ་སོགས་ཀྱི་གསུང་ལ་གཟིགས་ན་ཤེས་ཐུབ་ལ། མཁས་པ་གོང་མ་དག་གིས་གཞུང་འདི་ཉིད་གནད་ཆེན་པོར་བརྩིས་ནས་མཆན་བུ་བཏབ་པ་དག་ལས་ཀྱང་ཤེས་ནུས་སོ། །དེ་ལྟར་ཕྱི་དར་སངས་རྒྱས་བསྟན་པ་སྤྱི་དང་སྒོས་སུ་རྫོགས་པ་ཆེན་པོའི་རིང་ལུགས་འཛིན་པོ་རྣམས་ཀྱིས་བསྟན་བཅོས་འདི་ཉིད་དཔྲལ་བའི་མིག་དང་ཁོག་གི་སྙིང་ལྟ་བུའི་གཞུང་ལུགས་དྲི་མ་བྲལ་བ་ཞིག་ཏུ་བཞེད་དོན་གཙོ་བོ་ནི། བསྟན་བཅོས་དེའི་ནང་རྫོགས་པ་ཆེན་པོའི་ལྟ་བའི་ཉིང་ཁུ་མང་དུ་འདུས་ཤིང་། བཞེད་དགོངས་རྣམས་བལ་པ་ཛ་བཞིན་པའི་སྣང་ཚུལ་ལྟར་མིན་པར་ཆུ་དྭངས་མའི་ནང་གི་ཉེའུ་བཞིན་གསལ་བ་དང་། རྫོགས་པ་ཆེན་པོའི་གཞུང་དོན་གྲ་མ་ཆག་གྲུ་མ་ཉམས་པའི་སྒོ་ནས་ཚིག་རིས་སུ་མངོན་པ། མཁས་པ་གོང་མ་རྣམས་ཀྱི་རང་ལུགས་ཀྱི་འགྲེལ་བརྗོད་གསལ་ཁ་དོད་པ། སྟོན་རྩེན་གྱི་ལྟ་བའི་ཁྱད་པར་དང་། རྫོགས་པ་ཆེན་པོའི་དགོངས་པའི་སྙིང་ཏིག་ཇི་འདྲ་ཞིག་གི་ཆ་ནས་ཉམས་བཞེས་དགོས་པའི་གདམས་པ་ཡིག་ལམ་དུ་བཀོད་ནས་དུས་ཕྱིས་ཀྱི་གདུལ་བྱ་ལམ་

ལ་དཀྱི་ཚུལ་སོགས་གཏན་ཚིགས་དང་ལུང་གིས་འཚེངས་པར་བྱེད་པའི་གནད་ཆེན་པོ་མང་དུ་ཡོད་པས་ཡིན་པའོ། །གཞན་ཡང་བསྟན་བཅོས་འདི་ཉིད་རྒྱ་གར་དང་རྒྱ་ནག་ཏུ་དར་བའི་ནང་བསྟན་གཞུང་གི་འགྲེལ་བརྗོད་ཙམ་མིན་པར། བོད་མིས་རང་རྒྱ་ཐུབ་པའི་སྒོ་ནས་ཐུབ་པའི་རིང་ལུགས་རང་ལུགས་ཅན་གྱི་བསྟན་བཅོས་སུ་རྩོམ་པའི་དབུ་ཁྲིད་བྲིས་པའི་གཞུང་ཆེན་མོ་ཞིག་ཏུ་སོང་བའི་སྟོབས་ཀྱིས་བསམ་གཏན་མིག་སྒྲོན་འདི་ཉིད་སྔར་ནས་ད་བར་རྗོགས་པ་ཆེན་པོའི་ལྟ་དགོངས་ཀྱི་ཁུངས་སུ་གྱུར་ཏོ། །

## ས་བཅད་བཞི་པ། གྲ་དོལ་གཞུང་གསུམ་དུ་སྙིང་མའི་བསྟན་པ་ཇི་ལྟར་དར་ཚུལ་སྐོར་གནའ་ཤུལ་དང་གནའ་རྫས་ལས་འཕྲོས་པའི་དཔྱད་པ།

བསྟན་པ་སྔ་དར་ལ་སྙིང་མའི་བསྟན་པ་ནི་གཙོ་བོ་དབུ་རྒྱལ་པོ་ནས་བཙམས་ཏེ་སློན་འབངས་རྣམ་པས་ཁ་ཞེ་གཉིས་མེད་ཀྱི་མཐུན་རྐྱེན་བསྒྲུབ་ཅིང་། སྔ་དར་གྱི་གསུང་རབ་རྣམས་ནི་རྒྱལ་པོའི་བཀས་བཅད་པ་དང་། ལོ་པཎ་གདན་འཛོམས་ཐོག་ནས་བསྒྱུར། རྒྱལ་བའི་བཀའ་བསྟན་བསྒྱུར་སའི་བསྡི་གནས་བསམ་ཡས་སྒྲ་སྒྱུར་གླིང་སོགས་བཙུགས་ལ། མཁན་སློབ་ཆོས་གསུམ་གྱི་ཐུགས་རྗེའི་བྱིན་རླབས་ཀྱིས་རྨ་མེད་པའི་བསྟན་པའི་སྲོག་ཤིང་དར་བ་ནི་ལོ་རྒྱུས་མཐུན་སྣང་དུ་སོང་བས་བཤད་པ་མང་པོ་མི་དགོས་ཀྱང་། འདིར་ནི་དམ་ཆོས་ཇི་ལྟར་བྱས་ནས་དར་བའི་སྐོར་ལ་སྔར་གྱི་མཁས་པ་རྣམས་ཀྱི་གསུང་ན་མཐོང་རེག་དཀོན་པའི་ཆ་བསྟན་པ་དང་ཞིང་རྒྱས་པར་ཡོང་བའི་རྒྱུ་རྐྱེན་གཙོ་བོའི་གྲུབ་ཆའི་སྐོར་འཆད་ན་འདི་ལྟར་ཏེ།

བོད་ཡུལ་དུ་སངས་རྒྱས་བསྟན་པ་དར་བར་སྟོན་འགྲོའི་ཆ་རྐྱེན་སྣ་ཚོགས་སུ་བཤད་ཀྱང་། འདུ་ན་གསུམ་དུ་འདུ་བའོ། །དེ་དག་ནི་སངས་རྒྱས་བསྟན་པའི་བདག་པོ་དང་། མཆོད་ཡོན་སྦྱིན་བདག། དད་པ་ཅན་དང་གསུམ་མོ། །བཙན་པོའི་སྐུ་དུས་སུ་མཚོན་ན། བསྟན་པའི་བདག་པོ་ནི་བསྟན་འཛིན་སྐྱེས་བུ་དག་སྟེ། རྒྱ་བོད་རིམ་བྱོན་གྱི་པཎ་གྲུབ་རྣམས་དང་། མཆོད་ཡོན་སྦྱིན་བདག་ལ་གཙོ་བོ་བཙན་པོ་རིམ་བྱོན་དང་བློན་པོ། ཁྱིམ་བདག་དད་ཅན་དག་གོ །དད་པ་ཅན་གྱི་གཞི་གཙོ་བོ་ནི་དད་ལྡན་མང་ཚོགས་རྣམས་སོ། །དེ་གསུམ་འཛོམས་ནས་སངས་རྒྱས་བསྟན་པ་འདི་ཉིད་བོད་ཡུལ་དུ་ཉི་མ་ཤར་བ་ལྟར་དར་ཞིང་རྒྱས་པ་བྱུང་བའོ། །

འདིར་བོད་ཡོངས་ཀྱི་བསྟན་པའི་དར་རབས་མིན་པར་བྱེ་བྲག་གཡོ་རུའི་ཡུལ་ཚན་གྲྭ་དོལ་གཞུང་གསུམ་དུ་བསྟན་པའི་ཡོན་བདག་དང་བསྟན་འཛིན་གྱི་སྐྱེས་བུ། དེ་བཞིན་དད་ཅན་སློབ་མ་སོགས་བྱོན་རབས་ལ་བཤད་པ་ཞིག་བྱས་ན། རྡོ་རིང་དང་བང་སོ། ས་འོག་ཐོན་དངོས་གསུམ་དང་སྦྱར་ཏེ་གླེང་བར་འདོད་དོ། །

## དང་པོ། རྡོ་རིང་ལས་འཕྲོས་པའི་དཔྱད་གཏམ།

གྲྭ་དོལ་གཞུང་གསུམ་གྱི་ཡུལ་ན་ད་ལམ་ཉེད་སོན་བྱུང་བའི་རྡོ་རིང་ལ་མཚོན་ན་གྲྭ་ཕྱི་གཙང་གྲོང་གི་རྡོ་རིང་༼དཔེ་རིས་དང་པོར་གཟིགས།༽དང་། གཡུང་རྡོ་རྗེ་དཔལ་①གྱི་གདན་ས་བདེ་ཆེན་ཆོས་སྡིངས་དགོན་གྱི་རྡོ་རིང་། གྲྭ་ནམ་སྲས་གླིང་གསང་སྔགས་ཆོས་འཁོར་གླིང་དགོན་②གྱི་རྡོ་རིང་། ༼དཔེ་རིས་གཉིས་པར་

① རྙིང་མའི་སྐྱེས་མཆོག་རིམ་བྱོན་གྱི་རྣམ་ཐར་དུ། རྒྱལ་བ་གཡུང་ནི། གདུང་རུས་སྣུབ་ལས་ཆོང་འདུས་སུ་འཁྲུངས། སྐུ་གཞོན་ནུའི་དུས་ནས་མཁྱེན་པ་ཕུན་སུམ་ཚོགས་ཤིང་། གསང་སྔགས་གསར་རྙིང་ཐམས་ཅད་མཁས་པར་མཁྱེན། ཀརྨ་རང་བྱུང་རྡོ་རྗེའི་ཐུགས་སྲས་དམ་པར་གྱུར། ཞེས་གསལ།

② གསང་སྔགས་ཆོས་གླིང་དགོན་ནི་དཀོན་མཆོག་གར་དབང་རྒྱ་མཚོས་སྤྱི་ལོ་1684ལོར་ཕྱག་བཏབ་པའི་ཀམ་ཚང་བཀའ་བརྒྱུད་པའི་གནས་གཞི་ཞིག་ཡིན། དགོན་དེའི་མིང་གཞན་ལ་ཞྭ་དམར་དགོན་གསར་ཞེས་ཀྱང་ཟེར།

གཟིགས།༽ དོལ་གྱི་ཆོས་བཅུ་ལྷ་ཁང་གི་རྗོ་རིང་༼དཔེ་རིས་གསུམ་པར་གཟིགས།༽དང་དོལ་གསུང་རབ་གླིང་དགོན་གྱི་རྗོ་རིང་༼དཔེ་རིས་བཞི་པར་གཟིགས།༽བཅས་སོ། །གཞུང་གི་ཡུལ་ན་རྗོ་རིང་ད་ལམ་མིག་དབང་དུ་མ་འགྱུར། རྗོ་རིང་དེ་རྣམས་ལོ་ཚིགས་སྔ་བ་ལ་བསྟན་པ་སྔ་དར་དང་ཕྱི་དར་གྱི་མཚམས་ནས་དུས་རབས་བཅུ་གཅིག་ནང་བཙུགས་པའི་གཙང་གྲོང་གི་རྗོ་རིང་དེ་ཡིན་པར་སེམས། དེ་ལ་གཙང་གྲོང་རྗོ་རིང་དང་གསང་སྔགས་ཆོས་གླིང་དགོན་གྱི་རྗོ་རིང་གཉིས་ནི་དུས་ཅི་ཙམ་ལ་བཞེངས་པའི་སྐོར་གྱི་ལོ་ཚིགས་རྗོ་རིང་ངོས་སུ་མི་གསལ་བ་དང་། གཙང་གྲོང་རྗོ་རིང་ཐོག་རྗོ་མཁན་དང་ཡིག་མཁན་གཉིས་མ་གཏོགས་ཡོན་བདག་སོགས་མཚན་བྱུར་ཙམ་ཡང་མི་མངོན་སྟབས། རྗོ་རིང་དེ་དུས་ཇི་ཙམ་ནང་བཙུགས་པའི་གསང་བ་རྟོགས་དཀའ་བའི་གནས་སུ་གྱུར། གང་ལྟར་བཙན་པོའི་སྐུ་དུས་ཀྱི་རྗོ་རིང་མིན་པ་ནི་དེའི་ཐོག་བཀོས་པའི་ཡིག་གཟུགས་ལས་ཤེས་ཏེ། དེའི་དུས་ཀྱི་ཡི་གེའི་ཁྱད་ཆོས་ཏེ་གི་གུ་ཕྱིར་སློག་སོགས་མེད་པའི་ཕྱིར། རྒྱུ་མཚན་དེའི་དབང་གིས་བསྟན་པ་ཕྱི་དར་གྱི་འགོ་འམ་ཡང་བསྟན་པ་སྔ་ཕྱིའི་བར་མཚམས་སུ་བྱུང་བར་འདོད། དེ་ལྟར་སྨྲ་དོན་ནི། གཙང་གྲོང་རྗོ་རིང་གི་དཔར་རིས་རྙིང་པ་སྤྱི་ལོ་1935ཙམ་དུ་དབྱིན་ཇིའི་བོད་རིག་པ་རི་ཆར་སོན་གྱིས་བླངས་པའི་དཔར་ནང་རྗོ་རིང་གང་དེའི་ཏོག་གི་ཚུལ་དུ་སངས་རྒྱས་རྣམ་པར་སྣང་མཛད་ཀྱི་སྐུ་བརྙན་ཞིག་བཞུགས་སུ་གསོལ་བས་དེ་ནི་དུས་རབས་བཅུ་གཅིག་ཡར་སྟོན་ནམ་དུས་རབས་བཅུ་གཅིག་པའི་ནང་དར་བཟོ་ཆེ་བའི་འབུར་བཀོས་ཀྱི་སྣང་བརྙན་ཡིན་ཞེས་པ་ཚབ་པ་སངས་དབང་འདུས་ཀྱིས་གསུངས་སོ། །[1]འདིར་ནི་རྒྱུ་མཚན་དེ་དག་ལ་བརྟེན་ནས་གཙང་

① སྤྱི་ལོ་2018ལོའི་ཟླ་2པའི་ཚེས་17ཉིན་བོད་ལྗོངས་སྤྱི་ཚོགས་ཚན་རིག་ཁང་གི་བོད་རིག་པའི་ཞིབ་འཇུག་པ་པ་ཚབ་པ་སངས་དབང་འདུས་ལ་བཅར་འདྲི་བྱས་པའི་ཟིན་ཐོ་ལས་དྲངས།

གྲོང་གི་རྫོ་རིང་ལོ་ཚོགས་དུས་རབས་བཅུ་པའི་དུས་མཇུག་ནས་དུས་རབས་བཅུ་གཅིག་པའི་དུས་དཀྱིལ་ཙམ་དུ་ངོས་བཟུང་བའོ། །གསང་སྔགས་ཆོས་གླིང་དགོན་གྱི་རྫོ་རིང་ནི་དགོན་དེའི་ཡིན་མིན་ངོགས་གཞི་ཆེ་ཙམ་སྣང་ལ། དུས་རབས་གང་དུ་བྱས་མིན་ཆ་མི་འཚལ། དུས་རབས་བཅུ་གཉིས་ཡས་མས་སུ་བཞེངས་པའི་དོལ་ཆོས་བཅུ་ལྷ་ཁང་གི་རྫོ་རིང་། དུས་རབས་བཅུ་བཞིའི་དུས་མཇུག་ཏུ་བྱུང་བའི་རྒྱལ་བ་གཡུང་གི་གདན་ས་ཆོས་སྡིངས་དགོན་གྱི་རྫོ་རིང་། དུས་རབས་བཅུ་དགུ་པར་སློང་བརྫོལ་བླ་མའི་དྲུང་ཡིག་དམ་ཆོས་ཡར་འཕེལ་གྱིས་བསྐྲུན་པའི་དོལ་གསུང་རབ་གླིང་དགོན་གྱི་རྫོ་རིང་བཅས་སོ། །དེ་ཡང་རྫོ་རིང་དེ་དག་ལས་སྔ་ཤོས་ནི་གཙང་གྲོང་རྫོ་རིང་། དུས་ཕྱི་ཤོས་དོལ་གསུང་གླིང་དགོན་གྱི་རྫོ་རིང་དུ་སོང་བ་ལས། འདིར་ནི་གཙོ་བོ་བསྟན་པ་སྔ་དར་གྱི་རྣམ་པར་བཤད་པའི་སྐབས་ཡིན་པས་གཙང་གྲོང་རྫོ་རིང་ཉིད་དཔྱད་བྱ་གཙོ་བོར་ཟད་དོ། །དོན་དམ་དུ་དེང་སང་དངོས་སུ་མཇལ་དུ་ཡོད་པའི་རྫོ་རིང་ནི་བཞིའོ། དེ་ཡང་གཡུང་སྟོན་རྡོ་རྗེ་དཔལ་གྱི་གདན་ས་བདེ་ཆེན་ཆོས་སྡིངས་དགོན་དུ་རྫོ་རིང་གཉིས་ཡོད་མོད། དུས་ཕྱིས་གོད་ཆགས་སོང་ནས་དུད་ཁྱིམ་ཞིག་གི་སྒོ་རའི་རྩིག་རྫོར་གྱུར་པར་བཤད་དེང་སང་མཐོང་ཆོས་སུ་མི་སྣང་། རྫོ་རིང་དེ་དག་གི་ནང་དོན་ཆར་བཙན་པོའི་སྐུ་དུས་ཀྱི་རྫོ་རིང་དང་འདྲ་བར་སངས་རྒྱས་བསྟན་པའི་ཆེད་དུ་བསྔོ་བ་དང་བསྟན་པའི་གནད་ཚིགས་གསལ་བ་ཤ་སྟག་ཏུ་འདུག ད་ལམ་མཇལ་རྒྱུ་ཡོད་པའི་རྫོ་རིང་དེ་རྣམས་ཀྱི་ཐོག་བསྟན་པ་དར་བའི་བསྔོ་བ་དང་བསྟན་པའི་དར་རབས་སོགས་གླེང་འདུག་པ་འདི་ལྟར།

## གཅིག གཙང་གྲོང་རྡོ་རིང་ཐོག་གསལ་བའི་ཡི་གེ

གཙང་གྲོང་རྡོ་རིང་[1]ཐོག་ཏུ། ཀ་འདུན་[2]ཉམས་ན་སྔགས་པས་བགྱི་འཚལ་ལོ། །སྔགས་པ་ཉམས་ན་ཡོན་དག་[3]དད་པ་ཅན་གྱིས་བགྱི་འཚལ་ལོ། གོར་ཅིས་བྲིས། རྡོ་མཁན་རྒྱ་གར་མ་ཧོག་གིས་བྱས་སོ། །[4]ཞེས་གསལ་ལོ། །

## གཉིས། གསང་སྔགས་ཆོས་གླིང་དགོན་གྱི་རྡོ་རིང་ཐོག་གསལ་བའི་ཡི་གེ

གསང་སྔགས་ཆོས་གླིང་དགོན་གྱི་རྡོ་རིང་[5]གི་ངོས་བཞིར་གཟུངས་སྔགས་ཀྱིས་

---

① གཙང་གྲོང་དུ་ཁྲོན་རྡོ་རིང་བཞི་སྟེ། ཆེ་བ་གཅིག་དང་ཆུང་བ་གསུམ་ཡོད་པ་ལས་ཆུང་བ་རྣམས་ཀྱི་ཡིག་ངོ་མ་ཐེབ་པས། འདིར་རྡོ་རིང་ཆེ་བའི་ཐོག་བཀོད་པའི་ཡི་གེ་རྣམས་གླེང་ཡོད། དེ་ཡང་རྡོ་རིང་ཆེ་བ་དེའི་གཙུག་གཏོར་གྱི་མཐོ་ཚད་ལ་ལི་སྨི་50དང་། ཞེང་ཚད་ལ་ལི་སྨི་40། རྡོ་རིང་གཞི་མར་མཐོ་ཚད་ལི་སྨི་145.5 དང་། ཞེང་ཚད་ལ་རིང་ཐུང་གཉིས་བྱས་པའི་རིང་བར་ལི་སྨི་38དང་། ཐུང་བར་ལི་སྨི་26ཡོད། ཞབས་གདན་གྱི་མཐོ་ཚད་ལ་ལི་སྨི་38དང་། རིང་ཚད་ལ་ལི་སྨི་85མཆིས་ཞིང་། སྤྱི་ཡོངས་ཀྱི་མཐོ་ཚད་ལ་ལི་སྨི་264བཞུགས། རྡོ་རིང་ཆུང་བ་གསུམ་ནི་ཀླུམ་བུའི་དབྱིབས་ཅན་དང་གྲུ་བཞི་ཆེ་ཆུང་གཉིས་བཞུགས། རྡོ་རིང་ཀླུམ་བུའི་མཐོ་ཚད་ལ་ལི་སྨི་85དང་། ཞེང་ཚད་ལ་ལི་སྨི་18སྟང་། གྲུ་བཞི་ཆེ་བའི་མཐོ་ཚད་ལ་ལི་སྨི་60། རིང་ཚད་ལི་སྨི་27དང་། ཞེང་ཚད་ལ་ལི་སྨི་16འདུག གྲུ་བཞི་ཆུང་བའི་མཐོ་ཚད་ལ་ལི་སྨི་53། རིང་ཚད་ལ་ལི་སྨི་22དང་། ཞེང་ཚད་ལ་ལི་སྨི་14.5བཞུགས་སོ། །

② ཀ་འདུན་ཞེས་པ་འདི་དགེ་འདུན་ཡིན་ངེས་ལ། དོན་དུ་དེ་ནི་བོད་འདིར་སངས་རྒྱས་བསྟན་པ་དར་བ་ལ་སྡེ་གཉིས་ཀྱི་སྒོ་ནས་དར་བའི་ཚུལ་ལས་རབ་བྱུང་གི་སྡེ་དང་སྔགས་འཆང་གི་སྡེ་གཉིས་སུ་བཤད་པའི་རབ་བྱུང་གི་སྡེ་ལ་གོ་ཞིང་། སྔགས་འཆང་གི་སྡེ་ལ་གོས་དཀར་ལྕང་ལོ་ཅན་གྱི་སྡེ་ཞེས་ཀྱང་ཟེར། སྡེ་ཆེན་པོ་འདི་གཉིས་ནི་བོད་ན་སངས་རྒྱས་བསྟན་པ་སྔ་དར་དང་ཕྱི་དར་གཉིས་ལ་སྲོག་ཤིང་དུ་འདུག་པ་མ་ཟད། བསྟན་པའི་ལག་རྗེས་ཇི་བྱུང་ཡང་སྡེ་འདི་གཉིས་ཁོ་ནར་ཐུག་གོ །

③ ཡོན་དག་ཅེས་པ་འདི་ཡོན་བདག་ཏུ་བཅོས་ན་གོ་བ་ལེགས་པར་སོང་།

④ གཙང་གྲོང་རྡོ་རིང་ཐོག་འཁོད་པའི་ཡི་གེ་དེ་རྣམས་ཁྲོན་ཡིག་ཕྲེང་བཅུ་གཅིག་ལས་གྲུབ་འདུག དེ་ཡང་འབྲུ་ཉེར་གཉིས་རྣམས་ལ་ཡིག་ཕྲེང་བདུན་དང་། རྡོ་མཁན་དང་ཡིག་མཁན་གྱི་མིང་ལ་ཡིག་ཕྲེང་བཞི་བཞུགས་སོ། །

⑤ རྡོ་རིང་འདི་ནི་ལྷོ་ཁ་གྲ་ནང་རྫོང་གྲ་ཕྱི་ཤང་རྣམ་སྲས་གླིང་ཚོན་གསུམ་པའི་ཤར་ལྷོའི་རི་མཚམས་སུ་ཆགས་པའི་གསང་སྔགས་ཆོས་གླིང་དགོན་པའི་སྒོ་རའི་ནང་གནས། རྡོ་རིང་གི་གཙུག་གཏོར་གྱི་མཐོ་ཚད་ལ་ལི་སྨི་33དང་། ཞེང་ཚད་ལ་ལི་སྨི་47མཆིས། རྡོ་རིང་སྤྱིའི་རིང་ཚད་ལ་ལི་སྨི་180 དང་། ལྷོའི་ཞེང་ཚད་ལ་ལི་སྨི་14 དང་། ནུབ་ལ་ལི་སྨི་13དང་། ཤར་ལ་ལི་སྨི་12དང་། བྱང་གི་ཞེང་ཚད་ལ་ལི་སྨི་15བཅས་སོ། །རྡོ་རིང་འདི་ཐོག་མར་གང་ནས་བྱུང་མིན་འདྲི་བརྟད་མི་ཐུབ། གང་ལྟར་གསང་སྔགས་ཆོས་གླིང་དགོན་གྱི་མིན་པ་འདྲ།

གང་། དེ་རྣམས་ས་བཅད་མ་སྟོང་ཚུལ་དུ་སྨྲས་ན།

བྱང་ངོས་སུ་ཚེ་གཟུངས་དང་སངས་རྒྱས་ཚེ་དཔག་མེད་ཀྱི་བསྟོད་པ་མཆིས་ཏེ། ཨོཾ་ན་མོ་ཧྲཱ་ག་ཞེས་པ་ནས། འཇིག་རྟེན་འདྲེན་པའི་གཙོ་བོ་ཚེ་དཔག་མེད། །དུས་མིན་འཆི་བ་མ་ལུས་འཇོམས་མཛད་པའི། །མགོན་མེད་སྡུག་བསྔལ་འགྱུར་བ་རྣམས་ཀྱི་སྐྱབས། །སངས་རྒྱས་ཚེ་དཔག་མེད་པའི་བཀྲ་ཤིས་ཤོག །ཅེས་ཁྱོན་ཡིག་ཕྲེང་སུམ་ཅུ་བཞུགས།

ལྷོ་ངོས་སུ་སྤྱན་རས་གཟིགས་ཕྱག་སྟོང་སྤྱན་སྟོང་གི་གཟུངས་དང་མ་ཎི་ཡིག་དྲུག དེ་བཞིན་རྟ་མགྲིན་གྱི་གཟུངས་བཅས་དང་། འཕགས་པ་སྤྱན་རས་གཟིགས་ཀྱི་བསྟོད་པ་ཚིགས་བཅད་གཅིག་བཀོས་པ་འདི་ལྟར། ཕྱག་སྟོང་འཁོར་ལོ་བསྒྱུར་བའི་རྒྱལ་པོ་སྟོང་། །སྤྱན་སྟོང་བསྐལ་བ་བཟང་པོའི་སངས་རྒྱས་སྟོང་། །གང་ལ་གང་འདུལ་དེ་ལ་དེ་སྟོན་པ། །འཕགས་པ་སྤྱན་རས་གཟིགས་ཀྱི་བཀྲ་ཤིས་ཤོག །ཅེས་ཁྱོན་ཡིག་ཕྲེང་སོ་དགུ་བཞུགས།

ཤར་ངོས་སུ་བདེ་མཆོག་དང་རྣམ་འཇོམས་ཀྱི་གཟུངས། དེ་བཞིན་བཀྲ་ཤིས་མཚོན་པའི་ཚིགས་བཅད་གཅིག་འཕོད་པ་འདི་ལྟར། ཨོཾ་བཻ་རོ་ཙ་ན། ཞེས་པ་ནས། ཉིན་མོ་བདེ་ལེགས་མཚན་མོ་བདེ་ལེགས་ཤོག །ཉིན་མོའི་གུང་ཡང་རྟག་ཏུ་བདེ་ལེགས་ཤོག །ཉིན་མཚན་ཀུན་ཏུ་བདེ་ལེགས་པས། །དཀོན་མཆོག་གསུམ་གྱི་བཀྲ་ཤིས་ཤོག །ཅེས་ཁྱོན་ཡིག་ཕྲེང་སོ་བདུན་བཞུགས།

ནུབ་ངོས་སུ་ནོར་བུ་རྒྱས་པའི་ཞལ་མེད་ཁང་གི་གཟུངས་འཕོད་གསལ། ཨོཾ་མུ་ནེ་ཞེས་པ་ནས། མ་ཎི་ཧླ་རི་ཧཱུྃ་ཕཊ། བྱང་སེམས་དང་བཅས་ནོར་བུ་རྒྱས་པའི་ཞལ་མེད་ཁང་པའི་ཞེས་ཁྱོན་ཡིག་ཕྲེང་སོ་བདུན་བཞུགས་སུ་གསོལ། །

གསུམ། དོལ་ཚེ་བཅུ་ལྷ་ཁང་གི་རྡོ་རིང་ཐོག་གསལ་བའི་ཡི་གེ

དོལ་ཚེས་བཅུ་ལྷ་ཁང་གི་རྡོ་རིང་[1]དུ། ཐོག་མར་རིགས་གསུམ་མགོན་པོའི་གཟུངས་སྔགས་དང་རྡོ་རྗེ་གཅོད་པ། ཡིག་བརྒྱ་སོགས་དང་དེ་འོག་བཀའ་བརྒྱུད་བླ་མའི་གསོལ་འདེབས་ཏེ། གནས་དག་པ་མཁའ་སྤྱོད་དཔལ་གྱི་ཙ་རི་ཏྲ། །བཀའ་བརྒྱུད་བླ་མ་རྣམས་དང་ཡི་དམ་ལྷ། །མཁའ་འགྲོ་ཆོས་སྐྱོང་རྣམས་ལ་གསོལ་བ་འདེབས། །རྐྱེན་ངན་བར་ཆད་ཐམས་ཅད་ཞི་བ་དང་། །ཕྱོགས་དང་ཐུན་མོང་དངོས་གྲུབ་བསྩལ་དུ་གསོལ། །ཞེས་གསལ་ཞིང་། ཁྱོན་ཡིག་ཕྲེང་ཉེར་དྲུག་བཞུགས། རྡོ་རིང་གི་ངོས་གཞན་ཞིག་ན་མ་ཎི་ཡིག་དྲུག་དང་གུ་རུའི་མཚན་གཟུངས་སོགས་མཆིས་མོད། ཡིག་ཕྲེང་དུ་ཡོད་ཆ་མི་འཚལ།

བཞི། དོལ་གསུང་སྙིང་དགོན་གྱི་རྡོ་རིང་ཐོག་གསལ་བའི་ཡི་གེ

དོལ་གསུང་སྙིང་དགོན་པར་ཁྱོན་རྡོ་རིང་གཉིས་ཡོད་ཅིང་། རྡོ་རིང་དེ་གཉིས་ནི་དགོན་པའི་ཉེ་འདབས་ཀྱི་རྣམ་རྒྱལ་མཆོད་རྟེན་ཞིག་ཡོད་པ་གང་དེའི་གཡས་གཡོན་གཉིས་སུ་བཙུགས་ནས་ཡོད། རྡོ་རིང་དེ་གཉིས་ཀྱི་བཀོད་པ་དེ་ཙམ་མི་ལེགས་ལ་མཐོ་ཚད་རྨི་གཅིག་ཡན་ཙམ་དང་གཅིག་ཤོས་ལ་རྨི་གཉིས་མན་ཙམ་མཆིས། རྡོ་རིང་དེ་གཉིས་ལས་ནུབ་མའི་[2]ཐོག་རྣམ་རྒྱལ་མ་ལ་སོགས་པའི་བྱང་

① དོལ་ཚེ་བཅུ་ལྷ་ཁང་གི་རྡོ་རིང་འདི་ཉིད་ཐོག་མར་ཚེ་བཅུ་ལྷ་ཁང་དུ་ཡོད་མོད། ཕྱིས་དགོན་སྡེ་འཇིག་པའི་སྐབས་ཀྱིས་སྐབས་ཤིག་རིང་དུད་ཁྱིམ་ཞིག་གི་རྩིག་གདན་དུ་གྱུར་པ་དང་། ད་ཆ་ནི་དོལ་ཚངས་པ་ལྷོ་ཕྱོགས་དགོན་པས་བདག་གཉེར་མཛད་དོ། །རྡོ་རིང་གི་གཞི་མ་གཏོགས་གཙུག་གཏོར་དང་ཞབས་གདན་སོགས་མཇལ་རྒྱུ་མེད། དེའི་མཐོ་ཚད་ལ་ལི་སྨི་208དང་། ཞེང་ཚད་ལ་ལི་སྨི་52བཞུགས།

② རྡོ་རིང་འདི་ནི་རྣམ་རྒྱལ་མཆོད་རྟེན་གྱི་ནུབ་ངོས་སུ་གནས་པ་དང་། ངོས་གཉིས་ཀར་རྣམ་རྒྱལ་མའི་གཟུངས་ཀྱིས་གང་། དེའི་མཐོ་ཚད་ལ་ལི་སྨི་187དང་། ཞེང་ཚད་ལ་དབུ་བར་ཞབས་གསུམ་དུ་ཕྱེ་ན། དབུའི་ཞེང་ཚད་ལ་ལི་སྨི་36དང་། བར་ན་ལི་སྨི་45དང་། ཞབས་ལ་ལི་སྨི་49མཆིས། མདུན་ངོས་སུ་ཡིག་ཕྲེང་28དང་། རྒྱབ་ཕྱོགས་སུ་ཡིག་ཕྲེང་22བཞུགས།

སེམས་རྣམས་ཀྱི་གཟུངས་སྔགས་ཀྱིས་གང་ཞིང་། ཤར་མའི་[1]སྟེང་དུ། མེ་མོ་ཡོས་ལོ་རྗེ་ཁྲི་སྲོང་ལྡེ་བཙན་ཀྱི་ཐུགས་སྲས་རྗེ་རྗེ་འཆང་དང་རྗེ་བཙུན་བླ་མ་དམ་པ་དམ་ཆོས་ཡར་འཕེལ་གྱི་བཀའ་བཞིན་དུ། རྣམ་རྒྱལ་མཆོད་རྟེན་འདི་ཕྱག་མཛོད་སྐལ་བཟང་རྣམ་རྒྱལ་ཅན་དང་འདིར་འབྲེལ་ཐོག་སེར་སྐྱ་ཀུན་ནས་རྒྱུ་དངོས་ཇི་སྙེད་ཅིག་ཕུལ་བ་རྣམས་དང་། བཟོ་རིག་ལས་བྱེད་དབུ་མཛད་ཆོས་བློ་ཡོན་པས་མཚན་པའི་སེར་སྐྱ་སོགས་ཀྱི་བཞེད་དགོངས་ཡིན་དགེ་འདིས་འགྲོ་ཀུན་སངས་རྒྱས་ཀྱི་རྒྱུ་ཐོབ་ཤོག །སརྦ་མངྒ་ལཾ། །[2]ཞེས་གསལ་བ་རྣམས་ཀྱང་སྲིག་ནས་བློ་རྩིང་པོའི་ངོར་མི་སོང་བར་བརྟགས་ཤིང་དཔྱད་ན་དཔྱད་པ་ཆེ་ཙམ་དུ་སྣང་། དེར་བཤད་དུ་ཡོད་དེ། གོང་སྨོས་རྗེ་རིང་དེ་རྣམས་ཀྱི་ནང་དོན་ནི་སངས་རྒྱས་བསྟན་པ་དང་འབྲེལ་ཆེ་ལ། སངས་རྒྱས་བསྟན་པའི་སྤེལ་སྟངས་རྣམ་པ་གཞན་ཞིག་ནས་སྤེལ་བའི་ལུགས་མངོན་པས། རྗེ་དོན་སྒྲིལ་ན་དེ་རྣམས་བསྟན་པ་དར་ཞིང་རྒྱས་པའི་བསྔོ་བ་ཡིན་པ་བསྟོན་དུ་མེད།

རྗེ་རིང་དེ་རྣམས་ཀྱིས་སངས་རྒྱས་བསྟན་པ་སྤྱི་དང་ཡང་སྒོས་བོད་ཁམས་འདིར་བསྟན་པའི་གནད་གསལ་བ་དང་། བསྟན་པ་དར་ནས་རྒྱུན་སྐྱོང་ལུགས་ཐབས་ཅི་འདྲ་ཞིག་གི་སྒོ་ནས་ཡིན་པའི་ཆར་གྲ་ཕྱི་གཙང་གྲོང་རྗེ་རིང་འདི་ཉིད་ཐོག་འཁོད་པའི་འབྲུ་22རྣམས་གཅིས་སུ་བཟུང་ནས་བཤད་པར་བྱའོ། །དེ་ལྟར་སྨྲ་བ་ལ་རྒྱུ་དང་ཤེས་བྱེད་ཡོད་དེ། རྗེ་རིང་དེ་ཐོག་བརྐོས་པའི་ཡི་གེ"ཀ་འདུན་ཉམས་ན་སྔགས་པས་བགྱི་འཚལ་ལོ། །སྔགས་པ་ཉམས་ན་ཡོན་དག་དད་པ་ཅན་གྱིས་བགྱི་འཚལ་

① རྗེ་རིང་ཤར་མ་དེའི་ངོས་ཤར་ལྷོ་བྱང་གསུམ་གྱི་ཡི་གེ་གསལ། དེའི་མཐོ་ཚད་ལ་ལི་སྨི་126དང་། ཤར་གྱི་ཞེང་ཚད་ཆེ་བར་ལི་སྨི་22དང་། ཆུང་བར་ལི་སྨི་18.5འདུག ལྷོའི་ཞེང་ཚད་ལ་ལི་སྨི་25དང་། ནུབ་དང་བྱང་གི་ཞེང་ཚད་ལ་ལི་སྨི་24མཆིས། རྗེ་རིང་གི་ཟུར་འགའ་ཞིག་ཆག་འཇིག་སོང་རྐྱེན་ཡིག་ཕྲེང་དུ་ཡོད་པ་ཤེས་དཀའ།

② ཡི་གེ་འདི་དག་ནི་དོལ་དགའ་ལྡན་གསུང་རབ་གླིང་དགོན་པའི་རྗེ་རིང་ཤར་མའི་ཐོག་གི་མ་ཕྱིའོ། །

ལོ”ཞེས་པ་རྣམས་ཀྱིས་སངས་རྒྱས་བསྟན་པའི་འཕེལ་འགྲིབ་མངོན་ལ། ཁྱད་དུ་བོད་ན་སངས་རྒྱས་ཆོས་ལུགས་རྣམ་པ་ཅི་འདྲ་ཞིག་གིས་དར་བ་དང་། བསྟན་པ་ཉམས་ན་གསོ་སྐྱངས་ཅི་འདྲ་ཡིན་མིན་དང་། མ་འོངས་བསྟན་པ་སྤེལ་བ་ལ་ཕྱོགས་སྟོམ་གྱི་ཚུལ་དུ་སོང་བས་སོ། །དེ་དག་རེ་རེ་སྨོས་ན་འདི་ལྟར་ཏེ། བོད་ན་སངས་རྒྱས་བསྟན་པ་དར་བའི་གནད་འགག་གཉིས་ནི་རབ་བྱུང་གི་སྡེ་དང་གོས་དཀར་ལྕང་ལོ་ཅན་གྱི་སྡེའོ། །འདུལ་བ་གཙོ་བོར་བྱེད་པའི་རབ་བྱུང་གི་སྡེ་དང་། སྔགས་ཉམས་ལེན་གཙོ་བོར་གྱུར་པའི་ཁྱིམ་པའི་སྡེ་ཞེས་ཀྱང་བརྗོད། བོད་ཀྱི་ལོ་རྒྱུས་ཐོག་འདུལ་བའི་བསྟན་པ་ཉམས་ཀྱང་སྔགས་ཀྱི་བསྟན་པ་སྔར་ནས་ད་བར་མི་ནུབ་པར་གནས་སྐབས་བསྟན་པ་སྤེལ་བའི་བརྒྱུད་རིམ་ཁྲིད་སྔགས་པ་རྣམས་ཀྱིས་བླ་ན་མེད་པའི་མཛད་པ་བཞེས་པའི་ཆ་སློབ་དཔོན་པདྨ་ཡབ་སྲས་སོགས་པའི་གྲུབ་པའི་དབང་ཕྱུག་རྣམས་ཀྱི་རྣམ་ཐར་དང་བསྟན་པར་འཛོག་མཛད་ཀྱི་ལག་རྗེས་ལས་ཤེས་ནུས། ཁྱིམ་བདག་དད་པ་ཅན་གྱིས་བསྟན་པ་གསོ་ཚུལ་བསྟན་པ་དར་བར་ཆ་རྐྱེན་གཙོ་བོ་ལྷ་ཁང་དང་དགོན་སྡེ་སོགས་ཀྱི་མཐུན་རྐྱེན་ནི་ཡོན་བདག་དད་པ་ཅན་གྱིས་སྒྲུབ་པའི་ཕྱིར། ཡོན་བདག་དད་ཅན་གྱིས་བསྟན་པ་གསོ་བའི་རྣམ་པ་བསྟན་པ་སྔ་དར་དང་ཕྱི་དར་གཉིས་ཀྱི་བསྟན་པའི་སྦྱིན་བདག་ལྷག་བསམ་ཅན་དག་གི་རྣམ་ཐར་ལ་གཟིགས་ན་ཤེས་སོ། །གཞན་ཡང་རྗེ་བཙུན་ས་པཎ་གྱི་ཞལ་སྔ་ནས། “སངས་རྒྱས་ཀྱི་བཀའ་བཞིན་གསུངས་ན་བླ་མ། དེའི་གསུང་བཞིན་བསྒྲུབས་ན་སློབ་མ། དེ་དག་མཐུན་པའི་ཡོ་བྱད་བསྒྲུབས་ན་ཡོན་བདག དེ་ལྟ་བུ་གང་ན་ཡོད་པ་དེ་ན་སངས་རྒྱས་ཀྱི་བསྟན་པ་ཡོད་པར་ཤེས་པར་བྱའོ། །”[①]ཞེས་གསུངས་པ་ནི་ཇོ་རྗེ་ལྟ་བུའི་ཚིག་གོ །འོ་

① ས་པཎ་ཀུན་དགའ་རྒྱལ་མཚན་གྱི་གསུང་འབུམ། གླེགས་བམ་གསུམ་པ། བོད་ལྗོངས་བོད་ཡིག་དཔེ་སྙིང་དཔེ་སྐྲུན་ཁང་། 1992ཤ162

ན་ཡོན་བདག་དད་པ་ཅན་གྱི་བསྟན་པ་རྨང་ནས་ཇི་ལྟར་གསོ་བའི་རྣམ་གཞག་ནི་ཞྭ་ལྷ་ཁང་གི་རྡོ་རིང་དུ་གསལ་བ་ལས་ཤེས་པར་ནུས་སོ། །དེའི་ཕྱིར་ན་གཙང་གྲོང་རྡོ་རིང་ཐོག་འགོད་པའི་"ཆ་འདུན་ཉམས་ན་སྡུགས་པས་བགྱི་འཚལ་ལོ། །སྡུགས་པ་ཉམས་ན་ཡོན་དག་དད་པ་ཅན་གྱིས་བགྱི་འཚལ་ལོ། །"ཞེས་པའི་ཚིག་ཉུང་ལ་དོན་ཆེ་བའི་ཡི་གེ་དེ་དག་ནི་བོད་དུ་སངས་རྒྱས་ཆོས་ལུགས་མེས་པོ་སྐྱིད་ཁམས་ཚུད་པ་རྣམས་ཀྱི་སྐུ་དུས་སུ་དཀའ་བ་སྤྱོད་དང་ངལ་བ་ཁྲིས་གཏོད་པའི་བསྟན་པའི་སྲོག་ཤིང་ཉམས་པ་མེད་པ་ལུགས་ཅི་འདྲ་ཞིག་གི་ངོར་གནས་པའི་དོན་དངོས་པོའི་སྣང་ཚོད་ཀྱི་ཕྱོགས་སྟོམ་དང་། མ་འོངས་པར་བསྟན་པའི་རྒྱུན་ཇི་ལྟ་བུ་ཞིག་ལ་ཕྱོགས་པའི་ལམ་ཐིག་ལྟ་བུ་ཞིག་ཡིན་པར་སེམས་པས། རྡོ་རིང་བཙུགས་ཏེ་ཡི་གེར་བཀོས་པ་ལས་ཕྱི་རབས་པར་འགངས་ཆེན་བའི་གནད་ཅིག་ཡིན་པར་བསྟན་ནོ། །

## གཉིས་པ། བང་སོ་ལས་འབྲོས་པའི་དཔྱད་གཏམ།

གྲ་དོལ་གཞུང་གསུམ་དུ་བང་སོ་ཇི་ཙམ་ཡོད་པའི་སྐོར་ལ་བཤད་ན། དེང་སང་གི་གནའ་རྫས་རྟོག་ཞིབ་པ་རྣམས་ཀྱིས་གསུང་དོན་ཡར་ཀླུང་གཙང་པོའི་འགྲམ་ངོགས་ཀྱི་ས་ཆ་ནི་བང་སོ་ཆེས་མང་བའི་ཡུལ་གྲུར་བཤད། དེ་ལ་མཐའ་གཅིག་ཏུ་བང་སོའི་གྲངས་དུ་ཙམ་ཡོད་ཅེས་པའི་སྤྱོབས་པ་མེད་པས་ད་ཡོད་རྙེད་སོན་དུ་སོང་བའི་བང་སོ་ནི་དགུ་སྟེ་གཙོ་བོ་གྲ་དོལ་གཞུང་གསུམ་ལས་གྲའི་ཡུལ་ན་དྲུག་དང་དོལ་དུ་གཅིག གཞུང་ན་གཉིས་བཅས་སོ། །དེ་རྣམས་རེ་རེ་ནས་མཚན་སྨོས་ན། གྲ་ཕྱི་ཕུ་ན་གནས་པའི་བློན་པོ་མགར་གྱི་བང་སོར་གྲགས་པའི་ལྕགས་རིའི་བང་སོ་དང་། གྲ་ཕྱི་སྨིན་གླིང་ཁུལ་དུ་གཅིག་དང་ཚོང་འདུས་གྲོང་ཚོར་གཉིས། གྲ་ནང་གསེར་ཁྲུང་གྲོང་ཚོའི་གསེར་ཁྲུང་བང་སོ། གྲ་ནང་ཤིང་པོ་ཆེའི་བང་སོ་རྣམས་དང་། དོལ་གྱི་ཡུལ་དུ་དོལ་རྣམ་རྒྱལ་ཀུན་བཟང་རྩེའི་བང་སོ། གཞུང་གི་ས་ཆའི་བང་སོ

གཉིས་སྟེ་རྒྱ་དྲུག་གླིང་[1]གི་ཕུར་གནས་པའི་གནོན་ཕུའི་བང་གྲོང་བང་སོ་དང་སྐྱིད་གཤོངས་གྲོང་བརྡལ་ཁུལ་གྱི་བང་སོ་བཅས་སོ། །བང་སོ་དེ་དག་ལས་སྔ་ཕྱིར་གནའ་རྫས་གཙོ་བོ་སློག་ཆགས་ཀྱི་ཏུས་པ་དང་རྫ་ཆས་སོགས་ཐོན་པར་བརྟག་དཔྱད་བྱས་པའི་འབྲས་བུར་ལོ་ཚིགས་རགས་པའི་དབང་དུ་བྱས་ན་བང་སོ་ཁ་ཤས་ཀྱི་ལོ་ཚིགས་ནི་བཙན་པོའི་དུས་[2]ཡིན་པར་བཤད། བང་སོ་དེ་རྣམས་ལས་གཞི་རྒྱ་ཆེ་བའི་བང་སོ་ནི་གསེར་ཁུང་བང་སོ་(དཔེ་རིས་ལྟ་པར་གཟིགས།)དང་གྲ་ཕྱི་ཤང་ལྷུགས་རི་གྲོང་ཚོར་ཆགས་པའི་མགར་གྱི་བང་སོ། རྒྱ་དྲུག་གླིང་གི་གནོན་ཕུའི་བང་གྲོང་བང་སོ། དེ་བཞིན་སྡིངས་པོ་ཆེའི་བང་སོ་རྣམས་སོ། །དེ་དག་ལས་འགངས་ཆེ་བའི་བང་སོ་ནི་གསེར་ཁུང་བང་སོ་དང་རྒྱ་དྲུག་གླིང་གི་གནོན་ཕུའི་བང་གྲོང་བང་སོ། གྲ་ཕྱི་ལྷུགས་རིའི་བང་སོ་བཅས་ཡིན་པར་འདོད་དེ། རྒྱུ་མཚན་ནི་བང་སོའི་ཚོགས་དེ་གསུམ་ནི་བཙན་པོའི་སྐབས་ཀྱི་བློན་ཆེན་པོ་སྣ་ནམ་དང་མགར། གནོན་ནམ་མྱང་དང་འབྲེལ་བ་ཡོད་པ་མ་ཟད། བང་སོ་གཞན་རྣམས་ལས་གཞི་ཁྱོན་ཆེ་བའི་དབང་གིས་སོ། །

གཅིག གསེར་ཁུང་བང་སོའི་ཚོགས།

གསེར་ཁུང་བང་སོའི་ཚོགས་ནི་ལྷོ་ཁ་གྲ་ནང་རྫོང་དཀྱིལ་ཏུ་ཤང་གསེར་ཁུང་གྲོང་ཚོའི་རི་འདབས་སུ་རིམ་པར་གནས་ཡོད་པ་དང་། གནས་དེར་ཁྱོན་བང་སོ་ཆེ་

① རྒྱ་དྲུག་གླིང་ཞེས་པ་ནི་ལྷོ་ཁ་གྲོང་ཁྱེར་གོང་དཀར་རྫོང་རྒྱ་དྲུག་གླིང་གྲོང་བརྡལ་གྱི་སྲིད་གཞུང་གནས་སའི་ཁུལ་དེར་གོ རྒྱ་དྲུག་གླིང་ཞེས་པ་ཤོད་རྒྱུན་དུ་གྲུ་ས་ཆེན་པོ་ཞིག་ཡིན་པ་དང་གྲུ་མང་པོ་ཡོད་པའི་སྟོབས་ཀྱིས་བརྒྱ་གྲུ་གླིང་ཞེས་པའི་མིང་བྱུང་བར་བཤད་སོད། སྔར་གྱི་ཡིག་ཚང་རྣམས་ལ་དེ་སྐོར་ནི་མི་མཇལ། གཙང་སྨྱོན་ཧེ་རུ་ཀའི་རྣམ་ཐར་དུ་བརྒྱད་དྲུག་གླིང་ཞེས་བྱུང་ལ། རྒྱལ་བ་དགེ་འདུན་རྒྱ་མཚོའི་རྣམ་ཐར་ནང་རྒྱལ་གྲུབ་གླིང་ཞེས་ཀྱང་བྱུང་བས་ཡུལ་མིང་དེ་དག་ལས་གང་དག་མིན་ནི་མ་ཤེས།

② 西藏山南地区文管会，西藏扎囊县结色沟墓群调查简报，1994年西藏考古第一辑中所载：从结色沟墓葬的形制、结构来看与山南过去所发掘清理的吐蕃墓葬有所相同之处如其中的M3由主室、后室、耳室组成的墓室结构，与乃东普努沟墓地、斯孔墓地以及墨竹工卡县结村墓地同类墓形相似，故推测其时代与这些墓葬也应大致相近，初步可划分为吐蕃时期。52页。

ཆུང་བསྡོམས་པས་བཅུ་གསུམ་ཙམ་མཆིས། དེ་ཡང་། གསེར་ཁྲུང་གྲོང་ཚོའི་རྒྱབ་ཏུ་ཁྲོན་བང་སོ་ཆེ་བ་གཅིག་དང་ཆུང་བ་བཞི་མཆིས། རྒྱ་ཡག་གྲོང་ཚོའི་ནུབ་ངོས་སུ་བང་སོ་གསུམ་དང་། དེ་ནས་ལྷོ་ནུབ་མཚམས་སུ་བང་སོ་ཆེ་ཆུང་གསུམ། གསེར་ཁྲུང་གྲོང་ཚོའི་ཁ་སྤྲོད་དུ་གནས་པའི་ལྷོ་རིའི་རི་རྩར་བང་སོ་གཉིས་བཅས་སོ། །བང་སོ་ཆེ་ཤོས་དེའི་རིང་ཚད་ལ་སྨི་90ཙམ་ཡོད་པ་དང་། ཆུང་བའི་རིང་ཚད་ལའང་སྨི་35ནས་50བར་ཅི་རིགས་སུ་སྣང་། སྤྱི་ལོ་1996ཙམ་ལ་བང་སོ་ཆུང་བ་ཁ་ཅིག་ལ་གཏོར་སྐྱོན་ཆེ་ཙམ་བྱུང་ལ། བང་སོའི་ནང་གི་གནའ་རྫས་འབོར་ཆེན་ཞིག་ཕྱི་ལ་གྲུར་བར་བཤད་ཅིང་། ཁྱད་པར་བང་སོའི་ནང་གི་བཀོད་པ་ཧ་ཅང་ལེགས་ཤིང་། སྣོ་འཁྱོར་སོགས་ལ་གྲའི་ཡུལ་ན་མེད་པའི་རྗོ་ནག་པོ་འོད་ཀྱི་རང་བཞིན་ཅན་དང་། བང་སོའི་མཐིལ་དུ་རྗོ་བཅལ་ཚུལ་དུ་རྗོ་ག་མ་ཏུ་པ་སོགས་བཏིང་བར་བཤད།[①] གང་ལྟར་མི་དྲག་ཅན་གྱི་བང་སོ་ཡིན་པར་སྙམ། ཡུལ་མི་རྣམས་ཀྱིས་བང་སོ་དེ་ནི་ན་རྗོ་རྗེ་འཆང་དང་འབྲེལ་ནས་བཤད་དོན། སྔ་དུས་ན་ལོ་ཙྪ་བ་ཡུལ་དེར་ཕྱིན་ནས་བསྟན་པའི་བྱ་བ་རྒྱ་ཆེར་མཛད་ནས་སློབ་བུའི་ཚོགས་མང་དུ་འདུས་ནས་དགྲ་བཅོམ་པ་སུམ་བརྒྱ་ཙམ་བྱུང་བ་དང་། དགྲ་བཅོམ་པ་དེ་རྣམས་ཡུལ་དེ་ཉིད་འཁོར་འཕོས་ཞན་པའི་དབང་དུས་གཅིག་ཏུ་དགོངས་པ་ཆོས་དབྱིངས་སུ་ཐིམ་ནས་བང་སོ་དེ་ཉིད་བརྩིགས་པར་བཤད་པའི་གཏམ་རྒྱུད་ཡོད་ཀྱང་། དུས་ཀྱི་ཆ་ནས་གྲུང་སྒྲིག་དཀའ་བར་སྣང་། དོན་དུ་འདི་ནི་འཇིག་རྟེན་ནག་པོའི་དག་འཆལ་བར་འདུག་སྟེ། མཁས་པ་ལྡེའུས་མཛད་པའི་རྒྱ་བོད་ཀྱི་ཆོས་འབྱུང་རྒྱས་པར་འུ་དུམ་བཙན་གྱི་ལོ་རྒྱུས་སྐབས་སུ། "དུས་དེར་གསེར་ཁྲུང་ཕུབ་རྡེབ།"ཅེས་བྱུང་བས་གསེར་

① བཅར་འདྲི་ཞུ་ཡུལ། ལྷོ་ཁ་གྲོང་ཁྱེར་གྲ་ནང་རྫོང་གྲ་ཐང་གྲོང་བརྡལ་གསེར་ཁྲུང་གྲོང་ཚོའི་གྲོང་མི་ཡེ་ཤེས། ལོ་72ཡུལ་འདིའི་སྐོར་གྱི་ངག་རྒྱུན་སྨྲ་རྒྱུ་མང་། 1996ལོར་བང་སོ་ཆུང་བ་ཞིག་བརྡོག་འདོན་གྱི་ལས་ལ་ཞུགས་མྱོང་། དུས་ཚོད། 2018ལོའི་ཟླ་4པའི་ཚེས21ཉིན།

ཁྲུང་བང་སོ་འུ་དུམ་བཙན་པོའི་ཡར་སྟོན་ནས་ཡོད་པ་དང་། བཙན་པོ་དེའི་སྐུ་ཚེ་སྐད་ན་བང་སོ་དེ་ཉིད་བསྐོག་པའི་ལོ་རྒྱུས་གསལ་ཕྱིན་རྣ་ལོ་དང་དུས་ཀྱིས་བསྐལ་བ་མ་ཟད། གསེར་ཁྲུང་བང་སོ་རྣ་ལོ་དང་འབྲེལ་བ་རྩ་བ་ནས་མེད་ཅིང་། གལ་ཏེ་འཁོར་འཁོས་ཞན་པའི་དབང་གིས་དུས་གཅིག་ཏུ་དགོངས་པ་རྫོགས་ནས་དུར་དུ་ཞུགས་པར་འདོད་ན་དུས་ཕྱིས་བང་སོའི་ནང་དུ་ལྷག་སོང་བའི་སྤྱུས་ཀ་དག་ལ་གཟི་བརྗིད་ཆེ་བའི་གནའ་རྫས་དང་བང་སོའི་སྒོ་འཕྱོར་སོགས་ན་ཡོད་པའི་བཀོས་རྒྱབ་པའི་རྗོ་ནག་པོ་འོད་ཀྱི་རང་བཞིན་ཅན་དེ་དག་ལ་འགྲེལ་པ་ཇི་ལྟར་བྱ། དེ་ལྟ་བུའི་གཞི་ཁྱོན་ཆེ་བའི་བང་སོ་ནི་སྟ་དུས་བཙན་པོ་དང་ཞང་བློན། བློན་བྱས་པ་ཅན་སོགས་ལ་མ་གཏོགས་བཞེངས་པའི་ཐོབ་ཐང་མེད་ལ། བང་སོ་ཆེན་པོ་དེ་འདྲ་བ་ཞིག་བཞེངས་པ་ལ་འཁོར་འཁོས་ཐད་ནས་ཀྱང་རྒྱལ་བློན་ཕུད་པའི་འབངས་མི་དྲག་ཅན་སོགས་ཀྱིས་བཞེངས་ཐབས་བྲལ་བས། རྒྱལ་བློན་ག་གེ་མོ་ཞིག་གི་བང་སོ་ཡིན་པ་ལ་སོམ་ཉི་བྱེད་མི་དགོས།

གསེར་ཁྲུང་བང་སོ་འདི་ཉིད་རྒྱལ་བློན་གཉིས་ལས་བློན་པོ་ཆེ་གེ་མོ་ཞིག་གི་བང་སོ་ཡིན་པ་ལས་རྒྱལ་པོའི་བང་སོ་མིན་ནོ། །དེའི་རྒྱུ་མཚན་ནི་བོད་བཙན་པོའི་བང་སོ་རྣམས་ཕལ་ཆེ་བ་ཕྱོ་ཁ་འཕྱོང་རྒྱས་ཁྲུལ་དུ་ཡོད་པ་དང་། ལོ་རྒྱུས་ཐོག་གྲའི་ཡུལ་དུ་བཙན་པོའི་བང་སོ་བརྩིགས་པ་ཡི་གེར་མ་གསལ་ལ། དོན་དུ་བཙན་པོ་རྣམས་དང་བློན་པོ་གྲགས་ཆེ་བ་རྣམས་ཀྱི་བང་སོ་ནི་རྒྱལ་བློན་གང་དེའི་འཁྲུངས་ཡུལ་དང་འདའ་སའི་ཡུལ་དུ་མི་བྱེད་པར་ཕ་མེས་ཀྱི་ཡུལ་གང་ཡིན་པ་དེར་བྱེད་པ་དཔེར་ན་ཆོས་རྒྱལ་སྲོང་བཙན་སྒམ་པོ་འཁྲུངས་ས་དེང་ལྷ་ས་གྲོང་ཁྱེར་མལ་གྲོ་གུང་དཀར་རྒྱ་མ་ཁྲི་ཁང་དང་སྐུ་འདའ་སའི་ཡུལ་ཁ་ཅིག་གིས་མངའ་རིས་ཁྲུལ་དང་། ལ་ལས་ལྷ་སར་བཤད་སྟབས་བཙན་པོ་གང་དེའི་འཁྲུངས་འདས་ཡུལ་

གཉིས་ལྷོ་ཁ་འཁྱོང་རྒྱས་ཁུལ་དུ་མིན་ཀྱང་། ཡབ་མེས་ཀྱི་ཕ་ཁྲིམ་འཁྱོང་རྒྱས་ཡིན་པ་གང་ཞིག་བཙན་པོ་གང་དེའི་བང་སོ་འཁྱོང་རྒྱས་ཀྱི་ཡུལ་དུ་བརྩིགས་པའི་ཕྱིར། དེས་ན་གསེར་ཁྲུང་བང་སོ་འདི་ཉིད་བཙན་པོ་གང་ཟུང་ཞིག་གི་མིན་པ་ཐག་ཆོད། བཙན་པོའི་བང་སོའི་གནས་ཡུལ་དང་གོ་རིམ་ནི་ཞིབ་པ་ལྡེའུ་ཆོས་འབྱུང་དུ་གསལ་བས་དེར་གཟིགས་པར་མཛོད། འོ་ན་བཙན་པོའི་མིན་ན་བློན་སུ་ཞིག་གི་ཡིན་ནམ་ཞེ་ན། དེའི་ལན་གསོལ་བ། གསེར་ཁྲུང་བང་སོའི་གནས་ཡུལ་གྲྭའི་ཡུལ་འདིར་ན་བཙན་པོའི་སྐུ་དུས་སུ་མི་དྲག་བློན་པོའི་གྲས་སུ་སོང་བ་གཉིས་སྟེ། གཅིག་ནི་སྣ་ནམ་པ་དང་། གཅིག་ཤོས་ནི་ཤུད་པུ་བ་ཡིན་ནོ། །དེའི་དབང་གིས་ཁ་ཅིག་གིས་གསེར་ཁྲུང་གི་བང་སོ་དེ་ཤུད་པུའི་ཁྲིམ་བརྒྱུད་ཀྱི་ཡིན་པར་སྨྲ། རྒྱུ་མཚན་ནི་བཙན་པོའི་སྐུ་དུས་སུ་ཡར་གཙང་ལྷོ་བྱང་གཉིས་སུ་ཤུད་པུར་ལྷོ་ངོགས་གྲྭའི་ཡུལ་དང་སྣ་ནམ་པར་སྒྲགས་ཀྱི་ས་ལ་སོགས་པའི་བྱང་རྒྱུད་རྣམས་བསྐུལ་བའི་གསུང་འགྲོས་དང་བསྟུན་ཏེ་བཤད་པར་སྣང་ཡང་། དེ་ལ་ཡང་ཡིད་རྟོན་ཟུང་བའི་བདེན་པ་ཞིག་སྙིར་དཀའ་བར་སྣང་། མ་གཞི་བཙན་པོའི་སྐུ་དུས་སུ་ཤུད་པུའི་རིགས་ལ་གྲྭའི་སའི་ཁྲིན་བསྐུལ་ཡང་། བོད་ཀྱི་ལོ་རྒྱུས་ཐོག་ཤུད་པུའི་ཁྲིམ་བརྒྱུད་ནས་བཙན་པོའི་བཙུན་མོ་བྱུང་སྲོང་མེད་པའི་སྟོབས་ཀྱིས་བློན་ཆེ་གྲས་སུ་བཙུད་ཀྱང་། ཞང་བློན་ལྷ་བུའི་གོ་བབ་མེད་པས་ན། བང་སོ་ཆེན་པོ་འདི་འདྲ་ཞིག་གྲུབ་བཞེངས་བྱེད་པ་ལ་ངེས་པར་བཙན་པོའི་བཀའ་ཉེ་འམ་ཡང་ན་བཙན་པོའི་རྒྱལ་རབས་ལ་བྱས་པ་ཆེ་བའི་བློན་པོ་ཞིག་ཡིན་དགོས། དཔེར་ན་ལྷ་ས་གྲོང་ཁྱེར་སྟག་རྩེ་རྫོང་གྲི[1]གྲོང་ཚོའི་བྱང་ངོས་སུ་གནས་པའི་ངན་ལམ་སྟག་སྒྲ་ཀླུ་ཁོང་གི་བང་སོ་བཞིན། དེས་རྐྱེན་པས་གསེར་ཁྲུང་བང་སོ་དེ་ཉིད་ཤུད་པུ་བའི་ཁྲིམ་རྒྱུད་ཀྱི་མིན་པར་སེམས་ལ། ཤུད་

[1] གྲི་ཞེས་པ་ནི་སྒྲི་ཡིན་པ་སྔར་གྱི་ཡི་གེ་རྙིང་པ་རྣམས་སུ་གསལ།

སྤུའི་ཁྲིམ་རྒྱུད་ཀྱི་བང་སོ་གྲའི་ཡུལ་དུ་བཙལ་ན་ནི་གྲ་ནང་ཕྱིངས་པོའི་བང་སོའི་ཚོགས་དེ་ཡིན་པར་སྙམ། དེ་ལྟའི་གསེར་ཁྲུང་བང་སོའི་སྐོར་གྱི་ཞིབ་འཇུག་དཔྱད་འབྲས་ཤིག་ནི་མཇལ་དུ་མེད་པས་འདིར་མཐའ་གཅིག་ཏུ་ཁ་ཚོན་གཅོད་པའི་སྤོབས་པ་མ་མཆིས་ཀྱང་། གསེར་ཁྲུང་གི་གནས་གཞི་ཉིད་སྣ་ནམ་གྱི་དབང་རིས་བཅད་པའི་ས་ཆ་ཡིན་པ་འདི་ཀོ་རྟགས་སུ་བྱས་ནས་བཤད་པའོ། །འདིར་ཕོ་བོས་དེ་ལྟར་སྨྲ་བ་ནི་གཞན་ལྟར་ངན་སྨྲས་དང་རང་ལྟ་ཕྱོགས་འཛིན་གྱི་རྣམ་ཐར་མ་བསྐྱངས་པར་སྨྲས་པས་ཕོག་ཐུག་འདྲ་བྱུང་ན་བཟོད་པར་མཛོད། གསེར་ཁྲུང་བང་སོ་ནི་སྣ་ནམ་ཁྲིམ་རྒྱུད་ཀྱི་བང་སོ་ཡིན་པར་འདོད་དེ། བང་སོའི་བཀོད་པ་དང་གཞི་ཁྱོན་ཆ་ནས་བཙན་པོའམ་བློན་བྱས་པ་ཅན་དང་ཞང་བློན་གྱི་བང་སོ་དང་མཚུངས་པ། སྣ་ནམ་གྱི་རིགས་རུས་ལས་བཙན་པོ་མེས་ཨག་ཚོམ་གྱི་བཙུན་མོ་སྣ་ནམ་བཟའ་བྱུང་སྟོང་བ། སྣ་ནམ་ཁྲིམ་རྒྱུད་ཀྱི་ས་ཁོངས་བོད་ཀྱི་ཡུལ་ལྷུང་དུ་བཙལ་བྱར་མེད་པས་གྲའི་ཡུལ་འདི་ཁོ་ན་ཡིན་ངེས་པ། གཏེར་སྟོན་གྲ་མདོན་གྱི་རྣམ་ཐར་ཞིག་ཏུ་སྣ་ནམ་གྱི་ས་ཁོངས་འོན་ནས་གྲ་ཡུལ་བར་ཡིན་པའི་སྐོར་ཡོད་པར་བཤད་པ་དང་། འོན་གྱི་ཡུལ་སྣ་ནམ་གྱི་ས་ཡིན་པར་བཤད་དེ། འོན་ཀེ་རུ་ལྷ་ཁང་དུ་བཞུགས་སུ་གསོལ་བའི་ཤེར་ཕྱིན་གྱི་དཔེ་རྙིང་〈དཔེ་རིས་དྲུག་པར་གཟིགས།〉ཞིག་གི་མཇུག་བྱང་དུ། "ཀྱི་སྟོད་ཀྱི་འཇིག་རྟེན་རྒྱ་དྲམ་རླུང་གིས་བཏེག །འཛམ་གླིང་སོགས་ཀ་སངས་རྒྱས་བྱོན་བའི་གླིང་། །རི་མཐོ་ས་གཙང་སྤུ་རྒྱལ་བོད་ཀྱི་ཡུལ། །བོད་ལ་སྐུ་དྲིན་ཆེ་བ་མེས་དབོན་རྣམ་པ་གསུམ། །ཡུལ་ལས་ཁྱད་དུ་འཕགས་པ་འོན་གྱི་སྣ་ནམ་ས། །སའི་རྒྱ་མདུད་བཀྲ་ཤིས་ལྷ་གད་ན། །"①ཞེས་བྱུང་བའི་ཕྱིར་ན་འོན་ལ་སོགས་པའི་ཡུལ་སྣ་ནམ་གྱི་དབང་མཛད་ཡིན་པ་སྟོན། བོད་དབུས་གཙང་རུ་བཞིའི་

① འོན་ཀེ་རུ་ལྷ་ཁང་དུ་བཞུགས་པའི་ཤེར་ཕྱིན་གྱི་དཔེ་རྙིང་། ཤིང་དཔར། 61.5cm*21cm

ཁྲིན་འདིར་བང་སོ་འདི་ལྷའི་རྒྱ་ཁྲིན་དུ་བྱས་པ་གསུམ་ཙམ་སྟེ། སྟོད་ན་ཁྲིམ་ཆེན་གྱི་བང་སོ་དང་། བར་ན་གསེར་ཁྲུང་བང་སོ། སྨད་ན་སློབས་རིའི་བང་སོ་བཅས་སོ། །བང་སོ་དེ་རྣམས་ལས་སྟོད་ཀྱི་ཁྲིམ་ཆེན་བང་སོ་ནི་འཁྲོ་ཚང་དང་སྨད་སློབས་རིའི་བང་སོ་མཆིམས་ཀྱི་ཡིན་སྐོར་པ་ཚབ་པ་སངས་དབང་འདུས་སོགས་བཞེད་ལ། དོན་དུའང་དེ་ལྟར་ཡིན་ངེས་སོ། །གསེར་ཁྲུང་བང་སོའི་བདག་པོ་སུ་ཡིན་མིན་ཆར་དཔྱད་འབྲས་མེད་མོད། ཆོས་འབྱུང་མཁས་པའི་དགའ་སྟོན་དུ། "སྟོད་ན་འཁྲོ་སྨད་ན་མཆིམས་བར་ན་སྣ་ནམ་བློན་པོ་སྤྲས་རྣམས་ལ་ཞང་གསུམ་བློན་དང་བཞི་ཞེས་སྐུ་ཞང་དང་བློན་ཆེན་གྱི་བྱ་བ་བྱེད་དོ། །"[1]ཞེས་གསུངས་པ་ལ་གཞིགས་ན་སྣ་ནམ་གྱི་དབང་རིས་བཅད་པའི་ས་ཆ་འཁྲོ་དང་མཆིམས་ཀྱི་བར་ན་ཡོད་པར་སྟོན་པ་གང་ཞིག གསེར་ཁྲུང་བང་སོ་ཉིད་འཁྲོ་དང་མཆིམས་ཀྱི་བང་སོར་གྱུར་པ་ཁྲིམ་ཆེན་དང་སློབས་རིའི་བར་ན་གནས་པ་སོགས་དང་། ས་མིང་གི་ཆ་ནས་སྣ་དང་ཚལ་གྱི་བར་ན་གྲའི་ལྷ་ཁང་བཏབ་ཅེས་དང་། ལྡེའུ་ཆོས་འབྱུང་དུ། "གཡོར་རྦའི་སྟོང་དཔོན་ལ་ཡར་ལུང་འཆིངས་ལུང་གཉིས། སྐྱགས་དང་ཚེ་སྤོང་གི་སྟོང་སྡེ། ཡར་རྒྱངས་ཡུང་ང་གཉིས་སྣ་ནམ་དང་མྱང་གི་སྟོང་སྡེ། དྭགས་པོ་ཉག་ཉི་གཉིས་མཆིམས་ཀྱི་སྟོང་སྡེ། དམྱལ་ལྷོ་བྲག་གཉིས་སླེ་བའི་སྟོང་སྡེ་ལགས།"[2]ཞེས་གསུངས་པར་གཞིགས་ན། སྣ་ནམ་གྱི་དབང་རིས་གཡོ་རུའི་ཁུལ་དུ་ཡིན་པ་ར་འཁྲིད་ཅིང་། གཞན་དུ་ན། ཡར་རྒྱངས་དང་ཡུང་ང་[3]ཞེས་པའི་ཡུལ་ཅི་ཡིན་ངོས་བཟུང་བར་

① དཔའ་བོ་གཙུག་ལག་ཕྲེང་བ། ཆོས་འབྱུང་མཁས་པའི་དགའ་སྟོན། མི་རིགས་དཔེ་སྐྲུན་ཁང་། 2012 ཤ102

② མཁས་པ་ལྡེའུས་མཛད་པའི་རྒྱ་བོད་ཀྱི་ཆོས་འབྱུང་རྒྱས་པ། བོད་ལྗོངས་བོད་ཡིག་དཔེ་རྙིང་དཔེ་སྐྲུན་ཁང་། 2010 ཤ 248

③ ཡུང་ང་ཞེས་པའི་ཡུལ་འདི་ཉིད་ད་དུས་གྲ་དོལ་གཞུང་གསུམ་དུ་བཤད་པའི་གཞུང་དང་དེང་སང་ལྷོ་ཁ་གྲོང་ཁྱེར་གོང་དཀར་རྫོང་ཁོངས་སྣ་བོ་ལ་ཡར་བཅད་ཀྱི་ས་ག་གེ་མོ་ཞིག་མིན་ནམ་སྙམ། གང་ལྟར་ཡུལ་དེ་ནི་བཙན་པོའི་དུས་གཡོ་རུའི་ཡུལ་ཚན་གལ་ཆེན་ཞིག་ཡིན་པ་ནི་བསྙོན་དུ་མེད།

དགའ་ཡང་། ཡུལ་དེ་གཉིས་ཀྱི་ས་ཁོངས་ཚོད་བགམ་བྱས་ན་ཡར་ལུང་དང་འཆིང་ལུང་འཕྱོངས་རྒྱས་ཁུལ་དང་དྭགས་པོ་དང་ཉག་ཉིའི་ཡུལ་ཏེ་དྭགས་ཀོང་དང་ཉེ་འབྲེལ་གྱི་གཡོ་རུའི་ས་ཆ་སྟེ། ཡར་གཙང་ལྷོ་བྱང་གཉིས་སུ་ཕྱེད་ན་གྲྭ་དང་འོན་སོགས་ཀྱི་སའི་ཆར་འཁྱིལ་བས་སྣ་ནམ་གྱི་དབང་མཛད་ཀྱི་ཡུལ་ཡིན་ཞེས་སྨྲས་ན་དེ་ཙམ་གྱི་འགལ་ཆ་མེད་པར་སེམས། གཞན་ཊཱ་སི་ཏུ་བྱང་ཆུབ་རྒྱལ་མཚན་སྐུ་དུས་སུ་འང་སྣ་ནམ་ཞེས་པའི་མི་རྒྱུད་སྣེ་གདོང་གཡས་གཡོན་དུ་ཡོད་རབས་ནི་རླངས་ཀྱི་པུ་ཏི་བསེ་རུ་རྒྱས་པར། "ཡར་ཟླ་གཡུ་སྲིད་ཀྱིས་ཧ་རེ། སྣ་ཞལ་གྱིས་ཧ་རེ། སྣ་ནམ་པའི་བཟའ་པས་ཛ་སིག་གཅིག ལྷ་སྟེས་མཛོ་གཅིག་བྱིན་པ་མ་གཏོགས། སུས་ཀྱང་མཐོང་ཚོར་མེད།"[1]ཅེས་གསལ་བ་སོགས་ཕྱོགས་གཅིག་ཏུ་སྡུངས་ན་ཚིག་རིས་རེ་རེའི་གསེང་ནས་མི་མངོན་པའི་ཚུལ་དུ་གོ་བརྡ་ཞིག་སྤྲོད་ཐུབ་པས་གསེར་ཁུང་བང་སོ་འདི་ཉིད་སྣ་ནམ་ཁྲིམ་རྒྱུད་ཀྱི་བང་སོ་ཡིན་པར་སྨྲ་བའི་བདེན་ཁ་བསྐྱེར་ཅིང་། དེ་དག་ལས་བང་སོ་ཆེ་ཤོས་དེ་ཞང་རྒྱལ་ཚ་ལྷ་སྣང་གི་བང་སོ་ཡིན་པར་ངེས་སོ། །གསེར་ཁུང་བང་སོ་འདི་ཉིད་སྣ་ནམ་ཁྲིམ་རྒྱུད་ཀྱི་ཡིན་པ་ལས་སྣ་ནམ་བཟའི་བང་སོ་མིན་ཏེ། ལྡེའུ་ཆོས་འབྱུང་དུ། "སྲིད་ཀྱི་མ་ཟིན་ཇོ་མོའི་བང་སོ་ནི། །ཨོང་ཅོང་བང་སོ་དོན་མདའི་གཡོན་ན་ཡོད། །དེའི་རྩ་ན་མོང་བཟའ་ཁྲི་མོ་འཕྲོང་སྟོད་ཡོད། །དེའི་རྩ་ན་རུ་ཡོང་བཙན་མོ་མཚོ་ཡང་ཡོད། དེའི་རྩ་ན་མནོ་བཟའ་མར་དཀར་ཡོད། །ཚེ་སྤོང་འབྲི་མ་ཐོད་ཀར་ཡབ་ཀྱི་གཡས་ན་ཡོད། མིང་ནི་བང་སོ་གཡུལ་མོའི་ཐང་ཞེས་བྱ། །འདོས་བཟའ་སྟོང་བཙུན་འཕྲོ་དཀར་ཡབ་ཀྱི་གཡོན། །ཚེ་སྤོང་དམར་རྒྱལ་དོན་མཁར་ཤུ་པོ་སྣ། །སྣ་ནམ་དབྱིབས་སྟངས་ཡབ་སྲས་གཡོན་

① ཊཱ་སི་ཏུ་བྱང་ཆུབ་རྒྱལ་མཚན་སོགས། རླངས་ཀྱི་པུ་ཏི་བསེ་རུ་རྒྱས་པ། བོད་ལྗོངས་མི་དམངས་དཔེ་སྐྲུན་ཁང་། 1986ཤོག138

ཟུར་ན།”①ཞེས་བྱུང་བ་ལས་སྣ་ནམ་བཟའི་བང་སོ་ཡར་ཀླུང་དོན་མཁར་ཁྲུལ་དུ་བཏབ་པ་ཤེས་སོ། །

གཉིས། གྲ་ཕྱི་ལྷུགས་རིའི་བང་སོའི་ཚོགས།

གྲ་ཕྱི་ལྷུགས་རིའི་བང་སོའི་ཚོགས་༼དཔེ་རིས་བདུན་པར་གཟིགས།༽ནི་ལྷོ་ཁ་གྲ་ནང་རྫོང་གྲ་ཕྱི་ཤང་ལྷུགས་རི་གྲོང་ཚོའི་མདར་གནས་ཤིང་། དག་རྒྱུན་དུ་བློན་པོ་མགར་གྱི་བང་སོ་ཡིན་པར་བཤད་ལ། གནས་དེར་ཁྱོན་བང་སོ་ཆེ་ཆུང་བསྡོམས་པས་ཞེ་བཞི་ཡོད་པ་དང་། ལམ་ཟུར་ན་བང་ཚོའི་ཚོགས་དང་ཉེ་བའི་ཆར་མཆོད་རྟེན་ཞིག་ཀྱང་གནས། དེ་ལས་རྒྱུ་ས་དམར་དང་སྔོན་མོ་སོགས་ལས་གྲུབ་པའི་རྡོ་རྗེ་སེམས་དཔའ་དང་བདེ་གཤེགས་མཆོད་རྟེན་བརྒྱད་སོགས་བྱིན་པའི་ཚ་ལེབ་དང་ཚ་རིལ་༼དཔེ་རིས་བརྒྱད་པར་གཟིགས།༽སོགས་ཐོན་གྱི་འདུག མཆོད་རྟེན་དེ་དུས་ཇི་ཙམ་ལ་བཞེངས་མིན་མ་ཤེས་མོད། ཚ་ཚ་འགའི་བཟོ་དབྱིབས་སོགས་མཐོ་ལྡིང་གཙུག་ལག་ཁང་ནས་ཐོན་པའི་ཚ་ཚ་དང་གཞི་མཚུངས་པའི་ཕྱིར་ན། དུས་ཀྱི་ཆ་ནས་སྔ་བ་ལ་དུས་རབས་བཅུ་གཅིག་ཏུ་བཞག་ན་ལོ་དུས་གུང་འགྲིག་པར་སེམས། བང་སོ་དེ་རྣམས་ནི་རང་དགར་བཏབ་པ་ཞིག་མིན་པར་ཏུ་སྐོར་གྱི་ཚུལ་དུ་གནས་པ་དང་། ཕལ་ཆེ་བ་གྲུ་བཞི་ནར་མོའི་རྣམ་པ་ཅན་དུ་གྲུབ་ཅིང་། ལ་ལར་གཏོར་སྐྱོན་མི་ཉུང་བ་ཐེབ་འདུག སྔ་དུས་གནས་དེར་ས་བཀོ་རྡོ་བརྐོག་བྱེད་དུས་རྫ་ཆས་དང་རུས་པ། ཚ་རིལ་ཆུང་ངུ་དང་ཚ་ལེབ་རྡོ་རྗེ་སེམས་དཔའི་སྐུ་བརྙན་འཕོད་པ་སོགས་མང་དུ་ཐོན་པའོ། །

བང་སོའི་ཚོགས་ཀྱི་གཡོན་ཕྱོགས་སུ་མགར་གྱི་བླ་རིར་གྲགས་པའི་རི་ཞིག་ཡོད་ལ། རི་དཔྱད་ལ་བལྟོས་ན་བང་སོ་ཆེན་པོ་ཞིག་དང་མཚུངས་པས་བློན་པོ་མགར་གྱི་བང་སོ

① མཁས་པ་ལྡེའུས་མཛད་པའི་རྒྱ་བོད་ཀྱི་ཆོས་འབྱུང་རྒྱས་པ། བོད་ལྗོངས་བོད་ཡིག་དཔེ་རྙིང་དཔེ་སྐྲུན་ཁང་། 2010 ཤ 358

མིན་ནམ་སྙམ། གལ་ཏེ་དེ་ཉིད་བློན་པོ་མགར་གྱི་བང་སོ་ཡིན་ན། ཡུལ་དེ་ནི་བློན་པོ་མགར་གྱི་ཡུལ་དུ་བྱས་ན་འགལ་བ་མེད་དོ། །དེང་གི་ཆར་ཡང་བློན་པོ་མགར་གྱི་འཁྲུངས་ཡུལ་གང་ན་ཡོད་མིན་ཐད་མཐའ་གཅིག་ཏུ་ངེས་པའི་ལྟ་ཚུལ་ཞིག་མ་གྲུབ་སྟེ། ཁ་ཅིག་གིས་བློན་པོ་མགར་སྟོད་ལུང་འཚེ་མེད་ལུང་ནས་འཁྲུངས་པར་བཤད་པ་[1] དང་། ལར་ནི་བཞད་མཐོང་སྨོན་རྫོང་དུ་འཁྲུངས་པར་བཤད།[2] འགས་གྲྭའི་ཡུལ་དུ་བཤད།[3] ཁ་ཅིག་གི་འཕན་ཡུལ་ནས་ཡིན་པ་ཡང་གསུངས། གང་ལྟར་ཡུལ་དེ་རྣམས་ལ་བློན་ཆེན་གང་དེ་དང་འབྲེལ་བའི་གཏམ་རྒྱུད་སྣ་ཚོགས་བཤད་དུ་ཡོད། བློན་པོ་མགར་གྱི་དབྱར་དགུན་གྱི་སྦྲ་ཁང་ནི་ལྷ་སའི་ལྷོ་ངོས་ཀྱི་གྲིབ་ཅེས་པའི་ལུང་པར་མཆིས་པས་ཡང་སྐྱིང་བློན་ཆེན་དེའི་འཁྲུངས་ཡུལ་གང་དུ་ཡིན་མིན་ནི་ཁ་ཚོན་གཅོད་དཀའ་བའི་གནད་དུ་གྱུར།

---

① ངག་རྒྱུན་ཕལ་ཆེ་བར་སྟོད་ལུང་གི་ཡུལ་དུ་བཤད། དེང་སང་ནི་ལྷ་ས་གྲོང་ཁྱེར་སྟོད་ལུང་རྫོང་བདེ་ཆེན་ཤང་ཁོངས་སུ་ཡོད་པར་བཤད།

② འཇིགས་པ་དཔལ་ལྡན་ཚེ་རིང་སོགས་ཀྱིས་བློན་པོ་མགར་གྱི་འཁྲུངས་ཡུལ་གཞིས་རྩེ་གྲོང་ཁྱེར་བཞད་མཐོང་སྨོན་རྫོང་བཞད་ཀྱི་སྣང་མ་ཆུ་ཚན་གྱི་ཉེ་འགྲམ་དུ་མགར་སྟོང་བཙན་གྱི་འཁྲུངས་ཁང་གི་གནའ་ཤུལ་ཡོད་པར་བསྟན་ཅིང་། གཞན་དུ་ན། སྨོན་འགྲོ་ལོ་ཙཱ་བ་ཀུན་དགའ་ཆོ་དབང་དོན་གྲུབ་ཀྱིས་མཛད་པའི་བཞད་ཀྱི་ལུང་བཤད་རྣམ་དཔྱོད་སྒྲ་བའི་སྒོ་འབྱེད་མཁས་པའི་དགའ་སྟོན་ཞེས་པར། བློན་པོ་རིག་པ་ཅན་ནམ། བློན་པོ་འགར་ཞེས། སྐྱུ་རྩལ་མཐའ་དག་མཁས་ཤིང་། ཕོ་རྩལ་ཐམས་ཅད་འཛོམས་པ། བོད་འབངས་བདེ་སྐྱིད་ལ་བཀོད་མཁན། ཆོས་བསྒྱུར་བའི་གྲོགས་ལྡན་དམ་པར་གྱུར་པའི་ངོ་མཚར་བའི་སྐྱེས་བུ་དེ་ཡང་བཞད་དུ་འཁྲུངས་ཤིང་སྣང་མ་ཆུ་ཚན་ཁ་ནས་རྙེད་པ་ཡིན་ནོ། །ཞེས་གསལ། བོད་ལྗོངས་མི་དམངས་དཔེ་སྐྲུན་ཁང་། 2016 ལ 118 གཞན་དུ་གནས་དེར་མགར་གྱི་མི་བརྒྱུད་ཡོད་སྐོར་ནི་འཇིགས་པ་དཔལ་ལྡན་ཚེ་རིང་གི་དཔྱད་རྩོམ་དུ་སྣང་མ་ཆབ་ཁ་ཆུ་ཚན་ཉེ་འགྲམ་གྱི་རྫོང་པ་ཤར་མར་མགར་གྱི་བརྒྱུད་པ་ཡོད་པ་གསལ།

③ གྲྭའི་ཡུལ་དུ་གྲ་ཕྱི་ལྷུགས་རི་གྲོང་ཚོ་མགར་གྱི་འཁྲུངས་གཞིས་སུ་བཤད་ལ། གཞན་ཡང་། འོག་མིན་ཨོ་རྒྱན་སྨིན་གྲོལ་གླིང་གི་དཀར་ཆག་དྲན་པའི་མེ་ལོང་དུ། འོག་མིན་ཨོ་རྒྱན་སྨིན་གྲོལ་གླིང་ནི་དབུ་རུ་དང་གཡོ་རུ་གཉིས་ལས་གཡོ་རུའི་ས་ཆར་ཆུ་བོ་ལོ་ཧི་ཏའི་ཉེ་འགྲམ་ལྷོ་ཕྱོགས་སུ་བློན་པོ་མགར་སྟོང་བཙན་གྱི་འཁྲུངས་ཡུལ་གྲ་ཕྱི་ཞེས་གསལ། བྲིས་མ། དཀར་ཆག་འདི་ནི་སྨིན་གླིང་གཏུང་རིན་པོ་ཆེས་མཛད་དོ། །ལ 1

གསུམ། གནོན་ཕུའི་བང་སོའི་ཚོགས།

གནོན་ཕུའི་བང་སོའི་ཚོགས་〈དཔེ་རིས་དགུ་པར་གཟིགས།〉ནི་ལྷོ་ཁ་གོང་དཀར་རྫོང་རྒྱ་དྲུག་གླིང་གྲོང་བརྡལ་ཙུའུ་གསུམ་པའི་ཕུར་གྲོང་དང་སྦྲེལ་ནས་གནས་ཡོད། དེ་ནི་བོད་ཀྱི་ལོ་རྒྱུས་ཐོག་གི་སྔོན་བྱུས་པ་ཅན་གནོན་ནམ་མྱང་གང་ཅུང་ཞིག་གི་བང་སོ་ཡིན་ཤས་ཆེ། ཁུལ་དེར་ཁྱོན་བང་སོ་བཅུ་གཉིས་མཐལ་དུ་ཡོད་ལ། བང་སོ་དེ་རྣམས་སླིན་ཕྱིའི་མཆད་ཁུག་ཅེས་པའི་རི་རྩ་ནས་ལྷོ་ནུབ་མཚམས་སུ་རིམ་གྱིས་ཆགས། བང་སོ་ཆེ་བ་གསུམ་དང་ཆུང་བ་དགུ་ཡོད་པས་ཁུལ་དེའི་མིས་བང་སོའི་ཚོགས་གནས་ཡུལ་ལ་བང་གྲོང་ཞེས་བརྗོད་ལ། མཆད་པ་[①]ཞེས་ཀྱང་ཟེར། བང་སོ་འདི་ཉིད་ཁ་ཅིག་ཕག་མོ་གྲུ་པའི་བང་སོར་བཤད་ཀྱང་། དག་པ་སྟེར་དཀའ་ཙམ་སྣང་། བང་སོ་ཆེ་བ་དེའི་སྲིད་ལ་སྨི་30ཙམ་དང་ཞེང་ལ་སྨི་20ཙམ་མཆིས་ཞིང་། ཆུང་བ་ཁག་ཅིག་གི་སྲིད་ལ་སྨི་5ནས་སྨི་4སོགས་ཅི་རིགས་སྣང་། བང་སོའི་ཚོགས་འདི་ཅུས་མྱང་གི་ཡིན་པར་སྨྲ་དོན་ནི་བཙན་པོའི་སྐུ་དུས་གཡོ་ཅུ་སྟོད་སྨད་ཀྱི་ཅུ་དཔོན་གྱི་གྲལ་དུ་མྱང་གི་མིང་ཐོན་ཏེ། ཆོས་འབྱུང་མཁས་པའི་དགའ་སྟོན་དུ། "གཡོ་ཅུ་སྟོད་སྨད་ལ་ཅུ་དཔོན་མྱང་སྟག་གཟིག་གཡུ་བཙན་དང་མཆིམས་རྒྱལ་གཟིགས་ཤུད་རིང་།"[②]ཞེས་གསུངས། དེའི་ཕྱིར་ཡུལ་འདི་ཉིད་ཅུས་མྱང་གི་དབང་མཛད་ཀྱི་ས་ཆར་སོང་བའི་སྐབས་ཀྱིས་མྱང་ཁྱིམ་རྒྱུད་ཀྱི་བང་སོ་མིན་ནམ་སེམས།

འདོད་ཚུལ་གཞན་ཞིག་ནི་ཅུས་གནོན་གྱི་བང་སོ་ཡིན་པར་སྨྲ་དོན་ནི་ལོ་རྒྱུས་ཐོག་གནོན་གྱི་ཅུས་དེ་གྲགས་ཆེ་ལ། བཙན་པོའི་སྔོན་པོ་ལག་རྗེས་ཅན་གྱི་གྲས་སུ

① མཆད་པ་ཞེས་པ་ནི་བརྡ་རྙིང་སྐྱེ་དུར་སའི་མིང་དུ་བཤད།

② དཔའ་བོ་གཙུག་ལག་ཕྲེང་བ། ཆོས་འབྱུང་མཁས་པའི་དགའ་སྟོན། མི་རིགས་དཔེ་སྐྲུན་ཁང་། 2012ཤ102

བཙུད་ཅིང་། སྲིད་འཁོར་རིག་གསུམ་ལ་མཛད་པ་མི་ཞན་པའི་ཁྲིམས་རྒྱུད་ཅིག་ཡིན་པས། དེ་ལྟའི་ཏུས་ཀྱི་མཆེད་ཡུལ་གང་ཡིན་མིན་ལ་དེང་གི་ཉམས་ཞིབ་པས་གཏམ་སྣ་རིས་སྤུ་ཚོགས་ཤིག་སྨྲ་མོད། དོན་གྱི་གནད་པོ་མདའ་མོ་འབེན་ལ་ཟུག་པའི་སྣང་ཚུལ་ཞིག་མཐོང་དཀོན་པར་སེམས་སོ། །གཡོན་ཕྱུའི་བང་གྲོང་བང་སོ་གཡོན་གྱི་བང་སོ་ཡིན་པར་འདོད་དོན་ནི་འདི་ལྟར། བང་སོ་གནས་སའི་ཡུལ་མིང་ལ་གཡོན་ཕྱུ་དང་། དེ་ནས་ཡར་ལམ་སྟོད་དུ་སྤྱི་ལེ་གཅིག་ཙམ་སོང་ན་གཡོན་སྟོད་ཅེས་པའི་ཡུལ་དང་། མར་ལམ་སྤྱི་ལེ་བཅོ་ལྔ་བཅུ་དྲུག་གི་ས་ཆ་སྟེ་གཞུང་གི་ས་ཚིགས་ཡོལ་ནས་དོལ་གྱི་མདར་གཡོན་མདའ་ཞེས་པའི་ས་མིང་མཆིས་པར་གཞི་བཅོལ་ནས་བཤད་པའོ། །མ་གཞི་དོལ་གཞུང་གཉིས་སུ་ལྟེ་དང་རྟོག  གཉོས་ལ་སོགས་པའི་ཏུས་མཆེད་སྐྱོང་ཡང་། བཙན་པོའི་སྐུ་དུས་སུ་བྱུས་པ་ཆེ་བའི་བློན་པོ་གཡོན་དང་རྟོག་གཉིས་མ་གཏོགས་མེད་པ་དང་། རྟོག་པའི་རྣམ་ཐར་མཇལ་དུས་རྟོག་གི་རྒྱུད་པ་རྣམས་ཀྱི་མཛད་པ་བཞེས་ས་དང་ཏུས་ཀྱི་ཐོག་མའི་མཆེད་ཡུལ་དོལ་གཞུང་ཁུལ་དུ་མིན་པར་སྐྱིད་ཆུའི་འགྲམ་ངོགས་སུ་ཡིན་པར་མངོན། དེའི་དབང་གིས་གཡོན་གྱི་བང་སོ་ཡིན་པར་སེམས་སོ། །

གལ་ཏེ་གསེར་ཁུང་བང་སོ་སྣ་ནམ་ཁྲིམས་རྒྱུད་ཀྱི་བང་སོ་དང་གྲ་སྟེང་པོ་ཆེའི་བང་སོ་ཤུད་པུ་ཚང་གི་བང་སོ། དེ་བཞིན་གཞུང་རྒྱ་དྲུག་གླིང་གི་གཡོན་ཕྱུའི་བང་གྲོང་བང་སོ་དེ་ཉིད་གཡོན་རྒྱུད་ཀྱི་བང་སོ་ཡིན་པར་གྱུར་ན་བང་སོ་དེ་དག་ནང་དུ་བཞུགས་པའི་མི་དྲག་བློན་ཆེན་དང་སངས་རྒྱས་བསྟན་པར་དམིགས་རྒྱུན་དག་པའི་སྐྱེས་བུ་དམ་པ་མང་དག་ཅིག་གི་བཞུགས་གནས་སུ་གསོལ་བས་བང་སོ་དེ་དག་གྲ་དོལ་གཞུང་གསུམ་གྱི་ཡུལ་ཕྱོགས་སུ་གནས་པ་ལས་ཡུལ་ཚན་དེ་དག་ནི་བསྟན་པ་སྔ་དར་དུས་སངས་རྒྱས་བསྟན་པའི་དགོངས་པ་རྨ་མེད་པ་དང་། དམ་ཆོས་དྲི་

མ་མེད་པ་བསམ་ཡས་ལྟེ་བར་བྱས་པའི་བོད་ཡུལ་གྱི་ཁྱོན་འདིར་ཁྱབ་མཛད་ཀྱི་ཡོན་བདག་དད་ཅན་དང་བསྟན་འཛིན་སྐྱེས་བུ་དག་གི་བསྟི་གནས་སུ་གྱུར་ཏེ། བསྟན་པ་དང་སྐྱེ་འགྲོའི་དོན་དུ་གཞན་ཕན་ལྷག་བསམ་གྱིས་བསྐྱལ་ནས་སྔ་དར་བསྟན་པའི་གསོས་སུ་གྱུར་པའི་བསྟི་གནས་ཤིག་གོ །

དེས་ན་བང་སོ་ལ་རྟོག་དཔྱོད་བྱ་རྒྱུ་དེ་ནི་ལོ་རྒྱུས་ཀྱི་དུས་མཚམས་ག་གེ་མོ་ཞིག་ནང་ཁྱིམ་རྒྱུད་ཆེ་གེ་མོ་ཞིག་དུར་གྱི་བདག་པོར་ངོས་འཛིན་པ་རྐྱང་པ་ཞིག་མིན་པར་བསྟན་པ་སྔ་དར་དུས་སངས་རྒྱས་བསྟན་པ་དབུ་རྒྱལ་པོ་ནས་བར་སློན་པོ། འབངས་མི་སེར་རྣམས་ཀྱིས་རྣམ་པ་འདྲ་མིན་གྱི་སྒོ་ནས་བསྟན་པར་གཙིགས་འཛིན་གྱི་སྐོར་ལ་རྟོག་ཞིབ་བྱེད་པར་སྨན་པར་སེམས། དེ་ལྟར་བརྗོད་དོན། བོད་དུ་སངས་རྒྱས་བསྟན་པ་ལ་སྔ་དར་དང་ཕྱི་དར་གཉིས་སུ་བྱས་པའི་བསྟན་པ་སྔ་དར་སྐབས་ཆོས་རྒྱལ་མེས་དབོན་གསུམ་ལ་སོགས་པའི་སངས་རྒྱས་ཆོས་ལུགས་ལ་བཀའ་དྲིན་དོ་མེད་པའི་བཙན་པོ་རྣམས་ཀྱི་ལོ་རྒྱུས་རྒྱས་བསྡུས་ལ་མ་བལྟོས་པར་སྟོན་གྱི་ཡི་གེ་ཀྱང་པ་དག་ན་གསལ་ཡང་། དེ་འོག་སངས་རྒྱས་ཆོས་ལུགས་དར་སྤེལ་བརྒྱུད་གསུམ་བྱེད་པར་གོ་བསྐོན་བློ་འགུག་གི་བགྱི་བ་གཙོ་བོའི་གྲུབ་ཆ་བློན་ཆེན་མི་དྲག་རྣམས་ཀྱིས་སངས་རྒྱས་བསྟན་པ་འདི་ཀོ་བོད་གངས་ཅན་གྱི་ཁྱོན་འདིར་ཐབས་ཤེས་ཅི་འདྲ་ཞིག་གི་སྒོ་ནས་འཇུག་པའི་རྣམ་པ་སྣང་ཚུལ་གསལ་བའི་ཆ་ཤུང་བ་སོགས་ལ་དམིགས་ནས་འདིར་བང་སོ་ལས་འཕྲོས་ཏེ་བསྟན་པ་སྔ་དར་ལ་མཛད་པ་ཅན་གྱི་ཞང་བློན་སྣ་ནམ་སོགས་པའི་བང་སོར་འཛིན་པའི་རང་གི་འདོད་པ་ཙམ་ཞིག་སྨྲས་པའོ། །

**གསུམ་པ། ས་འོག་ཐོན་དངོས་ལས་འཕྲོས་པའི་དཔྱད་གཏམ།**

གོང་ཞུས་ལྟར་གྲ་དོལ་གཞུང་གསུམ་གྱི་ཡུལ་འདི་ནི་གཡོ་རུའི་ཡུལ་གྱི་ལྟེ་བར་

སོང་བས་ཁྲུལ་དེ་གསུམ་ནས་ས་འོག་ཐོན་དངོས་རྫི་ཐོན་སྐོར་མདོ་ཙམ་སྨྲོས་ན། གྲྭའི་ཡུལ་ན་སྟེང་པོ་ཆེའི་བང་སོ་[1]ནས་རྡོའི་སྐྱེས་པའི་མཚན་མ་ལ་སོགས་པའི་གནའ་རྫས（དཔེ་རིས་བཅུ་པར་གཟིགས།）དང་གནག་གྲོང་ཚོའི་བང་སོ་ནས་གཡག་མགོའི་རུས་པའི་སྟེང་མ་ཊི་ཡིག་དྲུག་བརྐོས་པའི་རིག་དངོས་སོགས་དང་། གསེར་ཁུང་བང་སོ་ནས་གསེར་ཆས་དང་འབྲེལ་བའི་རིག་དངོས་མང་དག་རྐུ་ཤོར་ཕྱིན་རབས་དང་། གྲྭ་ཕྱི་ཚོང་འདུས་ཀྱི་ཤར་ངོས་ཀྱི་མདོ་བཙན་རི་ཟུར་ནས་གདོད་མའི་དུས་ཀྱི་དམར་མཆོད་ཀྱི་སྡེགས་བུ་གཉིས་ཙམ་ཐོན། གྲྭ་ཕྱིའི་ཕུ་རུ་གནས་པའི་མགར་གྱི་བང་སོར་གྲགས་པའི་ཉེ་འགྲམ་ནས་ཚ་ཚ་སོགས་རྙེད་པ་དང་། གྲྭ་ནང་རལ་གྲི་སྨད་དུ་ཡོད་པའི་གཏེར་སྟོན་གྲྭ་མདོན་གྱིས་བཞེངས་པར་གྲགས་པའི་ལྷ་ཡུལ་འབུམ་པ་[2]ནས་ཚ་ཚ་སོགས་དང་། དོལ་གྱི་གསེར་སྨད་ནས་རྙེད་པའི་དུས་རབས་བཅུ་གཅིག་ནས་བཅོ་ལྔའི་ཡར་སྟོན་བར་གྱི་ཚ་ཚ་རིགས་བཅུ་གཅིག་དང་རྫ་བུམ། དོལ་རྣམ་རྒྱལ་ཀུན་བཟང་རྩེའི་བང་སོའི་[3]ཉེ་འགྲམ་གྱི་མཆོད་རྟེན་ནང་ནས་བན

① གྲྭ་སྟེང་པོ་ཆེའི་བང་སོ་ནས་ཐོན་པའི་གནའ་རྫས་རྣམས་ལྷོ་ཁ་གྲོང་ཁྱེར་དངོས་མང་བཤམས་སྟོན་ཁང་དུ་བཞུགས་སུ་གསོལ།

② འབུམ་པ་དེ་ནི་ལྷོ་ཁ་གྲྭ་ནང་རྫོང་དཀྱིལ་རུ་ཤང་རོག་ཚོན་ལྷ་ཡུལ་ན་ཆགས་ཞིང་། གཏེར་སྟོན་གྲྭ་མདོན་གྱིས་བཞེངས་པར་གྲགས། སྤྱི་ལོ་2013ལོར་ཞིག་གསོ་བྱ་དུས་མཆོད་རྟེན་གཟུགས་ཀྱི་ཚ་ཚ་རིགས་ཁྱོན་4ཙམ་ཐོན། ཞིག་གསོ་གྲུབ་རྗེས་ཚ་ཚ་རྣམས་རང་མལ་དུ་སླར་འབུམ་པའི་གཟུངས་སུ་ཕུལ། ཚ་ཚ་དེ་དག་གི་དཔར་རིས་ནི་སྐྱིན་གྲོལ་གླིང་དགོན་གྱི་སྐྱིན་གླིང་གདུང་འཛིན་གྱི་སློབ་དཔོན་དགེ་སློང་འོད་ཟེར་ལགས་ཀྱི་ཕྱག་ཏུ་ཡོད་སྐད། ལྷ་ཡུལ་འབུམ་པའི་མིང་གཞན་ལ་ཕླ་ཡུལ་འབུམ་ཞེས་ཀྱང་བརྗོད།

③ བང་སོ་གང་དེ་ནི་དོལ་རྣམ་རྒྱལ་ཞོལ་གྱི་ཁྲུལ་སྟེ་ལྷོ་ཁ་གོང་དཀར་རྫོང་རྣམ་རྒྱལ་ཞོལ་གྲོང་བརྡལ་གྱི་ནུབ་ངོས་ཀྱི་རི་ལྡེབས་སུ་ཆགས། གནས་དེ་ལ་ཡུལ་མི་རྣམས་ཀྱིས་དོལ་རྣམ་རྒྱལ་ཀུན་བཟང་རྩེ་ཞེས་འབོད་ལ། སྔ་དུས་བོད་བསྟན་དར་ཆེ་བའི་སྐབས་དོལ་རྣམ་རྒྱལ་གྲྭ་ཚང་ཞེས་པའི་བོན་དགོན་ཆེན་པོ་ཞིག་ཡོད་པའི་མ་དགོན་ཡིན་པར་བཤད་ཅིང་། དུས་ཕྱིས་འབྲུག་པ་བཀའ་བརྒྱུད་པའི་བསྟི་གནས་སུ་འགྱུར་བར་བཤད། བང་སོ་དེའི་ཉེ་འགྲམ་ནས་བན་བོན་སྔ་ཚོགས་པའི་གསུང་རབ་དཔེ་རྙིང་པུ་ཏིའི་དབང་དུ་བྱས་ན་ལྔའི་ཡས་མས་ཙམ་དང་། དུས་རབས་བཅུ་གཅིག་ནས་བཅུ་གསུམ་བར་གྱི་ཚ་ཚ་ཁུན་གཉིས་ཙམ་བྱུང་ལ། གསེར་ཟངས་ཀྱི་སྐུ་འདྲ་ཁྲི་གང་ཙམ་འགའ་ཤས་དང་། མིའི་ཀེང་རུས་དང་སེམས་ཅན་གྱི་རུས་པ། སྐུ་དམར་གདུང་སོགས་ཐོན།

བོད་གཉིས་ཀྱི་དཔེ་རྙིང་（དཔེ་རིས་བཅུ་གཅིག་པར་གཟིགས།）འཕོར་ཆེན་ཞིག་དང་ཚ་ཚ་མང་དག་ཅིག དེ་བཞིན་རྒྱ་ཤར་ལི་ལས་གྲུབ་པའི་སངས་རྒྱས་ཀྱི་སྐུང་བརྙན་ཁྲུ་གང་ཙམ་བྱས་པ་གསུམ་དང་། དོལ་རིན་ཆེན་གླིང་དུ་བཞུགས་སུ་གསོལ་བའི་དགེ་བཤེས་དོལ་པ་བའི་གདུང་རྟེན་དུ་གྲགས་པའི་ཡང་གད་འབུམ་པ་①ནས་དུས་རབས་བཅུ་གཅིག་པའི་ནང་གི་ཚ་ཚ་དང་གསེར་ཟངས་སྐུ་བརྙན་འཕོར་ཆེན། གཞན་སྐུ་དམར་གདུང་ཁ་ཤས་དང་། དེའི་ཤར་ལྷོའི་མཚམས་ཀྱི་རི་ལྡེབས་ནས་མིའི་རུས་

ཡུལ་དེའི་ཕྱུགས་རྫི་བ་རྣམས་ཀྱིས་རྙེད་པ་དང་དེ་ནས་ཡུལ་མི་ཁ་ཤས་ཀྱིས་བསྔོག་ནས་སྐུ་འདྲ་དང་རིན་ཆེན་གསེར་དངུལ་འབག་ཁུ་འཁྱེར་བྱས་པའི་རྣམ་པ་ཐོན་པ་དང་། སྐུ་འདྲ་དང་དཔེ་རྙིང་རྣམས་དོལ་ཚངས་པ་ལྡོག་གི་རྒྱན་ནོར་བཟང་ལགས་ཀྱིས་ཉར་ཚགས་མཛད་ཅིང་། ཚ་ཚ་རྣམས་ས་དེ་གར་རང་འཇགས་ས་འོག་ཏུ་སྦས་པ་འཐམ་ཡུལ་ལུང་དེ་གའི་མཆོད་རྟེན་རྣམས་ཀྱི་གཟུངས་སུ་འབུལ་བ་མཛད། དཔེ་རྙིང་དེ་རྣམས་ལས་ཕུ་ཏི་གཅིག་བསམ་ཡས་དགོན་གྱི་དགེ་འདུན་ཟླ་བ་ཚེ་རིང་ལགས་ཀྱི་ཕྱག་ཏུ་ཡོད། དཔེ་རྙིང་དེ་རྣམས་ལས་ཕལ་ཆེ་བ་ཁོ་བོའི་མིག་ལམ་དུ་སྤྲོད་དབང་བྱུང་བས་ནང་དོན་ཆར་བོན་གྱི་གཏོ་ཆོས་དང་བོན་གཞུང་། སངས་རྒྱས་ཆོས་ལུགས་ཀྱི་མདོ་དང་སྔགས་གཉིས་དང་། དབུ་མ་དང་ཕར་ཕྱིན་སོགས་དང་ཐུན་མོང་རིག་གནས་སོགས་སྣ་མང་ཞིག་མཆིས། དཔེ་ཆའི་ཡིག་གཟུགས་ཁྲིད་ཏུན་ཧོང་ཡིག་རྙིང་གི་འབྲི་སྦྱོལ་ལྟར་མཚུངས་པར་བརྟག་ན་དུས་ལ་སྔ་བ་བཙན་པོའི་སྐུ་དུས་དང་ཨང་ཡིག དེ་བཞིན་སྐྱུང་ཡིག་སོགས་དང་། དཔེ་ཆའི་དབྱིབས་ཀྱི་ཆར་དཔེ་རིང་དང་དཔེ་ཐུང་། ལག་མཐིལ་གྱི་ཆེ་ཆུང་ཙམ་དང་དཔེ་ཆ་ལྡེབ་རྩིག་མ་སོགས་མང་དུ་སྣང་བས་ཞིབ་འཇུག་རིན་ཐང་ལྡན་པའི་དཔེ་དཀོན་ཤ་སྟག་ཏུ་མཐོང་ངོ་། །བང་སོ་དེ་ནི་སྤྱི་ལོ་2016ལོའི་ནང་གསར་རྙེད་བྱུང་ཡང་། དེ་སྐོར་ད་ལྟའི་བར་སུས་ཀྱང་དཔྱད་པ་གནང་མི་འདུག

① འབུམ་པ་གང་དེའི་གནས་ཡུལ་ནི་དོལ་རིན་ཆེན་གླིང་སྟེ་དིང་སང་གི་སྲིད་འཛིན་དབང་དུ་བྱས་ན་ལྷོ་ཁ་གྲོང་ཁྱེར་གོང་དཀར་རྫོང་ལྟེ་བདེ་ཞོལ་གྲོང་བརྡལ་གོ་ཆེ་གྲོང་ཚོ་རིན་ཆེན་གླིང་གི་ལྷོ་ནུབ་མཚམས་སུ་གནས། དིང་སང་རྟེན་མཁར་གཅིག་ལས་མཇལ་རྒྱུ་མེད། འབུམ་པ་དེ་ཉིད་ཐོག་མར་རིག་གསར་སྐབས་འབུམ་པའི་ཧོག་དང་ཆོས་བསྐོར་བཅུ་གསུམ་སོགས་པར་གཏོར་སྐྱོན་ཙུང་ཟད་བྱུང་བ་དང་། དུས་ཕྱིས་དུས་རབས་གོང་མའི་ལོ་རབས་བརྒྱད་ཅུའི་ནང་མི་དམངས་ཀུང་ཧྲེའི་དུས་སྐབས་སུ་ཆུ་རགས་ཀྱི་ལོན་དུ་འབུམ་པའི་རྩིག་རྗེ་ཕལ་ཆེ་བ་བརྩིགས་དུས་ནང་རྟེན་སོགས་བསྔོགས་པར་བཤད། དུས་རབས་གོང་མའི་ལོ་རབས་དགུ་བཅུའི་ནང་རྩིག་གདན་སོགས་འབུམ་པའི་གཞི་མ་ས་འོག་ན་གནས་པའི་ཐོག་སོ་གཉིས་ཙམ་ཡོད་པ་དག་གི་རྩིག་རྗེ་རིན་ཆེན་གླིང་ཁུལ་གྱི་དུད་ཁྱིམ་ཞིག་གི་རང་ཁྱིམ་གྱི་ཁང་པ་བརྒྱུན་པའི་རྗེ་རྒྱུ་བྱས་ནས་དབོར། ད་ལྟ་ས་ཤུལ་རྗེ་ཤུལ་ཙམ་ལས་མཇལ་རྒྱུ་མེད། སྔ་དུས་གནས་དེར་འབུམ་པ་ཆེ་བ་གཅིག་དང་ཆུང་བ་བཞི་སྟེ་ཁྱོན་འབུམ་པ་ལྔ་ཡོད་ལ། ཇོ་བོ་བཀའ་གདམས་པའི་གནས་བྱིན་ཅན་ཞིག་ཡིན། ཡང་གད་འབུམ་པའི་གནས་ཡིག་ཅིག་འབྲས་སྤུངས་གནས་བཅུ་ལྷ་ཁང་གི་དཔེ་རྙིང་ཁྲོད་དུ་ཡོད་རབས་ཁོ་བོས་དངོས་སུ་ཐོས་ཀྱང་མཇལ་བའི་སྐལ་བ་ནི་མ་བྱུང་།

སྒྲོམ་ཆ་ཚང་གཅིག་བཅས་ཐོན་ལ། ཁྱད་པར་དོལ་གྱི་ཡས་མོའི་ཕུ་ན་གནས་པའི་བསམ་གཏན་གླིང་ཞེས་པའི་དགོན་རོ་ནས་རྙེད་པའི་དུས་རབས་བཅུ་གཉིས་ནས་བཅོ་ལྔའི་བར་གྱི་སྤྱན་རས་གཟིགས་ཞལ་གཅིག་ཕྱག་བཞི་པ་རྡོ་རྗེ་དཀྱིལ་ཀྲུང་དུ་བཞུགས་པ་པད་གདན་དང་བཅས་པ་མཐོ་ཚད་ཐོ་གང་ཙམ་ཞིག་དང་། དབུ་ཐོད་དུ་མཆོད་རྟེན་ལྔའི་སྣང་བརྙན་གསལ་བའི་རྒྱལ་བ་བྱམས་པའི་སྐུ་བརྙན་རིང་ཐུང་ཐོ་གང་དང་ཕྱེད་ཙམ་གྱི་ཚ་ཚ་(དཔེ་རིས་བཅུ་གཉིས་པར་གཟིགས།)སོ་བཏང་བ་གཉིས་དང་། གཞུང་སྐད་ཆུང་གྲོང་ཚོའི་ལྷོ་ངོས་སུ་འཆའ་བའི་མཆོད་རྟེན་རྙིང་པ་ཞིག་བཞེངས་གསོ་བྱེད་དུས་ཕྱོགས་བཞི་ནས་སེམས་ཅན་གྱི་མགོ་རུས་མང་དག་ཅིག་ཐོན་པ་དང་། སྟག་ལ་ཕུག་ནས་ཇོ་བོ་རྗེའི་ཚ་ཚ་མང་པོ་བྱུང་བ། རྒྱ་དྲུག་གླིང་གི་གནོན་ཕུའི་བང་གྲོང་བང་སོ་ནས་རྫ་ལ་སོགས་པའི་གནའ་རྫས་མང་དག་ཅིག་ཐོན་པ་དང་། ལུགས་སྟོད་ཀྱི་སྨད་ཙམ་ནས་བཙན་པོའི་སྐུ་དུས་ཀྱི་སྐུ་འདྲ་སོགས་ལུགས་བཏབ་སའི་གནས་གཞི་རྙེད་པ་སོགས་དང་། གཞན་གྲ་དོལ་གཞུང་གསུམ་ཡོངས་སུ་རྫོགས་པའི་ས་ཆ་ནས་རྡོ་སྐམ་སྐྱེ་རྡོའི་བང་སོ་མང་པོ་ཞིག་མིའི་རུས་པ་སོགས་པའི་རྫས་རབ་དང་རིམ་པ་ཐོན་པ་རྣམས་ནི་ཁོ་བོས་མཐོང་ཐོས་རིག་གསུམ་བྱུང་བའི་ས་འོག་ཐོན་དངོས་ཡིན་པའོ། །མ་འོངས་པར་དུས་ཀྱི་ཆ་ནས་གོང་སྨྲོས་རྣམས་ལས་སྔ་བ་དང་ཕུན་སུམ་ཚོགས་པའི་ས་འོག་ཐོན་དངོས་འབོར་ཆེན་ཞིག་ཐོན་འགྱུར་ལ་ཐེ་ཚོམ་སྐྱེ་དགོས་དོན་མེད་ལ། ས་འོག་ཐོན་དངོས་དེ་དག་ལས་གྲ་དོལ་གཞུང་གསུམ་དུ་ཆེས་གདོད་མའི་རིག་གནས་ཀྱི་རྒྱབ་རྟེན་འོག་བན་བོན་རིས་སུ་མི་ཆད་པའི་དད་པའི་རིག་གནས་ཀྱི་རྒྱུན་དང་ཁྱད་པར་སངས་རྒྱས་བསྟན་པ་གངས་ཅན་ལྗོངས་སུ་དར་བའི་ཕྱི་ནང་གསང་གསུམ་གྱི་མཐུན་རྐྱེན་བླ་ན་མེད་པ་བསྐྲུན་པའི་དཔང་རྟགས་སུ་འགྱུར་རྒྱུ་ཉག་ཅིག་གོ། །།

དཔེ་རིས་དང་པོ། གྲ་ཕྱི་གཙང་གྲོང་རྡོ་རིང་།

དཔེ་རིས་གཉིས་པ། གྲ་གསང་སྔགས་ཆོས་གླིང་དགོན་དུ་བཞུགས་པའི་རྡོ་རིང་།

དཔེ་རིས་གསུམ་པ། དོལ་ཆོས་བཙུ་ལྷ་ཁང་གི་རྡོ་རིང་།

དཔེ་རིས་བཞི་པ། དོལ་གསུང་རབ་གླིང་དགོན་ན་བཞུགས་པའི་རྡོ་རིང་ཉུབ་མ་དང་ཤར་མ།

དཔེ་རིས་ལྔ་པ། གྲ་ནང་གསེར་ཁུང་བང་སོ།

དཔེ་རིས་དྲུག་པ། འོན་ཀེ་རུ་ལྷ་ཁང་དུ་བཞུགས་སུ་གསོལ་བའི་ཤེར་ཕྱིན་གྱི་དཔེ་རྙིང་།

དཔེ་རིས་བདུན་པ། གྲ་ཕྱི་ལྷུགས་རིའི་བང་སོའི་ཚོགས། གཡས་ངོས། བང་སོའི་ཚོགས་ཀྱི་ལྷོ་ནུབ་མཚམས་སུ་ཡོད་པའི་མགར་སྟོང་བཙན་གྱི་བླ་རི། གཡོན་ངོས།

དཔེ་རིས་བརྒྱད་པ། གྲ་ཕྱི་ལྷུགས་རིའི་བང་སོ་ནས་ཐོན་པའི་ཚ་ཚ།

དཔེ་རིས་དགུ་པ། གཞུང་གི་གཙོན་ཕུའི་བང་སོའི་ཚོགས

དཔེ་རིས་བཅུ་པ། གྲ་སྟོང་པོ་ཆེའི་བང་སོ་ནས་ཐོན་པའི་གནའ་རྫས།

དཔེ་རིས་བཅུ་གཅིག་པ། དོལ་རྣམ་རྒྱལ་ཀུན་བཟང་རྩེ་ནས་ཐོན་པའི་དཔེ་རྙིང་།

དཔེ་རིས་བཅུ་གཉིས་པ། རྡོལ་བསམ་གཏན་གླིང་དགོན་ཤུལ་ནས་ཐོན་པའི་སྤྱན་རས་གཟིགས་ཕྱག་བཞི་པ་དང་རྒྱལ་བ་བྱམས་པའི་ཚ་ཚ།

# ལེའུ་གསུམ་པ། གྲ་དོལ་གཞུང་གསུམ་དུ་བསྟན་པ་ཕྱི་དར་དུས་རྙིང་མ་དང་། བཀའ་གདམས། བཀའ་བརྒྱུད། ཞི་བྱེད། ཇོ་གདན་བཅས་ལྷའི་ལྷ་གྲུབ་དར་རྒྱལ་སྐོར་གྱི་དཔྱད་པ།

གྲ་དོལ་གཞུང་གསུམ་དུ་བསྟན་པ་ཕྱི་དར་དུས་བོད་ཀྱི་ཆོས་བརྒྱུད་རིས་མེད་ཀྱི་རྩ་བ་ཚུགས་ཤིང་སྔ་རྗེས་སུ་རྒྱ་གར་དང་ཁ་ཆེ་ལ་སོགས་པའི་པཎ་གྲུབ་རྣམས་དང་། མཁས་ཤིང་གྲུབ་པའི་དབང་ཕྱུག་གསེར་རིའི་ཕྲེང་བ་ལྟར་བྱོན་པ་རྣམས་ཀྱི་ཕྲུལ་ལམ་གཙུག་གི་སྙིང་པོར་གྱུར་པ་རྣམས་ཡུལ་ཚན་དེ་གསུམ་དུ་ཞབས་བཅགས་པའམ་འབྲུངས་པ་སོགས་ཀྱི་མཛད་པ་བཞེས་ནས་སངས་རྒྱས་བསྟན་པ་རྒྱང་ནས་གསོ་བར་བྱ་བའི་ཁུར་བསྣམས་ཏེ་བསྟན་པ་སྔ་དར་ལས་ལྷག་པའི་བསྟན་པ་དར་བ་ལ་ཕྱི་དར་ཞེས་བརྗོད་ཅིང་། ལྷག་དོན་ཡུལ་དེ་གསུམ་ན་རྒྱ་བོད་ཀྱི་མཁས་པ་བྱང་ཆུབ་སེམས་དཔའ་རབ་དང་རིམ་པ་བསྟན་པའི་གསོས་སུ་བྱོན་པ་ནི་བགྲང་བའི་ངལ་བ་མ་བྱུས་ཀྱང་། བསྟན་པ་ཕྱི་དར་དུས་ཀྱི་རྒྱ་གར་གྱི་མཁས་པའི་དབང་པོ་ཡོད་ཚད་ཀྱི་གཙུག་རྒྱན་ཇོ་བོ་རྗེ་དཔལ་ལྡན་ཨ་ཏི་ཤ་དང་། ཞི་བྱེད་པའི་ཡབ་མེས་ཕ་དམ་པ་སངས་རྒྱས། དེ་བཞིན་དུས་འཁོར་བ་ཁ་ཆེ་ཟླ་བའི་མགོན་པོ། ཁ་ཆེ་པཎ་ཆེན་ཤཱཀྱ་ཤྲཱི་རྣམས་ཀྱིས་བསྟན་པའི་སྣད་དུ་དགོངས་བཞེས་

ཟླ་ན་མེད་པ་བཞེས་སའི་ཡུལ་ཚན་དང་། སྨད་འདུལ་གྱི་མཁན་པོ་ཀླུ་མེས་ཞབས་དང་གསང་སྔགས་གསར་མའི་བདག་པོ་མར་པ་ལོ་ཆེན། གྲུབ་ཆེན་གླིང་རས་པདྨ་རྡོ་རྗེ། བྱང་གཏེར་རྣམ་གཉིས། རྒྱལ་བ་ཙོང་ཁ་པ། ཇོ་གདན་བསོད་ནམས་བཟང་པོ། རྒྱལ་བ་དགེ་འདུན་རྒྱ་མཚོ། རྒྱལ་དབང་ལྔ་པ་སོགས་མཁས་པ་སས་འདེགས་ཐུབ་ཚད་རྣམས་བྱོན་ལ། གཏེར་སྟོན་གྲ་མདོན་དང་དོལ་མཚུར་སྟོན་དབང་དེ། རྗོག་ཆོས་སྐུ་རྡོ་རྗེ། དགེ་བཤེས་དོལ་པ་བ། རྒྱལ་བ་ལོ་རས་པ། བྱམས་གླིང་པཎ་ཆེན། གཏེར་བདག་གླིང་པ་སྐུ་མཆེད་སོགས་བསྟན་པའི་དོན་དུ་བསམ་བཞིན་དུ་འཁྲུངས་ནས་བསྟན་པར་གཞན་དྲིང་མི་འཇོག་པའི་ལག་རྗེས་སོ་སྐྱེ་ཕལ་པའི་བློའི་ཡུལ་ལས་འདས་པ་འཇོག་མཛད་ཀྱི་དོན་ལ་བསམས་ན་སྔོན་གྱི་སྨོན་ལམ་ཉག་ཅིག་གི་མཐུར་འདུག མདོ་དོན་བསྡིལ་ན་གྲ་དོལ་གཞུང་གསུམ་གྱི་སའི་ཁྱོན་འདི་ནི་བསྟན་པ་སྔ་དར་མ་ཟད། བསྟན་པ་ཕྱི་དར་གྱི་དུས་སུའང་བོད་དུ་སངས་རྒྱས་ཆོས་ལུགས་ཀྱི་ལྟ་སྒོམ་སྤྱོད་གསུམ་རྣམ་དག་སྤེལ་སའི་གཞི་དང་བསྟན་པ་ལ་དག་ཐེར་མཛད་སའི་གནས་གཙོ་བོའི་གྲས་ཤིག་ཡིན་པ་ནི་ཐུགས་མཉམ་པར་འཇོག་པའི་མཁས་པ་རྣམས་ཀྱི་ལུགས་སོ། །

བོད་འདིར་སངས་རྒྱས་བསྟན་པར་གསང་སྔགས་གསར་རྙིང་གཉིས་སུ་བྱས་པའི་གསང་སྔགས་ཀྱི་འགྱུར་སྔ་ཕྱི་ལ་བལྟོས་ནས་བཤད་པ་མཛད་ཡོད། རྒྱ་གར་ན་གསང་སྔགས་ཞེས་པ་ཙམ་གྱི་སྒྲ་ལས་གསར་རྙིང་གི་དབྱེ་བ་མི་མཛད་ཅིང་། གསར་རྙིང་གི་ཁྱད་པར་ནི་མདོ་ཕྱོགས་ལ་བརྟེན་ནས་བཏགས་པའི་བརྡ་ཞིག་ནི་མིན་ཏེ། རྗེ་མར་པ་ལོ་ཙྪ་བའི་གསང་སྔགས་ཕྱིའི་རྒྱུད་ཀྱི་རྣམ་པར་བཞག་པ་ལྷོ་བྲག་པས་བཀོད་པ་བཞུགས་སོ་ཞེས་པར། "དེ་ལ་བཅོ་བརྒྱད་པོ་ཕལ་ཆེ་བ་བོད་དུ་སྟོན་བྱོན་པས་རྙིང་མ་ཞེས་གྲགས་ལ། གསང་འདུས་ལ་གསར་རྙིང་གཉིས་ཀའི་བཤད་པ་སོ་

སོར་གྲགས་ཤིང་ཡན་ལག་གི་རྒྱུད་རྣམས་བོད་དུ་ཕྱིས་བྱོན། རྒྱ་གར་ནའང་ཕྱིས་དར་ཏེ། སྔ་མ་རྣམས་ནུབ་པས་བོད་དུ་གསར་མ་ཞེས་གྲགས་སོ། །"[①]ཞེས་གསུངས་པའི་ཕྱིར་རོ། །གཞན་དུ་ཀློང་ཆེན་རབ་འབྱམས་པས། "དེའང་རྒྱ་གར་ན་གསང་སྔགས་ཞེས་པ་ཙམ་ལས། འདི་ནི་གསར་མའོ། འདི་ནི་རྙིང་མའོ་ཞེས་སོ་སོར་དབྱེ་བ་མེད་ན་ཡང་བོད་འདིར་འགྱུར་སྔ་ཕྱིས་སོ་སོར་གྲགས་ཏེ། བཻ་རོ་ཙ་ན་ལ་སོགས་པ་རྒྱལ་བློན་སྔ་དར་གྱི་དུས་སུ་བསྒྱུར་བ་ནས་བཟུང་སྨྲ་པཎྜི་ཏ་སྨྲྀ་ཏིའི་བར་དུ་བསྒྱུར་བའི་རྒྱུད་ལ་རྙིང་མ་ཞེས་འདོད་ལ། ལོ་ཙྪ་བ་རིན་ཆེན་བཟང་པོ་མན་ཆོད་བསྒྱུར་བའི་རྒྱུད་རྣམས་ལ་གསར་མ་ཞེས་གྲགས་སོ། །"[②]ཞེས་གསུངས་པ་ཉིད་གསར་རྙིང་གི་ཡོང་ཁུངས་དང་གནད་སྟོན་ཞིང་། འབྲི་གུང་སྐྱོབ་པ་འཇིག་རྟེན་མགོན་པོས། "གསང་སྔགས་གསར་རྙིང་གྱི་ཁྱད་འདི་རིན་པོ་ཆེ་བཞེད་དམ་མི་བཞེད། བཞེད་ན་གང་ལགས་ཞུས་པས། སློབ་དཔོན་རྒྱལ་པོ་རྗེ་སྲས་ཀྱི་ཞལ་ནས་སློབ་དཔོན་ཕན་ཆད་ཞི་སྣང་འདུལ་བ་གཙོ་བོར་སྟོན་པ་མཛད་པ་རྙིང་མ། རྗེ་མར་པ་ལོ་ཙྪ་བ་ཕྱིན་ཆད་འདོད་ཆགས་དང་གཏི་མུག་གནད་དུ་བསྣུན་ནས་འདུལ་བ་གཙོ་བོར་མཛད་པ་གསར་མ་ཡིན་གསུངས་པས་ང་ཡང་དེ་ལ་འཇུ་བ་ཡིན་གསུངས།"[③]ཞེས་དང་། རྗེ་སྒྲིས་དགེ་བཤེས་ཤེས་རབ་རྒྱ་མཚོས། "པཎྜི་ཏ་དྲན་པ་ཡེ་ཤེས་ཡན་ཆད་ཀྱི་རྒྱུད་ལ་གསང་སྔགས་སྔ་འགྱུར་རམ་རྙིང་མ་དང་། ལོ་ཆེན་རཏྣ་བྷ་དྲ་མན་ཆད་ཀྱི་རྒྱུད་ལ་གསང་སྔགས་ཕྱི་འགྱུར་རམ་གསར་མ་ཟེར་གྱི། མདོ་ལ་དེ་ལྟར་མི་འབྱེད།"[④]ཅེས་

---

① ལྷོ་བྲག་མར་པ་ལོ་ཙྪ་བའི་གསུང་འབུམ་བཞུགས་སོ། །པོད་གཉིས་པ། ཀྲུང་གོའི་བོད་རིག་པ་དཔེ་སྐྲུན་ཁང་། 2011 ཤ 193

② ཀློང་ཆེན་རབ་འབྱམས་དྲི་མེད་འོད་ཟེར། ཐེག་པ་མཐའ་དག་གི་དོན་གསལ་བར་བྱེད་པ་གྲུབ་པའི་མཐའ་རིན་པོ་ཆེའི་མཛོད་ཅེས་བྱ་བ་བཞུགས། ཤིང་དཔར། ལྡེབ་ཉིས་བརྒྱ་ཉེར་བཞིའི་དབུ་ལྡེབ།

③ སྐྱོབ་པ་འཇིག་རྟེན་མགོན་པོའི་གསུང་འབུམ། པོད་གསུམ་པ། ཤིང་དཔར། ཤ312

④ རྗེ་བཙུན་ཤེས་རབ་རྒྱ་མཚོ་འཇམ་དཔལ་དགྱེས་པའི་བློ་གྲོས་ཀྱི་གསུང་རྩོམ་པོད་གཉིས་པ་བཞུགས

གསུངས་ལ། བོད་གངས་ཅན་གྱི་ལྗོངས་སུ་བྱུང་བའི་གྲུབ་མཐའི་འབྱུང་ཁུངས་མདོ་ཙམ་བརྗོད་པ་ཞེས་པར། "སྔ་རེ་ཡན་ཆད་བསྒྱུར་བ་རྙིང་རྒྱུད་དང་། །གསར་མ་ལོ་ཆེན་རིན་བཟང་སོགས་ནས་བཟུང་། །མདོ་ལ་གསར་རྙིང་ཁྱད་པར་མི་འབྱུང་བས། །གསང་སྔགས་དར་ཚུལ་སྒོ་ནས་གཉིས་སུ་དབྱེ། །"①ཞེས་གསུངས་པའི་ངག་འདི་དག་ལེགས་བཤད་དུ་བརྩི་སྲོལ་སྣང་ངོ་། །

བསྟན་པ་ཕྱི་དར་འགོ་ཙམ་ན་བོད་དུ་པཎྜི་ཏ་ཤམ་ཐབས་སྔོན་པོ་དང་ནག་པོ་སོགས་གསེར་འདོད་ཅན་གྱི་རྒྱ་གར་མཁས་པའི་མཚན་གྱི་གོ་སར་བཙུས་པའི་ཆོས་ལོག་པ་མང་དུ་བྱུང་ནས་རྒྱལ་བའི་བཀའ་དགོངས་འགྲེལ་དང་མི་མཐུན་པའི་ཆོས་ཚན་མ་དག་པ་སའི་རྡུལ་དང་མཉམ་པ་ལོག་པར་སྤེལ། སྟ་ཕྱིར་བོད་ཀྱི་མཁས་གྲུབ་གཉིས་ལྡན་གྱི་བླ་མ་དགེ་བའི་བཤེས་གཉེན་རྣམས་ཀྱིས་ཆོས་ལོག་སུན་འབྱིན་པའི་རྣམ་དཀར་ལས་ རྒྱུད་པོ་ཆེ་ལ་དགའ་བཞིན་སྒྲོ་ཞིང་འཇུག་པར་མཛད་དོ། །དུས་རིམ་ཅན་གྱིས་མཁས་པ་གནུབས་ཆེན་སངས་རྒྱས་ཡེ་ཤེས་དང་། འགོས་ཁུག་པ་ལྷས་བཙས། ལྷ་བླ་མ་ཡེ་ཤེས་འོད་སོགས་བསྟན་པ་ལ་བྱས་པ་ཅན་གྱི་སྐྱེས་བུ་དམ་པའི་རྣམ་ཐར་འཛིན་པ་རྣམས་ཀྱིས་བསྟན་པར་ཕྱི་དོར་ལན་མང་དུ་མཛད་ནས་རྒྱལ་བའི་གསུང་རབ་ཀྱི་དོན་ཕྱིན་ཅི་མ་ལོག་པར་གངས་ཅན་སྐྱེ་འགྲོའི་གསོས་སུ་འབུལ་བར་མཛད་ཚུལ་ནི་བསམ་གཏན་མིག་སྒྲོན་དུ། "དུས་ཕྱིས་པའི་གང་ཟག་དམིགས་པའི་མན་ངག་ཅན། ང་ལ་རྒྱ་གར་གྱི་མན་ངག་ཡོད་པས། ཞག་དང་ཟླ་བས་སངས་རྒྱས་ཏེ། ཁྱོད་འདི་ལྟ་བུ་ཡུག་པ་རྐྱང་གཏད་མེད་དོ་ཞེས་སྨྲ་བའི་འཆལ་

---

སོ། །མཚོ་སྔོན་མི་རིགས་དཔེ་སྐྲུན་ཁང་། 2013 ཤ215

① ཨ་ཀྱཱ་ཡོངས་འཛིན་གྱི་བཀའ་འབུམ་བཞུགས་སོ། །སྨད་ཆ། ཀན་སུའུ་མི་རིགས་དཔེ་སྐྲུན་ཁང་། 2011 ཤ407

པ་དག་འབྱུང་སྟེ། དེ་ནི་དོན་ཆེན་པོ་རང་ལ་མ་ཤར་བར་མངོན།”[①]ཞེས་དང་། བསྟན་བཅོས་གང་དེའི་ལེའུ་དྲུག་པའི་མཇུག་ཏུ། “དུས་དེང་སང་གི་སྡིགས་པ་ནི་སྙན་ངག་ལ་དགའ་ཞིང་། རྩོད་པ་རྒྱལ་ཕམ་ལྷུར་བྱེད་པས། དོན་མ་མཐོང་བ་ལ་བསྟན་ཀྱང་དམུས་ལོང་མདུན་དུ་མདོག་བསྟན་པ་དང་འདྲ་སྟེ་མདོངས་[②]སོ། །དེ་བས་ཤིན་ཏུ་སྡིགས་ཀྱི་ལྟ་བ་གདེངས་ཆུད་པ་གཅེས་སོ། །”[③]ཞེས་དང་། ཡང་དེ་ཉིད་ལས། “དེ་བས་ན་དོན་ལས་མ་ཉམས་ཀྱང་སྒྱུ་མར་སྣང་བ་འགོག་པ་མེད་དོ། །སྤྱོད་པ་གོལ་བ་ནི་དུས་དེང་སང་གི་སྡིགས་པ་ཐོས་པ་རྒྱ་ཆེན་པོ་དང་བྲལ་བས། གདེངས་[④]མ་ཆུད་ཅིང་ལྟ་བ་ཁ་ལ་ཁྱེར་ནས་ཀུན་ཏུ་བཟང་པོ་ཡིན་ཞེས་ཟེར་ཞིང་འདོད་སྨྲར་གསོད་གཅོད་དང་། རྗེང་སྤྱོད་ཕགས་རྟུལ་འདྲལ་གྱི་སྤྱོད་པ་[⑤]བྱེད་པ་ནི་དམྱལ་བའི་གཏིང་རྡོ་བྱེད་དོ། །”[⑥]ཞེས་གསུངས་པ་སོགས་ལས་གནུབས་སངས་རྒྱས་ཡེ་ཤེས་ཀྱི་སྐུ་དུས་ནས་ཆོས་ལོག་མང་དུ་དར་ཁྱབ་བྱུང་བ་དང་མཁས་པ་གང་དེས་བསྟན་པར་ཕྱི་དོར་མཛད་པར་མངོན་ལ། འགོས་ཁུག་པ་ལྷས་བཙས་ཀྱི་ཞལ་སྔ་ནས། “འགོས་ཁུག་པ་ལྷས་བཙས་ཀྱིས་ཆོས་ལོག་དང་། ཆོས་མ་ནོར་བ་ཁྱད་པར་དབྱེ་བའི་ཕྱིར་དང་། ཡང་དག་པའི་ལམ་དུ་བཞུགས་པའི་ཕྱིར་དང་། མཁས་པ་ཤེས་

① གནུབས་སངས་རྒྱས་ཡེ་ཤེས། སྒོམ་གྱི་གནད་གསལ་བར་ཕྱེ་བ་བསམ་གཏན་མིག་སྒྲོན་ཅེས་བྱ་བ་བཞུགས་སོ། །ཤིང་དཔར། ཤ422

② མདོངས་ཞེས་པ་ནི་བརྗེ་རྙིང་སྟེ་ལོང་བའི་དོན་ལ་འཇུག

③ གནུབས་སངས་རྒྱས་ཡེ་ཤེས། སྒོམ་གྱི་གནད་གསལ་བར་ཕྱེ་བ་བསམ་གཏན་མིག་སྒྲོན་ཅེས་བྱ་བ་བཞུགས་སོ། །ཤིང་དཔར། ཤ290

④ གདེངས་ཞེས་པ་ཡིག་རྙིང་སྟེ་གཏིང་ཞེས་པའི་དོན་ནོ། །

⑤ ཕགས་རྟུལ་འདྲལ་གྱི་སྤྱོད་པ་ཞེས་པ་ནི་འདུལ་ཁྲིམས་གཙང་མ་མི་སྲུང་བར་རང་དགའི་སྤྱོད་པ་བསྟེན་མཁན་དག་ལ་གོ་བར་སེམས།

⑥ གནུབས་སངས་རྒྱས་ཡེ་ཤེས། སྒོམ་གྱི་གནད་གསལ་བར་ཕྱེ་བ་བསམ་གཏན་མིག་སྒྲོན་ཅེས་བྱ་བ་བཞུགས་སོ། །ཤིང་དཔར། ཤ455

རབ་ཅན་གྱིས་ཆོས་ལ་སྤྱོད་པའི་ཕྱིར་དང་། རྒྱ་གར་གྱི་མཁས་པ་རྣམས་ལ་དྲིས་ནས་འདི་བྱས་པ་ཡིན་གྱིས། ཞི་སྟང་དང་ང་རྒྱལ་དང་ཕྲག་དོག་དབང་གིས་འདི་བྱས་པ་མ་ཡིན་ནོ། །"[1]ཞེས་གསུངས་པའི་གསུང་གི་གནང་བ་དང་། ལྷ་བླ་མ་ཡེ་ཤེས་འོད་ཀྱི་བཀའ་ཤོག་ཏུ། "རྫོགས་ཆེན་མིང་བཏགས་ཆོས་ལོག་བོད་དུ་དར། །ལྟ་བ་ཕྱིན་ཅི་ལོག་གི་སར་ཐོགས་པ། །ཆོས་པར་མིང་བཏགས་སྔགས་ལོག་བོད་དུ་དར། །"[2]ཞེས་དང་། བུ་སྟོན་རིན་ཆེན་གྲུབ་ཀྱི་སྔགས་ལོག་སུན་འབྱིན་དུ། "ཁ་བ་ཅན་འདིར་བླུན་པོ་འགའ་ཞིག་གིས། །རང་བཟོས་ཆོས་ལོག་དུ་མ་སྤྱོད་པ་རྣམས། །དིང་སང་ཡོངས་སུ་གྲགས་ནས་འགྲོ་མང་པོ། །ལོག་པའི་ལམ་ལ་སྦྱོར་བ་དུ་མ་སྣང་། །"[3]ཞེས་གསུངས་པའི་གསུང་རྣམས་ཀུང་སྒྲིག་ན་བསྟན་པ་སྔ་དར་དང་ཕྱི་དར་མཚམས་སུ་བོད་ཀྱི་སངས་རྒྱས་བསྟན་པའི་གནས་སྟངས་མཚོན་པར་བྱའོ། །རྒྱུ་དང་རྐྱེན་སྣ་ཚོགས་པའི་དབང་གིས་སྟོན་གྱི་བྱང་ཆུབ་སེམས་དཔའ་རྣམས་ཀྱིས་བསྟན་པའི་དོན་དུ་སྲོག་ཀྱང་བཏང་ནས་བསྟན་པ་ཕྱི་དར་དུ་གྲགས་པའི་སྐད་པོ་ཆེའི་སྐལ་བཟང་དུས་དེར་གངས་ཅན་བསྟན་པའི་སྲོག་ཤིང་འདུལ་བ་ལེགས་པར་གསོར་མཛད་དེ་ཕྱི་དར་གྱི་དུས་ཀྱི་ཐོག་མར་སྔ་འགྱུར་རྙིང་མ་རྣམས་བསྟན་པ་སྔ་དར་གྱི་བྱིན་མཐུ་སྟེ། བླ་ཆེན་པོ་དགོངས་པ་རབ་གསལ་གྱི་སློབ་ལམ་གྱི་སྟོབས་ལས་དར་འགོ་ཚུགས་ཤིང་། དུས་ཕྱིས་ལྷ་བླ་མ་སྐུ་མཆེད་ཀྱི་དྲིན་གྱིས་ཇོ་བོ་རྗེ་བོད་ཁམས་འདིར་གདན་དྲངས་ནས་བསྟན་པར་དག་ཐེར་དང་། ལོ་ཙཱ་བ་

① ཆག་ལོ་ཙཱ་བས་མཛད་པའི་སྔགས་ལོག་སུན་འབྱིན་དང་འགོས་ཁུག་པ་ལྷས་བཙས་ཀྱི་སྔགས་ལོག་སུན་འབྱིན་སོགས་བཞུགས་སོ། །ཤིང་དཔར། དཀའ་ལྡན་ཆོས་འཁོར་གླིང་གི་དཔར་རྙིང་། ལྡེབ་བཅུ་གཉིས། ཤ23–24

② ནོ་གྲོས་རྒྱལ་མཚན། གསང་སྔགས་སྔ་འགྱུར་ལ་བོད་དུ་རྩོད་པ་སྔ་ཕྱིར་བྱུང་བ་རྣམས་ཀྱི་ལན་དུ་བརྗོད་པ་ངེས་པ་དོན་གྱི་འབྲུག་སྒྲ་བཞུགས། སི་ཁྲོན་མི་རིགས་དཔེ་སྐྲུན་ཁང་། 1998ཤ183–184

③ ཆག་ལོ་ཙཱ་བས་མཛད་པའི་སྔགས་ལོག་སུན་འབྱིན་དང་འགོས་ཁུག་པ་ལྷས་བཙས་ཀྱི་སྔགས་ལོག་སུན་འབྱིན་སོགས་བཞུགས་སོ། །ཤིང་དཔར། དཀའ་ལྡན་ཆོས་འཁོར་གླིང་གི་དཔར་རྙིང་། ལྡེབ་བཅུ་གསུམ། ཤ25–26

རིན་ཆེན་བཟང་པོ་དང་། མར་པ་ལོ་ཙྪ་བ་སོགས་པའི་ལོ་པཎ་རྣམས་གདན་གཅིག་ཏུ་འཛོམས་ནས་གསང་སྔགས་གསར་མ་བསྒྱུར་ཅིང་གཏན་ལ་དབབ་ནས་བསྟན་པ་ཉི་མ་ཤར་བ་ལྟར་མཛད་པ་ནི་སེམས་ཅན་སྤྱི་མཐུན་གྱི་ལས་བཟང་པོ་སྨིན་པའི་འབྲས་བུ་ཡིན་པ་གོར་མ་ཆགས་སོ། །

## ས་བཅད་དང་པོ། བསྟན་པ་ཕྱི་དར་དུས་རྙིང་མའི་ལྷ་དགོངས་དར་རྒྱལ་སྐོར་དཔྱད་པ།

རྙིང་མའི་ཆོས་བརྒྱུད་འདི་ནི་གངས་ཅན་བསྟན་པའི་རྩ་བའམ་ཐོག་མར་སོང་བས་མཁས་པ་རྣམས་ཀྱིས་ཆེ་བསྟོད་མང་དུ་མཛད་སྲོལ་མཆིས་ཏེ། སྟོན་དགོན་སྤྲུལ་སྐུའི་གསང་ཆེན་སྔ་འགྱུར་གྱི་བསྟན་པ་ལ་བསྟོད་པ་ལོག་རྟོག་མུན་སེལ་དད་པའི་གཟི་བརྒྱ་འབར་བའི་ཉི་མར། "རྒྱལ་ཀུན་ཐུགས་ཀྱི་གསང་བ་ཟབ་མོའི་བཅུད། །དབང་ཕྱུག་བརྒྱད་ལྡན་གྲུབ་རིགས་བྱེ་བའི་ལམ། །མདོ་སྔགས་རྒྱ་མཚོ་བསྲུབས་པའི་ཉིང་ཁུ་མཆོག །སྔ་འགྱུར་བསྟན་པའི་ལུགས་བཟང་རྒྱལ་གྱུར་ཅིག །"[①] ཅེས་གསལ་བ་དང་། དེ་བཞིན་གཏེར་སྟོན་བརྒྱ་རྩའི་རྣམ་ཐར་དུ། "དེའང་གངས་ཅན་གྱི་ལྗོངས་འདིར་ཐུབ་པའི་དབང་པོའི་ཞལ་ཚབ་མཁན་སློབ་ཆོས་གསུམ་དང་སྤྲུལ་པའི་ལོ་པཎ་རྣམས་ཞལ་འཛོམས་ནས་སངས་རྒྱས་ཀྱི་བསྟན་པ་ཉིན་མོ་ལྟར་མཛད་པ་ནི་སྔ་འགྱུར་རྙིང་མ་སྟེ།"[②] ཞེས་བསྔགས་པ་མཛད་པ་འདི་ཉིད་ངེས་པ་དོན་ལ་གནས་སོ། །

---

① སྟོན་དགོན་སྤྲུལ་སྐུ་གསུང་རབ་པའི་གསུང་འབུམ། པོད་གསུམ་པ། སི་ཁྲོན་མི་རིགས་དཔེ་སྐྲུན་ཁང་། 2006ཤ37

② ཀོང་སྤྲུལ་ཡོན་ཏན་རྒྱ་མཚོ། གཏེར་སྟོན་བརྒྱ་རྩའི་རྣམ་ཐར། ཁྲིས་མ། ཤ17

བསྟན་པ་ཕྱི་དར་དུས་སུ་རྙིང་མ་བའི་རྫོགས་པ་ཆེན་པོའི་ལྟ་དགོངས་དར་རབས་སྐོར་སྐྱོས་ན་ཐོག་མར་སྨད་འདུལ་གྱི་སྐྱེ་མེས་བླ་ཆེན་པོ་དགོངས་པ་རབ་གསལ་ལས་བརྒྱུད་པའི་དབུས་གཙང་མཁས་པ་མི་བཅུ་སོགས་དང་སྟོད་འདུལ་གྱི་བསྟན་པའི་བདག་པོ་མངའ་རིས་ཀྱི་ལྷ་བླ་མ་ཡབ་སྲས་ལ་ཞིགས་པར་གཏུགས་དགོས་པ་ནི་ལོ་རྒྱུས་སྤྱིའི་མཐུན་སྣང་དུ་གྲུབ་ལ། དོན་དངོས་པོའི་གནས་ཚོད་ལའང་དེ་ལྟར་རོ། །བསྟན་པ་སྔ་དར་དང་ཕྱི་དར་གཉིས་ཀྱི་གཞི་རྩ་འདུལ་བའི་སྡོམ་རྒྱུན་ལ་ཐུག་སྟེ། ཡོན་ཏན་གཞིར་གྱུར་མར། "བསྟན་པའི་རྩ་བ་སོ་སོ་ཐར་པ་ལ། །སྒྲུབ་པ་སྙིང་པོར་བྱེད་པར་བྱིན་གྱིས་རློབས། །"①ཞེས་གསལ་བ་དང་། ཐུའུ་བཀྭན་བློ་བཟང་ཆོས་ཀྱི་ཉི་མས། "བསྟན་པ་སྔ་དར་དང་ཕྱི་དར་གྱི་རྣམ་གཞག་ནི། སངས་རྒྱས་ཀྱི་བསྟན་པའི་གཞི་མ་དམ་པའི་ཆོས་འདུལ་བ་ཡིན་པའི་དབང་གིས་སྡོམ་རྒྱུན་དང་འདུལ་བའི་ལག་ལེན་དར་ཚུལ་གྱི་སྒོ་ནས་བཞག་པ་ཡིན་པར་སྣང་།"②ཞེས་གསུངས་བཞིན་འདུལ་བའི་བསྟན་པ་རིན་པོ་ཆེ་ལ་གཙིགས་བྱ་རྒྱུ་འདི་ཉིད་དགོས་པའི་ནང་གི་ཉིང་དགོས་སུ་བརྩིས་ནས་ཐུབ་བསྟན་གྱི་གསུང་གི་སྣང་བས་གངས་རིའི་ཁྲོད་ཀྱི་མུན་པ་སེལ་བར་མཛད། བསྟན་པ་ཕྱི་དར་ལ་རྙིང་མ་བའི་སྐྱེས་བུ་དམ་པ་རྣམས་ཀྱི་བསྟན་པ་དང་སེམས་ཅན་གྱི་དོན་དུ་བྱ་བའི་ཁུར་ཇི་ལྟར་བཞེས་པའི་ཚུལ་ནི་གཙོ་བོ་ཐོས་བསམ་སྒོམ་གསུམ་གྱི་ལམ་ནས་ལྟ་སྒོམ་སྤྱོད་བསྟན་པའི་སྲོག་ཤིང་དང་མ་འགལ་བར་གྲུ་བཞི་ལམ་དུ་འཁྱེར་ཤེས་པའི་རྣམ་ཐར་གཙང་མ་དག་སྐྱོང་ལུགས་ལས་འདིར་ནི་གྲ་དོལ་གཉིས་དམིགས་

① རྗེ་ཙོང་པ་ཆེན་པོའི་གསུང་འབུམ་བཞུགས་སོ། །པོད་ཁ་པ། ཀྲུང་གོའི་བོད་རིག་པ་དཔེ་སྐྲུན་ཁང་། 2012 ཤ178

② ཐུའུ་བཀྭན་བློ་བཟང་ཆོས་ཀྱི་ཉི་མ། ཐུའུ་བཀྭན་གྲུབ་མཐའ། ཀན་སུའུ་མི་རིགས་དཔེ་སྐྲུན་ཁང་། 2010ཤ59

སུ་དབུགས་ནས་ལྟ་བ་གཞིར་བྱས་བསྟན་པའི་ལམ་བཟང་བགྲོད་ལུགས་མི་ནོར་བའི་སྐོར་སྤྱི་བམ་དང་སྐོས་གྲ་དོལ་གཞུང་གསུམ་དུ་རྫོགས་པ་ཆེན་པོའི་ལྟ་བའི་རྒྱུན་འཛིན་པ་སུ་དང་སུ་བྱོན་རབས་དང་། དེ་དག་གི་སློབ་བརྒྱུད་ཇི་བཞུགས་སྐོར་རྣམས་དཀྱུས་སུ་བཤད་པར་བྱའོ། །

## དང་པོ། རྫོགས་པ་ཆེན་པོའི་ལྟ་བའི་རྒྱུན་ཇི་ལྟར་སྐྱོང་ལུགས་ཆར་དཔྱད་པ།

བསྟན་པ་ཕྱི་དར་གྱི་ཐོག་མའི་དུས་ལ་ནི་དུས་ཕྱིས་ལྟར་ཆོས་བརྒྱུད་མང་པོ་མིན་པར་རྫོགས་པ་ཆེན་པོའི་ཆོས་བརྒྱུད་ཁོ་ནས་གངས་ཅན་བསྟན་པའི་ཁུར་ཆེན་པོ་འཁྱེར་བའི་དུས་ཤིག་ཡིན། སྐབས་དེ་ཤེད་ཙམ་ན་བསྟན་པ་སྣ་དར་གྱི་རྒྱུན་དྲི་མ་མེད་པ་མ་ཉམས་པར་གནས་པའི་མཁས་བཙུན་བཟང་གསུམ་གྱི་ཡོན་ཏན་འཛོམ་པའི་བྱང་ཆུབ་སེམས་དཔའ་རྣམ་པའི་སྨོན་ལམ་གྱི་ནུས་མཐུ་བཙན་པོས་བསྐྱངས་པའི་སྨད་འདུལ་བའི་གཞི་དབུས་གཙང་གི་ཕྱོགས་སུ་འབུད་ཅིང་། རིམ་གྱིས་བསྟན་པ་རྐང་ནས་ཆ་ལག་ལེ་ལག་གི་ངོར་གསོ་མཛད་མཁན་པོ་དྲིན་པོ་ཆེ་དག་གི་མཛད་པ་ཉག་ཅིག་གིས་ཆོས་ཀྱི་སྒྲ་སྐད་མོ་ལན་གཅིག་ཙམ་མིན་པར་བསྒྲགས་པར་བརྟེན་བསྟན་པ་ཕྱི་དར་ཞེས་གྲགས་པའི་ཆོས་ཀྱི་སྐྱེས་བཟང་པོའི་དབུ་བརྙམས་སོ། །དེ་ལ་བསྟན་པ་ཕྱི་དར་སྣ་དར་གཉིས་མཚམས་ཇི་ཙམ་དུ་འཛོག་གམ་ཞེ་ན། ཨུ་དུམ་བཙན་པོས་འདུལ་བའི་བསྟན་པ་བསྣུབས་མ་བསྣུབས་ལ་བྱ་སྟེ། ཨ་ཀྱཱ་ཡོངས་འཛིན་གྱིས། "ཕྱུག་ན་པདྨའི་འདུལ་ཞིང་བོད་ཡུལ་འདིར། །ཆོས་རྒྱལ་སྲོང་བཙན་སྒམ་པོ་ནས་བཟུང་སྟེ། །རྒྱལ་བསྟན་ཉི་མ་ཤར་ལ་སྣ་དར་ཟེར། །གང་ཚེ་གླང་དར་བསྟན་པ་བསྣུབས་པ་ན། །མདོ་ཁམས་སྨད་ནས་བླ་ཆེན་དགོངས་གསལ་དང་། །སྟོད་ནས་ལོ་ཆེན་རིན་ཆེན་བཟང་པོ་ཡིས། །རྒྱལ་བསྟན་རྩ་བ་འདུལ་བའི་སྡོམ་རྒྱུན་སྤེལ། །བསྟན་

པའི་མི་རོ་བསོས་པ་ཕྱི་དར་རོ། །"[①]ཞེས་གསུངས་པ་ཉིད་རང་བཞིན་བརྗོད་པའི་གཏམ་དུ་འདོད་དོ། །

བསྟན་པ་ཕྱི་དར་གྱི་དུས་འགོར་རྙིང་མ་རྣམས་ཀྱིས་ལྟ་བ་དབུ་མ་པར་ཁས་འཆེས་པ་ཆ་མཚུངས་ཀྱང་། དོན་གྱི་གནད་པོར་བརྟག་པ་བྱས་ན་ཕྱི་དར་གྱི་འགོར་སེམས་ཙམ་པའི་ལྟ་བ་ཉམས་བཞེས་མཛད་པོ་མང་དུ་ཡོད་ལ། དབུ་མ་རང་རྒྱུད་པའི་ལྟ་བ་ཤས་ཆེར་ཉམས་སུ་མྱོང་བ་ལས་ཐལ་འགྱུར་བའི་ལྟ་བ་རྒྱུད་ལ་འཁྲུངས་ཀྱང་མན་ངག་གི་ལམ་ནས་བཤད་པ་བསྐྱངས་པའི་ལུགས་ནི་ཉིན་མོའི་སྐར་མ་ཙམ་དུ་ཟད་དེ། ཇོ་བོ་རྗེའི་རྣམ་ཐར་དུ། "ཇོ་བོའི་ཞལ་ནས་ཁྱེད་བོད་ལ་ངའི་དབུ་མའི་ལྟ་བས་སེམས་ཙམ་བསྟན་ཀྱང་མི་བཟོད་གསུངས། ཡང་ཇོ་བོའི་ཞལ་ནས་ཁྱེད་དབུ་མ་བ་ལ་སྨྲ་མ་ཇི་ལྟར་དཔེར་ལེན་ཞེས་ཚུར་སྨྲ་བ་ལ། བོད་སྟོན་རྣམས་ཀྱིས་རྗེའུ་ཤིང་བུ་ལ་དམིགས་སྟགས་བཏབ་པས་རྟ་སྣང་དུ་སྣང་བ་དེ་ལྟ་བུ་ལགས་ཞུས་པས། ཇོ་བོ་ཞལ་འཛུམ་ནག་ཏིངས་ཀྱིས་མཛད་ནས། བོད་ངན་པར་ཐལ་དེ་སེམས་ཙམ་མན་ཆད་ཀྱི་ལུགས་ལགས་གསུངས།"[②]ཞེས་གསལ་བའི་གསུང་རྒྱུན་ལ་བསྟོས་ན་ཇོ་བོ་རྗེ་བོད་དུ་བྱོན་པའི་སྐུ་དུས་སུ་བོད་དབུ་མར་རློམས་པ་དག་སེམས་ཙམ་པའི་ལྟ་བའི་གོ་ཡུལ་ཙམ་དུ་སོང་བར་སྣང་ལ། སྐབས་དེ་ཤེད་ཙམ་ན་ཇོ་བོའི་སྐུ་གམ་དུ་བྱོན་པའི་བོད་སྟོན་པ་རྣམས་ནི་རྙིང་མ་བ་ཤས་ཆེ་བའི་དགེ་བའི་བཤེས་གཉེན་ཡིན་པས་བསྟན་པ་ཕྱི་དར་དུས་སུ་ སྔར་བཞིན་བོད་དུ་སེམས་ཙམ་པའི་ལྟ་བ་དང་དབུ་མ་རང་རྒྱུད་པའི་ལྟ་བར་མོས་པ་སོགས་ལྟ་བ་སྣ་ཚོགས་

① ཨ་ཀྲྀ་ཡོངས་འཛིན་གྱི་བཀའ་འབུམ་བཞུགས་སོ། །སྨད་ཆ། ཀན་སུའུ་མི་རིགས་དཔེ་སྐྲུན་ཁང་། 2011ལོ407

② འབྲོམ་སྟོན་རྒྱལ་བའི་འབྱུང་གནས་སོགས། ཇོ་བོ་རྗེ་དཔལ་ལྡན་ཨ་ཏི་ཤའི་རྣམ་ཐར་ཕྱོགས་བསྒྲིགས། བོད་ལྗོངས་མི་དམངས་དཔེ་སྐྲུན་ཁང་། 2014ལོ324

པ་ཡོད་པ་དག་ཡོད་ཚད་དབུ་མ་པར་ཁས་ཆེས་པ་ཁོ་ནའོ། །

དེ་ཡང་རྫོགས་པ་ཆེན་པོའི་ལྟ་བ་འདི་ཉིད་ཀྱི་རྒྱུན་ནི་གཏུགས་ན་བསྟན་པ་སྔ་དར་གྱི་སློབ་དཔོན་རྣམས་ལ་གཏུགས་དགོས་པ་དང་། སྔ་དར་གྱི་སློབ་དཔོན་མང་དུ་བྱོན་པའི་ནང་ནས་མཆོག་གྱུར་ནི་སློབ་དཔོན་པདྨ་འབྱུང་གནས་དང་ལོ་ཆེན་བཻ་རོ་ཙ་ན། བི་མ་ལ་མི་ཏྲ། མཁན་ཆེན་ཞི་འཚོ་ཡབ་སྲས་དང་རྒྱ་ནག་ཧྭ་ཤང་། གཞན་མཁན་པོ་དཔལ་དབྱངས་དང་སྣ་ནམ་ཡེ་ཤེས་འོད། བསྙུབས་སངས་རྒྱས་ཡེ་ཤེས་རྣམས་གཙོགས་སུ་མཛད་ནས་ལྟ་བའི་གནད་བཤད་པར་བྱེད་དོ། །

དེ་རྣམས་ཡུག་གཅིག་ཏུ་འདུས་ན་ལྟ་བ་གཙོ་ཆེ་བ་བཞི་སྟེ། སེམས་ཙམ་པའི་ལྟ་བ་བཞེད་པའི་ཕྱོགས་གཅིག་དང་། རྣལ་འབྱོར་སྤྱོད་པའི་དབུ་མ་རང་རྒྱུད་པའི་ལྟ་བའི་ངོར་གཏོགས་ཤིག་དང་། བསམ་གཏན་མཁན་པོའི་དགོངས་པ་གཙོགས་སུ་མཛད་ནས་ཉམས་བཞེས་མཁན་དང་། རྫོགས་པ་ཆེན་པོའི་ལྟ་བར་ཞེན་པ་བཅས་སོ། །མདོར་ན་བསྟན་པ་ཕྱི་དར་གྱི་དུས་ཡུན་རིང་པོ་ཞིག་གི་ནང་རྫོགས་པ་ཆེན་པོའི་ལྟ་བའི་གནད་ཐུག་ས་ལུགས་ཆེན་པོ་བཞི་ལས་གཉིས་ལ་བྱ་སྟེ། དཔྱད་འཇོག་གི་སྒོམ་སོ་སོར་མོས་པ་བྱེད་པར་སྣང་བས། རྗེ་ནང་ཀུན་མཁྱེན་གྱིས། “བསྟན་པ་ཕྱི་དར་ལ་བྱུང་བའི་བོད་རྣམས་ལ། འཇོག་སྒོམ་ཁོ་ན་ལ་མོས་པ་དང་། དཔྱད་སྒོམ་ཁོ་ན་མོས་པའི་ལུགས་གཉིས་ཡོད་པ་ལས། ཕྱི་མ་རྣམས་ནི་ཀ་མ་ལ་ཤཱི་ལའི་གསུང་དེ་ལ་འཁྲིལ་ནས། ལས་དང་པོ་པའི་མི་རྟོག་པ་སྒོམ་པ་ཐམས་ཅད་ནོར་བར་རྩི་བར་སྣང་ལ། སྔ་མ་རྣམས་ནི་འགའ་ཞིག་ཧྭ་ཤང་ཡིད་བྱེད་འགོག་པ་ཙམ་ཡིན་པས་གསལ་སྟོང་རང་རིག་པ་ངོས་འཛིན་པ་མེད་པས་ལྟ་བ་ནོར་ཟེར་བ་དང་། ཕྱག་ཆེན་པ་ཁ་ཅིག་ཧྭ་ཤང་ཡིད་བྱེད་དང་རྣམ་རྟོག་ཐམས་ཅད་འགོག་པ་ཡིན་པས་ནོར་བ་ཡིན་ལ། ཁོ་བོ་ཅག་རྣམ་རྟོག་གང་ཤར་ཐམས་ཅད་དགག་སྒྲུབ་

སྤངས་བླང་མེད་པར་ལམ་དུ་འཁྱེར་བའི་ཕྱིར། མ་ནོར་བ་ཡིན་ཞེས་ཟེར་ན་ཡང་། དེ་རྣམས་ཧྭ་ཤང་གི་ལུགས་གང་ཡིན་ཞིབ་མོར་མ་ཤེས།”①ཞེས་གསུངས་པ་འདི་ནི་བསྟན་པ་ཕྱི་དར་དུས་སུ་བོད་ན་ལྟ་བའི་ལུགས་ཆེན་པོ་གཉིས་པོ་དེའི་གཞི་རྟེན་ཐོག་རང་རང་གི་ལྟ་བ་སྐྱོང་ལུགས་ཀྱི་ལུགས་མང་དུ་བྱུང་བ་ལས་བསྟན་པ་ཕྱི་དར་དུ་དབུ་མ་བར་སྐད་ཆེ་བ་མང་དག་ཅིག་ཀྱང་ལྟ་བའི་ཞེ་ཕྱོགས་དབུ་མ་རང་རྒྱུད་པ་འདི་གོ་ཤས་ཆེར་འདུག་པར་སེམས་ལ། ཁྱད་པར་རྫོགས་ཆེན་པ་རྣམས་ཁ་ཅིག་སློབ་དཔོན་ཀ་མ་ལ་ཤཱི་ལའི་རིང་ལུགས་སུ་མོས་ཀྱང་། ཁ་ཅིག་ནི་བསམ་གཏན་མཁན་པོའི་དགོངས་པ་འཁྲུལ་མེད་ཉམས་བཞེས་མཛད་རབས་ནི་མཁས་པ་དེ་དག་གི་གཟིགས་དཔེ་དང་ལྟུགས་རྩོམ་རྣམས་ལ་གཟིགས་ན་ཤེས་སྣ། དུས་ཕྱིས་བྱོན་པའི་རྒྱལ་བ་ཀློང་ཆེན་པ་ནི་ལྟ་བ་ཐལ་འགྱུར་བར་མཁས་པ་རྣམས་བཞེད་དོ། །དེ་ལྟར་འདོད་དོན་སྙིང་པོ་མཁས་པ་གང་དེས་མཛད་པའི་གྲུབ་མཐའ་མཛོད་དང་ཆོས་དབྱིངས་མཛོད་སོགས་ཀྱི་དགོངས་པ་ཐལ་འགྱུར་འཁྲུལ་མེད་ཡིན་པའི་ཕྱིར། དེས་ན། བསྟན་པ་ཕྱི་དར་ལ་རྫོགས་ཆེན་པ་རྣམས་ཀྱི་ལྟ་བའི་བཞེད་ལུགས་ལ་གཙོ་ཆེ་བ་དབུ་མ་ཐལ་རང་གི་ལུགས་དང་དེ་ལས་ཤས་ཆེ་བ་དབུ་མ་རང་རྒྱུད་པ་དང་། རང་རྒྱུད་པ་ལས་རྣལ་འབྱོར་སྤྱོད་པའི་དབུ་མ་རང་རྒྱུད་པ་འདི་ཉིད་གཙོགས་ཆེ་བར་སྣང་བར་སེམས་སོ། མཁས་པའི་དབང་པོ་ཁ་ཅིག་ནི་སྔར་བཞིན་ཧྭ་ཤང་མ་ཧཱ་ཡ་ནའི་ལྟ་བར་མོས་ཞིང་། འཆད་རྩོད་རྩོམ་གྱི་ལམ་ནས་བསྟན་པའི་ཞབས་ཏོག་སྒྲུབ་པའང་ཡོད་དོ། །ཞིབ་ཏུ་དཔྱད་ན་དེ་ནི་བསྟན་པ་སྔ་དར་དུས་ཀྱི་ལྟ་བའི་རྒྱུན་བསྐྱངས་པར་ཐེ་ཚོམ་བྱེད་པའི་གནས་མེད་པའོ། །

བསྟན་པ་ཕྱི་དར་དུས་ཀྱི་ཐོག་མར་རྫོགས་པ་ཆེན་པོའི་ལྟ་བའི་རྒྱུན་བསྐྱངས་

---

① རྗེ་བཙུན་ཏཱ་ར་ནཱ་ཐའི་གསུང་འབུམ་པོད་བརྒྱད་པ། ཚ་པ། འཛམ་ཐང་དཔར་མ། ཤ444–445

པ་ལ་གཙོ་བོ་གཞི་དགེ་འདུན་གྱི་གནས་གཞི་གསར་བཞེངས་ཀྱི་ཐོག་འདུལ་བའི་སྡོམ་རྒྱུན་ལ་གཙིགས་ཆེ་བར་མཛད་དེ་བཤད་སྒྲུབ་ཀྱི་བསྟན་པ་ཉི་མ་ཤར་བ་ལྟར་གསལ་བར་མཛད། དེ་དག་གི་རྩ་བ་བསྟན་པ་སྔ་དར་ལ་ཐུག་པས་ཕྱི་དར་དུས་སུ་རྫོགས་པ་ཆེན་པོའི་ལྟ་བའི་གཞི་བཙན་པོའི་བཀས་གཏན་ལ་དབབས་པའི་ལྟ་བ་ཉམས་བཞེས་དང་། བཀའ་དགོངས་འགྲེལ་རྣམས་ལ་རྒྱབ་རྟེན་དུ་བྱས་པར་སྣང་ལ། ཁྱད་དོན་དུ། བསྟན་པ་སྔ་དར་དུས་སུ་བྱོན་པའི་རྫོགས་པ་ཆེན་པོའི་དྲན་དབང་མཆོག་གྱུར་རྣམ་པའི་གསུང་གི་གནང་བར་དད་པ་དག་སྣང་ཅི་ལྟོག་གིས་བསྟན་པའི་རྣམ་གཞག་སྐོར་གངས་ཅན་ལྗོངས་ཀྱི་སའི་ཁྱོན་འདིར་དར་བའི་ཁུར་ཆེན་པོ་ལྷུར་བཞེས་ཏེ་སྟོན་བྱོན་སྤྱི་མེས་མཁན་སློབ་ཆོས་གསུམ་གྱི་བཀའི་རྒྱ་ལས་མི་འདའ་བར་ལྟ་བས་སྒྲོ་འདོགས་བཅད། སྒོམ་པས་ཉམས་སུ་བླངས། སྤྱོད་པས་མཐར་དབྱུང་ནས་ལྟ་བ་རྣམ་དག་དྲི་མ་མེད་པ་ཉིད་དར་ཞིང་རྒྱས་པར་མཛད་པའི་རྣམ་ཐར་སྟོན་གྱི་གཏམ་འབོད་པའི་ཡི་གེར་གསལ་བའོ། །

### གཉིས་པ། ཡིག་ཆའི་རྒྱབ་རྟེན་ཇི་འདྲ་ཞིག་ལ་ཁུངས་བཙལ་བའི་སྐོར་གྱི་དཔྱད་པ།

རྫོགས་ཆེན་པ་རྣམས་ཀྱིས་མཛད་པའི་རྒྱལ་བའི་གསུང་རབ་ཀྱི་དགོངས་འགྲེལ་ལ་གྲངས་ཀྱི་ཆར་འདི་ཙམ་ཞིས་བགྲང་དུ་དཀའ་མོད། དེ་དག་གི་སྙིང་པོ་དང་ཁུངས་ནི་རྒྱལ་བ་ཐུགས་རྗེ་ཅན་གྱི་གསུང་དང་རྒྱ་བོད་མཁས་པའི་གསུང་གི་ལོན་དུ་འགྲོ་བ་ནི་མངོན་སུམ་སྤྱོད་ཡུལ་དུ་ཟད་དོ། །བསྟན་པ་ཕྱི་དར་དུས་རྫོགས་པ་ཆེན་པོ་རྣམས་ཀྱི་རང་ལུགས་འདི་ཉིད་ཡིག་ཆའི་རྒྱབ་རྟེན་ཅི་འདྲ་ཞིག་ལ་བརྩོལ་ནས་གླེང་བར་ཞེ་ན། དེའི་ལན་དུ་གསོལ་བ་སྤྱིར་བསྟན་པ་སྔ་དར་ལ་དེ་འདྲའི་རྗོད་པའི་གཞི་མེད་ཀྱང་། དུས་ཕྱིས་ནི་སྒྲུབ་བརྒྱུད་ཤིང་རྟ་ཆེན་པོ་བརྒྱད་དམ་བོད་ཀྱི་ཆོས་བརྒྱུད་ཆེན་པོ་བཞིའམ་ལྔར་བཤད་པའི་ལུགས་མང་དུ་གྲེས་ནས་བཤད་

པ་མང་དུ་བྱུང་བའི་དབང་གིས་སྔ་འགྱུར་རྙིང་མ་རྣམས་ཀྱི་ཁྱད་ཆོས་མངོན་པར་བསྟོད་པའི་ཡིག་ཆའི་སློབ་དཔོན་ལ་གཙོ་ཆེ་བ་སློབ་དཔོན་པདྨ་དང་བི་མ་ལ་མི་ཏྲ། ཞི་འཚོ་ཡབ་སྲས་དང་རྒྱ་ནག་ཧྭ་ཤང་། གནུབས་སངས་རྒྱས་ཡེ་ཤེས་དང་རོང་ཟོམ་ཆོས་བཟང་། ཀུན་མཁྱེན་ཀློང་ཆེན་རབ་འབྱམས་དྲི་མེད་འོད་ཟེར། གཏེར་བདག་གླིང་པ་སྐུ་མཆེད། བྱང་གཏེར་གྱི་མངའ་བདག་རྡོ་བྲག་རིག་འཛིན་ཆེན་མོ། ཀུན་མཁྱེན་འཇིགས་མེད་གླིང་པ། རྡོ་གྲུབ་ཆེན་བསྟན་པའི་ཉི་མ། ཀོང་སྤྲུལ་ཡོན་ཏན་རྒྱ་མཚོ། འཇམ་དབྱངས་མཁྱེན་བརྩེའི་དབང་པོ། འཇུ་མི་ཕམ་རིན་པོ་ཆེ་རྣམས་ཀྱི་ཡིག་ཆ་དག་གཙོ་བོར་བྱེད་ཅིང་། དེ་དག་ལས་སློབ་དཔོན་རིན་པོ་ཆེ་དང་སློབ་དཔོན་ཀ་མ་ལཱ་ཤཱི་ལ། བསམ་གཏན་མཁན་པོ་མ་ཧཱ་ཡ་ན། བི་མ་ལ་རྣམས་ཀྱི་གསུང་ལ་གཙིགས་ཆེ་བར་མཛད་ལ། ལོ་ཆེན་བཻ་རོ་ཙ་ན་དང་གནུབས་ཆེན་སངས་རྒྱས་ཡེ་ཤེས་གཉིས་ཀྱི་གཞུང་ལ་དེ་བས་ཉམས་ལེན་གྱི་གནད་དུ་བཟུང་ནས་བཤད་པའི་རྒྱུན་བསྐྱངས་པར་ཟད་ལ། དེ་གཉིས་ཀྱི་ལུགས་ཀྱང་བི་མ་ལའི་སྙིང་ཏིག་སོགས་སུ་བྱེད་པས། ཕྱིས་བྱོན་པའི་རྫོགས་ཆེན་པ་རྣམས་ཀྱིས་མཁས་པ་ཆེན་པོ་བི་མ་ལའི་གསུང་ལ་ཉན་བཤད་བྱས་ནས་གཞུང་དོན་བརྩམས་པ་ཡང་གནད་དེར་ཐུག་པར་སེམས་སོ། །འོ་ན་བསྟན་པ་ཕྱི་དར་དུས་སུ་རྫོགས་ཆེན་པ་རྣམས་ཀྱིས་མཛད་པའི་ཡིག་ཆ་གཙོ་བོ་གང་དུ་བྱའམ་ཞེ་ན། དེ་ནི་གཙོ་བོ་བསྟན་པ་ཕྱི་དར་གྱི་འགོ་ཙམ་དུ་བཻ་རོའི་གསུང་དང་བི་མ་ལའི་སྙིང་ཏིག གནུབས་སངས་རྒྱས་ཡེ་ཤེས་ཀྱི་བསམ་གཏན་མིག་སྒྲོན་སོགས་སུ་མཛད་ལ། དེ་ནས་དུས་ཕྱིས་ཙམ་ན་དེ་དག་ལུགས་སུ་བྱས་ནས་བརྩམས་པའི་རོང་ཟོམ་པའི་གསུང་རྣམས་སུ་བྱེད་ཅིང་། དུས་རབས་བཅུ་བཞི་མན་ནས་རིམ་གྱིས་ཀྱལ་བ་ཀློང་ཆེན་པའི་མཛོད་བདུན་སོགས་གཙོ་བོར་མཛད་པ་དང་། དེ་ནས་དུས་རབས་བཅུ་དྲུག་ཙམ་ནས་ལྷོ་གཏེར་བྱང་

གཏེར་གཉིས་ཀྱི་མཁས་པའི་གཞུང་གཙོ་བོར་བྱེད་པའི་ལུགས་སུ་སོང་། དེང་སང་ནི་འཇུ་མི་ཕམ་རིན་པོ་ཆེའི་གསུང་རྣམས་ཡིག་ཆ་གཙོ་བོར་བཞེད་དོ། །གོང་སྨྲོས་ཀྱི་ཡིག་ཆ་དེ་རྣམས་ཐམས་ཅད་ཚད་མའི་གནོད་པ་དང་བྲལ་བའི་དཔྱད་གསུམ་དག་པའི་ལུང་གིས་གསལ་བར་ཐེན་པ་ཤ་སྟག་ཡིན་པས་འདི་ལེགས་དང་འདི་ཉེས་ཞེས་པའི་དཔྱད་པ་བྱེད་པའི་སྤོབས་པ་ནི་སུ་ལའང་མེད་པས། དེ་ནི་རྙིང་མ་བའི་ལྟ་བའི་འཕེལ་རིམ་མམ་ཡུལ་དུས་དབང་གིས་གདུལ་བྱའི་ཁམས་དང་མོས་པར་བསྟོས་ནས་བསམ་བཞིན་ཕྱིན་མཛད་ཀྱི་བྱང་ཆུབ་སེམས་དཔའ་ཤ་སྟག་ཡིན་པས་མཁས་པ་རྣམས་ཀྱི་གསུང་ལ་ཐོ་མཚམས་པ་ནི་མ་རིགས་སོ། །

རྫོགས་པ་ཆེན་པོ་ཞེས་པའི་སྒྲ་དོན་ལ་བཤད་པ་མང་མོད་ཡོངས་སུ་གྲགས་པའི་གནུབས་སངས་རྒྱས་ཡེ་ཤེས་ཀྱི་དགོངས་པ་ལྟར་ན། བསམ་གཏན་མིག་སྒྲོན་དུ། "ཐེག་པའི་མཆོག་རྣལ་འབྱོར་གྱི་ཕུལ་ཡང་རྟོག རྒྱལ་བ་རིལ་གྱི་ཡུམ་ཨ་ཏི་ཡོ་གའི་དོན་བསྟན་པ་ནི། མཚན་རྫོགས་པ་ཆེན་པོ་ཞེས་བྱ་སྟེ། ཅིའི་ཕྱིར་ཞེ་ན། བསམ་གྱིས་མི་ཁྱབ་པའི་ཆོས་ཐམས་ཅད་མ་བཙལ་ལྷུན་རྫོགས་པའི་དོན།"[①]ཞེས་ཨ་ཏི་ཡོ་གའི་དོན་ཐམས་ཅད་ལྷུན་གྱིས་རྫོགས་པར་སྟོན་པའི་དོན་ཆེན་པོ་ལ་གོ་ཞིང་། ཀློང་ཆེན་རབ་འབྱམས་དྲི་མེད་འོད་ཟེར་གྱི་གྲུབ་མཐའ་མཛོད་དུ། "དང་པོ་ཨ་ཏི་རྫོགས་པ་ཆེན་པོ་སྟེ། སྤྲོས་བྲལ་རང་བྱུང་གི་ཡེ་ཤེས་རྒྱ་ཆད་དང་ཕྱོགས་ལྷུང་མེད་པ་ཐེག་པ་ཀུན་གྱི་དོན་ཐམས་ཅད་ཡོངས་སུ་རྫོགས་པས་རྩེ་མོར་གྱུར་པ།"[②]ཞེས་གསུངས་པ་བཞིན་ཐེག་པ་ཀུན་གྱི་ཡང་རྩེར་གནས་པའི་ལྟ་བར་བཤད་ལ། ཀུན་

① གནུབས་སངས་རྒྱས་ཡེ་ཤེས། སྒོམ་གྱི་གནད་གསལ་བར་ཕྱེ་བ་བསམ་གཏན་མིག་སྒྲོན་ཅེས་བྱ་བ་བཞུགས་སོ། །ཤོག་དཔར། ཤ 290–291

② ཀློང་ཆེན་རབ་འབྱམས་དྲི་མེད་འོད་ཟེར། ཐེག་པ་མཐའ་དག་གི་དོན་གསལ་བར་བྱེད་པ་གྲུབ་པའི་མཐའ་རིན་པོ་ཆེའི་མཛོད་ཅེས་བྱ་བ་བཞུགས། ཤིང་དཔར། ལྡེབ་ཉིས་བརྒྱ་རེ་གསུམ་ཞབས་ལྡེབ།

མཁྱེན་འཇིགས་མེད་གླིང་པའི་རྫོགས་པ་ཆེན་པོའི་གནས་ལུགས་ཅེར་མཐོང་དུ། "རྫོགས་པ་ཆེན་པོའི་དོན་གྱི་འཇོག་སོ་ནི། ད་ལྟའི་རང་སེམས་བཅོས་མེད་ལྷུག་པར་བསྐྱུར་བཀོད་ཕྱུ་ཙམ་མི་སོང་བའི་གསལ་རིག་རྗེན་པ་འདི་ག་ཡིན།"[1]ཞེས་གསུངས་པ་མ་ཟད། ཐུའུ་བཀྭན་གྲུབ་མཐར། "དེ་ཡང་དྲི་མ་དང་བྲལ་བའི་ད་ལྟའི་རིག་པ་གསལ་སྟོང་རྗེན་པ་འདི་ལ་རྫོགས་པ་ཆེན་པོ་ཟེར། དེའི་སྒྲ་བཤད་ཀྱང་སྣང་སྲིད་འཁོར་འདས་ཀྱིས་བསྡུས་པའི་ཆོས་ཐམས་ཅད་རིག་པ་སྟོང་པ་འདིའི་ནང་དུ་རྫོགས་པས་ན་རྫོགས་པ་དང་། དེ་ལས་ལྷག་པའི་འཁོར་བ་ལས་གྲོལ་བའི་ཐབས་གཞན་མཆོག་ཏུ་གྱུར་པ་མེད་པས་ན་ཆེན་པོ་ཟེར་བ་ཡིན་སྐད།"[2]ཅེས་གསུངས་པ་དང་། དབལ་མང་པཎྜི་ཏ་དཀོན་མཆོག་རྒྱལ་མཚན་གྱི་བདེན་གཏམ་སྙིང་རྗེའི་རོལ་མཚོ་ལས་ཟུར་དུ་ཕྱུང་བ་ས་རྙིང་བཀའ་བརྒྱུད་སོགས་ཀྱི་ཁྱད་པར་མགོ་སྨོས་ཙམ་ལྕུ་ཧོའི་རྒྱངས་འབོད་ཀྱི་ཚུལ་དུ་བྱ་གཏོང་སྙན་སྒྲོན་བདུད་རྩིའི་བསང་གཏོར་ཞེས་བྱ་བར། "སྒྱུ་འགྱུར་བའི་ཀ་དག་གི་ལྟ་བ་ནི། རྫོགས་ཆེན་པ་རྣམས་ཀྱིས་དྲི་མ་བྲལ་བའི་ད་ལྟའི་རིག་པ་འདིའི་ནང་དུ་ཆོས་ཐམས་ཅད་རྫོགས་པས་རྫོགས་ཆེན་གྱི་དོན་དེ་ལྟར་བཤད་མོད། ད་ལྟའི་རིག་པ་འདི་དྲི་བྲལ་ཡིན་མིན་དཔྱད་དགོས་སོ། །"[3]ཞེས་གསུངས་ལ། སྙན་དཀོན་སྤྲུལ་སྐུའི་རྫོགས་པ་ཆེན་པོའི་ཐ་སྙད་འགའི་འགྲེལ་པ་ཞེས་པར། "རྫོགས་པ་ཆེན་པོ་ཞེས་པ་དོན་དུ་རྫོགས་རིམ་ཆེན་མོ་ཟེར་བ་སྣང་ཡང་། ལུགས་འདི་ལ་དེ་ལྟར་མི་བཤད་པར་སྣང་སྲིད་འཁོར་འདས་ཀྱིས་

---

① ཀུན་མཁྱེན་འཇིགས་མེད་གླིང་པའི་གསུང་འབུམ། པོད་ན་པ། ཨ་འཛོམ་བསྒྱུར་དཔར་མ། ཤིང་དཔར། ཤ504

② ཐུའུ་བཀྭན་བློ་བཟང་ཆོས་ཀྱི་ཉི་མ། ཐུའུ་བཀྭན་གྲུབ་མཐའ། ཀན་སུའུ་མི་རིགས་དཔེ་སྐྲུན་ཁང་། 2010ཤ78

③ མཁས་གྲུབ་དགེ་ལེགས་དཔལ་བཟང་སོགས། དགག་ལན་ཕྱོགས་བསྒྲིགས། སི་ཁྲོན་མི་རིགས་དཔེ་སྐྲུན་ཁང་། 1997ཤ674

བསྡུས་པའི་ཆོས་ཐམས་ཅད་སེམས་ཉིད་ཀྱི་དབྱིངས་སུ་རྫོགས་པས་རྫོགས་པ་ཆེན་པོ་ཞེས་བཤད་པར་སྣང་།"①ཞེས་གསུངས་པ་ལས་རྫོགས་རིམ་ཆེན་མོ་དང་རྫོགས་པ་ཆེན་པོ་སྙིང་མའི་ཆོས་བརྒྱུད་འཛིན་པ་རྣམས་ཀྱིས་གཅིག་ཏུ་མ་བཞེད་པ་ཤེས་སོ། །དེ་ལྟར་རྫོགས་ཆེན་པ་རྣམས་ཀྱི་དགོངས་པའི་སྙིང་པོ་ནི་སེམས་ཀློང་མན་ངག་གི་སྡེ་རྣམས་བྱེད་པར་སྣང་ལ། སེམས་སྡེ་པ་རྣམས་སྟོང་ཕྱོགས་དང་མན་ངག་གི་སྡེ་པ་རྣམས་གསལ་བ་ཤས་ཆེར་མཛད་ཅིང་། མན་ངག་གི་སྡེ་པ་རྣམས་ཟབ་གསལ་ཆ་མཉམ་གཙོ་བོར་བཞེད་ཅེས་མཁས་པ་རྣམས་ཀྱིས་གསུངས་ཞེས་དཔལ་མང་པཎྜི་ཏའི་མུ་ཏོའི་རྒྱངས་འབོད་དུ་གསལ་བ་མ་ཟད། ཞིབ་པ་རྒྱལ་བ་ཀློང་ཆེན་པའི་གྲུབ་མཐའ་མཛོད་དང་ཡིད་བཞིན་ནོར་བུའི་མཛོད་ཀྱི་རྩ་འགྲེལ་ལ་སོགས་པའི་གསུང་གི་སྣང་བ་བསྟེན་པར་བྱའོ། །

## གསུམ་པ། བསྟན་འཛིན་སྐྱེས་བུ་ཇི་ལྟར་བྱོན་ཚུལ་སྐོར་གྱི་དཔྱད་པ།

 སྤྱིར་བསྟན་པ་ཕྱི་དར་ལ་སྔ་འགྱུར་རྙིང་མ་བའི་སྐྱེས་བུ་དམ་པ་སའི་དྲེགས་པ་དང་མཉམ་པ་བྱོན་ཡང་། གྲ་དོལ་གཞུང་གསུམ་དུ་དངོས་བྱོན་ནམ་སྐུ་འཁྲུངས་པའི་མཁས་པ་ནི་གཙོ་བོ་ཀླུ་མེས་དང་གཟུས་རྡོ་རྗེ་རྒྱལ་མཚན། དེའི་མཁན་བུ་གཏེར་སྟོན་གྲྭ་པ་མངོན་ཤེས། ར་ལོ་རྡོ་རྗེ་གྲགས བསེ་ལུང་དགེ་བཤེས། ལྡེ་པ་ཡབ་སྲས། རྒྱལ་བ་གཡུང་སྟོན་རྡོ་རྗེ་དཔལ། ཀློང་ཆེན་རབ་འབྱམས་པ་དྲི་མེད་འོད་ཟེར། ཡར་རྗེ་ཨུ་རྒྱན་གླིང་པ། གཏེར་བདག་གླིང་པ་ཡབ་སྲས་སོགས་རིག་འཛིན་མཁས་པའི་དབང་པོའམ་རྫོགས་ཆེན་པའི་གཙུག་དང་ཕུད་དུ་གྱུར་པ། བསྟན་པའི་བདག་པོ་འགངས་ཆེ་བ་ཁ་ཅིག་གི་བྱུང་བ་དང་ལྟ་བ་གང་བཞེད་མིན་ཆར་སོམས་

① སྔན་དགོན་སྤྲུལ་སྐུ་གསུང་རབ་པའི་གསུང་འབུམ། པོད་གཉིས་པ། སི་ཁྲིན་མི་རིགས་དཔེ་སྐྲུན་ཁང་། 2006 ཤ228

ན། བཤད་དུ་ཡོད་དེ། རྙིང་ཕྱོགས་ཀྱི་མཁས་པ་དེ་དག་གི་ཁྲིད་བསྟན་པ་ཕྱི་དར་གྱི་དང་སྔོམ་སུ་རྙིང་མ་བའི་ཆོས་བརྒྱུད་ལ་བཀའ་དྲིན་ཆེ་བའི་བླ་མ་དགེ་བའི་བཤེས་གཉེན་རྣམས་ནི་གླུ་མེས་དང་རྒྱལ་བ་གློང་ཆེན་རབ་འབྱམས་པ། དེ་བཞིན་བྱང་གཏེར་བའི་ཡབ་མེས་རྗེ་བྲག་རིག་འཛིན་ཆེན་མོ་དང་ལྷོ་གཏེར་གྱི་བསྟན་པའི་བདག་པོ་གཏེར་བདག་གླིང་པ་ཡབ་སྲས་རྣམས་འདོད་ཕྱོགས་སུ་གླིང་ནས་མཁས་པ་དེ་དག་གིས་བསྟན་པའི་བྱ་བའི་ཁུར་ཆེན་པོ་འདེགས་པའི་ཚུལ་ཙམ་སྨོས་ན་འདི་ལྟར།

གླུ་མེས་ཚུལ་ཁྲིམས་ཤེས་རབ་ནི་མཁས་པ་དེ་དག་གི་ཁྲིད་ནས་བསྟན་པ་ཕྱི་དར་ལ་བྱས་པ་ཆེ་བའི་བླ་ཆེན་ཞིག་ཏུ་སོང་ལ། མཁས་པ་གང་དེས་གྲྭ་དོལ་གཞུང་གསུམ་གྱི་སའི་ཁྱོན་དུ་འདུལ་བའི་གནས་གཞི་མང་དུ་བཏབ་ནས་སངས་རྒྱས་བསྟན་པའི་སྡོམ་རྒྱུན་སྤེལ་བ་དང་། བསྟན་པར་རྨ་འབྱུང་བ་གསོ་བར་མཛད་པའི་ཕྱིར་ན་ཕྱིས་བྱོན་གྱི་དམ་པ་རྣམ་པས་གླུ་མེས་ཀྱི་རྣམ་ཐར་གཙང་མ་ལན་མང་དུ་སྒྲོག་པར་མཛད་དོ། །སྤྱིར་གླུ་མེས་ཞབས་ཀྱི་ལྟ་བ་གང་བཞེད་མིན་ཆ་མི་འཚལ་ཡང་། འདུལ་བ་ལ་གཙིགས་མཛད་རབས་དང་སློབ་དཔོན་ཞི་བ་འཚོའི་སྡོམ་རྒྱུན་སྤེལ་རབས་སོགས་ལ་བརྟེན་ནས་སྨྲ་ན་ཞི་འཚོ་ཡབ་སྲས་ཀྱི་དགོངས་པ་ཉམས་སུ་མྱོང་བ་མིན་ནམ་སྙམ། དེ་ལ་ཇོ་སྲིས་དགེ་བཤེས་ཀྱིས་སྐུ་ཞབས་བསྟན་པ་དབང་ཕྱུག་སོགས་ལ་གནང་བའི་གསུང་རྩོམ་འགའ་ཞེས་པར། “གླུ་མེས་ཆེན་པོ་ཤེས་རབ་ཚུལ་ཁྲིམས་དཔལ་བཟང་པོ་ནི། བླ་ཆེན་དགོངས་པ་རབ་གསལ་གྱི་དངོས་སློབ་མཁས་པ་མི་བཅུའི་ནང་ཚན་མཚུར་ཤེས་རབ་མཆོག་གི་མཁན་བུ[①]སྟེ། ལ་མོ་སྐྱིལ་དང་། ཡེར་བ་པ་རེང་དང་། བ་ལམ་ཤ་ཚ་དང་། ཉ་ཆུ་དང་། གྲྭ་ཕྱིའི་ཚོང་འདུས་སོགས་བཤད་སྒོམ་གྱི་གནས་གཞི་མང་དུ་བཟུང་སྟེ་རྒྱལ་བསྟན་སྙིག་མའི་སྒྲིག་རྩ་གཅིག་

① མཁན་བུ་ཞེས་པ་ནི་མཁན་པོའི་སློབ་མར་གོ།

པུ་དམ་ཆོས་འདུལ་བའི་འཆད་ཉན་རྣམ་པར་དག་པ་ཚུ་བོ་རྒྱུན་དུ་མཛད་པ་ལས། ཀ་བཞི་གདུང་བརྒྱད་སོགས་སློབ་བརྒྱུད་ནམ་མཁའི་སྐར་ཚོགས་ལ་འགྲན་པ་འཕེལ་ཏེ་འཛམ་གླིང་ཡངས་པའི་ནོར་འཛིན་གྱི་ཁྱོན་འདིར་དགེ་ལེགས་རྫོགས་ལྡན་གྱི་གཏེར་སྒྲོམ་མངོན་པར་ཕྱེ་གཤིས་བསྟན་པ་ཕྱི་དར་ལ་བཀའ་དྲིན་གྱི་ཁུར་ཤིན་ཏུ་ལྕི་བ་ཞིག་ཡིན། བསྟན་པ་སྤེལ་བའི་ཐུགས་བསྐྱེད་དང་། ཚུལ་ཁྲིམས་གཙང་མའི་རྟོགས་པ་ཁྱད་པར་ཅན་སོགས་ལ་དཔགས་ན་གྲུབ་མཐའ་སྨྲ་བ་བཞིའི་ནང་ནས་ཕལ་ཆེར་དབུ་མ་པར་དགོད་ནུས་པར་སེམས་མོད། རང་གཞུང་ན་ལྟ་བའི་བཤད་པ་བཀྲིས་པ་མ་མཐོང་བས་ཁ་ཚོན་གཅོད་མི་ཐུབ། བོད་སྔ་རབས་པའི་མཁས་པ་ལ་ལྟ་བའི་ངེས་བཟུང་མེད་པ་འདི་འདྲ་མང་། དཔེར་ན། བླ་ཆེན་དགེ་བ་གསལ་ཡང་རང་ཉིད་ཐེག་ཆེན་སྦྱོར་ལམ་པར་ཞལ་གྱིས་བཞེས་པ་དང་། ཇོ་བོ་ཨ་ཏི་ཤས་ས་ཐོབ་ཏུ་གསུངས་པ་ལ་བརྟེན་ནས་དབུ་མ་པར་རིགས་པས་དཔོག་ནུས་པ་མ་གཏོགས་རང་དགར་དཔྱད་དུ་མ་མཆིས་པ་བཞིན་ནོ། །"[①]ཞེས་གསུངས་པ་ལྟར། འདིར་བླུ་མེས་ཞབས་རྣལ་འབྱོར་སྤྱོད་པའི་དབུ་མ་རང་རྒྱུད་པའི་སློབ་དཔོན་གྲགས་སུ་འཛོག་པ་ནི་ཇོ་རྗེའི་གསུང་གི་བདུད་རྩིར་སྤྱད་ནས་རྟོག་དཔྱོད་ཀྱི་ལམ་དུ་ཞུགས་པའི་མཁས་པ་གོང་མ་རྣམས་ཀྱི་བཞེད་དགོངས་ཀྱི་རྒྱུན་བསྐྱངས་པ་ཙམ་ལས་སྔར་གྱི་མཁས་གྲུབ་རྣམ་པའི་ལྟ་བ་འདི་དང་འདི་འོ་ཞེས་ཁ་ཚོན་བཅད་ནས་སྨྲ་བ་ནི་མིན་ནོ། །

གློང་ཆེན་རབ་འབྱམས་པ་དྲི་མེད་འོད་ཟེར་ནི་གྲྭའི་དཀྱིལ་ཏུའི་སྟོད་གྲོང་[②]དུ་ངན་ལམ་པའི་ཊུས་སུ་སྐུའི་སྐྱེ་བ་བཞེས་ནས་སྔ་ཕྱིར་བསམ་ཡས་དང་གསང་ཕུ་སོགས་ལ་དམ་ཆོས་ཀྱི་སྙིང་པོ་མ་ནོར་བ་ལེན་ཆེད་དུ་ཐོས་བསམ་སྒོམ་གསུམ་གྱི་

① རྗེ་བཙུན་ཤེས་རབ་རྒྱ་མཚོ་འཇམ་དཔལ་དགྱེས་པའི་བློ་གྲོས་ཀྱི་གསུང་རྩོམ་པོད་གཉིས་པ་བཞུགས་སོ། །མཚོ་སྔོན་མི་རིགས་དཔེ་སྐྲུན་ཁང་། 2013ཤ 214

② སྟོད་གྲོང་ཞེས་པ་འདི་དེང་སང་ནི་ལྷོ་ཁ་གྲྭ་ནང་རྫོང་དཀྱིལ་ཏུ་ཤང་གི་གནས་ཡུལ་དུ་བྱེད་དོ། །

བགྱི་བ་ཁོ་ནས་ཉིན་མཚན་དུས་དྲུག་འདའ་བར་མཛད་དེ་མཁས་པའི་དབང་པོར་གྱུར་ནས་མདོ་སྔགས་བསྟན་པའི་བདག་པོར་སོང་སྟེ་གདུལ་བྱ་ལས་ཅན་མང་དུ་སྨིན་པར་མཛད་པ་དང་ཆབས་ཅིག་བསྟན་པ་ལ་བྱི་དོར་བྱ་བའི་སླད་མཛོད་བདུན་ལ་སོགས་པའི་བསྟན་བཅོས་སྔ་ན་མེད་པའི་ཁྱད་ཆོས་དགུ་དང་ལྡན་པ་རྩོམ་པའི་བགྱི་བས་དེང་སང་གི་དུས་སུའང་སེམས་ཅན་གྱི་དོན་མཛད་པ་ནི་ལས་ཅན་ཀུན་པོའི་སྣང་བར་གསལ་ལོ། །

དམ་པ་གང་དེའི་གསུང་གི་ཁྱད་ཆོས་དགུ་པོ་གང་ཞེ་ན། མཁན་བསོད་ནམས་ཆོས་འགྲུབ་ཀྱིས་མཛད་པའི་ཀུན་མཁྱེན་ཆོས་ཀྱི་རྒྱལ་པོ་རིག་འཛིན་ཀློང་ཆེན་རབ་འབྱམས་ཀྱི་རྣམ་ཐར་དད་པ་གསུམ་གྱི་འཇུག་ངོགས་སུ། "སོར་བཞག་ལྷ་མོའི་ཐེག་པ་ནས་བཟུང་སྟེ་རྩེ་རྒྱལ་ཨ་ཏིའི་ཐེག་པའི་བར་གྱི་ཐེག་པ་ཐམས་ཅད་ཀྱི་རྣམ་གཞག གྲུབ་མཐའ་ཐམས་ཅད་ཀྱི་སྤྱི་ཆིངས། བསྟན་པ་ཐམས་ཅད་ཀྱི་སྲོག་ཤིང་། མདོ་རྒྱུད་ཐམས་ཅད་ཀྱི་དགོངས་འགྲེལ། དགོངས་འགྲེལ་ཐམས་ཅད་ཀྱི་གཙུག་རྒྱན། མན་ངག་ཐམས་ཅད་ཀྱི་སྙིང་པོ། ལམ་ཐམས་ཅད་ཀྱི་བགྲོད་བྱ། འབྲས་བུ་ཐམས་ཅད་ཀྱི་མཐར་ཐུག དགོངས་གཏེར་ཐམས་ཅད་ཀྱི་རྒྱལ་པོ་སྟེ་ཁྱད་ཆོས་དགུ་དང་ལྡན།"①ཞེས་གསུངས་པ་ནི་ངེས་པ་དོན་གྱི་ཆེ་བར་སོང་ལ། ཐུའུ་བཀྭན་རིན་པོ་ཆེས། "ཀློང་ཆེན་རབ་འབྱམས་པ་འདི་ནི་རྙིང་མ་བའི་བསྟན་འཛིན་གྱི་ཁྲོད་དུ་མཁས་པའི་རྩེ་མོར་སོན་པ་གཅིག་ཡུ་སྟེ། རིག་གནས་དང་མདོ་ཕྱོགས་དང་། གསང་སྔགས་གསར་རྙིང་གི་བརྩམས་ཆོས་ཀྱང་ཤིན་ཏུ་མང་ངོ་། །"②ཞེས་གསུངས་

① ཀློང་ཆེན་རབ་འབྱམས་པའི་རྣམ་ཐར་ཕྱོགས་བསྒྲིགས། བོད་ལྗོངས་མི་དམངས་དཔེ་སྐྲུན་ཁང་། 2014ཤ148–149

② ཐུའུ་བཀྭན་བློ་བཟང་ཆོས་ཀྱི་ཉི་མ། ཐུའུ་བཀྭན་གྲུབ་མཐའ། ཀན་སུའུ་མི་རིགས་དཔེ་སྐྲུན་ཁང་། 2010ཤ 75

པ་ལྟར་དམ་པ་གང་དེ་དུས་ཕྱིས་བྱོན་པའི་རྫོགས་པ་ཆེན་པོའི་བསྟན་པའི་མངའ་བདག་འགྲན་ཟླ་མེད་ཅིག་ཡིན་པར་འདོད་དོ། །རྒྱལ་བ་ཀློང་ཆེན་པ་འདི་ཉིད་མཐར་ཐུག་གི་ལྟ་བ་གང་དུ་བཞེད་དམ་ཞེ་ན། དམ་པ་འདི་ནི་ལྟ་བ་ཐལ་འགྱུར་འགྲན་ཟླ་མེད་དུ་འདུག་ཅིང་། གང་དེས་མཛད་པའི་རྫོགས་ཆེན་གྱི་གཞི་ལམ་འབྲས་གསུམ་དོན་འགྲེལ་རིན་པོ་ཆེ་གསེར་གྱི་མཆོད་སྡོང་དང་གྲུབ་མཐའ་མཛོད། ཆོས་དབྱིངས་མཛོད་སོགས་ཀྱི་དགོངས་པ་རྩ་འཇུག་བཞི་གསུམ་གྱི་ཞེ་ཕུག་དང་ཡོངས་སུ་མཐུན་པའི་ཕྱིར། གཞན་དུ་ན། རྣམ་ཐར་མཐོང་བ་དོན་ལྡན་ལས། "བརྩོན་འགྲུས་གསུམ་གྱིས་དོན་གཉིས་ལེགས་གྲུབ་ནས། །བསམ་གཏན་གསུམ་གྱིས་རིགས་དང་མངོན་ཤེས་གྲུབ། །ཤེས་རབ་གསུམ་གྱིས་ཨ་ཏིའི་རྩེ་མོར་སོན། །ཀུན་བཟང་ཆོས་ཀྱི་རྗེ་དེར་དད་བཀྱུས་བསྟོད། །"[1]ཅེས་བྱུང་བ་དེས་རྫོགས་པ་ཆེན་པོའི་མཐར་ཐུག་གི་ལྟ་བ་ཐལ་འགྱུར་དུ་བཞེད་པའི་དབང་གིས་ཐལ་འགྱུར་བ་ཉམས་བཞེས་གནང་མཁན་ཚད་ཐུབ་ཀྱི་མཁས་པ་ཞིག་གོ།

བཀའ་གཏེར་བསྟན་པའི་བདག་པོ་ཨོ་རྒྱན་གཏེར་བདག་གླིང་པའམ་གཏེར་ཆེན་རིག་འཛིན་པདྨ་གར་དབང་འགྱུར་མེད་རྡོ་རྗེ་ནི་ཡབ་གཉོས་སྟོན་གསང་བདག་འཕྲིན་ལས་ལྷུན་གྲུབ་དང་ཡུམ་རྗེ་རིགས་ལྷ་འཛིན་དབྱངས་ཅན་སྒྲོལ་མའི་སྲས་སུ་རབ་བྱུང་བཅུ་གཅིག་པའི་མེ་མོ་ཕྱི་ལོའི་དབོ་ཟླ་ཚེས་བཅུ་ལ་གྲ་ནང་དར་རྒྱས་ཆོས་གླིང་དུ་སྐུ་བལྟམས། སྔ་འགྱུར་རྙིང་མ་བཀའ་མ་མདོ་སྒྱུ་སེམས་གསུམ་ལ་སྐྱེས་ཐོབ་པའི་གསན་གཟིགས་ལེགས་པར་གནང་ནས་སྙིགས་དུས་སྔ་འགྱུར་རྙིང་མ་བའི་བསྟན་པ་སྣུམ་ཟད་མར་མེ་ལ་ཐུག་པའི་དུས་སུ་བྱོན་ནས་བཤད་སྒྲུབ་གཉིས་ཀྱི་དམིགས་

---

① ཀློང་ཆེན་རབ་འབྱམས་པའི་རྣམ་ཐར་ཕྱོགས་བསྒྲིགས། བོད་ལྗོངས་མི་དམངས་དཔེ་སྐྲུན་ཁང་། 2014ཤ55

རྒྱན་བཟང་པོར་བརྟེན་ཏེ་བསྟན་པ་ཉམས་པ་རྣང་ནས་གསོས་ཤིང་མཁས་པ་ཀུན་གྱི་བླ་ལྟ་བུར་འགྱུར་རྐྱེན་རྒྱལ་དབང་ལྔ་པའི་ཏི་ཤྲཱིར་①བསྐོས། ཁྱད་པར་རྙིང་མ་བའི་བསྟན་པ་ད་ལྟའི་བར་རྒྱུན་གནས་ཐུབ་པ་གཏེར་བདག་གླིང་པ་ཡབ་སྲས་ཕོ་ནའི་སྐུ་དྲིན་ཕོ་ནར་བཤད་ལ། དོན་དངོས་པོའི་སྣང་ཚོད་ལའང་དེ་བཞིན་ནོ། །དམ་པ་འདི་ཉིད་ཀྱིས་སྔ་ཕྱིར་གསུང་འབུམ་པུ་ཏི་བཅུ་གསུམ་མཛད་ཅིང་། བཀའ་གཏེར་བསྟན་པའི་ཤིང་རྟ་ཆེན་པོའི་མཚན་གནས་སོགས་ལ་བལྟོས་ན་དམ་པ་གང་དེའི་ལྟ་བ་ཇི་ཡིན་སྐོར་ཞུ་སྤོབས་མ་མཆིས་ཀྱང་དབུ་མ་ཐལ་འགྱུར་གཙོ་བོར་མཛད་པ་མིན་ནམ་སྙམ། ཕོ་བོ་ལ་ནི་དམ་པ་གང་དེའི་གསུང་མཇལ་བའི་སྐལ་བ་མ་བྱུང་ལ། མཇལ་ཀྱང་དབང་ལུང་ཁྲིད་གསུམ་སོགས་མེད་སྟབས་སྤྱིར་གསུང་ཐོར་གཞིགས་ན་གཙོ་བོ་མདོ་སྒྱུ་སེམས་གསུམ་ལ་གཙིགས་གནང་རབས་སོགས་ཁུངས་སྟེར་བྱས་པ་དང་སྔར་གྱི་མཁས་པ་རྣམས་ཀྱི་གསུང་རྒྱུན་གྱང་སྒྲིག་ནས་སློས་པ་ལས་དམ་པ་གང་དེ་ཡང་རྙིང་ལྟ་བ་གང་བཞེད་མིན་ནི་ཆ་མི་འཚལ།

ལོ་ཆེན་རྡྷ་ཤྲཱི་ནི་རིག་འཛིན་གཏེར་བདག་གླིང་པའི་སྐུའི་གཅུང་པོ་དང་ནང་གི་ཐུགས་སྲས་གཅིག་པུ་དེ་ཡིན། ཏུས་ནི་སྔགས་ཏུས་②ཏེ་མཐིང་མ་སྨྱོས་③ཞིག་ཆེན་པོའི་རིགས་བརྒྱུད་དང་ཤིང་ཕོ་རྟའི་ལོ་ལ་གཡོར་པོ་གྲ་ནང་ལུང་པའི་ས་ཆོགས་སྔགས་ཀྱི་སྡེ་དགོན་དར་རྒྱས་ཆོས་གླིང་ཞེས་པར་འཁྲུངས་པ་དང་། ཡབ་ཡུམ་

① ཏི་ཤྲཱི་ཞེས་པ་འདི་སྐབས་དེའི་འགྲོ་རྒྱུག་ཆེ་བའི་བརྡ་ཆད་ཅིག་སྤྱད་པ་ཙམ་ལས་དོན་ལ་མ་འཚམ། དེས་ན་བླ་མ་གང་དེ་ནི་རྒྱལ་དབང་ལྔ་པའི་བླ་མ་ཡིན་པའོ། །

② སྔགས་ཏུས་ཞེས་པ་ནི་སྔགས་ཀྱི་གདུང་རྒྱུད་འཛིན་པ་ལ་གོ

③ སྨྱོས་ཞེས་པའི་བྲིས་རྒྱུན་གཞན་ཞིག་ལ་གཉོས་ཞེས་ཀྱང་བྱུང་ལ། ཏུས་འདི་ཉིད་ཐོག་མར་ལྷ་ལས་མཆེད་པར་བཤད་པ་དང་ལྷ་ཡུལ་ནས་ཁ་རག་ལུང་པར་འཕོས་ནས་འཕེལ་བའི་སྐོར་གཉོས་ཀྱི་གདུང་རབས་སུ་བཤད་དོ། །ཁ་རག་གི་ས་ཆ་ནས་ལྷ་ས་དང་གྲ་དོལ་གཞུང་གསུམ་གྱི་ས་ཆར་གྱེས་ལ། ཏུས་ཕྱིས་འབྲུག་ཡུལ་ཏུ་ཡང་གཉོས་ཏུས་མཆེད་ནས་དེང་སང་གི་འབྲུག་རྒྱལ་པོའི་ཏུས་ཀྱང་དེ་ཡིན་པར་བཤད་དོ། །

གཉིས་ལ་ལྷམ་སྒྲིང་བདུན་ཏེ། སྲས་ལྷ་དང་སྲས་མོ་གཉིས་ཡོད་པ་ལས་ལྷ་པ་ཡིན་ལ། མཚན་གྱི་རྣམ་གྲངས་ལ་པདྨ་འཕྲིན་ལས་རྒྱལ་མཚན་དང་ཨོ་རྒྱན་གྲགས་པ་རྒྱལ་མཚན། བསྟན་འཛིན་འཇམ་དབྱངས་དབང་པོའམ་ངག་དབང་ཆོས་དཔལ་སོགས་སོ། །དགེ་བའི་བཤེས་གཉེན་གཙོ་བོ་སྐུའི་གཅེན་པོ་གཏེར་བདག་གླིང་པ་དང་རྒྱལ་དབང་ལྔ་པ་དང་ཁྲི་ཆེན་དཀོན་མཆོག་བསྟན་འཛིན། གུང་ཐང་པཎ་ཆེན་རྣམ་རྒྱལ། ཀླུམ་བུ་དོན་གྲུབ་དབང་རྒྱལ་དང་རྒྱ་སྟོན་ཀུན་མཁྱེན་སོགས་ལས་ཐུན་མོང་དང་། ཐུན་མིན་རིག་གནས་སྤྱི་དང་བྱེ་བྲག་གི་གདམས་པ་བུམ་པ་གང་བྱོའི་ཚུལ་དུ་བཞེས་ནས་མཁས་པའི་དབང་གྲལ་དུ་ཚུད་དེ་བསྟན་པ་དང་སེམས་ཅན་གྱི་དོན་ཕོ་ནར་རེམས་པར་མཛད་ཚུལ་ཞིབ་པ་དམ་པ་གང་དེའི་རང་རྣམ་ཧྲཱུྃ་རང་ཉིད་ཀྱི་ཆོས་དང་རྗེས་སུ་འབྲེལ་བའི་སྤྱོད་པ་ལས་བརྩམས་པའི་ལོ་རྒྱུས་བདེན་གཏམ་རྣ་བའི་བདུད་རྩི་ཞེས་བྱ་བ་བཞུགས་སོ་ཞེས་པར་སྤྱན་འབེབས་ཞུ་བར་མཛོད། ལོ་ཆེན་འདི་ཉིད་ཀྱི་ལྷ་བ་གང་ཡིན་ནམ་ཞུས་ན། ཁ་ཅིག་གནུབས་ཆེན་སངས་རྒྱས་ཡེ་ཤེས་ཀྱི་དགོངས་པ་ལ་ལྟག་ཏུ་སོས་པས་ཐལ་འགྱུར་ཡིན་པར་འདོད། དེ་ཡང་བསྟན་པ་སྔ་དར་གཙོ་བོའི་ལྟ་བའི་ཕྱོགས་ཁག་གཉིས་ཏེ་ཞི་འཚོ་ཡབ་སྲས་ཀྱི་རང་རྒྱུད་པའི་ལྟ་བ་དང་སློབ་དཔོན་གྱིས་ཀླཱག་ཆོས་སུ་བསྐུལ་བའི་ཐལ་འགྱུར་བའི་ལུགས་སུ་བཤད་པ་ལས་གནུབས་ནི་རྫོགས་པ་ཆེན་པོའི་ལྟ་བའི་རྒྱུན་ཡང་སློབ་དཔོན་ལ་ཐུག་པ་བསམ་གཏན་མིག་སྒྲོན་དུ་གསལ་བས་ལོ་ཆེན་གང་དེའི་ལྟ་བ་ཡང་ཐལ་འགྱུར་ཡིན་དགོས། ཁ་ཅིག་དབུ་མ་ལ་རང་སྟོང་[1]གཞན་

---

① རང་སྟོང་ཞེས་པ་ནི་ཀླུ་སྒྲུབ་ཞབས་ཀྱིས་འཁོར་ལོ་བར་པའི་དགོངས་འགྲེལ་དུ་ཆོས་ཐམས་ཅད་རང་སྟོང་དུ་གཏན་ལ་འབེབས་བྱེད་དབུ་མ་རིགས་ཚོགས་དྲུག་ལས་བཀྲལ་བའི་དབུ་མའི་དགོངས་པ་མཐར་ཐུག་ལ་བརྗོད།

སྟོང་[①]གཉིས་སུ་ཕྱེ་བའི་གཞན་སྟོང་གི་ལྟ་བར་ལྷག་པར་མོས་ཏེ། ལོ་ཆེན་གྱི་རང་གཞུང་སྡོམ་གསུམ་རབ་དབྱེའི་དགོངས་པ་ཡིན་པའི་ཕྱིར་ཞེས་བརྗོད། ལོ་ཆེན་གྱི་སྡོམ་གསུམ་རྣམ་ངེས་ཀྱི་འགྲེལ་པ་ལེགས་བཤད་ངོ་མཚར་དཔག་བསམ་གྱི་སྙེ་མ་ཞེས་བྱ་བའི་བྱང་སེམས་ལེའུའི་སྐབས་སུ། "དེ་ཡང་སྤྱིར་གསང་སྔགས་ཀྱི་རྒྱུད་སྡེ་རྣམས་ལས་གསུངས་པའི་བྱང་སྡོམ་ཐོབ་ཚུལ་དང་། དེའི་བསླབ་བྱའི་ཀྲང་གྲངས་ཀྱང་ཕལ་ཆེར་ཀླུ་སྒྲུབ་ཀྱི་ལུགས་དང་མཐུན་པར་འབྱུང་བའི་གནད་ཀྱིས་རང་ཅག་སློབ་དཔོན་ཆེན་པོ་པདྨ་སཾ་བྷ་ཝའི་རྗེས་སུ་འཇུག་པ་སྔ་འགྱུར་གྱི་རིང་ལུགས་པ་རྣམས་ཀྱི་སེམས་བསྐྱེད་ཀྱི་ཆོ་གའི་ཕྱག་བཞེས་ཀྱང་ནཱ་གཛྫུ་ན་དང་མཐུན་པར་སྣང་མོད། འོན་ཀྱང་ལྟ་བ་ནི་དེར་མ་ངེས་ཏེ། ཀླུ་སྒྲུབ་ཀྱི་བསྟོད་ཚོགས་དང་མི་འགལ་ཡང་གཙོ་བོར་ཐོགས་མེད་སྐུ་མཆེད་ཀྱིས་ཇི་ལྟར་བཀྲལ་བ་དང་མཐུན་ཏེ། རྣམ་གྲངས་མ་ཡིན་པའི་དོན་དམ་མེད་དགག་ལ་མི་བྱེད་པར་མ་ཡིན་དགག་གི་སྟོང་ཉིད་ལ་བྱེད་པའི་ཕྱིར་དང་། འཁོར་ལོ་ཐ་མ་ངེས་དོན་དུ་བཞེད་པའི་ཕྱིར་རོ། །"[②]ཞེས་བྱུང་བ་གསུང་བཀྲིང་པོའི་དེའི་རྗེས་སུ་སྙེག་པར་འདོད་དོ། །འདིར་ནི་དམ་པ་རྣམས་ཀྱི་གསུང་རྒྱུན་བསྐྱངས་པ་ཡིན་གྱི་འོལ་ཚོད་ཀྱིས་སྨྲས་པ་མིན། བྱང་གཏེར་པ་རྣམས་ཀྱང་དོན་དུ་སྔ་འགྱུར་ལྷོ་གཏེར་པ་རིག་འཛིན་གཏེར་བདག་གླིང་པའི་སློབ་བརྒྱུད་དུ་འདུག་པས་མདོ་སྒྱུ་སེམས་གསུམ་སོགས་ལ་གཙིགས་ཆེརམཛད་པར་སེམས་ན་ཕལ་ཆེ་བ་ལྟ་བ་ཐལ་འགྱུར་བ་ཡིན་པར་སེམས་ཀྱང་ལོ་ཆེན་རྣམ་ཐྲི།

---

① གཞན་སྟོང་ཞེས་པ་ནི་འཁོར་ལོ་ཐ་མའི་དགོངས་འགྲེལ་གཞན་སྟོང་དུ་གཏན་ལ་འབེབས་བྱེད་བསྟོད་ཚོགས་སོགས་ཀྱིས་ལྟ་བ་མཐར་ཐུག་ལ་བཞེད་དོ། །

② ལོ་ཆེན་རྡྷརྨ་ཤྲཱི། སྡོམ་གསུམ་རྣམ་ངེས་ཀྱི་འགྲེལ་པ་ལེགས་བཤད་ངོ་མཚར་དཔག་བསམ་གྱི་སྙེ་མ་ཞེས་བྱ་བ་བཞུགས་སོ། །སྡོམ་གསུམ་སྐོར། སྨིན་གླིང་དཔེ་ཚོགས། པོད་བཅུ་གཉིས། བོད་ལྗོངས་བོད་ཡིག་དཔེ་རྙིང་དཔེ་སྐྲུན་ཁང་། 2013ཤ 154–155

ནི་ཐོགས་མེད་ཡབ་སྲས་ཀྱི་གཞུང་ལ་མོས་པའི་མཁས་པ་ཡིན་པའང་རང་གཞུང་དུ་གསལ་ལོ། །

## བཞི་པ། དེ་དག་གི་སློབ་བརྒྱུད་ཇི་ལྟར་སྐོར་གྱི་དཔྱད་པ།

སྔ་འགྱུར་རྙིང་མ་རྣམས་ཀྱི་སློབ་བརྒྱུད་གླེང་ན་གྲ་དོལ་གཞུང་གསུམ་དུ་གཙོ་བོ་སློ་མེས་ལས་གྱེས་པའི་སྨད་འདུལ་པ་རྣམས་ལ་སྟོ་མ་དང་ཕྱི་མ་གཉིས་སུ་འདུ་བར་སེམས། དེ་ཡང་སྨད་འདུལ་སྟོ་མ་རྣམས་ནི་སློ་མེས་ཀྱི་མཁན་བུ་གཟུས་རྡོ་རྗེ་རྒྱལ་མཚན། གཟུས་ཀྱི་མཁན་བུ་གཏེར་སྟོན་གྲ་པ་མངོན་ཤེས་ཀྱི་མཁན་བུ་ལས་བརྒྱུད་པ་དག་དང་། ཕྱི་མ་ལ་གཏེར་བདག་གླིང་པ་སྐུ་མཆེད་གཉིས་ལས་མཆེད་པའི་ལྷོ་གཏེར་དང་བྱང་གཏེར་གྱི་སློབ་བརྒྱུད་རྣམས་སོ། །

སློ་མེས་ཀྱི་མཁན་བུ་གཟུས་རྡོ་རྗེ་རྒྱལ་མཚན་ནི་གྲའི་ཡུལ་དུ་སྐུ་འཁྲུངས་ཤིང་གྲ་ཕྱི་ཐར་པ་གླིང་དུ་འདུལ་བའི་གནས་གཞི་བཙུགས་ནས་འཆད་ཉན་མཛད་པས་སྙན་པ་རྒྱས་ཏེ་གཏེར་སྟོན་གྲ་མངོན་ལ་སོགས་པའི་སློབ་བརྒྱུད་ཆུ་བོའི་རྒྱུན་བཞིན་འཕེལ། དེ་ཡང་བསྟན་པ་ཕྱི་དར་གྱི་འགོ་སྟོད་དུ་གྲ་ཕྱི་ཐར་པ་གླིང་གི་གནས་གཞི་འདི་ཉིད་ནི་དབུས་གཙང་སྤྱི་དང་ཁྱད་པར་གྲ་དོལ་གཞུང་གསུམ་དུ་ཕྱིས་འདུལ་བའི་བསྟན་པ་གཞིར་གྱུར་པའི་གནས་གཙོ་བོ་ཞིག་ཏུ་སོང་བའི་ཆ་ནི་དུས་ཕྱིས་གཏེར་སྟོན་གྲ་མངོན་གྱིས་གྲ་ཐང་①དང་། དཀྱིལ་ཏུ་②སོགས་པའི་གནས་གཞི་དང་

① གྲ་ཐང་དགོན་འདི་ཡོངས་གྲགས་སུ་གཏེར་སྟོན་གྲ་པ་མངོན་ཤེས་ཀྱིས་ཐོག་མར་བཞེངས་པར་གྲགས་མོད། དོན་དུ་བསྟན་པ་སྔ་དར་དུས་ནས་གནས་དེར་ལྷ་ཁང་ཞིག་ཡོད་པ་དེའི་ཐོག་རྒྱ་བསྐྱེད་ནས་བྱུང་བ་ཞིག་གོ །གྲ་ཐང་དགོན་ནི་ལྷོ་ཁ་གྲ་ནང་རྫོང་གྲ་ཐང་གྲོང་བརྡལ་དུ་ཆགས། ཆོས་བརྒྱུད་ནི་ས་ལུགས་ཡིན།

② དཀྱིལ་ཏུ་ལྷ་ཁང་ནི་ལྷོ་ཁ་གྲ་ནང་རྫོང་དཀྱིལ་ཏུ་ཤང་དཀྱིལ་ཏུ་གྲོང་ཚོར་གནས། དེང་སང་ལྷ་ཁང་ཆུང་ཆུང་ཞིག་ལས་མཇལ་དུ་མེད།

གང་དེའི་མཁན་བུ་དོལ་ཡ་མེ་བས་དོལ་དུ་མར་མའི་ཚོག་ཕུག་[①]ལ་སོགས་པའི་གནས་གཞི་དང་མཁན་བུ་གཞན་རྣམས་ཀྱིས་གཞུང་གི་སྐོམ་བུ་[②]སོགས་བཏབ་ནས་འདུལ་བའི་ཆོས་ཡོངས་སུ་དར་བར་བྱེད་པ་ལ་མི་དམན་པའི་ནུས་པ་ཐོན་ལ། བསྟན་པ་ཕྱི་དར་དུས་གྲ་དོལ་གཞུང་གསུམ་གྱི་སའི་ཁྱོན་འདིར་འདུལ་བསྟན་གྱི་རྩ་བ་བརྟན་ཞིང་བརྙིང་བར་འགྲོ་བའི་ཆེས་འགག་རྩའི་མཐུན་རྐྱེན་བསྐྲུན་པ་མ་ཟད། ཕྱིས་བྱོན་པའི་སྟ་འགྱུར་སྙིང་མ་བའི་མཁས་པའི་གཙུག་རྒྱན་ཀློང་ཆེན་རབ་འབྱམས་དང་གཏེར་བདག་གླིང་པ་སྐུ་མཆེད་རྣམ་གཉིས། བྱང་གཏེར་བསྟན་པའི་མངའ་བདག་རྗེ་བྲག་རིག་འཛིན་ཆེན་མོ་དང་ཀུན་མཁྱེན་འཇིགས་མེད་གླིང་པ་ལ་སོགས་པའི་རིག་འཛིན་ཞིག་པོ་རྣམས་ཀྱིས་ལུས་ངག་ཡིད་གསུམ་བསྟན་པ་དང་སྐྱེ་འགྲོའི་དོན་དུ་ཕུལ་ནས་བསྟན་པའི་བྱ་བ་རྒྱ་ཆེན་པོ་མཛད་པའི་མཐུན་སྣང་འདི་དག་སེམས་ཅན་སྤྱི་མཐུན་གྱི་ལས་སུ་གྲུབ་པའི་རྣམ་སྨིན་ཞིག་གོ།

ཀླུ་མེས་ཀྱི་སློབ་བརྒྱུད་རྣམས་ཀྱིས་གྲ་དོལ་གཞུང་གསུམ་དུ་སངས་རྒྱས་བསྟན་པའི་གནས་གཞི་བཏབ་ཚུལ་ནི། ནེའུ་པཎྜི་ཏའི་ཆོས་འབྱུང་དུ། "འབེས་མཁན་པོ་བྱས། ཡམ་ཤུད་ཀྱིས་སློབ་དཔོན་བྱས་ནས། གྲ་པ་མངོན་ཤེས་རབ་ཏུ་བྱུང་། དེས་གཡོ་རུ་གྲ་ཐང་བཏབ། ཅེས་པ་ནས། ཡང་གྲ་པའི་མཁན་བུ་བྲག་ཚུང་སྟོན་པ་བྱ་བས་གྲའི་སྣ་སྒོར་བཏབ། སྟན་ཚུང་སྟོན་པ་བྱ་བས་འབྲོག་གི་སྐ་འདྲ་བཏབ། དོལ་གྱི་ཡལ་མེ་མ་བྱ་བས་མར་མའི་ཚོག་ཕུག ལྟེ་ཏིའི་སྐོམ་བུ། སྒྲོ་ཡུལ་གྱི་ཀ་གསུམ། ཞུར་

① དོལ་གྱི་མར་མའི་ཚོག་ཕུག་ནི་དོལ་ཡ་མེ་བས་བཞེངས་པའི་གནས་གཞི་བཞིའི་ཡ་གྱལ་ཞིག་ཡིན། གནས་དེ་ནི་ལྷོ་ཁ་གོང་དཀར་རྫོང་ལྟེ་བདེ་ཞོལ་གྲོང་བརྡལ་གསེར་སྐྱེད་གྲོང་ཚོའི་ནུབ་མཚམས་ཀྱི་རི་ལྟེབས་སུ་ཆགས། གནས་དེར་སྟོན་གྱི་གནས་གཞི་སྙིང་པའི་ཤུལ་སོགས་མཐོང་རྒྱུ་ཡོད་ལ། སྒྲུབ་ཕུག་བྱིན་ཅན་ཞིག་ཀྱང་ཡོད།

② གཞུང་གི་སྐོམ་བུ་ཞེས་པའི་གནས་གཞི་ཉིད་གཞུང་གི་ཡུལ་གང་དུ་ཡོད་མིན་མ་ཤེས།

མདའི་ཡུར་མགོ་དང་བཞི་བཏབ་བོ། །"[①]ཞེས་པ་ལས་གྲ་དོལ་གྱི་ལུང་པར་གནས་གཞི་བཏབ་པ་གསལ་བ་དང་། གཞུང་གི་ཁུལ་དུ་སྐྱམ་བུ་དང་ཉ་མོ་གྱུར།[②] བྱེ་ཞིང་གི་གནས་གཞི་བཏབ་ཚུལ་ནི་ཆོས་འབྱུང་དེ་ཉིད་ལས། "ཡང་ཁེ་ལྷིང་ནས་གཞུང་གི་སྐྱམ་བུའི་གནས་བཏབ། དེ་ནས་ཉ་མོ་གྱུར་བཏབ། དེ་ནས་འཕྲོག་ཟད་དང་། ར་ལ་སྒང་དང་། བྱེ་ཞིང་དང་། ཤ་ཟན་གྱི་གནས་ལ་སོགས་པ་གྱེས།"[③]ཞེས་གསུངས་པས་དེ་དག་གི་སློབ་བརྒྱུད་ཀྱིས་གངས་ཅན་རྙིང་མའི་ཆོས་བརྒྱུད་ཀྱི་རྒྱུན་འཆད་ཉན་རྣམ་དག་གི་ལམ་ནས་སྤེལ་བའི་དྲིན་གྱིས་སྙིགས་དུས་ཀྱི་དྲུན་དབང་མཆོག་གྱུར་རྒྱལ་བ་ཀློང་ཆེན་པ་དང་ཀུན་མཁྱེན་འཇིགས་མེད་གླིང་པ་སོགས་བྱོན་ནས་སངས་རྒྱས་ཀྱི་བསྟན་པ་སྲོག་ལྟར་གཅེས་པར་འཛིན་ཏེ་བསྟན་པ་སྤྱི་དང་ཡང་སྒོས་སྔ་འགྱུར་རྙིང་མ་བའི་བསྟན་པར་དཔྱད་གསུམ་དག་པའི་ལུང་དང་རིགས་པས་བྱེ་དོར་མཛད། དུས་ཕྱིས་ནི་གཏེར་བདག་གླིང་པ་སྐུ་མཆེད་ཀྱིས་འོག་སྨིན་ཨོ་རྒྱན་སྨིན་གྲོལ་གླིང་གི་གནས་གཞི་འདི་སྟར་གཟུས་ཀྱིས་བཞེངས་པའི་ཐར་པ་གླིང་གི་གཞི་རྟེན་ཐོག་བཞེངས་པ་དང་། རིག་འཛིན་གཏེར་བདག་གླིང་པའི་དངོས་སློབ་རྗེ་བྲག་རིག་འཛིན་ཆེན་མོས་ཐུབ་བསྟན་ཨེ་ཝཾ་ལྕོག་སྒར་བ་རྗེ་བྲག་དགོན་ཕུག་བཏབ་ནས་གྲ་དོལ་གཞུང་གསུམ་གྱི་སའི་ཁྲོན་འདིར་སྔ་འགྱུར་རྙིང་མ་བའི་བསྟན་པ་ཉི་མ་ཤར་ཤར་བྱུང་བ་དང་དེ་དག་གི་སློབ་བརྒྱུད་ཀྱིས་དེང་སང་གི་བར་དུ་གངས་རིའི་ཁྲོད་དང་སྲུལ་ཡོངས་སུ་རྫོགས་པར་བཤད་སྒྲུབ་ཀྱི་བསྟན་པ་བསྐྱངས་དང་སྐྱོང་མུས་ལགས། དེ་དག་གི་སློབ་བརྒྱུད་སྐོར་རྒྱས་པར་གཟིགས་འདོད་ན་ཆོས་འབྱུང་མཁས་དགའ་

① བོད་ཀྱི་ལོ་རྒྱུས་དེབ་ཐེར་ཁག་ལྔ། བོད་ལྗོངས་བོད་ཡིག་དཔེ་རྙིང་དཔེ་སྐྲུན་ཁང་། 2012ཤ43–44

② ཉ་མོ་གྱུར་ཞེས་པ་ལ་ཉ་མོ་ཀྱུར་དང་ཉ་མོ་སྐྱུར་སོགས་ཅི་རིགས་བྱུང་། དེ་སྐོར་ཞིབ་པ་འོག་ཏུ་འཆད་པར་བྱའོ། །

③ བོད་ཀྱི་ལོ་རྒྱུས་དེབ་ཐེར་ཁག་ལྔ། བོད་ལྗོངས་བོད་ཡིག་དཔེ་རྙིང་དཔེ་སྐྲུན་ཁང་། 2012ཤ47–48

དང་། ལྡེའུ་ཆོས་འབྱུང་སོགས་ལ་སྤྱན་དཀྲུས་ཡངས་པར་ཞུའོ། །

མདོ་དོན་ལྟ་བའི་སྐོར་གྱི་ཐད་ལ་བོད་འདིར་རྩོད་པ་མང་ལ་སྔ་ཕྱི་གཉིས་སུ་བྱས་ནས་དབུ་མ་པར་ཁས་འཆེས་པར་ཤ་སྟག་ཏུ་འདུག་མོད། གཞི་གཅིག་དང་གདན་གཅིག་ཏུ་འཛོམས་ནས་བཤད་པར་གཏུགས་ན་རང་རང་གི་མོས་བློར་དཔགས་པའི་ཐ་སྙད་ཀྱི་ཞལ་ཕོ་རེ་རེ་འོང་ཡང་ཞིབ་ཏུ་དཔྱད་ན་ལྟ་བའི་ཁྱད་པར་དེ་ཉིད་གནད་ཅི་འདྲ་ལ་ཐུག་མིན་ནི་ལྟ་བ་རྒྱུད་ལ་འཁྲུངས་པའི་བཀའ་བརྒྱུད་གྲུབ་ཐོབ་རྒྱ་མཚོ་གཤེགས་པ་རྣམ་པས་ཀྱང་ཚིག་དོར་གསལ་དུས་གསུང་སྒྲོལ་མི་འདྲ་བའི་ཆ་ནས་བཤད་ཀ་སྣ་ཚོགས་བྱུང་བའོ། །དེ་ནི་གཙོ་བོ་མཚན་ཉིད་རིག་པའི་ཚད་མཐོ་སར་སླེབས་པའི་དམ་པ་རྣམས་ཀྱིས་སྟོང་ཉིད་ཀྱི་ངོས་འཛིན་ཚུལ་དང་འགྲེལ་པ་བསྐྱོན་སྟངས་སུ་ཟད་པས་སོ་སྐྱེ་ཕལ་པའི་སྣང་ངོར་འཚམས་པའི་ཐ་སྙད་ཅིག་ཉིད་དགའ་བའི་ཕྱིར་ན། སྟོན་པ་ཐུགས་རྗེ་ཅན་གྱིས། ཟབ་ཞི་སྤྲོས་བྲལ་འོད་གསལ་འདུས་མ་བྱས། །བདུད་རྩི་ལྟ་བུའི་ཆོས་ཤིག་ཁོ་བོས་རྙེད། །སུ་ལ་བསྟན་ཀྱང་གོ་བར་མི་ནུས་པས། །མི་སྨྲ་ནགས་ཀྱི་འདབས་སུ་གནས་པར་བྱ། །ཞེས་གསུངས་པའི་རྣམ་ཐར་དང་། རྗེ་མི་ལས་སྟོང་ཉིད་ཀྱི་སྐོར་གསུང་དུས་སྨྲ་བསམ་བརྗོད་མེད་ཅེས་གསུངས་པ་སོགས་ཀྱི་གནད་ཀ་དག་འདི་ལྟ་བུར་དགོངས་ནས་གསུངས་པ་མིན་པ་སུ་ཞིག་གིས་ལྡོག་ནུས་སམ། གཞན་དུ་ན། ཀུན་མཁྱེན་འཇིགས་མེད་གླིང་པས། "རང་བབ་སྨྲ་བསམ་བརྗོད་མེད་ལྟ་བ་ཡིན། །གསལ་སྟོང་ཉམས་ཀྱིས་སྒོམ་ཆེན་བསླུས་པ་མང་། །"[①]ཞེས་གསུངས་པ་སོགས་ཀྱང་གནད་འདི་དག་ལ་ཐུག་པར་སེམས།

གང་ལྟར་ཡང་རྫོགས་ཆེན་པ་རྣམས་ཀྱི་མཐར་ཐུག་གི་ལྟ་བ་ཐལ་འགྱུར་བར་གསུངས་ཏེ། ཀུན་མཁྱེན་ཆོས་ཀྱི་རྒྱལ་པོ་ཀློང་ཆེན་རབ་འབྱམས་ཀྱི་ཡིད་བཞིན་རིན་

① ཀུན་མཁྱེན་འཇིགས་མེད་གླིང་པའི་གསུང་འབུམ། པོད་ཏ་པ། སྡེ་དགེའི་ཤིང་དཔར། ཤ695

པོ་ཆེའི་མཛོད་ཀྱི་ལེའུ་བཅུ་གཉིས་པའི་རྩ་འགྲེལ་ལས། "ད་ནི་ནང་པ་སངས་རྒྱས་པ་དག་གི་མཚན་ཉིད་ཐེག་པ་ཆེན་པོའི་རྩེ་མོ་དབུ་མ་ཐལ་འགྱུར་བའི་ལུགས་རྣམ་པར་བཞག་པ་ནི། རྒྱལ་བའི་དགོངས་པ་མཐར་ཐུག་སྙིང་པོའི་དོན། །ཐལ་འགྱུར་བས་ནི་སྤྲོས་པ་ཀུན་འགོག་སྟེ། །ཆོས་ཀུན་རྟེན་འབྲེལ་སྟོང་ཉིད་རང་བཞིན་མེད། །བདེན་གཉིས་སྒྱུ་མ་མཐའ་བྲལ་ཉིད་སྨྲ་ནས། །ལམ་དང་འབྲས་བུའི་ཆོས་རྣམས་མཐར་ཕྱིན་བྱེད། །ཐུབ་པ་བཅོམ་ལྡན་འདས་ཀྱི་དགོངས་པ་ཕྱིན་ཅི་མ་ལོག་པ་སྟོན་པ་ནི་དབུ་མ་ཐལ་འགྱུར་བ་ཡིན་ལ། དེའི་ཤིང་རྟ་འདྲེན་པའི་སྲོལ་འབྱེད་པ་ཐོག་མ་ནི་བཅོམ་ལྡན་འདས་ཀྱིས་ཛ་བོ་ཆེན་པོའི་མདོར་ལུང་བསྟན་པ་འཕགས་པ་ཤེས་རབ་ཀྱི་ཉི་མ་དྲི་མ་མེད་པས་ལྷ་བ་ངན་པའི་འཐིབས་པོ་སེལ་བ་མཛད་པ་མགོན་པོ་ཀླུ་སྒྲུབ་ཡིན་ཏེ། དེའི་གཞུང་རིགས་པའི་ཚོགས་དྲུག་གི་དོན་འགྲེལ་བའང་འཕགས་པ་ལྷ་དང་། སངས་རྒྱས་བསྐྱངས། ལེགས་ལྡན་འབྱེད་དང་། ཟླ་བ་གྲགས་པ་ལ་སོགས་པ་སྟེ། དེ་དག་གི་ནང་ནས་མི་འཕྲོག་པའི་མཁྱེན་རབ་དང་ཐུགས་རྗེ་ལྡན་པ་འཕགས་པ་ཟླ་བ་གྲགས་པས་ནི་སློབ་དཔོན་གྱི་དགོངས་པ་ཕྱིན་ཅི་མ་ལོག་པར་ཐུགས་སུ་ཆུད་ནས་དབུ་མ་རྩ་བའི་དོན་གྱི་འགྲེལ་བ་དབུ་མ་ལ་འཇུག་པ་དང་ཚིག་གི་འགྲེལ་པ་ཚིག་གསལ་བ་མཛད་དེ། འཛམ་བུའི་གླིང་དུ་སངས་རྒྱས་ཀྱི་དགོངས་པ་མཐར་ཐུག་པ་དབུ་མ་ཐལ་འགྱུར་གྱི་ཉི་མ་ཤར་བ་མཛད་པས་ལྷ་བ་ངན་པའི་འཐིབས་པོ་གསལ་བར་བྱས་པ་ཡིན་ནོ། །"[①]ཞེས་གསུངས་པ་དང་། སྔན་དགོན་སྤྲུལ་སྐུ་གསུང་རབ་པའི་ཕྱག་རྫོགས་དབུ་གསུམ་གྱི་ལྟ་བའི་དྲིས་ལན་མཁས་པའི་ཞལ་ལུང་དུ། "ཀུན་མཁྱེན་ཕྱི་མས། ཡུམ་ཆེན་ཤེས་རབ་ཕར་ཕྱིན་དང་འབྲུད་རྒྱ་ཞིག་བྱས

① ཀློང་ཆེན་རབ་འབྱམས་དྲི་མེད་འོད་ཟེར། ཐེག་པ་ཆེན་པོའི་མན་ངག་བསྟན་བཅོས་ཡིད་བཞིན་ནོར་བུའི་རིན་པོ་ཆེའི་མཛོད་ཅེས་བྱ་བ་བཞུགས། ཤིང་དཔར། ཤ 1141–1142

པས། །དཔལ་མགོན་འཕགས་པ་ཀླུ་སྒྲུབ་ཀྱི་ཞབས་ཤིག་ཤར་བྱུང་། །བཤད་པའི་ཚུ་མགོ་དེ་ཟླ་བ་གྲགས་པ་ལ་ཞུའོ། །"①ཞེས་པ་སོགས་ལས་རྫོགས་ཆེན་པའི་ལྟ་བའི་གནད་འདི་དག་མཐར་གཏུགས་ན་དབུ་མ་ཐལ་འགྱུར་བའི་ལྟ་བ་ཁོ་ནར་ཟད་དོ། །

## ས་བཅད་གཉིས་པ། གྲ་དོལ་གཞུང་གསུམ་དུ་ཇོ་བོ་བཀའ་གདམས་པའི་ལྟ་དགོངས་དར་ཚུལ་སྐོར་དཔྱད་པ།

ཇོ་བོ་བཀའ་གདམས་པའི་ལུགས་བཟང་པོ་འདི་ནི་ཕྱིས་འབྱུང་བའི་བོད་ཀྱི་ཆོས་བརྒྱུད་རྣམས་ཀྱི་ཁྲིད་ཤུགས་རྐྱེན་ཆེ་ཤོས་གྲས་དང་ཕྱིས་བྱོན་པའི་རིས་མེད་མཁས་པ་ཕལ་ཆེ་བས་ཇོ་བོ་རྗེའི་གསུང་གི་གནད་བ་མ་བརྟེན་པ་མེད་པས། བོད་གངས་ཅན་གྱི་ལྗོངས་སུ་བྱུང་བའི་གྲུབ་མཐའི་འབྱུང་ཁུངས་མདོ་ཙམ་བརྗོད་པ་བཞུགས་སོ་ཞེས་པར། "རྒྱལ་བའི་གསུང་རབ་ཐམས་ཅད་གདམས་ངག་ཏུ། །ཤར་ལ་བཀའ་གདམས་པ་ཞེས་གྲགས་པ་སྟེ། །དཔལ་ལྡན་ཨ་ཏི་ཤ་ཡི་ལུགས་སྲོལ་མཆོག །སྟོན་པས་སྲོལ་ཕྱེ་སྐུ་མཆེད་གསུམ་གྱིས་སྤེལ། །བཀའ་བརྒྱུད་ས་སྐྱ་དགེ་ལྡན་ལུགས་སྲོལ་ཡང་། །ཇོ་བོ་ཆེན་པོའི་འཕྲིན་ལས་འདི་ལ་བརྟེན། །"②ཞེས་གསུངས་པ་ལྟར། ཇོ་བོ་རྗེ་འདི་ཉིད་སངས་རྒྱས་བསྟན་པ་སྤྱི་དང་བྱེ་བྲག་བོད་ཁ་བ་གངས་ཅན་གྱི་བསྟན་པ་ཕྱི་དར་ལ་བཀའ་དྲིན་བླ་ལྷག་ཆེ་བའི་སྐྱེས་བུ་དམ་པ་ཞིག་ཏུ་ཀུན་གྱིས་

① སྟན་དགོན་སྤྲུལ་སྐུ་གསུང་རབ་པའི་གསུང་འབུམ། པོད་གཉིས་པ། སི་ཁྲོན་མི་རིགས་དཔེ་སྐྲུན་ཁང་། 2006 ཤ312

② ཨ་ཀྱཱ་ཡོངས་འཛིན་གྱི་བཀའ་འབུམ་བཞུགས་སོ། །སྟོད་ཆ། ཀན་སུའུ་མི་རིགས་དཔེ་སྐྲུན་ཁང་། 2011 ཤ 407

མཐུན་སྣང་དུ་བཞེད་པ་མ་ཟད། ཇོ་བོ་རྗེའི་ཐུགས་རྗེའི་བཀའ་དྲིན་གྱིས་བོད་འདིར་དུས་ཕྱིས་ཀྱི་ཆོས་བརྒྱུད་ས་སྐྱ་དང་རྙིང་མ། དགེ་ལུགས་པ་སོགས་ཀྱི་མཁས་གྲུབ་གཉིས་ལྡན་གྱི་མཁས་པ་ཚད་ཐུབ་མང་དག་ཅིག་བྱོན་པ་ཆོས་འབྱུང་དང་རྣམ་ཐར་རྣམས་ཀྱི་ཡིག་ངོར་གསལ་བས་འདིར་ཡིག་ཚོགས་ཀྱི་ངལ་བ་མ་བྱས་སོ། །ཇོ་བོ་རྗེ་དང་གྲ་དོལ་གཞུང་གསུམ་དབར་གྱི་འབྲེལ་བ་ཅི་ཡོད་ཅེ་ན། ཇོ་བོ་རྗེ་ཉིད་ཡུལ་ཚན་དེ་གསུམ་དུ་ཞབས་བཅགས་ནས་བསྟན་འཛིན་སྐྱེས་བུ་དམ་པ་མང་པོའི་རྒྱུད་སྨིན་པར་མཛད་པའི་སྐོར་ནི་འདི་ལྟར། དེ་ཡང་ཇོ་བོ་རྗེ་བོད་དུ་ཕེབས་པའི་ཐོག་མ་ནི་མངའ་རིས་སུ་ཡིན་ཞིང་དེ་ནས་གཙང་ཕྱོགས་དང་། རིམ་གྱིས་དབུས་སུ་ཕེབས། དབུས་སུ་ཕེབས་པ་ལས་ཀྱང་དུས་ཀྱི་ཐོག་མ་ཁུ་སྟོན་བརྩོན་འགྲུས་གཡུང་དྲུང་གིས་གདན་དྲངས་ནས་གཡོ་རུའི་ཁྱོན་དུ་བྱོན། གཡོ་རུའི་ཡུལ་རྣམས་ལས་སྔ་བ་གྲ་དོལ་གཞུང་དུ་བྱོན་ནས་བསྟན་འགྲོའི་དོན་རྒྱ་ཆེན་པོ་མཛད། འོ་ན་ཇོ་བོ་རྗེ་གྲ་དོལ་གཞུང་གསུམ་གྱི་ཡུལ་ཚན་གང་དང་གང་ལ་ཞབས་བཅགས་སམ་ཞེ་ན། དེ་ཡང་མཆིམས་ཐམས་ཅད་མཁྱེན་པས་མཛད་པའི་ཇོ་བོ་རིན་པོ་ཆེ་རྗེ་དཔལ་ལྡན་ཨ་ཏི་ཤའི་རྣམ་ཐར་རྒྱས་པ་ཡོངས་གྲགས་བཞུགས་སོ་ཞེས་པར། "དེ་ནས་གཞུང་དུ་བྱོན་པའི་དུས་སུ་བུ་མོ་ཤི་བ་གསན་པས། ཇོ་བོའི་ཞལ་ནས། ངའི་བུ་མོ་སྙིང་རྗེ་གསུངས། དེ་ནས་ཉ་མོ་གྱུར་དུ་བྱོན་པས། ལོ་པཎ་མི་ཐེག་ཟེར་ཏེ་སྒོ་བསྡམས། ཇོ་བོ་དཔོན་གཡོག་གཞུང་གི་སྟག་དཀར་གྱི་གད་ཕུག་ཏུ་ཞག་ལྔ་བཞུགས་ཏེ། བུ་མོའི་དོན་དུ་ངན་སོང་སྦྱོང་བའི་དཀྱིལ་འཁོར་བཞེངས། སརྦཛྙོ་མང་པོ་བཏབ་ནས་ངའི་བུ་མོ་ང་འཚོང་གསུངས།"①ཞེས་གསུངས་པ་ལས་ཇོ་བོ་གཞུང་གི་ཡུལ་དུ་བྱོན་ནས་

① འབྲོམ་སྟོན་རྒྱལ་བའི་འབྱུང་གནས་སོགས། ཇོ་བོ་རྗེ་དཔལ་ལྡན་ཨ་ཏི་ཤའི་རྣམ་ཐར་ཕྱོགས་བསྒྲིགས། བོད་ལྗོངས་མི་དམངས་དཔེ་སྐྲུན་ཁང་། 2015ཤ155

ས་ཚྭ་འདེབས་པ་སོགས་པའི་མཛད་པ་སྟོན་ལ། དེང་སང་ཡང་སྟག་དཀར་ཕུག་གམ་སྟག་ལ་ཕུག་ན་ཇོ་བོའི་ས་ཚྭ་མཇལ་རྒྱུ་ཡོད། ཇོ་བོ་དོལ་ལུང་པར་ཕེབས་ཚུལ་ནི་རྣམ་ཐར་དུ། "དེ་ནས་དོལ་དུ་བྱོན་ཏེ་སྟ་བོ་ལ་ཁ་ནས་དུང་བུས་པས། མི་ཐམས་ཅད་བྲོས། ཕྱུགས་ཐམས་ཅད་ཐག་པ་བཅད་ནས་ཤོར་སྐད་དོ། །དེ་གོང་དུ་རག་དུང་མེད་པ་ཡིན་གསུངས། ཡུར་མའི་དུས་ཡིན་པས། ཇོ་བོའི་ཞལ་ནས། བལ་ཡུལ་འཁྱིལ་འདྲ་མང་ཡུལ་གྱི་གྲོང་འདྲ་གསུངས་ནས་མཉེས་སྐད། ཞག་ས་སྦྲེ་སྒང་[1]དུ་བྱས། ཇོ་བོའི་ཞལ་ནས། ཡུལ་འདི་ནས་བྱང་ཆུབ་སེམས་དཔའ་རྟགས་མཚན་ཅན་ཅིག་བྱོན་པར་འདུག་གསུངས། ཇོ་བོས་དོལ་གྱི་སེར་མ་དེ་གཞན་ལ་ཕན་སེམས་ཆེར་དགོངས་ནས་རགས་མཛད་པས་ད་ལྟ་ཡང་ལྷ་རྗེའི་རགས་ཟེར་སྐད། དོལ་གྱི་གནས་ཆུང་རྣམས་ལོ་པཎ་རྣམས་ལ་བསྙེན་བཀུར་བྱེད་པར་འདོད་པ་ལ་བསྐུས་ནས་བྱེད་པ་མ་བྱུང་། རེ་རེས་བྱེད་པ་ལ་ཆང་ཆུང་རེ་ལས་མ་ཐེག་པས་པཎ་ཆུང་རྣམས་དང་བོད་སྟོན་རྣམས་སྤྱན་དྲངས་ནས། ཇོ་བོ་ལུས་པ་ལ་དགེ་བཤེས་ཨཏྣ་དེ་བའི་ཞལ་ནས། མཐའི་མི་འདོད་མཁན་མེད་པ་འདི་ངས་བྱ་ཡིས་ཟེར་ནས་ཇོ་བོ་སྤྱན་དྲངས། སྟོན་མདའ་ཨཏྣ་དེ་བའི་ལྷ་ཁང་ལ་རབ་གནས་མཛད། ཇོ་བོའི་ཞལ་ནས། སྤྱན་རས་གཟིགས་ཞལ་བཅུ་གཅིག་པ་འདི་ལ་རབ་གནས་ལེགས་པ་ཡང་དག་པ་ཅིག་ཡོད་པས་དགོས་མཆོད་རེ་གྱིས། དེ་མ་ཆག་ན་ལེགས་པར་འོང་གིས་གསུངས།"[2]ཞེས་གསལ་བ་ལ་བརྟེན་ན་ཇོ་བོ་རྗེས་དོལ་ལུང་པར་ཆོས་དུང་བུས་པ་དང་ལྷ་རྗེ་རགས་རྩིག་པ། དེ་བཞིན་སྤྱན་རས་གཟིགས་ཀྱི་ཇོ་སྐུར་རབ་

① རྣམ་ཐར་འགར་དཔེ་ཁང་ཞེས་ཀྱང་འབྱུང་། འདི་ནི་དེང་སང་དོལ་གྱི་བར་ན་ཆགས་པའི་དཔལ་ཁང་དུ་འབོད་པའི་ལུང་ཆུང་ཞིག་ཡོད་པ་དེ་ཡིན། ལྟགས་སྟག་ཞིབ་གཞུང་དུ་ལྷིང་ལྷུང་ར་དཔལ་ཁང་བ་ཞེས་གསལ།

② འབྲོམ་སྟོན་རྒྱལ་བའི་འབྱུང་གནས་སོགས། ཇོ་བོ་རྗེ་དཔལ་ལྡན་ཨ་ཏི་ཤའི་རྣམ་ཐར་ཕྱོགས་བསྒྲིགས། བོད་ལྗོངས་མི་དམངས་དཔེ་སྐྲུན་ཁང་། 2015ཤ155–156

གནས་མཛད་པ་སོགས་ཀྱི་མཛད་པ་བཞེས་ལུགས་ལ་སེམས་ན་དུས་ཡུན་རིང་ཙམ་བཞུགས་པར་གདའ། ལྷ་རྗེ་རགས་འདི་ཉིད་སྣ་ཕོ་ལའི་[1]བྱུར་དུ་དེང་སང་ཤུལ་ཙམ་ལས་མེད། སྟོན་མདའ་ཨཏྲ་དེ་བའི་ལྷ་ཁང་དུ་བཞུགས་སུ་གསོལ་བའི་རྗེ་སྐུ་བྱིན་ཅན་འདི་ཉིད་ཀྱང་ལྷ་ཁང་དེ་དང་མཚུངས་པར་ས་ཤུལ་རྗེ་ཤུལ་ཙམ་ཡང་མཇལ་རྒྱུ་མེད་སོད། སྤྱན་རས་གཟིགས་བཅུ་གཅིག་ཞལ་གྱི་ལྷ་ཁང་གནས་སའི་ཁྲུལ་དེར་ཇོ་བོ་རྗེའི་ཐུགས་རྗེའི་བྱིན་རླབས་ཀྱིས་ས་ཞིང་གཞན་ལས་ལོ་ལེགས་བཟང་ལ། འབྲུ་རྗོག་ཆེ་བ་སོགས་ཀྱི་ཁྱད་ཆོས་མངོན་སུམ་ཚད་མའི་སྣང་ཡུལ་གྱུར་པས་ཇོ་བོའི་གསུང་གི་སྣང་བས་དོལ་ནང་མདོ་ཁོངས་ནས་དགེ་བཤེས་དོལ་པ་བ་ལ་སོགས་པའི་བསྟན་འཛིན་སྐྱེས་བུ་མང་དུ་བྱོན་པ་བཀའ་གདམས་ཆོས་འབྱུང་སོགས་སུ་གསལ། གཞན་དུ་ཇོ་བོ་གྲུའི་ཡུལ་དུ་ཞབས་སོར་འཁོད་ཚུལ་ནི། མཆིམས་ཀྱིས་མཛད་པའི་རྣམ་ཐར་དུ། "དེ་ནས་གྲ་ཕྱི་ཚོང་འདུས་གནས་པས་སྤྱན་དྲངས་ནས་ལྷ་ཁང་བྲེ་ཙམ་ཅིག་ལ་རབ་གནས་མཛད། དེའི་ཚེ་ཇོ་བོའི་ཞལ་ནས། ཆོས་སྐོར་ཆེན་པོ་གང་ན་ཡོད་གསུངས། ཀློག་གི་རི་སྣ་འདི་ནས་མཐོང་ལགས་ཞུས་པས། དགྱེས་ནས་དེར་བྱོན་སྐད། དེ་ནས་སེ་དམར་གྱི་གྲུ་ཚུགས་ལ་བྱོན་ནས་ཆོས་སྐོར་ཆེན་པོ་དཔལ་བསམ་ཡས་ལྷུན་གྱིས་གྲུབ་པའི་གཙུག་ལག་ཁང་དུ་ཕག་གི་ལོ་ལ་ཕྱག་ཕབ།"[2]ཅེས་གསུངས་པ་ལས་ཇོ་བོ་རྗེས་གྲ་ཕྱི་ཚོང་འདུས་ཀྱི་ལྷ་ཁང་དེ་དེང་སང་མཇལ་དུ་ཡོད་པའི་ཚོང་འདུས་དགོན་པའི་ལྷུག་ཁང་དེར་རབ་གནས་གནང་བ་དང་། དཔལ་བསམ་ཡས་དགོན་དུ་བྱོན་ནས་གསང་སྔགས་

① རི་འདི་དོལ་གཞུང་གཉིས་ཀྱི་ས་མཚམས་ཡིན། དེའི་མིང་གཞན་ལ་གནའ་བོ་ལ་ཞེས་ཀྱང་བྱུང་ལ། དོལ་པ་རྣམས་ཀྱིས་གནའ་ལ་ཞེས་འབོད།

② འཕྲོམ་སྟོན་རྒྱལ་བའི་འབྱུང་གནས་སོགས། ཇོ་བོ་རྗེ་དཔལ་ལྡན་ཨ་ཏི་ཤའི་རྣམ་ཐར་ཕྱོགས་བསྒྲིགས། བོད་ལྗོངས་མི་དམངས་དཔེ་སྐྲུན་ཁང་། 2015ཤ156

དཔེ་རྒྱུན་མང་དུ་མཇལ་བ་སོགས་ལ་གཞིགས་ན་ཇོ་བོ་གྲྭའི་ཡུལ་དུ་དུས་ཡུན་རིང་ཙམ་ཞིག་བཞུགས་ཚོད་འདུག མདོར་ན་ཇོ་བོ་རྗེ་དབུས་གཙང་སྤྱི་དང་ཁྱད་པར་གཡོར་པོའི་ཡུལ་ཚན་གྲྭ་དཀྱིལ་གཞུང་གསུམ་དུ་གནས་དང་རྟེན་ཆེ་ཆུང་མང་པོར་ཞབས་སོར་འཁོད་དེ་བསྟན་པ་དང་སྐྱེ་འགྲོའི་དོན་དུ་བླ་ན་མེད་པའི་མཛད་པ་ལྷུར་བཞེས་པའི་ཚུལ་ནི་ཇོ་བོའི་རྣམ་ཐར་དང་ཕྱིས་བྱོན་པའི་གྲྭ་དཀྱིལ་གཞུང་གསུམ་གྱི་བསྟན་འཛིན་སྐྱེས་བུ་རྣམས་ཀྱི་རྣམ་ཐར་སོགས་ལས་ངེས་ཤེས་རྙེད། རྒྱུ་མཚན་དེའི་ཕྱིར་ན། འཇམ་མགོན་བླ་མ་ཙོང་ཁ་པ་ཆེན་པོས། "ཤིང་རྟ་ཆེན་པོའི་སྲོལ་འཛིན་མར་མེ་མཛད། །"[①]ཅེས་ལམ་རིམ་གསོལ་འདེབས་སུ་ཆེ་བསྟོད་བླ་ལྷག་མཛད་པ་སོགས་ཀུང་གནད་ཀྱི་སྙིང་པོར་གཟིགས་ནས་གསུངས་པ་དོན་ཆེན་པོ་ལྡན་པར་སེམས་སོ། །

## དང་པོ། ཇོ་བོ་རྗེ་དང་འབྲེལ་བའི་བཀའ་གདམས་པའི་ལྷ་བའི་སྐོར།

ཇོ་བོ་རྗེ་ནི་སངས་རྒྱས་བསྟན་པ་སྤྱི་དང་བྱེ་བྲག་བོད་བརྒྱུད་ནང་བསྟན་ལ་བཀའ་དྲིན་ལྷག་པར་ཆེ་བའི་སྐྱེས་བུ་དམ་པ་ཞིག་ཡིན་ལ། ཇོ་བོ་རྗེའི་ཐུགས་རྗེའི་དྲིན་གྱིས་བོད་འདིར་སངས་རྒྱས་བསྟན་པའི་རྗེས་འཇུག་པ་མཁས་ཤིང་གྲུབ་པའི་དབང་ཕྱུག་ནམ་མཁའི་སྐར་ཚོགས་ལྟར་བྱུང་ལ། ཁྱད་པར་ཕྱིས་བྱོན་པའི་ས་དགེ་བཀའ་རྙིང་ལ་སོགས་པའི་མཁས་པ་རྣམས་ཀྱིས་ཇོ་བོའི་བསྟོད་པ་མ་མཛད་པ་ཁ་ལམ་མེད་པ་དང་། དུས་ཕྱིས་ཀྱི་ཆོས་བརྒྱུད་རིས་མེད་ཀྱི་བསྟན་འཛིན་སྐྱེས་བུ་མང་དག་ཅིག་ཇོ་བོ་བཀའ་གདམས་པའི་གདན་ས་དྲུག་ཏུ་ཆོས་སྐོར་བཞུགས་པ་དང་། གྲྭ་སྐོར་མཛད་པའམ་གཞུང་ལུགས་ལ་ཐོས་བསམ་སྒོམ་གསུམ་མཛད་དེ་མཁས་པའི་ཐུལ་དུ་གྱུར་པ་ནི་གྲངས་ལས་འདས་པས། ཇོ་བོ་རྗེ་ནི་བོད་བརྒྱུད་ནང་བསྟན་གྱི་

[①] རྗེ་ཙོང་ཁ་པའི་གསུང་འབུམ་བཞུགས་སོ། ཁ་པ། ཀྲུང་གོའི་བོད་རིག་པ་དཔེ་སྐྲུན་ཁང་། 2012 ཤ 177

བསྟན་པར་ཤ་ཚ་ལ། བསྟན་པ་ཐམས་ཅད་གྲུ་བཞི་ལམ་དུ་ཁྱེར་ཤེས་པའི་[1]མཁས་པའི་དབང་པོ་ཞིག་དང་། སྙིགས་དུས་གངས་ཅན་བསྟན་འགྲོའི་སྐྱེས་སུ་བྱོན་པའི་བྱང་ཆུབ་སེམས་དཔའ་ཞིག་ཀྱང་ངོ་། །ཕྱིས་བྱོན་པའི་ས་ལུགས་ཀྱི་གོང་མ་རྣམ་ལྔའི་ཡ་གྱལ་མཁས་པ་རྗེ་བཙུན་བསོད་ནམས་རྩེ་མོ་དང་། སྔ་འགྱུར་རྙིང་མའི་མཁས་པའི་ཏོག་ཏུ་མངའ་གསོལ་བ་རྒྱལ་བ་ཀློང་ཆེན་རབ་འབྱམས་པ་དྲི་མེད་འོད་ཟེར། བཀའ་བརྒྱུད་པའི་ཡབ་མེས་དྭགས་པོ་ལྷ་རྗེ་རྣམས་ནི་ཇོ་བོའི་ཆོས་རྒྱུན་དང་འབྲེལ་བ་དམ་ཟབ་ལྡན་པའི་མཁས་པར་སོང་བས། དེ་དག་ལས་བརྒྱུད་པའི་སློབ་བརྒྱུད་རྣམས་ནི་ཕལ་ཆེ་བ་ཇོ་བོའི་ཆོས་སྦྱིན་དང་གསུང་གི་གནང་བ་ཐོབ་པའི་མཁས་པའི་གྲལ་དུ་ཚུད་པ་ནི་ལོ་རྒྱུས་དང་རྣམ་ཐར་དག་ལ་གསལ་བར་འཇོད་དོ། །དེས་ན། ཇོ་བོ་རྗེ་དཔལ་ལྡན་ཨ་ཏི་ཤ་ནི་བོད་སྟོན་པ་སྤྱིས་བསྟན་པ་ཕྱི་དར་དུས་སུ་མདོ་ཕྱོགས་ལ་མཛད་པ་བླ་ན་མེད་པའི་སྐྱེས་ཆེན་དམ་པ་ཞིག་ཏུ་བརྩིས་ནས་བོད་ཀྱི་ཆོས་བརྒྱུད་རིས་མེད་ཀྱི་དགོན་སྡེ་ཕལ་ཆེ་བར་ཇོ་བོ་རྗེའི་སྐུ་འདྲ་ཆེ་ཆུང་མེད་པ་རེ་

① བསྟན་པ་ཐམས་ཅད་གྲུ་བཞི་ལམ་དུ་འཁྱེར་ཤེས་ཞེས་པའི་དོན་ནི་གུང་ཐང་རིན་པོ་ཆེས་མཛད་པའི་རྒྱལ་བ་གཉིས་པ་ལ་བསྟན་པའི་སྙིང་པོ་གསལ་བར་མཛད་པའི་ཚུལ་ལས་བཏུས་ཏེ་བསྟོད་པ་དོན་དང་ལྡན་པའི་རྒྱ་ཆེར་འགྲེལ་པ་བསྟན་པའི་དེ་ཉིད་སྣང་བ་ཞེས་བྱ་བར་བཞུགས་སོ་ཞེས་པར་བསྟན་པ་ཐམས་ཅད་གྲུ་བཞི་ལམ་གྱིས་འཁྱེར་ཞེས་པའང་། དམ་པ་འགའ་ཞིག་ཤོའི་རྡེའུ་ཇི་ལྟར་འཕང་ཡང་གྲུ་བཞི་ལམ་གྱིས་འབབ་པ་བཞིན། ཉམས་ལེན་གྱི་སྒོ་གང་ནས་བརྩམས་ཀྱང་བསྟན་པའི་གནད་ཐམས་ཅད་དེའི་ནང་དུ་ཁྲིག་ཁྲིག་འདུས་ནས་འོང་བ་ལ་བཞེད་པ་དང་། ལ་ལ་སྡེ་སྣོད་གསུམ་དང་རྒྱུད་སྡེ་བཞི། བསླབ་པ་གསུམ་དང་སྔགས་ཀྱི་ལམ་སྟེ་ལུང་རྟོགས་ཀྱི་གྲུ་བཞི་བཞིར་བྱས་ནས་དེ་ཐམས་ཅད་ཚང་བའི་དོན་བཞེད་ལ། རྗེ་ངག་དབང་བྱམས་པའི་དྲིས་ལན་ཞིག་ཏུ་སྐྱེས་བུ་ཆུང་འབྲིང་གི་ངེས་འབྱུང་གི་བསམ་པ་རྣམ་དག་འཁོར་བཅས་ཡན་གྲུ་གཅིག མན་ངག་བདུན་བསླབ་བྱ་ཕར་ཕྱིན་དང་པོ་ལྔ་དང་བཅས་པ་གྲུ་གཅིག ཤེས་རབ་ཀྱི་ཕར་ཕྱིན་མཐའ་བྲལ་ལྟ་བའི་སྐོར་གྲུ་གཅིག གསང་སྔགས་རྡོ་རྗེ་ཐེག་པའི་སྐོར་གྲུ་གཅིག་ཏུ་འཇོག། ཅེས་ལམ་གྱི་གཙོ་བོ་རྣམ་པ་གསུམ་སྔགས་དང་བཅས་པ་གསུངས་པ་རྣམས་བཤད་ཚུལ་གྱི་རྣམ་གྲངས་ཐ་དད་པ་ཙམ་ལས་དོན་གཅིག་ཅེས་གསུངས་སོ། །འདི་ཉིད་ལེགས་བཤད་གཅིག་ཏུ་འདུག་གོ །གསུང་རྒྱུན་དེ་ནི་གུང་ཐང་བསྟན་པའི་སྒྲོན་མེའི་གསུང་འབུམ་ག་པའི་ལྷུགས་དཔར་ཤོག་ངོས་217ལ་གསལ།

རེ་མཇལ་རྒྱུ་ཡོད། ཇོ་བོ་རྗེ་བོད་དུ་བྱོན་མཛད་པའི་སྐོར་ལ་ལོ་རྒྱུས་དང་རྣམ་ཐར་དག་ལས་མང་དུ་བཤད་མོད། འདིར་ནི་ལམ་རིམ་ཆེན་མོའི་དགོངས་པ་ལྟར་བྱས་ན། ཇོ་བོ་བོད་ན་ཕྱིན་དགུང་ལོ་བཅུ་བདུན་རིང་དམ་ཆོས་ཁོ་ནའི་སླད་དུ་དང་སྐྱེ་འགྲོའི་དོན་རྒྱ་ཆེན་པོ་མཛད་པ་འདི་ཀོ་དག་པར་མཐོང་ངོ་། །

ཇོ་བོ་རྗེ་བོད་དུ་ཕེབས་དུས་བོད་ཀྱི་བསྟན་པའི་གནས་སྟངས་ནི་མདོ་ལ་བརྟེན་ནས་སྔགས་ཅ་འབྱིད་པ་དང་། སྔགས་ལ་བརྟེན་ནས་མདོ་ཅ་འབྱིད་པའི་ལུགས་ཏེ། མདོ་སྔགས་སོ་སོར་བཞེད་ནས་བོད་སྟོན་པ་རྣམས་མདོ་ལས་སྔགས་ཁྱད་པར་འཕགས་པའི་ལུགས་ཤིག་དང་། ཁ་ཅིག་སྔགས་ལས་མདོ་ཁྱད་དུ་འཕགས་པའི་ལུགས་གཉིས་སུ་གྱེས། མདོ་སྔགས་བསྟན་པ་ཟུང་འབྲེལ་དུ་མིན་པར་སོ་སོར་བྱ་བའི་ལུགས་ལྷག་པར་དར་ཞིང་། ཆོས་ལོག་པ་མང་དུ་དར་བའི་དུས་སྐབས་ཤིག་དང་། ལོ་རྒྱུས་ཐོག་མ་རྒྱུད་ཆང་ཞིམ་པ་སྨྲུམ་དང་། ཕ་རྒྱུད་རྒྱུད་ཕྱུ་ཧི་ཡོངས་བརྩམས་པར་བྱའོ་ཞེས་པའི་གཏམ་གྲགས་ཤིང་། དོན་དུ་སངས་རྒྱས་བསྟན་པར་རྨ་འབྱིན་པའི་དུས་ཚོད་དུ་འཁེལ་བས་བསྟན་པར་ཕྱི་དོར་རམ་དག་ཐེར་རྒྱ་ཆེར་མཛད་ནས་བསྟན་པའི་སྲོལ་ཞུབ་པ་རྣམས་ཇོ་བོས་སླར་གངས་རིའི་ཁྲོད་འདིར་གསོ་བར་མཛད། དེ་ཡང་ཇོ་བོ་ཆེན་པོ་དཔལ་ལྡན་ཨ་ཏི་ཤའི་རྣམ་ཐར་དུ། "རྒྱ་གར་མཁན་པོ་བོད་དུ་བྱོན་ནོ་ཞེས། །ཁ་བ་ཅན་དུ་ཕྱི་དོར་བྱས་ནས་གདའ། །"[①]ཞེས་གསལ་ལ། བསམ་ཡས་དཀར་ཆག་དད་པའི་སྒོ་འབྱེད་དུ། "ལྷ་བཞི་དང་ཆོས་སྡེ་སྡོད་གསུམ་སྟེ་ལྷ་ཆོས་བདུན་ལྡན་གྱི་རྣམ་ཐར་གཙང་མ་ཕྱོགས་ཀུན་ཏུ་སྤེལ་བས། གངས་རིའི་དཔལ་གྱི་དོ་ཤལ་རིང་པོར་འགྱུར་བའི་དགེ་མཚན་གྱི་སྣང་

① འབྲོམ་སྟོན་རྒྱལ་བའི་འབྱུང་གནས་སོགས། ཇོ་བོ་རྗེ་དཔལ་ལྡན་ཨ་ཏི་ཤའི་རྣམ་ཐར་ཕྱོགས་བསྒྲིགས། བོད་ལྗོངས་མི་དམངས་དཔེ་སྐྲུན་ཁང་། 2014ཤ243

བ་དཀར་པོ་འཇུམ་པའི་བསིལ་ལྡན་འཛིན་མའི་ཁྱོན་ཀུན་ཇོ་བོ་བཀའ་གདམས་པའི་རིང་ལུགས་དྲི་མ་མེད་པ་དར་ཡུག་གཅིག་གིས་ཁྱབ་པ་ནི། ཀུན་མཁྱེན་པདྨ་དཀར་པོས། དེའང་ཇོ་བོ་བོད་དུ་ཕྱིན་ནས་བླ་ཆེན་གྱི་བརྒྱུད་འཛིན་ཀུན་ཀྱང་ཇོ་བོའི་ཞལ་སློབ་ཏུ་སོང་བའི་སྐབས་ཀྱིས་གནས་གཞི་ཕལ་ཆེར་བཀའ་གདམས་ངག་ཏུ་སྨྲ་བས་བཀའ་གདམས་པར་གྲགས་པ་དེར་སོང་ངོ་། །ཞེས་གསུངས་པ་ལྟར་ལགས།”[1]ཞེས་གསུངས་ཞིང་། མཆིམས་ཀྱིས་མཛད་པའི་ཇོ་བོའི་རྣམ་ཐར་ལས། “དུས་དེ་ཙམ་ན་བོད་མི་ཕལ་ཆེར་འཚོགས་པས་རབ་ཏུ་བྱུང་བ་རྣམས་ཚུལ་ཁྲིམས་ལ་བཀོད། སྔགས་པ་རྣམས་དམ་ཚིག་ལ་བཀོད། ཁྱིམ་པ་རྣམས་བསྙེན་གནས་ལ་བཀོད་ནས་ཆོས་ཐམས་ཅད་ལག་ལེན་ལ་གདབ་ཏུ་རུང་བར་མཛད་ནས་བོད་ལ་ཕན་ཟངས་ཀྱིས་བཏགས།”[2]ཞེས་བྱུང་བ་དང་། ཇོ་བོ་ཆེན་པོ་རྗེ་ལྷ་ཅིག་གི་རྣམ་པར་ཐར་བ་བཞུགས་ཞེས་པར། “གཡོར་སྟོད་དུ་རྩད་པོ་གཅིག་གིས་ཆང་བཙོངས། སྐྱིད་ཤོད་དུ་གཅིག་གིས་ཉ་བཤོད། མལ་གྲོར་རྩད་པོ་གཅིག་གིས་ར་བཙས་པས་ཇོ་བོ་མ་མཉེས་ནས། བོད་འདི་ན་རབ་བྱུང་ནཱ་རྡཱ[3]སྤྱོད་པ་བྱེད། ར་ཛ[4]འབངས་ཐ་མལ་པའི་སྤྱོད་པ་བྱེད་པ་ཡེ་མི་རུང་གསུངས་སོ། །”[5]ཞེས་དང་། འབྲོམ་སྟོན་རྒྱལ་བའི་འབྱུང་གནས་ཀྱིས་མཛད་པའི་བླ་མའི་རྣམ་པར་ཐར་པ་རིན་པོ་ཆེའི་ཚོགས་བསྟན་

① བཤད་སྒྲ་གུང་དབང་ཕྱུག་རྒྱལ་པོ། བསམ་ཡས་དཀར་ཆག་དད་པའི་སྙོ་འབྱེད། བོད་ལྗོངས་བོད་ཡིག་དཔེ་སྙིང་དཔེ་སྐྲུན་ཁང་། 2013ཤ55

② འབྲོམ་སྟོན་རྒྱལ་བའི་འབྱུང་གནས་སོགས། ཇོ་བོ་རྗེ་དཔལ་ལྡན་ཨ་ཏི་ཤའི་རྣམ་ཐར་ཕྱོགས་བསྒྲིགས། བོད་ལྗོངས་མི་དམངས་དཔེ་སྐྲུན་ཁང་། 2014ཤ351

③ ནཱ་རྡཱ་ཞེས་པ་ཡི་གེ་དག་པ་ལ་ནཱ་ཛ་ཡིན་གྱི་ཡིག་མཁན་གྱིས་ནོར་བ་འདྲ། བོད་སྐད་དུ་བསྒྱུར་ན་རྒྱལ་པོའམ་བཙན་པོ། བཙད་པོའི་དོན་དུ་འཇུག

④ ར་ཛ་ཞེས་པ་ནཱ་ཛར་བྱས་ན་གོ་བར་སླ།

⑤ འབྲོམ་སྟོན་རྒྱལ་བའི་འབྱུང་གནས་སོགས། ཇོ་བོ་རྗེ་དཔལ་ལྡན་ཨ་ཏི་ཤའི་རྣམ་ཐར་ཕྱོགས་བསྒྲིགས། བོད་ལྗོངས་མི་དམངས་དཔེ་སྐྲུན་ཁང་། 2014ཤ349

པ་དམ་པའི་ཆོས་ཀྱི་འབྱུང་གནས་ཞེས་བྱ་བར། "ཚུལ་ཁྲིམས་དབང་པོ་ལ་སོགས་པ་པཎྜི་ཏ་བསམ་གྱིས་མི་ཁྱབ་པ་ལྔ་བཅུ་རྩ་གཉིས་ཙམ་ཡོད་ཀྱང་ཐམས་ཅད་རང་ས་རང་ནས་ངོ་མཚར་ཆེ་མོད། འོ་སྐོལ་ལ་མགོན་པོ་ཨ་ཏི་ཤ་མིན་པས་ཕན་མེད་གསུངས།"①ཞེས་པ་དང་། ཐུའུ་བཀྭན་གྲུབ་མཐར། "འབྲོམ་གྱི་ཞལ་ནས། བསྟན་པ་ཐམས་ཅད་གྲུ་བཞི་ལམ་གྱིས་འཁྱེར་ཤེས་པ་ངའི་བླ་མ་ཞེས་པ་དང་། རྣལ་འབྱོར་བ་ཆེན་པོས་གདམས་ངག་ནང་བྱན་ཆུད་པ་ནི། བེའུ་བུམ་ལག་མཐིལ་ཙམ་ཞིག་ལ་ངེས་པ་སྙེད་པ་ལ་མི་ཟེར་གྱི། གསུང་རབ་ཐམས་ཅད་གདམས་ངག་ཏུ་གོ་བ་ལ་ཟེར་བ་ཡིན། ཞེས་གསུངས་པ་དང་། སྒོམ་པ་རིན་ཆེན་བླ་མས། འདུལ་བ་སྔགས་ཀྱི་གྲོགས། སྔགས་འདུལ་བའི་གྲོགས་སུ་འཁྱེར་ཤེས་པ་ངའི་བླ་མའི་བཀའ་བརྒྱུད་མིན་པ་མེད། ཅེས་གསུངས་པ་ལྟར། སྤྱིར་རྒྱལ་བའི་གསུང་རབ་ལ་སྤོང་ལེན་མི་བྱེད་པར་ཐམས་ཅད་གང་ཟག་གཅིག་འཚང་རྒྱ་བའི་ཆ་རྐྱེན་དུ་འཁྱེར་བ་བཀའ་གདམས་པའི་ཁྱད་ཆོས་ཡིན།"②ཞེས་སོགས་འཕོད་པའི་རྣམ་ཐར་དང་ཡི་གེ་ཁུངས་མ་རྣམས་ལ་གསལ་ལོ། །

ཇོ་བོ་རྗེའི་ལྟ་བ་གང་བཞེད་མིན་ནི་སྔོན་གྱི་མཁས་པ་རྣམས་ཀྱིས་ཞལ་གཅིག་ཏུ་དབུ་མ་ཐལ་འགྱུར་བར་བཞེད་པར་བཤད། འོ་ན་ཇོ་བོ་རྗེའི་ལྟ་བ་དབུ་མ་ཐལ་འགྱུར་བ་ཡིན་པའི་སྒྲུབ་བྱེད་ཅི་ཡོད་ཅེ་ན། ལན་དུ་གསོལ་བ། བདེན་གཉིས་ལ་འཇུག་པར། "སྟོང་ཉིད་གང་གིས་རྟོགས་ཤེ་ན། །དེ་བཞིན་གཤེགས་པས་ལུང་བསྟན་ཅིང་། །ཆོས་ཉིད་བདེན་པ་གཟིགས་པ་ཡི། །ཀླུ་སྒྲུབ་སློབ་མ་ཟླ་

① འབྲོམ་སྟོན་རྒྱལ་བའི་འབྱུང་གནས་སོགས། ཇོ་བོ་རྗེ་དཔལ་ལྡན་ཨ་ཏི་ཤའི་རྣམ་ཐར་ཕྱོགས་བསྒྲིགས། བོད་ལྗོངས་མི་དམངས་དཔེ་སྐྲུན་ཁང་། 2014ཤ418

② ཐུའུ་བཀྭན་བློ་བཟང་ཆོས་ཀྱི་ཉི་མ། ཐུའུ་བཀྭན་གྲུབ་མཐའ། ཀན་སུའུ་མི་རིགས་དཔེ་སྐྲུན་ཁང་། 2010ཤ104-105

གྲགས་ཡིན། །དེ་ལས་བརྒྱུད་པའི་མན་ངག་གིས། །ཆོས་ཉིད་བདེན་པ་རྟོགས་པར་འགྱུར། །"[①]ཞེས་གསུངས་པ་དང་། ཆོས་ཀྱི་དབྱིངས་སུ་བལྟ་བའི་སླུར། "དབུ་མ་ཉིད་དུ་བསྒོམ་པར་བྱ། །ཡོད་མིན་མེད་མིན་ཡོད་མེད་མིན། །གཉིས་མིན་བདག་ཉིད་དུ་ཡང་མིན། །མཐའ་བཞི་ལས་ནི་ངེས་གྲོལ་བ། །དེ་ཉིད་དབུ་མར་མཁས་རྣམས་བཞེད། །དབུ་མའི་མཐའ་ལས་རྣམ་གྲོལ་ན། །མཐའ་དང་བྲལ་ཞིང་དབུ་མའང་མེད། །མཐའ་དབུས་མེད་པར་གང་ལྟ་བ། །དེ་ནི་ཡང་དག་ལྟ་བ་སྟེ། །བླ་ན་མེད་པའི་ལྟ་བ་ཡིན། །བློ་ལྡན་རྣམས་ཀྱིས་རྟག་ཏུ་སྒོམས། །"[②]ཞེས་གསུངས་པ་ལས་ཇོ་བོའི་མཐར་ཐུག་གི་ལྟ་བ་རྩ་འཛུག་བཞི་གསུམ་གྱི་གསུང་རིས་དང་མཇིན་གཅིག་དང་དབྱངས་གཅིག་ཏུ་འདུག་པས་ཐལ་འགྱུར་བའི་ལྟ་བ་ཡིན་པ་གསལ་བ་དང་། དབུ་མའི་མན་ངག་རིན་པོ་ཆེའི་ཟ་མ་ཏོག་ཁ་ཕྱེ་བ་བཞུགས་སོ་ཞེས་པར། "སློབ་དཔོན་ཀླུ་སྒྲུབ་ཀྱི་བརྒྱུད་པའི་གདམས་ངག་བྲི་བར་བྱའོ། །"[③]ཞེས་གསུངས་པས་ཇོ་བོ་ཉིད་ཀྱི་མན་ངག་གི་བརྒྱུད་དཔལ་མགོན་ཀླུའི་ཞབས་ལ་གཏུགས་ཤིང་། མཐར་གཏུགས་ཀྱི་དགོངས་པའང་ཀླུ་སྒྲུབ་ཡབ་སྲས་ཀྱི་བཞེད་དགོངས་དང་ཆ་ཡོངས་སུ་མཐུན་ཏེ། དབུ་མའི་མན་ངག་གི་འབུམ་ལས། "དེ་ལྟར་དོན་བསྡུ་བ་ན་ཚུ་རོལ་མཐོང་བའི་མངོན་སུམ་དང་རྗེས་སུ་དཔག་པ་གཉིས་ཀྱིས་ཆོས་ཉིད་མི་རྟོགས་པ་དང་། ཀླུ་སྒྲུབ་སློབ་མ་ཟླ་བ་གྲགས་པ་ལས་བརྒྱུད་པའི་གདམས་པ་ལ་བརྟེན་

① ཇོ་བོ་རྗེ་དཔལ་ལྡན་ཨ་ཏི་ཤའི་གསུང་འབུམ་བཞུགས་སོ། །སྨད་ཆ། བོད་ལྗོངས་བོད་ཡིག་དཔེ་རྙིང་དཔེ་སྐྲུན་ཁང་། 2012ཤ2

② ཇོ་བོ་རྗེ་དཔལ་ལྡན་ཨ་ཏི་ཤའི་གསུང་འབུམ་བཞུགས་སོ། །སྨད་ཆ། བོད་ལྗོངས་བོད་ཡིག་དཔེ་རྙིང་དཔེ་སྐྲུན་ཁང་། 2012ཤ27–28

③ ཇོ་བོ་རྗེ་དཔལ་ལྡན་ཨ་ཏི་ཤའི་གསུང་འབུམ་བཞུགས་སོ། །སྨད་ཆ། བོད་ལྗོངས་བོད་ཡིག་དཔེ་རྙིང་དཔེ་སྐྲུན་ཁང་། 2012ཤ3

ནས་བསྒོམས་ན་དེ་རྟོགས་པར་འགྱུར་བ་དང་། བུདྡྷའི་①ཆོས་ཐེ་སྙིང་གསུངས་པ་ཐམས་ཅད་ཀུང་སྟོང་པ་ཉིད་རྟོགས་པའི་ཐབས་སུ་གསུངས་ལ། དེ་རྟོགས་ན་གྲོལ་བ་ཐོབ་ཅིང་། དེ་ཉིད་རྟོགས་པ་ལ་སྒོམ་པ་གཞན་ཐམས་ཅད་དགོས་པར་བསྟན་པ་ཡིན་ནོ། །"②ཞེས་གསུངས་པ་སོགས་ཀྱི་གསུང་རྒྱུན་ཁག་ལ་ལྟོས་ན་ཇོ་བོ་རྗེའི་ཞི་ལུགས་ཀྱི་ལྟ་བ་དབུ་མ་ཐལ་འགྱུར་བ་ཁོ་ནར་ཉམས་བཞེས་མཛད་པ་རྟོགས་སོ། །གཞན་དུ་ན། ཁ་ཅིག་གིས་ཇོ་བོ་རྗེ་ཉིད་རྣལ་འབྱོར་སྤྱོད་པའི་དབུ་མ་རང་རྒྱུད་པའི་ལྟ་བར་མོས་ཤེ་ན། དེ་ནི་ཇོ་བོས་བླ་མའི་བཀའ་བཞིན་དུ་ཉམས་སུ་ལེན་པ་ལས་ཕྱུགས་ཀྱི་ལྟ་བ་དབུ་མ་ཐལ་འགྱུར་བར་མོས་ཚུལ་བེའུ་བུམ་སྔོན་པོའི་རྩ་འགྲེལ་དུ་བཤད། བེའུ་བུམ་སྔོན་པོར། "བཅོམ་ལྡན་བྱམས་པ་ནས་བརྒྱུད་མཐའ་ཞིང་། །གྲུབ་མཐའ་སློབ་དཔོན་ཀླུ་ནས་བརྒྱུད་པ། །སློབ་དཔོན་ཟླ་གྲགས་བསྐྱལ་བའི་ལུགས་དང་། །ཉིད་ཀྱི་ལོ་བདུན་རྗེས་འབྲངས་བླ་མ། །ཨ་ཝ་ལུགས་ཀྱི་རྣལ་འབྱོར་དབུ་མ། །བཞེད་པའི་ལུགས་ཀྱི་རྟེན་པ་བཞི་པོ། །གཏན་ལ་ཕབ་པས་ལག་ཏུ་བླང་བྱ། །"③ཞེས་གསུངས་པ་དང་། ཚིགས་སུ་བཅད་པ་དེ་དག་གི་དགོངས་འགྲེལ་བེའུ་བུམ་སྔོན་པོའི་འགྲེལ་པར། "སངས་རྒྱས་ཀྱི་དགོངས་པ་ཕྱིན་ཅི་མ་ལོག་པར

① བུདྡྷ་ཞེས་པ་ལ་བུ་དྡྷ་ཞེས་ཀྱང་བྱུང་། སྔོན་གྱི་ལོ་ཙཱ་བ་རྣམས་ཀྱིས་བོད་སྐད་དུ་སངས་རྒྱས་ཞེས་པར་འགྱུར་མཛད་དེ། སྒྲ་སྦྱོར་བམ་པོ་གཉིས་པ་ལས། བུདྡྷ་ཞེས་བྱ་བའི་སྒྲ་ལས་དྲངས་ན་གཅིག་ཏུ་ན། གཏི་མུག་གི་གཉིད་སངས་པས་ན་མི་གཉིད་སངས་པ་བཞིན་ཏེ། སངས་པ་ལ་སྦྱིགས། ཡང་རྣམ་པ་གཅིག་ཏུ་ན། བློ་བྱེ་ཞིང་རྒྱས་པས་ན། པད་མ་ཁ་ཕྱེ་ཞིང་རྒྱས་པ་དང་འདྲ་བར་ཡང་བཤད་དེ་སངས་རྒྱས་ཞེས་བྱ། ཚིག་གི་དོན་སྤྱིར་ན་ཆོས་ཐམས་ཅད་ཐུགས་སུ་ཆུད་ཅིང་མ་ལུས་པར་བྱང་ཆུབ་པ་ལ་བྱ། ཞེས་གསལ། དཀར་ཆག་འཕང་ཐང་མ། སྒྲ་སྦྱོར་བམ་པོ་གཉིས་པ། མི་རིགས་དཔེ་སྐྲུན་ཁང་། 2003 ཤ 74

② ཇོ་བོ་རྗེ་དཔལ་ལྡན་ཨ་ཏི་ཤའི་གསུང་འབུམ་བཞུགས་སོ། །སྨད་ཆ། བོད་ལྗོངས་བོད་ཡིག་དཔེ་སྙིང་དཔེ་སྐྲུན་ཁང་། 2012ཤ94

③ དོལ་པ་ཤེས་རབ་རྒྱལ་མཚན། ཇོ་བོ་ལྷ་འབྲི་སྒང་པ། བཀའ་གདམས་ཀྱི་མན་ངག་བེའུ་བུམ་སྔོན་པོའི་རྩ་འགྲེལ་བཞུགས་སོ། །སེར་གཙུག་ནང་བསྟན་དཔེ་སྙིང་འཚོལ་བསྡུ་ཕྱོགས་སྒྲིག་ཁང་ནས་བསྒྲིགས། ཤ 23

གཏན་ལ་འབེབས་པར་བྱེད་པ་སངས་རྒྱས་ཉིད་ཀྱིས་མདོ་དུ་མ་ནས་ལུང་བསྟན། སློབ་དཔོན་ཀླུ་སྒྲུབ་ནས་བརྒྱུད་པ་ཡང་ཇོ་བོར་མངའ་སྟེ། སློབ་དཔོན་གྱི་དགོངས་པ་ཟླ་བ་གྲགས་པས་བཀྲོལ་བའི་དོན་དམ་ཀུན་རྫོབ་ཐམས་ཅད་ཡོད་མེད་ཀྱི་མཐའ་ལས་འདས་པ་དབུ་མ་ཆེན་པོའི་ལུགས། རིག་པའི་ཁུ་བྱུག་ནས་མར་བརྒྱུད་པ་ཡང་མངའ་བས། ཇོ་བོ་ཉིད་ཀྱང་ཞུགས་ལྟ་བ་དེ་ལ་མོས་པ་ཡིན་སྐད། ཡང་ཇོ་བོ་རབ་ཏུ་མ་བྱུང་ཙ་ན་དགུང་ལོ་ཕྱེད་དང་བརྒྱད་ཕྱག་ཕྱིར་འབྲངས་པའི་བླ་མ་ཨ་ཝ་རྡྷུ་ཏི་པས་དགོངས་པ་བཀྲོལ་བའི་རྣལ་འབྱོར་སྤྱོད་པའི་དབུ་མའི་ལུགས། ཀུན་རྫོབ་ཡུལ་ཅན་ཤེས་པ་འཁྲུལ་པའི་སྣང་བ་ཙམ་དུ་བཞེད་པའི་གདམས་ངག་ཀྱང་ཇོ་བོ་ལ་མངའ་སྟེ། བླ་མའི་བཀས་ལྟ་བ་དེ་འཛིན་པ་ལེགས་པར་གདའ་བས་དེ་དག་ལ་བརྟེན་པར་བྱ་སྟེ་ངེས་དོན་དུ་བཟུང་ལ་ཡིད་ཆེས་པའི་སྒོ་ནས་སྒྲུབ་པ་ཉམས་སུ་བླངས་བར་བྱའོ། །"[1]ཞེས་གསུངས་པའི་ལེགས་བཤད་ཉི་མའི་འོད་ཀྱིས་སྐལ་བ་ངན་པའི་འབྱུང་པོའི་བྱ་རྣམས་ཞོག་པར་བྱེད་དོ། །

ཇོ་བོའི་མན་ངག་ལས་བརྒྱུད་པའི་ཇོ་བོ་བཀའ་གདམས་པ་རྣམས་ཀྱི་ལྟ་བ་ལ་ལུགས་ཆེན་པོ་གཉིས་སུ་གྱེས་ཏེ། དེ་དག་གི་རྩ་བ་པ་ཚབ་བུ་བཞིར་ཕྱུག་པར་ཟད་དོ། །དེ་ཡང་པ་ཚབ་ལོ་ཙཱ་བའི་བུ་བཞིའི་གྲས་ནས་རྨ་བྱ་བྱང་ཆུབ་བརྩོན་འགྲུས་ཀྱི་ལྟ་བ་འདི་ཉིད་ཐལ་འགྱུར་བ་ཁོ་ནར་སོང་ཞིང་། ཆོག་དོན་གང་ཐད་ནས་དཔལ་ལྡན་ཟླ་བའི་ལེགས་བཤད་དྲི་མ་མེད་པའི་གསུང་རིས་བསྐྱངས་པའི་ལུགས་ཤིག་དང་། གཞན་ཞིག་ནི་ཞང་ཐང་སག་པ་ཡེ་ཤེས་འབྱུང་གནས་འོད་ཀྱི་རིང་ལུགས་དེའོ། །ཞང་ཐང་སག་པ་ཡབ་སྲས་ལས་བརྒྱུད་པའི་ལྟ་བ་འདི་ཉིད་དབུ་མ་བར་

① དོལ་པ་ཤེས་རབ་རྒྱ་མཚོ། ཇོ་བོ་ལྷ་འབྲི་སྒང་པ། བཀའ་གདམས་ཀྱི་མན་ངག་བེའུ་བུམ་སྔོན་པོའི་རྩ་འགྲེལ་བཞུགས་སོ། །སེར་གཙུག་ནང་བསྟན་དཔེ་རྙིང་འཚོལ་བསྡུ་ཕྱོགས་སྒྲིག་ཁང་ནས་བསྒྲིགས། ཤ 119

ཁས་འཆེས་ཀྱང་། ཞིབ་ཏུ་དཔྱད་ན་རྩ་འཛུག་བཞི་གསུམ་དང་དོན་མི་མཐུན་པའི་གསུང་རིས་ཐོན་ལ། དེ་དག་གི་བཞེད་པའི་དབུ་མའི་ལྟ་བ་འདི་དག་ལ་སྔར་གྱི་མཁས་པ་རྣམས་ཀྱིས་དཔྱད་པ་མང་དུ་མཛད་པའི་སྐོར་རྗེ་སྒྲིས་དགེ་བཤེས་ཀྱི་ཀླུ་སྒྲུབ་དགོངས་རྒྱན་གྱི་དགག་ལན་དང་ཀརྨ་དགོན་མཆོག་གཞོན་ནུ་སོགས་ཀྱི་གསུང་ཕྲོད་ན་གསལ། གང་ལྟར་ཇོ་བོ་རྗེས་བོད་འདིར་སྤེལ་བའི་ལྟ་བ་ནི་དབུ་མ་ཐལ་འགྱུར་བ་ཁོ་ན་ལས་མེད་པ་ནི་ཇོ་བོའི་བདེན་གཉིས་འཇུག་པ་དང་དབུ་མའི་མན་ངག་རིན་པོ་ཆེ་ཟ་མ་ཏོག་ཁ་ཕྱེ་བ། ཆོས་ཀྱི་དབྱིངས་སུ་བལྟ་བའི་གླུ་ལྟ་སྒོམ་ཆུང་འཕྲིང་ཆེ་གསུམ། དབུ་མའི་མན་ངག་གི་འབུམ། བདེན་གཉིས་ཀྱི་འབུམ། བདེན་གཉིས་སྤྱི་བཤད་དང་བདེན་གཉིས་འཛོག་ཚུལ། བྱང་ཆུབ་ལམ་སྒྲོན་དང་ལྟ་བའི་ལུང་ལ་སོགས་པའི་གསུང་རྣམས་ཀྱི་གོང་འོག་དཀྱུས་གཅིག་ཏུ་བསྒྲིགས་ན་གསལ་ཁ་ཞིག་ཡོད་པ་དང་། སྔར་གྱི་མཁས་པ་དག་གིས་མཛད་པའི་ཇོ་བོའི་བསྟོད་པ་དང་རྣམ་ཐར་སོགས་ལའང་ཐལ་འགྱུར་བའི་ལྟ་བ་བཞེད་པ་བཤད་པའི་ཕྱིར། ཇོ་བོ་བཀའ་གདམས་པའི་ལྟ་བ་དབུ་མ་ཐལ་འགྱུར་བ་ཡིན་པ་བཀའ་གདམས་གོང་མ་རྣམས་ཀྱི་གསུང་ལས་ཀྱང་རྟོགས་ནུས་སོ། །

## གཉིས་པ། བཀའ་གདམས་པ་དང་འབྲེལ་བའི་སྨྩིའི་སྐོར།

སྨྩི་ནི་ཇོ་བོ་བཀའ་གདམས་པ་དང་བོད་བརྒྱུད་ནང་བསྟན་ཕྱིས་སངས་རྒྱས་བསྟན་པ་སྤེལ་བའི་ཐབས་ཤིག་དང་སྨྩིའི་རིག་གནས་ཀྱི་རྒྱུན་ལས་བོད་འདིར་སངས་རྒྱས་ཆོས་ལུགས་ཀྱི་གནས་གཞི་དང་སངས་རྒྱས་བསྟན་པ་དར་ཞིང་རྒྱས་པ་ཡོང་བའི་ཆེད་དུ་མི་དམན་པའི་ནུས་པ་ཐོན་ཞིང་། ད་ལྟའི་བར་དུའང་སྨྩིས་རྟེན་བྱས་ནས་བོད་དུ་སངས་རྒྱས་ཆོས་ལུགས་ཀྱི་རྟེན་མཁར་དང་སྐུའི་གཟུངས་སོགས་དང་། ནད་སོགས་ཞི་བའི་སླད་དུ་སྨྩི་འདེབས་པའི་བགྱི་བ་བརྩམས་པ་ནི་བོད་

ཡུལ་གྱི་ཁྱོན་འདིར་མཐོང་མང་བའི་བོད་བརྒྱུད་ནང་བསྟན་གྱི་རིག་གནས་ཀྱི་གྲུབ་ཆ་ཞིག་ཏུ་སོང་། སཙྪ་ནི་བསྟན་པ་སྔ་དར་སྐབས་ནས་དར་ཆེ་ཞིང་། སཙྪ་འདེབས་པའི་ལུགས་འདི་གཙུབས་ཆེན་སངས་རྒྱས་ཡེ་ཤེས་ཀྱི་བསམ་གཏན་མིག་སྒྲོན་དུ་དགག་པར་མཛད་པས་ན། བསྟན་པ་སྔ་དར་ལ་སཙྪ་དར་ཆེ་བ་མངོན། དུས་ཕྱིས་ཀྱི་སཙྪ་ལ་གྲགས་ཆེ་བ་ནི་ཇོ་བོ་དང་གཏེར་སྟོན་གྲགས་མངོན། ནྭ་ཡོ། ཇེ་བཙུན་མི་ལ། ཕ་དམ་པ་སངས་རྒྱས་དང་མི་ཏྲི་པ་རྣམས་ཀྱི་སཙྪ་དང་། དགའ་ལྡན་ཕོ་བྲང་དུས་སུ་བྱུང་བའི་མཚོན་སྦྱུང་མ་ཧེ་འཇིགས་བྱེད་སོགས་པའི་སཙྪ་རྣམས་སོ། །འདིའི་བཤད་བྱ་ནི་ཇོ་བོ་ཇེ་དང་འབྲེལ་བའི་སཙྪ་ཡིན་གྱི་གཞན་རྣམས་ཞོར་འཕྲོས་ཙམ་མོ། །དེ་ཡང་སཙྪ་ཞེས་པ་ནི་ལེགས་སྦྱར་སྐད་ཡིན་པ་དང་། བོད་སྐད་དུ་དེ་བཞིན་གཤེགས་པའི་སྐུ་ཞེས་བྱུང་། ཡིག་ངོའི་འཐད་ནས་བརྗོད་ན་སཙྪ་ཡིན་ཕྱིན་དེ་བཞིན་གཤེགས་པའི་སྐུ་ཡིན་པས་མ་ཁྱབ། དཔེར་ན། ཇོ་བོའི་རྗེས་བཏབ་པའི་སཙྪའི་(དཔེ་རིས་དང་པོར་གཟིགས།)ཁྲོད་ཀྱི་བཀའ་གདམས་མཆོད་རྟེན་དབྱིབས་ཅན་གྱི་སཙྪ་དང་། ཕ་དམ་པས་བསྐྲུམས་པའི་བདེ་གཤེགས་མཆོད་རྟེན་བརྒྱད་པོ་གཅིག་ཏུ་བཀོད་པའི་སཙྪ་ལྟ་བུ་ཡོད་པའི་ཕྱིར་ཟེར་ན། དོན་དུ་བརྟགས་ན་དེ་ལ་འགལ་བ་མེད་པར་སེམས་ཏེ། མཆོད་རྟེན་ཉིད་ཀྱང་དེ་བཞིན་གཤེགས་པའི་ཐུགས་ཀྱི་མཚོན་བྱེད་དུ་བྱ་ལ། ལར་སངས་རྒྱས་ཀྱི་སྐུ་གསུང་ཐུགས་གསུམ་ངོ་བོ་གཅིག་ཏུ་བཤད་པའི་བཞེད་དགོངས་སོགས་ལ་བལྟོས་ནས་བཤད་ན་འགལ་བར་མི་འགྲོ་བར་སེམས་སོ། །

འོ་ན་ཇོ་བོའི་སཙྪ་དེ་ཉིད་གྲ་དོལ་གཞུང་གསུམ་གྱི་ས་ཆ་གང་དང་གང་དུ་ཡོད་དམ་ཞེ་ན། སྤྱིར་གྲའི་ཡུལ་མ་གཏོགས་དོལ་གཞུང་གི་ཡུལ་གཉིས་ནས་ཇོ་བོའི་སཙྪ་མང་དུ་བྱུང་སྟེ། གཞུང་གི་སྟག་དཀར་རམ་སྟག་ལ་ཕུག་(དཔེ་རིས་གཉིས་པར་

གཟིགས།)དང་དོལ་གྱི་གསེར་སྣང་ཀྱི་གད་ཕུག དོལ་གྱི་ཕུ་ན་གནས་པའི་འབུམ་དང་①དང་ཉེ་བའི་ཇོ་སྙིང་ཕུག་བཅས་ནས་སྤྱ་ཕྱིར་ཐོན་པའོ། །དེ་ཡང་གཞུང་གི་སྟག་དཀར་ཕུག་ཏུ་ཇོ་བོས་ཉིན་ལྔའི་རིང་སཙྪ་བཏབ་པ་རྣམ་ཐར་དུ་གསལ་བ་དང་། དོལ་གྱི་གསེར་སྣང་དང་ཇོ་སྙིང་ཕུག་སོགས་ན་ཇོ་བོས་སཙྪ་བཏབ་སྐོར་རྣམ་ཐར་སོགས་སུ་མི་གསལ་ཡང་། ལུང་ཚན་དེ་གཉིས་ནས་ཐོན་པའི་ཇོ་བོའི་སཙྪ་དང་གཞུང་གི་སྟག་དཀར་ཕུག་ནས་ཐོན་པའི་ཇོ་བོའི་ཕྱག་རྗེས་འབྲུལ་མེད་བཞུགས་སུ་གསོལ་བའི་སཙྪ་རྣམས་གཅིག་ཏུ་འདུག་ཅིང་། ཁྱད་པར་སཙྪ་དེ་དག་གི་ཁྲོད་ནས་ཕུན་སུམ་ཚོགས་ཤོས་སམ་རྣམ་པ་མང་ཤོས་ནི་དོལ་གྱི་གསེར་སྣང་ཀྱི་གད་ཕུག་ནས་ཐོན་པའི་སཙྪ་དག་ཡིན། ཁུལ་དེ་ནས་ཧྲིན་སཙྪ་མི་འདྲ་བ་རིགས་བཅུ་གཅིག་ཙམ་(དཔེ་རིས་གསུམ་པར་གཟིགས།)ཐོན་ཡོད། ཇོ་སྙིང་ཕུག་དང་སྟག་དཀར་ཕུག་གི་སཙྪ་དང་བསྡུར་ན་རིགས་མང་ཞིང་། དུས་ཚིགས་རྙོག་འཛིང་ཆེ་བ། ཞིབ་འཇུག་གི་རིན་ཐང་ཆེ་བར་སེམས། ཇོ་སྙིང་ཕུག་ནས་ཇོ་བོའི་སཙྪ་རིགས་གསུམ་ཙམ་དང་སྟག་དཀར་ཕུག་ནས་རིགས་གཉིས་ཙམ་ཐོན་ཡོད་པ་དང་། ཕལ་ཆེ་བ་བཀའ་གདམས་མཆོད་རྟེན་དབྱིབས་ཅན་གྱི་སཙྪ་དང་སྤྱན་རས་གཟིགས་སེམས་ཉིད་ངལ་གསོའི་སྐུ་བརྙན་གཙོ་བོར་འདུག གསེར་སྣང་ནས་ཐོན་པའི་སཙྪ་དེ་ཉིད་ཇོ་བོ་རྗེའི་སྐུ་དུས་ཡིན་པའི་སྐྱབ་བྱེད་ནི་གཙོ་བོ་གནའ་རྫས་རྟོག་ཞིབ་པའི་དཔྱད་འབྲས་གཞིར་བཞག་གི་སྒོ་ནས་བཤད་པའོ། །དེ་ལ་ཁུལ་དེའི་གད་ཕུག་ཆེད་མཁས་པས་རྟོག་འདོན་བྱ་དུས་རྫའི་གཡང་བུམ་ཞིག་ཐོན་པ་དང་། བུམ་པའི་ནང་གི་སྲོག་ཤིང་ལ་ཁར་བོན་བཅུ་བཞི་པའི་དཔྱད་པ་བྱས་པའི་འབྲས་བུར་དུས་རབས་

① ངག་རྒྱུན་དུ་འབུམ་དང་ཞེས་པའི་གནས་འདི་ཇོ་བོ་རྗེས་བོད་དུ་བཞེངས་པའི་འབུམ་པ་ཐོག་མ་དེ་ཡིན་པར་བཤད་ཀྱང་། ཇོ་བོའི་རྣམ་ཐར་དང་ཆོས་འབྱུང་སོགས་སུ་དེ་སྐོར་ནི་མི་འབྱུང་། གང་ལྟར་གནས་དེར་ཇོ་བོ་བཀའ་གདམས་པའི་འབུམ་པ་སྙིང་པ་ཁ་ཤས་ཤིག་ད་ལྟའང་མཇལ་རྒྱུ་ཡོད།

བཅུ་གཅིག་གི་ནང་དུ་གདན་འཁེལ་བས་སཙྪ་དེ་རྣམས་ཕལ་ཆེ་བ་ཇོ་བོ་རྗེའི་སྐུ་དུས་དང་མཉམ་ལ། སཙྪའི་གཤིས་ལུགས་དང་སྐུའི་བྱད་གཟུགས་གྲུབ་བཞེངས་སོགས་གང་ས་ཅི་ཐད་ནས་ཇོ་བོ་རྗེས་ཕྱག་བཏབ་པའི་སཙྪ་དང་མཚུངས། ཁྱད་པར་ཡུལ་ཕྱོགས་གཞན་ནས་ཐོན་པའི་ཇོ་བོ་རྗེའི་ཕྱག་རྗེས་ལས་འབྲུངས་པའི་སཙྪ་དང་གཉིས་སུ་མེད་པའི་དབང་གིས་སོ། །

དོལ་གསེར་སྨད་ནས་མིག་སྔར་ཐོན་པའི་སཙྪ་རིགས་བཅུ་གཅིག་ཙམ་ཡོད་པ་དག་ནི་མཆོད་རྟེན་དབྱིབས་ཅན་ལྔ་དང་། མཆོད་རྟེན་ནང་དུ་རྡོ་རྗེ་སེམས་དཔའི་སྐུ་བཞུགས་པའི་ལུགས་ཤིག་དང་། སངས་རྒྱས་དང་བྱང་སེམས་རྣམ་པ་ཅན་གྱི་སཙྪ་རིགས་ལྔ་བཅས་སོ། །མཆོད་རྟེན་དབྱིབས་ཅན་ལྔ་ནི་མཆོད་རྟེན་བརྒྱ་རྩའི་རྣམ་པ་ཅན་དང་། བདེ་གཤེགས་མཆོད་རྟེན་བརྒྱད་ཀྱི་དབྱིབས་ཅན། ཡུ་བ་དང་ལྡན་པའི་བདེ་གཤེགས་མཆོད་རྟེན་བརྒྱད་ཀྱི་ངོ་བོ་ཅན། བཀའ་གདམས་མཆོད་རྟེན་གྱི་ཟུར་ངོས་སུ་འབྲུ་གསལ་བའི་རྣམ་པ་ཅན། སྒོ་མང་མཆོད་རྟེན་དབྱིབས་ཅན་ལ་མཐར་གཟུངས་སྔགས་ཡོད་པའི་ལུགས་རྣམས་སོ། །སངས་རྒྱས་དང་བྱང་སེམས་རྣམ་པ་ཅན་གྱི་སཙྪ་ལྔ་ནི་རྡོ་རྗེ་སེམས་དཔའ་དང་། ཐུབ་དབང་། འཇམ་དཔལ་དབྱངས། ཚེ་ལྷ་རྣམ་གསུམ། སྤྱན་རས་གཟིགས་སེམས་ཉིད་ངལ་གསོ་བཅས་སོ། །དེ་དག་ལས་ཡུ་བ་ཅན་གྱི་བདེ་གཤེགས་མཆོད་རྟེན་བརྒྱད་དབྱིབས་ཅན་གྱི་སཙྪ་དང་རྡོ་རྗེ་སེམས་དཔའི་སཙྪ་རྣམས་ཀྱི་དབྱིབས་དང་རྣམ་པ་སོགས་མཐོ་ལྡིང་གཙུག་ལག་ཁང་ནས་ཐོན་པའི་ཇོ་བོ་རྗེས་བཏབ་པའི་སཙྪ་དང་ཆ་ཡོངས་སུ་མཚུངས་པས་གསེར་སྨད་ཁྲུལ་ནས་ཐོན་པའི་སཙྪ་དེ་དག་ཕལ་ཆེ་བ་ཇོ་བོ་རྗེའི་ཕྱག་རྗེས་འབྲུལ་མེད་ཡིན་པ་ལ་སོམ་ཉིའི་གློ་མི་དགོས་པ་དེང་སང་ཡང་མཇལ་དུ་ཡོད་པའི་སཙྪ་དེ་དག་གི་དཔར་རིས་ལས་རྟོགས་ནུས་སོ། །

ཇོ་བོ་རྗེས་བོད་དུ་སཙྪ་མང་པོ་བསྒྱུར་པའི་སྐོར་ལ་གསུང་སྒྲོལ་སྣ་ཚོགས་ཤིག་མཆིས་མོད། འདིར་ནི་ཇོ་བོ་རྗེའི་རྣམ་ཐར་དང་རང་གཞུང་གཉིས་ལུང་གི་རྒྱབ་རྟེན་དུ་བྱས་ནས་གླེང་ན། དབུ་མའི་མན་ངག་རིན་པོ་ཆེའི་ཟ་མ་ཏོག་ཁ་ཕྱེ་བ་བཞུགས་སོ་ཞེས་པར། "ཨེ་མའོ་ངོ་མཚར་ཆོས་ཀྱི་དབྱིངས་ཅི་ཡང་མེད་པ་ལས་ཅི་ཡང་སྣང་བ་འདི་ངོ་མཚར་ཏོ། །འདི་དག་ནི་རང་གི་སེམས་ཉིད་རྫུན་པའི་རྣམ་འཕྲུལ་བཞིན་དུ་རྫུན་ཏེ་སྒྱུ་མའི་དཔེ་བརྒྱད་ཀྱིས་མཚོན་པ་སྣང་ཡང་རང་བཞིན་མེད་པའོ་ཞེས་བལྟས་ལ། སྨོན་ལམ་བཏབ་ནས། སྐྱིལ་མོ་ཀྲུང་དལ་བུས་བཤིག་ལ་ལངས་ཏེ། ཚ་ཚ་ལ་སོགས་པའི་དགེ་བའི་ལས་ཅི་ནུས་པ་བྱའོ། །"[①]ཞེས་གསུངས་པ་ལྟར་ན་ཚ་ཚ་འདེབས་པ་ནི་དགེ་བ་འབའ་ཞིག་གི་ལས་སུ་འགྲོ་བར་བསྟན་ལ། དོན་དུ་ཇོ་བོ་རྗེས་བོད་ན་ཉིན་མ་ཆག་པར་ཚ་ཚ་འདེབས་པའི་དོན་ནི་རྣམ་ཐར་ཁག་ཏུ་པཎ་ཆེན་མི་ཏྲིའི་སྡིག་གཤགས་སུ་བཤད་ལ། ཁ་ཅིག་གིས་དེ་ནི་ཇོ་བོ་བོད་དུ་སངས་རྒྱས་བསྟན་པའི་དོན་དུ་བསྐུལ་བའི་ཕྱིར་ཡིན་པར་གསུངས་ཏེ། ཇོ་བོ་ཆེན་པོ་རྗེ་ལྷ་ཅིག་གི་རྣམ་པར་ཐར་བ་བཞུགས་སོ་ཞེས་པར། "ཡང་ནང་དུ་བྱོན་ནས་ལྷ་ལ་གསོལ་བ་བཏབ་ནས་སྒྲོལ་མའི་ཞལ་ནས། དགེ་སློང་ཅི་བདེ་བ་བཏོན་པའི་གསེབ་ན་སེམས་དང་པོ་བསྐྱེད་པའི་བྱང་ཆུབ་སེམས་དཔའ་གཅིག་བཞུགས་པ་དེ་མངའ་བདག་མི་ཏྲི་པ་ཡིན་ནོ། །བྱང་ཆུབ་སེམས་དཔའ་ལ་སྡིག་བསགས་ན་རྣམ་སྨིན་ཤིན་ཏུ་ཆེའོ་གསུངས། ཇོ་བོས་འདི་ལ་རྣམ་སྨིན་ཇི་ལྟ་བུ་འབྱིན་ཞུས་པས། རི་རབ་ལ་ལན་གསུམ་འཁོར་བའི་སེམས་ཅན་ཆེན་པོ་གཅིག་ཏུ་སྐྱེས་ནས་བྱ་སྣ་ཚོགས་ཀྱིས་ཟ་བར་བྱེད་གསུངས། འོ་ན་དེ་ལ་ཅི་ཕན་ཞུས་པས། བྱང་ཕྱོགས་

①ཇོ་བོ་རྗེ་དཔལ་ལྡན་ཨ་ཏི་ཤའི་གསུང་འབུམ་བཞུགས་སོ། །སྨད་ཆ། བོད་ལྗོངས་བོད་ཡིག་དཔེ་རྙིང་དཔེ་སྐྲུན་ཁང་། 2012 ཤ5

སུ་སོང་ནས་ཐེག་པ་ཆེན་པོའི་ཆོས་དར་བར་བྱས་ན་ཕན། ཉི་མ་རེ་ལ་སློཀ་བདུན་བདུན་བཏབ་ན་ཕན་གསུངས་ཏེ། དོན་ལ་ཇོ་བོ་སེམས་ཅན་གྱི་དོན་ལ་བོད་དུ་འབྱོན་དུ་འཇུག་པའི་ཐ་སྙད་ཡིན་གསུངས།”[1]ཞེས་གསུངས་པར་གཞིགས་ན་ཇོ་བོ་རྗེས་ཚ་ཚ་བཏབ་པ་འདི་ཉིད་ཀྱང་བསྟན་འགྲོའི་དོན་དུ་ཟད་དོ། །དེ་ལྟར་སློཀ་འདེབས་པའི་བགྱི་བས་བསྟན་པ་དང་སེམས་ཅན་གྱི་དོན་ཇི་ལྟར་བྱེད་ཅེ་ན། ཚ་ཚས་སངས་རྒྱས་བསྟན་པ་བོད་དུ་དར་སྤེལ་བྱེད་པའི་བརྒྱུད་རིམ་ཁྲིད་མི་དམན་པའི་ནུས་པ་ཐོན་ལ། ཁྱད་དོན་ཇོ་བོ་བཀའ་གདམས་པའི་རྒྱལ་བསྟན་གངས་རིའི་ལྗོངས་འདིར་རྩ་བ་ཚུགས་ཤིང་མྱུ་གུ་འབུས་པ་དང་ཡལ་འདབ་རྒྱས་པར་ཐོག་མཐའ་བར་གསུམ་དུ་སློཀ་ནི་མེད་ན་མི་འབྱུང་དང་། བཀའ་གདམས་པའི་ཡབ་རྗེ་ཇོ་བོ་རྗེ་ཉིད་ཀྱི་མཚོན་དོན་དུ་སོང་བ་མ་ཟད། ཇོ་བོ་རྗེས་བསྟན་པ་སྤེལ་བའི་ལག་ཆ་ལྟ་བུར་སེམས་པས་སློཀ་བོད་བརྒྱུད་ནང་བསྟན་སྤྱི་དང་བྱེ་བྲག་ཇོ་བོ་བཀའ་གདམས་པའི་བསྟན་པ་འཛིན་སྐྱོང་སྤེལ་གསུམ་དང་རྒྱ་བསྐྱེད་བྱེད་པར་ཕྱར་ན་མེད་པའི་མཐུན་རྐྱེན་བསྒྲུབ་ཅེས་སྨྲ་བར་འདོད། དེ་ལྟར་འདོད་པའི་རྒྱུ་ནི་ཐོག་མར་སློཀ་བཏབ་པ་དང་དེ་ནས་རིམ་གྱིས་སློཀ་ཁང་བསྒྲུབ་ནས་དེར་བསྐོར་བ་བྱེད་མི་བྱུང་བ་དང་། སློཀ་ཁང་དེ་རྒྱ་མཆེད་ནས་རིམ་གྱིས་ལྷ་ཁང་གི་ངོ་བོ་དང་དེ་ནས་དགོན་སྡེ། དེ་ནས་གཙུག་ལག་ཁང་དུ་གྱུར་ནས་བཤད་སྒྲུབ་ཀྱི་བསྟན་པའི་གནས་གཞིར་འགྱུར་རབས་དག་ལ་སེམས་ན་བསྟན་པ་ཕྱི་དར་གྱི་འགོ་སྟོད་དུ་རྒྱལ་བསྟན་སྤེལ་བའི་ཐབས་དམ་པའི་རྩ་བ་སློཀ་འདེབས་པའི་བགྱི་བ་འདི་ཁོ་ནས་ནུས་པ་མི་དམན་པ་ཞིག་ཐོན་པར་སེམས་ལ། འདི་ལ་བརྟེན་ནས་བོད་དབུས་གཙང་

---

① འབྲོམ་སྟོན་རྒྱལ་བའི་འབྱུང་གནས་སོགས། ཇོ་བོ་རྗེ་དཔལ་ལྡན་ཨ་ཏི་ཤའི་རྣམ་ཐར་ཕྱོགས་བསྒྲིགས། བོད་ལྗོངས་མི་དམངས་དཔེ་སྐྲུན་ཁང་། 2014ཤ 302

གི་ས་ཕྱོགས་སུ་རིམ་གྱིས་གནས་གཞི་ཉམས་པ་དག་གསོ་བ་དང་། སྐུ་འོ་བརྒྱལ་བ་དག་གི་གཟུངས་ཞུགས་སུ་སཙྪ་དེ་དག་ཕྱུལ་ནས་བསྟན་པའི་གཞི་དགོན་སྡེ་སོགས་ཀྱི་གནས་དམ་པ་དག་གི་གཞི་ཐོག་མར་བཙུགས་ཏེ་སངས་རྒྱས་བསྟན་པ་སླར་ཡང་སའི་ཁྱོན་འདིར་དར་ཞིང་རྒྱས་པ་བྱུང་བའོ། །

## གསུམ་པ། རྡོལ་པ་བ་དང་བེའུ་བུམ་སྔོན་པོའི་སྐོར།

གྲ་རྡོལ་གཞུང་གསུམ་དུ་ཇོ་བོ་བཀའ་གདམས་པའི་མཁས་པ་དང་གྲུབ་པའི་དབང་ཕྱུག་སའི་རྡུལ་ལྟར་ཐོན་ཕྱོང་ཡང་། གྲ་རྡོལ་གཞུང་གསུམ་གྱི་ཡུལ་ཚན་དེ་དག་གི་བཀའ་གདམས་པའི་མཁས་པའི་དབུས་སུ་ཉི་མ་ལྟར་གྱི་པཎྜི་ཏའི་གཙུག་རྒྱན་དགེ་བཤེས་རྡོལ་པ་བ་ཤེས་རབ་རྒྱ་མཚོ་①འདི་ཉིད་དུ་འདུག་ལ། དགེ་བཤེས་གང་དེ་ནི་གྲ་རྡོལ་གཞུང་གསུམ་གྱི་ཡུལ་ཚན་ལས་རྡོལ་གྱི་ཞུར་ཞེས་པའི་སའི་ཕྱོགས་ཏེ་དཀྱིལ་དམར་ཞེས་པ་སྨན་དང་བླ་བརྒྱུད་རིམ་པར་བྱུང་བའི་དུད་ཁྱིམ་ཞིག་ཏུ་རུས་རོག་གི་རིགས་བརྒྱུད་དེ་ཡབ་དགེ་བཤེས་ལེགས་པའི་རྒྱ་མཚོ་ཞེས་པ་གསང་སྔགས་ཀྱི་མཁྱེན་པ་ཡངས་ལ། མི་གཤེས་ལེགས་པ་ཞིག་ལ་སྲས་གཉིས་མངའ་བ་ལས་ཆེ་བ་སྐྱེ་ས་མོ་ཕག་གི་ལོར་སྐུ་འཁྲུངས་པ་དང་། བྱང་ཆུབ་སེམས་དཔའ་གང་དེ་ནི་ཇོ་བོ་རྗེ་རྡོལ་དུ་ཕྱིན་དུས་ལུང་བསྟན་མཛད་པའི་བྱང་ཆུབ་སེམས་དཔའ་ཤ་རྟགས་ཅན་ཞིག་བྱུང་ཞེས་པ་དེ་ཉིད་དུ་སོང་། དགེ་བཤེས་རྡོལ་པ་བ་ནི་དགེ་བཤེས་པོ་ཏོ་བའི་སྐུ་མདུན་དུ་མ་ཕྱིན་པའི་ཡར་སྔོན་ན་སྔ་ཕྱིར་ཡབ་ལས་གསང་སྔགས་ཀྱི་ཆོས་སྐོར་དང་ཁྱུང་པོ་གྲགས་སེང་ལས་དབུ་ཚད། ལྷབ་སྟོན་གཤེན་གསུམ་ལ་མཁན་པོ་ཞུས་ནས་སྔ་རྡོ་དགེ་ཚུལ་དང་ཕྱི་རྡོ་དགེ་སློང་། སྤྱོད་ལ་སེམས་

① ལར་དགེ་བཤེས་རྡོལ་པའི་མཚན་ལ་ཤེས་རབ་རྒྱལ་མཚན་ཞེས་བྱུང་ཡང་། ཤེས་རབ་རྒྱ་མཚོ་ཞེས་པ་འདི་ཉིད་དག་ཆེ་བར་སོང་བས་འདིར་ཤེས་རབ་རྒྱལ་མཚན་ཞེས་མིན་པར་ཤེས་རབ་རྒྱ་མཚོ་ཞེས་བྲི་བར་བྱས་ཡོད།

བསྐྱེད་བྱས། དེ་ནས་རྒྱ་འདུལ་འཛིན་གྱི་སྐུ་མདུན་དུ་འདུལ་བ་གསན་བཞེས་མཛད། དགུང་ལོ་ཉི་ཤུ་རྩ་དྲུག་ལ་པོ་ཏོ་བ་སྒྲོ་ལག་དགོན་པ་ན་བཞུགས་པའི་སྤྱན་སྔར་ཕྱིན། དགེ་བཤེས་པོ་ཏོ་བ་ལོ་ཉི་ཤུ་རྩ་གཉིས་བསྟེན་ནས་པོ་ཏོ་བའི་སློབ་མ་ཆེ་བ་བརྒྱད་ཀྱི་ཡ་གྱལ་དུ་གྱུར་པ་དང་། ཡང་གད་གཙུག་ལག་ཁང་དུ་ཕེབས་ནས་མཛད་ཕྲིན་རྒྱས་ཤིང་ཚོགས་སྟོང་ལྷག་འདུས་ལ། བེའུ་བུམ་སྔོན་པོ་འདི་ཉིད་ཚོགས་ཆོས་སུ་གསུངས། དགུང་ལོ་དོན་གསུམ་ལ་ལྷུགས་མོ་ཕག་གི་དགུན་ཟླ་འབྲིང་པོའི་ཚེས་བདུན་གྱི་ཇྲོ་ཐོན་པ་ན་ཡང་གད་དུ་སྐུ་གཤེགས་ཞེས་གསུངས། འདི་དག་ནི་བཀའ་གདམས་ཆོས་འབྱུང་གསལ་བའི་སྒྲོན་མེ་དང་བཀའ་གདམས་གསར་རྙིང་གི་ཆོས་འབྱུང་ཡིད་ཀྱི་མཛེས་རྒྱན། དེབ་སྔོན་སོགས་སུ་འཁོད་པ་གཞིར་བཞག་གི་ཐོག་ས་གནས་ས་ཐོག་གི་ངག་རྒྱུན་རྣམས་མཐའ་རྒྱན་གྱི་ཚུལ་དུ་བྱས་ནས་སྒྲུག་ཁྲི་བྱས་པ་ལགས།

དགེ་བཤེས་དོལ་པ་བའི་མཚན་གྱི་རྣམ་གྲངས་སུ་རོག་དམར་ཞུར་དང་ཡང་གད་པ་སོགས་བྱ་ལ། ཆོས་འབྱུང་འགར་དགེ་བཤེས་ཡ་གད་པའམ་ཡང་གང་པ་ཞེས་བྱུང་ཡང་། དོན་དུ་དེ་ནི་ཡང་གད་པ་ཉིད་དག་པར་སྣང་སྟེ། སྤྱན་སྔ་བློ་གྲོས་རྒྱལ་མཚན་གྱི་བྱང་ཆུབ་ལམ་གྱི་རིམ་པ་ལ་བློ་སྦྱོང་བ་ལ་ཐོག་མར་བློ་སྦྱོང་བ་ཆོས་ཀྱི་སྒོ་འབྱེད་དུ། “རོག་དམར་ཞུར་བ་དང་བྱང་སེམས་ཡང་གད་པ་གཅིག་པ་འདྲ། མཚན་ཤེས་རབ་རྒྱ་མཚོ་བེ་བུམ་[1]སྔོན་པོ་སྔེབས་འདི་དང་དཔེ་ཆོས་གཉིས་དར་ཆེ་བར་བྱུང་།”[2]ཞེས་གསུངས་པ་ལྟར་རོ། །དེ་ལ་ཁ་ཅིག་གིས་ཡ་གད་ཅེས་པ་ནི་ཞོགས་ཡ་གད་པའི་གཙུག་ལག་ཁང་དང་གཅིག་ཏུ་བཤད་མོད། དོན་དུ་ཡང་གད་གཙུག་

① བེ་བུམ་ཞེས་པ་འདི་བེའུ་བུམ་དུ་བཅོས་ན་ལེགས།

② སྤྱན་སྔ་བློ་གྲོས་རྒྱལ་མཚན་གྱི་གསུང་འབུམ། པོད་དང་པོ། སྟོད་ཀ། སེར་གཙུག་ནང་བསྟན་དཔེ་རྙིང་འཚོལ་བསྡུ་སྒྲིག་ཁང་། ཤ༩

ལག་ཁང་ནི་དོལ་གྱི་རིན་ཆེན་སྒང་བྱ་བའི་སའི་ཆར་ཡོད་ལ། ད་ལྟའི་ཆར་ཡང་གད་འབུམ་པའི་ཤུལ་ཙམ་ཡུལ་དེར་མཇལ་རྒྱུ་ཡོད་ལ། དགེ་བཤེས་དོལ་པ་བའི་གདུང་རྟེན་ཡང་སྔ་དུས་གནས་དེ་ནས་ཐོན་པར་གྲགས་ཤིང་། ཇོ་བོ་རྗེས་བཏབ་པའི་ཕྱག་ཚ་འབོར་ཆེན་ཞིག་ཀྱང་ཐོན་པའི་སྐོར་ཡུལ་མི་རྣམས་ཀྱིས་བཤད་དོ། །ཕོ་བོའི་དྲན་པའི་ངོར་ཡང་གད་འབུམ་པ་འདི་ཉིད་ཀྱི་ཆོས་འཁོར་བཅུ་གསུམ་གཏོར་བཤིག་སོང་བའི་རྣམ་པ་དེ་ད་ལྟའང་སྣང་བཞིན་འདུག གཞན་དུ་དེབ་སྟོན་དུ་ཡང་གང་ཞེས་པ་ཐོན་པ་ནི་ཡི་གེ་མ་དག་པ་ཡིན་ནོ། །དེ་ལ་ཡ་གད་དང་ཡང་གང་། ཡང་གད་གསུམ་ལས་ཡང་གད་ཅེས་པ་དག་པར་འདོད་པའི་ལུགས་ནི་པཎ་ཆེན་བསོད་ནམས་གྲགས་པའི་དགོངས་པའང་ཡིན་པས་འདི་ཉིད་འཐད་པར་སེམས་ཏེ། བཀའ་གདམས་གསར་རྙིང་གི་ཆོས་འབྱུང་ཡིད་ཀྱི་མཛེས་རྒྱན་དུ་དགེ་བཤེས་དོལ་པ་བའི་རྣམ་ཐར་གྱི་བཤད་པའི་སྐབས། "ཆོས་འབྱུང་འགའ་ཞིག་ཏུ་ཞོགས་ཡ་གད་བཏབ་པར་བཤད་པ་ཡང་། ཡ་གད་དང་ཡང་གད་ནོར་བས་ནོངས།"①ཞེས་གསུངས་པའི་ཕྱིར། གཞན་དུ་ན། བཀའ་གདམས་ཆོས་འབྱུང་གསལ་བའི་སྒྲོན་མེར། "ཁྱི་ལོ་ལ་ཡ་གད་བཟུང་སྟེ་ལོ་གཉིས་གཞུང་མ་གསུངས་པར། སྟོན་ཐུན་སྐྱུ་རེ་མ་ཆག་པར་གསུངས། དེ་ནས་འཁོར་རྣམས་ཀྱིས་ཞུས་ནས། དང་པོར་སློབ་མ་ལ་སྦྱིངས་པ་ཅིག②གསུངས………ཇོམ་ཡང་ལེགས་པ་ཅིག་བྱུང་། དེ་ནས་དགུན་བེའུ་བུམ་གསུང་བར་དགོངས་པ་ལ། ཇོ་མོ་དཔེ་མོ་བྱ་བ་ན་རེ། དགེ་བཤེས་ལ་ཞྭི་ལམ་ངན་པ་ཅིག་བྱུང་། དགེ་བཤེས་ཀྱི་ནང་ཁྲོལ་ཡིན་ཟེར་བ་ཅིག་དོལ་ལུང་པར་འགྲེད་ཀྱིན་སྣང་ཟེར་བ་ཅིག་ཟྷིས་ཟེར་བས། ནང་ཁྲོལ་ཞིག་ནི་འགྲེད་ཉེན་ཡོད་དེ། སྐུ་རིམ་མི་

① པཎ་ཆེན་བསོད་ནམས་གྲགས་པ། བཀའ་གདམས་གསར་རྙིང་གི་ཆོས་འབྱུང་ཡིད་ཀྱི་མཛེས་རྒྱན། བོད་ལྗོངས་བོད་ཡིག་དཔེ་རྙིང་དཔེ་སྐྲུན་ཁང་། 2001ཤ17

② སློབ་མ་ལ་སྦྱིངས་པ་ནི་སློབ་དཔོན་ཙཀྲ་གོ་མིས་རང་གི་སློབ་མ་དཔའ་བོ་རིན་ཆེན་ལ་སྦྱིངས་པའོ། །

དགོས་གསུངས་ནས། དགུན་དེ་ནས་གསུང་བར་མཛད་དེ་འགྲོ་དོན་དཔག་ཏུ་མེད་པའི་དོན་མཛད་དོ། །"[1]ཞེས་གསུངས་པས་ཡང་གད་གཙུག་ལག་ཁང་ནི་གཡོ་རུའི་དོལ་ལུང་པར་ཡིན་པ་ལས་དབུ་རུ་ཞོགས་ཀྱི་ཡ་གད་མིན་པ་གསལ་པོར་སྟོན་ནོ། །

ད་ནི་བེའུ་བུམ་སྔོན་པོའི་སྐོར་འཆད་པར་བྱའོ། །བེའུ་བུམ་སྔོན་པོ་འདི་ཉིད་ནི་དགེ་བཤེས་དོལ་པ་བས་དགེ་བཤེས་པོ་ཏོ་བའི་གསུང་མཁོ་ཆེ་བ་དག་གི་སྙིང་པོ་སྡེབས་པ་ཞིག་སྟེ་བཀའ་གདམས་པའི་གདམས་ངག་གཙོགས་ཆེ་བ་ཞིག་ཀྱང་ཡིན། དེ་ལ་བཀའ་གདམས་ཕྱིས་བྱོན་པ་རྣམས་ཀྱིས་བྱང་ཆུབ་ལམ་སྒྲོན་གྱི་ལྟ་བའི་རྒྱུན་བོད་དུ་སྤེལ་དུས་དཔེའི་སྒོ་ནས་ལམ་རིམ་སྟོན་པ་དཔེ་ཆོས་རིན་ཆེན་སྤུངས་པ་དང་། དོན་གྱི་སྒོ་ནས་ལམ་གྱི་རིམ་པ་སྟོན་པ་བེའུ་བུམ་སྔོན་པོ་སྟེ། དོན་གྱི་ལམ་རིམ་དུ་བཤད་པས་ཇོ་བོ་བཀའ་གདམས་པའི་གཞུང་འགངས་ཆེན་རྣམས་ཀྱི་ཡ་གྱལ་དུ་བཤད། དེ་ཡང་དཔེ་ཆོས་རིན་ཆེན་སྤུངས་པའི་འགྲེལ་པ་མོས་ལྡན་ཡིད་ཀྱི་བདུད་རྩིར། "འདིའི་སྐབས་སུ་བབས་པའི་བཤད་པར་བྱ་བའི་ཆོས་འདི་ནི། མཉམ་མེད་ཇོ་བོ་ཆེན་པོ་དཔལ་ལྡན་ཨ་ཏི་ཤའི་ཐུགས་སྲས་བུ་ཆེན་ཆེས་མཆོག་ཏུ་གྱུར་པ་རྒྱལ་བ་འབྲོམ་སྟོན་པ། འབྲོམ་སྟོན་པའི་ཐུགས་སྲས་ཆེས་མཆོག་ཏུ་གྱུར་པ་འཕགས་པ་གནས་བརྟན་ཡན་ལག་འབྱུང་གི་སྤྲུལ་པ་རྒྱལ་སྲས་པོ་ཏོ་བས་ཐོར་བུ་ཐོར་བུ་གསུངས་པ་རྣམས་གཅིག་ཏུ་བསྡུས་ནས་དོན་གྱི་ལམ་རིམ་བེའུ་བུམ་སྔོན་པོ་དང་། དཔེའི་ལམ་རིམ་དཔེ་ཆོས་རིན་སྤུངས་པ་དང་གཉིས་བྱུང་བ་ཡིན།"[2]ཞེས་གསུངས་པ་ལས་དཔེ་དང་དོན་གྱི་ལམ་གྱི་རིམ་པའི་གནད་དཀྲི་སྟངས་དཔེ་ཆོས་

① ལས་ཆེན་ཀུན་དགའ་རྒྱལ་མཚན། བཀའ་གདམས་ཆོས་འབྱུང་གསལ་བའི་སྒྲོན་མེ། བོད་ལྗོངས་མི་དམངས་དཔེ་སྐྲུན་ཁང་། 2003ཤ441–442

② ཤར་གདོང་བློ་བཟང་བཤད་སྒྲུབ་རྒྱ་མཚོ། དཔེ་ཆོས་རིན་ཆེན་སྤུངས་པའི་འགྲེལ་པ་མོས་ལྡན་ཡིད་ཀྱི་བདུད་རྩི། སྟོད་ཆ། བོད་ལྗོངས་བོད་ཡིག་དཔེ་རྙིང་དཔེ་སྐྲུན་ཁང་། 2017ཤ1

རིན་ཆེན་སྤུངས་པ་དང་བེའུ་བུམ་སྔོན་པོ་གཉིས་ལ་བྱ་བའི་ལུང་སྟོན་པའོ། །བེའུ་བུམ་སྔོན་པོ་ཞེས་པའི་སྒྲ་དོན་ལ་ཨ་ཀྱཱ་ཡོངས་འཛིན་བློ་བཟང་དོན་གྲུབ་ཀྱི་བེའུ་བུམ་སྔོན་པོའི་མིང་བརྡ་གོ་དཀའ་བ་འགའ་ཞིག་བཤད་པ་སོམ་ཉིའི་མུན་སེལ་ཞེས་པར། "བེའུ་བུམ་ནི་ཕུ་ཏི་ཆུང་ངུའི་མིང་དང་། ཐུམ་སྔོན་པོ་ཞིག་ཏུ་དྲིལ་ནས་བཞག་པས་བེའུ་བུམ་སྔོན་པོ་ཞེས་གྲགས།"[1]ཞེས་གསུངས་པ་འདི་ཉིད་ཀྱི་རྗེས་སུ་འབྲངས་པར་བྱའོ། །གཞུང་འདིའི་མཐར་ཐུག་གི་ལྟ་བ་ནི་དབུ་མ་ཐལ་འགྱུར་བའི་ལུགས་སུ་བྱ་ལ། ཇོ་བོ་རྗེའི་དགོངས་པ་འཁྲུལ་མེད་ཡིན་པ་སྔར་གྱི་མཁས་པ་རྣམས་ཀྱིས་བཤད་དོ། །བེའུ་བུམ་སྔོན་པོའི་འགྲེལ་པའི་ནང་ནས་དགེ་བཤེས་དོལ་པ་བའི་ཐུགས་སྲས་ལྷ་འབྲི་སྒང་པའི་འགྲེལ་པ་འདི་ཉིད་དར་ཆེ་ལ་ཁུངས་བཙུན་པར་མཁས་པ་དག་གིས་བཞེད་པ་དང་། འགྲེལ་པ་དེ་ནི་དགེ་བཤེས་དོལ་པ་བའི་གསུང་སྒྲོས་གཞིར་བཞག་པའི་ཐོག་མཛད་པ་ཞིག་ཏུ་ཟད་པས། ཐུའུ་བཀྭན་རིན་པོ་ཆེས། "བཀའ་གདམས་པ་རྣམས་ཀྱིས་མཛད་པའི་ལམ་རིམ་གྱི་གཞུང་མང་དུ་སྣང་ཡང་གྲགས་ཆེ་བ་ནི་བེའུ་བུམ་སྔོན་པོ་དང་། དཔེ་ཆོས་གཉིས་ཏེ། སྔ་མ་ནི་དགེ་བཤེས་པོ་ཏོ་བའི་གསུང་སྒྲོས་དོལ་བ་ཤེས་རབ་རྒྱལ་མཚན་བསྒྲིགས་པ་ལ་ལྷ་འབྲི་སྒང་བས་འགྲེལ་པ་མཛད་པ་ཡིན་ལ། རྗེའི་ཞལ་ནས། དགེ་བཤེས་ཡིན་ན་བེའུ་བུམ་སྔོན་པོ་ལ་ལྟ་དགོས་ཞེས་བསྔགས་པ་མཛད་ཅིང་། ལམ་རིམ་དུ་ཁུངས་ཀྱང་མང་དུ་དྲངས་སྣང་ངོ་། །"[2]ཞེས་གསུངས་པའི་ཕྱིར་ན། བཀའ་གདམས་གོང་མ་རྣམས་ཀྱིས་གཞུང་འདིར་གཙིགས་ཆེར་མཛད་ནས་གཞུང་གི་གོ་རྒྱ་གཅོད་པའི་

① ཨ་ཀྱཱ་ཡོངས་འཛིན་གྱི་བཀའ་འབུམ་བཞུགས་སོ། །སྟོད་ཆ། ཀན་སུའུ་མི་རིགས་དཔེ་སྐྲུན་ཁང་། 2011ཤ126

② ཐུའུ་བཀྭན་བློ་བཟང་ཆོས་ཀྱི་ཉི་མ། ཐུའུ་བཀྭན་གྲུབ་མཐའ། ཀན་སུའུ་མི་རིགས་དཔེ་སྐྲུན་ཁང་། 2010ཤ113

བསྟན་བཅོས་དྲི་མ་མེད་པར་བཤད་ལ། དུས་ཕྱིས་བྱོན་པའི་ལམ་རིམ་བསྟན་པའི་བདག་པོ་འཇམ་མགོན་བླ་མ་ཙོང་ཁ་པ་སོགས་པའི་བླ་མ་དགེ་བའི་བཤེས་གཉེན་སྤྱན་དཀྲུས་རེང་ཞིང་། བསྟན་པར་ལག་རྗེས་ཆེ་བ་དག་གིས་ཀྱང་ལན་གཅིག་ཙམ་མིན་པར་བསྔགས་པ་དང་ཉམས་ལེན་གྱི་ཕུད་དུ་མཛད་པ་ལས་བེའུ་བུམ་སྔོན་པོས་བོད་བརྒྱུད་ནང་བསྟན་གྱི་གཞུང་ཆེན་པོའི་གོ་ས་བཟུང་ཡོད་ཅེས་བརྗོད་ན་མི་འགྲིག་པ་མེད་པར་སྙམ། བེའུ་བུམ་སྔོན་པོ་ནི་རྗེ་ཙོང་ཁ་པའི་བྱང་ཆུབ་ལམ་རིམ་མ་མཛད་པའི་ཡར་སྔོན་ན་བྱང་ཆུབ་ལམ་སྒྲོན་གྱི་འགྲེལ་པ་ཕུལ་དུ་བྱུང་བའི་གྲས་སུ་འདོད་ལ། བྱང་ཆུབ་ལམ་རིམ་ཆེན་མོའི་ཁུངས་ཀྱང་ལམ་སྒྲོན་གཞིར་བཞག་གི་ཐོག་བེའུ་བུམ་འདི་ཉིད་ལ་བྱས་པར་སྣང་ཏེ། ལམ་རིམ་ཆེན་མོར། "སྤྱིར་ན་དམ་པ་སྔ་མ་ཐམས་ཅད་དེ་ལ་ནན་ཏན་མཛད་ཅིང་ཁྱད་པར་དུ་གདམས་ངག་འདིའི་བླ་མ་གོང་མ་རྣམས་ནན་ཏན་ཤིན་ཏུ་ཆེ་བར་མཛད་དོ། །"[1]ཞེས་གསལ་བ་དང་། གཞན་དུ་བྱང་ཆུབ་ལམ་རིམ་ཆེན་མོའི་གདམས་པ་སྟོན་པའི་སྔོན་འགྲོར། "ཇོ་བོས་མཛད་པའི་གཞུང་མང་དུ་ཡོད་ཀྱང་རྩ་བ་ལྟ་བུ་ཡོངས་སུ་རྫོགས་པ་ནི་ལམ་སྒྲོན་ཡིན་ཏེ། མདོ་སྔགས་གཉིས་ཀའི་གནད་བསྡུས་ནས་སྟོན་པས་བརྗོད་བྱ་ཡོངས་སུ་རྫོགས་པ་དང་། སེམས་འདུལ་བའི་རིམ་པ་གཙོ་བོར་བྱས་པས་ལག་ཏུ་བླང་བདེ་བ་དང་། ཤིང་རྟ་ཆེན་པོ་གཉིས་ཀྱི་ལུགས་ལ་མཁས་པའི་བླ་མ་གཉིས་ཀྱི་གདམས་པས་བརྒྱན་པས་ལུགས་གཞན་ལས་ཁྱད་པར་འཕགས་པའོ། །"[2]ཞེས་གསུངས་པའི་ཕྱིར། དེས་ན་བེའུ་བུམ་སྔོན་པོ་འདི་ཉིད་བཀའ་གདམས་པ་སྤྱི་དང་དུས་ཕྱིས་ཀྱི་

① རྗེ་ཙོང་ཁ་པའི་གསུང་འབུམ་བཞུགས་སོ། །པོད་པ། ལམ་རིམ། མཚོ་སྔོན་མི་རིགས་དཔེ་སྐྲུན་ཁང་། 2008ཤ28

② རྗེ་ཙོང་ཁ་པའི་གསུང་འབུམ་བཞུགས་སོ། །པོད་པ། ལམ་རིམ། མཚོ་སྔོན་མི་རིགས་དཔེ་སྐྲུན་ཁང་། 2008ཤ10

མཁས་པ་རྣམས་ཀྱིས་སྐྱེས་བུ་གསུམ་གྱི་ལམ་གྱི་རིམ་པ་དཀྲི་བའི་སྒོ་དང་ཇོ་བོའི་གསུང་གི་ཡོན་དུ་བཤད་དོ། །དེ་ཡང་དགེ་བཤེས་དོལ་པའི་ཐུགས་སྲས་ཇོ་བོ་ལྷ་འབྲི་སྒང་པས་མཛད་པའི་བཀའ་གདམས་ཀྱི་མན་ངག་བེའུ་བུམ་སྔོན་པོའི་འགྲེལ་པ་བཞུགས་སོ་ཞེས་པར། "དེ་ལ་སྤྱིར་ཇོ་བོ་ཆེན་པོ་རྗེ་ལྷ་ཅིག་གིས་སངས་རྒྱས་བསྟན་པ་ལེགས་པར་གཏན་ལ་ཕབ་པ་ནི་གཞུང་བྱང་ཆུབ་ལམ་གྱི་སྒྲོན་མ་ལགས། དེའི་དོན་གདམ་ངག་ཏུ་གསུངས་པ་དགེ་བཤེས་པ་རྣམས་ལ་གསུང་སྒྲོས་མི་འདྲ་བ་མང་དུ་ཡོད་ཀྱང་། དོན་ལ་ཁྱད་མེད་པས་ཕན་ཚུན་སྤྱོང་ལེན་བྱ་མི་དགོས་གསུང་། དགེ་བཤེས་དོལ་པས་མཛད་པའི་བེའུ་བུམ་དུ་གྲགས་པ་འདིའི་དབང་དུ་བྱས་ན། དགེ་བཤེས་དེ་ཡི་ཞལ་ནས། རང་གི་རྒྱུད་ལ་ཅི་ཕན་བྱ་བའི་ཆེད་དུ་འཕངས་འཕངས་རྣམས་བརྗེད་ཀྱིས་དོགས་ནས་བྲིས་པ་ཡིན། །བཤད་པའི་གོ་ཆ་མ་བྱས། །བཤད་པའི་གོ་ཆ་བྱས་ན་དགེ་བཤེས་དེའི་དབྱར་དགུན་རེ་རེའི་ཆོས་གསུང་ཚོད་བཟུང་ནས་བཤད་པ་བྱས་ཀྱང་ཟད་པ་མེད་པ་འོང་སྟེ་དེ་ལྟར་མ་བྱས། ཕུ་གྲུར་སྤོད་ན་དགོས་སྐབས་ནས་ཁ་ཡར་བྲིས་པ་ཀ་བ་ལི་ན་འཛོར་འཁྲུགས་ནས་ཡོད་པ་ལ། ཕྱིས་ཕོ་བྲང་སྡིངས་པས་དཔེ་ཆོས་དེ་བསྡེབས་འདུག་པས། འོ་ན་ང་ཡི་དེ་རྣམས་ཀྱང་ལྷན་ཅིག་ཏུ་བསྡེབས་ན་གཞན་ལ་ཕན་པ་སྲིད་སྐབས་ནས་ཡ་གད་ཉིད་དུ་བསྡེབས་པ་ཡིན། ཚོམ་ཡང་ལེགས་པ་ཅིག་བྱུང་། འདི་ཙུག་མ་བྱས་ན་སྤྱི་ཡི་རྣམ་པ་གཅིག་ལས་ཅག་ཅག་པོ་འདི་མི་འོང་བར་འདུག། འདི་རྣམས་རེ་རེའི་ནང་དུ་དོན་ཡོ་འདུས་པའམ། རེ་རེས་ཚིག་པ་ལྷ་བུ་ཡིན་གལ་ཆེན་འབུམ་ལ་བརྒྱ་ཚར་ཟེར་བའི་ཚུལ་ཡང་ཡིན་ལ། ཀློས་བུར་མདོན་པ་འདྲ་བ་བག་རེ་ཡོད་པ་ཡང་ཕྱོགས་རེ་རེ་ནས་དོགས་པ་གཅོད་པ་ཡིན་ཏེ། སླར་ཡང་དོན་གཞན་ལ་བརྟེན་ནས། དོན་དེ་ཉིད་བཟླས་པ་ཡིན་ཟེར་བའི་ཚུལ་ཡང་ཡིན་གསུང་། དགེ་

བཤེས་དེས་ཐུགས་དགོངས་བཟང་པོས་མཛད་པས་ཐམས་ཅད་ཀྱང་ཚད་མར་བྱེད་པ་འདི་ཡིན།”[1]ཞེས་གསུངས་པ་ལྟར། བེའུ་བུམ་སྔོན་པོའི་འགྲེལ་མཛད་ཀྱི་གསུང་ནི་ཇོ་བོ་ཡབ་སྲས་ཀྱི་ཞལ་ངྲོན་མོ་ནས་བྱུང་བའི་མན་ངག་བསླད་མ་ཞུགས་པ་པོ་ནར་ཟད་པས་བཀའ་གདམས་སྔ་ཕྱི་བར་གསུམ་གྱིས་ཚད་མར་བྱེད་པ་སྣང་ངོ་། །

## བཞི་པ། གསང་ཕུའི་རིག་གནས་ཀྱི་རྒྱུན་དང་དེའི་ལྟ་གྲུབ་ཀྱི་སྐོར།

བཀའ་གདམས་པའི་གདན་ས་དྲུག་ཏུ་གྲགས་པ་རྣམས་ཀྱི་གཙུག་གམ་ཕུད་ནི་གསང་ཕུ་ནེའུ་ཐོག་དགོན་པ་འདི་ཉིད་ཡིན་ལ། གསང་ཕུ་དགོན་ནི་ཇོ་བོ་རྗེའི་དངོས་སློབ་རྔོག་ལེགས་པའི་ཤེས་རབ་ཀྱིས་བཏབ་པ་དང་། གང་དེའི་དཔོན་པོ་རྔོག་བློ་ལྡན་ཤེས་རབ་ཀྱིས་དར་ཞིང་རྒྱས་པ་མཛད་ནས་སློབ་དཔོན་ཕྱྭ་པ་ཆོས་སེང་སོགས་པའི་སློབ་བརྒྱུད་མཆེད་དེ་གངས་རིའི་སུལ་འདིར་ཇོ་བོ་བཀའ་གདམས་པའི་ཆོས་ཀྱི་སྒྲ་ཆེན་པོ་བསྒྲགས་ཤིང་། གསང་ཕུའི་རིག་གནས་ཀྱི་རྒྱུན་ལ་བརྟེན་ནས་དུས་ཕྱིས་ཀྱི་རྙིང་ལུགས་དང་ས་ལུགས། དྭགས་པོ་བཀའ་བརྒྱུད་དང་དགེ་ལུགས་སོགས་པའི་ཆོས་བརྒྱུད་འཛིན་པ་རྣམས་ཡོངས་སུ་རྫོགས་པ་ཇོ་བོའི་ཐུགས་རྗེའི་དྲིན་ལ་མ་བརྟེན་པ་མེད་པ་ནི་མཐོང་ཆོས་སྨྱོང་འགྱུར་དུ་སོང་ལ། དེ་ལས་ཀྱང་དཔལ་གསང་ཕུ་ནེའུ་ཐོག་གི་དགོན་འདི་ཉིད་ཇོ་བོའི་མན་ངག་གངས་རིའི་ཁྲོད་འདིར་དར་ཞིང་རྒྱས་པར་བྱེད་པའི་བསྟི་གནས་སམ་མ་དགོན་ལྟ་བུར་འགྱུར་བ་ཕྱིས་བྱོན་པའི་མཁས་པ་རྣམས་ཀྱི་རྣམ་ཐར་དུ་གསལ་བས་དེ་དག་ལས་ཤེས་པར་བྱའོ། །

གསང་ཕུའི་སློབ་དཔོན་རྣམས་དབུ་མ་རང་རྒྱུད་པའི་བཤད་པ་གཙོ་བོར་མཛད་ཅིང་། པ་ཚབ་ཉི་མ་གྲགས་པ་ནས་བཟུང་སྟེ། བོད་འདིར་དབུ་མ་ཐལ་

① ལྷ་འབྲི་སྒང་པ། བཀའ་གདམས་པའི་མན་ངག་བེའུ་བུམ་སྔོན་པོའི་འགྲེལ་པ་བཞུགས་སོ། །ཤིང་དཔར། ལྡེབ་གཉིས་པ་ཡོངས་དང་ལྡེབ་གསུམ་པའི་དབུ་ལྡེབ། ཤ3–5

འགྱུར་བའི་ལྷ་བའི་རྒྱུན་དར་ཞིང་རྒྱས་པ་བྱུང་ལ། པ་ཚབ་ལོ་ཙཱ་བས་རྩ་འཇུག་བཞི་གསུམ་སོགས་པའི་དབུ་མའི་བསྟན་བཅོས་མང་པོ་གསར་དུ་འགྱུར་བ་དང་། རྩ་བ་ཤེས་རབ་ལ་སོགས་པའི་འགྲེལ་པའང་མཛད་ནས་བཤད་པའི་རྒྱུན་བསྐྱངས། མ་གཞི་བོད་ན་པ་ཚབ་ལོ་ཙཱ་བའི་གོང་རོལ་ནས་ནག་ཚོ་ལོ་ཙཱ་བའི་དབུ་མ་འཇུག་པའི་འགྱུར་ཚིགས་སུ་བཅད་པ་ལེགས་པ་ཞིག་ཡོད་ཀྱང་། པ་ཚབ་ལོ་ཙཱ་བས་འགྱུར་གསར་མཛད། པ་ཚབ་པའི་འགྱུར་ནི་ཚིག་རྐང་རིང་ཐུང་ཅི་རིགས་སུ་སྣང་བ་ཞིག་འདུག་མོད། བོད་རྣམས་ནག་ཚོའི་དབུ་མ་འཇུག་པའི་འགྱུར་ལས་པ་ཚབ་ལོ་ཙཱ་བའི་འགྱུར་འདི་གཙིགས་ཆེར་མཛད་ཅིང་། དུས་ཕྱིས་པ་ཚབ་བུ་བཞིར་གྲགས་པ་རྣམས་ཀྱིས་དབུ་མའི་བཤད་རྒྱུན་གངས་ཅན་ལྗོངས་སུ་ལེགས་པར་སྤེལ། དེ་ལ་པ་ཚབ་ཡབ་སྲས་ཀྱི་དྲིན་གྱིས་བོད་འདིར་བོད་དབུ་མའི་ལུང་པ་དང་ཁ་དབུ་མ་སྣ་དབུ་མ་ཞེས་པའི་གཏམ་ཆགས། པ་ཚབ་བུ་བཞི་ནི་གཙང་པ་སར་སྦྱོས། རྨ་བྱ་བྱང་ཆུབ་བརྩོན་འགྲུས། དར་ཡོན་ཏན་གྲགས་པ། ཞང་ཐང་སག་པ་ཡེ་ཤེས་འབྱུང་གནས་འོད་བཅས་སོ། །དེ་རྣམས་ལས་དབུ་མའི་བཀའ་བབས་ལ་རྨ་བྱ་བྱང་ཆུབ་བརྩོན་འགྲུས་དང་ཞང་ཐང་སག་པ་གཉིས་ཡིན་པ་དང་། རྨ་བྱ་བྱང་བརྩོན་གྱིས་དབུ་མ་རྩ་ཤེའི་འགྲེལ་པ་འཐད་པའི་རྒྱན་མཛད་ནས་དབུ་མའི་བཤད་ཀ་མཛད་པས་དབུ་མ་ཤིན་ཏུ་དར་བར་བྱུང་། མཁས་པ་གང་དེའི་ལྟ་བ་དབུ་མ་ཐལ་འགྱུར་བར་འདུག་སྟེ། དེང་སང་མཇལ་དུ་ཡོད་པའི་གང་དེས་མཛད་པའི་རྩ་ཤེའི་འགྲེལ་པ་འཐད་པའི་རྒྱན་གྱི་རབ་བྱེད་དང་པོ་སོགས་ལ་གཟིགས་ན་དེ་དོན་ཤེས་པར་འགྱུར་བར་སེམས་སོ། །ཞང་ཐང་སག་པ་ཡེ་ཤེས་འབྱུང་གནས་འོད་ཀྱིས་དབུ་མའི་བཤད་པ་ཡུན་རིང་དུ་མཛད་ཅིང་། གཞུང་འགྲེལ་ཡང་མང་དུ་མཛད། མཁས་པ་འདིས་དབུ་མ་འཇུག་པ་དང་རིགས་པ་དྲུག་ཅུ་པ། བཞི་བརྒྱ་པ། དབུ་མ་རིན་ཆེན་ཕྲེང་

བ་སོགས་པའི་འགྲེལ་པ་མཛད་པར་བཤད་མོད། དེང་སང་མཇལ་དུ་མེད། མཁས་པ་འདི་ཉིད་ཀྱི་ལྟ་བ་ལ་བཀའ་གདམས་པ་རྣམས་ཀྱི་གསུང་རྒྱུན་ཁྲིད་རྗོད་གཞི་ཅན་དུ་སོང་བས། ལ་ལས་དབུ་མ་ཐལ་འགྱུར་བའི་ལྟ་བ་འཁྲུལ་མེད་དུ་བཞེད་ཅིང་། ཁ་ཅིག་གིས་དབུ་མ་ཐལ་འགྱུར་བའི་གོ་ས་བཟུང་ནས་དེའི་བཞེད་དགོངས་གྲགས་མོད། དོན་དུ་དབུ་མ་རང་རྒྱུད་པའི་ལྟ་བར་སོང་ངོ་ཞེས་གསུངས་པའི་ལུགས་ཆེ་བ་གཉིས་སུ་གནས། གང་ལྟར་པ་ཚབ་བུ་བཞིའི་གྲས་ནས་མཛད་འཕྲིན་ཆེར་རྒྱས་པའི་མཁས་པ་ཞིག་ཡིན་ནོ། །ཡང་སྙིང་ཞང་ཐང་སག་པའི་ལྟ་བ་འདི་ཉིད་ཅི་འདྲ་ཞིག་ཡིན་ནམ་ཞེ་ན། འདི་ལྟར་ཏེ། རྗེ་སྒྲིབ་དགེ་བཤེས་ཤེས་རབ་རྒྱ་མཚོས་མཛད་པའི་ཀླུ་སྒྲུབ་དགོངས་རྒྱན་ལ་ཆེ་ལོང་དུ་བརྟགས་པ་མི་འཇིགས་སེངྒེའི་ང་རོར། “གོ་རམས་པས་དོན་དམ་ལ་དཔྱོད་པའི་སྐབས་སུ་ཁས་ལེན་མེད་ལ་ཀུན་རྫོབ་ལ་དཔྱོད་པའི་སྐབས་སུ་ཁས་ལེན་ཡོད་ཅེས་ད་ཕྱིན་ཆད་འཆད་ཤེས་མཁན་བྱུང་ན་དེ་རོང་ཏེཀ་པའི་བཀའ་དྲིན་ཡིན་ཚུལ་གྱི་སྐྲ་ཁམ་ཆེན་པོ་བྱས་ཡོད་ན་ཡང་མཁས་པས་ཐུགས་མཉམ་པར་མ་བཞག་པས་ཁུངས་མ་ཆོད་པ་ཡིན་ཏེ། པ་ཚབ་ལོ་ཙཱ་བས་ཀྱང་དེ་ལྟར་གསུངས་པ་ཡོད་པའི་ཕྱིར། ཐང་སག་པ་ཡེ་ཤེས་འབྱུང་གནས་འོད་པ་ཚབ་བུ་བཞིའི་ཡ་གྱལ་ཡིན་ནའང་དེ་ལས་ཐལ་ཏེ་རང་གི་འཆར་ལམ་ནས་དགག་བྱ་ཁྱབ་ཆེའི་ཤིང་རྟ་ཆེན་པོ་བྱུང་བ་ཡིན་ནོ། །”[1]ཞེས་དང་། གཞན་དུ་རྗེ་སྒྲིབ་དགེ་བཤེས་ཀྱིས། “བོད་སྔ་རབས་པའི་མཁས་པ་ལ་ལྟ་བའི་ངེས་བཟུང་མེད་པ་འདི་འདྲ་མང་།”[2]ཞེས་གསུངས་པས་ཐང་སག་ཡེ་ཤེས་འབྱུང་གནས་འོད་འདི་ཉིད་ཀྱི་ལྟ་བ་

① རྗེ་བཙུན་ཤེས་རབ་རྒྱ་མཚོ་འཇམ་དཔལ་དགྱེས་པའི་བློ་གྲོས་ཀྱི་གསུང་རྩོམ་པོད་གསུམ་པ་བཞུགས་སོ། །མཚོ་སྔོན་མི་རིགས་དཔེ་སྐྲུན་ཁང་། 2013ཤ131

② རྗེ་བཙུན་ཤེས་རབ་རྒྱ་མཚོ་འཇམ་དཔལ་དགྱེས་པའི་བློ་གྲོས་ཀྱི་གསུང་རྩོམ་པོད་གཉིས་པ་བཞུགས་སོ། །མཚོ་སྔོན་མི་རིགས་དཔེ་སྐྲུན་ཁང་། 2013ཤ214

ཡང་ཐལ་རང་གང་དུ་འཐད་མིན་དཔྱད་པ་དཀའ་བའི་གནས་སུ་གྱུར། ཡང་དེ་ཉིད་ལས། "ཁས་ལེན་ཡོད་ལ་རུང་བར་སྒྲུ་སྒྲུབ་བཞེད། །བློ་བའི་གཞུང་ལ་ཉེ་མའི་གྲགས་སྣན་ཅན། །པ་ཚབ་བུ་ཆེན་མུ་བཞིའི་ནང་ཚན་ནས། །གཉིས་ཀར་མི་མཁས་ཐང་སག་པ་ཡི་སྲོལ། །དགག་བྱ་ཁྱབ་ཆེ་སྤྱི་དང་ཁྱད་པར་དུ། །སྨྲག་ལོ་ལྷ་བུའི་ཚད་མ་མེད་པ་དང་། །ཚད་མས་གྲུབ་པ་མེད་པའི་ལུགས་ངན་ལ། །འགལ་བ་སྟོང་གི་ཐོག་སེར་འཇུག་པའི་ཕྱིར། །"[①]ཞེས་སོགས་གསུངས་པའི་བློ་ཞིབ་མོའི་ངོར་སོང་བའི་གཏམ་དག་པ་རྣམས་ཀྱི་གསུང་སྒྲོས་ལས་ཞང་ཐང་སག་པའི་ལྟ་བའི་རྒྱུན་ལས་བོད་སྟ་རབས་པའི་ལྟ་བ་འདི་ཉིད་བྱུང་ལ། ཕྱིས་ཀྱི་མཁས་པ་རྣམས་ཀྱིས་དགག་བྱ་ཁྱབ་ཆེ་བའི་ལུགས་འདི་དགག་པར་མཛད་ཅིང་། རྗེ་བདག་ཉིད་ཆེན་པོས་ལྟ་བའི་དཔྱད་ཡིག་ཆེན་མོ་ལུ་[②]མཛད་པའི་ཡ་གྱལ་དུ་བོད་སྟ་མའི་ལྟ་བའི་འབྲུལ་སེལ་དུ་ལམ་རིམ་ལྷག་མཐོང་ཆེན་མོ་བརྩམས་ནས་ཞང་ཐང་སག་གིས་གཙོས་པའི་བོད་སྟ་རབས་པའི་ལུགས་རྒྱས་པར་བཀག་ཏེ་དགག་བྱ་ཁྱབ་ཆེ་བའི་གོལ་ས་སོགས་ལེགས་པར་བཅོམ་ནས་རང་ལུགས་སུ་དགག་བྱ་ཁྱབ་ཆེ་ཆུང་གཉིས་ཀྱི་རྒྱ་ལས་རྒྱལ་ཏེ་ལྟ་བའི་རྣམ་གཞག་གཏན་ལ་དབབས་ནས་གངས་ཅན་ཁྲོད་འདིར་སྔོན་ན་མེད་པའི་ལེགས་བཤད་ཀྱི་བདུད་རྩི་ཕབ་པའོ། །

---

① རྗེ་བཙུན་ཤེས་རབ་རྒྱ་མཚོ་འཇམ་དཔལ་དགྱེས་པའི་བློ་གྲོས་ཀྱི་གསུང་རྩོམ་པོད་གསུམ་པ་བཞུགས་སོ། །མཚོ་སྔོན་མི་རིགས་དཔེ་སྐྲུན་ཁང་། 2013ཤ135

② རི་བོ་དགེ་ལུགས་པའི་ལྟ་བའི་དཔྱད་ཡིག་ཆེན་མོ་ལྔ་སྟེ། བོད་སྟ་མའི་ལྟ་བའི་འབྲུལ་སེལ་དུ་ལམ་རིམ་ལྷག་མཐོང་ཆེན་མོ་དང་། རང་ལུགས་ཀྱི་ལྟ་བ་འཁྲུལ་མེད་དུ་སྟོན་བྱེད་ལམ་རིམ་ལྷག་མཐོང་ཆུང་བ། དབུ་སེམས་ཀྱི་དྲང་ངེས་ཀྱི་ཁྱད་པར་རྣམ་པར་འབྱེད་པའི་སྐད་དུ་དྲང་ངེས་ལེགས་བཤད་སྙིང་པོ། དེ་གསུམ་ནི་རྗེ་བླ་མའི་ཐུགས་རྩེ་ལས་འཁྲུངས་པའི་རང་འགྲེལ་ལྟ་བུར་འདུག་ལ། གཞན་འགྲེལ་དུ་རྩ་ཤེའི་ཊཱིཀ་ཆེན་རྣམ་བཤད་རིགས་པའི་རྒྱ་མཚོ་དང་། འཇུག་པའི་ཊཱིཀ་ཆེན་རྣམ་བཤད་དགོངས་པ་རབ་གསལ་བཅས་སོ། །

## ས་བཅད་གསུམ་པ། དོལ་གཞུང་གཉིས་སུ་མར་པ་བཀའ་བརྒྱུད་ཀྱི་ལྷ་དགོངས་དར་རྒྱལ་སྐོར་དཔྱད་པ།

དཔལ་ལྡན་བཀའ་བརྒྱུད་པའི་ཆོས་བརྒྱུད་འདི་ནི་གྲུབ་པའི་དབང་ཕྱུག་ས་བརྙེས་པ་དག་གི་སྤྱོད་པའི་ལུགས་བཟང་པོ་ཞིག་ཏུ་བཤད་ལ། དོན་དངོས་པོའི་གནས་ཚོད་དང་སྣང་ཚོད་ལའང་དེ་ལྟར་ཡིན་པ་ནི་བཀའ་བརྒྱུད་གོང་མ་རྣམས་ཀྱི་རྣམ་ཐར་གཙང་མ་རྣམས་ལས་རྟོགས་ནུས་སོ། །དེ་ལ་དཔལ་ལྡན་བཀའ་བརྒྱུད་པའི་བསྟན་པ་འདི་ཉིད་གངས་ཅན་ཡུལ་འདིར་དར་ཞིང་རྒྱས་ནས་བོད་འདིར་གྲུབ་ཐོབ་གནམ་གྱིས་ས་བཀབ་པ་ལྟར་བྱོན་མཛད་རྣམས་ཀྱི་ཡབ་མེས་ནི་སྒྲུབ་བརྒྱུད་བསྟན་པའི་མངའ་བདག་རྗེ་བཙུན་མར་པ་ཆོས་ཀྱི་བློ་གྲོས་འདི་ཉིད་ཡིན་ཞིང་། བཀའ་བརྒྱུད་བསྟན་པའི་སྤྱི་མེས་མར་པ་ཉིད་ཀྱི་སྐུ་དྲིན་ལ་བརྟེན་ནས་བོད་འདིར་གསང་སྔགས་གསར་མའི་བསྟན་པ་ཉི་མ་ཤར་བ་ལྟར་བྱུང་བ་ནི་བོན་གཞུང་དབུ་ནག་མིའུ་འདྲ་ཆགས་སུ། “མར་པ་ཆོས་ཀྱི་བློ་གྲོས་དེས། །རྒྱ་གར་དམ་ཆོས་བོད་ལ་བསྒྱུར། །དེ་མིན་ན་བོད་ཁམས་དམྱལ་བར་འགྲོ། དེ་བས་བོད་ལ་བཀའ་དྲིན་ཆེ། །”[①]ཞེས་གསལ་བ་སོགས་ལས་མར་པ་ལོ་ཙྪ་གང་དེ་བོད་བསྟན་སྤྱི་དང་ཁྱད་དུ་གསང་སྔགས་གསར་མར་མཛད་པ་བླ་ན་མ་མཆིས་པའི་བསྟན་འཛིན་སྐྱེས་བུ་ཞིག་གོ །གཞན་མཁས་པ་གང་དེས་སངས་རྒྱས་བསྟན་པ་བོད་ཡུལ་སྟོད་ཕྱོགས་ནས་བར་དབུས་གཙང་གི་སའི་ཁྱོན་དུ་སླར་དར་སྤེལ་མཛད་ནས་དམ་ཆོས་ཀྱི་བདུད་རྩིའི་ཆར་འཛད་མེད་དུ་འབེབས་པར་མཛད། དེ་ལྟར་སྨྲ་བ་ལ་རྒྱུ་མཚན་ཡོད་དེ། རྗེ་མར་པ་ནས་བརྒྱུད་རྫོག་གཞུང་པ་ཡབ་སྲས་ཀྱི་བླ་མའི་

① ཁུ་བྱུག་སྔོན་མོའི་སྒྲ་དབྱངས། བོན་ལུགས་ཀྱི་གནའ་བོའི་གཏམ་རྒྱུད་དང་ཚེ་གའི་སྐོར་གྱི་དཔེ་སྙིང་ཕྱོགས་བསྒྲིགས། བོད་ལྗོངས་བོད་ཡིག་དཔེ་སྙིང་དཔེ་སྐྲུན་ཁང་། 2017 ཤ73

རྣམ་ཐར་ནོར་བུའི་ཕྲེང་བར། "ད་ང་མི་ཁྲུར་མི་ཚུད་པས། ང་རང་ཆོས་ལ་འགྲོ་དགོས་དགོངས། དང་པོར་ཁམས་སུ་འགྲོ་སྙམ་པ། ཁམས་པ་དབུས་སུ་ཡོང་པར་འདུག དབུས་སུ་འགྲོ་སྙམ་པས་དབུས་པ་གཙང་དུ་འགྲོ་བར་འདུག་པས། གཡུ་མཐོང་བས་ཉམས་དགའ་དང་གཅིག ཧ་ནག་པོ་བཟང་པ་གཅིག ཟབ་ཆེན་ཡུག་གཅིག སེང་ལྡེང་གི་སྒ་གཅིག་རྣམས་ཀྱིས་གཙོ་བྱས་པའི་ཡོ་བྱད་མང་དུ་ཁྱེར་ནས། ལ་སྟོད་མང་དཀར་དྲིལ་ཆེན་དུ་དཔལ་མྱུ་གུ་ལུང་གི་དགོན་པ། བླ་མ་འབྲོག་མི་ལོ་ཙཱ་བ་དང་འགོས་ལོ་ཙཱ་བ་གཉིས་དང་མཇལ།"①ཞེས་གསལ་བར་བསམས་ན་རྗེའི་མར་པའི་སྐུ་ཚེའི་སྟོད་དུ་བོད་ཡུལ་གྱི་སངས་རྒྱས་བསྟན་པའི་ལྟེ་བ་ནི་སྟོད་ཕྱོགས་སུ་ཡིན་པ་ར་འཕྲོད་པ་དང་། དུས་ཕྱིས་རྗེ་མར་པ་དང་རྗེ་བོ་རྗེའི་སྐུ་དྲིན་ལ་བརྟེན་ནས་སངས་རྒྱས་བསྟན་པའི་ལྟེ་བ་དབུས་གཙང་ཁྲིན་འདིར་སྤར་ཕྱོགས་ནས་དབུས་གཙང་ཆོས་ཀྱི་ཆོལ་ཁ་ཞེས་པའི་གཏམ་དོན་དང་མཐུན་པར་གྱུར། དེས་ན། མར་པ་ལོ་ཙཱ་བ་ནི་བོད་བསྟན་ཕྱི་དང་བྱེ་བྲག་གསང་སྔགས་གསར་མའི་བསྟན་པར་མཛད་འཕྲིན་ལྷག་པར་སྨིན་པའི་སྙིགས་དུས་ཀྱི་མཁས་པ་ཞིག་ཡིན་པ་དང་། སྒོས་དྭགས་པོ་བཀའ་བརྒྱུད་མ་དར་ཡར་སྔོན་ན་བཀའ་བརྒྱུད་ཀྱི་བསྟན་པ་དབུས་ཕྱོགས་སུ་ཐོག་མར་དར་ཞིང་རྒྱས་པར་མཛད་དེ། དུས་ཕྱིས་གྲ་དོལ་གཞུང་གསུམ་དང་བོད་ཀྱི་སའི་ཁྲིན་འདིར་དཔལ་ལྡན་བཀའ་བརྒྱུད་ཀྱི་བསྟན་པ་ཉི་ཟླ་ལྟར་གསལ་བར་བྱེད་པའི་ཀ་ཆེན་བཞི་དང་དྭགས་པོ་བཀའ་བརྒྱུད་དང་། དེ་ལས་གྱེས་པའི་བཀའ་བརྒྱུད་ཆེ་བཞི་ཆུང་བརྒྱད་རྣམས་ཕ་ལས་བུ་ཛེག་པ་དང་། བུ་ལས་ཡང་ཚ་ཛེག་པའི་བཀའ་བརྒྱུད་པ་རྣམས་ལ་གཏམ་དུ་གྲགས་པའི་མི་ཕྱེད་འབྲུག་དང་

① རྗོག་སློབ་བརྒྱུད་དང་བཅས་པའི་གསུང་འབུམ་བཞུགས་སོ། །པོད་དང་པོ། ཀྲུང་གོའི་བོད་རིག་པ་དཔེ་སྐྲུན་ཁང་། 2011 ཤ 36

འབྲུག་ཕྱེད་སྤྲང་ཞེས་པའི་གྲུབ་པ་ཐོབ་པའི་སྐྱེས་བུ་དམ་པ་བསམ་གྱིས་མི་ཁྱབ་པ་རྣམས་ཀྱི་ཡབ་མེས་དང་འབྱུང་ཁུངས་ཉག་ཅིག་ཏུ་སོང་ལ། ལྷག་དོན་དུ་གསུམ་པོ་བཀའ་བརྒྱུད་སོགས་མ་དར་གོང་ན་བཀའ་བརྒྱུད་སྟོན་མ་རྣམས་ཀྱི་གནས་གཞི་དང་བསྟན་པའི་ལག་རྗེས་ཆར་སློས་ན། རྗེ་མར་པ་འདི་ཕོ་ནའི་དྲིན་གྱིས་དབུས་གཙང་སྤྱི་དང་བྱེ་བྲག་དོལ་གཞུང་སོགས་པའི་ཡུལ་ཁམས་སུ་བསྟན་པ་གསལ་བར་མཛད་ཅིང་། ཕྱིས་རྗེ་བཙུན་མི་ལ་དང་དོལ་མཚུར་སྟོན། རྔོག་གཞུང་པ་དང་མེས་སྟོན་བཞིས་རང་རང་གི་གནས་གཞི་བཟུང་ནས་བསྟན་པ་རྒྱང་ནས་གསོ་མཛད་ཀྱི་བྱ་བའི་ཁུར་ཁྱེར་འདིར་གཤོངས་དཀའ་བའང་རྗེ་དེ་ཉིད་ཀྱི་ཐུགས་རྗེའི་བྱིན་རླབས་ཀྱི་མཐུ་སྨོན་དུ་ཟད་དོ། །

## དང་པོ། མར་པ་ལོ་ཙྰ་བས་དོལ་གཞུང་གཉིས་སུ་ལྷ་དགོངས་ཇི་ལྟར་སྤེལ་ཚུལ་སྐོར།

རྗེ་མར་པ་ཆོས་ཀྱི་བློ་གྲོས་ནི་གསང་སྔགས་གསར་མའི་ཚབ་མཆོན་མི་སྣ་ཞིག་དང་བོད་བསྟན་དབུས་གཙང་ཕྱོགས་སུ་སླར་དར་བར་མཛད་པོ། བསྟན་པ་ཕྱི་དར་གྱི་ཆོས་བརྒྱུད་རིས་མེད་ཀྱི་མཁས་པ་རྣམས་ཀྱིས་རྩ་བའི་རྩེར་འཛིན་པའི་མཁས་པའི་དབང་པོ་ཞིག་གོ །མཁས་པ་གང་དེ་ནི་གཡོ་རུ་ལྷོ་བྲག་གི་ཆུ་ཁྱེར་[1]གྲོ་བོ་ལུང་དཔེ་གསར་༼དཔེ་རིས་བཞི་པར་གཟིགས།༽དུ་ཡབ་མར་པ་དབང་ཕྱུག་འོད་ཟེར་དང་ཡུམ་རྒྱ་མོ་གཟའ་མདོ་སྡེ་གཉིས་ལ་ལྟུམ་སྲིད་གསུམ་ལས་སྲས་པོ་ཆུང་བར་འཁྲུངས་པར་བཤད།[2] རྣམ་ཐར་འགར་རྗེ་བཙུན་དེའི་འཁྲུངས་ཡུལ་མར་ལུང་

① ལྷོ་བྲག་གི་ཆུ་ཁྱེར་ཞེས་པ་ནི་ད་དུས་རྗེ་མར་པའི་འཁྲུངས་གཞིས་དང་གྲོ་བོ་ལུང་སོགས་པའི་སའི་ཆར་ལྷོ་ཆུ་ཁྱེར་ཤོ་ཞེས་པའི་ཐ་སྙད་མཛད་སྲོལ་མཆིས། དེང་སང་ནི་ཆུ་ཁྱེར་རྫོང་སྐད་གཉིས་ལས་ཆུ་ཁྱེར་སྐད་ཀྱི་ཐ་སྙད་མ་གཏོགས་མེད། དེང་ལྷོ་བྲག་རྫོང་སྲུས་ཤང་ཆུ་ཁྱེར་སྐད་གྲོང་ཚོ་ཞེས་པ་དེར་གོ བླ་མ་མར་པ་འཁྲུངས་སར་ད་ལྟ་ཡང་ལྷོ་ཤོ་ཆུ་ཁྱེར་ལྷ་ཁང་ཞེས་པའི་ཞིག་རོ་སོགས་མཇལ་རྒྱུ་ཡོད།

② རྣལ་འབྱོར་ཁྲག་འཐུང་རྒྱལ་པོས་མཛད་པའི་སྒྲ་སྒྱུར་མར་པ་ལོ་ཙྰའི་རྣམ་ཐར་ཆེན་མོ་མཐོང་བ་དོན་ལྡན་ཞེས་པར་དེ་ལྟར་གསལ།

ཞེས་བྱུང་བ་དང་། ཡབ་ཀྱི་མཚན་གཞན་ཕྱུག་པོ་དཀོན་མཆོག་དང་། ཡུམ་རྒྱ་མོ་བློ་ལྕམ་ཞེས་བྱུང་ལ། ཡབ་ཡུམ་དེ་གཉིས་ལ་སྲས་ལྷ་ལས་རྗེ་བཙུན་འདི་ཉིད་གསུམ་ཚོགས་སུ་བཤད།① རྣམ་ཐར་ལར་ཡབ་ཡུམ་དེ་གཉིས་ལ་སྲས་བཞི་བྱུང་བའི་ཕུ་བོ་ཆེ་ཤོས་སུ་བཤད་②པ་དང་། ཁ་ཅིག་གིས་ཡུམ་གྱི་མཚན་ལ་ཇོ་མོ་སྐལ་ལྡན་སྐྱིད་ཅེས་དང་། ལྕམ་སྲིང་ལྷ་ལས་ལྷ་ཚོགས་སུ་བཤད།③ དམ་པ་དེའི་གདུང་རུས་ནི་མར་པ་དང་། དེ་ལ་དཀར་ནག་གཉིས་ལས་དཀར་པོའི་རྒྱུད་ལས་མཆེད་པའོ། །རྗེ་འདི་ཉིད་ཀྱི་རུས་ཁུངས་རྣམ་ཐར་ཁག་ཏུ་རུས་ཆེན་དྲུག་ལས་གང་གི་ཆར་གཏོགས་པ་གསལ་ཁ་མི་འདུག་ཀྱང་། དོན་དུ་མར་པ་ནི་རུས་ཆེན་དབྲ་ཡི་རུས་ཚན་ཆེ་བ་བཞིའི་ཡ་གྱལ་ཡིན་པ་ཡིག་རྙིང་འགའ་ཞིག་ཏུ་དེ་སྐོར་ཟུར་ཙམ་མདོན་ཚུལ་དབུ་ནག་མིའུ་འདྲ་ཆགས་སུ། "ད་དབྲ་བཀའ་དྲིན་ཅན་གྱི་མི་བཞི་དེ། །ཞང་ཞུང་གི་བོན་པོ་མར་མེ་དེས། །འདྲེ་སྲིན་བྱུར་གསུམ་དམ་ལ་བཏགས། །དེ་མིན་ན་བོད་ཁམས་བྱུར་གྱིས་འཇོམས། །དེ་ནས་བོད་ལ་བཀའ་དྲིན་ཆེ། །ཞང་ཞུང་ཇོ་མེན་གྱེར་ཆེན་དེས། །ཇོ་འཕངས་ནས་སྲིན་བུའི་གྲོང་ཁྱེར་བཅོམས། །དེ་མེད་ན་བོད་ཁམས་སྲིན་པོས་ཟོས། །དེ་ནས་བོད་ལ་བཀའ་དྲིན་ཆེ། །མར་པ་ཆོས་ཀྱི་བློ་གྲོས་དེས། །རྒྱ་གར་གྱི་དམ་ཆོས་བོད་ལ་བསྒྱུར། །དེ་མིན་ན་བོད་ཁམས་དམྱལ་བར་འགྲོ །དེ་ནས་བོད་ལ་བཀའ་དྲིན་ཆེ། །ཀོམ་གྱི་ལྷ་རྟོད་ངོ་ཁྲོ་དེས། །སྤྲུལ་མི་ཟས་གག་ཅོར་བྱས་ནས་བསད། །དེ་མིན་

① རྔོག་བྱང་ཆུབ་དཔལ་གྱི་དངོས་སློབ་པུཎྜ་ཤྲིས་མཛད་པའི་བླ་མ་རྔོག་པ་ཡབ་སྲས་རིམ་པར་བྱོན་པའི་རྣམ་ཐར་རིན་པོ་ཆེའི་རྒྱན་གྱི་ཕྲེང་བ་ཞེས་པ་དང་། རྔོ་ཧི་ཤྲཱིའི་རྗེ་མར་པ་ནས་བརྒྱུད་རྔོག་གཞུང་པ་ཡབ་སྲས་ཀྱི་བླ་མའི་རྣམ་ཐར་ནོར་བུའི་ཕྲེང་བ་བཞུགས་སོ་ཞེས་པ་དང་། རྗེ་བཙུན་མར་རྔོག་བཀའ་བརྒྱུད་ཀྱི་མཛད་རྣམ་མདོར་བསྡུས་བཞུགས་སོ་ཞེས་པ་གསུམ་ལ་དེ་ལྟར་གསལ་བས་ཞིབ་པ་དེ་དག་ལ་གཟིགས་འཚལ།

② སྦྱངས་པ་ཅན་བླ་མ་མར་པ་བློ་གྲོས་ཀྱི་རྣམ་ཐར་བཞུགས་སོ་ཞེས་པར་གསལ།

③ ཀརྨ་མི་བསྐྱོད་རྡོ་རྗེས་མཛད་པའི་རྗེ་བཙུན་མར་པ་ལོ་ཙྪའི་རྣམ་ཐར་ངོ་མཚར་ས་མ་ཡ་ཞེས་བྱ་བ་བཞུགས་སོ་ཞེས་པར་གསལ།

ན་བོད་ཁམས་སྤྲུལ་གྱི་འཛོམས། །དེ་ནས་བོད་ལ་བཀའ་དྲིན་ཆེ། །དེ་དབྲ་བཀའ་དྲིན་ཅན་གྱི་མི་བཞི་ཡིན། །"[①]ཞེས་གསུངས་ལྟར་མར་པའི་ཉུས་ཁྲུངས་ཉུས་ཆེན་དབྲ་ཡིན་པ་གསལ་ལོ། །འཁྲུངས་ཡུལ་རྣམ་ཐར་ལ་ལར་མར་ལུང་དང་ཆུ་ཁྱེར། ལྷོ་བྲག་ནང་མའི་སྟོད་གངས་ལུང་སྤྱི་སར་[②]སོགས་སུ་བྱ་སྲོལ་འདུག་མོད། དོན་དུ་ཀམ་ཚང་བཀའ་བརྒྱུད་གསེར་ཕྲེང་གི་དགོངས་པ་ཉིད་འཐད་པར་སེམས་ཏེ། དཔའ་བོ་གཙུག་ལག་ཕྲེང་བས་མཛད་པའི་རྗེ་བཙུན་མར་པའི་རྣམ་པར་ཐར་པ་གྲུབ་པའི་ངོ་མཚར་བརྗོད་པ་བཞུགས་ཞེས་པར། "དེ་ཡང་སྐུ་བལྟམས་པའི་གནས་ནི་གངས་ཅན་གྱི་ལྟེ་བ་དབུས་གཙང་གི་རུ་བཞི་ལས་གཡོ་རུའི་རྒྱུད་ལྷོ་བྲག་ནང་མའི་སྟོད་གངས་ལུང་སྤྱི་སར་དཀོན་མཆོག་སྟོད་ཀྱི་བཀྲ་ཤིས་ལིང་ང་ཞེས་བྱ་བའོ། །ཆུ་ཁྱེར་དུ་འཁྲུངས་པར་གྲགས་ཀྱང་སྔོན་ཆུ་ཁྱེར་རུ་དགུ་ཞེས་པ་ལ་སྤྱི་སར་འདྲེན་པའི་དབང་དུ་བྱས་པའོ། །"[③]ཞེས་གསུངས། གང་ལྟར་རྗེ་མར་པའི་འཁྲུངས་ཡུལ་ནི་ལྷོ་གྲོ་བོ་ལུང་གི་ནུབ་བྱང་མཚམས་སམ་སྲས་མཁར་དགུ་ཐོག་གི་ནུབ་སྟོད་ཀྱི་རི་སྟེང་དུ་མཆིས། སྐུ་ཆུང་དུས་ཐུགས་གཉིས་གཏུམ་ཞིང་རྐོད་པས་དགུང་ལོ་བཅུ་གཉིས་ཐོག་ཡུལ་དེའི་སློབ་དཔོན་ཞིག་གི་སར་ཆོས་སློར་བཙུག ཀྱེ་མིང་དར་མ་དབང་ཕྱུག་ཏུ་བྱས་མོད་ཀྱང་། ཆོས་སློར་ཞུགས་ནས་མཚན་ཆོས་ཀྱི་བློ་གྲོས་སུ་གསོལ། དགུང་ལོ་བཅོ་ལྔའི་ཐོག་ཆོས་རྒྱུགས་མང་དུ་བསླབས་ནས་འགོས་འབྲོག་གཉིས་ཀྱི་སྐུ་མདུན་དུ་བཅར་ནས་འགོས་ལོ་ཙྪ་བ་ལས་སྒྲོན་གསལ་གསན་པ་དང་།

① ཁྲུ་བྱུག་སྟོན་མོའི་སྒྲ་དབྱངས། བོན་ལུགས་ཀྱི་གནའ་བོའི་གཏམ་རྒྱུད་དང་ཆོ་གའི་སྐོར་གྱི་དཔེ་རྙིང་ཕྱོགས་བསྒྲིགས། བོད་ལྗོངས་བོད་ཡིག་དཔེ་རྙིང་དཔེ་སྐྲུན་ཁང་། 2017 ཤ 74

② སྤྱི་སར་ཞེས་པ་ལར་དཔེ་སར་རམ་བེ་སར་སོགས་ཅི་རིགས་བྱུང་ངོ་། །སྤྱི་སར་ཞེས་པ་ནི་དེང་སང་ལྷོ་བྲག་རྫོང་ཆུ་རི་ཤང་སྤྲ་སར་གྲོང་ཚོ་ཞེས་པ་དེའོ། །

③ ཞ་དམར་མཁའ་སྤྱོད་དབང་པོ་སོགས། ཀམ་ཚང་བཀའ་བརྒྱུད་གསེར་ཕྲེང་། གླེགས་བམ་དང་པོ། བོད་ལྗོངས་བོད་ཡིག་དཔེ་རྙིང་དཔེ་སྐྲུན་ཁང་། 2015ཤ173

ཡིག་ཆའང་མཛད་ཅེས་དཔའ་བོ་གཙུག་ལག་ཕྲེང་བས་མཛད་པའི་རྗེ་བཙུན་མར་པའི་རྣམ་པར་ཐར་པ་གྲུབ་པའི་ངོ་མཚར་བརྗོད་པ་བཞུགས་ཞེས་པར་གསལ། རྗེ་བཙུན་མར་པ་ལོ་ཙྰའི་རྣམ་ཐར་ས་མ་ཡ་ཞེས་བྱ་བར་དགུང་ལོ་བཅུ་གསུམ་དུ་གཙང་ཕྱོགས་སུ་ཕེབས་པར་བཤད་མོད། ཕལ་ཆེ་བས་དགུང་ལོ་བཅོ་ལྔར་བཞེད། མང་མཁར་མྱུ་གུ་ལུང་དུ་འབྲོག་མི་ལོ་ཙྰ་བའི་སྐུ་མདུན་དུ་དབང་གདམས་ངག་ཞུས་ཀྱང་མི་གནང་སྐད། ལོ་གསུམ་གྱི་རིང་རྒྱ་གར་གྱི་སྐད་ཐང་སློག་དང་། འཕྲུལ་སྐད་ལོ་ཙྰ་བསླབས་ཏེ་བརྡ་འཕྲོད་ངེས་ཙམ་བྱུང་བས། བླ་མ་དེ་བཀའ་དྲིན་ཆེ་བར་གསུངས། རྣམ་ཐར་མཐོང་བ་དོན་ལྡན་དུ་བླ་མ་རྔོག་པ་དང་མཚུར་སྟོན་སོགས་ཀྱིས་དཀའ་བ་སྤྱད་ཚུལ་སྐོར་དྲིས་པའི་གསུང་ལན་མགུར་བཞེས་པར། "ཕོ་བོ་མར་པ་ལོ་ཙྰ་འདི། །སྐྱེས་པ་ལྷོ་བྲག་མཐིལ་དུ་སྐྱེས། །ལས་འཕྲོ་དཀར་པོའི་ཆོས་ལ་སད། །དཔལ་མྱུ་གུ་ལུང་གི་དགོན་པ་དེར། །སྒྲ་སྒྱུར་འབྲོག་མི་ལོ་ཙྰ་ལ། །སྒྲ་ཐང་སློག་སྐད་ཀྱི་ཡིག་ཚང་བསླབས། །ཁོང་སྐུ་དྲིན་མི་ཆུང་ཆེ་བར་ཁུམས། །"①ཞེས་དང་། རྗེ་བཙུན་མར་པའི་རྣམ་པར་ཐར་པ་གྲུབ་པའི་ངོ་མཚར་བརྗོད་པར། "སྒྲ་སྒྱུར་འབྲོག་མི་ལོ་ཙྰ་ལ། །སྒྲ་ཐང་ལོག་སྐད་ཀྱི་ཡིག་ཚངས་བསླབས། །"②ཞེས་བྱུང་ལ། སྨྱོས་པ་ཅན་བླ་མ་མར་པ་ཆོས་ཀྱི་བློ་གྲོས་ཀྱི་རྣམ་ཐར་དུ། "ཕོ་བོ་མར་པ་ལོ་ཙྰ་འདི། །སྐྱེས་པ་ལྷོ་བྲག་གི་མཐིལ་དུ་སྐྱེས། །ལས་འཕྲོ་མང་མཁར་གྱི་ཕྱོགས་སུ་སད། །དཔལ་མྱུ་གུ་ལུང་གི་དགོན་པ་དེར། །སྒྲ་སྒྱུར་འབྲོག་མི་ལོ་ཙྰ་ལ། །སྒྲ་ཐང་

① དཔལ་མངའ་བདག་སྒྲ་སྒྱུར་མར་པ་ལོ་ཙྰ་བ་ཆོས་ཀྱི་བློ་གྲོས་ཀྱི་གསུང་འབུམ་བཞུགས་སོ། །སྟོད་ཆ། སེར་གཙུག་ནང་བསྟན་དཔེ་རྙིང་འཚོལ་བསྡུ་ཕྱོགས་བསྒྲིགས་ཁང་། ཤ 168

② ཀརྨ་མཁའ་སྤྱོད་དབང་པོ་སོགས། ཀམ་ཚང་བཀའ་བརྒྱུད་གསེར་ཕྲེང་། གླེགས་བམ་དང་པོ། བོད་ལྗོངས་བོད་ཡིག་དཔེ་རྙིང་དཔེ་སྐྲུན་ཁང་། 2015 ཤ 175

ཡོག་སྐད་ཀྱི་ཡིག་ཚང་བསླབས། །ཕོང་སྐུ་དྲིན་མི་ཆུང་ཆེ་བར་ཁུམས། །"[1]ཞེས་གསུངས་པའི་ཕྱིར་ན། རྣམ་ཐར་འགར་རྗེ་མར་པས་འཕྲོག་མིར་བྱུར་ཟ་མཛད་པའི་དབྱངས་ཞེས་བྱུང་ཡང་། དེ་དག་ནི་སྣང་ཚོད་ལ་དཔགས་པའི་ངོ་ལས་དོན་དུ་བླ་མ་དེར་དད་པ་ཆེ་ཆེར་མཛད་པ་མངོན་ནོ། །རྗེ་མར་པས་སྔ་རྗེས་སུ་རྒྱ་བལ་གྱི་ཡུལ་དུ་ལན་བདུན་ཏེ་རྒྱ་གར་དུ་གསུམ་དང་བལ་ཡུལ་དུ་བཞི་ཕྱིན། ཕྱིན་དགུང་ལོ་ཉེར་གཅིག་རིང་པཎ་ཆེན་ན་རོ་པ་ཡབ་སྲས་གཙོས་པའི་བླ་མ་བཅུ་གསུམ་[2]སྣ་གསུམ་གུས་པས་བསྟེན་ཏེ་བཀའ་དགོངས་འགྲེལ་ཡོངས་སུ་རྫོགས་པ་ཐུགས་སུ་མངའ་བར་མཛད་ནས་དབུས་གཙང་གི་ཕྱོགས་ཀུན་དང་ཁྱེ་བྲག་དོལ་གཞུང་གི་ཡུལ་གྱི་ཕྱིན་འདིར་སྟོན་མེད་པའི་དམ་པའི་ཆོས་ཀྱི་བདུད་རྩི་ལན་བརྒྱུར་འབེབས་པར་མཛད་པའོ། །ད་ནི་རྗེ་མར་པའི་ལྷ་དགོངས་ཇི་ཡིན་སྐོར་ལ་ཞུས་ན། དོལ་གཞུང་གི་ཡུལ་འདི་གཉིས་ནི་རྗེ་མར་པའི་ལྷ་བའི་རྒྱུན་སྤེལ་སའི་གནས་སུ་འདུག་ལ། ལྷོ་བྲག་དང་བྱང་གི་འདམ་སོགས་ཕུད་པའི་མར་པའི་ཆོས་བརྒྱུད་ཐོག་མར་གཞི་རྒྱ་ཆེ་བའི་སྣ་ནས་དར་འཕེལ་མཛད་བཞེས་ཀྱི་ཡུལ་ནི་དོལ་གཞུང་གཉིས་ཡིན་ཞིང་། ཁྱད་པར་རྗེ་མར་པའི་ཀ་ཆེན་བཞི་ལས་ཤར་གྱི་ཀ་ཆེན་དོལ་གྱི་མཚུར་སྟོན་དབང་ངེ་དང་ལྷོའི་ཀ་ཆེན་གཞུང་གི་རྔོག་ཆོས་སྐུ་རྡོ་རྗེ་རྣམ་

① ལྷོ་བྲག་མར་པ་ལོ་ཙྭའི་གསུང་འབུམ་བཞུགས་སོ། །པོད་དང་པོ། ཀྲུང་གོ་བོད་རིག་པ་དཔེ་སྐྲུན་ཁང་། 2011 ཤ 84

② རྣལ་འབྱོར་བ་ཁྲག་འཐུང་རྒྱལ་པོས་མཛད་པའི་སྒྲ་སྒྱུར་མར་པ་ལོ་ཙྭའི་རྣམ་ཐར་ཆེན་མོ་མཐོང་བ་དོན་ལྡན་དུ་རྗེ་མར་པ་ཉིད་ཀྱི་ཡོངས་སུ་གྲགས་ཤིང་བཀའ་དྲིན་ཆེ་བའི་བླ་མ་བཅུ་གསུམ་ནི། མཁས་གྲུབ་ནཱ་རོ་པཎ་ཆེན། རྒྱལ་སྲས་མཻ་ཏྲི་པ། དཔལ་ཞི་བ་བཟང་པོ། ཡེ་ཤེས་སྙིང་པོ། རྣལ་འབྱོར་མ་ཏུས་པའི་རྒྱན་ཅན། ཀོ་ས་རི་པ་དང་། རི་རི་པ་སྤྱི་སེང་ཛྙཱ་གླིང་པ་སྐུ་མཆེད། ཛོ་ཏ་རི་པ། ཀུ་སུ་ལུ་ཆེ་བ། པྲཛྙཱ་རཀྵི་ཏ། སྤྱི་ཐེར་བ་དང་། པེན་ཏ་བ་བལ་པོ་སྐུ་མཆེད། ཛོ་བོ་རྗེ་ཨ་ཏི་ཤ་རྣམས་ལགས་སོ། །དེ་ཡང་རྣམ་ཐར་དེའི་མིང་གཞན་ལ་སྒྲ་སྒྱུར་མར་པ་ལོ་ཙྭའི་རྣམ་ཐར་ཆེན་མོ་མཐོང་བ་དོན་ཡོད་ཅེས་ཀྱང་བྱུང་།

གཉིས་དོལ་གཞུང་དུ་འབྱུངས་ཤིང་ཆོས་ཀྱི་མཛད་པ་རྒྱ་ཆེར་བཞེས་ཏེ་མར་པ་བཀའ་བརྒྱུད་ཀྱི་ཐོག་མའི་རྒྱུན་ལེགས་པར་བསྐྱངས་པ་མ་ཟད། དུས་ཕྱིས་ཕ་རྒྱུད་གསང་བ་འདུས་པ་དང་གདན་བཞི་ལ་སོགས་པའི་གདམས་ངག་དྲི་མ་མེད་པ་དག་གི་དབང་ལུང་ཁྲིད་གསུམ་གངས་ཅན་ཐུབ་བསྟན་འཛིན་པ་རྣམས་ཀྱི་སྐྱེས་སུ་གྱུར་པའང་མཁས་པ་འདི་དག་གི་སྐུ་དྲིན་ཞག་ཅིག་ཏུ་འདུག་པས་དུས་ཕྱིས་ཕྱོན་པའི་མཁས་པ་རྣམས་ཀྱིས་ཚད་མར་མཛད་དོ། །

རྗེ་མར་པ་སྔ་རྗེས་སུ་གཞུང་དང་དོལ་གྱི་ཡུལ་དུ་ཕྱོན་ནས་མར་པ་བཀའ་བརྒྱུད་ཀྱི་ལྟ་དགོངས་དར་སྤེལ་མཛད་ཚུལ་ནི་རྣམ་ཐར་རྣམས་སུ་སྣ་ཚོགས་སུ་བཤད་ཀྱང་། ཀུན་གྱི་མཐུན་སྣང་དུ་གཞུང་གི་ས་ཆར་སྔོན་དང་དེ་རྗེས་དོལ་གྱི་ཡུལ་དུ་ཕྱོན་པ་འདི་ཉིད་ལགས། དེ་ལ་རྣམ་ཐར་མཐོང་བ་དོན་ལྡན་དུ་རྗེ་མར་པ་དབུས་ཕྱོགས་སུ་གསེར་བསྒྲུབ་པར་ཕེབས་པའི་ལམ་བར་རྔོག་ཆོས་རྡོར་དང་མཇལ་ནས་གཞུང་དུ་གདན་དྲངས་རབས་ནི། "འོ་ན་བླ་མའི་སྐྱན་པ་སྤུར་ནས་ཐོས་ཤིང་མཇལ་ན་སྙམ་པ་ཡོད་པས། དོ་ནུབ་ངའི་སར་འབྱོན་པ་ཞུ་ཞེས་གདན་དྲངས་ནས། གཞུང་རི་བོ་ཁྱུང་ལྡིང་གི་དགོན་པར་ཕེབས་ཏེ། སྤྱགས་བཙུན་དེ། བུ་སློབ་རྣམས་ཀྱི་ནང་ནས་ཐོག་མར་ཆེ་ཞིང་མཇལ་བ་གཞུང་གི་རྔོག་ཆོས་རྡོར་ཡིན་ནོ། །དེར་གཞུང་དུ་སྟེ་ལེན་དང་ཞབས་ཏོག་བཟང་པོ་བྱས། ཆོས་ཞུ་བའི་གསོལ་བ་འདེབས་སུ་བྱུང་བ་ལ། བཅོམ་ལྡན་དགྱེས་པ་རྡོ་རྗེ་མཚོ་སྐྱེས་རྡོ་རྗེའི་ལུགས་སུ་དབང་བསྐུར་སྒྲུབ་ཐབས་གནང་བ་ལ། ན་བཟའ་བཟང་པོ་ལ་སོགས་པའི་འབུལ་བ་མང་པོ་བྱས། གཞན་ཡང་ཁོང་རང་གི་སློབ་མ་དང་ཡོན་བདག་མང་པོ་ལ་ཆོས་ཞུས་བྱས་ཤིང་བསྐུལ། བླ་མ་ལ་གསོལ་བ་བཏབ་ནས་དབང་བསྐུར། ཟླ་བ་གཉིས་ཆོས་བཤད་པས་འབུལ་བ་མང་པོ་བྱུང་ཞིང་སྐྱན་གྲགས་

འཕེལ་བར་འགྱུར།”[1]ཞེས་གསལ་བར་བརྗེད་ན་རྗེ་མར་པ་དབུས་ཕྱོགས་སུ་མར་པ་བཀའ་བརྒྱུད་པའི་ཆོས་ཀྱི་སྦྲ་ལན་ཆེན་པོ་ཐོག་མར་གྲགས་ས་གཞུང་གི་ཡུལ་དུ་ཡིན་པར་མངོན། དམ་པ་གང་དེ་དོལ་གྱི་ཕྱོགས་སུ་ཕྱིན་རབས་ནི་གཞུང་ཁུལ་དུ་ཞབས་བཙུགས་པའི་རྗེས་སུ་ཡིན་ལ། གཞུང་དུ་ཕེབས་ནས་རིམ་གྱིས་འཕན་ཡུལ་དང་འདམ་ཤོད་སྙིང་དྲུང་སོགས་སུ་ཞབས་སོར་འཁོད་དེ་མར་པ་མགོ་ལེགས་[2]ཆོས་སྐོར་བཙུད་པའི་རྣམ་ཐར་བསྐྱངས་པ་སོགས་ལས་ཤེས་སོ། ། བླ་མ་མར་པ་དོལ་གྱི་ཡུལ་ཕྱོགས་སུ་ཕྱིན་ཚུལ་ནི། རྣམ་ཐར་མཐོང་བ་དོན་ལྡན་དུ། “ད་རྒྱ་གར་ལ་འཕྱིན་དགོངས་ནས། མགོ་ལེགས་དང་། ཆོས་བྱེད་མི་འགའ་བླ་མའི་ཕྱག་ཕྱིར་འབྲངས་ཏེ་ལྷོ་བྲག་ལ་ཆས་སུ་ཕྱིན་པ་ལས། གཙང་པོ་བྱང་དུ་དོལ་གྱི་ཚུར་སྟོན་དབང་ངེས་ཀྱིས་གདན་འདྲེན་དུ་བྱུང་བ་ལྟར་དཔོན་སློབ་དོལ་དུ་ཕེབས་ནས་སྐྱེ་ལེན་བྱས། གསང་འདུས་ཀྱི་གདམས་ངག་གསོལ་བ་བཏབ་པ་ལས། དེ་དུས་དབང་གནང་ནས་གདམས་ངག་ཕྱིས་ནས་བྱེད། ད་ལན་ང་རིངས་པ་ཡོད་གསུངས་པས། ཚུར་སྟོན་གྱིས་འབུལ་བ་མང་པོ་ཕུལ་ཏེ། གདམས་ངག་ཞུ་ཕྱིར་བླ་མའི་ཕྱག་ཕྱིར་དྲངས།”[3]ཞེས་གསུངས་པ་ལྟར་དོལ་གྱི་མདར་རྗེ་མར་པས་གསང་འདུས་དབང་གནང་སའི་ཕྱོགས་དེར་དབང་ལུང་སྒང་ཞེས་པའི་ས་མིང་དེང་སང་ཡང་དེ་ལྟར་འབོད་ཅིང་། དེའི་ནུབ་ངོས་ཀྱི་ཆོས་རྫོང་ཞེས་པའི་རིའི་སྟེང་རྗེ་མར་པའི་བཞུགས་ཁྲིར་གྲགས་པའི་རྡོའི་བཞུགས་ཁྲི་ཞིག་ཀྱང་མཆིས། དེང་སང་རྡོའི་བཞུགས་ཁྲི་དེ་ཉིད་མཇལ་རྒྱུ་མེད།

---

① དཔལ་མངའ་བདག་སྒྲ་སྒྱུར་མར་པ་ལོ་ཙྪ་བ་ཆོས་ཀྱི་བློ་གྲོས་ཀྱི་གསུང་འབུམ་བཞུགས་སོ། །སྟོད་ཆ། སེར་གཙུག་ནང་བསྟན་དཔེ་རྙིང་འཚོལ་བསྡུ་ཕྱོགས་སྒྲིག་ཁང་། ཤ 120

② མར་པ་མགོ་ལེགས་ནི་རྗེ་མར་པ་དང་གདུང་གཅིག་པའི་འདམ་ཤོད་སྙིང་དྲུང་གི་མི་དྲག་ཅིག་ཡིན།

③ དཔལ་མངའ་བདག་སྒྲ་སྒྱུར་མར་པ་ལོ་ཙྪ་བ་ཆོས་ཀྱི་བློ་གྲོས་ཀྱི་གསུང་འབུམ་བཞུགས་སོ། །སྟོད་ཆ། སེར་གཙུག་ནང་བསྟན་དཔེ་རྙིང་འཚོལ་བསྡུ་ཕྱོགས་སྒྲིག་ཁང་། ཤ 122

བཞུགས་ཁྲི་གང་དེ་དུས་རབས་གོང་མའི་ལོ་རབས་དགུ་བཅུའི་ནང་ཁམས་པའི་ཚོང་པས་རྒྱ་འཕྲིར་བྱས་པར་གྲགས། གང་ལྟར་ད་ལྟ་དེའི་ཤུལ་ཙམ་ལས་མཇལ་དུ་མེད། རྣམ་ཐར་རྣམས་གུང་སྒྲིག་ན་སྔ་ཕྱིར་དཔོན་གཞུང་ཁུལ་དུ་ལན་གཉིས་ནས་གསུམ་ཙམ་བྱོན་མཛད་དང་གཞུང་བཤད་གདམས་ངག་བོགས་པ་ལས་དཔོན་གཞུང་འདི་གཉིས་རྗེ་མར་པའི་བཀའ་བརྒྱུད་ཀྱི་གདམས་པ་སྤེལ་སའི་ས་གལ་ཆེན་ཞིག་ཏུ་འདུག སྐབས་དེ་ཤེད་ཙམ་ན་རྗེ་མར་པའི་ལྟ་བ་གང་གི་ཕྱོགས་སུ་བཞེད་དམ་ཞེ་ན། གྲུབ་མཐའ་སྨྲ་བ་བཞི་ལས་དབུ་མ་པ་དང་། ཐལ་རང་གཉིས་ལས་ཐལ་འགྱུར་ཕྱོགས་སུ་མོས་བཞེས་གནང་བར་མཐོང་ངོ་། །འདིར་ཤེས་བྱེད་ཡོད་དེ། རྗེ་མར་པའི་རང་གཞུང་དང་རྣམ་ཐར་སོགས་ཁུངས་སུ་བྱས་ནས་བཤད་པའི་ཕྱིར། དེ་ཡང་རྗེ་མར་པའི་རྒྱུད་ཊཱིཀ་ཟིན་བྲིས་སུ། "དེ་ལ་ཐེག་པ་ཆེན་པོ་ལ་གཉིས་ཏེ། ཕ་རོལ་ཏུ་ཕྱིན་པའི་ཐེག་པ་དང་། གསང་སྔགས་ཀྱི་ཐེག་པའོ། །དེ་གཉིས་ཀྱི་ཁྱད་པར། དང་པོས་དེ་ཁོ་ན་ཉིད་གཙོ་བོར་སྟོན་ལ། སྔགས་ཀྱིས་ནི་དབང་གི་དོན་གཙོ་བོར་སྟོན་ནོ། །དེ་ཁོ་ན་ཉིད་ལ་ཁྱད་མེད་ཀྱང་གསང་སྔགས་ནི་དབང་གི་དོན་གྱིས་ཁྱད་པར་འཕགས་སོ། །"①ཞེས་གསུངས་པ་ལྟར་ན། སྒྲ་སྒྱུར་མར་པ་ཉིད་ཀྱི་ཞེ་ཕྱུགས་ཀྱི་ལྟ་བ་ཐལ་འགྱུར་བ་ཡིན་པ་སྟོན་ཞིང་། རྗེ་མར་པ་ལོ་ཙྪ་ལ་རྗེ་བཙུན་མཆུར་གྱིས་ཞུས་པ་དང་དེའི་ལན་བཞུགས་སོ་ཞེས་པར། "སྣང་ཞིང་སྟོང་ལ་སྟོང་ཞིང་སྣང་བས་ན། སྣང་སྟོང་གཉིས་མེད་ལ་སེམས་འཛིན་པ་སྟོང་ཉིད་སྒྲུར་ཟིན་ཡིན།"②ཞེས་གསུངས་པ་ཉིད་རྗེ་མར་པའི་ལྟ་བ་ཐལ་འགྱུར་འཁྲུལ་མེད་ཡིན་

① སྟོ་བྲག་མར་པ་ལོ་ཙྪའི་གསུང་འབུམ་བཞུགས་སོ། །པོད་གསུམ་པ། ཀྲུང་གོའི་བོད་རིག་པ་དཔེ་སྐྲུན་ཁང་། 2011 ཤ1–2

② སྟོ་བྲག་མར་པ་ལོ་ཙྪའི་གསུང་འབུམ་བཞུགས་སོ། །པོད་གཉིས་པ། ཀྲུང་གོའི་བོད་རིག་པ་དཔེ་སྐྲུན་ཁང་། 2011ཤ 175

པའི་ལུང་གི་རྒྱབ་རྟེན་དུ་ཟད་དོ། །གཞན་དུ་ན་རྫོ་མར་པའི་རྩ་བའི་བླ་མ་པཎ་ཆེན་ནཱ་རོ་པ་དང་མཻ་ཏྲི་པ། ཡེ་ཤེས་སྙིང་པོ་སོགས་ནི་དབུ་མ་བའི་སློབ་དཔོན་ཤ་སྟག་ཡིན་པའི་ཕྱིར་དང་། རྣམ་ཐར་མཐོང་བ་དོན་ལྡན་དུ། "རྗེ་མཻ་ཏྲི་པ་ཡི་བྱིན་རླབས་ཀྱིས། །གཞི་ཆོས་ཉིད་སྐྱེ་བ་མེད་པར་རྟོགས། །སེམས་སྟོང་པ་ཉིད་ལ་སྦྱར་ཟིན་བྱས། །དོན་སྤྲོས་བྲལ་གཉུག་མའི་ངོ་བོ་མཐོང་། །"①ཞེས་དང་། དེ་ཉིད་ལས། "སློབ་དཔོན་ཡེ་ཤེས་སྙིང་པོ་བྱ་བ་དབུ་མ་རང་རྒྱུད་དུ་སྨྲ་བའི་སྐྱེས་བུ་དངོས་གྲུབ་བརྙེས་པ་ཞིག་ཡོད་པས་དེར་སོང་ལ་ཞུས་ཤིག"②ཅེས་གསུངས་པ་ལྟར་དང་། ཡང་རྣམ་ཐར་དེ་ཉིད་དུ་རྗེ་མཻ་ཏྲི་པའི་ལྟ་བ་མགུར་ལ་བཞེས་པའི་སྐབས་སུ། "རྗེ་སངས་རྒྱས་དེ་ཡི་ཞལ་སྔ་ནས། །ཐེག་པའི་མཐར་ཐུག་སྙིང་པོའི་དོན། །ཆོས་ཕྱག་རྒྱ་ཆེ་ལ་ངོ་སྤྲོད་བགྱིས། །ཕྱི་བཟུང་བ་ཡུལ་གྱི་སྣང་བ་འདི། །འགྱུ་བ་དངོས་གཟུང་མེད་པའི་ཕྱིར། །རིག་པ་རྟེན་མེད་གཅེར་བུར་མཐོང་། །སྲིད་སྣང་ཞིང་སྲིད་པའི་ཆོས་རྣམས་ཀུན། །གདོད་ནས་མ་གྲུབ་སྐྱེ་བ་མེད། །ངོ་བོ་སྤྲོས་དང་བྲལ་བར་རྟོགས། །འཁོར་བ་སྤང་བྱར་མི་འདོད་ཅིང་། །མྱ་ངན་འདས་པ་བསྒྲུབ་བྱར་མེད། །འཁོར་འདས་རང་གྲོལ་གཉུག་མའི་ངང་། །ཟུང་འཇུག་བདེ་བ་ཆེན་པོར་རྟོགས། །དུས་གསུམ་སངས་རྒྱས་ཐུགས་འཁྲུང་ཡང་། །མཐར་ཐུག་དེ་ལས་མེད་པར་གསུངས། །མི་ཁོ་བོའི་སྒྲོ་འདོགས་དེ་ནས་ཆོད། །རྗེ་མཻ་ཏྲི་ཆེན་པོའི་བཞེད་པ་ཡིན། །"③ཞེས་དང་། ཕྱག་རྒྱ་ཆེན་པོའི་ཚིགས་བསྡུས་བཞུགས་སོ་ཞེས་པར། "ཆོས་རྣམས་རང་རང་ངོ་བོས་

① དཔལ་མངའ་བདག་སྒྲ་སྒྱུར་མར་པ་ལོ་ཙཱ་བ་ཆོས་ཀྱི་བློ་གྲོས་ཀྱི་གསུང་འབུམ་བཞུགས་སོ། །སྟོད་ཀ། སེར་གཙུག་ནང་བསྟན་དཔེ་རྙིང་འཚོལ་བསྡུ་ཕྱོགས་སྒྲིག་ཁང་། ཤ 169

② དཔལ་མངའ་བདག་སྒྲ་སྒྱུར་མར་པ་ལོ་ཙཱ་བ་ཆོས་ཀྱི་བློ་གྲོས་ཀྱི་གསུང་འབུམ་བཞུགས་སོ། །སྟོད་ཀ། སེར་གཙུག་ནང་བསྟན་དཔེ་རྙིང་འཚོལ་བསྡུ་ཕྱོགས་སྒྲིག་ཁང་། ཤ 100

③ དཔལ་མངའ་བདག་སྒྲ་སྒྱུར་མར་པ་ལོ་ཙཱ་བ་ཆོས་ཀྱི་བློ་གྲོས་ཀྱི་གསུང་འབུམ་བཞུགས་སོ། །སྟོད་ཀ། སེར་གཙུག་ནང་བསྟན་དཔེ་རྙིང་འཚོལ་བསྡུ་ཕྱོགས་སྒྲིག་ཁང་། ཤ 154

སྟོང་། །སྟོང་པར་འཛིན་བློ་རང་སར་དག །བློ་བྲལ་ཡིད་ལ་བྱར་མེད་པ། །དེ་ནི་སངས་རྒྱས་ཀུན་གྱི་ལམ། །"[①]ཞེས་གསུངས་པ་བཞིན་རྫོགས་མར་པ་ཡང་ལྟ་བ་དེ་ལྟར་བཞེད་པའི་ཕྱོགས་རྣམ་ཐར་སོགས་སུ་གསལ་སྟབས་དམ་པ་གང་དེའི་མཐར་ཐུག་གི་ལྟ་བ་དབུ་མ་ཐལ་འགྱུར་བར་འདུག་ལ། གཞན་ཡང་ཐུའུ་བཀྲན་གྲུབ་མཐར། "དྭགས་པོ་བཀའ་བརྒྱུད་ཀྱི་འབྱུང་ཁུངས་མར་པའི་ལྟ་བ་ནི་དབུ་མ་ཐལ་འགྱུར་བའི་ལྟ་བ་ཡིན་ཏེ། འདི་ཉིད་ཀྱི་བླ་མའི་གཙོ་བོ་ནཱ་རོ་བ་དང་མཻ་ཏྲི་བ་ཆེན་པོ་ཡིན་ཞིང་། ལྟ་སྒོམ་སྤྱོད་པ་དང་རྒྱུད་ཀྱི་བཤད་པ་གང་གི་སྐབས་སུ་ཡང་དེ་གཉིས་གཙོ་བོར་མཛད་པ་དང་། ཁྱད་པར་ལྟ་བའི་སྒྲོ་འདོགས་ཆོད་པའི་བླ་མ་མཻ་ཏྲི་བ་ཡིན་པར་མར་པ་རང་གི་གསུང་མགུར་ལས་འབྱུང་སྟེ། ཤར་ཆུ་བོ་གནྡྷའི་འགྲམ་དུ་ཕྱིན། །རྗེ་མཻ་ཏྲི་ཆེན་པོའི་བཀའ་དྲིན་གྱིས། །གཞི་ཆོས་ཉིད་སྐྱེ་བ་མེད་པར་རྟོགས། །སེམས་སྟོང་པ་ཉིད་ལ་སྨར་ཟིན་བྱས། །དོན་སྤྲོས་བྲལ་གཉུག་མའི་ངོ་བོ་མཐོང་། །སྐུ་གསུམ་མ་དང་མངོན་དུ་མཇལ། །མི་ཕོ་བོའི་སྤྲོས་པ་དེ་ནས་བཅད། །ཅེས་མཻ་ཏྲི་བའི་དྲིན་ལས་སེམས་དོན་དམ་པར་སྐྱེ་བ་མེད་པར་རྟོགས་པས། སེམས་ཀྱི་གཉུག་མའི་ངོ་བོ་ཞེས་པ་བདེན་པས་སྟོང་པའི་སེམས་ཀྱི་ཆོས་ཉིད་ལ་སྨར་ཟིན་བྱས་ཏེ། དེ་ཉིད་རྫོགས་རིམ་གྱི་ལམ་ཟབ་མོ་དང་སྦྲེལ་ནས་བསྒོམས་པས་ཕྱིར་སྐུ་གསུམ་དང་ཁྱད་པར་ཆོས་སྐུའི་མིང་ཅན་འོད་གསལ་མ་བུ་འཕྲོད་པ་བྱུང་བས་སྤྲོས་པ་ཐམས་ཅད་དེ་ལ་བརྟེན་ནས་ཆོད་དོ། །ཞེས་གསུངས་པའི་ཕྱིར་རོ། །"[②]ཞེས་གསལ་བས་རྗེ་མར་པའི་ལྟ་བ་དབུ་མ་ཐལ་འགྱུར་བ་ཡིན་པ་མངོན་དུ་ཕྱུང་ལ། རྗེ་མར་པའི་ལྟ་

---

① ལྷོ་བྲག་མར་པ་ལོ་ཙྪའི་གསུང་འབུམ་བཞུགས་སོ། །པོད་གཉིས་པ། ཀྲུང་གོ་བོད་རིག་པ་དཔེ་སྐྲུན་ཁང་། 2011ཤ33

② ཐུའུ་བཀྲན་བློ་བཟང་ཆོས་ཀྱི་ཉི་མ། ཐུའུ་བཀྲན་གྲུབ་མཐའ། ཀན་སུའུ་མི་རིགས་དཔེ་སྐྲུན་ཁང་། 2010ཤ 155–156

བའི་ཁུངས་པཎ་ཆེན་ནཱ་རོ་པ་དང་མངའ་བདག་མཻ་ཏྲི་པ་གཉིས་ལ་བཙོལ་བས་བླ་མ་རྣམ་གཉིས་ལྟ་བའི་བཞེད་དགོངས་དབུ་མ་ཐལ་འགྱུར་བ་ཡིན་པ་ལ་དོགས་པའི་གཞི་ཡོད་ན། ཐུའུ་བཀྭན་རིན་པོ་ཆེ་དཔང་པོར་འཇོག་སྟེ། “མངའ་བདག་མཻ་ཏྲི་བ་ནི་དབུ་མ་ཙམ་མ་ཟད། དཔལ་ལྡན་ཟླ་བའི་ལུགས་གཙོ་བོར་མཛད་པ་ཞིག་སྟེ། དེ་ཉིད་ཀྱི་འཚོ་བའི་དེ་ཁོ་ན་ཉིད་བཅུ་བ་ལས། དེ་བཞིན་ཉིད་ནི་ཤེས་འདོད་པས། །རྣམ་བཅས་མ་ཡིན་རྣམ་མེད་མིན། །བླ་མའི་ངག་གིས་མ་བརྒྱན་པའི། །དབུ་མའང་འབྲིང་པོ་ཙམ་ཡིན་ནོ། །ཞེས་རྣམ་བཅས་མདོ་སྡེ་བ་དང་། རྣམ་མེད་བྱེ་བྲག་སྨྲ་བ་སྟེ་ཉན་ཐོས་སྡེ་པ་དང་། རྣམ་མེད་རྣམ་རྫུན་པ་སྟེ་སེམས་ཙམ་པ་གཉིས་ཀས་དེ་ཁོ་ན་ཉིད་ཀྱི་དོན་རྟོགས་པ་མིན་པ་དང་། དེར་མ་ཟད་བླ་མའི་མན་ངག་གིས་མ་བརྒྱན་པའི་དབུ་མའང་དབུ་མ་འབྲིང་པོ་ཙམ་ཞིག་ཡིན་པར་གསུངས་ཤིང་། བླ་མའི་མན་ངག་ནི་དཔལ་ལྡན་ཟླ་བའི་ཞབས་ཀྱི་གདམས་ངག་ཁོ་ན་ཡིན་པར་དེ་ཉིད་ཀྱི་དངོས་སློབ་པཎྜི་ཏ་ལྷན་ཅིག་སྐྱེས་པའི་རྡོ་རྗེའི་འགྲེལ་བར་བཤད་པའི་ཕྱིར།”①ཞེས་གསུངས་པས་མངའ་བདག་མཻ་ཏྲི་པའི་ལྟ་བ་དབུ་མ་ཐལ་འགྱུར་བ་བཞེད་པ་སྒྲུབ་ཅིང་། པཎ་ཆེན་ནཱ་རོ་པ་དབུ་མ་ཐལ་འགྱུར་བའི་ལྟ་བར་མོས་པའི་ཚ་ནི། ཐུའུ་བཀྭན་གྲུབ་མཐར། “པཎ་ཆེན་ནཱ་རོ་བ་ཡང་ཟླ་གྲགས་ཀྱི་ལུགས་ཁོ་ན་འཛིན་པ་སྟེ། དེ་ཉིད་ཀྱི་རྒྱུད་ཕྱི་མའི་འགྲེལ་བར། ཕྱི་མའི་རྒྱུད་ཀྱི་འགྲེལ་བ་འདི། །སྒྲོན་མ་གསལ་བའི་རྗེས་འབྲངས་ནས། །ཀླུ་སྒྲུབ་མན་ངག་བཤད་པ་ཡིན། །ཞེས་དང་། སློབ་དཔོན་ཀླུ་སྒྲུབ་འཕགས་པ་ལྷ། །ཀླུ་ཡི་བྱང་ཆུབ་ཤཱཀྱའི་བཤེས། །ཟླ་བ་གྲགས་པ་ལ་སོགས་པའི། །མན་ངག་རིམ་པ་ལ་བརྟེན་ནས། །ཞེས་

① ཐུའུ་བཀྭན་བློ་བཟང་ཆོས་ཀྱི་ཉི་མ། ཐུའུ་བཀྭན་གྲུབ་མཐའ། ཀན་སུའུ་མི་རིགས་དཔེ་སྐྲུན་ཁང་། 2010ཤ 156

སོགས་གསུངས་པའི་ཕྱིར་དང་། ལྷ་བའི་བཤད་པ་ཡང་དེ་ཕོ་ན་ལྟར་སྣང་བའི་ཕྱིར་རོ། །"[①]ཞེས་གསུངས་པ་ལས་པཎ་ཆེན་ནཱ་རོའི་ལྷ་བ་ཡང་དབུ་མ་ཐལ་འགྱུར་བ་འཁྲུལ་མེད་དུ་སོང་བས། རྗེ་མར་པའི་ལྷ་བ་དབུ་མ་ཐལ་འགྱུར་བ་ཡིན་པ་ལ་ཐེ་ཚོམ་བྱ་བའི་གཞི་མེད་དོ། །དེས་ན། མར་པ་ལོ་ཙྪ་བས་དོལ་གཞུང་གཉིས་སུ་སྤེལ་བའི་ལྷ་བའང་དེ་ལས་མ་འདས་སོ། །

## གཉིས་པ། དོལ་མཚུར་སྟོན་དབང་ངེས་དོལ་ཡུལ་དུ་ལྷ་དགོངས་ཇི་ལྟར་སྤེལ་ཚུལ་སྐོར།

དོལ་མཚུར་སྟོན་དབང་ངེ་ནི་དཔལ་ལྡན་བཀའ་བརྒྱུད་གོང་མ་རྣམས་ཀྱིས་རྗེ་བཙུན་མཚུར་ཞེས་པའི་མཚན་སྙན་པར་སྒྲོས་ལ། དུས་ཕྱིས་བྱོན་པའི་ཀུན་མཁྱེན་བུ་སྟོན་དང་རྗེ་ཙོང་ཁ་པ་ལ་སོགས་པའི་མཁས་པ་རྣམས་ཀྱིས་དམ་པ་གང་དེའི་གསང་བ་འདུས་པའི་དབང་ལུང་ཁྲིད་གསུམ་གྱི་རྒྱུན་བསྐྱངས་ནས་གངས་ཅན་ཁྲོད་འདིར་དར་བར་མཛད་ཅིང་། ཚད་མར་བྱེད་པའི་སྐྱེས་ཆེན་དམ་པ་ཞིག་ཏུ་བརྩི། དེ་ཡང་མཚུར་ཞེས་པ་ཡི་གེ་འགར་འཚུར་ཞེས་ཀྱང་བྲི་ལ། དོན་དུ་གཅིག་ཏུ་འདུག རྗེ་བཙུན་མཚུར་ནི་རྗེ་མར་པའི་ཀ་ཆེན་བཞིའི་ཡ་གྱལ་ལས་ཤར་གྱི་ཀ་ཆེན་དེ་ཉིད་དོ། །དེ་ཡང་ཀ་ཆེན་བཞིའི་སྐོར་ནི་རྗེ་མར་པའི་རྣམ་ཐར་མཐོང་བ་དོན་ལྡན་དང་རྗེ་མི་ལའི་རྣམ་ཐར་བྱིན་རླབས་སྤྲིན་ཕུང་སོགས་སུ་གསལ་ཏེ། སྒྲ་སྒྱུར་མར་པ་ལོ་ཙྪའི་རྣམ་ཐར་ཆེན་མོ་མཐོང་བ་དོན་ཡོད་དུ། "ཤར་གྱི་ཀ་ཆེན་བཙུགས་པ་དེ། །དོལ་གྱི་མཚུར་སྟོན་དབང་ངེ་ཡིན། །ཀ་ཐོག་སེང་ཆེན་འཁྱིལ་བ་དེ། །ཕོང་མི་གཞི་སེང་དང་འདྲ་བ་ཡིན། །སེང་གཡུ་རལ་མཐའ་ནས་རྒྱས་པ་དེ། །སྙན་བརྒྱུད

① ཐུའུ་བཀྭན་བློ་བཟང་ཆོས་ཀྱི་ཉི་མ། ཐུའུ་བཀྭན་གྲུབ་མཐའ། ཀན་སུའུ་མི་རིགས་དཔེ་སྐྲུན་ཁང་། 2010ཤ 156

ཀྱི་གདམས་ངག་ཐེབས་པ་ཡིན། །སྲིར་གདངས་ལ་བགྲད་པ་དེ། །ཚད་མེད་བཞི་དང་ལྡན་པ་ཡིན། །སྤྱན་མིག་གྱེན་ལ་གཟིགས་པ་དེ། །འཁོར་བ་ལ་ཕྱི་ཕྱག་འཚལ་བ་ཡིན། །སེང་གདངས་དཀར་ལྟོངས་སུ་འཕྱོ་བ་དེ། །ཐར་པའི་གླིང་དུ་གཤེགས་པ་ཡིན། །”①ཞེས་གསུངས་པ་ལས་དོལ་གྱི་མཚུར་སྟོན་རྗེ་མར་པའི་ཀ་ཆེན་བཞིའི་ཐུ་བྲག་དང་དཔལ་ལྡན་བཀའ་བརྒྱུད་པའི་ཡབ་མེས་གོང་མའི་གྲས་སུ་བཙུད་ཅིང་། འདུས་པ་མར་ལུགས་ཀྱི་བཀའ་བབས་སུ་གྱུར་ནས་ཕ་རྒྱུད་གསང་བ་འདུས་པའི་བསྟན་པ་རྒྱས་ཤིང་རྒྱས་པར་སྤེལ། དོལ་གྱི་མཚུར་སྟོན་ནམ་མཚུར་དབང་ངེའམ་མཚུར་སྟོན་དབང་གི་རྡོ་རྗེའི་འཁྲུངས་ཡུལ་ནི་དོལ་གྱི་མདར་②མཚུར་དང་འཆེས་ཞེས་པའི་རུས་རྒྱུད་ཆེ་བ་གཉིས་གནས་པ་ལས་མཚུར་གྱི་རུས་སུ་སྔགས་འཆང་མཐུ་ཆེ་བ་ཞིག་གི་སྲས་སུ་སྐུ་འཁྲུངས། རྗེ་བཙུན་མཚུར་གྱི་འཁྲུངས་གཞིས་དེང་སང་མངལ་རྒྱུ་མེད་ཀྱང་ཡུལ་དེར་ཚ་ཟུར་ཞེས་པའི་དུད་ཁྱིམ་ཞིག་ཡོད་པ་དེ་ནི་རྗེ་གང་དེའི་མི་བརྒྱུད་ཡིན་པར་བཤད། རྗེ་འདི་ཆུང་དུའི་དུས་ལྷོ་དོལ་སྨད་ངམ་བཟང་ཡུལ་ཞེས་འབོད་པའི་ཡུལ་དུ་དགེ་བཤེས་ལྷོ་ཙནྡྲ་ཀཱིརྟིའི་སྐུ་མདུན་དུ་སློབ་གཉེར་དུ་ཐོན། དུས་ཕྱིས་སྐུ་བསོད་རྒྱས་ནས་འབུམ་བཞེངས་པའི་ཡིག་མཁན་ལ་གསང་བ་འདུས་པའི་གདམས་པ་སུ་ཆེ་སྙོར་དྲིས་པས། ཡིག་མཁན་རྣམས་ཀྱིས་རྗེ་མར་པ་ཆེ་ཞུས་པས་རྗེ་མར་པར་དད་པ་ཚད་མེད་པ་འཁྲུངས་ནས་ཡོ་བྱད་བསྣམས་ནས་ཐོན། གསང་བ་འདུས་པའི་རྒྱུད་དང་གདམས་ངག་གནང་བར་ཞུས་ཀྱང་ཆོས་ཕྲ

① དཔལ་མངའ་བདག་སྒྲ་སྒྱུར་མར་པ་ལོ་ཙྪ་བ་ཆོས་ཀྱི་བློ་གྲོས་ཀྱི་གསུང་འབུམ་བཞུགས་སོ། །སྟོད་ཆ། སེར་གཙུག་ནང་བསྟན་དཔེ་སྙིང་འཚོལ་བསྡུ་ཕྱོགས་སྒྲིག་ཁང་། ཤ 192

② དོལ་གྱི་མདའ་ནི་ཡར་ཀླུང་གཙང་པོའི་ལྷོ་ངོགས་སུ་ཆགས་པའི་དོལ་གྱི་ལྷོ་དོལ་ཞོལ་ལ་སྟོད་སྨད་གཉིས་སུ་བྱས་པའི་སྨད་ཕྱོགས་ཀྱི་ས་ཆ་གནོན་མདའ་ཞེས་པ་དེར་གོ གནས་དེར་རྗེ་མར་པས་དབང་གནང་སའི་གནས་སོགས་དེང་སང་ཡང་མངལ་དུ་ཡོད། སྲིད་འཛིན་ས་ཁོངས་དབང་དུ་བྱས་ན་ལྷོ་ཁ་གྲོང་ཁྱེར་གོང་དཀར་རྫོང་ལྷོ་བདེ་ཞོལ་གྲོང་བརྡལ་རྙིང་པ་ཆགས་སའི་ཤར་ངོས་སུ་གནས།

མོ་འདྲ་བ་གནང་བ་ལས་ཕྱིས་ཡོངས་སུ་རྫོགས་པར་གནང་བར་ཞལ་གྱིས་བཞེས། དུས་ཕྱིས་དོལ་མདར་མཚུར་རང་གི་གནས་གཞིར་[1]ཇོ་མར་པ་སྤྱན་དྲངས་ནས་ཆོས་རིམ་ལྔ་དང་རྒྱུད་རྒྱང་གི་བཤད་པ་སོགས་རྫོགས་པར་གནང་ཞེས་དེབ་སྔོན་མཁན་པོས་བཤད་དོ། །[2]ཡར་ཇོ་མར་པའི་རྣམ་ཐར་མཐོང་བ་དོན་ལྡན་དང་རྗོག་གཞུང་པ་ཡབ་སྲས་ཀྱི་རྣམ་ཐར་ལ་སོགས་པར་ཇོ་མར་པ་རྒྱ་གར་དུ་ལན་གཉིས་པ་ཕྱིན་པ་ལ་ལམ་རྒྱུགས་གསེར་སྒྲུབ་པའི་སྐབས་ཇོ་བཙུན་མཚུར་གྱིས་ཇོ་མར་པ་དོལ་དུ་གདན་དྲངས་པ་དང་། ཞབས་ཏོག་སྒྲུབ་ནས་དབང་ལུང་རེ་གཉིས་ཞུས་པ་དང་། དེ་ནས་མན་ངག་རྫོགས་པ་ཞུ་ཆེད་ཇོ་མར་པའི་ཕྱག་ཕྱིར་ལྷོ་བྲག་ཕྱོགས་སུ་འབྲངས་པར་བཤད། གང་ལྟར་ལོ་རྒྱུས་དང་རྣམ་ཐར་མཁན་པོ་སོ་སོར་རང་རང་གི་གཞུང་ཁུངས་རེ་འདེད་དུ་ཡོད་པས་སུ་ཞིག་དག་མིན་ཁ་ཚོན་གཅོད་དཀའ་བའི་གནས་སུ་སོང་སྐབས་རེ་ཞིག་དཔྱད་གཞིའི་ཚུལ་དུ་བཀོད་པ་ལས་དཔྱད་པ་སོགས་གཏོང་བའི་སྤྱོབས་པ་ནི་མ་མཆིས་པས། འདིར་བཏང་སྙོམས་སུ་བཞག་པའོ། །

རྣམ་ཐར་དང་ཆོས་འབྱུང་ཁག་ཏུ་ཇོ་འདིས་ཇོ་བཙུན་མར་པ་བསྟེན་ནས་བཤད་པའི་བཀའ་བབས་ལས་འཕོ་བའི་བཀའ་བབས་སུ་འགྱུར་བར་བཤད་མོད།

① ཇོ་བཙུན་མཚུར་གྱིས་ཇོ་མར་པ་རང་གི་གནས་སུ་སྤྱན་དྲངས་པའི་གནས་གཞི་ནི་དེང་སང་དགོན་ཤུལ་དུ་གྱུར་བའི་ཆོས་རྫོང་དགོན་ཞེས་པ་དེ་མིན་ནམ་སྙམ། དགོན་དེར་ཁྲིམས་ཁང་ལོ་ཙཱ་བ་བསོད་ནམས་རྒྱ་མཚོ་སོགས་མཁས་པ་མང་པོ་བྱོན་ནས་བསྟན་པའི་ཁུར་བཞེས་མཛད། དུས་ཕྱིས་བཙུན་དགོན་དུ་འགྱུར། བཅིངས་བཀྲོལ་རྗེས་ཙམ་ནས་གྲྭ་རྒྱུན་སྟོངས་ཞིང་དགོན་སྡེ་གྱུང་རོར་འགྱུར། ཡར་དོལ་ནང་མདོ་ཁོངས་ཀྱི་རྒན་པོ་རྣམས་ཀྱི་ངག་རྒྱུན་དུ་དོལ་མཚུར་སྟོན་དབང་ངེས་ཇོ་མར་པ་ཐོག་མར་གདན་དྲངས་སའི་གནས་ནི་དོལ་གྱི་ཕུའི་ཕྱོགས་གཏོགས་ནུབ་ངོས་སུ་ཆགས་པའི་འཇུ་གྲོང་ཚོའི་ས་ཁོངས་འཇུ་བཀྲ་ཤིས་སྡིངས་ཞེས་པའི་དགོན་པ་ཞིག་ཡོད་པ་དེ་ཡིན་པར་བཤད་ལ། དགོན་དེ་ནི་མཚུར་སྟོན་གྱི་གནས་གཞི་ཡིན་པར་གྲགས། དགོན་སྡེ་འདི་ཉིད་སྔ་དུས་ཆགས་འཇིག་ཏུ་སོང་མོད། ཉེ་ལམ་ཞིག་གསོས་བགྱིས་པའོ། །

② འགོས་ལོ་གཞོན་ནུ་དཔལ། དེབ་ཐེར་སྔོན་པོ། སྟོད་ཆ། སི་ཁྲོན་མི་རིགས་དཔེ་སྐྲུན་ཁང་། 1985ལོར་དཔར་བའི་ལྷུགས་དཔར་ཤོག་གྲངས་500–501བར་གསལ།

མཛད་པ་ཆེ་བ་ནི་གསང་འདུས་ཁོ་ནར་འདུག་སྟེ། ལྷོ་རོང་ཆོས་འབྱུང་དུ། "མཚུར་དབང་གི་རྡོ་རྗེ་ལ་འཕོ་བའི་བཀའ་བབ་ཅེ་ན་ཡང་ཁྱད་པར་དུ་དཔལ་གསང་བ་འདུས་པའི་རྫོགས་རིམ་དང་། རྒྱུད་སྡེ་ཁ་ཡར་གཅིག་གི་སྲོལ་འདི་ནི་བརྒྱུད་དགོས་ལ།"①ཞེས་གསལ་བ་དང་། སྟག་ལུང་ཆོས་འབྱུང་ལས། "མཚུར་སྟོན་དབང་གི་རྡོ་རྗེ་ལ་རྗེ་མར་པས། གསང་བ་འདུས་པའི་རྒྱུད་ཀྲུང་གི་མན་ངག་དང་བཤད་པ་རྫོགས་པ་གནང་།"②ཞེས་བྱུང་ལ། དེབ་སྔོན་དུ་འདུས་པ་མར་ལུགས་ཀྱི་སྐབས་འཆད་དུས། "ཆོས་རིམ་ལྔའི་མན་ངག་དང་རྒྱུད་ཀྲུང་གི་བཤད་པ་རྫོགས་པར་གནང་། ཞེས་པ་ནས། ནཱ་རོ་པའི་རྒྱུད་ཀྲུང་གི་མན་ངག་གི་ལུགས་སུ་རྗེས་སུ་མཛད།"③ཅེས་གསུངས་པ་སོགས་ཀྱི་ཚིག་ངོ་ལས་རྟོགས་པར་ནུས་སོ། །དེས་ན་རྗེ་འདི་པའི་མཛད་པ་གཙོ་བོ་རྒྱུད་ལ་གཉིས་སུ་བྱས་པའི་ཕ་རྒྱུད་མ་རྒྱུད་ལས་ཕ་རྒྱུད་ཀྱི་གདམས་པ་གདངས་ཅན་ཁྱོན་འདིར་ཤ་སེམ་ཅུས་སེམ་དུ་སོང་བའི་སྔོན་ན་མེད་པའི་བསྟན་པའི་ལག་རྗེས་འཇོག་མཛད་པའོ། །དེ་ཡང་ཕ་རྒྱུད་མ་རྒྱུད་ཅེས་པ་གང་ལ་གོ་འམ་ཞེ་ན། རྗེ་མར་པ་ལོ་ཙྪ་ལ་རྗེ་བཙུན་མཚུར་གྱིས་ཞུས་པ་དང་དེའི་ལན་དུ། "དེ་ཡང་ཐབས་གང་ཅུང་གཙོ་བོར་སྟོན་པས་གསལ་བའི་ཆ་ཕ་རྒྱུད། ཤེས་རབ་ཐིག་ལེ་གཙོ་བོར་སྟོན་པ་སྟོང་པའི་ཆ་མ་རྒྱུད། དེ་ལྟར་ཐབས་དང་ཤེས་རབ་དབྱེར་མེད་པའམ། རྩ་རླུང་བྱང་ཆུབ་སེམས་གསུམ་དབྱེར་མེད་གསལ་སྟོང་གཉིས་རོ་གཅིག་ཏུའང་མེད་པས་ན། གོང་ན་མེད་པའི་རྒྱུད་དུ་ངེས་པའོ། །"④ཞེས་གསུངས་པའི་གསུང་གི་གནང་

① རྟ་ཚག་ཚེ་དབང་རྒྱལ། ལྷོ་རོང་ཆོས་འབྱུང་། བོད་ལྗོངས་བོད་ཡིག་དཔེ་སྙིང་དཔེ་སྐྲུན་ཁང་། 2013ཤ66

② སྟག་ལུང་ངག་དབང་རྣམ་རྒྱལ། སྟག་ལུང་ཆོས་འབྱུང་། བོད་ལྗོངས་བོད་ཡིག་དཔེ་སྙིང་དཔེ་སྐྲུན་ཁང་། 2013ཤ619

③ འགོས་ལོ་གཞོན་ནུ་དཔལ། དེབ་ཐེར་སྔོན་པོ། སྟོད་ཆ། སི་ཁྲོན་མི་རིགས་དཔེ་སྐྲུན་ཁང་། 1985ཤ 501

④ ལྷོ་བྲག་མར་པ་ལོ་ཙྪའི་གསུང་འབུམ་བཞུགས་སོ། །པོད་གཉིས་པ། ཀྲུང་གོ་བོད་རིག་པ་དཔེ་སྐྲུན་ཁང་། 2011ཤ 174

བ་སྟེར་བ་ལྟར་རོ། །རྗེ་བཙུན་མཚར་གྱི་ལྟ་བ་ནི་དབུ་མ་ཐལ་འགྱུར་བར་ཡིན་པར་ངེས་ཏེ། པཎ་ཆེན་ནཱ་རོའི་རྒྱུད་རྒྱུད་གི་བཤད་པ་བསྐྱངས་ལ། ཕ་རྒྱུད་གསང་བ་འདུས་པའི་དགོངས་པའང་དབུ་མ་ཐལ་འགྱུར་བའི་ལྟ་དགོངས་དང་མཚུངས་པའི་ཕྱིར། རྗེ་མར་པ་ལོ་ཙྪ་ལ་རྗེ་བཙུན་མཚར་གྱིས་ཞུས་པ་དང་དེའི་ལན་དུ། "དེ་ཡང་ཀུན་རྫོབ་སྒྱུ་མ་ལྟ་བུ་ཐབས་ཀྱི་ཆ་ཕ་རྒྱུད་དུ་ངེས་ལ་དོན་དམ་སྟོང་ཉིད་ཤེས་རབ་སྐྱེ་བ་མེད་པ་མའི་རྒྱུད་དུ་ངེས་སོ། །ཕ་རྒྱུད་རིམ་པ་ལྔ་དང་མ་རྒྱུད་དགའ་བཞི་ཡང་སོ་སོ་མ་ཡིན་ནོ། །གཅིག་ཏུ་འདུ་བས་ཐམས་ཅད་གཅིག་ཏུ་ཉམས་སུ་བླངས་བཏུབས་གསུངས་སོ། །"[①]ཞེས་གསུངས་པ་སོགས་ལས་ཤེས་ནུས་ལ། གཞན་དུ་ན་མཚར་སྟོན་ནི་རྗེ་མར་པའི་དགོངས་པ་ཆུ་ལ་ཆུ་བཞག་པ་ལྟར་ཉམས་བཞེས་མཛད་པོ་ཞིག་ཀྱང་ཡིན་པས་མཐར་ཐུག་གི་ལྟ་བ་ཐལ་འགྱུར་བ་ཡིན་པར་ངེས་སོད། ད་ལམ་མཚར་སྟོན་གྱི་རང་གཞུང་སོགས་མཛད་པ་རྣམ་ཐར་དང་ཆོས་འབྱུང་ཁུངས་མ་དག་གི་ནང་དུ་མ་འཁོད་ལ། འགྲེལ་པ་མཛད་པའི་དཔེ་ཆ་ཙུང་དཀོན་རྐྱེན་རང་སྟོབས་ཀྱིས་མཐའ་གཅིག་ཏུ་དབུ་མ་ཐལ་འགྱུར་བ་ཡིན་པར་སྨྲ་བའི་སྤོབས་པ་ནི་མ་མཆིས། གང་ལྟར་མཁས་པ་འདིའི་སྐུ་དྲིན་གྱིས་རྒྱ་གར་སོགས་ཡུལ་ཕྱོགས་གཞན་ནས་སྐྱེས་ཆེན་དམ་པ་མང་པོ་དོལ་ལུང་པར་གསང་འདུས་གསན་བཞེས་གནང་བར་ཕེབས་སྐོར་ལོ་རྒྱུས་མཐུན་སྣང་དུ་འདུག་ཅིང་། བོད་ཡུལ་གྱི་སློབ་མའི་ཐུལ་དུ་ཕྱིན་པ་ཁམས་པ་རོ་མཉམ་རྡོ་རྗེ་དང་འཁོན་གད་པ་ཀིརྟི། མཆེས་སྟོན་བསོད་ནམས་རྒྱལ་མཚན་སོགས་བྱུང་། སློབ་མ་དེ་དག་ལས་ཁམས་པས་རྒྱུད་རྒྱུད་གི་འགྲེལ་པ་མཛད་པ་དང་། འཁོན་གྱིས་བཤད་པ་མཛད་ནས་སློབ་བརྒྱུད་མང་དུ

---

① ལྷོ་བྲག་མར་པ་ལོ་ཙྪའི་གསུང་འབུམ་བཞུགས་སོ། །པོད་གཉིས་པ། ཀྲུང་གོ་བོད་རིག་པ་དཔེ་སྐྲུན་ཁང་། 2011ཤ 174

འཕེལ་ནས་དུས་ཕྱིས་བུ་སྟོན་རིན་པོ་ཆེ་སོགས་ཀྱང་མཚུར་གྱི་སློབ་བརྒྱུད་དོ། །རྗེ་བཙུན་མཚུར་གང་དེའི་སྐུ་ཚེའི་འདུ་བྱེད་འཕེན་ས་གཙང་ཕྱོགས་ཐུར་ལའི་[1]མཆོད་ཁང་དུ་ཡིན་པར་གསུངས་པས་དབུས་ཀྱི་དོལ་ལུང་པ་སོགས་ཕུད་པའི་གཙང་གི་སའི་ཁྱོན་དུ་མཛད་འཕྲིན་བསྐྱངས་པ་ལས་བསྟན་པའི་བྱ་བ་རྒྱ་ཆེན་པོ་མཛད་པ་རིགས་པས་དཔོགས་ནུས་སོ། །

## གསུམ་པ། རྔོག་ཆོས་སྐུ་རྡོ་རྗེས་གཞུང་ཁུལ་དུ་ལྷ་དགོངས་ཇི་ལྟར་སྤེལ་ཚུལ་སྐོར།

རྔོག་ཆོས་སྐུ་རྡོ་རྗེ་ནི་རྗེ་བཙུན་མར་པའི་ཀ་ཆེན་བཞི་ལས་ལྷོའི་ཀ་ཆེན་ཡིན་ཞིང་། རྔོག་སློབ་བརྒྱུད་ཀྱི་ཡབ་མེས་དང་། རྗེ་མར་པའི་གདམས་ངག་གཞུང་གི་ཡུལ་སྤྱི་དང་དབུས་གཙང་སའི་ཁྱོན་ཁྱད་པར་མདོ་ཁམས་སུ་དར་བར་མཛད་པོ་རྣམས་ཀྱི་རྩ་བའི་བླ་མ་དགེ་བའི་མཛའ་བཤེས་ཆེན་པོར་ཟད་པས། རྔོག་པ་ཡབ་སྲས་རྣམས་དང་བཀའ་བརྒྱུད་པ་རྣམས་ཀྱིས་ཚད་ཐུབ་པའི་མཁས་པར་བཞེད་ནས་རྗེ་མར་པའི་གདམས་པ་གལ་ཆེན་ཁ་ཅིག་གི་ཁུངས་གཏུགས་སའི་དམ་པ་ཞིག་དང་། འཕྲིན་ལས་ལྷག་པར་ཆེ་བའི་མཁས་བཙུན་བཟང་གསུམ་གྱི་ཡོན་ཏན་གྱི་མངའ་བདག་ཅིག་ཏུ་རྩེ་སྲོལ་མཆིས། དེ་ཡང་ཇི་སྐད་དུ་རྗེ་མར་པའི་རྣམ་ཐར་མཐོང་བ་དོན་ཡོད་ལས། "ལྷོ་རུ་ཀ་ཆེན་བཙུགས་པ་དེ། །གཞུང་གི་རྔོག་སྟོན་ཆོས་རྡོར་ཡིན། །ཀ་ཐོག་སྟག་མོ་ངར་བ་དེ། །ཕོང་མི་གཞི་སྟག་དང་འདྲ་བ་ཡིན། །སྟག་གྲ་འཇོམ་མཐའ་ནས་རྒྱས་པ་དེ། །སྙན་བརྒྱུད་གདམས་ངག་ཐེབས་པ་ཡིན། །ཕོང་འཇོམ་ལན་གསུམ་བྱས་པ་དེ། །སྐུ་གསུམ་རང་ངོ་སྤྲོད་པ་ཡིན། །སྟེར་བཞི་ནགས་ལ་བསྒྲད་པ་དེ། །ཕྲིན་ལས་རྣམ་བཞི་གྲུབ་པ་ཡིན། །སྤྱན་མིག་གྱེན་དུ་གཟིགས་པ་དེ། །འཁོར་བ་ལ་ཕྱི་ཕྱུག་འཚལ་བ་ཡིན། །སྟག་ནགས་ཀྱི་གསེབ་ཏུ་འཕྱོ་བ་དེ། །ཐར་

[1] ཐུར་ལ་ནི་དེང་གཞིས་རྩེ་གྲོང་ཁྱེར་པ་སྣམ་རྫོང་ཁོངས་སུའོ། །

པའི་གླིང་དུ་གཤེགས་པ་ཡིན། །ཐང་ཤིང་རྒྱུད་དུ་འཁྲིལ་བ་དེ། །བུ་ཚ་ཐོས་བརྒྱུད་པ་ཟིན་པ་ཡིན། །"[①]ཞེས་གསལ་བར་གཞིགས་ན་ཇོག་ཆོས་ཇོར་འདི་ཉིད་བསྟན་པ་སྤྱི་དང་སྒོས་བཀའ་བརྒྱུད་པའི་བསྟན་པར་མཛད་རྗེས་ལྷག་པར་ཆེ་བའི་དྲན་དབང་ཞིག་ཡིན་པ་དཔགས་སོ། །བླ་མ་ཇོག་པ་ནི་ཇོག་ཅུས་སུ་འབྲུངས་ཤིང་། ཇོག་གི་ཅུས་འདི་ཉིད་བོད་ཀྱི་ཅུས་ཆེན་རྣམས་ལས་སྟོང་གི་ཅུས་ཚན་དུ་འདུག་ལ། ཇོག་གི་མེས་པོ་ནི་ཇོག་རྗེ་ཟིངས་པོ་རྗེ་ཞེས་བྱ་བ་ལྷ་ཐོ་ཐོ་རི་སྙན་ཤལ་དང་དུས་མཚུངས་སུ་བྱུང་བ་འཕྲུལ་དགའི་ལྷ་ལས་མཆེད་པར་བཤད་དེ། བླ་མ་ཇོག་ཡབ་སྲས་རིམ་པར་བྱོན་པའི་རྣམ་ཐར་རིན་པོ་ཆེའི་ཕྲེང་བར། "དེའི་སློབ་མ་ཇོག་ཆོས་ཇོར་ནི། ཇོག་གི་མེས་པོ་ཇོག་རྗེ་ཟིངས་པོ་རྗེ་ཞེས་བྱ་བ་ཞིག་སྟེང་གི་ལྷ་ལས་ཆད།[②] རྫུས་སྐད་རིམ་པ་དགུ་ལ། ཞབས་ཀྱིས་རྟེན་ཏེ་དོག་པ་ཕབ། ཅུས་ཕྱི་མོ་བཞི་ལས། སྟོང་དུ་རྟོགས། དེ་ལས་འཛོམས་ཅུས་དགུའི་ནང་ནས་ཇོག་རྗེའོ། །"[③]ཞེས་གསུངས་པའི་ཕྱིར། གཞན་ཡང་ཇོག་ནི་བོད་ན་མི་ཆེན་དགུ་ཅུ་དྲངས་པའི་ཡ་གྱལ་ལས་སྨད་ཀྱི་ཁུ་ཇོག་འཁྲོམ་གསུམ་གྱི་ཡ་གྱལ་ཞིག་ཡིན་པར་བཤད། ཇོག་རབས་གསལ་བའི་མེ་ལོང་དུ། "བོད་དུའང་། སྟོད་ན་འདར་ཇོག་འཕོན་དང་གསུམ། སྨད་ན་ཁུ་ཇོག་འཁྲོམ་གསུམ། བར་ན་སོ་ཟུར་གནུབས་དང་གསུམ་སྟེ། བོད་ན་ཆེ་བ་མི་དགུ་ཟེར།"[④]ཞེས་གསུངས་པ་བཞིན་ཇོག་གི་བརྒྱུད་པ་འདིས་བོད་ཡུལ་གྱི་ཆོས་རིག་སྲིད་

① དཔལ་མངའ་བདག་སྨྲ་སྒྲུར་མར་པ་ལོ་ཙྪ་བ་ཆོས་ཀྱི་བློ་གྲོས་ཀྱི་གསུང་འབུམ་བཞུགས་སོ། །སྟོད་ཆ། སེར་གཙུག་ནང་བསྟན་དཔེ་རྙིང་འཚོལ་བསྡུ་ཕྱོགས་སྒྲིག་ཁང་། ཤ 192–193

② ལྷ་ལས་ཆད་ཅེས་པ་ནི་ལྷ་ལས་མཆེད་ཅེས་པའི་དོན་དུ་གོ

③ ཇོག་སློབ་བརྒྱུད་དང་བཅས་པའི་གསུང་འབུམ་བཞུགས་སོ། །པོད་དང་པོ། ཀྲུང་གོའི་བོད་རིག་པ་དཔེ་སྐྲུན་ཁང་། 2011 ཤ 3

④ བོད་ཀྱི་གདུང་རབས་དང་རྣམ་ཐར་ཕྱུང་ང་ཁག་དྲུག བོད་ལྗོངས་བོད་ཡིག་དཔེ་རྙིང་དཔེ་སྐྲུན་ཁང་། 2014 ཤ143

གསུམ་ལ་བླ་ན་མེད་པའི་མཛད་པ་འཛོག་མཛད་སྐོར་རྗོག་པ་ཡབ་སྲས་ཀྱི་རྣམ་ཐར་ཁག་ཏུ་གསལ་བས་ཞིབ་པ་དེ་དག་ལས་ཤེས་པར་མཛོད།

རྗོག་ཆོས་རྗོར་ནི་ཡབ་རྗོག་བན་ཆེན་ཁ་བ་དང་ཡུམ་འོད་ལྡན་མའི་སྲས་སུ་རབ་བྱུང་དང་པོའི་མེ་ཕྱི་ལོར་[1]འཁྲུངས་ཞེས་བཤད་པ་དང་། རྗེ་བཙུན་མར་རྗོག་བཀའ་བརྒྱུད་ཀྱི་མཛད་རྣམ་མདོར་བསྡུས་བཞུགས་སོ་ཞེས་པར། "བླ་མ་རྗོག་སྟོན་ཆེན་པོ་ནི། ཡབ་རྗོག་བན་ཆེན་ཁ་བ། ཡུམ་འོད་ལྡན་མ་གཉིས་ཀྱི་སྲས་སུ། ཕག་གི་ལོ་སྐུ་འཁྲུངས་ནས་དགུང་ལོ་དྲུག་ཅུ་རྩ་དགུ་བཞུགས།"[2]ཞེས་གསལ་བ་ལས་དེང་སང་ནི་རབ་བྱུང་དང་པོའི་ཆུ་ཕག་ལོ་སྤྱི་སྐྱི་ལོ་1023ལོར་སྐུ་འཁྲུངས་པ་དང་། རབ་བྱུང་གཉིས་པའི་ལྕགས་རྟ་སྤྱི་སྐྱི་ལོ་1090ལོར་དགོངས་པ་ཆོས་དབྱིངས་སུ་ཐིམ་པའི་ལུགས་འདི་ཚད་ལྡན་དུ་བཟུང་བར་མཛད་དོ། །

རྗོག་ཆོས་རྗོར་གྱི་ཕ་རྒྱུད་ཀྱི་ཆོས་ནི་རྙིང་མའི་ཆོས་ཡིན་པ་དང་། བླ་མ་འདི་ནས་བཀའ་བརྒྱུད་པར་འགྱུར་བའོ། །དུས་ཕྱིས་བླ་མ་གང་དེའི་སྐུ་དྲིན་དང་མཐུ་སྟོན་གྱིས་གངས་རིའི་སྲུལ་འདིར་རྗོག་སློབ་བརྒྱུད་དམ་རྗོག་པ་བཀའ་བརྒྱུད་ཅེས་པའི་མཚན་ཆགས། རྗོག་ཆོས་སྐུ་རྡོ་རྗེའི་འཁྲུངས་ཡུལ་ཆར་ཁ་ཅིག་གཞུང་གི་བསེ་ལུང་དང་ཉེ་བའི་ཆ་འོ་ལུང་མཚེར་སར་[3]བཤད་པ་དང་། ལ་ལས་གཞུང་གི་

[1] རྗོག་ཆོས་རྗོར་གྱི་འཁྲུངས་ལོའི་སྐོར་ལ་མང་དུ་བཤད་དུ་ཡོད་ཀྱང་འདིར་ནི་ཀུན་མཁྱེན་འཇམ་དབྱངས་བཞད་པའི་བསྟན་རྩིས་རེའུ་མིག་ཏུ་འཁོད་པའི་དགོངས་པ་ལྟར་རོ། །

[2] རྗོག་སློབ་བརྒྱུད་དང་བཅས་པའི་གསུང་འབུམ་བཞུགས་སོ། །བོད་དང་པོ། ཀྲུང་གོའི་བོད་རིག་པ་དཔེ་སྐྲུན་ཁང་། 2011 ཤ 71

[3] འོ་ལུང་མཚེར་ས་ཞེས་པ་འདི་བསེ་ལུང་དང་མི་རིང་ས་ཡིན་ངེས་ཀྱི་ཞིབ་ཆ་བཤད་དུ་མེད། ལར་ནི་སྟོ་བྲག་སྲས་ཤང་དུ་འོ་ལུང་ཞེས་པའི་གནས་གཞི་རྙིང་པ་ཞིག་ཡོད་པ་དེར་བཤད། དེ་ནི་བླ་མ་རྗོག་པའི་གདན་ས་ཡིན་པར་བཤད།

འབུམ་ཐང་[①]ཞེས་པའི་ས་ཆར་འབྲུངས་པའི་ལུགས་ཆེ་བ་གཉིས་ལས་ སྔ་མ་ནི་ རྣམ་ཐར་ཁག་གི་དགོངས་པ་དང་། ཕྱི་མ་ནི་ཡུལ་གྱི་ཤོད་རྒྱུད་དུ་སོང་བས། དེ་གཉིས་ལས་ཕྱི་མ་དེ་དག་པར་སེམས་ཏེ། ཡུལ་དེ་ན་ཇོག་ཆོས་སྐུ་རྡོ་རྗེའི་འབྲུངས་ཁང་སོགས་ཀྱི་ཤུལ་ད་ལྟའི་ཆར་ཡང་མཇལ་དུ་ཡོད་པའི་ཕྱིར། བླ་མ་ཇོག་གིས་ཐོག་མར་སེ་ལུང་དགེ་བཤེས་དགྲེར་ལས་རྙིང་མའི་ཆོས་ཁ་ཡར་ཙམ་གསན་པ་དང་། དུས་ཤིག་དགེ་བཤེས་དགྲེར་གྱི་གསུང་གསེང་ནས་རྗེ་མར་པའི་སྙན་པ་གོ་ནས་དད་གུས་ལྷག་པར་སྐྱེས་ཏེ་རྗེ་མར་པའི་ཆོས་དང་མན་ངག་གི་སླད་དུ་སྤྱོང་དག་ལན་གསུམ་དུ་མཛད་པ་དང་འབུལ་བ་རྒྱ་ཆེར་ཕུལ་ཞིང་། མར་ལུགས་ཀྱར་བརྟག་སྒྱུ་གདན་སོགས་ཀྱི་ཆོས་ཚན་བསམ་གྱིས་མི་ཁྱབ་པ་གསན། བརྟག་གཉིས་ཀྱི་ཊཱི་ཀཱ་དང་དཀྱིལ་ཆོག་མདོ་སྦྱར། མངོན་རྟོགས་མདོ་སྦྱར་སོགས་པའི་ཡིག་ཆ་དུ་མ་མཛད་དེ་བཤད་པའི་རྒྱུན་ལེགས་པར་བསྐྱངས་ལ། སློབ་མ་ཡང་རྗེ་མི་ལ་དང་རམ་རྩག་ཅན། ཇོག་མུན་པ་ཅན་དང་སྤྱ་ལྷྲ་བ་ཅན་སོགས་སྨིན་པར་མཛད་པ་དང་། ཇོག་བརྒྱུད་དགོན་སྡེ་བདུན་[②]དུ་གྲགས་པ་རྣམས་ཀྱི་གཞི་རྩའི་ས་བོན་ཡང་འདེབས་པར་མཛད་པས་བསྟན་པ་ལ་བྱས་པ་ཆེ་བའི་སྟོན་གྱི་མེས་པོ་དྲིན་པོ་ཆེ་ཞིག་ཏུ་སོང་ངོ་། །

དམ་པ་འདི་ཉིད་ཀྱི་གསུང་གིས་གཞུང་ཁྲུལ་དང་ཡང་སྒོས་བོད་ཁམས་ཕྱིར་

---

① འབུམ་ཐང་ཞེས་པ་ནི་བླ་མ་ཇོག་པའི་འབྲུངས་གཞིས་སུ་བཤད། དག་རྒྱུན་དུ་མཁའ་འགྲོ་མ་བྱེ་བས་མཚན་གཅིག་ཏུ་བཞེངས་པའི་འབུམ་པའི་ཐང་ཡིན་པས་ན་འབུམ་ཐང་ཞེས་བརྗོད། གནས་གཞི་འདི་ནི་ལྷོ་ཁ་གོང་དཀར་རྫོང་རྒྱ་རི་ཤང་འཐོག་གྲོང་ཚོའི་བྱང་དུ་གནས། དེང་སང་གནས་དེར་གྲུང་རྣ་སོགས་ལས་མི་ཁྱིམ་མེད།

② ཇོག་བརྒྱུད་ཀྱི་དགོན་སྡེ་བདུན་ཞེས་པ་ནི་གཞུང་རི་བོ་ཁྲུང་ལྡིང་དགོན་དང་། སྲས་ཐོག་དགོན། སྲས་མགོན་རི་ཁྲོད། རིན་གཤོངས་དགོན། ཐར་པ་གླིང་། འབུམ་ཐང་། དབེན་ཚ་དགོན་བཅས་སོ། །དེ་ལས་གཞུང་རི་བོ་ཁྲུང་ལྡིང་དགོན་ནི་ཇོག་ཆོས་སྐུ་རྡོ་རྗེའི་ཡབ་མེས་ཀྱི་སྡེ་དགོན་ཡིན་གྱི་ཇོག་པ་བཀའ་བརྒྱུད་པའི་གདན་ས་ཡིན་པས་མ་ཁྱབ། གཞན་དུ་ན། དེར་སྤྲེའུ་ཤིང་དགོན་དང་ནགས་ལྷུམ་དགོན་གཉིས་ཀྱང་འདུ་དགོས་མོད། དེང་སང་ནི་དེ་ལྟར་དྲངས་སྲོལ་མ་མཆིས།

བཀའ་བརྒྱུད་པའི་བསྟན་པ་དགུང་ལ་ཉི་ཟླ་ཤར་བ་ལྟར་གསལ་བར་བྱོན་མཛད་ཀྱི་སློབ་བརྒྱུད་རྣམས་ཀྱང་དམ་པ་འདི་དང་། དྲིན་ཆེན་རྗེ་མར་པ་ལོ་ནའི་ཐུགས་འཕྲིན་གྱི་བྱིན་རླབས་སུ་ཟད་དོ། །བླ་མ་རྗོག་པ་ཉིད་ལྟ་བ་གང་ལ་མོས་སམ་ཞེ་ན། དབུ་མ་ཐལ་འགྱུར་བར་ངེས་ཏེ། བླ་མ་རྗེ་བཙུན་གང་དེའི་མན་ངག་ནི་རྗེ་མར་པའི་ཞལ་སྔོན་མོ་ནས་མཆེད་པའི་གསུང་བསླད་མི་ཞུགས་པ་ཉམས་ལེན་མཛད་མཁན་ཅིག་ཡིན་པའི་དབང་གིས་སོ། །གཞན་དུ་ན། མངའ་བདག་མེ་ཏྲི་པའི་གདམས་ངག་བཞུགས་སོ་ཞེས་པར། “དེ་རྣམས་གང་ཟུང་གཅིག་གིས་རང་དང་སྣང་བ་དེ་བདེ་བ་དང་སྟོང་པར་གོ་ཐབས་ཡིན་ནོ། །དེ་ལྟར་རྟོགས་པས་སྣང་བ་ཐམས་ཅད་སྐྱེ་མེད་ཀྱི་ངོ་བོར་བྱས་ཤིང་བསྒོམས་ཏེ་མིག་གིས་ཅི་མཐོང་ཐམས་ཅད་བདེ་བར་ཤར་བ་དེ་ཉིད་སྐྱེ་མེད་ལས་མ་འདས།”[①]ཞེས་དང་། གཞན་དུ་ཞལ་གདམས་བཀའ་བཞི་ལོ་རྒྱུས་དང་བཅས་པ་བསྒྲེ་འཕོ་ལག་ལེན་དུ་དྲིལ་བ་ཟབ་མོ་བཞུགས་སོ་ཞེས་པར། “རྗེ་བོ་ཏཻ་ལོ་པ་ལ་གདམས་ངག་གི་བཀའ་བབ་བཞི་ཚད་པ་ཡིན། དེ་ལ་སློབ་དཔོན་ཀླུ་སྒྲུབ་ཀྱི་གདམས་ངག་གི་བཀའ་གཅིག་བབས།”[②]ཞེས་སོགས་དང་། རྗེ་མར་པ་ལོ་ཙྪ་ལ་རྗེ་བཙུན་མཚུར་གྱི་ཞུས་ལན་དུ། “སྣང་བ་སྒྱུ་མར་ཤེས་པ་སྒྱུ་ལུས་དེ་ཐབས། སྒྱུ་ལུས་འོད་གསལ་དུ་བཙུག་པ་དོན་དམ་པའི་བདེན་པ་དེ་ཤེས་རབ་སྟེ། གཉིས་སུ་མེད་པའི་ཡེ་ཤེས་སུ་ཟུང་དུ་འཇུག་པའོ། །”[③]ཞེས་གསལ་བ་སོགས་པའི་གསུང་རིས་དབུ་མ་བའི་ཐབས་ཤེས་དབྱེར་མེད་པ་དང་

① རྗོག་སློབ་བརྒྱུད་དང་བཅས་པའི་གསུང་འབུམ་བཞུགས་སོ། །པོད་དང་པོ། ཀྲུང་གོའི་བོད་རིག་པ་དཔེ་སྐྲུན་ཁང་། 2011 ཤ 296

② རྗོག་སློབ་བརྒྱུད་དང་བཅས་པའི་གསུང་འབུམ་བཞུགས་སོ། །པོད་གཉིས་པ། ཀྲུང་གོའི་བོད་རིག་པ་དཔེ་སྐྲུན་ཁང་། 2011 ཤ 130

③ རྗོག་སློབ་བརྒྱུད་དང་བཅས་པའི་གསུང་འབུམ་བཞུགས་སོ། །པོད་གཉིས་པ། ཀྲུང་གོའི་བོད་རིག་པ་དཔེ་སྐྲུན་ཁང་། 2011 ཤ 328–329

སྔོ་ཀུན་ནས་མཐུན་པར་བསྔོས་ན་དབུ་མ་ཐལ་འགྱུར་ཡིན་པ་ཤེས་སོ། །

## བཞི་པ། རྗེ་བཙུན་མི་ལས་དོལ་གཞུང་དུ་སྒྲུབ་པའི་བཀའ་བབས་ཀྱི་རྒྱུན་བསྐྱངས་ལུགས་སྐོར།

རྗེ་བཙུན་མི་ལ་རས་པ་ནི་དུས་ཕྱིས་བྱོན་པའི་བཀའ་བརྒྱུད་ཆེ་བཞི་ཆུང་བརྒྱད་ཀྱི་རྩ་བའི་སློབ་དཔོན་དང་། མར་མི་དྭགས་གསུམ་ཞེས་ས་གསུམ་ན་གྲགས་པའི་དཔལ་ལྡན་བཀའ་བརྒྱུད་པའི་ཡབ་མེས་ཀྱི་ཡ་ཀྱལ། རྗེ་མར་པའི་རྩ་སློབ་ཀ་ཆེན་བཞི་ལས་བྱང་གི་ཀ་ཆེན་ཏེ། རྗེ་མར་པའི་རྣམ་ཐར་མཐོང་བ་དོན་ཡོད་ལས། “བྱང་དུ་ཀ་ཆེན་བཙུགས་པ་དེ། །གུང་ཐང་གི་མི་ལ་རས་པ་ཡིན། །ཀ་ཐོག་གོད་པོ་ལྡིང་བ་འདི། །ཡོང་མི་གཞི་གོད་དང་འདྲ་བ་ཡིན། །གོད་རྩེ་སྤྲོ་མཐའ་ནས་རྒྱས་པ་དེ། །སྙན་བརྒྱུད་ཀྱི་གདམས་ངག་ཐེབས་པ་ཡིན། །གོད་ཚང་བྲག་ལ་བཅས་པ་དེ། །ཚེ་སྲོག་བྲག་ལས་སྲ་བ་ཡིན། །གོད་དེ་ལ་བུ་གཅིག་བྱུང་བ་དེ། །འགྲན་གྱི་ཟླ་མེད་གཅིག་ཡོང་བ་ཡིན། །བྱ་ཕྲན་གྱིས་ནམ་མཁའ་གང་བ་དེ། །བཀའ་བརྒྱུད་ཀྱི་བསྟན་པ་དར་བ་ཡིན། །སྤྱན་མིག་གྱེན་དུ་གཟིགས་པ་དེ། །འཁོར་བ་ལ་ཕྱི་ཕྱུག་འཚལ་བ་ཡིན། །གོད་ནམ་མཁའི་མཐོངས་སུ་འཕྱུར་བ་དེ། །ཐར་པའི་གླིང་དུ་གཤེགས་པ་ཡིན། །”①ཞེས་བྱུང་བ་དང་། གཞན་ཡང་རྗེ་མི་ལ་འདི་ཉིད་ནི་བླ་མ་མར་པའི་སྒྲུབ་བརྒྱུད་ཀྱི་བཀའ་བབ་པ་ཞག་ཅིག་ཡིན་པའི་སྐོར་སྟག་ལུང་ཆོས་འབྱུང་དུ། “དེ་ཡང་མངའ་བདག་མར་པའི་སློབ་མ་ཀ་བ་བཞིར་གྲགས་པའི་རྔོག་མེས་ཚུར་གསུམ་གྱིས་བཤད་པའི་བཀའ་བཟུང་། མི་ལས་སྒྲུབ་པའི་བཀའ་བཟུང་བ་ཡིན།”②ཞེས་གསུངས་

① དཔལ་མངའ་བདག་སྒྲ་སྒྱུར་མར་པ་ལོ་ཙྪ་བ་ཆོས་ཀྱི་བློ་གྲོས་ཀྱི་གསུང་འབུམ་བཞུགས་སོ། །སྟོད་ཆ། སེར་གཙུག་ནང་བསྟན་དཔེ་རྙིང་འཚོལ་བསྡུ་ཕྱོགས་སྒྲིག་ཁང་། ཤ 193

② སྟག་ལུང་ངག་དབང་རྣམ་རྒྱལ། སྟག་ལུང་ཆོས་འབྱུང་། བོད་ལྗོངས་བོད་ཡིག་དཔེ་རྙིང་དཔེ་སྐྲུན་ཁང་། 2013 ཤ 617

པ་ལས་རྗེ་མི་ལ་བཞད་པ་རྡོ་རྗེ་འདི་ཉིད་ནི་བཀའ་བརྒྱུད་པའི་སྒྲུབ་པའི་བསྟན་པའི་བདག་པོར་ཟད་དོ། །རྗེ་མི་ལའི་རྣམ་ཐར་གྲགས་ཆེ་བ་དང་ས་དར་རྡོ་དར་དུ་སོང་བས་འདིར་ཡིག་ཚོགས་ལ་འཛིགས་ནས་མ་བྲིས། འདིར་ནི་གཙོ་བོ་རྗེ་མི་ལས་དོལ་གཞུང་གཉིས་ཀྱི་ཡུལ་དུ་བསྒྲུབ་པའི་བསྟན་པ་ཇི་ལྟར་བསྐྱངས་ལུགས་སྐོར་བཤད་པར་བྱའོ། །

དེ་ཡང་རྗེ་མི་ལ་ཐོས་པ་དགའ་འདིས་བཀའ་བརྒྱུད་པའི་བསྟན་པ་ཆ་ཡོངས་ནས་མ་སྤེལ་བའི་གོང་རོལ་ལ་དོལ་གཞུང་དུ་བསྟན་པའི་བྱ་བ་མཛད་པ་ནི་རྗེ་འདིས་བླ་མ་རྔོག་གཞུང་པ་དང་ཆོས་འབྲེལ་བྱུང་བར་བརྟེན་ནས་སོ། །དེ་ལ་རྗེ་མི་ལས་རྗེ་བཙུན་མར་པ་དང་བླ་མ་རྔོག་ཆོས་སྐུ་རྡོ་རྗེ་ཁྱོན་ལོ་དགུ་ཙམ་བསྟེན་ཚུལ་ནི་ལྷོ་རོང་ཆོས་འབྱུང་དུ། "སྦྱིར་བླ་མའི་ཞབས་དྲུང་དུ་ལོ་ཧྲིལ་པོ་དྲུག་དང་ཟླ་བ་བརྒྱད། རྔོག་གི་སར་ལོ་ཧྲིལ་པོ་གཅིག་དང་ཟླ་བ་ཁ་ཡར་དང་། སྦྱིར་གྱི་ལོ་དགུ་བླ་མ་ལ་བསྟེན།"[①]ཞེས་གསུངས་ལྟར་རོ། །དེ་ལ་རྗེ་བཙུན་མི་ལས་བླ་མ་རྔོག་གི་སར་ལན་གཉིས་ཕེབས་ཏེ། སྲས་མཁར་དགུ་ཐོག་བརྩིག་པའི་སྐབས་སུ་བླ་མ་མར་པས་དབང་ལུང་སོགས་མི་གནང་བའི་རྐྱེན་བྱས་ནས་གཞུང་དུ་ལན་གཅིག་དང་། གཅིག་ཤོས་ནི་རྗེ་མར་པ་དང་ཞལ་གྱིས་ནས་རང་ཡུལ་དུ་ཕེབས་པའི་ལམ་དུའོ། །རྗེ་མི་ལས་དོལ་གཞུང་གྱི་ས་ཆ་ལས་གཙོ་བོ་དོལ་གྱི་ཡས་ཕོ་མོའི་ཡུལ་དང་གཞུང་སྤྲེལ་ཞིང་ཁུལ་དུའོ། །ལུང་ཚན་དེ་དག་ན་དེང་སང་ཡང་རྗེ་མི་ལའི་རྣམ་ཐར་ཁག་ངག་རྒྱུན་དུ་གྲགས་ཤིང་རྗེ་གང་དེའི་སྒྲུབ་ཕུག་བྱིན་ཅན་གཉིས་ཙམ་མཇལ་རྒྱུ་ཡོད་པ་མ་ཟད། ཕྱིས་ཀྱི་རྗེས་འབྲངས་པས་མཛད་པའི་རྗེ་མི་ལའི་རྣམ་ཐར་ཆེ་ཆུང་

① རྟ་ཚག་ཚེ་དབང་རྒྱལ། ལྷོ་རོང་ཆོས་འབྱུང་། བོད་ལྗོངས་བོད་ཡིག་དཔེ་རྙིང་དཔེ་སྐྲུན་ཁང་། 2013 ཤ 77

མེད་པ་ཤས་ཆེ་བར་རྗེ་འདི་ཉིད་དོལ་གཞུང་དུ་ཞབས་སོར་འཁོད་ནས་སྒྲུབ་པ་མཛད་པ་ཡིག་ངོར་གསལ་ལ། ཕྱིས་བྱོན་པའི་དཔལ་ལྡན་བཀའ་བརྒྱུད་པའི་གྲུབ་ཐོབ་རྣམས་ཀྱིས་གནས་དེ་དག་གཙོས་ཆེར་འཛིན་ནས་སྒྲུབ་ཕུག་དེ་གཉིས་སུ་སྒྲུབ་པ་ཉམས་ལེན་མཛད་མུས་ལགས། སྒྲུབ་ཕུག་གཉིས་ནི་དོལ་གྱི་ཡལ་མོའི་ཁུལ་དུ་རྗེ་བཙུན་འབུམ་ཞེས་བྱ་བའི་བྱང་ཆུབ་མཆོད་རྟེན་ཞིག་གི་བྱང་ངོས་ཀྱི་རི་རྩར་སྒྲུབ་ཕུག་[①]ཅིག་ཡོད་པ་དང་། གཅིག་ཤོས་ནི་གཞུང་སྤྲེ་ཞིང་[②]གི་ཁུལ་དུ་ཡོད། སྒྲུབ་ཕུག་དེ་ནི་ནགས་ལྷུམ་[③]ཞེས་པ་ཇོག་གི་གདན་ས་སྙིང་པ་ཞིག་ཡོད་པ་དེའི་ནུབ་ངོས་ཀྱི་གྲོག་རོང་གི་ལྡེབས་སུ་གནས་ཡོད་ཀྱང་། ཉེ་བའི་ལོ་ཤས་ནང་ཆུའི་འཛིགས་པའི་དབང་གིས་དེང་སང་ཤུལ་ཙམ་ལས་མཇལ་དུ་མེད། སྔོན་དུས་སྒྲུབ་ཕུག་དེ་གཉིས་ལ་བཀའ་བརྒྱུད་གཙོ་བོར་བྱས་པའི་ཆོས་བརྒྱུད་རིས་མེད་ཀྱི་དམ་པ་མང་དག་ཅིག་རྗེ་བཙུན་མི་ལ་རས་པའི་ཐུགས་རྗེའི་དྲིན་གྱིས་སྒྲུབ་པའི་ལས་ལ་གཞོལ་ནས་དག་སྣང་དང་ཉམས་བཟང་པོའི་རྟགས་མང་དུ་ཐོན་པའི་གཏམ་བྱུང་།

རྗེ་བཙུན་མི་ལའི་ཞེ་ཕུགས་ཀྱི་ལྟ་བ་ཇི་ཡིན་སྐོར་ལ་བཤད་པ་སྣ་ཚོགས་སུ་སོང་མོད། རྣམ་ཐར་ཁག་ཏུ་དེ་སྐོར་གསལ་ཁ་དེ་ཙམ་མེད་ལ། རྗེ་བཙུན་གྱི་རང་གཞུང་ཡང་མཇལ་དཀོན་པ་སོགས་པའི་རྐྱེན་གྱིས་མཐའ་གཅིག་ཏུ་ལྟ་བ་འདི་དང་

① སྒྲུབ་ཕུག་དེ་ནི་དོལ་ཡས་མོའི་ནུབ་བྱང་གི་རི་རྩར་གནས། ཤོད་རྒྱུན་ལ་རྗེ་མི་ལས་གནས་དེར་སྒྲུབ་པ་མཛད་པར་གྲགས། ད་དུས་གནས་དེར་རྗེ་མི་ལའི་རྗེ་སྐུ་བྱིན་ཅན་ཞིག་མཇལ་རྒྱུ་ཡོད་མོད། དེང་སང་མཇལ་དུ་མེད། སྔོ་ཁ་གོང་དཀར་རྫོང་ལྷོ་བདེ་ཞོལ་གྲོང་བརྡལ་གོ་ཆེ་གྲོང་ཚོའི་ཕུར་ཆགས།

② སྤྲེ་ཞིང་ཞེས་པ་ནི་ཇོག་གི་གདན་ས་གལ་ཆེན་ཞིག་སྟེ། སྔོན་སྤྲིན་བདག་སྤྲེའུའི་གདོང་ཅན་ཞིག་གིས་རང་གི་ཞིང་བླ་མ་ཇོག་ལ་ཕུལ་ནས་བྱུང་བར་གྲགས་པས་གདན་སའི་མིང་ལ་སྤྲེ་ཞིང་ཞེས་བྱུང་། ཁ་རྒྱུན་དུ་སྤེ་ཞིང་ཞེས་བརྗོད།

③ ནགས་ལྷུམ་ཞེས་པ་ནི་སྤྲེ་ཞིང་དགོན་ཕྱག་མ་བཏབ་གོང་གི་ཇོག་གི་གདན་ས་སྙིང་པ་ཞིག་ཡིན། དེ་ལ་ནགས་ལྷུམ་བརྗོད་དོན་ནི་སྔོན་དུས་གནས་དེར་ནགས་ལྷུམ་པོ་ཞིག་ཡོད་པས་མཚན་དེ་ལྟར་ཆགས། སྤྲེ་ཤིང་དགོན་དང་མི་རིང་བའི་སར་གནས། དེང་སང་ཞིག་རོ་ཙམ་ལས་མཇལ་དུ་མེད།

འདི་ཡིན་ཞེས་པའི་གཏམ་གཏོང་བ་ཞིག་མཇལ་དཀོན་པའོ། །འོན་ཏང་རྗེ་མི་ལའི་ལྟ་བའི་སྐོར་ལ་སྨྲོས་ན། སྤྱིར་མར་པའི་ཐུགས་ཀྱི་སྲས་མཆོག་ཏུ་སོང་བས་རྗེ་མི་ལའི་ཞེ་ཕུགས་ཀྱི་ལྟ་བ་དབུ་མ་ཐལ་འགྱུར་བར་སོང་བ་ཐེ་ཚོམ་བྱ་བའི་གཞི་མེད་ལ། གློ་བོ་མཁན་ཆེན་བསོད་ནམས་ལྷུན་གྲུབ་དང་རྗེ་རིན་པོ་ཆེ། ཐུའུ་བཀྭན་བློ་བཟང་ཆོས་ཀྱི་ཉི་མ་སོགས་ཀྱིས་རྗེ་འདི་ཉིད་ཀྱི་ལྟ་བ་དབུ་མ་ཐལ་འགྱུར་བར་བཞག་པའི་ཕྱིར། རྗེ་ཙོང་ཁ་པས་རྗེ་མི་ལའི་མཐར་ཐུག་གི་ལྟ་བ་ཐལ་འགྱུར་བ་ཡིན་པའི་ཁུངས་ནི་ཚེ་རིང་མཆེད་ལྔར་གདམས་པའི་མགུར་ཉིད་དང་། གློ་བོ་མཁན་ཆེན་གྱི་གསུང་འབུམ་ཁྲིམས་མ་པོད་གསུམ་པར་རྗེ་བཙུན་མི་ལ་རས་པས་མཐར་ཐུག་གི་ལྟ་བ་ཇི་ལྟར་བཞེད་ལུགས་འཁྲུལ་མེད་སྟོན་པ་[1]ཞེས་པ་དང་། ཐུའུ་བཀྭན་གྲུབ་མཐའ་རྣམས་སུ་འཕོད་པ་དག་གཞི་བྱས་ནས་རྗེ་མི་ལའི་ལྟ་བའི་བཞེད་དགོངས་སྐོར་ལ་དཔྱད་པའོ། །དོན་དུ་ན་རྗེ་མི་ལའི་ལྟ་བའི་ཞེ་ཕུགས་སྐོར་ལ་དཔྱད་པ་བྱེད་དགོས་ན་འགག་རྩ་ནི་རྗེ་གང་དེའི་ལྟ་བའི་སྐོར་གྱི་རང་གཞུང་དང་ལྟ་བ་དང་འབྲེལ་བའི་མགུར་དག་དམིགས་སུ་དབུགས་ནས་དཔྱད་པ་བྱེད་གལ་ཆེ། རྗེ་ཙོང་ཁ་པས་རྗེ་མི་ལའི་ལྟ་བའི་བཞེད་དགོངས་ཚེ་རིང་མཆེད་ལྔར་གདམས་པའི་མགུར་དུ་གཏུགས་པས། འདིར་ནི་ཚེ་རིང་མཆེད་ལྔར་གདམས་པའི་མགུར་གྱི་དཔེར་མཚོན་ཙམ་དྲངས་ན། "ཕྱི་སྣང་བ་ཇི་ལྟར་སྣང་ལགས་ཀྱང་། །མ་རྟོགས་དུས་ན་འཁྲུལ་སྣང་སྟེ། །ཡུལ་གྱི་ཞེན་པས་འཆིང་བར་བྱེད། །རྟོག་པ་རྣམས་ལ་སྒྱུ་མར་སྣང་། །ཡུལ་སྣང་སེམས་ཀྱི་གྲོགས་སུ་འཆར། །མཐར་ཐུག་དོན་ལ་འཆར་མ་མྱོང་། །སྐྱེ་མེད་ཆོས་སྐུར་དག་གོ་གསུངས། །"[2]ཞེས་དང་། "ལྟ་བའི་ཡང་རྩེ་ཕྱག་རྒྱ་ཆེ། །མཐའ་བྲལ་གཉུག་

① དཔེ་ཆ་དེར་ཁྱོན་ལྡེབ་ཕྱེད་དང་གསུམ་བཞུགས་སོ།

② རུས་པའི་རྒྱན་ཅན། རྣལ་འབྱོར་གྱི་དབང་ཕྱུག་ཆེན་པོ་མི་ལ་རས་པའི་རྣམ་མགུར། མཚོ་སྔོན་མི་རིགས་དཔེ་སྐྲུན་ཁང་། 2017 ཤ 453

མའི་དོན་རྟོགས་ཤིང་། །"[①]ཞེས་སོགས་པ་ལས་རྗེ་མི་ལའི་ལྟ་བ་དབུ་མ་ཐལ་འགྱུར་བ་ཡིན་པ་རྟོགས་པ་མ་ཟད། ཐུའུ་བཀྭན་རིན་པོ་ཆེས། "རྗེ་བཙུན་མི་ལའི་མགུར་རྣམས་སུ་ཡང་ལྟ་བ་ཕལ་ཆེར་ཐལ་འགྱུར་བ་མཐུན་པར་གསུངས་ཏེ། ཁྱོད་བློ་དམན་རྣམས་ཀྱི་བསམ་ངོ་དང་། །བསྟུན་ནས་ཀུན་མཁྱེན་སངས་རྒྱས་ཀྱིས། །ཐམས་ཅད་ཡོད་ཅེས་གསུངས་པ་ཡིན། །དོན་དམ་བདེན་པའི་དབང་དུ་ནི། །བགེགས་པས་སངས་རྒྱས་ཉིད་ཀྱང་མེད། །སྒོམ་པ་པོ་མེད་བསྒོམ་བྱ་མེད། །བགྲོད་བྱ་ས་དང་ལམ་རྟགས་མེད། །འབྲས་བུ་སྐུ་དང་ཡེ་ཤེས་མེད། །དེ་ཕྱིར་མྱ་ངན་འདས་པ་མེད། །ཅེས་པ་ནས། ལྟ་བ་འཛོག་མཚམས་དབུ་མ་ཐལ་འགྱུར་བ་དང་ཤིན་ཏུ་མཐུན་པར་གསུངས་སོ། །"[②]ཞེས་གསུངས་པའི་ཕྱིར། གཞན་དུ་བློ་བོ་མཁན་ཆེན་གྱིས་མཛད་པའི་རྗེ་བཙུན་མི་ལ་རས་པས་མཐར་ཐུག་གི་ལྟ་བ་ཇི་ལྟར་བཞེད་ལུགས་འབྲུལ་མེད་སྟོང་བར། "རྣལ་འབྱོར་དབང་ཕྱུག་དཔལ་ལྡན་མི་ལའི་གསུང་། །སྙིང་པོ་རྩེ་མོ་རྒྱལ་མཚན་མཐའ་བརྒྱན་པ། །ཆོས་རྒྱལ་པཎ་ཆེན་གཞུང་བཞིན་གནས་མཐོང་ནས། །བཞད་པའི་རྗེ་རྗེའི་ཚུལ་ལུགས་ངས་འདིར་ཕྱེ། །གྲུབ་ཆེན་སྲས་པའི་བཞེད་ཚོར་མ་ཕྱིན་ཞིང་། །དབུ་མ་མཆོག་གི་རྒྱུན་སླུང་མ་མྱངས་པར། །ལྟ་ངན་སྙིམ་པའི་རྙོག་རྩུ་འཐོར་བྱེད་རྣམས། །རིང་དུ་འབད་ཀྱང་ངལ་བར་མ་གྱུར་ཏམ། །"[③]ཞེས་གསུངས་པ་ལས་རྗེ་མི་ལའི་ལྟ་བ་དབུ་མ་ཡིན་པའི་གསལ་ཁ་གཏོད་པ་དང་། དེ་ཉིད་ལས། "རྗེ་བཙུན་མི་ལ་རས་པས་ཇི་ལྟར་བཞེད་པའི་གནས་ལུགས་ཀྱི་གོ་

① ཏུས་པའི་རྒྱན་ཅན། རྣལ་འབྱོར་གྱི་དབང་ཕྱུག་ཆེན་པོ་མི་ལ་རས་པའི་རྣམ་མགུར། མཚོ་སྔོན་མི་རིགས་དཔེ་སྐྲུན་ཁང་། 2017 ཤ 452

② ཐུའུ་བཀྭན་བློ་བཟང་ཆོས་ཀྱི་ཉི་མ། ཐུའུ་བཀྭན་གྲུབ་མཐའ། ཀན་སུའུ་མི་རིགས་དཔེ་སྐྲུན་ཁང་། 2010ཤ 157–158

③ བློ་བོ་མཁན་ཆེན་བསོད་ནམས་ལྷུན་གྲུབ་ཀྱི་གསུང་འབུམ་བཞུགས་སོ། །པོད་གསུམ་པ། ཁྲིས་མ། ཤ 420

ཡུལ་ནི་འདི་ལྟ་སྟེ། ཐམས་ཅད་ཡོད་པར་གསུངས་པ་ཀུན་རྫོབ་ཏུ་གསུངས་པ་དང་། འཁོར་འདས་གང་ཡང་མཐར་ཐུག་གི་དོན་མ་གྲུབ་པའི་ཚུལ་ལོ། །"[①]ཞེས་གསུངས་པའི་སྒྲོས་ལ་བསྟུན་ན་དབུ་མ་ཐལ་འགྱུར་བ་འགའ་གཙང་དུ་འདུག་ལ། ཡང་དེ་ཉིད་ལས། "འོ་ན་དེ་ཁོ་ན་ཉིད་རྟོགས་སོ་ཞེས་ཐ་སྙད་གང་ལས་བཏགས་ཤེ་ན། གནས་ལུགས་ཀྱི་དོན་ལ་སྣང་སྟོང་གཉིས་སུ་ཡོད་པ་མ་ཡིན་ལ། གཉིས་སུ་མེད་པ་ལྟར་གྱི་དོན་རྟོགས་པ་ལ་དེ་ཁོ་ན་ཉིད་རྟོགས་ཞེས་བཏགས་པ་ཙམ་སྟེ། གཉིས་སུ་མེད་པའི་དོན་རྟོགས་ན། །ལྟ་བའི་མཆོག་ཀྱང་དེ་ལ་བྱ། །ཞེས་བཤད་པས་སོ། །"[②]ཞེས་གསུངས་པའི་ཕྱིར་ན་དབུ་མ་ཐལ་འགྱུར་བ་ཉམས་སུ་ལེན་པའི་གྲུབ་པའི་དབང་ཕྱུག་ཆེན་པོར་འདུག་ཅིང་། དོན་གྱི་སྙིང་པོ་བསྒྲིལ་ན་གློ་བོ་མཁན་ཆེན་ལ་སོགས་པའི་མཁས་པ་རྣམས་རྗེ་མི་ལའི་ལྟ་བའི་ཞེ་ཕུགས་བརྗོད་པ་ལ་རྗེ་གང་དེའི་མགུར་ཉིད་ལ་གཙོགས་སུ་མཛད་པ་དང་། མགུར་དེ་དག་དོན་དུ་རྗེ་བཙུན་ཆེན་མོའི་རང་གཞུང་དུ་བྱས་ནས་དཔྱད་པ་མཛད་པ་ལགས། ཁྱད་དུ་གློ་བོ་མཁན་ཆེན་དང་ཐུའུ་བཀྭན་རིན་པོ་ཆེས་མགུར་གཅིག་ལ་གཞི་བཅོལ་ནས་རྗེ་མི་ལ་དབུ་མ་ཐལ་འགྱུར་བའི་ལུགས་ལ་མོས་པའི་ཆ་གྲུབ་པའོ། །དེའི་ཕྱིར་རྗེ་བཙུན་གྱི་སྒྲུབ་བརྒྱུད་ཀྱི་བསྟན་པ་དོལ་གཞུང་དུ་སྤེལ་བའི་ལྟ་བའང་དབུ་མ་ཐལ་འགྱུར་བར་བྱ་དགོས་སོ། །

## ལྔ་པ། གཞུང་གི་ཉ་མོ་ཀུར་གྱི་གནས་གཞི་དང་རྫོག་ཆོས་དབར་གྱི་བཤད་པ།

གཞུང་གི་ཉ་མོ་ཀུར་《དཔེ་རིས་ལྔ་པར་གཟིགས》འདི་ཉིད་ནི་སྣད་འདུལ་བའི་གནས་གཞི་ལས་གཞུང་ཁུལ་གྱི་འདུལ་བའི་སྡོམ་རྒྱུན་སྤེལ་སའི་གནད་ཅིག་དང་། དུས་ཕྱིས་རྫོག་སློབ་བརྒྱུད་ཀྱི་མཛད་པ་བཞེས་སའི་གནས་ཕྱིན་ཅན་ཞིག

① གློ་བོ་མཁན་ཆེན་བསོད་ནམས་ལྷུན་གྲུབ་ཀྱི་གསུང་འབུམ་བཞུགས་སོ། །པོད་གསུམ་པ། ཁྲིས་མ། ཤ 418

② གློ་བོ་མཁན་ཆེན་བསོད་ནམས་ལྷུན་གྲུབ་ཀྱི་གསུང་འབུམ་བཞུགས་སོ། །པོད་གསུམ་པ། ཁྲིས་མ། ཤ 418

ཡིན། གནས་དེའི་མིང་གི་འབྲི་སྲོལ་ལ་ཆོས་འབྱུང་དང་རྣམ་ཐར་ཁག་ཏུ་ཉ་མོ་སྐྱུར་དང་ཉ་མོ་གྱུར། ཉ་མོ་གྱུར་སོགས་ཅི་རིགས་བྲིས་པར་སྣང་སྟེ། ཆོས་འབྱུང་མཁས་པའི་དགའ་སྟོན་ནང་ཉ་མོ་གྱུར་①ཞེས་འབྱུང་ལ། ཁ་རག་གཉོས་ཀྱི་གདུང་རབས་ཁྲོད་པར་འཕགས་པར་གཞུང་ཉ་མོ་སྐྱུར་ཞེས་དང་། སྟོན་གྱི་གཏམ་མེ་ཏོག་ཕྲེང་བར་ཉ་མོ་གྱུར་②ཞེས་གསལ་ལ། ཇོག་པ་ཡབ་སྲས་ཀྱི་རྣམ་ཐར་དུ་ཉ་མོ་གྱུར་ཞེས་སོགས་འབྱུང་བས་མཐའ་གཅིག་ཏུ་ངེས་པའི་འབྲི་སྲོལ་ཞིག་མེད་པས་ཅི་རིགས་སྤྱད་ན་ཆོག གཙུག་ལག་ཁང་དེའི་གནས་ཡུལ་ལ་མཁས་པའི་དབང་པོ་དུང་དཀར་རིན་པོ་ཆེས། "ཉ་མོ་གྱུར་འདི་མར་པ་ལོ་ཙྪ་བ་བཞུགས་ཡུལ་ལྷོ་བྲག་ཆུས་འཁྱེར་ཕུ་དང་ཏ་ཅང་ཐག་མི་རིང་བའི་ས་ཆར་ཡོད་ངེས་ཀྱང་དེང་སང་གི་ས་གནས་གང་དུ་ཡོད་མེད་མི་ཤེས།"③ཞེས་གསུངས་པ་ལྟར་ན་ནི་ཉ་མོ་གྱུར་གྱི་གནས་གཞི་ཡུལ་གང་དུ་ཡོད་མིན་ཆར་ངོས་བཟུང་མེད། དོན་དུ་ཉ་མོ་གྱུར་ནི་ལྷོ་ཁ་གྲོང་ཁྱེར་གོང་དཀར་རྫོང་རྒྱ་དྲུག་གླིང་གྲོང་བརྡལ་དབེན་ཚ་གྲོང་ཚོའི་བྱང་དང་ཡར་ཀླུང་གཙང་པོའི་ལྷོ་ངོས་ཀྱི་དབེན་ཚ་གྲུ་ས་དང་མི་རིང་བའི་སར་ཆགས་ཡོད། དེང་སང་ཤུལ་ཙམ་ལས་མཇལ་རྒྱུ་མེད། ཉ་མོ་གྱུར་ནི་ཐོག་མར་གཉོས་ཤེས་རབ་འབྱུང་གནས་ཀྱིས་བཏབ་པའི་གནས་གཞི་སྟེ། ཁ་རག་གཉོས་ཀྱི་གདུང་རབས་ཁྲོད་པར་

① ཆོས་འབྱུང་མཁས་པའི་དགའ་སྟོན་གྱི་ལྷུགས་དཔར་ཤོག་ངོས་396ནང་མཁས་པ་ཕྲུ་གཡོར་གཉིས་དང་། ཞང་རིན་པོ་ཆེ་སོགས་དགེ་བཤེས་གདུགས་ཐོགས་པ་བཞི་བརྒྱ་ཙམ་ལ་ཉ་མོ་སྐྱུར་དུ་ཆོས་འཁོར་ཆེན་པོ་མཛད་ཅེས་གསལ། མི་རིགས་དཔེ་སྐྲུན་ཁང་། 2006

② སྟོན་གྱི་གཏམ་མེ་ཏོག་ཕྲེང་བ་ལྷུགས་དཔར་ཤོག་ངོས་47ཡང་དབྱིའ་རྒྱལ་བའི་མཁན་བུ་སློས་འབྱུང་ཤེས་རབ་ཀྱིས་ཞེས་པ་ནས། དེ་ནས་ཉ་མོ་གྱུར་བཏབ་ཅེས་གསལ། བོད་ལྗོངས་བོད་ཡིག་དཔེ་རྙིང་དཔེ་སྐྲུན་ཁང་། 2012

③ དུང་དཀར་བློ་བཟང་འཕྲིན་ལས། དུང་དཀར་ཚིག་མཛོད། ཀྲུང་གོའི་བོད་རིག་པ་དཔེ་སྐྲུན་ཁང་། 2016 ཤ 924

འཕགས་པ་བཞུགས་སོ་ཞེས་པར། “མཆོད་འབྱུང་གནས་ཤེས་རབ་ནི། འབྲིང་སྟེ་[1]དཀར་བའི་མཁན་བུ་བྱ་རྒྱལ་བ་ཞེས་བྱ་བའི་སྤྱན་སྔར་རབ་ཏུ་བྱུང་ནས། འབྲིང་མཚོའི་མཁན་པོ་མཛད། ཁྲང་ར་མོ་ཆེའི་གནས་བྱང་མ་བཏབ། གཞན་ཡང་སྐྱུལ་གྱི་ཁི་ལྷིར། འཕྲོག་ཟད། གཞུང་ཉ་མོ་སྐྱུར། གཟད་སོགས་པ་རི་ལ་སོགས་པ་གནས་གཞི་བཅུ་གསུམ་གྱི་རྨང་གཏིང་།”[2]ཞེས་དང་། ནེའུ་པཎྜི་ཏའི་ཆོས་འབྱུང་དུ། “ཡང་དབྱའ་རྒྱལ་བའི་མཁན་བུ་སློས་འབྱུང་ཤེས་རབ་ཀྱིས་སེང་མའི་གཙང་ལུག་དང་། སོ་མཚམས་གནས་དང་། འཕྲེང་སྣད་གནས་བཏབ། ཡང་ཁི་ལྷིང་ནས་གཞུང་གི་སྐོམ་བུའི་གནས་བཏབ། དེ་ནས་ཉ་མོ་གྱུར་བཏབ། དེ་ནས་འཕྲོག་ཟད་དང་། ར་ལ་སྣང་དང་། བྱེ་ཞིང་དང་། ཤ་གཟན་གནས་ལ་སོགས་པ་གྲུས།”[3]ཞེས་གསུངས་པའི་སྒྲོས་ལ་གཞི་བཅོལ་ནས་སྨྲས་ན་ཉ་མོ་ཀྱུར་གྱི་གནས་གཞི་འདི་ཉིད་གཞུང་གི་སའི་ཆར་ཡོད་པ་གསལ་པོར་རྟོགས་ཐུབ་པའོ། །

དེ་ཡང་ཉ་མོ་སྐྱུར་གྱི་གཙུག་ལག་ཁང་འདི་ཉིད་ཐོག་མར་སྣད་འདུལ་བའི་གནས་གཞི་དང་གཉོས་ལུགས་ཀྱི་གདམས་པ་གཙོ་བོར་བྱེད་པའི་གནས་གཞི་ཞིག་ཡིན་ཀྱང་། དུས་ཕྱིས་རྫོག་གཞུང་པའི་ཆོས་བརྒྱུད་དར་ཆེ་བས་རྫོག་སློབ་བརྒྱུད་ཀྱི་གདན་ས་གལ་ཆེན་ཞིག་ཏུ་གྱུར། །ཉ་མོ་སྐྱུར་གྱི་གཙུག་ལག་ཁང་དུས་ཇི་ཙམ་ཞིག་ལ་རྫོག་པ་ཡབ་སྲས་ཀྱི་གནས་གཞིར་འགྱུར་རམ་ཞེ་ན། རྫོག་མདོ་སྡེའི་སྐུ་དུས་ཏེ། བླ་མ་རྫོག་པ་ཡབ་སྲས་རིམ་པར་བྱོན་པའི་རྣམ་ཐར་རིན་པོ་ཆེའི་ཕྲེང་བར། “དེར་རྗེ་

① སྟེ་ཞེས་པ་ནི་རྗེའི་འབྲི་སྲོལ་གཞན་ཞིག་ཏེ། རྗོང་ཞེས་པར་སྦྱོང་ཞེས་བྲིས་པ་དང་མཉམ། ལར་འབྲིང་སྟེ་དཀར་བ་ཡེ་ཤེས་ཡོན་ཏན་ཞེས་གསལ།

② ཁ་རག་གཉོས་ཀྱི་གདུང་རབས་ཁྲད་པར་འཕགས་པ་བཞུགས་སོ། །ཤིང་དཔར། ལྷེབ་བརྒྱད་པའི་ཞབས་ལྷེབས་དང་དགུ་པའི་དབུ་ལྷེབ། ཤ 16–17

③ བོད་ཀྱི་ལོ་རྒྱུས་དེབ་ཐེར་ཁག་ལྔ། བོད་ལྗོངས་བོད་ཡིག་དཔེ་རྙིང་དཔེ་སྐྲུན་ཁང་། 2012 ཤ 47–48

བཙུན་གྱི་གདུང་རྣམས་མོས་གདན་དྲངས་ཕྱུང་ནས་སེར་འཕྲེང་དང་རོལ་མོས་འོ་རེ་①
ཐང་ནས་བསུ་བ་བྱས། ཉ་མོ་ཀྱུར་དུ། བླ་མ་ལ་ཕྱུལ་བས་མཉེས་ནས། ང་རྟགས་པ་
དམ་ཚིག་ཅན་ཡིན་གསུངས་སོ། །”②ཞེས་གསུངས་པའི་ཕྱིར། གཞན་ཡང་རྣམ་ཐར་
དུ་རྫོག་མདོ་སྡེའི་སྐུ་དུས་སུ་གཞུང་གི་ཉ་མོ་ཀྱུར་དུ་ཆོས་འཁོར་ཆེ་ཆེན་པོ་མཛད་
པ་དང་བླ་མ་མདོ་སྡེ་སྐུ་མྱ་ངན་ལས་འདའ་སའི་གནས་ཀྱང་དེར་འོ། །དེ་ལས་ཉ་མོ་
ཀྱུར་ནི་རྫོག་པ་ཡབ་སྲས་རིམ་བྱོན་གྱི་གདན་སར་འགྱུར་ཟིན་པ་ཤེས་ལ། བཤད་པའི་
ངོ་ནས་ཀྱང་། རྫོག་ལུགས་གཙོ་བོ་བྱེད་པ་ལས་གཉིས་ལུགས་སོགས་པའི་གདམས་
པ་ཉམས་རྒྱུད་དུ་སོང་བའམ་ཉམས་སུ་མི་ལེན་པའི་ལུགས་སུ་གྱུར་པ་ནི་ཆོས་ཉིད་
ལགས། དེ་ལ་ཤེས་བྱེད་ཡོད་དེ། གཅིག་ནས་ཡབ་སྲས་ཀྱི་ཆོས་བརྒྱུད་དང་གདམས་
པ་སོ་སོ་ཡིན་པ། གཉིས་ནས་རྗེ་མར་པ་དང་གཉོས་ལོ་ཙྪའི་དབར་གྱི་འགལ་འབྲེལ་
གྱི་རྣམ་ཐར་ཡོད་པ། ཁ་རག་གཉོས་པས་རྗེ་མར་པའི་རྒྱུད་གཞུང་སོགས་དཔེ་ཆ་
མང་དག་ཅིག་ངན་བྱས་ནས་ཆུ་བོ་གཏྣར་བསྐུར་བའི་རྐྱེན་ལ་སོགས་པས་སྐབས་
དེ་ཤེད་ཙམ་ན་མར་ལུགས་ཀྱི་བརྒྱུད་འཛིན་པ་རྫོག་སློབ་བརྒྱུད་དང་གཉོས་ལུགས་
དབར་གདམས་པའི་ཁྲུངས་དག་རྩལ་དང་བོད་ན་སངས་རྒྱས་བསྟན་པ་དར་སྤེལ་
བྱེད་པར་རང་རང་གི་ཟབ་ཁྱད་འདོན་པའི་རྣམ་གཞག་འགྲན་པའི་དུས་མཚམས་
སུ་འཕེལ་བས་རྫོག་པ་རྣམས་གཞུང་ཁུལ་དུ་ཁ་རྗེ་དབང་ཐང་ཆེ་བ་དང་སློབ་བརྒྱུད་
མང་བ་སོགས་ཀྱི་མཛད་འཕྲིན་རྒྱས་པའི་རྐྱེན་གྱིས་གཉོས་ལུགས་ཀྱི་གདམས་པ་སྤེལ་
ཡུལ་ཉ་མོ་སྐྱུར་གྱི་གནས་གཞི་རྫོག་པའི་ཆོས་ཀྱི་ཆབ་འོག་ཏུ་བསྡུས་པའོ། །

① འོ་རེ་ཞེས་པ་གཞུང་གི་མདར་གནས་པའི་འོ་རགས་ཞེས་པའི་ཡུལ་ལ་གོ དེང་སང་ནི་ལྷ་ཁ་གོང་དཀར་རྫོང་རྒྱ་དྲུག་གླིང་གྲོང་བརྡལ་འོ་རགས་ཚོན་ཞེས་པ་དེ་ཡིན།

② རྫོག་སློབ་བརྒྱུད་དང་བཅས་པའི་གསུང་འབུམ་བཞུགས་སོ། །པོད་དང་པོ། ཀྲུང་གོའི་བོད་རིག་པ་དཔེ་སྐྲུན་ཁང་། 2011 ཤ 19

མདོར་ན་གྲ་དོལ་གཞུང་གསུམ་དུ་དར་བའི་བཀའ་བརྒྱུད་གོང་མ་རྣམས་ཀྱི་ལྟ་བ་རྣམས་ཡུག་གཅིག་ཏུ་དབུ་མ་ཐལ་འགྱུར་བའི་ལྟ་བའི་བཞེད་དགོངས་ཤ་སྟག་ཏུ་དར་ལ། ཁྱད་པར་བཀའ་བརྒྱུད་པའི་ཡབ་མེས་སྟག་དང་སེང་གེ་འདྲ་བ་རྗེ་བཙུན་མར་མི་དང་མཚུར་རྟོག་སོགས་མཁས་ཤིང་གྲུབ་པའི་དབང་ཕྱུག་སར་གནས་པ་དག་གི་ལྟ་སྒོམ་སྤྱོད་གསུམ་དར་ཞིང་རྒྱས་པའི་ཡུལ་ཕྱོགས་དགེ་བཅུ་ཚང་བའི་གནས་དང་། སྔོན་བཀའ་བརྒྱུད་གོང་མ་རྣམས་ཀྱི་བསྟན་པའི་མཛད་འཕྲིན་བསྐྱངས་སའི་གནས་གཞི། དུས་ཕྱིས་བཀའ་བརྒྱུད་ཆེ་བཞི་ཆུང་བརྒྱད་རྣམས་ཀྱི་སྲོག་ཤིང་དང་། དྭགས་པོ་བཀའ་བརྒྱུད་ཡར་སྟོན་གྱི་དཔལ་ལྡན་བཀའ་བརྒྱུད་པའི་ལྟ་བའི་ཁུངས་ལ་ཞིབ་འཇུག་བྱེད་པའི་གནད་དམ་པ་ཡུལ་ཕྱོགས་དེ་གསུམ་དུ་ཐོན་པ་དང་། འབྲུངས་ནས་བསྟན་པའི་ཁུར་ཆེན་པོ་ཐེག་པའི་སྐྱེས་བུ་དམ་པ་རྣམས་ཀྱི་ལྟ་དགོངས་ཇི་ལྟར་སྤེལ་ལུགས་ཀྱི་མེ་ལོང་དུ་སོང་ཞིང་། ལྷག་ཏུ་རྗེ་མར་པའི་སློབ་མ་རྣམས་ཀྱི་གཙུག་ཏུ་གྱུར་པ་ཀ་ཆེན་བཞི་ལས་ཀ་ཆེན་གསུམ་གྱི་བསྟན་པ་སྐྱིན་པར་མཛད་པའི་ཡུལ་ཕྱོགས་དང་། བསྟན་པ་ཕྱི་དར་ལ་དབུས་ཕྱོགས་སུ་སྒྲུབ་བརྒྱུད་ཀྱི་བསྟན་པ་ཐོག་མར་དར་ནས་བསྟན་འགྲོའི་དོན་དུ་ཐོན་བཞེད་པའི་རྗེ་མར་པའི་ཐུགས་སྨོན་ལས་གྲུབ་པའི་ཡུལ་ཞིག་དང་བསྟན་པ་དར་བར་མཐུན་རྐྱེན་བླ་ན་མ་མཆིས་པ་བསྐྲུན་པའི་གནས་མཆོག་ཡིན་པ་བཅས་སོ། །

## ས་བཅད་བཞི་པ། གྲ་དོལ་གཉིས་སུ་ཞི་བྱེད་པའི་ལྟ་དགོངས་ཇི་ལྟར་དར་རྒྱལ་སྐོར་དཔྱད་པ།

གྲ་དོལ་གཉིས་སུ་ཕ་དམ་པ་སངས་རྒྱས་ཀྱི་ཞི་བྱེད་པའི་ལྟ་དགོངས་ཇི་ལྟར་

དར་རྩལ་སྐོར་ལ་ཞུས་ན། ཐོག་མར་ཕ་དམ་པ་སངས་རྒྱས་ཉིད་གྲྭ་དོལ་གྱི་ས་ཆ་གང་དང་གང་གི་ཆར་ཞབས་སོར་འཁོད་མིན་དང་། སྐབས་དེ་ཤེད་ཙམ་ན་ཕ་དམ་པའི་ཞི་བྱེད་པའི་ལྷ་བ་སུ་དང་སུས་ཞུས་པ་དག་དཀྱུས་སུ་བཟུང་ནས་བཤད་པར་བྱའོ། །ཕྱིར་ལོ་རྒྱུས་དང་རྣམ་ཐར་རྣམས་སུ་དམ་པ་རྒྱ་གར་བས་བོད་ཡུལ་འདིར་ལན་ལྔ་ཙམ་ཕྱིན་པར་བཤད་པ་དང་། བོད་ཡུལ་སྤྱི་དང་གྲྭ་དོལ་སོགས་སུ་ཕེབས་རབས་ནི་རྣམ་ཐར་དངོས་གྲུབ་འོད་སྟོང་འབར་བའི་ཉི་མར། "གཙང་གཡོན་རུ་ནས་དབུས་གཡོ་རུ་ངམས་ཤོད་[①]འགྲིམས་ཏེ་སུམ་པ་རྒྱ་ཤོད་རོང་ལ་ཐུག་པར་ཕྱིན།"[②]ཞེས་གསུངས་པ་ལྟར་དམ་པ་སངས་རྒྱས་པས་བོད་ཡུལ་ལས་གཙོ་བོ་སྟོད་ཀྱི་དིང་རིར་ལོ་ཉེར་གཅིག་བཞུགས་པར་བཤད་ལ། དེ་ལས་སློབ་མ་ཕྱུར་ཆེན་ཕྱུར་ཆུང་ལ་སོགས་པ་མང་དུ་བྱུང་བ་དང་། གྲྭ་དོལ་གྱི་སར་ཕེབས་སྐོར་ནི་མ་ཅིག་གི་རྣམ་ཐར་ཕུང་པོ་གཟན་བསྐྱུར་དང་ཡེ་ཤེས་ཌཱ་ཀི་མ་སོགས་སུ་གསལ་བས། ཕུང་པོ་གཟན་བསྐྱུར་གྱི་རྣམ་པར་བཤད་པ་མཁའ་འགྲོ་བྱེ་བའི་གསང་ལམ་ལས། "གྲྭ་ཡི་འཕྲང་དུ་ཨ་ཙ་ར་དང་གཏུག་གིས་མཇལ་ཏེ་ཕྱག་འཚལ་ཏེ་ཕྱག་མ་བཞེས་ནས། དབུ་གཉིས་གཏུགས་པ་མཛད་དེ། དམ་པ་རིན་པོ་ཆེ་བོད་དུ་འགྲོ་དོན་དུ་ཕྱིན་པ་ངོ་མཚར་ཆེ་ཞུས། དམ་པའི་ཞལ་ནས། ཡེ་ཤེས་ཀྱི་མཁའ་འགྲོ་མ་ལབ་སྒྲོན་ཁྱོད་བོད་དུ་འགྲོ་དོན་དུ་ཕྱིན་པ་དེ་བས་ངོ་མཚར་ཆེ་ལ་རྗེས་སུ་ཡི་རང་གསུངས།"[③]ཞེས་པའི་གསུང་རིས་ནང་ཕ་དམ་པ་གྲྭའི་ཡུལ་དུ་ཕེབས་ནས་མ་ཅིག་དང་མཇལ་བའི་

① ངམས་ཤོད་ཅེས་པར་ངམ་ཤོད་དང་ངོམས་ཤོད་སོགས་འབྲི་བའི་ལུགས་ལས་ཕལ་ཆེ་བར་ངམ་ཤོད་ཅེས་བྱུང་།

② ཆོས་ཀྱི་སེང་གེ་དང་གང་པ། ཕ་དམ་པ་དང་མ་ཅིག་ལབ་སྒྲོན་གྱི་རྣམ་ཐར་བཞུགས་སོ། །སེར་གཙུག་ནང་བསྟན་དཔེ་རྙིང་འཚོལ་བསྡུ་ཕྱོགས་སྒྲིག་ཁང་ནས་བསྒྲིགས། ཤ 35

③ ཆོས་ཀྱི་སེང་གེ་དང་གང་པ། ཕ་དམ་པ་དང་མ་ཅིག་ལབ་སྒྲོན་གྱི་རྣམ་ཐར་བཞུགས་སོ། །སེར་གཙུག་ནང་བསྟན་དཔེ་རྙིང་འཚོལ་བསྡུ་ཕྱོགས་སྒྲིག་ཁང་ནས་བསྒྲིགས། ཤ 177

སྔར་གསུངས་སྐབས་མཁས་པ་དེ་གྲའི་ཡུལ་དུ་བྱོན་པ་ཤེས་ལ། དེ་ཉིད་ལས། "དམ་པ་སངས་རྒྱས་འཕན་ཡུལ་ཉེ་ཕུག་ཏུ་བཞུགས་པ་ལ་ཞིང་སྐྱོང་གི་མཁའ་འགྲོ་མ་གཅིག་གིས་ལབ་ཀྱི་ལབ་སྒྲོན་མ་གྲྭ་ཐང་ན་བཞུགས་ཟེར་བ་བྱུང་བས། དམ་པ་གྲྭ་ཐང་དུ་བྱོན།"[1]ཞེས་དང་། ཡེ་ཤེས་ཌཱ་ཀི་མ་ཛོ་མོ་ལབ་སྒྲོན་གྱི་རྣམ་པར་ཐར་པ་ཆེན་མོར། "དམ་པས་གྲ་ཐང་དུ་བྱོན་པ་དང་། མ་གཅིག་གིས་ཀྱང་དམ་པ་ཡིན་པར་མཁྱེན།"[2]ཞེས་གསུངས་པས་ཕ་དམ་པ་གཡོ་རུ་གྲ་ཐང་དུ་ཞབས་སེན་འཁོད་པ་ཡིག་སྣར་གསལ་ལོ། །ཕ་དམ་པ་འདི་ཉིད་དོལ་གྱི་སའི་ཁྱོན་འདིར་བྱོན་ནམ་ཞེ་ན། དོལ་གྱི་མདར་བྱོན་པའི་ལོ་རྒྱུས་ཡོད་དེ། མཁའ་སྤྱོད་དགྱེས་པའི་རྗེ་རྗེས་མཛད་པའི་དམ་པའི་རྣམ་ཐར་དངོས་གྲུབ་འོད་སྟོང་འབར་བའི་ཉི་མར། "གཞན་ཡང་དམ་པའི་སློབ་མ་འཛིང་ཧྣཀྵ་ཧྲོ་ཧྲི་བྱ་བ་དེ་དོལ་གྱི་གདོང་སྣ་རུ་ཕྱིན་པས། དོལ་གྱི་མཚར་འཆུར་ན་མི་མང་པོ་འཚོགས་པར་བལྟར་ཕྱིན་པས། དམ་པ་རྒྱ་གར་དང་མཇལ། ཟླ་བ་ཕྱིལ་པོ་བཅུ་བཞི་དམ་པའི་ཕྱག་ཕྱིར་འབྲངས"།[3]ཞེས་གསུངས་པས་དམ་པ་དོལ་དུ་བྱོན་པ་ཤེས་ནུས་ཤིང་། དོལ་མདར་ཕ་དམ་པ་སངས་རྒྱས་པས་བཞེངས་པར་གྲགས་པའི་བདེ་གཤེགས་མཆོད་རྟེན་བརྒྱད་མཆོད་རྟེན་གཅིག་གི་ངོར་གནས་པ་ཕ་དམ་པའི་མཆོད་རྟེན་[4]ཞིག་བཞུགས་སུ་གསོལ་ལ། མཆོད་རྟེན་དེ་

① ཆོས་ཀྱི་སེང་གེ་དང་གང་པ། ཕ་དམ་པ་དང་མ་ཅིག་ལབ་སྒྲོན་གྱི་རྣམ་ཐར་བཞུགས་སོ། །སེར་གཙུག་ནང་བསྟན་དཔེ་རྙིང་འཚོལ་བསྡུ་ཕྱོགས་སྒྲིག་ཁང་ནས་བསྒྲིགས། ཤ 183

② ཡེ་ཤེས་ཌཱ་ཀི་མ་ཛོ་མོ་ལབ་སྒྲོན་གྱི་རྣམ་ཐར་དང་བཀའ་ཚོམས་ཆེན་མོ་སོགས་བཞུགས་སོ། །སེར་གཙུག་ནང་བསྟན་དཔེ་རྙིང་འཚོལ་བསྡུ་ཕྱོགས་སྒྲིག་ཁང་ནས་བསྒྲིགས། ཤ 20–21

③ ཆོས་ཀྱི་སེང་གེ་དང་གང་པ། ཕ་དམ་པ་དང་མ་ཅིག་ལབ་སྒྲོན་གྱི་རྣམ་ཐར་བཞུགས་སོ། །སེར་གཙུག་ནང་བསྟན་དཔེ་རྙིང་འཚོལ་བསྡུ་ཕྱོགས་སྒྲིག་ཁང་ནས་བསྒྲིགས། ཤ 122

④ ཕ་དམ་པའི་མཆོད་རྟེན་ཞེས་པ་ནི་ལྷོ་ཁ་གྲོང་དཀར་རྫོང་ལྭ་བདེ་ཞོལ་གྲོང་བརྡལ་གསེར་སྟེང་གྲོང་ཚོའི་བྱང་དུ་གནས། ངག་རྒྱུན་དུ་མཆོད་རྟེན་དེ་ཕ་དམ་པས་བཞེངས་པར་གྲགས། མཆོད་རྟེན་འདི་ནི་ཚ་ཚའི་ལུགས་ཀྱི་མཆོད་རྟེན་དུ་བཤད།

དང་མི་རིང་བའི་སར་འབེ་ཀྱི་ས་རའི་གདན་སར་གྲགས་པ་ཡོད་པར་བཤད་ན། དམ་པ་ཉིད་དོལ་གྱི་ཡུལ་འདིར་དངོས་སུ་ཞབས་བཅགས་པ་ལ་ཐེ་ཚོམ་མེད་དོ། །གཞུང་གི་སར་དམ་པས་ཞབས་བཅགས་སྐོར་ངག་རྒྱུན་དང་ལོ་རྒྱུས་སོགས་སུ་མི་གསལ་བས་འདིར་ནི་གཞུང་ཁུལ་དུ་དམ་པ་སངས་རྒྱས་མ་ཕེབས་པའི་ལུགས་བྱས་སོ། །

ཕ་དམ་པས་གྲ་དོལ་དུ་སྤེལ་བའི་ཆོས་ནི་ཞི་བྱེད་པའི་ལྟ་བ་འདི་ཉིད་དུ་འདུག་ལ། གཙོ་བོ་མ་ཅིག་ལབ་ཀྱི་སྒྲོན་མ་དང་གཏེར་སྟོན་གྲ་མདོན། ཨེ་ཙན་ཀིརྟི་རྣམས་ཡིན་པ་དང་། གཞུང་བཤད་པའི་གཙོ་བོ་ཤེར་ཕྱིན་གྱི་མདོ་སྡེ་རིན་པོ་ཆེར་མཛད། དེ་ཡང་། རྗེ་བཙུན་དམ་པ་སངས་རྒྱས་ཀྱི་རྣམ་ཐར་དངོས་གྲུབ་འོད་སྟོང་འབར་བའི་ཉི་མར། "མ་ཅིག་ལ་ཞི་བྱེད་ཀྱི་སྐོར་དང་གཅོད་ཡུལ་ཚོ་དྲུག་གི་གདམས་པ་ཞི་བྱེད་ཧཱུྃ་སྐོར་དམར་ཁྲིད་ཕ་ཆོས། བརྡ་ཆོས། སྒྱུ་འཕྲུལ། ཞེས་པ་ནས། གཞན་ཡང་གཡོ་སྟོད་ཀྱི་གྲྭ་པ་མདོན་ཤེས་ལ། ཞི་བྱེད་སྒྲོན་མ་སྐོར་དགུའི་གདམས་པ་གནང་། བཟང་ཡུལ་གྱི་ཨེ་དོལ་སྐང་བ་ལ་མདོ་རྒྱུད་ཞལ་སྦྱོར་གྱི་གདམས་པ་གནང་།"[1] ཞེས་གསུངས་པ་ལས་གྲའི་ཡུལ་དུ་ཞི་བྱེད་པའི་གདམས་པ་མ་ཅིག་དང་གཏེར་སྟོན་གྲ་པ་མདོན་ཤེས་ལ་གནང་བ་དང་། དེ་དག་གི་སློབ་བརྒྱུད་འཕེལ་ཏེ་གྲ་དོལ་གཞུང་གི་ས་ཕྱིར་དམ་པའི་ཞལ་རྒྱུན་དར་ཡང་། ཡོངས་སུ་གྲགས་པ་ལ་གྲ་དོལ་གཉིས་ཀྱིས་འདི་སྐད་དུས་དམ་པ་རྒྱ་གར་བ་སྐུ་འཚོ་བཞུགས་ཀྱི་དུས་དབུས་ཕྱོགས་སུ་ཞི་བྱེད་པའི་གདམས་པ་དར་ཞིང་རྒྱས་པའི་ཡུལ་དུ་གདའ་འོ། །

## དང་པོ། ཞི་བྱེད་པའི་ལྟ་བའི་ཁུངས་བཤད་པ།

ཞི་བྱེད་ཅེས་པ་ནི་སྡུག་བསྔལ་ཀུན་ཞི་བའི་ཆོས་སུ་བཤད་པ་སྟེ། མཁའ་སྤྱོད་

① ཆོས་ཀྱི་སེང་གེ་དང་གང་པ། ཕ་དམ་པ་དང་མ་ཅིག་ལབ་སྒྲོན་གྱི་རྣམ་ཐར་བཞུགས་སོ། །སེར་གཙུག་ནང་བསྟན་དཔེ་རྙིང་འཚོལ་བསྡུ་ཕྱོགས་སྒྲིག་ཁང་ནས་བསྒྲིགས། ཤ 31–32

དགྱེས་པའི་རྗོ་རྗེས། "དེ་ཡང་རྗེ་དམ་པ་སངས་རྒྱས་ཀྱི་གདམས་པའི་སྙིང་པོའམ་ཆོས་སྡུག་བསྔལ་ཞི་བྱེད་ཅེས་བྱ་བའི་ཆོས་འདིས་ནི་ཚེ་རབས་སྔ་མའི་ལས་ཀྱི་དབང་གིས་ཚེ་འདིར་ལུས་དམན་པར་གྱུར་པ་དང་། ནད་ཀྱིས་གདུང་བ་དང་། དབུལ་ཕོངས་པ་དང་མི་མ་ཡིན་གྱིས་གཙེས་པ་དག་གི་སྡུག་བསྔལ་རྣམས་འཕྲལ་དང་འཕྲལ་དུ་ཞི་བར་བྱས་ནས་རྣལ་འབྱོར་ཟབ་མོ་ལ་སྦྱོར་བཟོད་པར་བྱེད་པ་སྟེ། དེ་བས་ན་སྡུག་བསྔལ་ཞི་བྱེད་ཅེས་བྱའོ། །འདི་ཡང་རྒྱལ་བའི་བཀའ་ལས་སྡུག་བསྔལ་ཐམས་ཅད་རབ་ཏུ་ཞི་བར་བྱེད་པའི་སྔགས་ཞེས་པའི་ལུང་ལ་བརྟེན་ནས་མཚན་དེ་ལྟར་དུ་བཏགས་པར་བཞེད་དོ། །"[1]ཞེས་གསུངས་པའི་སྒྲོས་ལས་ཞི་བྱེད་པའི་སྒྲ་དོན་གསལ་བ་དང་། ཐུའུ་བཀྭན་རིན་པོ་ཆེས། "སྔ་མ་དག་ཞི་བྱེད་ཀྱི་སྒྲ་དོན་དམ་ཆོས་སྡུག་བསྔལ་ཞི་བྱེད་ཅེས་པའི་ཆོས་ཀྱི་མིང་ལ་བརྟེན་ནས་བཏགས་པ་སྟེ། ཆོས་འདིས་ཚེ་རབས་སྔ་མའི་ལས་དབང་གིས་ཚེ་འདིར་ལུས་དམན་པར་གྱུར་པ་དང་། ནད་བུ་ཅན་དང་། དབུལ་ཕོངས་དང་། མི་མ་ཡིན་པས་གཙེས་པ་དག་གི་སྡུག་བསྔལ་རྣམས་འཕྲལ་དུ་ཞི་བར་བྱས་ནས་རྣལ་འབྱོར་ལ་སྦྱོར་བཟོད་པར་བྱེད་པས་དམ་ཆོས་སྡུག་བསྔལ་ཞི་བྱེད་ཅེས་བྱའོ་ཟེར། འོན་ཀྱང་དེ་ཙམ་དུ་མི་གཟུང་སྟེ། ཤེར་ཕྱིན་ཉམས་ལེན་ཡིན་པའི་ཆ་ནས་དེ་ལྟར་བཏགས་པ་ཡིན་གྱི། འཕྲལ་གྱི་རྐྱེན་ངན་ཙམ་ཞི་བར་བྱེད་པ་ལས་མེད་ན་གདམས་པ་ཁྱད་པར་ཅན་དུ་མི་འགྱུར་རོ། །དེ་ཡང་སྡུག་བསྔལ་ཐམས་ཅད་རབ་ཏུ་ཞི་བར་བྱེད་པའི་སྔགས། ཞེས་པ་ལ་བརྟེན་ནས་དེ་ལྟར་བཏགས་པར་བཞེད་ལ། གང་ལས་བྱུང་བའི་ཁུངས་ནི་ཕ་དམ་པ་སངས་རྒྱས་ཡིན་ནོ། །"[2]ཞེས་གསུངས་པ་འདི་ཉིད་ངེས་པ་དོན་གྱི་ལེགས་བཤད་ཅིག་ཏུ་

① ཆོས་ཀྱི་སེང་གེ་དང་གང་པ། ཕ་དམ་པ་དང་མ་ཅིག་ལབ་སྒྲོན་གྱི་རྣམ་ཐར་བཞུགས་སོ། །སེར་གཙུག་ནང་བསྟན་དཔེ་རྙིང་འཚོལ་བསྡུ་ཕྱོགས་སྒྲིག་ཁང་ནས་བསྒྲིགས། ཤ 111

② ཐུའུ་བཀྭན་བློ་བཟང་ཆོས་ཀྱི་ཉི་མ། ཐུའུ་བཀྭན་གྲུབ་མཐའ། ཀན་སུའུ་མི་རིགས་དཔེ་སྐྲུན་ཁང་།

འཁྲུམས་སོ། །གཞན་ཡང་། ཨ་ཀྱཱ་ཡོངས་འཛིན་བློ་བཟང་དོན་གྲུབ་ཀྱི་བོད་གངས་ཅན་གྱི་ལྗོངས་སུ་བྱུང་བའི་གྲུབ་མཐའི་འབྱུང་ཁུངས་མདོ་ཙམ་བརྗོད་པ་བཞུགས་སོ་ཞེས་པར། “ཤེར་ཕྱིན་ཉམས་སུ་ལེན་པའི་སྙིང་ཞི་ཡི། །སྡུག་བསྔལ་ཐམས་ཅད་ཞི་བར་བྱེད་པས་ན། །ཞི་བྱེད་ཅེས་གྲགས་དམ་པ་སངས་རྒྱས་སྲོལ། །”①ཞེས་གསུངས་པ་ལྟར་ཞི་བྱེད་ཅེས་པ་འཁོར་བའི་སྡུག་བསྔལ་བ་ཡོད་རྒྱ་སེལ་བའི་གདམས་ངག་ཁྱད་པར་བ་ཞིག་ཡིན་པའོ། །

དམ་པའི་ཞི་བྱེད་པའི་ལྟ་བའི་ཁུངས་གཙོ་བོ་གཞུང་གང་ལ་གཏུགས་སམ་ཞེ་ན། རྗེ་བཙུན་དམ་པ་སངས་རྒྱས་ཀྱི་རྣམ་ཐར་དངོས་གྲུབ་འོད་སྟོང་འབར་བའི་ནང་། “དེ་ཡང་དམ་ཆོས་སྡུག་བསྔལ་ཞི་བྱེད་ནི། ཤེར་ཕྱིན་རྒྱས་འབྲིང་བསྡུས་གསུམ་གྱི་དོན་མན་ངག་གིས་ཉམས་ལེན་ཚུལ་གཞན་ལ་མ་གྲགས་པའི་ཁྱད་ཆོས་ངོ་མཚར་ཆེ་བ་ཞིག་ཡིན། སྤྱིར་དམ་པ་ཉིད་ལ་ཤེར་ཕྱིན་གྱི་བརྒྱུད་པའི་བཀའ་བབས་དྲུག་མངའ་སྟེ། དགའ་ལྡན་ལྷའི་ཡུལ་ནས་བརྒྱུད་པ། ཀླུའི་ཡུལ་ནས་བརྒྱུད་པ། ཨུ་རྒྱན་ནས་བརྒྱུད་པ། རྒྱ་གར་ཤར་ཕྱོགས་ནས་བརྒྱུད་པ། ལྷོ་ཕྱོགས་ཊེ་ཏ་པ་②ནས་བརྒྱུད་པ། ལྷོ་ཊི་ཏ་ཀོ་ཏ་ཙན་དན་གྱི་ནགས་ནས་བརྒྱུད་པ་སོགས་ཐུན་མོང་མ་ཡིན་པའི་བཀའ་བབས་ཀྱི་བརྒྱུད་པ་ཟབ་ཅིང་རྒྱས་པ་མཐའ་ཡས་པ་མངའ་འོ། །”③ཞེས་གསུངས་པས་ན། ཤེར་ཕྱིན་གྱི་མདོ་སྡེ་རིན་པོ་ཆེའི་སྦས་དོན་ནི་དབུ་མ་ཐལ་འགྱུར་

2010 ཤ 179–180

① ཨ་ཀྱཱ་ཡོངས་འཛིན་གྱི་བཀའ་འབུམ་བཞུགས་སོ། །སྨད་ཆ། ཀན་སུའུ་མི་རིགས་དཔེ་སྐྲུན་ཁང་། 2011 ཤ 409

② ཊེ་ཏ་པ་ཞེས་པ་དག་པ་རྣམས་ལ་བི་ད་རྦྷ་ཞེས་བྱུང་། ལར་ནི་བི་དྷ་ཞེས་ཀྱང་ཐྲི་བར་སྣང་། དེ་དོན་བཀྲལ་ན་རྩ་འཇག་མ་སྐྱེ་སའི་ཡུལ་དུ་བཤད།

③ ཆོས་ཀྱི་སེང་གེ་དང་གང་པ། ཕ་དམ་པ་དང་མ་ཅིག་ལབ་སྒྲོན་གྱི་རྣམ་ཐར་བཞུགས་སོ། །སེར་གཙུག་ནང་བསྟན་དཔེ་རྙིང་འཚོལ་བསྡུ་ཕྱོགས་སྒྲིག་ཁང་ནས་བསྒྲིགས། ཤ59

བའི་ལྟ་བར་མཁས་པ་རྣམས་ལ་གྲགས་པས་ཕ་དམ་པའི་མཐར་ཐུག་གི་ལྟ་བའང་དེ་ལས་མ་འདས་སོ། །འདིའི་ཤེས་བྱེད་ནི་ཐུའུ་བཀྭན་གྲུབ་མཐར། "ཞི་བྱེད་ཀྱི་ལྟ་བའི་ཁུངས་ནི་ཤེར་ཕྱོགས་ཀྱི་མདོ་ལ་གཏུགས་པར་འདུག་ཅིང་། གདམས་ངག་གི་ཡི་གེ་རྣམས་ཀླུ་སྒྲུབ་ལ་ཚད་མར་མཛད་པ་དང་། དིང་རི་བརྒྱད་ཙུ་བར་ཡང་། སྟོང་པའི་ངང་དུ་རིག་པ་མདུང་སྐོར་བྱ། །ལྟ་བར་ཐོགས་རྡུག་མེད་དོ་དིང་རི་བ། །ཞེས་ལྟ་བ་མཐའ་བྲལ་དུ་གསུངས་པའི་ཕྱིར་ན་དབུ་མའི་ལྟ་བ་ལས་མི་འདས་པར་སེམས་སོ། །"①ཞེས་གསུངས་པ་དང་། མ་ཅིག་གི་ཤེས་རབ་ཀྱི་ཕ་རོལ་དུ་ཕྱིན་པའི་མན་ངག་ཡང་ཚོམས་ཞུས་ལན་མར། "ཆོས་ཐམས་ཅད་ཀྱི་མཆོག་ཏུ་གྱུར་པ་གང་ལགས། ཞུས་པས། རྫོགས་པའི་སངས་རྒྱས་ཐམས་ཅད་ཀྱིས་གསུངས་པའི་བཀའ་ཡུམ་ཆེན་མོ་ཤེས་རབ་ཀྱི་ཕ་རོལ་ཕྱིན་མ་འདི། ཆོས་ཐམས་ཅད་ཀྱི་ནང་ནས་མཆོག་ཏུ་གསུངས།"②ཞེས་བྱུང་བས་ཕ་དམ་པས་བོད་འདིར་སྤེལ་བའི་ཆོས་ཚན་མང་དུ་ཡོད་པ་རྣམས་ཀྱི་ནང་ནས་ཕུལ་ལམ་ཡང་རྩེ་ཤེར་ཕྱིན་གྱི་རྒྱལ་ཡུམ་འདི་ཉིད་ཡིན་པ་དང་། དམ་པ་གང་དེས་བོད་ཀྱི་སའི་ཁྱོན་འདིར་ཤེར་ཕྱིན་གྱི་མདོ་སྡེ་རིན་པོ་ཆེ་དར་ཞིང་རྒྱས་པར་མཛད་ནས་པཎ་གྲུབ་ས་འདིར་གཤོངས་དཀའ་བ་མང་དུ་བྱུང་སྟེ་སངས་རྒྱས་བསྟན་པ་སྤྱི་དང་བྱེ་བྲག་བོད་བརྒྱུད་ནང་བསྟན་ཁྲོད་དུ་དམ་པ་ཞི་བྱེད་པའི་ཆོས་བརྒྱུད་ཕྲ་ན་མ་མཆིས་པ་མངོན་པར་ཕྱུང་བ་དང་ཆབས་ཅིག་ཕྱིས་བྱོན་པའི་བོད་བསྟན་པ་རྣམས་ཀྱིས་གཙིགས་སུ་མཛད་པ་རྣམ་ཐར་ཁག་ལས་རྟོགས་ཤིང་། ད་ལྟའི་དུས་སུ་འང་དམ་པ་རིན་པོ་ཆེའི་གསུང་གི་བདུད་རྩི་

① ཐུའུ་བཀྭན་བློ་བཟང་ཆོས་ཀྱི་ཉི་མ། ཐུའུ་བཀྭན་གྲུབ་མཐའ། ཀན་སུའུ་མི་རིགས་དཔེ་སྐྲུན་ཁང་། 2010 ཤ 189–190

② ཡེ་ཤེས་ཌཱ་ཀི་མ་ཇོ་མོ་ལབ་སྒྲོན་གྱི་རྣམ་ཐར་དང་བཀའ་ཚོམས་ཆེན་མོ་སོགས་བཞུགས་སོ། །སེར་གཙུག་ནང་བསྟན་དཔེ་རྙིང་འཚོལ་བསྡུ་ཕྱོགས་སྒྲིག་ཁང་ནས་བསྒྲིགས། ཤ 103

ཆོས་བརྒྱུད་རིས་མེད་པའི་མཁས་པ་རྣམས་ཀྱིས་ཉམས་བཞེས་མཛད་པའི་སྣང་ཚུལ་ཆགས་སོ། །དམ་པ་སངས་རྒྱས་ཀྱི་ལྟ་བའི་འབྱུང་ཁུངས་ནི་འཇམ་དབྱངས་མཁྱེན་བརྩེ་དབང་པོས་མཛད་པའི་གངས་ཅན་བོད་ཀྱི་ཡུལ་དུ་བྱོན་པའི་གསང་སྔགས་གསར་སྙིང་གི་གདན་རབས་མདོར་བསྡུས་ངོ་མཚར་པནྡིའི་དགའ་ཚལ་ཞེས་བྱ་བ་བཞུགས་སོ་ཞེས་པར། “དེ་ལ་གྲུབ་ཆེན་འདི་ཉིད་ནི་འཕགས་ཡུལ་གྱི་བེ་ཏཱ་ཡུལ་གྱི་ཙ་ར་སི་ཧྣར་འཁྲུངས། གྲུབ་ཐོབ་ཕོ་མོ་ལྔ་བཅུ་རྩ་དྲུག་ལས་གདམས་ངག་གི་སྒྲོ་འདོགས་བཅད། ཐུགས་དམ་བདེ་གཤེགས་བཅུ་གཉིས་དང་། ངོ་མཚར་མཁའ་སྤྱོད་ཀྱི་བླ་མ་སུམ་ཅུ་རྩ་དྲུག་གི་ཡེ་ཤེས་ཀྱི་སྐུས་རྗེས་སུ་བཟུང་། ཐུན་མོང་གི་དངོས་གྲུབ་ཆེན་པོ་བརྒྱད་དང་། མཆོག་གི་དངོས་གྲུབ་མཐོང་ལམ་ཆེན་པོ་མངོན་དུ་འགྱུར།”[①]ཞེས་གསུངས་པ་དང་། ཕ་དམ་པའི་ཕྱག་རྒྱ་ཆེན་པོ་བརྡའི་སྐོར་གསུམ་ལས་སྐུའི་རྣམ་དག་བརྡར་བསྟན་པར། “བླ་མ་དམ་པ་རྣམས་ལ་ཕྱག་འཚལ་ལོ། ཆོས་ཐམས་ཅད་གཏན་ལ་འབེབས་པ་ལྟ་བ་ཡིན། དེ་ལ་ཕྱི་ནང་གི་པཎྜི་ཏ་འབྲིང་མ་ས་ཚོད་ཀྱིས་མ་ཕྱེད་པ་ཡིན་ཏེ། རྒྱལ་སྲས་མིའི་སེང་གེ། ཨ་ཙ་ར་ནག་པོ་ཆོས་ཀྱི་བདེན་པོ་གཟིགས་པའི་དམ་པ་སངས་རྒྱས་ཏེ། འགྲོ་བའི་མགོན་པོ་ཀླུ་གྲུབ་[②]ཀྱི་རྗེས་སུ་འབྲངས་པས། ཀླུ་གྲུབ་ཀྱི་གདམས་ངག་གིས་ལམ་ཁྲིད། སྙིང་རྗེ་བྱང་ཆུབ་ཀྱི་སེམས་ལམ་དུ་ཁྱེར་བས། ལམ་དམན་པ་ལས་ཁྱད་པར་འགྱུར། ཤར་ཕྱོགས་འགྲོན་བུ་ཟད་པའི་གཙུག་ལག་ཁང་དུ་ལུང་བསྟན་པས་བྱིན་རླབས་ཀྱིས་རྒྱུད་སྨིན། དབང་བཞིའི་བསྙེན་སྒྲུབ་འཐེམས་པས། དོན་དམ་ལྷན་ཅིག་སྐྱེས་པའི་ཡེ་ཤེས་རྒྱུད་ལ་ཤར་ནས། ལམ་རིམ་པ་གཉིས་ལ་བརྟན་པ་ཐོབ།”[③]ཅེས་གསལ་བ་ལྟར་ན་དམ་

① འཇམ་དབྱངས་མཁྱེན་བརྩེའི་དབང་པོའི་གསུང་འབུམ་པོད་བཅོ་བརྒྱད་པ། ཚ་པ། ཤིང་དཔར། ཤ514

② ཀླུ་གྲུབ་ཅེས་པ་འདི་ཡོངས་གྲགས་སུ་ཀླུ་སྒྲུབ་ཅེས་བྲི་བར་སྣང་།

③ དམ་པ་སངས་རྒྱས་ཀྱི་ཕྱག་རྒྱ་ཆེན་པོ་བརྡའི་སྐོར་གསུམ་ལས་སྐུའི་རྣམ་དག་བརྡར་བསྟན་པ་བཞུགས་

པ་རྒྱ་གར་བས་སྐབས་དེ་ཤེད་ཙམ་ན་རྒྱ་གར་འཕགས་པའི་ཡུལ་དུ་གྲགས་ཆེ་བའི་གྲུབ་ཆེན་རྣམས་ཀྱི་ཞལ་སྔ་ནས་གྲུབ་ཆེན་ས་ར་ཧ་དང་དཔལ་མགོན་ཀླུ་སྒྲུབ་ལ་སོགས་པའི་དམ་པ་རྣམས་ཀྱི་གདམས་པ་བསླད་མི་བཟུགས་པ་ལེགས་པར་ཉམས་བཞེས་མཛད་ནས་བྱུང་བ་ཞིག་གོ །

### གཉིས་པ། གྲ་དོལ་ཕྱོགས་སུ་ཞི་བྱེད་པའི་མན་ངག་ཇི་བྱུང་གི་བཤད་པ།

ཕ་དམ་པའི་ཞི་བྱེད་པའི་མན་ངག་འདི་ཉིད་ནི་ཐོག་མར་ཁ་ཆེ་ཛྙཱ་ན་གུ་ཧྱ་ལ་གནང་སྟེ། སྟག་ལུང་ཆོས་འབྱུང་དུ། "ཤེས་རབ་ཀྱི་ཕ་རོལ་དུ་ཕྱིན་པའི་སྒོམ་རིམ་ལ་སྡུག་བསྔལ་ཞི་བྱེད་ཀྱི་མཚན་གསོལ་བསྟན། ཁ་ཆེ་ཛྙཱ་ན་གུ་ཧྱ་ལ་གནང་བ་ཞི་བྱེད་སྔོན་མ་སྐོར་གསུམ་བརྒྱུད་པ་དང་པོའི་སྐོར།"①ཞེས་གསུངས་པ་འདི་ཉིད་དམ་པ་བོད་དུ་ལན་ལྔ②ཕྱིན་པ་ལས་གསུམ་པའི་དུས་སུ་ཡིན་པ་ལོ་རྒྱུས་མཁན་པོ་རྣམས་ཀྱིས་བཤད། དེས་ན་ཞི་བྱེད་པའི་གདམས་པའི་འགོ་དམ་པ་སངས་རྒྱས་ལ་གཏུགས་དགོས་པ་དང་། བརྒྱུད་པའི་སློབ་དཔོན་གྱི་དབུ་དམ་པ་ནས་ཁ་ཆེ་ཛྙཱ་ན་གུ་ཧྱ་ལ་བབས་པ་གསལ་ལོ། །ཞི་བྱེད་པའི་བརྒྱུད་པར་སྔ་ཕྱི་བར་གསུམ་དུ་བརྒྱུད་པའི་བར་པ་རྨ་སོ་ཀཾ་གསུམ་ལ་གདམས་པ་ཐོབས་ཚུལ་ནི། འབྲུག་པའི་ཆོས་འབྱུང་

སོ། །ཤིང་དཔར། ལྡེབ་དགུ་པའི་ཞབས་ལྡེབ་དང་ལྡེབ་བཅུ་པའི་དབུ་ལྡེབ། ཤ 18–19

① སྟག་ལུང་ངག་དབང་རྣམ་རྒྱལ། སྟག་ལུང་ཆོས་འབྱུང་། བོད་ལྗོངས་བོད་ཡིག་དཔེ་རྙིང་དཔེ་སྐྲུན་ཁང་། 2013 ཤ 651

② ཕ་དམ་པ་སངས་རྒྱས་སྔ་ཕྱིར་བོད་དུ་ལན་ལྔ་ཕྱིན་པར་བཤད་པས་ཕྱིན་ཚུལ་ཇི་ཡིན་སྐོར་ལ་འབྲུག་པ་པདྨ་དཀར་པོས་མཛད་པའི་ཆོས་འབྱུང་བསྟན་པའི་པདྨ་རྒྱས་པའི་ཉིན་བྱེད་དམ་འབྲུག་པའི་ཆོས་འབྱུང་ལྷུགས་དཔར་ཤོག་ངོས་293དུ། ཕ་དམ་པ་སངས་རྒྱས་ཀྱིས། དང་པོར་ཙ་རིའི་རོང་འབྲི་ཐང་ནས་ཐོན་ཏེ་ཙ་རིར་རེ་མ་ཏི་ལ་རྐང་མགྱོགས་གསན་ཏེ། ཀོང་ཡུལ་ཁམས་སུ་ཕྱིན་ཏེ་སླར་ལོག། གཉིས་པ་ཁ་ཆེ་ནས་ཕྱིན། གསུམ་པ་བལ་པོ་ནས། བཞི་པ་མཚོ་སྣའི་ཤ་འུག་སྟག་སྒོ་ནས་གཉལ་དུ་ཕྱིན་ནས། ལྔ་པ་བོད་ནས་རྒྱ་ནག སླར་བོད་དུ་ཐེབས་པ་ཡིན་ཞེས་བྱུང་བའོ། །བོད་དུ་ལན་མང་དུ་ཐེབས་ཀྱང་། བསྟན་པའི་བྱ་བ་ཤུགས་ཆེར་མཛད་པའི་དུས་ནི་ལན་གསུམ་པ་ནས་དབུ་བཙམས་པ་ལོ་རྒྱུས་དེབ་ཐེར་ཀུན་མཐུན་སྣང་དུ་གནས།

དུ། "བརྒྱུད་པ་བར་པ། རྨ། སོ། སྐམ་གསུམ།"[1]ཞེས་དང་། སྟག་ལུང་ཆོས་འབྱུང་ལས། "རྨ་ཆོས་ཀྱི་ཤེས་རབ་ལ་ཕྱུག་རྒྱ་ཆེན་པོ། སོ་ཆུང་དགེ་འདུན་འབར་ལ་རིག་པ་གཅེར་མཐོང་། གཾ་ཚུལ་ཁྲིམས་རྒྱལ་མཚན་ལ་རྟོག་པ་ལམ་འཁྱེར་གྱི་གདམས་པ་གནང་བས། རྨ་སོ་གཾ་གསུམ་ཞེས་བརྒྱུད་པ་བར་པར་གྲགས།"[2]ཞེས་གསུངས་པ་ལྟར་རྨ་སོ་གཾ་གསུམ་ལས་སློབ་བརྒྱུད་མང་དུ་ཕེལ། བླ་མ་ཀུན་དགའ་སོགས་ལས་བརྒྱུད་པ་ལ་ཞི་བྱེད་བརྒྱུད་པ་ཕྱི་མར་གྲགས་ཏེ། སྟག་ལུང་ཆོས་འབྱུང་དུ། "དམ་པ་ཀུན་དགའ་ལ་ལམ་ལྷ་ལམ་གསུམ་གྱི་དཀའ་ཐུབ་ཀྱི་སྲང་ནས་བཏོན་པའི་གདམས་པ་གནང་། རྒྱ་སྒོམ། བཛྲ་ཀྲོ་ཏྲ། ཕྱར་ཆེན། ཕྱར་ཆུང་སྟེ་རྣལ་འབྱོར་པ་བཞི་དང་། མ་ཇོ་ཉི་ཤུ་རྩ་བཞི་སོགས་སྨིན། དེ་རྣམས་ཀྱི་ཆོས་ལ་བརྒྱུད་པ་ཕྱི་མ་ཟེར།"[3]ཞེས་གསུངས་པས་དེ་དག་ལས་བརྒྱུད་པའི་ཞི་བྱེད་པའི་གདམས་པས་བོད་ཡུལ་ཁྱོན་ཀུན་གང་བར་བྱས་སོ། །དེ་རྣམས་ནི་དམ་པ་སངས་རྒྱས་ཀྱི་གདམས་ངག་གི་སྙིང་པོ་ཞི་བྱེད་པའི་བརྒྱུད་པ་ཁུངས་མ་ཐེ་བྱུང་ཡིན་མོད། གྲྭ་དོལ་གཞུང་གསུམ་གྱི་སའི་ཆར་ཞི་བྱེད་པའི་གདམས་པ་ནི་ཐོག་མར་བརྒྱུད་པ་འདི་དག་ལས་གྱེས་པ་མ་ཡིན་ཏེ། གྲྭ་དོལ་གཞུང་གསུམ་དུ་དམ་པ་སྐུ་སྔོན་པ་ཞབས་སེན་འཕོད་ནས་བསྟན་འགྲོའི་དོན་མཛད་ལ། ཞི་བྱེད་ཀྱི་གདམས་པ་འང་མང་དུ་གནང་བ་ལོ་རྒྱུས་རྣམས་ལ་གྲགས་ཤིང་། ལྷག་དོན་ཞི་བྱེད་པའི་བརྒྱུད་པ་གསུམ་པོ་མ་དར་གོང་ན་གྲྭ་དོལ་གཞུང་གསུམ་ལས་གཙོ་བོ་གྲྭ་དོལ་གཉིས་སུ་དམ་པ་རྒྱ་གར་བའི་གདམས་ངག་ལ་སྦྱ་བ་

① འབྲུག་པ་པདྨ་དཀར་པོ། འབྲུག་པའི་ཆོས་འབྱུང་། བོད་ལྗོངས་བོད་ཡིག་དཔེ་རྙིང་དཔེ་སྐྲུན་ཁང་། 2013 ཤ293

② སྟག་ལུང་ངག་དབང་རྣམ་རྒྱལ། སྟག་ལུང་ཆོས་འབྱུང་། བོད་ལྗོངས་བོད་ཡིག་དཔེ་རྙིང་དཔེ་སྐྲུན་ཁང་། 2013 ཤ 651–652

③ སྟག་ལུང་ངག་དབང་རྣམ་རྒྱལ། སྟག་ལུང་ཆོས་འབྱུང་། བོད་ལྗོངས་བོད་ཡིག་དཔེ་རྙིང་དཔེ་སྐྲུན་ཁང་། 2013 ཤ 652

གཏེར་སྟོན་གྲྭ་པ་མངོན་ཤེས་དང་། མ་ཅིག་ལབ་ཀྱི་སྒྲོན་མ། ལྡེ་ཙནྡྲ་ཀཱིརྟི་རྣམས་ཀྱིས་ཞི་བྱེད་པའི་གདམས་པའི་རྒྱུན་སྤེལ་ནས་དར་བར་མཛད་ལ། དེ་དག་གི་སློབ་བརྒྱུད་རྣམས་ཀྱིས་ཀྱང་བསྟན་པ་བླ་ནས་བླར་འདེགས་ཏེ་དཔལ་ཞི་བྱེད་པའི་ཆོས་རྒྱུན་ལུང་རིགས་རྣམ་དག་གི་ལམ་ནས་ཤེར་ཕྱིན་གྱི་མདོ་སྡེ་རིན་པོ་ཆེ་དཔང་དུ་བཙུགས་ཏེ་གཏན་ལ་དབབས་ཤིང་འཆད་ཉན་གྱི་སྲོལ་བཙུགས་ཀྱང་། དུས་ཕྱིས་ཞི་བྱེད་པའི་བརྒྱུད་པ་སྟོད་ཕྱི་བར་གསུམ་དུ་གྲགས་པ་དག་གྲགས་ཆེ་བར་བྱུང་བ་དང་། དེ་དག་གི་འཕྲིན་ལས་རྒྱས་པའི་སྟོབས་ཀྱིས་སྔར་གྲྭ་དོལ་གཞུང་གསུམ་གྱི་སའི་ཁྱོན་འདིར་སྔར་ལས་ལྷག་པའི་ཞི་བྱེད་པའི་ལྟ་སྒོམ་སྤྱོད་གསུམ་གྱུང་ལ་ཉི་མ་ཤར་བ་ལྟར་གསལ་བར་མཛད་དོ། །

ཕྱིར་ཞི་བྱེད་པའི་བརྒྱུད་པར་གྲགས་ཆེ་བ་ལ་གསུམ་སྟོད་སྨད་བར་ཕྱི་གསུམ་དུ་བཤད་མོད། ཁོ་བོ་ཅག་ནི་ཞི་བྱེད་པའི་གཞུང་ཕྱི་མོའི་སློབ་དཔོན་ཞེས་པའི་བརྡ་ཞིག་སྦྱར་བར་འདོད་དེ། དེ་ལ་ཞི་བྱེད་པའི་བསྟན་པའི་མངའ་བདག་ཕ་དམ་པ་སངས་རྒྱས་ལགས་པས་མཁས་པ་འདི་ཉིད་དཔལ་ཞི་བྱེད་པའི་ཆོས་བརྒྱུད་ཀྱི་ཤིང་རྟའི་སྲོལ་འབྱེད་པ་ཡིན་པས། འདི་ཉིད་ལ་གཞུང་ཕྱི་མོའི་ཞི་བྱེད་པ་ཞེས་བྱ་ཞིང་། གྲྭ་དོལ་གཞུང་གསུམ་དུ་ཞི་བྱེད་པའི་སློབ་དཔོན་ལ་སྟོད་བ་གོང་སློས་བརྒྱུད་པ་གསུམ་དུ་གྲགས་པའི་སློབ་དཔོན་མིན་པར་གཏེར་སྟོན་གྲྭ་མངོན་དང་མ་ཅིག་ལབ་སྒྲོན། དགེ་བཤེས་ལྡེ་པ་རྣམས་ཡིན་པའི་ཕྱིར་ན། འདི་གསུམ་གྲྭ་དོལ་གཞུང་གསུམ་ཞི་བྱེད་པའི་ལྟ་བ་ཐོག་མར་ཡུལ་ལུང་དེ་གསུམ་དུ་མཆེད་ནས་རྩ་བ་ཚུགས་མཁན་གྱི་ཞི་བྱེད་པའི་བསྟན་པའི་སློབ་དཔོན་གསུམ་དུ་བྱའོ། །འདིར་དོགས་པའི་ཆ་འདི་ལྟར་ཡོང་སྲིད་དེ། སློབ་དཔོན་དེ་གསུམ་ལས་མ་ཅིག་ལབ་སྒྲོན་ནི་གཅོད་ཀྱི་རྩ་བའི་མཁན་པོ་ཡིན་པ་ལས་ཞི་བྱེད་པའི་སློབ་དཔོན་མིན་པར་འདོད་ཅེས་སྨྲ་

ན། མི་རིགས་ཏེ། མ་ཅིག་པའི་གཅོད་ཀྱི་བསྟན་པའི་རྣམ་གཞག་ནི་ཞི་བྱེད་པའི་ཡན་ལག་ཡིན་པའི་དབང་གིས་འདིར་མ་ཅིག་ཞི་བྱེད་པའི་རྩ་བའི་སློབ་དཔོན་དུ་བཞག་པའི་ཕྱིར། །གཞན་དུ་ན། དམ་པ་རྒྱ་གར་བ་ལ་སྔ་ཕྱིར་སློབ་བརྒྱུད་གནམ་གྱི་སྐར་མར་འགྲན་པ་ལྟར་དུ་བྱུང་ཡང་དེ་རྣམས་ཀྱི་ནང་ནས་མཆོག་གམ་ཕུལ་ནི་མ་ཅིག་ལབ་སྒྲོན་དུ་འདུག་པས། མ་ཅིག་ལ་ཞི་བྱེད་པའི་གདམས་པ་མེད་པ་ཞེས་བྱར་མི་སྲིད་པའི་ཕྱིར་ཏེ། མ་ཅིག་ཞབས་ཀྱིས་ཞི་བྱེད་པའི་ལྟ་བ་རྩ་བའི་རྩེར་འཛིན་ནས་ཉམས་བཞེས་མང་དུ་མཛད་པ་རྣམ་ཐར་དུ་གསལ་བའི་ཕྱིར། ཞི་བྱེད་པའི་སློབ་དཔོན་དེ་གསུམ་ལས་མ་ཅིག་ལབ་སྒྲོན་གྱིས་གཅོད་ཀྱི་ལུགས་གཙོ་བོར་སྤེལ་ཞིང་། གཏེར་སྟོན་གྲ་མདོན་དང་ལྕེ་པའི་མཁན་བུ་རྣམས་ཀྱིས་གྲ་དོལ་གཞུང་གསུམ་དུ་ཞི་བྱེད་པའི་གཞུང་མང་དུ་སྤེལ་ནས་ཞི་བྱེད་པའི་མཚན་ལྡན་གྱི་སློབ་དཔོན་དུ་གྱུར། དེ་རྣམས་ཀྱི་སྐུ་དྲིན་གྱིས་རིག་བདེ་གཤེགས་ཆེན་པོ་ལ་སོགས་པར་གདམས་པའི་བཀའ་བབས་ཏེ་ཞི་བྱེད་པའི་བསྟན་པ་ས་དར་རྗེ་དར་མཛད་པའོ། །

## གསུམ་པ། ཞི་བྱེད་མན་ངག་ཆུ་བོ་གསུམ་འདྲེས་ཀྱི་བཤད་སྲོལ།

ཞི་བྱེད་པའི་མན་ངག་ཆུ་བོ་གསུམ་འདྲེས་ཀྱི་བཤད་སྲོལ་འདི་ནི་གྲ་དོལ་གཞུང་གསུམ་གྱི་མཁས་པ་རྣམས་ཀྱི་དབུས་སུ་དར་རབས་གཙོ་བོ་གྲ་སྒེ་མདོའི་བསྟན་འཛིན་སྐྱེས་བུ་བྱང་ཆུབ་སེམས་དཔའ་སྐུ་མཆེད་ཀྱི་དྲིན་གྱིས་ལྷོངས་འདིར་ཞི་བྱེད་པའི་མན་ངག་ཆུ་བོ་གསུམ་འདྲེས་ཞེས་པའི་གཏམ་ཆེན་པོ་འདི་བྱུང་བ་མ་ཟད། ཕྱིས་ཀྱི་ཆོས་བརྒྱུད་རིས་མེད་མཁས་པ་རྣམས་ཕ་དམ་པའི་གདམས་ངག་དྲི་མ་མེད་པ་དང་། ཞི་བྱེད་པའི་མན་ངག་གི་ཚད་མར་མཛད་པ་བླ་མ་དགེ་བའི་བཤེས་གཉེན་གྱི་རྣམ་ཐར་ལས་རྟོགས་སོ། །

ཞི་བྱེད་པའི་མན་ངག་ཆུ་བོ་གསུམ་འདྲེས་ཞེས་པ་ནི་དམ་པ་སངས་རྒྱས་རིན་

པོ་ཆེ་ལས་ལེགས་པར་བརྒྱུད་པའི་གདམས་ངག་གསེར་བཙོ་མ་དང་འདྲ་བ་ཁ་ཆེ་ཛྙཱ་ན་གུ་ཧྱ་ལས་མཆེད་པའི་ཞི་བྱེད་བརྒྱུད་པ་སྟོ་མ་དང་། རྨ་སོ་ཀཾ་གསུམ་ལས་བརྒྱུད་པའི་ཞི་བྱེད་བརྒྱུད་པ་བར་པ། དམ་པ་ཀུན་དགའ་ལས་བྱུང་བའི་ཞི་བྱེད་བརྒྱུད་པ་ཕྱི་མར་གྲགས་པའི་ཞི་བྱེད་སྟོ་ཕྱི་བར་གསུམ་གྱི་གདམས་པའི་བཀའ་བབས་བླ་མ་དམ་པའི་མན་ངག་གི་བརྒྱན་པ་རྣམས་མ་འཛིང་པར་སོ་སོའི་ཟབ་ཁྱད་རྣལ་མ་ལེགས་པར་ཕྱུང་ནས་བྱུང་བའི་ཤེར་ཕྱིན་གྱི་མདོ་སྡེ་རིན་པོ་ཆེའི་སྙིང་པོའི་དོན་འགྲེལ་ཚུལ་གྱི་ལམ་མི་ནོར་བར་སྟོན་པའི་སྟོང་ཐུན་རིལ་བུ་ལྟ་བུའི་གཞུང་གི་གནད་རྣམས་འཕོལ་བུར་ཐོན་པའི་དམ་ཆོས་ཀྱི་བདུད་རྩིའི་བཤད་རྒྱུན་དག་པ་དམ་པ་རྒྱ་གར་བའི་ཞལ་དྲོན་མོ་ལས་བརྒྱུད་པའི་མན་ངག་གསུམ་འདུས་པའི་གདམས་པའི་གནད་ཁྱད་པར་ཅན་ཞིག་ལ་གོ་བར་སེམས།

ཞི་བྱེད་པའི་མན་ངག་ཆུ་བོ་གསུམ་འདུས་སམ་གསུམ་འདྲེས་ཚུལ་ནི་ཐུའུ་བཀྭན་གྲུབ་མཐར། “དམ་པ་རྒྱ་གར་བོད་ལ་ཐུགས་བརྩེ་བས། །སྡུག་བསྔལ་ཞི་བྱེད་ཆར་ཆེན་ལན་གསུམ་དུ། །ཕབ་རྣམས་གཅིག་ཏུ་འཁྱིལ་བའི་གདམས་ངག་མཚོ། །”[①]ཞེས་གསུངས་པ་བཞིན་ཞི་བྱེད་པའི་མན་ངག་གི་ཆུ་བོ་ཆེན་པོ་གསུམ་གཅིག་ཏུ་འདུས་པ་ལ་གདམས་པ་ཀུན་འདུས་ཀྱི་སྙིང་པོར་བཤད་ཅིང་། དེ་ནི་དུས་ཕྱིས་བྱོན་པའི་ཞི་བྱེད་པའི་གདམས་པ་ཁུངས་དག་ཤོས་སུ་བྱེད་ལ། གདམས་པ་དེ་གསུམ་གང་ཟབ་ཁྱད་པར་ཅན་ནི་རོག་སྐུ་མཆེད་གསུམ་གྱི་ཡ་གྱལ་རོག་བདེ་གཤེགས་ཆེན་པོ་ཡིན་པ་དང་། རོག་གི་གདུང་འདི་ཞི་བྱེད་པའི་བསྟན་པ་ལ་བྱས་པ་ཆེ་བའི་མི་བརྒྱུད་གཅིག་ཏུ་འདུག་ཅིང་། བསྟན་པའི་ལག་རྗེས་འཛོག་མཛད་ཆར་

[①] ཐུའུ་བཀྭན་བློ་བཟང་ཆོས་ཀྱི་ཉི་མ། ཐུའུ་བཀྭན་གྲུབ་མཐའ། ཀན་སུའུ་མི་རིགས་དཔེ་སྐྲུན་ཁང་། 2010ཤ 179

གྲ་དོལ་གཉིས་སུ་མཆེད་པའི་གདུང་འདི་ག་ལགས། དེ་ཡང་བཀའ་གདམས་པའི་དགེ་བཤེས་དོལ་པ་བ་ནི་གདུང་རོག་ཡིན་ཞིང་། སྣེ་མདོའི་སྔགས་འཆང་རྣམས་ཀྱང་རོག་གི་གདུང་ཡིན་པ་དང་། དེང་སང་ཡང་རོག་གི་མི་བརྒྱུད་དུ་གྲགས་པ་གྲའི་ཁུལ་དུ་མཇལ་རྒྱུ་ཡོད།

ཞི་བྱེད་པའི་མན་ངག་གསུམ་གྱི་བརྒྱུད་ཚུལ་ཇི་ཡིན་སྐོར་ལ་ཞུས་ན་འདི་ལྟར་ཏེ། དེ་ཡང་ཞི་བྱེད་པའི་གདམས་པར་སྔ་བར་ཕྱི་གསུམ་དུ་གྲགས་པའི་སློབ་དཔོན་རྣམས་གོང་དུ་ཞུས་པ་ལྟར་ལགས། འདིར་ནི་དེ་དག་གི་བརྒྱུད་པའི་བབས་སུ་ནས་རོག་ཤེས་རབ་འོད་ལ་བརྒྱུད་རབས་འཆད་ན། ཐོག་མར་ཞི་བྱེད་སྔ་མ་ཁ་ཆེ་ཛྙཱ་ན་གུ་ཧྱ་ནས་ཨོང་པོ་ལོ་ཙཱ་བ་དང་། དེས་ལོ་བཙུན་ཆུང་དང་སྨ་ཆུང་འོད་ཟེར་ལ་བཤད། སྨ་ཆུང་འོད་ཟེར་གྱིས་འཆུས་དར་བརྩོན་ལ་བཤད། དེས་འཆུས་པ་བརྩོན་སེང་། དེས་རོག་ཤེས་རབ་འོད་ལ་བཤད་པའི་ལུགས་ཤིག་དང་། ཡང་ཁ་ཆེ་ཛྙཱ་ན་གུ་ཧྱས་སྤྱུ་ཧྲངས་ལོ་ཆུང་དང་། དེས་དམར་སྟོན་ཆོས་རྒྱལ། དེས་དགེ་བཤེས་ཡོལ་མེ། དེས་གཤེན་སྟོན་ནམ་མཁའ། དེས་ཀྱི་ཚང་ཞིག་པོ། དེས་རོག་ཤེས་རབ་འོད་ལ་བཤད་ཅེས་དེབ་སྔོན་དུ་གསུངས་སོ། །

བརྒྱུད་པ་བར་པ་རྣམས་ནི་གཙོ་བོ་རྨ་སོ་ཀཾ་གསུམ་དུ་བྱེད་ཅིང་། མཁས་པ་དེ་གསུམ་གྱི་གདམས་ངག་གི་བརྒྱུད་པའི་ཁུངས་ནི་ཞི་བྱེད་པའི་ཆོས་ཀྱི་བདག་པོ་ཕ་དམ་པ་སངས་རྒྱས་ལ་གཏུགས་དགོས་ཤིང་། རྨ་སོ་ཀཾ་གསུམ་ག་དམ་པ་སངས་རྒྱས་ལས་གདམས་པ་དངོས་སུ་ཐོབ་པ་དང་། སོ་ནི་རྨ་དང་དམ་པ་གཉིས་ཀའི་དངོས་སློབ་ཏུ་གྱུར་ནས་ཞི་བྱེད་བར་པའི་བརྒྱུད་པའི་སློབ་དཔོན་དུ་གྱུར། ཀམ་[1]ནི་ཐོག་མར་དགེ་བཤེས་གྲ་པ་མངོན་ཤེས་ཀྱི་སློབ་མ་ཡིན་ཞིང་། ཕྱིས་དམ་པའི་ཞལ་སློབ་ཏུ་

① ཀམ་ཞེས་པ་ལ་སྐམ་ཞེས་ཀྱང་འབྲི་བའི་ལུགས་མཆིས།

གྱུར་ནས་བཤད་པ་མཛད་པས་ཞི་བྱེད་བར་པའི་བླ་མ་མཚན་ལྡན་དུ་བོད་སྟོན་པ་རྣམས་འདོད། རྨ་ཞེས་པ་ནི་རྨ་ཆོས་ཀྱི་ཤེས་རབ་ལ་གོ །མཁས་པ་རྨ་ལ་དམ་པས་ཕྱག་རྒྱ་ཆེན་པོའི་གདམས་པ་གནང་ནས་བོད་ན་དར་བའི་ཞི་བྱེད་པའི་བརྒྱུད་པར་རྨ་ལུགས་སུ་གྲགས། རྨ་ལུགས་ཆོས་སྐོར་ལ་ཐུའུ་བཀྭན་རིན་པོ་ཆེས། "རྨའི་ཆོས་སྐོར་ནི་ཚིག་བརྒྱུད་དང་དོན་བརྒྱུད་གཉིས་ལས། དོན་ཁྲིད་ནི་ལག་ཁྲིད་བཅུ་དྲུག ཚིག་བརྒྱུད་ནི་སེམས་བསྐྱེད་དང་སྟོང་ཐུན་དང་ཁ་འཐོར་དང་ཁར་ཐོག་སྣར་ཐོག་དང་མཐའ་རྒྱས་རྣམས་སོ། །"[①]ཞེས་གསུངས་པས་རྨ་ཆོས་ཀྱི་ཤེས་རབ་ལུགས་ཀྱི་ཞི་བྱེད་བརྒྱུད་པ་རྣམས་ཀྱིས་གཞུང་དེ་རྣམས་ལ་གཙོས་སུ་མཛད་ནས་གྲོལ་བ་དོན་གཉེར་གྱི་ལས་ལ་གཉེར་གྱི་ཡོད་པའོ། །རྨ་ལུགས་ཀྱི་གདམས་པ་ཡོངས་སུ་རྫོགས་པ་རོག་ཤེས་རབ་འོད་ལ་མངའ་ཚུལ་ནི་རྨ་ནས་སོག་པོ་མདོ་སྡེ་དང་། དེས་རྒྱལ་བ་ཏན་ནེ། དེས་ཤེས་རབ་འོད་ལ་གནང་བར་གསལ་ལོ། །

སོ་ཞེས་པ་སོ་ཆུང་དགེ་འདུན་འབར་ལ་བྱ། ཐོག་མར་རྨའི་སློབ་མ་དང་ཕྱིས་དམ་པའི་ཞལ་སློབ་ཏུ་གྱུར། ཕ་དམ་པ་སངས་རྒྱས་ཀྱི་རིག་པ་གཅེར་མཐོང་གི་གདམས་པ་གནང་ཞིང་། རང་རང་གི་བཤད་པ་མཛད་པས་ཞི་བྱེད་སོ་ལུགས་པར་གྲགས། མཁས་པ་སོ་ཆུང་གི་གདམས་པ་གཙོ་བོ་གང་ཡོད་དམ་ཞེ་ན། དེབ་སྔོན་དུ། "སོ་ལུགས་ཀྱི་ཆོས་ཀྱི་རྣམ་གྲངས་ནི། ཚིག་བརྒྱུད་དང་དོན་བརྒྱུད་གཉིས་ལས། ཚིག་བརྒྱུད་ལ་ཡང་བརྒྱུད་པ་ཆེན་པོ་དང་བརྒྱུད་ཕྲན་གཉིས། ཆེ་མོ་ལ་དམ་སྐྱེས་མཆོག ཆེ་བ་ང་བཞི། འབྲིང་སོ་གཉིས། ཆུང་བ་བཅུ་བདུན་ཏེ། དེ་ལ་གྲུབ་པ་ཐོབ་པ་རེ་རེའི་ལོ་རྒྱུས་དང་གདམས་པའི་ངོ་བོ་སློབ་མ་ཁྲིད་ལུགས་ཆ་ཚང་རེ་

① ཐུའུ་བཀྭན་བློ་བཟང་ཆོས་ཀྱི་ཉི་མ། ཐུའུ་བཀྭན་གྲུབ་མཐའ། ཀན་སུའུ་མི་རིགས་དཔེ་སྐྲུན་ཁང་། 2010ལ 182

རེ་ཡོད་པས་བརྒྱུད་པ་ལྔ་བཅུ་རྩ་བཞིའམ། བརྒྱུད་པ་བརྒྱ་དང་གསུམ་དུ་འགྱུར་བས་བརྒྱུད་པ་ཆེན་པོ་ཞེས་བྱའོ། །"[1]ཞེས་གསུངས་པར་དཔགས་ན་ཞི་བྱེད་བར་པའི་སློབ་དཔོན་ཁྲིད་སོ་ཆུང་འདི་ཉིད་མཛད་པ་རྒྱས་ཤོས་དང་ཞི་བྱེད་པའི་བསྟན་པར་ལག་རྗེས་ཆེ་ཤོས་སུ་སོང་བའོ། །སོ་ཆུང་གི་གདམས་པ་རོག་ལ་བབས་ཚུལ་སོ་ཆུང་ནས་ཤ་མི་སྨོན་ལམ་འབར་བ་དང་། དེས་དགེ་བཤེས་ལྡེའུ། དེས་རྒྱལ་བ་དཀོན་མཆོག་སྐྱབས། དེས་རོག་ཤེས་རབ་འོད་ལ་གདམས་པ་མ་ལུས་པར་གནང་བ་བཅས་སོ། །

ཀཾ་ཞེས་པ་ཀཾ་ཚུལ་ཁྲིམས་རྒྱལ་མཚན་ལ་ཟེར་ཞིང་། ཀཾ་ཞེས་པའི་བྲི་ཚུལ་གཞན་ལ་སྐམ་ཞེས་པའང་བྲིས་པར་སྣང་། དེ་ཡོངས་གྲགས་སུ་ཞི་བྱེད་སྐམ་ལུགས་ཞེས་སུ་བཤད། ཀཾ་ནི་ཐོག་མར་གཏེར་སྟོན་གྲྭ་པ་མངོན་ཤེས་ཀྱི་སློབ་མ་དང་རྟེན་དགེ་སློང་དུ་བཞུགས་ཤིང་། ཕྱིས་གཏེར་སྟོན་གྲྭ་མངོན་གྱིས་དམ་པ་རྒྱ་གར་བ་གདན་དྲངས་པས་དམ་པ་དང་མཇལ་ནས་སྟོན་གྱི་བག་ཆགས་སད་དེ་དམ་པའི་སློབ་མར་གྱུར་པས་ཞི་བྱེད་སྐམ་ལུགས་སུ་གྲགས་པའི་རྩ་བའི་སློབ་དཔོན་དུ་གྱུར། བཤད་པ་རྒྱ་ཆེར་མཛད་ཅིང་། སློབ་མ་མང་དུ་བསྐྱངས། དེ་ཡང་སྐམ་ལུགས་ཀྱི་ཆོས་ཚན་སྐོར་སྐྱོས་ན། དེབ་སྔོན་དུ། "ཐང་ཆུང་བ་དང་གཉོས་ཡན་དུ་ཡིག་ཆ་མེད་པ་ལ་རྒྱ་སྟོན་གཞོན་ནུ་སེང་གེས་སྐམ་ལུགས་ཀྱི་གདམས་པའི་ཡིག་ཆ་ཆེན་པོ་མཛད་དེ། དེའི་མཚན་ནི་ཤེར་ཕྱིན་ཐུགས་རྒྱུད་ལག་ལེན་སྙན་རྒྱུད་རིན་ཆེན་ཕྲེང་བ་རིགས་པའི་གཏན་ཚིགས་འཕྲུལ་གྱི་ལྡེ་མིག་ཅེས་བྱའོ། །"[2]ཞེས་གསུངས་པ་ལྟར་ཡིག་ཆ་འདི་ལ་སྐམ་ལུགས་པའི་གཞུང་དྲི་མ་མེད་པར་བརྩིའོ། །ཀམ་ལུགས་ཀྱི་གདམས་

---

① འགོས་ལོ་གཞོན་ནུ་དཔལ། དེབ་ཐེར་སྔོན་པོ། སྨད་ཆ། སི་ཁྲོན་མི་རིགས་དཔེ་སྐྲུན་ཁང་། 1985 ཤ 1036

② འགོས་ལོ་གཞོན་ནུ་དཔལ། དེབ་ཐེར་སྔོན་པོ། སྨད་ཆ། སི་ཁྲོན་མི་རིགས་དཔེ་སྐྲུན་ཁང་། 1985 ཤ 1051

པ་རོག་ལ་ཛཱ་ལྷར་བྱོན་ཚུལ་ཀཾ་ནས་ཡས་བརྒྱུད་མས་བརྒྱུད་གཉིས་ལ་གནང་། ཡས་བརྒྱུད་ཀྱི་ཡབ་མེས་འཕྲུལ་རྒྱམས་གཉིས་ཀས་དཔོན་པོ་ཛོ་དཀོན་ལ་གནང་། དེས་འགོས། དེས་སྲས་འགོས་དར་མ། དེས་རོག་སྟོན་བཙན་པོ། དེས་རོག་ཤེས་རབ་འོད་ལ་བསྐུལ། འདི་དག་ནི་སྔར་གྱི་ལོ་རྒྱུས་ཀྱི་ཡི་གེ་རྙིང་མ་དག་ལས་བཏུས་ཏེ་སྤྱར་བ་ལས་རང་བཟོ་གཟུ་ལུམ་དུ་སྦྲས་པ་མིན། གཞན་ཡང་རོག་ཤེས་རབ་འོད་ལ་ཞི་བྱེད་པའི་བརྒྱུད་ཕྲན་གྲ་པ་དང་ལྟེ་དང་ལྡང་ལུགས་ཀྱི་གདམས་པ་ཡང་མངའ་བ་མ་ཟད། དམ་པ་ཀུན་དགའ་ལས་བརྒྱུད་པའི་ཞི་བྱེད་ཕྱི་མའི་ལུགས་ཀྱི་བཀའ་རོག་ལ་བབས་ཚུལ་ནི་ཀུན་དགའ་ལས་རྒྱལ་བ་ཏེན་ནེ། དེས་རོག་སྐྱུ་མཆེད་གཉིས་ལ་གནང་བས། རོག་ཤེས་རབ་འོད་འདི་ཉིད་གདངས་ཅན་ཞི་བྱེད་བསྟན་པའི་བདག་པོར་སྟོན་གྱི་མཁས་པ་རྣམས་ཀྱིས་བཞེད་དོ། །དེ་སྐོར་ཡི་གེ་མངས་བའི་དོགས་པས་འདིར་མ་བྲིས་སོ། །རྟོག་དཔྱོད་ལྡན་པ་རྣམས་གཟིགས་འདོད་ན་དེབ་སྟོན་དུ་དེ་སྐོར་ཞིབ་ཆ་ཆེ་ཤོས་སུ་སྣང་བས་དེ་ལས་རྟོགས་པར་བྱའོ། །བླ་མ་རོག་པའི་ཐུགས་རྗེའི་བྱིན་རླབས་ཀྱིས་བོད་འདིར་ཞི་བྱེད་མན་ངག་ཆུ་བོ་གསུམ་འདྲེས་ཀྱི་གདམས་པ་གཅིག་ཏུ་འདུས་པའི་གདམས་པ་བྱུང་བས་ས་གསུམ་འདིར་བཙུད་དགའ་བའི་བསྟན་པའི་བྱ་བའི་ཁུར་ཆེན་པོ་བཞེས་པའི་སྐྱེས་བུ་ནམ་མཁའི་སྐར་ཚོགས་ལ་འགྲན་པའི་ལོ་རྒྱུས་བྱུང་ངོ་། །

## བཞི་པ། ཞི་བྱེད་པའི་ཡན་ལག་གཅོད་ཀྱི་གནད་བཤད་པ།

ཞི་བྱེད་པའི་མན་ངག་རྣམས་ཀྱི་ནང་ནས་ཁྱད་དུ་འཕགས་པའི་གདམས་པ་མང་དུ་བྱུང་ཡོད། གདམས་པ་ཆེ་ཤོས་ནི་གཅོད་ཀྱི་རྣམ་གཞག་འདི་ཉིད་ཡིན་ཕྱིན། ཀློང་ཆེན་རབ་འབྱམས་དྲི་མེད་འོད་ཟེར་གྱི་གཅོད་ཀྱི་སྤྱི་ཁྲིད་ཆེན་མོར། “གསུང་རབ་རྒྱ་མཚོ་ལྟ་བུའི་ནང་ནས་བྱུང་བ། ཤེ་སྟོང་རིན་པོ་ཆེའི་གཏེར་མཛོད་སྒོ་ཕྱེ་བ།

ཕྱི་ཕ་རོལ་དུ་ཕྱིན་པའི་ཐེག་པ། བཀའ་རྒྱས་འབྲིང་བསྡུས་གསུམ་གྱི་དགོངས་པ་ལྷན་ཅིག་བསྡུས་པ། ནང་རྒྱུད་སྡེ་རིན་པོ་ཆེའི་དགོངས་པ་གསལ་བར་སྟོན་པ། གྲུབ་ཐོབ་དང་རྟོགས་ལྡན་ཐམས་ཅད་ཀྱི་ཞལ་གདམས་མངོན་དུ་ཕྱུང་བ། ཡེ་ཤེས་ཀྱི་མཁའ་འགྲོ་མ་ཇོ་མོ་ལབ་སྒྲོན་གྱི་གསུང་གི་བདུད་རྩི་མཆོག་ཏུ་གྱུར་པ་མན་ངག་བདུད་ཀྱི་གཅོད་ཡུལ་འདི་ཡིན་ནོ། །"①ཞེས་གསུངས་པ་བཞིན་གཅོད་ཀྱི་གདམས་པ་དུས་ཕྱིས་ཞི་བྱེད་པའི་གདམས་པ་ལས་ལྷག་པ་ལྟར་དུ་གྱུར་ཏེ་གངས་རིའི་ལྗོངས་འདིར་དར་ནས་རྒྱ་གར་ལ་སོགས་པའི་ཡུལ་ཕྱོགས་སུ་དེ་སྐོར་རབ་རིམ་དར་བ་ནི་སྟོན་གྱི་ལོ་རྒྱུས་རྣམས་སུ་གསལ། དེ་ལ་གཅོད་ཅེས་པ་ཞི་བྱེད་པའི་ཡན་ལག་ཏུ་སྨྲ་དོན་སྙིང་པོ་འདུ་ན། མན་ངག་གི་ཆུ་འགོ་ཕ་དམ་པ་སངས་རྒྱས་ཡིན་པ་གང་ཞིག་གཅོད་ཀྱི་གཞུང་གི་རྒྱབ་རྟེན་ཞི་བྱེད་པ་དང་ཆ་འདྲ་བ་ཤེར་ཕྱིན་གྱི་མདོ་སྡེ་རིན་པོ་ཆེར་སོང་བས། དེ་ཡང་གཅོད་ཅེས་པའི་འབྲི་རྒྱུན་གཞན་ནི་སྤྱོད་ཅེས་གསལ་ལ། གཅོད་དང་སྤྱོད་གཉིས་ཀར་རང་རང་གི་སྒྲ་དོན་གྱི་བཤད་པ་རྣམ་དག་རེ་ཡོད་པ་གཞུང་ཁུངས་མ་རྣམས་སུ་སྟོན་ཏེ། ཇི་སྐད་དུ། ཨ་ཀྱཱ་ཡོངས་འཛིན་གྱི་བོད་གངས་ཅན་ལྗོངས་སུ་བྱུང་བའི་གྲུབ་མཐའི་འབྱུང་ཁུངས་མདོ་ཙམ་བརྗོད་པ་བཞུགས་སོ་ཞེས་པར། "ཤེར་ཕྱིན་སྟགས་དང་འབྲེལ་བའི་ཐབས་ཤེས་ཀྱིས། །གཅེས་འཛིན་འཁོར་བའི་རྩ་བ་གཅོད་པའམ། །ཐབས་ཤེས་ལམ་ལ་སྤྱོད་པས་སྤྱོད་ཅེས་པའང་། ཞི་བྱེད་ཡ་གྱལ་ལབ་ཀྱི་སྒྲོན་མའི་སྲོལ། །"②ཞེས་གསུངས་པ་དང་། དེབ་སྔོན་མཁན་པོས། "ད་ནི་ཤེས་རབ་ཀྱི་ཕ་རོལ་ཏུ་ཕྱིན་པ་བདུད་ཀྱི་གཅོད་ཡུལ་གྱི་བརྒྱུད་པ་བཤད་པར་

① ཀུན་མཁྱེན་ཀློང་ཆེན་རབ་འབྱམས་ཀྱི་གསུང་འབུམ་བཞུགས་སོ། །པོད་ཉེར་དྲུག་པ། ཀྲུང་གོའི་བོད་རིག་པ་དཔེ་སྐྲུན་ཁང་། 2009 ཤ 131

② ཨ་ཀྱཱ་ཡོངས་འཛིན་གྱི་བཀའ་འབུམ་བཞུགས་སོ། །སྨད་ཆ། ཀན་སུའུ་མི་རིགས་དཔེ་སྐྲུན་ཁང་། 2001 ཤ 409

བྱ་སྟེ། རྗེ་མཻ་ཏྲི་བས་ཕ་རོལ་ཏུ་ཕྱིན་པ་ལ་ཡང་སྔགས་དང་རྗེས་སུ་མཐུན་པའི་སྤྱོད་པ་ཡོད་པར་བཤད་པས། མིང་དུ་སྤྱོད་ཡུལ་ཞེས་བྱ།”①ཞེས་གསུངས་པ་དེས་གཅོད་དང་སྤྱོད་གང་ཟུང་སྤྱད་ཆོག་པའི་གསུང་གི་གནང་བ་སྟེར་ལ། གཅོད་ཅེས་པའི་མདོ་དོན་དངོས་ཀྱི་ཆར། “གཅད་པར་བྱ་བ་ནི་ཉོན་མོངས་ཡིན་ལ། ཉོན་མོངས་དེ་དག་ཕྲ་རྒྱས་དང་ཡུལ་དང་ཚུལ་བཞིན་མ་ཡིན་པའི་ཡིད་ལ་བྱེད་པ་ལས་སྐྱེ་བས་ན། རྣལ་འབྱོར་པས་ཡུལ་དེ་ཉེར་བཟུང་ནས་བག་ཆགས་བླང་སྟེ། ཚུལ་བཞིན་མ་ཡིན་པའི་ཡིད་ལ་བྱེད་པ་སྔོན་དུ་འགྲོ་བའི་ཉོན་མོངས་རྣམས་ཡུལ་གྱི་ཐོག་དེ་ཉིད་དུ་གཅོད་པར་བྱེད་པས་གཅོད་ཞེས་བྱའོ། །དེའི་གདམས་ངག་ཀྱང་དམ་པ་ལས་བརྒྱུད་པ་སྟེ། སྐྱོ་བསོད་ནམས་བླ་མ་དང་། མ་གཅིག་ལས་བརྒྱུད་པ་རྣམས་ལ་མོ་གཅོད་ཅེས་བྱའོ། །”②ཞེས་གསུངས་པའི་ཕྱིར་ན། གཅོད་ཅེས་པ་བྲི་རྒྱུན་ཡོངས་གྲགས་དང་སྤྱོད་ཅེས་པ་བྲིས་པ་ཉུང་བའོ། །གཅོད་ལ་གཉིས་སུ་བྱས་པའི་འདིའི་བཤད་བྱ་ནི་མོ་གཅོད་དེ་མ་གཅིག་ལས་བརྒྱུད་པའི་གདམས་པ་ཡིན་ནོ། །གཞན་ཡང་གཅོད་དང་སྤྱོད་ཀྱི་བཤད་པ་ལ་ཐུའུ་བཀྭན་རིན་པོ་ཆེས། “དེ་ཡང་གཅོད་ཅེས་བྱ་བའི་སྒྲ་དོན་ནི། གདམས་པའི་བྱེད་ལས་ཀྱི་སྒོ་ནས་བཏགས་པ་སྟེ། བྱམས་སྙིང་རྗེ་བྱང་ཆུབ་ཀྱི་སེམས་ཀྱིས་རང་དོན་ཡིད་བྱེད་གཅོད། སྟོང་ཉིད་ཀྱི་ལྟ་བས་འཁོར་བའི་རྩ་བ་གཅོད། ཐུན་མོང་གི་བདུད་བཞི་གཅོད་པས་དེ་སྐད་བཏགས་ལ། ཡང་སྤྱོད་ཅེས་ཀྱང་བྱ་སྟེ། རྒྱལ་བའི་སྲས་ཀྱི་ཉམས་ལེན་ཐབས་ཤེས་ཀྱི་ལམ་ལ་སྤྱོད་པས་དེ་ལྟར་དུ་གྲགས་སོ། །གདམས་པ་འདི་ཡང་ཐོག་མར་དམ་པ་སངས་རྒྱས་ལས་བྱུང་།”③ཞེས་གསུངས་

① འགོས་ལོ་གཞོན་ནུ་དཔལ། དེབ་ཐེར་སྔོན་པོ། སྨད་ཆ། སི་ཁྲོན་མི་རིགས་དཔེ་སྐྲུན་ཁང་། 1985ཤ 1139

② འགོས་ལོ་གཞོན་ནུ་དཔལ། དེབ་ཐེར་སྔོན་པོ། སྨད་ཆ། སི་ཁྲོན་མི་རིགས་དཔེ་སྐྲུན་ཁང་། 1985ཤ 1141

③ ཐུའུ་བཀྭན་བློ་བཟང་ཆོས་ཀྱི་ཉི་མ། ཐུའུ་བཀྭན་གྲུབ་མཐའ། མཚོ་སྔོན་མི་རིགས་དཔེ་སྐྲུན་ཁང་། 2010ཤ 190–191

པའི་ཕྱིར། གཞན་དུ་ན། གཅོད་ཀྱི་གཞུང་ཁུངས་ཤེར་ཕྱིན་ཏུ་གཏུགས་དགོས་ཚུལ་ནི་ཡེ་ཤེས་ཀྱི་ཌཱ་ཀི་མ་ཛོ་མོ་ལབ་སྒྲོན་གྱི་རྣམ་ཐར་ཆེན་མོར། "ཤེས་རབ་ཕ་རོལ་ཕྱིན་པའི་དོན་ལ་ངོ་སྤྲོད་པས། ལྟ་བ་ལ་གོལ་ས་མེད། སློ་བྲལ་ཉམས་སུ་ལེན་པས། སྒོམ་པ་རྩོལ་བའི་ནད་དང་བྲལ། འགལ་རྐྱེན་ལམ་དུ་བླངས་ནས་མི་མཐུན་པ་གྲོགས་སུ་འཆར་བས། གཅོད་པས་ཡུལ་ཚོམས། ཐུགས་ཐག་ད་ལྟར་གྱི་སྣང་བ་ལ་སྤྱོད་པས། འབྲས་བུ་ཡིད་ཡུལ་སྤྱོད། དོན་ཕྱིར་མི་ལུས་པས། ཆོས་ཀྱི་རྩ་བ། ཉམས་ལེན་ཐམས་ཅད་གནད། ཟབ་དོན་ཐམས་ཅད་ཀྱི་མཐར་ཐུག མ་ཛོ་མོའི་གདམས་ངག་སྐྱེ་མེད་ཆིག་ཆོད། ངེས་དོན་ཞལ་གྱི་གདམས་པ་རྣམ་རྟོག་ལས་ཡེ་ཤེས་སྐྱེས་པ། དུག་ལྡེ་སྨན་དུ་འགྱུར་བ། ལྟས་ངན་གཡང་དུ་འགུགས་པ། བདུད་ལས་རྣམ་པར་རྒྱལ་བ། གཅོད་ཀྱི་གདམས་ངག་ཅེས་གྲགས།"①ཞེས་གསུངས་པ་ལྟར་གཅོད་ཅེས་པ་ནི་ཕྱིས་ཀྱི་བོད་ཀྱི་མཁས་པ་རྣམས་ཀྱིས་ཉམས་ལེན་མི་མཛད་པ་མེད་པ་འདྲ་ལ། བླ་མ་གོང་མ་རྣམས་ཀྱི་རྣམ་ཐར་དུ་གཅོད་ཀྱི་ཆོས་ཚན་རེ་གཉིས་གསན་བཞེས་མཛད་ནས་མཁས་པ་འགས་གཅོད་ཀྱི་གཞུང་འགྲེལ་བྱས་པ་ཡང་མང་བས་ན་གདམས་པ་འདི་གངས་ཅན་པའི་ཐུབ་བསྟན་འཛིན་པ་རྣམས་ཀྱི་གསེར་དང་འདྲ་བའི་མན་ངག་ཅིག་ཏུ་བརྩི་བའི་སྣང་ཚུལ་མཆིས། མ་ཅིག་གི་སྐུ་དྲིན་གྱིས་བོད་ཁམས་འདིར་གཅོད་ཡུལ་ཆེན་མོ་ཞེས་པའི་དཔལ་ཞི་བྱེད་པའི་རྒྱན་དུ་གྱུར་པའི་གདམས་པ་གསུང་རབ་དྲི་མ་མེད་པ་ལས་བྱུང་བའི་བཀའ་རྩོམ་ཁྱད་པར་འཕགས་འདི་ཉིད་བྱུང་བ་དང་། གཅོད་ཡུལ་གྱི་ལྟ་བ་མཐར་ཐུག་པ་གང་ལ་བྱའམ་སྙམ་ན། དཔྱ་མ་པར་བྱ་དགོས་ཏེ། གཅོད་ཀྱི་རྒྱབ་རྟེན་གྱི་གཞུང་ཤེས་རབ་ཀྱི་ཕ་རོལ་

① ཡེ་ཤེས་ཀྱི་ཌཱ་ཀི་མ་ཛོ་མོ་ལབ་སྒྲོན་གྱི་རྣམ་ཐར་དང་བཀའ་ཚོམས་ཆེན་མོ་སོགས་བཞུགས་སོ། །སེར་གཙུག་ནང་བསྟན་དཔེ་སྙིང་འཚོལ་བསྡུ་ཕྱོགས་སྒྲིག་ཁང་ནས་བསྒྲིགས། ཤ 49–50

ཕྱིན་མ་ཡིན་པས་དེའི་དངོས་བསྟན་སྟོང་ཉིད་རིམ་པར་ཟབ་པས། མ་ཅིག་ལབ་སྒྲོན་གྱིས་མཛད་པའི་ཤེས་རབ་ཀྱི་ཕ་རོལ་ཏུ་ཕྱིན་པའི་མན་ངག་གཅོད་ཀྱི་གཞུང་ཤེས་རབ་སྐྲ་རྩེའི་ས་གཞུང་སྤེལ་བ་རིན་པོ་ཆེའི་གཏེར་མཛོད་དུ། "གཞུང་ཚན་ལྔ་པོ་དེ་ཡི་དོན་མཐར་ཐུག་གི་དོན་སྤྲོས་བྲལ་དུ་སྟོན་པ་དབུ་མ་རིགས་ཚོགས་ཀྱི་དགོངས་པ་དང་ཁྱད་པར་མེད།"[①]ཅེས་དང་། "དུས་གསུམ་སངས་རྒྱས་དགོངས་པ་ཡང་། །སྙེམས་མེད་ནམ་མཁའ་ལྟ་བུ་ལ། །གསལ་སྟོང་ཉི་ཟླ་ལྟ་བུ་སྟེ། །བདག་འཛིན་འདུ་ཤེས་བྲལ་བའོ། །ཞེས་ཏེ། གསལ་སྟོང་ཟུང་འཇུག་འཛིན་པ་དང་བྲལ་བ་ནི། མཐར་ཐུག་གི་དོན་དུ་བསྟན་པའོ། །"[②]ཞེས་དང་། ཡང་མ་ཅིག་གི་ཤེས་རབ་ཕ་རོལ་ཏུ་ཕྱིན་པའི་མན་ངག་ཡང་ཚོམས་ཞུས་ལན་མར། "ཆོས་ཐམས་ཅད་ཀྱི་མཆོག་ཏུ་གྱུར་པ་གང་ལགས། ཞུས་པས། རྫོགས་པའི་སངས་རྒྱས་ཐམས་ཅད་ཀྱིས་གསུངས་པའི་བཀའ་ཡུམ་ཆེན་མོ་ཤེས་རབ་ཀྱི་ཕ་རོལ་ཕྱིན་མ་འདི། ཆོས་ཐམས་ཅད་ཀྱི་ནང་ནས་མཆོག་ཏུ་གསུངས།"[③]ཞེས་གསུངས་པ་ལྟར་གཅོད་ཀྱི་ལྟ་བ་འདི་ཉིད་ནི་དབུ་མ་བའི་ལྟ་བ་ལྟད་མེད་པ་ཞིག་ཡིན་པ་གསལ་ལོ། །གཅོད་ཅེས་པའི་དོན་གྱི་སྙིང་པོ་འདྲིལ་ན་སེམས་གཅོད་པའི་ཐབས་ཏེ་མན་ངག་ཡང་ཚོམས་ཞུས་ལན་མར། "གཅོད་ཅེས་བྱ་ཇི་ལྟ་བུ། ཞེས་ཞུས་པས། ཀྱེ་རིགས་ཀྱི་བུ། ཐམས་ཅད་སེམས་སུ་གཅོད་པ་ཡིན། །སེམས་ནི་སྙེམས་སུ་གཅོད་པ་ཡིན། །སྙེམས་སུ་མ་འདུས་གང་ཡང་མེད། །སྙེམས་བྱེད་ཙམ་དུ་གོ་ཙམ་ན། །དཔེར་ན་ཁང་སྟོང་རྐུན་མ་བཞིན། །ངོ་ཤེས

① ཡེ་ཤེས་ཀྱི་ཌཱ་ཀི་མ་ཇོ་མོ་ལབ་སྒྲོན་གྱི་རྣམ་ཐར་དང་བཀའ་ཚོམས་ཆེན་མོ་སོགས་བཞུགས་སོ། །སེར་གཙུག་ནང་བསྟན་དཔེ་རྙིང་འཚོལ་བསྡུ་ཕྱོགས་སྒྲིག་ཁང་ནས་བསྒྲིགས། ཤ 88–89

② ཡེ་ཤེས་ཀྱི་ཌཱ་ཀི་མ་ཇོ་མོ་ལབ་སྒྲོན་གྱི་རྣམ་ཐར་དང་བཀའ་ཚོམས་ཆེན་མོ་སོགས་བཞུགས་སོ། །སེར་གཙུག་ནང་བསྟན་དཔེ་རྙིང་འཚོལ་བསྡུ་ཕྱོགས་སྒྲིག་ཁང་ནས་བསྒྲིགས། ཤ 95

③ ཡེ་ཤེས་ཀྱི་ཌཱ་ཀི་མ་ཇོ་མོ་ལབ་སྒྲོན་གྱི་རྣམ་ཐར་དང་བཀའ་ཚོམས་ཆེན་མོ་སོགས་བཞུགས་སོ། །སེར་གཙུག་ནང་བསྟན་དཔེ་རྙིང་འཚོལ་བསྡུ་ཕྱོགས་སྒྲིག་ཁང་ནས་བསྒྲིགས། ཤ 103

ཙམ་གྱིས་ཟུངས་མ་ཐུབ། །ཀོ་བ་ཡོན་པར་བྱ་བ་ལས་ཆེད་དུ་དོན་ལ་སྨྱུད་དུ་མེད། མི་ཕོད་བཟྲི་བས་གཅོད་དུ་གསུངས། །”①ཞེས་གསུངས་པ་འདི་ཉིད་ལས་ཁུངས་དག་པ་དང་ངེས་ཤེས་ཆེ་བའི་མན་ངག་གཅིག་པུ་འདི་ལས་མེད་པར་སེམས་སོ། །གཅོད་སྐོར་གཞུང་འགྲེལ་དག་གི་ཁུངས་ནི་ཤེར་ཕྱིན་དང་དེ་ལས་ཀྱང་བོད་ན་ཕ་དམ་པ་སངས་རྒྱས་ཀྱི་གསུང་གི་བདུད་རྩིའི་ཟེར་ཕྲེང་ལས་བརྒྱུད་པའི་མ་ཅིག་ལབ་ཀྱི་སྒྲོན་མའི་ཞབས་ཀྱི་བཀའ་ཚོམས་དང་ཡང་ཚོམས་ཉིང་ཚོམས་སོགས་བརྒྱུད་པའི་ཁུངས་དག་ལ་བཤད་པའི་རྒྱུན་དག་པ། སློབ་དཔོན་གྱི་བྱིན་རླབས་ལེགས་པར་ཞུགས་པའི་གཞུང་ཆེན་མོ་ཞིག་ཡིན་ཕྱིར། གཅོད་ཀྱི་སྐོར་ལ་ཞིབ་དཔྱད་དང་གཉིང་ཚུགས་པའི་ཉམས་ཞིབ་བྱ་འདོད་ན་དམ་པ་འདི་དག་གསུང་གི་སྣང་བ་དང་མི་བྲལ་བ་བྱ་རྒྱུ་དེ་ཤིན་ཏུ་ནས་འགངས་ཆེ་བའི་གནད་ཟབ་མོ་ཞིག་མཐོང་ངོ་། །

མདོར་ན་ཕ་དམ་པ་ནས་ཞི་བྱེད་པའི་སློབ་དཔོན་རིམ་བྱོན་རྣམས་དང་མ་ཅིག་གི་སློབ་བརྒྱུད་ལས་མཆེད་པའི་གདམས་པ་འདི་དག་ནི་ཉམས་ལེན་པ་རྣམས་དང་དཔེ་ཆ་བ་རྣམས་ཀྱི་ཡིད་ཀྱི་བདུད་རྩི་ཡིན་ལ། དེ་རྣམས་ལས་སྟོན་པའི་ལྟ་བ་ནི་དབུ་མ་བའི་ལྟ་བ་ཉག་ཅིག་ཏུ་སོང་བ་ལགས་ན་བརྒྱུད་པའི་སློབ་དཔོན་གྱི་ལྟ་བའང་དེ་ལས་མི་འདས་པར་སེམས་མོད། ཞི་བྱེད་སྔ་བར་ཕྱི་གསུམ་གྱི་སློབ་དཔོན་རྣམས་ཡུག་གཅིག་ཏུ་དབུ་མ་བའི་ལྟ་བ་བཞེད་མིན་ད་དུང་དཔྱད་པའི་གཞི་ཆེ་ཙམ་སྣང་བས་འདིར་སྤྱོང་ཚོད་ཀྱིས་ཞུ་མི་སྤྱོབས། གང་ལྟར་ཕ་དམ་པ་དང་མ་ཅིག་གི་ལྟ་བ་དབུ་མ་ཐལ་འགྱུར་བ་ཡིན་པ་ནི་རང་གཞུང་དང་སྔོན་གྱི་གཞུང་ཆེན་མོར་སྤྱན་དཀྲུས་ཡངས་ཤིང་བློ་གཟུ་བོར་གནས་པའི་སློབ་དཔོན་རྣམས་ཀྱིས་

① ཡེ་ཤེས་ཀྱི་ཌཱ་ཀི་མ་ཛཱ་མོ་ལབ་སྒྲོན་གྱི་རྣམ་ཐར་དང་བཀའ་ཚོམས་ཆེན་མོ་སོགས་བཞུགས་སོ། །སེར་གཙུག་ནང་བསྟན་དཔེ་རྙིང་འཚོལ་བསྡུ་ཕྱོགས་སྒྲིག་ཁང་ནས་བསྒྲིགས། ཤ 112

བཞེད་དོ། །ཕ་དམ་པའི་ལྟ་བའི་བཞེད་དགོངས་སྐོར་གོང་དུ་ཞུས་ཟིན་པས་འདིར་བསྐྱར་ཟློས་ཀྱི་ངལ་བ་མ་བྱས། འོ་ན་མ་ཅིག་གི་ལྟ་བ་དབུ་མ་ཐལ་འགྱུར་བ་ཡིན་པའི་སྒྲུབ་བྱེད་འཛོག་དང་ཟེར་ན། ཐུའུ་བཀྭན་རིན་པོ་ཆེས། "ལྟ་བ་ནི། གདམས་པའི་ཁུངས་ཡུམ་རྒྱས་འབྲིང་བསྡུས་གསུམ་དང་མདོ་སྡུད་པ་ལ་ཐུག་པས་ན། དབུ་མ་ཐལ་འགྱུར་བའི་ལྟ་བ་ལས་མ་འདས་ཤིང་། ལབ་སྒྲོན་གྱི་གསུང་ཡིན་ངེས་རྣམས་སུའང་དེ་བཞིན་འབྱུང་མོད། བར་སྐབས་སུ་གདམས་པ་འཛིན་པ་རྣམས་ཀྱིས་ཇི་ལྟ་བ་བཞིན་འཆད་མ་ཤེས་པར་ཟེར་སྒྲོས་སྣ་ཚོགས་པ་བསྲེས་པ་དང་། གཅོད་འདི་གྲུབ་མཐའ་རིས་མེད་ལ་དར་བས་རང་གི་གྲུབ་མཐའི་ཞེན་གྱིས་ལྟ་བ་སྒོམ་ཚུལ་ཅི་རིགས་སུ་བཤད་པ་བྱུང་སྣང་ངོ་། །"[1]ཞེས་གསུངས་པའི་ཕྱིར། །གྲ་དོལ་གཞུང་གསུམ་གྱི་ཡུལ་ལུང་ཁག་ན་གཅོད་ཀྱི་གདམས་པ་མ་ཅིག་ལས་མཆེད་པ་ཤས་ཆེའོ། །

## ས་བཅད་ལྔ་པ། གྲ་དོལ་གཞུང་གསུམ་དུ་ཇོ་གདན་པའི་ ལྟ་དགོངས་ཇི་ལྟར་དར་ཚུལ་སྐོར་དཔྱད་པ།

གྲ་དོལ་གཞུང་གསུམ་དུ་ཇོ་གདན་པའི་ལྟ་བ་དར་ཚུལ་སྐོར་སྨོས་ན་དེ་ནི་མཁས་པ་ཆེན་པོ་ཁ་ཆེ་པཎ་ཆེན་ཤཱཀྱ་ཤྲཱི་དང་འབྲེལ་བ་དམ་དུ་ཡོད་ཅིང་། མཁས་པ་གང་དེས་བོད་ཀྱི་ཡུལ་ཕྱོགས་མང་པོར་བཞག་པའི་བསྟན་པའི་ལག་རྗེས་གཙོ་བོ་ཕྱོགས་གཉིས་སུ་འདུག་སྟེ། འདུལ་བའི་སྐོར་དང་དུས་འཁོར་གྱི་བཤད་པའོ། །དེ་ལས་ཀྱང་བོད་འདིར་ནི་འདུལ་བའི་བཤད་ཀ་འདི་ཉིད་ཕན་པ་རྒྱ་ཆེ་བར་སོང་ལ། དུས་ཕྱིས་བྱོན་པའི་མཁས་པ་རྣམས་པཎ་ཆེན་སྡོམ་རྒྱུན་ཞེས་གཙིགས་སུ་མཛད་

① ཐུའུ་བཀྭན་བློ་བཟང་ཆོས་ཀྱི་ཉི་མ། ཐུའུ་བཀྭན་གྲུབ་མཐའ། མཚོ་སྔོན་མི་རིགས་དཔེ་སྐྲུན་ཁང་། 2010ཤ 194

པའི་ལོ་རྒྱུས་ཀུན་ཏུ་བྱུང་བས་མཁས་པ་གང་དེས་སངས་རྒྱས་བསྟན་པ་སྤྱིའི་གཞི་རྩ་འདུལ་བའི་ཉམས་ལེན་གྱི་ཆར་རླབས་ཆེ་བའི་མཛད་རྗེས་བཞག་པའི་ཕྱིར་ན། བོད་སྔོན་རྣམས་ཀྱིས་སྐུ་དྲིན་གཞལ་ཐབས་བྲལ་བའི་མཁས་བཙུན་བཟང་གསུམ་གྱི་དྲན་དབང་དུ་འཛོག་ཅིང་། བོད་ཀྱི་བསྟན་པ་ཕྱི་དར་ལ་མཁས་པ་གང་དེའི་ཐུགས་རྗེའི་དྲིན་གྱིས་བསྟན་པ་རྒྱ་མེད་པ་སྐྱོང་མཛད་ཀྱི་བསྟན་འཛིན་སྐྱེས་བུ་བགྲང་ལས་འདས་པ་བྱོན་ནས་འཆད་རྩོད་རྩོམ་གསུམ་གྱིས་དམ་ཆོས་སྣང་བ་གསལ་བར་མཛད་པས་ན། ཁ་ཆེ་པཎ་ཆེན་གྱི་རྣམ་ཐར་རིན་པོ་ཆེའི་ཕྲེང་བར། "ཤཱཀྱའི་བསྟན་ལ་དེ་ཉིད་གཉིས་པའི་རྗེ། །ཤཱཀྱའི་བསྟན་སྲོག་ཤཱཀྱའི་མཚན་ཅན་ནི། །མ་བྱོན་སངས་རྒྱས་འཛམ་གླིང་གཙུག་གི་ནོར། །པཎ་ཆེན་འགྲོ་བའི་གཉེན་གཅིག་རྒྱལ་གྱུརད་ཅིག །"[①]ཅེས་དང་། ས་སྐྱེང་ན་འགྲན་ཟླ་དང་བྲལ་བ་ཁ་ཆེ་པཎ་ཆེན་ཤཱཀྱ་ཤྲཱི་བྷ་དྲའི་རྣམ་ཐར་བཞུགས་སོ་ཞེས་པར། "ས་ཆེན་འདི་ནས་ཇོ་མཚར་ཟླ་མ་ཡང་། །རྒྱ་གར་ཁ་ཆེ་རྒྱ་ནག་བལ་པོ་ཡི། །ཡུལ་གང་ན་ཡང་མཚུངས་མེད་ཆོས་ཀྱི་རྗེ། །འཛམ་གླིང་སྒྲོན་མེ་ཁྱོད་ལ་ཕྱག་འཚལ་ལོ། །"[②]ཞེས་བསྔགས་པ་མཛད་པ་ངེས་པ་དོན་ལ་གནས་ཤིང་མཛད་པ་སྣ་ཚོགས་པའི་ཁྲོད་ནས་བོད་འདིར་མཁས་པ་གང་དེའི་འཕྲིན་ལས་ཀྱི་སྙིང་པོ་ནི་ཇོ་གདན་ཚོགས་པ་སྡེ་བཞི་འདི་ཉིད་དུ་འདུག ཇོ་གདན་ཚོགས་པ་ཞེས་པ་ལ་བཤད་པ་མང་དུ་མཆིས་པས་ཞིབ་པ་འོག་ནས་འཆད་འགྱུར་གྱི་སྐབས་དོན་དང་སྦྱར་ནས་བཤད་པར་བྱའོ། །

---

① ཆོས་ཀྱི་བཟང་པོ། ཁ་ཆེ་པཎ་ཆེན་གྱི་རྣམ་ཐར་རིན་པོ་ཆེའི་ཕྲེང་བ་བཞུགས་སོ། །ཁྲིས་མ། འབྲས་སྤུངས་གནས་བཅུ་ལྷ་ཁང་གི་དཔར་རྩ། ལྡེབ་དང་པོའི་ཞབས་ལྡེབ། ཤ2

② གཉགས་དབོན་བསོད་ནམས་བཟང་པོ། ས་སྐྱེང་ན་འགྲན་ཟླ་དང་བྲལ་བ་ཁ་ཆེ་པཎ་ཆེན་ཤཱཀྱ་ཤྲཱི་བྷ་དྲའི་རྣམ་ཐར་བཞུགས་སོ། །ཤིང་དཔར། དཔེ་ཐུང་། ལྡེབ་ལྔ་པའི་དབུ་ལྡེབ། ཤ9 དཔར་རྩ་འདི་ཉིད་ལྷོ་ཁ་གྲ་ཕྱི་ཚོང་འདུས་དགོན་དུ་བཞུགས་སོ་གསོལ། ཁྱོན་ལྡེབ་དྲུག་བཞུགས། རྣམ་ཐར་འདི་ཉིད་ཀྱི་གཞི་མ་ཁྲི་ཐུ་ལོ་ཙཱ་བ་བྱམས་པ་དཔལ་གྱིས་མཛད་པའི་ཁ་ཆེ་པཎ་ཆེན་གྱི་རྣམ་ཐར་ལ་བཅོལ་ནས་མཛད་པ་ཞིག་གོ།

## དང་པོ། ཁ་ཆེ་པཎ་ཆེན་གྱི་ལྷ་བའི་ཁུངས་བཤད་པ།

དེ་ཡང་ཁ་ཆེ་པཎ་ཆེན་ནི་ཁ་ཆེའི་ཡུལ་གྲིབ་བརྟན་ནམ་ཕྲི་སྟན་ཞེས་བྱ་བའི་དབུས་པྲ་བ་པུ་ར་ཞེས་པའི་གྲོང་ཁྱེར་ན་ཡབ་ཚོང་དཔོན་ས་མ་ཡ་དང་ཡུམ་སུམ་ཛྙ་ཀ་གཉིས་ཀྱི་སྲས་སུ་སྐུ་འཁྲུངས་པ་དང་། ལ་ཀྵྃ་ཀྲ་ར་ལ་སོགས་པའི་བྲམ་ཟེའི་སློབ་དཔོན་རྣམས་ཀྱི་སྐུ་མདུན་ནས་སྒྲ་སྙན་གསོ་དཔྱད་སོགས་ལ་སློབ་གཉེར་མཛད་པ་དང་། དུས་ཕྱིས་བིཀྲ་ར་རཏྣ་སོགས་ལས་སྒྲ་ཚད་སོགས་ལེགས་པར་སྦྱངས་ཤིང་། ས་མི་དང་ནི་ས་ཏྲ་ཛྙི་ཏ་ར། ལ་ལི་ཏ་ཝྲི་ཏ་སོགས་པའི་མཁས་གྲུབ་མང་པོའི་ཞབས་ལ་གཏུགས་ནས་བསྟན་བཅོས་སྔ་ཚོགས་ཀྱི་དབང་ལུང་ཁྲིད་གསུམ་ཞུས། དགུང་ལོ་ཉེར་གསུམ་ལ་རབ་བྱུང་གི་སྡོམ་པ་མནོས། དུས་ཕྱིས་མཁས་པའི་གོ་འཕང་ཐོབ། དགུང་ལོ་བདུན་ཅུ་རྩ་བརྒྱད་ཐོག་ཁྲོ་ཕུ་ལོ་ཙཱ་བས་གདན་དྲངས་ནས་བསྟན་པའི་སྐད་དུ་བོད་ཡུལ་དུ་འགྲོ་དོན་བསྐྱངས་པར་ཕེབས། སྟོ་ཕྱིར་གྲོ་མོ་དང་མགུར་མོ་ཚོང་འདུས། རྒྱན་གོང་དང་ཁྲོ་ཕུ་སོགས་གཙང་ཕྱོགས་ཀྱི་སར་མཛད་འཕྲིན་སྤེལ་ནས་ཁྲོ་ཕུ་ལོ་ཙཱ་བ་དང་བྱང་རྗེར་རྣམ་གཉིས་ལ་སོགས་པའི་མཁས་པ་རྣམས་སྨིན་པར་མཛད་པ་དང་། ཕྱིས་ཆག་ལོས་དབུ་གཡོའི་ས་ཆར་གདན་དྲངས་ནས་བསྟན་འགྲོའི་སྐད་དུ་ཕྱིན་བཞེས་ནི་གཙོ་བོ་ཆུ་ཤུར་གྲུ་མ་དགོན་ནམ་ཀྲིག་མར་དགོན་[①] ཞེས་པའི་གནས་གཞིར་རྗེ་བཙུན་ས་པཎ་ལ་སོགས་པ་བཅུ་གཅིག་ལ་བསྙེན་རྫོགས་ཀྱི་སྡོམ་པ་མནོས། དེ་ནས་པཎ་ཆུང་དགུ[②]དང་ལྷན་དུ་དྲང་སྲོང་སྲིན་པོ་རིར་ཕྱིན་

① དགོན་དེའི་མིང་གཞན་ལ་དཀྲིག་མར་དགོན་ནམ་སྒྲིག་མར་དགོན་ཞེས་ཀྱང་འབྲི་བར་སྣང་།

② པཎ་ཆུང་དགུའི་སྐོར་རྣམ་ཐར་དང་ཆོས་འབྱུང་གཞན་ན་མཚན་ཐོ་ཙམ་མཇལ་དཀོན་པས་འདིར་ཁྲོ་ཕུ་ལོ་ཙཱ་བའི་རྣམ་ཐར་འཕྲི་ཤིང་མ་དཀྲུས་སུ་བྱུས་ནས་པཎ་ཆུང་དགུ་པོའི་མཚན་ཐོ་དང་གཞུང་གང་ལ་མཁས་པའི་ཆར་སྦྱོར་ན། དེ་ནས་པཎྜི་ཏ་དགུ་ལ་ཆོས་མི་འདྲ་བ་གཉིས་གཉིས་དྲིས། པཎྜི་ཏ་སུ་ག་ད་ཤྲཱི་བྱ་བ་དབུ་མ་དང་ཕར་ཕྱིན་མཁས་ཟེར་བ་ལ་དབུ་མ་དང་ཕར་ཕྱིན་རེ་རེ་དྲིས། པཎྜི་ཏ་ཛ་ཡ་དཏྟ་བྱ་བ་སྔགས་དང་འདུལ་བ་ལ་མཁས་ཟེར་བ་ལ་འདུལ་བ་དང་སྔགས་ལ་དྲིས། པཎྜི་ཏ་བི་བྷུ་ཏི་ཙནྡྲ་བྱ་བ་སྒྲ་དང་མངོན་པ་ལ་མཁས

ཏེ་སློབ་པ་ཉམས་ལེན་མཛད་༼དཔེ་རིས་དྲུག་པར་གཟིགས།༽ནས་ཡུན་རིང་དུ་བཞུགས། ཕྱིས་གྲ་ཕྱི་འཚོང་འདུས་ལ་སོགས་པའི་གནས་ལ་བྱོན་པ་མ་ཟད། སོལ་ནག་ཐང་པོ་ཆེར་ཕེབས་ནས་དུས་འཁོར་ལུགས་ཀྱི་རྩིས་ཀྱི་ལམ་ནས་སྟོན་པའི་འཁྲུངས་འདས་སོགས་བཤད་པའི་སྐོར་གྱི་དོགས་གཅོད་མཛད་ལ། བྱང་ཇོར་རྣམ་གཉིས་ལ་བསྐུལ་ནས་འདུལ་བསྟན་ཟུར་ནས་གསོ་བར་མཛད་པའི་བཀའ་གནང་། དབུ་གཡོར་ཕྱོགས་སུ་ཁྲིན་ལོ་ཕྱེད་དང་གཉིས་ཙམ་བཞུགས། བོད་དུ་ཁྲིན་ལོ་བཅུ་བསྟན་པའི་བྱ་བའི་ཁུར་བཞེས། དགུང་ལོ་བརྒྱད་ཅུ་གྱ་བརྒྱད་ལ་ཁ་ཆེར་ཕྱག་ཐེགས། གོ་དགུ་པ་ཤིང་བྱ་ལ་དགོངས་པ་ཆོས་དབྱིངས་སུ་ཐིམ་ཞེས་མཁན་བརྒྱུད་ཁག་གི་རྣམ་ཐར་དང་ཁྲོ་ལོས་མཛད་པའི་ཁ་ཆེ་པཎ་ཆེན་གྱི་རྣམ་ཐར། ཆོས་འབྱུང་མཁས་

---

ཟེར་བ་ལ་སྒྲ་དང་མངོན་པ་ལ་དྲིས། པཎྜི་ཏ་ད་ན་ཤི་ལ་བྱ་བ་ཚད་མ་རྒྱན་དང་ཆོས་མཆོག་ལ་མཁས་ཟེར་བ་ལ་རྒྱན་དང་ཆོས་མཆོག་ལུགས་འགོག་པ་དྲིས། པཎྜི་ཏ་སཾ་ཀ་ཤྲི་བྱ་བ་སྒྲ་ཙན་དྲ་པ་དང་མངོན་པ་མཛོད་ལ་མཁས་ཟེར་བ་ལ་སྒྲ་དང་མངོན་མཛོད་ལ་དྲིས། པཎྜི་ཏ་སུ་མ་ཏི་སྣ་ག་ར་བྱ་བ་མངོན་པ་གོང་འོག་ལ་མཁས་ཟེར་བ་ལ་གོང་འོག་གཉིས་ཀ་ལ་དྲིས། པཎྜི་ཏ་ཀ་ལ་ཙ་ཀྲི་བྱ་བ་དུས་འཁོར་ལ་མཁས་ཟེར་ནས་དུས་འཁོར་མི་ཤེས་ཀྱང་འདུལ་བ་དང་བསྡུན་ནས་ཞོལ་མདོར་ལུགས་ལ་དྲིས། པཎྜི་ཏ་ཛཱ་ན་གུ་པ་ཏ་བྱ་བ་བྱམས་ཆོས་ལ་མཁས་ཟེར་ནས་རྒྱུད་བླ་མ་དང་མདོ་རྒྱན་ལ་དྲིས། པཎྜི་ཏ་མ་ཧཱ་བོ་ཛྷི་ཡ་བྱ་བ་ཕར་ཕྱིན་དང་སྤྱོད་ཕྱོགས་ལ་མཁས་ཟེར་བ་ལ་ཕར་ཕྱིན་དང་སྤྱོད་ཕྱོགས་ལ་དྲིས་སོ། །ཞེས་བྱུང་བ་ལྟར་རོ། །དེ་ཡང་པཎ་ཆུང་དགུ་པོ་ནི་པཎ་ཆེན་གྱི་དངོས་སློབ་ཡིན་པ་དང་པཎ་ཆེན་གྱི་བསྟན་པ་བོད་འདིར་སྤེལ་བ་ལ་བླ་ན་མེད་པའི་བྱས་པ་བཞག་གོ །པཎ་ཆུང་དགུ་པོ་ལས་ཕྱིས་པཎ་ཆུང་གཉིས་སྔོན་ཚུད་ནས་ཁ་ཆེའམ་རྒྱ་གར་དུ་ཐེགས་པ་མིན་ནམ་སྙམ། མ་གཞི་རྣམ་ཐར་སོགས་སུ་དེ་ལྟའི་གསལ་ཁ་མེད་མོད། གྲ་རྒྱལ་གླིང་ཚོགས་པར་བཞུགས་སུ་གསོལ་བའི་པཎ་ཆེན་གྱི་ཇོ་སྐུ་བྱིན་ཅན་༼དཔེ་རིས་བདུན་པར་གཟིགས།༽ཞིག་ན་པཎ་ཆེན་དབུས་སུ་བཞུགས་པ་དང་ཚོགས་བདུན་གྱིས་མཐའ་ནས་བསྐོར་བའི་སྣང་བརྙན་གཅིག་ཡོད་པ་དེར་གཞིགས་ན། པཎ་ཆུང་གཉིས་པཎ་ཆེན་དང་དབུ་གཡོར་མཚམས་སུ་ཞབས་སོར་མི་འཁོད་པར་གསལ་ལ། ལར་ནི་བོད་དུ་དངོས་སུ་པཎ་ཆེན་གྱི་བསྟན་པའི་སླད་དུ་བྱོན་པའི་པཎ་ཆུང་བདུན་མིན་པའི་ངེས་པ་མེད་པ་མ་ཡིན་ཡང་། འདིར་སྔར་གྱི་མཁས་པ་རྣམས་ཀྱི་ལུགས་སུ་བྱས་ནས་པཎ་ཆུང་དགུ་ཞེས་པའི་གཏམ་གྱི་སྣང་བ་མི་འགོག་པར་མཁས་པ་སྔ་མ་རྣམས་ཀྱི་ཞལ་རྒྱུན་བསྒྲུངས་པའི་ངོར་པཎ་ཆུང་དགུ་ཞེས་པ་ལས་པཎ་ཆུང་བདུན་དུ་མ་བཤད། ཞིབ་ཏུ་དཔྱད་ན་དཔྱད་པ་ཆེ་བའི་གནད་ཅིག་ཏུ་འདུག་ཀྱང་། པཎ་ཆུང་དགུ་པོ་དང་འབྲེལ་བའི་རྣམ་ཐར་ཧ་ལམ་མེད་པར་སྣང་བས་ཁ་ཚོན་གཅོད་པའི་གནད་མ་མཆིས།

པའི་ཡིད་འཕྲོག་དང་པཎ་ཆེན་བསོད་ནམས་གྲགས་པའི་འདུལ་བའི་ཆོས་འབྱུང་སོགས་སུ་བཤད་པ་རྣམས་ཀུང་སྒྲིག་ནས་ཡིག་ལམ་དུ་བཀོད་པ་ལགས།

པཎ་ཆེན་གང་དེའི་ལྟ་བའི་ཁུངས་ཅི་ཞིག་བྱེད་དམ་ཞེ་ན། ལྟ་བའི་སྐོར་གྱི་རང་གཞུང་མ་མཇལ་བས་འདིར་སྤྱོམ་ཚོད་དུ་ཞུ་བའི་སྤོབས་པ་མ་མཆིས་མོད། རྣམ་ཐར་དང་ཆོས་འབྱུང་ཁག་གི་གསེང་ན་བག་ལ་ཞ་བའི་ཚུལ་དུ་གནས་པ་རྣམས་ཀྱི་གསུང་སྒྲོས་གཞི་རྟེན་དུ་བྱས་ནས་སྨྲོས་ན་དབུ་མ་བའི་བཞེད་པ་ཉམས་བཞེས་མཛད་མཁན་ཞིག་མིན་ནམ་སྙམ། དེ་ཡང་། ཁྲོ་ལོས་མཛད་པའི་རྗེ་ཤཱཀྱ་ཤྲཱིའི་རྣམ་ཐར་བཞུགས་སོ་ཞེས་པར། "དུས་གསུམ་བདེ་གཤེགས་ཀྱིས་བཅགས་མ་ག་དར། །[1]ཉི་ཟླ་རྒྱ་མཚོའི་མཚན་ཅན་ཟླ་མ་ལས། །ཐེག་མཆོག་སྣ་ཚོགས་གསུང་ཐོས་བར་སྣང་ལྷས། །ལྷ་རྫས་མི་རྟོག་གཏོར་ལ་ཕྱག་འཚལ་ལོ། །"[2]ཞེས་གསུངས་པ་ལྟར་ན་མཁས་པ་གང་དེ་ཐེག་ཆེན་གྱི་ཆོས་ལ་མོས་པ་མ་ཟད། ཐེག་པའི་མཆོག་དབུ་མ་བའི་གསུང་རིས་སྣ་ཚོགས་ལ་བསླབ་པ་སློབ་གཉེར་རྒྱ་ཆེར་མཛད་ལ། ཉམས་བཞེས་ཀྱི་ཚད་མཐོ་པོར་སླེབས་པའི་དབང་གིས་ལྷ་རྣམས་ཀྱི་མེ་ཏོག་གི་ཆར་པ་དབབས་པའི་རྣམ་ཐར་བྱུང་བ་སོགས་ལས་ཤེས་སོ། །དེ་ཉིད་ལས། "མཁས་པའི་གཙུག་ལག་ན་ལེནྡྲའི་[3]གཞིར། །ཕྱོགས་བཞི་མུ་སྟེགས་སྟོན་པ་ཕམ་མཛད་ཅིང་། །

---

① མ་ག་ཏ་ཞེས་པ་ནི་མ་ག་དྷར་བཅོས་ན་ལེགས། དེ་དོན་བོད་སྐད་དུ་དབུས་འགྱུར་འཆང་ཞེས་བྱ། ཆུ་བོ་གཾ་གཱའི་ཕ་རོལ་ན་གནས། ཆག་ལོའི་རྣམ་ཐར་དུ། ཡུལ་དེ་ནི་རྡོ་རྗེ་གདན་ནས་ཕྱོགས་བཞིར་དཔག་ཚད་དྲུག་ཅུ་དྲུག་ཅུའི་ནང་གི་དབུས་ཀྱི་སའོ། །དེ་ནི་སའི་ཆས་ཕྱི་བའི་དབུས་ཡིན་ནོ། །ཞེས་གསལ། བྲིས་མ། ཤོག་ངོས་ཉེར་དྲུག་ལ་གསལ།

② ཁྲོ་ཕུ་ལོ་ཙཱ་བ་བྱམས་པའི་དཔལ། རྗེ་ཤཱཀྱ་ཤྲཱིའི་རྣམ་ཐར་བཞུགས་སོ། །བྲིས་མ། ལྡེབ་གཉིས་པའི་ཞབས་ལྡེབ། ཤ 4

③ ན་ལེནྡྲ་ཞེས་པ་སྔར་གྱི་ཡིག་རྙིང་དུ་ནཱ་ལེནྡྲ་འམ་ནཱ་ལེནྡྲ་སོགས་ཅི་རིགས་སུ་ཐོན་ཞིང་། ཨ་ཀྲཱ་ཡོངས་འཛིན་གྱིས་དཔལ་ནཱ་ལནྡ་ཞེས་པ་འདི་ལ། དགའ་ལྡན་པར་རྙིང་དང་། གཙང་ལྷུན་པོ་རྩེའི་པར་དང་། པར་གསར་མང་པོར་ནཱ་ལེནྡྲ་ཞེས་འབྱུང་སྟེ། རྒྱན་གྱི་དབང་པོ་ཞེས་པ་ཡིན་གསུང་། པཎ་ཆེན་སྐུ་གོང་

རྒྱལ་ཡོན་འབྱོར་པས་གྲགས་ལྡན་རྟེན་གསུམ་བཞེངས། །བསྟན་སྲུང་དཔའ་བོ་ཁྱོད་ལ་ཕྱག་འཚལ་ལོ། །"[①]ཞེས་གསུངས་པས་ཁ་ཆེ་པཎ་ཆེན་འདི་ཉིད་ནི་རྒྱ་གར་ནཱ་ལནྡའི་མཁས་པའི་གཙུག་ཏུ་སོང་བའི་སྒོ་དྲུག་གི་མཁས་པའི་གཟུངས་ཐོབ་པས་ལྟ་བའི་བཞེད་ཕྱོགས་གཙོ་བོ་དབུ་མ་པ་ལ་མཛད་པ་གསལ་ལོ། །གཞན་ཡང་། བླ་མ་མཉམ་མེད་ཁྲོ་ཕུ་ལོ་ཙྪ་བ་ཆེན་པོའི་རྣམ་པར་ཐར་པ་བཞུགས་སོ་ཞེས་པར། "དེ་ནས་སྲིན་པོ་རིའི་དབྱར་གནས་ལ་ཆོས་མངོན་པ་ཀུན་ལས་བཏུས་ཀྱི་རྣམ་བཤད་སློབ་དཔོན་ཡེ་ཤེས་བཤེས་གཉེན་གྱིས་མཛད་པ་བོད་དུ་མ་བསྒྱུར་བ་དེ་བསྒྱུར། ཕྱི་ཆོས་ལ་རྒྱལ་པོ་མྱ་ངན་མེད་ལུང་བསྟན་པའི་མདོ་དེ་ཉིད་དང་དཔེ་བརྒྱ་པ་ལས་ཀྱི་འཁོར་ལོ་བསྟན་པ་གསུངས། རྗེ་བཙུན་བྱམས་པའི་ཆོས་ལྔའི་རྣམ་བཞག་དང་། དབུ་མ་རིགས་པའི་ཚོགས་རྣམས་གསུངས། སྲིན་པོ་རིའི་གདན་ས་བ་ཆེན་པོ་ཉིད་ཀྱིས་ཞུས་ནས་བྱམས་ཆོས་རྣམས་ཀྱི་ཁྲིད་སྐོར་དང་། རིགས་ཚོགས་ཀྱི་ཁྲིད་སྐོར་དང་། སྤྱོད་ཕྱོགས་ཀྱི་ཁྲིད་སྐོར་རྣམས་ཀྱང་ཞུས།"[②]ཞེས་གསལ་བར་དཔགས་ན་བླ་མ་ཁ་ཆེ་པཎ་ཆེན་འདི་ཉིད་ཀྱིས་ཐེག་ཆེན་ཆོས་ཀྱི་བཤད་པ་མཛད་པ་དང་། དབུ་མ་རིགས་ཚོགས་སོགས་ཀྱི་བཤད་རྒྱུན་སྤེལ་བའི་དབང་གིས་ལྟ་བ་དབུ་མ་བ་ཡིན་པར་སྒྲུབ་ནུས་མོད། དབུ་མ་ཐལ་རང་གཉིས་ལས་གང་ལ་ཉམས་ལེན་མཛད་མིན་ནི་ཆ་མི་འཚལ་ཏོ། །

---

མའི་གསུང་ལས། ནཱ་ལེནྡྲ་ནི་འདམ་བུའི་ཚལ་ཞེས་བྱུང་ངོ་། ཞེས་གསུངས། ནཱ་ལེནྡྲ་དང་ནཱ་ལནྡཱ་ཞེས་པ་དགོན་གནས་སོ་སོའོ། །

① ཁྲོ་ཕུ་ལོ་ཙྪ་བ་བྱམས་པའི་དཔལ། རྗེ་ཤཱཀྱ་ཤྲཱིའི་རྣམ་ཐར་བཞུགས་སོ། །ཁྲིས་མ། ལྡེབ་གསུམ་པའི་དབུ་ལྡེབ། ཤ 5

② བསོད་ནམས་རྒྱལ་བ། བླ་མ་མཉམ་མེད་ཁྲོ་ཕུ་ལོ་ཙྪ་བ་ཆེན་པོའི་རྣམ་པར་ཐར་པ་བཞུགས་སོ། །ཁྲིས་མ། འབྲས་སྤུངས་གནས་བཅུ་ལྷ་ཁང་གི་དཔེ་རྙིང་། ཕྱི་ར་༡༨༥བཞུགས་སོ་གསོལ། ལྡེབ་དོན་གཉིས་ཀྱི་ཞབས་ལྡེབ། ཤ 144

## གཉིས་པ། བྱང་རྡོར་རྣམ་གཉིས་དང་ཚོགས་པ་སྡེ་བཞིའི་བཤད་པ།

མཁན་ཆེན་བྱང་ཆུབ་དཔལ་དང་རྡོ་རྗེ་དཔལ་རྣམ་གཉིས་ནི་ཁ་ཆེ་པཎ་ཆེན་གྱི་དངོས་སློབ་ཡིན་ཅིང་། ཁྱད་པར་མཁས་པ་དེ་གཉིས་ཀྱི་སྐུ་དྲིན་གྱིས་བོད་འདིར་པཎ་ཆེན་སྡོམ་རྒྱུན་ནམ་ཚོགས་སྡེ་བཞི་ཞེས་པའི་འདུལ་བསྟན་གྱི་གཞི་ཆགས། དེ་ཡང་བྱང་རྡོར་རྣམ་གཉིས་ནི་མཁན་ཆེན་བྱང་ཆུབ་དཔལ་དང་རྡོ་རྗེ་དཔལ་གཉིས་ལ་བྱ་སྟེ། དེབ་སྔོན་ལས། "དེ་ལྟ་བུའི་པཎ་ཆེན་དེས་བོད་དུ་སྔགས་མཚན་ཉིད་ལུང་རིགས་ཀྱི་ཆོས་མང་དུ་གསུངས་ཤིང་། སོ་སོ་ཐར་པའི་བསླབ་པ་ལ་བགོད་པ་གྲངས་མེད་ཀྱང་། པཎ་ཆེན་གྱི་སྤྱན་སྔར་བསྙེན་པར་རྫོགས་ནས། སྟན་གཅིག་གི་བརྟུལ་ཞུགས་འཛིན་པར་ཁས་བླངས་པ་ནི་རྡོ་རྗེ་དཔལ་དང་བྱང་ཆུབ་དཔལ་རྣམ་པ་གཉིས་ཡིན་ནོ། །"①ཞེས་གསུངས་པ་ནི་ངེས་པ་དོན་གྱི་ཆེ་བ་ཡིན་ཏོ། །མཁན་ཆེན་རྣམ་གཉིས་ནི་ཁ་ཆེ་པཎ་ཆེན་གྱི་སྐུ་མདུན་ནས་སྡོམ་པ་མནོས་པ་དང་། གསུང་གི་བདུད་རྩི་ཐོབ་ལ། དུས་ཕྱིས་ཤངས་པ་རྗེ་གདན་ལས་འདུལ་བ་གསན་ནས་འདུལ་བསྟན་ལ་བྱས་པ་ཆེ་བའི་མཁས་པའི་སྙན་པ་རྒྱས། རྣམ་ཐར་འགར་མཁན་ཆེན་རྣམ་གཉིས་ཁ་ཆེ་པཎ་ཆེན་གྱི་བཀས་བསྐུལ་ནས་ཟླུམ་ཕུའི་ན་བཟའ་འཕྲེད་གསོལ་གྱི་ཞབས་སོར་ནས་འདུལ་བ་གསན་ཏེ་འདུལ་སྡེ་སྤེལ་བར་བཤད་དེ། པཎ་ཆེན་བསོད་ནམས་གྲགས་པའི་འདུལ་བའི་ཆོས་འབྱུང་དུ། "ཁ་ཆེ་པཎ་ཆེན་གྱི་མཁན་བུ་རྡོ་རྗེ་དཔལ་དང་བྱང་ཆུབ་དཔལ་གཉིས་ཀྱིས་པཎ་ཆེན་འབྱོན་པའི་ཕྱག་ཕྱིར་འཁྲིད་དགོས་ཞུས་པ་ན། པཎ་ཆེན་གྱི་ཞལ་ནས་ཁྱེད་ཀྱིས་ཚད་པ་མི་ཐུབ། དེ་བས་ཟླུམ་ཕུ་ན་བཟའ་འཕྲེད་གསོལ་ལ་འདུལ་བ་མཉན།"②ཞེས་གསུངས་པ་དང་། གཙང་སོ་

① འགོས་ལོ་གཞོན་ནུ་དཔལ། དེབ་ཐེར་སྔོན་པོ། སྨད་ཆ། སི་ཁྲོན་མི་རིགས་དཔེ་སྐྲུན་ཁང་། 1985ཤ 1247

② པཎ་ཆེན་བསོད་ནམས་གྲགས་པ། འདུལ་བའི་ཆོས་འབྱུང་། གློག་རྡུལ་དཔར་མ། ཤ 54

བ་ལས་འདུལ་བ་གསན་བཞེས་མཛད་ནས་པཎ་ཆེན་སྡོམ་རྒྱུན་བྱུང་བར་གྲགས། དེ་ཡང་ཆོས་འབྱུང་མཁས་པའི་དགའ་སྟོན་ལས། “པཎ་ཆེན་རྒྱ་གར་ལ་ཐེགས་དུས་བྱང་རྫོང་ཕྱུག་ཕྱིར་འགྲོ་བར་ཞུས་པས་རྒྱ་གར་དུ་ཚད་པས་མི་ཐུབ། བོད་དུ་གཙང་སོ་བ་ལ་བསྙེན་འདུལ་བ་ཤོད། དགེ་སློང་བཞི་སྡེ་རེ་དང་མི་བྲལ་གྱིས་གསུངས།”①ཞེས་གསུངས་སོ། །གང་ལྟར་དེ་དག་སོ་སོར་རང་རང་གི་བཤད་པ་རེ་འདུག་ལ། དོན་དུ་འདུ་ན་ཟུལ་ཕུའི་ན་བཟའ་འཕྲེད་གསོལ་དང་ཇོ་གདན་གཙང་སོ་བ་གཉིས་ཀར་སྔ་ཕྱིར་འདུལ་བ་གསན་བཞེས་མཛད་པ་ཡར་ཀླུང་ཤཱཀྱ་རིན་ཆེན་སྡེས་གསུངས་ཏེ། ཡར་ཀླུང་ཇོ་བོའི་ཆོས་འབྱུང་དུ། “མཁན་པོ་རྗེ་རྗེ་དཔལ་དང་བྱང་ཆུབ་དཔལ་གཉིས་ཀྱིས་ཕྱུག་ཕྱི་ལ་འགྲོ་ཞུས་པས། ཟུལ་ཕུར་ནམ་ཟ་འཕྲེད་གསོལ་ལ་འདུལ་བ་ཉོན་ལ་ཤོག་གསུངས་པས། ཟུལ་ཕུར་འདུལ་བ་བསླབས་ནས་བྱོན་པས། （ཟུལ་ཕུ་བ་དང་ཚོགས་པ་འབྲེལ་ཟབ་པའི་རྒྱུ་མཚན་ཀྱང་དེ་ཡིན། ཚོགས་ཆེན་པའི་མཁན་ཆེན་སེང་རྒྱལ་ཡར་བཅད་ཀྱི་ནང་རྟེན་ཟུལ་ཕུར་བསྐྱལ།）པཎ་ཆེན་གྱི་བླ་མཆོད་ཇོ་དན་གཙང་པོ་བ་བྱ་བ་ཡོད་པའི་ཕྱི་ལ་བཞུག པཎ་ཆེན་རྒྱ་གར་དུ་འབྱོན་དུས་ཕྱུག་ཕྱིར་འགྲོ་ཞུས་པས། རྒྱ་གར་གྱི་ཚད་པ་མི་ཐུབ། ཇོ་དན་གཙང་པོ་བ་（བསོད་ནམས་མཛེས）ལ་བསྙེན་ལ་འདུལ་བ་ཤོད། དགེ་སློང་བཞི་སྡེ་རེ་དང་མ་བྲལ་བ་གྱིས་གསུངས།”②ཞེས་གསུངས་པ་འདི་ཉིད་ལོ་རྒྱུས་མཐུན་སྣང་དུ་གྲུབ་ཅིང་། ཤངས་པ་ཇོ་གདན་དང་ཇོ་གདན་གཙང་སོ་བ་གཉིས་མི་གཅིག་ཏུ་འདུག ཇོ་གདན་གཙང་སོ་བ་འདི་ཉིད་ནི་པཎ་ཆེན་གྱི་བཀའ་བབས་བཞིའི་ཡ་གྱལ་ཏེ་འདུལ་

① དཔའ་བོ་གཙུག་ལག་ཕྲེང་བ། ཆོས་འབྱུང་མཁས་པའི་དགའ་སྟོན། མི་རིགས་དཔེ་སྐྲུན་ཁང་། 2012 ཤ 261

② ཤཱཀྱ་རིན་ཆེན་སྡེ། ཡར་ཀླུང་ཇོ་བོའི་ཆོས་འབྱུང་། བོད་ལྗོངས་མི་དམངས་དཔེ་སྐྲུན་ཁང་། 1988 ཤ 170–171

བའི་བཀའ་བབས་ཡིན་སྐོར་མཁན་བརྒྱུད་གསུམ་བྱོན་ཚུལ་གྱི་རྣམ་ཐར་དུ། "ས་ཁྲོ་དཔྱལ་གསུམ་དུ་གྲགས་པའི་ཆོས་རྗེ་ས་པཎ་རྣམ་འགྲེལ་ལ་སོགས་པ་མཚན་ཉིད་ཀྱི་བཀའ་བབས། ཁྲོ་ཕུ་ལོ་ཙྪ་བ་ཐུན་མོང་མ་ཡིན་པའི་གདམས་པ་སོགས་པ་མན་ངག་གི་བཀའ་བབས། དཔྱལ་ལོ་ཙྪ་བ་ལ་གསང་སྔགས་ཀྱི་བཀའ་བབས། གཙང་སོ་བ་ལ་སོགས་པ་རྣམས་ལ་འདུལ་བའི་བཀའ་བབས་པས་བཀའ་བབས་བཞི་ཞེས་ཀྱང་ཟེར།"①ཞེས་གསུངས་པས། ཚོགས་སྡེ་བཞིའི་ཡབ་མེས་བྱང་རྡོར་རྣམ་གཉིས་ཀྱིས་འདུལ་བ་པཎ་ཆེན་ལས་དངོས་སུ་མ་གསན་ཀྱང་། པཎ་ཆེན་གྱི་དངོས་སློབ་ལས་གསན་པའི་སྟོབས་ཀྱིས་བྱང་རྡོར་རྣམ་གཉིས་ལས་གྱེས་པའི་སྡོམ་རྒྱུན་ལ་ཡོངས་གྲགས་སུ་པཎ་ཆེན་སྡོམ་རྒྱུན་ཞེས་པའི་མཚན་ཆགས་ཤིང་། ངེས་པ་དོན་དུ་སྡོམ་རྒྱུན་དེ་ནི་ཁ་ཆེ་པཎ་ཆེན་གྱི་སྡོམ་རྒྱུན་འཁྲུལ་མེད་ཅིག་ཡིན་ནོ། །གཞན་དུ། ཚོགས་པ་སྡེ་བཞི་འདི་ཉིད་པཎ་ཆེན་བོད་དུ་སྐུ་བཞུགས་པའི་རིང་བྱུང་མེད་པ་ནི་ལོ་རྒྱུས་ཀུན་ཞལ་འཆམ། བྱང་རྡོར་རྣམ་གཉིས་ཀྱི་སྡོམ་རྒྱུན་པཎ་ཆེན་ལས་གྱེས་རབས་ནི་མཁན་བརྒྱུད་གསུམ་བྱོན་ཚུལ་གྱི་རྣམ་ཐར་དུ། "དེས་ན་རྣམ་པར་དག་པ་ནི་ཆོས་རྗེ་བསོད་སྙོམས་པ་ཆེན་པོ་དེ་ཉིད་མི་མོ་ལུག་ལ་བལྟམས། ཉེར་གསུམ་བཞེས་པ་མེ་སྤྲུལ་ལ་རབ་ཏུ་བྱུང་། བདུན་ཅུ་རྩ་བརྒྱད་བཞེས་པ་ཤིང་ཕོ་བྱི་བའི་ལོ་ལ་གངས་ཅན་དུ་ལྗོངས་རྒྱུ་བའི་སྐད་དུ་ཕེབས། ལོ་དེའི་དབྱར་གནས་ཁྲོ་ཕུར་མཛད་པའི་ཚེ་བྱང་ཆུབ་དཔལ་བཟང་པོའི་མཁན་པོ་མཛད། ཤིང་མོ་གླང་ལ་སྣར་གླས་མོ་ཆེར་②དབྱར་གནས་མཛད། མེ་མོ་སྟག་ལ་མྱང་སྨད་གསེར་སྡིངས་དང་རྒྱན་གོང་དུ་ཆོས་རྗེ་ས་པཎ་དང་རྡོ་རྗེ་དཔལ་གྱི་མཁན་པོ་མཛད་ནས་དབྱར་གནས་

① མཁན་བརྒྱུད་གསུམ་བྱོན་ཚུལ་གྱི་རྣམ་ཐར། དྲིས་མ། ལྡེབ་བཅུ་གཉིས་པའི་དབུ་ལྡེབ། ཤ 23

② སྣར་གླས་མོ་ཆེ་ཞེས་པ་ནི་དེང་གཞིས་རྩེ་བསམ་གྲུབ་རྩེ་ཆུས་སྣར་ཤང་ཁོངས་སུ་ཡོད།

སྨིན་པོ་རིར་མཛད།"[①]ཅེས་བྱུང་བར་ལྟར་ན་མཁན་ཆེན་བྱང་ཆུབ་དཔལ་དང་རྡོ་རྗེ་དཔལ་བཟང་པོ་རྣམ་གཉིས་ཀྱི་མཁན་པོ་ཁ་ཆེ་པཎ་ཆེན་ཡིན་པ་གསལ་ལ། ལྷག་དོན་མཁན་བྱང་ཆུབ་དཔལ་ཉིད་མཁན་རྡོ་རྗེ་དཔལ་ལས་དུས་སྔ་བ་ཁ་ཆེ་པཎ་ཆེན་གྱི་ཞབས་སུ་འཁོད་པ་ཤེས་ཐུབ། ད་འོ་ན་མཁན་བྱང་རྡོར་རྣམ་གཉིས་ཀྱི་རྣམ་ཐར་ཇི་ལྟར་ཡིན་ནམ་ཞེ་ན། འདིར་རྒྱས་པ་ད་ལམ་ཡིག་ངོར་གསལ་བ་དཀོན་པས་བྲི་བར་མི་ལང་ཡང་། ས་བཅད་མ་སྐོངས་པའི་ཚུལ་དུ་མཁན་བྱང་ཆུབ་དཔལ་གྱི་རྣམ་ཐར་རྒྱས་ཙམ་དང་རྡོ་རྗེ་དཔལ་གྱི་རྣམ་ཐར་བསྡུས་པའི་ཆར་བཀོད་དོ། །མཁན་བྱང་ཆུབ་དཔལ་ནི་མཁན་བརྒྱུད་གསུམ་བྱོན་ཚུལ་གྱི་རྣམ་ཐར་དུ། "ལྷོ་བྲག་བྱང་ཆུབ་དཔལ་བཟང་པོ་ནི་ལྷོ་བྲག་ཤར་གྱི་བེའུ་ཁར་[②]དུ་ཆུ་མོ་ཡོས་ལ་འཁྲུངས། ལོ་ཉི་བཤུ་རྩ་གཉིས་ལ་ཕག་རིར་པཎ་ཆེན་དང་མཇལ། ཁྲོ་ཕུར་ཆོས་རྗེ་བས་མཁན་པོ་དང་། ཤངས་པ་ཇོ་གདན་དུ་གྲགས་པ་བྱ་བ་སྟོན་རིན་ཆེན་གྲགས་ཀྱི་ལས་སློབ། རྒྱང་རོལ་གཞོན་ནུ་རིན་ཆེན་གྱིས་གསང་སྟོན་མཛད་ནས་ཤིང་ཕོ་བྱི་བའི་ལོ་ལ་བསྙེན་རྫོགས་མཛད། བླ་མ་དེ་རྣམས་དང་གཙང་སོ་བ། ཁྲོ་ལོ། དཀར་ཤཱཀྱ་གྲགས། སངས་རྒྱས་དབོན་སྟོན་གྱི་སློབ་མ་རྗེགས་ལྡན་ངམ་ཤོད་པ་སོགས་ལ་ཆོས་གསན། རྒྱལ་སྲས་ལམ་འཇུག་དང་། མེ་ཏོག་ཕྲེང་རྒྱུད་ཀྱི་ཊཱི་ཀ་ལ་སོགས་པ་མཛད། ངམ་ཤོད་པ་ཆེན་པོས་པཎ་ཆེན་གྱི་སྐུ་[③]བྱིན་རླབས་ཅན་༼དཔེ་རིས་བརྒྱད་པར་གཟིགས།༽

① མཁན་བརྒྱུད་གསུམ་བྱོན་ཚུལ་གྱི་རྣམ་ཐར། བྲིས་མ། ལྡེབ་བཅུ་གཅིག ཤ 21–22

② ལྷོ་བྲག་ཤར་གྱི་བེའུ་ཁར་ཞེས་པ་དེ་སྔོན་དུས་ལྷོ་བྲག་ལ་གྲུ་ཤུལ་གཏམ་ཤུལ་ཆུ་ཤུལ་གསུམ་དུ་བྱས་པའི་གྲུ་ཤུལ་གྱི་ཡུལ་ཚན་ཞིག་ཡིན་པར་མངོན་ཏེ། མཁན་བརྒྱུད་རྣམ་དག་ནོར་བུའི་ཕྲེང་བའི་བྱོན་ཚུལ་ལེགས་པ་བཞུགས་སོ་ཞེས་པར་མཁན་ཆེན་བྱང་ཆུབ་དཔལ་བཟང་པོའི་འཁྲུངས་ཡུལ། ལྷོ་གྲུ་ཤུལ་རིགས་སྔགས་བརྒྱུད། རབ་བྱུང་བསྙེན་རྫོགས་མཛད་ས་ཁྲོ་ཕུ་དགའ་ལྡན། ཞེས་གསལ། དེང་སང་ནི་ལྷོ་ཁ་མཚོ་སྣ་རྫོང་ཆུ་སྡོན་མོ་ཤང་ཁོངས་སུ་ཡིན་པར་བཤད་ཀྱང་། ཞིབ་པ་གང་དུ་ཡོད་མེད་ཆ་མ་འཚལ།

③ ཁ་ཆེ་པཎ་ཆེན་སྐུ་བྱིན་ཅན་དེ་ནི་རྒྱུ་རྫ་ལས་གྲུབ་ཅིང་། ཁྲུན་བདུན་ཡོད་པར་གྲགས། དེ་དག་རྒྱལ་

དེ་ཡང་གནང་། ཚོགས་བསྐྱངས་ན་པདྨ་ཆེན་གྱི་ཕྲིན་ལས་རྒྱས་པར་འགྱུར་བས་ཅེས་ཀྱང་དེ་ལྟར་མཛད་ཅེས་ལུང་བསྟན་པ་ལྟར་བསྟན་གཅིག་པའི་སྡེ་བཙུགས། ལོ་ཞེ་གཉིས་ལ་མཁན་པོའི་གོ་སར་བཞུགས། གྱ་གཉིས་པ་ཤིང་ཕོ་བྱི་བའི་ལོ་དབྱར་ཟླ་ཐ་ཆུང་སྒྲོག་ཟླ་བའི་ཡར་ངོའི་ཚེས་ལྔ་ལ་གཟད་ཀྱི་རྒྱུན་གནས་སུ་གཤེགས།"[①]ཞེས་གསུངས་པ་འདི་ཉིད་ནི་མཁན་ཆེན་ལྷོ་བྲག་པའི་སྐུ་ཚེ་རྟོལ་པོའི་མཛད་བཞེས་ཚིག་ཉུང་ལ་དོན་བརྗོད་པའི་ཁྱད་ཆོས་མངའ་བ་ཞིག་གོ །མཁན་ཆེན་རྡོ་རྗེ་དཔལ་ནི་གཙང་གི་ཡུལ་ལས་ཡིན་པ་དང་བྱང་ཆུབ་དཔལ་གྱི་རྗེས་སུ་བསྙེན་རྫོགས་ཀྱི་སྡོམ་པ་ཞུས་རབས་སྐོར་ལས་ཞིབ་ཆའི་རྣམ་ཐར་ཡི་གེ་ཁག་ཏུ་མི་གསལ་བས་འདིར་འོལ་ཚོད་དུ་ཞུ་མི་སྤོབས་སོ། །

བྱང་རྗོར་རྣམ་གཉིས་ཀྱི་མཛད་པ་ཆེ་ཤོས་ནི་འདུལ་བའི་བཤད་པ་མཛད་ནས་གནས་གཞི་བཙུགས་ཏེ་ཚོགས་པ་སྡེ་བཞི་ཞེས་པའི་གཏམ་ཆགས་ཤིང་བོད་འདིར་འདུལ་བའི་བསྟན་པ་ཉི་མ་ལྟར་གསལ་བར་མཛད་པ་དེ་ཉིད་དོ། །ཚོགས་པ་སྡེ་བཞི་འདི་རྣམས་ཇི་ལྟར་བྱུང་བའི་སྐོར་སྨྲོས་ན། རྣམ་ཐར་དང་ཆོས་འབྱུང་ཁག་ན་གསུང་ཚུལ་སྣ་ཚོགས་ཤིག་ཡོད་མོད། རྗེ་དོན་དྲིལ་ན། བྱང་རྗོར་རྣམ་གཉིས་ལས་རྗེ་གདན་སྡེ་གཉིས་གྱེས་པ་དང་། དེ་ལས་སྡེ་བཞིར་མཆེད་པའོ། །དེ་ལ་བཤད་དུ་ཡོད་དེ། ཡར་ཀླུང་ཇོ་བོའི་ཆོས་འབྱུང་དུ། "གཙང་པོ་བ་གཤེགས་པའི་རྗེས་ལ། སློབ་

སྲིད་སྣ་བདུན་གྱི་མཚོན་བྱེད་དུ་བཤད་ལ། རྫ་སྐུ་དེ་དག་གི་བཞུགས་ཁྲིའི་ཚུལ་དུ་རྒྱལ་སྲིད་སྣ་བདུན་གྱི་སྐུ་བརྙན་རེ་རེ་ཡོད་དོ། །དེང་སང་མཇལ་རྒྱུ་ཡོད་པ་སྐུ་གསུམ་ཙམ་ལས་མ་མཆིས། གྲ་རྒྱལ་གླིང་ཚོགས་པར་བཞུགས་སུ་གསོལ་བའི་པདྨ་ཆེན་གྱི་རྫ་སྐུའི་འོག་ཏུ་གླང་པོ་ཆེ་རིན་པོ་ཆེ་གསལ་མོད། དེ་མིན་རྩེ་ཕོ་བྲང་དུ་བཞུགས་སུ་གསོལ་བའི་པདྨ་ཆེན་གྱི་རྫ་སྐུ་དང་སྔ་དུས་གཞིས་རྩེ་ཕྲ་སྣུམ་རྫོང་སྤོས་ཁང་དགོན་གྱི་གནས་རྟེན་དུ་གྱུར་པའི་པདྨ་ཆེན་གྱི་རྫ་སྐུ་དེ་ནི་དེང་སང་ཕྲ་སྣུམ་དགའ་གདོང་དགོན་དུ་བཞུགས་པར་ཐོས་པ་ལས་མཇལ་བའི་གོ་སྐལ་ནི་མི་བྱུང་། པདྨ་ཆེན་གྱི་རྫ་སྐུ་བྱིན་ཅན་གཞན་རྣམས་གང་དུ་བཞུགས་སུ་གསོལ་མིན་ནི་མི་ཤེས།

① མཁན་བརྒྱུད་གསུམ་བྱོན་ཚུལ་གྱི་རྣམ་ཐར། ཁྲིས་མ། ལྡེབ་བཅུ་གཉིས། ཤ 23–24

མ་སོ་སོར་བསྐྱངས་པས། ཇོ་དན་སྡེ་གཉིས་བྱུང་།"[①]ཞེས་དང་། "དེ་ལྟར་ཚ་མིག་དང་བྱེ་ཛིང་པ་གཉིས་ནི་མཁན་པོ་རྡོ་རྗེ་དཔལ་ནས་བརྒྱུད་པའོ། ཞེས་པ་ནས། དེ་ལྟར་ཆོས་ལུང་པ་༼དཔེ་རིས་དགུ་པར་གཟིགས༽དང་། དགེ་འདུན་སྒང་པ་༼དཔེ་རིས་བཅུ་པར་གཟིགས༽གཉིས་མཁན་པོ་བྱང་ཆུབ་དཔལ་ལས་བརྒྱུད་པའོ། །དེ་ལྟར་ཚོགས་སྡེ་བཞི་ནི་པཎ་ཆེན་ཤཱཀྱ་ཤྲཱི་ནས་བརྒྱུད་པ་ཡིན་ལ། སྤྱིར་བོད་ཀྱི་སྡོམ་བརྒྱུད་འདི་ལ། གཞི་ཐམས་ཅད་ཡོད་པར་སྨྲ་བ་ལས། སྡེ་པ་གཞན་རྣམས་ནི་བོད་དུ་བྱུང་བ་མེད།"[②]ཅེས་གསུངས་པ་དང་། བསྟན་རྩིས་ཀུན་བཏུས་ལས། "ཁ་ཆེ་པཎ་ཆེན་གྱི་སློབ་བུ་བྱང་རྗེར་གཉིས་ཀྱིས་དགེ་འདུན་སྒང་[③]དང་སྐྱེ་མོ་ཚ་མིག་[④]བཏབ།"[⑤]ཅེས་དང་། ཆོས་འབྱུང་བསྟན་པའི་ཉི་མ་བྱ་བ་བཞུགས་སོ་ཞེས་པར། "བྱང་ཆུབ་དཔལ་གྱིས་དགེ་འདུན་སྒང་དང་། རྡོ་རྗེ་དཔལ་གྱིས་སྐྱེ་མོ་ཚལ་མིག་བཙུགས། དེ་གཉིས་ཀྱི་སློབ་མ་དབུ་མཛད་བསོད་ནམས་དང་། དཀོན་མཆོག་རྒྱལ་མཚན་གཉིས་བྱུང་སྟེ། དཀོན་མཆོག་རྒྱལ་མཚན་གྱིས་བྱེ་སྡིང་ཚོགས་པ་བཙུགས། དབུ་མཛད་བསོད་ནམས་ཀྱིས་ཆོས་ལུང་ཚོགས་པ་བཙུགས་ཏེ་ཚོགས་སྡེ་བཞིར་གྲགས།"[⑥]ཞེས་གསལ་བ་དང་། ཆོས་འབྱུང་མཁས་པའི་ཡིད་འཕྲོག་ཏུ། "དེ་ལྟར་ཚ་མིག་དང་བྱེ་ཛིངས་གཉིས་ཀྱང་རྡོ་རྗེ་དཔལ་ནས་བརྒྱུད་པའོ། །ཞེས་པ་ནས།

---

① ཤཱཀྱ་རིན་ཆེན་སྡེ། ཡར་ལུང་ཇོ་བོའི་ཆོས་འབྱུང་། བོད་ལྗོངས་མི་དམངས་དཔེ་སྐྲུན་ཁང་། 1988 ཤ 172

② ཤཱཀྱ་རིན་ཆེན་སྡེ། ཡར་ལུང་ཇོ་བོའི་ཆོས་འབྱུང་། བོད་ལྗོངས་མི་དམངས་དཔེ་སྐྲུན་ཁང་། 1988 ཤ 172-173

③ དགེ་འདུན་སྒང་ནི་དེང་ལྷ་ས་གྲོང་ཁྱེར་སྙེ་མོ་རྫོང་སྙེ་མོ་ཤང་གདོང་དཀར་གྲོང་ཚོ་ཙྪུ་བཞི་པར་ཡོད།

④ ཚ་མིག་ཅེས་པ་ལ་ཚ་མིག་ཚོགས་པ་ཞེས་ཀྱང་བྱུང་། དེང་ལྷ་ས་གྲོང་ཁྱེར་སྙེ་མོ་རྫོང་སྙེ་མོ་ཤང་ཚ་མིག་གྲོང་ཚོའི་ཁོངས་ཡིན་མོད། ད་ཆ་ས་ཤུལ་རྗེ་ཤུལ་ཙམ་ཡང་མཇལ་རྒྱུ་མེད།

⑤ ཚེ་ཏན་ཞབས་དྲུང་། བསྟན་རྩིས་ཀུན་ལས་བཏུས་པ། མཚོ་སྔོན་མི་རིགས་དཔེ་སྐྲུན་ཁང་། 1982 ཤ 183

⑥ ཤཱཀྱའི་དགེ་སློང་ཨུ་རྒྱན་ཆོས་གྲགས། ཆོས་འབྱུང་བསྟན་པའི་ཉི་མ་བྱ་བ་བཞུགས་སོ། །བྲིས་མ། ཤ 350-351

དགེ་འདུན་སྐང་པ་དང་ཆོས་ལུང་གཉིས་བྱང་ཆུབ་དཔལ་གྱི་སློབ་བརྒྱུད་དོ། །”[1] ཞེས་གསལ་ལ། པཎ་ཆེན་བསོད་ནམས་གྲགས་པས། “ཁ་ཆེ་པཎ་ཆེན་གྱི་མཁན་བུ་རྡོ་རྗེ་དཔལ་དང་། བྱང་ཆུབ་དཔལ་གཉིས། ཞེས་པ་ནས། སྔ་མས་ཚོགས་ཆེན་པོ་དང་། ཕྱི་མས་ཆོས་ལུང་པ་བཙུགས། དང་པོ་ལ་བྱེ་རྫིངས་པ་དང་། གཉིས་པ་ལ་དགེ་འདུན་སྐང་པ་གྱིས་སྡེ་བཞི་ཚར་དུ་འདུལ་བའི་བཤད་པ་དང་། བསླབ་བྱ་ཚུགས་ཤིང་གྲྭ་པ་མང་པོ་བྱུང་། པཎ་ཆེན་མཁན་བརྒྱུད་ཅེས་ཆེན་པོ་ཀུན་གྱི་བསྙེན་རྫོགས་ཀྱི་གཏུགས་ས་བྱས་པ་སྟེ། བུ་སྟོན་རིན་པོ་ཆེ་དང་། རྗེ་བཙུན་ཆོས་ཀྱི་རྒྱལ་པོ་ཙོང་ཁ་པ་ཆེན་པོས་ཀྱང་། ཆོས་ལུང་པ་དང་ཚོགས་ཆེན་པོར་གཏུགས་པ་ཡིན་ནོ། །”[2]ཞེས་གསུངས་པ་ལྟར་ན་ཚོགས་པ་སྡེ་བཞིའི་ཐོག་མ་ནི་ཆོས་ལུང་དང་ཚོགས་ཆེན་པ་འདི་ཉིད་ལ་ཐུག་པའོ། །དེས་ན་ཚོགས་པ་སྡེ་བཞིར་གྲགས་པ་དེ་དག་སོ་སོའི་གནས་གཞི་རྣམས་ཀྱི་ཐོག་མ་དུས་ཇི་ཙམ་ལ་ཕྱག་བཏབ་བམ་ཞེ་ན། ཕྱིར་ན་བཤད་རྒྱུན་མང་མོད། ཡོངས་སུ་གྲགས་པ་ལ་ཁ་ཆེ་པཎ་ཆེན་དགོངས་པ་རྫོགས་པའི་ལོ་སྟེ་ཤིང་མོ་བྱའི་ལོ་ལ་དབུ་བཙམས་པར་ཞལ་མཐུན། ཚོགས་སྡེ་བཞིའི་ཐོག་མ་ཆོས་ལུང་དང་ཚོགས་ཆེན་གཉིས་ནི་རོང་གི་ཆོས་ལུང་[3]དང་། སྣེ་མོ་ཚ་མིག་གམ་ཚོགས་ཆེན་པ་འདི་གཉིས་ལ་བཤད་དོ། །ཚ་མིག་འདི་ཉིད་མཁན་ཆེན་རྡོ་རྗེ་དཔལ་གྱིས་ཕྱག་བཏབ་པར་བཤད་ཀྱང་། ཁ་ཅིག་གནས་གཞི་འདི་ཉིད་སྐད་འདུལ་གྱི་འདུལ་སྡེ་ཞིག་ནས་རིམ་གྱིས་ཚོགས་ཆེན་པའི་བསྟི་གནས་སུ་འགྱུར་བར་

---

① ཞང་ཞུང་བཀའ་གདམས་པ་བཤེས་གཉེན་དཔལ་འབྱོར་བཟང་པོ། ཆོས་འབྱུང་མཁས་པའི་ཡིད་འཕྲོག་བཞུགས་སོ། །ཁྲིས་མ། ལྷེབ་རེ་བདུན་གྱི་དབུ་ལྷེབ་ནས་ལྷེབ་རེ་བརྒྱད་ཀྱི་དབུ་ལྷེབ། ཤ 135–136

② པཎ་ཆེན་བསོད་ནམས་གྲགས་པ། འདུལ་བའི་ཆོས་འབྱུང་། སློག་རྟལ་དཔར་མ། ཤ 54–55

③ རོང་ཆོས་ལུང་ནི་རིན་སྤུངས་རྫོང་བྱེ་བ་ཤང་ནུབ་མདའ་གྲོང་ཚོའི་ཁོངས་སུ་ཆགས། སྔོན་དུས་དགོན་སྡེ་ཡོད་སོང་། དེང་སང་ལྷ་གསོལ་བྱེད་སའི་གནས་སུ་གྱུར།

བཤད་པས་དེ་ལ་དཔྱད་གཞི་ཆེ་ཅམ་སྣང་བས་ཞིབ་ཆ་ཡོ་རྒྱུས་ཁུངས་མ་རྣམས་ལས་ཤེས་པར་བྱའོ། །དེང་སང་ནི་གནས་གཞི་དེ་གཉིས་ཀ་ས་ཤུལ་ཙམ་ཤུལ་ཙམ་ཡང་མཐའ་དུ་མི་འདུག ཆ་མིག་ནི་དུས་ཕྱིས་སྣེ་གདོང་རྩེ་ཚོགས་པ་(དཔེ་རིས་བཅུ་གཅིག་པར་གཟིགས།)དང་། ཆོས་ལུང་ནི་ཐོག་མར་གནུབས་རོང་དུ་ཆགས་པ་དང་དུས་ཕྱིས་པ་སྣམ་སྤྱིས་ཁང་(དཔེ་རིས་བཅུ་གཉིས་པར་གཟིགས།)དུ་སྤྱིས་ཀྱང་རིག་གསར་གོང་བར་སྤྱིས་ཁང་དགོན་ནས་སྣངས་འཛིན་གྱིས་གནས་ཁང་སོགས་ལྷག་མེད། དེང་གི་ཆར་མཐའ་རྒྱུ་མེད། ཞིབ་ཕྲའི་གནས་སྤྱི་བའི་དུས་ཚོད་ནི་ཏ་ལམ་སྔེ་པ་ཡར་རྒྱབ་པའི་སྐུ་དུས་ཏེ་ཕག་གྲུའི་དུས་སྐབས་སུའོ། །ཆ་མིག་གི་གནས་ཡུལ་ནི་དེང་སང་སྲིད་འཛིན་དབང་དུ་བྱས་ན་ལྷ་ས་གྲོང་ཁྱེར་སྨི་མོ་རྫོང་སྨི་མོ་ཤང་གི་ས་ཁོངས་སུ་ཆགས། དེ་ལས་གྱེས་པའི་བྱེ་ཟིངས་ཚོགས་པའི་གནས་ཡུལ་སྐོར་ལ་ཆོས་འབྱུང་མཁས་དགར་གཞུ་བྱེ་ཟིངས་ཞེས་དང་རྒྱལ་དབང་ལྔ་པའི་རྣམ་ཐར་དུ་ཀུ་ལའི་གོས་བཟང་དུ་སྒྲགས་དང་མི་རིང་བའི་གནས་སུ་ཡོད་པ་འཁོད་ལ། པཎ་ཆེན་བྱམས་པ་གླིང་པའི་རྣམ་ཐར་དུ་གཞུང་གི་མདར་གནས་པར་བཤད། འབྲུག་རྒྱལ་དབང་ཆོས་རྗེས་མཛད་པའི་རྗེ་ཙོང་པའི་རྣམ་ཐར་དུ། "ཡར་ཀླུང་རྣམ་རྒྱལ་དུ། མ་འོངས་སངས་རྒྱས་གསུམ་པ་ཁ་ཆེའི་པཎྜི་ཏ་བསོད་སྙོམས་པ་ཆེན་པོ་ཤཱཀྱ་ཤྲཱི་བྷ་དྲའི་མཁན་བརྒྱུད། ཚོགས་ཆེན་པོའི་མཁན་པོ་ཚུལ་ཁྲིམས་རིན་ཆེན་པས་མཁན་པོ་མཛད། ཚོགས་པ་བྱེ་ཟིང་བའི་མཁན་པོ་གནས་བརྟན་འདུལ་བ་འཛིན་པ་ཆེན་པོ་ཤེས་རབ་མགོན་པོས་ལས་སློབ་དང་བྱེ་ཟིང་པའི་དབུ་མཛད་སྡོམ་བརྩོན་བསོད་ནམས་རྗེ་རྗེས་གསང་སྟེ་སྟོན་པ། ཚོགས་པ་གཉིས་ཀྱི་དགེ་སློང་ཁ་སྐོང་དུ་འོས་པའི་གྲངས་ཉི་ཤུ་ཚང་བས་དད་པའི་དགེ་འདུན་མཛད་པ་དང་བཅས་པའི་སྒོ་ནས་བསྙེན་པར་རྫོགས་པ་དགེ་སློང་གི་སྡོམ་པ་ཡང་

དག་པར་བཞེས།”[1]ཞེས་གསུངས་པས་རྗེ་ཙོང་ཁ་པའི་སྐུ་དུས་སུ་བྱེ་རྫིང་ཚོགས་པ་ལྷོ་ཁའི་ཁུལ་དུ་ཡོད་པ་ཐག་ཆོད་མོད། བྱེ་རྫིང་ཚོགས་པའི་གནས་གཞི་ཐོག་མར་སྣེ་མོའི་ཁུལ་དང་དུས་ཕྱིས་གྲྭ་དོལ་གཞུང་གསུམ་གྱི་ས་ཁོངས་གང་རུང་ཞིག་ཏུ་གནས་ཀྱིས་ནས་སྣེ་མོ་གཞུའི་ཕྱོགས་ཀྱི་གནས་གཞི་མེད་པར་འགྱུར་བ་རྟོགས་ལ། མཁས་དགར་གཞུ་བྱེ་རྫིང་ཞེས་གསུངས་དོན་སྙིང་པོ་འདུ་ན། དེང་སང་སྣེ་མོ་གཞུ་སྨད་ཁུལ་རྟའུ་དགོན་[2]པའི་ལྷོ་ངོས་སུ་བྱེ་རྫིང་ལ་བཙས་[3]ཞེས་བྱ་བའི་ས་མིང་ཞིག་ཡོད་པ་དང་། ཡུལ་དེའི་ཡུལ་མི་རྣམས་ལ་བཙར་འདྲི་བྱ་བའི་བརྒྱུད་རིམ་ནང་དགོན་པ་ཡོད་པའི་རབས་སོགས་བཤད་དུ་མེད་ཀྱང་། བྱེ་རྫིང་ལ་བཙས་ཞེས་པའི་གནས་དེར་རྗེ་ཞུང་མང་དུ་ཡོད་པར་དཔགས་ན། སྔོན་གྱི་བྱེ་རྫིང་ཚོགས་པའི་གནས་གཞི་ཐོག་མ་དེ་འདིར་གནས་ཆགས་པ་མིན་ནམ་སྙམ། ཁ་ཅིག་གིས་བྱེ་རྫིང་ཞེས་པའི་སྡེ་འདི་ཉིད་སྣེ་མོའི་ཁུལ་ནས་ཐད་ཀར་གྲྭའི་ཚོང་འདུས་ཚོགས་པར་《དཔེ་རིས་བཅུ་གསུམ་པར་གཟིགས》གནས་སྤོས་པར་བཤད་ཀྱང་། སྣེ་མོ་ནས་གཞུང་གི་ས་ཆ་དང་དེ་ནས་རིམ་གྱིས་གྲྭ་ཕྱིའི་སར་སྤོས་པའི་གསུང་རིས་འདི་ཉིད་དག་པར་མཐོང་། འོ་ན་གཞུང་གི་ས་ཕྱོགས་གང་དང་དུས་ཇི་ཙམ་ལ་བྱ་འམ་ཞེ་ན། ཡུལ་ནི་གཞུང་གི་མདའ་ན་གནས་འཆའ་བའི་ཉ་དབོན་རྫོང་རྩེ་ཞེས་པ་འདི་ཉིད་དང་དུས་ནི་གཉགས་ཕུ་བསོད་ནམས་བཟང་པོའི་སྐུ་དུས་སུ་བྱའོ། །སློབ་བྱེད་བཀོད་ན་འདི་

① རྒྱལ་དབང་ཆོས་རྗེ་བློ་བཟང་འཕྲིན་ལས་རྣམ་རྒྱལ། འཇམ་མགོན་ཆོས་ཀྱི་རྒྱལ་པོ་ཙོང་ཁ་པ་ཆེན་པོའི་རྣམ་ཐར། བོད་ལྗོངས་མི་དམངས་དཔེ་སྐྲུན་ཁང་། 2011 ཤ 105–106

② རྟའུ་དགོན་ཞེས་པ་ནི་འབྲི་གུང་པའི་གདན་རབས་ཉེར་གཅིག་པ་ནྟ་རོ་བཀྲ་ཤིས་ཕུན་ཚོགས་གྲགས་པ་རྒྱལ་མཚན་གྱིས་ཕྱག་བཏབ་པའི་བཀའ་བརྒྱུད་པའི་གནས་གཞི་ཞིག་ཡིན། དགོན་དེའི་གནས་ཡུལ་ནི་ལྷ་ས་གྲོང་ཁྱེར་སྣེ་མོ་རྫོང་གཞུ་སྨད་ཤང་ཧྭ་ཏུང་གྲོང་ཚོར་ཆགས། དེང་སང་དགེ་འདུན་6བཞུགས།

③ གནས་དེར་ཁྲིན་ལ་བཙས་སྟོད་སྨད་གཉིས་ཡོད་ཅིང་། སྟོད་དུ་ཚ་ར་ལ་བཙས་དང་། སྨད་དུ་བྱེ་རྫིང་ལ་བཙས་ཆགས།

ལྟར། གཞུང་གྲགས་ཆེན་ནམ་དེང་སྲིད་འཛིན་ས་ཁོངས་དབང་དུ་བྱས་ན་ལྷོ་ཁ་གོང་དཀར་རྫོང་སྐྱིད་གཤོངས་གྲོང་བརྡལ་གྲགས་ཆེན་ཞང་ཁོངས་སུ་ཆགས། དེ་ཡང་ཞིབ་ཏུ་བཤད་ན། གོང་དཀར་རྫོང་སློབ་འབྲིང་རྙིང་པའི་ལྷོ་ངོས་ཀྱི་རི་རྩར་ཆགས་ཡོད། ཁུལ་དེར་ཁྱིན་དགོན་སེ་སྟོད་སྨད་གཉིས་ཡོད་ལ། ཡུལ་མི་རྣམས་ཀྱིས་གཉགས་ཕུ་བསོད་ནམས་བཟང་པོའི་གདན་ས་ཡིན་པར་བཤད་པ་དང་། གནས་དེ་ལ་ཉ་དབོན་ནང་[1]ཞེས་པའི་མིང་ཡང་འབོད་སྲོལ་མཆིས་པས་ཁོ་བོའི་སྣང་ངོར་གནས་གཞི་འདི་ཉིད་ནི་གཉགས་ཕུ་བསོད་ནམས་བཟང་པོས་དོལ་མཚལ་མིན་གཙུག་ལག་ཁང་གི་གནས་མ་བཟུང་གོང་གི་གཞི་དགོན་ཞིག་ཡིན་པར་སེམས་སོ། གཉགས་ཕུ་བསོད་ནམས་བཟང་པོའི་རྣམ་ཐར་དུ་དེ་སྐོར་ནི་མི་མཇལ་བས་མཐའ་གཅིག་ཏུ་ཞུ་སྤྱོབས་མ་མཆིས་པས་དཔྱད་པའི་གནད་ཆེ་བའོ། །དེང་སང་གྲ་ཚོང་འདུས་ཚོགས་པ་འདི་ཉིད་བྱེ་རྫིང་ཚོགས་པར་བཤད་པའི་སྲོལ་ནི་བྱེ་རྫིང་གི་གནས་གཞི་ཐོག་མར་སྐྱེ་མོ་གཞུ་སྨད་ནས་རིམ་གྱིས་གཞུང་གི་མདར་གནས་སྤོས་པ་དང་། དུས་ཕྱིས་གྲ་ཚོང་འདུས་ཚོགས་པ་དང་གནས་གཞི་གཅིག་ཏུ་སྦྲེལ་བས་ཚོང་འདུས་ཚོགས་པར་བྱེ་རྫིང་ཚོགས་པ་ཟེར་བའི་མིང་ཆགས། བྱེ་རྫིང་ཞེས་པ་ནི་མཁས་གྲུབ་བྱེ་བ་འདུས་པའི་གནས་གཞི་ཡིན་པས་དང་། ཁ་ཅིག་སྔོན་དུས་གནས་དེར་བྱེ་མའི་རྫིང་ཞིག་ཡོད་པས་མིང་དེ་ལྟར་ཆགས་པ་སོགས་ཀྱང་བཤད། འོན་ཏེ་ལོ་རྒྱུས་སོགས་སུ་བྱེ་རྫིང་ཞེས་པའི་སྒྲ་བཤད་མི་མཇལ། བྱེ་རྫིངས་ཞེས་པར་བྱེ་རྫིང་དང་བྱེ་རྫིང་། ཇེ་རྫིངས་སོགས་ཅི་རིགས་བྲི་བར་སྣང་ཡང་། ཕལ་ཆེ་བས་བྱེ་རྫིང་ཞེས་པ་བཀོལ་ཏོ། །

[1] ཉ་དབོན་ནང་ཞེས་པ་ནི་ཉ་དབོན་བསོད་ནམས་བཟང་པོའི་གདན་ས་ཆགས་པའི་ཡུལ་ཡིན་པས་མིང་དེ་ལྟར་ཐོགས་པར་བཤད།

ཚོགས་དགེ་འདུན་སྒང་ནི་སླེ་མོ་རྫོང་སླེ་མོ་ཤང་ཁོངས་ཏེ། ཚ་མིག་གི་གནས་གཞི་དང་མི་རིང་བའི་སར་ཆགས། དེང་སང་ཡང་སྔར་གྱི་གནས་གཞི་ཉིད་པ་མཇལ་རྒྱུ་ཡོད་པ་དང་དགེ་འདུན་གཉིས་ཙམ་བཞུགས། ཁོ་བོས་ས་གནས་ས་ཐོག་ཏུ་སོང་ནས་དཔྱད་པར་①གཞིགས་ན་པ་སྣམ་ཕྱོགས་ཁང་དང་། གྲ་ཕྱི་ཚོང་འདུས་ཚོགས་པ། རྒྱལ་གླིང་ཚོགས་པ་༼དཔེ་རིས་བཅུ་བཞི་པར་གཟིགས།༽སོགས་བཞེངས་དུས་མི་གཅིག་ཀྱང་། འཇུགས་སྐྲུན་གྱི་གཤིས་ལུགས་ལ་བལྟོས་ན་འདྲ་བའི་ཆ་མང་དུ་མཐོང་།

དུས་ཕྱིས་ཚོགས་པ་སྡེ་བཞི་ལས་གྲུབ་པའམ་གནས་ཕྱོགས་པའི་སྡེ་མང་དུ་བྱུང་ནས་ཡུག་གཅིག་ཏུ་བྱང་རྗེར་རྣམ་གཉིས་ཀྱིས་བཞེངས་པར་བཤད་པའི་རྒྱུན་འགྲམས་མོད། དོན་དུ་བྱང་རྗེར་རྣམ་གཉིས་ཀྱིས་དངོས་སུ་བཞེངས་པའམ་དེ་ལས་ཐད་ཀར་གྲུབ་པའི་གནས་གཞི་ནི་ཚོགས་སྡེ་བཞི་པོ་ན་ཡིན་པར་སྨྲ་བར་སྤྱོབས་སོ། །དེ་ཡང་དེང་སང་ཁ་ཆེ་པཎ་ཆེན་དང་འབྲེལ་བའི་ཚོགས་པ་སྡེ་བཞིའི་ཁོངས་སུ་ཚོས་ལུང་དང་ཚོགས་ཆེན་པ། དགེ་འདུན་སྒང་དང་བྱེ་རྫིང་ཚོགས་པ། ཚོང་འདུས་ཚོགས་པ། རྒྱལ་གླིང་ཚོགས་པ། ཕྱོགས་ཁང་ཚོགས་པ་དང་རྩེ་ཚོགས་པ་རྣམས་དྲངས་ཀྱང་། དོན་དམ་དུ་གོང་སྨྲོས་ཚོགས་པ་སྡེ་བཞི་ཕུད་གཞན་རྣམས་བྱང་རྗེར་རྣམ་གཉིས་ཀྱི་མཁན་བུ་རྣམས་ཀྱིས་བྱས་པའི་ཕྱིར། དེ་དག་ཐམས་ཅད་པཎ་ཆེན་གྱི་སྡོམ་རྒྱུན་རྨ་མེད་པ་ཡིན་པ་ནི་རྩེ་ཚོགས་པར་བཞུགས་སུ་གསོལ་བའི་སྨྲོལ་ཚིག་གི་དཔེ་ཉིད་དུ། "སྔོ་གསུམ་བག་ཡོད་དྲི་བསུང་ཆེ་མངར་བའི། །ཚུལ་འཆལ་ཚ་བའི་རེག་བྱ་མཐར་བསིལ་བའི། །སྡོམ་བརྩོན་མ་ལ་ཡ་ནའི་དབང་པོ་

① སྤྱི་ལོ་2017ལོའི་ཟླ་4པའི་ཚེས་28ཉིན་དང་། སྤྱི་ལོ་2017ལོའི་ཟླ་5པའི་ཚེས་2ཉིན་དང་། སྤྱི་ལོ་2017ལོའི་ཟླ་11པའི་ཚེས་21ཉིན་བཅས་སུ་པ་སྣམ་ཕྱོགས་ཁང་ཚོགས་པ་དང་སླེ་མོ་དགེ་འདུན་སྒང་། སྣེ་གདོང་རྩེ་ཚོགས་པ། གྲ་ཕྱི་ཚོང་འདུས་ཚོགས་པ། གྲ་ནང་རྒྱལ་གླིང་ཚོགས་པ་སོགས་སུ་ས་གནས་ས་ཐོག་ཏུ་རྟོག་ཞིབ་ལ་བསྐྱོད།

བཞེས། །པཎ་ཆེན་ཤཱཀྱ་ཤྲཱིའི་ཞབས་ལ་གསོལ་བ་འདེབས། །གང་གི་རིང་ལུགས་ཉ་བཞིའི་རྒྱལ་ཁམས་སུ། །སྤེལ་བའི་འཕྲིན་ལས་སྒོ་བརྒྱ་འབྱེད་མཛད་པ། །བྱང་ཇོར་རྣམ་གཉིས་རྗེས་འདྲེན་རྣམ་པར་ཐར། །གཙང་མའི་མཁན་བརྒྱུད་ཚོགས་ལ་གསོལ་བ་འདེབས། །"[①]ཞེས་གསལ་བའི་ཕྱིར་རོ། །

གསུམ་པ། ཇོ་གདན་ཚོགས་པ་ཞེས་པའི་གནས་གཞིའི་སྐོར་གྱི་རྟོག་ཞིབ།

དེ་ལ་ཁ་ཅིག་ཇོ་གདན་ཚོགས་པ་ཞེས་པའི་ཟེར་སྒྲོས་འདི་ཉིད་ལ་བརྟེན་ནས་ཚོགས་པ་ཆེ་གེ་མོ་ཞིག་ཡིན་པར་བཤད་པ་དང་། ཡར་ཇོ་གདན་ཚོགས་པ་ནི་སྡེ་བཞི་ལས་ཡན་གར་བའི་ཚོགས་པ་ཞིག་ལ་བཤད་ཅིང་། དོལ་མཚལ་མིན་གྱི་གཙུག་ལག་ཁང་འདི་ཉིད་ཇོ་གདན་ཚོགས་པ་ཡིན་པའི་བཤད་ཡམས་འགྱམས་པ་སོགས་སྣ་ཚོགས་སུ་འདུག་པས། འདིར་ཕོ་བོས་ཇོ་གདན་ཚོགས་པ་ཞེས་པའི་ཐ་སྙད་འདི་ཉིད་ཀྱི་འབྱུང་ཁུངས་བརྩད་ནས་ཚོགས་སྡེ་བཞི་ལས་གང་རུང་ངམ་སྡེ་བཞིའི་སྤྱི་མིང་དུ་འཐད་མིན་དང་ཡང་ན་ཚོགས་སྡེ་བཞི་ལས་ཡན་གར་བའི་ཚོགས་པ་དམིགས་སུ་བསལ་བ་ཞིག་གི་མིང་དུ་འཇུག་མིན་འབྲུལ་གཞི་སེལ་ཆེད་ཐོག་མར་ཇོ་གདན་ཞེས་པའི་བརྡ་ཆད་དཀྲུས་སུ་གླེང་ནས་བཤད་པར་འདོད་དོ། །

དེ་ཡང་ཇོ་གདན་ཞེས་པ་ལ་ཆོས་འབྱུང་དང་རྣམ་ཐར་རྣམས་སུ་བཤད་པ་སྣ་ཚོགས་སུ་བྱ་སྤྱོལ་མཆིས་མོད། མཁས་པ་རྣམས་ཞལ་འཆམ་པ་ལ་འདུལ་གཙང་གི་ཇོ་བོ་ཞེས་པའི་དོན་དུ་འདུག་ལ། དེ་ཡང་ཇོ་གདན་ཞེས་པའི་ཐ་སྙད་ལ་དུས་སྔ་བ་ཇོ་བོ་རྗེ་དང་འབྲེལ་ལ། དུས་ཕྱིས་ནི་བཀའ་གདམས་གོང་མ་རྣམས་ཀྱི་རྣམ་ཐར་སོགས་སུ་གསལ་བ་དང་། ཁ་ཆེ་པཎ་ཆེན་གྱི་དངོས་སློབ་བྱང་ཇོར་རྣམ་གཉིས་ཀྱི་

① རྒྱལ་བ་ངག་དབང་བློ་བཟང་རྒྱ་མཚོ། སྤྲོལ་མའི་མཆུལ་བཞི་པའི་གསོལ་གདབ། ཤིང་དཔར། ལྡེབ་གསུམ་པའི་ཞབས་ལྡེབ། ཤ 7

སྐུ་དུས་ནས་དར་ཆེ་བར་སོང་། ཁ་ཅིག་གིས་རྫོ་གདན་ཞེས་པའི་ཐ་སྙད་འདི་ཉིད་ཁ་ཆེ་པཎ་ཆེན་དང་འབྲེལ་ནས་བྱུང་རབས་སྨྲ་ཡང་། འདུལ་བ་སྨད་འདུལ་བའི་མཁས་པའི་ཁྲིད་ན་རྫོ་གདན་ནག་པོ་བ་ཞེས་པའི་མིང་བྱུང་བར་དཔགས་ན། ཁ་ཆེ་པཎ་ཆེན་དང་ཐད་ཀའི་འབྲེལ་བ་མེད་པར་རྟོགས་ལ། ཁྱད་པར་འཕན་ཡུལ་ན་དགེ་བཤེས་འབྲོམ་གྱིས་ཕྱག་བཏབ་པའི་གནས་གཞི་ཀླུང་ཤོད་རྫོ་གདན་དགོན་[①] ཞེས་བྱ་བར་རྗོ་བོ་རྗེའི་བཞུགས་གདན་ཞིག་ཡོད་པ་དེ་ཚིག་བསྡུའི་དབང་གིས་རྫོ་གདན་ཞེས་སུ་གྲགས་ཀྱང་། རྫོ་གདན་ཚོགས་པ་སྡེ་བཞི་དང་རྗོ་བོ་རྗེའི་དབར་འབྲེལ་བ་མེད་དོ། །རྫོ་གདན་ཞེས་པ་ལ་ཡི་གེ་རྙིང་པ་འགར་རྫོ་སྟན་ཞེས་བྱུང་ཡང་། དོན་དུ་གཅིག་ཏུ་འདུག རྫོ་གདན་ཞེས་པའི་དོན་ནི་འདུལ་ཁྲིམས་གཙང་མའི་རྣམ་ཐར་སྐྱོང་མཁན་གྱི་དགེ་འདུན་པར་བྱ་ལ། དེ་ནི་འདུལ་བའི་སྡོམ་རྒྱུན་སྲོག་ལྟར་འཛིན་པའི་ལུགས་སུ་འདུག་སྟེ། ཇི་སྐད་དུ། རྩ་ཡུལ་རིན་པོ་ཆེས། "རྫོ་གདན་ཞེས་པ་ནི་རྫོ་བཟང་གི་བུ་གདན་གཅིག་ཏུ་འདུག་པས་ན་རྫོ་གདན་ཟེར།"[②] ཞེས་དང་།

---

① ཀླུང་ཤོད་རྫོ་གདན་དགོན་ནམ་རྫོ་གདན་དགོན་དུ་གྲགས་པ་འདིའི་བྱུང་བའི་ཆར་སྲི་ཐར་དོན་གྲུབ་ལགས་ཀྱིས་བརྩམས་པའི་འཕན་ཡུལ་གྱི་དགོན་སྡེའི་རིག་གནས་དཀར་ཆག་ཏུ་དགོན་དེ་ནི་ཐོག་མར་རྒྱལ་བ་འབྲོམ་སྟོན་པས་བཏབ་པ་སྟེ། མཆོད་ཡོན་སྦྱིན་བདག་ནི་ངར་སྟོད་སྡེ་པའི་འོད་འཇོ་བྱ་བའོ། །དགོན་དེའི་གནས་ཡུལ་ནི་ལྷུན་གྲུབ་རྫོང་ངར་ནང་ཤང་ངར་སྟོད་གྲོང་ཚོར་ཆགས། དགོན་དེའི་འབྱུང་རབས་སྟོན་རྒྱལ་བ་འབྲོམ་གྱིས་བྱང་ར་སྒྲེང་དགོན་ཕྱག་བཏབ་པ་ལ་སྡེ་པ་འོད་འཛོམས་དགེ་བཤེས་སྟོན་པར་རང་གི་ཡུལ་དུ་ཡང་གནས་གཞི་ཞིག་ཕྱག་འདེབས་པར་འཚལ་ཞུས་པས། རྒྱལ་བ་འབྲོམ་གྱིས་ངས་ཁྱེད་ཀྱི་རེ་འདོད་ལྟར་དགོན་ཞིག་བཏབ་ཚོག་མོད། ཁྱོད་ལ་ནང་རྟེན་ཅི་ཞིག་ཡོད་ཅེས་གསུངས་དབྱུང་པ་ལ། སྡེ་པ་འོད་འཛོམས། བླ་མ་རྗོ་བོའི་བཞུགས་གདན་ཞིག་ཡོད། དེ་ཕུལ་ཚོག་ཞུས། སྔར་རྗོ་བོའི་གདན་བྱང་ཆུབ་སེམས་དཔའི་བརྟུལ་བཞུགས་འཛིན་པའི་རིགས་ཀྱི་ཏའི་པགས་པ་འདིང་བ་ཙམ་ཡོད་པ་སྦྱིན་འབུལ་ཞུས་པས། འབྲོམ་རིན་པོ་ཆེས་དགོན་གྱི་བཀོད་པ་ཡང་གསང་འདུས་འཇམ་དཔལ་དཀྱིལ་འཁོར་གྱི་ལུགས་སུ་ཕྱོགས་བཞིར་སྒོ་བཞི་ཀ་བརྒྱད་དུ་བཞེངས་པས། དགོན་མིང་རྫོ་གདན་ཞེས་འདོགས་ཞེས་ཤོག་ངོས་205ནས་206བར་འཁོད།

② རྩ་ཡུལ་རིན་པོ་ཆེ་བྱམས་པ་ངག་དབང་བློ་གྲོས་བཟང་པོའི་དངོས་སློབ་ངག་དབང་གཞན་ཕན་ལ་བཅར་འདྲི་ཞུས་པའི་ཟིན་ཐོ་ལས་དྲངས།

མཁན་བརྒྱུད་གསུམ་བྱོན་ཚུལ་གྱི་རྣམ་ཐར་དུ་མཁན་ཆེན་བྱང་ཆུབ་དཔལ་གྱི་རྣམ་ཐར་སྐབས། "སྟན་ཅིག་པའི་སྡེ་བཙུགས།"①ཞེས་དང་། ཆོས་འབྱུང་མཁས་པའི་དགའ་སྟོན་དུ། "པཎ་ཆེན་གྱི་བླ་མཆོད་ཇོ་བོ་སྟན་གཅིག་པ་གཙང་སོ་བ་བསོད་ནམས་མཛེས་ཀྱི་ཕྱུག་ཕྱིར་བཞག"②ཅེས་གསུངས་པས་ཇོ་གདན་ཞེས་པ་འདི་ཉིད་ནི་ཇོ་བོ་སྟན་གཅིག་པ་ཞེས་པ་ལས་ཚིག་བསྡུ་བྱས་པའི་མིང་ཞིག་དང་ཇོ་གདན་གཙང་སོ་བའི་མཚན་བྱུར་འཛུགས་ཤིང་། དགེ་འདུན་ཡ་རབས་པ་དང་། ཚུལ་ཁྲིམས་གཙང་བའི་རིགས་ལ་བཛྲ་དེ་ལྟར་མཛད་སྐབས། སྡེ་གདོང་རྩེ་ཚོགས་པར་བཞུགས་པའི་སྒྲོལ་ཚིག་གི་དཔེ་རྙིང་ཞིག་ཏུ། "ཚུལ་ཁྲིམས་གཙང་མའི་ཞིང་ས་གཤིན་པོ་ལ། །ཐོས་བསམ་སྒོམས་པའི་སློ་མ་གཡུར་ཟ་བའི། །ཇོ་བོ་སྟན་ཅིག་དཔལ་ལྡན་ཚོགས་སྡེ་བཞི། །སྲིད་མཐའི་བར་དུ་དར་ཞིང་རྒྱས་པར་ཤོག །དྲི་མེད་ཀསྨི་ར་ཡི་པཎ་ཆེན་གྱིས། །རྣམ་དག་སྡོམ་པའི་རྒྱུན་གྱི་གངས་ཅན་འདིར། །ཡོངས་ཁྱབ་ཐུབ་བསྟན་རིན་ཆེན་མི་ཡམ་མགོན། །གླིང་འདིར་བྱོན་པའི་དཔལ་དུ་དར་གྱུར་ཅིག །"③ཅེས་གསུངས་པ་ལྟར་ཇོ་གདན་ཞེས་པ་དོན་དུ་འདུལ་གཙང་གི་དགེ་འདུན་པའི་ཆེ་བརྗོད་དུ་འདུག ཇོ་བོ་ཞེས་པ་ནི་བོད་སྐད་དུ་གཙོ་བོ་འམ་རྗེ་བོ། ཡུལ་གྱི་མི་ཆེན་དང་ཁྲིམ་གྱི་ཕ་ཇན། དགེ་འདུན་པ་སོགས་ལ་བྱེད་པ་དང་། གདན་ཞེས་པ་ནི་སྟན་ལ་གོ་བས་དོན་དུ་ཇོ་གདན་ནི་ཇོ་བོ་བཟང་པོ་འདུལ་བའི་བསླབ་བྱ་ལས་མ་ཉམས་པར་སྟན་ཐོག་གཅིག་ཏུ་བཞུགས་ནས་བསྟན་པའི་དོན་

① མཁན་བརྒྱུད་གསུམ་བྱོན་ཚུལ་གྱི་རྣམ་ཐར། ཁྲིས་མ། ལྡེབ་བཅུ་གཉིས་པའི་ཞབས་ལྡེབ། ཤ 23

② དཔའ་བོ་གཙུག་ལག་ཕྲེང་བ། ཆོས་འབྱུང་མཁས་པའི་དགའ་སྟོན། མི་རིགས་དཔེ་སྐྲུན་ཁང་། 2006ཤ 261

③ རྒྱལ་བ་ངག་དབང་བློ་བཟང་རྒྱ་མཚོ། སྒྲོལ་མའི་མཉྫལ་བཞི་པའི་གསོལ་གདབ། ཤིང་དཔར། ལྡེབ་བཞི་པ། ཤ 8–9

མཛད་པར་གོ་བའོ། །

ཛོ་གདན་ཚོགས་པ་ཞེས་པ་འདི་ལ་ཡང་ལར་ཚོགས་པ་སྡེ་བཞི་ལས་ཚོགས་དགེ་འདུན་སྒང་དང་ཚོགས་ཆེན་པའི་མིང་དོན་དུ་བཤད་པ་དང་། འགར་ཚོགས་པ་སྡེ་བཞི་ལས་ལོགས་སུ་བཀར་བའི་སྡེ་པ་ཞིག་ཡོད་པར་བཤད། ཁ་ཅིག་ཚོགས་པ་སྡེ་བཞིའི་སྤྱི་མིང་དུ་བྱེད་པ་གསུམ་ལས་རང་ལུགས་ནི་ཚོགས་པ་སྡེ་བཞིའི་སྤྱི་མིང་དུ་བྱས་པ་འདི་ཀོ་འཐད་པར་མཐོང་ངོ་། །

ཛོ་གདན་ཚོགས་པ་ཞེས་པ་ཚོགས་དགེ་འདུན་སྒང་གི་མིང་ཡིན་པའི་འདོད་ཚུལ་ནི་རླངས་ཀྱི་པུ་ཏི་བསེ་རུ་རྒྱས་པར། "ཛོ་སྟན་དགེ་འདུན་སྒང་པར་གྲགས་པ་ཡི། །མཁན་པོ་ཐོག་མ་བྱང་ཆུབ་དཔལ་བཟང་པོ། །ཧོར་ཡུལ་འཕགས་པའི་བསྙེན་རྫོགས་མཁན་པོ་ལ། །ཆས་ནས་འཕགས་པས་བསྙེན་རྫོགས་ལོན་ཚར་བྱུང་། །མ་དགོས་དོན་གྱི་ཕྱིར་ལོག་དབེན་པ་བསྟེན། །བཞུགས་ཚེ་ཛྫེ་ཡིས་བཀའ་གནང་ཟུར་ཆོས་ཀྱི། །སྡེ་བཙུགས་བཟུང་ནས་ཆོས་དུང་གཏོང་བཅུག་པས། །ཆོས་ལུང་པ་ཞེས་ཚོགས་པའི་སྡེ་འདི་ཚུགས། །ས་འབྲི་གཉིས་དང་ཚོགས་པ་ཆོས་ལུང་པ། །ཉེ་བའི་རྒྱུ་མཚན་ཙ་བ་དེ་ཡིན་ནོ། །"[①]ཞེས་གསུངས་པ་ལྟར་དགེ་འདུན་སྒང་ལ་ཛོ་སྟན་ཞེས་པའི་སྒྲ་ཟུར་སྦྱར་བ་ལས་ཚོགས་ཆོས་ལུང་པར་ཛོ་སྟན་ཞེས་པའི་སྒྲ་མི་སྦྱོར་བ་དང་། ཚོགས་ཆོས་ལུང་འདི་ཉིད་འགྲོ་མགོན་ཆོས་འཕགས་ཀྱི་ཐུགས་རྗེའི་སྐུ་དྲིན་གྱིས་བྱུང་བ་མ་ཟད། ཚོགས་ཆོས་ལུང་པ་ནི་ཟུར་ཆོས་ཀྱི་སྡེ་བཙུགས་པ་དང་ཆོས་དུང་འབུད་པ་ལས་བྱུང་བ་གསུངས་པ་ལས་བྱུང་བ་སྟོན་པའི་ཕྱིར་ན། ཛོ་གདན་ཆོས་ལུང་ཚོགས་པ་ཞེས་པའི་སྒྲ་མི་མཛད་པའི་སྲོལ་སྣང་། །གཞན་ཡང་མང་ཐོས་

① ཏྭ་སི་ཏུ་བྱང་ཆུབ་རྒྱལ་མཚན་སོགས། རླངས་ཀྱི་པུ་ཏི་བསེ་རུ་རྒྱས་པ། བོད་ལྗོངས་མི་དམངས་དཔེ་སྐྲུན་ཁང་། 1986 ཤ 450

ཀླུ་སྒྲུབ་རྒྱ་མཚོས་མཛད་པའི་རྗེ་གཉགས་ཕུ་བ་བསོད་ནམས་བཟང་པོའི་རྣམ་ཐར་དུ། "ཞི་གཅིག་ཤིང་ཕོ་བྱི་ལོ་སྟེ་གདོང་གོང་མ་གྲགས་པ་རྒྱལ་མཚན་པས་སྤྱན་དྲངས་ཏེ་ཇོ་གདན་དགེ་འདུན་སྒང་པའི་མཁན་པོ་ཁ་ཆེ་པཎ་ཆེན་གྱི་གདན་སར་གནས་སེང་གེའི་ཁྲི་ལ་ལྔ་བཅུ་རྩ་དྲུག་པ་ས་མོ་ཡོས་ཀྱི་བར་ལོ་བཅུ་དྲུག་ཞབས་བརྟན་པར་འཁོད།"①ཅེས་དང་། གཙྭ་དེ་བཞིན་གཤེགས་པའི་རྣམ་ཐར་དུ། "ཇོ་གདན་དགེ་འདུན་སྒང་པའི་མཁན་པོ་བསོད་ནམས་བཟང་པོ་དང་། སློབ་དཔོན་རིན་པོ་ཆེ་རྒྱལ་མཚན་དཔལ་བ་དང་། འདུས་པ་རྒྱ་མཚོའི་དབུས་སུ་ཚོགས་སྤྱི་མ་དགེ་ཚུལ་གྱི་སྡོམ་པ་མནོས་ཏེ་མཚན་ཆོས་ཀྱི་དཔལ་བཟང་པོ་ཞེས་གསོལ།"②ཞེས་གསལ་བས་ཚོགས་པ་འདིར་ཇོ་གདན་ཚོགས་པ་ཞེས་པའི་མིང་བྱུར་གསལ་བ་སོགས་ལ་དཔགས་ན་ཇོ་གདན་དགེ་འདུན་སྒང་ཞེས་པའི་བརྗོད་མཛད་པའི་ལུགས་མཆིས། ལར་གཞུའི་དགེ་འདུན་སྒང་ཞེས་གསུངས་ཀྱང་། ས་ཚིགས་དབང་དུ་བྱས་ན་སྙེ་མོ་གཞུའི་ས་ཁོངས་མིན་པས། དེ་ནི་ཁྱབ་ཆེ་བའི་དབང་གིས་གསུངས་པ་ལས། དོན་དུ་ཚོགས་དགེ་འདུན་སྒང་གི་གནས་ཡུལ་ནི་སྙེ་མོའི་ཕུར་མིན་པར་སྙེ་མོའི་གཞུང་ངམ་སྙེ་མོ་ཤང་གི་ཁོངས་ཀྱི་གདོང་དཀར་གྲོང་ཚོར་གནས་པའི་ཕྱིར། དེ་ནི་བཤད་པ་མ་དག་རྒྱུན་འཁྱམས་ཀྱི་ཐ་སྙད་ཅིག་ཏུ་འདུག་པས་ཚོགས་པ་གང་དེའི་མིང་གི་ཐོན་དུ་གཞུ་ཞེས་པའི་གསལ་ཁ་མི་དགོས་སོ། །

ཚོགས་ཆེན་པར་ཇོ་གདན་ཚོགས་པ་ཞེས་པ་འཇུག་རབས་ནི་ཆ་ཧར་དགེ་བཤེས་ཀྱིས་མཛད་པའི་རྗེ་རིན་པོ་ཆེའི་རྣམ་ཐར་ན། "ཇོ་གདན་ཚོགས་ཆེན་གྱི་

① ཡེ་ཤེས་དག་དབང་། གསུང་རབ་སྙིང་དགོན་གྱི་རྟེན་གསུམ་དཀར་ཆག་སོགས་ཕྱོགས་སྒྲིག་བཞུགས་སོ། །ནང་ཁུལ་དཔར་རྗེས། ཤ 181

② རྟ་ཚག་ཚེ་དབང་རྒྱལ། ལྷོ་རོང་ཆོས་འབྱུང་། བོད་ལྗོངས་བོད་ཡིག་དཔེ་རྙིང་དཔེ་སྐྲུན་ཁང་། 2013 ཤ 240

མཁན་པོ་དཀའ་བཞི་པ་ཚུལ་ཁྲིམས་རིན་ཆེན་པས་བསྙེན་རྫོགས་ཀྱི་མཁན་པོ་མཛད། བྱེ་ཟླིང་ཚོགས་པའི་མཁན་པོ་གནས་བརྟན་འདུལ་འཛིན་པ་ཤེས་རབ་མགོན་པོས་ལས་སློབ།"[①]ཅེས་གསལ་བས་ཚོགས་སྡེ་བཞི་ལས་ཚོགས་ཆེན་པར་ཇོ་གདན་ཚོགས་པ་ཞེས་བྱུང་ལ། ཚོགས་བྱེ་ཟླིང་པ་ལ་དེ་ལྟའི་བརྗོད་མ་སྦྱར་ཡང་དོན་དུ་དེ་ཙམ་དུ་མ་ངེས་སོ། །

ཇོ་གདན་ཚོགས་པ་ཞེས་པ་ཚོགས་སྡེ་བཞི་ལས་ལོགས་སུ་བཀར་བའི་ཚོགས་པ་ཞིག་ཡོད་པར་འདོད་དོན་གཙོ་བོ་སྟར་གྱི་བླ་མ་རྣམ་པའི་རྣམ་ཐར་དང་ཆོས་འབྱུང་ཁག་ཏུ་ཇོ་གདན་ཚོགས་པ་ཞེས་པའི་སྒྲ་བྱུང་བའི་དབང་གིས་དེ་ཉིད་ཚོགས་པ་ཡན་གར་བ་ཞིག་ཡིན་པར་འདོད་པ་[②]དང་། ལར་གྲྭའི་ཡུལ་དུ་ཡོད་པར་འདོད་[③]ལ། ཁ་ཅིག་ཡར་ཀླུང་གི་ཕྱོགས་སུ་ཡོད་པར་སྨྲ་བ།[④] འགའ་ཞིག་དོལ་གསུང་གླིང་དགོན་ཉིད་ཇོ་གདན་ཚོགས་པར་འདོད་པའི་[⑤]ལུགས་མང་དུ་ཡོད་མོད། རྣམ་ཐར་སོགས་ན་གསལ་བའི་ཇོ་གདན་ཚོགས་པ་ཞེས་པའི་གནད་ཀྱི་སྙིང་པོ་ནི་ཚོགས་པ་སྡེ་བཞིའི་སྤྱི་མིང་ངམ་སྡེ་བཞི་གང་རུང་ལ་སྦྱར་བའི་སྣང་བ་འགོག་ནས་དེ་ཉིད་སྡེ་བཞི་ལས་ལོགས་སུ་བཀར་བའམ་པཎ་ཆེན་པའི་སྡོམ་རྒྱུན་ལས་མཆེད་པའི་རྩེ་ཚོགས་པ་སོགས་ལས་ཡན་གར་བའི་ཚོགས་པ་ཞིག་ལ་ངོས་བཟུང་བ་ནི་ཤིན་

① ཆ་ཧར་དགེ་བཤེས་བློ་བཟང་ཚུལ་ཁྲིམས། རྗེ་ཙོང་ཁ་པའི་རྣམ་ཐར་ཆེན་མོ། ཀྲུང་གོའི་བོད་རིག་པ་དཔེ་སྐྲུན་ཁང་། 2006 ཤ 81

② ཇོ་གདན་ཚོགས་པ་ཞེས་པ་ཚོགས་སྡེ་བཞིའི་སྤྱི་མིང་དུ་མ་བྱས་པར་རྣམ་ཐར་དང་ཆོས་འབྱུང་སོགས་སུ་ཚོགས་སྡེ་བཞི་སོ་སོའི་མཚན་ཟུར་དུ་སྦྱར་བའི་ལུགས།

③ གྲ་ཕྱི་ཚོང་འདུས་ཚོགས་པ་ཇོ་གདན་ཚོགས་པར་འདོད་པའི་ལུགས་སོ། །

④ ཆ་ཧར་དགེ་བཤེས་ཀྱིས་མཛད་པའི་རྗེ་རིན་པོ་ཆེའི་རྣམ་ཐར་དུ་ཡར་ཀླུང་ཇོ་གདན་རྣམ་རྒྱལ་དགོན་ཞེས་གསལ་བ་སོགས་སོ། །

⑤ དོལ་གསུང་རབ་གླིང་གི་དགོན་འདི་ཉ་དབོན་བསོད་ནམས་བཟང་པོའི་གནས་གཞི་ཡིན་པས་དགོན་དེ་ཇོ་གདན་ཚོགས་པར་བཤད་དོ། །

ཏུ་ནས་འཁྲུལ་ལོ། །མདོ་དོན་ཇོ་གདན་ཚོགས་པ་ཞེས་པ་ནི་ཁ་ཆེ་པཎ་ཆེན་པའི་སྡོམ་རྒྱུན་དང་འབྲེལ་ནས་འདུལ་གཙང་གི་ཚོགས་སྡེ་རྣམས་ཀྱི་སྤྱི་མིང་དུ་འདུག་ལ། ཁྱད་པར་ཚོགས་པ་སྡེ་བཞིའི་སོ་སོའི་མཚན་གྱི་གོང་དུ་ཇོ་གདན་ཞེས་པའི་འབྲུ་བསྣོན་སྲོལ་ཡོད་པ་སྔར་གྱི་མཁས་པ་རྣམས་ཀྱི་རྣམ་ཐར་སོགས་སུ་གསལ་བས། ཇོ་གདན་ཞེས་པའི་ཚོགས་པ་བྱེ་བྲག་པ་ཞིག་མེད་པ་མ་ཟད། དེ་ནི་ཇོ་གདན་གཙང་སོ་བ་སོགས་སྡོན་གྱི་འདུལ་གཙང་གི་སློབ་དཔོན་རྣམས་ཀྱི་ཆེ་བ་མངོན་ཆེད་དུ་ཚོགས་སྡེ་བཞིའི་དབུར་ཆེ་བརྗོད་ཀྱི་ཚུལ་དུ་བཀོད་པར་སེམས།

ཇོ་གདན་ཞེས་པའི་སྒྲ་ཟུར་ཚོགས་སྡེ་བཞིར་ཇི་ལྟར་འཇུག་ལུགས་ལུང་དང་བཅས་པའི་སྒོ་ནས་སྨྲོས་ན། ལོ་རྒྱུས་རྣམ་ཐར་ཁག་ན་ཚོགས་སྡེ་བཞི་ལས་དགེ་འདུན་སྒང་དང་ཚོགས་ཆེན་པ་ལ་ཇོ་གདན་ཚོགས་པ་ཞེས་གོང་དུ་དྲངས་པ་ལྟར་ལགས་ན། བྱེ་ཛིང་ཚོགས་པ་དང་ཆོས་ལུང་ཚོགས་པ་སོ་སོར་ཡང་ཇོ་གདན་ཞེས་སྦྱར་བའི་ལུགས་བཤད་ན་འདི་ལྟར། པཎ་ཆེན་བྱམས་པ་གླིང་པའི་རྣམ་ཐར་དུ། "ད་ལྟ་ཇོ་གདན་བྱེ་ཛིང་ཚོགས་པ་གཞུང་མདའ་ན་ཡོད་པ་ལ་སྐུ་རིམ་ཞིག་མཛད་ན་ཕན་པར་འདུག"①ཅེས་གསལ་བས་བྱེ་ཛིང་ཚོགས་པ་ལ་ཇོ་གདན་བྱེ་ཛིང་ཚོགས་པ་ཞེས་བརྗོད་སྲོལ་ཡོད་ལ། དཔལ་ཞ་ལུའི་མཁན་བརྒྱུད་རིམ་བྱོན་གྱི་རྣམ་ཐར་དུ་ལོ་ཙཱ་བ་རཏྣ་ཤྲཱི་བྷ་དྲའི་རྣམ་ཐར་ནང་དུ། "ཇོ་གདན་ཚོགས་པའམ། ཆོས་ལུང་སྤྲོས་ཁང་པའི་མཁན་པོར་བསྐོས་པས་མཁན་ཆེན་དུ་གྲགས།"②ཞེས་གསུངས་པ་ལྟར་ཚོགས་པ་སྡེ་བཞི་རང་རང་སོ་སོའི་མཁན་བརྒྱུད་ཁུངས་དག་པའི་ཆེད་

① མཁས་དབང་བྱང་ཆུབ་དགེ་ལེགས། ཐམས་ཅད་མཁྱེན་པ་བྱམས་པ་གླིང་པ་ཆེན་པོའི་རྣམ་པར་ཐར་པའི་ངོ་མཚར་གྱི་ཕྲེང་བ་ཞེས་བྱ་བ་བཞུགས་སོ། །ཁྲ་ནང་བྱམས་པ་གླིང་དགོན་ནས་བསྒྲིགས། ཤ 39

② ཞ་ལུའི་རི་ཕུག་སྤྲུལ་སྐུ་བློ་གསལ་བསྟན་སྐྱོང་། དཔལ་ཞ་ལུའི་མཁན་བརྒྱུད་རྣམ་ཐར། བོད་ལྗོངས་བོད་ཡིག་དཔེ་རྙིང་དཔེ་སྐྲུན་ཁང་། 2014ཤ65

རྫོ་གདན་ཚོགས་པ་ཞེས་སྦྱར་བ་དང་། ཚོགས་སྡེ་བཞི་འདི་དག་གི་སྤྱི་མིང་དུ་རྫོ་གདན་ཚོགས་པ་ཞེས་པའི་མིང་ཆགས་ཤིང་། ཚོགས་པ་རེ་རེའི་མིང་ནས་མ་འབོད་པར་ཡུག་ཅིག་ཏུ་ཚོགས་པའི་མིང་ཚིག་བསྡུ་བྱས་ནས་རྫོ་གདན་ཚོགས་པ་ཞེས་པ་བྱུང་བར་སྣམ་སྟེ། བཀའ་བཞི་པ་ཤེས་རབ་བཟང་པོས་མཛད་པའི་དྲིན་ཅན་བླ་མ་རིན་པོ་ཆེ་བསོད་ནམས་བཟང་པོ་ལ་རྣམ་ཐར་གྱི་སྒོ་ནས་བསྟོད་པ་དངོས་གྲུབ་ཆར་འབེབས་བཞུགས་སོ་ཞེས་པར། "རྫོ་གདན་ཚོགས་པས་གཙོ་མཛད་པ་རྣམས་ཕྱོགས་བཅུའི་དགེ་འདུན་རྣམས་དང་དྲུང་ཆེན་བྱང་ཆུབ་དཔལ་བ་ཡབ་ཡུམ་སོགས་དེར་ཕེབས་པའི་ཡོན་བདག་སྐྱ་བདག་དང་བཅས་པ་ལ་འཕངས་པ་མེད་པར་བཏང་།"① ཞེས་གསུངས་པའི་གསུང་རིས་འདིའི་ཁྲིད་ཀྱི་རྫོ་གདན་ཚོགས་པ་ཞེས་པ་ནི་རྩ་བ་ཚོགས་སྡེ་བཞི་དང་བཅས་པའི་པཎ་ཆེན་སྡོམ་རྒྱུན་རྣམ་པར་དག་པའི་ཚོགས་པ་གཞན་རྣམས་ལ་ཡང་གོ་ནུས་པ་རིགས་པས་དཔགས་སོ། །དེ་ལྟར་ཁ་ཆེ་པཎ་ཆེན་གྱི་སྡོམ་རྒྱུན་རྨ་མེད་པའི་མིང་དུ་ཚོགས་པ་སྡེ་བཞི་ཞེས་མཛད་པ་ལ་དོན་རླབས་པོ་ཆེ་ལྡན་ཏེ། དེ་ནི་གངས་རིའི་ཁྱོན་འདིར་རྩ་བའི་སྡེ་བཞི་དར་བའི་རྟེན་འབྲེལ་ཡིན་པའི་ཕྱིར། ཆོས་འབྱུང་མཁས་དགར། "ཁ་ཆེ་པཎྜི་ཏ་ཆེན་པོ་སྔ་ཕྱིས་བོད་ཡུལ་དུ་སྡོམ་རྒྱུན་རྣམ་པར་དག་པ་འཕེལ་ཞིང་རྒྱས་པ་ནི་པཎ་ཆེན་གྱི་སྡོམ་རྒྱུན་ཚོགས་སྡེ་བཞི་འདི་ཁོ་ན་ཡིན་པས་བཀའ་དྲིན་གཞལ་དུ་མེད་པ་ཡིན་ལ་རྩ་བའི་སྡེ་བཞིའི་རྟེན་འབྲེལ་ཡིན་ནོ། །"② ཞེས་གསུངས་སོ། །དེས་ན་བོད་འདིར་སངས་རྒྱས་བསྟན་པ་ཕྱི་དར་ལ་མཁས་ཤིང་གྲུབ་པའི་དབང་པོ་གསེར་རིའི་ཕྲེང་བ་ལྟར་བྱོན་མཛད་ནས་བསྟན་པའི་བྱ་བ་བླ་ན་མ་མཆིས་པ་བཞེས་པའི་གཞི་རྩ་

① ཡེ་ཤེས་ངག་དབང་། གསུང་རབ་གླིང་དགོན་པའི་ལོ་རྒྱུས། ནང་ཁུལ་དཔར་མ། ཤ 139

② དཔའ་བོ་གཙུག་ལག་ཕྲེང་བ། ཆོས་འབྱུང་མཁས་པའི་དགའ་སྟོན། མི་རིགས་དཔེ་སྐྲུན་ཁང་། 2006ཤ

འདུལ་བསྟན་འདིར་ཐུག་ལ། བྱེ་བྲག་གངས་རིའི་ཁུལ་འདིར་འདུལ་གཙང་གི་སྡོམ་རྒྱུན་རྣམ་པར་དག་པ་སའི་དྲིགས་པ་ལྟར་བྱུང་བའང་ཚོགས་སྡེ་བཞིའི་མཁན་པོ་རིམ་པར་བྱོན་པའི་སྐུ་དྲིན་དུ་ཟད་ཅིང་། བསྟན་པ་དར་ཞིང་རྒྱས་པ་བྱུང་བའང་དེ་དག་གི་མཐུ་སྨོན་དུ་འདུག་ལ། ཚོགས་པ་སྡེ་བཞིའི་མཁན་བརྒྱུད་རིམ་བྱོན་གྱི་མཚན་ཐོ་སོགས་གཟིགས་འདོད་ན་མཁན་བརྒྱུད་གསུམ་བྱོན་ཚུལ་གྱི་རྣམ་ཐར་དང་མཁས་གྲུབ་དགེ་ལེགས་དཔལ་བཟང་གི་སྡོམ་གསུམ་ཐུབ་བསྟན་བྱེ་དོར། ཚལ་པའི་དེབ་དམར་སོགས་ལ་གཟིགས་འཚལ། ཚོགས་སྡེ་བཞིའི་སྐོར་ལ་ཞིབ་ཅིང་ཕྲ་བའི་དཔྱད་པ་བྱ་འདོད་ན་ཁ་ཆེ་པཎ་ཆེན་མན་གྱི་བོད་ཀྱི་མཁས་གྲུབ་རིམ་བྱོན་གྱི་རྣམ་ཐར་དང་གཉགས་ཕུ་བསོད་ནམས་བཟང་པོས་མཛད་པའི་ཚོགས་སྡེ་བཞིའི་དཀར་ཆག་ལ་སྤྱན་དཀྲུས་ཡངས་པོའི་སྒོ་ནས་འཇུག་པར་ཞུ། ཁོ་བོར་གཉགས་ཕུའི་ཚོགས་སྡེ་བཞིའི་དཀར་ཆག་གི་མཚན་ཐོ་ཙམ་ཛེ་གང་དེའི་རྣམ་ཐར་ལས་མཇལ་བ་ལས་དངོས་སུ་ལག་སོན་མ་བྱུང་བས་འདིར་དཔྱད་གཞིའི་ཚུལ་དུ་འབུལ་ལོ། །

### བཞི་པ། གྲ་ཚོང་འདུས་དང་རྒྱལ་སྒྲིང་ཚོགས་པའི་གནས་གཞི་བཤད་པ།

གྲ་དོལ་གཞུང་གསུམ་གྱི་སའི་ཁྱོན་འདིར་ཁ་ཆེ་པཎ་ཆེན་ཤཱཀྱ་ཤྲཱིའི་སྡོམ་རྒྱུན་ཚོགས་སྡེ་བཞི་དང་འབྲེལ་བའི་གནས་གཞི་གཙོ་བོ་གསུམ་བྱུང་སྟེ། གཞུང་གི་ཉ་དབོན་རྫོང་རོར་གྲགས་པའི་དགོན་ཤུལ་དང་གྲ་ནང་རྒྱལ་སྒྲིང་ཚོགས་པ། གྲ་ཕྱི་ཚོང་འདུས་ཚོགས་པ་གསུམ་ལས་དེང་སང་མཇལ་དུ་ཡོད་པ་ནི་ཚོང་འདུས་དང་རྒྱལ་སྒྲིང་ཚོགས་པ་གཉིས་སོ། །གཞུང་གི་ཉ་དབོན་རྫོང་རོ་འམ་ཉ་དབོན་ནང་ཞེས་པ་འདི་ཉིད་མཁས་པ་ཆེན་པོ་གཉགས་ཕུ་བསོད་ནམས་བཟང་པོའི་གདན་ས་ཡིན་པར་གྲགས་པ་གོང་དུ་ཞུས་པ་ལྟར་ལགས་ཤིང་། དགོན་དེ་ནི་བྱེ་རྫིང་ཚོགས་པའི་གནས་གཞི་གཉིས་པ་དེ་ཡིན་པར་འདོད། འདིའི་བཤད་བྱ་གཙོ་བོ་ཚོང་འདུས

ཚོགས་པ་དང་རྒྱལ་གླིང་ཚོགས་པ་གཉིས་ཀྱི་བྱུང་བ་སྨྲས་ན་འདི་ལྟར་ཏེ། དེ་ཡང་ཚོགས་པ་དེ་གཉིས་ལས་ཚོང་འདུས་སྔ་བ་དང་རྒྱལ་གླིང་རྗེས་ཙམ་དུ་བྱུང་བའོ། །

ཚོང་འདུས་ཚོགས་པ་འདི་ཉིད་ཀྱི་གནས་གཞི་ཐོག་མ་ཁ་ཆེ་པཎ་ཆེན་གྱིས་བཏབ་པར་བཤད་པ་དང་། ལར་ཚོང་འདུས་ཚོགས་པ་ནི་ཁ་ཆེ་པཎ་ཆེན་གྱི་དངོས་སློབ་བྱང་རྗེར་རྣམ་གཉིས་ཀྱི་སློབ་མ་གང་རུང་ཞིག་གིས་བཏབ་པར་བཤད་ལ། ཤོད་རྒྱུན་འགའ་ཞིག་ལ་ཚོང་འདུས་ཚོགས་པ་འདི་ཉིད་བྱེ་རྫིང་ཚོགས་པའི་གནས་གཞི་ཐོག་མ་དེ་ཡིན་པར་བཤད་མོད། དེ་དག་ལ་ཡིད་རྟོན་པའི་གནད་ཅིག་མ་མཐོང་སྟེ། ཇོ་བོ་རྗེའི་རྣམ་ཐར་དུ་གྲ་ཕྱི་ཚོང་འདུས་ཀྱི་ལྷ་ཁང་བྲེ་གང་ཙམ་ལ་རབ་གནས་མཛད་ཅེས་བྱུང་བས་ཇོ་བོ་རྗེ་བོད་དུ་ཕེབས་དུས་ཚོང་འདུས་དགོན་པ་བཞེངས་ཟིན་པ་ཤེས་ཐུབ་ཅིང་། ལྷག་དོན་ཚོང་འདུས་དགོན་ནི་ཐོག་མར་སྨད་འདུལ་བའི་གནས་གཞི་སྟེ་གླུ་མེས་ཀྱིས་བཞེངས་པའི་གནས་གཞི་ཡིན། ཆོས་འབྱུང་མཁས་དགར། "གླུ་མེས་ཀྱིས་དབུ་རུར་ལ་མོ་ཆག་དེའུ་བཏབ། མི་ཆོས་ཀྱི་ས་ཁུལ་དུ་བ་ལམ་གནས་བརྩིགས། ས་བྱ་ལ་མོར་འགྲིལ་བརྩིགས། ཕྱི་ལོ་གླན་རྟོག་རབ་ཏུ་ཕྱུང་། དེའི་ཕྱི་ལོ་ཡེར་པ་རང་བཏབ། གྲུམ་མེར་སོགས་བཅོ་བརྒྱད་རབ་ཏུ་ཕྱུང་། ཚོང་འདུས་གནས་བཞེངས།"①ཞེས་གསུངས་པའི་ཕྱིར། ཚོང་འདུས་ཀྱི་གནས་གཞི་གླུ་མེས་ཀྱི་སྐུ་དུས་སུ་ཡིན་པས་ཁ་ཆེ་པཎ་ཆེན་དང་གང་དེའི་སློབ་བརྒྱུད་ཀྱིས་བཞེངས་པར་སྨྲས་ན་དུས་ཀྱིས་བསྐལ་བའོ། །དེས་ན། ཚོང་འདུས་ཚོགས་པའི་གནས་གཞི་ནི་ཁ་ཆེ་པཎ་ཆེན་བོད་དུ་མ་བྱོན་ཡར་སྔོན་ཏེ་སྨད་འདུལ་བའི་གནས་གཞི་གཙོ་ཆེ་བ་ཞིག་ཡིན་པའོ། །ཚོང་འདུས་ཞེས་པ་ལ་ཚོགས་འདུས་སམ་

① དཔའ་བོ་གཙུག་ལག་ཕྲེང་བ། ཆོས་འབྱུང་མཁས་པའི་དགའ་སྟོན། མི་རིགས་དཔེ་སྐྲུན་ཁང་། 2006 ཤ 246

མཚོ་འདུས། གཞན་མཚུར་འདུས་སོགས་པའི་བརྗ་བྱ་སྦྱོལ་འདུག་ལ། ཡུལ་དེ་གའི་ངག་རྒྱུན་དུ་གནས་དེར་སྤྲ་མོ་མཚོ་ཞིག་ཡོད་པ་དང་། དེའི་སྟེང་དགོན་སྡེ་ཆགས་པས་མཚོ་འདུས་ཞེས་བྱ་ཞིང་། མཚོའི་ཐོག་ཏུ་ཆགས་ཟེར་བའི་རྐྱེན་ནི་དགོན་པའི་རྟེན་གཙོ་ཐུབ་དབང་གི་སྐུ་བྱིན་ཅན་ཞིག་ཡོད་པ་གང་དེའི་བཞུགས་ཁྲིའི་འོག་ནས་ནམ་ཞ་ཤོད་ཆེ་བའི་སྐབས་སུ་ཆུ་ཐོན་གྱི་ཡོད་པའི་དབང་གིས་སོ། །ལ་ལས་ཚོང་འདུས་ཞེས་བྱ་སྟེ་སྔ་དུས་གནས་དེར་ཚོང་འདུས་ཆེན་པོ་ཞིག་འཚོགས་ཀྱི་ཡོད་པའི་ཆ་ནས་ས་མིང་ལ་ཚོང་འདུས་ཞེས་བྱུང་བ་དང་། དུས་ཕྱིས་གནས་དེར་དགོན་སྡེ་བཏབ་པས་ཚོང་འདུས་ཞེས་པའི་མིང་ཆགས་པར་བཤད། ཤོད་རྒྱུན་གཞན་ཞིག་ན་ཚོགས་འདུས་ཞེས་བརྗོད་དེ། དགོན་དེར་མཁས་གྲུབ་བྱེ་བ་ཚོགས་ཤིང་འདུས་པས་ན་ཚོགས་འདུས་ཞེས་བྱུང་བར་བཤད། མཚུར་འདུས་ཞེས་པ་བཤད་པ་བྱ་བའི་ལུགས་ལ་སྒྲ་བཤད་མ་མཆིས། ཡུལ་མི་རྒན་པ་ཁ་ཅིག་གིས་གནས་འདི་ནི་བྱེ་ཐིང་ཚོགས་པའི་གནས་གཞི་ཐོག་མ་ཡིན་པར་བཤད་དེ། སྔོན་དུས་གྲའི་ཡུལ་དུ་ཕུ་ཆུ་དཀོན་ཞིང་། ཡར་གཙང་དང་མི་རིང་སར་གནས་པས་བྱེ་མའི་ཐིང་མང་དུ་བསྒྲུན་ནས་ཞིང་ལས་གཉེར་བའི་ཡུལ་ཞིག་ཡིན་པར་བཤད་པ་དང་། ད་ལྟའི་ཚོང་འདུས་དགོན་ཆགས་ས་དེར་བྱེ་མའི་ཐིང་ཞིག་ཡོད་པ་དེའི་སྟེང་དགོན་སྡེ་ཕྱག་བཏབ་པས་བྱེ་ཐིང་ཞེས་དགོན་པའི་མིང་དུ་བྱས་པར་བཤད་ཀྱང་། ཞིབ་པ་ཚོང་འདུས་དགོན་དང་འབྲེལ་བའི་གདན་རབས་སོགས་ཡོད་ན་ས་ཚོད་ཡོང་བ་ལས་ཚོགས་པ་འདི་ཉིད་བྱེ་ཐིང་ཚོགས་པའི་ཐོག་མའི་གནས་གཞིར་བྱས་ན་གཞུའི་བྱེ་ཐིང་ལ་བཅས་གཉིས་དང་འགལ་བར་འགྲོ་བ་དང་། བྱང་ཇོར་རྣམ་གཉིས་དང་འབྲེལ་བའི་སྡེ་བཞིའི་གནས་གཞི་རྣམས་ཕལ་ཆེ་བ་སྙེ་མོར་ཡིན་པ་སོགས་དང་། ཁྱད་པར་སྣད་འདུལ་གྱི་གནས་གཞིའི་མིང་རྙིང་པ་རྣམས་ཀྱི་ཁྲོད་དུ་ཚོང་འདུས་

ཞེས་པ་ལས་བྱེ་རྫིང་ཞེས་པ་མེད་པའི་ཕྱིར་ན། སྔོན་གྱི་དུས་རིང་མོ་ཞིག་ན་ཚོང་འདུས་དང་བྱེ་རྫིང་ཚོགས་པ་གཉིས་སོ་སོར་བྱ་མོད། དུས་ཕྱིས་བྱེ་རྫིང་གི་གནས་ཐོག་མར་སླེ་མོའི་ཕྱོགས་ནས་གཞུང་གི་མདར་གནས་སྤོས་པ་དང་དེ་ནས་གྲ་ཕྱི་ཚོང་འདུས་ཀྱི་གནས་གཞི་དང་གཅིག་ཏུ་འདུས་ནས་སྐྱིད་སྡུག་གཅིག་ཆགས། དུས་ཚོད་ཀྱི་དབང་དུ་བྱས་ན། པཎ་ཆེན་བྱམས་པ་གླིང་པའི་སྐུ་དུས་བྱེ་རྫིང་ཚོགས་པ་གཞུང་གི་མདར་ཆགས་པ་དང་། རྒྱལ་དབང་ལྔ་པའི་སྐུ་དུས་གྲ་ཕྱི་ཚོང་འདུས་དང་གནས་གཞི་གཅིག་ཏུ་བྱས་པ་དུ་ཀུ་ལའི་གོས་བཟང་དུ་གསལ་ལོ། །

རྒྱལ་གླིང་ཚོགས་པ་ནི་ཚོགས་དགེ་འདུན་སྒང་དང་ཚ་མིག་ཚོགས་པ་གཉིས་ལས་གྲེས་པའི་གསུང་རྒྱུན་གཉིས་མཆིས་མོད། དགེ་འདུན་སྒང་པ་ལས་གྲེས་པ་ལོ་རྒྱུས་དང་མཐུན་ཤས་ཆེ། དེ་ཡང་རྒྱལ་གླིང་ཚོགས་པ་ཞེས་པའི་མིང་ནི་དུས་སྔ་བར་གཙང་པ་སྡེ་སྲིད་ཀྱི་སྐུ་དུས་སུ་བྱུང་བ་དང་། དེའི་སྔོན་རོལ་དུ་གནས་འདི་ནི་དགེ་འདུན་སྒང་གི་གནས་གཞི་ལས་གྲེས་པའི་དགོན་ལག་ཅིག་ཏུ་འདུག་པས་དགེ་འདུན་སྒང་པ་ཞེས་པ་མ་གཏོགས་རྒྱལ་གླིང་ཚོགས་པ་ཞེས་འབོད་པའི་སྲོལ་མི་སྣང་། གནས་གཞི་དེ་ནི་རྒྱལ་བ་ཡར་རྒྱབ་གླིང་ངམ་ཕོ་བྲང་རྒྱལ་ཆེན་གླིང་ཞེས་པའི་ས་ཆར་ཆགས། ཤོད་རྒྱུན་དུ་སྡེ་པ་ཡར་རྒྱབ་པའི་གླིང་ག་ཡིན་པ་དང་། དུས་ཕྱིས་ཡར་རྒྱབ་པའི་དཔོན་ཆེན་ལ་སྲས་མོ་མ་གཏོགས་སྲས་མ་འཁྲུངས་སྐབས་རྫོ་གདན་པའི་མཁན་ཆེན་བྱང་ཆུབ་དཔལ་ལ་ཕུལ་ནས་རྒྱལ་གླིང་ཚོགས་པ་ཞེས་པ་བྱུང་བར་གྲགས་པ་ནི་ངག་རྒྱུན་མི་དག་ཅིག་ཏུ་མཐོང་ལ། ཚོགས་པ་འདི་བཞེངས་པའི་ལོ་དུས་ཐད་ཨ་ལགས་ཚེ་ཏན་ཞབས་དྲུང་གིས། "ཤིང་སྦྲུལ།[1] སྤྲས་པ་སྟོན་

[1] ཤིང་སྦྲུལ་ནི་སྤྱི་ལོ་1224ལོ་ཡིན། ལོ་འདིར་དགེ་འདུན་སྒང་གི་གནས་གཞི་བཏབ་པ་ལ་རྒྱལ་གླིང་ཚོགས་པ་བཏབ་ཅེས་པའི་འཁྲུལ་གཞི་བྱུང་། དེ་ལྟར་སྨྲ་དོན་ནི་རྒྱལ་གླིང་ཚོགས་པ་ནི་ཚོགས་དགེ་འདུན་སྒང་པ་ལས་གྲེས་པའི་དབང་གིས་སོ། །

གཞོན་འཕྲུངས། གཉོས་རྒྱལ་བ་ལྷ་ནང་འདས། སྐྱུ་ཡལ་བ་རིན་ཆེན་མགོན་གྱིས་སྟག་ལུང་ལྷ་ཁང་ཆེན་མོ་བཞེངས། ཁ་ཆེ་པཎ་ཆེན་གྱི་དངོས་སློབ་མཁན་ཆེན་བྱང་ཆུབ་དཔལ་བས་ཚོགས་སྡེ་བཞིའི་ཡ་གྱལ་རྒྱལ་སྒྲིང་ཚོགས་པ་བཏབ། གཡིནྡྲའི་རྒྱལ་པོའི་གདུང་སྐལ་སྟོན་པའི་ཚོམས་མཆེ་བ་ཐོག་མར་འདི་ན་བཞུགས།”①ཞེས་གསུངས་སོད། རྒྱལ་སྒྲིང་ཚོགས་པ་འདི་ཉིད་ཚོགས་པ་སྡེ་བཞིའི་ཡ་གྱལ་དུ་ཆོས་འཕྱུང་དང་རྣམ་ཐར་ཁག་ཏུ་མ་བཤད་ཅིང་། ལུང་རྒྱུན་དུ་གསལ་བའི་རྒྱལ་སྒྲིང་ཚོགས་པ་བཏབ་ཅེས་པའི་དོན་ནི་དགེ་འདུན་སྒང་བཏབ་ལོ་དང་འབྲུལ་གཞིར་སོང་བའི་ལུགས་ནི་རྒྱལ་དབང་ལྔ་པའི་རྣམ་ཐར་འཕྲོས་སྡེ་སྲིད་སངས་རྒྱས་རྒྱ་མཚོས་མཛད་པ་གླིགས་བམ་ལྔ་པར་གསལ།

ཁ་ཅིག་གིས་རྒྱལ་སྒྲིང་ཚོགས་པ་ནི་ཚ་མིག་ཚོགས་པའམ་ཚོགས་ཆེན་པའི་གནས་གཞི་ནས་དུས་ཕྱིས་གནས་སྤོས་བྱས་པར་ལགས་ན། ཚོགས་པ་དེ་ནི་པཎ་ཆེན་གྱི་ཚོགས་སྡེ་བཞིའི་ཡ་གྱལ་ཚོགས་ཆེན་པའི་གནས་གཞི་ཐོག་མ་དེ་མིན་པས་ཚོགས་སྡེ་བཞིའི་ཡ་གྱལ་དུ་འཛོག་པའི་ལུགས་མ་མཆིས། གཞན་དུ་མཁན་ཆེན་བྱང་ཆུབ་དཔལ་ནི་དུས་རབས་བཅུ་གསུམ་པའི་འགོ་སྟོད་དང་སྡེ་པ་ཡར་རྒྱབ་པའི་སྲིད་དབང་ནི་རགས་རྩིས་བྱས་ན་སྤྱི་ལོ་ཆིག་སྟོང་སུམ་བརྒྱ་ལྔ་བཅུའི་རྗེས་སུ་བྱུང་འདུག་པས་སྡེ་པ་ཡར་རྒྱབ་པའི་དཔོན་ཆེན་དང་མཁན་ཆེན་བྱང་ཆུབ་དཔལ་གཉིས་ཀྱི་དབར་ལོ་དུས་གུང་འགྲིག་དཀའ་བས་དཔྱད་པ་གནད་ལ་འཕིགས་པ་ཞིག་མིན་པར་སྣམ་ཞིང་། རྒྱལ་སྒྲིང་ཚོགས་པ་ལས་འཕྲོས་པའི་བདེན་གཏམ་དང་པའི་འཇུག་ངོགས་སུ། “ཆུ་མོ་བྱའི་ལོ་བར་ལོ་བཅུ་བཞུགས། ཤིང་ཕོ་ཁྱི་ལ་བོད་ནས་བྱོན་ཏེ་ཁ་ཆེར་གཞན་དོན་རྒྱ་ཆེན་པོ་མཛད་ནས་རང་ལོ་དགུ་བཅུ་རྩ་དགུ་

①ཚེ་ཏན་ཞབས་དྲུང་། བསྟན་རྩིས་ཀུན་ལས་བཏུས་པ། མཚོ་སྔོན་མི་རིགས་དཔེ་སྐྲུན་ཁང་། 1982 ཤ 183

པ་ཤིང་མོ་བྱ་ལ་ཞི་བར་གཤེགས་སོ་ཞེས་གསལ་བའི་ཤིང་མོ་བྱ་ནི་རབ་བྱུང་བཞི་པའི་ས་སྐྱོང་སྟེ་སྤྱི་ལོ་1225ལོ་དཔལ་ལྡན་ཚོགས་ཆེན་འདི་ཉིད་ཕྱག་བཏབ་པའི་རྗེས་ལོ་དེ་ཡིན།"①ཞེས་གསུངས་པའི་དཔལ་ལྡན་ཚོགས་ཆེན་པ་ནི་སྙེ་མོ་ཚ་མིག་གི་གནས་གཞི་ལ་བྱ་དགོས་ཀྱི་རྩོམ་པ་པོ་གང་དེས་རྒྱལ་གླིང་ཚོགས་པ་བཞེངས་པར་དགོངས་པ་ནི་ལོ་ཚིགས་རགས་པའི་དབང་དུའང་འགྲིག་དཀའ་བར་སྣང་ལ། དོན་དུ་དེ་ནི་ཚོགས་དགེ་འདུན་སྒང་པ་②ཡིན་དགོས། གཅིག་ནས་སྡེ་པ་ཡར་རྒྱབ་པ་ནི་གཙོ་བོ་ཕག་གྲུའི་སྲིད་དབང་གི་གལ་ཆེའི་གྲུབ་ཆ་ཞིག་ཏུ་སོང་བ་དང་། ཕག་མོ་གྲུ་པའི་སྲིད་ཀྱི་ཆབ་འོག་ནས་སྡེ་པ་ཡར་རྒྱབ་འདི་ཉིད་ཀྱིས་བོད་ཀྱི་ལོ་རྒྱུས་ཐོག་མི་དམན་པའི་གནས་བབས་བཟུང་སྟེ་ཆོས་སྲིད་རིག་གསུམ་ལ་མཛད་པ་ བླ་ན་མེད་པ་ཞུ་བའི་དུས་སུ་སོང་ཕྱིར། ཕག་གྲུའི་སྲིད་དབང་འདི་ཉིད་ལོ་རྒྱུས་དེབ་ཐེར་ཁག་ཏུ་བལྟོས་ན་སྤྱི་ལོ་1354ལོ་ཙམ་དུ་བྱུང་བར་བཤད་པས། ཁ་ཆེ་པཎ་ཆེན་གྱི་

① འཇིགས་མེད་དཔལ་ལྡན་བཟང་པོ། རྒྱལ་གླིང་ཚོགས་པ་ལས་འཕྲོས་པའི་བདེན་གཏམ་དད་པའི་འཇུག་ངོགས། བོད་ལྗོངས་མི་དམངས་དཔེ་སྐྲུན་ཁང་། 2013 ཤ 52–53

② ཚོགས་དགེ་འདུན་སྒང་པ་འདི་ཉིད་ནི་མཁན་ཆེན་བྱང་ཆུབ་དཔལ་གྱིས་བཏབ་པར་གསུངས་མོད་དོན་དུ་མཁན་ཆེན་གཙང་པ་དབང་ཕྱུག་གྲགས་ཀྱི་དབོན་པོ་མཁན་ཆེན་གཞོན་ནུ་བྱང་ཆུབ་པས་ཕྱག་བཏབ་པ་ཉིད་དག་པར་མཐོང་སྟེ། མཁན་བརྒྱུད་རྣམ་གསུམ་བྱོན་ཚུལ་གྱི་རྣམ་ཐར་དུ། དགེ་འདུན་སྒང་པའི་གདན་རབས་ནི། ཆུས་སྒོ་སྤུབས་པ་མཁན་ཆེན་དབང་ཕྱུག་གྲགས་ཀྱིས་མཁན་ཆེན་བྱང་ཆུབ་དཔལ་གྱི་ཕྱག་ཕྱིར་ཡུན་རིང་དུ་བཞུགས། མཁན་ཆེན་ལྷོ་བྲག་པས་དོན་འབཞེས་པའི་ཚེ་གཙང་པས་སྙེ་མོ་གཤག་རམ་དུ་བཞུགས། ལོ་བཅུ་གསུམ་གྱི་ནང་དུ་རྣམ་འཇོམས་དྲག་པོའི་བསྙུབ་པ་མཛད་པས་ཞལ་གཟིགས་ཤིང་བུམ་ཆུ་ཁོལ། ལོ་བཅྭ་ལྔའི་བར་དུ་ཚོགས་བསྐྱངས་ནས་སྙེ་མོ་གཤག་རམ་དུ་གཤེགས། ད་ལྟའི་བར་དུ་བུམ་ཆུའི་རྒྱུན་དང་། རྣམ་འཇོམས་ཀྱི་ཐུགས་དམ་རྒྱུན་མི་འཆད་པར་ཡོད། དེའི་རྗེས་ཁོང་གི་དབོན་པོ་གཞོན་ནུ་བྱང་ཆུབ་པས་ལོ་ང་ལྔའི་བར་ཚོགས་བསྐྱངས། ཀརྨ་པ་རང་བྱུང་རྡོ་རྗེ་ལ་སོགས་པ་སྐྱེས་བུ་ཆེན་པོ་དུ་མའི་མཁན་པོ་མཛད། བརྟན་པ་རྐོང་ཟེར་བའི་སྐུ་མཁན་གྱི་གྲོང་ཅིག་ཡོད་པ་ཕྱག་ཏུ་ཕུལ། ཆོས་སྡེ་བཏབ་ནས་དགེ་འདུན་སྒང་དུ་བཏགས། དགེ་འདུན་སྒང་ཉིད་དུ་བདེ་བར་གཤེགས། ཞེས་གསལ། བྲིས་མ་ལྡེབ་ཉི་ཤུའི་ཞབས་ལྡེབ་སྟེ། ཤོག་ངོས་བཞི་བཅུ་ཞེ་གཅིག། ཆོས་འབྱུང་ཕལ་ཆེ་བར་ཚོགས་པ་འདིའི་གནས་གཞི་མཁན་ཆེན་བྱང་ཆུབ་དཔལ་གྱིས་ཕྱག་བཏབ་སྐོར་ནི་འབྲུལ་གཞིར་སྣང་།

དངོས་སློབ་བྱང་ཆུབ་དཔལ་དང་ཡར་རྒྱབ་པའི་དཔོན་ཆེན་རིན་ཆེན་བཟང་པོ་རྣམ་གཉིས་དུས་གཅིག་ཏུ་ཞལ་འཛོམས་པའི་སྐལ་བ་མི་སྲིད་པའི་ཕྱིར། གཉིས་ནས་སྡེ་པ་ཡར་རྒྱབ་པ་འདི་ཉིད་ཐོག་མར་གྲྭ་དང་དོལ་གྱི་མི་དཔོན་མཛད། དུས་ཕྱིས་བུ་སྤུན་གཉིས་ཀྱི་ཆབ་འོག་སོ་སོར་གྱུར་ནས་ཡར་གོང་གཉིས་སུ་གྱེས་པས་ན་མ་མཐར་ཡང་ཡར་རྒྱབ་པའི་མི་དཔོན་དང་ཁ་ཆེ་པཎ་ཆེན་གྱི་དངོས་སློབ་བྱང་ཆུབ་དཔལ་དབར་ལོ་ཁྱད་བརྒྱ་ལྷག་ཙམ་གྱིས་འགྱངས་ཆོད་པའི་ཕྱིར། གསུམ་དུ་མཁན་བརྒྱུད་གསུམ་བྱོན་ཚུལ་གྱི་རྣམ་ཐར་དུ་མཁན་ཆེན་བྱང་ཆུབ་དཔལ་གྱིས་ཚོགས་ཆེན་པའི་གནས་གཞི་བཟུང་དུས་དགུང་ལོ་ཞེ་གཉིས་སུ་སོན་པར་བཤད་པ་དང་དགུང་ལོ་གྱ་གཉིས་ལ་སྐུ་འདས་པར་བཤད་པའི་ཕྱིར་ན། མཁན་ཆེན་བྱང་ཆུབ་དཔལ་དང་སྡེ་པ་ཡར་རྒྱབ་པའི་མེས་པོ་ཇོ་བཀྲས་ཀུང་མཇལ་སྐལ་མི་བྱུང་བས་དཔོན་ཆེན་གཞན་རྣམས་མཇལ་བའི་སྐལ་བ་ཤེས་བྱར་མི་སྲིད་སྐབས་སྡེ་པ་ཡར་རྒྱབ་པའི་དཔོན་གྱི་རང་གི་གླིང་ག་མཁན་ཆེན་བྱང་ཆུབ་དཔལ་ལ་ཕུལ་ནས་རྒྱལ་གླིང་ཚོགས་པ་བཏབ་ཅེས་པ་དོན་ལ་མི་གནས་པའི་གཏམ་དུ་སོང་ངོ་། །དེང་སང་ཚོང་འདུས་ཚོགས་པ་དང་རྒྱལ་གླིང་ཚོགས་པ་གཉིས་ཀར་དགེ་འདུན་གཅིག་ཀྱང་མེད་ལ། དགོན་དེ་གཉིས་ལ་དཀོར་གཉེར་བ་རེ་ཡོད་པ་དང་། དེ་ལས་ཚོང་འདུས་ཚོགས་པ་ནི་བདག་སྐྱོང་ཞན་པའི་སྐབས་ཀྱིས་དགོན་སྟོང་ཙམ་དུ་གྱུར་ཅིང་། རྒྱལ་གླིང་ཚོགས་པ་འདི་ཉིད་ནི་ཡར་རྒྱབ་པའི་མི་རྒྱུད་དུ་གྲགས་པའི་དགའ་ཚལ་སྤྲུག་དགོན་པའི་སྤྲུལ་སྐུ་འཇིགས་མེད་དཔལ་ལྡན་བཟང་པོས་འཛིན་སྐྱོང་ལེགས་པར་གནང་ནས་གདའ།

མདོར་ན་ཁ་ཆེ་པཎ་ཆེན་ལས་བརྒྱུད་པའི་ཚོགས་སྡེ་བཞི་འདི་ལ་དེབ་སྟོན་དུ་ཚོགས་པ་གསུམ་གྱི་མཚན་ཐོ་ལས་མི་གསལ་བ་ཕུད། སྟོན་གྱི་ཡི་གེ་རྣམས་སུ་

ཚོགས་སྡེ་བཞི་ནི་ཚོགས་ཆེན་དང་དགེ་འདུན་སྨད། ཆོས་ལུང་དང་བྱེ་རྫིང་ཞེས་ཡུག་གཅིག་ཏུ་བཤད་ཀྱང་། འཇམ་དབྱངས་མཁྱེན་རྩེའི་དབང་པོའི་དབུས་གཙང་གནས་ཡིག་ཏུ། "སྤྱིར་ཁ་ཆེ་པཎ་ཆེན་གྱི་ཚོགས་སྡེ་བཞི་ཞེས་པ་ནི་སྣེའུ་གདོང་གི་རྩེ་ཚོགས་པ། གྲྭ་ཕྱི་ཚོང་འདུས་ཚོགས་པ། གྲ་ནང་རྒྱལ་གླིང་ཚོགས་པ། གཙང་ཆོས་ལུང་ཚོགས་པ་རྣམས་ཡིན།"①ཞེས་བྱུང་མོད། ཁོ་བོས་སེམས་ན་དེབ་སྔོན་དང་འཇམ་དབྱངས་མཁྱེན་བརྩེ་དབང་པོའི་དགོངས་པ་ཙུང་མི་མཐུན་པའི་ཆ་འདུག་པཎ་ཆེན་བསོད་སྙོམས་པའི་ལྷ་བ་ནི་དབུ་མ་ཆེན་པོར་འཐད་པར་འདུག་ཅིང་། བྱང་རྡོར་རྣམ་གཉིས་ཀྱི་སློབ་བརྒྱུད་པ་རྣམས་ཀྱི་ལྟ་བ་ཅི་ཞིག་ལ་མོས་མིན་རང་གཞུང་དང་རྣམ་ཐར་སོགས་སུ་དེ་སྐོར་དཔྱད་པ་མི་མཇལ་བས་རང་སྟོབས་སུ་ཁ་ཚོན་གཅོད་པར་མི་ནུས་མོད། སྤྱིར་སྐབས་དེ་ཤེད་ཙམ་ན་བྱོན་པའི་བྱང་རྡོར་རྣམ་གཉིས་ཀྱི་སློབ་བརྒྱུད་ཀྱི་མཁས་པ་རྣམས་ལྟ་བ་གཙོ་བོ་དབུ་མ་རང་རྒྱུད་པ་ཤས་ཆེ་བ་དང་། དེ་ལས་ཀྱང་རྣལ་འབྱོར་སྤྱོད་དབུ་མ་རང་རྒྱུད་པ་ལ་ཉམས་བཞེས་མཛད་པ་མིན་ནམ་སེམས། དེ་ལྟར་སྨྲ་དོན་ནི་མཁས་པ་དེ་དག་ཕལ་ཆེ་བ་བཀའ་བརྒྱུད་དང་ས་ལུགས་ཀྱི་མཁས་པ་ཡིན་པ་དང་། ས་ལུགས་ཀྱི་མཁས་པ་ས་རྗེ་སྲས་སོགས་ནི་རྗོག་ལོའི་དངོས་སློབ་ཡིན་པའི་ཕྱིར་ན་མཁས་པ་དེ་དག་གི་ལྟ་བའི་ཞེ་ཕུགས་སྔར་གྱི་གཞུང་གི་མཁན་པོའི་གསུང་རིས་ལ་བལྟོས་ན་རྣལ་འབྱོར་སྤྱོད་པའི་དབུ་མ་རང་རྒྱུད་དུ་མཁས་པ་རྣམས་ཀྱིས་བཤད་དོ། །

---

① འཇམ་དབྱངས་མཁྱེན་བརྩེ་དབང་པོའི་གསུང་འབུམ་པོད་ཉེར་བཞི་པ། ཡ་པ། ཤིང་དཔར། ཤ 161

དཔེ་རིས་དང་པོ། ཇོ་བོ་རྗེས་བཏབ་པར་གྲགས་པའི་ཚ་ཚ།

དཔེ་རིས་གཉིས་པ། གཞུང་སྟག་དཀར་ཤུག་གམ་ཇོ་བོ་རྗེའི་སྒྲུབ་ཕུག

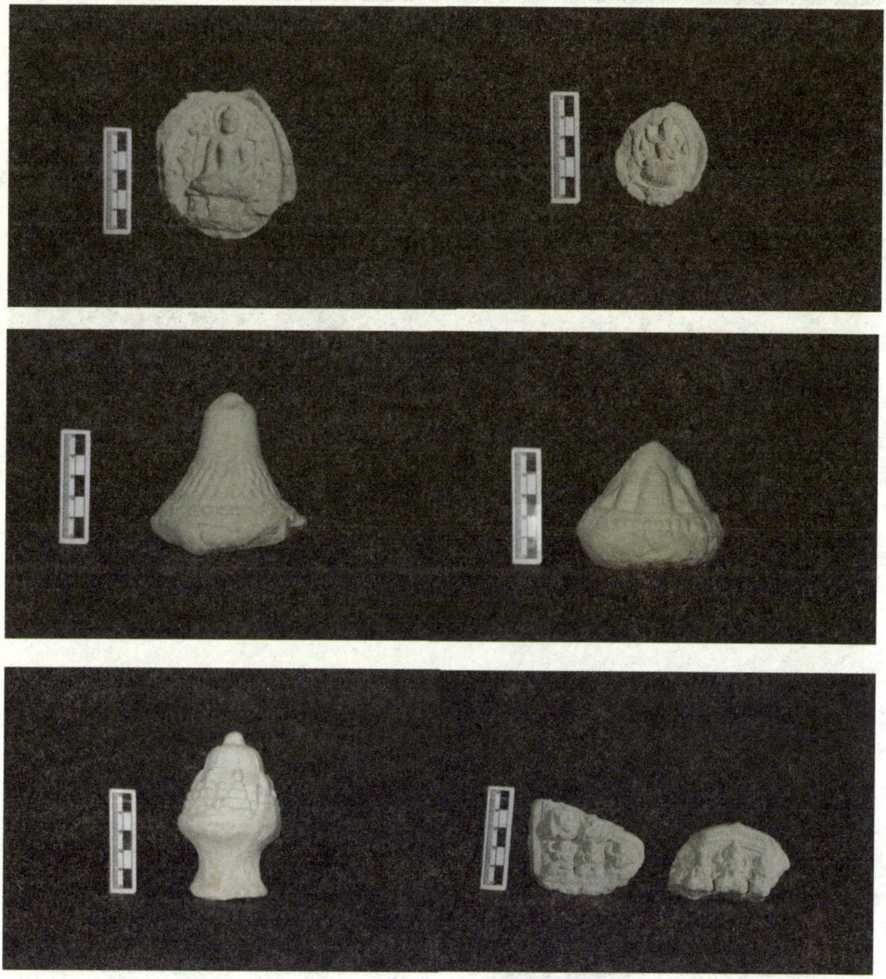

དཔེ་རིས་གསུམ་པ། དོལ་གསེར་སྣོད་ནས་ཐོན་པའི་ཚ་ཚ།

དཔེ་རིས་བཞི་པ། རྗེ་མར་པའི་འཁྲུངས་གཞིས།

དཔེ་རིས་ལྔ་པ། གཞུང་གི་ཉ་མོ་སྐྱུར།

དཔེ་རིས་དྲུག་པ། དྲང་སྲོང་སྲིན་པོ་རི་དགོན། གཡས་ངོས།

དགོན་དེའི་བྱང་གི་རི་ལྡེབས་སུ་ཆགས་པའི་ཁ་ཆེ་པཎ་ཆེན་གྱི་སྒྲུབ་ཕུག གཡོན་ངོས།

དཔེ་རིས་བདུན་པ། གྲ་རྒྱལ་གླིང་ཚོགས་པ་ན་བཞུགས་པའི་ཁ་ཆེ་པཎ་ཆེན་དང་པཎ་ཆུང་བདུན་གྱི་རྡོ་སྐུ།

དཔེ་རིས་བརྒྱད་པ། གྲ་རྒྱལ་གླིང་ཚོགས་པ་ན་བཞུགས་པའི་ཁ་ཆེ་པཎ་ཆེན་གྱི་ཧྲ་སྐུ།

དཔེ་རིས་དགུ་པ། གནུབས་ཆོས་ལུང་།

དཔེ་རིས་བཅུ་པ། སྐྱི་མོ་དགེ་འདུན་སྒང་།

དཔེ་རིས་བཅུ་གཅིག་པ། སྣེ་གདོང་རྩེ་ཚོགས་པ་དང་དགོན་དེར་བཞུགས་སུ་གསོལ་བའི་སྒྲོལ་ཆོག་གི་དཔེ་ཆ།

དཔེ་རིས་བཅུ་གཉིས་པ། པ་སྣམ་སྒྲོས་ཁང་ཚོགས་པ།

དཔེ་རིས་བཅུ་གསུམ་པ། གྲ་ཕྱི་ཚོང་འདུས་ཚོགས་པ།

དཔེ་རིས་བཅུ་བཞི་པ། གྲྭ་ནང་རྒྱལ་གླིང་ཚོགས་པ།

# ལེའུ་བཞི་པ། གྲ་རྡོལ་གཞུང་གསུམ་དུ་བསྟན་པ་ཕྱི་དར་དུས་ས་འབྲུག་རྫོ་དགེ་བཞིའི་ལྷ་གྲུབ་དར་རྒྱལ་སྐོར་གྱི་དཔྱད་པ།

བསྟན་པ་ཕྱི་དར་འདིར་བོད་དུ་སངས་རྒྱས་ཆོས་ལུགས་ཀྱི་ཆོས་བརྒྱུད་མང་དུ་དར་ཆེ་བ་དང་། པཎྜི་ཏ་གསེར་རིའི་ཕྲེང་བ་ལྟར་བྱོན་ནས་རྒྱལ་བསྟན་ཉི་མ་ཉུབ་པ་སྣང་ཡང་གངས་རིའི་གནས་འདིར་གསལ་བར་མཛད་ཅིང་། ཆོས་ཀྱི་སྤྱན་ལྡན་གྱི་སྐྱེས་བུ་དམ་པ་བསམ་གྱིས་མི་ཁྱབ་པ་བསྟན་དང་འགྲོ་བའི་དོན་དུ་གཞན་དོན་འབའ་ཞིག་གི་སྣད་སྟོན་སྨོན་ལམ་བཟང་པོའི་སྟོབས་ཀྱིས་བསྟན་པར་དག་ཐེར་རབ་དང་རིམ་པ་མཛད་ནས་ཕྱིས་བོད་འདིར་ཆོས་བརྒྱུད་ཆེན་པོ་བཞི་འམ་ལྷེར་བགྲང་བའི་ལུགས་ཤིག་དང་སྒྲུབ་བརྒྱུད་ཤིང་རྟ་ཆེན་པོ་བརྒྱད་ཀྱི་བཀའ་སྲོལ་ལེགས་པར་ཕྱེ་བ་མ་ཟད། རང་རང་ཆོས་བརྒྱུད་ཀྱི་ཟབ་ཁྱད་དང་མཁས་པ་གོང་མ་རྣམས་ཀྱི་རྣམ་ཐར་གཙང་མ་སྐྱོང་ཐུས་དང་ལུང་རིགས་རྣམ་པར་དག་པའི་སྒོ་ནས་གསུང་རབ་གླེགས་བམ་རི་བོའི་གཏོས་ལ་འགྲན་པའི་རྩོམ་པའི་ཁུར་ལྡི་མོ་བཞེས་པ་དང་། བསྟན་བཅོས་དགོངས་འགྲེལ་དེ་དག་ནི་ཟེར་སྒྲོས་དང་ལུང་རིགས་སྣ་རེ་ཙམ་གྱི་ངོར་མི་སོང་བར་དཔྱད་གསུམ་དག་པའི་ལམ་ནས་བཀོད་པའི་རྡོ་རྗེའི་གསུང་ཤ་སྟག་ཏུ་སོང་བའོ། །དེ་དག་རྣམས་ལ་རང་རང་གི་བརྒྱུད་པའི་སློབ་དཔོན་རེ་ཡོད་ལ། བོད་སྟོན་རྣམས་ཀྱི་རང་བཟོ་མིན་པར་བཤད་པའི་ཆ་འགོ་རྒྱ

གར་པཎ་གྲུབ་ཚད་ཐུབ་པ་རེ་རེ་ཡོད་པའི་སྟོབས་ཀྱིས་སྔ་ཕྱིར་སྔ་འགྱུར་རྙིང་མ་དང་། གསང་སྔགས་གསར་མ་རྣམས་ལ་བཀའ་བརྒྱུད་དང་བཀའ་གདམས་ས་སྐྱ་རྫོ་ནང་དགེ་ལུགས་ལ་སོགས་པའི་ཆོས་བརྒྱུད་དྲི་མ་མེད་པ་རྒྱལ་བའི་དགོངས་པ་མཐར་ཐུག་འགྲེལ་མཛད་ཀྱི་བསྟན་པའི་སྲོལ་འཛིན་པ་བྱུང་བ་རྣམས་ལས་རྙིང་མ་དང་བཀའ་གདམས་ཞི་བྱེད་སོགས་གོང་དུ་བཤད་པ་ལྟར་དང་། འདིར་ནི་གྲྭ་དཔོན་གཞུང་གསུམ་དུ་བསྟན་པ་ཕྱི་དར་ལ་ས་འབྲུག་རྫོ་དགེ་བཞིའི་མཁས་པ་རྣམས་ཀྱིས་བསྟན་པར་སྨིན་པའི་བྱས་པ་རླབས་པོ་ཆེ་ཇི་ལྟར་འཛོམ་ལུགས་དང་ངེས་དོན་མཁས་གྲུབ་ཀྱི་རྣམ་དཔྱོད་གློང་ཡངས་པོ་ལས་ཕྱུང་བའི་རང་རང་ལུགས་ཀྱི་ལྟ་དགོངས་ཀྱི་འཆད་ཉན་ཇི་ལྟར་སྤེལ་ལུགས་ལ་དོན་ཆེ་བ་བཞི་སྟེ།

## ས་བཅད་དང་པོ། ས་སྐྱ་པའི་གདམས་ངག་གྲྭ་དཔོན་གཞུང་གསུམ་པོར་ཁྲབ་རྩལ་སྐོར།

ས་སྐྱ་པའི་ཆོས་བརྒྱུད་འདི་ནི་བོད་ཀྱི་ཆོས་བརྒྱུད་བཞིའམ་ལྔར་གྲགས་པའི་ནང་གསེས་སུ་གཏོགས་ཤིང་། བོད་ཀྱི་ས་ཕྱོགས་ཕལ་ཆེ་བར་ས་སྐྱའི་བསྟན་པ་རིན་པོ་ཆེ་དར་ཏེ་རྗེ་བོ་ཤཱཀྱ་ཐུབ་པའི་དམ་ཆོས་དྲི་མ་མེད་པ་དག་པ་རྣམ་གསུམ་གྱི་སྒོ་ནས་གདངས་རིའི་ཞིང་དང་སྤང་གི་སྟོངས་སུ་མཁས་གྲུབ་ཉི་མ་དང་ཟླ་བ་འདྲ་བ་བྱོན་བཞེས་ཀྱི་བྱང་ཆུབ་སེམས་དཔའི་རྟོགས་བརྗོད་སྟོན་ན་མེད་པ་སྐྱོང་མཛད་ཀྱི་བཤད་སྒྲུབ་གཙང་མའི་རྣམ་ཐར་ཞི་ཐག་པ་ཉག་ཅིག་ཡིན་རབས་སྟོན་བྱུང་གི་གཏམ་དུ་གྲགས་སོ། །དཔལ་ལྡན་ས་ལུགས་ཀྱི་གདམས་པའི་རྒྱུ་འགོ་གྲུབ་ཆེན་གཡ་རྒྱ་རར་གཏུགས་ཤིང་། བརྒྱུད་པའི་སློབ་དཔོན་འབྲོག་མི་ལོ་ཙྪ་བར་བྱ་ལ། ལོ་ཙྪ་བ་དེ་ལ་འཁོན་གྱི་ཡབ་མེས་འཁོན་དཀོན་མཆོག་རྒྱལ་པོས་གདམས་པ་མནོས་

ནས་སྤེལ་བའི་ཆོས་བརྒྱུད་ཆེན་པོ་ཞིག་ཡིན་ནོ། །དེ་ཡང་ཡུལ་མིང་ཆོས་བརྒྱུད་ལ་ཐོགས་པར་བཤད་དེ། ཨ་ཀྱཱ་ཡོངས་འཛིན་བློ་བཟང་དོན་གྲུབ་ཀྱིས་མཛད་པའི་བོད་གངས་ཅན་ལྗོངས་སུ་བྱུང་བའི་གྲུབ་མཐའི་འབྱུང་ཁུངས་མདོ་ཙམ་བརྗོད་པར། "འཕོན་རིགས་དཀོན་མཆོག་རྒྱལ་པོས་འབྲོག་མིའི་དྲུང་། །གསང་སྔགས་གསར་འགྱུར་རྣམས་ལ་མཁས་པར་སྦྱངས། །ས་དཀར་དབུས་ཀྱི་ཡོགས་སུ་དགོན་པ་བཏབ། །དེ་ཕྱིན་ས་སྐྱ་པ་ཞེས་སྙན་པ་གྲགས། །"[①]ཞེས་དང་། ཐུའུ་བཀྭན་བློ་བཟང་ཆོས་ཀྱི་ཉི་མས། "མདོ་དང་རྒྱུད་སྡེའི་ཆ་ཤས་ཡོངས་རྫོགས་ཤིང་། །བཤད་སྒྲུབ་དྲི་མ་མེད་པའི་འོད་དཀར་གྱིས། །ཐུབ་བསྟན་ཀུ་མུད་བཞད་པའི་དཔལ་ཡོན་ཅན། །ས་སྐྱ་བར་གྲགས་གྲུབ་མཐའི་བྱུང་བ་སྨྲེང་། །"[②]གསུངས་པའི་ཕྱིར་ན། དཔལ་ལྡན་ས་སྐྱ་པའི་ཆོས་བརྒྱུད་འདི་མདོ་རྒྱུད་བསྟན་པའི་ལག་རྗེས་ལས་མཆེད་པ་ཞིག་ཡིན་པ་ལ་ཐེ་ཚོམ་གྱི་གཞི་མི་དགོས། ས་ལུགས་འདི་ལ་མཁས་པ་སའི་རྡུལ་དང་མཉམ་པར་བྱུང་ཡང་། གོང་མ་རྣམ་ལྔ་ནི་རྗེ་བའི་སློབ་དཔོན་དང་གོ་ཤཱཀྱ་གསུམ་ནི་མཁས་པ་ཆེན་པོ་གསུམ་དུ་བཤད་ལ། དེ་རྣམས་ཀྱི་བླ་མ་ནི་རོང་སྟོན་ཤཱཀྱའི་རྒྱལ་མཚན་ཞེས་པའི་མཁས་པ་སས་འདེགས་ཚད་ཅིག་བྱུང་བ་དེ་ལ་ས་ལུགས་པའི་ཕྱིས་བྱོན་གྱི་མཁས་གྲུབ་རྣམས་ཀྱིས་ཚད་ལྡན་དུ་བྱེད་པས་མཁས་པ་དེ་ཡང་ས་ལུགས་ཀྱི་བསྟན་པར་སྨྲ་དྲིན་སོ་སྐྱེའི་བསམ་བློར་བཙུད་དཀའ་བའི་རྣམ་བཞག་ཅིག་ཏུ་འདུག ས་ལུགས་ཀྱི་མཁས་པའི་དབུས་ན་ཆོས་བརྒྱུད་རིས་མེད་ཀྱི་མཁས་པ་ནི་བླ་མ་དམ་པ་བསོད་ནམས་རྒྱལ་མཚན་མཆོག་ཡིན་པ་དང་། བླ་མ་གང་དེའི་གསུང་

① ཨ་ཀྱཱ་ཡོངས་འཛིན་གྱི་བཀའ་འབུམ་བཞུགས་སོ། །སྨད་ཆ། ཀན་སུའུ་མི་རིགས་དཔེ་སྐྲུན་ཁང་། 2011ཤ
409

② ཐུའུ་བཀྭན་བློ་བཟང་ཆོས་ཀྱི་ཉི་མ། ཐུའུ་བཀྭན་གྲུབ་མཐའ། ཀན་སུའུ་མི་རིགས་དཔེ་སྐྲུན་ཁང་།
2010ཤ195

གི་མཐུས་བསྐྱངས་པ་ལ་མང་དུ་བྱུང་བས་ཡི་གེར་འཇིགས་ནས་མ་བྲིས་སོ། །སྐབས་སུ་བབས་པ་གྲྭ་དོལ་གཞུང་གསུམ་དུ་མཁས་པ་དེ་རྣམས་ཀྱི་ཁྲིད་ནས་བླ་མ་དམ་པ་བསོད་ནམས་རྒྱལ་མཚན་དང་རོང་སྟོན་གྱི་དངོས་སློབ་དྭགས་པོ་བཀྲ་ཤིས་རྣམ་རྒྱལ། ཇོར་ཆེན་དཀོན་ལྷུན་རྣམས་ཀྱིས་དཔལ་ལྡན་ས་སྐྱ་པའི་ཆོས་ཀྱི་ཕྱིན་ རླབས་བུམ་པ་གང་བྱོའི་ཚུལ་དུ་གནད་སྨིན་པའི་ངོར་སྐྱེ་འགྲོའི་གསོས་སུ་གྱུར་པ་བྱས་སོ། །

## དང་པོ། ས་སྐྱ་པའི་ལམ་འབྲས་ཀྱི་གཞི་རྐང་ཆགས་ལུགས་སྐོར།

ས་སྐྱ་པའི་ལམ་འབྲས་ཀྱི་ལྟ་བ་འདིའི་བཤད་པའི་འགོ་ནི་གྲུབ་ཆེན་བིརྺ་པ་ལས་རིམ་པར་སློབ་དཔོན་ཊ་མ་རུ་པ། ཨ་ཝ་དྷུ་ཏི། ག་ཡ་དྷ་ར། དེས་བོད་དུ་ཕྱོན་ནས་བླ་ཆེན་འབྲོག་མིར་གནང་། བླ་ཆེན་འབྲོག་མི་ལས་ལམ་འབྲས་མན་ངག་གི་བརྒྱུད་པ་མང་དུ་མཆེད་ཀྱང་། བརྒྱུད་པའི་བཀའ་བབས་འཁོན་དཀོན་མཆོག་རྒྱལ་པོར་བབས། དེ་ལས་རིམ་པར་བརྒྱུད་པའི་ས་སྐྱ་པ་ཡབ་སྲས་ཀྱིས་དར་ཞིང་རྒྱས་པར་མཛད་ནས་རྗེས་འབྲངས་ལ་གྲགས་ཆེ་བ་གོང་ངོར་ཚར་གསུམ་དུ་གྲགས། དེ་ལ་གསུང་ངག་ལམ་འབྲས་ཀྱི་ཆོས་འབྱུང་དང་ཐོག་ཕུབ་ཉིས་སྦྲགས་སུ། “ཕྱི་བྲག་ཏུ་གསུང་ངག་རིན་པོ་ཆེ་དར་ཚུལ་ལ། ཐོག་མར་རྗེ་ག་ཡ་དྷ་རས་སྤྲོལ་གཏོད་ཚུལ། བར་དུ་རྗེ་འབྲོག་མི་དཔོན་སློབ་ཀྱིས་སྤེལ་ཚུལ། མཐར་རྗེ་བཙུན་ས་སྐྱ་པ་ཡབ་སྲས་ཀྱིས་དར་ཞིང་རྒྱས་པར་མཛད་ཚུལ་ལོ། །”①ཞེས་གསུངས། འདིས་ལམ་འབྲས་ཀྱི་གདམས་པའི་བརྒྱུད་རབས་བསྟན་ཏོ། །ལམ་འབྲས་འདི་ཉིད་ཕྱིས་བརྒྱུད་པ་ཆེ་བ་གཉིས་སུ་བྱེ་སྟེ་ཚོགས་སློབ་གཉིས་སོ། །སློབ་བཤད་ཀྱི་བསྟན་པའི་རྩ་འགོ་ནི་བདག་ཆེན་རྡོ་རྗེ་འཆང་དང་ཚོགས་བཤད་ཀྱི་བཤད་པའི་བཀའ་སྲོལ་ངོར་ཆེན་རྡོ་རྗེ་

① འཇམ་དབྱངས་མཁྱེན་བརྩེ་དབང་ཕྱུག གསུང་ངག་ལམ་འབྲས་ཀྱི་ཆོས་འབྱུང་དང་ཐོག་ཕུག་ཉིས་སྦྲགས། བོད་ལྗོངས་མི་དམངས་དཔེ་སྐྲུན་ཁང་། 2012ཤ 37

འཆང་ལ་ཐུག་ཅིང་། ངོར་ཆེན་ཀུན་བཟང་ཡན་ལ་ཚོགས་བཤད་ཅེས་པའི་ཐ་སྙད་མ་བྱུང་། ངོར་ཆེན་གྱིས་སློབ་བཤད་དང་ཚོགས་བཤད་ཀྱི་རྣམ་གཞག་བྱས། དེ་ལས་བརྒྱུད་པ་མཆེད་དེ་ས་ལུགས་པའི་གསུང་ངག་ལམ་འབྲས་རིན་པོ་ཆེའི་གསུང་གི་སྣང་བས་གངས་ཅན་མུན་པའི་ཁམས་སུ་ཁྱབ་པར་མཛད། གསུང་ངག་ལམ་འབྲས་རིན་པོ་ཆེ་གྲ་དོལ་གཞུང་གསུམ་དུ་ཁྱབ་དུས་ནི་ས་སྐྱའི་སྲིད་དབང་དུས་མཇུག་ཏུ་ཐོག་མར་ཐར་ཐོར་ཙམ་དར་བ་ལོ་རྒྱུས་སུ་གསལ་བ་དང་། གཞི་རྒྱ་ཆེ་བ་ཕག་གྲུའི་དུས་སྐབས་སུ་ས་སྐྱའི་བླ་མ་དམ་པ་བསོད་ནམས་རྒྱལ་མཚན་གྱི་སྐུ་དུས་དང་། ཕྱིས་གོང་དཀར་རྡོ་རྗེ་གདན་པ་དང་སྣར་ཆེན་མཐུ་སྟོབས་དབང་ཕྱུག་གི་སྐུ་དུས་སུ་དར་ཞིང་རྒྱས་པར་མཛད་དོ། །དེ་ལ་ཤེས་བྱེད་ཡོད་དེ་ས་སྐྱའི་སྲིད་དབང་དུས་སུ་གྲ་དོལ་གཞུང་གསུམ་དུ་ས་ལུགས་ཀྱི་བསྟན་པ་དེ་ཙམ་དར་མི་ཐུབ་པའི་རྒྱུ་གཙོ་བོ་ནི་སྐབས་དེ་ཤེད་ཙམ་ན་གྲ་དོལ་གཞུང་གསུམ་དུ་གྲགས་པའི་སའི་ཆར་ཆོས་བརྒྱུད་ཁག་གི་ནང་ནས་ཤན་ཞུགས་ཆེ་ཤོས་ནི་བཀའ་བརྒྱུད་དང་ཡང་སྔོས་བཀའ་བརྒྱུད་ལས་འབྲི་ཚལ་གཉིས་སོ། །དེ་ཡང་ཞིབ་པར་བཤད་ན། གྲ་དོལ་གཞུང་གསུམ་གྱི་ས་ཆ་རྣམས་ལས་གྲ་ལ་ཕྱི་ནང་གཉིས་སུ་ཕྱེ་བའི་གྲ་ཕྱི་མན་འོལ་ཁ་དྭགས་པོ་སོགས་པའི་ས་ཆ་ནི་ཡུག་གཅིག་ཏུ་འབྲི་གུང་བཀའ་བརྒྱུད་པའི་ལྷ་སྡེར་སོང་ཞིང་། གྲ་ནང་དང་དོལ་གཞུང་ཕལ་ཆེ་བ་ཚལ་པའི་མི་སྡེར་སོང་བས་ཆོས་བརྒྱུད་ཀྱང་ཚལ་པ་བཀའ་བརྒྱུད་པའི་ཁོངས་སུ་གཏོགས་པ་ཆོས་འབྱུང་དང་རྣམ་ཐར་ཁག་ཏུ་གསལ། ས་སྐྱའི་དུས་མཇུག་ཙམ་སྟེ་དུས་རབས་བཅུ་བཞི་པའི་དུས་དཀྱིལ་དུ་བུ་སྟོན་རིན་པོ་ཆེས་རྩེད་ཐང་རྒྱལ་བརྒྱུད་དུ་མཛད་པ་སྤྱིལ་ནས་གྲ་ཐང་དང་གྲ་ཕྱི་ཐར་པ་གླིང་སོགས་པའི་གནས་གཞིར་ཆོས་བཤད་མང་དུ་མཛད་པ་ཙམ་ལས་གཞི་རྒྱ་ཆེ་བའི་ས་ལུགས་ཀྱི་གདམས་པ་ཐར་ཐོར་ཞིག་དར། གྲ་དོལ་གཞུང་

གསུམ་དུ་ས་ལུགས་ཀྱི་ཆོས་བརྒྱུད་དར་བ་མཛད་པོ་བླ་མ་དམ་པ་བསོད་ནམས་རྒྱལ་མཚན་ཡིན་ཞིང་། བླ་མ་གང་དེས་མཛད་འཕྲིན་བསྐྱངས་པའི་དུས་ཚིགས་ཕག་གྲུའི་སྲིད་དབང་གི་དུས་འགོར་སོང་ལ། ཡོ་རྒྱུས་ཐོག་ཏཱ་སི་ཏུ་བྱང་ཆུབ་རྒྱལ་མཚན་གྱིས་བླ་མ་དམ་པ་བསོད་ནམས་རྒྱལ་མཚན་རྩེད་ཐང་ཆོས་གྲྭ་ལ་སོགས་པར་གདན་དྲངས་ནས་བཤད་པའི་རྒྱུན་བསྐྱངས་པ་དང་ལམ་འབྲས་རྒྱུད་བརྟག་གཉིས་ཀྱི་བཤད་པའི་ཆོས་ཀྱི་གནང་སྦྱིན་གཏམས། གོང་དཀར་རྡོ་རྗེ་གདན་པའི་རྗེས་སུ་རྣམ་རབ་དྭགས་གྲྭ་དང་སྟག་ཚང་ལྷ་བ་སྨད་པ་སོགས་པའི་གནས་གཞིར་རིམ་གྱིས་ལམ་འབྲས་ཀྱི་ལྟ་བའི་རྒྱུན་ཚུགས། ལམ་འབྲས་ཀྱི་ཆོས་འདི་དཔལ་ལྡན་ས་སྐྱ་པའི་ཆོས་གཙོ་བོ་ཞིག་ཏུ་སོང་བས་ས་ལུགས་རྗེས་འབྲངས་པ་རྣམས་ཀྱིས་རྩལ་དུ་བཏོན་ནས་ལམ་འབྲས་ཀྱི་གསུང་རབ་རིན་པོ་ཆེ་ཆོས་བརྒྱུད་གང་དེའི་ལྟ་བའི་ཡང་རྩེར་བཤད་པ་ནི་ངེས་པ་དོན་གྱི་ལེགས་བཤད་ཅིག་ཏུ་མཐོང་། གསུང་ངག་ལམ་འབྲས་པའི་ལྟ་བ་ནི་མདོ་རྒྱུད་བསྟན་བཅོས་དགོངས་འགྲེལ་དང་བཅས་པ་དཔང་དུ་བཙུགས་ནས་དཔྱད་གསུམ་དག་པའི་ལུང་རིགས་བརྒྱ་ཕྲག་གི་སྒྲུབ་བར་ནས་ཐོན་པའི་ཐུབ་བསྟན་དམ་ཆོས་ཀྱི་སྙིང་པོའི་ལྟ་བའི་འགྲེལ་ཚུལ་རྣལ་མ་ཞིག་ཡིན་པས་ན། སྔར་གྱི་མཁས་པ་དག་གིས་དཔལ་ལྡན་ས་སྐྱ་པ་རྣམས་ཀྱི་མཐར་ཐུག་གི་ལྟ་བ་དབུ་མ་ཐལ་འགྱུར་བར་གསུངས་སོ། །དེ་ཡང་ས་ལུགས་ཀྱི་ལྟ་བ་ལ་བཤད་པ་མང་དུ་འདུག་མོད། མཁས་པ་རྣམས་ཀྱི་གསུང་གི་སྙིང་པོ་ཕྱོགས་གཅིག་ཏུ་འདུས་ན། མདོ་སྔགས་གཉིས་ཀྱི་ལུགས་སུ་འདོད་དེ། མདོ་ལུགས་ཀྱི་ལྟ་བ་དང་མན་ངག་བརྒྱུད་པ་ལ་གཉིས་ཏེ་ཀླུ་སྒྲུབ་དང་བྱམས་པའི་མན་ངག་ལྟར་སྒོམ་པའི་རྣམ་གཞག་ཏུ་བྱེད་ལ། ས་སྐྱ་པའི་ལྟ་བའི་ཡང་རྩེ་ནི་གསལ་སྟོང་འཛིན་མེད་དམ་འཁོར་འདས་དབྱེར་མེད་ཀྱི་ལྟ་བར་བྱེད་པས་དེ་ནི་སྔགས་ལུགས་ཀྱི་ལྟ་བའི་བཞེད་

ཚུལ་ཡིན་ཏེ། ཐུའུ་བཀྭན་གྲུབ་མཐར། “རྫོགས་ལུགས་ཀྱི་ལྟ་བ་ནི། སེམས་ཀྱི་གནས་ལུགས་རྟོགས་པའི་ལྟ་བ་ཡིན་པས། དེ་ལ་སྒྱུང་བ་འདོན་པ་ལ་ཁྱད་གཞི་སེམས་ངོས་ཟིན་དགོས་པས་ཐོག་མར་སེམས་བཙལ། དེ་གསལ་སྟོང་ཟུང་འཇུག་ཏུ་ངོ་སྤྲད། དེའི་ནང་ནས་གཉུག་མའི་ཡེ་ཤེས་ལྷན་སྐྱེས་ཀྱི་སེམས་མཇུབ་ཚུགས་སུ་ངོས་བཟུང་། དེའི་དོན་སྒོམ་པས་ཉམས་སུ་བླངས་ཏེ། སེམས་འཕྲུལ་འཁྲུམས་སུ་མི་འཚོར་བར་ཅི་སྣང་ཡེ་ཤེས་ཀྱི་རོལ་བར་འཆར་བ་དང་། འཕྲུལ་སྣང་ཤར་སྲིད་ནའང་ལྟ་བའི་དྲན་འདུན་གྱིས་ཆབ་རོམ་ཆུར་ཞུ་བ་ལྟར། འཕྲུལ་སྣང་ཐམས་ཅད་ཡེ་ཤེས་ཙམ་དུ་འཆར་བར་བྱེད་པ་ནི་གསང་ཆེན་སྙིང་ཐིག་བཤད་ལུགས་ཀྱི་ལྟ་བའི་བཞེད་ཚུལ་ལོ། །”[①]ཞེས་གསུངས་པ་འདི་ཉིད་དུས་ཕྱིས་དར་ཆེ་བར་སྣང་ཞིང་། གསལ་སྟོང་འཛིན་མེད་ཀྱི་བརྡ་སྦྱོར་མཁན་པོ་སློབ་བཤད་པ་རྣམས་ཀྱི་སློབ་དཔོན་གྱིས་བྱས་པ་དང་། འཁོར་འདས་དབྱེར་མེད་ཅེས་པ་འདི་བླ་ཆེན་འབྲོག་མི་ལས་ལེགས་པར་བརྒྱུད་པའི་མན་ངག་འཕྲུལ་མེད་ཅིག་ཡིན་པའོ། །

## གཉིས་པ། གསང་ཕུ་སླེང་སྣད་དང་སྟག་ཚང་རྭ་སྣད་ཀྱི་ཤུགས་རྐྱེན་ཐེ་ ལྟར་ཐེབས་ལུགས་སྐོར།

སྟག་ཚང་རྭ་བ་སྣད་པ་ནི་གསང་ཕུ་སླེང་སྣད་ལས་མཆེད་པའི་གྲྭ་ཚང་ཞིག་ཡིན་དགོན་དེའི་གནས་ཡུལ་ནི་གྲ་དོལ་གཞུང་གསུམ་དུ་གྲགས་པའི་གཞུང་སྐྱིད་གཤོངས་ཀྱི་སར་ཆགས་ལ། དགོན་སྡེ་དེ་ཕྱག་འདེབས་དུས་ནི་སྤྱིར་བཏང་པའི་དབང་དུ་བྱས་ན་གོང་དཀར་ཆོས་སྡེ་ཆགས་པའི་རྗེས་སུ་ཡིན་པར་འདོད། དེ་ལྟར་སྨྲ་བ་ལ་རྒྱུ་མཚན་ཡོད་དེ། ཕག་གྲུའི་འགོ་སྟོད་དང་ས་སྐྱའི་སྲིད་དབང་གི་མཇུག

① ཐུའུ་བཀྭན་བློ་བཟང་ཆོས་ཀྱི་ཉི་མ། ཐུའུ་བཀྭན་གྲུབ་མཐའ། ཀན་སུའུ་མི་རིགས་དཔེ་སྐྲུན་ཁང་། 2010ཤ226

མཚམས་སུ་གྲྭ་དོལ་གཞུང་གསུམ་གྱི་སའི་ཁྱོན་འདིར་ས་ལུགས་ཀྱི་དགོན་སྡེ་གྲྭ་ཐང་དང་། སྲིན་པོ་རིར་ཆགས་པའི་རིགས་ལྔ་ལྷ་ཁང་དེ་གཉིས་ལས་མེད་པ་དང་། ཕག་གྲུའི་དུས་དཀྱིལ་ཙམ་དུ་གྲྭ་དོལ་གཞུང་གསུམ་ལས་གཞུང་གི་ས་དང་མི་རིང་བའི་གནས་སུ་སྤྱི་ལོ་1464ལོར་རྫོང་པ་ཀུན་དགའ་རྣམ་རྒྱལ་གྱིས་གོང་དཀར་ཆོས་སྡེ་ཕྱག་བཏབ་རྗེས་གཞི་ནས་ངེས་པ་དོན་གྱི་ས་ལུགས་ཀྱི་ཆོས་སྡེ་ཆེན་པོ་ཞིག་བྱུང་བར་བརྟེན་རིམ་གྱིས་ས་ལུགས་ཀྱི་བསྟན་པ་གྲྭ་དོལ་གཞུང་གསུམ་གྱི་སའི་ཁྱོན་དུ་དར་ཞིང་རྒྱས་པའི་དབུ་བརྙམས། འདིར་ནི་གཙོ་བོ་ས་ལུགས་ཀྱི་དགོན་པ་ལས་གཞུང་ཁུལ་དུ་ཆགས་པའི་སྟག་ཚང་ར་བ་སྨད་པ་དང་། རྣམ་རབ་དྭགས་པོ་གྲྭ་ཚང་གི་རྣམ་གཞག་བཤད་པར་བྱའོ། །དོན་དུ་ན་གཞུང་ཁུལ་དུ་ས་ལུགས་ཀྱི་གནས་གཞི་ཆེ་བ་གཉིས་བྱུང་བའི་མཐུན་རྐྱེན་ནི་རྫོང་པའི་མི་བརྒྱུད་རྣམས་ཀྱིས་བསྐྱུན་པ་ལ་ཐེ་ཚོམ་མེད། རྫོང་པ་ཡབ་སྲས་ཀྱི་གོང་རོལ་ན་གཞུང་གི་ས་ནི་ཚལ་པ་བཀའ་བརྒྱུད་པའི་དབང་མཛད་དུ་སོང་གཤིས། གནས་དེ་ན་ཆོས་བརྒྱུད་ཤས་ཆེ་བ་རྗོག་འབྲུག་ལ་སོགས་པའི་བཀའ་བརྒྱུད་པའི་ཆོས་བརྒྱུད་ཁག་གི་གནས་གཞིར་སོང་བ་དེང་སང་མཇལ་དུ་ཡོད་པའི་དགོན་རོ་དག་ལས་ཤེས་སོ། །སྤྱིར་སྟག་ཚང་ར་བ་སྨད་པ་དང་རྣམ་རབ་དྭགས་གྲྭའམ་མཐོང་སྨོན་གྲྭ་ཚང་འདི་གཉིས་གཞུང་ཁུལ་གྱི་ས་ཆར་སླེབས་པའི་དུས་རགས་པའི་དབང་དུ་བྱས་ན་ད་ལམ་སྡེ་པ་སྣེའུའི་སྐབས་སྟེ། སྡེ་པ་སྣེའུའི་ཁ་རྗེ་དབང་ཐང་རྒྱས་ནས་གསང་ཕུ་ལ་སོགས་པའི་གནས་གཞི་མང་དག་ཅིག་ན་སྔ་དུས་ཆོས་བརྒྱུད་མང་དུ་འདུས་པའི་བསྟི་གནས་ཕལ་ཆེ་བ་དགེ་ལུགས་པའི་གནས་གཞི་གཙང་མར་བཅོས་ཏེ་རིམ་གྱིས་ཕྱར་གྱི་ས་སྐྱ་དང་། རྙིང་མ་ལ་སོགས་པའི་ཆོས་བརྒྱུད་གཞན་རྣམས་གསང་ཕུ་སོགས་པའི་གནས་གཞི་ནས་གྱེས་ཏེ་རང་རང་གི་ཆོས་བརྒྱུད་དར་ཆེ་བའི་སར་སོང་བ་དང་སྦྲགས་གནས

དེ་རྣམས་སུ་སླར་གནས་གཞི་གསར་པ་རེ་བཟུང་ནས་ལུང་རྟོགས་ཀྱི་བསྟན་པ་སྤེལ། སྐབས་དེ་ཤེད་ཙམ་ན་གསང་ཕུ་ནེའུ་ཐོག་གི་དགོན་ན་ས་སྐྱ་དང་རྙིང་མ། བཀའ་གདམས། དགེ་ལུགས་སོགས་པ་མང་དུ་ཡོད་པ་ལས་ཤས་ཆེ་བའི་དབང་དུ་བྱས་ན་ས་དགེ་གཉིས་སུ་སོང་བ་དང་། གསང་ཕུར་གླིང་སྟོད་སྨད་གཉིས་སུ་བྱས་པའི་གླིང་སྟོད་སྨད་གཉིས་ཀར་ས་ལུགས་ཀྱི་གནས་གཞི་ཡོད་སྐབས་དུས་ཕྱིས་ནི་གསང་ཕུ་ལས་གྱེས་ཏེ་རང་རང་གླིང་ཁོངས་ཀྱི་མིང་ཟུར་ཙམ་འཁྱེར་ནས་དགོན་སྡེ་གསར་དུ་བཏབ་དུས་མིང་དུ་གདགས་པར་མཛད་དོ། །གཞུང་ཁུལ་དུ་ས་ལུགས་ཀྱི་དགོན་སྡེ་ཆེན་པོ་གཉིས་ཡོད་པའི་རྒྱུ་གཙོ་བོ་གཅིག་སྡེ་པ་སྣེའུས་དགེ་ཕྱོགས་ཀྱི་ཆོས་བརྒྱུད་ལ་གཙིགས་ཆེན་དང་ཆོས་བརྒྱུད་གཞན་པ་མཉམ་པར་མི་འཛོག་པའི་ལུགས་མཆིས་པ། གཉིས་ནས་གོང་དཀར་རྡོ་རྗེ་གདན་པ་ཡབ་སྲས་ཀྱིས་ས་ལུགས་པའི་གནས་གཞི་བཟུང་ནས་གཞུང་གི་ས་ཆ་གཞིས་ཀ་གོང་དཀར་གྱི་ཆབ་འོག་ཏུ་བཙུད་པ། གསུམ་དུ་གཞུང་གི་ས་ཆ་ནི་དུས་ཕྱིས་ཡར་གོང་གཉིས་ལས་གོང་དཀར་རྫོང་གི་ས་ཁོངས་ཡིན་པ་ལ་སོགས་པའི་དབང་གིས་སྲིད་དབང་གི་ཁྱབ་ཁོངས་ཆ་ནས་ས་སྐྱ་པའི་གནས་གཞི་ཆེན་པོ་རྣ་བ་སྨད་དང་། རྣམ་རབ་དྭགས་གྲྭ་དགོན་གཉིས་གཞུང་གི་ས་ན་ཆགས་ལ། ཁྱད་པར་རྫོང་པ་ཀུན་དགའ་རྣམ་རྒྱལ་ཡབ་སྲས་ཀྱི་རྒྱབ་སྐྱོར་མཐའ་གཅིག་ཏུ་ཐོབ་པའི་རྐྱེན་ཡོངས་སུ་རྫོགས་པ་ཚང་བའི་ཕྱིར་ན། གསང་ཕུའི་རིག་གནས་ཀྱི་རླབས་རྒྱུན་གཞུང་གི་ཁུལ་དུ་གཞི་རྒྱ་ཆེ་བའི་སྒོ་ནས་ཁྱབ་པ་མ་ཟད། ས་ལུགས་ཀྱི་གསུང་ངག་ལམ་འབྲས་པའི་ལྟ་བ་ཡང་གནས་དེར་དར་ནས་རྒྱས་པར་མཛད་དོ། །

གསང་ཕུ་གླིང་སྟོད་སྨད་གཉིས་ནི་སྔར་གྱི་དུས་སུ་སྐྱིད་སྡུག་གཅིག་ཏུ་སོང་མོད་དུས་ཕྱིས་ཕྱོགས་གཉིས་སུ་གྱེས་ནས་གླིང་སྟོད་སྨད་ཀྱི་མཚན་ཆགས། གླིང་

སྟོད་སྨད་ནི་གསང་ཕུའི་འདུ་ཁང་ལྟེ་བར་གྱུར་པའི་འདུ་ཁང་གི་སྟོད་དུ་ཆགས་པའི་གྲྭ་ཁག་རྣམས་ལ་གླིང་སྟོད་དང་། སྨད་དུ་འཆའ་བའི་གྲྭ་ཁག་དག་ལ་གླིང་སྨད་ཅེས་བརྗོད་སྲོལ་མཆིས། གླིང་སྟོད་སྨད་ནི་གསང་ཕུའི་གདན་རབས་གཙང་པ་འཇམ་སེང་གི་སྐུ་དུས་གྱིས་ཏེ། གསང་ཕུའི་གདན་རབས་རབ་གསལ་མེ་ལོང་དུ། "ཚ་པའི་རྗེས་སུ་བརྩེགས་དབང་ཕྱུག་སེང་གེས་ལོ་ལྔ། གཙང་པ་འཇམ་སེང་གིས་ལོ་བཅུ་གསུམ། འདིའི་དུས་གླིང་སྟོད་གླིང་སྨད་གྱིས་ཤིང་། གྱིས་ལུགས་ཡང་། ཁ་ཅིག་དཀྱིལ་པ་དར་པ་བཟང་པོ་འཇམ་སེང་ལ་མ་འདུན་པས་གྱིས་ཟེར། ཁ་ཅིག་གཙང་པ་འཇམ་སེང་གིས་ཛམ་ཅན་ནེའི་དུས་དཔོན་པོ་ཛོ་འཕུར་གྱི་བདག་རྐྱེན་ལ་བསྟེན་ནས་བཤད་གྲྭ་ལོགས་སུ་བཙུགས་པས་གྱིས་ཟེར།"①ཞེས་གསུངས་པ་འདི་ཉིད་སྔར་གྱི་ཡི་གེ་རྙིང་པ་རྣམས་སུ་གསལ་བ་དག་དཔྱད་གཞིའི་ཚུལ་དུ་གཞུང་སྒྲིག་པ་ཙམ་ལས་གདན་རབས་མཛད་པོས་འདི་འཐད་དང་མི་འཐད་ཀྱི་དཔྱད་པ་ནི་མ་མཛད། དོན་དུ་ལོ་རྒྱུས་ཕལ་ཆེ་བར་གཙང་པ་འཇམ་སེང་དང་དཀྱིལ་པ་གཉིས་ཞལ་མ་མཐུན་ནས་སོ་སོར་གྱེས་པའི་ལུགས་དེ་ག་བཤད་པ་མཛད་པ་ཤས་ཆེ། སྟག་ཚང་ར་བ་སྨད་པ་ནི་གླིང་སྟོད་སྨད་གཉིས་སུ་གྱུར་པའི་གླིང་སྨད་པའི་གྲྭ་ཚང་ཞིག་ཏུ་འདུག་ལ། གྲྭ་ཚང་འདི་ཉིད་ནི་གསང་ཕུའི་གདན་རབས་སོ་ལྔ་པ་གླིང་སྨད་པཎྜི་ཏ་ཤེས་རབ་དཔལ་ལྡན་གྱི་སྐུ་དུས་སུ་ཐོག་མར་བྱུང་བས། དུས་ཕྱིས་ར་བ་སྨད་པའི་གསོལ་འདེབས་སོགས་སུ་རྗེ་འདི་ཉིད་རྩ་བར་མཛད་ཕྱིན་ཁ་ཅིག་གིས་རྗེ་འདི་པས་དེང་སང་གོང་དཀར་རྫོང་དུ་ཆགས་པའི་ར་སྨད་དགོན་འདི་ཉིད་གོང་དཀར་གྱི་ཡུལ་དུ་ཕྱག་བཏབ་ཟེར་བ་དང་། ཁ་ཅིག་གིས་ར་སྨད་གདན་

① རིན་ཆེན་འབྱོར་ལྡན། དཔལ་ལྡན་གསང་ཕུའི་གདན་རབས་རབ་གསལ་མེ་ལོང་ཞེས་བྱ་བ་བཞུགས་སོ། བྲིས་མ། ཤ 19

རབས་བཅུ་གཉིས་པ་སྟག་ཕྲུག་ནོར་བུ་ལྷ་རྒྱལ་གྱི་སྐབས་སུ་གནས་སྤོས་པར་བཤད། འདིར་ནི་ན་བ་སྨད་པའི་གདན་རབས་བཅུ་པ་རྗེ་འཕྲིན་ལས་དཔལ་འབྱོར་གྱི་སྐུ་དུས་སུ་གནས་གཞི་གསར་དུ་སྤོས་པར་འདོད། དེ་ལ་རྒྱུ་མཚན་བཤད་དུ་ཡོད་དེ། ན་བ་སྨད་པའི་གནས་གཞི་ནི་ཐོག་མར་གསང་ཕུ་ནེའུ་ཐོག་དགོན་རང་དུ་ཡོད་པ་དང་། རྗེ་ཤེས་རབ་དཔལ་ལྡན་འདི་ཉིད་ན་བ་སྨད་པའི་གདན་རབས་དང་པོ་ཡིན། དེ་ནས་བརྩིས་པའི་མཁན་ཐོག་བཅུ་པའི་སྐུ་དུས་སུ་ན་བ་སྨད་པ་གསང་ཕུ་ལས་ཡོགས་སུ་གྱེས་ཏེ་གཞུང་གི་ས་ཆར་གནས་གཞི་གསར་དུ་སྤོས་པས་དེང་སང་གི་ན་བ་སྨད་དགོན་འདི་ཉིད་བྱུང་བ་ལགས། རྒྱུ་མཚན་དེ་ཡི་ཕྱིར་ན་བ་སྨད་གྲྭ་ཚང་དང་ན་སྨད་དགོན་གཉིས་ཀྱི་མཁན་ཐོག་སོགས་གོ་འཛོལ་མེད་པར་ཞུ། ན་བ་སྨད་དགོན་ནི་ལོ་རྩིས་རགས་པའི་ངོར་བྱས་ན་སྤྱི་ལོའི་དུས་རབས་བཅོ་ལྔ་པའི་དུས་མཇུག་ཏུ་ཡིན་ངེས། ན་བ་སྨད་པ་ཞེས་པའི་ཐ་སྙད་འདི་ཉིད་ནི་ན་སྟོད་པའི་ཐ་སྙད་ལ་བལྟོས་ནས་བྱུང་བ་ཞིག་ཡིན་ཚུལ་ཆ་ཧར་དགེ་བཤེས་ཀྱིས་མཛད་པའི་རྗེ་ཙོང་ཁ་པའི་རྣམ་ཐར་དུ། "དེ་ཡང་སྟོན་ཇོ་བོ་རྗེའི་སློབ་མ་ལེགས་པའི་ཤེས་རབ་ཀྱིས་བཏབ་པའི་གསང་ཕུ་ནེའུ་ཐོག་དགོན་ལ། དགེ་ལུགས་ཀྱི་གྲྭ་ཚང་བཞི་དང་རྙིང་མའི་གྲྭ་ཚང་བདུན་ཆགས། དེ་ཡང་དགེ་ལུགས་པ་ལ་འགའ་ཞིག་གིས་ཟུར་ཟ་བྱས་པས་དགོན་པའི་སྟོད་ཀྱི་ངོས་སུ་རྫོའི་ར་བ་བརྩིགས་ནས་ཚོགས་འཚོགས་པས་ན་སྟོད་ཅེས་ཆགས་སོ། །"[①]ཞེས་གསལ་བར་གཞིགས་ན་ཚིག་ངོར་ས་ལུགས་པའི་གྲྭ་ཚང་མི་གསལ་ཡང་། དོན་དུ་སྐབས་དེ་ཤེད་ཙམ་ན་ས་ལུགས་པའི་གྲྭ་ཚང་ཡོད་སྐོར་རྣམ་ཐར་དང་ཆོས་འབྱུང་གཞན་རྣམས་སུ་གསལ། དེས་ན། ན་བ་སྨད་

① ཆ་ཧར་དགེ་བཤེས་བློ་བཟང་ཚུལ་ཁྲིམས། རྗེ་ཙོང་ཁ་པའི་རྣམ་ཐར་ཆེན་མོ། ཀྲུང་གོའི་བོད་རིག་པ་དཔེ་སྐྲུན་ཁང་། 2006 ཤ365–366

པ་ནི་རྭ་སྟོད་པའི་གནས་གཞི་ཆགས་ནས་དེའི་བརྙ་བྱུང་། ཐ་སྙད་དེ་ཉིད་བྱུང་དུས་ནི་གསང་ཕུའི་གདན་རབས་སོ་ལྔ་པའི་སྐབས་ཏེ་རབ་བྱུང་དྲུག་པ་དང་བདུན་པའི་མཚམས་དང་སྤྱི་ལོའི་དུས་རབས་བཅུ་བཞི་དང་བཅོ་ལྔའི་བར་དུ་ཡིན་ཞིང་། རྗེ་ཤེས་རབ་དཔལ་ལྡན་ནས་རྭ་སྨད་གདན་རབས་བཅུ་པ་རྗེ་འཕྲིན་ལས་དཔལ་འབྱོར་གྱི་སྐུ་དུས་སུ་རྭ་སྨད་པའི་དགོན་འདི་གསང་ཕུ་ནས་གོང་དཀར་དུ་གནས་གཞི་སྤོས་པའོ། །

རྭ་བ་སྨད་དགོན་འདིའི་ཐོག་མའི་མིང་ལ་ཐུབ་བསྟན་རིན་ཆེན་བཱི་དཀར་བསམ་གཏན་གླིང་ཞེས་བྱ་བ་དང་། དུས་ཕྱིས་ནི་ཐུབ་བསྟན་རྭ་བ་སྨད་དགོན་ནམ་སྟག་ཚང་རྭ་བ་སྨད་དགོན་ཞེས་བྱ། དེང་སང་རྭ་སྨད་དགོན་ཞེས་ཆགས། དགོན་འདི་ནི་གསང་ཕུ་ཐླ་ཁག་བཅུ་གཅིག་གླིང་སྟོད་སྨད་གཉིས་སུ་བྱས་པའི་གླིང་སྨད་པ་ལས་མཆེད། དགོན་འདིར་སྔ་ཕྱིར་མཁས་པའི་དབང་པོ་གྲངས་ལས་འདས་པ་བྱོན་མྱོང་ལ། མཁས་གྲུབ་དེ་རྣམས་ཀྱི་ཐུགས་རྗེའི་འཕྲིན་ལས་བོད་ཁམས་ཡོངས་སུ་ཁྱབ་པར་མཛད་པ་དང་། དེ་རྣམས་ལས་གྲགས་ཆེ་བ་ནི་གླིང་སྨད་པ་ཤེས་རབ་དཔལ་ལྡན་དང་གོ་བོ་རབ་འབྱམས་པ་བསོད་ནམས་སེང་གེ རྗེ་འཕྲིན་ལས་དཔལ་འབྱོར། སྟག་ཕྲུག་ནོར་བུ་ལྷ་རྒྱལ་དང་རྭ་སྨད་གདན་རབས་ཉེར་ལྔ་པ་ས་ལུགས་སྟན་བརྒྱུད་པའི་བདག་པོ་རྗེར་ཆེན་ཀུན་དགའ་ལྷུན་གྲུབ་སོགས་བསམ་ཞིང་བྱོན་ནས་དཔལ་ལྡན་ས་ལུགས་པའི་གདམས་པ་གཞུང་གི་ས་ཆར་རྒྱས་པར་མཛད། སྟག་ཚང་རྭ་བ་སྨད་དགོན་འདིར་ས་ལུགས་ཀྱི་གཞུང་གཙོ་བོ་ལམ་འབྲས་ཚོགས་སློབ་གཉིས་ཀའི་བཤད་པ་མཛད་མུས་ཐོག་གྲགས་ཆེན་བཅོ་བརྒྱད་འདི་ཉིད་གཙིགས་སུ་མཛད་ནས་ཐོས་བསམ་སྒོམ་གསུམ་གྱིས་ལམ་དུ་ཁྲིར་ཏེ་བསྟན་པའི་བྱ་བ་བསམ་གྱིས་མི་ཁྱབ་པའི་དགོངས་པ་ལྷུར་བཞེས་ཀྱི་བསྟན་པའི་རྗེས་འཇུག

མང་དུ་བྱུང་། སྔ་དུས་དགོན་དེར་བསྟུས་གྲྭ་ལ་སོགས་པའི་བཤད་པ་རྒྱས་སོད། དེང་སང་དེ་དག་གི་རྒྱུན་ཕལ་ཆེ་བ་རྩ་སྟོངས་སུ་སོང་། དེང་གི་ཆར་དགེ་འདུན་བཞི་བཅུ་ཙམ་བཞུགས། ཐུབ་བསྟན་རྣ་བ་སྣང་པའི་གདན་རབས་པ་རྣམས་ཀྱི་ལྷ་བ་དབུ་མ་བ་ཆེན་པོ་ཡིན་ཞེས་གསུངས་ལ། དོན་དམ་དུ་གསུང་ངག་ལམ་འབྲས་པའི་བདག་པོ་རྣམས་ཀྱི་ལྟ་བ་དབུ་མའི་ལམ་བཟང་དང་མཐུན་ཞེས་ཐུའུ་བཀྭན་རིན་པོ་ཆེས་གསུངས་སོ། །

### གསུམ་པ། གསང་ཕུ་གླིང་སྟོད་དང་རྣམ་རབ་དྭགས་པོ་གྲྭ་ཚང་གི་བཤད་པ།

རྣམ་རབ་མཐོང་སྨོན་གྲྭ་ཚང་ངམ་དྭགས་པོ་གྲྭ་ཚང་ནི་གསང་ཕུའི་ཚོགས་ཆེན་རྩིས་པའི་གླ་ཁག་བཅུ་གཅིག་གི་ཡ་གྱལ་གླིང་སྟོད་མཐོང་སྨོན་གྲྭ་ཚང་གི་གནས་གཞི་གསར་དུ་སྤོས་པ་ལས་བྱུང་བ་ཞིག་ཡིན། ཡོངས་གྲགས་སུ་རྣམ་རབ་དྭགས་གྲྭ་འདི་ཉིད་ཕྱག་འདེབས་པ་པོ་དྭགས་པོ་པཎ་ཆེན་བཀྲ་ཤིས་རྣམ་རྒྱལ་ཡིན་པར་གསུངས་ཀྱང་། དོན་དངོས་ཐོག་དགོན་དེ་ནི་ཐོག་མར་རྗོང་པ་ཀུན་དགའ་རྣམ་རྒྱལ་གྱི་ཉེ་གནས་ཤག་པ་ལེ་ནག་བརྒྱ་བྱིན་①གྱིས་ཕྱག་བཏབ་པ་འདི་ཉིད་ལོ་རྒྱུས་ཀྱི་དངོས་

① དཔལ་ལྡན་ས་སྐྱའི་གདངས་ཅན་མཛེས་པའི་རྒྱན་དགུའི་རྣམ་ཐར་པོད་དང་པོར་རྗོང་པ་ཀུན་དགའ་རྣམ་རྒྱལ་གྱི་རྣམ་ཐར་འཆད་པའི་སྐབས་ཕ་བླ་མ་དེའི་བཀའི་ཅོད་པཎ་གཙུག་ཏུ་བསྟེན་ཏེ། ཇི་ལྟར་བསྟལ་ཞེས་པའི་སྐུ་བསྟོད་ཅིག་མཛད། བཞེད་པའི་དོན་མ་ལུས་པ་སྒྲུབ་པ་ལ་ངལ་བ་མེད་པར་རྣམ་ཐོས་ཀྱི་བང་མཛོད་ལ་ལོངས་སྤྱོད་པ་ལྷ་བུའི་སྐུ་གསུང་ཐུགས་ཀྱི་རིམ་གྲོ་པ་ཉེ་གནས་ཆེན་མོ་བརྒྱ་བྱིན་སོགས་སོ། །ཞེས་ལྡུགས་དཔར་ཤོག་ངོས་486ནང་གསལ་ལ། རྣམ་རབ་ངག་དབང་ཐུབ་བསྟན། རྣམ་རབ་མཐོང་སྨོན་དྭགས་པོ་གྲྭ་ཚང་གི་ལོ་རྒྱུས་ཞེས་པར་རང་དགོན་རྣམ་རབ་དྭགས་གྲྭའི་ལྗིབས་རིས་རྙིང་པ་ལས་བྱུང་བའི་ལོ་རྒྱུས་དཔེ་དུམ་ཞིག་ལས་པཎ་ཆེན་བཀྲ་ཤིས་རྣམ་རྒྱལ་གྱི་མཛད་པ་བརྗོད་པའི་སྐབས་དེ་ནས་ཀྱང་གདུལ་བྱའི་ཡིད་ཀྱི་རེ་བ་སྐོང་ཕྱིར་ལ་སྟོད་ནས་དྭགས་ཀོང་ཡན་ཆོད་བར་ལ་བཏེགས་ནས་འཆད་ཉན་རྒྱ་ཆེར་མཛད་སྐབས་སྟོན་བསགས་ཀྱི་སྨིན་འབྲས་དུས་སྨིན་པའི་བསོད་ནམས་སྟོབས་ཀྱིས་མངའ་བདག་ཤག་པ་ལེ་ནག་བརྒྱ་བྱིན་དང་། ཞེས་ལྡུགས་དཔར་ཤོག་ངོས་25ནང་དུ་གསལ་བར་གཞིགས་ན་རྗོང་པ་ཀུན་དགའ་རྣམ་རྒྱལ་པའི་ཉེ་གནས་ཀྱིས་རྣམ་རབ་དྭགས་གྲྭའི་གནས་འདི་ཉིད་ཐོག་མར་བཞེངས་པར་ཤེས་ལ། དོན་དུ་དེ་ནི་སྔོན་དུས་བོད་ཀྱི་གཞིས་ཀ་ཕལ་ཆེ་བར་གཞིས་ཀའི་ནང་ལྷ་ཁང་ཆེ་ཆུང་མི་ཐེགས་པ་རེ་རེ་བཞེངས་སྲོལ་མཆིས་པའི་ལུགས་ལས་ཕྱིས་རྒྱ་བསྐྱེད་

གཞི་དང་མཐུན་པར་འདུག་པ་མ་ཟད། དྭགས་པོ་པཎ་ཆེན་གྱི་རྣམ་ཐར་དུ་རྣམ་རབ་དྭགས་གྲྭ་དགོན་བཞེངས་སྐོར་ཙམ་ཡང་མི་གསལ་ཞིང་། དྭགས་པོ་པཎ་ཆེན་གང་ཉིད་མཐོང་སྨོན་གྲྭ་ཚང་གི་མཁས་པ་ཡིན་པ་གང་ཞིག་གྲྭ་ཚང་གང་དེའི་གསེར་ཁྲིར་ལོ་བདུན་ཙམ་བཞུགས་པར་གྲགས་པ་དང་། དུས་ཕྱིས་རྒྱལ་བ་དགེ་འདུན་གྲུབ་ལ་གསེར་ཁྲི་ཕུལ་བ་རྣམ་ཐར་དུ་གསལ་བས་གསང་ཕུར་མཐོང་སྨོན་གྲྭ་ཚང་དར་ཞིང་རྒྱས་པ་ཡོད་བཞིན་ཡུལ་ཕྱོགས་གཞན་དུ་གནས་སྤོ་བའི་དགོས་པ་མ་མཆིས། གཞན་དུ་ན། ལར་རྣམ་རབ་མཐོང་སྨོན་དྭགས་པོ་གྲྭ་ཚང་གི་ལོ་རྒྱུས་ཞེས་པར་དྭགས་པོ་པཎ་ཆེན་གྱི་རྣམ་ཐར་འཆད་པ་ལ"དགོན་སྡེ་འདི་ཉིད་ཕྱག་བཏབ་ནས་ལོ་དྲུག་སོང་བ་བོད་རབ་བྱུང་བདུན་པའི་ཆུ་ཁྱི་སྟེ་སྤྱི་ལོ1442ལོར་གང་ཉིད་དགུང་གྲངས་ཞེ་ལྔའི་ཐོག་ཀུན་མཁྱེན་རོང་སྟོན་མཆོག་ནས་གང་གི་རྒྱལ་ཚབ་དམ་པར་མངའ་གསོལ།"①ཞེས་གསུངས་པར་དཔགས་ན། རྣམ་རབ་མཐོང་སྨོན་གྲྭ་ཚང་གི་གནས་གཞི་གཞུང་ཁུལ་དུ་གསར་དུ་སྤོ་བའི་དུས་ཚིགས་སྤྱི་ལོ1436ལ་བྱ་དགོས་པ་ལ་ས་ལུགས་ཀྱི་བསྟན་པ་གྲ་དོལ་གཞུང་གསུམ་གྱི་སའི་ཆར་གཞི་རྒྱ་ཆེ་བའི་སྒོ་ནས་དར་བའི་དུས་མཚམས་ནི་གོང་དཀར་རྡོ་རྗེ་གདན་པའི་སྐུ་དུས་སུ་བྱ་བས། སྐབས་དེ་ཤེད་ཙམ་ན་གཞུང་ལ་སོགས་པའི་ཕྱོགས་ན་ས་ལུགས་ཀྱི་བསྟན་པ་དེ་ཙམ་དར་མེད་ཀྱིན་རྣམ་རབ་དྭགས་གྲྭའི་གནས་གཞི་གཞུང་ཁུལ་དུ་གསར་དུ་བཏབ་པར་སྨྲ་ན་དོན་ལ་མི་གནས་པའི་གཏམ་དུ་ཟད་དོ། །རང་ལུགས་ལ་རྣམ་

ནས་དགོན་པར་འགྱུར་བ་སྐབས་དེ་ཤེད་ཀྱི་རྣམ་ཐར་སོགས་སུ་གསལ་བས་ན་རྣམ་རབ་དྭགས་གྲྭའི་གཞི་ཐོག་མ་རྗོད་པའི་ཉེ་གནས་ཀྱི་གཞིས་ཀའི་ལྷ་ཁང་ལས་མཆེད་པས་དྭགས་པོ་བཀྲ་ཤིས་རྣམ་རྒྱལ་གྱིས་བཞེངས་པའི་ཁུངས་མ་མཆིས་སོ། །

① རྣམ་རབ་ངག་དབང་ཐུབ་བསྟན། རྣམ་རབ་མཐོང་སྨོན་དྭགས་པོ་གྲྭ་ཚང་གི་ལོ་རྒྱུས། མི་རིགས་དཔེ་སྐྲུན་ཁང་། 2014 ཤ 35–36

རབ་དྭགས་པོ་གྲྭ་ཚང་འདི་ཉིད་ནི་གོང་དཀར་ཆོས་སྡེའི་རྗེས་སུ་ཕྱག་བཏབ་པར་འདོད་ལ། དུས་ཚིགས་ནི་ཕ་ལམ་སྤྱི་ལོ་1480ཡས་མས་ཙམ་དུ་བྱས་ན་སྟོན་བྱུང་གི་གཏམ་དང་མཐུན་པ་དང་ཕྱག་འདེབས་པ་པོ་ནི་རྫོང་པ་ཀུན་དགའ་རྣམ་རྒྱལ་གྱི་ཉེ་གནས་ཡིན། དེ་ཡང་རྫོང་པའི་ཉེ་གནས་དུས་ཕྱིས་འཁྱོར་པ་རྒྱུས་ནས་རྣམ་རབ་མཐོང་སྨོན་གྲྭ་ཚང་གི་གནས་གཞི་གསང་ཕུ་གླིང་སྟོད་ལས་གྱེས་དུས་གཞུང་ཁུལ་དུ་གསར་དུ་སྤོ་བར་ཕྱི་ནང་མཐུན་རྐྱེན་བླ་ན་མེད་པ་བསྐྲུན་པར་མཛད། མ་གཞི་རྣམ་རབ་དྭགས་གྲྭའི་ལྡེབས་རིས་སྙིང་པ་ཞིག་གི་ཡོགས་ན་དགོན་དེའི་ཕྱག་འདེབས་པ་པོ་དྭགས་པོ་པཎ་ཆེན་བཀྲ་ཤིས་རྣམ་རྒྱལ་ཡིན་པར་བཤད་མོད། ལྡེབས་རིས་ཀྱི་ཡོགས་སུ་གསལ་བའི་ཡི་གེ་ནི་དུས་ཀྱི་ཆ་ནས་དྭགས་པོ་པཎ་ཆེན་གྱི་སྐུ་དུས་སུ་མིན་པ་གང་ཞིག་རྗེས་འཇུག་པ་རྣམས་ཀྱིས་པཎ་ཆེན་གང་དེའི་ཆེ་བ་མངོན་པར་བསྟོད་པའི་སླད་དུ་མཛད་པ་ཞིག་ཏུ་སོང་། གཞན་དུ་ན། རྒྱལ་དབང་སྐུ་ཕྲེང་བཅུ་གསུམ་པ་ཐུབ་བསྟན་རྒྱ་མཚོས་རྣམ་རབ་མཐོང་སྨོན་དྭགས་པོ་གྲྭ་ཚང་ལ་བསྩལ་བའི་བཅའ་ཡིག་ཏུ། "དེ་ཡང་གཞུང་ལུགས་རབ་འབྱམས་སྨྲ་བའི་རིང་སྟོན་ཤཱཀྱ་རྒྱལ་མཚན་པའི་སློལ་སྐྱོང་བཀྲ་ཤིས་རྣམ་རྒྱལ་སོགས་དམ་པ་དུ་མའི་གདན་ས་རྣམ་རབ་མཐོང་སྨོན་དྭགས་པོ་གྲྭ་ཚང་།"[1]ཞེས་གསུངས་དོན་ནི་དྭགས་པོ་བཀྲ་ཤིས་རྣམ་རྒྱལ་ཉིད་རྣམ་རབ་དྭགས་པོ་གྲྭ་ཚང་གི་གཞི་དགོན་གྱི་གདན་ས་ཡིན་པའི་ཆ་ནས་མཚན་ནས་སྨོས་པ་གསལ་བ་དང་། གཞན་དུ། རྣམ་རབ་མཐོང་སྨོན་གྲྭ་ཚང་གི་བཅའ་ཡིག་བསྐྱར་ཞུའི་ས་བོན་དུ། "རིགས་འཛིན་པདྨ་ཀ་རས་ལུང་བསྟན་པའི་ཤར་དྭགས་པོའི་པཎྜི་ཏ་བཀྲ་ཤིས་རྣམ་རྒྱལ་ནས་སྟོན་གྱི་ཐུགས་བསྐྱེད་དམ་བཅའ་

① བཅའ་ཡིག་ཕྱོགས་བསྒྲིགས། བོད་རང་སྐྱོང་ལྗོངས་ཡིག་ཚགས་ཁང་གིས་བསྒྲིགས། བོད་ལྗོངས་མི་དམངས་དཔེ་སྐྲུན་ཁང་། 2013 ཤ 808

བཙན་པོས་བསྐུལ་བའི་དགོན་འདི་ལེགས་པར་བསྐྲུངས་ནས་རྣམ་རབ་མཐོང་སྨོན་གྲྭ་ཚང་ཞེས་མིང་བསྟུལ།”[1]ཞེས་བྱུང་བས་འདི་ནི་རྣམ་རབ་མཐོང་སྨོན་དྭགས་པོ་གྲྭ་ཚང་གི་གཞི་རྟེན་མཁས་པ་ཆེན་པོ་དྭགས་པོ་བཀྲ་ཤིས་རྣམ་རྒྱལ་སོགས་པའི་མཁས་གྲུབ་རིམ་བྱོན་རྣམས་ཀྱིས་བཏིང་བར་གོ་བ་ལས་མཁས་པ་གང་དེས་རྣམ་རབ་མཐོང་སྨོན་དྭགས་པོ་གྲྭ་ཚང་གི་གནས་གཞི་གཞུང་ཁུལ་དུ་གསར་དུ་སྤོས་པར་མི་འདོད། དེ་ཡང་རྣམ་རབ་མཐོང་སྨོན་དྭགས་པོ་གྲྭ་ཚང་ཞེས་པའི་མིང་འདི་ཉིད་ལ་དུས་ཀྱི་ཆ་ནས་འཕེལ་འགྱུར་གསུམ་དུ་བྱུང་སྟེ། ཐོག་མར་མཐོང་སྨོན་གྲྭ་ཚང་ཞེས་དང་། དེ་ནས་མཐོང་སྨོན་དྭགས་པོ་གྲྭ་ཚང་ཞེས་བྱུང་ལ། ཕྱིས་རྣམ་རབ་མཐོང་སྨོན་དྭགས་པོ་གྲྭ་ཚང་ཞེས་པའི་བརྡ་བྱུང་། དེ་ལ་མཐོང་སྨོན་གྲྭ་ཚང་ཞེས་པ་ནི་པཎ་ཆེན་གང་དེ་གསང་ཕུར་སློབ་གཉེར་དུ་ཕེབས་དུས་ནས་བྱུང་ཟིན་པ་རྗེ་གང་དེའི་རྣམ་ཐར་དུ་གསལ་བ་དང་། མཐོང་སྨོན་དྭགས་པོ་གྲྭ་ཚང་ངམ་དྭགས་པོ་གྲྭ་ཚང་ཞེས་པ་ནི་དྭགས་པོ་བཀྲ་ཤིས་རྣམ་རྒྱལ་གྲྭ་ཚང་གི་གདན་རབས་སུ་བྱོན་ནས་འཆད་ཉན་གྱི་སྲོལ་ཆེན་པོ་འཕེལ་ནས་མཚན་དེ་ལྟར་བྱུང་བ་དང་། རྣམ་རབ་མཐོང་སྨོན་དྭགས་པོ་གྲྭ་ཚང་ཞེས་པ་དུས་ཕྱིས་བྱུང་ཚུལ་ནི་གསང་ཕུ་གླིང་སྟོད་པའི་མཐོང་སྨོན་དྭགས་པོ་གྲྭ་ཚང་གི་མིང་ཟུར་གནས་གཞི་གསར་དུ་སྤོ་དུས་རྣམ་རབ་ཅེས་པའི་ཡུལ་མིང་བསྣོན་པ་ལས་བྱུང་བའོ། །གང་ལྟར་ཡང་མཐོང་སྨོན་དྭགས་པོ་གྲྭ་ཚང་འདི་ཉིད་ནི་དཔལ་ལྡན་གསང་ཕུར་གྲྭ་ཚང་བཅུ་གཅིག་ཡོད་པ་ལས། ཚོགས་ཆེན་པ་དང་གླིང་སྟོད་ལྷ་དང་གླིང་སྨད་ལྷ་ཙ་ཕྱེ་བའི་གླིང་སྟོད་པའི་ཡ་གྱལ་ཞིག་ཡིན་ཏེ། བོད་ཀྱི་ནྟ་ལེནྡྲ་གསང་ཕུ་ནེའུ་ཐོག་ཅེས་པར། “དེ་ནས་ཚོགས་ཆེན་

① བཅའ་ཡིག་ཕྱོགས་བསྒྲིགས། བོད་རང་སྐྱོང་ལྗོངས་ཡིག་ཚགས་ཁང་གིས་བསྒྲིགས། བོད་ལྗོངས་མི་དམངས་དཔེ་སྐྲུན་ཁང་། 2013 ཤ 815

གཅིག་དང་བླ་ཁག་བཅུ་བྱུང་། དེ་ཡང་བསྡུས་མིང་ལ་ཉེ་ཁྲུ་དྭགས་གསེར་སྡེ། ཞི་ཉང་སྟོད་སྨད་སྒོ་ཞེས་ཉེ་མ་ཐང་། ཁྲུ་སྡེ། རྣམ་རབ་དྭགས་པོ་གྲྭ་ཚང་།[1] རྣམ་རྒྱལ་གསེར་ཁང་། སྡེ་སེར་བཅས་དང་། ཁྲིང་སྒོ་ཞི་བ་གྲྭ་ཚང་། དགའ་ལྡན་ཉང་རོང་། ར་སྟོད། ར་སྨད། འཕན་པོ་སྣང་ཐང་། གནས་སྒོ་གྲྭ་ཚང་བཅས་གྲྭ་ཚང་བཅུ་པོ་སོ་སོ་ཐོག་མར་བཀའ་གདམས་པའི་ཕྱག་སྲོལ་གནང་། ཕྱིས་གདན་ས་བརྒྱད་པ་དང་དགུ་པའི་སྐབས་གླིང་སྟོད་སྨད་དུ་གྱེས་ནས་དགེ་ལུགས་བཞི་ས་སྐྱ་དྲུག་ཏུ་ཕྱག་བཞེས་གནང་།”[2]ཞེས་གསལ་བ་དང་། ཧུང་དཀར་རིན་པོ་ཆེས། “གསང་ཕུར་ས་སྐྱ་དང་དགེ་ལུགས་ཀྱི་གྲྭ་ཚང་བཅུ་གཅིག་ཏུ་གྱེས་པ་སྟེ། སྡེལ་སེར། ཉེ་མ་ཐང་། དྭགས་པོ་གྲྭ་ཚང་། རྣམ་རྒྱལ་གསེར་ཁང་། ཁྲུ་སྡེ་བཅས་གླིང་སྟོད་གྲྭ་ཚང་ལྔ་དང་། སྒྲོས་སྙིང་པ། གཞི་བ། ཉང་རོང་། གནས་སྒོ་བ། སྒྲོས་གསར་བ། ར་བ་སྟོད་སྨད་བཅས་གླིང་སྨད་གྲྭ་ཚང་དྲུག་སྟེ་བཅུ་གཅིག་ཡོད་ལ་ཕྱིས་གྲྭ་ཚང་རྣམས་གྲྭ་ས་གཞན་དང་བསྡེབས་བའམ། ས་ཆ་གཞན་དུ་གཞིས་པབ་སྟབས་གསང་ཕུ་དབྱར་ཆོས་མ་གཏོགས་རྒྱུན་གཏན་གྲྭ་གྲངས་སུམ་ཅུ་སྐོར་ལས་མེད།”[3]ཅེས་གསུངས་པའི་ཕྱིར་རོ། །དེས་ན་པཎ་ཆེན་དྭགས་པོ་བཀྲ་ཤིས་རྣམ་རྒྱལ་གྱི་སྔོན་ཚུད་ནས་མཐོང་སྣོན་གྲྭ་ཚང་གི་མཚན་མ་གཏོགས་དྭགས་པོ་གྲྭ་ཚང་ཞེས་པའི་བརྗོད་པ་རྟོགས་ལ། རྣམ་རབ་དྭགས་པོ་གྲྭ་ཚང་འདི་ཉིད་མཁས་པ་གང་དེས་གསར་དུ་གནས་གཞི་བཏབ་པ་ལུང་རིགས་གང་གི་ཆར་ཡང་མི་སླུབ། རང་ལུགས་ལ་གསང་ཕུ་གླིང་སྟོད་པ་ལས་གྱེས་པའི་གཞུང་རྣམ་རྒྱལ་རབ་བརྟན་དྭགས་པོ་གྲྭ་ཚང་ནི་རྫོང་པ་

① འདིར་དྭགས་པོ་གྲྭ་ཚང་ཞེས་བརྗོད་ན་ལེགས།

② གསང་ཕུ་ཀུན་དགའ། བོད་ཀྱི་ནཱ་ལེནྡྲ་གསང་ཕུ་ནེའུ་ཐོག ནང་ཁྲུལ་དཔར་མ། ཤ 180

③ ཧུང་དཀར་བློ་བཟང་འཕྲིན་ལས། ཧུང་དཀར་ཚིག་མཛོད། ཀྲུང་གོའི་བོད་རིག་པ་དཔེ་སྐྲུན་ཁང་། 2016 ཤ 2122

ཀུན་དགའ་རྣམ་རྒྱལ་གྱི་ཉེ་གནས་དང་དྭགས་པོ་པཎ་ཆེན་གྱི་སྐུ་སྐྱེས་བཞེངས་པ་ལས་པཎ་ཆེན་བཀྲ་ཤིས་རྣམ་རྒྱལ་གྱིས་མིན་ནོ། །དྭགས་པོ་པཎ་ཆེན་ནི་དྭགས་པོ་གྲྭ་ཚང་ཞེས་པའི་མཁན་པོ་ཐོག་མར་ཡིན་པ་ལས་གཞུང་གི་རྣམ་རབ་དྭགས་གྲྭ་ཕྱུག་འདེབས་པོ་མིན་པ་དང་། མཐོང་སྨོན་དྭགས་པོ་གྲྭ་ཚང་འདི་ཉིད་དྭགས་པོ་པཎ་ཆེན་དགོངས་པ་རྫོགས་རྗེས་ཀྱི་དུས་མི་རིང་བ་ཞིག་གི་ནང་སྔར་རྒྱུན་བཞིན་གསང་ཕུར་གནས་པ་ལོ་རྒྱུས་ཀྱི་དེབ་ཐེར་ཁག་ན་གསལ་བས་དྭགས་པོ་པཎ་ཆེན་གྱིས་རྣམ་རབ་དྭགས་གྲྭ་གསར་བཞེངས་མཛད་ཅེས་སྨྲ་ན་དེ་ཙམ་གྱི་ལོ་རྒྱུས་སྤྱི་དང་མི་མཐུན་པར་སོང་བ་མ་ཟད། ས་ལུགས་ཀྱི་གནས་གཞི་ཆེན་པོ་འདི་འདྲ་བ་ཞིག་པཎ་ཆེན་གང་དེས་ཕྱག་བཏབ་ན་རྣམ་ཐར་ཁག་ཏུ་མི་གསལ་བ་ཅི་ཡིན། རྣམ་རབ་དྭགས་གྲྭ་འདི་ཉིད་མཁས་པ་གང་དེས་བཞེངས་པའི་འདོད་ཚུལ་ལ་ཁོ་བོ་ཅག་ནི་བདེན་ཁ་སྙེར་མི་འདོད་ལ། པཎ་ཆེན་གང་དེའི་དཔོན་པོ་དྭགས་པོ་འཕྲིན་ལས་པས་མཛད་པའི་རྗེ་དེའི་རྣམ་ཐར་ཀུན་མཁྱེན་བཀྲ་ཤིས་རྣམ་རྒྱལ་གྱི་རྣམ་པར་ཐར་པ་ངོ་མཚར་གྱི་རྒྱ་མཚོ་ཟད་མི་ཤེས་པའི་ཡོན་ཏན་གྱི་གཏེར་ཞེས་བྱ་བར་ཡང་དེ་སྐོར་ཟུར་ཙམ་ཡང་མི་གསལ་བའི་ཕྱིར་རོ། །

རྣམ་རབ་དྭགས་གྲྭའི་མཁས་པ་རྣམས་ནི་གཙོ་བོ་ས་ལུགས་ཀྱི་གདམས་པ་གྱུ་ཟུར་མི་ཉམས་པར་གསན་བཞེས་གནང་མཁན་དང་། དེ་ལས་ཀྱང་ལམ་འབྲས་ཚོགས་སློབ་ཀྱི་བཤད་པ་དང་ཀུན་མཁྱེན་གོ་རམས་པའི་བཞེད་གཞུང་དག་གཙིགས་སུ་མཛད་ལ། རོང་སྟོན་ཡབ་སྲས་ཀྱི་གཞུང་ལ་བཤད་པ་ཡང་མཛད་ཕྱིར་རྣམ་རབ་དྭགས་གྲྭའི་མཁས་པའི་ཁྲིད་དཔེ་མ་ཐལ་རང་གང་མོས་བཞེད་མཁན་མཁས་པ་བྱུང་བར་སྣང་། དེ་ལ་སྒྲུབ་བྱེད་ཡོད་དེ། སྤྱིར་ལམ་འབྲས་པའི་སློབ་དཔོན་རྣམས་དང་ཀུན་མཁྱེན་གོ་རམས་སོགས་ནི་ས་ལུགས་པ་ཕྱིས་བྱོན་པ་དག་གིས་དབུ་

མ་ཐལ་འགྱུར་བའི་ལྟ་བ་བཞེད་པར་བཤད་ཅིང་། རོང་སྟོན་ཡབ་སྲས་ནི་དབུ་མ་རང་རྒྱུད་པ་ཡིན་པ་རོང་སྟོན་ཆེན་པོའི་རྣམ་ཐར་སོགས་སུ་གསལ་བ་དང་། རོང་སྟོན་ཞབས་ཀྱི་རང་གཞུང་ལས་ཀྱང་དེ་སྐོར་བྱུང་བའི་ཕྱིར། དེས་ན་རྣམ་རབ་དྭགས་གྲྭ་དགོན་འདི་ཉིད་ནི་ས་ལུགས་ཀྱི་བསྟན་པ་གྲ་དོལ་གཞུང་གསུམ་གྱི་ཡུལ་ལུང་དུ་ཁྱབ་པར་བྱེད་པའི་མཁས་གྲུབ་བྱེ་བའི་བསྐྱི་གནས་དང་། གསང་ཕུའི་རིག་གནས་ཀྱི་ཆུ་རྒྱུན་ཡང་ཡུལ་དེ་གསུམ་དུ་མཆེད་པའི་རིག་པའི་གནས་གཞི་ཆེན་པོ་ཞིག་ལགས། །

### བཞི་པ། ས་ལུགས་ཀྱི་ཡིག་ཆ་དང་འབྲེལ་ནས་ལྟ་གྲུབ་ཆར་དཔྱད་པ།

དཔལ་ལྡན་ས་སྐྱ་པར་སྤྱི་ཕྱིར་པཎ་གྲུབ་སའི་རྟུལ་དང་མཉམ་པ་བྱུང་བ་ལས་ཕྱི་མོའི་སློབ་དཔོན་ནི་ས་ཆེན་གོང་མ་རྣམ་ལྔ་འདི་རྣམས་ལ་བྱེད་པ་དང་། བར་དུ་ས་སྐྱའི་མཁས་པ་ཆེན་པོ་གསུམ་དུ་གྲགས་པའི་གོ་ཤཱཀ་སྟག་གསུམ་གྱིས་མདོ་ཕྱོགས་གཙོར་བྱས་པའི་ཡིག་ཆ་སོགས་མཛད་པས་ས་ལུགས་པའི་བསྟན་པ་གངས་ཅན་གྱི་ལྗོངས་འདིའི་བླ་ལྷག་ཅན་གྱི་ཆོས་བརྒྱུད་ཆེན་པོའི་ཀ་ས་བཟུང་ནས་བསྟན་འགྲོའི་དོན་དུ་གསུང་རབ་རི་བོའི་གཏོས་དང་མཉམ་ལ། འཆད་རྩོད་རྩོམ་གསུམ་གྱི་ཁུར་ལྟེ་པོ་འདེགས་ནས་དམ་ཆོས་གསུང་རབ་དགོངས་འགྲེལ་དང་བཅས་པའི་དོན་གྱི་གནད་པོ་ལུང་རིགས་དྲི་མ་མེད་པའི་ལམ་ནས་འགྲེལ་མཛད་ཅིང་། མཐར་གོང་ངོར་ཚར་གསུམ་[1]ལས་ལེགས་པར་མཆེད་པའི་གསུང་ངག་ལམ་འབྲས་རིན་པོ་ཆེ་ཚོགས་སློབ་ཀྱི་བཤད་པས་བརྒྱན་ནས་གསལ་སྟོང་འཛིན་མེད་ཀྱི་ལྟ་བའི་སྒྲ་ལན་མང་དུ་ལོག་རྟོག་སེལ་བའི་རྫོངས་མུན་གྱི་གསེབ་ན་བག་ལ་ཞ་བའི་སྐྱེ་འགྲོའི་

[1] གོང་ངོར་ཚར་གསུམ་ཞེས་པ་ནི་གོང་དཀར་རྡོ་རྗེ་གདན་པ་དང་། ངོར་ཆེན་དཀོན་མཆོག་ལྷུན་གྲུབ། ཚར་ཆེན་བློ་གསལ་རྒྱ་མཚོ་གསུམ་ལ་གོ

གསོས་སུ་འགྱུར་བར་བྱས་པས། མཁས་པ་བླ་མ་ཡབ་སྲས་འདི་རྣམས་གཙོ་བོར་མཛད་པ་དང་དེ་རྣམ་པའི་གཞུང་གི་གསང་ཚིག་འཆད་ཉན་མཛད་པའི་ལུགས་ཆགས་པ་མ་ཟད། དེ་དག་གི་མཐར་རྒྱན་ཚུལ་དུ་རོང་སྟོན་ཤཱཀྱའི་རྒྱལ་མཚན་དང་དྭགས་པོ་པཎ་ཆེན་བཀྲ་ཤིས་རྣམ་རྒྱལ། མཁས་པ་ཆེན་པོ་རྗེ་རེད་མདའ་བ་ལ་སོགས་ཀྱི་ཐུགས་ལས་བྱུང་བའི་གཞུང་ལུགས་རབ་འབྱམས་ཀྱི་གསུང་རབ་ལ་དོན་གཉེར་མཛད་མོད། དུས་ཕྱིས་ནི་ཀུན་མཁྱེན་གོ་བོ་རབ་འབྱམས་པ་བསོད་ནམས་སེང་གེའི་གཞུང་གི་བཤད་པ་རྒྱ་ཆེར་མཛད་པ་མ་གཏོགས་གཞན་རྣམས་ལ་དེ་ཙམ་གྱི་ཐུགས་སྣང་མཛད་པའི་སྲོལ་ནི་མ་མཆིས།

དཔལ་ལྡན་ས་སྐྱ་པའི་ལྟ་བ་ནི་དབུ་མ་ཆེན་པོའི་ལྟ་བར་གསུངས་ལ། དོན་དུ་ཡང་དེ་ལྟར་གནས་པས། ཐུའུ་བཀྭན་རིན་པོ་ཆེས། “ཆོས་ཐམས་ཅད་བདེན་སྟོང་དུ་ཐོས་བསམ་གྱིས་སྒྲོ་འདོགས་ཆོད། སྒོམ་བྱུང་གི་ཉམས་མྱོང་སྐྱེས་པ་ནི་ཕར་ཕྱིན་དབུ་མ་ན་མཉམ་པའི་ལྟ་བ་ཞེས་བྱ་ལ། དེ་ལྟ་བུའི་བདེན་སྟོང་དེ་ཡང་གཉུག་མ་ལྷན་སྐྱེས་སེམས་གསལ་བ་དང་ཟུང་འཇུག་ཏུ་ཉམས་སུ་མྱོང་བ་ནི་འཁོར་འདས་དབྱེར་མེད་ཀྱི་ལྟ་བ་སྟེ། རྟེན་འབྲེལ་གྱི་རྟགས་ལས་རྟག་ཆད་ཀྱི་མཐའ་དང་བྲལ་བའི་དབུ་མའི་ལམ་བཟང་མཆོག་གོ།”[①]ཞེས་གསུངས་པ་དང་། འཇམ་མགོན་ཕམ་པ་རིན་པོ་ཆེའི་རྗེ་བཙུན་ས་སྐྱ་པའི་ལྟ་གྲུབ་ཀྱི་གནད་འགག་ཞིག་ལ་དྲི་བ་བྱུང་བའི་དོགས་སེལ་བཞུགས་སོ་ཞེས་པར། “ལམ་འབྲས་ཀྱི་གཞུང་རྣམས་ལས་དབང་གི་རྗེས་དེ་མ་ཐག་རིམ་གཉིས་བསྒོམ་པའི་སྟོན་དུ་འཁོར་འདས་དབྱེར་མེད་འགྲོ་དགོས་ཚུལ་སོགས་མདོ་རྒྱུད་ཀྱི་གཞུང་འགྲེལ་ལམ་ཚད་ལྡན་རྣམས་ལས་ལྟ་བའི་ངང་ལས་

① ཐུའུ་བཀྭན་བློ་བཟང་ཆོས་ཀྱི་ཉི་མ། ཐུའུ་བཀྭན་གྲུབ་མཐའ། ཀན་སུའུ་མི་རིགས་དཔེ་སྐྲུན་ཁང་། 2010 ཤ 230

བསྒོམ་བཅལ་ཚུལ་དང་། བསྒོམ་ལ་ལྟ་བས་རྗེས་འདེབས་ཚུལ་དུ་མ་བཤད་པས་ལྟ་སྒོམ་གཉིས་མཐུན་དགོས་སོ། །དེ་གཉིས་ཐ་དད་དུ་འབྱེད་པའི་ཁྱད་པར་ནི་དོན་དམ་སྤྲོས་བྲལ་ལ་ལྟ་བ་དང་། ཀུན་རྫོབ་སྤྲོས་བཅས་ལ་བསྒོམ་པ་འཛོག་པར་ཡིན་པའི་རྣམ་དབྱེ་ཤེས་པར་གྱིས་ཤིག །"[①]ཅེས་གསུངས་པ་ནི་འཁོར་འདས་དབྱེར་མེད་ཀྱི་ལྟ་བ་འདི་ཉིད་ལམ་སྒོམ་པའི་སྟོན་འགྲོའི་ཚུལ་དུ་ལྟ་བ་སྐྱོང་ལུགས་དང་ལྟ་སྒོམ་གཉིས་པོའི་མཐུན་སྣང་དང་དེ་གཉིས་བདེན་གཉིས་ཀྱི་རྣམ་གཞག་ངོར་སོ་སོར་འབྱེད་པའི་རབ་དབྱེ་གསལ་ཏུ་སྟོན་པའོ། །དཔལ་ལྡན་ས་ལུགས་པའི་མཁས་པ་རྣམས་ཀྱི་བཞེད་པ་གང་ལ་བྱེད་ཟེར་ན་དེ་ཉིད་ལས། "ཀུན་མཁྱེན་ཆོས་རྗེ་སོགས་ས་སྐྱ་པའི་མཁས་གྲུབ་རྣམས་ཀྱི་བཞེད་པ་འདི་ལྟར་ཏེ། མ་བརྟགས་མ་དཔྱད་པའི་གནས་སྐབས། ཐ་སྙད་དཔྱོད་པའི་གནས་སྐབས། དོན་དམ་དཔྱོད་པའི་གནས་སྐབས་ཏེ་གསུམ་ལས་སྣོད་བཅུད་དང་སྣང་སྲིད་ལྟར་བཤད་པ་ནི་ཐ་སྙད་སྤྱོད་པའི་སྐབས་སུ་ཡིན་ལ། དེའང་གང་ཟག་དབང་པོ་རྣོན་པོ་སྔགས་བླ་མེད་ཀྱི་ལམ་དུ་ཞུགས་ཤིང་དབང་གིས་རྒྱུད་སྨིན་པར་གསང་སྔགས་ཀྱི་ཉམས་ལེན་བྱེད་པ་ཞིག་གི་སྤྱོད་ཡུལ་དུ་དེ་ལྟར་ཚད་མ་ཁས་ལེན་པ་ཡིན་ནོ། །"[②]ཞེས་བྱུང་ལ། ཡང་འཁོར་འདས་དབྱེར་མེད་ཀྱི་ལྟ་བའི་ཁུངས་རྒྱུད་བརྟག་གཉིས་ལ་བྱེད་པའི་ལུགས་ནི་མི་ཕམ་རིན་པོ་ཆེས། "ལམ་འབྲས་ཀྱི་གཞུང་ལས་བཤད་པའི་ལྟ་བ་འཁོར་འདས་དབྱེར་མེད་ནི། རྒྱུ་དུས་ཀྱི་ལྟ་བ་ཞེས་པ་ལུས་སེམས་གཉིས་ལས་སེམས་ལ་གནད་དུ་བསྣུན་ནས་བསྒོམ་པ་སྟེ་དབུ་མའི་ལྟ་བ་དང་མཐུན་ཅིང་། བརྟག་གཉིས་ལས། འདི་ཉིད་འཁོར་བ་ཞེས་བྱ་སྟེ། །འདི་ཉིད་མྱ་ངན་འདས་པ་ཉིད། །འཁོར་བ་སྤངས་

① མི་ཕམ་རྒྱ་མཚོའི་གསུང་འབུམ་པོད་དགུ་པ། ཤིང་དཔར། དཔལ་རི་པར་ཁང་། ཤ 129

② མི་ཕམ་རྒྱ་མཚོའི་གསུང་འབུམ་པོད་དགུ་པ། ཤིང་དཔར། དཔལ་རི་པར་ཁང་། ཤ 130

ནས་གཞན་དུ་ནི། །མྱ་ངན་འདས་པ་རྟོགས་མི་འགྱུར། །འཁོར་བ་གཟུགས་དང་སྒྲ་ལ་སོགས། །འཁོར་བ་ཚོར་བ་ལ་སོགས་པ། །འཁོར་བ་དབང་པོ་རྣམས་ཉིད་དེ། །འཁོར་བ་ཞེ་སྡང་ལ་སོགས་པ། །འདི་རྣམས་ཆོས་ནི་མྱ་ངན་འདས། །རྟོགས་ཕྱིར་འཁོར་བའི་གཟུགས་ཅན་ཉིད། །སྒོངས་མེད་འཁོར་བ་དག་པས་ནི། །འཁོར་བ་མྱ་ངན་འདས་པར་འགྱུར། །བྱང་ཆུབ་སེམས་ནི་མྱ་ངན་འདས། །ཀུན་རྫོབ་དོན་དམ་ཚུལ་ཅན་ནོ། །ཞེས་སོགས་མདོར་བསྟན་རྒྱས་བཤད་ཀྱི་ཚུལ་དུ་གསུངས་པ་དེ་ཉིད་ལ་བརྟེན་ནས་རྣལ་འབྱོར་དབང་ཕྱུག་གི་མན་ངག་ཟབ་མོ་སྙེ་ལྷན་གཅིག་སྐྱེས་པའི་ཆོས་གསུམ་གྱིས་མདོར་བསྟན། ཉམས་སུ་བླངས་པའི་གནད་གསུམ་གྱིས་རྒྱས་པར་བཤད། རྒྱུད་གསུམ་གྱི་སྒོ་ནས་ཤིན་ཏུ་རྒྱས་པར་བཤད་ཅིང་བླ་མ་དམ་པའི་གདམས་ངག་གིས་དཔྱད་འཇོག་སྲིལ་མའི་ཚུལ་གྱིས་ཉམས་སུ་བླངས་པས་རྟོགས་པ་མྱུར་དུ་འཆར་ཞིང་སྟགས་དང་འབྲེལ་བའི་བྱིན་རླབས་ཀྱི་བཀའ་བབ་ཆེ་ལ་ཕར་ཕྱིན་ཐེག་པའི་གཞུང་ལས་བཤད་པའི་ལྟ་བ་ལས་ཁྱད་པར་འཕགས་སོ། །"[①]ཞེས་གསུངས་པས་འཁོར་འདས་དབྱེར་མེད་ཀྱི་ལྟ་བ་འདི་ཉིད་ནི་མདོ་སྔགས་གཉིས་སུ་བཤད་པའི་སྔགས་ལུགས་ཀྱི་དགོངས་པ་རྩལ་དུ་བཏོན་ནས་བཤད་པ་མཛད་པ་འདི་ནི་དོན་དམ་པའི་ས་ལུགས་ཀྱི་ལྟ་བའི་ཡང་རྩེ་ལ་ཐུགས་མཉམ་པར་འཇོག་མཛད་ཀྱི་དཔྱད་པའི་མཐིལ་ཚུགས་པའི་མཁས་པའི་གཏམ་དུ་འདུག

གཞན་དུ་ན། ས་ལུགས་པའི་གསལ་སྟོང་འཛིན་མེད་ཀྱི་ལྟ་བའི་གཞི་རྐང་ལམ་འབྲས་སློབ་བཤད་ལ་ཐུག་པ་དང་གསལ་སྟོང་སོ་སོའི་གོ་བ་ཇི་ལྟར་ཡིན་ལུགས་ཕྱུ་ཐག་ཆོད་པའི་བཤད་པ་ལ། དཔལ་མང་དཀོན་མཆོག་རྒྱལ་མཚན་གྱིས་མཛད་པའི་བདེན་གཏམ་སྙིང་རྗེའི་རོལ་མཚོ་ལས་ཟུར་དུ་ཕྱུང་བ་ས་སྙིང་བཀའ་བརྒྱུད་

① མི་ཕམ་རྒྱ་མཚོའི་གསུང་འབུམ་པོད་དགུ་པ། ཤིང་དཔར། དཔལ་རི་པར་ཁང་། ཤ 131–132

སོགས་ཀྱི་ཁྱད་པར་མགོ་སྨོས་ཙམ་མུ་ཏོའི་རྒྱངས་འབོད་ཀྱི་ཚུལ་དུ་བྱ་གཏོང་སྙན་སྒྲོན་བདུད་རྩིའི་བསང་གཏོར་ཞེས་བྱ་བར། “དཔལ་ལྡན་ས་སྐྱ་པ་རྣམས་ཀྱི་ཕ་ཆོས་ཐུན་མོང་མ་ཡིན་པའི་གཞི་ལམ་འབྲས་གསུམ་གྱི་རྣམ་བཞག་ཁུངས་གཏུགས་སའི་སློབ་བཤད་ནི་གསུང་ངག་ལམ་འབྲས་ཀྱི་སློབ་བཤད་པོ་ན་ཡིན་ལ། ཁྱད་པར་གསལ་སྟོང་ཟུང་འཇུག་གམ་གསལ་སྟོང་འཛིན་མེད་ཀྱི་ལྟ་བ་ཐང་བཙུགས་ཏེ་གཏན་ལ་དབབ་ཚུལ་མདོ་ཙམ་སྨོས་ན། གསལ་བ་སེམས་ཀྱི་མཚན་ཉིད་དང་། སྟོང་པ་སེམས་ཀྱི་རང་བཞིན་ཡིན་ཞིང་། གསལ་བས་སྟོང་པ་མི་འདོར། སྟོང་པས་གསལ་བ་མི་འདོར། གསལ་སྟོང་ཟུང་འཇུག་གམ། བརྗོད་བྲལ་འཛིན་མེད་དེ་ཉིད་གནས་ལུགས་མཐར་ཐུག་ཡིན།”[①]ཞེས་དང་། དེ་ཉིད་ལས། “རྗེ་འབྲོག་མི་ནས་བརྒྱུད་པའི་ལྟ་བ་འཁོར་འདས་དབྱེར་མེད་ཀྱི་སྐྱོང་ཚུལ་ལ། སེམས་རང་གི་ངོ་བོ་གྲུབ་ཙམ་ནས་གསལ་བ་མི་འདོར་བ། གསལ་བ་སེམས་ཀྱི་མཚན་ཉིད། གསལ་བ་དེ་ཡང་བརྟགས་ན་རིགས་ཁ་དོག་སོགས་གང་དུ་ཡང་མ་རྙེད་དེ། རང་བཞིན་གྱིས་སྟོང་པས་གསལ་བར་བཅལ་དུ་མ་རྙེད་པ་ལ་རང་བཞིན་སྟོང་པ་ཞེས་བྱ་ལ། དེ་ལྟ་བུའི་གསལ་བའི་དུས་ཉིད་ན་སྟོང་ལ། སྟོང་པའི་དུས་ཉིད་ན་གསལ་བས། གསལ་སྟོང་སོ་སོར་དབྱེར་མེད་ཟུང་འཇུག །”[②]ཅེས་བྱུང་བའི་ཕྱིར་ན་ས་ལུགས་ཀྱི་ལྟ་བར་མདོ་སྔགས་ཀྱི་ལུགས་སོ་སོར་འབྱེད་མོད་སྔགས་ལུགས་སྐོར་གོང་དུ་ཐུའུ་བཀྭན་རིན་པོ་ཆེའི་ལུང་རྒྱུན་གྱིས་འཐུས་པར་བྱས། དཔལ་ལྡན་ས་སྐྱ་པའི་ལྟ་བའི་སྐོར་ལ་མཁས་པ་རྣམས་ཀྱི་བཤད་པ་མང་མོད་དེ་དག་གི་སྙིང་པོ་འདུ་ན་ཟུང་སྐྱ་རིན་

① མཁས་གྲུབ་དགེ་ལེགས་དཔལ་བཟང་སོགས། དགག་ལན་ཕྱོགས་བསྒྲིགས། སི་ཁྲོན་མི་རིགས་དཔེ་སྐྲུན་ཁང་། 1997 ཤ 654–655

② མཁས་གྲུབ་དགེ་ལེགས་དཔལ་བཟང་སོགས། དགག་ལན་ཕྱོགས་བསྒྲིགས། སི་ཁྲོན་མི་རིགས་དཔེ་སྐྲུན་ཁང་། 1997 ཤ 657

པོ་ཆེའི་ལྟ་མགུར་ཨ་མ་ཇོ་ཤེས་ཀྱི་བཤད་པའི་རྒྱ་ལས་མི་འདས་པས་བྲག་དཀར་རྡོ་རྗེ་འཆང་གི་ལྟ་བའི་ཨ་མ་ཇོ་ཤེས་ཀྱི་འགྲེལ་པ་ཟབ་དོན་རྣམ་པར་གསལ་བའི་མེ་ལོང་དུ། "དེ་ཡང་ས་སྐྱ་པ་རྣམས་ཀྱིས་ནི། སྣང་བ་འདི་ཐམས་ཅད་སྣང་བཞིན་དུ་སྟོང་། སྟོང་བཞིན་དུ་གསལ་བའི་གསལ་སྟོང་ཟུང་འཇུག་གི་ལྟ་བ་དེ་ཉིད་གནས་ལུགས་མཐའ་ཐུག་པ་ཡིན་ཟེར།"①ཞེས་གསུངས་པ་སོགས་ནི་ས་ལུགས་ཀྱི་མཁས་པའི་གསུང་མར་ཁུ་འདྲ་བ་དག་ལས་ཕྱུང་བའི་བོད་ཀྱི་ཆོས་བརྒྱུད་གཞན་པའི་མཁས་པ་རྣམས་ཀྱི་གསུང་གི་གནང་བ་འདིར་བཀོད་པ་ལས་དཔལ་ལྡན་ས་སྐྱ་པའི་མཁས་པ་སྟག་སེང་འདྲ་བའི་ཁྲིད་ནས་ལྟ་བའི་སྐོར་ལ་སྣ་ཚོགས་སུ་བཤད་མོད། སྔ་ཕྱིར་ས་ཆེན་གོང་མ་རྣམ་ལྔ་ལས་རྗེ་བཙུན་གྲགས་པ་རྒྱལ་མཚན་དང་ས་པཎ་ཀུན་དགའ་རྒྱལ་མཚན་རྣམ་གཉིས་ས་ལུགས་པའི་ཡབ་མེས་རྣམས་ཀྱི་རྩ་བར་འདུག་ཅིང་། བར་དུ་གོ་ཤཱཀ་སྟག་གསུམ་ལས་དེང་སང་ནི་ཀུན་མཁྱེན་གོ་རམས་པ་གཙོ་བོར་མཛད། མཐར་གོང་ངོར་ཚར་གསུམ་དུ་གྲགས་པའི་ཚར་ཆེན་བློ་གསལ་རྒྱ་མཚོ་ནི་གསུང་ངག་ལམ་འབྲས་པའི་བསྟན་པའི་མངའ་བདག་ཏུ་བཤད་ལ། གསལ་སྟོང་འཛིན་མེད་དམ་འཁོར་འདས་དབྱེར་མེད་ཀྱི་བཤད་པའི་སློབ་དཔོན་ཆེན་པོར་བརྩི་བའི་སྲོལ་སྣང་། མཁས་པ་དེ་དག་གི་རྩ་བའི་སློབ་དཔོན་བླ་ཆེན་འབྲོག་མི་ཡིན་པ་དང་། བར་གྱི་མཁས་པ་གོ་ཤཱཀ་པའི་མན་ངག་གི་གདམས་པ་རོང་སྟོན་ལ་ཐུག་ཅིང་། དུས་ཕྱིས་བྱོན་པའི་གོང་ངོར་ཚར་གསུམ་གྱི་མན་ངག་གི་སྙིང་པོའམ་རྩ་བ་བླ་མ་དམ་པ་བསོད་ནམས་རྒྱལ་མཚན་ལ་བྱ་བས་ཡོངས་ཀྱི་དགེ་བའི་བཤེས་གཉེན་ཆེན་པོ་འདི་རྣམས་ཀུན་ས་ལུགས་ཀྱི་བསྟན་པའི་བདག་པོ་འགྲུལ་མེད་དུ་འདུག་གོ །དེང་

① བྲག་དཀར་བློ་བཟང་དཔལ་ལྡན་གྱི་གསུང་ཉེར་མཁོ་ཕྱོགས་བསྒྲིགས་བཞུགས་སོ། །དེབ་བཅོ་བརྒྱད་པ། ཀྲུང་གོའི་བོད་རིག་པ་དཔེ་སྐྲུན་ཁང་། 2017 ཤ 148

སང་ནི་ས་ལུགས་པ་རྣམས་ཡིག་ཆ་ཕལ་ཆེ་ཀུན་མཁྱེན་གོ་རམས་པའི་གཞུང་དུ་བྱ་བ་དང་། ཚར་ཆེན་དང་གོང་མ་རྣམ་ལྔའི་གསུང་སོགས་ཀྱིས་བརྒྱན་པར་བྱེད་པའི་འཆད་ཉན་གྱི་རྒྱུན་དར་ཆེ། ས་ལུགས་ཀྱི་མཁས་པ་རྣམས་ལ་ལྟ་བ་མི་མཐུན་པ་སྣ་ཚོགས་ཀྱང་། ཆོས་བརྒྱུད་གང་དེའི་ཞེ་ཕྱོགས་ཀྱི་ལྟ་བ་དབུ་མ་ཐལ་འགྱུར་བར་ཡིན་པ་ལུང་དང་རིགས་པ་བརྒྱ་ཕྲག་གིས་ལེགས་པར་སྒྲུབ་ནུས་སོ། །ས་ལུགས་པའི་ལྟ་བའི་སྐོར་གྱི་དཔྱད་པ་གནད་ཚུགས་པ་ཞིག་དགོས་ན་ངེས་པར་དུ་ས་ཆེན་གྲགས་པ་རྒྱལ་མཚན་ཞབས་ཀྱི་རྒྱུད་བརྟག་གཉིས་ཀྱི་འགྲེལ་པ་དང་ལམ་འབྲས་ཀྱི་མན་ངག་བསྡུས་སྐོར་གྱི་ཆོས་ཚན་སོགས་དང་། རྗེ་བཙུན་ས་པཎ་ཞབས་ཀྱི་སྡོམ་གསུམ་རབ་དབྱེ་དང་ཐུབ་དགོངས་རབ་གསལ་སོགས་པའི་བསྟན་བཅོས་མི་འཇིགས་སེང་གེའི་ང་རོ་ལྟ་བུ་དང་། བདུད་རྩི་འདྲ་བའི་རྗེ་རེད་མདའ་བའི་གསུང་རབ་ལས་ལྟ་བའི་སྐོར་གྱི་ཆོས་ཚན་དང་ཚར་ཆེན་གྱི་སློབ་བཤད་ཀྱི་གཞུང་འགྲེལ། ཀུན་མཁྱེན་གོ་རམས་པའི་དབུ་མའི་སྐོར་གྱི་བསྟན་བཅོས་རྣམས་དང་ལམ་འབྲས་བླ་མ་བརྒྱུད་པའི་གསུང་དྲི་མ་མེད་པའི་གཞུང་གིས་གྲུ་བཟུར་མཐའ་དག་ནས་རྒྱས་བཏབ་སྟེ་ཞིབ་མོར་ཉམས་ཞིབ་བྱ་རྒྱུ་དེ་གལ་པོ་ཆེར་མཐོང་ངོ་། །

འདིར་ཕོ་བོས་ས་ལུགས་ཀྱི་ལྟ་བ་བཤད་པར་ཆོས་བརྒྱུད་གང་དེའི་མཁས་པ་རྣམས་ཀྱི་གསུང་མ་བཀོད་པའི་མདོ་དོན་ནི་ཆོས་བརྒྱུད་ག་གེ་མོ་ཞིག་གི་ལྟ་བ་བཤད་པ་ལ་རང་རང་ལུགས་ཀྱི་བཤད་པ་དག་ཀྱང་ཆོས་བརྒྱུད་གཞན་པའི་ངོར་དེ་ལྟར་མི་འདོད་པའི་རྣམ་གཞག་མཆིས་པས་དེ་ལྟའི་ལོག་རྟོག་སེལ་ཆེད་ཆོས་བརྒྱུད་གཞན་པའི་མཁས་པས་ས་ལུགས་ཀྱི་ལྟ་བའི་སྐོར་གྱི་དཔྱད་པ་དག་བཀོད་པ་ཡིན་ནོ། །ས་ལུགས་པའི་མཁས་པ་སྔ་མ་རྣམས་དབུ་མ་རང་རྒྱུད་པ་དང་ཕྱིས་བྱོན་པའི་གོ་རམས་པ་སོགས་ཐལ་འགྱུར་བའི་ལྟ་བ་བཞེད་པར་གསུངས། ཀཿཐོག་རིག་འཛིན་

ཚེ་དབང་ནོར་བུའི་གཞི་ལམ་འབྲས་བུའི་མན་ངག་པད་དཀར་ཕྲེང་བར། "ལེགས་ལྡན་འབྱེད་ཀྱིས་ཤེས་རབ་སྒྲོན་མ་དང་། །འཕྲལ་པ་སྤྱན་རས་གཟིགས་ཀྱི་བརྟུལ་ཞུགས་སོགས། །རང་རྒྱུད་ཅེས་གྲགས་ཞི་འཚོ་ཡབ་སྲས་རྣམས། །དེ་ཡི་རྗེས་འབྲངས་རྫོག་ལོ་ཆེན་པོ་དང་། །ས་ལུགས་གོང་མ་རྣམས་དང་རོང་སྟོན་སོགས། །ཚུལ་འདིའི་སྲོལ་འབྱེད་མཁས་གྲུབ་མང་དུ་བྱོན། །སངས་རྒྱས་བསྐྱང་གི་བུདྡྷ་པཱ་ལི་ཏ། །དཔལ་ལྡན་ཟླ་བའི་ཚིག་གསལ་འཇུག་པ་སོགས། །ཐལ་འགྱུར་གཞུང་ཡིན་པ་ཚབ་ལོ་ཙཱ་སྲོལ། །པོ་དོང་པཎ་ཆེན་འཇིགས་མེད་གྲགས་པ་དང་། །གོ་རམས་ལ་སོགས་ས་ལུགས་ཕྱི་མ་ཐལ། །"[①]ཞེས་དང་། ཐུའུ་བཀྭན་རིན་པོ་ཆེས། "དཔལ་ལྡན་ས་སྐྱ་པའི་ལྟ་བའི་བཞེད་ཚུལ་ནི། འཇམ་མགོན་ས་པཎ་དང་རོང་སྟོན་སོགས་མང་པོ་ཞིག་དབུ་མ་རང་རྒྱུད་པའི་ལྟ་བ་གཙོ་བོར་མཛད། རྗེ་བཙུན་རེད་མདའ་བ་ནི་ཐལ་འགྱུར་བའི་ལྟ་བ་འཛིན།"[②]ཞེས་གསུངས་པ་ལ་ཐུགས་མད་དོ། །

## ས་བཅད་གཉིས་པ། འབྲུག་པ་བཀའ་བརྒྱུད་པའི་ལྟ་དགོངས་གྲྭ་དོལ་གཞུང་གསུམ་དུ་དར་ཚུལ་སྐོར་དཔྱད་པ།

མཉམ་མེད་དྭགས་པོ་གཞོན་ནུ་འོད་ལས་མཆེད་པའི་བཀའ་ཕྱག་ཆུ་བོ་གཉིས་འདྲེས་ཀྱི་མན་ངག་ལེགས་པར་སིམ་པའི་དཔལ་ལྡན་བཀའ་བརྒྱུད་ལ་ཆེ་བཞི་ཆུང་བརྒྱད་དུ་གྲགས་པའི་ཆུང་བ་བརྒྱད་ཀྱི་ཡ་གྱལ་འབྲུག་པ་བཀའ་བརྒྱུད་

① ཀ༔ ཐོག་རིག་འཛིན་ཚེ་དབང་ནོར་བུའི་བཀའ་འབུམ། སྨད་ཆ། ཀྲུང་གོའི་བོད་རིག་པ་དཔེ་སྐྲུན་ཁང་། 2006 ཤ 437

② ཐུའུ་བཀྭན་བློ་བཟང་ཆོས་ཀྱི་ཉི་མ། ཐུའུ་བཀྭན་གྲུབ་མཐའ། ཀན་སུའུ་མི་རིགས་དཔེ་སྐྲུན་ཁང་། 2010 ཤ 220–221

ཅེས་པ་ནི་གངས་ཅན་གྲུབ་ཐོབ་རྣམས་ཀྱི་བསྟི་གནས་སུ་སྨྲ་བའི་ཆོས་བརྒྱུད་བླ་ན་མེད་པ་ཞིག་ཡིན་སྐབས། བརྒྱུད་པའི་བླ་མ་དགེ་བའི་བཤེས་གཉེན་ཐུགས་མཉམ་པར་འཇོག་མཁས་མང་དུ་བྱོན་མཛད་ཀྱི་ཡབ་མེས་ནི་གྲུབ་ཆེན་གླིང་རས་པ་ཡབ་སྲས་རྣམ་གཉིས་ཀྱིས་གཙོས་པའི་ཕྱོགས་བཅུར་འཕྲིན་ལས་སྤེལ་བར་མཛད་མཁན་བྱོན་བཞེས་པའི་གངས་ཅན་ཡུལ་འདིའི་བསྟན་པའི་མངའ་བདག་གིས་ཁེངས་པའི་ཕྱིར་ན་སྟོན་ཕྱུང་གཏམ་དུ་མི་ཕྱེད་འབྲུག །འབྲུག་ཕྱེད་སྤྲང་། སྤྲང་ཕྱེད་གྲུབ་ཐོབ་ཅེས་ཀུན་ལ་རླུང་ལྟར་གྲགས་སོ། །ཆོས་བརྒྱུད་འདི་པ་དཔལ་ལྡན་བཀའ་བརྒྱུད་པ་ཕྱིས་བྱོན་པ་རྣམས་ཀྱི་ནང་ནས་གཞི་རྒྱ་ཆེ་ཤོས་དང་རྗེས་འཇུག་ཆེས་མང་བ། གྲུབ་པའི་དབང་ཕྱུག་ཟམ་མི་ཆད་པར་བྱོན་པའི་རྣམ་ཐར་གཙང་མ་ལྡན་པ་ཞིག་ཡིན་པས་ན་ཆོས་ལུགས་གང་དེའི་བསྟན་པ་གྲ་དོལ་གཞུང་གསུམ་གྱི་ཡུལ་གྱི་ཁྱོན་འདིར་ཡང་འབྲུག་པ་བཀའ་བརྒྱུད་པའི་སྤྱི་མེས་གླིང་རས་པདྨ་རྡོ་རྗེའི་སྐུ་དུས་ནས་ཐོག་དང་པོར་དར་བའི་དགུ་མཁྱུད་བརྩམས་པ་དང་། དུས་ཕྱིས་འགྲོ་མགོན་གཙང་པ་རྒྱ་རས་དང་ལོ་རྗེད་རྣམས་ཀྱིས་བསྟན་པའི་གཞི་བཏིང་བ་དང་། ཀུན་མཁྱེན་པདྨ་དཀར་པོའི་སྐུ་དུས་སུ་ཐར་བས་དར་ཆེ་བར་སོང་སྟེ་གྲ་དོལ་གཞུང་གསུམ་དུ་སྤྱི་ཁྱབ་རང་བཞིན་གྱི་སྒོར་ཁྱབ་གདལ་སོང་བའི་ཆ་དེང་སང་མཇལ་དུ་ཡོད་པའི་འབྲུག་པ་བཀའ་བརྒྱུད་པའི་དགོན་ རོ་དག་ལས་ཤེས་ནུས་སོ། །དེས་ན་སྐབས་དེ་ཤེད་ཙམ་ན་གྲ་དོལ་གཞུང་གསུམ་གྱི་གནས་གཞི་ཁག་ཏུ་གཙོ་བོ་འབྲུག་པ་བཀའ་བརྒྱུད་ལ་སྟོད་སྨད་བར་གསུམ་དུ་ཕྱེ་བའི་སྨད་འབྲུག་དར་ཆེ་བར་སོང་ལ། ཡུལ་དེ་གསུམ་ནི་སྨད་འབྲུག་པའི་ལྟེ་བའི་གནས་གཞི་གཙོ་གྲས་སུ་སོང་ཞིང་། འབྲུག་པ་བཀའ་བརྒྱུད་ཀྱི་ཡབ་མེས་གྲུབ་ཆེན་གླིང་རས་པདྨ་རྡོ་རྗེའི་བསྟན་པ་ཐོག་མར་དར་སའི་གནས་སུ་ཟད་པས། གྲ་དོལ་གཞུང་གསུམ་གྱི་ཡུལ་ཚན་འདི་རྣམས་ནི་འབྲུག

པ་བཀའ་བརྒྱུད་ཀྱི་བསྟན་པའི་རྩ་ལག་རྒྱས་སའི་ཡུལ་ལུང་ཁྱད་འཕགས་ཅན་ཞིག་ཡིན་ཞེས་སྨྲས་ན་བདེན་ཁ་མེད་པའི་གཏམ་ཞིག་ལ་འགྲོ་བའི་དོགས་པ་ནི་སུ་ལ་ཡོད་དེ་མེད་ཕྱིར་རོ། །ཆོས་བརྒྱུད་གང་དེའི་མཚན་གྱི་འབྱུང་ཚུལ་སྨྲས་པ་ལ་བོད་གངས་ཅན་གྱི་ལྗོངས་སུ་བྱུང་བའི་གྲུབ་མཐའི་འབྱུང་ཁུངས་མདོ་ཙམ་བརྗོད་པར། "དེ་བཞིན་ཕག་གྲུའི་སློབ་མ་གླིང་རས་པའི། །ཐུགས་སྲས་ཆོས་རྗེ་གཙང་པ་རྒྱ་རས་ཀྱིས། །དགོན་པ་བཏབ་དུས་འབྲུག་སྒྲ་སྒྲགས་པ་ལས། །འབྲུག་ཅེས་བཏགས་པས་འབྲུག་པའི་ཆོས་ལུགས་བྱུང་། །"[①]ཞེས་གསུངས་པས་འབྲུག་པ་བཀའ་བརྒྱུད་ཀྱི་བསྟན་པའི་སྲོག་ཤིང་ནི་རྗེ་མར་མི་རྣམ་གཉིས་ཀྱི་གདམས་པ་གསེར་བཙོ་མ་འདྲ་བ་དག་གཙོར་འཛིན་པའི་ཆོས་བརྒྱུད་ཅིག་ཏུ་ཟད་དོ། །

## དང་པོ། གྲུབ་ཆེན་གླིང་རས་པ་དང་བོང་གི་ལྷ་དགོངས་བཤད་པ།

གྲུབ་ཆེན་གླིང་རས་པ་པདྨ་རྡོ་རྗེ་ནི་དཔལ་ལྡན་བཀའ་བརྒྱུད་པའི་ཆོས་རྒྱུན་འཛིན་པ་རྣམས་ཀྱི་ནང་ནས་བཀའ་བརྒྱུད་པའི་བསྟན་པ་སྤྱི་དང་བྱེ་བྲག་འབྲུག་པ་བཀའ་བརྒྱུད་ཀྱི་བསྟན་པའི་ཤིང་རྟའི་སྲོལ་འབྱེད་པའི་སློབ་དཔོན་ལྟར་དང་དུས་ཕྱིས་འབྲུག་པ་བཀའ་བརྒྱུད་ཀྱི་བསྟན་པ་བོད་ཡུལ་གྱི་སའི་ཁྱོན་འདིར་དར་ཞིང་རྒྱས་པར་ཡོང་བར་ཆེས་ཐོག་མའི་མཐུན་རྐྱེན་བསྐྲུན་མཁན་དང་། གངས་ལྗོངས་བསྟན་འགྲོའི་གསོས་སུ་བསམ་བཞིན་བྱོན་པའི་བསྟན་པའི་མངའ་བདག་ཅིག་ཡིན་ལ། ཕྱིས་ཐུགས་སྲས་འགྲོ་མགོན་གཙང་པ་རྒྱ་རས་པས་བསྟན་པར་གནད་སྨིན་པའི་ཕྲུག་རྗེས་འཛོག་མཛད་ཀྱི་རྩ་བའི་བླ་མ་ཞིག་ཀྱང་ཡིན་པས་ན་བཀའ་བརྒྱུད་སྤྱི་དང་སྒོས་གངས་རིའི་སུལ་འདིར་སྟོན་པ་ཐུགས་རྗེ་ཅན་གྱི་གསུང་རབ་བདུད

[①] ཨ་ཀྱཱ་ཡོངས་འཛིན་གྱི་བཀའ་འབུམ་བཞུགས་སོ། །སྨད་ཆ། ཀན་སུའུ་མི་རིགས་དཔེ་སྐྲུན་ཁང་། 2011 ཤ 408

རྩེའི་ཉིད་ཁྱུ་འདྲ་འདྲ་ངོམས་མེད་དུ་སྤྱོད་ཅིང་། ཞེན་ཕྱོགས་ཀྱི་བསམ་པ་ཏིལ་ཙམ་མེད་པའི་མཁས་པ་རྣམས་ཀྱིས་ཡོངས་ཀྱི་པཎྜི་ཏར་བཤད་ལ། དོན་དུ་དཔྱད་ན་ངེས་པ་རྙེད་པའི་གྲུབ་པའི་དབང་ཕྱུག་ཅིག་ལགས། གྲུབ་ཆེན་གང་དེ་ནི་གཙང་གི་ས་ཕྱོགས་མྱང་ཡུལ་ལ་སྟོད་སྨད་བར་གསུམ་དུ་བཤད་པའི་མྱང་སྟོད་བཞེངས་ཀྱི་གླང་པོ་སྣར་གླིང་སྟོད་སྨད་གཉིས་ལས་གླིང་སྨད་པར་གླིང་གི་གདུང་དུ་ཡབ་རྒྱལ་པོ་སྐྱབས་པོ་དང་། ཡུམ་བཟང་མོ་དར་ཆུང་བྱ་བའི་སྲས་སུ་འཁྲུངས། མཚན་ལ་རྡོ་སྲས་པདྨ་རྡོ་རྗེ་ཞེས་གསོལ། སྐུ་ཆུང་ངུའི་དུས་ནས་སྨན་དཔྱད་སོགས་ལེགས་པར་མཁྱེན། སྤྱི་ཕྱིར་སྐུ་ཉིད་ཀྱི་ཕ་སྤུན་སློབ་དཔོན་གླིང་དང་རྣ་འབུམ་སེང་། ཁྲུང་ཚང་པ་སོགས་མང་དུ་བསྟེན་ནས་མདོ་རྒྱུད་གཞུང་ལུགས་རྒྱ་མཚོར་སྦྱན་དཀྲུས་ཡངས་པོའི་སྒོ་ནས་གསན་བཞེས་མཛད། དགུང་ལོ་ཞེ་གཅིག་ཐོག་འགྲོ་མགོན་ཕག་མོ་གྲུ་པའི་སྐུ་མདུན་དུ་སྒོ་གསུམ་ཕུལ་ནས་བཀའ་ཕྱག་ཆུ་བོ་གཉིས་འདྲེས་ཀྱི་གདམས་པས་གསོས་པའི་དཔལ་ལྡན་བཀའ་བརྒྱུད་པའི་བླ་མ་དམ་པ་རྣམས་ཀྱི་ཞལ་གྱི་དྲོད་མི་ཡལ་བར་བརྒྱུད་པའི་མངའ་བདག་མར་མི་རྣམ་པའི་གསུང་བྱིན་ཅན་སོགས་ངོམས་མེད་དུ་སྦྱད་པས་ཉམས་རྟོག་ཐུན་མོང་མ་ཡིན་པ་རྒྱུད་ལ་འཁྲུངས། དེར་བླ་མ་ལ་རྟོག་པ་ཕུལ་བས་དཔལ་ཕག་མོ་གྲུ་པ་མཉེས་སྐད། རྗེ་བླ་མའི་བཀའ་བཞིན་གཞུག་མ་རྩེ་གཅིག་ཏུ་བསྒོམ་པས་ན་འཁོར་འདས་ཀྱི་ཆོས་རྣམས་ཀྱི་སྒྲོ་འདོགས་ལེགས་པར་ཆོད་པ་རྣམ་ཐར་དང་ཆོས་འབྱུང་ཁག་ཏུ་གསལ་ཚུལ་རྣམ་མགུར་མཐོང་བ་དོན་ལྡན་དུ། “བདག་རང་ཕྱིས་ཀྱི་རྣལ་འབྱོར་འདི། །སྐྱེས་པ་གཙང་གི་ཕྱོགས་སུ་སྐྱེས། །ལོ་བརྒྱད་དགུ་ལོན་ནས་ཡིག་རྩིས་བསླབས། །བཅུ་བདུན་ལོན་ནས་ཆོས་སྒོར་བཞུགས། །བླ་མ་འགའི་སྤྱན་སྔར་ཕྱིན། །དབང་ཁྲིད་ཆབས་ཛོགས་པ་འགའ་རེ་ཞུས། །གཞུང་གདམས་པར་བཅས་པ་འགའ་རེ་མཉན། །རྗེ་དེ་ཀུན་

བཀའ་དྲིན་ཆེ་མོད་ཀྱི། །དེས་ཀྱང་སྒྲོ་འདོགས་མ་ཆོད་ནས། །གདམས་པ་གང་ཆེའི་ རྫོད་བཅད་པས། །སྔགས་ཀྱི་གྲྭ་ས་ཕལ་ཆེ་ན། །རྗེ་རས་ཆུང་པའི་ཐུགས་ཀྱི་སྲས། ། རྗེ་ལོ་གཙང་ར་གསུམ་ཞབས་ལ་གཏུགས། །སྨིན་བཀུར་ཞབས་ཏོག་མི་གདོག་སྟེ། ། གུས་པའི་སྟོབས་ཀྱི་ཅི་གསུང་མཉན། །བརྩེ་བའི་ཐུགས་ཀྱི་བུ་བཞིན་བསྐྱངས། །དབང་ གདམས་པར་བཅས་པ་རྫོགས་པར་ཞུས། །ལོ་བརྒྱད་དགུ་ཙམ་དུ་ནན་ཏན་བྱས། ། དུས་དེ་ཙམ་ན་ང་ཡི་བསམ་པ་ལ། །འཛམ་གླིང་བསྐོར་ཡང་གདམ་པ་དེ། །རང་ ཆེའོ་སྙམ་པའི་ང་རྒྱལ་སྐྱེས། །གདམས་པ་ཟབ་དགུ་ཆོད་ལགས་ཀྱང་། །སེམས་ཀྱི་ སྒྲོ་འདོགས་མི་ཆོད་ནས། །དཔལ་ཕག་མོ་གྲུའི་ནགས་ཁྲོད་དུ། །རྗེ་རིན་པོ་ཆེའི་ སྤྱན་སྔར་ཕྱིན། །”[①]ཞེས་གསལ་བ་དང་། གཞན་དུ་ན། གྲུབ་ཐོབ་གླིང་ཆེན་རས་ པའི་རྣམ་ཐར་ཆེན་མོར། “གྲུབ་ཐོབ་གླིང་ཆེན་རས་པ་ཉིད། །མི་འཇིད་འཇིག་ རྟེན་འཛམ་གླིང་གངས་རིའི་རྒྱུད། །རིག་པའི་འབྱུང་གནས་ཉང་སྟོད་གླང་པོ་སྒར། ། ཡབ་ཡུམ་རིགས་བཟང་འཁྲུངས་ལ་ཕྱག་འཚལ་བསྟོད། །གྲུབ་ཐོབ་གླིང་ཆེན་རས་ པ་ཉིད། །བུ་ཆུང་དུས་སུ་གྲུབ་ཐོབ་བཤད་པ་མཛད། །སྔོན་གྱི་བྱེད་སྟོབས་གང་བྱས་ བག་ཆགས་སད། །ཀུན་གྱི་བསྟོད་པའི་གནས་ལ་ཕྱག་འཛལ་[②]བསྟོད། །བཙུ་བདུན་ བཞེས་ནས་སྔགས་པའི་གྲལ་དུ་བཞུགས། །རྙིང་མའི་རྒྱུད་དང་མན་ངག་ཆོས་ཀུན་ བསླབས། །མཁས་པར་མཁྱེན་ནས་ཀུན་གྱི་བཀུར་བའི་གནས། །མ་ཧཱུངས་ཚར་བཅད་ ཁྱོད་ལ་ཕྱག་འཚལ་བསྟོད། །ར་ལོ་ལ་སོགས་བླ་མའི་ཚོགས་བསྟེན་ནས། །གསར་མའི་ རྒྱུད་དང་མན་ངག་ཆོས་ཀུན་བསླབས། །བླ་མས་ལུང་བསྟན་བསྟན་པའི་སྒོ་ཧཱུ་ ཞུགས། །སྐྱེས་མཆོག་དམ་པའི་སྟོད་ལྡན་ཕྱག་འཚལ་བསྟོད། །དེ་རྗེས་དེ་ནས་ལྷ་མོས་

① གྲུབ་ཐོབ་གླིང་རས་ཀྱི་རྣམ་མགུར་མཐོང་བ་དོན་ལྡན་བཞུགས་སོ། །ཤིང་དཔར། ལྡེབ་ཞེ་ལྔའི་ཞབས་ ལྡེབ་དང་ལྡེབ་ཞེ་དྲུག་པའི་དགུ་ལྡེབ། ཤ 90–91

② ཕྱག་འཛལ་ཞེས་པ་ཕྱག་འཚལ་ཡིན་རེས་སོ། །

ལུང་བསྟན་ནས། །ཕག་མོ་གྲུའི་ནགས་ཁྲོད་དགོན་པར་ལྷགས། །དད་གུས་ཆེན་པོས་ཕག་མོ་གྲུ་པ་བསྟེན། །”①ཞེས་གསུངས་པའི་ཕྱིར། སྐབས་དེ་ཤེད་ཙམ་ན་བླ་མ་གང་དེ་གངས་ཅན་མགོ་ནག་ཡོངས་ཀྱི་སྲོག་ཤིང་ལྟར་དུ་གྱུར་ནས་དཔལ་ལྡན་བཀའ་བརྒྱུད་པའི་བསྟན་པ་གནས་འདིར་ཉི་མ་ལྟར་གསལ་བར་བྱས་སོ། །

རྗེ་གང་དེས་སྐུ་ཚེའི་སྨད་དུ་འཕྲེང་སྒོའི་སྣ་ཕུའི་གནས་གཞི་ལྟེ་བར་བྱས་པའི་གྲ་དོལ་གཞུང་གསུམ་དུ་སློབ་མའི་ཚོགས་མང་དུ་བསྐྱངས་ཏེ་དཔལ་ལྡན་བཀའ་བརྒྱུད་བསྟན་པ་ཉི་མ་ལྟར་གསལ་བར་མཛད་པ་དང་། ཁྱད་པར་གྲ་དོལ་གཞུང་གསུམ་གྱི་ས་ཆར་གདུལ་བྱ་མང་དག་ཅིག་སྨིན་གྲོལ་མཛད། དེའི་ཕྱིར་གྲུབ་ཆེན་གླིང་རས་པ་གང་དེ་ནི་གྲ་དོལ་གཞུང་གསུམ་དུ་སངས་རྒྱས་བསྟན་པའི་རྒྱལ་ཚབ་སྟེ་ཇོ་བོ་ནཱ་རོ་པ་ནེའི་གསུང་རབ་དམ་ཆོས་རྣམ་མེད་པ་གཞི་ཁྱོན་ཆེ་བའི་ཆར་ཐོས་བསམ་སྒོམ་གསུམ་དང་དཔྱད་གསུམ་དག་པའི་ལུང་རིགས་ཀྱི་སྐྱ་བར་ནས་ལེགས་པར་གཏན་ལ་དབབ་ཅིང་། འཆད་ཉན་གྱི་སྲོ་ཆེན་པོ་བཟུང་ནས་བསྟན་པའི་བྱ་བའི་ཁུར་ལྕི་མོ་བཞེས་མཛད་ཀྱི་ཆོས་བརྒྱུད་མགོ་སྐོམས་མཛོད་ཐུབ་པའི་བླ་མ་དགེ་བའི་བཤེས་གཉེན་ཞིག་ཏུ་སོང་བས། བསྟན་པ་ཕྱི་དར་ལ་གྲ་དོལ་གཞུང་གསུམ་གྱི་ཡུལ་ཕྱོགས་འདིའི་སྐྱེ་འགྲོ་རྣམས་ཀྱི་དུག་གསུམ་གཙོམས་པོ་སངས་རྒྱས་ལྟ་བུའི་སྐྱེས་བུ་དམ་པ་ཞིག་དང་འབྲུག་པ་བཀའ་བརྒྱུད་པའི་བསྟན་པའི་མངའ་བདག་ཆེན་པོ་ཞིག་ཀྱང་ཡིན་པར་སེམས་སོ། །

གྲུབ་ཆེན་གླིང་རས་པ་ནི་འབྲུག་པ་བཀའ་བརྒྱུད་པའི་ཡབ་མེས་དང་འགྲོ་མགོན་ཕག་མོ་གྲུ་པའི་ཐུགས་ཀྱི་སྲས་པོར་གྱུར་ཅིང་། ལྟ་བའི་སྒྲོ་འདོགས་ཡོངས་

① རྒྱལ་ཐང་པ་བདེ་ཆེན་རྡོ་རྗེ། གྲུབ་ཐོབ་གླིང་ཆེན་རས་པའི་རྣམ་ཐར་ཆེན་མོ་བཞུགས་སོ། །ཁྲིས་མ། ལྷེབ་དང་པོའི་ཞབས་ལྷེབ་དང་ལྷེབ་གཉིས་པའི་དབུ་ལྷེབ། ཤ 2–3

སུ་རྫོགས་པ་དཔལ་ཕག་མོ་གྲུ་པའི་མན་ངག་གསེར་གྱི་ཐིགས་པ་འདྲ་བར་བརྟེན་ནས་ཚོད་པས། བཀའ་བརྒྱུད་ཆེ་བཞི་ཆུང་བརྒྱད་ཀྱི་བརྒྱུད་པའི་སློབ་དཔོན་ཁ་ཅིག་གིས་གྲུབ་ཆེན་གང་དེ་དཔལ་ཕག་མོ་གྲུ་པའི་ཞལ་ཚབ་ཏུ་འདོད་ལ། ལྟ་བ་དབུ་མ་ཆེན་པོར་བཞེད་པའི་བླ་མ་དགེ་བའི་བཤེས་གཉེན་ཆེན་པོར་བསྟེ། དོན་དུ་དེ་ནི་རྣམ་དཔྱོད་ཀྱི་སྤྱན་དཀྱུས་ཡངས་པའི་དམ་པ་རྣམས་བཞེད་པས་རང་ལུགས་ཀྱང་རྗེ་རྗེའི་གསུང་འདིར་ཞེན་ཏེ། དེ་ཡང་གྲུབ་ཐོབ་གླིང་རས་ཀྱི་རྣམ་མགུར་མཐོང་བ་དོན་ལྡན་དུ། "སེམས་ཉིད་དབུ་མ་པ་དང་མཐུན། །སྤྲོས་དང་བྲལ་བར་འདོད་པ་ཡིན། །"[①]ཞེས་གསུངས་པ་དང་། དམ་པ་གང་དེའི་ལྟ་སྤྱོད་ཀྱི་མཛད་ཕྱོགས་ནི "བདག་གི་ལྟ་བ་ནི་ཡས་ཕུབས། སྤྱོད་པ་ནི་མས་འཛོགས། གཞི་སྙིང་རྗེ་ཆེན་པོ་ལ་མཛད། ལམ་ཕ་རོལ་དུ་ཕྱིན་པ་བཅུ་དང་དྲུག་ལ་བྱས།"[②]ཞེས་གསལ་བ་ལས་རྗེ་བཙུན་གླིང་གི་ལྟ་བ་ནི་ཡས་ཕུབས་ཞེས་པ་ཐེག་ཆེན་གྱི་ལྟ་བར་བྱེད་པ་དང་། སྤྱོད་པ་མས་འཛོགས་ཞེས་པས་ཕྱི་ཉན་ཐོས་ཀྱི་སྤྱོད་པས་ཞི་ཞིང་འདུལ་བ་མངོན་པར་མ་ཟད། ལམ་ནི་ཕྱིན་དྲུག་དང་བསྡུ་བ་དངོས་བཞི་ཉམས་སུ་ལེན་པས་མཐར་ཐུག་གི་དགོངས་པ་དབུ་མའི་ལྟ་བར་མོས་པ་ལེགས་པར་བསྟན་ནོ། །གཞན་ཡང་གྲུབ་ཆེན་གླིང་གི་ལྟ་བ་འདི་ཉིད་ཀྱི་ཁུངས་ནི་རྗེ་ནཱ་རོ་པ་དང་མཻ་ཏྲི་ལ་སོགས་པ་དབུ་མ་ཐལ་འགྱུར་བའི་སློབ་དཔོན་རྣམས་ཀྱི་གསུང་ཁུངས་དག་པ་རྣམས་ལ་བྱ་ཚུལ་རྣམ་མགུར་མཐོང་བ་དོན་ལྡན་ན་རྗེ་ཕག་མོ་གྲུ་པར་རྟོགས་པ་ཕུལ་བ་ལ། "རྣལ་

① གྲུབ་ཐོབ་གླིང་རས་ཀྱི་རྣམ་མགུར་མཐོང་བ་དོན་ལྡན་བཞུགས་སོ། །ཤིང་དཔར། ལྡེབ་ཞེ་དགུའི་དབུ་ལྡེབ། ཤ 98

② གྲུབ་ཐོབ་གླིང་རས་ཀྱི་རྣམ་མགུར་མཐོང་བ་དོན་ལྡན་བཞུགས་སོ། །ཤིང་དཔར། ལྡེབ་བཅུ་གཉིས་པའི་དབུ་ལྡེབ། ཤ 23

འཁོར་དབང་ཕྱུག་ཏི་ལོ་པ། །[①]མཁས་པས་གྲུབ་མཆོག་ཐོབ་པ་ནཱ་རོ་པ། །མི་གནས་སྨྲ་ངན་འདས་པའི་རི་ཁྲོད་པ། །བར་དོར་ལུང་བསྟན་ཐོབ་པའི་མཻ་ཏྲི་པ། །”ཞེས་བྱུང་བས་དཔལ་ལྡན་བཀའ་བརྒྱུད་པའི་ཡབ་མེས་གོང་མ་རྣམས་ཀྱི་མན་ངག་ལས་བརྒྱུད་པའི་ལྷ་བ་ཐུགས་ལ་འཁྲུངས་ཚུལ་བསྟན་ཞིང་། མཁས་པ་སྔ་མ་རྣམས་ཀྱི་གསུང་གི་གནང་བ་ཐོབ་པའི་གདེངས་ཀྱི་མགུར་དུ་ཟད་པས། མཁས་པ་གླིང་འདི་ཉིད་དབུ་མ་ཐལ་འགྱུར་བའི་ལྟ་བ་རྒྱུད་ལ་སྦྱོན་པའི་དབུ་མ་ཆེན་པོའི་སློབ་དཔོན་ཞིག་ཡིན་པ་དང་། མཁས་པ་འདིས་སྐུ་འཚོ་བཞུགས་སྐབས་ན་ལྟ་བའི་རྒྱུན་གཙོ་བོ་དབུ་མ་བའི་ལྟ་བ་ཉམས་ལེན་གནང་བ་དང་ཆབས་ཅིག་སློབ་མ་བསྐྱངས་པའི་དུས་སུའང་ལྟ་བ་འདི་ཁོ་ནར་བཤད་པ་རྒྱ་ཆེར་མཛད་པ་རྣམ་ཐར་སོགས་པའི་ཚིག་གསལ་ནས་དཔགས་ནུས་པས་གྲུབ་ཆེན་གླིང་རས་ཆེན་པོ་འདི་ནི་ཡེ་ཤེས་མདའ་ཕུགས་མེད་པ་མངོན་སུམ་དུ་རྟོགས་པའི་གྲུབ་པའི་དབང་ཕྱུག་ཅིག་ཡིན་པ་སྨོས་མེད་ལགས། དེས་ན་དགེ་བའི་བཤེས་གཉེན་ཆེན་པོ་གླིང་རས་པ་ནི་དབུ་མ་ཐལ་འགྱུར་བ་རྒྱུད་ལ་འབྱམས་ཤིང་ཉམས་མྱོང་གི་སྐྱ་བར་ནས་དམ་ཆོས་གསུང་རབ་བདུད་རྩིའི་རྒྱུན་སློབ་བུའི་ཚོགས་སུ་གཞན་འདྲེན་མི་འཇོག་པར་ཆུ་ལ་ཆུ་བཞག་པ་ལྟར་རྒྱུད་ཐོག་ཏེ་བཞིན་དབབས་ནུས་པའི་ཆོས་ཀྱི་སྨྱུན་མངའ་བའི་ཚད་ཐུབ་ཀྱི་དྲན་དབང་ཞིག་གོ།

## གཉིས་པ། ཀུན་མཁྱེན་འབྲུག་པ་པདྨ་དཀར་པོའི་བཤད་པ།

ཀུན་མཁྱེན་འབྲུག་པ་པདྨ་དཀར་པོ་ནི་འབྲུག་པ་བཀའ་བརྒྱུད་པའི་ཕྱིས་བྱོན་པའི་བསྟན་འཛིན་རྣམས་ཀྱི་ནང་ནས་བཤད་སྒྲུབ་བསྟན་པ་སྤྱི་ལ་ལག་རྗེས་ཆེ་བའི་མཁས་པ་ཞིག་དང་། འབྲུག་པ་བཀའ་བརྒྱུད་ཀྱི་བསྟན་པའི་གཞུང་ཤིང་མངོན་

① ཏི་ལོ་པ་ཞེས་པ་ནི་ཏཻ་ལོ་པ་ཡིན་དགོས། པཎ་ཆེན་ནཱ་རོ་པའི་བླ་མ་ཡིན།

པར་གསལ་བའི་ཡིག་ཆའི་བདག་པོར་གྱུར་ནས་གངས་རིའི་གནས་སུ་བུ་སློབ་ཀྱིས་གང་བར་མཛད་པོ་ཞིག་ཀྱང་ཡིན་པས་ན། སྟག་ལུང་པ་ངག་རྣམ་རྒྱལ་གྱིས། "དཔལ་ལྡན་འབྲུག་པའི་བསྟན་པ་ལ་བྱ་བ་མཛད་དུ་བསམ་བཞིན་བྱོན་པ་མི་ཕམ་པདྨ་དཀར་པོ་ཞེས་བྱ་བའི་ཡོངས་རྫོགས་གནས་ལྔ་མཁྱེན་པའི་པཎྜི་ཏ་ཆེན་པོ་ཞིག་ཉི་མ་ཤར་བ་ལྟར་བྱོན་ཏེ། བོད་ཡུལ་གྱི་རྒྱལ་ཁམས་ཐམས་ཅད་བཤད་སྒྲུབ་ཀྱི་སྒོ་དང་རྟོགས་ལྡན་གྱི་སློབ་མས་བཀང་། དཔལ་འབྲུག་པའི་བཀའ་བརྒྱུད་ལ་གྲགས་སོ་འཚལ་གྱི་གཞུང་དང་མན་ངག་ཐམས་ཅད་ལ་གསལ་ཞིང་གཙང་ལ་ཁུངས་དང་འབྲེལ་བའི་ཡིག་ཆ་བརྩམས། བཀའ་བརྒྱུད་རིན་པོ་ཆེར་རིགས་ངེས་པའི་གང་ཟག་རྣམས་མན་ངག་སྨར་ཁྲིད་ཀྱི་ལམ་ལས་དབང་ཕྱུག་མི་ལའི་རྣམ་ཐར་ལ་བཙུད། སླིགས་མའི་གང་ཟག་ཅིག་ཅར་ངེས་དོན་གྱི་བསྟན་པ་ལ་འཇུག་པར་ནུས་པ་རྣམས་མདོ་སྔགས་སྒྲ་ཚད་བཟོ་སོགས་རིག་གནས་ལྔའི་ཐོས་བསམ་ལ་སྦྱར། ལུང་རྟོགས་གཉིས་ཀའི་བསྟན་པར་ལུང་རྟོགས་མཛད།"[1]ཅེས་གསུངས་པའི་ངག་ནི་དོན་དངོས་པོའི་གནས་ཚོད་དུ་གནས་ཤིང་། དམ་པ་འདི་ནི་བོད་བསྟན་སྤྱིའི་ཁྱད་ནོར་དུ་སོང་ལ། དཔལ་ལྡན་བཀའ་བརྒྱུད་པའི་མཁས་པའི་ཁྲིད་ན་སེང་གེ་ལྟ་བུའི་རྣལ་འབྱོར་པ་དང་། འབྲུག་པ་བཀའ་བརྒྱུད་པའི་བསྟན་པའི་མངའ་བདག་སྟེ་མཁས་གྲུབ་གཉིས་ལྡན་གྱི་སྐྱེས་བུ་དམ་པ་རྣམས་ཀྱི་ཞལ་ཚབ་ཏུ་འདུག་པའི་ཕྱིར་ན། བཀའ་བརྒྱུད་པ་རྣམས་ཀྱིས་ངེས་པ་དོན་གྱི་པཎྜི་ཏ་ཞིག་ཏུ་བཤད་དོ། །

ཀུན་མཁྱེན་པདྨ་དཀར་པོའི་མཛད་པ་བཞེས་སའི་གནས་གཙོ་བོའི་གྲས་སུ་གྲྭའི་སྡིངས་པོ་ཆེ་དགོན་ཞེས་པ་དེ་ཡོད་ཅིང་། མཁས་པ་གང་དེས་གྲྭ་སྡིངས་པོ་

[1] སྟག་ལུང་ངག་དབང་རྣམ་རྒྱལ། སྟག་ལུང་ཆོས་འབྱུང་། བོད་ལྗོངས་བོད་ཡིག་དཔེ་རྙིང་དཔེ་སྐྲུན་ཁང་། 2013 ཤ 628

ཆེ་རྟེན་གཞི་མཛད་ནས་དཔལ་ལྡན་འབྲུག་པའི་བསྟན་པ་གྲ་དོལ་གཞུང་གསུམ་གྱི་སའི་ཁྱོན་དུ་ཐར་ལམ་ལྷག་པའི་འཛིན་སྐྱོང་སྤེལ་གསུམ་གྱི་བགྱི་བ་ལ་རེམས་པ་མ་ཟད། ཐོས་བསམ་སྒོམ་གསུམ་གྱི་གཞི་ལེགས་པར་བཏིང་སྟེ་འཆད་ཉན་གྱི་སྡེ་གྲ་སྲིངས་པོ་ཆེར་བཤད་སྒྲུབ་ཀྱི་བསྟན་པ་ཡུག་གཅིག་ཏུ་དར་བར་མཛད་པའི་རིགས་གནས་ཀྱི་རྒྱུན་ལས་བཀའ་བརྒྱུད་རིན་པོ་ཆེའི་བསྟན་པ་སྤྱི་དང་བྱེ་བྲག་འབྲུག་པ་བཀའ་བརྒྱུད་ཀྱི་ཆོས་བརྒྱུད་འདི་ཉིད་ཀྱི་གཞུང་གི་བཤད་པ་སོགས་མཛད་པ་ལ་མཁས་པ་འདིའི་གསུང་གི་བདུད་རྩི་མི་སྐྱོད་པ་མེད་པར་ཟད། འབྲུག་པ་པདྨ་དཀར་པོའི་སྐུ་དྲིན་གྱིས་དུས་ཕྱིས་བཀའ་བརྒྱུད་པའི་བསྟན་པ་གུང་ལ་ཉི་མ་ཤར་བ་ལྟར་དར་བར་མཛད་ལ། དམ་པ་གང་དེའི་གསུང་གི་སྣང་བ་གཏུགས་ན་མར་མི་ལ་སོགས་པའི་དཔལ་ལྡན་བཀའ་བརྒྱུད་གོང་མ་རྣམས་ཀྱི་ཇོ་རྗེའི་ཚིག་གྲུབ་ཐོབ་ནས་གྲུབ་ཐོབ་ས་ཐོབ་པ་ཟམ་མི་ཆད་པ་ལས་བརྒྱུད་པའི་ཆོས་སྐོར་དུ་སོང་བ་ཤ་སྟག་ཡིན་ཕྱིར། སེམས་དཔའ་ཆེན་པོ་པདྨ་དཀར་པོའི་རྣམ་ཐར་ཐུགས་རྗེ་ཆེན་པོའི་བློས་གར་ཞེས་བྱ་བར། "ཞིབ་མོར་བརྟགས་ན་བཤད་སྒྲུབ་གང་ནས་ཀྱང་མར་པས་བསྒྱུར། མེས་རྔོག་མཚུར་གྱིས་བཤད། མི་ལས་བསྒོམ་པ་གང་ཡིན་པ་དེ་ཁ་སྙིང་པོར་འཛིན་སྣང་བས་དཀར་བརྒྱུད་ངོ་མ་དང་། གཞན་ཉམས་ལེན་གཅོད་ཡུལ་ལ་སོགས་པ་ལ་བྱེད། བཤད་བཤད་ཀྱི་རིགས་གཞན་མའི་ལུགས་ལ་བརྟེན་པ་དཀར་བརྒྱུད་པ་ཟེར་མར་སྣང་ངོ་། །"[①]ཞེས་གསུངས་སྐབས་དེ་ལྟའི་གདམས་ངག་གི་བརྒྱུད་པ་གཙང་མའི་ངང་དུ་བཞུགས་པའི་བརྟུལ་ཞུགས་མངོན་དུ་ཕྱུང་ཞིང་། ལྟ་བའང་མཁས་པ་དེ་དག་གི་རྗེས་སུ་འབྲངས་པ་ཤུགས་ལ་རྟོགས་སོ། །

① ཀུན་མཁྱེན་པདྨ་དཀར་པོའི་གསུང་འབུམ། པོད་དང་པོ། ཤིང་དཔར། ལྡེབ་བརྒྱ་དང་གཅིག་གི་དབུ་ལྡེབ། ཤ 203

མཁས་པ་ཆེན་པོ་འདི་ནི་གྲྭ་དོལ་གཞུང་གསུམ་གྱི་སའི་ཆར་ལོ་མང་བཞུགས་ནས་སྐྱེ་འགྲོའི་དོན་མཛད་རབས་ནི་ཇོ་ནང་ཐར་ཕྱུགས་ཇེ་ཆེན་པོའི་རྣམ་ཐར་གསལ་བས། "ལྷོ་བརྒྱུད་སྡེ་གསུམ་གྲྭ་སློབ་དཔོན་དུ་གཡའ་བཟང་བ་ཆོས་མཛད་ངག་དབང་ཀུན་དགའ་སྙིང་པོ་བསྙེས། དེ་ནས་དོལ་དཔལ་རི[①]བརྒྱུད། བླ་མ་དགེ་འདུན་ཁུ་མཆན་གྱིས་ཞབས་ཏོག"[②]ཅེས་བྱུང་བའི་དོལ་གྱི་དཔལ་རི་དགོན་དུ་ཞབས་ཐེགས་ནས་བསྟན་པའི་དོན་མཛད་པར་མངོན་པ་དང་། དམ་པ་འདི་ཉིད་གྲྭའི་ཡུལ་དུ་ཕྱིན་ནས་འགྲོ་དོན་བསྐྱངས་ཚུལ་ཐམས་ཅད་མཁྱེན་པ་པདྨ་དཀར་པོའི་རྣམ་ཐར་ཕྱུགས་ཇེ་ཆེན་པོའི་རྣམ་ཐར་གྱི་འཕྲོས་བརྗོད་པ་སྐྱུ་མ་ཆེན་པོའི་དོ་ར་ཞེས་པར། "སེམས་དཔའ་ཆེན་པོ་དཔལ་གྱི་སེང་གེའམ་རིན་ཆེན་དཔལ་བཟང་ཅིག་གྲྭ་སྙིང་པོའི་མཁན་པོར་བསྙེས། དེའི་དོར་སྡོམ་པ་གསུམ་གྱི་ལས་ཆོག་ཀྱང་མཛད་དོ། །ཞེས་པ་ནས། རྒྱལ་བྱེད་ཚལ་སློབ་དཔོན་འཇམ་དབྱངས་ངག་དབང་བློ་གྲོས་

---

① དོལ་དཔལ་རི་ཞེས་པ་ནི་དོལ་ཡས་མོའི་ཕུར་གནས་ཤིང་། དགོན་དེ་ནི་ཡས་མོའི་བྱང་ངོས་ཀྱི་རི་རྩར་ཆགས་པའི་གནས་ཤིག་ཡིན་པ་དང་། སྔར་གྱི་དུས་དགེ་འདུན་མང་དུ་བྱུང་བར་བཤད་ཀྱང་། དེང་སང་ནི་དགོན་རོ་ཙམ་ལས་མི་འདུས། ཡུལ་དེའི་མི་རྣམས་ཀྱིས་དགོན་འདི་ཆོས་བརྒྱུད་རྙིང་མ་འཛིན་པའི་དགོན་དུ་བཤད་མོད། ལོ་རྒྱུས་རྗེས་ཞིབ་ལ་བསྐྱོད་པའི་བརྒྱུད་རིམ་ནང་ཤེས་གསལ་དགོན་འདིའི་ཉེ་འཁྲམ་གྱི་རྗོ་འབུམ་ཁྲོད་ན་རྙིང་མ་བའི་བླ་བརྒྱུད་མི་གསལ་བར་མར་མི་དྭགས་གསུམ་དང་པཊ་ཆེན་ན་རོ་པ་དང་ཧེ་ལོ་པ་སོགས་པའི་བཀའ་བརྒྱུད་གོང་མ་རྣམས་ཀྱི་བླ་མ་བརྒྱུད་པའི་རྗེ་སྐུ་དང་མཚན་བརྗོད་གསལ་བའི་ཕྱིར་ན། དགོན་སྡེ་འདི་ཉིད་བཀའ་བརྒྱུད་པའི་གནས་གཞི་ཞིག་ཡིན་པ་ལ་ཐེ་ཚོམ་མེད་མོད། བྲེ་བྲག་བཀའ་བརྒྱུད་པའི་ཆོས་བརྒྱུད་ཅི་ལ་གཏོགས་མིན་མ་ཤེས། དེས་ན་ཀུན་མཁྱེན་པདྨ་དཀར་པོའི་རྣམ་ཐར་འདི་ཉིད་ཀྱི་རྒྱུན་བསྐྱངས་ནས་སླས་ན་དོལ་དཔལ་རི་དགོན་འདི་ཉིད་འབྲུག་པ་བཀའ་བརྒྱུད་པའི་གནས་གཞི་གལ་ཆེན་ཞིག་ཡིན་པར་རྟོགས་པའོ། །དགོན་དེའི་མིང་ལ་དེང་སང་ཡང་དཔལ་རི་ཞེས་བརྗོད་སྲུས་ལགས། ལར་དགོན་དེ་ནི་ཐོག་མར་གཉགས་ཕུ་བསོད་ནམས་བཟང་པོའི་གནས་གཞི་ཡིན་པར་བཤད།

② ཀུན་མཁྱེན་པདྨ་དཀར་པོའི་གསུང་འབུམ། པོད་དང་པོ། ཤིང་དཔར། ལྷེབ་བརྒྱ་དང་བཅུ་གཉིས་པ། ཤ 225–226

ངོར། དུས་ཀྱི་འཁོར་ལོའི་རིམ་བྲིས་བརྙེན།"[1]ཞེས་གསལ་བའི་ཚིག་གྲྭ་ནི་གྲ་ཕྱིངས་པོ་ཆེ་དགོན་དང་། རྒྱལ་བྱེད་ཚལ་ཞེས་པ་ནི་ཡར་ཀླུང་གཙང་པོའི་བྱང་དུ་གནས་པའི་གྲ་ནང་རྫོང་སྡུགས་གྲྭ་ཤང་ཁོངས་སུ་ཆགས་པའི་དགོན་ཞིག་ཡོད་པ་མིན་ནམ་སྙམ། དེང་སང་དགོན་དེའི་ཤུལ་ཙམ་ལས་མེད་མོད། སྔོན་དུས་ཀླུ་མེས་ཀྱི་གནས་གཞི་གཙོ་བོའི་གྲས་ཤིག་ཡིན། བླ་མ་འདིའི་འབྱུངས་ཡུལ་གྲ་དོལ་གཞུང་གསུམ་དང་ཉེ་འབྲེལ་འཕྲོད་རྒྱུས་ཀྱི་སར་ཡིན་པ་དང་། གྲ་དོལ་གཞུང་གསུམ་དུ་འབྲུག་པའི་བསྟན་པ་ཉེ་མ་ལྟར་གསལ་བར་མཛད་ནས་གདུལ་བྱ་བག་ཆགས་སད་པ་མང་པོ་བསྟན་པའི་སྐོར་བརྗོད་ནས་དབུས་གཙང་རིས་སུ་མི་ཆད་པར་བསྟན་པའི་དོན་རྒྱ་ཆེན་པོའི་ཁུར་བཞེས་ཏེ་ཐུབ་པའི་བསྟན་པ་འདིར་སྨན་པའི་དོན་གཉིས་ཀྱིས་སྐུའི་འདུ་བྱེད་ཐིམས་པ་ལགས།

ཀུན་མཁྱེན་པདྨ་དཀར་པོའི་ལྟ་བ་ནི་སློབ་དཔོན་ཀླུ་སྒྲུབ་དང་ཛེ་མི་ལའི་དགོངས་པ་ལྟར་བྱ་སྟེ། དབུ་མའི་གཞུང་ལུགས་གསུམ་གསལ་བར་བྱེད་པ་ངེས་དོན་གྲུབ་པའི་ཤིང་རྟ་ཞེས་བྱ་བར། "འདིར་ཐེག་པ་ཆེན་པོའི་ཆོས་མངོན་པ་རྣམ་པར་བཞག་པ་ཤེས་རབ་ཀྱི་ཕ་རོལ་ཏུ་ཕྱིན་པའི་ཚུལ། འགྲོ་བ་རྣམས་ལ་སྙིང་པ་དང་བཀུར་སྟི་དང་། ལན་དུ་ཕན་འདོགས་པ་བཞེད་པ་མ་ཡིན་གྱི། ཐུགས་རྗེ་ཆེན་པོ་ཁོ་ན་ལ་བརྟེན་ནས་ལྟ་བ་ཐམས་ཅད་སྤངས་པའི་ཕྱིར་སྟོན་པར་མཛད་པའི་ཤིང་རྟ་ཆེན་པོ་ནི་རྣམ་པ་གཉིས་ཏེ། ཕྱི་ལུང་དང་རིགས་པའི་ལམ་དུ་དོན་དམ་པའི་དེ་ཁོ་ན་ཉིད་སྟོན་པར་མཛད་པ་སློབ་དཔོན་ཀླུ་སྒྲུབ་སྙིང་པོ་དང་། ནང་བསྒོམ་པ་ལས་བྱུང་བའི་སོ་སོ་རང་རིག་པའི་ཡེ་ཤེས་ཀྱི་ངང་དུ་དོན་དམ་པའི་དེ་ཁོ་ན་ཉིད་སྟོན་

① ཀུན་མཁྱེན་པདྨ་དཀར་པོའི་གསུང་འབུམ། པོད་དང་པོ། ཤིང་དཔར། ཤ 242–243 རྣམ་ཐར་འདི་གཉིས་ཀ་འབྲུག་པ་པདྨ་དཀར་པོའི་རང་རྣམ་ཡིན་པའོ། །

པ་རྣལ་འབྱོར་དབང་ཕྱུག་མི་ལ་རས་པའོ། །”[①]ཞེས་གསུངས་པའི་ཕྱིར་ཏེ། དམ་པ་གང་དེའི་ལྟ་བ་དབུ་མ་ཡིན་པ་ལ་རྩོད་པ་མེད་དོ། །གཞན་དུ་ཁྲིད་ཆེན་བརྒྱད་མཛོས་པར་བྱེད་པའི་རྒྱན་དུ། “བདག་ནི་ཕྱག་རྒྱ་ཆེན་པོ་གསང་སྔགས་རྫོགས་རིམ་མཚན་ཉིད་པ་དང་། བརྒྱུད་པ་རྗེ་མི་ལ་ནས་བརྒྱུད་པར་ཁས་ལེན་ནོ། །”[②]ཞེས་བཤད་པས་ན་མི་ཕམ་པདྨ་དཀར་པོ་ནི་ནཱ་རོ་ཆོས་དྲུག་ལ་སོགས་དཔལ་ལྡན་བཀའ་བརྒྱུད་པའི་ཐུན་མོང་མ་ཡིན་པའི་ཕྱག་ཆེན་པའི་ཞི་ཕྱོགས་ཀྱི་ལྟ་བ་ཕར་ཕྱིན་ལས་ལྷག་པར་སླ་བའི་ལུགས་སུ་མོས་པའི་དབང་མཁས་པ་འདི་ཉིད་ལྟ་བ་མཐོན་པོར་ཐེགས་པའི་འབྲུག་པ་བཀའ་བརྒྱུད་པའི་གྲུབ་ཐོབ་ཚད་མ་ཞིག་ལ་བྱའོ། །

### གསུམ་པ། གཞུང་གི་མཁས་པ་ལོ་རས་པའི་བཤད་པ།

འབྲུག་པ་བཀའ་བརྒྱུད་པར་གྲུབ་པའི་དབང་ཕྱུག་བགྲང་ལས་འདས་པ་ཐོན་ཡང་། གྲགས་ཆེ་བ་ནི་གྲུབ་ཆེན་གླིང་རས་པ་ཡབ་སྲས་རྣམས་ཡིན་ལ། དེ་ལས་ཀྱང་གྲྭ་དོལ་གཞུང་གསུམ་གྱི་ཡུལ་ཚན་ཆེ་གེ་མོར་སྐུ་དངོས་སུ་འཁྲུངས་པའི་མཛད་པ་བཞེས་མཁན་ནི་འགྲོ་མགོན་གཙང་པ་རྒྱ་རས་པའི་དངོས་སློབ་ལོ་རྗོད་གཉིས་སུ་གྲགས་པའི་ཡ་གྱལ་ལོ་རས་པ་འདི་ཉིད་ལགས། དེ་ཡང་ལོ་རས་པ་ནི་གདུང་ལོ་ཡིན་པས་ན་མཚན་དེ་ལྟར་ཐོགས། གྲྭ་དོལ་གཞུང་གསུམ་ལས་གཞུང་གི་སའི་ཆ་གྲགས་ཆེན་ནམ་རྗེ་ར་བ་[③]ཞེས་པར་འཁྲུངས། དེ་ཡང་ལྷོ་རོང་ཆོས་འབྱུང་དུ། “ཆོས་རྗེ་ལོ་རས་ནི། འཁྲུངས་ཡུལ་ཡོར་པོ་གཞུང་གྲགས་ཆེན་པའམ་རྗེ་ར་བ། གདུང་གཙུང་པའི་ནང་ཚན་ལོ་ནང་། ཡབ་གསང་སྔགས་ཉིང་མ་རྣལ་འབྱོར་ཤེས་

① ཀུན་མཁྱེན་པདྨ་དཀར་པོའི་གསུང་འབུམ་པོད་དགུ་པ། ཏ་པ། ཤིང་དཔར། ཤ 307–308

② ཀུན་མཁྱེན་པདྨ་དཀར་པོའི་གསུང་འབུམ་པོད་ཉི་ཤུ་པ། ཞ་པ། ཤིང་དཔར། ཤ 530

③ ཇོ་ར་བ་ཞེས་པ་ནི་ལྷོ་ཁ་གོང་དཀར་རྫོང་སྐྱིད་གཤོངས་གྲོང་བརྡལ་གྲགས་ཆེན་ཤང་གི་མིང་ཉིང་པར་གོ དེང་སང་ནི་གྲགས་ཆེན་ཞེས་པ་ལས་ཇོ་ར་བ་ཞེས་བརྗོད་སྲོལ་མེད།

རབ་རྒྱལ་བྱ་བ་དང་། ཡུམ་དད་པ་དང་ལྡན་པའི་མི་བཟའ་སྐྱིད་དེ་བྱ་བ་ཁྲིམས་ཀྱི་འཁོར་པ་ཆེན་པོ་ལྡན་ཏེ། ཞེས་པ་ནས། དེ་ནས་ཟླ་དུས་ཚང་བ་ས་ཕོ་སྤྲེའུ་ལོ་ལ། མཚན་ལྟས་བཟང་པོ་དང་བཅས་ཏེ་ཁྲིའུ་གཅིག་བཙས་ནས་དེ་ཕྱིན་ཡབ་ཡུམ་གྱི་ལོངས་སྤྱོད་ཀྱང་སྔར་ལས་འཕེལ་བར་འགྱུར།”①ཞེས་གསལ་བ་དང་། འབྲུག་པའི་ཆོས་འབྱུང་དུ། “ལོ་རས་ནི་འཁྲུངས་ས་གཞུང་གི་གྲགས་ཆེན། གདུང་ལོ། ཡབ་རྣལ་འབྱོར་དང་། ཡུམ་མི་བཟའ་སྐྱིད་ལ་སྲས་མེད་ནས། འབྲུག་ཏུ་ཆོས་རྗེ་དང་། ལྷ་སར་རྡོ་བོ་ཐུགས་རྗེ་ཆེན་པོ་ལ་མཆོད་པ་རྒྱ་ཆེན་པོ་བྱས་པས་བྱུང་བ་ཡིན། མཚན་པོ་བདེ་བ་སྐྱོང་།”②ཞེས་བྱུང་བ་ལས་རྒྱལ་བ་ལོ་རས་པའི་འཁྲུངས་ཡུལ་གཞུང་གི་གྲགས་ཆེན③དུ་ཡིན་པ་བསྟན། དུས་ཕྱིས་ཡབ་ཡུམ་གྱིས་འཇིག་རྟེན་མཐུན་འཇུག་གི་བྱ་བར་འཇུག་པའི་བཀོད་པ་ལས་ལྡོག་སྟེ་ར་ལུང་④དུ་ཞབས་ཐེགས། སྐྱོར་མོ་ལུང་སྤྲལ་ཏེ་དགྲ་བཅོམས་པ་ལས་སྡོམ་པ་མནོས། མཚན་གྲགས་པ་དབང་ཕྱུག་ཏུ་གསོལ། ཡུལ་ནས་སྤུན་མཆེད་སོགས་ཀྱི་བདས་མི་ཡོང་ནས་རྗེ་མོ་དང་ལྷན་གཅིག་ཏུ་འཇིག་རྟེན་པའི་བྱ་བར་བཀོལ་ཡང་། སླར་ཆོས་རྗེ་རྒྱ་རས་པའི་སྐུ་མདུན་དུ་བཅར་ནས་གདམས་པ་ཡིད་ཆེམ་པར་ཞུས་ནས། སེ་མོ་དོ་ལ་སོགས་པའི་གནས་གཉན་ས་མང་དུ་འགྲིམས་པས་རྟོགས་པ་ཁྱད་པར་བ་རྒྱུད་ལ་འཁྲུངས། དུས་ཕྱིས་

① རྟ་ཚག་ཚེ་དབང་རྒྱལ། ལྷོ་རོང་ཆོས་འབྱུང་། བོད་ལྗོངས་བོད་ཡིག་དཔེ་རྙིང་དཔེ་སྐྲུན་ཁང་། 2013 ཤ 636

② འབྲུག་པ་པདྨ་དཀར་པོ། འབྲུག་པའི་ཆོས་འབྱུང་། བོད་ལྗོངས་བོད་ཡིག་དཔེ་རྙིང་དཔེ་སྐྲུན་ཁང་། 2013 ཤ 404

③ གྲགས་ཆེན་ཞེས་པའི་ཡུལ་ནི་སྔར་གྱི་དུས་གྲ་དོལ་གཞུང་གསུམ་ལས་གཞུང་གི་མདའ་དང་། དེང་སང་ནི་ལྷོ་ཁ་གྲོང་ཁྱེར་གོང་དཀར་རྫོང་སྐྱིད་གཤོངས་གྲོལ་བཟང་གྱི་ས་ཁོངས་ཏེ་ཡར་གཙང་གི་ལྷོ་ངོགས་སྣ་ཕོ་ལ་དང་མི་རིང་བའི་སར་ཆགས་པའི་གྲགས་ཆེན་ནམ་སྒྲགས་ཆེན་ཤང་ཞེས་པ་དེ་ཡིན། །

④ ར་ལུང་ཞེས་པ་ནི་འབྲུག་པ་བཀའ་བརྒྱུད་པའི་གནས་གཞི་ཐོག་མ་དེ་ཡིན། ངག་རྒྱུན་དུ་རས་ལུང་བསྟན་པར་གྲགས། འགྲོ་མགོན་གཙང་པ་རྒྱ་རས་ཀྱིས་ཕྱག་བཏབ། གནས་དེ་ནི་སྟོད་འབྲུག་གི་གདན་ས་ཡང་ཡིན།

སློབ་མའི་ཚོགས་ལེགས་པར་བསྐྱངས་སྟབས་འབྲུག་པ་བཀའ་བརྒྱུད་པའི་སློབ་དཔོན་ཆེན་པོར་འགྱུར། མོན་འབུམ་ཐང་དང་ཨུ་རི། དཀར་པོ་ཆོས་ལུང་སོགས་པའི་གནས་གཞི་བཟུང་སྟེ་མཛད་འཕྲིན་རྒྱས། མཁས་པ་གང་དེའི་ཐུགས་རྗེའི་དྲིན་གྱིས་འབྲུག་པ་བཀའ་བརྒྱུད་པར་སྟོད་སྨད་བར་གསུམ་དུ་བཤད་པའི་སྨད་འབྲུག་གི་ཤིང་རྟའི་སྲོལ་ཕྱེ་ལ། སྨད་འབྲུག་ལས་མཆེད་པའི་ལོ་པཎ་མང་དུ་བྱུང་བའི་རྐྱེན་གྱིས་སྔར་གྱི་ཆོས་འབྱུང་རྣམ་ཐར་སོགས་སུ་སྨད་འབྲུག་སའི་རྩི་ཤིང་ཞེས་མང་བའི་ཚད་དུ་མཛད། དེའི་ཕྱིར་ན་འབྲུག་པ་བཀའ་བརྒྱུད་སྤྱི་དང་ཁྱད་པར་དཔལ་ལྡན་བཀའ་བརྒྱུད་པའི་པཎ་གྲུབ་གུང་ལ་ཉི་ཟླ་ཤར་བ་ལྟ་བུའི་ཁྲིད་ན་ཆོས་རྗེ་ལོ་རས་པ་འདི་ཉིད་ཀུན་གྱིས་ཚད་མར་བྱེད། འདུས་སྡེ་མང་བ་ལ་ཁྲི་ཙམ་དང་ཉུང་བ་ལ་སྟོང་གཉིས་ཙམ་བྱུང་བའོ། །སློབ་མའི་གཙོ་བོ་ཙ་རི་རས་ཆེན་སོགས་བྱོན།

མཁས་པ་གང་དེའི་མཐུ་སྨོན་གྱི་སྟོབས་ཀྱིས་གྲ་དོལ་གཞུང་གསུམ་དུ་བཀའ་བརྒྱུད་པའི་བསྟན་པ་ཡོངས་དང་སྒོས་འབྲུག་པ་བཀའ་བརྒྱུད་པའི་གནས་གཞི་མང་དུ་གྱེས་པ་དང་མཁས་གྲུབ་གཉིས་ལྡན་གྱི་ཆོས་ཀྱི་སྤྱན་ཡངས་པའི་བསྟན་པའི་རྗེས་འབྲངས་བསམ་གྱིས་མི་ཁྱབ་པ་བྱོན་ཏེ་བསྟན་པ་དར་ཞིང་རྒྱས་པར་བྱུང་བ་ལོ་རྒྱུས་སོགས་སུ་གསལ་ལ། དེང་སང་མཇལ་དུ་ཡོད་པའི་ཡུལ་ཚན་དེ་གསུམ་གྱི་སའི་ཆར་ལྷག་སོང་བའི་དགོན་ཤུལ་དང་། ངག་རྒྱུན་དག་པ་རྣམས་ལ་བརྟགས་ན་ཤེས་པར་ངེས་སོ། །རྒྱུ་མཚན་དེའི་ཕྱིར་ན་ཆོས་རྗེ་འདི་ཉིད་ནི་བསྟན་པ་ཕྱི་དར་ལ་གྲ་དོལ་གཞུང་གསུམ་དུ་འབྲུངས་ཞིང་ཆོས་ཀྱི་མཛད་པ་ཆེ་བའི་མཁས་པའི་དབང་པོ་ཞིག་ཡིན་ཞེས་སྨྲས་ན་འགལ་བའི་ཆ་མེད་པ་མ་ཟད། བཀའ་བརྒྱུད་པའི་བསྟན་པ་ཉག་ཕྲ་བ་གསོ་མཛད་ཀྱི་སྐྱེས་ཆེན་དམ་པ་ཞིག་དང་འབྲུག་པ་བཀའ་བརྒྱུད་ཀྱི་བསྟན་པ་རིན་པོ་ཆེ་གཞི་རྒྱ་ཆེ་བའི་སྒོ་ནས་དབུས་གཙང་རིས་སུ་མི་ཆད་པའི་བོད་

ཡུལ་གྱི་སའི་ཁྱོན་འདིར་དར་བར་བསྟན་པ་ཐམས་ཅད་གྲུ་བཞི་ལམ་དུ་འཁྱེར་ཤེས་པའི་མཚན་ལྡན་བླ་མ་དམ་པ་ཞིག་ཀྱང་ཡིན་པས། དགེ་བའི་བཤེས་གཉེན་འདིའི་སྐུ་དྲིན་གྱིས་གྲ་དོལ་གཞུང་གསུམ་གྱི་ས་ཆར་འབྲུག་པ་བཀའ་བརྒྱུད་པའི་བཤད་སྒྲུབ་ཀྱི་བསྟན་པའི་རྩ་ལག་རྒྱས་པ་དང་། ཆོས་ཀྱི་སྡེ་མང་དུ་འཕེལ་ནས་བསྟན་པའི་སྦྱིན་བདག་དང་བསྟན་པའི་མངའ་བདག་ཕེབས་ཏེ་སངས་རྒྱས་ཆོས་ལུགས་འཕགས་ཡུལ་ལས་ལྷག་པའི་དར་ཆེ་བར་སོང་ཞིང་། བཀའ་བསྟན་བཅོས་ཀྱི་དགོངས་འགྲེལ་སོ་སོའི་སྐྱེ་བོའི་བློར་བཙུད་དཀའ་བའི་ཆོས་ཀྱི་བྱིན་རླབས་ཀྱི་ཕྱུ་ཏི་རི་བོའི་གཏོས་དང་མཉམ་པ་བྱུང་བ་སོགས་ཀྱི་མཛད་པར་བསམས་ན། བླ་མ་གང་དེའི་སྐུའི་འདུ་བྱེད་ཡོངས་སུ་རྫོགས་པ་སེམས་ཅན་གྱི་དོན་ཁོ་ནར་གཉེར་བར་ཟད་པ་ཤེས་སོ། །

ཆོས་རྗེ་ལོ་རས་པ་འདི་ཉིད་ནི་རྟོགས་པ་མཐོན་པོ་རྒྱུད་ལ་འཁྲུངས་པའི་བྱང་ཆུབ་སེམས་དཔའ་ཞིག་ཏུ་སོང་བས་ཆོས་རྗེ་གང་དེ་ལྟ་བ་གང་ལ་མོས་སམ་ཞེ་ན། དབུ་མ་ཆེན་པོར་མོས་ཞེས་མགྲིན་པ་གཟེངས་སུ་བཏེགས་ནས་སྨྲ་བར་འདོད་དེ། སྒོམ་པ་ནཱ་རོ་ཆོས་དྲུག་དང་ལྟ་བ་ཕྱག་རྒྱ་ཆེན་པོ། སྤྱོད་པ་རོ་སྙོམས་སྐོར་དྲུག ཀུན་ལ་བྱེད་པ་ལམ་ཟབ་བླ་མའི་རྣལ་འབྱོར་བྱེད་པས་ཕྱག་ཆེན་གྱི་ལྟ་བ་ནི་དབུ་མ་ཆེན་པོ་ཡིན་པ་གོང་དུ་མར་རྗོག་སོགས་པའི་བཤད་པའི་སྐབས་བརྗོད་ཟིན་པས་འདིར་རྒྱས་པར་མ་སྤྲོས་སོ། །

### བཞི་པ། རྗོག་ཆོས་དང་འབྲུག་པ་བཀའ་བརྒྱུད་ཀྱི་གདམས་པ་བསྲེ་ཚུལ།

གྲ་དོལ་གཞུང་གསུམ་གྱི་ཡུལ་ལུང་དག་ན་བཀའ་བརྒྱུད་ལ་སྔ་བ་མར་རྗོག་མཚུར་གསུམ་གྱི་བཤད་པ་ཡིན་པ་དང་། དེ་ལས་ཀྱང་དར་ཆེ་ཤོས་ནི་རྗོག་ཆོས་འདི་ཉིད་དུ་སོང་། རྗོག་པ་བཀའ་བརྒྱུད་འདི་ཉིད་གྲ་དོལ་གཞུང་གསུམ་དུ་དར་རབས་ཞིབ་པ་རྗོག་པ་ཡབ་སྲས་ཀྱི་རྣམ་ཐར་དུ་གསལ་བས་འདིར་ཡིག་ཚོགས་ཀྱི་

ངལ་བ་མ་བྱས་སོ། །ཡོ་རྒྱུས་ཐོག་ཛོག་གི་གདུང་བདུན་ཟམ་མི་ཆད་པར་བླ་མ་ཆེན་པོའི་སྐུའི་སྐྱེ་བ་བཞེས་ཏེ་ཛོག་ཆོས་ཀྱི་བསྟན་པ་བཤད་སྒྲུབ་གཉིས་ཀྱི་ལམ་ནས་སྤེལ་སྟབས་བོད་ཡུལ་སྟོད་སྨད་བར་གསུམ་དུ་དུ་སློབ་སའི་རྟུལ་དང་མཉམ་པར་བྱུང་བས་ཛོག་ཆོས་ཞེས་བོད་སྟོན་པ་རྣམས་ཀྱི་རྗེ་མར་པའི་ལུགས་རྣམ་པར་དག་པར་དགོངས་ནས་བསྟན་པའི་རྩ་ལག་མ་བོར་བར་གདན་བཞི་སོགས་པའི་གདམས་པ་བླ་མ་དགེ་བའི་བཤེས་གཉེན་རིམ་བྱོན་གྱིས་དབང་ལུང་ཁྲིད་གསུམ་མི་ཆད་པར་དྲ་ལྷའི་བར་དུ་གསན་བཞེས་མཛད་པ་མ་ཟད། ཉམས་མྱོང་གི་མཐིལ་ཕྱིན་པའི་སྐོར་བཙུད་དེ་མར་ཛོག་གི་གདམས་པའི་རྒྱུན་གནས་པར་བྱས། རྒྱུ་མཚན་དེ་དག་གི་ཕྱིར་ན་ཕྱིས་བྱོན་པའི་བོད་སྟོན་སྤྱི་དང་དཔལ་ལྡན་བཀའ་བརྒྱུད་པའི་བླ་མ་རྣམས་ཀྱིས་ཛོག་ཆོས་ལ་གཙིགས་སུ་མཛད་པའང་དེ་ཡིན།

ཛོག་པ་ཡབ་སྲས་རིམ་བྱོན་ལས་བརྒྱུད་པའི་ཛོག་ཆོས་འདི་ཉིད་ནི་སངས་རྒྱས་བསྟན་པ་ཕྱི་དར་དུས་ཀྱི་ཆོས་ཁུངས་བཙུན་ཤོས་དང་གསང་སྔགས་གསར་མའི་འགྱུར་དག་ཤོས། བརྒྱུད་པའི་སློབ་དཔོན་གྱི་ངག་དག་པ་སྟེ་དག་པ་གསུམ་ལྡན་གྱི་ཁྱད་ཆོས་བླ་ལྷག་ཏུ་མཆིས་པས་བོད་འདིར་རྗེ་མར་པ་ནས་བརྒྱུད་པའི་གདམས་ངག་ལ་གསེར་བཙོ་མའི་ཛོང་དུ་བྱེད་ལ། ཁྱད་པར་རྗེ་མར་པའི་གདམས་པའི་བརྒྱུད་པ་ལས་ཀ་ཆེན་བཞི་རྣམས་རྩ་བའི་རྩེར་འཛིན་པ་དང་། དེ་རྣམས་ལས་ཀྱང་བཤད་པའི་བཀའ་བབ་གསུམ་དུ་བཤད་པའི་རྗེ་བཙུན་མེས་ཛོག་མཚུར་གསུམ་དུ་གྲགས་པའི་ཛོག་པའི་སློབ་བརྒྱུད་ནི་ཆེས་མང་ལ། གདུང་འཛིན་གྱི་ཕ་ཆོས་ལས་རིམ་བརྒྱུད་བྱེད་པར་རྗེ་མར་པས་ལུང་བསྟན་མཛད་པ་ལ་ཛོག་ཆོས་སྐུ་ཛོ་རྗེ་ཁོ་ནར་སོང་བས་བྱིན་རླབས་ཤིན་ཏུ་ཆེ་བའི་གདམས་པའི་ཁུངས་ཤིག་ཏུའང་མཁས་པ་རྣམས་བཤད། དེས་ན་མར་ཛོག་བརྒྱུད་པ་ཞེས་དང་ཛོག་སློབ་བརྒྱུད་ཅེས་ཁ་ཕོ་

ཆེའི་གཏམ་དེ་ནས་བྱུང་། གང་ལྟར་ཛོག་ཆོས་འདི་ཉིད་ནི་བཀའ་བརྒྱུད་པ་རྣམས་ཀྱིས་གཙིགས་སུ་མཛད་ལ། འབྲུག་པ་བཀའ་བརྒྱུད་པའི་མཁས་པ་རྣམས་ཀྱི་ནང་གྲུབ་ཆེན་གླིང་གི་སྐུ་དུས་ནས་ཉམས་བཞེས་མཛད་པ་དང་། ལྷག་དོན་ཆོས་རྗེ་ཡོ་རས་པ་ལ་སོགས་པའི་བཀའ་བརྒྱུད་པའི་རྟོགས་ལྡན་རྣམ་པས་མར་ཛོག་ལས་བརྒྱུད་པའི་བཤད་པར་སློབ་གཉེར་མཐིལ་ཕྱིན་པ་མཛད་ལ། གཞུང་བཤད་དང་དགོངས་འགྲེལ་རྩོམ་པའི་སྐོར་སོགས་རྣམ་ཐར་དང་རང་གཞུང་ཁག་ཏུ་གསལ་ལོ། །

ཛོག་ཆོས་དང་འབྲུག་པ་བཀའ་བརྒྱུད་ཀྱི་གདམས་པ་བསྲེ་བའི་སྲོལ་འདི་གྲ་དོལ་གཞུང་གསུམ་དུ་ཆགས་པའི་དགོན་པ་གང་ལ་བྱ་འམ་སྙམ་ན། དེ་ལ་ལན་འདི་ལྟར་འདེབས་ཏེ། སྔར་གྲུབ་ཆེན་གླིང་རས་པའི་སྐུ་དུས་ནས་བྱུང་ཡང་། ཁྱབ་གདལ་ཆེ་བའི་ངོར་ནི་འབྲུག་པ་པདྨ་དཀར་པོའི་སྐུ་དུས་སུ་སོང་བ་དང་། དགོན་སྡེ་ནི་གྲ་སྟེངས་པོ་ཆེ་①ཡིན་པར་སེམས། ཡོངས་སུ་རྫོགས་པ་ཛོག་ཆོས་དང་འབྲུག་པའི་ཆོས་སྐོར་བསྲེས་དུས་རྒྱལ་མཆོག་ལྔ་པའི་སྐུ་དུས་དང་། དགོན་སྡེ་ནི་གཞུང་དུ་ཆགས་པའི་འབྲུག་བྲག་དམར་ཆོས་འཁོར་གླིང་ཞེས་པ་དེ་ཡིན། དེར་རྒྱུ་མཚན་བཤད་ན། འབྲུག་བྲག་དམར་ཆོས་འཁོར་གླིང་དུ་གྲགས་པའི་དགོན་དེ་ནི་ཐོག་མར་ཛོག་བརྒྱུད་པས་བཞེངས་པའི་ཛོག་ལུགས་ཀྱི་གདན་ས་བདུན་གྱི་ཡ་གྱལ་ཡིན་ལ། དགོན་དེའི་ཐོག་མའི་མཚན་ལ་བྲག་དམར་ཆོས་འཁོར་གླིང་ཞེས་བརྗོད་པ་དང་། འབྲུག་པའི་གདམས་པ་མི་བསྲེ་བའི་སྔོན་རོལ་ན་ཛོག་ལུགས་གཙང་མ་དང་། ཛོག་གི་གདུང་འཛིན་པ་རིན་ཆེན་དཔལ་དང་བྱང་ཆུབ་དཔལ་སོགས་ཀྱིས་བདག་སྐྱོང་གནང་བའི་དགོན་སྡེ་ཞིག་ཡིན་པའོ། །དུས་ཕྱིས་དགའ་ལྡན་ཕོ་བྲང་གི་དུས་སྐབས་

① གྲ་སྟེངས་པོ་ཆེ་དགོན་ནི་ཚྭོག་གྲ་རིན་ཆེན་དཔལ་བཟང་གིས་ཕྱག་བཏབ་པའི་འབྲུག་པ་བཀའ་བརྒྱུད་ཀྱི་དགོན་སྡེ་ཞིག་ཡིན། དགོན་དེའི་མིང་ཆ་ཚང་ལ་ཚྭོག་སྣར་དོན་གྲུབ་མཐོང་སྨོན་གླིང་ཞེས་བརྗོད། དགོན་དེ་ནི་ལྷོ་ཁ་གྲ་ནང་རྫོང་དཀྱིལ་ཏུ་ཤར་བདེ་ལྷས་གྲོང་ཚོའི་བྱང་ངོས་ཀྱི་རི་སྟེང་དུ་ཆགས།

སྤུ་ཇོག་གི་བསྟན་པ་ཉམས་དམས་སུ་སོང་བས་འབྲུག་བདེ་ཆེན་ཆོས་འཁོར་དགོན་གྱི་འབྲུག་ཡོངས་འཛིན་རིན་པོ་ཆེ་དང་འབྲུག་ཆོས་མགོན་རིན་པོ་ཆེས་བདག་སྐྱོང་མཛད་དེ་ཇོག་ཆོས་དང་འབྲུག་པ་བཀའ་བརྒྱུད་པའི་གདམས་པ་ལེགས་པར་བསྲེས་ནས་འཆད་ཉན་རྒྱ་ཆེར་མཛད་པ་ལས་བྱུང་བའི་ཕྱིར། དགོན་མིང་འབྲུག་བྲག་དམར་ཆོས་འཁོར་གླིང་ཞེས་པར་བསྒྱུར། འདིར་ནི་འབྲུག་བྲག་དམར་ཆོས་འཁོར་གླིང་དགོན་འདི་ཇོག་ཆོས་དང་འབྲུག་པ་བཀའ་བརྒྱུད་པའི་གདམས་པ་བསྲེ་བའི་དགོན་དུ་འཛོག་པའི་སྐབས་བྱེད་ཀྱང་དེ་ཉིད་དོ། །

མདོར་ན་འབྲུག་པ་བཀའ་བརྒྱུད་པའི་གནས་གཞི་མང་དག་ཅིག་གྲྭ་དོལ་གཞུང་གསུམ་གྱི་ཡུལ་ཚན་དག་ཏུ་ཡོད་པ་དང་། འབྲུག་པ་བཀའ་བརྒྱུད་པའི་ཡབ་སྲས་གྲུབ་ཆེན་གླིང་རས་པ་པདྨ་རྡོ་རྗེ་དང་གྲྭ་དོལ་གཞུང་གསུམ་གྱི་ཡུལ་ལུང་རྣམས་ཀྱི་མིང་གི་འབྱུང་བའི་དབར་འབྲེལ་བའི་གཏམ་རྒྱུད་མང་དག་ཅིག་ཀྱང་ཕ་གཏམ་བུ་འཛགས་སུ་འདུག་པ་སོགས་ལ་བསྡོས་ན་སྔར་གྱི་དུས་རིང་མོ་ཞིག་གི་ནང་གྲྭ་དོལ་གཞུང་གསུམ་གྱི་ཡུལ་ལུང་ཁག་ན་འབྲུག་པ་བཀའ་བརྒྱུད་པའི་བསྟན་པ་དར་ཞིང་རྒྱས་པ་བྱུང་བར་མངོན་པ་དང་། འབྲུག་པ་བཀའ་བརྒྱུད་པའི་བསྟན་པ་གྲྭ་དོལ་གཞུང་གསུམ་དུ་དེ་ལྟར་དར་བའི་རྐྱེན་གཙོ་བོ་བསྟན་པའི་སྦྱིན་བདག་སྣིང་ཁམས་ཚུང་ལ་དད་པ་ཆེ་བ་རྣམས་དང་། ཞང་གཡུ་བྲག་པའི་ཐུགས་རྗེ་ལས་དར་བ་ཡིན་རབས་གྲུབ་ཆེན་གླིང་གི་རྣམ་ཐར་ཆེན་མོར་གསལ་ལ། ལོ་རྒྱུས་ཐོག་གྲྭ་དོལ་གཞུང་གསུམ་གྱི་ས་ཕལ་ཆེ་བ་ཚལ་པ་ཁྲི་སྐོར་བའི་མི་སྡེ་ཡིན་ལ། གྲྭའི་ས་ཆ་འགའ་ནི་འབྲི་གུང་པའི་དབང་མཛད་ཡིན་པའི་རྐྱེན་གྱིས་འབྲུག་པ་བཀའ་བརྒྱུད་པའི་བསྟན་པ་དར་བར་སྲིད་ཀྱི་རྒྱབ་རྟེན་བླ་ན་མ་མཆིས་པ་དང་། གྲུབ་ཆེན་གླིང་དང་འགྲོ་མགོན་གཙང་པ་རྒྱ་རས། འབྲུག་པ་ཀུན་མཁྱེན་པདྨ་དཀར་པོ་སོགས་

ཀྱི་མཛད་པ་བཞེངས་སའི་གནས་དང་། ཆོས་རྗེ་ལོ་རས་པའི་འཁྲུངས་གཞིས་སུ་སོང་བའི་དབང་གིས་ཀྱང་ངོ་། །

## ས་བཅད་གསུམ་པ། ཛོ་ནང་མཚལ་མིན་པའི་ལྷ་གྲུབ་གྲ་དོལ་གཞུང་གསུམ་དུ་དར་རྒྱལ་སྐོར་དཔྱད་པ།

རྒྱལ་བ་ཛོ་མོ་ནང་པའི་ལྷ་བ་འདི་ཉིད་ནི་ཐོག་མར་ཡུ་མོ་མི་བསྐྱོད་རྡོ་རྗེ་ལས་མཆེད་ཅིང་། བརྒྱུད་པའི་སློབ་དཔོན་ལ་ས་ལུགས་ཀྱི་མཁས་པ་དོལ་པོ་ཤེས་རབ་རྒྱལ་མཚན་འདྲེན་པ་དང་། ཆོས་བརྒྱུད་གང་དེའི་གནས་གཞི་གཙོ་བོ་ནི་ཛོ་ནང་རི་ཁྲོད་དང་རྟག་བརྟན་ཕུན་ཚོགས་གླིང་། བཟང་ལྡན། དོལ་མཚལ་མིན། ཁམས་འཛམ་ཐང་སོགས་པར་བྱ་ཞིང་། གངས་རིའི་ཁྱོན་འདིར་ཆོས་བརྒྱུད་འདིའི་ལྟ་གྲུབ་ཐད་དག་མི་དག་ལ་བཤད་པ་སྣ་ཚོགས་མཆིས་པའི་འགོ་ཁུངས་གཙོ་བོ་སྟོང་ཉིད་ཀྱི་རྣམ་གཞག་ལ་བོད་ན་རང་སྟོང་དང་གཞན་སྟོང་གཉིས་སུ་ཕྱེད་པའི་གཞན་སྟོང་བའི་ལུགས་འདིར་མོས་པ་མཛད་མཁན་དག་ལ་ཛོ་ནང་པའི་ཆོས་བརྒྱུད་དུ་བཤད། ཛོ་ནང་པའི་ལྟ་གྲུབ་འདི་ཉིད་བོད་ཀྱི་མཁས་པ་སྤྱ་མ་རྣམས་ཀྱིས་འགོག་པར་མཛད་དེ་ལྟ་བ་ངན་པར་གྲགས་ལ། ཁ་ཅིག་ཛོ་ནང་པའི་གཞན་སྟོང་དབུ་མ་ཆེན་པོ་འདི་ཉིད་མཐར་ཐུག་གི་དབུ་མ་ཆེན་པོར་གསུངས་སོ། །དེ་ཡང་ཨ་ཀྱཱ་ཡོངས་འཛིན་བློ་བཟང་དོན་གྲུབ་ཀྱི་ཞལ་སྔ་ནས། "ཡུ་མོ་མི་བསྐྱོད་རྡོ་རྗེའི་གཞན་སྟོང་སྲོལ། །ཀུན་མཁྱེན་དོལ་པོ་ཤེས་རབ་རྒྱལ་མཚན་གྱིས། །ཛོ་མོ་ནང་ཞེས་གྲགས་པའི་དགོན་གནས་སུ། །རྒྱ་ཆེར་སྤེལ་ལ་ཛོ་ནང་ལྟ་བར་གྲགས། །"[1]ཞེས་གསུངས་པའི་

① ཨ་ཀྱཱ་ཡོངས་འཛིན་གྱི་བཀའ་འབུམ་བཞུགས་སོ། །སྨད་ཆ། ཀན་སུའུ་མི་རིགས་དཔེ་སྐྲུན་ཁང་། 2011 ཤ 409

ཕྱིར་དང་། གཞན་ཐུའུ་བཀྭན་གྲུབ་མཐར། "ཀུན་མཁྱེན་ཞེས་སུ་གྲགས་པའི་བ་དན་དཀར། །མཁས་པའི་མདུན་ས་ཀུན་ཏུ་ཆེར་གཡོ་བ། །དོལ་བུ་པ་ཡིས་རྒྱ་ཆེར་ཕྱེ་བའི་སྒྲོལ། །ཛོ་ནང་གྲུབ་མཐར་གྲགས་པའི་བྱུང་བ་སྙིང་། །"[①]ཞེས་གསུངས་པས་ཛོ་ནང་པའི་ཆོས་བརྒྱུད་འདི་ཉིད་ནི་ཀུན་སྤངས་ཐུགས་རྗེ་བརྩོན་འགྲུས་ཀྱིས་ཛོ་མོ་ནང་[②]དུ་ཐོག་མར་གནས་གཞི་བཏབ་པ་དང་། ཀུན་མཁྱེན་དོལ་པོ་བ་གནས་དེར་བཞུགས་ནས་ཛོ་ནང་པའི་ཆོས་བརྒྱུད་རྒྱ་ཆེར་སྤེལ་ནས་བརྒྱུད་པ་ལ་ཛོ་ནང་ཞེས་བརྗོད་པ་གསལ། ཛོ་ནང་གི་བསྟན་པ་འདི་ཉིད་གཙང་པ་སྡེ་སྲིད་ཀྱི་སྐུ་དུས་དབུས་གཙང་གི་ཕྱོགས་སུ་གནས་གཞི་མང་པོར་འཕེལ་ལ། དུས་ཕྱིས་བྱོན་པའི་ཕྱག་རྫོགས་ས་སོགས་ཀྱི་སློབ་དཔོན་མང་དག་ཅིག་གིས་ལྟ་བ་དེའི་རྒྱུན་འཛིན་པའམ་འཆད་ཉན་མང་དུ་མཛད་པ་དང་གཞུང་འགྲེལ་མཛད་སྐོར་ནི་རྙིང་ཕྱོགས་པའི་མཁས་པ་ལོ་ཆེན་དྷརྨ་ཤྲཱི་[③]དང་ཀོང་སྤྲུལ་ཡོན་ཏན་རྒྱ་མཚོ།[④] ཀ་ཐོག་རིག་འཛིན་ཚེ་དབང་ནོར་བུ།[⑤] ས་སྐྱའི་མཁས་པ་ཆེན་པོ་པཎ་ཆེན་ཤཱཀྱ་མཆོག་ལྡན་སོགས་མཁས་གྲུབ་

① ཐུའུ་བཀྭན་བློ་བཟང་ཆོས་ཀྱི་ཉི་མ། ཐུའུ་བཀྭན་གྲུབ་མཐའ། ཀན་སུའུ་མི་རིགས་དཔེ་སྐྲུན་ཁང་། 2010 ཤ235

② ཛོ་མོ་ནང་ཞེས་པ་ནི་བོད་ལྗོངས་གཞིས་ཀ་རྩེ་གྲོང་ཁྱེར་ལྷ་རྩེ་རྫོང་ཕུན་ཚོགས་གླིང་ཤང་ཛོ་མོ་ནང་གི་ཁོངས་ཏེ། ཛོ་ནང་རྟག་བརྟན་ཕུན་ཚོགས་གླིང་གི་ལྷོ་ངོས་ཀྱི་མི་རིང་བའི་རི་སྐྱག་ཏུ་ཆགས། གནས་དེར་ཛོ་ནང་མཐོང་གྲོལ་ཆེན་མོ་ཞེས་པའི་མཆོད་རྟེན་ཆེན་པོ་བྱིན་ཅན་ཞིག་ཀྱང་མཇལ་རྒྱུ་ཡོད། དེང་སང་ཛོ་ནང་རི་ཁྲོད་ཅེས་གྲགས། དགོན་པའི་གནས་གཞི་ཆུང་ཆུང་ཞིག་ལས་མཇལ་རྒྱུ་མེད།

③ ལོ་ཆེན་དྷརྨ་ཤྲཱིའི་སྡོམ་གསུམ་རྣམ་ངེས་ཀྱི་འགྲེལ་པ་ལེགས་བཤད་ངོ་མཚར་དཔག་བསམ་གྱི་སྙེ་མ་ཞེས་པར་ལོ་ཆེན་ཉིད་ཀྱིས་གཞན་སྟོང་པའི་ལྟ་བ་བཞེད་པའི་གསལ་ཁ་ལེའུ་གསུམ་པ་བྱང་ཆུབ་སེམས་འགྲེལ་གྱི་སྐབས་སུ་བྱུང་བས་ཞིབ་པ་གཞུང་དེར་གཟིགས་མཛོད།

④ ཀོང་སྤྲུལ་ཡོན་ཏན་རྒྱ་མཚོའི་ཤེས་བྱ་ཀུན་ཁྱབ་ཏུ་རང་ལུགས་ཀྱི་ལྟ་བའི་བཞེད་དགོངས་གཞན་སྟོང་པའི་ལྟ་བར་མོས་པ་གསལ་ལོ།

⑤ ཀ༔ཐོག་རིག་འཛིན་ཚེ་དབང་ནོར་བུའི་གསུང་འབུམ། སྨད་ཆར་གཞི་ལམ་འབྲས་བུའི་མན་ངག་པད་དཀར་ཕྲེང་བར་རང་སྟོང་གཞན་སྟོང་གི་སྤྱི་བཤད་དང་བྱེ་བྲག་གཞན་སྟོང་པའི་ལྟ་བ་བཤད་པས་ཞིབ་པ་གཞུང་གི་འགྲེལ་རྐང་ལ་གཟིགས་འཚལ།

རྣམ་དཔྱོད་མཁའ་ལྟར་ཡངས་པ་རྣམས་ཀྱི་གསུང་དུ་གསལ་ལོ། །འདིའི་བཤད་བྱ་ནི་རྒྱལ་བ་ཇོ་ནང་པའི་ལྟ་བ་མདོར་བསྟན་ཚུལ་དང་མཚལ་མིན་པའི་སྐོར་གཙོར་བཟུང་ནས་སྨྲ་བར་བྱའོ། །

### དང་པོ། ཇོ་ནང་པའི་ལྟ་བ་སྤྱིར་བཤད་པ།

དཔལ་ཇོ་ནང་པའི་ལྟ་བ་ནི་བོད་ན་དབུ་མ་ཆེན་པོའི་ལྟ་བ་ལ་རང་སྟོང་དང་གཞན་སྟོང་གཉིས་སུ་ཕྱེ་བའི་གཞན་སྟོང་པའི་ལྟ་བའི་རྒྱུན་ལ་གོ་ཞིང་། ཇོ་ནང་པས་ཤེས་རབ་དང་འོད་གསལ་གཉིས་ལས་འོད་གསལ་གཙོར་མཛད་པ་དང་། བཀའ་ཐ་མ་ངེས་དོན་དུ་བཤད་ནས་ལྟ་བ་སྐྱོང་གི་ཡོད་ལ། རྩ་བའི་གཞུང་ཤིང་རྗེ་བཙུན་བྱམས་པ་དང་ཐོགས་མེད་སྐུ་མཆེད་ཀྱི་གསུང་ཕྱིན་ཅན་རྣམས་ལ་བྱེད་དེ། གྲག་དཀར་རྗེ་རྗེ་འཆང་གིས་མཛད་པའི་རང་སྟོང་དང་གཞན་སྟོང་གི་ལྟ་བའི་ཁྱད་པར་ཙུང་ཟད་བརྗོད་པ་ཚུལ་གཉིས་རྣམ་གསལ་ལུང་རིགས་སྒྲོན་མེར། “བོད་འདིར་དབུ་མ་རང་སྟོང་དུ་ཡོངས་སུ་གྲགས་པའི་དབུ་མ་ངོ་བོ་ཉིད་མེད་པའི་གཞུང་ལུགས་འཛིན་པ་རྣམས་ནི་སློབ་དཔོན་འཕགས་པ་ཀླུ་སྒྲུབ་ཀྱི་དབུ་མ་རིགས་ཚོགས་རྣམས་ཀྱི་དགོངས་པ་འཕགས་པ་ལྷ། སངས་རྒྱས་བསྐྱངས། ལེགས་ལྡན་འབྱེད། ཟླ་བ་གྲགས་པ་ལ་སོགས་པ་རྣམས་ཀྱིས་བཞེད་པ་བཀའ་འཁོར་ལོ་བར་པའི་དགོངས་པ་ངེས་དོན་དང་། མཐའ་གཉིས་དྲང་དོན་དུ་བཞེད། གཞན་སྟོང་པ་རྣམས་ཀྱིས། རྗེ་བཙུན་བྱམས་པ། སློབ་དཔོན་ཐོགས་མེད་སྐུ་མཆེད་གཉིས། ཕྱོགས་གླང་ཆོས་གྲགས་སོགས་ཀྱི་བཞེད་པ་ལྟར་བཀའ་འཁོར་ལོ་དང་པོ་དྲང་དོན། བར་པ་གནས་སྐབས་པའི་ངེས་དོན། ཐ་མ་ངེས་དོན་མཐར་ཐུག་ཏུ་བཞེད་དོ། །དེ་ཡང་འཁོར་ལོ་དང་པོ་ཉན་ཐོས་ཀྱི་སྡེ་སྣོད་དང་ཐུན་མོང་བ་ཡིན་པས་ཀུན་རྫོབ་ཀྱི་ཆོས་རྣམས་ཡོད་པར་གསུངས། བར་པ་ཤེར་ཕྱིན་གྱི་མདོ་རྣམས་སུ་གཟུགས་ནས་རྣམ་མཁྱེན་བར་གྱི་ཆོས་ཐམས་ཅད་

རང་གི་ངོ་བོས་མ་གྲུབ་པ་བཤད་ཅིང་། ཡོད་པའི་ཆོས་རྡུལ་ཙམ་ཡང་མེད་པ་བསྟན། ཐ་མ་ནས་འཕགས་པའི་ཡེ་ཤེས་ཀྱིས་གཟིགས་ངོར་དོན་དམ་བདེན་པ་དབྱིངས་རིག་དབྱེར་མེད་ནི། ངོ་བོ་གདོད་མ་ནས་འགྱུར་བ་མེད་པའི་ཕྱིར་རྟག་བརྟན་ཐེར་ཟུག་འདི་ནི་བདེན་པ་ཡོད་ལ། དངོས་མེད་གཟུགས་སོགས་དང་། མིག་སོགས་དབང་པོ་རྣམ་ཤེས་ཚོགས་བརྒྱད་སེམས་བྱུང་ང་གཅིག་ལ་སོགས་པའི་གཟུགས་ཀྱིས་བསྡུས་པའི་ཆོས་དོན་དམ་དེའི་རྣམ་འགྱུར་མེ་ལོང་ལ་གཟུགས་བརྙན་ཤར་བ་ལྟར་གདོད་ནས་མ་སྐྱེས་པའི་བདེན་མེད་དུ་བཞེད་དོ། །"①ཞེས་བཤད་པ་དང་། ཀཿཐོག་རིག་འཛིན་ཚེ་དབང་ནོར་བུའི་གཞི་ལམ་འབྲས་བུའི་མན་ངག་པད་དཀར་ཕྲེང་བ་ཞེས་བྱ་བར། "ངེས་དོན་མཐར་ཐུག་དབུ་མ་གཞན་སྟོང་ནི། །ཟབ་མོ་འཁོར་ལོ་ཐ་མའི་དགོངས་པའི་དོན། །ལང་གཤེགས་སོར་ཕྲེང་མྱང་འདས་སྙིང་པོའི་མདོ། །དགོངས་པ་ངེས་འགྲེལ་གསེར་འོད་དམ་པ་དང་། །གཟུངས་དབང་དཔལ་ཕྲེང་སེང྄ྒེའི་ང་རོ་སྒྲས། །ཞུས་པ་ལ་སོགས་ངེས་དོན་མདོ་བཅུ་གསུམ། །རྒྱལ་ཚབ་བྱམས་པས་བཀྲལ་བའི་བྱམས་ཆོས་གཞུང་། །འཕགས་པ་ཐོགས་མེད་རྗེས་འབྲངས་བཅས་པས་འདེབས། །བཙན་ཡོས་བསྒྱུར་ནས་ཀུན་མཁྱེན་དོལ་བུ་བ། །ཀརྨ་རང་བྱུང་ཞབས་དང་ཀློང་ཆེན་པ། །ལ་སོགས་མཁས་གྲུབ་མང་པོས་རྒྱས་པར་མཛད། །བར་སྐབས་པཎ་ཆེན་ཤཱཀྱ་མཆོག་ལྡན་དང་། །ཕྱི་དུས་རྗེ་བཙུན་ཏཱ་ར་ནཱ་ཐ་ཡིས། །སྟོ་ན་མེད་པའི་བསྟན་བཅོས་ཁྱད་འཕགས་མཛད། །ཁྱད་པར་ཆོས་ཀུན་དེ་ཉིད་ལེགས་གཟིགས་པ། །རྗེ་བཙུན་གཏེར་བདག་གླིང་པའི་བཞེད་པའི་དོན། །"②ཞེས་གསུངས་པའི་ངོར་དཔྱད་ན་

① ཐུག་དཀར་བློ་བཟང་དཔལ་ལྡན་གྱི་གསུང་ཉེར་མཁོ་ཕྱོགས་བསྒྲིགས་བཞུགས་སོ། །དེབ་དགུ་པ། ཀྲུང་གོའི་བོད་རིག་པ་དཔེ་སྐྲུན་ཁང་། 2017 ཤ266

② ཀཿཐོག་རིག་འཛིན་ཚེ་དབང་ནོར་བུའི་བཀའ་འབུམ། སྨད་ཆ། ཀྲུང་གོའི་བོད་རིག་པ་དཔེ་སྐྲུན་ཁང་། 2006 ཤ438

གངས་ཅན་གྱི་སྒྲུབ་བརྒྱུད་འཛིན་པའི་བསྟན་འཛིན་ཆེན་པོ་མང་པོ་གཞན་སྟོང་དབུ་མ་ཆེན་པོར་སོས་ལ། ལྟ་བ་གང་དེའི་རྒྱུན་ཡང་རྒྱལ་བའི་གསུང་རབ་དམ་ཆོས་རིན་པོ་ཆེར་གཏུགས་པ་གསལ་ལོ། །གངས་རིའི་ཁྲོད་འདིར་ཀུན་མཁྱེན་དོལ་པོ་བས་ཡིག་ཆ་མང་དུ་མཛད་པས་བཤད་སྒྲུབ་ཀྱི་བསྟན་པ་དར་ཞིང་རྒྱས་པ་དང་། ཇོ་ནང་པའི་མཁས་པ་རྣམས་ནི་དཔལ་དུས་ཀྱི་འཁོར་ལོར་བྱས་པ་ཆེ་བའི་བླ་བརྒྱུད་ཅིག་ཡིན་ཕྱིན་དུས་ཕྱིས་བྱོན་པའི་མཁས་པ་སྟག་སེང་འདྲ་བ་རྣམས་ཀྱིས་དུས་འཁོར་གྱི་འཆད་ཉན་ཆོས་བརྒྱུད་འདི་པར་གཏུགས་ནས་ཐོས་བསམ་སྒོམ་གསུམ་གྱི་ལམ་སྲོལ་གཏོད་པའོ། །གཞན་སྟོང་པའི་ལྟ་བའི་ཁུངས་ནི་ཡུམ་གསུམ་གནོད་འཇོམས་ལ་གཏུགས་པ་ཤས་ཆེ་བར་སོང་བས། ཡུམ་གསུམ་གནོད་འཇོམས་ཞེས་པའི་བསྟན་བཅོས་འདི་ཉིད་ཁ་ཅིག་སློབ་དཔོན་དབྱིག་གཉེན་གྱི་གཞུང་དུ་བཤད་པ་དང་། ལ་ལས་ཁ་ཆེ་མཆེ་བའི་སྡེས་མཛད་པར་གྲགས་པའི་ལུགས་གཉིས་ལས་ཁ་ཆེ་མཆེ་བའི་སྡེའི་བསྟན་བཅོས་སུ་འདོད། བོད་འགྲེལ་རྣམས་ཀྱི་ནང་ནས་གཞན་སྟོང་པའི་གཞུང་འགྲེལ་མང་དུ་ཡོད་ཀྱང་། གཞི་རྩ་བ་ནི་ཀུན་མཁྱེན་དོལ་པོ་བའི་རི་ཆོས་ངེས་དོན་རྒྱ་མཚོར་བྱ་ལ། བསྟན་བཅོས་འདི་ནི་གཞན་སྟོང་དབུ་མ་ཆེན་པོའི་ལྟ་བ་སྟོན་པའི་གཞུང་ཡིན་ལ། ངེས་དོན་མཐར་ཐུག་གི་དེ་ཁོ་ན་ཉིད་གསལ་བྱེད་སོགས་དང་། དུས་ཕྱིས་ནི་རི་ཆོས་ངེས་དོན་རྒྱ་མཚོའི་མཐའ་རྒྱན་ཚུལ་དུ་རྗེ་བཙུན་ཏཱ་ར་ནཱ་ཐའི་ཟབ་མོ་གཞན་སྟོང་དབུ་མའི་རྒྱུད་འདེབས་དང་གཞན་སྟོང་དབུ་མའི་རྒྱན་ལ་སོགས་པའི་ཡིག་ཆ་རྣམས་ལ་ཐོས་བསམ་མཛད་པའོ། །

གཉིས་པ། ལྟ་བ་འདི་ཉིད་དར་བའི་བསམ་བློའི་རྐྱེན་ལ་དཔྱད་པ།

རྒྱལ་བ་ཇོ་ནང་པའི་གཞན་སྟོང་དབུ་མ་ཆེན་པོའི་ལྟ་བ་འདི་ཉིད་གངས་ཅན་གྱི་ལྗོངས་འདིར་དར་བའི་རྐྱེན་ཅི་འདྲ་ཞིག་ཡིན་མིན་ངོར་བསམས་ན་རྒྱུ་གཙོ་བོ་

ཉི་དཔལ་ལྡན་ས་སྐྱ་པའི་ཆོས་བརྒྱུད་ཀྱི་བཤད་པ་དང་འབྲེལ་བ་དམ་དུ་ཡོད་ཅིང་། ས་ལུགས་པའི་མཁས་པའི་ཁྲིད་ལྟ་བའི་འགྲེལ་ཚུལ་མང་དུ་བྱུང་བ་ལས་གྲེས་པའི་ལུགས་ཤིག་ཡིན་པར་སེམས་ལ། ཇོ་ནང་པའི་ལྟ་བ་ནི་ས་ལུགས་པའི་ལྟ་བའི་བཞེད་དགོངས་ཀྱི་གཞི་བཏིང་ཐོག་མཁས་པ་རྣམས་ཀྱིས་རྒྱ་གར་པཎ་གྲུབ་ཀྱི་གཞུང་རྒྱབ་རྟེན་དུ་བྱས་ནས་ཟབ་ཁྱད་སྟོན་པའི་མན་ངག་ཅིག་ཏུ་གསུངས། བོད་འདིར་དབུ་མ་གཞན་སྟོང་པའི་ལྟ་བར་རྩོད་པ་མང་བས་དག་མི་དག་སྣ་ཚོགས་སུ་འདུག་པའི་ཕྱིར་ན་ཁོ་བོ་ནི་བཏང་སྙོམས་སུ་འཇོག་ལ། དོན་དུ་དེ་ནི་ས་བརྙེས་པའི་མཁས་པ་རྣམས་ཀྱི་དགོངས་པ་དང་ནང་བསྟན་མཚན་ཉིད་རིགས་པའི་ལྟ་བ་མཐོན་པོའི་བཞེད་ཚུལ་དུ་སོང་བར་ཟད་དོ། །དེས་ན་འདི་འཐད་མི་འཐད་བརྗོད་པའི་སྤྱོབས་པ་ནི་ཁོ་བོར་མ་མཆིས་སོ། །བོད་གངས་ཅན་གྱི་ལྗོངས་འདིར་དཔལ་མགོན་འཕགས་པ་བླ་སྤྲུལ་གྱི་དགོངས་པའི་སྙིང་པོ་གཙོ་བོར་བྱེད་པའི་ལུགས་དབུ་མ་རང་སྟོང་དང་བྱམས་ཆོས་ལྟེ་བར་འཛིན་པའི་སངས་རྒྱས་ཆོས་ལུགས་ཀྱི་མཚན་ཉིད་རིག་པའི་དགོངས་ཚུལ་དང་གཞུང་གི་འགྲེལ་ཕྱོགས་སོགས་མངོན་པའི་དབུ་མ་གཞན་སྟོང་གི་ལུགས་གཉིས་པོ་སངས་རྒྱས་ཤཱཀྱ་ཐུབ་པའི་བཀའ་འགྱུར་རིན་པོ་ཆེའི་དགོངས་པའི་སྙིང་ཏིག་འགྲེལ་ཚུལ་སོ་སོ་བར་གྱུར་ཏེ་བོད་ན་རང་སྟོང་དང་གཞན་སྟོང་གི་ལྟ་བའི་རྒྱུན་ཆགས་པ་ལས་རིམ་གྱིས་གཞན་སྟོང་དབུ་མ་ཆེན་པོའི་ཆོས་བརྒྱུད་འདི་ཉིད་ཀྱི་དབུ་བརྩམས་པར་གསལ་ལ། གཞན་དུ་སྐབས་དེ་ཤེད་ཙམ་ན་བོད་དུ་རྒྱ་གར་བའི་པཎ་གྲུབ་མང་པོ་བྱོན་ནས་གདམས་པ་བྱིན་ཅན་མང་དུ་གནང་བའི་བརྒྱུད་རིམ་ནང་ཡུ་མོ་མི་བསྐྱོད་རྡོ་རྗེ་ལ་གདམས་པ་དམིགས་བསལ་བ་འགའ་རེ་བྱུང་བས་སྒོམས་པས་རྟོགས་པ་རྒྱུད་ལ་འཁྲུངས་པ་དང་གཞན་སྟོང་པའི་ལྟ་བ་ཤར། དེའི་སློབ་བརྒྱུད་རྣམས་ཀྱིས་དུས་འཁོར་གྱི་བཤད་པ་རྒྱ་ཆེར་སྤེལ་

ཧེ་གཞན་སྟོང་དབུ་མ་པའི་ཟབ་ཁྱད་སྟོན་པར་མཛད། དེ་ལས་བརྒྱུད་པ་དོལ་པོ་བས་ལེགས་པར་དར་བར་མཛད། གཞན་སྟོང་དབུ་མ་ཆེན་པོ་འདི་ཉིད་ཀྱི་ལྟ་བ་ནི་བོད་དུ་དབུ་མ་ལ་སྔ་ཕྱི་གཉིས་སུ་གསུངས་པའི་ས་མཚམས་ཀྱི་ལྟ་བའི་དཔྱད་པ་འབྱེད་སའི་གནད་ཆེན་པོ་ཞིག་ལ་ཐུག་པར་སེམས་ལ། དཔལ་ལྡན་ཐལ་འགྱུར་བའི་ལྟ་བའི་གནད་ཀྱི་སྙིང་པོ་རྩལ་དུ་བཏོན་ཆེད་དུ་གཞན་སྟོང་པའི་ལྟ་བ་འདི་ཉིད་ཐོན་པར་སེམས་ལ། གཞན་སྟོང་བའི་ལྟ་བ་འདི་ཉིད་ནི་བོད་བརྒྱུད་ནང་བསྟན་གྱི་མཚན་ཉིད་རིག་པའི་བསམ་བློའི་ལམ་ཚད་ཀྱི་ཇོ་རིང་ངམ་བོད་ན་སངས་རྒྱས་ཆོས་ལུགས་ཀྱི་དབུ་མའི་ལྟ་བའི་རྒྱུན་འཚོལ་བའི་རྐྱེན་ཆེན་པོ་ཞིག་ཀྱང་ཡིན་པས། ཇོ་མོ་ནང་པའི་ལྟ་བ་འདིའི་དྲིན་གྱིས་བོད་ན་དབུ་མ་ཐལ་འགྱུར་བའི་ལྟ་བ་རྒྱས་ཤིང་རྒྱས་པ་དར་བ་དང་། དེ་འགྲེལ་གྱི་བསྟན་བཅོས་ཆེན་པོ་མང་དུ་བྱུང་ནས་བོད་དབུ་མའི་ལུང་པ་ཞེས་པའི་གཏམ་དོན་དང་ལྡན་པར་འགྱུར་རོ། །མདོ་དོན་དྲིལ་ན། དཔལ་ཇོ་ནང་པའི་ལྟ་བ་འདི་ཉིད་དར་བའི་བསམ་བློའི་རྐྱེན་གཙོ་བོ་ནི་བོད་དུ་སངས་རྒྱས་ཆོས་ལུགས་ཀྱི་དབུ་མའི་ལྟ་བ་དར་ཆེ་ཡང་། ཞེ་ཕུགས་ཀྱི་ངེས་པ་དོན་གྱི་ལྟ་བ་གང་ཞིག་ཏུ་བྱ་མིན་མཁས་པ་ཀུན་ཞལ་མ་འཆམ་པ་དང་། རྒྱ་གཞུང་ཚད་ལྡན་རྣམས་ཀྱི་འགྲེལ་བརྗོད་མི་གཅིག་པའི་ཆ་ཡོངས་ཀྱི་དཔྱད་སྒོམ། ཤིང་རྟ་ཆེན་པོ་རྣམ་གཉིས་ཀྱི་གཞུང་ཤིང་ཐུབ་པའི་དགོངས་པ་མཐར་ཐུག་གི་འགྲེལ་བརྗོད། དབུ་མ་རང་སྟོང་བའི་ལུགས་ཀྱི་དཔལ་ཀླུའི་དགོངས་པའི་མཐིལ་མངོན་པར་ཕྱུང་བའི་སླད་དུ་གཞན་སྟོང་དབུ་མ་ཆེན་པོའི་ལྟ་བ་འདི་ཉིད་ཐོན་པར་སེམས་སོ། དེ་ཙམ་གྱིས་མཐའ་གཅིག་ཏུ་ངེས་པ་སྙེར་དཀའ་བའི་གནད་གཅིག་ཏུ་སོང་ངོ་། །

## གསུམ་པ། མཆིལ་མིན་པའི་གདན་ས་དང་གཉགས་ཕུ་བསོད་ནམས་བཟང་པོའི་བཤད་པ།

དཔལ་ཛོ་ནང་པའི་ཆོས་བརྒྱུད་འདི་ལས་མཆེད་པའི་མཆིལ་མིན་དུ་གྲགས་པའི་གནས་གཞི་ནི་གྲ་ངོལ་གཞུང་གསུམ་དུ་བྱས་པའི་ངོལ་གྱི་སའི་ཆ་ན་གནས་ཤིང་། ངོལ་གྱི་མཆིལ་མིན་གཙུག་ལག་ཁང་འདི་ཉིད་ཛོ་ནང་མཆིལ་མིན་དུ་གྲགས་པའི་རྟེན་གཞི་ཐོག་མ་དེ་ཡིན་པ་དང་། དགོན་སྡེ་དེ་ལ་བརྟེན་ནས་ཛོ་ནང་མཆིལ་མིན་པའི་ཐ་སྙད་བྱུང་། དེ་ལ་མཆིལ་མིན་ཞེས་པར་ཚལ་མིན་ཞེས་ཀྱང་བྱུང་སོང་། སྔར་གྱི་ཡི་གེ་རྙིང་པ་རྣམས་ལ་མཆིལ་[①]མིན་ཞེས་འབྲི་བར་བརྟེན་འདིར་དེ་ལྟར་བྱས་པ་ལགས། དོན་དུ་གཅིག་ཏུ་འདུག མཆིལ་ལམ་ཚལ་ཞེས་པ་ནི་ཚལ་པ་ཁྲི་སྐོར་བའི་མིང་ཟུར་བསྡུས་པ་ལས་བྱུང་བ་དང་། མིན་ཞེས་པས་དགག་སྒྲ་སྟོན་པས། དོན་འདུ་ན་ཚལ་པའི་མིན་ཞེས་པའི་དོན་ནམ་ཚལ་པ་ཁྲི་སྐོར་གྱི་ས་མིན་ཞེས་པར་གོ དེ་ལ་རྒྱུ་མཚན་བཤད་དུ་ཡོད་དེ། ས་སྐྱའི་དུས་སྐབས་སུ་བོད་ན་ཁྲི་སྐོར་བཅུ་གསུམ་དུ་ཕྱེ་བའི་མཚལ་པ་ཁྲི་སྐོར་བའི་ས་ཁོངས་སུ་ངོལ་སོགས་བཙུད་ལ། ངོལ་གྱི་ས་ཆ་རྣམས་མཚལ་པའི་མི་སྡེ་ཡིན་པ་དང་། དུས་ཕྱིས་ཀུན་རང་བྱུང་ཛོ་རྗེར་ཚལ་པས་ཕུལ་བ་དང་། ཀུན་དེ་བཞིན་གཤེགས་པས་མཆིལ་མིན་གཙུག་ལག་ཁང་གནས་སའི་ཕྱོགས་ཉིད་སྐུའི་བླ་མ་གཉགས་ཕུ་བསོད་ནམས་བཟང་པོར་ཕུལ་ཏེ་གནས་གཞི་བཙུགས་པས་ན་དེ་ནས་བཟུང་མཚལ་པ་ཁྲི་སྐོར་གྱི་དབང་མཛད་མིན་པའི་ངོར་སོང་བས་དགོན་མིང་ལ་མཆིལ་མིན་ཞེས་བྱུང་བར་བཤད། དེ་ཡང་ཆོས་འབྱུང་མཁས་པའི་དགའ་སྟོན་དུ་ཀུན་དེ་བཞིན་གཤེགས་པའི་རྣམ་ཐར་

① མཚལ་ཞེས་པ་དེབ་སྔོན་དུ་མཚལ་གུང་ཐང་པའི་བླ་རབས་ཀྱི་སྐབས་ཞེས་བྱུང་བ་སོགས་པའི་དགོངས་གཞི་ལྟར་འདིར་མཚལ་ལས་ཚལ་ཞེས་པ་མ་བྲིས་སོ། །

བརྗོད་པའི་སྐབས། "སྔར་དུང་རང་བྱུང་བའི་དུས་ནས་ཚལ་པས་ཕྱུལ་བའི་གཡོར་པོ་དོལ་གྱི་མཆོད་གཞིས་རྣམས་རྗེ་དེ་ཉིད་ཀྱིས་ཚལ་མིན་གྱི་གཙུག་ལག་ཁང་ཆེན་པོའི་སྡེ་མཛད།"① ཅེས་གསལ། གསུང་རབ་གླིང་དགོན་པའི་ལོ་རྒྱུས་སུ། "ཚལ་མིན་ཞེས་པ་ཀརྨ་སྐུ་ཕྲེང་གསུམ་པ་རང་བྱུང་རྡོ་རྗེར་ཕྱུལ་བ་ནས་ཚལ་པས་བདག་ཏུ་བཟུང་བ་མིན་པས་ཚལ་མིན་ཞེས་བཏགས།"② ཞེས་གསུངས་པ་ལས་ཤེས་ལ། གཞན་དུ་ན་གྲ་དོལ་གཞུང་གསུམ་ཚལ་པ་ཁྲི་སྐོར་གྱི་དབང་རིས་ཀྱིས་བཅད་པའི་ས་ཡིན་སྐོར་ནི་བྱ་བྲལ་ངག་དབང་གི་རྟོགས་བརྗོད་དང་གུང་ཐང་དཔལ་གྱི་གཙུག་ལག་ཁང་གི་དཀར་ཆག་འགྲོ་མགོན་ཞལ་ལུང་དུ། "སེ་ཆེན་རྒྱལ་པོར་མཚན་གསོལ། དཔོན་ཆེན་རིན་རྒྱལ་ལ་དངུལ་བྲེ་ཆེན་གོས་དར་གྱི་གནང་སྦྱིན་བསམ་གྱིས་མི་ཁྱབ་པ་དང་བཅས་གུང་ཐང་གི་གཙུག་ལག་ཁང་རྟེན་དང་བརྟེན་པར་བཅས་པ་གཞི་གསོའི་ཆ་རྐྱེན་དུ། མི་སྡེར་ཆ། ཞོགས། དར་ཡུལ། ཐྲུས། འབྲོམ་སྟོད་སྨད། སླང་ར། ཡེར་པ། ལྷན། སླགས་པ་ལམ། ལོ། བྱང་ཧེ། སྲི་ཞལ། བྱང་སྐལ་སྡེ་ཚོ་ལྔ། ཉན་ཐྲན། དོག་བདེ། སྟོད་ལུང་ཕུ་མདའ། སྙེ་ཐང་ཚོ། ལྷ་འབྲུག་གཉིས། སྐྱུལ་འཆིང་རུ། ཡར་འབྲོག་སྣང་གསུམ། གྲ་དོལ་གཞུང་གསུམ། ཨེ་གཉལ་དྭགས་གསུམ། འཚོང་པོ་རྒྱས་སྨན། སྙེའུ་ཚུང་། སྲགས། འཕྲང་པོ། མཁར་རྩ། ཟུང་མཁར། ཁ་རག་པ། རབ་བརྩུན་པ། སྟོན། གསང་ཕུ། རྒྱ་སྡེ། གྲིབ་ལ་སོགས་པ་ཡུལ་གྲོང་དེ་ཐམས་ཅད་མི་སྡེ་ལ་ཤེས་སུ་བཙུག་པའི་འཛའ་ས་གནང་།"③ ཞེས་གསུངས་པར་གཞིགས་ན་གྲ་

① དཔའ་བོ་གཙུག་ལག་ཕྲེང་བ། ཆོས་འབྱུང་མཁས་པའི་དགའ་སྟོན། མི་རིགས་དཔེ་སྐྲུན་ཁང་། 2006 ཤ 516

② ཡེ་ཤེས་ངག་དབང་། གསུང་རབ་གླིང་དགོན་པའི་ལོ་རྒྱུས། ནང་ཁུལ་དཔར་རྫ། ཤ 22–23

③ རྗེ་བཙུན་འཇིག་རི་བ་ཆེན་པོ་ངག་དབང་བསྟན་འཛིན། བྱ་བྲལ་ངག་དབང་གི་རྟོགས་བརྗོད་དང་། གུང་ཐང་དཔལ་གྱི་གཙུག་ལག་ཁང་གི་དཀར་ཆག་འགྲོ་མགོན་ཞལ་ལུང་བཞུགས་སོ། །སེར་གཙུག་ནང་བསྟན་དཔེ་སྙིང་འཚོལ་བསྡུ་ཕྱོགས་སྒྲིག་ཁང་ནས་བསྒྲིགས། ཤ 221

དོལ་གཞུང་གསུམ་གྱི་ས་འདི་རྣམས་ཚལ་པ་ཁྲི་སྐོར་གྱིས་བདག་པོ་མཛད་པ་ཤེས་ཐུབ། མཚལ་མིན་གྱི་གནས་གཞི་བཞེངས་ནས་ཀརྨ་དེ་བཞིན་གཤེགས་པའི་མཚན་གནང་སྐོར་དྲིན་ཅན་བླ་མ་རིན་པོ་ཆེ་བསོད་ནམས་བཟང་པོ་ལ་རྣམ་ཐར་གྱི་སྒོ་ནས་བསྟོད་པ་དངོས་གྲུབ་ཆར་དུ་གསལ་ཏེ། "དཔལ་མཚལ་མིན་གྱི་གཙུག་ལག་ཁང་། རྟེན་གསུམ་དང་བཅས་པ་བཞེངས། རབ་གནས་ཀྱི་ཆོ་གའང་ཚར་རིམ་གྱིས་མཛད། དེ་དུས་ཆོས་རྗེ་དེ་བཞིན་གཤེགས་པ་ཀརྨ་པ་ཞེས་མཚན་ཡོངས་སུ་གྲགས་པ། དེ་ཉིད་མཚལ་མིན་རང་དུ་ཕྱུགས་ཕབ་བཞུགས་ཡོད་པ་ལ། རབ་གནས་མངའ་གསོལ་ཞུ་ཕུལ་བའང་། དངོས་དག་མང་བར་མཛད།"①ཅེས་གསུངས་པའི་ཕྱིར། དེས་ན་ཀརྨ་དེ་བཞིན་གཤེགས་པ་དང་བླ་མ་གཉགས་ཕུ་བསོད་ནམས་བཟང་པོ་གཉིས་བླ་སློབ་ཀྱི་འབྲེལ་བ་གྲུབ་པ་གསལ་ལོ། །མཚལ་མིན་གཙུག་ལག་ཁང་མ་བཞེངས་སྔོན་རོལ་ན་གནས་འདི་ཀམ་ཚང་བཀའ་བརྒྱུད་པའི་གནས་གཞི་དོལ་ཆོས་སྡེ་ལྷ་ཁང་ཞེས་པའི་གནས་གཞི་རྙིང་པ་ཞིག་ཡོད་པ་དང་། ཆོས་བརྒྱུད་བཀའ་བརྒྱུད་པའི་ཕྱག་བཞེས་མཛད་ལ། དུས་ཕྱིས་ནི་གཉགས་ཕུ་བའི་སྐུ་དུས་སུ་སྔོན་གྱི་ལྷ་ཁང་གི་གཞིའི་ཐོག་རྒྱ་བསྐྱེད་ནས་དོལ་མཚལ་མིན་གཙུག་ལག་ཁང་《དཔེ་རིས་དང་པོར་གཟིགས།》ཞེས་པའི་དགོན་སྡེ་བཞེངས་ཏེ་བཀའ་བརྒྱུད་དང་ཞི་བྱེད་ཇོ་ནང་སོགས་པ་ལས་གཙོ་བོ་ཇོ་ནང་པའི་ལུགས་མཛད་པས་ཇོ་ནང་མཚལ་མིན་པ་ཞེས་པའི་ཆོས་བརྒྱུད་འདི་བྱུང་ཞིང་། དབུས་ཕྱོགས་ཀྱི་སར་ཇོ་ནང་པའི་བསྟན་པ་སྤེལ་བའི་གནས་གཞི་གཙོ་བོ་ཞིག་ཏུ་འགྱུར་བའོ། །

ཇོ་ནང་མཚལ་མིན་པའི་ཡབ་མེས་ནི་གཉགས་ཕུ་བསོད་ནམས་བཟང་པོ་ལ་བྱ

① བཀའ་བཞི་འཛིན་པ་བློ་ལྡན་བཟང་པོ། གཉག་དབོན་བསོད་ནམས་བཟང་པོ། གཉག་དབོན་བསོད་ནམས་བཟང་པོའི་རྣམ་ཐར་དང་། ཆོས་འབྱུང་རིན་པོ་ཆེའི་གཏེར། སེར་གཙུག་ནང་བསྟན་དཔེ་སྙིང་འཚོལ་བསྡུ་ཕྱོགས་སྒྲིག་ཁང་ནས་བསྒྲིགས། ཤ 99

ཞིང་། མཁས་པ་འདིའི་སྐུ་དྲིན་གྱིས་དབུས་ཕྱོགས་སུ་དཔལ་ཇོ་མོ་ནང་པའི་གཞན་སྟོང་དབུ་མ་ཆེན་པོའི་ལྟ་གྲུབ་ཁྱབ་གདལ་སོང་ནས་བསྟན་པ་ཐམས་ཅད་འགལ་མེད་དུ་འགྲིགས་པའི་ལྟ་བ་བྱུང་། དེ་ཡང་གཉགས་ཕུ་པའི་མཚན་གྱི་རྣམ་གྲངས་ལ་སླག་ཕུའམ་གཉག་དགོན་སོགས་གང་རུང་བརྗོད་ལ། དེ་ལྟར་བརྗོད་དོན་ནི་དམ་པ་གང་དེ་ནི་གཉགས་ཆེན་བསོད་ནམས་དབང་ཕྱུག་གི་དགོན་པོར་རབ་བྱུང་དྲུག་པའི་ལྕགས་སྦྲུལ་ལོ་སྟེ་སྤྱི་ལོ་1341ལོར་གཙང་གི་སྟོན་པོའི་ཡུལ་ན་ཡབ་ཐར་པ་བཟང་པོ་དང་ཡུམ་དཀོན་མཆོག་དཔལ་གཉིས་ཀྱི་སྲས་སུ་འཁྲུངས། གཅེས་མིང་ལ་བསོད་ནམས་སྐྱེས་ཞེས་གསོལ། གཉགས་ཆེན་བསོད་ནམས་དབང་ཕྱུག་ལས་དགེ་བསྙེན་གྱི་སྡོམ་པ་མནོས་པས་མཚན་བསོད་ནམས་བཟང་པོར་གསོལ། ཚོགས་དགེ་འདུན་སྒང་པའི་མཁན་ཆེན་རིན་ཆེན་དོན་གྲུབ་དཔལ་བ་སོགས་པའི་སྐུ་མདུན་ནས་འདུལ་བའི་མདོ་རྩ་དང་མེ་ཏོག་ཕྲེང་རྒྱུད་སོགས་ལ་ཐོས་བསམ་ལེགས་པར་མཛད། མཁན་པོ་ཡོན་ཏན་རྒྱལ་མཚན་པ་ལས་བསྙེན་རྫོགས་ཀྱི་སྡོམ་པ་ཞུས། ཐུན་མོང་དང་ཐུན་མིན་རིག་པའི་གནས་ཀུན་ལ་གསན་བཞེས་དང་ཞི་བྱེད་དང་དཔལ་ཀླུའི་ཞབས་ཀྱི་རྒྱ་གཞུང་ཡོད་དོ་ཅོག་ལ་དཔྱད་གསུམ་དག་པའི་སྒོར་ཉམས་ལེན་ལྷུར་བཞེས་སོགས་མཛད་པས་མཁས་པའི་དབང་པོར་འགྱུར་ཏེ་ཇོ་གདན་དགེ་འདུན་སྒང་གི་གསེར་ཁྲི་ཐེབས། དུས་ཕྱིས་དཔལ་བཟང་ལྡན་ལ་སོགས་པའི་རྒྱལ་བ་ཇོ་ནང་པའི་གནས་གཞི་ཆེ་བ་རྣམས་ལ་སློབ་བུའི་ཚོགས་བསྐྱངས་ལ། གཞུང་གི་ཉ་དགོན་རྫོང་དང་དོལ་གྱི་དཔལ་རི་སོགས་སུ་འཆད་ཉན་གྱི་སྲོལ་ལེགས་པར་བཙུགས་ཤིང་། དོལ་མཚལ་མིན་གྱི་གཙུག་ལག་ཁང་གི་རྟེན་བརྟེན་པ་བཞེངས་ནས་མཚལ་མིན་གནས་གཞི་གཏོད་ནས་ཇོ་ནང་མཚལ་མིན་པའི་ཆོས་སྡེ་གྲངས་ཅན་གྱི་ཁྱོན་འདིར་ཁྱབ་པར་མཛད་ཕྱིན་རྒྱལ་བ་ཇོ་ནང་པའི་བསྟན་པ་ལ་བྱས་པ་ལྷག

ཏུ་ཆེ་བའི་མཁས་གྲུབ་གཉིས་ལྡན་གྱི་བསྟན་པའི་མངའ་བདག་ཅིག་ཡིན་པར་སྨྲོ། །

མཁས་པ་ཆེན་པོ་གཉགས་དབོན་ཞབས་ཀྱིས་ལྷ་བ་གང་ལ་བཞེད་དམ་ཞེ་ན། རྣམ་ཐར་སོགས་སུ་ཞི་བྱེད་པའི་ལྟ་བར་མོས་པ་བཤད་མོད། རང་གཞུང་མཛད་པར་བལྟོས་ན། གཞན་སྟོང་དབུ་མ་ཆེན་པོ་ཁོ་ནར་གཙིགས་སུ་མཛད་པར་མངོན་ཏེ། ལོ་ཆེན་སྐྱབས་མཆོག་དཔལ་བཟང་པས་ཇོ་ནང་པའི་ལྟ་བར་དགག་པ་མཛད་པ་ལ་མཁས་པ་གཉགས་ཀྱིས་དགག་ལན་གཞན་སྟོང་གྲུབ་མཐའི་རྩོད་ལན་ལུང་རིགས་གཏེར་མཛོད①ཅེས་པ་མཛད། དེང་སང་གཞུང་འདི་ཉིད་མཇལ་རྒྱུ་མེད། གཞན་ཡང་དབུ་མ་ཆོས་དབྱིངས་བསྟོད་པའི་རྣམ་བཤད་དང་དུས་འཁོར་ཡོངས་སུ་རྫོགས་པའི་བཤད་པ་རྒྱལ་དུ་བཏོན་པ་ལས་གཞན་སྟོང་པའི་ལྟ་བའི་ཟབ་ཁྱད་ཐོག་ཆོས་བརྒྱད་རིས་སུ་མི་ཆད་པའི་ལྟ་བ་ཕྱག་བཞེས་མཛད་མཁན་ཞིག་ཀྱང་ཡིན་པར་ངེས་ལ། དེ་དག་ལས་གཙོ་བོ་དང་གཙིགས་ཆེ་བ་གཞན་སྟོང་དབུ་མ་ཆེན་པོའི་ལྟ་བ་འདི་ཀོ་ཡིན་པས་ན་རྗེ་འདི་པར་ཇོ་ནང་མཚལ་མིན་པའི་མཁན་པོའི་མཚན་གསོལ་བ་དེ་ཉིད་ངེས་པ་དོན་ལ་གནས་སོ། །

## བཞི་པ། རོལ་གཞུང་ཁྲུལ་གྱི་ཇོ་ནང་མཚལ་མིན་པའི་གདན་སའི་འཕེལ་འགྲིབ་སྐོར།

ཇོ་ནང་མཚལ་མིན་པའི་གདན་སའི་ལྟེ་བ་ནི་རོལ་གྱི་མཚལ་མིན་གཙུག་ལག་ཁང་ཡིན་པ་དང་། གཙུག་ལག་ཁང་དེ་མ་བཞེངས་པའི་སྔ་རོལ་ན་གཞུང་ཁྲུལ་དུ་གཉགས་དབོན་ཇོང་དུ་གྲགས་པའི་དགོན་པ②དང་། རོལ་དཔལ་རི་དགོན③གཉིས་

① རྩོད་ལན་འདི་རྣམ་ཐར་དུ་གསལ་ཡང་། དེང་སང་ཇོ་ནང་པའི་དགོན་སྡེ་ཁག་ན་མཇལ་རྒྱུ་མེད།

② ཉ་དབོན་ཇོང་ཞེས་པར་ཉ་དབོན་ཇོང་རོའམ་ཉ་དབོན་ནང་། གཞན་གཉགས་དབོན་ཇོང་རོའམ་གཉགས་དབོན་ཞེས་ཀྱང་བརྗོད་སྲོལ་མཆིས། དགོན་དེའི་ཤུལ་ནི་ལྷོ་ཁ་གོང་དཀར་ཇོང་སྐྱིད་གཤོངས་གྲོང་བརྡལ་གྲགས་ཆེན་ཤང་གི་ལྷོ་ངོས་ཀྱི་རི་སྟེང་དུ་ཆགས།

③ རོལ་དཔལ་རི་དགོན་ནི་ལྷོ་ཁ་གོང་དཀར་ཇོང་ལྕེ་བདེ་ཞོལ་གྲོང་བརྡལ་གོ་ཆེ་གྲོང་ཚོའི་ཙུའུ་ལྷེ་པ་སྡེ་སྐྱ་དུས་ཡས་མོ་ཞེས་འབོད་པའི་ལུང་པ་དེའི་ཕུར་ཆགས།

གནས་གཞི་གཙོ་བོ་མཛད་པའི་ལོ་རྒྱུས་བྱུང་། གཉགས་དབོན་རྫོང་ནི་གཞུང་གི་མདར་གནས་ཤིང་གནས་དེར་དེང་སང་གཉགས་དབོན་རྫོང་རོ་ཞེས་པའི་བརྡ་ཆགས་ལ། དེང་སང་དགོན་རོ་ལས་ལྷག་མེད། སྔ་དུས་བསྟན་པ་རྒྱས་པའི་སྐབས་སུ་གནས་དེར་དགོན་པ་སྟོད་སྨད་གཉིས་ཡོད་པ་དང་དགོན་པའི་འཛུགས་སྐྲུན་ཆ་ནས་བརྗོད་ན་འདུལ་བའི་གཞུང་ནས་གསུངས་པའི་ཚད་དང་ཡོངས་སུ་མཐུན་པས་དགོན་སྡེ་དེ་ཉིད་ནི་འདུལ་བའི་སྡེ་ཆེན་པོ་ཞིག་ཡིན་པར་སེམས། གཞན་དུ་ན་བོ་བོའི་འདོད་པ་ལྟར་ན་གནས་དེ་ནི་སྔར་ཚོགས་སྡེ་བཞིའི་ཡ་གྱལ་བྱེ་རྫིང་ཚོགས་པའི་གནས་གཞི་གྲ་ཕྱི་ཚོང་འདུས་ཀྱི་གནས་གཞི་དང་མ་སྒྲིལ་གོང་དུ་སྔོ་མོ་གཞུ་སྨད་ནས་ཐོག་མར་གནས་དེར་སྤྱོས་པར་མངོན་ལ། གནས་གཞི་འདི་ཉིད་ངག་རྒྱུན་དུ་གཉགས་དབོན་བསོད་ནམས་བཟང་པོའི་གདན་སར་བཤད་ལ། ཡུལ་ཕྱོགས་གཞན་ནས་གནས་དེར་གཉགས་དབོན་ནང་ཞེས་པའི་མིང་དུ་གྲགས་པས་གནས་གཞི་འདི་ནི་གཉགས་དབོན་བསོད་ནམས་བཟང་པོའི་གནས་གཞི་ཡིན་པར་ཐེ་ཚོམ་མེད་ཅིང་། དོལ་གྱི་དཔལ་རི་དགོན་དང་དོལ་མཚལ་མིན་གཙུག་ལག་ཁང་ལས་སྔ་བ་ཡིན་པར་མངོན་ཡང་རྣམ་ཐར་དུ་དེ་སྐོར་གསལ་ཆ་མེད། དོལ་གཞུང་ཁུལ་གྱི་ཆུན་པོ་རྣམས་ཀྱི་གཏམ་དུ་གཉགས་དབོན་བསོད་ནམས་བཟང་པོས་ཐོག་མར་གཉགས་དབོན་རྫོང་གི་གནས་གཞི་བཟུང་བ་དང་། དུས་ཕྱིས་མཛད་འཕྲིན་རྒྱས་ནས་དོལ་དཔལ་རི་བཞེངས་པར་གྲགས།① དེ་ལྟར་བཤད་མོད། དོལ་དཔལ་རི་དགོན་འདི་ཉིད་ནི་བཀའ་བརྒྱུད་པའི་གདན་ས་ཡིན་པ་གོང་དུ་ཞུས་ཟིན། ཁོ་

① ངག་རྒྱུན་དུ་དོལ་གྱི་དཔལ་རི་དགོན་ནི་ཉ་དབོན་བསོད་ནམས་བཟང་པོས་བཞེངས་པར་གྲགས་ཀྱང་བླ་མ་གང་དེའི་རྣམ་ཐར་དུ་དེ་དོན་མི་གསལ་ལ། དགོན་དེའི་མ་ཧཱ་ཛོ་ཕུང་སོགས་སུ་བཀའ་བརྒྱུད་པའི་བླ་མའི་སྐུ་བརྙན་གསལ་བ་ལས་ཉ་དབོན་པའི་སྐུ་བརྙན་མ་བྱུང་བའི་ཕྱིར་ན། ཉ་དབོན་པས་ཕྱག་བཏབ་པར་སྨྲ་ན་མི་འགྲིག་པར་སྙམ།

བོའི་རྟོགས་པ་ལ་དོལ་གྱི་དཔལ་རི་དགོན་ཐོག་མར་ སུས་བཞེངས་མིན་དུས་ཀྱིས་བསྐལ་ཡང་གནས་དེར་གཉགས་ཕུ་རིན་པོ་ཆེ་ཞབས་བཅགས་ནས་འཆད་ཉན་སྤེལ་རབས་དོལ་པ་རྣམས་ཀྱི་ངག་ཏུ་དེང་སང་བར་གྲགས་ལ། དཔལ་རི་ནས་ཕྱིས་དོལ་ཙ་ཚལ་གྱི་གནས་སུ་ཕེབས་ཞེས་རླུང་ལྷར་གྲགས། ཁོ་བོས་དོལ་གྱི་དཔལ་རི་དགོན་དང་ཉ་དབོན་རྫོང་དུ་རྟོག་ཞིབ་ལ་བསྐྱོད་①པའི་སྐབས་རྟོགས་གསལ་གནས་གཞི་དེ་གཉིས་ནི་ལ་རྒྱབ་མདུན་དུ་ཆགས་ལ། སྔར་གྱི་རྐ་ལམ་རྙིང་པ་སོགས་དེང་གི་བར་དུ་མཇལ་རྒྱུ་ཡོད་པ་མ་ཟད། དགོན་སྡེ་དེ་གཉིས་དབར་ཕན་ཚུན་འབྲུལ་བཞུད་ཆེ་བའི་ལོ་རྒྱུས་དོལ་གཞུང་པ་རྣམས་ཀྱི་ངག་རྒྱུན་དུ་མང་དུ་བཤད་དུ་ཡོད། ཁྱད་པར་སྔ་དུས་བོད་ཀྱི་ས་ཕྱོགས་མང་པོར་འགྲུལ་གཙོ་བོ་རི་ལ་རི་བརྒྱུད་བྱས་ནས་འགྲོ་བའི་སྲོལ་ལ་དཔགས་ན་དགོན་སྡེ་དེ་གཉིས་དབར་འབྲེལ་བ་ཡོད་པ་མཐུན་སྣང་དུ་གྲུབ་པས་གནས་གཞི་དེ་གཉིས་དང་མཁས་པ་གཉགས་ཀྱི་དབར་གྱི་འབྲེལ་བ་དམ་དུ་ཡོད་པ་མངོན་སུམ་དུ་གྲུབ་བོ། །དོལ་གྱི་དཔལ་རི་དགོན་གྱི་རྗེ་བཙོས་རྣམས་སུ་དཔལ་ལྡན་བཀའ་བརྒྱུད་པའི་སྒྲི་མེས་པཎ་ཆེན་ན་རོ་པ་དང་ཏཻ་ལོ་པ། མར་མི་དྭགས་གསུམ་སོགས་པའི་སྣང་བརྙན་དང་ཡིག་རིས་གསལ་བ་མ་གཏོགས་གཉགས་ཕུའི་རྗེ་སྐུ་ནི་མི་མཇལ། རྗེ་སྐུ་དེ་དག་གི་ཁྲོད་ན་བླ་མ་ཀུན་དགའ་རྒྱལ་མཚན་ལ་ན་མོ་ཞེས་བྱུང་བས་བླ་མ་གང་དེ་སུ་ཡིན་མིན་ཆ་མི་འཚལ། ལོ་རྒྱུས་དེབ་ཐེར་ཁག་ཏུ་མི་མཇལ། གཞན་ཡང་རྗེ་སྐུ་དེ་དག་ཁྲོད་ན་བཀའ་བརྒྱུད་པའི་ཚོགས་ཞྭ་མཆོད་པའི་བླ་མའི་སྣང་བརྙན་ཞིག་མཇལ་རྒྱུ་འདུག་ཀྱང་མཚན་བྱང་མི་འཕོད་སྐབས་བླ་མ་སུ་ཞིག་ཡིན་མིན་བརྟག་ཐབས་བྲལ། དགོན་དེ་ཉིད་གོད་ཆགས་ཤུགས་ཆེར་སོང་བའི་སྟོབས་ཀྱིས་སམ་རྗེ་སྐུ་ཡོངས་སུ་རྫོགས་པ་མཇལ་

①སྤྱི་ལོ་2016ལོའི་ཟླ་8པའི་ཚེས་1ཉིན་དང་། སྤྱི་ལོ2016ལོའི་ཟླ་12པའི་ཚེས་29ཉིན་རྟོག་ཞིབ་བྱས།

མི་བཏུབས་པའི་དབང་གིས་གཉགས་དབོན་ཞབས་ཀྱི་སྣང་བརྙན་མཇལ་རྒྱུ་མ་
བྱུང་བར་སེམས། གང་ལྟར་དགོན་དེའི་རྗེ་བཙོས་ཁྲིད་ན་དུས་རབས་བཅུ་གཅིག་
དུས་སྨད་དང་དུས་རབས་བཅུ་གཉིས་པའི་འགོ་སྟོད་ཀྱི་རྗེ་བཙོས་ཀྱི་མཆོད་རྟེན་
སྙིང་པ་མཇལ་རྒྱུ་ཡོད་པར་དཔགས་ཆེ་དགོན་དེ་ཉིད་ཐོག་མར་བཀའ་བརྒྱུད་པའི་
དགོན་སྡེ་ཞིག་ཡིན་པ་མངོན་པ་དང་། ཕྱིས་ཉམས་རྒུད་དུ་སོང་སྐབས་གཉགས་
དབོན་ཞབས་ཀྱིས་བདག་སྐྱོང་མཛད་པར་སེམས། གཉགས་དབོན་ཇོང་རོར་གྲགས་
པའི་དགོན་གནས་དེ་ནས་རྗེ་སྐུ་སོགས་མི་མཇལ་ཡང་། དགོན་པ་ཡིན་པ་ལ་ཐེ་
ཚོམ་མི་འདུག  དེ་ཡང་ཁོ་བོས་སྤྱི་ལོ2016ལོའི་ཟླ་12པའི་ཚེས་29ཉིན་ས་གནས་
ས་ཐོག་ཏུ་རྟོག་ཞིབ་བསྐྱོད་ནས་བརྟག་པ་བྱས་པར་གཞིགས་ན།① གནས་གཞི་དེར་
ཁྲིན་གྲྭ་ཚང་སྟོད་སྨད་གཉིས་ཡོད་པ་དང་། གྲྭ་ཚང་སྨད་དུ་འདུ་ཁང་དང་བླ་བྲང་
གཉིས་ཙམ་དང་ཙུང་ཁང་སོགས་ཡོད་པ་དང་། གྲྭ་ཚང་སྟོད་ནི་འདུལ་སྡེ་ཞིག་སྟེ།
འདུལ་བའི་བཅས་པ་ལྟར་བཞེངས་པའི་དབུས་སུ་འདུ་ཁང་དང་། ཕྱོགས་བཞིར་
གྲྭ་ཤག་མང་དུ་ཡོད་པ་དག་གི་རྩིག་ཞེང་བསྡོམས་ན་ལི་སྨི298དང་མ་བསྡོམས་
ན་ལི་སྨི180དང་རིང་ཚད་ལ་རྩིག་ཞེང་བསྡོམས་ན་ལི་སྨི644དང་མ་བསྡོམས་ན་
500བཞུགས་སོ། །དགོན་པ་སྟོད་ཀྱི་གཤམ་ན་ཁང་བུ་བརྩིགས་པའི་མཆོད་རྟེན་
གནས་པས་འདུལ་སྡེ་ཆེན་པོ་ཞིག་ཡིན་ངེས་སོ། །དགོན་སྡེ་དེ་གཉིས་ལས་དཔལ་
རི་དགོན་ནི་ཐོག་མར་བཀའ་བརྒྱུད་དང་དུས་ཕྱིས་ཇོ་ནང་མཚལ་མིན་པའི་གནས་
གཞི་དང་དེ་ནས་སླར་བཀའ་བརྒྱུད་པའི་གནས་གཞིར་གྱུར། གཉགས་དབོན་ཇོང་
ནི་ཏ་ལམ་གཉགས་ཕུའི་གནས་གཞི་ཡིན་པར་ངེས་ལ་དུས་ཕྱིས་ཚོས་བརྒྱུད་གང་

① རྟོག་ཞིབ་བྱ་ཡུལ། ལྷོ་ཁ་གོང་དཀར་རྫོང་སྐྱིད་གཤོངས་གྲོང་བརྡལ་གྲགས་ཆེན་ཤང་ཁོངས་སུ་ཆགས་པའི་ཉ་དབོན་རྫོང་རོའི་གནས་གཞི་སྟོད་སྨད་གཉིས། དུས་ཚོད། སྤྱི་ལོ2016ལོའི་ཟླ་12པའི་ཚེས་29ཉིན།

ཏུ་མཛད་མིན་ཆ་མི་འཚོལ་མོད། དགོན་དེ་གཉིས་ཀ་རིག་གསར་གཡས་གཡོན་བར་གནས་མུས་ཡིན་པ་ཡུལ་གྱི་རྒན་པོ་རྣམས་ཀྱིས་བཤད་དོ། །[1]

མཚལ་མིན་གཙུག་ལག་ཁང་ནི་ཐོག་མར་བཀའ་བརྒྱུད་པའི་གནས་གཞི་དང་གཉགས་ཕུ་བསོད་ནམས་བཟང་པོའི་སྐུ་དུས་སུ་ཀརྨ་དེ་བཞིན་གཤེགས་པས་གཉགས་རིན་པོ་ཆེར་ཕུལ་ནས་མཚལ་མིན་པའི་སྡེ་བྱུང་། མཚལ་མིན་གཙུག་ལག་ཁང་གི་གནས་གཞི་ཆེན་པོ་འདིར་གཉགས་དཔོན་གྱིས་འཆད་ཉན་གྱི་སྡེ་བཙུགས་ནས་ཇོ་ནང་མཚལ་མིན་པ་ཞེས་པའི་མཚན་བྱུང་། ཆོས་རྗེ་འདིའི་དྲིན་གྱིས་བོད་ན་ཇོ་ནང་མཚལ་མིན་པ་ཞེས་པའི་ཆོས་བརྒྱུད་ཅིག་དར་བ་དང་མཁས་པ་གང་དེའི་ཐུགས་རྗེའི་སྨོན་ལམ་གྱིས་དབུས་གཙང་གི་ཕྱོགས་སུ་དཔལ་ཇོ་མོ་ནང་པའི་བསྟན་པའི་རྩ་ལག་རྒྱས་ཏེ་མཁས་གྲུབ་བགྲང་གིས་མི་ལང་བ་བྱོན་ནས་བསྟན་པའི་བྱ་བ་རྒྱ་ཆེན་པོ་མཛད་པ་མངོན་ནོ། །མཚལ་མིན་པའི་གདན་ས་འདི་ཉིད་ནི་ཇོ་ནང་པའི་འདུས་སྡེ་ཆེན་པོའི་ཡ་གྱལ་དུ་སོང་ལ། ལྷག་པར་དུ་དུས་ཕྱིས་ཀྱི་དབུ་མ་གཞན་སྟོང་པའི་མཁས་པའི་དབུས་སུ་མཚལ་མིན་པ་རྣམས་ཚད་མར་བྱེད་དོ། །ཇོ་ནང་མཚལ་མིན་པའི་གདན་ས་འདི་ཉིད་ནི་གཉགས་ཕུ་བསོད་ནམས་བཟང་པོའི་སྐུ་དུས་སུ་དར་རྒྱས་ཆེ་ཙམ་བྱུང་ཡང་། ཀརྨ་མི་བསྐྱོད་རྡོ་རྗེའི་སྐུ་དུས་སུ་ཉམས་རྒུད་ཤུགས་ཆེར་སོང་བའི་སྐབས་ལས་བཀའ་བརྒྱུད་པ་དང་ཇོ་ནང་ཐུན་མོང་གི་ཕྱག་བཞེས་སུ་བསྒྱུར་བར་མཛད། དགོན་པའི་མིང་མཚལ་མིན་བསམ་གཏན་གླིང་ཞེས་གསོལ། རྒྱལ་དབང་ལྔ་པའི་སྐུ་དུས་སུ་ཉམས་དམས་ཆེ་ཆེར་བྱུང་བས་དགེ་བསྒྱུར་མཛད་ནས་དོལ་དགའ་ལྡན་གསུང་རབ་གླིང་ཞེས་སུ་གྲགས་

[1] བཅར་འདྲི་ཞུ་ཡུལ། ལྷོ་ཁ་གྲོང་དཀར་རྫོང་སྐྱིད་གཤོང་གྲོང་བརྡལ་སྨད་ཆུང་གྲོང་ཚོའི་གྲོང་མི་ཚེ་རིང་དབང་ཕྱུག ཡི་གེ་ཤེས། ལོ་69 གྲོང་མི་སངས་རྒྱས། ཡིག་རྫོངས། ལོ་56 དུས་ཚོད། 2016ལོའི་ཟླ་11པའི་ཚེས་16ཉིན། བཅར་འདྲི་བ། བསོད་ནམས་དབང་རྒྱལ།

པ་ཡོ་རྒྱུས་སུ་གསལ།

མདོར་ན་རྒྱལ་བ་ཇོ་ནང་པའི་རིང་ལུགས་གཙང་མ་གཉགས་ཕྱུ་བསོད་ནམས་བཟང་པོ་ཡབ་སྲས་ཀྱི་བཀའ་དྲིན་གྱིས་གྲ་དོལ་གཞུང་གསུམ་དུ་གནས་གཞི་བཏབ་པ་དང་འཆད་ཉན་གྱི་རྒྱུན་སྤེལ་ནས་དར་ཞིང་རྒྱས་པ་བྱུང་བ་ལས་ཇོ་ནང་མཚལ་མིན་པའི་ཆོས་བརྒྱུད་བླ་རབས་རིམ་བྱོན་གྱིས་ཇོ་ནང་གཞན་སྟོང་དབུ་མ་ཆེན་པོའི་ལྟ་བ་གངས་རིའི་སྲུལ་དང་གྲུ་ཟུར་ཡོད་ཚད་ལ་མཆེད་པར་མཛད་ལ། མཚལ་མིན་པའི་ཞི་ཕྱུགས་ཀྱི་དགོངས་བཞེད་ཀྱང་དཔལ་ཇོ་ནང་གི་མཁས་པ་སྔ་མ་རྣམས་ཀྱི་དགོངས་པའི་རྒྱ་ལས་མ་འདས། དེ་ཡང་གཞན་སྟོང་དབུ་མ་ཆེན་པོའི་ལྟ་བའི་གནད་ནི་མཚན་ཉིད་གསུམ་གྱི་འགྲེལ་བཤད་ལ་ཐུག་སྟེ། བྲག་དཀར་རྡོ་རྗེ་འཆང་གི་རང་སྟོང་དང་གཞན་སྟོང་གི་ལྟ་བའི་ཁྱད་པར་བརྗོད་པ་རྣམ་གསལ་ལུང་རིགས་སྒྲོན་མེར། "ངེད་གཞན་སྟོང་པའི་ལུགས་ལ། དོན་དམ་སྟོང་ཉིད་ཡོངས་གྲུབ་བདེན་པར་གྲུབ་པར་གཟིགས་མི་དགོས་པའི་ཕྱིར་ཏེ། ཁྱོད་འདོད་པ་ལྟར་གྱི་བདེན་གྲུབ་བདེན་པར་རྟོག་པ་ཙམ་མ་ཡིན་པའི་རང་ངོས་ནས་གྲུབ་པ་ལ་ཟེར་བ་གང་ཞིག ངེད་ཀྱི་ཡོངས་གྲུབ་རྟོག་པས་བཏགས་ཙམ་མ་ཡིན། རང་ངོས་ནས་གྲུབ་པ་དང་མི་གྲུབ་པའི་མཐའ་གཉིས་ལས་འདས་པའི་ཕྱིར།"[1]ཞེས་གསུངས་པར་བསམས་ན་དབུ་མ་ཆེན་པོ་གཞན་སྟོང་པའི་མཁན་པོ་རྣམས་ཀྱི་ཡོངས་གྲུབ་འདི་ཉིད་མཐར་ཐུག་གི་ལྟ་བའི་བབས་སར་བཞེད་པས་ན་ཇོ་ནང་མཚལ་མིན་པའི་མཁས་པ་རྣམས་ཀྱིས་ཀྱང་དེ་ལྟའི་དགོངས་པ་མཐིལ་དུ་བཟུང་སྟེ་ཐོས་བསམ་སྒོམ་གསུམ་གཏན་ལ་འབེབས་པའི་བགྱི་བ་ལྷུར་བཞེས་མཛད་པའོ། །

① བྲག་དཀར་བློ་བཟང་དཔལ་ལྡན་གྱི་གསུང་ཉེར་མཁོ་ཕྱོགས་བསྒྲིགས་བཞུགས་སོ། །དེབ་དགུ་པ། ཀྲུང་གོ་བོད་རིག་པ་དཔེ་སྐྲུན་ཁང་། 2017 ཤ 276

## ས་བཅད་བཞི་པ། དགེ་ལུགས་པའི་ལྷ་དགོངས་གྲྭ་དཔོལ་གཞུང་གསུམ་དུ་དར་རྒྱལ་སྐོར་གྱི་དཔྱད་པ།

གྲྭ་དཔོལ་གཞུང་གསུམ་གྱི་ས་འདིར་སྤྱི་ཕྱིར་བོད་ཀྱི་ཆོས་བརྒྱུད་རིས་མེད་ཀྱི་བསྟན་པ་རབ་དང་རིམ་པ་དར་བ་ལས་རི་བོ་དགེ་ལུགས་པའི་བསྟན་པ་འདི་ཉིད་དུས་ཕྱི་ཤོས་སུ་འདུག་ཅིང་། སྤྱིར་ན་དགེ་ལུགས་པའི་ཆོས་བརྒྱུད་ཀྱི་ས་བོན་ནི་གྲྭ་དཔོལ་གཞུང་གསུམ་གྱི་སའི་ཁྲོན་དུ་འབུད་མཚམས་ནི་རྗེ་རིན་པོ་ཆེའི་སྐུ་དུས་དང་། འཆད་ཉན་གྱི་སྡེ་དགུ་བཙམས་པའི་སྐབས་ནི་པཎ་ཆེན་བྱམས་པ་གླིང་པའི་སྐུ་ཚེའི་རིང་དང་། དར་ཆེ་བའི་དུས་ཚིགས་ནི་དགའ་ལྡན་ཕོ་བྲང་སྲིད་དབང་གི་སྔོན་རོལ་ཙམ་དང་། ཡོངས་ཁྱབ་རང་བཞིན་དུ་ཁྱབ་གདལ་སོང་བའི་སྐབས་ནི་རྒྱལ་དབང་ལྔ་པའི་སྐུ་དུས་སུའོ། །དེ་ལ་དགེ་བསྟན་ཐོག་མར་དར་འགོ་ཚུགས་པའི་དུས་འཛམ་མགོན་བླ་མ་ཙོང་ཁ་པའི་སྐུ་དུས་སུ་བྱེད་པའི་རྒྱུ་མཚན་ནི་རྗེ་འདི་པས་སྔོན་གྱི་དུས་གྲྭ་དཔོལ་གཞུང་གསུམ་དུ་བསྟན་འགྲོའི་སླད་དུ་ཞབས་སེན་འཁོད་ནས་བསྟན་པའི་རྩ་ལག་རྒྱས་པའི་དོན་ཆེན་པོ་བསམ་གྱིས་མི་ཁྱབ་པ་བཞེས་པ་རྣམ་ཐར་སོགས་སུ་གསལ་ལ། དམ་པ་གང་དེའི་སྒོམ་པ་མནོས་སའི་གནས་གྲྭ་ཚོང་འདུས་ཚོགས་པའི་གནས་གཞིར་ཡིན་པའི་ཕྱིར་རོ། །དགེ་ལུགས་པའི་བསྟན་པ་གྲྭ་དཔོལ་གཞུང་གསུམ་དུ་དར་བའི་བརྒྱུད་རིམ་ནང་གནས་གཞི་མང་དུ་མཆེད་ཀྱང་། གྲྭ་དཔོལ་གཞུང་གསུམ་ལས་གྲྭ་དཔོལ་གཉིས་ལ་མ་གཏོགས་གཞུང་གི་ཡུལ་ན་དགེ་ལྡན་པའི་ཆོས་བརྒྱུད་དེ་ཙམ་དར་ཆེ་བར་མ་སོང་། དེ་ལ་དཔྱད་པ་བཏང་ན་འདི་ལྟར་ཏེ། སྤྱིར་ན་དགེ་བསྟན་གཡོ་རུའི་ས་ཕྱོགས་མང་དུ་དར་མོད། གྲྭ་དཔོལ་གྱི་སའི་ཆར་དགེ་ལྡན་པའི་འཆད་ཉན་གྱི་སྡེ་ཆེ་བ་གྲྭ་ནང་བྱམས་པ་གླིང་དགོན་དང་གྲྭ་རི་བོ་

རྣམ་རྒྱལ་དགོན་དང་དོལ་དགའ་ལྡན་གསུང་རབ་གླིང་དགོན་སོགས་སོ། །གནས་གཞི་དེ་རྣམས་ནི་དགེ་བསྟན་གྲ་དོལ་གཞུང་གསུམ་གྱི་ཁྱོན་དུ་དར་བའི་ཆེས་གཞི་རྩའི་སྡེ་དགོན་དང་གཡོ་རུའི་རྒྱལ་ཁམས་སུ་དགེ་ལྡན་པའི་ལྟ་དགོངས་རྨ་མེད་པ་འཛིན་སྐྱོང་སྤེལ་གསུམ་བྱ་སའི་བསྡི་གནས་སུ་སོང་བས། སྔ་དུས་གནས་གཞི་ཆེན་པོ་འདི་དག་ལས་ཕེབས་པའི་མཁས་པ་རྣམས་ཀྱིས་དགེ་ལྡན་པའི་བསྟན་པ་དར་ཞིང་རྒྱས་པའི་ཆེད་དུ་འཆད་རྩོད་རྩོམ་གསུམ་དང་ཐོས་བསམ་སྒོམ་གསུམ་གྱི་གཞི་མ་མ་དོར་བར་གཞི་དགོན་ཆེ་ཆུང་མ་ཐེགས་པར་དགེ་བསྟན་སྤེལ་བའི་དོན་ཆེན་པོ་ཆུ་ལ་ཆུ་བཞག་པ་ལྟ་བུའི་ངང་ནས་མཛད་པ་འཕྲིན་ལས་སྣ་ན་མེད་པར་བསྒྲུབས་པའི་དྲིན་གྱིས་དེང་སང་བར་དུ་གྲ་དོལ་གཞུང་གསུམ་གྱི་སར་དགེ་ལུགས་པའི་འདོན་ཆོས་སྤྱོད་ཡན་གྱི་རིག་པའི་གནས་མ་ལག་ཆ་ཚང་ཞིང་། དམ་པ་སྔ་མ་རྣམས་ཀྱི་ཞལ་དྲིན་མོ་ལས་བརྒྱུད་པའི་མན་ངག་རྣམ་དག་གི་ལམ་ནས་གཞུང་ཆེན་མོའི་དབང་ལུང་ཁྲིད་གསུམ་ས་བཅད་མ་སྟོང་ཙམ་དང་། གཞན་དུ་ན་རྒྱལ་བའི་བསྟན་པ་རིན་པོ་ཆེའི་མཐར་ཐུག་གི་དགོངས་པ་རྩལ་དུ་བཏོན་ནས་སློབ་གཉེར་གྱི་སྲིག་གཞི་མ་ཉམས་པར་གནས་མུས་ལགས། དགོན་གནས་དེ་གཉིས་ཀྱིས་གྲ་དོལ་གཞུང་གསུམ་གཙོར་བྱས་པའི་གཡོ་རུའི་ཁྱོན་འདིར་དགེ་ལུགས་པའི་བསྟན་པ་དར་བར་མི་དམན་པའི་ནུས་པ་ཐོན་པ་ནི་སྨོས་མེད་དུ་ལགས་པས། རྒྱུ་མཚན་དེ་དག་གི་ཕྱིར་ན་འདིའི་བཤད་བྱ་གཙོ་བོ་ཡང་གྲ་ནང་བྱམས་པ་གླིང་དགོན་དང་འབྲེལ་ཆེ་བའི་པཎ་ཆེན་བསོད་ནམས་རྣམ་རྒྱལ་དང་དོལ་དགའ་ལྡན་གསུང་རབ་གླིང་དགོན་གཉིས་ལྟེ་བར་བྱས་ནས་གྲ་དོལ་གཞུང་གསུམ་དུ་རི་བོ་དགེ་ལྡན་པའི་ལྟ་དགོངས་ཇི་ལྟར་དར་ལུགས་སྐོར་བཤད་པའོ། །

## དང་པོ། དགེ་ལུགས་པའི་བསྟན་པ་གཡོ་རུའི་ཡུལ་ཚན་དེ་གསུམ་དུ་དར་བའི་སྐོར།

དགེ་ལུགས་པའི་བསྟན་པ་གཡོ་རུའི་ཡུལ་ཚན་གྲ་དོལ་གཞུང་གསུམ་དུ་དར་བ་ལ་བཤད་པ་སྣ་ཚོགས་སུ་བྱུས་མོད། གནད་ཀྱི་སྙིང་པོ་འདུ་ན་དགའ་ལྡན་ཕོ་བྲང་གི་སྲིད་དབང་དང་ཐད་ཀའི་འབྲེལ་བ་གྲུབ་པ་དང་། ཕྱོགས་གཞན་ཞིག་ནས་དཔྱད་ན་སྐབས་དེ་ཤེད་ཙམ་ན་དབུས་གཙང་གི་ཁྱོན་དུ་དགོན་སྡེ་མང་དག་ཅིག་དབོན་དགོན་དུ་འགྱུར་བའམ་ཡང་ན་འདུལ་སྡེ་ལྷག་པར་ཉམས་ནས་གྲ་རྒྱུན་མ་སྟོང་ཙམ་གྱི་གནས་སུ་གྱུར་ཞིང་། བསྟན་པ་ཉག་ཕྲ་བའི་སྐབས་སུ་འཕེལ་བ་སོགས་པའི་རྐྱེན་སྣ་ཚོགས་པ་འཚོགས་ནས་བསྟན་པའི་མིང་གི་ལྷག་མ་ཙམ་དུ་སོང་བས་གནས་གཞི་དེ་དག་རྒྱལ་དབང་ལྔ་པ་ཆེན་པོའི་ཐུགས་རྗེའི་སྨོན་ལམ་དང་ཡོན་བདག་དད་པ་ཅན་གྱི་གཏོང་ཕོད་ཀྱི་འདུན་པ་དང་བཅས་བླ་སློབ་དམ་ཚིག་མཐུན་པ་རྣམས་ཀྱིས་སྐུ་དྲིན་ཉག་གཅིག་ལས་བོད་དབུས་གཙང་རིས་སུ་མ་ཆད་པའི་ལྗོངས་འདིར་བསྐྱུར་གླིང་བཅུ་གསུམ་དང་བཏབ་གླིང་བཅུ་གསུམ་དུ་གྲགས་པའི་སྡེ་དགོན་ཆེན་པོ་རྣམས་སྔ་རྗེས་སྐྱེ་འགྲོའི་གསོས་སུ་གྱུར། འདིར་ནི་དགོན་སྡེ་ཆེ་བ་རྣམས་ཀྱི་གྲངས་ཙམ་བཀོད་པ་ལས་མཐའ་གཅིག་ཏུ་སྐབས་དེར་དགའ་ལྡན་པའི་དགོན་སྡེ་དེ་ཙམ་གྱིས་མི་ཚད་པ་རྒྱལ་དབང་ལྔ་པའི་རྣམ་ཐར་དུ་ཀུ་ལའི་གོས་བཟང་དང་སྡེ་སྲིད་སངས་རྒྱས་རྒྱ་མཚོའི་དགའ་ལྡན་ཆོས་འབྱུང་བཻ་ཌཱུརྱ་སེར་པོ་སོགས་ལས་ཤེས་སོ། །

དེ་ལ་ཕྱོགས་གཞན་ཞིག་ནས་དཔྱད་ན། གྲ་དོལ་གཞུང་གསུམ་དུ་དགེ་ལྡན་པའི་བསྟན་པ་དར་བའི་བསམ་བློའི་རྒྱུན་ནམ་ཐུན་མིན་གྱི་ཆ་རྐྱེན་བླ་ན་མེད་པ་གཅིག་སྣང་སྟེ། གྲ་དོལ་གཞུང་གསུམ་གྱི་གནས་འདི་དག་ནི་བོད་ཀྱི་ཆོས་བརྒྱུད་རིས་མེད་དར་སྤྱོད་ལ་བན་བོན་ཡོངས་སུ་རྫོགས་པ་དུས་རྒྱུན་རིང་མོར་བསྟན་པ་

ཐམས་ཅད་འགལ་མེད་དུ་འགྲོགས་ཐུབ་པ་དང་། གདོད་མའི་རིག་གནས་སམ་བོན་གྱི་དད་མོས་ཀྱི་ནླབས་རྒྱུན་དག་སངས་རྒྱས་ཆོས་ལུགས་ཀྱི་ཚོ་གའི་ནང་དུ་མཐུན་སྦྱོར་གྱིས་གནས་པ། སྔ་མང་རིག་གནས་ཀྱི་གཤིས་ཀ་མ་འདྲེས་མ་འཛིང་པར་སོ་སོའི་ཁྱད་ཆོས་མངོན་པར་གསལ་བའི་སྒོ་ནས་འགལ་རྐྱེན་གྱི་ཆ་ཀུན་དང་བྲལ་བའི་ངོར་གནས་པ། གདོད་མ་དང་བོན། སངས་རྒྱས་ཆོས་ལུགས་གསུམ་འདུས་ཀྱི་རིག་གནས་ཀྱི་རྒྱུན་མ་ཉམས་པར་གནས་པ། བོད་ཀྱི་བཤད་རྒྱུད་དང་སྒྲུབ་རྒྱུད་ཀྱི་མཁས་གྲུབ་རྣམ་པས་བྱིན་གྱིས་ནླབས་པའི་གནས་དང་། འཕགས་ཡུལ་གྲུབ་པའི་དབང་ཕྱུག་གི་ཞབས་སེན་འཁོད་ལ་བསྟན་པའི་བྱ་བ་རྒྱ་ཆེན་པོ་མཛད་སའི་གནས། དད་པ་ཅན་གྱི་ཡོན་བདག་རབ་དང་རིམ་པས་རྫས་ཀྱི་སྦྱོར་བ་དཔག་མེད་དུ་བཀོད་ནས་བསྟན་པར་སླེབ་པའི་བགྱི་བ་བསྐྲུན་པའི་གནས། ཁྱད་པར་དགེ་ལྡན་པའི་ཡབ་རྗེ་དྲིན་ཅན་རྣམས་ཀྱིས་མཛད་པ་བཞེས་སྐྱོང་བའི་གནས། བསམ་ཡས་གཙུག་ལག་ཁང་གི་རིག་གནས་ཀྱི་ཤུགས་རྐྱེན་ཐེབས་པའི་གནས། གསང་སྔགས་གསར་རྙིང་གི་མཁས་པའི་བསྟི་གནས། སངས་རྒྱས་ཆོས་ལུགས་ཀྱི་བག་ཆགས་མཐུག་པའི་གནས་གཞིར་གྱུར་པས། དགེ་ལྡན་པའི་བསྟན་པ་དར་ཆེ་བའི་རྒྱུ་རྐྱེན་དུ་འགྱུར་མས་སོ། །

## གཉིས་པ། ཪོལ་དགའ་ལྡན་གསུང་རབ་གླིང་དང་དེའི་བཤད་པ།

ཪོལ་དགའ་ལྡན་གསུང་རབ་གླིང་དགོན་ནི་ཐོག་མར་ཀམ་ཚང་བཀའ་བརྒྱུད་པའི་གནས་གཞི་དང་། དགོན་མིང་དུ་ཪོལ་ཆོས་སྡེ་ལྷ་ཁང་ཞེས་སུ་གྲགས། ཀརྨ་དེ་བཞིན་གཤེགས་པས་རྗེ་གཉགས་ཕུ་བ་བསོད་ནམས་བཟང་པོར་ཕུལ་ནས་ཪོལ་མཚལ་མིན་གཙུག་ལག་ཁང་ཞེས་པའི་མཚན་ཆགས་པ་དང་ཆོས་བརྒྱུད་ཇོ་ནང་དུ་མཛད། ལོ་ཆེན་བསོད་ནམས་རྒྱ་མཚོས་གཙུག་ལག་ཁང་འདི་ཉིད་རྒྱ་

བསྐྱེད་མཛད་པ་དང་། ཀརྨ་མི་བསྐྱོད་རྡོ་རྗེའི་སྐུ་དུས་སུ་སྣར་ཀམ་ཚང་བཀའ་བརྒྱུད་པའི་གནས་གཞིར་བསྒྱུར་ནས་བཀའ་བརྒྱུད་དང་ཇོ་ནང་གཉིས་ཀའི་ཕྱག་བཞེས་གནང་བར་གྲགས། དོལ་མཚལ་མིན་བསམ་གཏན་གླིང་ཞེས་པའི་མཚན་ཡང་ཆགས། དུས་ཕྱིས་རྒྱལ་དབང་ལྔ་པའི་སྐུ་ཚེའི་རིང་བསྒྱུར་གླིང་བཅུ་གསུམ་དུ་གྲགས་པའི་ཡ་གྱལ་དུ་གྱུར། དགོན་མིང་དོལ་དགའ་ལྡན་གསུང་རབ་གླིང་ཞེས་པར་བསྒྱུར་རབས་རྒྱལ་དབང་སྐུ་ཕྲེང་རིམ་བྱོན་གྱི་མཛད་རྣམ་དུ། "ས་ཁྱིར་[①]གར་ལུགས་[②]ཡོལ་དུ་སྦས་ཡུལ་དགའ་ལྡན་ཆོས་འཁོར་ཡང་རྩེ། གར་ལུགས་མཚལ་མིན་དང་བརྒྱད་གྲྭའི་མཆོད་གཞིས་ལས་སོན་མེད་དོལ་དགའ་ལྡན་གསུང་རབ་གླིང་།"[③]ཞེས་བྱུང་བའི་ཕྱིར་ན། གར་ལུགས་པའི་གདན་ས་མཚལ་མིན་བསམ་གཏན་གླིང་འདི་ཉིད་དགའ་ལྡན་གསུང་རབ་གླིང་ཞེས་པར་བསྒྱུར་བ་གསལ། ལར་རྒྱལ་དབང་ལྔ་པའི་སྐབས་སུ་བསྒྱུར་གླིང་བཅུ་གསུམ་རྣམས་དགེ་ལུགས་པའི་གནས་གཞི་གཙང་མ་གཙང་རྐྱང་དུ་བསྒྱུར་བར་དགོངས་མོད། དོན་དུ་དེ་ལྟར་ཡིན་པའི་ངེས་པ་ནི་མ་མཆིས་ཏེ། དོལ་དགའ་ལྡན་གསུང་རབ་གླིང་དཔེ་མཚོན་དུ་བྲངས་ན། རྒྱལ་དབང་ལྔ་པས་དགེ་བསྒྱུར་མཛད་ཀྱང་། གར་ལུགས་ཀྱི་འདོན་ཆ་སོགས་སྔར་རྒྱུན་བཞིན་གནས་པ་དང་། གཉགས་ཞུ་བསོད་ནམས་བཟང་པོའི་གསོལ་འདེབས་སོགས་ཚོགས་འདོན་བྱེད་པ་མ་ཟད། མཚལ་མིན་གཙུག་ལག་ཁང་གི་གནས་གཞི་དང་ལྔ་པ་ཆེན་པོའི་སྐུ་དུས་སུ་བཞེངས་པའི་འདུ་ཁང་ཆེན་པོ་གཉིས་མཉམ་གཤིབ་ཏུ་འདུག་

① ས་ཁྱི་ཞེས་པ་སྤྱི་ལོ་1658ལོར་འཁེལ།

② གར་ལུགས་ཞེས་པ་ནི་བཀའ་བརྒྱུད་པའི་ལུགས་ཞེས་པ་ཚིག་བསྡུ་བྱས་པ་ལས་བྱུང་བའི་མིང་ཚིག་ཅིག་ཡིན།

③ རྒྱལ་དབང་ལྔ་པ་དང་སྡེ་སྲིད་སངས་རྒྱས་རྒྱ་མཚོ། རྒྱལ་དབང་སྐུ་ཕྲེང་རིམ་བྱོན་གྱི་རྣམ་ཐར། སྐུ་ཕྲེང་ལྔ་པ་ངག་དབང་བློ་བཟང་རྒྱ་མཚོའི་རྣམ་ཐར། དེབ་བཞི་པ། ཀྲུང་གོའི་བོད་རིག་པ་དཔེ་སྐྲུན་ཁང་། 2013ཤ 290

ཅིང་། སྤྱི་ལོ་1930ལོའི་ཡས་མས[1]བར་སོར་བཞག་ཏུ་གནས་ལ་དུས་ཕྱིས་ལྷ་ཁང་གི་སྒོ་ལ་སོགས་པ་ཞིག་གསོ་ཞུས་པ་མ་གཏོགས་སྔ་དུས་ཀྱི་མཚལ་མིན་གཙུག་ལག་ཁང་གི་རྟེན་དང་བརྟེན་པ་སོགས་སྔར་རྒྱུན་བཞིན་གནས་མུས་དང་། རྗེ་གཉགས་ཕུའི་གསེར་ཟངས་ཀྱི་སྐུ་བྱིན་ཅན་དག་དང་གཙྪ་མི་བསྐྱོད་རྡོ་རྗེའི་གདུང་རྟེན་དང་རྗེ་གཉགས་ཕུའི་ཆོས་ཁྲི་(དཔེ་རིས་གཉིས་པར་གཟིགས།)སོགས་གནས་པར་བལྟོས་ན་བཅིངས་བཀྲོལ་གོང་ཙམ་ན་ཡང་དོལ་དགའ་ལྡན་གསུང་རབ་གླིང་དགོན་འདིར་དགེ་རྫོ་གར་གསུམ་གའི་ཕྱག་བཞེས་གནང་བར་མངོན[2]ལ། དེ་ལས་གཙོ་བོ་དགེ་ལུགས་པའི་བཤད་པ་མཛད་པའི་དབང་གིས་རྒྱལ་དབང་ལྔ་པའི་མཛད་ཕྱོགས་འདི་ཉིད་ནི་ཆོས་བརྒྱུད་རིས་མེད་མཐུན་སྦྱོར་གྱི་དགོངས་གཞི་དང་ཡོངས་སུ་མཐུན་པས་མ་ཚད་ཉམས་རྒུད་ཤས་ཆེར་སོང་བའི་ཆོས་བརྒྱུད་དག་ལ་སྲུང་སྐྱོབ་ཀྱི་སླད་དུ་དགོན་པ་འགངས་ཆེ་བ་དང་། བསྟན་འཛིན་སྐྱེས་བུ་གྲངས་མེད་ཀྱིས་བྱིན་གྱིས་རླབས་པ་ཁ་ཅིག་དགེ་ལུགས་པའི་སྡེ་དགོན་དུ་བསྒྱུར་ནས་རྒྱལ་བསྟན་གྱི་གཟི་བྱིན་སླར་གནས་གཞི་དེ་དག་ལ་འཕྲོ་བར་མཛད་གཤིས། དོལ་གསུང་རབ་གླིང་གི་དགོན་འདི་ཉིད་གཡོ་རུའི་ས་ཁོངས་ན་དགེ་ལུགས་པའི་དགོན་སྡེ་ཆེ་གྲས་ཤིག་དང་དཔལ་ལྡན་འབྲས་དཀར་སྤུངས་པའི་གཞི་དགོན་ཡིན་པས་ན་དགོན་འདིར་སྔ་ཕྱིར་དགེ

---

① ཁོ་བོས་སྤྱི་ལོ་2017ལོའི་ཟླ་6པའི་ཚེས་12ཉིན་དོལ་དགའ་ལྡན་གསུང་རབ་གླིང་དགོན་དུ་རི་ཐང་རྟོག་ཞིབ་ཏུ་བསྐྱོད་དུས་དགོན་དེའི་དགེ་འདུན་ཉི་མ་ལགས་ནས་གཉགས་ཕུ་བསོད་ནམས་བཟང་པོས་བཞེངས་པའི་མཚལ་མིན་པའི་གཙུག་ལག་ཁང་གི་གནས་གཞི་འདི་ཉིད་སྤྱི་ལོ་1930ཡས་མས་སུ་ཞིག་གསོ་གནང་བའི་སྐོར་བླ་རྒན་རྣམས་ཀྱི་ཞལ་ནས་ཐོས་ཞེས་གསུངས།

② བཅིངས་བཀྲོལ་ཡར་སྔོན་བར་དགོན་དེར་དགེ་རྫོ་གར་གསུམ་གྱི་ཕྱག་བཞེས་གནང་སྐོར་ནི་འདི་ལྟར་ཏེ། གཙོ་བོ་དགེ་ལུགས་པ་དང་འདོན་ཚོགས་ཆོས་སོགས་ནི་གར་རྫོ་གཉིས་ཀྱི་ལུགས་ཀྱང་གནང་ལ། ཁྱད་པར་ཉ་དཔོན་པའི་བསྟོད་པ་འཆར་ཅན་དུ་ཚོགས་འདོན་བྱ་བའི་ལུགས་ཡོད་རྐྱེན་དགེ་རྫོ་གར་གསུམ་གའི་ཕྱག་ལེན་གནང་བ་ཟུར་བལྟས་ལེབ་མཐོང་དུ་འདུག

ལྡན་པའི་མཁས་པ་རིམ་བྱོན་གྱིས་འཆད་ཉན་གྱི་བཤད་པ་བཟང་པོ་བཙུགས་ནས་རྒྱལ་བསྟན་གུང་ལ་ཉི་མ་གསལ་བ་ལྟ་བུའི་གནས་བབས་བཟུང་བ་ལས་གྲྭ་དོལ་གཞུང་གསུམ་གྱི་ཡུལ་ལྗོངས་ཁག་ན་དགེ་བསྟན་དྲི་མ་མེད་པ་དར་བར་སྔོན་ན་མེད་པའི་མཐུན་རྐྱེན་སོ་སྐྱེའི་བློར་བཙུད་དཀའ་བ་བསྐྲུན་པ་དག་ལ་བསམས་ན་དྲིན་གཞལ་ཐབས་བྲལ་བའི་གནས་སུ་གྱུར།

དགོན་འདིར་སྔ་རྗེས་སུ་མཁས་པའི་དབང་པོ་བགྲང་ལས་འདས་པ་བྱོན་ནས་བཤད་སྒྲུབ་ཀྱི་བསྟན་པ་རྒྱ་ཆེར་སྤེལ་བའི་སྐོར་ལ་ཞུས་ན་གཙྭ་པ་རང་བྱུང་རྡོ་རྗེས་གནས་གཞི་ཐོག་མར་བསྐྱངས་པ་དང་། གཙྭ་དེ་བཞིན་གཤེགས་པས་ངོ་ཚལ་[①]གྱི་གནས་འདི་གཉགས་དབོན་བསོད་ནམས་བཟང་པོའི་ཕྱག་ཏུ་དབུལ་ཏེ་དཔལ་རྫོ་ནང་པའི་གནས་གཞི་འགངས་ཆེན་ཞིག་ཏུ་གྱུར་ནས་རྫོ་ནང་མཚལ་མིན་པའི་མཚན་ཆགས། སྐབས་དེ་ཤེད་ཙམ་ན་དམ་ཆོས་བདུད་རྩིའི་སྙིང་པོའི་སྣད་དུ་པཎ་ཆེན་བསོད་ནམས་རྣམ་རྒྱལ་ཡང་ཞབས་སེན་འཕོད། གཙྭ་མི་བསྐྱོད་རྡོ་རྗེས་སྣར་ཐང་ལུགས་ཀྱི་ཕྱག་བཞེས་གསོ་བར་མཛད་དེ་གཞན་སྟོང་དབུ་མ་ཆེན་པོ་དང་དཔལ་ལྡན་བཀའ་བརྒྱུད་པའི་ཕྱག་ཆེན་པའི་ཕྱག་བཞེས་མཉམ་མཐུན་གྱིས་རྣམ་ཐར་སྐྱོང་བར་མཛད། རྒྱལ་དབང་ལྔ་པའི་སྐུ་དུས་སུ་དགེ་བསྒྱུར་མཛད་པ་དང་ཆབས་ཅིག་ཀར་ལུགས་དང་མཚལ་མིན་པའི་ཕྱག་བཞེས་མཐུན་སྦྱོར་གྱི་ཐོག་བདག་སྐྱོང་གནང་བ་དང་། དུས་རིམ་ཅན་གྱིས་སྡེ་སྲིད་སངས་རྒྱས་དང་གློང་བརྗོལ་བླ་མ་རིན་པོ་ཆེའི་དྲུང་ཡིག་དམ་ཆོས་ཡར་འཕེལ། སྔགས་དུས་ཀྱི་བྱ་བྲལ་རྣལ་འབྱོར་ཆེན་མོ་ཏྲེ་ཧོར་སྐྱོར་དཔོན་རིན་པོ་ཆེ་དང་དགེ་བའི་བཤེས་གཉེན་ཆོས་འཕེལ་

① ངོ་ཚལ་ཞེས་པ་ནི་དོལ་དགའ་ལྡན་གསུང་རབ་གླིང་དགོན་ཆགས་སའི་ཁུལ་དེར་གོ དེང་ལྷོ་ཁ་གོང་དཀར་རྫོང་ཁྲིམ་བཞི་ཤང་གི་རྒྱུད་ལ་ཟེར་ཞེས་ཡེ་ཤེས་ངག་དབང་གིས་མཛད་པའི་གསུང་རབ་གླིང་དགོན་གྱི་རྟེན་གསུམ་དཀར་ཆག་སོགས་ཕྱོགས་སྒྲིག་བཞུགས་སོ་ཞེས་པར་གསལ།

ཞབས་སོགས་དགེ་ལྡན་པའི་མཁས་པ་སྲས་འདྲེན་གྲུབ་ཚད་རྣམས་བྱོན་ནས་སྟོན་པ་སྐུ་འཚོ་བཞུགས་ལྟར་གྱི་གནས་ཚོད་དང་མཚུངས་པའི་མཛད་པ་ལྟར་བཞེས་པས་བཅིངས་བཀྲོལ་གོང་རོལ་བར་སྔར་རྒྱུན་བཟང་པོ་མི་ཉམས་པར་གནས་མུས་ལགས། དེང་སང་དགེ་ལྡན་པ་གཙང་མའི་ཕྱག་བཞེས་དང་འདོན་ཆ་སོགས་ལ་གར་ལུགས་དང་རྫེ་མཚལ་མིན་པ་སོགས་པའི་ཆེ་བསྟོད་རེ་གཉིས་འདོན་པར་སྣང་ངོ། །

## གསུམ་པ། པཎ་ཆེན་བྱམས་པ་གླིང་པ་དང་ཁོང་གི་ལྷ་དགོངས་སྐོར།

པཎ་ཆེན་བྱམས་པ་གླིང་པ་ནི་སློབ་དཔོན་ཐོན་མིའི་གདུང་རྒྱུད་འཁྲུལ་མེད་ལས་མཆེད་པའི་སྡེ་པ་ཡར་རྒྱབ་པའི་མི་བརྒྱུད་ཡིན་པ་གང་ཞིག་དུས་རབས་བཅོ་ལྔ་པའི་ནང་གྲའི་ཡུལ་ན་འཁྲུངས་པའི་ཆོས་བརྒྱུད་རིས་མེད་ཀྱི་མཁས་པ་འགྲན་ཟླ་མེད་པ་ཞིག་དང་། མཁས་ཤིང་གྲུབ་པའི་དབང་ཕྱུག་བགྲང་ལས་འདས་པའི་ཆོས་སྒྲིན་གྱི་གནང་བ་ཐོབ་ཅིང་། གདམས་ངག་རྣམ་པར་དག་པའི་བརྒྱུད་པའི་སློབ་དཔོན་རྣམ་པའི་ཞལ་སྔ་ནས་མདོ་རྒྱུད་བཀའ་དགོངས་འགྲེལ་རྨ་མེད་པ་ལུང་རིགས་ཚད་མའི་ངོར་ལེགས་པར་གསན་བཞེས་དང་ཉམས་མྱོང་གི་རྟ་ཐོག་ནས་བསྟན་པའི་རྣམ་གཞག་གྲ་མ་འཛིང་པར་རང་རང་གི་ལུགས་གཏན་ལ་དབབ་ཤེས་པའི་ཆོས་ཀྱི་སྤྱན་མངའ་བའི་སྐྱེས་བུ་དམ་པ་ཞིག་ཡིན་པ་མ་ཟད། ཐོས་བསམ་སྒོམ་གསུམ་གྱི་སྒོ་ནས་རྒྱལ་བའི་བསྟན་པ་རིན་པོ་ཆེ་རྫང་ནས་གསོ་མཛད་ཀྱི་བླ་མ་དགེ་བའི་བཤེས་གཉེན་ལྷག་བསམ་གྱི་ཁུར་བཞེས་པའི་བསྟན་པའི་མངའ་བདག་ཅིག་ཀྱང་ཡིན་ནོ། །པཎ་ཆེན་གང་དེ་དབང་ལུང་ཁྲིད་གསུམ་གྱིས་རྒྱུད་སྨིན་ཅིང་། དུས་དང་རྣམ་པ་ཀུན་ཏུ་སྐྱེ་འགྲོའི་དོན་གཉིས་པོ་ནའི་སླད་དུ་ཉིན་མཚན་ཐུན་དྲུག་སྒོ་གསུམ་གྱི་མཛད་སྤྱོད་དང་ཡ་མི་བྲལ་བར་འདའ་བར་མཛད་པའི་བྱང་སེམས་ཆེན་པོ་འདི་ནི་གྲའི་མདའ་གཙོ་བོ་གྲོང་ཞེས་པར་ཡབ་རྒྱལ་བ་ཡར

རྒྱབ་པའི་དཔོན་ཆེན་དྲུང་ཆེན་ཚུལ་ཁྲིམས་རྒྱལ་མཚན་དང་ཡུམ་བཙུན་མོ་དམ་པ་འཛོམ་པ་ཞེས་བྱ་བ་ལ་སྲས་གཉིས་བྱོན་པ་ལས་གྲྭ་བྱམས་གླིང་དགོན་ཕྱུག་འདེབས་པ་པོ་དང་གྲྭ་ཐང་ཞིག་གསོ་མཛད་པ་པོ་ལྷུན་གྲུབ་བཀྲ་ཤིས་ཀྱི་སྐུའི་གཅུང་པོར་འཁྲུངས། ཆུང་དུས་ཀྱི་མཚན་ལ་རྒྱལ་སྐར་ཞེས་བྱ། མཚན་དེ་ལྟར་འདོགས་པ་ལ་རྒྱུ་མཚན་ཁུངས་དག་ཡོད་དེ། ཐམས་ཅད་མཁྱེན་པ་བྱམས་པ་གླིང་པའི་རྣམ་པར་ཐར་པའི་ངོ་མཚར་གྱི་ཕྲེང་བར། "ཡུམ་གྱི་ལྷུམས་སུ་བཞུགས་དུས་སུ་ཡུམ་གྱི་མནལ་དང་། འཁྲུངས་པ་ཡང་རྒྱལ་སྐར་ཤར་དུས་འཁྲུངས་པ་ལས། མཚན་ཡང་རྒྱལ་སྐར་ཞེས་བྱ་བ་བཏགས་སོ། །"[①]ཞེས་གསུངས་པའི་ཕྱིར། ཐམས་ཅད་མཁྱེན་པ་འདི་ནི་བོད་སྟོན་རིས་སུ་མ་ཆད་པའི་སློབ་དཔོན་ཆེན་མོ་དག་ལས་དབང་ལུང་ཁྲིད་གསུམ་གྱིས་ཟིན་པའི་མཁས་པ་ཞིག་སྟེ། སྔ་རྗེས་སུ་མཁན་ཆེན་བསོད་ནམས་དཔལ་རིན་དང་ཁུ་བོ་ནང་སོ་ཆེན་པོ་དྲུང་བཞི་འཛོམ་མམ་དཔོན་བཞི་འཛོམ་དུ་གྲགས་པས་ཐུགས་བརྩེ་བས་ལེགས་པར་བསྐྱངས་ནས་ཡིག་རྩ་འབྲི་ཀློག་གི་སྦྱོར་བཙུད། གཀྲ་དེ་བཞིན་གཤེགས་པའི་སྐུ་མདུན་ནས་མ་ཏི་ཡིག་དྲུག་གི་སྒོམ་བཟླས་གསན་པ་དང་། བླ་མ་ཆེན་པོ་ཤཱཀྱ་དཔལ་བ་ལས་དབང་དང་རྗེས་གནང་མང་དུ་ཉམས་བཞེས་མཛད། གཉགས་དཔོན་བསོད་ནམས་བཟང་པོའི་སྐུ་མདུན་ནས་རབ་བྱུང་གི་སྡོམ་པ་མནོས་ཏེ་མཚན་བསོད་ནམས་རྣམ་པར་རྒྱལ་བར་གསོལ། བླ་མ་གཉགས་ཀྱི་ཞལ་སྔ་ནས་དཔལ་དུས་ཀྱི་འཁོར་ལོའི་ཆོས་ཚན་ཕལ་ཆེ་བ་དང་པ་དག་སྣང་གི་སྐོ་ནས་ལེགས་པར་གསན་ལ། རྩེད་ཐང་[②]ཆོས་གྲྭར་ཚད་མ་རྣམ་འགྲེལ་དང་ཕར་ཕྱིན་གཞུང་ཆེན་པོ་རྣམས་ལ་ཐོས་བསམ་ལེགས་པར་མཛད་པ་དང་། ནཱ་རོ་

① མཁས་དབང་བྱང་ཆུབ་དགེ་ལེགས། ཐམས་ཅད་མཁྱེན་པ་བྱམས་པ་གླིང་པ་ཆེན་པོའི་རྣམ་པར་ཐར་པའི་ངོ་མཚར་གྱི་ཕྲེང་བ་ཞེས་བྱ་བ་བཞུགས་སོ། །གྲྭ་ནང་བྱམས་པ་གླིང་དགོན་ནས་བསྒྲིགས། ཤ 10

② རྩེད་ཐང་ཞེས་པ་ལ་སྐབས་འགར་རྩེད་དང་ཞེས་ཀྱང་བྱུང་།

ཆོས་དྲུག་དང་རྩ་ཤེ། དྲང་ངེས་རྣམ་འབྱེད་སོགས་ལ་བརྟེན་པ་ལྷུར་བཞེས་ནས་རོང་སྟོན་ཆེན་པོ་ལས་དབུ་མ་རྩ་འཇུག་བཞི་གསུམ་དང་བྱམས་པའི་ཆོས་སྐོར། གསང་འདུས། སྒྲ་ཚད་སོགས་པའི་མདོ་རྒྱུད་རིན་པོ་ཆེའི་གཞུང་ཆེན་མོ་རྣམས་ལ་སྒྲོ་འདོགས་ཆོད་པར་གསན་ལ། དཔལ་གསང་ཕུ་ནེའུ་ཐོག་དང་ཟུལ་ཕུ། སྐྱོར་མོ་ལུང་སོགས་སུ་གྲྭ་སྐོར[1]མཛད་པས་མཁས་པའི་སྙན་པ་རྒྱས། དེ་ཡང་རྣམ་ཐར་ལས། "ཁྱད་པར་མང་དུ་ཐོས་ཤིང་བློ་གསལ་བ། །ཚིག་དང་དོན་ལ་ལེགས་པར་སྦྱངས་པ་ཡི། །མཁས་པ་མཐའ་དག་དགའ་མགུ་རངས་པ་དང་། །ངོ་མཚར་ལྷད་མོའི་སྣང་བ་ཅི་ཡང་བྱུང་། །"[2]ཞེས་བཤད་པས་དེ་ལྟ་བུའི་ཆོས་འཁོར་གྱི་མཛད་པ་བཞེས་པ་ཁོ་བོ་ཅག་གི་རྨི་ལམ་དུའང་འཁོར་དཀའ་བའི་གནས་སུ་སོང་། དེ་རྗེས་དམ་ཆོས་རིན་པོའི་ཆེའི་རྩ་བ་འདུལ་བསྟན་ལ་མོས་ཏེ་རྒྱལ་ཚབ་རྗེའི་སྐུ་མདུན་ནས་འདུལ་བ་དང་ཚད་མ་རྣམ་འགྲེལ་རྣམ་ངེས། རྒྱུད་བླ་མ་དང་དབུ་མའི་ཆོས་ཚན། བྱང་ཆུབ་ལམ་གྱི་རིམ་པ་སོགས་པའི་གསུང་གི་བཅུད་སྦྱོང་བ་དང་། བོ་དོང་ཕྱོགས་ལས་རྣམ་རྒྱལ་གྱི་ཞབས་སེན་སྤྱི་བོར་བསྟེན་ཏེ་རྒྱུད་སྡེ་སོགས་ཐུན་མིན་རིག་གནས་དང་ཐུན་མོང་རིག་གནས་ཀྱི་གསུང་གི་གནང་བ་ཐོབ་ནས་མཁས་པ་གང་དེའི་བཀའ་བབས་ཀྱི་སློབ་མར་གྱུར་སྐོར་བོ་དོང་པཎ་ཆེན་འཇིགས་མེད་གྲགས་པའི་རྣམ་ཐར་ངོ་མཚར་ཕྲེང་བར། "འཆད་པའི་བཀའ་བབ་སྨྲར་ཁམས་པ་གྲགས་པ་བཟང་པོ། རྩོད་པའི་བཀའ་བབ་ཤེལ་དཀར་བ་ཐུགས་རྗེ་དཔལ། རྩོམ་པའི་བཀའ་བབ་རྩེད་

---

① གྲྭ་སྐོར་ཞེས་པ་ནི་ཆ་ཧར་དགེ་བཤེས་ཀྱི་མཛད་པའི་རྗེ་ཙོང་ཁ་པའི་རྣམ་ཐར་ཆེན་མོར། དེ་ཡང་གྲྭ་སྐོར་ཞེས་པ་ནི་འདུས་སྡེའི་བླ་མ་དག་ལ་ཞུས་ནས། བླ་མ་རྣམས་ཀྱིས་གཙོས་པའི་འདུས་སྡེ་འཚོགས་པའི་ནང་དུ་བསྡད་ནས། དགོན་པ་དེའི་མཁས་པ་རྣམས་ཀྱིས་རིམ་བཞིན་རིགས་ལམ་གཏོང་བ་ལ་གང་དྲིས་པའི་དོན་ཕྱི་སྟེ་ལན་འདེབས་པ་ཡིན། ཞེས་གསུངས་པ་ལ་ཐུགས་མང་དོ། །

② མཁས་དབང་བྱང་ཆུབ་དགེ་ལེགས། ཐམས་ཅད་མཁྱེན་པ་བྱམས་པ་གླིང་པ་ཆེན་པོའི་རྣམ་པར་ཐར་པའི་ངོ་མཚར་གྱི་ཕྲེང་བ་ཞེས་བྱ་བ་བཞུགས་སོ། །གྲྭ་ནང་བྱམས་པ་གླིང་དགོན་ནས་བསྒྲིགས། ཤ 28

ཐང་པ་[1]ཡར་དཔོན་[2]བསོད་ནམས་རྣམ་རྒྱལ།”[3]ཞེས་བྱུང་བས་པཎ་ཆེན་བྱམས་པ་གླིང་པ་ནི་མཁས་པ་ཆེན་པོ་བོ་དོང་པའི་འཆད་རྩོད་རྩོམ་གསུམ་གྱི་བཀའ་བབ་ཀྱི་ཡ་གྱལ་སློབ་བུར་སོང་བའི་ཕྱིར་ན་སྐབས་དེ་ཤེད་ཀྱི་མཁས་པ་རྣམས་ཀྱི་གཙུག་རྒྱན་ལྟ་བུར་ཟད་དོ། །པཎ་ཆེན་བྱམས་པ་གླིང་འདི་ཉིད་རྒྱལ་ཚབ་རྗེའི་དངོས་སློབ་ཏུ་སོང་བས་དགེ་ལུགས་པའི་རིང་ལུགས་པར་བཤད་ལ། ཁ་ཅིག་གིས་བཀའ་བརྒྱུད་པའི་རྟོགས་ལྡན་པར་བཤད། ཡང་ནི་ཆོས་བརྒྱུད་རིས་མེད་པའི་མཁས་པར་བཤད་པའི་ལུགས་མང་དུ་སྣང་། དེང་སང་མཇལ་དུ་ཡོད་པའི་རྗེ་འདི་པའི་རང་གཞུང་ཁག་ལ་བལྟོས་ན་དུས་ཀྱི་འཁོར་ལོ་གཙོས་པའི་རྒྱུད་སྡེ་རྣམས་ཀྱི་བཤད་པ་ལ་མཁས་པ་ཞིག་ཡིན་པའི་ཕྱིར། ཆོས་བརྒྱུད་གང་ལ་མོས་མིན་དཔྱད་པ་དཀའ་བའི་གནས་སུ་སོང་། འདིར་དགེ་ལུགས་པའི་ཕྱག་བཞེས་གནང་མཁན་གྱི་མཁས་པར་འདོད་དེ། རང་གཞུང་ཐབས་ལམ་ན་རོ་ཆོས་ཀྱི་ཡིག་ཆུང་བཞུགས་སོ་ཞེས་པར་དགེ་ལྡན་པའི་ཕྱག་ཆེན་གྱི་བརྒྱུད་པའི་གསོལ་འདེབས་མཛད་པའི་ཕྱིར། གཞན་དུ། པཎ་ཆེན་བྱམས་པ་གླིང་པ་འདི་ཉིད་བཀའ་བརྒྱུད་པར་སྨྲ་དོན་ནི་མཁས་པ་གང་དེའི་སྐུ་དུས་ཀྱི་ཡས་མས་སུ་བྱོན་པའི་བྱམས་པ་གླིང་དགོན་གྱི་མཁན་པོ་རྣམས་དཔལ་ལྡན་བཀའ་བརྒྱུད་པའི་ཕྱག་བཞེས་འཁྲུལ་མེད་མཛད་མཁན་ཤས་ཆེར་སོང་ཞིང་། ཆོས་གྲྭ་ཆེན་པོ་རྩེད་ཐང་སོགས་པའི་ལྷོ་རྒྱུད་ཀྱི་གནས་གཞི་ཕལ་ཆེ་བ་བཀའ་བརྒྱུད་པའི་གདན་ས་ཡིན་པ་སོགས་ཤེས་བྱེད་དུ་བྱ་བའི་ཆ་ནས་སོ། །ཆོས་བརྒྱུད་རིས་མེད་དུ་

① པཎ་ཆེན་བྱམས་པ་གླིང་པ་འདི་ཉིད་རྩེད་ཐང་ཆོས་གྲྭར་སློབ་གཉེར་མཛད་ནས་མཁས་པར་གྱུར་པས་རྩེད་ཐང་པ་ཞེས་བརྗོད།

② པཎ་ཆེན་བྱམས་པ་གླིང་པ་ནི་ཡར་རྒྱབ་དཔོན་ཆེན་གྱི་དཔོན་པོ་ཡིན་པས་ཡར་དཔོན་ཞེས་པའི་མཚན་གསོལ།

③ བོ་དོང་པཎ་ཆེན་འཇིགས་མེད་གྲགས་པའི་རྣམ་ཐར་ངོ་མཚར་གྱི་ཕྲེང་བ་ཞེས་བྱ་བ་བཞུགས་སོ། །བོད་ལྗོངས་བོད་ཡིག་དཔེ་རྙིང་དཔེ་སྐྲུན་ཁང་། 2016ཤ 196

བཤད་པའི་གནས་ནི་པཎ་ཆེན་འདིས་ཆོས་བརྒྱུད་རིས་མེད་པའི་མཁས་པ་རྣམས་ཀྱི་ཕྱག་བཞེས་ཀུན་ལ་དག་སྣང་མཛད་ནས་ཐོས་བསམ་སྒོམ་གྱི་ལམ་ལ་བཀོད་པའི་དབང་གིས་སོ། །པཎ་ཆེན་འདིའི་མཛད་པ་གཙོ་བོ་བསྐྱངས་སའི་གནས་ནི་གྲྭ་དོལ་གཞུང་གསུམ་གྱི་ཡུལ་ཁོ་ནར་འདུག་སྟེ། གྲྭ་ནང་ལྷོ་བར་བྱས་པའི་མོན་མཁར་རྣམ་སྲས་གླིང་དང་། དོལ་གྱི་མཚལ་མིན་དང་། ལྷུན་གྲུབ་སྒང་། ཛས་པོ་ཐོངས་སུ་བསྟན་པའི་ཁྲུར་བཞེས་པ་དང་། གཞུང་མདའ་བྱེ་རྫིང་ཚོགས་པ་དང་། སྲེའུ་ཞིང་། གྲོན་པ་རི་རྫོང་།① གཞུང་ཐར་པ་གླིང་②སོགས་སུ་རྒྱལ་བའི་གསུང་རབ་རིན་པོ་ཆེའི་སླད་དུ་འགྲོ་དོན་བསྐྱངས་པ་རྣམ་ཐར་དུ་གསལ་བས་ཞིབ་ཆ་སྐུའི་རྣམ་ཐར་ལ་སྤྱན་གཡོལ་ཙམ་གནང་འཚལ།

པཎ་ཆེན་བྱམས་པ་གླིང་པ་ནི་སྤྱིར་ན་ཆོས་བརྒྱུད་རིས་མེད་པའི་ཕྱག་བཞེས་མཛད་པོར་བཤད་ཀྱང་། འདིར་རྒྱལ་ཚབ་རྗེའི་དངོས་སློབ་ཡིན་པའི་ཕྱིར་ན་དགེ་ལུགས་པའི་མཁས་པ་ཡིན་པར་འདོད། འོ་ན་མཁས་པ་གང་དེས་ལྟ་བ་གང་བཞེད་

① གྲོན་པ་རི་རྫོང་ནི་སྔར་གྱི་རྫོང་རྙིང་པ་ཞིག་སྟེ། གཞུང་གི་ཡུལ་ཚན་རྒྱ་དྲུག་གླིང་དང་འོ་རགས་ཀྱི་བར་ན་ཆགས་པའི་གྲོན་པ་རི་ཟུར་ཞེས་པའི་རི་སྟེང་དུ་གནས་ཡོད། དེང་སང་ས་ཤུལ་རྗེ་ཤུལ་ཙམ་ཡང་མེད། སྔ་ཁ་གྲོང་ཁྱེར་གོང་དཀར་རྫོང་རྒྱ་དྲུག་གླིང་གྲོང་བརྡལ་གནས་ཡུལ་ནས་མར་ལམ་གོང་དཀར་རྫོང་ཐོག་ཏུ་བསྐྱོད་པའི་ལམ་ཐག་སྤྱི་ལེ་གཅིག་ཙམ་གྱི་ས་ན་གནས། རླངས་ཀྱི་ཕུ་ཧྲི་བསེ་ཙུ་ཀྲུས་པའི་ལྕགས་དཔར་ཤོག་ངོས་229ནང་། གྲོན་པ་རི་དང་ལྕགས་ཁ་རི་འཛིན་པར་འདུག་ཟེར་བས། ལྕགས་ཁ་རི་རང་རེས་བཟུང་བ་དེ་ཡིན། ཞེས་གསལ། དེང་སང་རི་དེ་ཉིད་གནམ་ཐང་གི་འཛུགས་སྐྲུན་འོག་ཏུ་སོང་སྐབས་ས་ཤུལ་རྗེ་ཤུལ་དང་བཅས་པ་གནས་གཞན་དུ་སྤོས་ནས་མེད་པར་གྱུར་ཟིན།

② གཞུང་ཐར་པ་གླིང་ནི་རྟོག་སློབ་བརྒྱུད་ཀྱི་གདན་ས་བདུན་དུ་གྲགས་པའི་ཡ་གྱལ་ཞིག་སྟེ། སྔ་དུས་རྫོག་པ་བཀའ་བརྒྱུད་པའི་གདན་ས་གྲགས་ཆེ་བ་ཞིག་དང་དཔལ་ལྡན་བདུད་གསོལ་ལྷ་མོའི་ལྷ་ཁང་བྱིན་ཅན་བཞུགས་པའི་གནས་གཞི་ཞིག་ཡིན་མོད། དུས་ཕྱིས་ཉམས་ཆག་ཏུ་སོང་ནས་ལྷ་མོ་ཁང་མ་གཏོགས་གཞི་ཁྲོན་དེ་ཙམ་མེད་པར་གྱུར། དེང་སང་གོང་དཀར་ཆོས་སྡེའི་གཞི་དགོན་དུ་བཙུད་དེ་ས་ལུགས་པའི་ཕྱག་བཞེས་མཛད་པ་དང་། བར་སྐབས་གྲྭ་རྒྱུན་སྟོངས་ནས་གྲོང་གིས་བདག་གཉེར་བྱེད་པའི་གནས་སུ་གྱུར། ཕྱིས་སྒྲིག་ལ་མི་ཚད་པའི་བཙུན་མ་གཉིས་བཞུགས་སུ་གསོལ་ནས་བདག་སྐྱོང་ལེགས་པར་གནང་མུས་ལགས།

དམ་ཞེ་ན། དབུ་མ་ཐལ་འགྱུར་བའི་དགོངས་པ་དབྱངས་གཅིག་དང་མགྲིན་གཅིག་ཏུ་ཕྱུག་བཞེས་གནང་བར་སྣམ། རྣམ་ཐར་ལས། "དབུ་མ་རྩ་འཇུག་བཞི་གསུམ་ཡང་བྱང་ཆུབ་པར་མཛད་དེ། རིགས་ཚོགས་ལྷག་མ་བཞི་དང་། ཆོས་དབྱིངས་བསྟོད་པ། ཡེ་ཤེས་སྙིང་པོ་ཀུན་ལས་བཏུས་པ། རྒྱན། བདེན་གཉིས། འགྲེལ་པ་ཚིག་གསལ། འཇུག་པའི་རང་འགྲེལ། རིན་ཆེན་ཕྲེང་བ། བཤེས་སྤྲིངས། ཇོ་ཇེ་འབར་བ་རྩ་འགྲེལ། ཀ་མ་ལ་ཤཱི་ལས་མཛད་པའི་དབུ་མ་སྣང་བ། སྒོམ་རིམ་གསུམ་སོགས་ལའང་མཁས་པར་གྱུར།"[①]ཅེས་གསུངས་པས་ཇེ་འདི་པ་དབུ་མའི་བསྟན་བཅོས་ཆེན་མོ་རྣམས་ལ་གོམས་འདྲིས་ཆེ་ལ། གཞུང་ཤིང་དག་པ། ཤེར་ཕྱིན་མདོན་རྟོགས་རྒྱན་གྱི་སྦས་དོན་གྱི་དགོངས་པའི་སྙིང་པོ་རྟོགས་པའི་པཎྜི་ཏ་ཆེན་པོའི་གོ་སར་བསླེགས་པའི་དབུ་མ་ཆེན་པོའི་སློབ་དཔོན་དུ་གྱུར་པའོ། །པཎ་ཆེན་བསོད་ནམས་རྣམ་རྒྱལ་ནི་རང་སྟོང་གཞན་སྟོང་གཉིས་སུ་ཕྱེ་བའི་རང་སྟོང་བའི་སློབ་དཔོན་དུ་སོང་སྟེ། རྣམ་ཐར་དུ། "འཚལ་[②]མིན་རིན་པོ་ཆེ་[③]དང་རང་སྟོང་གཞན་སྟོང་ལ་རྩོད་པ་མཛད་པས་རྒྱལ་བ་བྱུང་།"[④]ཞེས་གསལ་བ་མ་ཟད། སྟོང་ཉིད་མདོན་སུམ་དུ་གཟིགས་པའི་གང་ཟག་ཁྱད་པར་ཅན་དང་ལྟ་བ་བདེ་སྟོང་ཟུང་འཇུག་ལ་བྱ་ཚུལ་དམ་པ་གང་དེའི་རྣམ་ཐར་དུ་བཤད་དེ། "རྣམ་པ་ཐམས་ཅད་ཀྱི་མཆོག་དང་སྟོང་པ་ཉིད་སྣང་བརྟན་མཐའ་དག་གསལ་བར་གཟིགས་པ་དང་། ཕྱི་ནང་

① མཁས་དབང་བྱང་ཆུབ་དགེ་ལེགས། ཐམས་ཅད་མཁྱེན་པ་བྱམས་པ་གླིང་པ་ཆེན་པོའི་རྣམ་པར་ཐར་བའི་ངོ་མཚར་གྱི་ཕྲེང་བ་ཞེས་བྱ་བ་བཞུགས་སོ། །ཁྲ་ནང་བྱམས་པ་གླིང་དགོན་ནས་བསྒྲིགས། ཤ 159

② འཚལ་ཞེས་པ་འདི་དག་པ་རྣམས་སུ་ཚལ་དང་མཚལ་ཅི་རིགས་བྲི་བར་སྣང་།

③ འཚལ་མིན་རིན་པོ་ཆེ་ནི་གཉགས་ཕུ་བསོད་ནམས་བཟང་པོར་གོ་བླ་མ་འདི་པ་ནི་ཇོ་ནང་མཚལ་མིན་པའི་རྩ་བའི་སློབ་དཔོན་དང་ལྟ་བ་གཞན་སྟོང་དབུ་མ་ཆེན་པོ་བཞེད་དོ། །

④ མཁས་དབང་བྱང་ཆུབ་དགེ་ལེགས། ཐམས་ཅད་མཁྱེན་པ་བྱམས་པ་གླིང་པ་ཆེན་པོའི་རྣམ་པར་ཐར་བའི་ངོ་མཚར་གྱི་ཕྲེང་བ་ཞེས་བྱ་བ་བཞུགས་སོ། །ཁྲ་ནང་བྱམས་པ་གླིང་དགོན་ནས་བསྒྲིགས། ཤ 165

གཞན་གསུམ་གྱི་བསྡུས་པའི་ཆོས་ཐམས་ཅད་ཀྱི་དེ་ཁོ་ན་ཉིད་ཐུགས་ལ་ཆུད་ཅིང་། སྟོང་པ་དང་བདེ་བ་ཆེན་པོ་ཟུང་དུ་འཇུག་པ་ཅོག་ཏུ་མི་འགྱུར་བའི་བདེ་བ་ཆེན་པོ་ལ་མངའ་བརྙེས་པ་ཉིད་ཡིན་པར་གདོན་མི་ཟ།”[1]ཞེས་གསུངས་པ་ཕྱིར། དོན་དུ་པཎ་ཆེན་བྱམས་པ་གླིང་པས་གང་ཉིད་ལྟ་བ་དབུ་མ་ཆེན་པོར་གནས་པ་དོན་གྱིས་ཞལ་བཞེས་པའི་གསུང་ཡིན་ཚོད་དུ་སྣང་། ཞིབ་པ་རང་གཞུང་ལ་གཟིགས་ན་ངེས་ཤེས་ལེགས་པར་ཡོང་ངེས་སོ། དེང་སང་མཁས་པ་གང་དེའི་གསུང་འབུམ་ཆོས་ཚན་བཅུ་ཙམ་འདུས་པའི་པོད་གཅིག་ལས་མཇལ་དུ་མེད་ལ། དེ་ཁྲིད་ཕལ་ཆེ་བ་ནི་དུས་ཀྱི་འཁོར་ལོའི་བཞེད་གཞུང་དང་རྒྱུད་སྡེ་རིན་པོ་ཆེའི་མཆན་འགྲེལ། བསྐང་འཕྲིན་དང་ཡི་དམ་སྒྲུབ་སྐོར་སོགས་འདུག་པས། ལྟ་བའི་སྐོར་གྱི་གསུང་ནི་མཇལ་བའི་བསྐལ་བ་དབེན་ཡང་། རྣལ་འབྱོར་ཡན་ལག་དྲུག་པ་ལས་རྗེས་སུ་བསྟན་པའི་ཡན་ལག་བྱེ་བྲག་རྒྱུ་བཤད་པའི་ཡི་གེ་ཞིབ་མོར་ལྟ་བའི་སྐོར་གྱི་གསུང་སྒྲོས་གསལ་ཏེ། “གསུམ་པ་མཐའ་བྲལ་དབུ་མ་ཆེན་པོའི་རྣལ་འབྱོར་ནི། དེ་ལྟར་རྟག་ཆད་ཀྱི་མཐའ་དང་བྲལ་བའི་དབུ་མ་ཞེས་བྱ་སྟེ། དབུ་མའི་ལམ་ཞེས་བྱ་བ་ནི་རྟག་ཆད་ཀྱི་མཐའ་གཉིས་སྤངས་པའི་མཚན་ཉིད་ཅན་ཡིན་པའི་ཕྱིར། རྟག་ཆད་སྤངས་ཙམ་ནི་ཐུན་མོང་གི་དབུ་མའི་ལམ་ལ་ཡོད་མོད། དེ་ལ་འདིར་ཁྱད་པར་དུ་གྱུར་པ་ཡོད་དེ། འདི་ནི་གཞི་ནས་སྙིང་རྗེ་དང་གཉིས་མེད་ཀྱི་ཟུང་འཇུག་གི་སྒོ་ནས་རྟག་ཆད་སྤངས་པའི་དབུ་མ་ཡིན་པའི་ཕྱིར།”[2]ཞེས་དང་། “གཉིས་པ་ཟུང་འཇུག་མཐའ་བྲལ་བའི་ཚུལ་ཞེས་བྱ་བ་ནི། འདིའི་སྟོང་ཉིད་འདི་རྣམ་པར་རྟོག་པས་ཡོངས་སུ་བརྟགས་པ་དང་རྣམ་པར་དཔྱད་པ་ཆད་པའི་སྟོང་ཉིད་ལས་ཁྱད་

① མཁས་དབང་བྱང་ཆུབ་དགེ་ལེགས། ཐམས་ཅད་མཁྱེན་པ་བྱམས་པ་གླིང་པ་ཆེན་པོའི་རྣམ་པར་ཐར་པའི་ངོ་མཚར་གྱི་ཕྲེང་བ་ཞེས་བྱ་བ་བཞུགས་སོ། །གྲྭ་ནང་བྱམས་པ་གླིང་དགོན་ནས་བསྒྲིགས། ཤ 166–167

② པཎ་ཆེན་བསོད་ནམས་རྣམ་རྒྱལ། བྱམས་པ་གླིང་པའི་གསུང་འབུམ། ཁྲིས་མ། ཤ 1164–1165

པར་དུ་གྱུར་པ་སྟེ། དོན་ལ་སྙིང་རྗེ་དང་ཟུང་འཇུག་གི་སྟོང་པ་ཉིད་ཡིན་པས་དེ་དག་གི་སྟོང་པས་རྟག་མཐའ་དང་། སྙིང་རྗེས་ཆད་མཐའ་སྤོང་བས་རྟག་ཆད་ཀྱི་མཐའ་བྲལ་ཞེས་ཏེ།”①ཞེས་པའི་གསུང་རིས་ཀྱི་བབ་ལ་བསྟུན་ན་པཎ་ཆེན་འདི་ཉིད་ནི་དབུ་མ་ཐལ་འགྱུར་བའི་ལྟ་བ་རྒྱུད་ལ་འཁྲུངས་པའི་སྒྲུབ་རྒྱུད་བསྟན་པའི་རྒྱལ་མཚན་འཛིན་པའི་མཁས་པ་ཚད་ཐུབ་ཅིག་ཡིན་པ་སླ་བར་སྤྱོབས་སོ། །

## བཞི་པ། ཡིག་ཆ་ལས་འཐྲོས་པའི་ལྟ་བའི་སྐོར།

རི་བོ་དགེ་ལྡན་པའི་བསྟན་པ་འདི་ནི་བོད་ཀྱི་ཆོས་བརྒྱུད་རྣམས་ལས་དུས་ཕྱི་ཤོས་སུ་དར་བས། སྔར་གྱི་ཆོས་བརྒྱུད་རྣམ་དག་བསྟན་པའི་སྲོག་ཤིང་མ་ཉམས་པ་དག་གི་ལེགས་ཆ་དང་རྗེ་བཙུན་འཇམ་དཔལ་དབྱངས་ཀྱི་མན་ངག་གིས་ལེགས་པར་བརྒྱན་པ་ཞིག་ཡིན་ཏེ། ཆོས་བརྒྱུད་འདི་པའི་ཤིང་རྟའི་སྲོལ་འབྱེད་འཇམ་མགོན་བླ་མ་ཙོང་ཁ་པ་ཆེན་པོའི་སྐབས་བོད་ཀྱི་མཁས་པ་ཆེན་པོ་ཡོད་དོ་ཅོག་གི་ཞལ་སྔ་ནས་གདམས་པ་དྲི་མ་མེད་པ་རྟག་གུས་ཀྱི་བསྟེན་པར་བགྱིན་ནས་བལ་པ་ཇ་བཞིན་པའི་ངང་ཚུལ་མིན་པར་བསྟན་པའི་ཆ་ལག་ལེ་ལག་སོགས་གསུང་ཕྱིན་ཅན་གྱི་གནང་བ་མི་དོར་ཞིང་། གཞུང་ཤིང་མ་ཉམས་པར་བློ་ཕྲ་མོའི་ངོར་ཇི་ཙམ་དཔྱད་ཀྱང་མི་ངོམས་པའི་བརྟུལ་ཞུགས་འཛིན་ཏེ་བསྟན་པ་ཐམས་ཅད་གྲུ་བཞི་ལམ་དུ་འཁྱེར་ཤེས་པའི་རྣམ་ཐར་གཙང་མ་བསྐྱངས་ལ། བཀའ་གདམས་གོང་མ་རྣམས་ཀྱི་གཞུང་གི་ཕོག་དབུབས་དང་མཐུན་ཞིང་། མདོ་སྔགས་ཟུང་དུ་འབྲེལ་བའི་དམ་ཆོས་རིན་པོ་ཆེའི་དགོངས་དོན་ལྷུག་པོར་དགྲོལ་མཛད་ཀྱི་གཞུང་ཡོངས་གྲགས་མ་པོ་ཏི་བཅོ་བརྒྱད་རྒྱལ་བའི་ཆོས་སྐོར་ཞུགས་པའི་ལག་རྗེས་སུ་རྗོམ་པ་མཛད་པས་ན་རི་བོ་དགེ་ལུགས་པ་ཞེས་པའི་ཕྱིན་ནྲབས་ཉེ་རིང་གཉིས་བརྒྱུད་པའི་

① པཎ་ཆེན་བསོད་ནམས་རྣམ་རྒྱལ། བྱམས་པ་གླིང་པའི་གསུང་འབུམ། ཁྲིས་མ། ཤ 1164

ཆོས་ལུགས་བཟང་པོའི་སྲོལ་བཙུགས། དེ་ལ་དགེ་ལྡན་པ་རྣམས་ལ་དུས་ཕྱིས་ནི་པཎ་གྲུབ་གསེར་རིའི་ཕྲེང་བའི་ཚོགས་ལྟར་ཕྱོན་བཞེས་པའི་གསུང་རྩོམ་ལ་གྲངས་དུ་ཙམ་ཡོད་ཅེས་སོ་སོ་སྐྱེ་བོའི་བློས་དཔོག་པར་དཀའ་བའི་གནས་སུ་གྱུར་མོད། དེ་དག་འདུ་ན་གདན་ས་ཆེ་ཁག་གི་ཡིག་ཆའི་བདག་པོ་རྣམས་ཀྱི་གསུང་ཕྱིན་ཅན་ལེགས་བཤད་ཉི་མའི་འོད་ཟེར་ཤ་སྟག་ཏུ་འདུས་ལ། ཡིག་ཆ་དེ་དག་གི་སྙིང་པོ་ཡང་རྗེ་ཡབ་སྲས་གསུམ་གྱི་གསུང་རབ་མར་ཁུ་འདྲ་བ་རྣམས་ལ་གཏུགས་པ་དང་། ཇོ་རྗེའི་ཚིག་འདི་དག་ཀྱང་རྗེ་བླ་མའི་གསུང་གི་གཞི་ཕྱིན་ལས་བྱུང་བ་ཡིན་པ་དགེ་ལྡན་པ་ཀུན་ཞལ་འཆམ། རྒྱ་གར་པཎ་གྲུབ་ཀྱི་གསུང་གི་དོ་ཟླར་གྱུར་པའི་རྗེ་རིན་པོ་ཆེའི་གསུང་ངག་ཕྱིན་ཅན་གསེར་གྱི་ཐིགས་པ་འདྲ་བ་རྣམས་ཀྱི་ནང་ནས་ལྟ་བའི་སྐོར་ལ་རྗེའི་ལེགས་བཤད་ཆེན་པོ་ལྟར་བཤད་པ་དག་གོ །འདི་རྣམས་ལ་དགེ་ལྡན་པ་སྔ་ཕྱི་བར་གསུམ་གྱིས་གཙོགས་སུ་མཛད་ནས་ཐོས་བསམ་སྒོམ་གསུམ་གྱི་གནད་དྲིལ་བར་བྱེད་དོ། །

སྤྱིར་ན་རི་བོ་དགེ་ལུགས་པའི་རང་གཞུང་གྲགས་ཆེ་བ་རྣམས་ལ་རྗེའི་ལྟ་བའི་ལེགས་བཤད་ཆེན་པོ་ལྟ་ཕུད་པའི་སྲས་རྣམ་གཉིས་ཀྱི་ལྟ་བའི་སྐོར་གྱི་གསུང་རྣམས་དང་གདན་ས་ཆེན་པོ་དཔལ་ལྡན་འབྲས་སྤུངས་ན་སྒོ་མང་ཡིག་ཆ་གསར་རྙིང་། བློ་གསལ་གླིང་གི་ཡིག་ཆ་གསར་རྙིང་། སེ་ར་རྗེ་བཙུན་གྱི་ཡིག་ཆ་རྣམས་གཙོ་བོར་འདུག་ལ། དུས་ཕྱིས་ནི་ཡིག་ཆ་རྣམས་ཀྱི་ནང་ནས་གཙོ་ཆེ་བ་རྗེ་སྒོ་བློ་གསུམ་གྱི་ཡིག་ཆར་ཕྱུག་ལེན་གནང་སྲོལ་མཆིས། ཡིག་ཆ་དེ་རྣམས་ཀྱི་གསུང་ཟིན་མི་མཐུན་པ་དང་། ཡིག་ཆའི་ཟིན་མཚམས་མི་འདྲ་བ་སོགས་རེ་གཉིས་ཡོད་པ་མ་གཏོགས་གཞི་རྗེའི་ལྟ་བའི་ལེགས་བཤད་ཆེན་པོ་ལྟར་གྲགས་པ་རྣམས་ལ་འཇུག་པའི་གཞུང་ཆེན་མོའི་བབས་སྟེགས་སུ་སོང་བ་མ་ཟད། རྗེ་ཙོང་ཁ་པའི་ཐུན་མོང་མ་ཡིན་པའི་

གསུང་གི་ཁྱད་ཆོས་དང་ལྷ་བའི་རྣམ་གཞག་གཏན་ལ་དབབ་པའི་འཇུག་སྒོར་སོང་བའོ། །གཞན་དུ་ན་དགེ་ལྡན་པའི་ཡིག་ཆའི་སློབ་དཔོན་རྣམས་ཀྱི་གསུང་ནི་རྗེ་རིན་པོ་ཆེའི་གསུང་གི་གནད་སྙིང་པོར་འདུས་ནས་དུས་ཕྱིས་བྱོན་པའི་བསྟན་འཛིན་པ་རྣམས་ལ་གོ་བདེ་དང་དོན་ཆེ་བའི་ངོར་བཀྲལ་བའི་གསུང་རབ་མར་ཁུའི་རྒྱ་མཚོར་འདུག་ཅིང་། ལེགས་བཤད་དེ་རྣམས་ཀྱི་ནུས་པས་རྗེའི་རྗོ་རྗེ་ལྷ་བུའི་ཚིག་ལས་བབ་པའི་དམ་ཆོས་དྲི་མ་མེད་པའི་བདུད་རྩི་ཐིགས་པ་རེ་རེ་རྣམས་དགེ་ལྡན་པ་རྣམས་ཀྱིས་གཙིགས་ཆེར་མཛད་པའི་སྲོལ་ཆགས་པ་གང་ཞིག་རང་རང་སོ་སོའི་ཡིག་ཆའི་ཁྱད་ཆོས་མངོན་པར་གཏོད་དེ་དགེ་ལྡན་པའི་བསྟན་པ་གངས་རིའི་ཁྲོད་འདིར་དར་བར་བླ་ན་མེད་པའི་མཐུན་རྐྱེན་བསྐྲུན་པ་ལགས། ཡིག་ཆའི་སློབ་དཔོན་རྣམས་ཀྱི་གསུང་རིས་ལ་ལ་རྗེའི་གསུང་རིས་དང་མི་འདྲ་རེ་བྱུང་ཡང་། དོན་དུ་དེ་ནི་རྗེ་རིན་པོ་ཆེའི་གསུང་གི་ཟབ་ཁྱད་ཕྱུང་བའི་སླད་དུ་བྱུང་བ་ལས་མཁས་པ་དེ་དག་གི་དགོངས་པའི་བབས་སོ་རྗེ་བླ་མ་དང་མི་མཐུན་པ་མིན་པའོ། །ཡིག་ཆ་དེ་རྣམས་ནི་རྗེའི་དགོངས་པའི་མཐིལ་གསལ་བར་མངོན་ཆེད་བརྩམས་པ་ཁོ་ནར་ཟད་པས། མཁན་པོ་རྣམ་པའི་མཐར་ཐུག་གི་དགོངས་བཞེད་རྗེའི་གསུང་རབ་གསེར་ཞུན་འདྲ་བ་དག་དང་དགོངས་པ་གཅིག་ཏུ་གནས་པ་མཁས་པ་ཆེན་པོ་རྣམས་ཀྱིས་བཞེད་ལ། གཞུང་གི་ཁོག་ཀྱང་རྗེ་བླ་མའི་གསུང་གི་རྣམ་གཞག་དང་ཡོངས་སུ་མཚུངས་པ་དགེ་ལྡན་པའི་བླ་མ་དགེ་བའི་བཤེས་གཉེན་རྣམས་ལ་གྲགས་པ་མ་ཚད། དོན་དུ་ཡང་དེ་ལྟར་གནས་སོ། །རྗེའི་ལྷ་བའི་ལེགས་བཤད་ཀྱི་སྙིང་པོ་རྣམས་སྔར་གྱི་ཡིག་ཆའི་མཁན་པོ་རྣམས་ཀྱི་གསུང་ཟིན་དུ་གསལ་བ་དང་ཡིག་ཆ་དེ་དག་གི་གནད་འདུ་ན་ལྕང་སྐྱ་རིན་པོ་ཆེའི་ལྷ་མགུར་ཨ་མ་ངོ་ཤེས་དང་གུང་ཐང་རིན་པོ་ཆེའི་བསྟོད་པ་དོན་ལྡན་མའི་འགྲེལ་པ་སོགས་པའི་ནང་དུ་འདུས་པ་དང་། དེ་

དག་གི་གཞུང་ཤིང་མ་ཉམས་པར་ཐུའུ་བཀྭན་གྲུབ་མཐའ་དང་དཔལ་མང་པཎྜི་ཏའི་མུ་ཏྲོའི་རྒྱུངས་འཕོད་དུ་གསལ་བས་འདིར་རྗེ་ཐམས་ཅད་མཁྱེན་པའི་གསུང་ཕྱིན་ཅན་གྱི་རྗོ་དོན་ཆ་ཡོངས་སུ་རྫོགས་པ་སྟོན་པ་ལ་དགེ་ལྡན་པའི་ཡིག་ཆ་གྲགས་ཆེ་བ་རྗེ་སྔོ་བློ་གསུམ་①གྱི་གསུང་རབ་ཀྱི་བསྡུས་དོན་ལྟུང་སྐྱ་རིན་པོ་ཆེ་སོགས་ཕྱིས་བྱོན་པའི་དགེ་ལྡན་པའི་མཁས་ཤིང་གྲུབ་པའི་ལུང་རིགས་ལ་དབང་ཕྱུག་པ་རྣམས་

① རྗེ་སྔོ་བློ་གསུམ་ཞེས་པ་འགྲེལ་ན། རྗེ་ཞེས་པས་སེ་ར་རྗེ་བཙུན་པའི་ཡིག་ཆ་སྟོན་པ་དང་། སྔོ་ཞེས་པས་སྔོ་མང་གི་ཡིག་ཆ་སྟོན་པ་དང་། བློ་ཞེས་པས་བློ་གསལ་གླིང་གི་ཡིག་ཆ་སྟོན་པའོ། །དེ་ལ་རྗེ་སྔོ་བློ་གསུམ་གྱི་ཡིག་ཆ་ལས་སྔོ་བློ་གཉིས་ཀྱི་ཡིག་ཆར་གསར་རྙིང་གཉིས་སུ་ཕྱེས་པ་ལས་རྗེ་བཙུན་པའི་ཡིག་ཆར་གསར་རྙིང་གི་ཐ་སྙད་མེད། རྗེ་བཙུན་པའི་ཡིག་ཆ་ནི་སེ་ར་རྗེ་བཙུན་ཆོས་ཀྱི་རྒྱལ་མཚན་ཉིད་ཀྱིས་མཛད་པ་དང་། སྔོ་མང་པའི་ཡིག་ཆ་རྙིང་པའི་བདག་པོ་ནི་གུང་རུ་ཆོས་འབྱུང་ཡིན་པ་དང་། ཡིག་ཆ་གསར་པའི་བདག་པོ་ནི་ཀུན་མཁྱེན་འཇམ་དབྱངས་བཞད་པ་སྐུ་ཕྲེང་དང་པོ་ངག་དབང་བརྩོན་འགྲུས་མཆོག་ཡིན། བློ་གསལ་གླིང་གི་ཡིག་ཆ་རྙིང་པའི་བདག་པོ་ནི་འཇམ་དབྱངས་དགའ་བློ་དང་། ཡིག་ཆ་གསར་པའི་བདག་པོ་ནི་དགའ་ལྡན་ཁྲི་ཐོག་བཅོ་ལྔ་པ་པཎ་ཆེན་བསོད་ནམས་གྲགས་པ་ཉིད་ཡིན། གཞན་ཡང་གཙང་བཀྲས་ལྷུན་དགོན་དུ་ཡིག་ཆ་གཙོ་བོ་ཀུན་མཁྱེན་ཆོས་འཁོར་བཟང་པོའི་གསུང་དག་མཛད་སྲོལ་ཡོད་པ་དང་། བླ་བྲང་བཀྲ་ཤིས་འཁྱིལ་གྱི་ཡིག་ཆ་གཙོ་བོ་ཀུན་མཁྱེན་འཇམ་དབྱངས་བཞད་པ་སྐུ་ཕྲེང་དང་པོ་ངག་དབང་བརྩོན་འགྲུས་མཆོག་གི་གསུང་དག་མཛད་དོ། །རི་བོ་དགེ་ལུགས་པའི་ཡིག་ཆའི་ཆར་གཞུང་བཀའ་པོད་ལྔ་སོ་སོར་ཡིག་ཆ་རེ་རེ་ཡོད་ཀྱང་འདིར་ནི་གཙོ་བོ་དབུ་མ་བའི་ཡིག་ཆའི་མཚན་བྱང་དག་ངོ་སྤྲོད་ཙམ་བྱས་ན་འདི་ལྟར་དུ་འདུག་སྟེ། སེ་ར་རྗེ་བཙུན་པའི་དབུ་མའི་ཡིག་ཆ་ནི་རྗེ་བཙུན་རང་ཉིད་ནས་མཛད་པའི《དབུ་མའི་སྤྱི་དོན་སྐལ་བཟང་མགུལ་རྒྱན།》དང་།《དབུ་མ་ལ་འཇུག་པའི་མཐའ་དཔྱོད།》གཉིས་གཙོ་བོ་དང་དེའི་མཐའ་དཔྱོད་ཀྱི་ཚུལ་དུ་རྗེ་བཙུན་པའི་དངོས་སློབ་རྗེ་དྲུང་ཤེས་རབ་དབང་པོའི་《དབུ་མ་འཇུག་པའི་རྣམ་བཤད་དགོངས་པ་རབ་གསལ་གྱི་དཀའ་གནད་གཏན་ལ་འབེབས་པ་དགོངས་པ་ཡང་གསལ།》ཉིད་དུ་མཛད་སྲོལ་འདུག་ཅིང་། སྔོ་མང་བའི་དབུ་མའི་ཡིག་ཆའི་ཆར་ཀུན་མཁྱེན་འཇམ་དབྱངས་བཞད་པ་སྐུ་ཕྲེང་དང་པོ་ངག་དབང་བརྩོན་འགྲུས་ཀྱིས་མཛད་པའི《དབུ་མ་འཇུག་པའི་མཐའ་དཔྱོད་ལུང་རིགས་གཏེར་མཛོད་ཟབ་དོན་ཀུན་གསལ་སྐལ་བཟང་འཇུག་ངོགས།》འདི་ཉིད་གཙོ་བོ་དང་། ཞར་ལ་ཀུན་མཁྱེན་འཇིགས་མེད་དབང་པོའི་《བསྟན་བཅོས་ཆེན་མོ་དབུ་མ་ལ་འཇུག་པའི་མཐའ་དཔྱོད་ལུང་རིགས་སྒྲོན་མེ།》ཞེས་པ་འདི་ཉིད་མཐའ་དཔྱོད་ཀྱི་ཚུལ་དུ་མཛད། བློ་གསལ་གླིང་གི་དབུ་མའི་ཡིག་ཆའི་སྐོར་ལ་པཎ་ཆེན་བསོད་ནམས་གྲགས་པས་མཛད་པའི་《དབུ་མའི་སྤྱི་དོན་ཟབ་དོན་གསལ་བའི་སྒྲོན་མེ།》ཉིད་གཙོ་བོར་འཛིན་ཅིང་། པཎ་ཆེན་རང་ཉིད་ཀྱིས་མཛད་པའི་《དབུ་མ་ལ་འཇུག་པའི་བརྒལ་ལན་ཡང་གསལ་སྒྲོན་མེ།》དང་།《ལྟ་ཁྲིད་དྲན་པ་བཞི་ལྡན་གྱི་ཁྲིད་ཡིག》སོགས་ཀྱང་ཡིག་ཆའི་ཁ་སྐོང་དུ་མཛད་སྲོལ་འདུག

ཀྱི་དགོངས་འགྲེལ་རྒྱ་མེད་པ་རྣམས་ཀྱི་རྗེས་སུ་བསླེགས་ནས་སྨྲ་བར་བྱའོ། །

རྗེ་རིན་པོ་ཆེ་ནི་ལྷ་བ་དབུ་མ་ཐལ་འགྱུར་བ་ལ་མངའ་བརྙེས་པའི་མཁས་པར་བཞེད་ལ། རྗེའི་རང་གཞུང་ལས་ལྟ་བའི་གཞུང་ཆེན་ལྔ་པོ་རྣམས་ཀྱི་གསུང་ཚིག་གུང་བསྒྲིགས་ནས་སྨྲ་ན་དབུ་མ་ཐལ་འགྱུར་བའི་ལྟ་བ་ཡིན་སྐོར་དེ་བས་གསལ་ཁ་ཆེ་སྐབས་གངས་རིའི་ཁྲོད་ན་ཕྱིས་བྱོན་པའི་ཚོས་བརྒྱུད་རིས་མེད་ཀྱི་མཁས་པ་རྣམས་ཀྱིས་རྗེ་རིན་པོ་ཆེས་སྟོང་ཉིད་ཀྱི་ལྟ་བའི་གནད་རྟོགས་པ་ལ་བསྔགས་པ་རྒྱ་ཆེར་མཛད་ཚུལ་ས་ལུགས་པའི་མཁས་པ་སྟག་ཚང་ལོ་ཙྪ་བ་དང་འབྲུག་པ་པདྨ་དཀར་པོའི་རྗེའི་བསྟོད་པ། རྙིང་མའི་མཁས་པ་འཇུ་མི་ཕམ་པ་རིན་པོ་ཆེས་མཛད་པའི་རྗེའི་བསྟོད་པ་རྣམས་ནི་ཐུགས་མཉམ་པར་འཛོག་མཛད་ཀྱིས་བོད་འདིར་དབུ་མ་ཐལ་འགྱུར་བའི་ལྟ་བའི་བཞེད་དགོངས་དང་འགྲེལ་ལུགས་སྣ་ཚོགས་པར་བྱུང་བའི་རིང་ལུགས་འཛིན་པ་སྨྲ་མ་རྣམས་ལས་རྗེ་རིན་པོ་ཆེ་འདི་ཉིད་ཁྱད་འཕགས་དང་ཟབ་ཁྱད་ཆེར་བྱུང་བ་ལན་གཅིག་ཙམ་མིན་པར་རྟེན་འབྲེལ་གྱི་རྣམ་གཞག་ལ་བསྟོད་པའི་སྙན་ཚིག་དོན་ཆེན་པོར་ཕུལ་བ་ལས་ཤེས་སོ། །ཕྱིར་ན་རྗེ་རིན་པོ་ཆེའི་ཐུགས་ལ་འཁྲུངས་པའི་ལྟ་བ་འདི་ཉིད་སྔོན་གྱི་བོད་སྟོན་ཚོས་ཀྱི་ལྷག་བསམ་ཆེ་ལ་སྙིང་ཁམས་ཆུང་བ་རྣམ་པས་རྟོགས་མོད། ཡིག་ངོར་གསལ་དུ་སྟོན་ནས་དབུ་མ་ཐལ་འགྱུར་བའི་ལྟ་བ་སྐད་པོ་ཆེར་གྲགས་སུ་མཛད་པ་རྗེ་འདི་པའི་སྐུ་དྲིན་དུ་སོང་ཚུལ་དབུ་མ་རྩ་བའི་ཚིག་ལེའུར་བྱས་པ་ཤེས་རབ་ཅེས་བྱ་བའི་རྣམ་བཤད་རིགས་པའི་རྒྱ་མཚོར། "ངེས་དོན་དོན་གཉེར་བཤེས་གཉེན་མང་པོ་དང་། །གྲགས་ལྡན་ཡངས་པའི་སྲིད་ལ་མངའ་མཛད་པའི། །གསུང་གི་བསྐུལ་ཚེ་ཟབ་མོ་དབུ་མའི་ལམ། །རྣམ་པར་འབྱེད་ལ་བདག་བློ་སྦྲོ་བ་སྐྱེ། །ངེས་དོན་ཞེས་པའི་མིང་གིས་ཚིམ་པ་དང་། །ཆེ་ལོང་དོན་ཙམ་མཐོང་བས་ཚིག་ཤེས་རྙེད། །སྙིང་ནས་སྦྱུབ་པ་ལྷུར་ལེན་སྐྱེས་པའི་

ཚོ། །གཞུང་མཆོག་འདོད་པ་རྣམས་ལ་མི་དགོས་ཀྱང་། །ངེས་དོན་གསུང་རབ་སྙིང་པོ་ཤེར་ཕྱིན་དོན། །རྣལ་འབྱོར་དབང་ཕྱུག་བྱེ་བས་བགྲོད་པའི་ལམ། །མ་རྟོགས་ལོག་རྟོག་ཐེ་ཚོམ་མུན་པའི་ཚོགས། །ཡང་དག་རིགས་པའི་སྒྲོན་མེས་ལེགས་བསལ་ནས། །ཡིན་ལུགས་ཕུ་ཐག་ཆོད་པའི་ལྟ་བ་ཡིས། །ཀླུ་སྒྲུབ་དགོངས་པ་ཇི་བཞིན་སྒོམ་འདོད་པའི། །བློ་ལྡན་དེ་ལ་དབུ་མའི་རྩ་བ་ནི། །བདག་གིས་ལེགས་པར་བཤད་ཀྱིས་གུས་པས་ཉོན། །”[①]ཅེས་བྱུང་བ་དང་། གུང་ཐང་རིན་པོ་ཆེས་རྗེའི་བསྟོད་པ་དོན་དང་ལྡན་པའི་འགྲེལ་པ་བསྟན་པའི་སྣང་བར། “གངས་རིའི་ལྗོངས་འདིར་སྔོན་ཆད་སུས་ཀྱང་ཇི་བཞིན་མ་ཐོན་པས་འདི་ཉིད་རྩལ་དུ་བཏོན་ནས་ལེགས་པར་བཤད་པ་ཡིན་ནོ། །”[②]ཞེས་དང་། ཡང་དེ་ཉིད་ལས། “དེ་ལྟར་ཟབ་པའི་དབང་གིས་བོད་འདིར་སྔར་བྱོན་པའི་བསྟན་འཛིན་ཆེན་པོ་ལུང་དང་རྟོགས་པའི་ཡོན་ཏན་རྒྱ་ཆེ་ཞིང་། སྨྲ་བའི་སྤོབས་པ་གཟེངས་མཐོ་བ་གང་གིས་ཀྱང་གནས་འདི་འཕགས་པ་ཡབ་སྲས་ཀྱི་དགོངས་པ་ཇི་ལྟ་བ་བཞིན་ཤོད་ཐུབ་པ་མ་བྱུང་།”[③]ཞེས་གསུངས་པའི་ཕྱིར། རྗེ་རིན་པོ་ཆེའི་ཟབ་ཁྱད་ཀྱི་ལྟ་བ་དེ་ཉིད་ཡང་སྙིང་གཞུང་ཆེན་མོ་གང་དག་ལ་བསྙེགས་སམ་ཞེ་ན། ལྕང་སྐྱ་རོལ་པའི་རྡོ་རྗེས། “ཀླུ་སྒྲུབ་ཟླ་གྲགས་ཀྱི་ཞལ་ཆེམས་རླུང་བསྐུར། །འཇམ་དཔལ་སྙིང་པོ་ཡི་བྱ་ཞིག་བཏང་བས། །ཐག་རིང་འཚོལ་བ་ཡི་དཀའ་ལས་བཤོལ་ནས། །ལྷན་ཅིག་གནས་པ་ཡི་མ་རྒན་མཐོང་ངེ། །”[④]ཞེས་གསུངས་པ་དང་དེ་དོན་བཀྲལ་ན། ཀུན་མཁྱེན་འཇིགས་མེད་དབང་

① རྗེ་ཙོང་ཁ་པ་ཆེན་པོ། དབུ་མ་རྩ་བའི་ཚིག་ལེའུར་བྱས་པ་ཤེས་རབ་ཅེས་བྱ་བའི་རྣམ་བཤད་རིགས་པའི་རྒྱ་མཚོ་ཞེས་བྱ་བ་བཞུགས་སོ། །སྟོད་ཆ། སེར་གཙུག་ནང་བསྟན་དཔེ་སྙིང་འཚོལ་བསྡུ་ཕྱོགས་སྒྲིག་ཁང་། ཤ 2–3

② གུང་ཐང་བསྟན་པའི་སྒྲོན་མེའི་གསུང་འབུམ། ༼ཀ༽ མི་རིགས་དཔེ་སྐྲུན་ཁང་། 2003 ཤ 169

③ གུང་ཐང་བསྟན་པའི་སྒྲོན་མེའི་གསུང་འབུམ། ༼ཀ༽ མི་རིགས་དཔེ་སྐྲུན་ཁང་། ཤ 171–1172

④ ལྕང་སྐྱ་རོལ་པའི་རྡོ་རྗེའི་གསུང་འབུམ། ༼ང་པ༽ བོད་ལྗོངས་མི་དམངས་དཔེ་སྐྲུན་ཁང་། 2015 ཤ137

པོས་མཛད་པའི་ལྷ་བའི་གསུང་མགུར་གྱི་འགྲེལ་པ་ཚིག་གི་སྒྲོན་མེར། "དོན་ནི། མགོན་པོ་ཀླུ་སྒྲུབ་དང་། དཔལ་ལྡན་ཟླ་བ་གྲགས་པས་ཞལ་ཆེམས་རྒྱུད་དུ་བསྐུར་བ་ལྷ་བུའི་རིགས་ཚོགས་དྲུག་དང་། ཚིག་གསལ་འཇུག་པ་སོགས་དང་། རྗེ་བཙུན་འཇམ་དཔལ་སྙིང་པོས་མཛད་པའི་རྩ་ཤེའི་ཊཱིཀ་ཆེན། འཇུག་པའི་ཊཱིཀ་ཆེན། ལེགས་བཤད་སྙིང་པོ་རྣམས་ཀྱིས་བྱ་ཞིག་བཏང་བ་ལ་བརྟེན་ནས་ཐག་རིང་པོར་འཚོལ་བའི་དཀའ་ལས་དེ་བཞོལ་བའམ་བཞག་ནས་རང་གི་ཤེས་རྒྱུད་དང་ལྷན་ཅིག་ཏུ་གནས་པའི་མ་རྐྱན་སྟོང་པ་ཉིད་ཀྱི་ཞལ་བཟང་འདི་མཐོང་བར་འདོད་དོ། །"①ཞེས་གསུང་བ་དང་། གཞན་དུ་ན། བྲག་དཀར་རྡོ་རྗེ་འཆང་གིས་མཛད་པའི་ལྷ་བའི་ཨ་མ་ངོ་ཤེས་ཀྱི་འགྲེལ་པ་ཟབ་དོན་རྣམ་པར་གསལ་བའི་མེ་ལོང་ལས་ཀྱང་དོན་མཐུན་པར་བཀྲལ་ཏེ། "དང་པོ་ནི། ཀླུ་སྒྲུབ་ཟླ་གྲགས་ཀྱི་ཞལ་ཆེམས་རྒྱུད་བསྐུར། །ཞེས་པ་ནས། དོན་ནི། དཔལ་མགོན་འཕགས་པ་ཀླུ་སྒྲུབ་དང་། དཔལ་ལྡན་ཟླ་བ་གྲགས་པ་སོགས་ཀྱིས་ཟབ་མོའི་གནད་དོན་ཞལ་ཆེམས་རྒྱུད་ལ་བསྐུར་ལྷ་བུའི་རིགས་ཚོགས་དྲུག་དང་། ཚིག་གསལ་འཇུག་པ་སོགས་དང་། འཇམ་མགོན་ཙོང་ཁ་པ་ཆེན་པོའི་ལེགས་བཤད་རྩ་ཤེའི་ཊཱིཀ་ཆེན། འཇུག་པའི་ཊཱིཀ་ཆེན། ལེགས་བཤད་སྙིང་པོ། ལྟག་མཐོང་ཆེན་མོ་སོགས་ཀྱིས་ཨ་མ་རྗེན་པ་རུ་བསྟན་པའི་བྱ་ཞིག་བཏང་བ་ལ་བརྟེན་ནས་ང་ཅང་གི་ཐག་རིང་པོར་འཚོལ་པའམ་བཙལ་དགོས་པའི་དཀའ་ལས་དེ་བཞོལ་བའམ་བཞག་ནས། རང་སེམས་ངང་གིས་ལྷན་ཅིག་ཏུ་གནས་པའི་ཨ་མ་སྟོང་པ་ཉིད་ཀྱི་ཞལ་བཟང་མཐོང་བར་རེའོ། །"②ཞེས་འགྲེལ་བར་མཛད་པའི་གསུང་རིས་ལས་དགེ་ལྡན་པའི་མཁས་པ་རྣམ་པས་ལྷ་བ་གཏན་ལ་འབེབས་བྱེད་ཀྱི་གཞུང་ཤིང་

① ཀུན་མཁྱེན་འཇིགས་མེད་དབང་པོའི་གསུང་འབུམ། པོད་ཛ་པ། ཤིང་དཔར། བླ་བྲང་དཔར་མ། ཤ 597

② བྲག་དཀར་བློ་བཟང་དཔལ་ལྡན་གྱི་གསུང་ཉེར་མཁོ་ཕྱོགས་བསྒྲིགས་བཞུགས་སོ། །དེབ་བཅོ་བརྒྱད་པ། ཀྲུང་གོའི་བོད་རིག་པ་དཔེ་སྐྲུན་ཁང་། 2017ཤ144–145

བསྟན་བཅོས་ཆེན་པོ་དེ་རྣམས་ལ་གཙིགས་སུ་མཛད་དེ་དངོས་པོའི་དེ་ཁོ་ན་ཉིད་ལུང་རིགས་གནོད་མེད་ཀྱི་ལམ་དུ་བཀྲལ་བར་གོ་ལ། ཁྱད་པར་འཕགས་པ་ཡབ་སྲས་ཀྱི་གཞུང་དོན་གྱི་སྙིང་པོ་རྗེན་པར་གསལ་བ་མཛད་པོ་རྗེ་བླ་མའི་ཐུགས་རྗེའི་དྲིན་ལས་གངས་ཅན་གྱི་ལྗོངས་འདིར་དབུ་མ་ཆེན་པོའི་ལྟ་བ་ཉི་མ་ལྟར་གསལ་བར་བྱས་པ་མངོན་ནོ། །འོ་ན་རྗེ་ཡབ་སྲས་རིམ་བྱོན་གྱི་ལྟ་བའི་འགྲེལ་ཚུལ་དང་ཟབ་ཁྱད་གང་ལགས་སམ་ཞུས་ན། དེ་ལ་བཤད་དུ་ཡོད་དེ། ལམ་གཙོ་རྣམ་གསུམ་ལས། "ནམ་ཞིག་རེས་འཇོག་མེད་པར་ཅིག་ཅར་དུ། །རྟེན་འབྲེལ་མི་བསླུར་མཐོང་བ་ཙམ་ཉིད་ནས། །ངེས་ཤེས་ཡུལ་གྱི་འཛིན་སྟངས་ཀུན་འཇིག་ན། །དེ་ཚེ་ལྟ་བའི་དཔྱད་པ་རྫོགས་པ་ལགས། །གཞན་ཡང་སྣང་བས་ཡོད་མཐའ་སེལ་བ་དང་། །སྟོང་པས་མེད་མཐའ་སེལ་ཞིང་སྟོང་པ་ཉིད། །རྒྱུ་དང་འབྲས་བུར་འཆར་བའི་ཚུལ་ཤེས་ན། །མཐར་འཛིན་ལྟ་བས་འཕྲོག་པར་མི་འགྱུར་རོ། །"[①]ཞེས་གསུངས་པ་དང་། རྗེ་སྒྲིས་དགེ་བཤེས་ཤེས་རབ་རྒྱ་མཚོའི་མཐའ་བྲལ་དབུ་མ་ཆེན་མོའི་གཏམ་དུ་བྱ་བ་ཡང་དག་ལྟ་བའི་འོད་འཕྲིན་ཞེས་པར། "ཐ་སྙད་དུ་ཡོད་ཅེས་བདེན་གྲུབ་འགོག །དེ་སྣང་བས་ཡོད་མཐའ་སེལ་ཚུལ་ཡིན། །དོན་དམ་དུ་མེད་ཅེས་གཏན་མེད་འགོག །དེ་སྟོང་པས་མེད་མཐའ་སེལ་ཚུལ་ཡིན། །"[②]ཞེས་པས་ལུགས་འདི་པའི་ལུགས་ཀྱི་སྟོང་ཉིད་འཇོག་ཚུལ་ཤེས་ལ། གཞན་ཡང་དྲང་ངེས་ལེགས་བཤད་སྙིང་པོར། "དེ་ཚེ་རིང་ནས་ཉམས་པའི་རྟོགས་དཀའི་གནས། །གང་གིས་བཙལ་བས་རྙེད་པའི་རིགས་པའི་ལམ། །དེ་ཡི་རྣམ་འཕྲུལ་ཀྱི་མའོ་ངོ་མཚར་ཞེས། །གཅིག་པུར་གནས་ཀྱང

① རྗེ་ཙོང་ཁ་པའི་གསུང་འབུམ་བཞུགས་སོ། །(ཁ) ཀྲུང་གོའི་བོད་རིག་པ་དཔེ་སྐྲུན་ཁང་། 2012 ཤ522–523

② རྗེ་བཙུན་ཤེས་རབ་རྒྱ་མཚོ། རྗེ་བཙུན་ཤེས་རབ་རྒྱ་མཚོ་འཇམ་དཔལ་དགྱེས་པའི་བློ་གྲོས་ཀྱི་གསུང་རྩོམ་པོད་དང་པོ། མཚོ་སྔོན་མི་རིགས་དཔེ་སྐྲུན་ཁང་། 1982 ཤ 486

དགའ་བའི་ཅ་ཅོ་འཚོར། །”[1]ཞེས་གསུངས་པ་སོགས་ལས་ལྟ་བའི་གནད་ཆེན་པོ་རྟོགས་པའི་གསུང་གི་གནང་བ་སྟེར་ལ། ལྟ་བའི་དཔྱད་པ་ཛོགས་དང་མ་ཛོགས་པའི་མཚམས་ནི་ལྟ་བ་རྟོགས་མ་རྟོགས་ལ་འཇོག་དགོས་སམ་ཞེ་ན། དེ་ལྟར་མིན་ཏེ། ལྟ་བ་རྟོགས་ཀྱང་ལྟ་བའི་དཔྱད་པ་ཛོགས་པས་མ་ཁྱབ་པ་དང་། ལྟ་བ་རྣམ་དག་ཐུགས་ལ་འཁྲུངས་ཀྱང་ལྟ་བའི་དཔྱད་པ་མ་ཛོགས་ན་ལྟ་བ་དེ་ཉམས་པར་འགྱུར་བའི་ཕྱིར། གཞན་ཡང་ལྟ་བའི་དཔྱད་པ་ཛོགས་པའི་ཚད་ནི་བསྟོད་པ་དོན་ལྡན་མའི་འགྲེལ་པ་བསྟན་པའི་སྣང་བར། “ཚུལ་དེ་ལ་ལེགས་པར་འཕྲིག་ཚུད་པ་ན་བླང་དོར་དགག་སྒྲུབ་ཀྱི་གནད་གང་ལའང་མི་འཁྲུག་པའི་གཟེར་ཐེབས་པས་སྒོ་གང་ནས་བསམས་ཀྱང་སྟོང་པ་དང་རྟེན་འབྱུང་དོན་གཅིག་པའི་ངེས་པ་ཇེ་ཆེར་འགྲོ་བ་ལས། འགལ་འདུ་རོང་རོང་ལྟ་བུའི་མི་བདེ་བ་ཅུང་ཟད་ཀྱང་མེད་པ་ཞིག་འོང་ལ། དེའི་ཚེའི་ལྟ་བའི་དཔྱད་པ་ཡོངས་སུ་ཛོགས་པ་ཡིན་ཏེ། རྗེའི་གསང་རྣམ་རིན་པོ་ཆེའི་སྙེ་མ་ལས། ལྟ་བའི་དཔྱད་པ་ཛོགས་པའི་ཚད་ནི། ལུང་རིགས་ཀྱི་ལམ་ནས་དྲངས་པའི་ངེས་པ་ཉིད་ནས་བློས་དོན་དེར་ཐག་བཅད་ཀྱང་གཏིང་ནས་མི་བདེ་བའི་རྣམ་པ་མེད་པ་ཞིག་འོང་། དེ་དུས་དོན་དེ་ལ་དཔྱད་པ་ཛོགས་པ་ཡིན་ནོ། །”[2]ཞེས་གསུངས་པའི་ལེགས་བཤད་ཉི་མའི་སྙིང་པོའི་ཐྲད་ལ་རེའོ། །

མདོར་ན་དགེ་ལྡན་པའི་ལུགས་ལ་སྟོང་པ་ཉིད་རྟེན་འབྲེལ་དུ་འགྲོ་ལུགས་དང་རྟེན་འབྱུང་སྟོང་པར་སོང་ལུགས་ཉིད་ཇི་ལྟར་ཡིན་ནམ་ཞེ་ན། དེ་ལ་བྲག་དཀར་བློ་བཟང་དཔལ་ལྡན་བསྟན་འཛིན་སྙན་གྲགས་ཞབས་ཀྱིས་མཛད་པའི་ལྟ་བའི་མགུར་ཨ་མ་ངོ་ཤེས་ཀྱི་འགྲེལ་པ་ཟབ་དོན་རྣམ་པར་གསལ་བའི་མེ་ལོང་

① རྗེ་ཙོང་ཁ་པ་བློ་བཟང་གྲགས་པ། དྲང་ངེས་ལེགས་བཤད་སྙིང་པོ། སེར་གཙུག་ནང་བསྟན་དཔེ་སྙིང་ཁང་ནས་དཔར། ཤ 302–303

② གུང་ཐང་བསྟན་པའི་སྒྲོན་མེའི་གསུང་འབུམ། （ཀ） མི་རིགས་དཔེ་སྐྲུན་ཁང་། 2003 ཤ 107–108

ལས། “ཆོས་ཐམས་ཅད་ཡེ་གདོད་མ་ཉིད་ནས་སྟོང་ཞིང་རྟག་ཆད་མཐའ་དང་བྲལ་བ་ཡིན་ཡང་ཕར་མིང་རྐྱང་བཏགས་ཡོད་ཙམ་དུ་རྟེན་འབྲེལ་སྣ་ཚོགས་སུ་གསལ་བས་ན་སྟོང་བ་རྟེན་འབྱུང་མིང་རྐྱང་བཏགས་ཡོད་ཙམ་དུ་གསལ་བ་ཉིད་ཀྱང་དོན་ངོ་མཐའ་རང་བཞིན་སྟོང་པ་ལས་མ་འདས་པའི་དོན་ཡིན་ཞིང་། དེས་ན་ཆོས་ཐམས་ཅད་སྟོང་བཞིན་དུ་མིང་རྐྱང་ཙམ་དུ་རྟེན་འབྲེལ་སྣ་ཚོགས་སུ་གསལ་བའམ་སྣང་བ་དང་། སྣང་བ་བཞིན་དུ་ངོ་བོ་ཅི་ལྟར་ཡང་སྟོང་པས་ན། སྣང་བ་དང་སྟོང་པ་དབྱེར་མེད་པའི་ཟབ་མོ་རྟེན་འབྱུང་གི་དོན་ཟབ་ཅིང་གསང་བ་ཆེན་པོའི་དོན་དེ་ཉིད་ངོ་མཚར་བ་དེ་ཐེ་ལྟ་བ་བཞིན་དུ་རྗེན་པ་ཏུ་གསལ་བར་མངོན་སུམ་དུ་སྟོན་པ།”①ཞེས་གསུངས་པ་ལྟར་རོ། །འདིའི་རྟེན་འབྱུང་ཞེས་པ་ནི་རྒྱུ་འབྲས་ཀྱི་རྟེན་འབྲེལ་ཙམ་ལ་མི་བྱ་བར་མཐའ་བྲལ་དབུ་མའི་ལམ་གྱི་སྟོང་པ་ཉིད་ཀྱི་དོན་དུ་བྱའོ། །

① བྲག་དཀར་བློ་བཟང་དཔལ་ལྡན་བསྟན་འཛིན་སྙན་གྲགས་ཀྱི་གསུང་འབུམ་གླེགས་བམ་ཀ་པ། ཁྲིན་ཏུའུ་ནས་དཔར་བའི་ཡྋ་ཞུབ་མི་རིགས་སློབ་གྲྭ་ཆེན་མོའི་དཔར་རྙ། ཤ 402–403

དཔེ་རིས་དང་པོ། ད་ལྟའི་གསུང་རབ་གླིང་གི་དགོན་ཤུལ་ལས་བཙུག་དམར་བྲུག་པའི་གྲུང་རོ་ནི་མཚལ་མིན་པའི་གནས་གཞི་ཡིན་ཞིང་། འདི་དུས་རབས་ཉི་ཤུ་པའི་ལོ་རབས་སུམ་ཅུའི་སྐབས་སུ་འདུ་ཁང་གི་སྒོ་ཐེམ་སོགས་ཉམས་གསོ་བྱས་པར་གཞིགས་ན། ལྷ་པ་ཆེན་པོའི་སྐུ་དུས་རྫོ་ནང་ལ་ཡོག་ཐུག་བཏང་བར་གྲགས་པ་ཡང་བརྟག་དགོས་པར་སྣང་།

དཔེ་རིས་གཉིས་པ། དོལ་གསུང་རབ་གླིང་དགོན་དུ་བཞུགས་པའི་རྗེ་གཉགས་ཕུ་པའི་ཆོས་ཁྲི།

# མཇུག་བསྡུ་བའི་གཏམ།

མདོར་དྲིལ་ནས་ཞུས་ན། གྲ་དོལ་གཞུང་གསུམ་གྱི་ཡུལ་ཚན་འདི་དག་ནི་གདོད་མའི་དད་མོས་དང་བོན་གྱི་རིག་གནས། སངས་རྒྱས་ཆོས་ལུགས་བཅས་རིམ་པར་དར་སྐྱོང་བའི་གནས་གཞི་འགངས་ཆེན་ཞིག་ཡིན་པ་གང་ཞིག་ཁྱད་པར་དུ་འཕགས་བོད་ཀྱི་མཁས་པ་ཆོས་ཀྱི་སྤྱན་དགུས་རིང་ལ། བསྟན་པ་མིག་བཞིན་སྲུང་མཛད་ཀྱི་བསྟན་འཛིན་སྐྱེས་བུ་དམ་པ་ལུང་རིགས་ཀྱི་དབང་འབྱོར་བ་དག་གིས་མཛད་པ་ལྟར་བཞེས་སའི་གནས་དམ་པ་ཞིག་ཏུ་ལགས། ཡུལ་ཚན་ཆེན་པོ་དེ་གསུམ་གྱིས་བོད་བརྒྱུད་ནང་བསྟན་གྱི་འཕེལ་རིམ་ཁྲིད་འགོག་ཏུ་མེད་པའི་གནས་བབ་བཟུང་ཡོད་པ་ནི་མངོན་སུམ་ཚད་མའི་སྤྱོད་ཡུལ་དུ་གྱུར་པའི་སྐོར་སྟོན་གྱི་ཡིག་ཚང་རྙིང་པ་དང་མཁས་ཤིང་གྲུབ་པའི་རིགས་པའི་དབང་ཕྱུག་གོང་མ་རྣམས་ཀྱི་རྣམ་ཐར་དུ་གསལ་བ་ལས་ཤེས་པའི་ཕྱིར་ན། གྲ་དོལ་གཞུང་གསུམ་གྱི་བསྟན་པའི་འཕེལ་འགྲིབ་འདི་ནི་རྒྱ་ཆེ་ས་ནས་བསམས་ན་བོད་ཡུལ་གྱི་བསྟན་པའི་ཆགས་འཛིགས་ཀྱི་སྣང་ཚུལ་གསལ་བའི་མེ་ལོང་ཞིག་ཡིན་པར་བཤད་པར་འདོད་ཅིང་། དོན་དམ་དུའང་དེ་ལྟར་སོང་བ་དཔྱད་རྩོམ་ཧྲིལ་པོའི་གཞུང་གི་ས་བཅད་དག་གུང་སྒྲིག་ན་ངེས་ཤེས་ཤིག་སྐྱེ་འོང་བར་སེམས་སོ། །

གྲ་དོལ་གཞུང་གསུམ་གྱི་གནས་འདི་རྣམས་ལོ་རྒྱུས་ཀྱི་ཆུ་རྒྱུན་རིང་མོའི་ནང་ཤེས་རིག་དར་སྤ་བའི་བོད་ཡུལ་གྱི་ས་ཁོངས་ཤིག་ཏུ་འདུག་སྟེ་དུས་ལ་སྤ་བ་ལོ་

ང་སྟོང་ཚོ་བཞི་ནས་ལྔའི་བར་སོང་བའི་རྗེ་ཆས་གསར་པའི་དུས་སྐབས་ཀྱི་ཤེས་དཔལ་དར་བ་ནི་སྐལ་པ་ཡ་ཐོག་གི་མཚོ་བོད་ས་མཐོའི་ཞིང་ལས་རིག་གནས་ཀྱི་ཚབ་མཚོན་འཕྲེང་སྒོ་ཡུར་བུའི་རིག་གནས་ཀྱིས་ཐད་ཀའི་ཤུགས་རྐྱེན་ཐེབས་ལ། ཡུལ་ཚན་འདི་རྣམས་འཕྲེང་སྒོ་ཡུར་བུའི་གདོད་མའི་རིག་གནས་ཀྱི་ལྟེ་བའི་གནས་དང་མུ་མཐྲིལ་དུ་འཆའ་བ་དང་། བོད་བཙན་པོའི་ཡར་སྔོན་གྱི་ཤེས་རིག་མངོན་པའི་གྲ་སྡིངས་པོ་ཆེའི་བང་སོའི་རིག་གནས་ཀྱི་བསྡི་གནས་སུ་གྱུར་པ་སོགས་གདོད་མའི་རིག་གནས་སམ་དད་མོས་རྒྱུད་པ་ནས་རིམ་གྱིས་རྟོག་འཛིང་ཆེ་བའི་དད་པའི་རིག་གནས་ཀྱི་རྒྱུན་ལེགས་པར་སིམ་པའི་ཚུ་ལྷའི་དད་གུས་ཀྱི་རིག་གནས་ལ་སོགས་པའི་སྣང་ཚུལ་སྣ་ཚོགས་དར་ཆེ་བའི་རྒྱལ་ཁམས་ཤིག་ཡིན་པའི་དབང་གིས་དུས་ཕྱིས་བན་བོན་རིག་གནས་དར་བར་ཆེས་འགག་རྩའི་མཐུན་རྐྱེན་སྣ་ལྷག་ཅན་ཞིག་བསྐྲུན་པ་ནི་བསྙོན་དུ་མེད། ཕྱིར་ན་གྲ་དོལ་གཞུང་གསུམ་པོའི་ཡུལ་ཁམས་སུ་སངས་རྒྱས་བསྟན་པ་མ་དར་སྔོན་རོལ་ན་བོན་གྱི་བསྟན་པ་ཤུགས་ཆེར་དར་བའི་རྣམ་གཞག་དེང་སང་མཇལ་དུ་ཡོད་པའི་རིག་གནས་ཀྱི་རྒྱུན་དང་། དོལ་གྱི་བོན་རི་སོགས་གནས་རི་དང་བོན་པོའི་ལགས་བརྒྱུད་ལ་སོགས་པ་བྱོན་བཞིས་ནས་བོན་བསྟན་འཛིན་སྐྱོང་སྤེལ་གསུམ་བྱ་བའི་གནས་ལས་ཤེས་པ་མ་ཟད། ཁྱད་དོན་གདོད་མའི་དད་མོས་གྲགས་ཆེ་བ་དོལ་གྱི་འབྲོང་སྤྱགས་རྒྱལ་གྱི་གསོལ་མཆོད་དང་། གཞུང་གི་ཨ་ཕོ་ལྷ་དགའི་དད་མོས་སོགས་དད་པའི་རིག་གནས་ཀྱི་རྣམ་པ་སྣང་ཚུལ་ལས་ཀྱང་རྟོགས་ནུས་སོ། །ཡུལ་ཚན་ཆེན་པོ་དེ་གསུམ་དུ་སངས་རྒྱས་བསྟན་པ་དར་བའི་དུས་མཚམས་སྔ་ཕྱི་གཉིས་སུ་བྱུས་པའི་བསྟན་པ་སྔ་དར་ལ་བསམ་ཡས་གཙུག་ལག་ཁང་ལྟེ་བར་བྱས་པའི་ནང་བསྟན་ཤེས་རིག་ཡུལ་ཕྱོགས་གཞན་ལས་ལྷག་པར་དར་བ་དང་། བསྟན་པ་ཕྱི་དར་ལ་འཕགས་ཡུལ་གྱི་མཁས་

པའི་ཕྱུལ་ལམ་གཙུག་རྒྱན་དུ་གྱུར་པའི་པཎ་གྲུབ་ལུང་རྟོགས་ཀྱི་བསྟན་པར་མངའ་བརྙེས་པ་གངས་ཅན་བསྟན་འགྲོའི་སླད་དུ་ཕྱོན་པའི་དྲན་དབང་སྟག་སེང་ཁྱུང་འབྲུག་འདྲ་བ་ཇོ་བོ་རྗེ་དང་ཕ་དམ་པ་སངས་རྒྱས་སོགས་ཀྱིས་སངས་རྒྱས་བསྟན་པ་རྒྱང་ནས་གསོ་མཛད་ཀྱི་རྣམ་ཐར་སྣ་ན་མེད་པ་བསྐྱངས་པ་དང་། བོད་ཡུལ་གྱི་མཁས་པ་ཆེན་པོ་བྱང་ཆུབ་སེམས་དཔའ་མང་དུ་ཕྱོན་པ་དང་སྐུ་འཁྲུངས་པའི་མཛད་པ་བཞིས་མཛད་ལ་མཚོན་ན། སྒྲུབ་བརྒྱུད་བསྟན་པའི་མངའ་བདག་ཆེན་པོ་མར་མི་དང་མཚུར་རྗོག དགེ་བཤེས་པོ་ཏོ་བའི་དངོས་སློབ་ལམ་རིམ་བསྟན་པའི་བདག་པོ་དོལ་པ་བ་ཤེས་རབ་རྒྱ་མཚོ་དང་། སྨད་འདུལ་བའི་མཁན་བུ་གཏེར་སྟོན་གྲ་མདོན། སྔ་འགྱུར་རྙིང་མའི་མཁས་པ་འགྲན་ཟླ་བྲལ་བ་རྒྱལ་བ་གླིང་ཆེན་པ་དང་། ས་རྗེ་དགེ་ལྡན་སོགས་པའི་བླ་སློབ་རིམ་བྱོན་གྱིས་བསྟན་པའི་བྱ་བའི་ཁུར་ཆེན་པོ་བཞེས་ཏེ་བསྟན་པ་ཐམས་ཅད་འགལ་མེད་དུ་འགྲོགས་པའི་དུས་སྐལ་བཟང་པོ་བྱུང་བ་འདི་ཉིད་ནི་བོད་བརྒྱུད་ནང་བསྟན་པའི་མཁས་གྲུབ་བྱེ་བའི་འབྱུང་གནས་ཀྱི་ཐུགས་སྨོན་ལས་གྲུབ་པའི་ཡུལ་ཚན་ཞིག་ཏུ་སོང་། གྲ་དོལ་གཞུང་གསུམ་གྱི་ས་ཕྱོགས་སུ་བསྟན་པ་ཕྱི་དར་ལ་བོད་བརྒྱུད་ནང་བསྟན་གྱི་ཆོས་བརྒྱུད་རིས་མེད་ཀྱི་བསྟན་པ་དར་ཆེ་ལུགས་ཆར་སྨོས་ན། བསྟན་པ་ཕྱི་དར་གྱི་དུས་ཡུན་རིང་མོ་ཞིག་གི་ནང་ཆོས་བརྒྱུད་ཆེན་པོ་བཞིའམ་ལྔར་གྲགས་པའི་དཔལ་ལྡན་བཀའ་བརྒྱུད་པའི་བསྟན་པ་དར་ཆེ་ཤོས་དང་། དེ་ལས་ཀྱང་འབྲི་ཚལ་མར་རྗོག་བཀའ་བརྒྱུད་རྣམས་དང་དུས་ཕྱིས་ནི་འབྲུག་པ་བཀའ་བརྒྱུད་པའི་བསྟན་པ་དར་ཆེ། དུས་རབས་བཅུ་གཅིག་པ་ནས་དུས་རབས་བཅུ་བཞིའི་ཡར་སྟོན་དུ་ས་ཀར་[1]ཀྱི་བསྟན་པ་དར་ཆེ་བ་དང་དུས་རབས་བཅོ་ལྔ་པའི་ནང་རྗེ་ནང་པའི་བསྟན་པ་དར་འགོ་ཚུགས་ཤིང་བསྟན་

① ས་ཀར་ཞེས་པ་ནི་ས་སྐྱ་པ་དང་བཀའ་བརྒྱུད་པའི་བསྡུས་མིང་ངོ། །

པའི་སྦྱིན་བདག་མང་དུ་བྱོན་ནས་གནས་གཞི་མང་དུ་བཏབ། དུས་རབས་བཅོ་བདུན་པའི་ནང་དགེ་ལྡན་པ་དང་རྙིང་ལུགས་ཀྱི་བསྟན་པ་རྒྱ་ཆེར་དར། དེ་ལྟར་སྒྲ་བ་ལ་རྒྱུ་མཚན་ཡོད་དེ། དུས་སྐབས་སོ་སོའི་དབང་མཛད་པ་དང་འབྲེལ་ཆེ་བ་དང་། དབང་མཛད་དེ་རྣམས་ནི་ཆོས་བརྒྱུད་ཁག་དར་བར་ཐད་ཀའི་མཐུན་རྐྱེན་བསྐྲུན་པོ་ཡིན་སྐོར་རྒྱལ་རབས་ཆོས་འབྱུང་ཤེལ་དཀར་མེ་ལོང་མཁས་པའི་མགུལ་རྒྱན་ཞེས་བྱ་བར་གསལ་ཏེ། "དབུས་གཙང་གཉིས་སུ་ཡར་སྐུ་གཙང་གསུམ་དུ་གྲགས་པ་རྒྱལ་བ་ཡོན་ཏན་རྒྱ་མཚོའི་རིང་བྱུང་ཞིང་། སྐུ་རབ་པས་བཀའ་བརྒྱུད་ཁོ་ནའི་སྦྱིན་བདག ཡར་རྒྱབ་པས་ས་དཀར་གཉིས་པོའི་སྦྱིན་བདག གཙང་པས་བསྟན་པ་སྤྱིར་མཆོད་མོད་ཀརྨ་པ་དང་ཇོ་ནང་པའི་མཐིལ་ལེན་བྱས།"[①]ཞེས་བྱུང་བའི་ཕྱིར། དེས་ན། གྲ་དོལ་གཞུང་གསུམ་གྱི་ཡུལ་ཕྱོགས་འདི་རྣམས་དད་པའི་རིག་གནས་སྤྱི་དང་བྱེ་བྲག་བན་བོན་གྱི་བསྟན་པའི་རྣམ་གཞག་དང་བསྟན་འཛིན་སྐྱེས་བུ་གཟིངས་མཐོ་བ་དག་གི་མཛད་འཕྲིན་རྒྱས་སའི་གནས་གཞི་གཙོ་ཆེ་བ་དང་བོད་ཀྱི་རུས་ཆེན་ཇོག་དང་ལྷེ་གཉོས་རོག་གྲ་དོལ་གཞུང་སོགས་པའི་མཆེད་ཡུལ་དང་ཡོན་བདག་དད་ཅན་རྣམས་བྱོན་སའི་ཡུལ་ཚན་ཞིག་ཀྱང་ངོ་། །

གྲ་དོལ་གཞུང་གསུམ་གྱི་ཡུལ་འདིར་སྔ་རྗེས་སུ་ཆོས་བརྒྱུད་རིས་མེད་ཀྱི་མཁས་པ་རབ་དང་རིམ་པ་བྱོན་ནས་བསྟན་པ་ཡོངས་སུ་དར་བར་མཛད་དེ་ལྟ་བའི་རྣམ་གཞག་མང་དུ་སྤེལ་ཡང་། དོན་དུ་སྟོན་གྱི་བླ་མ་དམ་པ་རྣམས་ཀྱིས་རང་རང་གི་གདུལ་བྱའི་མོས་པ་དང་བསྟུན་ཏེ་གཞུང་གི་གསུང་རིས་དང་ཚིག་རིས་མི་འདྲ་བར་བྱུང་མོད། གཞི་རྒྱལ་བའི་བསྟན་པ་རིན་པོ་ཆེའི་གསུང་གི་སྙིང་པོ་ལྷག་བསམ་གྱིས་མངོན་དུ་ཕྱུང་བའི་རྣམ་ཐར་ཁོ་ནར་སོང་བས། རྩ་བའི་དགོངས་པ་གཅིག་ཏུ་བབས་

① བོད་ཀྱི་ལོ་རྒྱུས་དེབ་ཐེར་ཁག་ལྔ། བོད་ལྗོངས་བོད་ཡིག་དཔེ་རྙིང་དཔེ་སྐྲུན་ཁང་། 2012ཤ250

ཚུལ་མཁས་པ་རྣམས་ཀྱི་གསུང་ཁྲིད་དུ་ལན་གཅིག་ཙམ་མིན་པར་གསལ་ལོ། །དེ་ཡང་འཇུ་མི་ཕམ་རིན་པོ་ཆེའི་ངེས་ཤེས་རིན་པོ་ཆེའི་སྒྲོན་མེར། "སྟོང་ཉིད་སྤྲོས་བྲལ་ཆེན་པོ་དང་། །ལྷན་སྐྱེས་ཕྱག་རྒྱ་ཆེན་པོ་སོགས། །མཚན་གྱི་རྣམ་གྲངས་མང་མངའ་བ། །ཞེས་པ་ནས། སྤྲོས་བྲལ་དབུ་མ་ཆེན་པོ་དང་། །འོད་གསལ་རྫོགས་པ་ཆེན་པོ་གཉིས། །དོན་གཅིག་མིང་གི་རྣམ་གྲངས་ཏེ། །"①ཞེས་གསལ་བ་དང་། པཎ་ཆེན་བློ་བཟང་ཆོས་རྒྱན་གྱིས་དགེ་ལྡན་བཀའ་བརྒྱུད་རིན་པོ་ཆེའི་ཕྱག་ཆེན་རྩ་བ་རྒྱལ་བའི་གཞུང་ལམ་དུ། "ལྷན་ཅིག་སྐྱེས་སྦྱོར་ག་འུ་མ། ལྔ་ལྡན་རོ་སྙོམས་ཡི་གེ་བཞི། །ཞི་བྱེད་གཅོད་ཡུལ་རྫོགས་ཆེན་དང་། །དབུ་མའི་ལྟ་ཁྲིད་ལ་སོགས་པ། །སོ་སོར་མིང་འདོགས་མང་ན་ཡང་། །ངེས་དོན་ལུང་རིགས་ལ་མཁས་ཤིང་། །ཉམས་མྱོང་ཅན་གྱི་རྣལ་འབྱོར་པས། །དཔྱད་ན་དགོངས་པ་གཅིག་ཏུ་བབ། །"②ཅེས་བྱུང་ལ། ཀརྨ་པ་རང་བྱུང་རྡོ་རྗེའི་ངེས་དོན་ཕྱག་རྒྱ་ཆེན་པོའི་སྨོན་ལམ་ལས། "ཡིད་བྱེད་བྲལ་བ་འདི་ནི་ཕྱག་རྒྱ་ཆེ། །མཐའ་དང་བྲལ་བ་དབུ་མ་ཆེན་པོ་ཡིན། །འདི་ནི་ཀུན་འདུས་རྫོགས་ཆེན་ཞེས་ཀྱང་བྱ། །གཅིག་ཤེས་ཀུན་དོན་རྟོགས་པའི་གདེང་ཐོབ་ཤོག །"③ཅེས་གསུངས་པའི་ཕྱིར་རོ། །དེས་ན་གྲྭ་དོལ་གཞུང་གསུམ་གྱི་ཡུལ་ཚན་རྣམས་སུ་ཆོས་བརྒྱུད་རིས་མེད་ཀྱི་མཁས་པ་རྣམས་ཀྱིས་གཏན་ལ་དབབས་པའི་ལྟ་བ་ནི་དབུ་མ་ཆེན་པོའི་མན་ངག་གི་རྒྱབ་རྟེན་ཡོད་པར་སྨྲ་བར་འདོད་ལ། མཁས་པ་ཆེན་པོ་རྣམས་ཀྱི་དགོངས་པའི་མཐིལ་གཅིག་ཏུ་གནས་ཞེས་བརྗོད་པར་སྤྲོབས་སོ།། །།

① མི་ཕམ་རྒྱ་མཚོའི་གསུང་འབུམ། པོད་དགུ་པ། ཤིང་དཔར། དཔལ་རི་དཔར་མ། ཤ119

② པཎ་ཆེན་བློ་བཟང་ཆོས་ཀྱི་རྒྱལ་མཚན་གྱི་གསུང་འབུམ་པོད་བཞི་པ། ཀྲུང་གོའི་བོད་རིག་པ་དཔེ་སྐྲུན་ཁང་། 2011 ཤ 54

③ ཀརྨ་རང་བྱུང་རྡོ་རྗེའི་གསུང་འབུམ། པོད་བཅུ་གཅིག ཨ་རྟགས་ཅན། འཕྲུལ་དཔར། ཤ 621

# དཔྱད་གཞིའི་ཡིག་རིགས།

1. ཀ་མ་ལ་ཤི་ལ། སྒོམ་རིམ། སེར་གཙུག་ནང་བསྟན་དཔེ་སྐྲིང་ཁང་།

2. ཀ་ཐོག་རིག་འཛིན་ཚེ་དབང་ནོར་བུའི་བཀའ་འབུམ། སྟོད་སྨད་བར། ཀྲུང་གོའི་བོད་རིག་པ་དཔེ་སྐྲུན་ཁང་། 2006ལོ།

3. ཀུན་མཁྱེན་འཇམ་དབྱངས་བཞད་པའི་གསུང་འབུམ། གླེགས་བམ་དང་པོ། གླེགས་བམ་ལྔ་པ། དཔལ་ལྡན་འབྲས་སྤུངས་བཀྲ་ཤིས་སྒོ་མང་དཔེ་མཛོད་ཁང་།

4. ཀུན་མཁྱེན་འཇམ་དབྱངས་བཞད་པ། གྲུབ་མཐའ་ཆེན་མོ། མཚོ་སྔོན་ནང་བསྟན་རིག་གནས་སྐྱུ་རྩལ་ཞབས་ཞུ་ལྟེ་གནས་ཞབས་ཞུ་ཁང་ནས་པར་དུ་སྐྲུན། །

5. ཀུན་མཁྱེན་ཆེན་པོ་རོང་པོའི་རྣམ་ཐར། དབུ་ཅན་བྲིས་མ།

6. ཀུན་བཟང་ངེས་དོན་ཀློང་ཡངས། སྐྱིད་མའི་སྐྱེས་མཆོག་རིམ་བྱོན་གྱི་རྣམ་ཐར། ཤིང་དཔར།

7. ཁ་སྐྱང་བཀྲ་ཤིས་ཚེ་རིང་སོགས་ཀྱིས་བསྒྲིགས། ཐྲ་རན་སེར་ཞར་བའི་ཏུན་ཧོང་ཡིག་སྐྱིང་ཤོག་དྲིལ་གྱི་བཤུས་ཡིག་ཕྱོགས་བསྒྲིགས། དང་པོ། ཀྲུང་གོ་བོད་རིག་པ་དཔེ་སྐྲུན་ཁང་། 2014ལོ།

8. ཁུ་བྱུག་སྔོན་མོའི་སྒྲ་དབྱངས། བོད་ལྗོངས་བོད་ཡིག་དཔེ་སྐྲིང་དཔེ་སྐྲུན་ཁང་། 2017ལོ།

9. ཁ་ཆེ་པཎ་ཆེན་ཤཱཀྱ་ཤྲཱིའི་རྣམ་ཐར་ཚོགས་བཅད་མ། བྲིས་མ།

10. ཁྲོ་ཕུ་ལོ་ཙཱ་བའི་རྣམ་ཐར་བཞུགས་སོ། བྲིས་མ།

11. མཁན་བརྒྱུད་རྣམ་དག་ནོར་བུའི་ཕྲེང་བའི་བྱོན་ཚུལ་ལེགས་པ་བཞུགས་སོ། བྲིས་མ། འབྲས་སྤུངས་གནས་བཅུ་ལྷ་ཁང་གི་དཔར་རྩ།

12. མཁན་བརྒྱུད་རྣམ་གསུམ་བྱོན་ཚུལ་གྱི་རྣམ་ཐར། བྲིས་མ།

13. མཁན་པོ་བསོད་ནམས་རྒྱ་མཚོ། དཔལ་ས་སྐྱའི་གདན་རབས། བོད་ལྗོངས་མི་དམངས་དཔེ་སྐྲུན་ཁང་། 2012ལོ།

14. མཁའ་སྤྱོད་དགྱེས་པའི་རྡོ་རྗེ། གྲུབ་པའི་དབང་ཕྱུག་ཆེན་པོ་རྗེ་བཙུན་ཕ་དམ་པ་སངས་རྒྱས་ཀྱི་རྣམ་པར་ཐར་པ་དངོས་གྲུབ་འོད་སྟོང་འབར་བའི་ཉི་མ། ཤིང་དཔར།

15. མཁར་རྩེའུ་བསམ་གཏན། མདའ་དང་འཕང་། སྟོད་སྨད། ཀྲུང་གོའི་བོད་རིག་པའི་དཔེ་སྐྲུན་ཁང་། 2007ལོ།

16. མཁས་གྲུབ་དགེ་ལེགས་དཔལ་བཟང་གི་གསུང་འབུམ། པོད་ཁ་པ། ཀྲུང་གོའི་བོད་རིག་པ་དཔེ་སྐྲུན་ཁང་། 2014ལོ།

17. མཁས་པ་ལྡེའུས་མཛད་པའི་རྒྱ་བོད་ཆོས་འབྱུང་རྒྱས་པ། བོད་ལྗོངས་བོད་ཡིག་དཔེ་རྙིང་དཔེ་སྐྲུན་ཁང་། 1987ལོ།

18. མཁས་དབང་བྱང་ཆུབ་དགེ་ལེགས། ཐམས་ཅད་མཁྱེན་པ་བྱམས་པ་གླིང་པ་ཆེན་པོའི་རྣམ་པར་ཐར་བའི་ངོ་མཚར་གྱི་ཕྲེང་བ་ཞེས་བྱ་བ་བཞུགས་སོ། གྲ་ནང་བྱམས་པ་གླིང་དགོན་ནས་བསྒྲིགས།

19. ཀྱི་ལུང་བཀྲ་ཤིས་རྒྱ་མཚོ། བོད་མི་བུ་གདོང་དྲུག་གི་རུས་མཛོད་མེ་ཏོག་སྐྱེད་ཚལ་ཞེས་བྱ་བ་བཞུགས་སོ། མཚོ་སྔོན་མི་རིགས་དཔེ་སྐྲུན་ཁང་། 1991ལོ།

20. གུ་གེ་མཁན་ཆེན་ངག་དབང་གྲགས་པ། མངའ་རིས་རྒྱལ་རབས། སེར་གཙུག་ནང་བསྟན་དཔེ་རྙིང་ཁང་།

21. དགག་ལན་ཕྱོགས་བསྒྲིགས། སི་ཁྲོན་མི་རིགས་དཔེ་སྐྲུན་ཁང་། 1997 ལོ།

22. དགེ་འདུན་བློ་གྲོས། འབྲས་སྤུངས་ཆོས་འབྱུང་། སློག་རྟུལ་དཔར་མ།

23. འགོས་ལོ་གཞོན་ནུ་དཔལ། དེབ་ཐེར་སྔོན་པོ། སྟོད་སྨད། མཚོ་སྔོན་མི་རིགས་དཔེ་སྐྲུན་ཁང་། 1985ལོ།

24. གྲུབ་ཐོབ་གླིང་རས་ཀྱི་རྣམ་མགུར་མཐོང་བ་དོན་ལྡན། ཞིང་དཔར།

25. རྒྱ་བོད་མཁས་གྲུབ་རིམ་བྱོན་གྱི་རྣམ་ཐར་ཕྱོགས་བསྒྲིགས། བྲིས་མ།

26. རྒྱལ་པོ་སྲོང་བཙན་སྒམ་པོ། བཀའ་ཆེམས་ཀ་ཁོལ་མ། ཀན་སུའུ་མི་རིགས་དཔེ་སྐྲུན་ཁང་། 1989ལོ།

27. རྒྱལ་བ་བསྐལ་བཟང་རྒྱ་མཚོའི་གསུང་འབུམ། པོད་བཅུ། ཀྲུང་གོའི་བོད་རིག་པ་དཔེ་སྐྲུན་ཁང་། 2013ལོ།

28. རྒྱལ་དབང་དགེ་འདུན་གྲུབ་ཀྱི་གསུང་འབུམ། པོད་བརྒྱད། ཀྲུང་གོའི་བོད་རིག་པ་དཔེ་སྐྲུན་ཁང་། 2013ལོ།

29. རྒྱལ་དབང་ཆོས་རྗེ་བློ་བཟང་འཕྲིན་ལས་རྣམ་རྒྱལ། འཇམ་མགོན་ཆོས་ཀྱི་རྒྱལ་པོ་ཙོང་ཁ་པ་ཆེན་པོའི་རྣམ་ཐར། བོད་ལྗོངས་མི་དམངས་དཔེ་སྐྲུན་ཁང་། 1989ལོ།

30. རྒྱལ་ཚབ་དར་མ་རིན་ཆེན་གྱི་གསུང་འབུམ། ཀ་པ། ཇ་པ། ཀྲུང་གོའི་བོད་རིག་པ་དཔེ་སྐྲུན་ཁང་། 2013ལོ།

31. བརྒྱུད་པའི་ལོ་རྒྱུས་བཞུགས་སོ། བྲིས་མ།

32. ངག་དབང་བློ་བཟང་རྒྱ་མཚོ། རྗེ་བཙུན་ཐམས་ཅད་མཁྱེན་པ་བསོད་ནམས་རྒྱ་མཚོའི་རྣམ་ཐར་དངོས་གྲུབ་རྒྱ་མཚོའི་ཤིང་རྟ་ཞེས་བྱ་བ་བཞུགས་སོ། ཞིང་དཔར།

33. ངག་དབང་བློ་བཟང་རྒྱ་མཚོ། རྒྱལ་དབང་ལྔ་པ་ངག་དབང་བློ་བཟང་རྒྱ་མཚོའི་རྣམ་ཐར་དུ་ཀུ་ལའི་གོས་བཟང་། བོད་ལྗོངས་མི་དམངས་དཔེ་སྐྲུན་ཁང་། 2012ལོ།

34. རྔོག་ལོ་ཙྪ་བ་བློ་ལྡན་ཤེས་རབ་ཀྱི་གསུང་ཆོས་སྐོར། བཀའ་གདམས་དཔེ་དཀོན་

གཅེས་བཏུས། (༢) ཀྲུང་གོའི་བོད་རིག་པའི་དཔེ་སྐྲུན་ཁང་། 2009 ལོ།

35. རྫོག་སློབ་བརྒྱུད་དང་བཅས་པའི་གསུང་འབུམ་བཞུགས་སོ། དེབ་༡ནས་༢༥། ཀྲུང་གོའི་བོད་རིག་པ་དཔེ་སྐྲུན་ཁང་། 2011ལོ།

36. བཙའ་ཡིག་ཕྱོགས་བསྒྲིགས། བོད་ལྗོངས་མི་དམངས་དཔེ་སྐྲུན་ཁང་། 2013ལོ།

37. ལྕང་སྐྱ་རོལ་པའི་རྡོ་རྗེ། གྲུབ་མཐའ་ཐུབ་བསྟན་ལྷུན་པོའི་མཛེས་རྒྱན། ཀྲུང་གོའི་བོད་ཀྱི་ཤེས་རིག་དཔེ་སྐྲུན་ཁང་། 1989ལོ།

38. ཆ་ཧར་དགེ་བཤེས་བློ་བཟང་ཚུལ་ཁྲིམས། རྗེ་ཙོང་ཁ་པའི་རྣམ་ཐར་ཆེན་མོ། ཀྲུང་གོ་བོད་རིག་པའི་དཔེ་སྐྲུན་ཁང་། 2006ལོ།

39. ཆོས་ཀྱི་བཟང་པོ། ཁ་ཆེ་པཎ་ཆེན་གྱི་རྣམ་ཐར་རིན་པོ་ཆེའི་ཕྲེང་བ་བཞུགས་སོ། ཁྲིས་མ། འབྲས་སྤུངས་གནས་བཅུ་ལྷ་ཁང་།

40. མཆིམས་ནམ་མཁའ་གྲགས་པ། སྣར་ཐང་གསེར་ཕྲེང་། དཔར་ཤིང་།

41. རྗེ་མོ་ཡུམ་སྲས་ཀྱི་རྣམ་ཐར། ཁྲིས་མ།

42. རྗེ་བོ་རྗེ་དཔལ་ལྡན་ཨ་ཏི་ཤའི་གསུང་འབུམ་བཞུགས་སོ། (སྨད་ཆ) བོད་ལྗོངས་བོད་ཡིག་དཔེ་རྙིང་དཔེ་སྐྲུན་ཁང་། 2012ལོ།

43. འཇམ་མགོན་ཀོང་སྤྲུལ་མཐའ་ཡས། གཏེར་སྟོན་བརྒྱ་རྩའི་རྣམ་ཐར། ཁྲིས་མ།

44. འཇམ་དབྱངས་དབང་རྒྱལ་རྡོ་རྗེ། ངག་དབང་བློ་བཟང་རྒྱ་མཚོའི་རྣམ་ཐར་མཐོང་བ་དོན་ལྡན་མཆོག་ཏུ་དགའ་བའི་སྒྲ་དབྱངས། ཁྲིས་མ།

45. འཇམ་དབྱངས་མཁྱེན་བརྩེ་དབང་པོ། གངས་ཅན་བོད་ཀྱི་ཡུལ་དུ་བྱོན་པའི་གསང་སྔགས་གསར་རྙིང་གི་གདན་རབས་མདོར་བསྡུས་ངོ་མཚར་པདྨོའི་དགའ་ཚལ་ཞེས་བྱ་བ་བཞུགས་སོ། ཤིང་དཔར།

46. འཇིགས་མེད་གླིང་པ། གཏམ་གྱི་ཚོགས་ཐེག་པའི་རྒྱ་མཚོ་ཞེས་བྱ་བ་བཞུགས་སོ།

བོད་ལྗོངས་བོད་ཡིག་དཔེ་སྙིང་དཔེ་སྐྲུན་ཁང་། 1991ལོ།

47. འཇིགས་མེད་དཔལ་ལྡན་བཟང་པོ། རྒྱལ་གླིང་ཚོགས་པ་ལས་འཕྲོས་པའི་བདེན་གཏམ་དད་པའི་འཇུག་ངོགས། བོད་ལྗོངས་མི་དམངས་དཔེ་སྐྲུན་ཁང་། 2013ལོ།

48. རྗེ་སྐམ་པོ་པའི་རྣམ་ཐར་ཡིད་བཞིན་ནོར་བུ། བྲིས་མ།

49. རྗེ་བཙུན་ཏཱ་ར་ནཱ་ཐའི་རང་རྣམ་དང་གསང་རྣམ། ཤིང་དཔར།

50. རྗེ་བཙུན་རིན་པོ་ཆེ་མིད་ལྷའི་རྣམ་པར་ཐར་པ་བཞུགས་པ་ལགས་སོ། བྲིས་མ།

51. རྗེ་རེད་མདའ་བ་གཞོན་ནུ་བློ་གྲོས་ཀྱི་གསུང་འབུམ། པོད་གསུམ་པ། བོད་ལྗོངས་བོད་ཡིག་དཔེ་སྙིང་དཔེ་སྐྲུན་ཁང་། 2014ལོ།

52. རྗེ་བཙུན་ཤེས་རབ་རྒྱ་མཚོ། རྗེ་བཙུན་ཤེས་རབ་རྒྱ་མཚོ་འཇམ་དཔལ་དགྱེས་པའི་བློ་གྲོས་ཀྱི་གསུང་རྩོམ་པོད་དང་པོ། མཚོ་སྔོན་མི་རིགས་དཔེ་སྐྲུན་ཁང་། 1982ལོ།

54. རྗེ་བཙུན་བསམ་གཏན་རྒྱ་མཚོ་དཔལ་བཟང་པོའི་གསུང་འབུམ། པོད་དྲུག་པ། སི་ཁྲོན་མི་རིགས་དཔེ་སྐྲུན་ཁང་། 2009ལོ།

55. རྗེ་ཙོང་ཁ་པ་ཆེན་པོའི་གསུང་འབུམ་བཞུགས་སོ། བཀྲ་ཤིས་ལྷུན་པོའི་དཔར་སྙིང་།

56. རྗེ་ཙོང་ཁ་པ་ཆེན་པོའི་གསུང་འབུམ་བཞུགས་སོ། ༼ཁ༽ ༼གསུང་ཐོར་བུ༽ ༼ང༽ ༼ཙ༽ ༼བ༽ ༼ལམ་རིམ༽ མཚོ་སྔོན་མི་རིགས་དཔེ་སྐྲུན་ཁང་། 1999ལོ།

57. རྗེ་ཙོང་ཁ་པ་ཆེན་པོའི་གསུང་འབུམ་བཞུགས་སོ། ༼བ༽ ༼ལམ་རིམ༽ མཚོ་སྔོན་མི་རིགས་དཔེ་སྐྲུན་ཁང་། 1999ལོ།

58. རྗེ་ཙོང་ཁ་པ་བློ་བཟང་གྲགས་པ། སྔགས་རིམ་ཆེན་མོ་བཞུགས་སོ། མཚོ་སྔོན་མི་རིགས་དཔེ་སྐྲུན་ཁང་། 1995ལོ།

59. རྗེ་རིན་པོ་ཆེ་མར་པའི་རྣམ་པར་ཐར་བ་བཞུགས་སོ། བྲིས་མ།

60. གཉགས་ཕུ་བསོད་ནམས་བཟང་པོའི་གསུང་འབུམ། ཤིང་དཔར།

61. གཉའ་གོང་དཀོན་མཆོག་ཚེ་བརྟན། བརྡ་རྙིང་ཡིག་ཆའི་ཚིག་དོན་ཀུན་གྲོལ། ཀན་སུའུ་མི་རིགས་དཔེ་སྐྲུན་ཁང་། 2001ལོ།

62. སྣན་དགོན་སྤྲུལ་སྐུ་གསུང་རབ་པའི་གསུང་འབུམ། ༼པོད་དང་པོ་དང་གཉིས་པ།གསུམ་པ།༽ སི་ཁྲོན་མི་རིགས་དཔེ་སྐྲུན་ཁང་། 2006ལོ།

63. ཏཱ་ར་ནཱ་ཐའི་གསུང་འབུམ། པོད་དང་པོ། འཛམ་ཐང་དཔར་མ།

64. ཏཱ་སི་ཏུ་བྱང་ཆུབ་རྒྱལ་མཚན་སོགས། རླངས་ཀྱི་པོ་ཏི་བསེ་རུ་རྒྱས་པ། བོད་ལྗོངས་མི་དམངས་དཔེ་སྐྲུན་ཁང་། 1986ལོ།

65. རྟ་ཚག་ཚེ་དབང་རྒྱལ། ལྷོ་རོང་ཆོས་འབྱུང་། བོད་ལྗོངས་བོད་ཡིག་དཔེ་རྙིང་དཔེ་སྐྲུན་ཁང་། 1994ལོ།

66. སྟག་ཚང་ལོ་ཙཱ་བ་ཤེས་རབ་རིན་ཆེན། གྲུབ་མཐའ་ཀུན་ཤེས་ཀྱི་རྩ་འགྲེལ། མི་རིགས་དཔེ་སྐྲུན་ཁང་། 1999 ལོ།

67. ཐུའུ་བཀྭན་བློ་བཟང་ཆོས་ཀྱི་ཉི་མ། ཐུའུ་ཀྭན་གྲུབ་མཐའ། ཀན་སུའུ་མི་རིགས་དཔེ་སྐྲུན་ཁང་། 2010ལོ།

68. དྭགས་པོ་བཀྲ་ཤིས་རྣམ་རྒྱལ། ངེས་དོན་ཕྱག་རྒྱ་ཆེན་པོའི་སྒོམ་རིམ་གསལ་བར་བྱེད་པའི་ལེགས་བཤད་ཟླ་བའི་འོད་ཟེར། སེར་གཙུག་ནང་བསྟན་དཔེ་རྙིང་ཁང་།

69. དོན་བརྒྱུད་ཉི་མ། བཀའ་བརྒྱུད་པའི་སྐྱེས་ཆེན་དམ་པ་རྣམས་ཀྱི་རྣམ་ཐར། ཤིང་དཔར།

70. དོར་ཞི་གདོང་དྲུག་སྣེམས་བློ། འཇུ་མི་ཕམ་པའི་རྗེའི་བསྟོད་པའི་འགྲེལ་བ་དགའ་ལྡན་བསྟན་པའི་མཛེས་རྒྱན། མཚོ་སྔོན་མི་རིགས་དཔེ་སྐྲུན་ཁང་། 2011ལོ།

71. བདེ་སྐྱིད་ཀྱིས་བསྒྲིགས། སྦ་བཞེད་ཕྱོགས་བསྒྲིགས། མི་རིགས་དཔེ་སྐྲུན་ཁང་། 2013ལོ།

72. བདུད་འཇོམས་ཡེ་ཤེས་རྡོ་རྗེ། བདུད་འཇོམས་ཆོས་འབྱུང་། ནང་ཁུལ་དཔར་རྩ།

73. འདུལ་བའི་བླ་བརྒྱུད་འབྱུང་ཚུལ། བྲིས་མ།

74. སྡེ་སྲིད་སངས་རྒྱས་རྒྱ་མཚོ། དགའ་ལྡན་ཆོས་འབྱུང་བཻཌཱུརྱ་སེར་པོ། ཀྲུང་གོ་བོད་ཀྱི་ཤེས་རིག་དཔེ་སྐྲུན་ཁང་། 1989ལོ།

75. རྣམ་རབ་ཐུབ་བསྟན་དག་དབང་། རྣམ་རབ་མཐོང་སྨོན་དྭགས་པོ་གྲྭ་ཚང་གི་ལོ་རྒྱུས། མི་རིགས་དཔེ་སྐྲུན་ཁང་། 2014ལོ།

76. པཎ་ཆེན་བྱམས་པ་གླིང་པའི་གསུང་འབུམ། པོད་ཕྱིན་བདུན། ཤིང་དཔར།

77. པཎ་ཆེན་བྱམས་པ་གླིང་པ། སྡེ་པ་ཡར་རྒྱབ་པའི་གདུང་རབས་བཞུགས་སོ། བྲིས་མ།

78. པཎ་ཆེན་བློ་བཟང་ཆོས་ཀྱི་རྒྱལ་མཚན་གྱི་གསུང་འབུམ་པོད་བཞི་པ། ལྔ་པ། ཀྲུང་གོའི་བོད་རིག་པ་དཔེ་སྐྲུན་ཁང་། 2011ལོ།

79. པཎ་ཆེན་བསོད་ནམས་གྲགས་པ། དབུ་མའི་སྤྱི་དོན་ཟབ་དོན་གསལ་བའི་སྒྲོན་མེ་ཞེས་བྱ་བ་བཞུགས་སོ། སེར་གཙུག་ནང་བསྟན་དཔེ་རྙིང་ཁང་།

80. པཎ་ཆེན་བསོད་ནམས་གྲགས་པ། འདུལ་བའི་ཆོས་འབྱུང་། སློག་རྫུལ་དཔར་རྩ།

81. ཤཱཀྱ་ཤྲཱི། བླ་མ་རྗོག་མ་ཡབ་སྲས་རིམ་པར་བྱོན་པའི་རྣམ་ཐར་རིན་པོ་ཆེའི་རྒྱན་གྱི་ཕྲེང་བ། བྲིས་མ། འབྲས་སྤུངས་གནས་བཅུ་ལྷ་ཁང་།

82. དཔལ་མངའ་བདག་སྒྲ་སྒྱུར་མར་པ་ལོ་ཙྪ་བ་ཆོས་ཀྱི་བློ་གྲོས་ཀྱི་གསུང་འབུམ། (སྟོད་སྨད་བར་གསུམ།) སེར་གཙུག་ནང་བསྟན་དཔེ་རྙིང་འཚོལ་བསྡུ་ཕྱོགས་སྒྲིག་ཁང་།

83. དཔའ་བོ་གཙུག་ཕྲེང་བ། ཆོས་འབྱུང་མཁས་པའི་དགའ་སྟོན། མི་རིགས་དཔེ་སྐྲུན་ཁང་། 2006ལོ།

84. དཔའ་བོ་གཙུག་ལག་ཕྲེང་བ། རྗེ་བཙུན་མར་པའི་རྣམ་ཐར། ཤིང་དཔར།

85. ཕ་དམ་པ་སངས་རྒྱས། གཅོད་ཀྱི་བརྡ་དོན། ཤིང་དཔར།

86. བིས་པ་མི་ཕམ་ཟླ་བ་སོགས། དཔེ་རྒྱུན་དཀོན་པའི་རྣམ་ཐར་ཕྱོགས་བསྒྲིགས་དམ་པའི་བཤུལ་ལམ་ཞེས་བྱ་བ་བཞུགས་སོ། མཚོ་སྔོན་མི་རིགས་དཔེ་སྐྲུན་ཁང་། 2013ལོ།

87. བོད་ཀྱི་གདུང་རབས་དང་རྣམ་ཐར་ཐུང་ངུ་ཁག་དྲུག བོད་ལྗོངས་བོད་ཡིག་དཔེ་རྙིང་དཔེ་སྐྲུན་ཁང་། 2014ལོ།

88. བུ་སྟོན་རིན་ཆེན་གྲུབ། བུ་སྟོན་ཆོས་འབྱུང་། ཀྲུང་གོའི་བོད་ཀྱི་ཤེས་རིག་དཔེ་སྐྲུན་ཁང་། 1988ལོ།

89. བྲག་དཀར་བློ་བཟང་དཔལ་ལྡན་བསྟན་འཛིན་སྙན་གྲགས་ཀྱི་གསུང་འབུམ་གླེགས་བམ་ཀ་པ། ན་པ། ཁྲིན་ཏུའུ་ནས་དཔར་བའི་ལྷོ་ནུབ་མི་རིགས་སློབ་གྲྭ་ཆེན་མོའི་དཔར་རྩ།

90. འབྲས་སྤུངས་ཁྲི་པ། སྒོ་མང་མཁན་ཟུར་བསྟན་པ་བསྟན་འཛིན། གསུང་རྩོམ་ཕྱོགས་བསྒྲིགས་མུ་ཏིག་དོ་ཤལ་ཞེས་བྱ་བ་ལས་དེབ་དང་པོ་བཞུགས་སོ། སེར་གཙུག་ནང་བསྟན་དཔེ་རྙིང་ཁང་།

91. འབྲུག་པ་པད་མ་དཀར་པོ། འབྲུག་པའི་ཆོས་འབྱུང་། བོད་ལྗོངས་བོད་ཡིག་དཔེ་རྙིང་དཔེ་སྐྲུན་ཁང་། 2013ལོ།

92. འབྲོམ་སྟོན་པ་རྒྱལ་བ་འབྱུང་གནས་སོགས། ཇོ་བོ་རྗེ་དཔལ་ལྡན་ཨ་ཏི་ཤའི་རྣམ་ཐར་ཕྱོགས་བསྒྲིགས། བོད་ལྗོངས་མི་དམངས་དཔེ་སྐྲུན་ཁང་། 2014ལོ།

93. ཛྙོ་ཛྙི་ཤྲི། རྗེ་མར་པ་ནས་བརྒྱུད་པའི་ཇོག་གཞུང་པ་ཡབ་སྲས་ཀྱི་བླ་མའི་རྣམ་ཐར་ནོར་བུའི་ཕྲེང་བ། བྲིས་མ། འབྲས་སྤུངས་གནས་བཅུ་ལྷ་ཁང་།

94. མ་ཅིག་ལབ་སྒྲོན། ཕུང་པོ་གཟན་སྐྱུར་གྱི་རྣམ་བཤད་གཅོད་ཀྱི་དོན་གསལ་བྱེད། དཔར་ཤིང་།

95. རྨ་བྱ་བྱང་ཆུབ་བརྩོན་འགྲུས། དབུ་མ་རྩ་བ་ཤེས་རབ་ཀྱི་འགྲེལ་པ་འཐད་པའི་

རྒྱན། ཤིང་དཔར།

96. ཚལ་པ་ཀུན་དགའ་རྡོ་རྗེ། དེབ་ཐེར་དམར་པོ། མི་རིགས་དཔེ་སྐྲུན་ཁང་། 1981ལོ།

97. ཚུལ་ཁྲིམས་རིན་ཆེན། བསྟན་འགྱུར་དཀར་ཆག བོད་ལྗོངས་མི་དམངས་དཔེ་སྐྲུན་ཁང་། 1985ལོ།

98. ཚེ་ཏན་ཞབས་དྲུང་། བསྟན་རྩིས་ཀུན་ལས་བཏུས་པ། མཚོ་སྔོན་མི་རིགས་དཔེ་སྐྲུན་ཁང་། 1982 ལོ།

99. ཞང་གྲགས་པ་རྒྱལ་མཚན། ཁ་རག་གཉོས་ཀྱི་གདུང་རབས་ཁྱད་པར་འཕགས་པ་བཞུགས་སོ། ཤིང་དཔར།

100. ཞང་ཡོའོ་དང་ཁྲན་ཅིང་། ཏུན་ཧོང་ནས་ཐོན་པའི་བོད་ཀྱི་གནའ་ཡིག་ཞིབ་དཔྱད་ཕྱོགས་བསྒྲིགས། ཧྲང་ཧེ་གནའ་དཔེ་དཔེ་སྐྲུན་ཁང་། 2008ལོ།

101. ཞང་སྟོན་བསྟན་པ་རྒྱ་མཚོ། ཞང་སྟོན་བསྟན་པ་རྒྱ་མཚོའི་གསུང་འབུམ།〈པོད་བཞི་པ།〉མཚོ་སྔོན་མི་རིགས་དཔེ་སྐྲུན་ཁང་། 2004ལོ།

102. བཞད་པའི་རྡོ་རྗེ། དམ་ཅན་བསྟན་སྲུང་རྒྱ་མཚོའི་རྣམ་ཐར། ཕ་རྡོ་ལྷིང་འོག་སྣིན་གཉིས་པར་བཞུགས་པའི་དབུ་ཅན་བྲིས་མ།

103. ཡར་ཀླུངས་ཇོ་བོ་ཤཱཀྱ་རིན་ཆེན་སྡེ། ཡར་ཀླུངས་ཇོ་བོའི་ཆོས་འབྱུང་། བོད་ལྗོངས་མི་དམངས་དཔེ་སྐྲུན་ཁང་། 1988ལོ།

104. ཡེ་ཤེས་ངག་དབང་། གསུང་རབ་གླིང་དགོན་གྱི་རྟེན་གསུམ་དཀར་ཆག་སོགས་ཕྱོགས་སྒྲིག་བཞུགས་སོ། ནང་ཁྲུལ་དཔར་མ།

105. ཡེ་ཤེས་ངག་དབང་། གསུང་རབ་གླིང་དགོན་པའི་ལོ་རྒྱུས། ནང་ཁྲུལ་དཔར་མ།

106. ཡོངས་འཛིན་ཡེ་ཤེས་རྒྱལ་མཚན། ལམ་རིམ་བླ་མ་བརྒྱུད་པའི་རྣམ་ཐར། སྟོད་ཆ། སེར་གཙུག་ནང་བསྟན་དཔེ་སྙིང་ཁང་།

107. རིན་ཆེན་དཔལ་ལྡན་བློ་གྲོས། རྗེ་བོ་ལྷའི་གདུང་རབས་བཞུགས་སོ། ཁྲིས་མ། འབྲས་སྤུངས་གནས་བཅུ་ལྷ་ཁང་གི་དཔར་ཛ།

108. རིན་ཆེན་འགྱུར་ལྡན། དཔལ་གསང་ཕུའི་གདན་རབས་རབ་གསལ་མེ་ལོང་། ཁྲིས་མ།

109. རོང་ཟོམ་པཎྜི་ཏའི་གསུང་འབུམ། ཤིང་དཔར།

110. ལས་ཆེན་ཀུན་དགའ་རྒྱལ་མཚན། བཀའ་གདམས་ཆོས་འབྱུང་གསལ་བའི་སྒྲོན་མེ། བོད་ལྗོངས་མི་དམངས་དཔེ་སྐྲུན་ཁང་། 2003ལོ།

111. ལོ་ཆེན་སྐྱབས་མཆོག་དཔལ་བཟང་། དབུ་མ་འཇུག་པའི་རྒྱ་ཆེར་བཤད་པ་གསུང་རབ་རྒྱ་མཚོའི་དེ་ཁོ་ན་ཉིད་རབ་ཏུ་གསལ་བ་ཞེས་བྱ་བ་བཞུགས་སོ། སི་ཁྲོན་མི་རིགས་དཔེ་སྐྲུན་ཁང་། 2002 ལོ།

112. ལོ་ཆེན་དྷརྨ་ཤྲཱིའི་རང་རྣམ། ཤིང་དཔར།

113. ཤར་རྫ་བཀྲ་ཤིས་རྒྱལ་མཚན། ལེགས་བཤད་རིན་པོ་ཆེའི་གཏེར་མཛོད། མི་རིགས་དཔེ་སྐྲུན་ཁང་། 1985ལོ།

114. ཤེས་རབ་སེང་གེ། རྫོག་ལོ་རྩ་བའི་རྣམ་ཐར། དབུ་ཅན་ཁྲིས་མ།

115. བཤད་མཛོད་ཡིད་བཞིན་ནོར་བུ། བོད་ལྗོངས་བོད་ཡིག་དཔེ་རྙིང་དཔེ་སྐྲུན་ཁང་། 2016ལོ།

116. ས་སྐྱ་གོང་མ་རིམ་བྱོན་གྱི་གསུང་འབུམ་ཕྱོགས་གཅིག་ཏུ་བསྒྲིགས་པ་ལེགས་བཤད་གསེར་གྱི་བང་མཛོད། ཀན་སུའུ་མི་རིགས་དཔེ་སྐྲུན་ཁང་། 1995ལོ།

117. ས་སྐྱ་པཎྜི་ཏ་ཀུན་དགའ་རྒྱལ་མཚན། ས་པཎ་ཀུན་དགའ་རྒྱལ་མཚན་གྱི་གསུང་འབུམ། (སྒྲིགས་བམ་གསུམ་པ།) བོད་ལྗོངས་བོད་ཡིག་དཔེ་རྙིང་དཔེ་སྐྲུན་ཁང་། 1992ལོ།

118. ས་གཙོད་ཕྱོགས་བསྒྲིགས་བཞུགས་སོ། །དཔེ་རིང་།

119. སུམ་པ་ཡེ་ཤེས་དཔལ་འབྱོར། ཆོས་འབྱུང་དཔག་བསམ་ལྗོན་བཟང་། ཀན་སུའུ་མི་རིགས་དཔེ་སྐྲུན་ཁང་། 1992ལོ།

120. བསེ་ཚང་བློ་བཟང་དཔལ་ལྡན། དཔལ་མཉམ་མེད་རི་བོ་དགེ་ལྡན་པའི་གྲུབ་མཐའི་རྣམ་གཞག་མདོ་ཙམ་བརྗོད་པ་འཇམ་མགོན་བསྟན་པའི་མཛེས་རྒྱན། གངས་ཅན་རིག་བརྒྱའི་སྒོ་འབྱེད་ལྡེ་མིག （དེབ་བཅུ་པ།） མི་རིགས་དཔེ་སྐྲུན་ཁང་། 1988ལོ།

121. སློབ་དཔོན་ཟླ་བ་གྲགས་པ། དབུ་མ་འཇུག་པའི་རང་འགྲེལ། སེར་གཙུག་ནང་བསྟན་དཔེ་སྙིང་འཚོལ་བསྡུ་ཕྱོགས་སྒྲིག་ཁང་།

122. སློབ་དཔོན་ལེགས་ལྡན་འབྱེད། དབུ་མ་སྙིང་པོའི་འགྲེལ་པ་རྟོག་གེ་འབར་བ་བཞུགས་སོ། （སྨད་ཆ།） སེར་གཙུག་ནང་བསྟན་དཔེ་སྙིང་ཁང་།

123. ཧོང་ཧྲུ་ཕན་དང་མར་དེ། ཏུན་ཧོང་བོད་ཀྱི་གནའ་བོའི་ལོ་རྒྱུས་ཡིག་ཆའི་བསྒྱུར་ཡིག་དང་མཆན་འགྲེལ། ཀན་སུའུ་མི་རིགས་དཔེ་སྐྲུན་ཁང་། 2000ལོ།

124. ཨ་ཀྱཱ་ཡོངས་འཛིན་བློ་བཟང་དོན་གྲུབ། ཨ་ཀྱཱ་ཡོངས་འཛིན་གྱི་བཀའ་འབུམ་བཞུགས་སོ། （སྟོད་ཆ།）ཀན་སུའུ་མི་རིགས་དཔེ་སྐྲུན་ཁང་། 2011ལོ།

125. ཨ་ཀྱཱ་ཡོངས་འཛིན་བློ་བཟང་དོན་གྲུབ། ཨ་ཀྱཱ་ཡོངས་འཛིན་གྱི་བཀའ་འབུམ་བཞུགས་སོ། （སྨད་ཆ།） ཀན་སུའུ་མི་རིགས་དཔེ་སྐྲུན་ཁང་། 2011ལོ།

126. ཨ་མེས་ངག་དབང་ཀུན་དགའ་བསོད་ནམས། དཔལ་ས་སྐྱའི་གདུང་རབས་ངོ་མཚར་བང་མཛོད། སྟོད་སྨད། བོད་ལྗོངས་མི་དམངས་དཔེ་སྐྲུན་ཁང་། 2012ལོ།

127. ཨོ་རྒྱན་གླིང་པ། བཀའ་ཐང་སྡེ་ལྔ། ཞོལ་དཔར་རྙིང་།

128. 当代哲学经典西方哲学（上）北京师范大学出版社； 2014年1月

129. 胡塞尔；纯粹现象学通论；商务印刷馆；  1992年11月

130. 胡塞尔；现象学的观念；商务印刷馆；  2016年6月

131. 弘学；藏传佛教；四川人民出版社； 2015年7月

132. 季羡林；谈佛；浙江人民出版社； 2016年1月

133. 勒内德内贝斯基沃杰科维茨；西藏的神灵和鬼怪（上下）西藏人民出版社；

134. 赫伯特乔治威尔斯、孙丽娟译；世界史纲；北京理工大学出版社；2016年1月

135. 林惠祥；文化人类学；商务印书馆； 2011年9月

136. 林耀华；民族学通论；中央民族大学出版社； 1997年12月

137. 弗雷泽；金枝；（上、下册）商务印书馆； 2013年4月

138. 矢崎正见；西藏佛教史考；电子书

139. 释印顺；印度佛教论集；中华书局； 2010年6月

140. 释印顺；印度佛教思想史；中华书局； 2010年6月

141. 释印顺；中国佛教论集；中华书局； 2010年6月

142. 田天；秦汉国家祭祀史稿；三联书店； 2015年1月

143. 王尧；走进藏传佛教；四川大学中国藏学研究所整理中华书局； 2013年3月

144. 王尧；王尧藏学文集卷；（三）中国藏学出版社； 2002年12月

145. 汪宁生；文化人类学调查；学苑出版社； 2015年1月

146. 熊文彬、李逸之；西藏古格擦擦艺术；中国藏学出版社； 2016年3月

# ཐུགས་རྗེའི་ཞུ་མཆིད།

ཇི་སྐད་དུ། ཡོན་ཏན་ཀུན་གྱི་གཞི་གྱུར་དྲིན་ཅན་རྗེ། །ཞེས་གསུངས་པ་ལྟར་བསླབ་པ་ལམ་གྱི་ཐོག་མཐའ་བར་གསུམ་དུ་ཁོ་བོ་ཅག་ལ་བཀའ་དྲིན་གྱིས་རབ་ཏུ་ནོད་ཅིང་། ལྷག་པར་དུ་ལུང་རིགས་ཉམས་མྱོང་གསུམ་གྱི་སྐྱ་བར་ནས་བཞུན་པའི་ངེས་པ་དོན་གྱི་དགེ་བའི་བཤེས་གཉེན་ཆེན་མོ་གང་དེས་ལེགས་པར་བསྐྱངས་པའི་སྐུ་དྲིན་བླ་ལྷག་གིས་འབུམ་རམས་དཔྱད་རྩོམ་གྱི་སྲ་བར་ཕྱི་གསུམ་དུ་ཐུགས་བརྩེའི་གྲུ་ཆར་སིལ་མ་རྟག་ཏུ་འཇོ་བ་ལས། དཔྱད་རྩོམ་འདི་ཉིད་ལེགས་པར་གྲུབ་པ་ཡིན་གཤིས། རྣམ་དཀར་གྱི་བྱ་བ་འདིའི་ཐོག་མར་སློབ་དཔོན་ཆེན་མོ་ལྷག་པ་ཚེ་བརྟན་མཆོག་ལ་ཤུགས་དྲག་ཐུགས་རྗེའི་བཀའ་དྲིན་ལན་བརྒྱར་ཞུ་བ་ལགས། །

ལོ་ངོ་གསུམ་གྱི་ཞིབ་འཇུག་ལམ་བུ་ནི་དྲིན་ཅན་བཤེས་གཉེན་མདུན་ནས་ཤེས་བྱའི་བདུད་རྩི་མྱོང་བའི་བསྐལ་བཟང་ཞིག་ཡིན་ཞིང་། རི་ཐང་རྩོག་ཞིབ་ཀྱིས་ཡུལ་དངོས་ནས་ཞིབ་འཇུག་ཉམས་མྱོང་སྤྲང་མས་སྤྲང་རྩི་གསོག་པར་རེམས་པའི་དུས་སྟོན་ཞིག་ཡིན་ལ། རང་ཤག་རིག་པའི་ལྗིང་ཁང་ནས་སྔ་མང་གླིགས་བམ་ཁྲིད་དུ་སྟོན་བྱེན་མཁས་པའི་གཤེགས་ཤུལ་འཚོལ་བའི་ཇོགས་ལྡན་དུས་ཚོད་ཅིག་ཀྱང་ཡིན། ད་ལྟ་ཡང་ཁོ་བོ་ཅག་གི་ཡིད་ཡུལ་ན་ལྷམ་མེ་ལྷན་ནེ་ལྷང་ངེར་གསལ་བ་ནི་དུས་སྐབས་རང་བཞིན་གྱི་དཔྱད་རྩོམ་ཐུལ་བར་དགེ་བའི་བཤེས་གཉེན་གྱིས་གནང་བའི་མཛུབ་ཁྲིད་སྣེ་སྟོན་གྱི་བཀའ་སློབ་རེ་རེ་བཞིན་ཡིན་ཞིང་། དེའི་དན་

རྟགས་ཡང་དག་ནི་ད་ལྟ་ཡང་ཡིག་སྐམ་ན་ཡོད་པའི་མཚོལ་མཆན་དམར་པོ་དེ་དག་ཡིན། མཚོལ་མཆན་དེ་དག་ནི་བློ་བསྐྱེད་རེ་རེ་ཡིན་ཞིང་། བློ་བསྐྱེད་དེ་དག་ནི་དཔྱད་རྩོམ་གྱི་རྒྱུན་ནར་མར་སྐྱོང་བའི་སྐྱུལ་ཤུགས་རེ་རེ་ཡིན། དྲང་པོར་བཤད་ན། ད་ལྟ་ཡང་མཚོལ་མཆན་དེ་དག་མཐོང་དུས་ཁོ་བོའི་སྣ་རྩ་དབང་མེད་དུ་སྲིད་ཅིང་། སྤོབས་ཤུགས་ཤིག་ངམ་ཤུགས་ཡོང་། འདི་ནི་སློབ་དཔོན་གྱིས་བསྐུལ་བའི་བྱིན་རླབས་དང་དངོས་གྲུབ་ཡིན་ལ། མི་ཚེ་འདིར་ཐོབ་པའི་དངོས་རྫས་འགངས་ཆེ་ཤོས་ཤིག་ཀྱང་ཡིན། དེ་བས་ཁོ་བོས་སླར་ཡང་སློབ་དཔོན་མཆོག་ལ་བཀའ་དྲིན་སྙིང་བཅངས་ཞུ་རྒྱུ་ཡིན། །

མཇུག་ཏུ་དམིགས་སུ་བཙུགས་ནས་རབ་འབྱམས་ཤེས་བྱའི་གནས་ལ་བློ་གྲོས་ཀྱི་འཇུག་པ་མཆོག་ཏུ་ཡངས་ཤིང་། བྱ་བ་ལས་ཀྱི་འཁོར་ལོ་བསྐོར་བར་ཐབས་མཁས་ཀྱི་མཛད་པ་བདག་གིར་བཞེས་ཏེ། སྐུ་ལུས་ལོ་ནའི་ཁུར་དང་འབྱུང་བས་ཉེན་པ་ལ་མ་ལྟོས་པར་ད་ལྟ་ཡང་འཆད་ལ་དཔའ་བའི་ཡོངས་ཀྱི་སེམས་དཔའ་ཆེན་པོ་གླིང་དབོན་པད་མ་སྐལ་བཟང་དང་། རྡོ་དགོན་གསང་བདག་རྡོ་རྗེ། བློ་བཟང་ཆོས་གྲགས་མཆོག་རྣམ་པས་བོད་བ་གསེར་གཟིགས་ཀྱིས་བཅུ་ཕྲག་རིག་པའི་གནང་སྦྱིན་ཐོགས་མེད་དུ་བསྐུལ་བར་ཐུགས་རྗེའི་དྲིན་གྱིས་མ་དོར་བར་ཞུ་རྒྱུ་དང་ཆབས་ཅིག་རིག་གཞུང་སློབ་གླིང་གི་དབུ་ཁྲིད་རྣམ་པ་དང་དགེ་བའི་བཤེས་གཉེན། མཛའ་བཤེས་ཕྱི་ཐག་རིང་བ་རྣམས་ལའང་བཀའ་དྲིན་ཆེ་ཞུའོ།། །།

# ༄༅། །ཡར་ཆབ་གཞུང་དང་ངམ་ཤོད་དབུས།

——གྲ་དོལ་གཞུང་གསུམ་གྱི་གནའ་རྒྱལ་རྟོག་ཞིབ།


| | |
|---|---|
| རྩོམ་པ་པོ། | བསོད་ནམས་དབང་རྒྱལ། |
| རྩོམ་སྒྲིག་འགན་འཁུར་བ། | ལྷག་པ་ཚེ་རིང་། |
| མཐའ་ཞུས། | བསོད་ནམས་ཚེ་བརྟན། |
| ཁ་ཤོག་རྟུས་འགོད། | སྐལ་བཟང་ནོར་བུ། |
| པར་སྒྲིག་པ། | སྤྲིན་སྒྲོལ་མ། |
| དཔེ་སྐྲུན་འགྲེམས་སྤེལ། | བོད་ལྗོངས་བོད་ཡིག་དཔེ་སྙིང་དཔེ་སྐྲུན་ཁང་། |
| པར་འདེབས་ཚན་པ། | སི་ཁྲོན་འཇའ་ཚོན་པར་འདེབས་ཚད་ཡོད་ཀུང་སི། |
| དེབ་ཚད། | 787mm×1092mm 1/16 |
| པར་ཤོག | 33.5 |
| པར་གྲངས། | 01—2,000 |
| ཡིག་གྲངས། | ཁྲི་35.51 |
| པར་གཞི། | 2023ལོའི་ཟླ་11པར་པར་གཞི་དང་པོ་བསྒྲིགས། |
| པར་ཐེངས། | 2023ལོའི་ཟླ་11པར་པར་ཐེངས་དང་པོ་བཏབ། |
| དཔེ་རྟགས། | ISBN 978-7-5700-0764-6 |
| རིན་གོང་། | སྒོར་67.30 |